1682 J.B.METZLER

Handbuch Biographie

Methoden, Traditionen, Theorien

Herausgegeben von Christian Klein

Verlag J. B. Metzler
Stuttgart · Weimar

Bibliografische Information der Deutschen Nationalbibliothek
Die Deutsche Nationalbibliothek verzeichnet diese Publikation
in der Deutschen Nationalbibliografie; detaillierte bibliografische Daten
sind im Internet über http://dnb.d-nb.de abrufbar.

Gedruckt auf säure- und chlorfreiem, alterungsbeständigem Papier.

ISBN 978-3-476-02263-9

www.metzlerverlag.de
info@metzlerverlag.de

Einbandgestaltung: Willy Löffelhardt/Melanie Frasch
Satz: Typomedia GmbH, Ostfildern
Druck und Bindung: Kösel Krugzell · www.koeselbuch.de
Printed in Germany
November 2009

Verlag J. B. Metzler Stuttgart · Weimar

Inhalt

Handbuch Biographie – einleitende Überlegungen XII

Biographik als kulturelle Universalie XII
Aufbau und Anlage des Handbuchs XIII

I. Bestimmungen und Merkmale 1

1. Begriffsgeschichte: Biographie und verwandte Termini
(*Falko Schnicke*) 1
1.1. Historische Begriffsvielfalt 1
1.2. Biographie und Lebensbeschreibung. . . 3
1.3. ›Vita‹ 4
1.4. Porträt/Charakteristik. 4
1.5. Nekrolog. 5
1.6. Desiderate der Forschung 6

2. Biographie als Gattung?
(*Rüdiger Zymner*) 7
2.1. Was sind Gattungen?. 7
2.2. Biographie als Gattung 7

3. Referentialität
(*Sven Hanuschek*) 12
3.1. Die sprachphilosophische Wendung . . 13
3.2. Das Postulat der Plausibilität. 13
3.3. Wirklichkeit als Konstruktion: Der radikale Konstruktivismus 15

4. Narrativität
(*Matthias Aumüller*). 17
4.1. Bestimmungen: Erzählen/Narrativität . 17
4.2. Narrativität von Biographien. 18

5. Fiktionalität, Faktizität, Metafiktion
(*Ansgar Nünning*) 21
5.1. Biographien zwischen Historiographie und Literatur. 21
5.2. Zur Einebnung des Gegensatzes zwischen Historiographie und fiktionalem Erzählen. 22
5.3. Kritik an der Einebnung des Gegensatzes zwischen Biographik und Literatur 23
5.4. Fiktionssignale und Metafiktion: Kriterien zur Abgrenzung zwischen faktischen und fiktionalen Biographien. 25

6. Poetizität/Literarizität
(*Matthias Aumüller*). 28
6.1. Zur Begriffsgeschichte 28
6.2. Zur Poetizität von Biographien 29

7. ›Biographiewürdigkeit‹
(*Hannes Schweiger*). 32
7.1. Das Problem der Auswahl: Wessen Leben wird erzählt? 32
7.2. ›Biographiewürdigkeit‹ in historischer Perspektive 33
7.3. ›Biographiewürdigkeit‹ als fragwürdige Kategorie 34
7.4. Die Macht der Biographie. 36

8. Biographie vs. Autobiographie
(*Michaela Holdenried*) 37
8.1. Historische Annäherung und Definitionen im kontrastiven Modell . . 37
8.2. Trivialliterarische vs. selbstreflexive Formen der (Auto)Biographie. 37
8.3. Ein Funktionsmodell der (Auto) Biographie: Selbstverständigung vs. Allgemeingültigkeit 38
8.4. Problemhorizonte. 39
8.5. Lebensgeschichtliches Erzählen zwischen Konvention und Innovation, historischer Zweckform und Transgression 42

II. Zentrale Fragen und Funktionen .. 45

1. Biographie und Performanz – Problematisierungen von Identitäts- und Sujektkonstruktionen
(*Doris Kolesch*) 45
1.1. Ausgangspunkte: Leben/Schreiben 45
1.2. Begriffsklärungen: Performanz und Performativität 46
1.3. Performativität als kunst- und kulturwissenschaftliche Schlüsselkategorie ... 47
1.4. Biographie, Performanz und Performativität 50

2. Biographisches Erzählen zwischen Wahrheit und Lüge, Inszenierung und Authentizität
(*Bernhard Fetz*) 54
2.1. Wahrheit und Lüge 54
2.2. Relativität des biographischen Wahrheitsbegriffs 55
2.3. Authentizität und Inszenierung....... 57
2.4. Individualität und Typus............ 59

3. Biographie und Anthropologie
(*Christian von Zimmermann*).......... 61
3.1. Anthropologie 61
3.2. Biographiegeschichtliche Aspekte..... 62
3.3. Systematische Aspekte 65

4. Biographie und Wissen
(*Carsten Kretschmann*) 71
4.1. Wissensgesellschaft............... 71
4.2. Klassische Wissenssoziologie 72
4.3. Soziologische Biographieforschung.... 74
4.4. Biographisches Wissen und soziale Ordnung: der doppelte Zeithorizont der Biographie 75
4.5. Biographie als Wissensformation 76
4.6. Biographie als Medium der Wissensintegration 77

5. Biographie und Gedächtnis
(*Astrid Erll*) 79
5.1. Biographie als Erinnerungsort 79
5.2. Biographieforschung und kulturwissenschaftliche Gedächtnisforschung...... 80
5.3. Biographie und Gedächtnis: Grundlagen 81
5.4. Oral History und Biographie: Die Lehren der Weitererzählforschung . 82
5.5. Biographie als Medium des kollektiven Gedächtnisses................... 83
5.6. Die Biographie als Gedächtnisgattung . 86

6. Biographie – Genealogie – Generation
(*Stefan Willer*)...................... 87
6.1. Genealogie und Generation in Einzelbiographien................. 87
6.2. Generation und Genealogie in Kollektivbiographien 92

7. Biographie zwischen sozialer Funktion und sozialer Praxis
(*Michael Corsten*)................... 95
7.1. Soziale Realität und biographische Konstruktion 95
7.2. Soziale Orte biographischer Kommunikation.................. 96
7.3. Biographische Kontingenz und die Irreversibilität von Lebensereignissen .. 97
7.4. Schlüssige Geschichten und der semantische Fluss des Lebens 98
7.5. Fazit: Biographien als kommunikative Gattungen...................... 100

III. Formen und Erzählweisen......... 103

1. Literarische Biographik
(*Anita Runge*) 103
1.1. Annäherungen an ein ›mixtum compositum‹..................... 103
1.2. Leben Schreiben: Biographik und Literarizität...................... 104
1.3. Literarische Biographik vom 18. bis zum 20. Jahrhundert............... 105
1.4. Schriftstellerisches Selbstverständnis und die Praxis der literarischen Biographie seit der Mitte des 20. Jahrhunderts 107
1.5. Typologien, Einordnungen, Wertungsprobleme....................... 110

2. Wissenschaftliche Biographik
(*Anita Runge*) 113
2.1. Niedergang und Rehabilitierung eines Genres 113
2.2. Merkmale wissenschaftlicher Biographik 115
2.3. Wissenschaft/Wissenschaftlichkeit als Voraussetzung biographischer Arbeit .. 116

2.4. Biographik als Erkenntnisverfahren und wissenschaftliche Darstellungsform . . . 118
2.5. Fazit: Wissenschaftliche Biographik zwischen Naivität und Übertheoretisierung . . . 120

3. Populäre Biographik (*Stephan Porombka*) . . . 122
3.1. Merkmale populärer Biographien . . . 122
3.2. Zur Genealogie der populären Biographie . . . 123
3.3. Die ›klassische‹ populäre Biographie . . . 125
3.4. Kritik an der populären Kultur . . . 126
3.5. Die populären Grenzgänger . . . 127
3.6. Ein neuer Blick auf die populäre Kultur. 129

4. Fiktionale Metabiographien (*Ansgar Nünning*) . . . 132
4.1. Zum Phänomen, Kontext und Begriff der ›fiktionalen Metabiographie‹ bzw. ›biographischen Metafiktion‹ . . . 132
4.2. Besonderheiten fiktionaler Metabiographien: Abgrenzung von anderen Biographie-Typen . . . 134
4.3. Fiktionale Metabiographien aus funktionsgeschichtlicher Sicht . . . 135

5. Biographische Kleinformen (*Myriam Richter/Bernd Hamacher*) . . . 137
5.1. Biographische Kleinformen . . . 137
5.2. Überlegungen zu einer Elementarlehre der Biographik . . . 141

6. Biographische Erzählungen auf der Bühne . . . 143
6.1. Dramatik (*Franziska Schößler*) . . . 143
6.2. Musiktheater: Oper, Operette, Musical (*Melanie Unseld*) . . . 148

7. Biographische Erzählungen in audiovisuellen Medien . . . 154
7.1. Spielfilm (*Christian Klein/Lukas Werner*) . . . 154
7.2. Dokumentarfilm (*Diana Weilepp*) . . . 164
7.3. Fernsehen (*Knut Hickethier*) . . . 168
7.4. Hörfunk (*Knut Hickethier*) . . . 177

8. Biographisches Erzählen und digitale Medien (*Britt-Marie Schuster*) . . . 182
8.1. Das Spektrum biographischer Erzählungen im Internet . . . 182
8.2. Die hypertextuelle Erzählumgebung . . . 183
8.3. Biographik auf wissensvermittelnden Webseiten . . . 184
8.4. Biographik im Kontext identitätsstiftender Webseiten . . . 187
8.5. Andere biographische Erzählungen . . . 188
8.6. Fazit . . . 188

9. Intermediale Biographik (Bild und Biographie) (*Caitríona Ní Dhúill*) . . . 190
9.1. Bilder in der Biographie: Pluriperspektivität . . . 190
9.2. Biographik als Porträtkunst: Raum und Körper . . . 190
9.3. Bildbiographik (von ›picture biography‹ bis ›graphic memoir‹) . . . 191
9.4. Bildinterpretation . . . 192

10. Kollektivbiographische Ansätze (*Levke Harders/Hannes Schweiger*) . . . 194
10.1. Kollektivbiographik in historischer Perspektive . . . 194
10.2. Formen der Kollektivbiographik . . . 195
10.3. Methode der Kollektivbiographik/Gruppenbiographik . . . 197

IV. Analyse biographischer Erzählungen . . . 199

1. Kontext (*Christian Klein*) . . . 200
1.1. Paratexte, Legitimationsstrategien und die Motivation des Biographen . . . 200
1.2. Das ›Objekt‹ der Biographie: einzigartig oder typisch? . . . 202

2. ›Histoire‹: Bestandteile der Handlung (*Christian Klein*) . . . 204
2.1. Motive und ihre Funktionen . . . 204
2.2. Die Verknüpfung der Motive (Motivierung) . . . 208
2.3. Der Sinn der Erzählung . . . 209
2.4. Figuren- und Raumfragen . . . 210

3. ›Discours‹: Das ›Wie‹ der Erzählung – Darstellungsfragen
(*Christian Klein/Matías Martínez*) 213
3.1. Biographie zwischen faktualem und literarisch-fiktionalem Erzählen 213
3.2. Dimension der Zeit 213
3.3. Modus: die Mittelbarkeit des Erzählens. 215
3.4. Stimme: Wann wird erzählt? Beteiligung des Erzählers am Geschehen? ... 217
3.5. Sprachliche Stilmittel 217
3.6. Texteinrichtung und Fazit 218

V. Historischer Abriss 221

1. Antike
(*Detlev Dormeyer*) 221
1.1. Griechische Biographien 221
1.2. Lateinische Biographien und Prinzipatszeit 224
1.3. Autobiographie 225
1.4. Ergebnis 226

2. Mittelalter
(*Walter Berschin*) 227

3. Frühe Neuzeit
(*Ruth Albrecht*) 230
3.1. Neues Format – Leichenpredigt mit Biographieteil 230
3.2. Lebensgeschichten als Massenware zum Erweis der göttlichen Gnade 231
3.3. Frauen als Gegenstand der Biographik . 232

4. 18. Jahrhundert
(*Falko Schnicke*) 234
4.1. Plurale Terminologie 234
4.2. Diversität von Kleinformen 235
4.3. Pädagogisch-moralische Intention 235
4.4. Enttypisierung und historische Kontextualisierung des Individuums ... 236
4.5. Rhetorik der sozialen Deregulierung ... 237
4.6. Interferenz von Biographie und Roman 238
4.7. Theoretisierung 240
4.8. Das eigentliche Jahrhundert der Biographie? 241

5. 19. Jahrhundert
(*Falko Schnicke*) 243
5.1. Leitmedium Biographie 243
5.2. Implizite Theoretisierung 244
5.3. Biographiekritik als Ideologiekritik 245
5.4. Politisch-nationale und kulturwissenschaftliche Biographik 246
5.5. Einzelbiographie, Nationalbiographien und Essay 246
5.6. Männer, die Geschichte machen 248
5.7. Tendenz zur Entindividualisierung und Verinnerlichung 249

6. 20. Jahrhundert
(*Christian Klein/Falko Schnicke*) 251
6.1. Grundtendenzen 251
6.2. Entwicklungen bis in die späten 1920er Jahre 251
6.3. Kämpfe und Kritik in den späten 1920er und 1930er Jahren 255
6.4. Biographik zwischen Ideologie, Sozialgeschichte und Poststrukturalismus ... 257
6.5. Tendenzen seit 1970: Neue Perspektiven 261

VI. Regionale Entwicklungen 265

1. Deutschsprachige Biographik
(*Lukas Werner*) 265
1.1. Exempel, Polemik und Repräsentation in hybriden Formen – Biographik zwischen 1500 und 1750 265
1.2. Zwischen Politik und Kultur und vom Essay zur Monographie – Biographik zwischen 1750 und 1900 267
1.3. Kunst und Wissenschaft – Biographik im 20. Jahrhundert 273

2. Französische Biographik
(*Joseph Jurt*) 278
2.1. Die Biographie als arme, aber trotzdem beliebte Verwandte der Autobiographie 278
2.2. Periodisierungsversuche und Anfänge französischer Biographik 279
2.3. Rousseau, die Romantik und die französische Biographik ab 1750 281
2.4. Kritik der Biographik im 20. Jahrhundert: Strukturalismus und Psychoanalyse 282
2.5. Positionen der Literaturkritik und der ›Tod des Autors‹ 284

2.6. Biographik-Debatten in Sozial- und Geschichtswissenschaften seit den 1970er Jahren . . . 285
2.7. Tendenzen der neueren literarischen Biographik . . . 286

3. Britische Biographik
(*Michael Jonas*) . . . 289
3.1. Johnson und Boswell, die Väter der modernen Biographik . . . 289
3.2. Biographik im 19. Jahrhundert: viktorianische Praxis . . . 290
3.3. Stracheys »Eminent Victorians« . . . 291
3.4. Virginia Woolf und die Theoriedebatte der 1920 und 1930er Jahre . . . 292
3.5. Vielfalt des guten Erzählens – zum Stand der britischen Biographik . . . 294

4. Italienische Biographik
(*Deborah Holmes*) . . . 298
4.1. Zuschreibungsprobleme . . . 298
4.2. Traditionsbegründung in Humanismus und Renaissance und ihr Nachwirken . . 298
4.3. Biographik im Dienste der ›Nation‹ ab 1800 . . . 299
4.4. Im Schraubstock politischer Entwicklungen: Biographik nach 1900 . . . 300

5. Spanische Biographik
(*Werner Altmann*) . . . 302
5.1. Grundtendenzen . . . 302
5.2. Mittelalter bis zum Ende des 17. Jahrhunderts . . . 303
5.3. 18. und 19. Jahrhundert . . . 303
5.4. 20. Jahrhundert . . . 304

6. Skandinavische Biographik
(*Michael Jonas*) . . . 307
6.1. Früher biographischer Enzyklopädismus . . . 307
6.2. Skandinavische Biographik in der Tradition des 19. Jahrhunderts . . . 308
6.3. Radikaler Positivismus: die Weibullsche Schule und das 20. Jahrhundert . . . 308
6.4. Unter ›wissenschaftlicher Quarantäne‹: das sozialwissenschaftliche Paradigma und die finnische Ausnahme . . . 309
6.5. Dänische Debatten und die Renaissance der Biographik in Skandinavien . . . 310

7. Russische und sowjetische Biographik
(*Hans-Christian Petersen*) . . . 313
7.1. Die Entwicklung bis zum Ende des 18. Jahrhunderts . . . 313
7.2. Das ›lange‹ 19. Jahrhundert . . . 315
7.3. Biographik unter sowjetischen Vorzeichen . . . 318
7.4. Jüngste Entwicklungen und Perspektiven . . . 319

8. US-amerikanische Biographik
(*Levke Harders*) . . . 321
8.1. Biographie – ein vielbeachtetes Genre zwischen Kunst, Handwerk und Beruf . 321
8.2. Biographisches Arbeiten bis in die 1930er Jahre . . . 322
8.3. Biographietheorie und -methode bis in die 1930er Jahre . . . 323
8.4. Biographietheorie und -methode bis in die 1980er Jahre . . . 324
8.5. Biographik seit den 1990er Jahren . . . 327
8.6. Fazit: Pluralisierung und Narration . . . 329

VII. Biographisches Arbeiten als Methode . . . 331

1. Geschichtswissenschaft
(*Wolfram Pyta*) . . . 331
1.1. Sinnverstehen als methodisches Fundament der Biographie . . . 331
1.2. Keine theoretische Überlastung der Biographie . . . 332
1.3. Kulturgeschichtliche Revitalisierung der Biographie . . . 333
1.4. Historische Biographie als Narration . . . 334
1.5. Neuere theoretischen Ansätze und das Erkenntnispotential der Biographik . . . 336
1.6. Fazit und Ausblick . . . 338

2. Literaturwissenschaften
(*Sven Hanuschek*) . . . 339
2.1. Einleitende Überlegungen zu Kritik, Präsenz und Funktion der Gattung . . . 339
2.2. Zur historischen Entwicklung – von der Charakteristik des 18. Jahrhunderts bis zur Gegenwart . . . 340
2.3. Probleme und Chancen biographischen Arbeitens in den Literaturwissenschaften . . . 345

3. Kunstgeschichte
(*Karin Hellwig*) 349
3.1. Vasari und die Vitenschreibung im 16. und 17. Jahrhundert 349
3.2. Entstehung der Künstlerbiographie als Großform im 18. Jahrhundert 350
3.3. Biographie als Darstellungsform der Kunstgeschichte 1800–1840 351
3.4. Die großen Künstlerbiographien 1860–1900 352
3.5. Künstlerbiographie 1900–1960 353
3.6. ›Biographisches Verlangen‹ in der Kunstgeschichte seit 1980 354
3.7. Debatten um die Biographie als Methode der Kunstgeschichte 355

4. Musikwissenschaft
(*Melanie Unseld*) 358
4.1. Musikwissenschaft und Biographik – eine schwierige Beziehung 358
4.2. Die Anfänge der Musiker-Biographik im 18. Jahrhundert 358
4.3. Mozart als Katalysator und die Biographik ab 1760 359
4.4. Die Rolle der Biographik im Prozess der sich etablierenden Musikwissenschaft im 19. Jahrhundert 361
4.5. Kritik und neue methodische Impulse: Musikwissenschaft und Biographik im 20. und 21. Jahrhundert 362

5. Religionswissenschaft
(*Detlev Dormeyer*) 366
5.1. Biographisches Erleben und religiöse Biographiekonstruktion in den Weltreligionen 366
5.2. Autobiographien, Gründerbiographien und Hagiographien 366
5.3. Übergangsriten (›Rites de passages‹) und biographische religiöse Sinnkonstruktion 369

6. Soziologie
(*Martin Schmeiser*) 373
6.1. Zum soziologischen Verständnis von Biographie 373
6.2. Formale Textanalyse und strukturelle Beschreibung nach Fritz Schütze 374
6.3. Die Interpretation objektiver Sozialdaten in der objektiven Hermeneutik . . 375
6.4. Lebensverlaufsanalysen mit biographischen Anamnesen 377

7. Politikwissenschaft (und Zeitgeschichte)
(*Alexander Gallus*) 382
7.1. Persönlichkeit als blinder Fleck der Politikwissenschaft 382
7.2. Individualbiographie und Gesellschaftsbiographie 383
7.3. Kollektivbiographische Ansätze (Sozialprofile, Sozialgeschichte, Elitenforschung) 385
7.4. Fazit 387

8. Erziehungswissenschaft
(*Thorsten Fuchs*) 388
8.1. Geschichtliche Aspekte 388
8.2. Forschungsfelder 389
8.3. Rahmenkonzepte und Theoriebezüge . . 391
8.4. Methoden und Methodologien 392

9. Medizin und Psychologie
(*Brigitte Boothe*) 394
9.1. Methodisches Vorgehen 394
9.2. Krankheitsgeschichte und Krankengeschichte 394
9.3. Historische Entwicklung und Bestandteile der Krankengeschichte 395
9.4. Typen von Krankengeschichten und narrative Muster 396
9.5. Ordnungsprinzipien biographischen Erzählens in Medizin und Psychologie . 397
9.6. Klinisch-wissenschaftliche Biographik: Psycho- und Pathographien 398
9.7. Formen und Funktionen der Biographiearbeit in der psychotherapeutischen Praxis 400

10. Gender Studies
(*Anita Runge*) 402
10.1. Gender als Methode 402
10.2. Hat die Biographik ein Geschlecht? 402
10.3. Von ›Frauen‹ zu Gender? 403
10.4. Feministische Biographik und Biographietheorien 405
10.5. Biographik als Beitrag zur Gendertheorie 406

11. Postcolonial Studies
(*Hannes Schweiger*) . . . 408
11.1. Macht . . . 410
11.2. Kanon . . . 411
11.3. Hybridisierung . . . 411
11.4. Nation . . . 412

12. Jewish Studies
(*Marcus Pyka*) . . . 414
12.1. Zuschreibungsfragen: Jüdische Identität? . . . 414
12.2. Historische Entwicklung der Biographik in jüdischem Kontext . . . 415
12.3. Biographisches Arbeiten in den Jewish Studies . . . 416

VIII. Praxis des biographischen Schreibens . . . 419

1. Lehre des biographischen Schreibens
(*Caitríona Ní Dhúill*) . . . 419
1.1. Lehre des biographischen Schreibens in historischer Perspektive . . . 419
1.2. Von der Lebensbeschreibung zum ›Life Writing‹ . . . 420
1.3. Jenseits des Schreibens: Biographie als Disziplin im digitalen Zeitalter . . . 421

2. Grundfragen biographischen Schreibens . . . 424
2.1. Konzeptionelle Vorüberlegungen: Der Biographierte im Kontext (*Christian Klein*) . . . 425
2.1.1. Denkstil . . . 425
2.1.2. Habitus . . . 426
2.1.3. Biographische Formeln . . . 428
2.2. Anlage der Arbeit – am Beispiel einer Biographie Stefan Georges (*Thomas Karlauf*) . . . 428
2.3. Zur Bedeutung der Quellen (*Bernhard Fetz*) . . . 433
2.3.1. Ausgangspunkte: Die Biographie zwischen Tatsachen und Imaginationen 433
2.3.2. Das ›Kreuzverhör der Quellen‹ . . . 433
2.3.3. Vom Umgang mit ›Lebens-Resten‹ . . . 434
2.3.4. Dialektik von An- und Abwesenheit . . . 436
2.3.5. Konsequenzen: Kritik, Widerständigkeit, Reflexion . . . 437

3. Abbildungen in Biographien
(*Josef Schmid*) . . . 439
3.1. Allgemeine Trends, Fragen und Probleme der Auswahl . . . 439
3.2. Funktionen . . . 440
3.2.1. Veranschaulichung (Illustration) textueller Information . . . 440
3.2.2. Erläuterung schriftlicher Information und Thesen . . . 442
3.2.3. Betonung von im Text getroffenen Aussagen . . . 442
3.2.4. Ergänzung des Textes . . . 443

4. Biographie und Buchmarkt
(*Stephan Porombka*) . . . 444
4.1. Eine »tragende Säule des Buchmarkts«? 444
4.2. Zielgruppe: männlich, gebildet, mittleres oder fortgeschrittenes Alter . . 445
4.3. »Mehr als eine Biographie« – die Topik der Werbung . . . 445
4.4. Die Arbeit im Verlag . . . 447
4.5. Monumentalität und Thesenhaftigkeit . 448
4.6. Die Ausdifferenzierung von Formaten . 449

5. Rechtsfragen des Biographieschreibens
(*Andreas von Arnauld/Stefan Martini*) . . 451
5.1. Hinführung . . . 451
5.1.1. Rechte der Biographen und der Biographierten im Widerstreit . . . 451
5.1.2. Vor allem: Das allgemeine Persönlichkeitsrecht einschließlich des Urheberrechts . . . 451
5.2. Rechtsfragen der Recherche . . . 452
5.2.1. Privatarchive . . . 452
5.2.2. Öffentliche Archive . . . 452
5.2.3. Das Urheberrecht als Schranke und Hilfe beim Zugang zu Dokumenten . . . 455
5.3. Rechtsfragen der Publikation . . . 455
5.3.1. Urheberrechtliche Publikationsbeschränkungen . . . 455
5.3.2. Persönlichkeitsrechtliche Publikationsbeschränkungen . . . 457
5.3.3. ›Quellenbezogene‹ Veröffentlichungsverbote . . . 459
5.3.4. Rechtliche Aspekte von Abbildungen . . 460
5.3.5. Vertrags- und Verlagsverhältnisse . . . 460

Verzeichnis der Autorinnen und Autoren . . . 461

Namenregister . . . 463

Sachregister . . . 475

Handbuch Biographie – einleitende Überlegungen

Biographik als kulturelle Universalie

Biographisches Erzählen ist allgegenwärtig. Ob biographische Spielfilme, Fernsehsendungen oder Websites, biographische Porträts und Nachrufe in Zeitungen oder (nicht zuletzt) monographische Biographien, die inzwischen ganze Abteilungen in den Buchhandlungen füllen – auf Schritt und Tritt begegnen wir solchen medialen Repräsentationen, in deren Zentrum die Erlebnisse einer Berühmtheit (seltener: eines Jedermann) stehen. Wir setzen uns mit diesen Erzählungen, deren Stoff das Leben anderer realer Personen ist, auseinander, weil sie uns etwas zu sagen haben: über die Voraussetzungen und Begleiterscheinungen jener besonderen Leistungen, für welche die entsprechende Person bekannt ist, oder über eine historische Epoche, die sich im Lebensweg des Biographierten spiegelt bzw. deren Repräsentant er zu sein scheint. Sieht man einmal von persönlichen Beziehungen ab, dann interessieren wir uns für das Leben anderer häufig dann, wenn es Antworten auf die Frage nach einem ›guten Leben‹ verspricht: wie es aussieht, welcher Weg dorthin führt oder welcher gerade nicht. Und zu guter Letzt erzählen Biographien im Idealfall spannende Geschichten, die die Neugier nach Details aus dem Leben anderer befriedigen. In diesem Sinne merkte schon Pascal an: Was den Menschen am meisten interessiert, ist der Mensch – und besonders nachhaltig und konsequent scheinen biographische Erzählungen dieses Interesse am ›Menschlichen‹ zu bedienen.

Zwar teilt die Biographie mit der Autobiographie den ›Lebens-Stoff‹, doch wo diese aus der Ich-Perspektive notwendigerweise lückenhaft das Erleben einer unabgeschlossenen Handlungsfolge schildern muss und – so die landläufige Annahme – aufgrund persönlicher Betroffenheit wohl oft glättend eingreift, hat jene im Regelfall eine abgeschlossene Ereigniskette vorliegen, die von einem distanzierten Standpunkt aus (mehr oder weniger) schonungslos sowie mit all ihren Sackgassen und Irrwegen dargestellt und bewertet werden kann – unabdingbare Voraussetzung dafür, die ›Moral von der Geschichte‹ präsentieren zu können. Dass Biographien diese ›Moral‹ nicht aus erfundenen Geschichten ableiten, sondern scheinbar authentisches Material verarbeiten, erhöht ihre Attraktivität wie ihren Geltungsanspruch. Zwar wird zuweilen hervorgehoben, dass der vermeintliche Nachteil der Autobiographien (ihr Autor überschaue die zu schildernde Handlung nur unvollständig) ihnen viel eher zum Vorteil gereiche. Autobiographien, so das Argument, seien auf diese Weise *per se* häufig fragmentarisch und prozesshaft angelegt und trügen damit dem gegenwärtigen Theoriestand in Identitätsfragen Rechnung. Doch auch wenn ab und an versucht wird, dies gegen die zumeist nach – wenigstens narrativer – Kohärenz strebenden Biographien auszuspielen, tut das der Beliebtheit biographischer Erzählungen beim Publikum keinen Abbruch. Indem Biographien Informationen kontextualisieren und Kausalitäten aufzeigen, präsentieren sie das, was man emphatischerweise den ›Sinn des Lebens‹ nennen könnte. Das große Interesse an und die anhaltende Präsenz von biographischen Erzählungen ist folglich keine regelmäßig wiederkehrende Modeerscheinung, sondern Ausweis eines grundsätzlichen menschlichen Bedürfnisses nach Sinnangeboten. Biographisches Erzählen markiert in diesem Verständnis eine universale menschliche Praxis. In besonderer Weise zählt die Biographik zum Kernbestand all jener Kulturen, in deren Zentrum das Individuum steht – sei es, weil sie der Persönlichkeit an sich einen besonderen Stellenwert einräumen, oder weil sie ihr Selbstverständnis über das vorbildhafte Handeln Einzelner konstituieren.

Zwar haben inzwischen viele an dem einen oder anderen postmodernen Theoriewasser genippt und wissen entsprechend, dass man eine Bastelbiographie aus dem Baukasten lebt, dass die eigene Identität narrativ (re)konstruiert wird, dass man vermeintlich eigene Erfahrungen nur durch die

Brille vorgegebener kultureller und gesellschaftlicher Muster wahrnehmen und memorieren kann oder dass Kontingenz das einzig strukturgebende Prinzip ist. Doch dessen ungeachtet erlebt man sich und die eigene Existenz (notwendigerweise?) ganz anders: nämlich als unverwechselbare und originäre Persönlichkeit, deren ureigenste Erlebnisse in einem kohärenten Zusammenhang stehen. In manchen Momenten meint man gar, eine kausale Verbindung zwischen einzelnen Ereignissen herstellen zu können, was zu besonderer Befriedigung führen kann, weil es die prinzipielle Gestaltbarkeit der eigenen Biographie unterstreicht (selbst wenn es sich um Kausalitäten mit negativen Ergebnissen handelt). Es ist dieser Gegensatz zwischen objektiver Erkenntnis und subjektiver Wahrnehmung, in den die Biographie eingespannt ist – im positiven wie im negativen Sinne. Denn reflektierte Biographien können daran mitwirken, diesen Gegensatz zu überbrücken, und zum wechselseitigen Verständnis, zum erkenntnisfördernden Miteinander von Theorie und Lebenspraxis bzw. Alltagswahrnehmung führen. Dass sich Biographien stattdessen häufig unproblematisiert (und gefallsüchtig) auf die Seite der subjektiven Lesererfahrung schlagen, hat verschiedentlich zur Kritik am Genre geführt.

So wird die (mal mehr, mal weniger deutliche) Präsenz der Biographik begleitet von einem skeptischen Chor. Die einflussreicheren Stimmen erheben dabei keinen Einspruch gegen die Existenz biographischen Erzählens an sich, weil es ganz offensichtlich ein Bedürfnis nach sinnhaften Lebenserzählungen gibt, das sich nicht einfach diskursiv aus der Welt schaffen lässt. Stattdessen reiben sie sich an den zu bestimmten Zeiten spezifischen Formen der Biographik. Denn in Biographien werden Leben ja nicht einfach frei von Wertvorstellungen und Kontextbedingungen präsentiert, sondern jeweils vor der Folie der herrschenden Sozial- und Subjektkonzepte. So ist es auch kein Zeichen von Inkonsequenz (wie zumeist konstatiert wird), dass etwa Siegfried Kracauer, einer der schärfsten Kritiker der »biographischen Mode« (Leo Löwenthal) der 1920er Jahre, 1937 selbst eine Biographie über Jacques Offenbach vorlegt. Kracauer stellt schließlich nicht das biographische Erzählen an sich in Frage, sondern kritisiert eine bestimmte ideologische Variante und bedauert, dass das produktive und kritische Potential biographischen Arbeitens nicht genutzt werde, was er schließlich in einem eigenen Versuch nachzuholen versucht.

Schon anhand dieser wenigen Bemerkungen wird erkennbar: Wer sich praktisch oder analytisch mit biographischem Erzählen befasst, begibt sich in ein Labyrinth mit zahlreichen fachspezifischen, ideologischen oder kulturhistorischen Ein- und Ausgängen, bewegt sich auf mehr oder weniger eingelaufenen methodischen und theoretischen Pfaden, muss sich zurecht finden im Wegenetz parallel laufender oder sich überkreuzender Ansätze und Traditionen. Walter Benjamin bezeichnete seine autobiographischen Versuche als Bewegungen in einem Irrgarten und meinte: »Was in der Kammer seiner rätselhaften Mitte haust, Ich oder Schicksal, soll mich hier nicht kümmern.« In diesem Sinne lässt sich der Fokus des vorliegenden Handbuchs spezifizieren: Anstatt sich an eher metaphysischen Fragen nach dem Wesen der Existenz abzuarbeiten, will es möglichst viele der Zugänge und Wege kartographisch erfassen, um so einen Überblick zu liefern und Orientierung zu ermöglichen.

Aufbau und Anlage des Handbuchs

Der Begriff ›Biographie‹ ist doppeldeutig, kann er doch neben der medialen Repräsentation eines Lebens auch das Leben selbst meinen – Biographien kann man eben lesen und leben. Daraus ergeben sich Uneindeutigkeiten im Hinblick auf die analytische Beschäftigung mit Biographien und den Gegenstand verschiedener Zugänge der Biographieforschung. So fokussiert etwa die sozialwissenschaftliche Biographieforschung Lebenssituationen und -wege bestimmter Personen(gruppen), indem sie deren *auto*biographische Erzählungen untersucht. Das vorliegende Handbuch konzentriert sich demgegenüber (von einigen Ausnahmen abgesehen) auf *mediale Repräsentationen anderer* Leben. Angesichts der vielfältigen biographischen Erscheinungsformen wird allerdings darauf verzichtet, eine möglichst präzise und verbindliche Definition des Gegenstandsbereichs zu präsentieren, die den Fokus des Handbuchs von vornherein einengen würde. Stattdessen wird, ganz im Gegenteil, im *ersten Kapitel* des Handbuchs (*Bestimmungen und Merkmale*) der Versuch unternommen, das weite Spektrum biographischer Erscheinungsformen anzudeuten. Dies geschieht im Rahmen der Diskussion verschiedener Beschreibungsmerkmale, die häufig zur Bestimmung des Phänomens Biographie herangezogen werden. Auf diese Weise wird in der Zusammenschau deutlich, dass einerseits verschiedene Kriterien auf alle Formen biographischen Erzählens zutreffen, dass aber andererseits im Rahmen dieser Gemeinsamkeiten ein großer Variantenreichtum Raum findet. Das *zweite Kapitel* des Handbuchs (*Zentrale Fragen und Funktionen*) widmet sich zum einen der Frage, welche Erkenntnisse und Beobachtungen die analytische Auseinandersetzung mit biographischen Erzählungen liefert, und beleuchtet zum anderen, welche Funktionen die biographische Praxis für einzelne Leser, aber auch für soziale Formationen erfüllt, indem etwa bestimmte Subjekt- und Genealogie-Konzepte konstituiert werden. Das *dritte Kapitel* (*Formen und Erzählweisen*) will eine möglichst breite Auswahl von Biographie-Typen und biographischen Erzählweisen vorstellen, bevor im *vierten Kapitel* (*Analyse biographischer Erzählungen*) der Versuch unternommen wird, Kategorien für die Analyse von Biographien zu entwickeln. Dieser Abschnitt verdeutlicht, dass die systematische Beschäftigung mit Biographien nicht nur deshalb wichtig ist, weil Lebensbeschreibungen etwas über Individualitäts- und Gesellschaftsvorstellungen einer bestimmten Epoche verraten, über die je virulenten Ideen vom ›guten Leben‹ o.ä. Indem man auf der Textebene untersucht, wie Biographien etwa die Idee vom gelungenen (oder auch: gescheiterten) Leben narrativ konstruieren, erfährt man vielmehr auch etwas über die Konstruktions- und Durchsetzungsprinzipien gesellschaftlicher Wertvorstellungen. Darüber hinaus zeigt die Analyse biographischer Texte im Hinblick auf die biographische Praxis, welche Möglichkeiten dem Biographen offen stehen und welche Fragen er im Vorfeld der Arbeit zu reflektieren hat. Im *fünften Kapitel* (*Historischer Abriss*) werden die geschichtlichen Entwicklungen biographischen Erzählens nachgezeichnet, im *sechsten Kapitel* (*Regionale Entwicklungen*) eine Reihe regionaler Ausprägungen und Traditionen vorgestellt. Das *siebte Kapitel* (*Biographisches Arbeiten als Methode*) fokussiert biographisches Arbeiten als Methode in verschiedenen Wissenschaften. Dabei soll zum einen ein Eindruck davon vermittelt werden, wie die biographische Methode in der jeweiligen Disziplin aussieht, und zum anderen, welche Fragen man mithilfe eines biographischen Zugriffs zu beantworten sucht. Im abschließenden *achten Kapitel* (*Praxis des biographischen Schreibens*) werden einzelne Themen diskutiert, die im Hinblick auf die Praxis des Biographen relevant sind.

Um etwaigen Irritationen vorzubeugen: Letztlich handelt es sich bei vorliegendem Handbuch um zwei Handbücher in einem, denn es versucht eine Brücke zu schlagen zwischen einem engeren und einem weiteren Verständnis von Biographie. Einerseits will es jene Textsorte systematisch beleuchten, die unter dem Begriff ›Biographie‹ etabliert ist und gemeinhin verstanden wird als ›umfassendere schriftliche Darstellung des Lebens einer anderen (realen) Person‹ o.ä., andererseits will es biographische Erscheinungsformen in anderen Medien und Formaten berücksichtigen. In diesem Sinne konzentrieren sich einige Kapitel (v.a. das vierte, fünfte, sechste und achte) stärker auf die Biographie ›klassischen‹ Typs, während anderen (v.a. dem zweiten, dritten und siebten Abschnitt) ein weiterer Fokus zugrunde liegt. Dem Leser bietet sich so die Möglichkeit, sich umfassend mit dem Phänomen Biographie auseinanderzusetzen.

Die Fragen, die im Rahmen dieses Zugriffs beantwortet werden sollen, sind in mindestens fünf Gruppen aufzuteilen: bezogen (1) auf die Darstellung (*wie wird ein Leben präsentiert?*), (2) auf den Gegenstand (*was erfährt man über das dargestellte Leben?*), (3) den konkreten Kontext (*was erfährt man über die Intentionen des Biographen, über Zeitumstände, mentalitätsgeschichtliche Aspekte?*), (4) die Funktion (*warum werden Biographien gelesen, welche Bedeutung haben biographische Erzählungen für Selbst- und Fremdkonzepte?*) und (5) die Methodologie (*welche biographischen Verfahren zeitigen welche Ergebnisse, welche Erkenntnisse erhofft man sich vom je spezifischen biographischen Ansatz?*).

Dennoch soll hier nicht der Eindruck erweckt werden, das Handbuch erhebe eine Art Vollständigkeitsanspruch. Im Gegenteil: Bei einem so weiten Feld, wie es biographisches Erzählen darstellt, besteht der erste Schritt der Konzeption eines einbändigen Handbuchs darin, einzugrenzen und auszuwählen. Angestrebt wird mit der vorliegenden Themenauswahl vor allem eine Art Bestandsaufnahme der aktuellen, im westeuropäischen Raum etablierten Methoden biographischen Arbeitens und biographischer Erscheinungsformen. Ferner sollen ihre Funktionen dargestellt und ihre Entstehungszusammenhänge hergeleitet werden. Notwendigerweise bleiben zahlreiche Aspekte unberücksichtigt. Ungeachtet der Tatsache, dass in jüngerer Zeit die wissenschaftliche Beschäftigung mit biographischem Erzählen aus historischer und theoretischer Perspektive zugenommen hat, werden viele der vorgestellten Themenbereiche in vorliegendem Handbuch erstmals systematisch diskutiert.

Um das skizzierte Ziel zu erreichen, wurde die Auswahl der Themen – so ließe sich verallgemeinernd zusammenfassen – vor allem von drei Parametern bestimmt: Relevanz (insb. *Funktionen*, *Praxisfragen*), Präsenz (ins. *Formen*, *Methoden*) und Dependenz (*Historischer Abriss* und *Regionale Entwicklungen*). So sollten etwa die thematisierten Funktionen und Praxisfragen möglichst grundsätzlicher Natur, die dargestellten Formen im entsprechenden medialen Kontext möglichst sichtbar sein bzw. die biographische Methode im entsprechenden Fach als vergleichsweise typische Arbeitsweise wahrgenommen werden und weit verbreitet sein. Die dargestellten historischen und geographischen Entwicklungen wurden danach ausgesucht, inwieweit sie eigene Traditionsstränge etablierten, ob sie die heute in Westeuropa verbreiteten Formen beeinflussten und ob sie Teil dieses Bezugssystems sind. Das heißt natürlich nicht, dass andere Zielsetzungen weniger ergiebig wären und ein anders konzipiertes Handbuch weniger interessant – so könnte man etwas statt *Dependenz* als dritten Parameter *Distanz* zugrunde legen und dann gerade jene Traditionen fokussieren, die mit den bei uns etablierten Formen möglichst stark kontrastieren. Aber das ist eben nicht der Ansatz des vorliegenden Handbuchs, und wie heißt es schon bei Brecht: Es geht auch anders – doch so geht es auch.

*

Ein Handbuch ist selten das Ergebnis konzentrierter Einzelarbeit, sondern entsteht zumeist in Diskussions- und Arbeitszusammenhängen. Erste Überlegungen zum Aufbau des vorliegenden Projekts wurden in Rahmen des *Zentrums für Biographik* vorgestellt, dessen Mitgliedern ich Anregungen und Impulse verdanke. Wo Projekte aus inhaltlicher Überzeugung gefördert werden, man kompetente und sich stets kümmernde Gesprächspartner hat, fühlt man sich einfach gut aufgehoben – das hätte ich Oliver Schütze vom Verlag J.B. Metzler schon längst einmal sagen sollen. Matías Martínez möchte ich für den besonderen Freiraum, die ideele und logistische Unterstützung danken, Lukas Werner für den wirklich unermüdlichen Einsatz für das Handbuch sowie seine unverzichtbare Hilfe bei allen redaktionellen Fragen.

Wuppertal, im August 2009
Christian Klein

I. Bestimmungen und Merkmale

1. Begriffsgeschichte: Biographie und verwandte Termini

Trotz der in den letzten Jahren belebten Aktivitäten im Bereich der interdisziplinären Biographieforschung gehören begriffsgeschichtliche Untersuchungen bislang nicht zu ihren bevorzugten Gegenständen. So thematisiert keine der vorliegenden Überblicksdarstellungen eingehend den semantischen Gehalt und Wandel, der mit dem Terminus ›Biographie‹ und den ihn ergänzenden und konkurrierenden Begriffen verbunden ist. Es existieren auch kaum Spezialstudien zu diesem Teilaspekt der Gattungsgeschichte. Das ist insofern erstaunlich, als gerade in den – unterschiedlichen und teilweise gegenläufigen – Benennungen biographisch verfahrender Texte wesentliche Momente der Gattungsgeschichte eingelagert sind (↗ I.2. Biographie als Gattung), und eine auf die Terminologien, Benennungskontexte und -implikationen fokussierte Betrachtung also neue oder zumindest vertiefte Einsichten in die diskursgeschichtliche Stellung biographischer Genres geben könnte. »Jede Semantik«, hatte in diesem Sinne Reinhart Koselleck programmatisch konstatiert, »weist über sich hinaus«.[1] Wenn eine fundierte begriffsgeschichtliche Analyse neben ›Biographie‹ und den sie umgebenden Begriffen dafür auch Gegenbegriffe und das argumentative Umfeld ihrer Prägung einbeziehen muss,[2] kann das an dieser Stelle nicht geleistet werden. Vielmehr soll in historisch-systematischer Perspektive der Bedeutungsraum von ›Biographie‹ und seinen wichtigsten Ergänzungs- und Konkurrenztermini – darunter fallen ›Lebensbeschreibung‹, *vita*, ›Porträt‹/›Charakteristik‹ und ›Nekrolog‹/›Nachruf‹ – erörtert werden (↗ III.5. Biographische Kleinformen). Auch wenn sie nicht systematisch von ›Biographie‹ abgegrenzt werden können, ist es dennoch möglich, ihre Spezifika zu bestimmen.

1.1. Historische Begriffsvielfalt

Vor dem Hintergrund der bis in die Antike zurückreichenden Sachgeschichte biographischer Texte ist ›Biographie‹ ein relativ junges Produkt der modernen europäischen Sprachen, d.h. das Referendum ist wesentlich älter als die heute dafür gebräuchliche Bezeichnung. Die Erscheinungszeitpunkte sind dabei allerdings sehr verschieden. Den Auftakt bildet Großbritannien, wo erstmals in der Neuzeit der Begriff ›biography‹ in der Einleitung zur Plutarchübersetzung von John Dryden 1683 Verwendung findet; in der Forschung ist als Erklärung dafür eine Korrespondenz zur frühen sozialen, ökonomischen und politischen Konstituierung der bürgerlichen Gesellschaft hergestellt worden (Alheit/Dausien 1990, 407). In den Niederlanden hingegen taucht er nicht vor dem 19. Jahrhundert auf, während die ab 1762 dem Gebrauch von ›biographie‹ geltende Sanktion der Académie française (Romein 1948, 14) eine frühe Existenz in Frankreich belegt (wo das *Dictionnaire de Trévoux* erste Verwendungen für die Zeit vor 1693 nachweist). Im deutschsprachigen Raum ist der Terminus erstmals 1709 nachzuweisen (ebd.), setzt sich aber erst im Laufe des 19. Jahrhunderts als dominante Benennung personenzentrierter Geschichtsschreibung durch – allerdings nicht vollständig, wie Grimms *Deutsches Wörterbuch* zeigt, wenn es noch 1860 lediglich ›Lebensbeschreibung‹ als Lemma führt.

Gegenüber der Dominanz von ›Biographie‹ bzw. seinen nationalsprachlichen Äquivalenten im gegenwärtigen biographiologischen[3] Diskurs war die

1 Reinhart Koselleck: »Die Geschichte der Begriffe und Begriffe der Geschichte«. In: Carsten Dutt (Hg.): *Herausforderungen der Begriffsgeschichte*. Heidelberg 2003, S. 3–16, hier S. 5.

2 Für methodische Bemerkungen zu einer biographiologischen Begriffsgeschichte unter Einbezug der neueren theoretischen Überlegungen zur allgemeinen Begriffsgeschichte vgl. Schnicke 2009, S. 237–239 (vgl. zum Terminus ›biographiologisch‹ Anm. 3).

3 Gemeint ist die Wissenschaft von der Biographik, vgl. Christian Klein: »Einleitung. Biographik zwischen Theorie und Praxis. Versuch einer Bestandsaufnahme«. In: Ders. (Hg.): *Grundlagen der Biographik. Theorie und Praxis des biographischen Schreibens*. Stuttgart/Weimar 2002, S. 1–22, hier S. 4.

Situation in der formativen Phase des modernen »Gattungsbewusstseins«[4] keineswegs so eindeutig, sondern terminologisch offen. So finden sich in den Quellen der zweiten Hälfte des 18. Jahrhunderts eine Reihe von Termini zur Benennung der Gattung, wobei sich biographietheoretische Texte und konkrete Biographien nicht signifikant unterscheiden. Wenn ›Biographie‹ also durchaus gebräuchlich ist, ist das semantische Spektrum mit Begriffsvarianten wie »biographische [...] Nachrichten«[5], »Erzählungen besondrer Leben«[6], »Charaktere«, »Portrait«[7], »Gemälde«[8], »Ehren-« bzw. »Denkmal«[9] oder den bei Samuel Johnson ergänzend zu »biography« verwandten Termini »story« und »narratives of the lives«[10] oder den Einträgen »Caractere«, »Eloge« und »Portrait« in Diderots *Encyclopedie* insgesamt erheblich breiter. Neben ›Nekrolog‹ stellt ›Lebensbeschreibung‹ den bedeutendsten Parallelbegriff im deutschsprachigen Raum des 18. Jahrhunderts dar. Auf lexikalischer Ebene verzeichnete Zedlers *Universal-Lexikon* schon 1737 einen Eintrag zur »Lebens=Beschreibung«. Auch in der Folge dieser Aufnahme kann der Terminus in nahezu allen Vorworten zu biographischen Sammlungen oder Lexika identifiziert werden. Als Konsequenz ergeben sich aus dem differenten Begriffsinventar nicht zwingend konkurrierende semantische Ebenen, es handelt sich vielmehr oft um synonymische Benennungen. Für den historiographischen Diskurs der Spätaufklärung gilt das allerdings nicht. Hier werden durchaus folgenreich scharfe konzeptionelle Unterschiede pointiert, die v.a. über semantische Trennlinien ausgehandelt werden. Differenziert wird zum einen zwischen (wissenschaftlicher) Geschichtsschreibung und Biographik, später zum anderen zwischen wissenschaftlicher Geschichtsschreibung, die als ›Biographie‹ oder ›Porträt‹ unter bestimmten Umständen auch Biographik sein kann, und nicht-wissenschaftlicher Biographik, die als ›Denkmal‹ oder ›Charakteristik‹ gefasst wird (vgl. dazu Schnicke 2009).

Gemeinsamer Kern aller Termini ist die Thematisierung einer Einzelperson bzw. (seltener) einer Gruppe von Personen (↗ III.10 Kollektivbiographische Ansätze), d. h. der biographiologische Diskurs fokussiert Gattungen, die Lebensgeschichten erzählen. Schon bei näheren Definitionen aber treten wieder Unterschiede und historische Diskrepanzen zu Tage. So stehen zwar alle Termini in enger Korrespondenz zu zeitgenössischen Individualitätsvorstellungen und sind Teil der Verhältnisbestimmung zwischen den oft als Polen konstruierten Alternativen Individualität und Struktur, die mit der Bewertung der Rolle des Einzelnen auch die Funktion und gesellschaftliche Reichweite biographischer Genres festlegt und nicht zuletzt auch für deren wechselhafte Konjunkturen wesentlich ist. Wie stark aber die einzelnen Genres gegenüber Veränderungen und Varianzen regieren können, ist angesichts einer Breite, die von prinzipiell auf persönliche Eigenschaften angelegten Formen (›Porträt‹/›Charakteristik‹) bis zu eher die historischen Kontexte in den Mittelpunkt stellenden ›Biographien‹ reicht, sehr disparat.

Auch hinsichtlich des Grades an Totalität existieren bedeutende Abstufungen. Stärker als für die Ergänzungs- und Konkurrenzbegriffe ist Totalität für ›Biographie‹ von Bedeutung, wenn damit die Darstellung des Lebens eines Individuums verstanden wird, die tendenziell an Vollständigkeit orientiert ist, wie es die Etymologie nahe legt.

4 Günter Niggl: *Geschichte der deutschen Autobiographie. Theoretische Grundlegung und literarische Entfaltung*. Stuttgart 1977, S. 41.

5 Friedrich C.G. Hirsching: *Historisch-literarisches Handbuch berühmter und denkwürdiger Personen [...]; oder kurzgefaßte biographische und historische Nachrichten [...]*, Bd. 1 [1794]. Graz 1972.

6 Thomas Abbt: »Zwey hundert und eilfter Brief. P. Pauli Abzug aus dem Reich der schönen Wissenschaften, nebst desselben Abschiedsunterredung mit seinem Kunstrichter. Nützliche Regeln für Biographen, aus dem Rambler«. In: *Briefe, die Neueste Litteratur betreffend* 13. Theil (1762), S. 33–60, hier S. 54.

7 Georg Ch. Lichtenberg: »Von den Charakteren in der Geschichte«. In: Ders.: *Schriften und Briefe*. Bd. 3. Hg. v. Wolfgang Promies. Frankfurt a. M. 1994, S. 497–501, hier S. 497.

8 Johann Gottfried Herder: »Über Thomas Abbt Schriften. Der Torso von einem Denkmal, an seinem Grabe errichtet« [1768]. In: Ders.: *Schriften zur Ästhetik und Literatur 1767–1781*. Hg. v. Gunter E. Grimm. Frankfurt a. M. 1993, S. 565–608, hier S. 566.

9 Justus Möser: »Aufmunterung und Vorschlag zu einer westfälischen Biographie«. In: Ders.: *Sämtliche Werke. Historisch-kritische Ausgabe*. Bd. 4. Bearb. v. Ludwig Schirmeyer/Werner Kohlschmidt. Oldenburg/Berlin 1943, S. 297–300, hier S. 298.

10 Samuel Johnson: *The Rambler*. Hg. v. Albrecht B. Strauss/W. J. Bate Strauss. New Haven/London 1969, Nr. 60, S. 318–323, bes. S. 319–321.

1.2. Biographie und Lebensbeschreibung

Als spätantikes Kompositum aus *bios* (Leben) und *graphein* (für einritzen, zeichnen oder schreiben) – die Forschung kann es erstmals bei dem Neoplatoniker Damaskios und seinen Schülern im 6. Jahrhundert nachweisen, wo es im Sinne des Produzierens eines *bios* verwendet wird – ist ›Biographie‹ (*biographia*) – nun im Sinne des narrativen Produkts – kulturell als Gesamtwürdigung bedeutender Personen von kontext- und zeitabhängig relativer Totalität und unterschiedlicher Perspektivierung codiert. Der Terminus dient v.a. im 17. und 18. Jahrhundert daneben, wie Alheit/Dausien (1990, 406) anmerken, als eher unbestimmte Sammelbezeichnung für diverse biographische Gattungen (Prosaviten, Enzyklopädien, *confessiones*, *laudationes* und kleinbiographische Versformen). Außerhalb des engeren biographiologischen Diskurses sind Rudimente dieser Bedeutung in der Synonymsetzung von Lebenslauf und Biographie in der (sozialwissenschaftlichen) Fach- und der Umgangssprache der Gegenwart nachweisbar (↗ VII.6. Soziologie).

›Biographie‹ ist allerdings nicht immer auf Individualität hin angelegt. Zwar ist es ein Topos der Forschung, dem Genre überzeitlich die Orientierung auf ein Individuum einzuschreiben – ›Biographie‹ gilt etwa als Form, bei der es »um die Kenntnis des individuellen Menschenlebens« (Romein 1948, 140) gehe und deren Essenz »the representation of an individual self«[11] oder »the reconstruction of a human life«[12] darstelle –, aber mit Blick auf beispielsweise die politische Biographik des 19. Jahrhunderts ist diese Position nicht zu halten. Festzustellen sind hier vielmehr deutliche Entindividualisierungstendenzen, d.h. Perspektiven auf das Individuum, die nicht primär an der im Titel erscheinenden Figur interessiert sind, sondern ihre Existenz zum Anlass einer Diskussion historischer, nur noch assoziativ mit dem vermeintlichen Protagonisten in Verbindung stehenden Entwicklung nehmen; das historische Individuum wird gerade nicht biographiert, sondern fungiert als »Folie [...] darüber hinausgehende[r] Erkenntnisinteressen«.[13] Leopold von Ranke ist aufgrund dieses Vorgehens in der Forschung als »Antibiograp[h]«[14] bezeichnet worden, und für Johann Gustav Droysen gilt das Urteil, dass seine Biographien »die am wenigsten biographische[n] Form[en]«[15] sind (↗ V.5. 19. Jahrhundert).

Mit dem Terminus ›Biographie‹ verbindet sich des Weiteren auch kein einheitliches Format. Während ›Porträt‹ oder ›Charakteristik‹ aufgrund ihrer Ausschnitthaftigkeit – empirisch, nicht normativ – auf einen eher kleinen Umfang festgelegt sind, gilt für ›Biographie‹ seit dem 19. Jahrhundert zwar die Monographie als Normalform, allerdings ist der Terminus darauf nicht fixiert. So können ›Biographien‹ als Essays, als ein- oder mehrbändige Werke oder auch als monumentale ›Nationalbiographien‹, also vielbändige Lexika erscheinen. Mit diesem Formenspektrum geht auch ein unterschiedlicher Grad an formaler Normativität einher, denn während die Anlage einer Monographie dem Autor prinzipiell freisteht, verhält es sich in Bezug auf Lexikonartikel aufgrund mehr oder weniger standardisierter Textformen prinzipiell anders (↗ I.4. Narrativität).

Als Übersetzung des griechischen Originals nehmen ›Leben‹ und ›Lebensbeschreibung‹ bzw. ihre nationalsprachlichen Entsprechungen ein ähnliches semantisches Spektrum wie ›Biographie‹ ein. Analog dazu tragen auch sie einerseits die Ereignisse des Lebens als Objekt der damit gemeinten Gattung im Namen, andererseits zugleich den damit verbundenen *modus operandi*, das Beschreiben des Lebens. In Frankreich setzt sich im Laufe des 17. Jahrhunderts *vie* als Titel biographischer Texte etwa bei Voltaire oder Descartes durch und ist bis in die Gegenwart hinein ein Bestandteil des biographiologischen Diskurses. Ähnliches gilt mit

11 Alfred Hornung: »Anthropology and Life Writing«. In: Margaretta Jolly (Hg.): *Encyclopedia of Life Writing. Autobiographical and Biographical Forms*. 2 Bde. Chicago/London 2001, Bd. 1, S. 38–41, hier S. 38.

12 John Arthur Garraty: *The Nature of Biography*. New York 1957, S. 28.

13 Falko Schnicke: »Der Biograph«. In: Christiane Hackel (Hg.): *Philologe – Historiker – Politiker. Johann Gustav Droysen 1808–1884*. Berlin 2008, S. 71–77, hier S. 73.

14 Christian von Zimmermann: *Biographische Anthropologie. Menschenbilder in lebensgeschichtlicher Darstellung (1830–1940)*. Berlin/New York 2006, S. 124.

15 Olaf Hähner: *Historische Biographik. Die Entwicklung einer geschichtswissenschaftlichen Darstellungsform von der Antike bis ins 20. Jahrhundert*. Frankfurt a. M u. a. 1999, S. 116.

life als titelgebendes Nomen und *Life Writing* als Terminus, der die Verfahrensweise bestimmt, auch für den angelsächsischen Raum. Gerade Letzterer findet im Sinne eines Hyperonyms aller biographischer Formen und Formate gegenwärtig breite Akzeptanz, wie die von Margaretta Jolly herausgegebenen *Encyclopedia of Life Writing* (2001) verdeutlicht (↗VI.8. US-amerikanische Biographik). Im deutschsprachigen Kontext stellte ›Lebensbeschreibung‹ v.a. im 18. Jahrhundert ein wichtiges Synonym für ›Biographie‹ dar, ist – anders als ›Leben‹, das als Teil der Titel biographischer Literatur ungebrochen viel frequentiert wird – aus der alltäglichen wie wissenschaftlichen Kommunikation heute aber weitgehend verschwunden. Lediglich in Lexika und Wörterbüchern erscheinen beide Begriffe auch heute noch und gelten dann als semantisch identisch, d.h. es wird oft auf den jeweils anderen verwiesen; eine Tradition, die u.a. mit Johann Christoph Adelung ihre Vorläufer schon insofern im 18. Jahrhundert hat, als dieser apodiktisch festgestellt hatte, dass ›Lebensbeschreibung‹ »nicht das geringste mehr oder weniger«[16] bedeute als ›Biographie‹.

1.3. ›Vita‹

Vita kommt heute, verglichen mit vormodernen Epochen ebenfalls keine aktive Bedeutung mehr zu, sieht man von der Übersetzung von ›Lebenslauf‹ in *curriculum vitae* ab. Hinsichtlich seiner früheren zeitlichen Verwendung kann festgestellt werden, dass es sich dabei in der Antike – zu einem Zeitpunkt, zu dem ›Biographie‹ noch nicht gebräuchlich ist – gemeinsam mit seinem griechischen Äquivalent *bios* um die frequentierteste Gattungsbezeichnung biographischer Texte handelte. Aufgrund der Latinität des europäischen Mittelalters gilt diese Vorrangstellung bis ins 17. Jahrhundert hinein, d.h. *vita* ist für viele hundert Jahre der dominierende Terminus für die Produkte biographischen Schreibens. In diesem Sinne stehen, trotz erheblicher methodisch-konzeptioneller Differenzen Plutarchs *Bioi parallēloi* (105–115 n.Chr.), Suetons *De vita Caesarum* (120 n.Chr.) und Vasaris *Vite de' più eccellenti Architetti, Pittori et Scultori Italiani da Cimabue insino a' tempi nostri* (1550/1568) in enger begriffsgeschichtlicher Verbindung.

Gleichzeitig ist dem Terminus eine prinzipielle inhaltliche Ausrichtung eingelagert, denn er war der Geschichtsschreibung (*historia*) semantisch entgegengesetzt (Sonnabend 2002, 7). *Vita* war überwiegend auf das Leben von Menschen mit besonderen Begabungen und exzeptionellem Schicksal, auf Könige, Fürsten, Politiker festgelegt. Im Mittelalter nimmt daneben die tausendfache, wie Konrad Kunze (2003, 787) annimmt, hagiographische Thematisierung von Bischöfen, Äbten und Heiligen einen großen Stellenwert ein. Sind auch hier primär Männer Objekt biographischer Heroisierungen, lassen sich – in quantitativ weit geringerem Maß – gleichzeitig aber auch Nonnenviten nachweisen (ebd., 788). Als profane Entsprechung sind daneben auch Legenden und ähnliche Darstellungen von so großer Bedeutung, dass für das 14. und 15. Jahrhundert *vita* als Bezeichnung für volkssprachliche Schriften gelten kann, in denen Gotteserfahrungen in biographischer Form mitgeteilt werden. Gleichzeitig existieren aber auch im Mittelalter nicht-hagiographische Viten auf Latein, wie einer der wichtigsten biographischen Texte der Zeit, Einhards *Vita Karoli Magni* (zw. 830 und 836), zeigt. Auf Ebene des Sujets vermischen die profanen Varianten historische und symbolische Wahrheiten miteinander und teilen insofern die oft ausgeschmückte, anekdotenhafte und über die Faktizität hinausweisende Gestaltung, die auch den antiken und religiösen Viten eigen ist. Als gemeines Formmerkmal wird daneben ein an Tugenden orientiertes Gliederungsschema, das auf Aristoxenos (4. Jhd. v. Chr.) zurückgeht, über viele Jahrhunderte bewahrt. Wesentlich auch darin tradieren die mittelalterlichen Viten den antiken Unterschied zur chronologisch-analytisch organisierten nicht-personengebundenen Historiographie.

1.4. Porträt/Charakteristik

Anders als die bisher thematisierten Großformate sind ›Porträts‹/›Charakteristiken‹ von eher gerin-

16 Johann Christoph Adelung: *Ueber den Deutschen Styl*. Bd. 2/3. Berlin 1785, S. 107.

gem Umfang. Es handelt sich meist um nichtselbstständige Veröffentlichungen, d. h. um Teile größerer literarischer Formen wie Romane oder Geschichtsdarstellungen. Qualitativ heben sie nicht auf die Lebensgeschichte historischer oder literarischer Figuren, sondern v.a. auf Darstellungen des Charakters, der äußeren Erscheinung und des Wesens ihrer Objekte ab. Nach Gisela Köhler (1991, 21) ist diese Definition über inhaltliche und gerade nicht über formale oder sprachliche Komponenten innerhalb der Forschung typisch. Strittig ist allerdings, wie die historisch volatile Gewichtung der Parameter in der Gattungsgeschichte vermessen werden kann. Als Grundmuster weitgehend akzeptiert ist eine Entwicklung, in der die Bedeutung der physischen Eigenschaften zurückgedrängt wird. So ist in mittelalterlichen Porträts die äußere Erscheinung besonders wichtig gewesen; sie wird vergleichsweise detailliert, dabei am Körper von oben nach unten verfahrend, geschildert. Peter Martin Schon hat dabei ein Streben nach Vollständigkeit beobachtet, mit dem eine möglichst konkrete Rezeption intendiert worden ist, ein Verfahren das sicherstellen sollte, dass »tatsächlich ein [individuell-gegenständliches] Bild entstehen kann«.[17] Im Laufe der Neuzeit gewann dann die Wesensbeschreibung immer mehr an Bedeutung, so dass sich ein Gleichgewicht zwischen beiden Komponenten einstellte, um die historischen oder literarischen Figuren in ihrem ganzen ›Wesen‹ erfassen zu können. Daraus resultiert im Ergebnis weniger eine intensive historische Kontextualisierung als eine Präsentation des biographischen Objekts um seiner selbst willen. Gerade darin liegt die semantische Schnittstelle zum Porträt, verstanden als visuelle Darstellung einer (Einzel-)Person. In der Verwendung von ›Porträt‹ als Bezeichnung für umfassende biographische Würdigungen oder gar Epochendarstellungen – wie dies gegenwärtig zu beobachten ist – ist diese Semantik allerdings erweitert, wobei der Begriff tendenziell zum Synonym für ›Biographie‹ oder Geschichtsschreibung insgesamt entspezifiziert wird.

17 Peter Martin Schon: »Das literarische Porträt im französischen Mittelalter«. In: *Archiv für das Studium der neueren Sprachen und Literaturen* 117. Jg. (1965), S. 241–263, hier S. 243.

1.5. Nekrolog

Eine umgekehrte historische Entwicklung ist für den Terminus ›Nekrolog‹ nachzuweisen. Hatte Philipp von Zesen 1648 vorgeschlagen, das Fremdwort ›Echo‹ durch ›Nachruf‹ zu ersetzen, war er insofern erfolgreich, als ab 1750 eine stetig wachsende Zahl von Publikationen mit diesem Titel (-bestandteil) zu verzeichnen ist (Bogner 2006, 19). Dabei lag zunächst ein semantisch offenes Verständnis dieser biographischen Kleinform vor, die im 17. und frühen 18. Jahrhundert eine doppelte Funktion hatte, wie paradigmatisch das *Deutsche Wörterbuch* dokumentiert. So sind sowohl die »einem scheidenden zum lebewohl nachgerufenen« als auch die »einem geschiedenen, gestorbenen gewidmeten [...] worte«[18] gemeint. Ab Mitte des 18. Jahrhunderts setzt eine – keineswegs konstante – Transformation zu einer nur noch auf Verstorbene konzentrierten Gattung ein. Rekonstruierend formulierte Ralf Georg Bogner (2006, 23–28) für die so definierten Nachrufe eine Typologie (was insofern innovativ ist, als Nekrologe lange Zeit nicht in Poetiken erwähnt wurden, weil sie der deutschen Gattungstrias aus Lyrik, Drama und Epik entgegenstanden und sich keine einheitliche Benennung durchsetzen konnte[19]). Als notwendige Gattungsmerkmale bestimmte er den (1a) Produktionskontext eines aktuellen Todesfalls, um ihn von einer zum Jahrestag des Todes erscheinenden Biographie zu unterscheiden, und die (1b) an einen öffentlichen Adressatenkreis gerichtete Kommunikation, um ihn von privaten Reaktionen auf den Tod trennen zu können. Als nicht-notwendige, aber regelhaft gültige Merkmale stellte er (2a) relativ stabile rhetorische Modelle (Rekurs auf Lebenslauf, Katalog von Verdiensten und Werken), die (2b) Einordnung des Verstorbenen in eine Reihe vergleichbarer Persönlichkeiten (*comparatio*), das (2c) Zitieren von Meinungen maßgeblicher Zeitgenossen (*auctoritas*), die (2d) Wiedergabe von Äußerungen des Toten selbst (Prosopopöie) und eine

18 Jacob Grimm/Wilhelm Grimm: *Deutsches Wörterbuch*. Bd. 7. Leipzig 1889, Sp. 106.

19 Vgl. allein zu den etwa 130 Bezeichnungen der frühneuzeitlichen Leichenpredigt: Maria Fürstenwald: »Editorischer Bericht«. In: Dies. (Hg.): *Trauerreden des Barock*. Wiesbaden 1973, S. 458–465, hier S. 458.

(2e) aus Klage, Lob und Trost bestehende Wirkungsfunktion fest. Mit Franz Eybl kann der (2f) besondere Umgang mit negativen Charaktereigenschaften, die nicht verschwiegen, sondern mit positiven aufgewogen werden, so dass eine »wertende Biographie«[20] entsteht, ergänzt werden.

1.6. Desiderate der Forschung

Insgesamt zeigt sich, dass das semantische Spektrum des biographiologischen Diskurses weit über das oft dominante Lexem ›Biographie‹ hinausgeht und in einer – selten reflektierten – (Selbst-)Beschränkung auf den (unzweifelhaft bedeutenden) Kernbegriff wesentliche inhaltlich-konzeptionelle und systematisch-historische Aspekte der Gattungsgeschichte ausgeblendet bleiben. Eine Intensivierung der biographiologischen Begriffsgeschichte im Allgemeinen und die verstärkte Berücksichtigung der den Terminus ›Biographie‹ semantisch ergänzenden oder zu ihm in Konkurrenz stehenden Termini ist deshalb eine wesentliche Aufgabe künftiger Forschung.

Literatur

Alheit, Peter/Dausien, Bettina: »Biographie«. In: Hans Jörg Sandkühler (Hg.): *Europäische Enzyklopädie zu Philosophie und Wissenschaften*. Hamburg 1990, Bd. 1, S. 405–418.

Berschin, Walter: *Biographie und Epochenstil im lateinischen Mittelalter*. Bd. 5: Kleine Topik und Hermeneutik der lateinischen Biographie. Stuttgart 2004.

Bogner, Ralf Georg: *Der Autor im Nachruf. Formen und Funktionen der literarischen Memorialkultur von der Reformation bis zum Vormärz*. Tübingen 2006.

Köhler, Gisela Ruth: *Das literarische Porträt. Eine Untersuchung zur geschlossenen Personendarstellung in der französischen Erzählliteratur vom Mittelalter bis zum Ende des 19. Jahrhunderts*. Bonn 1991.

Kunze, Konrad: »Vita«. In: Klaus Weimar u.a. (Hg.): *Reallexikon der deutschen Literaturwissenschaft*. 3 Bde. Berlin/New York 1997–2003, Bd. 3, S. 786–789.

Nahmer, Dieter von der: *Die lateinische Heiligenvita. Eine Einführung in die lateinische Hagiographie*. Darmstadt 1994.

Romein, Jan: *Die Biographie. Einführung in ihre Geschichte und ihre Problematik*. Bern 1948 (niederl. 1946).

Scheuer, Helmut: »Biographie$_1$. Literarische Darstellung eines Lebenslaufs«. In: Klaus Weimar u.a. (Hg.): *Reallexikon der deutschen Literaturwissenschaft*. 3 Bde. Berlin/New York 1997–2003, Bd. 1, S. 233–236.

Sonnabend, Holger: *Geschichte der antiken Biographie. Von Isokrates bis zur Historia Augusta*. Stuttgart/Weimar 2002.

Schnicke, Falko: »Transgressive Semantiken. Zur erkenntnistheoretischen Umwertung von ›Biographie‹ im Übergang vom 18. zum 19. Jahrhundert (Abbt, Wiggers, Droysen)«. In: Michael Eggers/Matthias Rothe (Hg.): *Wissenschaftsgeschichte als Begriffsgeschichte. Terminologische Umbrüche im Entstehungsprozess der modernen Wissenschaften*. Bielefeld 2009, S. 235–266.

Falko Schnicke

20 Franz Eybl: »Nekrolog«. In: Gert Ueding (Hg.): *Historisches Wörterbuch der Rhetorik*. Bd. 6. Darmstadt 2003, Sp. 207–210, hier Sp. 208.

2. Biographie als Gattung?

2.1. Was sind Gattungen?

Gattungszuschreibungen sind Kategorisierungsvorgänge. Es handelt sich um dynamische Verständigungsprozesse zwischen mehreren Akteuren, in denen Geltungsbedingungen jener Zuschreibungen ausgehandelt oder durchgesetzt und kulturelle Haushalte irgendwie zusammengehöriger Gruppen organisiert werden. Gattungen sind daher als kommunikativ etablierte und dadurch sozial geteilte Kategorisierungen zu bezeichnen – es sind keine historisch und kulturell stabilen Entitäten, keine vorgängigen oder grundlegenden Universalien, keine Naturformen und keine Tiefenstrukturen o. Ä.; Gattungszuschreibungen unterliegen den natürlichen und den kulturellen Bedingungen des Kategorisierens, sie sind kulturrelativ und historisch flexibel, und sie beruhen auf der Wahrnehmung von besten Beispielen (Prototypen) und weniger trennscharfer als eher ›verschwimmender‹ Grenzen zu anderen Kategorien.[1] Die Akteure, die sich jeweils durch Gattungszuschreibungen (be- oder umschreibend, benennend, definierend) an der Organisation kultureller Haushalte beteiligen, können im Hinblick auf die Objekte der Kategorisierung lediglich Beobachter oder auch Teilnehmer sein. Beobachter kategorisieren aus zeitlicher oder räumlicher Entfernung Objekte, die nicht zu ihrer eigenen ›Welt‹ gehören, wiewohl durchaus für ihre eigene ›Welt‹; Teilnehmer kategorisieren in ihrer eigenen ›Welt‹ ihre eigene ›Welt‹ für ihre eigene ›Welt‹. Im Hinblick auf sprachlich repräsentierte Gattungen wären beispielsweise Literarhistoriker oder auch Ethnologen als Beobachter zu bezeichnen, wenn sie *ex post* solche Gattungen wie das ›Maere‹ oder den ›Bildungsroman‹ erfinden oder *ex distantia* Äußerungsformen innerhalb ›fremder‹ Kulturkontexte mit an jene Kulturen herangetragenen Kategorien als ›Lied‹ oder allgemein als ›Kunst‹ bestimmen und bezeichnen; aus der Teilnehmerperspektive kategorisieren hingegen z. B. Poetiker, Autoren oder Kritiker, die jeweils Gegenstände in ihrem eigenen aktuellen kulturellen Kontext bestimmen und benennen. Gattungsbestimmungen sind stets abhängig von den vorausgesetzten (Literatur-)Theorien, denn diese entscheiden über Einteilungs- und Unterscheidungsgründe. Zudem sind Gattungsbestimmungen paradigmen-, interessen- und auch zweckabhängig (Strube 1993; Zymner 2003). Gattungsdefinitionen können unterschiedliche Begriffsformen haben, und sie können klassifizierend oder typologisierend ausgerichtet sein. Gattungen haben auch keine festen oder ›eigentlichen‹ Namen, vielmehr sind die Begriffsnamen vielfach semasiologischer Variabilität unterworfen.

1 Vgl. z. B. Paula R. Backscheider: *Reflections on Biography*. New York 2001.

2.2. Biographie als Gattung

Das allgemein Gesagte lässt sich an der Gattung ›Biographie‹ erläutern. Die ›Biographie‹ ist keine kanonische, z. B. in normativen Poetiken definierte Gattung, ihre Gattungsgestalt bleibt daher anhaltend schwankend. Im Deutschen setzt sich erst im 18. Jahrhundert das deutschsprachige Fremdwort ›Biographie‹ gegen ältere griechische (*bios*), lateinische (*vita*) oder auch konkurrierende deutschsprachige Bezeichnungen (›Leben‹, ›Lebensbeschreibung‹) durch (↗I.1. Begriffsgeschichte); neuerdings tritt neben den Ausdruck ›Biographie‹ die orthographische Variante ›Biografie‹ sowie der Ausdruck ›Biographik‹ als Sammelbezeichnung für verschiedene Formen ›biographischen Schreibens‹ (z. B. Klein 2002; siehe aber schon Romein 1965, 9). Unterschiedliche Definitionen von ›Biographie‹ (resp. ›Lebensbeschreibung‹, ›biography‹ etc.) verdeutlichen die unterschiedlichen Abhängigkeiten der Gattungskonstitution. Einige Belegfälle mögen dies illustrieren:

Beispiel (1): »Darstellung des Lebenslaufes eines Menschen mit Einschluß seiner Leistungen« (Kayser 1953, 27). Die Definition von Wolfgang Kayser verwendet das Substantiv »Darstellung« und legt dadurch die Biographie nicht auf einen bestimmten Modus fest, denn darstellen kann man auf vielerlei Weise. Zudem bleibt eine Zweideutigkeit zwischen Vorgang (das Darstellen eines ›Lebenslaufes‹) und Resultat (der Gegenstand ›Biographie‹) unaufgelöst. Das Objekt der Darstellung ist allemal der ›Lebenslauf‹ eines ›Menschen‹[2], demnach geht es in Biographien ausschließlich um ›Reales‹, und, wie das bei Kayser zitierte Beispiel für ›Biographie‹ (*Allgemeine Deutsche Biographie*) nahelegt, um faktual Dargestelltes (↗ I.3. Referentialität). Deutlich wird außerdem, dass allein an Darstellungen im Medium des Schrifttextes gedacht ist. Das Stichwort ›Lebenslauf‹ weist darauf hin, dass es bei einer Biographie um eine standardisierte, sequentiell geordnete und mit Zeitpunktangaben versehene Ereignisabfolge geht, die ›dargestellt‹ wird und durch deren Auswahl und Kombination der ›Lauf‹ eines ›Lebens‹ erst eine kohärente Gestalt gewinnt.[3] Zur Auswahl der Ereignisse gehören insbesondere die ›Leistungen‹ eines Menschen. Dadurch erscheint hier ein evaluativer Aspekt konstitutiv für die ›Biographie‹, ein Mensch ohne ›Leistungen‹ wäre demnach nicht biographiefähig (↗ I.7. ›Biographiewürdigkeit‹).[4] Kaysers Definition hält die Gattung ›Biographie‹ von der ästhetischen Literatur entfernt, ohne ausdrücklich festzustellen, dass es sich um eine Gebrauchsform oder um eine wissenschaftliche Gattung handele (↗ I.6. Poetizität/Literarizität). Anders konstituiert hingegen das zweite Beispiel die Gattung ›Biographie‹ bzw. ›Lebensbeschreibung‹.

Beispiel (2): »Die L.[ebensbeschreibung] ist eine literar. Gattung *sui generis*. Wie wir sie jetzt auffassen, gehört sie sowohl der Geschichtschreibung wie der schönen Lit. an und damit einerseits zur Wissenschaft, andererseits zur Kunst« (Romein 1965, 8). In dieser (ihre Kontextbedingtheit betonenden) Definition wird die »Lebensbeschreibung« der Literatur zugeschlagen, aber leicht widersprüchlich auch eingeräumt, dass es eine Gattung mit zwei Bereichszugehörigkeiten zugleich sei: Wissenschaft und Kunst. Als Wissenschaft habe die »Lebensbeschreibung« jedoch alles fortzulassen, »was nicht mittelbar oder unmittelbar mit der Entwicklung oder Wirkung des Beschriebenen zusammenhängt« (ebd., 9),[5] als Kunst habe sie alles fortzulassen, »was nicht authentisch ist und sich nicht dokumentarisch beweisen läßt« (ebd.). »Wahre Kunst« und »wahre Wissenschaft« bestehen darin, im »Individuellen zugleich das Allgemeine zu sehen« (ebd.). Es geht in diesem Biographiekonzept offenkundig auch um Reales und um faktuale Vermittlung, allerdings in stilisierender und/oder symbolisierender Form. Auswahl und Kombination der Fakten sind auf die Modellierung eines besonderen Falles auszurichten, an dem etwas Allgemeines sichtbar werden könne. Das Stichwort »Lebensbeschreibung« setzt gegen die dynamische Darstellung eines Lebenslaufes ein statisches Konzept, hält die Zweideutigkeit zwischen Verfahren und Resultat zudem offen. Die Vermittlung einer Abfolge von Ereignissen gehört hier jedenfalls nicht konstitutiv zur Gattung ›Biographie‹, denn ›Beschreiben‹ ist eine Form nichterzählender ›Rede‹, mit der erzählende Rede höchstens »bekörpert«[6] werden kann. Dass es sich bei dem Leben, das beschrieben wird, um dasjenige eines Menschen handelt, scheint so selbstverständlich, dass es nicht eigens gesagt werden muss.

Mit dem Konzept ›Lebensbeschreibung‹ arbeitet auch Gero von Wilpert, im Unterschied zu Romein betrachtet er die ›Lebensbeschreibung‹ jedoch fundamental als Gattung, die nicht zur Literatur gehöre, wenn auch phasenweise zur ›Belletristik‹.

Beispiel (3): »Lebensbeschreibung, als solche Zweig der Geschichtschreibung« (Wilpert 2001, 92, so schon in älteren Auflagen). Die Lebensbeschreibung verbinde die »Darstellung« des »äuße-

2 Anders das Kapitel »Kollektivbiographik« in Christian von Zimmermann/Nina von Zimmermann (Hg.): *Frauenbiographik. Lebensbeschreibungen und Porträts*. Tübingen 2005.

3 Anders Thomas Winkelbauer (Hg.): *Vom Lebenslauf zur Biographie*. Waidhofen/Thaya 2000.

4 Vgl. Caroly Heilbrun: *Writing a Woman's Life*. London 1989; Thomas Hengarten/Brigitta Schmid-Lauber (Hg.): *Leben – Erzählen. Beiträge zur Erzähl- und Biographieforschung*. Berlin/Hamburg 2005.

5 Vgl. Olaf Hähner: Historische Biographik. *Die Entwicklung einer geschichtswissenschaftlichen Darstellungsform von der Antike bis ins 20. Jahrhundert*. Frankfurt a. M. u. a. 1999.

6 Eberhard Lämmert: *Bauformen des Erzählens*. Stuttgart 1955, S. 34.

ren Lebenslaufs und der inneren Entwicklung e. Einzelmenschen mit der Betrachtung seiner Leistung, möglichst im gesellschaftl. Kontext« (ebd.). Als neue Aspekte des Gattungskonzeptes kommen hier die Darstellung der »inneren Entwicklung« sowie die Berücksichtigung des gesellschaftlichen Kontextes hinzu, die historiographische Gattung wird mithin ›psychologisiert‹ und ›soziologisiert‹. Schriftstellerische Verfahren der Stilisierung und/ oder Symbolisierung werden von Wilpert dagegen als bloße »belletrist. Ausschmückung« abgetan; ›Lebensbeschreibungen‹ in fiktionaler Rede oder als Reden über Fiktives veranlassen Wilpert, von »biographischen Romanen« (ebd., 93) statt von Biographien zu sprechen.[7] Die ›sachbezogene‹ Gattung, deren Modus zwischen Beschreibung und Darstellung unscharf schwankt, bleibt hier strikt von der Literatur, die eher idealistisch-essentialistisch konturiert zu werden scheint, getrennt. Ähnlich sieht das Konzept bei John A. Cuddon aus.

Beispiel (4): Eine Biographie sei »an account of a person's life, and a branch of history« (Cuddon 1991).[8] Bemerkenswert ist hier, dass der sonst unscharfe Vermittlungsmodus auf eine erzählende Form (den Bericht; ↗I.4. Narrativität) und allein auf faktuales Erzählen von Realem festgelegt wird. Dies ist eine Tendenz insbesondere in der jüngeren Biographieforschung, die die Paradigmen- und Interessenabhängigkeit von Gattungsbestimmungen zu illustrieren vermag.[9] Die Kriterienmischung bei der Bestimmung von ›Biographie‹ nach sprachlichem Verfahren und Gegenstand einerseits und pragmatisch-institutioneller Funktionszuweisung andererseits wird bei Cuddon ebenso wie eine dezisionistische Komponente von Definitionen besonders deutlich.

Beispiel (5) gestaltet sich demgegenüber flexibler. Das hat einerseits mit dem Zweck der Definition zu tun (nämlich eine Gattungsbestimmung im Hinblick auf den Kontext der Rhetorik statt auf diejenigen von Literaturwissenschaft und/oder Geschichtswissenschaft zu geben[10]), andererseits aber auch mit einem breiten oder variantenreichen Paradigma von ungewöhnlicher historischer Tiefe, das der Bestimmung zugrunde liegt. Es heißt in dem Beispiel: »Der Begriff ›B.‹ ist nicht eindeutig, er umfaßt eine Fülle rhetorischer und literarischer Formen von der knappen Grabinschrift bis hin zur großen umfassenden Lebensdarstellung. Da die B. keine klare [sic!] Gattungskonturen hat, ist der Begriff erst relativ spät – etwa seit dem 17. Jahrhundert – populär geworden. Im heutigen Verständnis verbindet sich mit B. meist die Vorstellung von einer ausführlichen, ein ganzes Leben umspannenden künstlerisch-literarischen oder wissenschaftlichen Darstellung« (Scheuer 1994, 30). Interessant ist an dieser Bestimmung die logisch nicht ganz stimmige Unterscheidung zwischen einer weiten Begriffskontur und einem ›heutigen Verständnis‹. Dabei scheint sich die Definitionsposition von der Beobachterperspektive auf die Teilnehmerperspektive zu verschieben. Charakteristisch ist auch die argumentative Vermischung von unscharfer Kategorisierung bzw. Begriffsbildung einerseits und wortgeschichtlichen Informationen andererseits. Wieder wird im Hinblick auf den Modus allgemein von ›Darstellung‹ gesprochen, was durch die Spannweite der Beispiele (von der Grabinschrift bis zur ausführlichen ›Lebensdarstellung‹) plausibel wird.[11] Doch auch bei der Umschreibung eines ›heutigen Verständnisses‹ legt sich die Definition nicht auf einen bestimmten Modus fest (z. B. das Erzählen), verbindet aber prägnant Verfahrensbestimmung und Funktionszuweisung, indem

7 Anders Christian von Zimmermann (Hg.): *Fakten und Fiktionen. Strategien fiktionalbiographischer Darstellungen in Roman, Drama und Film seit 1970*. Tübingen 2000; Nathalie Jacoby: *Mögliche Leben*. Frankfurt a. M. u. a. 2005; Bernhard Fetz/Hannes Schweiger (Hg.): *Spiegel und Maske. Konstruktionen biographischer Wahrheit*. Wien 2006.

8 Vgl. Alun Munslow: »Biography and History«. In: Margaretta Jolly (Hg.): *Encyclopedia of Life Writing. Autobiographical and Biographical Forms*. 2 Bde. London/Chicago 2001, Bd. 1, S. 114–116; Hans Erich Bödeker (Hg.): *Biographie schreiben*. Göttingen 2003; Thomas Etzemüller: »Die Form der ›Biographie‹ als Modus der Geschichtschreibung«. In: Michael Ruck/ Karl Pohl (Hg.): *Regionen im Nationalsozialismus*. Gütersloh 2003, S. 71–90.

9 Vgl. z. B. Sabine Gieschler: *Leben Erzählen. Von der Wiederbelebung einer Kulturtätigkeit in postmoderner Zeit*. Münster u. a. 1999.

10 Vgl. Christian von Zimmermann (Hg.): *(Auto)Biographik in der Wissenschafts- und Technikgeschichte*. Heidelberg 2005; Karin Hellwig: *Von der Vita zur Künstlerbiographie*. Berlin 2005.

11 Vgl. Jutta Wermke: »Biographie und Komik«. In: Axel E. Walter (Hg.): *Regionaler Kulturraum und intellektuelle Kommunikation vom Humanismus bis ins Zeitalter des Internet*. Amsterdam 2005, S. 967–998, bes. S. 972: »Manifestationen [...] in epischer [...] dramatischer und lyrische Form«.

von »künstlerisch-literarischen« Darstellungen sowie von »wissenschaftlichen« Darstellungen gesprochen wird. Dass Literatur und Kunst *per se* zusammenfallen könnten, ist hier also nicht von vornherein sicher und muss extra gesichert werden. Dass sich Darstellungen jedoch unzweifelhaft als wissenschaftlich oder als künstlerisch-literarisch bestimmen lassen (und man mit Biographie entweder das eine oder das andere, jedoch keine Mischung beider bezeichnet), wird hier unterstellt. Charakteristisch ist dabei auch, dass die Biographie keineswegs auf die faktuale Darstellung von Realem festgelegt wird – ebenso wenig wie auf die Darstellung des Lebens einer anderen (fiktiven oder realen) Person (↗I.5. Fiktionalität, Faktizität, Metafiktion). Dargestellt werde in einer Biographie vielmehr so oder so ein ›Leben‹, so dass durch diese Begriffsbildung beispielsweise auch alle Formen faktualer ›Ego-Literatur‹ (Autobiographie, Memoiren etc.) unter das Label ›Biographie‹ fallen. Im Kontext eines literaturwissenschaftlichen Lexikons, in dem der wissenschaftlichen Biographie ein eigener Artikel vorbehalten ist, kann der gleiche Autor folgende Definition geben.

Beispiel (6): »Literarische Darstellung eines Lebenslaufes« (Scheuer 1997, 233). Explizit wird weiter zwischen ›Biographie‹ im Sinne eines ›Gattungsoberbegriffes‹ (der rhetorische Formen – z. B. Nekrolog und Laudatio – und literarische Formen – z. B. biographischer Essay, Autobiographie, biographischer Roman umfasse) und ›Biographie‹ in einem heutigen Verständnis (künstlerisch-literarische oder wissenschaftliche ›Darstellung eines fremden Lebenslaufes‹) unterschieden. Die hierarchisierende Begriffstaxonomie hängt mit einem idealistischen Gattungskonzept zusammen, wie es die Germanistik des 19. Jahrhunderts im Anschluss an Goethes Naturformen-Konzept ausbildete. Sie ließe sich mit der Feststellung reformulieren, dass sich im Laufe der Zeit die Extension der Kategorisierung ›Biographie‹ verändert, nämlich verengt hat, so dass man ›heute‹ allenfalls noch als ›biographisch‹ (im Sinne einer Schreibweise) wahrnehmen und bezeichnen würde, was man ›früher‹ als ›Biographie‹ bestimmt hat. Gleichwohl bleibt die Definition (6) weiter offen im Hinblick auf den Modus der Biographie (»Darstellung«).

Beispiel (7): Wird in den meisten Fällen stillschweigend vorausgesetzt, dass man es bei einer Biographie mit einem Schrifttext zu tun bekommt (bzw. lässt sich dies voraussetzen, weil die Kontexte, in denen definiert wird, dies nahelegen), thematisiert dies Beispiel (7) ausdrücklich: »Im engeren Sinne versteht man unter B. recht vage eine umfänglichere, erzählende (selten dramatisierte) Lebensgeschichte einer (in der Regel) historisch beglaubigten Person, meist in Buchform, doch setzen sich zunehmend auch andere Medien (Funk, Fernsehen, Film) durch. Im weiteren Sinne bezeichnet der Begriff, vor allem in seiner adjektivischen Form, das breitgestreute Spektrum von Genres und Textsorten lebensgeschichtlichen Erzählens« (Šlibar 2006, 61).

Neben der medialen Differenzierung, die es allerdings fragwürdig erscheinen lässt, ob hier tatsächlich noch von der Gattung ›Biographie‹ und nicht vielmehr von einer transgenerischen Biographik die Rede ist,[12] erscheinen die Unklarheit in der Gegenstandsbestimmung (›Lebensgeschichte einer Person‹ – *genitivus subiectivus* oder *genitivus obiectivus*) und das Schwanken im Hinblick auf Fiktivität oder Faktizität des Gegenstandes besonders aufschlussreich, denn tatsächlich wird hierdurch ein weites Spektrum von Formen und Verfahren als ›Biographie‹ erfassbar, obwohl die Definition ausdrücklich von einem ›engeren Sinn‹ spricht. Bemerkenswert ist außerdem, dass die ›Biographie‹ im ›weiteren Sinn‹ auf einen und nur einen Modus, nämlich das Erzählen festgelegt wird. Lässt diese Definition insgesamt noch ein gewisses Spektrum an Darstellungsmodi erkennen, so legt das nächste Beispiel die ›Biographie‹ auf das Erzählen fest.

Beispiel (8): »Rückblickender (Prosa-)Text [...], der wahrheitsgemäß wesentliche Lebensabschnitte oder -bereiche einer historischen Person darstellt, wobei der Verfasser mit dem Erzähler identisch ist, nicht aber mit dem zentralen Objekt der Darstellung« (Klein 2007, 188).[13] Hier wird die ›Biogra-

12 Vgl. Henry M. Taylor: *Rolle des Lebens. Die Filmbiographie als narratives System.* Marburg 2002; ähnlich Christian Klein: »Vom Erzählen des Lebens. Biographik zwischen Fakten und Inszenierung«. In: *double. Magazin für Puppen-, Figuren- und Objekttheater* 14. Jg., 2 (2008), S. 4–6.

13 Vgl. Ruth Hobermann: »Biography: General Survey«. In: Margaretta Jolly (Hg.): *Encyclopedia of Life Writing. Autobiographical and Biographical Forms.* 2 Bde. London/Chicago 2001, Bd. 1, S. 109–112.

phie‹ nicht allein auf das Erzählen festgelegt, sondern auf einen bestimmten Typus des Erzählens, das Erzählen über vergangene Sachverhalte nämlich (so dass z. B. Zukünftiges erzählende Lebensentwürfe ausgeschlossen werden). Dieses andernorts allenfalls implizite Kriterium wird hier explizit gemacht, was mit dem erkennbaren narratologischen Interesse im Hintergrund der Bestimmung zusammenhängen mag. Das narratologische Interesse wird nicht nur an der Unterscheidung zwischen zwei Orientierungszentren deutlich, sondern auch an der Unterscheidung zwischen Autor (›Verfasser‹) und ›Erzähler‹. Endete die Definition nach dem Stichwort »darstellt«, wäre – wie in Beispiel (7) – auch an dramatisierte Formen zu denken. Dies ist jedoch nicht der Fall. Stattdessen öffnet die Definition einen weiteren Spielraum für die Begriffsbestimmung, nämlich den zwischen Vers und Prosa. Die Formulierung »(Prosa-)Text« lässt sich so verstehen, dass die Prosaform lediglich eine mögliche Option der ›Biographie‹ ist. Trotz dieses fast überraschenden Details wird in Beispiel (8) die ›Biographie‹ auf ein vergleichsweise enges Paradigma festgelegt, nämlich auf dasjenige bestimmter Erzählungen über historische Personen. Die Unterscheidung zwischen Literatur und Wissenschaft spielt demgegenüber in dieser Bestimmung keine Rolle, evaluative Elemente bisheriger Definitionen werden auf die Bestimmung zurückgeschraubt, es gehe um ›wesentliche‹ Lebensabschnitte. Zugleich wird klar, dass eine Biographie lediglich Ausschnitte eines Lebens darstellen kann und nicht notwendig von der Geburt bis zum Tod reichen muss.[14] Auffällig ist die Betonung der ›Wahrheitsgemäßheit‹ – ein Kriterium, das zwar auf die Faktualität des ›Redens‹ bzw. die Faktizität des Mitgeteilten ausgerichtet ist, tatsächlich aber ethische (und dabei nur schwer überprüfbare) Aspekte von ›Biographien‹ zum Definitionskriterium erhebt und den konstruktiven Charakter von ›Lebensläufen‹ überdeckt. Klar ist die Definition im Hinblick darauf, was eine Biographie als Objekt der Literaturwissenschaft sein soll – nämlich ein Text und nicht etwa das Leben eines Menschen.

Literatur

Cuddon, John A.: *Dictionary of Literary Terms and Literary Theory*. London 1991.

Kayser, Wolfgang (Hg.): *Kleines literarisches Lexikon*. 2., völlig ern. Ausgabe. Bern 1953.

Klein, Christian (Hg.): *Grundlagen der Biographik. Theorie und Praxis des biographischen Schreibens*. Stuttgart/Weimar 2002.

Ders.: »Biografie«. In: Thomas Anz (Hg.): *Handbuch Literaturwissenschaft*. 3 Bde. Bd. 2: Methoden und Theorien. Stuttgart/Weimar 2007, S. 187–194.

Romein, Jan: »Lebensbeschreibung«. In: *Reallexikon der deutschen Literaturgeschichte*. Begr. v. Paul Merker u. Wolfgang Stammler. 2. Aufl. Hg. v. Werner Kohlschmidt u. Wolfgang Mohr. Bd. 2 (1965). Unveränderte Neuausgabe. Berlin/New York 2001, S. 8–13.

Scheuer, Helmut: »Biographie«. In: Gert Ueding (Hg.): *Historisches Wörterbuch der Rhetorik*. Bd. 2. Tübingen 1994, Sp. 30–43.

Ders.: »Biographie$_1$. Literarische Darstellung eines Lebenslaufs«. In: Klaus Weimar u. a. (Hg.): *Reallexikon der deutschen Literaturwissenschaft*. 3 Bde. Berlin/New York 1997–2003, Bd. 1, S. 233–236.

Šlibar, Neva: »Biographie«. In: Horst Brunner/Rainer Moritz (Hg.): *Literaturwissenschaftliches Lexikon. Grundbegriffe der Germanistik*. 2., überarb. Aufl. Berlin 2006, S. 61–62.

Strube, Werner: *Analytische Philosophie der Literaturwissenschaft. Definition, Klassifikation, Bewertung*. Paderborn 1993.

Wilpert, Gero von: *Sachwörterbuch der Literatur*. 8., verb. u. erw. Aufl. Stuttgart 2001, S. 92–93.

Zymner, Rüdiger: *Gattungstheorie. Probleme und Positionen der Literaturwissenschaft*. Paderborn 2003.

Rüdiger Zymner

14 Explizit anders z. B. Holger Sonnabend: *Geschichte der antiken Biographie. Von Isokrates bis zur Historia Augusta*. Darmstadt 2002, S. 17f.

3. Referentialität

Unter Referenz (von lat. *referre* = zurücktragen, in Beziehung setzen) versteht man gemeinhin die Beziehung oder Bezugnahme eines sprachlichen Zeichens auf ein außersprachliches Objekt bzw. einen außersprachlichen Sachverhalt (Referenten).

Generell lassen sich verschiedene Referenztypen benennen, etwa Zeit-, Orts-, Gegenstands- und Ereignisreferenz. Auch Eigennamen weisen einen Gegenstandsbezug auf, referieren sie doch auf jene Personen, die Träger des Eigennamens sind.[1]

Der avantgardistische Schriftsteller, Essayist und Literaturkritiker Helmut Heißenbüttel hat in *Textbuch 2* (1961) auf zwei Seiten das Porträt einer ungenannten öffentlichen Persönlichkeit geliefert, die sich exemplarisch als referenzlose Biographie lesen ließe. Ein kleiner Auszug:

»Ohne weiteres bekannt eine öffentliche Persönlichkeit (ein Eingeborener) eine eingeborene öffentliche Persönlichkeit kein öffentlicher Eingeborener kein (z. B.) Fußgänger. Trägt schwarze Socken. Liest Kriminalromane. Legt Wert auf echte Sachen. Kennt sich aus. Ist schlecht informiert. Ist schlecht informiert in dem wo er sich auskennt. Kennt sich auch aus in dem worüber er schlecht informiert ist. Ist (z. B.) Familienvater. [...] Revers: Personalien des Stellvertreters. Trauriger Mann mit freundlichen Zähnen. Raucht (mäßig). Pflegt gnädige Frau zu sagen. Trägt taillierte Mäntel. Pflegt Freiheit für Bewegungsfreiheit zu halten. Erfindet Wörter zur Benennung von dem was jedermann kennt. Erfindet Witze. Lacht über die Witze die er erfindet. Spielt Schach (nicht gut). Spielt Klavier (auch nicht gut). Redet manchmal zuviel. Kann Leute und Namen und Stimmen nicht gut auseinander halten. Leidet (im Verkehr) unter optischen Täuschungen. [...] Fehlt dieses und jenes. Sieht Unbestimmbares. Hört schmeckt riecht. Geräusche Gerüche Geschmäcke. Ist vorhanden.«[2]

Selbst wenn ein prospektiver Heißenbüttel-Biograph versuchen würde, die Referenz durch seine Recherche wiederherzustellen, wäre für diesen Text kaum etwas gewonnen. Dass »Ohne weiteres bekannt«, »O.W.B.«, auf Otto Wolfgang Bechtle verweist,[3] der Heißenbüttels erster Verleger war (der Gedichtbände *Kombinationen*, 1954, und *Topographien*, 1956), dass einige der genannten Eigenschaften auf Bechtle, andere klandestin auf Heißenbüttel selbst verweisen, zeigt allenfalls einen Schreibanlass auf. Um eine simple Tarnstrategie wie in einem Schlüsselroman geht es keinesfalls: Die charakterisierenden Merkmale werden immer wieder als zufällig, als willkürliche Auswahl gekennzeichnet (»z. B.«), es gibt zwischen den aufgezählten Eigenschaften logische Widersprüche (»ein Eingeborener«, »kein öffentlicher Eingeborener«), die sich als Differenzierungen erweisen können (»Kennt sich aus. Ist schlecht informiert«). Die Schlusszeilen schließlich sind so allgemein gefasst, dass sie für jedes lebendige Wirbeltier gelten, nicht nur für Menschen; und damit also nicht für einen Großteil biographierter Personen, denen dieses Schicksal in der Regel erst posthum zustößt. Mit diesem Schluss ist jede konkrete Referenz aufgehoben.

Die Referentialität ist ohnehin in den letzten Jahren in die Krise geraten, Heißenbüttels Text war nur ein Vorbote. Besonders in der Geschichtswissenschaft ist zum Teil mit polemischer Verve ein traditionelles Bild von Referentialität und damit von historischer Wahrheit verteidigt worden, ein ›wahr‹ und ›falsch‹, das sich aus historischen Dokumenten erhebe – obwohl gerade die stärksten Zweifel an diesem traditionellen Bild von Theoretikern aus dem Fach selbst gekommen sind; Hayden White ist hier zuerst zu nennen, im deutschen Sprachraum Jörn Rüsen. Dass Biographien im Unterschied zum historisch-biographischen Roman oder zum schillerschen Historiendrama als wissenschaftliche Gattung nichts behaupten dürfen, was sie nicht absichern können, ist eine Trivialität (↗ I.5. Fiktionalität, Faktizität, Metafiktion); als Er-

1 Vgl. Philipp Wolf: »Referenz«. In: Ansgar Nünning (Hg.): *Metzler Lexikon Literatur- und Kulturtheorie: Ansätze – Personen – Grundbegriffe*. Weimar/Stuttgart [2]2001, S. 542f.

2 Helmut Heißenbüttel: *Textbücher 1–6*. Stuttgart 1980, S. 77–79.

3 Mit Dank für den Hinweis auf Bechtle an Thomas Combrink.

eignis, als Faktum dürfte nur verzeichnet werden, was von mehreren Zeitzeugen bestätigt wird oder wofür sich ein Beleg, ein Brief, ein historisches Dokument findet. Allerdings sind diese Dokumente, wenn sie von Zeitzeugen kommen, immer schon selbst subjektiv, interpretierend, und müssten als solche dargestellt werden; bei strittigen Ereignissen könnten sich die Biographen mit Vielstimmigkeit behelfen, indem sie alle differierenden Meinungen aufnehmen und deren jeweilige Plausibilität diskutieren. Das letzte Wort hätte dabei der Verfasser der Biographie. Wenn nun in der Tat jeder Biograph derart skrupulös verführe, würde das zu unlesbaren Büchern führen – hinter lauter Selbstzweifeln, Entscheidungshindernissen, Collagen der Vielstimmigkeit müsste die biographierte Person verschwinden wie in Heißenbüttels Text, der Stil und das Urteil des Biographen ebenso. Daher ist es fast ein Glück, dass die Erreichbarkeit von Referentialität so sehr in Zweifel geraten ist: Welche Einwände sind in den letzten Jahren diskutiert worden? Hans-Jürgen Goertz hat in seiner Abhandlung *Unsichere Geschichte* (2001) die wichtigsten Theorien in Bezug auf die Darstellung von Geschichte systematisch verhandelt; seiner Zusammenfassung ist die folgende Darstellung verpflichtet.

3.1. Die sprachphilosophische Wendung

Biographien sind, wie alle historiographischen Arbeiten, Werke der Sprache. Sprache ist dabei nicht nur ein neutrales Darstellungsmittel, sondern sie bestimmt die Sache selbst, die so nicht mehr zu haben ist – vergangene Ereignisse sind eben vergangen, nur noch in sprachlicher Form ›da‹. Im *linguistic turn* wurde plausibel zu machen versucht, dass jede vergangene Wirklichkeit überhaupt sprachlich konstituiert ist – jede Art des Wieder-Heraufrufens von Vergangenem ereignet sich in sprachlicher Form. Diese Wendung konnte sich auf den frühen Semiotiker und Sprachwissenschaftler Ferdinand de Saussure und vor allem auf Ludwig Wittgensteins Sprachphilosophie der späten 1940er und frühen 1950er Jahre berufen, der Wirklichkeit nur noch im Sprachspiel, in Vereinbarungen erkennen mochte; der Begriff selbst stammt aus der von Richard Rorty herausgegebenen Sammlung *The Lingustic Turn* (1967).

Ein biographisches Faktum könnte danach gar nicht festgestellt werden, es würde in der Sprache des Biographen erst geschaffen – ein chaotisches, zufälliges Ereignis der Vergangenheit wird durch die biographische Interpretation erst zum Teil einer Geschichte und zum Teil von Geschichte. Wäre es nicht in dieser Weise sprachlich ›aufgehoben‹ worden, wäre es einfach verschwunden: »Historische Wirklichkeit«, so Goertz, »ist ein Begriff, der, genau bedacht, ohne Inhalt ist«, allenfalls könne er bezeichnen, »was für die Zeitgenossen einst wirklich war« (Goertz 2001, 24). Der biographische Rechercheur wäre, so gesehen, ein Vermittler, der die Fakten durch ihre Versprachlichung erst zu solchen macht; alle Details, die nicht unter seine kognitive Sortierung fallen, müssten verlorengehen. Noch ein Schritt zurück: In der Regel hat der Biograph die Fakten nicht zur Verfügung, er muss seinerseits auf Vermittlungen – der Zeitzeugen, der Dokumente, der medialen Überlieferungen – zurückgreifen (↗VIII.2.3. Zur Bedeutung der Quellen). Was er liefern kann, ist also bestenfalls eine Momentaufnahme, das, was er aus vielfältigen sprachlich gefassten Quellen seinerseits sprachlich vermitteln konnte und was von jedem Leser erneut im Prozess der Lektüre aktualisiert und mit seinem Hier und Heute in Verbindung gebracht wird. Walter Benjamin hat das Flüchtige historischer Erkenntnis in einer seiner Thesen über den Begriff der Geschichte benannt: »Das wahre Bild der Vergangenheit *huscht* vorbei. Nur als Bild, das auf Nimmerwiedersehen im Augenblick seiner Erkennbarkeit eben aufblitzt, ist die Vergangenheit festzuhalten« (Benjamin 1977, 253; V. These). Ein Bewusstmachen der sprachlichen Verfasstheit historischer Vorgänge impliziert aber keinen Verzicht auf Referentialität; ein vorausgegangenes Wirkliches, auch Vorsprachliches wird stets noch statuiert, es führt aber kein nichtsprachlicher Weg mehr dorthin.

3.2. Das Postulat der Plausibilität

Komponistenbiographien waren und sind eine besonders populäre Abteilung innerhalb der Biographik; gerade auch triviale, nichtwissenschaftliche Romanbiographien sind hier Legion, erinnert sei nur an Rudolf Hans Bartsch' *Schwammerl* (1911) über Franz Schubert oder an die biographische Wolferl- und Süßigkeiten-Industrie im Falle Wolfgang Amadeus Mozarts. Auch bei Georg Friedrich Händel existiert eine Trivialbiographik gewaltigen Umfangs, jedes Jahrzehnt, jedes politische System hat sich seine eigenen Bilder dieses Komponisten gemacht. Als Versuch eines wissenschaftlichen Gegenbildes erschien 1985 im Rahmen des Händel-Handbuchs der Band *Dokumente zu Leben und Schaffen*: 623 Seiten im Lexikonformat, die alle damals bekannten Dokumente in den jeweiligen Originalsprachen versammeln, mit knappen Kommentaren des Herausgebergremiums. Hier ist beispielsweise auf einer Seite zu erfahren, dass Händel am 5. Juli 1750 das Interlude *The Choice of Hercules* ›völlig geendiget‹ hat, so sein Eintrag im Autograph; dass er fünf Tage nach dem Tod des geschätzten Johann Sebastian Bach vierprozentige Aktienpakete im Wert von 300 £ verkauft hat (2.8.1750) und dass er auf seiner letzten Deutschlandreise einen Kutschenunfall hatte: »Mr. Handel, who [...] had the Misfortune to be overturned, by which he was terribly hurt, is now out of Danger« (21.8.1750).[4] Jedem einzelnen dieser Details ließe sich in einer Biographie Anekdotisches und Erkenntnisreiches abgewinnen, mit gehöriger Kontextrecherche und einiger imaginativer Phantasie. In der vorliegenden Form wird aber niemand dieses Buch als eine Biographie akzeptieren, obwohl seitdem alle Händel-Biographien sich auf dieses Werk stützen müssen: Ein Dokument allein erklärt wenig oder nichts, es reißt die Vergangenheit nicht in die Gegenwart, es lebt nicht, ja entfernt sich aus dem anthropologischen Zusammenhang – jede Erfahrung, auch die alltägliche, ist durch (mündliche mehr noch als schriftliche) Erzählung vermittelt. Damit aus Dokumentensammlungen wie der genannten historische Erklärungen werden, müssen sie in einen Erzählzusammenhang, in eine Geschichte eingebunden werden (↗IV.2. ›Histoire‹). Der Biograph ›erzählt‹ eine »Abfolge von Situationen« (Rüsen 1986, 37), er bemüht sich, einen schrittweisen Wandel zu begründen und intentionale wie nomologische (naturwissenschaftliche, prognostizierbare) Erklärungen einzubinden. Das heißt aber auch, Biographen wie andere Autoren des historischen Fachs verwenden notgedrungen im Zuge ihrer Darstellungen Fiktionen. Hayden White hat die ›Fiktion des Faktischen‹ am offensivsten vertreten. Er ist der Überzeugung, dass alle Texte, die Erfahrung in Sinn verwandeln, identische Strategien benutzen (Metapher, Metonymie, Synekdoche, Ironie). Er hält sogar die anthropologische Universalität eines solchen Viererschemas für gegeben, weil es den »Status eines Modells« habe, »das in modernen Diskursen über das menschliche Bewußtsein ständig wiederkehrt« (White 1978/1986, 22), bei Sigmund Freud und Jean Piaget, vorgeführt als Poetik der Geschichte an Karl Marx, Friedrich Nietzsche und Benedetto Croce in Whites *Metahistory. Die historische Einbildungskraft im 19. Jahrhundert in Europa* (1973, dt. 1991). Auch mit der Feststellung fiktionalisierender Strategien wird Referentialität als Kategorie keinesfalls aufgegeben, der Status des historiographischen Werks ändert sich aber: Gezeigt wird keine ›objektive‹ Begebenheit ›hinter‹ der Darstellung, sondern »Einsichten in die Art und Weise, wie Vergangenes gesehen werden kann« (Goertz 2001, 38), und jeder Autor wird suchen, seine Darstellung so komplex und damit plausibel wie möglich zu machen – »Plausibilität (das eine paßt zum anderen) wird in diesem Fall zum Kriterium, welches das Objektivitätspostulat (das eine wird als wahr und das andere als falsch erwiesen) ablöst« (ebd., 40). Die Befürchtung, mit dem Einräumen der Notwendigkeit von Fiktionen in historischen Darstellungen sei der Willkür Tür und Tor geöffnet und die Referentialität beerdigt, bestätigt sich nicht. Es gibt weiterhin ›falsche‹, das hieße nun: unplausible Darstellungen.

An die Frage nach der Plausibilität einer biographischen Darstellung ließe sich auch Michel Foucaults Diskurs-Begriff anschließen; bei ihm entsteht Wirklichkeit erst aus der Gesamtheit aller Diskurse, sprachlich wie nichtsprachlich, die intentional von einzelnen kaum beeinflussbar sind, weil sie selbst geprägt sind von den Diskursen, in denen sie leben und gelebt haben (ebd., 53–82).

4 *Händel-Handbuch*. Bd. 4: Dokumente zu Leben und Schaffen. Auf d. Grundlage v. Otto Erich Deutsch: Handel, A Documentary Biography. Hg. v. d. Editionsltg. d. Hallischen Händel-Ausg. Kassel u. a. 1985, S. 442.

3.3. Wirklichkeit als Konstruktion: Der radikale Konstruktivismus

Dass Biographien bei aller Referentialität Konstruktionen sind, ist offensichtlich; dass sie subjektiv sind, hat einer der großen Regisseure des 20. Jahrhunderts, Jean Renoir, seinem Buch über den Vater Auguste Renoir vorangestellt, als Dialog mit einem imaginären Leser. Der stellt fest: »Sie schildern uns Renoir ja gar nicht, wie er war, sondern wie Sie ihn sahen.« Renoirs Antwort: »Natürlich. Geschichte ist ein zutiefst subjektives Fach.«[5] Am weitesten wird dieser Gedanke vom Radikalen Konstruktivismus getrieben. Nachdem sprachliche Äußerungen von Menschen hervorgebracht werden, die ihren (biologisch determinierten) Erkenntnisinstrumenten unterliegen, ›erzeugen‹ sie sich nach dem Paradigma von Humberto R. Maturana und Francisco J. Varela fortwährend selbst. Sie sind »autopoietische Maschinen, die selbstreferentiell, homöostatisch, autonom, strukturdeterminiert und geschlossen sind«.[6] Kommunikation existiert nur innerhalb des jeweiligen biologischen Systems; das herkömmliche Reiz-Reaktion-Modell der Biologie ist durch das Konzept der ›strukturellen Kopplung‹ ersetzt: Alles, was durch die Wahrnehmungsorgane ins kognitive System gelangt, wird in neuronale Signale übersetzt, die neurophysiologisch verarbeitet werden können. Die eigentliche Kommunikation finde also nur im Inneren des Gehirns statt, das neuronale Netz sei ein geschlossenes System. Unser Wirklichkeitsempfinden wird allein von dieser Wahrnehmungsinstanz bestimmt, vom neuronalen Netz des Einzelnen; von der ›wirklichen Welt‹ draußen erreicht uns nichts, als was uns das wirklichkeitserzeugende Gehirn schafft. Gedächtnis und Erinnerung, zentrale Begriffe historischer Sinnbildung, sind dabei nichts, was in irgendwelchen Gehirn-›Kellern‹ ruht und bei Bedarf hervorgeholt wird; vielmehr überprüft das neuronale Netz laufend, in permanenten Rückkopplungen, sein Bild von Wirklichkeit anhand der vorhandenen und in verschiedenen Gedächtnisformen präsenten Erinnerungen (↗II.5. Biographie und Gedächtnis).

Damit ist aber in komplexer Weise auch die Referentialität erhalten geblieben. Die Gegenwart dominiert »sowohl die Vergangenheit als auch die Zukunft«, die »Vergangenheit kommt sozusagen als vergegenwärtigte Vergangenheit in Sicht« (Goertz 2001, 99). Oder, abermals in Benjamins geschichtsphilosophischen Thesen: »Die Geschichte ist Gegenstand einer Konstruktion, deren Ort nicht die homogene und leere Zeit sondern die von Jetztzeit erfüllte bildet« (Benjamin 1977, 258; XIV. These; ↗II.4. Biographie und Wissen). Dass dieses Konzept auch für die Diskussion biographischer Fakten taugen kann, zeigt sich gerade bei umstrittenen Sachverhalten: Jeder beteiligte Journalist oder Biograph wirft seine Meinung, seine Konstruktion in die Debatte, die aber im Unterschied zur hermeneutischen »nicht zu einem Konsens führt« (Goertz 2001, 85). Manche Ereignisse werden so vielstimmig bezweifelt, dass man schon an ihrer Existenz zweifeln könnte – die Entstehung des Individuums in der italienischen Renaissance etwa, oder die Wiederherstellung der deutschen Einheit 1989. Dabei bewegen wir uns, allen konstruktivistischen Zweifeln und aller Selbstreferentialität zum Trotz, alltäglich in einer Welt, die von analogen Konzeptualisierungen Vieler geprägt sein muss, anders wären keine Verständigung und kein Zusammenleben möglich. Eine den heutigen Vorstellungen von Referentialität entsprechende Biographie würde also nicht in objektivistischer Geste einen Haufen Quellen edieren, sondern einen bestimmten Umgang mit ihnen vorschlagen – eine Lesart, wie biographische Fakten, im Zusammenhang: wie ein bestimmtes Leben zu deuten sei. Die Leserinnen und Leser können sich diesem Vorschlag gemäß ihrer eigenen Kognitionsapparate anschließen oder eben nicht. Trotz aller erkenntnis- und erzähltheoretischen Brüche wird der Verfasser einer Biographie historischer Referenz verpflichtet bleiben, auch wenn der Begriff komplexer geworden ist und wir des historischen Referenten selbst nicht mehr habhaft werden können.

5 Jean Renoir: *Mein Vater Auguste Renoir*. Zürich 1981 (franz. 1962), S. 5.

6 Siegfried J. Schmidt: »Einladung, Maturana zu lesen«. In: Humberto R. Maturana: *Erkennen: Die Organisation und Verkörperung von Wirklichkeit. Ausgewählte Arbeiten zur biologischen Epistemologie*. Braunschweig 1982, S. 1–10, hier S. 1.

Literatur

Benjamin, Walter: »Über den Begriff der Geschichte«. In: Ders.: *Illuminationen. Ausgewählte Schriften 1*. Ausgewählt von Siegfried Unseld. Frankfurt a. M. 1977, S. 251–261.

Conrad, Christoph/Kessel, Martina (Hg.): *Geschichte schreiben in der Postmoderne. Beiträge zur aktuellen Diskussion*. Stuttgart 1994.

Goertz, Hans-Jürgen: *Unsichere Geschichte. Zur Theorie historischer Referentialität*. Stuttgart 2001.

Rüsen, Jörn: *Rekonstruktion der Vergangenheit. Grundzüge einer Historik II: Die Prinzipien der historischen Forschung*. Göttingen 1986.

White, Hayden: *Auch Klio dichtet oder Die Fiktion des Faktischen. Studien zur Tropologie des historischen Diskurses*. Stuttgart 1986 (amer. 1978).

Sven Hanuschek

4. Narrativität

4.1. Bestimmungen: Erzählen/ Narrativität

Dass Biographien erzählen, scheint ein Gemeinplatz zu sein, entsprechend wird der Terminus ›Lebenserzählung‹ häufig synonym für Biographie gebraucht. In diesem Sinne taucht der Begriff ›erzählen‹ in der einen oder anderen Variante auch häufig an prominenter Stelle in Definitionen des Genres auf – so heißt es etwa im *Metzler Lexikon Literatur* kurz und bündig, die Biographie sei die »(lit.) Erzählung eines Lebens«.[1] Das erzählende Moment scheint neben der Referentialität eines der Hauptmerkmale des Genres Biographie zu sein. Was aber hat man unter ›Erzählen‹ in diesem Zusammenhang zu verstehen?

»Erzählen ist eine kommunikative und eine rekonstruktive Tätigkeit«, lautet eine eher allgemeine Bestimmung (Gülich/Hausendorf 2000, 369). Zur Bezeichnung des Spezifikums des Erzählens ist ›Narrativität‹ ein gerade in den letzten Jahren viel gebrauchter Ausdruck, dem sich allerdings kein klarer Begriff zuordnen lässt. Das liegt unter anderem daran, dass das Erzählen inzwischen in vielen unterschiedlichen Disziplinen thematisiert wird und der jeweils vorausgesetzte Begriff von den entsprechenden Schwerpunktsetzungen imprägniert ist. Wie in obigem Zitat angedeutet, reicht das Spektrum der möglichen Explikate von *Narrativität als spezifischer Texteigenschaft* (»kommunikativ«) bis zu *Narrativität als grundlegender mentaler oder kognitiver Eigenschaft* (»rekonstruktiv«).

Erzählt werden Geschichten. Geschichten wiederum liegen nicht nur literarischen Erzählungen zugrunde, sondern auch Dramen, Filmen, Opern, Comic strips etc. Ferner lassen sich Krankenberichte als Erzählungen von Krankengeschichten auffassen und historiographische Texte als Erzählungen z.B. politischer Geschichten. In all diesen Fällen wäre Narrativität keine Eigenschaft der Darstellung bzw. des Mediums, sondern des Dargestellten bzw. des Vermittelten.

Kleinste Einheit, die ein Phänomen narrativ macht, ist nach diesem Verständnis ein Ereignis oder Zustandswechsel, auf das bzw. auf den sich eine Zeichenfolge beliebiger Art bezieht. Dieses *weite Verständnis* von Narrativität führt dazu, dass auch mentale Repräsentationen von Ereignissen als narrativ bezeichnet werden (Herman 2002). Narrativität ist dann eine grundlegende Eigenschaft unseres Wahrnehmungsapparates. In diesem weiten Verständnis ist der kommunikative Aspekt zweitrangig, weil Zeichenfolgen zwar in der Regel kommunikativen Zwecken dienen, aber keineswegs auf narrative Zeichenfolgen beschränkt sind.

Um zu vermeiden, dass der Fokus dessen, was als narrativ verstanden wird, zu weit und der Begriff damit zu unspezifisch wird, lassen sich einige Bedingungen anführen, die die begriffliche Reichweite von Narrativität einschränken und ein *engeres Verständnis* markieren. Eine nahe liegende Beschränkung ist, den Begriff auf sprachlich vermittelte Ereignisdarstellungen anzuwenden. Dies trägt einerseits dem Umstand Rechnung, dass in Linguistik und Literaturwissenschaft bereits seit langem zwischen verschiedenen Textarten (narrativ, deskriptiv, argumentativ etc.) unterschieden wird;[2] andererseits der Überlegung, dass bildliche Darstellungen erst dann als Geschichten interpretiert werden können, wenn sie versprachlicht werden. Narrativität ist in diesem Falle ausschließlich eine Eigenschaft von sprachlich verfassten Darstellungen und nicht (wie im weiteren Verständnis) eine Eigenschaft des Dargestellten.

Häufig wird Narrativität als Eigenschaft einfacher Sätze gedacht, die Bestandteil einer Kommunikationshandlung sind und mindestens einen Zustandswechsel zum Gegenstand haben. Da diese

1 Dieter Burdorf/Christoph Fasbender/Burkhard Moennighoff (Hg.): *Metzler Lexikon Literatur*. 3., völlig neu bearbeitete Aufl. Stuttgart/Weimar 2007, S. 89.

2 Vgl. für die Linguistik Weinrich 1964/1971 und für die Literaturwissenschaft Petrovskij 1925/2009.

Konzeption aber sehr stark von der intuitiven Vorstellung von Erzählungen abweicht, der gemäß eine Erzählung aus mehreren Sätzen und eine Geschichte aus mehreren aufeinander bezogenen Ereignissen besteht, sind weitere Restriktionen zur Bestimmung von Narrativität angemessen: Narrativ sind demnach solche Darstellungen, deren Gegenstand eine zusammenhängende Ereignis*folge* ist; ihr Zusammenhang wird durch eine oder wenige Figuren mit menschlichen oder anthropomorphen Eigenschaften konstituiert und gewöhnlich durch ein einheitliches (aber nicht notwendigerweise realistisches) Raumzeitkontinuum näher bestimmt; die Ereignisfolge ist üblicherweise durch Kausalität zusätzlich verklammert, die zumindest in Werken der letzten 250 Jahre häufig in der Darstellung psychologischer Motivationen der handelnden Figuren verankert ist. Diese Bestimmung von Narrativität verdeutlicht, warum Biographien exemplarisch für narrative Textsorten sind. Der Idealtypus der Biographie vereint in sich all die verschiedenen Charateristika zugleich, die zur Bestimmung von Narrativität angeführt werden (↗ IV.2. ›Histoire‹).

4.2. Narrativität von Biographien

Am Beispiel von Biographien Immanuel Kants sollen im Folgenden einige Überlegungen zur Narrativität von Biographien vorgestellt werden. Denn »Kant hat keine andere Biographie als die Geschichte seiner Lehre«.[3] Kant ist bekannt für sein ereignisarmes Leben, und biographische Darstellungen seines Lebens heben daher besonders scharf zwei Aspekte biographischer Darstellungen voneinander ab, die in den meisten sonstigen Lebensdarstellungen stärker ineinander übergehen: den Aspekt der äußeren Ereignisse und den Aspekt der biographischen Bedeutung, die zugleich der Erzählanlass für eine Biographie ist. Kaum ein Leben wird Gegenstand einer Biographie, weil es so bunt an äußeren Ereignissen ist. Stattdessen wird dem Leben eines Menschen in der Regel dann eine Biographie gewidmet, wenn dieser sich *durch sein Tun* irgendwie hervorgetan hat (oder aber in seinem Tun exemplarisch *für etwas* ist; ↗ I.7. ›Biographiewürdigkeit‹). Künstler, Politiker, Wissenschaftler, Unternehmer und (in neuerer Zeit) Sportler sind wohl die Species, die das Spektrum Biographierter im Wesentlichen abstecken.

Bei Kant nun ist nicht nur das äußere Leben vergleichsweise unspektakulär. Auch das, weshalb er biographische Bedeutung hat – seine Philosophie nämlich –, ist nichts, was der traditionelle Gegenstand narrativer Texte ist. Es stellt sich daher bei Kant in besonderem Maße die Frage, wie Biographien als erzählende Texte (die *per definitionem* auf Ereignisse angewiesen sind) mit dieser Ereignisarmut umgehen.

In Kants Fall zeigt sich bereits auf den ersten Blick: Biographien setzen sich aus mehr als nur der narrativen Textart im engeren Sinn zusammen. Dies haben sie mit rein literarisch-künstlerischen Erzählungen und Romanen gemein. Doch während hier meist wörtliche Figurenrede oder Erzählerkommentare die Narration (also die Darstellung von Ereignisfolgen) unterbrechen bzw. bereichern, sind es dort, zumindest in wissenschaftliche Standards wahrenden Biographien, eher Zitate aus Dokumenten, Reflexionen des Biographen und allgemeine Hintergrundinformationen zu historischen Besonderheiten, die die rein narrativen Textabschnitte ergänzen oder auch in diese integriert werden (↗ IV.3. ›Discours‹).

Der Besonderheit des kantschen Lebens ist es geschuldet, dass Kant-Biographien den Mangel äußerer Ereignisse mit mehr oder weniger extensiven Einschüben zu seiner Philosophie kompensieren. Otfried Höffe,[4] Ernst R. Sandvoss[5] und schon Friedrich Paulsen[6] schlagen die Brücke zwischen Lebensdarstellung und philosophischer Betrachtung, indem sie ihren Werkinterpretationen biographische Skizzen voranstellen, Gulygas Darstellung des Werks ist mit biographischen Details angereichert, die der Darstellung ein überraschend narratives Profil geben (indem sie ein konkretes Ereignis aus Kants Leben wiedergeben wie z. B. den Besuch des Dichters Nikolaj Karamzin bei Kant im

3 Arsenij Gulyga: *Immanuel Kant* [1977]. Frankfurt a. M. 1985, S. 7.

4 Otfried Höffe: *Immanuel Kant* [1983]. München 2004.

5 Ernst R. Sandvoss: *Immanuel Kant*. Stuttgart 1983.

6 Friedrich Paulsen: *Immanuel Kant* [1898]. Stuttgart 1924.

›Spätfrühling 1789‹)[7] und jeweils den Ausgangspunkt für theoretische Erörterungen markieren. Ähnlich verfährt Wolfgang Ritzel, dessen ausdrücklich so benannte ›Biographie‹ eine Werkinterpretation ist, die durch gelegentliche biographische Exkurse ergänzt wird (und nicht umgekehrt).[8]

Ganz anders Karl Vorländer, der sich explizit von Paulsens Herangehensweise abgrenzt und »eine *schlichte Erzählung* von Kants *Leben*« zu liefern beabsichtigt.[9] Vorländer »hält sich an das, was auf empirischer Grundlage sich zeigt; er gibt wieder, was die Quellen bieten, überprüft deren Angaben auf ihre historische Richtigkeit und versucht in schwierigen Fällen sich nur in Vermutungen, die sich jeweils auf gesicherte Tatbestände berufen«.[10] Nicht zufällig charakterisiert Rudolf Malter (ebd.) Vorländers Biographie als ›Bericht‹ (und eben nicht als Erzählung), denn sie zählt mehr auf, als dass sie im engeren Sinne narrativ verfasst wäre (also Ereignisse verknüpfen würde). Über Motivationen Kants wird kaum und nur zurückhaltend spekuliert.[11] Da Vorländers Text weitaus mehr Passagen enthält, in denen verschiedene Quellen im Hinblick auf Kants Leben gegeneinander abgewogen werden, als Passagen über Kants Lebensumstände und da die einzelnen Lebensabschnitte schematisch (z. B. nach »Vorlesungen«, »geselliger« und »häuslicher Verkehr«) dargestellt werden, ist seine Narrativität insgesamt eingeschränkt.

Allerdings können auch diskursiv-argumentative Passagen mehr oder weniger narrativ gestaltet werden, je nach dem, wie sehr die dargestellten Sachverhalte durch erzählbare Einzelheiten ergänzt werden. Ein Beispiel mag das verdeutlichen: Vorländer nennt die Zahlen von Kants Zuhörern in den Jahren 1775–1780 und ergänzt die Angaben um einen Absatz über einen Besuch Moses Mendelssohns, in dem er auf dieses konkrete Ereignis näher eingeht; ein Briefzitat bereichert das Ereignis zusätzlich und sorgt für den narrativen Charakter der Passage.[12]

Es zeigt sich, dass die Ereignisarmut von Kants Leben nicht allein die mangelnde Narrativität einer biographischen Darstellung bedingt. Denn erlebt hat auch Kant etwas, wenn es auch immer wieder das Gleiche gewesen sein mag. Aber genau dies muss der Biograph kennen, um es darzustellen (↗ VIII.2.3. Zur Bedeutung der Quellen). Kennt er es nicht oder nur oberflächlich, ist er gezwungen (wenn er nichts erfinden will), den narrativen Textmodus zu verlassen. Es gibt aber weitere Möglichkeiten, dieses Defizit in begrenztem Maß zu kompensieren. Ein Beispiel dafür ist Arnulf Zitelmann, der in seiner Kant-Biographie gewissermaßen in einen Dialog mit Kant tritt.[13] Hier sind es rhetorische Fragen, teils umgangssprachliche oder saloppe Wendungen, ironische Formulierungen und Ausrufe, die den besonderen Erzählgestus, die spezielle Narrativität des Textes in Verbindung bringen mit seiner Poetizität, die hier deutlicher ist als etwa bei Vorländer, dessen Erzählgestus von angestrebter Neutralität und Zurückhaltung geprägt ist. Zugleich ist dieses Plus an Narrativität Grund für den stärker subjektiven Charakter von Zitelmanns Biographie. Zu beachten ist, dass Zitelmann nichts hinzuerfindet. Er setzt vielmehr literarisch-narrative Mittel wie erlebte Rede ein, um Spekulationen und Reflexionen z. B. über Kants psychologische Motive einzubringen. Auch der Umgang mit nicht gesicherten Erkenntnissen, wie sie in Anekdoten und Legenden über den Biographierten in Umlauf sind, lässt Raum für narrative Gestaltung, wenn man auf die Diskussion ihrer Zuverlässigkeit verzichtet.

Als Fazit lässt sich festhalten, dass die Narrativität von Biographien zwar nicht im Widerspruch zu ihrem ggf. objektiv-wissenschaftlichen Anspruch steht, dass es aber in der Natur der Sache – der (wissenschaftlichen) Biographie – liegt, dass ihre Autoren notgedrungen abwägen, diskutieren, argumentieren, aufzählen usw. – also Textsegmente produzieren, die gerade nicht narrativ sind. Es hängt zudem von der Zuverlässigkeit und Genau-

7 Arsenij Gulyga: *Immanuel Kant* (wie Anm. 3), S. 241 ff.
8 Wolfgang Ritzel: *Immanuel Kant. Eine Biographie.* Berlin 1985.
9 Karl Vorländer: *Immanuel Kants Leben* [1911]. Hamburg 1986, S. X (Hervorh. im Orig.).
10 Rudolf Malter: »Kant in der biographischen Forschung. Einleitung«. In: Karl Vorländer: *Kants Leben.* Hamburg 1986, S. XIII–XXX, hier S. XXIII.
11 Vgl. z. B. Karl Vorländer: *Immanuel Kants Leben* (wie Anm. 9), S. 22.
12 Vgl. Karl Vorländer: *Immanuel Kants Leben* (wie Anm. 9), S. 97.
13 Arnulf Zitelmann: *Nur daß ich ein Mensch sei. Die Lebensgeschichte des Immanuel Kant.* Weinheim 1996.

igkeit des dokumentarischen Materials ab, wie narrativ eine Biographie ausfällt. Kant-Biographien weisen in diesem Sinne eine reduzierte Narrativität auf. Unabhängig davon, wie ereignisreich ein Leben auch gewesen sein mag – entscheidend ist die Faktenlage, so dass sich der Biograph in Mutmaßungen und Möglichkeiten sondierenden Überlegungen ergehen muss. Zum anderen hängt die Narrativität auch von dem hier sog. Aspekt der biographischen Bedeutung ab: Biographien eines Philosophen, die immer auch dessen Werk berücksichtigen, haben eine andere Stoffgrundlage als Politikerbiographien, die aus der Darstellung konkreter Handlungen und ihren Folgen, weit reichender Entscheidungen, politischer Intrigen usw. bestehen.

Literatur

Aumüller, Matthias: »Narratif, descriptif«. In: John Pier (Hg.): *Théorie du récit. L'apport de la recherche allemande*. Lille 2007, S. 227–244.

Genette, Gérard: *Die Erzählung*. München 1998 (franz. 1972/83).

Gülich, Elisabeth/Hausendorf, Heiko: »Vertextungsmuster Narration«. In: Klaus Brinker u. a. (Hg.): *Text- und Gesprächslinguistik*. Berlin 2000, S. 369–385.

Herman, David: *Story Logic. Problems and Possibilities of Narrative*. Lincoln 2002.

Petrovskij, Michail A.: »Die Morphologie von Puškins ›Der Schuss‹« [1925]. In: Wolf Schmid (Hg.): *Russische Proto-Narratologie. Texte in kommentierten Übersetzungen*. Berlin/New York 2009, S. 67–89.

Prince, Gerald: *Narratology. The Form and Functioning of Narrative*. Berlin 1982.

Schmid, Wolf: »Erzähltextanalyse«. In: Thomas Anz (Hg.): *Handbuch Literaturwissenschaft*. Bd. 2: Methoden und Theorien. Stuttgart 2007, S. 98–120.

Ders.: *Elemente der Narratologie*. Berlin [2]2008.

Weinrich, Harald: *Tempus. Besprochene und erzählte Welt* [1964]. Stuttgart [2]1971.

Matthias Aumüller

5. Fiktionalität, Faktizität, Metafiktion

5.1. Biographien zwischen Historiographie und Literatur

Obgleich die Biographie klassischen Typs als Darstellung der Lebensgeschichte einer tatsächlichen Person einen Wirklichkeitsbezug aufweist, Anspruch auf historiographische Wahrheit erhebt und damit zu den nicht-fiktionalen bzw. faktualen Erzählgenres zu rechnen ist (↗I.3. Referentialität), changiert sie gleichwohl zwischen Historiographie und Literatur sowie Fiktionalität und Faktizität. Einerseits zeichnen sich Biographien durch einen eindeutigen Wirklichkeitsbezug auf die Historie aus, denn indem sie die individuelle Geschichte der biographierten Persönlichkeit wiedergeben, erzählen sie von realen Ereignissen bzw. Tatsachen. Andererseits greifen Biographen ebenso wie Historiker bei der Darstellung von Lebensgeschichten auf Erzählverfahren zurück, die sich auch in literarischen Gattungen finden (↗I.4. Narrativität; ↗IV.3. ›Discours‹), und dies rückt sie in die Nähe der fiktionalen Erzählgenres.

Bis zur Mitte des 19. Jahrhunderts galten die Biographie und die Historiographie selbst als Zweige der Literatur. Auch Geschichtsschreibung wurde an rhetorischen, stilistischen und künstlerischen Qualitäten sowie ihrem moralischen und didaktischen Nutzen gemessen. Erst mit dem Aufkommen positivistischer Geschichtsschreibung und dem Anspruch der Historiographie auf Wahrheit und Objektivität entwickelte sich eine klare funktionale Differenzierung zwischen Biographie als historiographischem Genre und Literatur. Diese Unterscheidung wurde sowohl durch die literarischen Innovationen des Ästhetizismus und Modernismus als auch durch die Verwissenschaftlichung und Professionalisierung der Historiographie im 20. Jahrhundert weiter verstärkt. Die daraus entstandene Kluft zwischen den beiden Diskursen sowie traditionelle Auffassungen von den Unterschieden zwischen literarischen und historiographischen Werken sind in der Postmoderne sowohl von Seiten der Geschichtstheorie als auch durch innovative Formen literarischer Geschichtsdarstellung grundlegend in Zweifel gezogen worden.

Die Frage nach den Gemeinsamkeiten und Unterschieden zwischen Historiographie und Biographie auf der einen Seite und Literatur auf der anderen bildet seit langem ein zentrales Thema der literaturtheoretischen Diskussion und der Biographik (Heitmann 1970). Dass die auf Aristoteles zurückgehende Ansicht, der Historiker schildere tatsächliches Geschehen, während sich der Dichter mit dem Bereich des Möglichen befasse, bis heute nachwirkt, zeigt sich etwa an der modernen Unterscheidung zwischen fiktionalem und nicht-fiktionalem Erzählen: »Historisches Erzählen behandelt *res factae*; nicht-historisches Erzählen bezieht sich auf *res fictae*« (Rüsen 1982, 526).

Da Biographien erzählen, was wirklich geschehen ist, also *res factae* behandeln, sind sie somit theoretisch eindeutig dem historischen, faktualen Erzählen zuzuordnen und von den verschiedenen Spielarten des fiktionalen Erzählens, und damit auch von fiktionalen Biographien und *Biofictions*, zu unterscheiden. Biographien des klassischen Typs erheben grundsätzlich Anspruch auf unmittelbare Referentialisierbarkeit und Tatsachenbezüglichkeit und stützen diesen Anspruch im Falle von wissenschaftlichen Biographien auch dadurch, dass sie ihre Aussagen mit den üblichen Verfahren wissenschaftlicher und bibliographischer Dokumentation belegen und überprüfbar machen. Im Rahmen der Unterscheidung zwischen Fakten und Fiktionen verbleibt die Gattung der Biographie als historiographisches Genre theoretisch stets auf der Seite von Faktizität (↗III.2. Wissenschaftliche Biographik).

Ungeachtet dessen sind alle Typen biographischen Schreibens – letztlich auch wissenschaftliche Biographien – im Spannungsfeld zwischen Historiographie und Literatur, zwischen Fakt und Fiktion, angesiedelt, weil sie zur Darstellung des wirklichen Geschehens, das eine individuelle Lebensgeschichte ausmacht, auf Erzählformen und Verfahren zurückgreifen, die aus literarischen Gattungen stammen. Gerade in der Postmoderne ist das Verhältnis zwischen historischem und fiktionalem Erzählen – und damit auch zwischen faktischen und fiktionalen Biographien – problematisch geworden. Vor allem postmoderne Spielarten der literarischen Biographie, sog. *Biofictions* (Middeke/Huber 1999; Schabert 1990), fiktionale Biographien und fiktionale Metabiographien, weisen eine ausgeprägte Tendenz zur Hybridisierung, zur Überschreitung von Gattungsgrenzen sowie der Grenzen zwischen faktualem und fiktionalem Erzählen auf. Daher kommt es in der Praxis zu vielfältigen Kontaminationen von faktualen und fiktionalen Biographien (Schabert 1982), die einerseits mit literarischen Darstellungsverfahren experimentieren, andererseits aber stets auf das Geschichtswissen der Leser bezogen bleiben (↗ II.4. Biographie und Wissen). Diese Grenzüberschreitungen beschränken sich nicht auf den postmodernen Trend zur fiktionalisierten Darstellung historischer Persönlichkeiten in Form von fiktionalen Biographien oder auf Reflexionen über Probleme biographischer Sinnstiftung in Metabiographien, sondern finden sich auch in literarischen und populären Biographien sowie in biographischen Erzählungen auf der Bühne, in Rundfunk, Film und Fernsehen sowie im Internet und in digitalen Medien.

Eine Einordnung verschiedener Typen von Biographien im Spannungsfeld von Fiktionalität, Faktizität und Metafiktion erfordert zum einen eine Auseinandersetzung mit der Einebnung des Gegensatzes zwischen fiktionalem und faktualem Erzählen. Zum anderen sind für die Biographik eine erzähltheoretische Überprüfung der Nivellierung des Gegensatzes zwischen Historiographie bzw. Biographie und Literatur sowie eine Erörterung der Kriterien zur Abgrenzung zwischen faktualen und fiktionalen Biographien wichtig.

5.2. Zur Einebnung des Gegensatzes zwischen Historiographie und fiktionalem Erzählen

In den letzten Jahrzehnten ist die ehemals unproblematische Abgrenzung von Historiographie bzw. Biographie und fiktionalen Erzählgenres der Einsicht gewichen, dass es zwischen historiographischen und literarischen Diskursen sowie zwischen faktualem und fiktionalem Erzählen eine Vielzahl von Parallelen und Überschneidungen gibt (Scholz Williams 1989). Mit ihrem Nachweis, dass sich Historiker und Biographen bei der Anordnung und Darstellung des Materials literarischer Darstellungsmittel (etwa archetypischer Erzählmuster und rhetorischer Figuren) bedienen, haben vor allem erzähltheoretisch orientierte Studien von Geschichtstheoretikern wie Arthur C. Danto, Walter Bryce Gallie, Lionel Gossman, Dominick LaCapra, Louis Mink, Paul Ricœur und Hayden White die aus der strukturellen Identität der Erzählformen resultierende enge Verwandtschaft zwischen historiographischen und fiktionalen Werken betont (Berkhofer 1995).

Schematisch vereinfacht lassen sich in der gegenwärtigen Debatte über die Frage nach der theoretischen Unterscheidung zwischen Geschichtsschreibung und fiktionalem Erzählen zwei Richtungen differenzieren. Zur einen Gruppe gehören jene Erzähl-, Geschichts- und Literaturtheoretiker, für die historische und fiktionale Erzählungen grundsätzlich verschieden sind (z.B. Dorrit Cohn und Gérard Genette). Die unüberbrückbare Kluft, die zwischen den beiden Diskursen bestehe, gründe in ihrem unterschiedlichen Wahrheitsanspruch. Während sich Historiker mit der Rekonstruktion von Ereignissen befassen, die in der Vergangenheit wirklich stattgefunden haben, schildern Romane erfundenes Geschehen und fiktive Figuren, die in der Wirklichkeit keine Entsprechung haben. Darüber hinaus haben führende Narratologen in jüngster Zeit in den Debatten um Fiktionalität darauf hingewiesen, dass sich fiktionale Erzähltexte auch in formaler Hinsicht von Biographien und anderen nicht-fiktionalen unterscheiden (z.B. Cohn 1989, 1999).

Im Gegensatz dazu sind in den letzten Jahrzehnten verstärkt die Parallelen und Gemeinsamkeiten zwischen Geschichtsschreibung und Literatur sowie zwischen fiktionalem und faktualem Erzählen hervorgehoben worden. Die meisten Studien, die die enge Affinität zwischen Fiktion und Historiographie betonen, gehen vom Aspekt der narrativen Form aus, die als wichtigstes Merkmal gilt, das Biographien und Geschichtswerke mit literarischen Erzähltexten gemeinsam haben. Damit knüpft die zeitgenössische Literatur- und Geschichtstheorie wieder an die bis zur Mitte des 19. Jahrhunderts vorherrschende Auffassung an, dass auch Geschichtsschreibung und Biographie zur Kunst zu zählen seien. Verschiedene Theoretiker, unter ihnen White, haben den fiktiven Charakter der Historiographie nachzuweisen versucht, indem sie die von ihr verwendeten Erzählstrukturen und den Rückgriff der Geschichtsschreibung auf literarische Erzählmuster untersucht haben. White widmet sich in seinen metahistorischen Arbeiten vor allem den Erzählstrukturen an der Oberfläche der Texte, die Historiker schreiben, und versucht zu ergründen, auf welche Weise diese ihre Geschichte durch narrative Formen konstituieren.

Darüber hinaus versucht White nachzuweisen, dass Sprache und Erzählformen keine transparenten Medien sind, die eine neutrale Darstellung historischer Prozesse ermöglichen und selbst keine Auswirkungen auf die Präsentation haben. Im Titel seiner Essaysammlung *Die Bedeutung der Form* (1987/1990) kommt seine Überzeugung zum Ausdruck, dass der Inhalt historischer Werke nicht loslösbar oder unabhängig sei von der narrativen Form der Darstellung. Da die Erzählstrukturen der Historiographie vielmehr selbst semantisiert, d. h. mit Bedeutung sowie ideologischen und politischen Implikationen aufgeladen seien und der narrative Diskurs Ereignisse überhaupt erst in Erzählzusammenhänge einordne, statte die Form der sprachlichen Darstellungsweise ›Fakten‹ unweigerlich mit Bedeutung aus. Mit Nachdruck betont White die unüberbrückbare Kluft, die zwischen der Abfolge historischer Ereignisse und ihrer Umwandlung in eine narrative Struktur bestehe, die die Fakten überhaupt erst mit Bedeutung ausstatte (↗IV.2. ›Histoire‹).

Durch die systematische Erfassung der poetischen Elemente der Historiographie versucht White außerdem, den Nachweis dafür zu erbringen, dass Historiker bei der Transformation des von den Quellen vorgegebenen Materials in kohärente Geschichten von literarischen Erzählmustern Gebrauch machen. Aufgrund dieses ›spezifisch literarischen Aspekts‹ historischen Erzählens seien Werke der Historiographie, so seine These, keine mimetischen Repräsentationen von tatsächlichen historischen Ereignissen, Prozessen oder Lebensgeschichten, sondern kontingente, metaphorische, vorläufige und letztlich fiktionale Konstrukte. Die These von der zwangsläufigen Fiktionalisierung der Historiographie und Biographie beruht somit darauf, dass der Historiker bei seiner Darstellung auf literarische Erzählmuster zurückgreife und diese auf die Fakten projiziere.

Aus seinen Analysen der Bedeutung von Narrativität in der Darstellung von wirklichem Geschehen folgert White, dass historiographische Werke – und damit auch Biographien – primär als narrative Konstrukte, verbale Fiktionen und ›literarische bzw. verbale Artefakte‹ zu betrachten seien (White 1978/1986). Whites Poetik und Kritik der Geschichtsschreibung laufen somit auf eine völlige Nivellierung der Unterschiede zwischen Geschichtsschreibung und Dichtung, faktualem und fiktionalem Erzählen sowie Biographie und Roman hinaus. Die Bedeutung von Whites Überlegungen für die Frage nach dem Verhältnis zwischen Biographie und Geschichtsschreibung zur Literatur besteht vor allem in dessen These, dass Historiker und Biographen durch den Rückgriff auf literarische Erzählmuster vergangenes Geschehen in fiktionale Erzählungen verwandeln. Dies kommt für White einer Übersetzung von Fakten in Fiktionen gleich. Gleichwohl ist damit die Frage, ob und wodurch sich die Konstruktion biographischer Werke und literarischer Erzählungen voneinander unterscheiden, noch keineswegs geklärt.

5.3. Kritik an der Einebnung des Gegensatzes zwischen Biographik und Literatur

Aus der Sicht der Biographik ist Whites Gleichsetzung von Historiographie und Fiktion insofern problematisch, als sie sowohl die unterschiedlichen Modi der Referenz, die für die Diskurse jeweils charakteristisch sind, als auch die Wissenschaftsspezifik von Historiographie und wissenschaftlichen Biographien ignoriert (↗I.3. Referentialität). Zudem beschränkt sich White auf die Strukturierung des Erzählten auf der Ebene der Geschichte, während er Aspekte der erzählerischen Vermittlung ausblendet (zur Kritik an White vgl. Nünning 1999). Sobald diese Aspekte in Betracht gezogen werden, rücken grundlegende Unterschiede zwischen historiographischem und fiktionalem Erzählen in den Blick. Durch eine Einbeziehung der Referenzproblematik, der unterschiedlichen Konventionen fiktionalen und biographischen Erzählens, der Frage nach textuellen Fiktionalitätssignalen und den narrativen Vermittlungsverfahren lässt sich zeigen, dass die These der ›Fiktionen faktischer Repräsentation‹ viele kontextuelle und textuelle Differenzen zwischen den Diskursen der Biographie bzw. Historiographie und der Fiktion ignoriert.

Während die These von der strukturellen Gemeinsamkeit von Geschichtsschreibung und Literatur mit dem Kriterium des *emplotment*, d. h. der narrativen Anordnung und Einbettung der historischen Fakten in einen Handlungs- und Sinnzusammenhang, nur einen Aspekt einbezieht, den der narrativen Konfiguration des Erzählten, ist zum Zwecke der Abgrenzung von Biographie und fiktionaler Erzählliteratur darauf hinzuweisen, dass textlinguistische Kriterien allein nicht ausreichen, um eindeutige Unterschiede zwischen fiktionalen und nicht-fiktionalen Texten zu ermitteln. Vielmehr ist zu berücksichtigen, dass beide Diskurse einen ganz unterschiedlichen Wahrheitsanspruch haben und dass für die Produktion und Rezeption literarischer Werke ganz andere Konventionen gelten als für wissenschaftliche Biographien. So betont Jörn Rüsen daher zu Recht, dass im Rahmen von Whites textlinguistischer Betrachtungsweise eine für die Abgrenzung der beiden Diskurse zentrale Frage unbeantwortbar sei, die »*Frage nach der Wissenschaftsspezifik von Geschichtsschreibung*« (Rüsen 1982, 515).

Anstatt aus der Tatsache, dass Historiker Darstellungsschemata verwenden, die als spezifisch ›literarisch‹ gelten, die Schlussfolgerung zu ziehen, Biographien und Literatur seien beide fiktional und nicht unterscheidbar, gilt es zudem zu betonen, dass dieser These eine Verwechslung von literarischen Verfahren und fiktionalem Aussagemodus zugrunde liegt. Historiographische und biographische Werke sind nicht schon deshalb fiktional, weil sie vermeintlich ›literarische‹ Darstellungsmittel verwenden; ebenso wenig büßen etwa historische Romane ihren fiktionalen Status ein, wenn sie einen hohen Grad außertextueller Referenzen auf reale Orte, Personen oder Ereignisse haben (↗IV.1. Kontext).

Darüber hinaus beruht die Nivellierung der Unterschiede zwischen Historiographie und Dichtung auf einer nicht haltbaren Gleichsetzung von *emplotment* mit Literarizität und Fiktionalität. Whites Behauptung, die narrative Konfiguration einer historischen Situation sei »wesentlich eine literarische, fiktionserschaffende Operation« (White 1978/1986, 85), wird allein schon dadurch widerlegt, dass sich die als *emplotment* bezeichneten Verfahren auch in pragmatischen Genres wie Alltagserzählungen und Zeitungsberichten finden. Geht man von der prinzipiellen Fiktionalität historiographischer und biographischer Sinnstiftung aus, bleibt die Frage offen, wodurch sich die Konstruktion nicht-fiktionaler und fiktionaler Biographien unterscheidet. Durch die verkürzende Gleichsetzung von narrativer Konfiguration und Fiktionalität geraten somit die Besonderheiten literarischen Erzählens aus dem Blick, die sich von jenen wissenschaftlichen Repräsentationen von vergangenem Leben unterscheiden, die die klassische Biographie erzeugt.

Für die Einordnung der verschiedenen Typen von Biographien im Spannungsfeld zwischen Faktualität und Fiktionalität ergibt sich daraus die Konsequenz, narrative Konfiguration, durch die sich jeder Erzähltext auszeichnet, von Fiktionalisierung und literarischen Erzählverfahren zu unterscheiden. Weder signalisiert jedes literarische Darstellungsmittel unbedingt Fiktionalität, noch macht jeder fiktionale Text von solchen Verfahren Gebrauch. Im Gegensatz zu der unhaltbaren These, *emplotment* sei ein spezifisch literarisches Verfahren und mache historiographische Werke daher unweigerlich zu verbalen Fiktionen, ist außerdem zu betonen, dass sprachliche Strukturierung und Konstruktivität nicht gleichzusetzen sind mit einem fiktionalen Aussagemodus. Aus der inzwischen weithin akzeptierten Einsicht, dass historiographische Werke vergangenes Geschehen nicht mimetisch abbilden, sondern gemäß wissenschaftlicher Konventionen nachprüfbare Konstrukte erzeugen, folgt zwar, dass historiographische Werke und Biographien Konstrukte sind, das berechtigt aber keineswegs zu dem Schluss, dass die von ihnen erzählten Geschichten ›verbale Fiktionen‹ seien. Vielmehr sind die narrativen Darstellungsverfahren, auf denen die Konfiguration des Erzählten in einem Text beruht, begrifflich zu unterscheiden von der Frage der Fiktionalität.

5.4. Fiktionssignale und Metafiktion: Kriterien zur Abgrenzung zwischen faktischen und fiktionalen Biographien

Durch die weitgehende Beschränkung der Debatte auf den Aspekt der Narrativität sind grundlegende Unterschiede zwischen Biographie bzw. Historiographie und fiktionaler Erzählliteratur aus dem Blick geraten. Dadurch ist zudem den textuellen Indikatoren, die den Fiktionscharakter literarischer Texte signalisieren, bislang nicht jene Bedeutung beigemessen worden, die sie für die Frage nach den Unterschieden zwischen fiktionalem und historischem Erzählen haben. Zum Zwecke der Abgrenzung literarischen und historischen Erzählens sind neben textuellen Indikatoren, die den Fiktionscharakter literarischer Erzähltexte signalisieren, einige fiktionale Privilegien bei der Selektion und literarischen Vermittlung von Lebensgeschichten zu erörtern (Nünning 1995, 153–199).

So können die Unterschiede zwischen Historiographie und fiktionalem Erzählen nur dann bestimmt werden, wenn die Frage nach der Wissenschaftsspezifik des historischen Diskurses und den grundlegend anderen Handlungsbedingungen literarischer Kommunikation berücksichtigt werden. Ungeachtet der punktuellen oder auch häufigen Verwendung literarischer Ausdrucksmittel orientieren sich die Verfasser von Biographien und historiographischen Werken sowie die Rezipienten solcher Texte an völlig anderen Konventionen als denen, die den Umgang mit Literatur bestimmen.

Darüber hinaus gibt es ein breites Spektrum textueller Signale, die in literarischen Erzählungen deren Zugehörigkeit zum Bereich der Fiktion markieren und die Texte bisweilen sogar einer bestimmten Gattung zuordnen. Dem entspricht auf der Seite nicht-fiktionaler Erzählgenres wie Biographien der Gebrauch ähnlicher Hinweise, die Reinhart Koselleck als »Wirklichkeitssignale« (Koselleck 1979, 285) bezeichnet hat. Bei der Erörterung von Fiktionalitätsindikatoren ist zwischen (1) kontextuellen, (2) paratextuellen und (3) textuellen Signalen zu unterscheiden.

Zur ersten Gruppe zählen die Kommunikationssituation (z. B. Theater, Dichterlesung), der Verlag und die äußere Aufmachung eines Buches. Zu den gebräuchlichen paratextuellen Fiktionalitätsindikatoren, die klare Anhaltspunkte für die Unterscheidung zwischen fiktionalen und faktualen Biographien geben, gehören Titel und Untertitel: Während der Zusatz im Untertitel ›Eine Biographie‹ die Zuordnung zu einer nicht-fiktionalen Gattung signalisiert, fungiert der Untertitel ›Ein Roman‹ als Fiktionssignal. Ähnliche Funktionen erfüllen Formen der Untergliederung eines Textes, bestimmte Eingangs- und Schlussformeln, die explizit oder implizit auf die Fiktionalität der im Werk dargestellten Figuren und Ereignisse hinweisen. Zur Gruppe der textuellen Signale für Fiktionalität zählen außerdem alle Angaben über Personen, Ort und Zeit, die nicht direkt referentialisierbar sind, sowie die Gesamtheit jener Darstellungsverfahren, die als spezifisch ›literarisch‹ gelten (wie rhetorische Figuren, Formen der Bewusstseinsdarstellung etc.).

Neben den Fiktionalitätsindikatoren gibt es noch eine Reihe weiterer signifikanter Unterschiede zwischen biographischem und fiktionalem Erzählen. Sie beziehen sich zum einen auf die paradigmatische Achse und konkretisieren sich im größeren Freiraum, den Romanciers hinsichtlich der Auswahl des Materials und der Konstitution des Textrepertoires haben. Zum anderen betreffen sie die syntagmatische Achse der Anordnung und literarischen Vermittlung von Lebensgeschichten im Roman. Aufgrund des grundsätzlich anderen Wirklichkeitsbezuges, der auf der Fiktionalität literarischer Kommunikation beruht, unterscheiden sich klassische Biographien sowohl im Hinblick auf ihre Selektionsstruktur als auch in Bezug auf das Spektrum der darstellerischen Möglichkeiten, die dem Biographen bzw. Historiker und dem Romancier bei der Vergegenwärtigung von Lebensgeschichte zur Verfügung stehen. Dieser größere Handlungsspielraum manifestiert sich zum einen darin, dass im Textrepertoire fiktionaler Erzählgenres reale, fiktive und metafiktionale Elemente in beliebigen Dominanzverhältnissen verbunden werden können (↗III.4. Fiktionale Metabiographien). Zum anderen gibt es zahlreiche Besonderheiten bei der Konfiguration und literarischen Vermittlung von Geschichte in Romanen. Sie reichen von der spezifischen Kommunikationsstruktur fiktionaler Erzähltexte über die Techniken der erzählerischen Vermittlung und Bewusstseinsdarstellung bis zur sehr viel flexibleren Gestaltung der Handlungs-, Zeit- und Raumstruktur in Romanen.

Obgleich sowohl Autoren fiktionaler Biographien als auch Verfasser klassischer Biographien ihre Themen potentiell aus der gesamten Weltgeschichte auswählen können, bestehen in der Praxis vier deutliche Unterschiede im Hinblick auf die Themenselektion, die aus den Konventionen und Beschränkungen der Historiographie resultieren. Vereinfachend formuliert, können Biographen und Historiker nur das darstellen, was empirisch durch Quellen belegt und damit nachprüfbar ist. Im Gegensatz zu deren Beschränkung auf jene Bereiche, die durch Quellen dokumentiert sind, steht es Literaturproduzenten erstens frei, auch die nicht durch Quellen bzw. die geschichtliche Überlieferung belegten Bereiche einzubeziehen.

Zweitens können biographische Romane im Gegensatz zu Biographien eine beliebige Menge von Elementen enthalten, die nicht im Sinne einer Einzelreferenz auf spezifische historische Personen, Ereignisse oder Gegebenheiten beziehbar sind. Während sämtliche Aussagen in Biographien eindeutig auf konkrete Personen, existierende Orte und Zeitangaben referentialisierbar sein und einen Tatsachenbezug auf konkrete raum-zeitliche Komponenten vergangener Wirklichkeit aufweisen müssen, können in historischen Romanen bei den außertextuellen Referenzen variable Mischungsverhältnisse zwischen fiktiven und realen Entitäten bestehen. Dies gilt sowohl im Hinblick auf die Darstellung von Ereignissen als auch hinsichtlich der Beschreibung aller weiteren Konstituenten der Fiktionswelt.

Der dritte Unterschied bezüglich der Selektionsstruktur von Biographien und fiktionalen Erzählungen betrifft das gesamte Spektrum expliziter und impliziter Erscheinungsformen von Metafiktion, die *per definitionem* der Selektionsstruktur literarischer Gattungen vorbehalten sind. Im Gegensatz zur oft prononcierten Selbstreferenz zeitgenössischer fiktionaler Biographien und Metabiographien, die den Status eines Textes als Fiktion entlarvt, zeichnen sich Biographien aufgrund ihres Objektivitäts- und Wahrheitsanspruchs durch eine Tendenz zur Vermeidung von Rückbezüglichkeit aus.

Den unterschiedlichen Selektionsstrukturen entsprechen erzähltechnische Besonderheiten, die ebenfalls durch die Fiktionalitätskonvention bedingt sind, durch die sich literarische Erzählungen von der Biographie und Historiographie abgrenzen lassen. Während in historiographischen Werken der auf der werkexternen Kommunikationsebene angesiedelte Verfasser und das Aussagesubjekt auf der textinternen Ebene der erzählerischen Vermittlung identisch sind, ist dies in Romanen und fiktionalen Biographien nicht der Fall (Cohn 1989, 1999). Gleichgültig welche Erzählsituation vorliegt, wird das erzählte Geschehen in Romanen stets von einer fiktiven Instanz vermittelt, während sich biographische und historiographische Werke durch eine Identität von Verfasser und textuellem Sprecher auszeichnen. Darüber hinaus gehören Dialoge seit den Anfängen der Gattung zu den formalen Privilegien des Romans, auf die Historiker und Biographen in der Regel ebenso verzichten müssen wie auf die direkte Darstellung von Bewusstseinsvorgängen, die seit der Verwissenschaftlichung der Historiographie durch Leopold von Ranke im Bereich des faktualen Erzählens als unzulässig gilt, während fiktionale Geschichtsvermittlung über das Privileg uneingeschränkter Innenweltdarstellung verfügt. Somit zeigt eine Analyse fiktionaler Privilegien, dass sich Romane in der Praxis auch in textueller Hinsicht von Biographien und anderen Geschichtswerken unterscheiden lassen.

Literatur

Berkhofer, Robert F. Jr.: *Beyond the Great Story: History as Text and Discourse*. Cambridge, Mass./London 1995.

Cohn, Dorrit: »Fictional *versus* Historical Lives: Borderlines and Borderline Cases«. In: *The Journal of Narrative Technique* 19. Jg., 1 (1989), S. 3–24.

Dies.: *The Distinction of Fiction*. Baltimore/London 1999.

Genette, Gérard: »Fictional Narrative, Factual Narrative«. In: *Poetics Today* 11. Jg., 4 (1990), S. 755–774.

Heitmann, Klaus: »Das Verhältnis von Dichtung und Geschichtsschreibung in älterer Theorie«. In: *Archiv für Kulturgeschichte* 52. Bd. (1970), S. 244–279.

Koselleck, Reinhart: *Vergangene Zukunft. Zur Semantik geschichtlicher Zeiten*. Frankfurt a. M. 1979.

Middeke, Martin/Huber, Werner (Hg.): *Biofiction(s): The Rewriting of Romantic Lives in Contemporary Drama and Fiction*. Columbia, SC 1999.

Nünning, Ansgar: *Von historischer Fiktion zu historiographischer Metafiktion*. Bd. 1: Theorie, Typologie und Poetik des historischen Romans. Trier 1995.

Ders.: »›Verbal Fictions?‹ Kritische Überlegungen und narratologische Alternativen zu Hayden Whites Einebnung des Gegensatzes zwischen Historiographie und Literatur«. In: *Literaturwissenschaftliches Jahrbuch*. 40. Bd. (1999), S. 351–380.

Rüsen, Jörn: »Die vier Typen des historischen Erzählens«. In: Reinhart Koselleck/Hartmut Lutz/Jörn Rüsen (Hg.): *Formen der Geschichtsschreibung*. München 1982, S. 514–605.

Schabert, Ina: »Fictional Biography, Factual Biography and their Contaminations«. In: *Biography* 5. Jg., 1 (1982), S. 1–16.

Dies.: *In Quest of the Other Person: Fiction as Biography*. Tübingen 1990.

Scholz Williams, Gerhild: »Geschichte und die literarische Dimension: Narrativik und Historiographie in der anglo-amerikanischen Forschung der letzten Jahrzehnte. Ein Bericht«. In: DVjs 63. Jg., 2 (1989), S. 315–392.

White, Hayden: *Auch Klio dichtet oder die Fiktion des Faktischen. Studien zur Tropologie des historischen Diskurses*. Stuttgart 1986 (amer. 1978).

Ders.: *Die Bedeutung der Form. Erzählstrukturen in der Geschichtsschreibung*. Frankfurt a. M. 1990 (amer. 1987).

Ansgar Nünning

6. Poetizität/Literarizität

6.1. Zur Begriffsgeschichte

Gemäß dem *Reallexikon der deutschen Literaturwissenschaft* geht der Begriff Poetizität (den man auch unter der Bezeichnung ›Literarizität‹ kennt) auf die Literaturtheorie des russischen Formalismus zurück. Man versteht darunter »das Charakteristische der literarischen Sprachverwendung« (van Peer 2003, 111). Den folgenden begriffsgeschichtlichen und -analytischen Ausführungen schließen sich Überlegungen zur Anwendung des Begriffs auf Biographien an.

Allgemein könnte unter Poetizität das Spezifikum von Dichtung bzw. künstlerischer Literatur überhaupt verstanden werden. Da aber für dichterisch von Epoche zu Epoche, von Kultur zu Kultur, mitunter von Mensch zu Mensch jeweils etwas anderes gehalten wird, wäre dieser Begriff leer. ›Poetizität‹ ist daher für solche Ansätze reserviert, die das Spezifikum von Dichtung in ihrer spezifischen sprachlichen Beschaffenheit erblicken und es zugleich darauf beschränken.

Schon der Erfinder von Wort und Begriff, Aleksandr Potebnja, konzipierte 1862 Poetizität als eine Eigenschaft der Sprache, die allerdings nicht nur in Werken künstlerischer Literatur zur Geltung kommt, sondern sich sogar in einem einzelnen Wort, in der ›inneren Form‹, manifestieren kann (Aumüller 2005). Für den überzeugten Humboldtianer war die zeitgenössische Vorstellung, das Poetische sei eigentlich etwas Geistiges, das nicht einmal notwendigerweise in Worten ausgedrückt werde, unhaltbar. Demgegenüber glaubte Potebnja, Poetizität manifestiere sich in Bedeutungsübertragungen, die neben dem ästhetischen Effekt eine sprachspezifische Weltansicht begründeten. Damit erkannte er der Sprache wie der Dichtung eine kognitive Dimension zu. Als Viktor Šklovskij den Ausdruck übernahm, definierte er ihn kurzerhand um und eliminierte die kognitive Dimension. Nicht die Bildlichkeit der Literatur bedingt nach Šklovskij ihre Poetizität, wie er Potebnja verkürzend unterstellte, sondern die Fühlbarkeit ihrer Verfahren. Fühlbar sind die Verfahren Šklovskij zufolge, wenn sie die Aufmerksamkeit vom Gegenstand eines Textes auf sich selbst lenken, auf die Art und Weise also, wie der Text gemacht ist.

Die Einsicht, dass literarisch-künstlerische Verfahren auch außerhalb der Literatur in der Sprache anzutreffen sind, führte Roman Jakobson und die tschechischen Strukturalisten zurück zu der These, dass Poetizität eine Eigenschaft der Sprache überhaupt sei, wobei sie diese These in eine erheblich differenziertere Theorie integrierten. Jakobson zählte sechs Funktionen der Sprache auf, von denen die poetische Funktion eine war. Im Unterschied zu Potebnja – aber durchaus in Analogie zu seinem Begriff der inneren Form – erblickte Jakobson Poetizität in einer Besonderheit seines strukturalistischen Sprachmodells, und zwar in der Projektion von Elementen »von der Achse der Selektion auf die Achse der Kombination« (Jakobson 1960, 94). Um dem Einwand zu entgehen, dass auf dieser Grundlage fast alle Texte Poetizität besitzen müssten, griff man auf das Konzept der »Dominante« zurück (Ėjchenbaum 1922, 9; Jakobson 1935). Nur wenn die poetische Funktion dominiere, könne man dem Text Poetizität zuschreiben.

Mit der Verbreitung des Strukturalismus fand der formalistisch-strukturalistische Begriff der Poetizität schließlich Eingang in die westliche Literaturtheorie (vgl. Holenstein, Fricke, Koch).[1]

In den Begriff der Poetizität gehen nur solche Merkmale ein, die für künstlerische Literatur spezifisch sind. Klassische Bestimmungsgründe wie

1 Vgl. Harald Fricke: *Norm und Abweichung. Eine Philosophie der Literatur.* München 1981; Elmar Holenstein: »Poetizität. Für Schönheit und wider eine primär pragmatische Literaturtheorie«. In: *Poetica* 12. Jg. (1980), S. 488–508; Walter A. Koch: *Poetizität. Skizzen zur Semiotik der Dichtung.* Hildesheim 1981. Davon abzugrenzen sind Versuche, Poetizität rezeptionspsychologisch umzudeuten, vgl. Petra Hoffstädter: *Poetizität aus der Sicht des Lesers. Eine empirische Untersuchung der Rolle von Text-, Leser- und Kontexteigenschaften bei der poetischen Verarbeitung von Texten.* Hamburg 1986.

Schönheit oder Ausdruck von Stimmungen passen nicht in dieses Konzept. Daher lautet die erste, die Zuschreibung des Begriffs begleitende Annahme, dass Poetizität ausschließlich den sprachlichen Aspekt literarischer Kunst betrifft. In einem literarischen Werk mag ein Autor seine persönlichen Überzeugungen in Worte fassen oder der Geist einer Epoche zum Ausdruck kommen, für seine Poetizität sind diese Aspekte irrelevant. Was allein zählt, sind die sprachlichen Verfahren, aus denen das Werk besteht, und ihr Beitrag dazu, dass das Werk sich von anderen Werken unterscheidet. Mithin ist eine zweite Annahme, dass Poetizität nur solche literarisch-künstlerischen Werke auszeichnet, deren Faktur sich durch im weitesten Sinne sprachliche (metrisch-rhythmische, lexikalische, narrative, fiktionale usw.) Individualität, Originalität und Innovation bestimmen lässt. Diese Annahme impliziert, dass ein literarisches Werk seine ästhetische Bedeutung nur im Vergleich mit anderen Werken, mit der sog. literarischen Reihe, erhält. Die Poetizität eines Textes wird darüber hinaus, so die dritte Annahme, von seiner Hauptfunktion reguliert. Damit ist gemeint, dass die Verfahren, die den Text gestalten und seine Poetizität konstituieren, alle anderen Textfunktionen (expressive, referentielle, appellative Funktionen etc.) unterordnen; ist dies nicht der Fall, hat der Text eine verminderte oder nicht relevante Poetizität. Werbetexte z. B. zeichnen sich nicht selten durch einen kreativen Einsatz von sprachlichen Verfahren aus, deren Wirkung jedoch von der appellativen Funktion (›Kauf mich!‹) reguliert wird.

Die Frage ist, wovon es abhängt, dass die sprachlichen Verfahren derart hervorstechen bzw. salient sind, dass sie andere Textfunktionen unterordnen. Fiktionalität und auffällige Rekurrenzen können Anhaltspunkte für die Salienz sprachlicher Verfahren und damit für die Aktivierung der poetischen Funktion sein. Wie aktiv sie ist, hängt dann auch von der Aktivität der anderen Sprachfunktionen ab und nicht nur von den Funktionen der Verfahren selbst. Um nicht Exaktheit vorzutäuschen, wo es sie nicht gibt, sollte man sich von der Vorstellung verabschieden, die Poetizität eines Textes könne gemessen werden. Viel eher bietet es sich an, Poetizität als orientierenden Begriff aufzufassen, dessen Nutzen sich erst dann einstellt, wenn man ihn im Rahmen der Zuweisung von Textfunktionen anwendet – etwa im Hinblick auf faktuale Texte wie Biographien, die offenkundig nicht von der ästhetischen/poetischen Funktion reguliert werden.

6.2. Zur Poetizität von Biographien

Ein Ansatz zur Bestimmung der Poetizität von Biographien ist daher die Gegenüberstellung ihrer referentiellen und ihrer poetischen Funktion (↗ I.3. Referentialität; ↗ I.5. Fiktionalität, Faktizität, Metafiktion). Daraus ergibt sich eine einfache Relation: Je eingeschränkter die durch literarische Verfahren bedingte Referentialität von Biographien, desto dominanter die poetische Funktion.

Am einen Ende einer solchen Skala (aber eigentlich schon außerhalb) findet sich Wolfgang Hildesheimers *Marbot*.[2] Denn obwohl mit dem Untertitel *Eine Biographie* ausgestattet, ist das Buch lediglich eine Pseudo-Biographie, da ihr Held eine fiktive Figur und schon der Untertitel mithin ein Fall fiktionaler Rede ist. Mag der rhetorische Gestus noch so faktual-biographisch und der sonstige historische Gehalt noch so gut belegt sein, die meisten Sätze sind doch fiktional und die referentielle Funktion ebenso minimiert wie etwa in Lev Tolstojs *Krieg und Frieden*, worin Napoleon und andere historische Gestalten neben fiktiven Figuren auftreten. Am anderen Ende der Skala befinden sich biographische Chronologien, die dokumentarisch belegbare einfache Aussagen über Lebensdaten und -ereignisse treffen.

Geht man davon aus, dass alle Biographen den Anspruch haben, wahre Aussagen zu treffen, sind ihre Möglichkeiten an literarischen Verfahren *ipso facto* eingeschränkt (↗ IV.3. ›Discours‹). Die referentielle dominiert also die poetische Funktion, wenn man zugunsten eines kritischen und von jedermann nachvollziehbaren Umgangs mit Zeugnissen auf bestimmte literarische Darstellungsverfahren verzichtet. Dies gilt umso weniger, je mehr ein Biograph die Anforderung, nur dokumentarisch Belegtes zu berichten oder Vermutungen als

2 Wolfgang Hildesheimer: *Marbot. Eine Biographie.* Frankfurt a. M. 1981.

solche kenntlich zu machen, ignoriert. Die wörtliche Rede einer historischen Gestalt ist in einer Biographie in den meisten Fällen ein fiktives Element, das die referentielle Funktion stört. Ebenso verhält es sich mit Zuschreibungen mentaler Episoden und fiktionalisierten Situationsbeschreibungen, wie in sog. Romanbiographien üblich. Schließlich zählen dazu auch Verfahren, die die Gattungskonventionen der Biographie offensiv verfremden, wie Hans Magnus Enzensbergers posthume Unterhaltungen mit seinen Helden in *Hammerstein oder der Eigensinn* (2008). Die Aktivität der poetischen Funktion vermindert sich allerdings wieder umso mehr, je verbreiteter solcherlei Verfahren sind.

Die referentielle Funktion wird aber nicht nur durch Fiktionalisierungen geschwächt, sondern auch durch weitere Verfahren. Als erstes ist das Verfahren der fehlenden Kapitelstruktur zu nennen wie in Hildesheimers *Mozart*. Zwar besitzt diese Biographie im Anhang eine Chronologie, doch der eigentliche Text verzichtet auf Strukturierungen mit Ausnahme eines kursiv gesetzten, aber als solches nicht bezeichneten Vorworts, das darüber informiert, wie der Autor seine Biographie verstanden wissen will, und bis auf Leerzeilen, die den biographischen Text in thematische Einheiten gliedern. Dieses Verfahren ist für Biographien ungewöhnlich und rückt die Darstellungsweise bereits auf der Ebene des Inhaltsverzeichnisses in den Vordergrund; die referentielle Funktion ist hier minimiert, da nicht einmal Lebensdaten der historisch-referentiellen Orientierung helfen, geschweige denn thematische Kapitelüberschriften, die meist eine referentielle Funktion besitzen.

Wenn sich das einfachste Schema einer Biographie an den chronologischen Lebensdaten ihres Helden orientiert (↗IV.2. ›Histoire‹), ja die Feststellung einer Chronologie möglicherweise zu ihren Aufgaben zählt, so kann jede Abweichung von diesem Schema ebenfalls als Aktivierung der poetischen Funktion betrachtet werden, da sie vom Gegenstand ablenkt auf die Art und Weise seiner Darstellung. Dieses Verfahren der Permutation zählt inzwischen zu den beliebteren und sorgt daher für eine verminderte Salienz der poetischen Funktion. Besonders häufig wird die Darstellung des Lebensendes vorgezogen und in Form eines Prologs als Abweichung kenntlich gemacht wie in Anne Edwards' *Die Tolstois*.[3] Auch Wolfgang Hildesheimers *Mozart* beginnt mit einem Vorgriff auf die Lebensumstände in den letzten Jahren Mozarts. Und es sind weitere Verfahren feststellbar, die die referentielle Funktion zugunsten anderer Funktionen minimieren. Sie verdeutlichen jedoch, dass die Minimierung der referentiellen Funktion nicht notwendigerweise die Maximierung der poetischen Funktion mit sich bringt. Hildesheimer erzählt weniger von den zwei letzten Lebensjahren Mozarts, als dass er einen in dieser Zeit besonders quälenden Umstand im Leben Mozarts – seine materielle Not – diskutiert. Narrative Pausen dominieren diesen Abschnitt, in dem über die faktische Armut zwar einiges zu erfahren ist; im Vordergrund aber stehen Reflexionen über Mozarts Einstellung gegenüber Schulden und Mitmenschen in Rücksicht auf die Mozartbilder und -klischees, die andere Biographen entworfen haben. Hier wird die referentielle Funktion durch die argumentative Funktion in den Hintergrund gedrängt, nicht durch die poetische. Allenfalls die Tatsache, dass Hildesheimers biographische Programmatik darin besteht, »die Distanz zwischen beiden Seiten [Leser und Held] zu vertiefen«[4] – eine Programmatik, die durchaus seinem poetischen Programm in anderen Werken entspricht und auch von den literarischen Verfahren in *Mozart* gestützt wird –, erlaubt es, die Vertiefung der referentiellen Distanz nicht nur als Effekt der Aktivierung der argumentativen Funktion zu betrachten, sondern auch als Ursache für ein poetisches Funktionieren des Textes. Weitere Verfahren stützen diese Sichtweise. Auf der Ebene des Stils zeichnet sich Hildesheimers Text durch hypotaktische Satzgefüge aus, die ihrerseits die argumentative Funktion leicht unterminieren. Sie lenken mitunter ab von der Argumentation auf ihre sprachliche Eleganz. Abgeschlossen wird der Vorgriff von einem metabiographischen Einschub, der den Vorgriff erläutert. Auch in diesem Fall wird die argumentative Funktion keineswegs ausgeschaltet. Im Gegenteil, Erklärungen sprechen für ihre Aktivierung. Anders als mit der explikativen verhält es sich mit der selbstreferentiellen Komponente des Einschubs. Sie rückt die

3 Anne Edwards: *Die Tolstois. Krieg und Frieden in einer russischen Familie.* Bern 1984 (engl. 1981).

4 Wolfgang Hildesheimer: *Mozart.* Frankfurt a. M. 1977, S. 16.

Weise der Darstellung in den Vordergrund, auch wenn sich darüber streiten lässt, ob sie in diesem Fall nicht der argumentativen Funktion untergeordnet ist. Diese Frage beantwortet sich leichter im folgenden Beispiel, in dem es zwar auch eine explikative Komponente gibt, sie sich aber auf die Weise der Darstellung bezieht und nicht, wie bei Hildesheimer, auf die Argumentation: »Ich schreibe keinen Reiseführer, ich versuche einfach, die Zimmer, in denen Tolstoi gelebt hat, ins Gedächtnis zurückzurufen. Es sind traurige Räume. Da ist das Arbeitszimmer« (Šklovskij 1984, 19). Die Erklärung dient hier (wie das Präsens) der Selbstreferentialität, nicht der argumentativen Auseinandersetzung mit konkurrierenden biographischen Darstellungen.

Weitere Verfahren, die für die Poetizität von Biographien in Betracht kommen, sind Rekurrenzen jeglicher Art, z. B. Leitmotive. Ein Beispiel ist das Motiv der Polsterbank, Tolstojs angebliches Lieblingsmöbel, auf dem er und später seine Kinder geboren wurden und in dessen Schubkästen er seine Manuskripte verwahrte (ebd., 17). Die späteren Nennungen der Polsterbank rufen die diesem Motiv zuerst zugewiesene Bedeutung auf, aber machen zugleich darauf aufmerksam, dass es allein der Macht des Biographen entspringt, dieses Detail aus dem Leben Tolstojs auszuwählen. Je weniger aber ein Motiv mit dem Leben des Helden und der Argumentation des Autors verknüpft ist, desto stärker betont es die Art und Weise der Darstellung und desto ausgeprägter ist eben seine poetische Funktion.

Literatur

Aumüller, Matthias: *Innere Form und Poetizität. Die Theorie Aleksandr Potebnjas in ihrem begriffsgeschichtlichen Kontext.* Frankfurt a. M. 2005.

Begemann, Petra: *Poetizität und Bedeutungskonstitution. Ein Modell poetischer Textverarbeitung unter besonderer Berücksichtigung der Rolle der Lautäquivalenzen.* Hamburg 1991.

Ėjchenbaum, Boris: *Melodika russkogo liričeskogo sticha.* Peterburg 1922.

Jakobson, Roman: »Die neueste russische Poesie« [1921]. In: Wolf-Dieter Stempel (Hg.): *Texte der russischen Formalisten.* 2 Bde. München 1972, Bd. 2, S. 18–135.

Ders.: »Die Dominante« [1935]. In: Ders.: *Poetik. Ausgewählte Aufsätze 1921–1971.* Frankfurt a. M. [2]1989, S. 212–219.

Ders.: »Linguistik und Poetik« [1960]. In: Ders.: *Poetik. Ausgewählte Aufsätze 1921–1971.* Frankfurt a. M. [2]1989, S. 83–121.

Peer, Willie van: »Poetizität«. In: Klaus Weimar u. a. (Hg.): *Reallexikon der deutschen Literaturwissenschaft.* 3 Bde. Berlin/New York 1997–2003, Bd. 3, S. 111–113.

Potebnja, Aleksandr: *Mysl' i jazyk* [*Denken und Sprache*]. Moskva 1999 (russ. 1862).

Šklovskij, Viktor: »Potebnja« [1916]. In: *Poėtika* 3–6 (1919).

Ders.: *Leo Tolstoi.* Frankfurt a. M. 1984 (russ. 1963).

Matthias Aumüller

7. ›Biographiewürdigkeit‹

7.1. Das Problem der Auswahl: Wessen Leben wird erzählt?

»Jedes Menschenleben verdient eine Erzählung«, stellt Richard Maria Werner 1895 fest, »wenn sich nur der Erzähler Rechenschaft giebt, was er erreichen will« (Werner 1895, 115). Die Auswahl einer Lebensgeschichte als Gegenstand einer Biographie wird durch die ihr zugedachte Funktion und das zugrunde liegende Erkenntnisinteresse bestimmt. Während sich die geistes- und kulturgeschichtliche Biographik zum Großteil Personen widmet, die als bedeutend angesehene Werke hinterlassen haben oder deren Handeln als wirkungsmächtig betrachtet wird, interessiert sich die soziologische Biographieforschung für Lebensgeschichten, die als repräsentativ für eine soziale Gruppe oder eine Generation gelten können, ohne dass dabei individuelle Eigenheiten völlig ausgeblendet oder Abweichungen von einer immer konstruierten Norm ignoriert würden. Die Frage, nach welchen Kriterien eine Lebensgeschichte für eine Biographie ausgewählt wird, ist eng verbunden mit der Funktionsweise von kulturellem Gedächtnis, mit Kanonisierungsprozessen und ihren Gegenbewegungen sowie mit sozialen, politischen und wirtschaftlichen Machtkonstellationen. Die Kriterien für ›Biographiewürdigkeit‹ ändern sich im Laufe der Zeit, in Abhängigkeit von dominierenden wissenschaftlichen Tendenzen, gesellschaftlichen Kontexten und den Anforderungen des Buchmarktes.

Für das national konturierte kulturelle Gedächtnis stellen biographische Lexika wichtige Medien der Kanonisierung dar (↗III.5. Biographische Kleinformen). Ein Blick auf die ihnen zugrunde liegenden Auswahlkriterien ist gerade im Zusammenhang mit der Frage der ›Biographiewürdigkeit‹ aufschlussreich.[1] Eines der großen biographischen Projekte Ende des 20. Jahrhunderts stellt das *Oxford Dictionary of National Biography* (ODNB) dar, eine redigierte und wesentlich erweiterte Neubearbeitung des von Leslie Stephen ursprünglich verantworteten *Dictionary of National Biography* aus dem 19. Jahrhundert, das bereits ein bemerkenswert breites Spektrum an Figuren versammelte, »including [...] sportspeople, murderers, journalists, actors and actresses, deviant clergymen, transvestites, fat men, old women« und andere.[2] Auch das neue ODNB versammelt Texte über erinnerungswürdige Menschen aus allen Lebensbereichen und nicht nur die ›Großen‹ und ›Guten‹, sondern auch die ›Exzentrischen‹ und ›Bösen‹.[3] Die Wahl fiel auf Personen, die ›noteworthy‹ sind, deren Leben also in irgendeiner, näher zu bestimmenden Weise als bedeutend gilt, wobei dieser Begriff im konkreten Fall des ODNB sehr weit gefasst ist. Bedeutung wird hier in der Regel in Bezug auf die Handlungen und Leistungen des biographischen Objekts im öffentlichen Raum definiert. Das entscheidende Kriterium für ›Biographiewürdigkeit‹ ist die soziale Stellung des Individuums. Die Biographie scheint allgemein als gattungsimmanentes Merkmal auf das Überdurchschnittliche, Außergewöhnliche, Exzentrische fokussiert zu sein.

Demgegenüber nimmt sich die sozialwissenschaftliche Biographieforschung gerade auch jener Lebensläufe an, die nicht als herausragend, sondern als exemplarisch für eine bestimmte Gruppe gesehen werden.[4] In diesem Sinne verwies R.M.

1 Vgl. dazu beispielsweise Ian Donaldson: »National Biography and the Arts of Memory: From Thomas Fuller to Colin Matthew«. In: Peter France/William St Clair (Hg.): *Mapping Lives. The Uses of Biography*. Oxford/New York 2002, S. 67–82; Iain McCalman/Jodi Parvey/Misty Cook (Hg.): *National Biographies and National Identity*. Canberra 1996.

2 H.C.G. Matthew, zit. n. Ian Donaldson: »National Biography and the Arts of Memory« (wie Anm. 1), S. 80.

3 Vgl. Brian Harrison: »Introduction of the Oxford DNB«, http://www.oxforddnb.com (25.06.2009).

4 Vgl. Peter Alheit/Bettina Dausien: »›Biographie‹ in den Sozialwissenschaften. Anmerkungen zu historischen und aktuellen Problemen einer Forschungsperspektive«. In: Bernhard Fetz (Hg.): *Die Biographie – Zur Grundlegung ihrer Theorie*. Unter Mitarbeit von Hannes Schweiger. Berlin/New York 2009, S. 285–315.

Werner in seinem eingangs zitierten Text mit dem Titel »Biographie der Namenlosen« auf ein soziologisches Interesse an Lebensgeschichten einerseits und ein ethnologisches andererseits: Die Biographien der ›kleinen‹ Leute weisen seiner Ansicht nach je nach ›Stand‹ und Zeit viele Übereinstimmungen auf, »so dass *eine* Biographie mit geringen Modifikationen für viele Menschen passen würde« (ebd., 115). Es sei daher ein legitimes Interesse, solche typischen Lebensläufe zu beschreiben. Die biographische Forschung sollte nicht nur aus verschiedenen Zeiten und sozialen Schichten solche Typen zusammenstellen, sondern auch aus verschiedenen Regionen und »durch solche Biographien der ›Namenlosen‹ dem Völkerpsychologen reiches Material« liefern (ebd., 117). Je nach Forschungsinteresse und je nach diskursivem Kontext variiert somit die Antwort auf die Frage der ›Biographiewürdigkeit‹.

7.2. ›Biographiewürdigkeit‹ in historischer Perspektive

Die Biographie wurde immer wieder auch über ihre didaktische Funktion bestimmt (↗II.3. Biographie und Anthropologie). Die dargestellte Lebensgeschichte sollte exemplarisch sein, als Vorbild dienen und die LeserInnen zur Nachahmung eines als modellhaft betrachteten Lebens auffordern. Umgekehrt können Biographien allerdings auch der Abschreckung dienen und gerade nicht nachahmenswertes Denken und Verhalten schildern (Scheuer 1979, 7f.). Die Exemplarizität von Lebensläufen und die damit in Verbindung stehende erzieherische Funktion hat eine lange Tradition: Vor Sigmund Freud, Lytton Strachey und den historischen Ereignissen des 20. Jahrhunderts, die zur Desillusionierung hinsichtlich ›großer‹ historischer Figuren führten, war seit der Antike davon ausgegangen worden, dass die Lebensgeschichten ›großer‹ Persönlichkeiten – in der Regel ›großer‹ Männer – als vorbildhaft gelten und gerade für junge Menschen Modelle gelungenen Lebens bieten können (Oldfield 2001, 314f.).

In seinem grundlegenden Text »On Biography« hebt Samuel Johnson das Potential der Biographie hervor, das allgemein Menschliche in den Vordergrund zu stellen und somit den LeserInnen zu vermitteln, wie sehr dieses Leben dem eigenen ähnlich sei. Daher gebe es auch grundsätzlich kein Leben, das nicht ›biographiewürdig‹ sei. Denn alle Menschen, so die Idee, verbinden ähnliche Bedürfnisse, Gedanken, Gefühle und Handlungsweisen, die in der Darstellung einer individuellen Lebensgeschichte aufscheinen.[5]

Die Biographie pendelt folglich zwischen zwei Polen: Auf der einen Seite der Versuch, das allgemein Menschliche einer Lebensgeschichte herauszuarbeiten und sie somit für möglichst viele Menschen anschlussfähig zu machen, die Möglichkeit zu Empathie oder Identifikation zu bieten. Auf der anderen Seite steht der Anspruch, das Einzigartige und Außergewöhnliche eines Lebens zur Darstellung zu bringen.

Im 19. Jahrhundert lenkte die Biographik in zunehmendem Maße ihren Blick auf sogenannte Ausnahmemenschen, auf herausragende Individuen, die in den Prozess der Geschichte eingreifen, ihn mitgestalten und prägen.[6] Sie erfüllte damit eine wichtige identitätsbildende Funktion im Entstehungsprozess von Nationalstaaten (↗II.5. Biographie und Gedächtnis). Vor allem Thomas Carlyle und Jacob Burckhardt haben mit ihrem Verständnis von historischer Größe und Heldentum die biographische Praxis wie auch die theoretische Diskussion nachhaltig bestimmt. Carlyle zufolge sind es die historischen Helden, die den Lauf der Geschichte kreativ gestalten, Leitbilder für viele Generationen darstellen und deren Handeln für ›Normalmenschen‹ nicht unbedingt einsichtig und nachvollziehbar ist (von Zimmermann 2006, 139). Carlyles Ausführungen wurden im deutschsprachigen Raum breit rezipiert und sollten u.a. zu Beginn des 20. Jahrhunderts in der Biographik des George-Kreises aufgegriffen werden.[7]

5 Samuel Johnson: »The Dignity and Usefulness of Biography« [*The Rambler* Nr. 60 (13.10.1750)]. In: Ders.: *The Rambler*. Hg. v. W. J. Bate u. Albrecht B. Strauss. New Haven/London 1969, S. 318–323, hier S. 320.

6 Vgl. Cornelia Rauh-Kühne: »Das Individuum und seine Geschichte. Konjunkturen der Biographik«. In: Andreas Wirsching (Hg.): *Neueste Zeit*. München 2006, S. 215–232.

7 Ulrich Raulff: »Wäre ich Schriftsteller und tot ... Vorläufige Gedanken über Biographik und Existenz«. In: Hartmut Böhme/Klaus R. Scherpe (Hg.): *Literatur und Kulturwissenschaften. Positionen, Theorien, Modelle*. Reinbek 1996, S. 187–204, hier S. 198. Vgl. v.a. Scheuer 1979, S. 112–151.

Bei Burckhardt zeichnen sich die Großen der Geschichte dadurch aus, dass sie sich von den Durchschnittsmenschen abheben, einzigartig und im geschichtlichen Prozess unersetzlich sind (ebd., 145). Die Idealisierung ›großer‹ Individuen zu Helden hat Burckhardt zufolge eine wichtige gesellschaftliche Funktion, da sie richtungweisend wirken, als Vorbilder dienen und als kollektive Identifikationsfiguren Gemeinschaft stiften (ebd., 148). Da sie einen wichtigen Stellenwert für den Gang der Geschichte einnehmen und durch ihr Anderssein aus der Masse herausragen, wird ihnen auch zugestanden, dass sie sich über allgemein geltende moralische Regeln hinwegsetzen.

Neben Burckhardt und Carlyle hat auch Wilhelm Dilthey den biographischen Diskurs des 19. und 20. Jahrhunderts entscheidend mitbestimmt. Ihm zufolge könne zwar grundsätzlich jedes Leben, »das kleine wie das mächtige«, beschrieben werden, und auch das scheinbar bedeutungslose Alltagsleben besitze im Prinzip Aussagekraft für »die unendlichen Möglichkeiten unseres Daseins« (Dilthey 1981, 305). Dilthey schränkt jedoch ein, dass gerade jene Menschen, deren Dasein besondere historische Wirkungen zeitigte, »in einem höheren Sinne würdig« seien, in der ›Biographie als Kunstwerk‹ weiterzuleben. Und er fügt ein Kriterium hinzu, das den Kreis der ›biographiewürdigen‹ Personen noch weiter einschränkt: Es verdienten nämlich gerade jene Menschen besondere Aufmerksamkeit, »deren Wirkungen aus besonderen schwer verständlichen Tiefen menschlichen Daseins hervorgegangen sind« (ebd., 305 f.). Da die ›Biographie als Kunstwerk‹ Dilthey zufolge einen Standpunkt finden muss, »in welchem der allgemeinhistorische Horizont sich ausbreitet und nun für einen Wirkungs- und Bedeutungszusammenhang doch dies Individuum im Mittelpunkt bleibt«, kann sie »nur auf historische Persönlichkeiten angewandt werden. Denn nur in diesen liegt die Kraft, einen solchen Mittelpunkt zu bilden« (ebd., 309). Damit stellt Dilthey an die Biographie nicht nur hohe Anforderungen, sondern begrenzt das Spektrum der ›Biographiewürdigen‹ auf einige wenige geschichtsmächtige Individuen, deren Lebensgeschichten einerseits Einblick in das menschliche Leben allgemein gewähren und die andererseits ›Kreuzungspunkte‹ historischer Entwicklungen bilden. Wenngleich seit Dilthey auf vielfältige Weise, in der biographischen Theorie wie in ihrer Praxis, eine derartige Einengung des Kanons ›biographiewürdiger‹ Personen infrage gestellt und als obsolet erklärt wurde, dominieren auch am Beginn des 21. Jahrhunderts die Biographien ›großer‹, ›bedeutender‹ historischer Persönlichkeiten den Buchmarkt und das Feuilleton.

7.3. ›Biographiewürdigkeit‹ als fragwürdige Kategorie

7.3.1. Die Leben der ›infamen‹ Menschen

Sozialgeschichtsschreibung, Mikrogeschichte, Feminismus und postkoloniale Theorien stellen die größten Herausforderungen des traditionellen Begriffs von Größe und damit der ›Biographiewürdigkeit‹ dar. Historische Größe oder Bedeutung wurde gerade in den Geschichtswissenschaften seit den 1970er Jahren durch die verstärkte Hinwendung zu Oral History, Alltagsgeschichte, Mikrogeschichte und Volkskultur für obsolet erklärt. Sowohl in theoretischer Hinsicht als auch in der konkreten Forschungsarbeit ist ›Biographiewürdigkeit‹ nicht mehr an die Bestimmung historischer Größe gebunden.

Für die Frage der ›Biographiewürdigkeit‹ ist auch die Quellenlage ausschlaggebend. Um als biographisches Objekt infrage zu kommen, müssen Quellen vorhanden sein, eine Person muss Spuren in den Archiven hinterlassen.[8] In der Geschichte der Biographik wurden immer wieder Versuche unternommen, auch jene Lebensgeschichten zu (be)schreiben, die nur sehr spärlich in den Archiven dokumentiert sind und zu denen kaum Quellen existieren. Unter den berühmtesten Beispielen solcher detektivischer biographischer Arbeit finden sich Carlo Ginzburgs *Der Käse und die Würmer. Die Welt eines Müllers um 1600* und Alain Corbins *Auf den Spuren eines Unbekannten*. In seiner Einleitung stellt Ginzburg für die 1970er Jahre einen Wandel des Interesses in den Geschichtswissenschaften fest: Waren früher in erster Linie die

8 Vgl. Bernhard Fetz: »Der Stoff, aus dem das (Nach-)Leben ist. Zum Status biographischer Quellen«. In: Ders. (Hg.): *Die Biographie – Zur Grundlegung ihrer Theorie*. Unter Mitarbeit von Hannes Schweiger. Berlin/New York 2009, S. 103–153.

Taten von Herrschern von Interesse, so wendete man sich nun immer stärker ›gewöhnlichen‹, ›durchschnittlichen‹ Menschen zu, die verschwiegen oder ignoriert worden waren.[9]

In seinem berühmt gewordenen Text »Das Leben der infamen Menschen«, der Einleitung zu einer nie zustande gekommenen Sammlung kurzer biographischer Darstellungen, nennt Michel Foucault als eines der Kriterien seiner Auswahl die Unbekanntheit der Personen. Mit dem Wort ›infam‹ eröffnet Foucault hier ein weites Bedeutungsspektrum: von unbekannt bzw. nicht ruhmreich über niedrig, minder, verrufen bis zu den Niederträchtigkeiten, von denen in den Dokumenten, aus denen er die Lebensgeschichten zu rekonstruieren plante, die Rede ist. Im Hinblick auf ›seine‹ Biographierten wollte Foucault, dass »nichts sie für irgendein Aufsehen prädestiniert habe; daß sie mit keiner der etablierten und anerkannten Größen begabt gewesen seien – Größen der Geburt, des Vermögens, der Heiligkeit, des Heldentums oder des Genies; daß sie zu jenen Milliarden von Existenzen gehören, die dazu bestimmt sind, ohne Spur vorüberzugehen« (Foucault 2001, 15). Damit stellt Foucaults projektierte Sammlung der Lebensgeschichten ›infamer‹ Menschen das Gegenprojekt zur traditionellen Biographik dar, die ihr Augenmerk in erster Linie jenen Figuren schenkte, die durch ihre Werke und ihr Handeln deutliche Spuren hinterließen. Foucault verweist darauf, wie auch Durchschnittsexistenzen Spuren hinterlassen: Wenn sie nämlich in Konflikt mit dem Gesetz, mit einer Macht ausübenden Instanz kommen.[10] Was die infamen Menschen »der Nacht entreißt, in der sie hätten bleiben können und vielleicht für immer bleiben sollen, das ist die Begegnung mit der Macht: ohne diesen Zusammenstoß wäre gewiß kein Wort mehr da, um an ihren flüchtigen Durchgang zu erinnern« (ebd., 16).

Im weiten Feld des *Life Writing*, das neben der Biographik unterschiedliche Formen autobiographischen Schreibens wie Memoiren, Tagebücher, Briefe etc. inkludiert, gilt die Aufmerksamkeit gerade auch jenen Lebensgeschichten, die nicht aufgrund der sozialen Stellung der jeweiligen Personen als herausragend gelten. Insbesondere die Möglichkeiten neuer Medien wie des Internet oder erweiterte Speichermöglichkeiten sorgen dafür, dass grundsätzlich jeder und jede seine oder ihre Lebensgeschichte dokumentieren kann und diese ggf. auch rezipiert wird (↗II.4. Biographie und Wissen).

7.3.2. ›Biographiewürdigkeit‹ im Gender-Diskurs

Nicht nur jüngere Entwicklungen in der Geschichtswissenschaft haben eine Verschiebung des biographischen Fokus mit sich gebracht, sondern auch der gendertheoretische Blick auf die Biographik seit den 1970er Jahren.[11] Die feministisch orientierte Biographik setzte sich mit den Mechanismen des Ausschlusses von Frauen aus dem biographischen Diskurs auseinander und fragte allgemein danach, in welch unterschiedlicher Weise Frauen und Männer in Biographien dargestellt werden. Als eine der Voraussetzungen für ›Biographiewürdigkeit‹ galt das Wirken und In-Erscheinung-Treten im öffentlichen Raum. Die Trennung zwischen öffentlichem und privatem Raum war eine geschlechtsspezifische, wobei dem Mann der öffentliche Raum, der Frau der private zugeordnet wurde. Ein derartiges *gendering* von privat und öffentlich stellte einen der zentralen Faktoren für die Vernachlässigung der Lebensgeschichten von Frauen dar. Die feministische Biographik zog daher die Trennlinie zwischen öffentlich und privat entlang der Geschlechtergrenze in Zweifel, machte einerseits auf ihre Durchlässigkeit und andererseits auf ihre Funktionalisierung aufmerksam. Wem dient eine solche Trennung in welcher konkreten Situation? Welche Machtverhältnisse liegen der Tren-

9 Carlo Ginzburg: *Der Käse und die Würmer. Die Welt eines Müllers um 1600.* Aus dem Italienischen von Karl F. Hauber. Frankfurt a. M. 1983 (ital. 1976); vgl. auch Alain Corbin: *Auf den Spuren eines Unbekannten. Ein Historiker rekonstruiert ein ganz gewöhnliches Leben.* Aus dem Französischen von Bodo Schulze. Frankfurt a. M./New York 1999.

10 Vgl. den Begriff der ›Biographiegeneratoren‹ (Beichte, Geständnis vor Gericht, polizeiliches Protokoll etc.) bei Alois Hahn: *Konstruktionen des Selbst, der Welt und der Geschichte.* Frankfurt a. M. 2000, S. 100.

11 Vgl. Caitríona Ní Dhuill: »Am Beispiel der Brontës. Gender-Entwürfe im biographischen Kontext«. In: Bernhard Fetz/Hannes Schweiger (Hg.): *Spiegel und Maske. Konstruktionen biographischer Wahrheit.* Wien 2006, S. 113–127; sowie: Christian von Zimmermann/Nina von Zimmermann (Hg.): *Frauenbiographik. Lebensbeschreibungen und Porträts.* Tübingen 2005.

nung zugrunde? Welche Strategien der Umgestaltung getrennter Sphären gab und gibt es?[12]

Die 1970er und 1980er Jahre waren geprägt von Versuchen, vergessene Frauenleben in Erinnerung zu rufen und damit den Kanon der ›biographiewürdigen‹ Personen zu erweitern. Damit wurden die Kriterien infrage gestellt, die in einem patriarchal geprägten Diskurs für die Auswahl von biographischen Objekten entscheidend waren. Aber auch der Begriff der Größe selbst wurde in Zweifel gezogen und dekonstruiert: »Die feministische Kritik daran, wie kulturelle und historische Sichtbarkeit geschaffen und aufrechterhalten wird und das feministische Projekt der Wiederaneignung (*reclaiming*) ›verlorener‹ oder ›marginaler‹ Lebensgeschichten sind zwei wichtige Momente der Herausbildung eines kritischen Bewusstseins über das Verhältnis zwischen Biographie und Sex-Gender-Systemen.«[13]

7.4. Die Macht der Biographie

›Biographiewürdigkeit‹ ist also – so lässt sich zusammenfassen – keine Eigenschaft des oder der Biographierten, sondern Ergebnis von Kanonisierungsprozessen und ihren Gegenbewegungen. Die Biographie kann eine Lebensgeschichte überhaupt erst ›biographiewürdig‹ und damit bedeutsam werden lassen, indem sie sie darstellt. Auf diese Weise können Biographien nicht nur der Tradierung eines Kanons dienen, sondern diesen auch infrage stellen oder einen (beispielsweise feministischen oder postkolonialen) Gegenkanon etablieren. Die Frage nach der ›Biographiewürdigkeit‹ macht deutlich, wie sehr die Entscheidungen eines Biographen/einer Biographin von der Wahl der darzustellenden Lebensgeschichte(n) über die Auswahl der Quellen bis hin zur Art der Darstellung in diskursive Formationen eingebunden sind und in Wechselwirkung mit Fragen der Macht, der Herrschaft, der sozialen Verhältnisse, der Geschlechterverhältnisse und des kulturellen Gedächtnisses stehen.

Die Biographie verfügt grundsätzlich über ein demokratisierendes Potential: Sie kann vergessene Leben wieder in Erinnerung rufen; sie kann die scheinbar bedeutungslosen Lebensgeschichten durchschnittlicher, ›infamer‹ Menschen zur Darstellung bringen und ihnen auf diese Weise ›Biographiewürdigkeit‹ verleihen. Doch dieses Potential gilt es in der biographischen Praxis fortwährend zu aktualisieren und im theoretischen Diskurs zur Biographie immer wieder herauszuarbeiten.

Literatur

Dilthey, Wilhelm: *Der Aufbau der geschichtlichen Welt in den Geisteswissenschaften* [1910]. Frankfurt a. M. 1981.

Foucault, Michel: *Das Leben der infamen Menschen*. Hg. u. übers. v. Walter Seitter. Berlin 2001.

Oldfield, Sybil: »Exemplary and Model Lives«. In: Margaretta Jolly (Hg.): *Encyclopedia of Life Writing. Autobiographical and Biographical Forms*. 2 Bde. London/Chicago 2001, Bd. 1, S. 314–316.

Scheuer, Helmut: *Biographie. Studien zur Funktion und zum Wandel einer literarischen Gattung vom 18. Jahrhundert bis zur Gegenwart*. Stuttgart 1979.

Werner, Richard Maria: »Biographie der Namenlosen«. In: *Biographische Blätter. Jahrbuch für lebensgeschichtliche Kunst und Forschung* 1. Jg. (1895), S. 114–119.

Zimmermann, Christian von: *Biographische Anthropologie. Menschenbilder in lebensgeschichtlicher Darstellung (1830–1940)*. Berlin/New York 2006.

Hannes Schweiger

12 Vgl. Linda Kerber: »Separate Spheres, Female Worlds, Woman's Place: The Rhetoric of Women's History«. In: Cathy N. Davidson/Jessamyn Hatcher (Hg.): *No More Separate Spheres!* Durham/London 2002, S. 29–65. Vgl. Kay Ferres: »Gender, Biography, and the Public Sphere«. In: Peter France/William St Clair (Hg.): *Mapping Lives. The Uses of Biography*. Oxford/New York 2002, S. 303–319.

13 Caitríona Ní Dhuíll: »Biographie von ›er‹ bis ›sie‹. Möglichkeiten und Grenzen relationaler Biographik«. In: Bernhard Fetz (Hg.): *Die Biographie – Zur Grundlegung ihrer Theorie*. Unter Mitarbeit von Hannes Schweiger. Berlin/New York 2009, S. 199–226, hier S. 203.

8. Biographie vs. Autobiographie

8.1. Historische Annäherung und Definitionen im kontrastiven Modell

Der Begriff ›Biographie‹ ist seit der Antike nachzuweisen, ohne dass jedoch durch eine klare Gattungsbestimmung verwandte Gattungen gegeneinander abgegrenzt worden wären. So koexistieren das ›Enkomion‹, das literarische ›Porträt‹ und die *vita* (↗ I.1. Begriffsgeschichte; ↗ V.1. Antike). Aber nicht nur biographische Formen bleiben ungeschieden, auch ›Biographie‹ und ›Autobiographie‹ werden lange phänomenologisch (und terminologisch) als Doppelerscheinung aufgefasst. Was Wayne Shumaker noch 1954 mit Blick auf die Autobiographie monierte, dass nämlich keine Anstrengungen unternommen worden seien, »die Autobiographie genau abzugrenzen« (Shumaker 1954/1989, 76), weil besonders in der englischsprachigen Theorie die Autobiographie unter dem Generaltitel ›Biographie‹ subsumiert wurde, gilt im Umkehrschluss natürlich auch für die Biographie. Erst gegen Ende des 18. Jahrhunderts setzt sich die Neubildung ›Autobiographie‹ bzw. ›Selbstbiographie‹ allmählich durch (Holdenried 2000, 19). Da sowohl die Biographie wie die Autobiographie ein breites Spektrum lebensgeschichtlichen Erzählens in den verschiedensten narrativen Mustern umfassen, haben sich die adjektivischen Ableitungen ›das Biographische‹ wie ›das Autobiographische‹ als hilfreich erwiesen. Daneben versuchen andere begriffliche Bildungen wie ›Autofiktion‹ neuere Entwicklungen zu erfassen. Für beide Gattungen sind offene Definitionen wie die von Georg Misch – Autobiographie sei »die Beschreibung (*graphia*) des Lebens (*bios*) eines Einzelnen durch diesen selbst (*auto*)« (Misch 1989, 38) – oder von Helmut Scheuer – Biographie sei »im weitesten Sinne […] jede Annäherung und Bemühung um eine Person und deren Leistungen und die anschließende literarische Aufarbeitung für Dritte« (Scheuer 1979, VIII) am brauchbarsten, auch wenn sie nicht alle Aspekte der Entwicklungen mit umgreifen (↗ I.2. Biographie als Gattung?). Heuristisch sind sie dennoch geeignet, die wichtigsten Gattungsphänomene auf einen gemeinsamen Nenner zu bringen. Den Hauptunterschied zwischen beiden Gattungen bildet die Sprecherposition: Die Autobiographie ist eine vom Referenzsubjekt selbst erzählte Lebensgeschichte, die Biographie einer (meist historisch beglaubigten) Person wird von einem Dritten erzählt (↗ IV. Analyse biographischer Erzählungen).

Beide Formen lebensgeschichtlichen Erzählens weisen in ihrem Ursprung schon mehr Verbindendes als Trennendes auf, waren sie doch als didaktische Zweckformen gedacht, als ›Gebrauchsliteratur‹, die am Beispiel des Lebens anderer Handreichungen für die Gestaltung des eigenen bieten sollten. Dieser wichtige Gattungsaspekt spielt bei denjenigen Varianten der aktuellen Formen weiterhin eine große Rolle, die als autobiographische zur Selbstverständigungs-, ja Ratgeberliteratur zu zählen wären, als biographische im medialen Bereich aufbereitete Pseudoleitbilder anbieten. Das Problematische dieser Schein-Exemplarität sind die Sensationseffekte, auf die sie abzielen, und die Identifikationsangebote, welche ungebrochen erfolgreiche Selbstkonstrukte und Krisenrezepte suggerieren. Der ungeheure Erfolg von Büchern wie Corinne Hofmanns *Die weisse Massai* (1998) u.dgl. zeigt deutlich, dass es für diese Art populärer ›Selbsthelferliteratur‹ ebenso viele Rezipienten gibt wie für die biographischen Serien im medialen Bereich, wo mit klischierten Aspekten vom Intimleben bis zum Auswandererleben alle Bedürfnisse voyeuristischer wie exhibitionistischer Art bedient werden (↗ III.3. Populäre Biographik).

8.2. Trivialliterarische vs. selbstreflexive Formen der (Auto)Biographie

Es ist also zunächst einmal zu fragen, von welcher Art (Auto-)Biographik wir sprechen, bevor wir uns den Affinitäten bzw. Unterschieden in einem kontrastiven Verfahren annähern können. Analog für beide Formen können wir von einer Auseinanderentwicklung in die erwähnten Trivialmuster einerseits, in ästhetisch wie wissenschaftlich hoch selbstreflexive Formen andererseits ausgehen. In beiden Aufspaltungen sind wiederum Konvergenzen zwischen bio- und autobiographischen Formen zu verzeichnen. Im Rahmen dieses Handbuches konzentrieren wir uns jedoch auf den Bereich der selbstreflexiven Formen, da für den ersten Bereich generell von einer Fortexistenz und gleichzeitigen Stereotypisierung extrem konventioneller narrativer Muster auszugehen ist.

Konvergenzen sind für den hier interessierenden Bereich übereinstimmend in den Tendenzen zur Transgression festzustellen: Für die Autobiographik sind die Überschreitungen der Gebrauchsform spätestens seit dem Pietismus durch die Übernahme und Variation literarischer Muster, insbesondere des Romans, gattungsgeschichtlich klar erkennbar, während Helmut Scheuer noch für die ›moderne‹ Biographie eine Konventionalität der Verfahren monierte, die bei den beiden exemplarisch analysierten Werken Stefan Zweigs und Emil Ludwigs etwa gegen deren erklärte demokratische Intentionen doch eine Konventionalität der Rezeption, insbesondere im Hinblick auf eine erwünschte ›Trostfunktion‹, beförderte. Sowohl der geradlinige »Handlungsverlauf« als auch die prätendierte »epische Totalität« (Scheuer 1979, 225) leistete einer Rezeptionshaltung Vorschub, die in Eskapismus und Harmonisierung endete. Es ist, so kann mit Scheuers Analyse bis heute argumentiert werden, gerade die Nähe zu trivialliterarischen Formen, welche die ›Gefahr des Rückfalls‹ in Gebrauchsliteratur birgt. Umgekehrt sind es die Tendenzen zur Literarisierung und Fiktionalisierung, die tendenzielle Aufhebung der Bipolarität zwischen Kunst/Literatur einerseits und psychologisch-ästhetischer Selbsterfassung andererseits (Autobiographie), bzw. zwischen Kunst und Wissenschaft/Geschichtsschreibung/Geschichtswissenschaft (Biographie), in denen die interessanten Neuformierungen der Gattungen gesehen werden können.

8.3. Ein Funktionsmodell der (Auto) Biographie: Selbstverständigung vs. Allgemeingültigkeit

Auf die geschichtlichen (Vor-)Formen der Gattungen soll hier für detailliertere Analysen nur verwiesen werden (Scheuer 1979, 295–303; Šlibar 2006; zur Theorie seit Dilthey Neumann 1978, 95–111), da in unserem Kontext eines kontrastiven Vergleiches eine Konzentration auf die neueren, postmodern-kritischen und innovativen Ausprägungen der Gattungen geboten ist, in denen lange schon angelegte Entwicklungstendenzen ihre volle Ausprägung erfahren haben. Für beide Formen kann konstatiert werden, dass sie Aufstiegsgeschichte und Krisenhaftigkeit des bürgerlichen Bewusstseins mimetisch abbilden. Beides sind Begleiterscheinungen einer psychosozialen Selbstkonstitution des Bürgertums als Schicht, die von der ökonomischen auch zur politischen Machtausübung gelangen wollte. Selbsterfahrung, Selbstauslegung, Verständigung mit anderen sind – neben dem immer mitlaufenden apologetischen Element – die Parameter, zwischen denen sich (auto)biographisches Schreiben von jeher vollzieht (Holdenried 2000, 12; für die Biographie spielen daher Heroisierungstendenzen bzw. als Gegenentwicklung deren Dekonstruktion eine Rolle, z. B. in der *debunking biography*, Scheuer 1979, 194) Bemaß sich die Legitimation zur Verschriftlichung des eigenen (oder auch eines anderen) Lebenslaufes von der Antike bis zur Frühen Neuzeit nach der Exemplarität der jeweiligen Lebensgeschichte, so ist seit dem Aufstieg der bürgerlichen Schicht eine Ausweitung autobiographischen Schreibens zu konstatieren, doch bleibt die Erfolgsorientierung noch bis zum 18. Jahrhundert die absolute Messlatte der Niederschrift. Erst dann findet in der Autobiographie ein allmählicher Paradigmenwechsel statt, während die Biographie als stärker soziopolitisch orientiertes Genre andere Akzente setzt, die auf Nationenbildung und geistesgeschichtliche Rückversicherung der Tradition zielen (↗ II.5. Biographie und Gedächtnis). Die Lebensgeschichte als Autobiographie verliert immer mehr den Status der biographischen Dokumentation gesellschaftlichen (und ökonomischen) Erfolgs, und gewinnt den Rang eines Mediums der Selbstverständigung.

Damit wächst der ›Abweichungskoeffizient‹ und das Individualisierungsgebot nimmt zu. Am Ende dieser Entwicklung stellt sich die Frage nach der Schreib-Legitimation nicht mehr im Sinne der Exemplarität, weil autobiographisches Schreiben zunehmend zum selbstreferentiellen Umgang mit sich selbst gehört, für den der oder die Einzelne nur sich allein Rechenschaft schuldet. Dies ist in der Biographie noch der Moderne nicht der Fall, wie Siegfried Kracauer in seinem bekannten Essay »Die Biographie als neubürgerliche Kunstform« belegt hat (Kracauer 1930/1963). Durch die Umschließung eines tatsächlich gelebten Lebens in der Komposition, so Kracauer, bedarf der Biograph keines eigenständigen individuellen Schemas, der Stoff (das historisch beglaubigte Leben eines Individuums) bedinge seine Form (ebd., 77). Harmonie der ästhetischen Anlage und gedanklicher Eskapismus gegenüber krisenhaften Erscheinungen wie in der Weimarer Republik aber verstärkten sich gegenseitig. Das gilt auch für die demokratisch anspruchsvollere Biographik vom Schlage Zweigs oder Ludwigs und zwar durch das Festhalten an einer obsolet gewordenen Form. Erst mit der postmodernen Biographik (und in einem abgegrenzten Bereich der biographischen Publizistik) tritt tendenziell ein, was Kracauer lediglich als Option in krisenhaften Verhältnissen angesprochen hat: »dass die Verwirrung selber epische Form gewönne« (ebd., 76). War die Autobiographie also länger schon ›eingeübt‹ in die krisenhaften Begleiterscheinungen der Subjektkonstitution, so haben in der Biographik aufgrund der längeren Persistenz der exemplarischen Modellfunktion die von sich selbst abgerückte Zentrierung auf ein heroisches oder doch weitgehend krisenfreies Anderes und der Rückgriff auf tradierte epische Formen eine zur Autobiographiegeschichte analoge Entwicklung retardiert.

8.4. Problemhorizonte

Wenn Neva Šlibar noch 1997 (und unverändert in der Neuauflage von 2006) kritisierte, dass die Biographieforschung mit einigen Ausnahmen, »im Gegensatz zur Autobiographie, das Dominieren veralteter theoretischer Ansätze« (Šlibar 2006, 62) kennzeichne, so hat sich daran in der letzten Dekade doch einiges geändert. Es finden sich vermehrt Bemühungen, dem entgegenzuarbeiten, was bei Šlibar als Desiderat erschien: interdisziplinäre Ausweitung und Einbeziehung sozialgeschichtlicher Biographieforschung, der historischen Narrativik und strukturalistischer Ansätze.

8.4.1. *Exemplarität vs. Entwurf*

Aus der ethisch-didaktischen Urfunktion des Lernens aus der Vita anderer entwickelt sich in der Gegenwart unter dem fragwürdigen Einfluss medialer Berichterstattung ein eher voyeuristisches Interesse am Menschlichen-Allzumenschlichen (↗ II.3. Biographie und Anthropologie). Die Herausarbeitung einer nach wie vor rezeptiv erwarteten exemplarischen Gültigkeit von Lebensentwürfen scheint eher reserviert für die ›Hoch-Biographik‹, sei es von Autoren, Komponisten, von historisch wie politisch einflussreichen Persönlichkeiten, während die mediale Verbreitung eher auf Wiedererkennungseffekte und rezeptive Bestätigung denn auf die Problematisierung lebensgeschichtlicher Entwürfe setzt. Identitätsstiftend ist die Biographik im ersten Fall, dem der anspruchsvollen, künstlerisch-wissenschaftlichen Biographie, paradoxerweise eher durch die Infragestellung fertiger Identitätsmuster, im letzteren Fall eher durch das Wiederaufrufen konventioneller narrativer Muster der Ich-Genese. Diese Aufspaltung findet sich natürlich auch in der zeitgenössischen Autobiographik, doch kann aufgrund der ›echten Fragmentarität‹ der Autobiographie – die notgedrungen zum Ende hin offen bleibt, es sei denn, der Autobiograph verfügte auch noch über den antizipatorischen Entwurf seines eigenen Nekrologs, wie Stefan Heym dies in seiner Autobiographie *Nachruf* (1988) augenzwinkernd vorgeführt hat – von einer strukturellen Problematik ausgegangen werden, die allerdings gerade der positiv betrachteten Auflösung fester Identitätsmuster in der heutigen Zeit entgegenkommt, die prozessuale Annäherung an Subjektschichtungen befördert und an die Stelle subjektphilosophischer Gewissheiten auf die unvermeidliche Heteronomie des Subjekts verweist (↗ II.1. Biographie und Performanz).

Da die elementaren Konstituenten des Subjektdiskurses selbst historischen Veränderungen bis hin zur Inversion oder doch Infragestellung unterliegen, ist auch die Rückkoppelung des (auto)biographischen Genres an einen variablen Subjektbegriff zu reflektieren, wenn wir von ›Identitätsstiftung‹ als einem wesentlichen Element des Schreibens über sich selbst oder über Dritte ausgehen. Hier dürfte ein markanter Unterschied zwischen bio- und autobiographischem Schreiben liegen: Wird die Biographik *nolens volens* von dem determiniert, was in der soziologischen Lebenslaufforschung als »Gestaltschließungszwang« benannt wird (Fischer, in Kohli, zit. nach Šlibar, 1992, 736), und wird somit immer noch, auch in der avancierten Biographik, die Vorstellung einer eher ›geschlossenen‹ Identität vermittelt, in der Anfang, Mitte und Ende einer (aristotelischen) Erzählung den Lebensphasen entsprechen, so kann in Bezug auf die Autobiographik von einer ›prozessualen‹ Identität ausgegangen werden. Subjektivität erscheint in der Fluchtlinie historischer Perspektiven auf die Ich-Genese seit der Hochzeit der Autobiographik im klassischen Sinn als Entwurf, in dem das zu Selbstbewusstsein gelangte bürgerliche Individuum sich als sozio-historischer Leittypus durchzusetzen vermochte. In der modernen Autobiographik sind hingegen die Spuren der – negativ gewendet – Desintegration des bürgerlichen Individuums zu finden, seine ›problematische Identität‹. Allerdings wird in den neueren postmodernen Subjekt-Diskursen zu recht darauf hingewiesen, dass dem Paradigma ›gelungene‹ Ich-Identität immer schon ein Moment der Fiktion inhärent war. Auf der anderen Seite ist aber auch das Konstruktive der poststrukturalistischen Auffassung vom Ich als einem lediglich in der und durch Sprache erzeugten, nicht-essentiellen Kreuzungspunkt von Diskursen nur als radikale Entgegensetzung zu den konventionellen Subjektauffassungen zu verstehen, keinesfalls als Ablösung derselben.

8.4.2. Distanz vs. Identifikation

Šlibars im Rekurs auf Kracauer formulierte These, das Medienzeitalter habe die ethisch-didaktische Urfunktion der Biographie, exemplarische Muster von Lebensgeschichten bereitzustellen, zur Versorgung breiter Schichten mit »Ersatzleben« (Šlibar 1992, 729) verkommen lassen, trifft einen Teil des biographischen Problems. In einer krisenhaften Welt, die auch das »selbstherrliche Subjekt« (Kracauer 1930/1963, 76) *ad absurdum* geführt hat, weiterhin Residuen unberührter Subjekt- und Weltgestaltung gewährleisten zu wollen, stellte für Kracauer das Dilemma des biographischen Projekts, um nicht zu sagen eine Aporie dar. Einzig in der Akzeptanz des Krisenhaften und dem Versuch einer epischen Annäherung an die fragmentierte, dissoziierte Geschichte sah er einen Ausweg, der im modernen Roman bereits sichtbar geworden war. Stärker als die Autobiographie wird die Biographie von einem rezeptionsästhetischen Konservatismus bestimmt, der bis in die Gegenwart Trost- und Orientierungsfunktionen einfordert. Für den Biographen stellt sich die Frage nach dem Abstand zu seinem Gegenstand anders als für den Autobiographen. Zwar gibt es, wie etwa die Kafka-Biographien der jüngeren Zeit, von Peter-André Alt bis Reiner Stach sowie die biographischen Projekte von Rüdiger Safranski oder Sigrid Damm zeigen, ein sehr breites Spektrum von der Distanz wahrenden Beschäftigung mit einem wissenschaftlichen Gegenstand bis hin zur identifikatorischen Einfühlung, doch ist der biographischen Annäherung strukturell ein Moment der Fremdheit eingeschrieben, das erkenntnislogisch determiniert ist, während dieses Moment in der Autobiographie psychologischen Kausalitäten unterworfen ist. In der retrospektiven Annäherung an das eigene gelebte Leben liegt der Akzent auf dem Selbst-Verstehen, aus dem möglicherweise Rezipienten für sich ebenfalls Orientierungs- oder Selbstverständigungsmöglichkeiten ziehen können; Biographien hingegen liegt ein Gegenstand zugrunde, dessen Exemplarität geschichtlich bereits feststeht. Wie stark dieses Element betont wird, ob eher affirmativ ein tradiertes Bild bestätigt oder skeptisch Züge des Lebens herausgearbeitet werden, die vielleicht, unterstützt durch Funde neuer Dokumente ein anderes Licht auf bekannte Sachverhalte werfen, ist von der Einstellung des Biographen abhängig, die ihrerseits von vielen Faktoren beeinflusst wird, welche das biographische Projekt in eine bestimmte Richtung steuern. So kann etwa die Vertrautheit mit biographischer Theorie, mit geschichtlichen

Fakten, mit Wissensgeschichte, mit Fachgeschichten einen eher distanzierenden Einfluss auf die Darstellung haben, was für die autobiographische Darstellung eine weniger wichtige Rolle spielt.

Zusammenfassend kann man von einer stärkeren Bindung der Biographie an als zeitlos-klassische Muster empfundene Erzählverläufe ausgehen, in denen eine angenommene Linearität des Lebensverlaufes reflektiert wird (das von seinem geschichtlich bereits eingeordneten Ende her erfasst wird; ↗I.4. Narrativität), während die Autobiographie eine stärkere Zeitgebundenheit aufweist, wodurch krisenhafte Elemente notwendig breiteren Raum einnehmen und den Entwurfscharakter eines jeden gelebten Lebens betonen. Christa Wolf hat in ihrem autobiographischen Roman *Kindheitsmuster* die Annäherung an das vergangene Ich als einen nichtlinearen, mehrschichtigen Erzähl- (und Erinnerungs-)Prozess beschrieben, mit dem eine »phantastische Genauigkeit«[1] erreicht werden soll. Ernst Blochs Begriff der Ungleichzeitigkeit, mit dem die Verwerfungen bzw. die Koexistenz verschiedener gesellschaftlicher Bewusstseinsformen reflektiert werden, trifft in der Übertragung auf die Gattungen entscheidende Strukturelemente sowohl der Biographik als auch der Autobiographik: Kann man *cum grano salis* auch heute noch für die eigentliche Biographie (nicht den biographischen Roman) von einer Ungleichzeitigkeit der Gattung als solcher ausgehen, da eben traditionelle den avancierten Erzählverfahren vorgezogen werden, betrifft Ungleichzeitigkeit in der Autobiographie die Koexistenz erzählerisch zu vermittelnder Schichtungen des Bewusstseins, damals und heute. Damit aber ist ein Strukturelement berührt, das sowohl psychologische als auch erkenntnislogische und wissensgeschichtliche Dimensionen berührt: Wie können (autobiographisch) Erinnerungs- bzw. (biographisch) Wissenslücken geschlossen werden?

8.4.3. *Wahrheit und Objektivität der (auto)biographischen Fiktion*

Kann der Autobiograph immer darauf hoffen, Lücken der Erinnerung doch noch schließen zu können – Marcel Proust hat mit seiner berühmten Madeleine-Szene in der *Recherche* ein gültiges Bild dafür formuliert: »Und dann mit einem Male war die Erinnerung da. Der Geschmack war der jener Madeleine, die mir am Sonntagmorgen in Combray [...] meine Tante Léonie anbot, nachdem sie sie in ihren schwarzen oder Lindenblütentee getaucht hatte«[2] –, ist der Biograph auf externe Informationen angewiesen, da eben keine »Identität von historisch-empirischem Aussage- und Referenzsubjekt« (Šlibar 1995, 394) vorliegt, die tendenziell, über alle »Differenz des Zeitunterschieds, des Erfahrungs- und Wissenszuwachses sowie de[s] retrospektive[n] Blickpunkt[s]« (ebd., 395) hinweg eine Vermittlung mit vergangenen Seinszuständen als möglich erscheinen lässt.

Immer schon gehörte zu beiden Gattungen die stilisierende Überformung, und wo diese eine schwer zu bestimmende Grenze überschreitet, sieht sich die Darstellung mit dem Vorwurf der Verfälschung, ja der Lüge konfrontiert (↗II.2. Biographisches Erzählen zwischen Wahrheit und Lüge). Einem Teil der Forschung galten beide Gattungen bis in die 1980er Jahre noch als Zweckformen, deren strikte Objektivität unvereinbar mit Transgressionen in Richtung Fiktion sei. Die (auto) biographische Praxis hat sich von diesem Verdikt längst entfernt, und in Teilen der Forschung hat sich die Einsicht durchgesetzt, dass es gerade die fiktionale Überformung ist, welche eine Neudimensionierung von Identität und Subjektivität erlaubt. Die poststrukturalistische Position radikalisiert dies im Rekurs auf die bekannte These Paul de Mans, das in der Autobiographie entworfene (nicht abgebildete) Ich sei nichts anderes als eine referentielle Illusion, eine (bloße) Rede- und Lesefigur (de Man 1979/1993). Dennoch ist auch für die Autobiographik der letzten Jahrzehnte eine fortdauernde Doppelpoligkeit zwischen Fiktionalisierung und Beglaubigung zu konstatieren. Obgleich es gerade in der hoch selbstreflexiven Autobiographik aufgrund der Einsicht in den konstruktiven Charakter von Ich-Identitäten schwieriger geworden ist, halten die meisten Autobiographen an Authentifizierungsstrategien fest – in einer breiten Spanne

1 Christa Wolf: *Kindheitsmuster.* Roman. Darmstadt/Neuwied 1979, S. 252.

2 Marcel Proust: *Auf der Suche nach der verlorenen Zeit.* Bd. 1: In Swanns Welt. Frankfurt a. M. 1970, S. 66.

von der atmosphärischen Verankerung der Lebensgeschichte bis hin zur selbstironischen Infragestellung des Erzählten. Die Übernahme von Fiktionsmustern in das eigentlich autobiographische Erzählen kann so weitgehend sein, dass sich die Frage stellt, ob überhaupt noch sinnvoll zwischen Autobiographie und autobiographischer Fiktion unterschieden werden kann; der Begriff ›Autofiktion‹ sucht dem theoretisch Rechnung zu tragen. Für eine Beibehaltung der Unterscheidung sprechen die spezifischen Rezeptionsstrukturen des Autobiographischen: Fiktionalisierung und Beglaubigung schaffen im autobiographischen Text eine neue rezeptionsästhetische Struktur, die so nur auf den autobiographischen Text zutrifft. Zwischen die Wahl gestellt, bieten sich dem Rezipienten aufgrund des Bezugs zu einer außertextuellen Referenzebene wirkmächtige Beglaubigungseffekte an, die auch durch die Selbstenthüllung der Fiktion nicht aufgehoben werden. In Ergänzung zu Philippe Lejeunes Paktangebot von Seiten des Autors (»pacte autobiographique«; ↗ VI.2. Französische Biographik) muss ebenso sehr von einer starken Bereitschaft zur autobiographischen Rezeption ausgegangen werden, die von paratextuellen Umgebungen gefördert und unterstützt wird.[3]

Für die Biographik ist immer wieder auf die autobiographischen Anteile in der Identifizierung und Herausarbeitung bestimmter Züge des Biographierten hingewiesen worden. Durch die »ästhetisch hergestellte Kohärenz« in der konventionellen Biographik wird »Wahrheit und Plausibilität« als Substitut einer »fehlende[n] Sinneinheit« (alle Zitate Scheuer 1979, 222) erzeugt, und die zahlreichen »Authentizitätssignale« (Weinrich nach Scheuer 1979, 221) fungieren in der gleichen Richtung als Objektivitätsgeneratoren. Beides kann aber durchaus nicht nur eine biographische »Kohäsion« (Scheuer 1979, 223) erzeugen, sondern auch autobiographische Identifizierungsstrategien verschleiern. Harig sprach in diesem Sinne von einem »Doppelporträt« in der Biographie (zit. nach Scheuer 1979, 240). Die Balance zwischen Distanz und Bindung an den biographischen Gegenstand gelingt dann am besten, wenn mit den Authentizitätssignalen Fiktionalitätssignale korrespondieren, durch die die Kohäsionskräfte als fiktiv erzeugte, konstruierte sichtbar gemacht werden. Das ist in der neueren Biographik, die zur Fiktion tendiert, ebenso der Fall wie in der neueren Autobiographik (↗ III.4. Fiktionale Metabiographien). Verwiesen werden soll hier stellvertretend auf die unter eine Gruppe ›Musikerbiographien‹ subsumierbare Biographiesorte (Röller 2007), Wolfgang Hildesheimers *Mozart*, Peter Härtlings *Schubert*, Dieter Kühns *Beethoven* etc., aber auch auf biographische Annäherungen, zu denen nach Christoph Ransmayrs Ovid-Buch (*Die letzte Welt*, 1988) wohl auch Daniel Kehlmanns Bestseller *Die Vermessung der Welt* (2005) zu zählen wäre, ein Doppelporträt von Alexander von Humboldt und Carl Friedrich Gauß. Für die neuere Autobiographik sei neben Wolf auf Großprojekte wie die von Michel Leiris, Georges-Arthur Goldschmidt, Thomas Bernhard u. a. verwiesen.

8.5. Lebensgeschichtliches Erzählen zwischen Konvention und Innovation, historischer Zweckform und Transgression

Scheuers Diagnose für die ›moderne‹ Biographik trifft auf einen Teil der Biographik der Gegenwart noch immer zu: Dass den ›Erfolgstypus‹ eine Konventionalität auszeichnet, die gerade all jene Dimensionen ausklammert, welche das biographische Projekt zwar einerseits als stets gefährdetes, ja fragwürdiges erscheinen lassen würden, andererseits aber dem Genre ebenso wie der Autobiographik Optionen böte, die Krise der Repräsentation durch Überschreitung der zweckformbestimmten Gattungsgrenzen zu überwinden. Innovative Strukturmerkmale wie Perspektivenaufsplitterung, dissoziierte Chronologie, Anerkennung der Fragmentarität und Selbstanzeige der Fiktionalität des Gestaltschließungsparadigmas, Vorrang des Erzählensmodus vor dem des Beschreibens, ganz allgemein eine Präponderanz des Ästhetischen, Künstlerischen (↗ I.6. Poetizität/Literarizität) vor dem (Bio-)Historischen sind die für beide Gattungen angezeigten Abweichungskoeffizienten gegenüber einem Idealtypus (auto)biographischer Re-

3 Vgl. Philippe Lejeune: *Der autobiographische Pakt*. Frankfurt a. M. 1994 (franz. 1975).

präsentation, der anachronistisch ins vorletzte Jahrhundert verweist und damit weder dem Stand der Theorie noch dem einer kritisch-avancierten Rezeption entspricht.

Literatur

Holdenried, Michaela: *Autobiographie*. Stuttgart 2000.

Kracauer, Siegfried: »Die Biographie als neubürgerliche Kunstform« [1930]. In: Ders.: *Das Ornament der Masse. Essays*. Frankfurt a. M. 1963, S. 75–80.

Man, Paul de: »Autobiographie als Maskenspiel« [1979]. In: Ders.: *Die Ideologie des Ästhetischen*. Hg. v. Christoph Menke. Frankfurt a. M. 1993, S. 131–146.

Misch, Georg: »Begriff und Ursprung der Autobiographie« [1907]. In: Günter Niggl (Hg.): *Die Autobiographie. Zu Form und Geschichte einer literarischen Gattung*. Darmstadt 1989, S. 33–55.

Neumann, Bernd: *Utopie und Mimesis. Zum Verhältnis von Ästhetik, Gesellschaftsphilosophie und Politik in den Romanen Uwe Johnsons*. Kronberg/Ts. 1978.

Röller, Ute: »*Mein Leben ist ein Roman*«. *Poetologische und gattungstheoretische Untersuchung jüngerer literarischer Musikerbiographien*. Würzburg 2007.

Scheuer, Helmut: *Biographie. Studien zur Funktion und zum Wandel einer literarischen Gattung vom 18. Jahrhundert bis zur Gegenwart*. Stuttgart 1979.

Shumaker, Wayne: »English Autobiography. Its Emergence, Materials, and Form. Dt.« [1954]. In: Günter Niggl (Hg.): *Die Autobiographie. Zu Form und Geschichte einer literarischen Gattung*. Darmstadt 1989, S. 75–120.

Šlibar, Neva: »Biographie«. In: Horst Brunner/Rainer Moritz (Hg.): *Literaturwissenschaftliches Lexikon. Grundbegriffe der Germanistik*. Berlin [2]2006, S. 61–62.

Dies.: »Ist die Biographie ein anachronistisches Genre?«. In: *Heteroglossia* 7. Jg., 4 (1992), S. 725–748.

Dies.: »Biographie, Autobiographie – Annäherungen, Abgrenzungen«. In: Michaela Holdenried (Hg.): *Geschriebenes Leben. Autobiographik von Frauen*. Berlin 1995, S. 390–401.

Michaela Holdenried

II. Zentrale Fragen und Funktionen

1. Biographie und Performanz – Problematisierungen von Identitäts- und Sujektkonstruktionen

1.1. Ausgangspunkte: Leben/Schreiben

Wenn Biographie allgemein als das zumeist retrospektive Schreiben und Be-Schreiben des Lebens Anderer, vorzugsweise eines oder einer Anderen, gefasst werden kann, dann stellen sich der Praxis wie auch der Theorie der Biographie unmittelbar zwei grundsätzliche Fragen: Wie kann die Rolle, die Leistung, aber auch die Verfasstheit und Eigentümlichkeit des Schreibens reflektiert, gegebenenfalls problematisiert werden? Denn schon der Begriff Biographie impliziert, dass das fremde Leben nicht einfach abgebildet, dokumentiert, festgehalten wird, sondern dass es ge- und beschrieben wird, vielleicht gar erschrieben (↗ I.5. Fiktionalität, Faktizität, Metafiktion). Und was ist unter dem Leben oder einem wesentlichen Lebensabschnitt einer anderen, tatsächlichen Person zu verstehen? Was zählt dazu und was nicht? Wie nähert man sich diesem fremden Leben? Welche Dokumente, Medien und Vermittlungsinstanzen sind hier zu bedenken und zu Rate zu ziehen?

Diese beiden grundsätzlichen Aspekte begleiten biographische Aktivitäten und Überlegungen von Beginn an. Doch spätestens im 20. und zu Beginn des 21. Jahrhunderts kommt es im Zuge ontologischer, epistemologischer, (sprach)philosophischer und ästhetischer Reflexionen konstruktivistischer und kulturalistischer Provenienz zu einer radikalen Infragestellung traditioneller Auffassungen sowohl von Sprache und Schrift als auch von Identität und Subjektivität sowie den damit verbundenen Vorstellungen von Lebenslauf, Lebenswerk oder Lebensentwurf. Seit dem ausgehenden 19. Jahrhundert hatten einschneidende gesellschaftlich-kulturelle Erfahrungen wie die zunehmende Industrialisierung, Urbanisierung und Beschleunigung der Lebenswelt ebenso wie die Krisen der beiden Weltkriege zu einer Abkehr von bis dato verbreiteten biographischen Konzepten des Lebens als einer kontinuierlichen, motivierten und chronologisch fortschreitenden Abfolge von Handlungen und Ereignissen geführt. Momente des Diskontinuierlichen, Brüchigen, Fragmentarischen und dramatisch Verkürzten hielten Einzug in die Biographik. Und auch wissenschaftliche Entwicklungen wie die philosophische Wendung hin zur Sprache, der sogenannte *linguistic turn*, die historiographische Debatte um die ›Fiktion des Faktischen‹ (Hayden White), also die narrative Verfasstheit nicht nur literarischer Texte, sondern gerade auch geschichtlicher und geschichtswissenschaftlicher Darstellungen, oder die literaturwissenschaftlich-ästhetischen Diskussionen um Autorschaft, die (Un-)Möglichkeit von Objektivität und den Inszenierungscharakter zahlreicher außerkünstlerischer Lebensbereiche erschütterten die Grundannahme, ein Biograph habe vermeintlich Vorfindbares einfach zu beschreiben (↗ I.3. Referentialität).[1] Insbesondere strukturalistische, poststrukturalistische, konstruktivistische wie dekonstruktive Ansätze in den Geisteswissenschaften problematisierten die beiden Grundelemente von Biographie: Leben/Schreiben.

Der folgende Beitrag konzentriert sich auf die Implikationen, die jüngere Debatten um Performanz und Performativität für die Praxis ebenso wie die Theorie der Biographie haben, insofern diese die angedeutete Hinterfragung sowohl der jeweiligen Konzepte von Schreiben, von Repräsentation und Darstellung als auch von Leben, von Identität und Selbst- wie Fremdverständnis nochmals radikalisieren. Wohl nicht zuletzt aufgrund der Tatsache, dass das Performative erst in den letzten Jahren verstärkte Resonanz in den Geistes- und Kulturwissenschaften entfaltet hat, sind die diesbezüglichen Überlegungen bislang noch nicht explizit in die Biographieforschung eingeflossen bzw. von ihr aufgenommen worden. Die nachfolgenden

1 Vgl. hierzu ausführlicher Christian Klein: »Einleitung: Biographik zwischen Theorie und Praxis. Versuch einer Bestandsaufnahme«. In: Ders. (Hg.): *Grundlagen der Biographik. Theorie und Praxis des biographischen Schreibens*. Stuttgart 2002, S. 1–22.

Ausführungen verstehen sich vor diesem Hintergrund als Skizze möglicher Problem- und Arbeitsfelder zukünftiger biographischer wie auch biographietheoretischer Ansätze.

1.2. Begriffsklärungen: Performanz und Performativität

Mit den Begriffen Performanz und Performativität sind seit den 1990er Jahren ursprünglich vor allem innerhalb der Sprachphilosophie einerseits sowie der Ästhetik und der darstellenden Künste andererseits entwickelte Ideen und Konzepte auf außersprachliche und außerkünstlerische Bereiche übertragen worden. Bei aller Unterschiedlichkeit zielen Theorien des Performativen auf die grundlegende kulturtheoretische Einsicht der Handlungs- und Gebrauchsdimension von Sprache, anderen Zeichensystemen und symbolischen Ordnungen. In dieser Perspektive werden Sprache und symbolische Ordnungen nicht mehr nur als Zeichen aufgefasst, die der Mensch wie instrumentelle Artefakte einsetzt, sondern es wird der je spezifische Gebrauch dieser Phänomene in Abhängigkeit von den materialen, kulturgeschichtlich variierenden Medien von Kommunikation und Kognition betont. Diese Handlungs- und Gebrauchsorientierung impliziert auch, dass Performativität nicht einfach heißt, dass etwas getan wird, sondern dass ein Tun aufgeführt wird, dass *Aus*führen immer auch *Auf*führen heißt. Um ein Beispiel anzuführen: In Bezug auf die verbale Sprache argumentieren performative Ansätze, dass es einen Unterschied macht, ob man etwas mündlich oder schriftlich artikuliert und dass mit den jeweils zur Verfügung stehenden Ordnungen der Mündlichkeit bzw. Schriftlichkeit sich auch die Erscheinung und Form der Aussage ebenso wie der Kontext und Rahmen ihrer Rezeption verändert, ja weiter noch: mündliche und schriftliche Sprache unterscheiden sich auch in der Art der Handlungen, die wir mit ihnen vollziehen können. Kulturelle Prozesse wie Sprechen, Schreiben, Lesen, Interpretieren oder Darstellen lassen sich daher nicht hinreichend als intentionale, intersubjektiv kontrollierbare (Zeichen-)Handlungen beschreiben, die nur vom Willen, von den Ideen, Vorstellungen oder Wünschen des jeweils sprechenden, schreibenden etc. Subjekts abhängen. Sondern die Hervorbringung von Sinn wird maßgeblich auch von der medialen und materialen Verfasstheit der jeweiligen symbolischen Ordnung, von den nicht-sinnhaften Verkörperungsbedingungen von Sinn geprägt. Während herkömmliche Modelle von Sprache und Welt zumeist davon ausgingen, dass das Wesentliche unsichtbar sei, dass es in der Tiefenstruktur der Sprache oder im Inneren eines (unsichtbaren) Geistes verborgen liege und entsprechend abstrakte, als vorgängig erachtete Phänomene wie Idee, Plan, Konzept, Schema, Regel oder Struktur gegenüber ihrer bloßen Ausführung, Umsetzung oder Anwendung privilegierten, rehabilitieren Theorien des Performativen die Oberflächlichkeit und Äußerlichkeit von Sinnstiftungsprozessen im Sinne der Relevanz konkreter Handlungsvollzüge und Inkorporationen.

Der Begriff performativ wurde von John L. Austin geprägt, der ihn 1955 in seine sprachphilosophische Vorlesung *How to Do Things with Words* einführte und damit die Sprechakttheorie mitbegründete.[2] Er leitete den Ausdruck vom englischen Verb *to perform*, vollziehen, handeln, tun ab. Über seinen Neologismus schrieb Austin selbst: »Es ist durchaus verzeihlich, nicht zu wissen, was das Wort *performativ* bedeutet. Es ist ein neues Wort und ein garstiges Wort, und vielleicht hat es auch keine sonderlich großartige Bedeutung. Eines spricht jedenfalls für dieses Wort, nämlich daß es nicht tief klingt.«[3] Diese Formulierung manifestiert nicht zuletzt Austins grundlegende Skepsis gegen die philosophische Rationalisierbarkeit unseres Sprachgebrauchs. Was Austin mit dem »garstigen« Ausdruck ›performativ‹ belegt, ist eine durchaus bemerkenswerte sprachphilosophische Entdeckung, nämlich dass sprachliche Äußerungen nicht nur einen Sachverhalt beschreiben oder eine Tatsache behaupten können, sondern dass mit ihnen auch Handlungen vollzogen werden können. Wenn ein Biograph in seiner Einleitung den Lesern in Aussicht stellt: ›Ich verspreche Ihnen, dass ich das Geheimnis des Lebens von XYZ lüften

2 John L. Austin: *Zur Theorie der Sprechakte. (How to do things with Words)*. Stuttgart [2]1979.
3 John L. Austin: *Gesammelte philosophische Aufsätze*. Stuttgart 1986, S. 305.

werde‹, dann tätigt er nicht nur eine Aussage, sondern er gibt seinem Publikum zugleich ein Versprechen. Ähnlich verhält es sich mit Formulierungen wie ›ich bitte Sie pünktlich zu sein‹, ›ich taufe dieses Schiff auf den Namen Queen Elizabeth‹ oder auch mit der – von einem Standesbeamten oder einer Standesbeamtin artikulierten – Aussage: ›Hiermit erkläre ich Sie zu Mann und Frau.‹

Die genannten Beispiele erhellen zugleich ein weiteres Charakteristikum sprachlicher Performativa: Mit diesen Sätzen wird nicht einfach ein bereits bestehender Sachverhalt beschrieben und sie können entsprechend auch nicht als richtig oder falsch klassifiziert werden. Mit diesen Äußerungen wird vielmehr ein neuer Sachverhalt überhaupt erst geschaffen; der Sprachvollzug ist hier ein Handlungsvollzug, der etwas Neues in die Welt bringt, der Welt konstituiert. Das Schiff ist nun nicht mehr namenlos, sondern heißt Queen Elizabeth; Frau X und Herr Y sind von nun an ein Ehepaar, mit den entsprechenden Regeln und Pflichten, ihr legaler wie sozialer Status hat sich also Dank eines unscheinbaren, vor Zeugen gesprochenen ›Ja, ich will‹ erheblich verändert. Sprachliche Performativa können mithin als selbstreferentiell und wirklichkeitskonstituierend bezeichnet werden. Sie bedeuten das, was sie tun, und sie vollziehen eben die Handlung, von der sie sprechen.

Doch nicht nur im Bereich der Sprachphilosophie und Sprachwissenschaft führte Austins Auffassung von Sprechen als Handeln zu neuen Einsichten und Erkenntnissen. Seit den 1990er Jahren avancierten Performanz und Performativität zu viel diskutierten Schlüsselkategorien zahlreicher kultur- und kunstwissenschaftlicher Disziplinen, wie der Anthropologie und Ethnologie, den Sozial-, Erziehungs- und Politikwissenschaften, den Gender und Queer Studies ebenso wie den Literatur-, Theater-, Tanz-, Film-, und Musikwissenschaften, der Kunstgeschichte oder der Medienwissenschaft. Dabei geben die unterschiedlichen Disziplinen und Diskurstraditionen durchaus divergierende Antworten auf die Frage, was unter Performanz zu verstehen sei: »*Performanz* kann sich ebenso auf das *ernsthafte Ausführen* von Sprechakten, das *inszenierende Aufführen* von theatralen oder rituellen Handlungen, das *materiale Verkörpern* von Botschaften im ›Akt des Schreibens‹ oder auf die *Konstitution von Imaginationen* im ›Akt des Lesens‹ beziehen.«[4] Zu ergänzen wäre diese Einschätzung Uwe Wirths noch durch einen weiteren, fünften Aspekt, der Performanz als Leistungs- und Durchsetzungsvermögen in Konkurrenzsituationen auffasst, was nicht nur in technischen und ökonomischen Zusammenhängen (z. B. Aktienperformanz) eine Rolle spielt, sondern auch für die Analyse gesellschaftlicher Macht- und Gewaltverhältnisse. Als ›Performanz‹ bzw. ›performativ‹ wird zumeist die Eigenschaft kultureller Handlungen bezeichnet, selbstreferentiell und wirklichkeitskonstituierend zu sein; der Begriff ›Performativität‹ hingegen hebt auf Konzepte und theoretische Modelle ab, mit denen das Performative systematisch untersucht wird.

1.3. Performativität als kunst- und kulturwissenschaftliche Schlüsselkategorie

Im Folgenden seien in aller Kürze wesentliche kunst- und kulturwissenschaftliche Positionen des Performativen genannt, sofern sie für das Spannungsverhältnis von Biographie und Performanz bzw. Performativität produktiv gemacht werden können.

Die Ethnologen Milton Singer und Victor Turner haben mit ihren Begriffen der *cultural performance*[5] und des *social drama*[6] zu einer Revision des Kulturbegriffs beigetragen. Singer versteht unter einer *cultural performance* die konkreteste beobachtbare Einheit einer kulturellen Struktur, durch die sich eine Gesellschaft für ihre eigenen Mitglieder wie auch für Fremde aus- und darstellt. Neben Theater- und Tanzaufführungen zählt Singer unter anderem auch religiöse Feste, Hochzeiten, Initiationen oder Begräbnisse zu *cultural performances*, die sich dadurch auszeichnen, dass sie über folgende

4 Uwe Wirth: »Der Performanzbegriff im Spannungsfeld von Illokution, Iteration und Indexikalität«. In: Ders. (Hg.): *Performanz. Zwischen Sprachphilosophie und Kulturwissenschaften*. Frankfurt a. M. 2002, S. 9–60, hier S. 9.

5 Milton Singer: *Traditional India. Structure and Change*. Philadelphia 1959.

6 Victor Turner: *Vom Ritual zum Theater. Der Ernst des menschlichen Spiels*. Frankfurt a. M. 1995.

Merkmale verfügen: einen begrenzten Zeitrahmen mit Anfang und Ende, ein vorgesehenes Repertoire an Tätigkeiten, eine Gruppe von Akteuren, ein Publikum sowie einen Ort und einen Anlass der Aufführung.

Auch Victor Turner benutzt in seinen Untersuchungen performative und theatrale Spannungsbögen als Matrix, um kulturelle Ereignisse, die nichts mit der Institution und Kunstform Theater zu tun haben, zu erläutern. So beschreibt er den Verlauf politischer Umbrüche ebenso wie die Herausbildung nationaler oder auch ethnischer Identitäten als *social drama*, das jeweils nach einem bestimmten Muster ablaufe: Nach dem Bruch mit etablierten Normen und Werten folge ein Zeitraum des Übergangs, der Neuorientierung und des Durchspielens neuer, anderer Werte, den Turner als liminale Phase bezeichnet, bevor das »social drama« mit einer Reintegration abgeschlossen werde, also der Rückkehr zum Ausgangszustand oder aber der gesellschaftlichen Anerkennung eines neuen Status bzw. neuer Normen und Werte. Singer wie Turner verstehen unter Kultur weder ein beschreibbares Objekt noch ein einheitliches Korpus von Zeichen, Symbolen und Bedeutungen, das endgültig bestimmt werden kann. Kultur kommt demgegenüber als ein emergenter und flüchtiger Prozess in den Blick, als Ergebnis beständiger Aushandlungen, Kämpfe und Wettstreite. James Clifford fasst diesen veränderten Kulturbegriff wie folgt zusammen: »Twentieth-century identities no longer presuppose continuous cultures or traditions. Everywhere individuals and groups improvise local performances from (re) collected pasts, drawing on foreign media, symbols and languages.«[7] Für den Problemzusammenhang der Hervorbringung und Bewahrung von individueller, kollektiver oder auch nationaler Identität bedeutet dies, dass ein essentialistisches Denken in Kontinuitäten und homogenen Bedeutungseinheiten der Betrachtung flüchtiger und dynamischer Formen lokaler kultureller Praxis weicht, ein Perspektivwechsel der erhebliche Implikationen nicht zuletzt für biographisches Arbeiten birgt.

Der amerikanische Soziologe Erving Goffman hat in seiner Untersuchung sozialen Verhaltens und zwischenmenschlicher Interaktion mit dem Titel *The Presentation of Self in Everyday Life*[8] die Bedeutung performativer Handlungsvollzüge für die Konstitution von Identität betont. Goffman wendet sich u. a. gegen die herkömmliche Vorstellung, die jeweils eingenommene soziale Rolle gehe aus einem vorgängigen, essentialistisch gedachten inneren Selbst hervor, das gleichsam als psychobiologischer Persönlichkeitskern fungiere. Dem setzt Goffman seine Sichtweise sozialer Interaktion als einer erfolgreichen Rollendarstellung entgegen, in deren Verlauf der handelnden Person ein bestimmtes Selbst zugeschrieben wird. Das soziale Selbst erscheint so paradoxerweise als Resultat, nicht als Ursache des jeweiligen Verhaltens:

> »Eine richtig inszenierte und gespielte Szene veranlasst das Publikum, der dargestellten Rolle ein Selbst zuzuschreiben, aber dieses zugeschriebene Selbst ist ein Produkt einer erfolgreichen Szene, und nicht ihre Ursache. Das Selbst als dargestellte Rolle ist also kein organisches Ding, das einen spezifischen Ort hat und dessen Schicksal es ist, geboren zu werden, zu reifen und zu sterben; es ist eine dramatische Wirkung, die sich aus einer dargestellten Szene entfaltet, und der springende Punkt, die entscheidende Frage ist, ob es glaubwürdig oder unglaubwürdig ist.«[9]

Um Missverständnisse zu vermeiden, ist mit Bezug auf dieses Zitat hervorzuheben, dass die von Goffman angeführte »richtig inszenierte und gespielte Szene« gerade keine Theatersituation meint, sondern eine alltägliche Situation zwischenmenschlicher Kommunikation und Interaktion beispielsweise in der Familie, am Arbeitsplatz oder in der Öffentlichkeit.

In durchaus vergleichbarer Weise betont der französische Soziologe Pierre Bourdieu, dass zahlreiche religiöse wie säkulare Rituale vorgeführt werden müssen wie ein Stück auf der Bühne. Die Ausführung impliziert hier immer auch eine Aufführung vor Zuschauern, Teilnehmern, Betroffenen. Für Bourdieu ist die Wirksamkeit performativer Äußerungen weder von den Worten noch von der sprachlichen Form der Sätze abhängig, son-

7 James Clifford/George E. Marcus (Hg.): *Writing Culture: The Poetics and Politics of Ethnography*. Berkeley/Los Angeles 1986, S. 19.

8 Erving Goffman: *Wir alle spielen Theater*. München/Zürich 1969 (amer. 1959).

9 Erving Goffman: *Wir alle spielen Theater* (wie Anm. 8), S. 231.

dern von der jeweiligen Autorisierung des Sprechers, mithin von konventionalisierten, sozialen Bedingungen:

»So unterschiedliche Akte sozialer Magie wie Heirat oder Beschneidung, Verleihung von Graden und Titeln, Ritterschlag, Ernennung zu Posten, Ämtern, Ehren, Aufdrücken von Stempeln, Leisten von Unterschriften oder Paraphierungen können nur gelingen, wenn die Institution – im aktiven Sinne eines Aktes, mit dem jemand oder etwas mit irgendeinem Status oder irgendeiner Eigenschaft belehnt oder instituiert wird – den Rückhalt der ganzen sozialen Gruppe oder einer anerkannten Institution hat: Selbst wenn dieser Akt von einem einzelnen Akteur vollzogen wird, der die gebührende Vollmacht besitzt, um ihn vollziehen [...] zu können, so hat er doch seine Grundlage im Glauben einer ganzen sozialen Gruppe [...], das heißt in den sozial geprägten Dispositionen zu Kenntnis und Anerkenntnis der institutionellen Bedingungen eines gültigen Rituals.«[10]

Entsprechend schreibt Bourdieu den von ihm so genannten Einsetzungsriten, also Riten, die soziale Grenzen markieren und Menschen bestimmte soziale Orte bzw. Positionen zuweisen – wie die Initiation, die Aufnahmeprüfung an einer Universität oder die Ernennung in ein politisches Amt – performative Kraft zu, weil sie Differenzierungen sozialer Natur als natürlich erscheinen lassen.

Auch die Überlegungen und Untersuchungen des französischen Philosophen und Historikers Michel Foucault trugen maßgeblich zur Diskussion um die Performativität kultureller Prozesse bei, selbst wenn Foucault zumeist eine andere Terminologie benutzte. So geht er in seiner großangelegten, dreibändigen Geschichte der Sexualität (*Sexualität und Wahrheit*, 1977–1986, franz. Original 1976–1984)[11] dem Sexualitätsdispositiv nach, das als Ensemble unterschiedlicher Techniken, Strategien, Regeln und Kräfteverhältnisse das Begehren nicht nur zum Sprechen bringt, sondern es zugleich hervorbringt, formt und kontrolliert. Was von verschiedenen Wissenschaften vermeintlich bloß klassifiziert und von diversen medizinischen Disziplinen vermeintlich bloß behandelt wird, nämlich bestimmte sexuelle Praktiken, Interessen und Vorlieben, wird so nach Foucault überhaupt erst produziert und in die Körper eingeschrieben. Die in Foucaults späten Schriften zentralen antiken ›Praktiken des Selbst‹, mittels denen Individuen sich im Rahmen der ›Sorge um sich‹ formten, stilisierten und selbst erfanden, wirken ebenfalls performativ, insofern sie selbstreferentiell und wirklichkeitskonstituierend sind und keine bloße Ausführung eines vermeintlich vorgängigen Ideals oder Konzeptes von Selbst darstellen.

Die wohl einflussreichste kulturwissenschaftliche Theorie des Performativen hat die amerikanische Philosophin Judith Butler mit ihrer Auffassung von der Performativität von (Geschlechts-) Identität vorgelegt.[12] Entgegen herkömmlicher Konzepte, welche Identität im Allgemeinen und Geschlechtsidentität (*gender*) im besonderen als ontologisch bzw. biologisch gegeben und vorgängig betrachten, sieht Butler (Geschlechts-)Identität als Resultat spezifischer kultureller Konstitutionsleistungen: »gender is in no way a stable identity or locus of agency from which various acts proceed; rather, it is [...] an identity instituted through a *stylized repetition of acts*« (Butler 1990, 270). Während substantialistische und essentialistische Auffassungen von Identität davon ausgehen, dass es etwas Vorgegebenes und Vorgängiges, eine Substanz oder gar ein Wesen, gebe, welche bloß ausgedrückt werden müssten, kehrt Butler gleichsam die Perspektive um: eine feste, stabile (Geschlechts-) Identität, welche entsprechend körperlich auszudrücken ist, existiert ihres Erachtens gar nicht. Vielmehr erzeugen wiederholte körperliche Handlungen, wie bestimmte Weisen des Gehens, Gestikulierens, Sprechens etc. den Eindruck – in den Worten Butlers gar die Illusion – von Identität. Diese Erzeugung von Identität erläutert Butler als einen Prozess der Verkörperung, der weder ausschließlich in die Macht oder Verfügungsgewalt des Subjekts gestellt ist (insofern Letzteres nicht frei wählen kann, welche Möglichkeiten es verkörpern, welche Identität es annehmen will), noch

10 Pierre Bourdieu: *Was heißt Sprechen? Die Ökonomie des sprachlichen Tauschs*. Wien 1990 (franz. 1982), S. 91.

11 Michel Foucault: *Der Wille zum Wissen. Sexualität und Wahrheit*. Bd. 1. Frankfurt a. M. 1977; Ders.: *Der Gebrauch der Lüste. Sexualität und Wahrheit*. Bd. 2. Frankfurt a. M. 1986; Ders.: *Die Sorge um sich. Sexualität und Wahrheit*. Bd. 3. Frankfurt a. M. 1986.

12 Vgl. Judith Butler: *Das Unbehagen der Geschlechter*. Frankfurt a. M. 1991; Dies.: *Körper von Gewicht. Die diskursiven Grenzen des Geschlechts*. Berlin 1995; Dies.: *The Psychic Life of Power. Theories in Subjection*. Stanford 1997; Dies.: *Haß spricht. Zur Politik des Performativen*. Berlin 1998.

gänzlich gesellschaftlich determiniert ist (insofern trotz deutlicher Sanktionen gegenüber gesellschaftlich unerwünschten Abweichungen die Möglichkeit zu individuellen, alternativen Verkörperungsformen gegeben ist). Butler vergleicht die Verkörperungsbedingungen von (Geschlechts-) Identität mit denen einer Theateraufführung. Wie eine Theateraufführung sei auch die soziale Hervorbringung und Aufführung von Geschlechtszugehörigkeit nicht einfach eine individuelle Handlung, sondern eher die Wiederholung, ein ›re-acting‹ oder ›re-experiencing‹ eines Repertoires an Verhaltensweisen, das bereits gesellschaftlich eingeführt und – im Falle der Geschlechtsidentität – als ›männlich‹ oder ›weiblich‹ konnotiert sei. So wie ein und derselbe dramatische Text auf verschiedenste Weise in Szene gesetzt werden kann und so wie die Schauspieler im Rahmen bestimmter Vorgaben und Konventionen aus einer Vielzahl möglicher Darstellungsweisen eine konkrete auswählen, agiert auch der geschlechtsspezifische Körper innerhalb eines gesellschaftlich vorgegebenen Raumes und mittels kulturell und historisch variierender Handlungsanweisungen und Regeln. Ähnlich wie die zuvor genannten Ansätze betont auch Butlers Performativitätstheorie die Dimension der Theatralität performativer Prozesse, also die Aufführungsdimension kultureller Handlungen, welche in der Biographiereflexion doppelte Beachtung finden müsste: zum einen als Vergegenwärtigung der spezifischen Aufführungsbedingungen und -dimensionen des Lebens der biographierten Person, zum anderen als Problematisierung der schreibenden Präsentation dieses Lebens für Leserinnen und Leser.

Eine Konzeption des Performativen, welche sich auf künstlerisch-ästhetische Aufführungssituationen bezieht, hat Erika Fischer-Lichte vorgelegt. Sie analysiert bestimmte Ereignisse der Theater- und Performance-Kunst der letzten Jahrzehnte und betont dabei insbesondere die leibliche Ko-Präsenz von Akteuren und Zuschauern, welche zu grundlegenden Revisionen geläufiger Funktionszuschreibungen (wie Akteur-Zuschauer) und Bedeutungszuweisungen führen könne (Fischer-Lichte 2004).

In der Literaturwissenschaft hat insbesondere die poststrukturalistische Literaturtheorie die Auffassung vertreten, Schreiben sei ein performativer, selbstreflexiver Akt.[13] Selbstreflexiv sei das literarische Schreiben, weil es keinen anderen Inhalt habe als eben den Akt, durch den es sich ausdrückt; performativ sei das literarische Schreiben, weil es kein origineller Akt des Zeugens oder Erfindens sei, sondern ein Zitieren, ein Arrangieren und Komponieren vorgängiger Fragmente und Sprachmaterialien. Doch nicht nur der Akt des Schreibens, auch der »Akt des Lesens«[14] wird mittels Rekurs auf den Begriff der Performanz neu gefasst. So fragt Wolfgang Isers Rezeptionstheorie nicht mehr nach der *Bedeutung* literarischer Aussagen, sondern nach deren *Wirkung* und entwickelt ein Konzept der Leerstelle, welche vermittels impliziter Lenkungspotentiale die Imaginationstätigkeit des Lesers zugleich auslöst und kontrolliert.

1.4. Biographie, Performanz und Performativität

Für die Praxis wie die Theorie der Biographie erscheinen insbesondere folgende Einsichten der sprachphilosophischen, kunst- und kulturwissenschaftlichen Performanz- bzw. Performativitätsdebatte relevant:

(1) Zeichengebrauch geht nicht in Repräsentation auf, sondern besitzt immer einen performativen Überschuss; Weltzustände werden durch Sprache nicht nur repräsentiert, sondern vielmehr konstituiert und verändert.

(2) Symbolische Handlungen beziehen ihre Kraft und Wirkung in erheblichem Maße aus ihrem Aufführungscharakter. Von der sinn- und kulturstiftenden Rolle semiotischer Vollzüge und symbolischer Handlungen kann nur gesprochen werden, weil diese jeweils von Zuschauern, Lesern, Teilnehmern oder Betroffenen wahrgenommen und erlebt werden. Es geht beim Performativen nicht einfach um Ereignisse, um dynamische Vorgänge und Vollzüge, sondern um *wahrgenommene* Ereignisse.

(3) Performative Prozesse bringen Neues in die Welt, indem sie vorhandene Elemente, Muster und

13 Vgl. Roland Barthes: »Der Tod des Autors«. In: Fotis Jannidis u. a. (Hg.): *Texte zur Theorie der Autorschaft*. Stuttgart 2000, S. 185–193.

14 Wolfgang Iser: *Der Akt des Lesens*. München 1984.

Codes wiederholend und reiterierend zitieren und neu arrangieren.

(4) Die medialen und materiellen Bedingungen von Sinnstiftungsprozessen und kulturellen Handlungen, ihre jeweiligen Inkorporationsformen spielen eine entscheidende Rolle: Die Frage, *was* gesagt oder gemacht wurde, ist nicht von der Frage zu trennen, *wie* etwas gesagt bzw. gemacht wurde.

Diese vier Dimensionen seien im Folgenden exemplarisch bezüglich ihrer Implikationen für biographisches Schreiben und dessen Reflexion entfaltet.

Ad (1) Konstitution statt Repräsentation; Handlung statt Identität: Wenn Sprache Welt nicht einfach repräsentiert, sondern mitkonstituiert und verändert, heißt dies für biographisches Schreiben, sich der Tragweite und Auswirkungen der eigenen Aussagen bewusst zu sein. Dieser Konstruktions- und Herstellungscharakter des Schreibens ist in der Literaturtheorie und Ästhetik spätestens seit dem 20. Jahrhundert vielfach untersucht und in bisweilen radikaler Form betont worden. Entsprechende Überlegungen sind in kritischer Weise in die Biographiereflexion eingeflossen oder auch, in eher experimentell-erkundendem Gestus, in die Praxis biographischen Schreibens, so wenn F. László Földényi eine Kleist-Biographie vorlegt, welche nicht mehr chronologisch, sondern alphabetisch geordnet ist und von A wie ›Ach‹ bis Z wie ›Zufall‹ Kleists Leben anhand zentraler Begriffe seines literarischen Werks strukturiert (*Heinrich von Kleist. Im Netz der Wörter*, München 1999). Hier scheinen Praxis wie Theorie der Biographie von zahlreichen Überlegungen und Experimenten der autobiographischen Praxis bzw. Reflexion inspiriert worden zu sein; so hat Roland Barthes 1975 für die bekannte Buchreihe *Écrivains de toujours* im Verlag Seuil eine Art Autobiographie in alphabethisch geordneten Fragmenten vorgelegt: *roland BARTHES par roland barthes*, Paris 1975 (interessanterweise fügt Barthes dem Text zahlreiche Photographien bei, die ihrerseits streng chronologisch angeordnet sind). Und Paul de Man wirft in seinem Aufsatz »Autobiographie als Maskenspiel«, der im englischen Original 1979 unter dem Titel »Autobiography as De-facement« in den *Modern Language Notes* erschien, folgende Fragen auf:

»Wir nehmen an, das Leben würde die Autobiographie hervorbringen wie eine Handlung ihre Folgen, aber können wir nicht mit gleicher Berechtigung davon ausgehen, das autobiographische Vorhaben würde seinerseits das Leben hervorbringen und bestimmen? Wird nicht alles, was der Autor einer Autobiographie tut, letztlich von den technischen Anforderungen der ›Selberlebensbeschreibung‹ beherrscht und daher in jeder Hinsicht von den Möglichkeiten seines Mediums bestimmt?«[15]

Weit weniger Beachtung hat die Handlungsdimension kultureller Prozesse bislang in Bezug auf den biographischen Gegenstand selbst gefunden. Denn die Einsicht, dass sich Leben kaum als Umsetzung einer Idee oder als Ausdruck und Entfaltung einer vorgängigen Identität verstehen lässt, sondern vielmehr als Vollzug unterschiedlichster Akte und Tätigkeiten, in deren Verlauf nicht zuletzt eine je spezifische Identität, ein je spezifisches Selbst- wie Fremdverständnis sich herausbildet, bedeutet mehr und anderes, als die insbesondere von konstruktivistischen Theorien notorisch betonte Gemachtheit und Artifizialität kultureller Phänomene. Sondern sie bedeutet, dass bezüglich dieser Gemachtheit und Artifizialität der dynamische, zeit-räumlich situierte Handlungsvollzug gegenüber der Form zum Fokus wird und das formschaffende wie formverändernde Potential symbolischer Handlungen in den Blick rückt.

Ad (2) Aufführungsdimension: Auch der von Konzepten des Performativen mit unterschiedlicher Akzentuierung reflektierte Aufführungscharakter sinnstiftender Prozesse hat eine doppelte Relevanz für biographisches Arbeiten: Er bezieht sich sowohl auf das Leben der dargestellten Person als auch auf die (sprachliche, bildliche etc.) Präsentation dieses Lebens für die Leserinnen und Leser einer Biographie. Zentraler Ausgangspunkt ist für beide Dimensionen, dass das Wahrgenommen-Werden des Lebens der biographierten Person durch Zeitgenossen oder auch durch die Biographin/den Biographen ebenso wie des Geschriebenen durch ein Publikum keinen gleichsam nachträglichen, zusätzlichen Aspekt dieses Lebens bzw. Schreibens darstellt, sondern einen konstitutiven Bestandteil desselben bildet. Die Dimension des Zeigens-Für ist in das Leben wie Schreiben selbst,

15 Paul de Man: »Autobiographie als Maskenspiel« [1979]. In: Ders.: *Die Ideologie des Ästhetischen*. Hg. v. Christoph Menke. Frankfurt a. M. 1993, S. 131–145, hier S. 132 f.

ob bewusst oder unbewusst, eingelassen und wäre als solches für beide in ihrer historischen wie kulturellen Spezifität herauszuarbeiten. So sind in den letzten Jahrzehnten Biographien oder zumindest stark biographisch orientierte Studien erschienen, welche das Leben ihrer Protagonisten gleichsam aus dem öffentlichen Bild, der öffentlichen (Selbst-) Inszenierung und zeitgenössischen wie nachträglichen Rezeption rekonstruieren. Peter Burke untersucht *Die Inszenierung des Sonnenkönigs* (Berlin 1993) und legt dar, wie das die Wahrnehmung des französischen Königs Ludwigs XIV. bis heute prägende Bild durch vielfältige Strategien, Medien und Darstellungsverfahren entworfen, verbreitet und durchgesetzt wurde. Richard Turner seziert in *The Anatomy of a Legend* Leonardo da Vinci, dessen Biographie zunächst weitgehend von Vasari erfunden und dann von unterschiedlichen geistes- und kunstgeschichtlichen Epochen funktional zu den jeweiligen Problemlagen und Erwartungen umgedeutet wurde (*Inventing Leonardo: The Anatomy of a Legend.* New York 1993), und Svetlana Alpers untersucht in *The Making of Rubens* (New Haven/London 1995), wie Rubens seine Gemälde zum programmatischen Entwurf als Künstler nutzte.

Ad (3) Wiederholung und Zitation: Das Charakteristikum performativer Prozesse, wiederholende und variierende Re-Zitation vorgängiger Muster, Diskurse, Traditionen oder auch Verhaltensweisen zu sein, stellt die Biographie vor die Aufgabe, das Spannungsverhältnis von Individuum und Gesellschaft, welches für sie schon immer zentral ist, neu zu denken. Will man das je Besondere und Spezifische, zugleich aber auch Exemplarische eines Lebens herausarbeiten, wäre dies, folgt man den Überlegungen zum Performativen, in den bisweilen marginalen Abweichungen, den minimalen Umdeutungen oder auch den individuellen Re-Kombinationen und Artikulationen gängiger Denk- und Verhaltensweisen wie Lebensstile aufzufinden. Wie schon der Aufführungsaspekt erfordert auch der Zitations- und Wiederholungscharakter des Performativen, dass das darzustellende Leben entsprechend kontextualisiert und bezüglich der in ihm wirkenden Produktions- wie Rezeptionsmuster erforscht wird.

Ad (4) Mediale und materielle Verkörperungsbedingungen: Wenn nicht mehr zuvörderst darauf geachtet wird, *was* gesagt oder gemacht wurde, sondern *wie* es gesagt bzw. gemacht wurde, dann rückt die Wirklichkeit medialer und materieller Verkörperungsbedingungen ins Zentrum des Interesses. Dabei sieht sich die Biographie mit dem Problem konfrontiert, dass die konkreten Verkörperungsbedingungen, welche das Denken, Schreiben und Leben der darzustellenden Person geprägt haben, zumeist nur vermittels schriftlicher, bildlicher oder – in jüngerer Zeit – mündlicher und audiovisueller Quellen und Dokumente sowie partiell mittels anderer Spuren (z. B. Gegenstände, Gebäude) zugänglich gemacht werden können (↗ VIII.2.3. Zur Bedeutung der Quellen). Nicht nur also sind die jeweils zeitgenössischen Verkörperungsbedingungen eines fremden, anderen Lebens zu rekonstruieren und nicht nur sind die jeweils aktuellen medialen wie materiellen Bedingungen biographischer Vorhaben zu reflektieren, auch die suchende, tastende Erkundung fremden Lebens über den ›Umweg‹ vorhandener Quellen und Materialien ist als ein performativer Prozess zu gewärtigen, dessen Ergebnis maßgeblich vom je konkret beschrittenen ›Umweg‹ und seinen phänomenalen Voraussetzungen produziert wird.

Dabei charakterisiert alle vier genannten Dimensionen des Performativen, dass sie nicht vollkommen der Kontrolle oder gar Verfügungsgewalt der handelnden Subjekte unterstehen. So wenig eine bestimmte Lebensführung geeignet ist, ihre möglichen Biographien festzulegen, so wenig kann die Autorin bzw. der Autor einer Biographie darauf Einfluss nehmen, welches konkrete Bild sich beim Lesen einer Biographie von der darin vorgestellten Person einstellt.

Literatur

Butler, Judith: »Performative Acts and Gender Constitution. An Essay in Phenomenology and Feminist Theory«. In: Sue-Ellen Case (Hg.): *Performing Feminisms: Feminist Critical Theory and Theatre.* Baltimore 1990, S. 270–282.

Diamond, Elin (Hg.): *Performance and Cultural Politics.* London/New York 1996.

Fischer-Lichte, Erika: *Ästhetik des Performativen.* Frankfurt a. M. 2004.

Dies./Kolesch, Doris (Hg.): *Kulturen des Performativen. Paragrana* 9. Bd., 2 (2000).

Dies./Wulf, Christoph (Hg.): *Theorien des Performativen. Paragrana* 10. Bd., 1 (2001).

Krämer, Sybille: »Sprache – Stimme – Schrift. Sieben Gedanken über Performativität als Medialität«. In: Uwe Wirth (Hg.): *Performanz. Zwischen Sprachphilosophie und Kulturwissenschaften.* Frankfurt a. M. 2002, S. 323–346.

Dies./Stahlhut, Marco: »Das ›Performative‹ als Thema der Sprach- und Kulturphilosophie«. In: Erika Fischer-Lichte/Christoph Wulf (Hg.): *Theorien des Performativen. Paragrana* 10. Bd., 1 (2001), S. 35–64.

Doris Kolesch

2. Biographisches Erzählen zwischen Wahrheit und Lüge, Inszenierung und Authentizität

2.1. Wahrheit und Lüge

Das Paradox der Biographie besteht darin, dass erst die Inszenierung von Authentizität den biographischen Effekt erzeugt. Die Antwort auf die Frage, ob Biographien lügen oder nicht, hängt vom Rollenverständnis der Biographen, von der Erwartungshaltung des Publikums und vom gewählten biographischen Genre ab, sei es eine Lobrede, ein chronikalischer Lebenslauf, ein Lexikoneintrag, eine literarische Biographie oder eine Biographie mit wissenschaftlichem Anspruch. In verschiedenen Disziplinen ist die Gewinnung biographischen Datenmaterials, durch Porträts der ›Anderen‹ in der Ethnographie, durch Transkriptionen autobiographischer Interviews in der soziologischen Biographieforschung, durch Zeitzeugenbefragungen in der Oral History eng mit der Forschungspraxis verbunden; und auch im Alltag werden unaufhörlich biographische Zeugnisse produziert: Polizeiprotokolle, Gutachten, Eintragungen in Personalakten oder Aufzeichnungen therapeutischer Gespräche. Gemeinhin schreiben wir diesen Formen weniger biographische Kraft und weniger biographische Dignität zu, weil sie ›kunstlos‹ sind und ohne bewusste erzählerische Verdichtungen auszukommen scheinen (↗I.6. Poetizität/Literarizität). In der Produktion und Rezeption dieser Texte schwankt der Anspruch auf ›biographische Wahrheit‹ erheblich. In sicherheitsdienstlichen Polizeiprotokollen kann die scheinbar nüchterne Faktizität der Einträge den lügenhaften, denunziatorischen Charakter der so gezeichneten biographischen Porträts verschleiern. Michel Foucault wollte mit einer (abgesehen von einer programmatischen Einleitung) nicht realisierten Sammlung von Lebensläufen »infamer Menschen« gerade auf dieses inszenatorische Moment in den diskursiven Aufzeichnungspraktiken der staatlichen Gewalt hinweisen (Foucault 2001).

Im folgenden Beispiel zeigt sich, in welcher Spannung ein imaginatives (literarisches) Gedächtnis und ein politisch instrumentalisiertes Speichergedächtnis zueinander stehen. Die Konfrontation beider erst erzeugt ein ›biographisches Gedächtnis‹, das aus Fakten, Legenden, Lügen und dem Drang entsteht, die Wahrheit zu sagen (↗II.5. Biographie und Gedächtnis): Der ungarische Schriftsteller Péter Esterházy musste die Biographie seines Vaters zweimal schreiben. Das erste Mal tat er dies freiwillig, in Form einer opulenten, tausendseitigen Phantasmagorie über die Geschichte des legendären Geschlechts der Esterházy, zu deren Chronist er sich machte (*Harmonia Caelestis*, Berlin 2001). Zum zweiten Mal tat er es unfreiwillig und in Form eines Berichts, der nichts mehr von der literarischen Imaginationskraft an sich hat, die den Roman *Harmonia Caelestis* auszeichnete. Esterházy war auf die Stasi-Akten seines Vaters gestoßen, die diesen als informellen Mitarbeiter des ungarischen Geheimdienstes auswiesen (*Verbesserte Ausgabe*, Berlin 2003). Mit der Öffnung der osteuropäischen Archive mussten viele Biographien neu geschrieben werden. Das Archiv verwandelte sich von einem Ort der Geheimhaltung und Repression, einem Ort, von dem eine latente Gefahr ausging, weil in ihm Dossiers über Spitzel und Bespitzelte gespeichert waren, in einen Ort der biographischen Revision. Die Archivierung juristischer, polizeilicher und medizinischer Dossiers führte zu einer Erfahrung, die auch Péter Esterházy machen musste, dass nämlich keine Schuld durch rituelle Verrichtungen wie etwa die Beichte mehr getilgt werden kann: »Und alles, was derart gesagt wird, wird schriftlich registriert, akkumuliert sich, konstituiert Dossiers und Archive. Die einzige, augenblickliche und spurlose Stimme des Beichtgeständnisses, die das Übel auswischte, indem sie sich selber wegwischte, wird nun von vielerlei Stimmen abgelöst, die sich in einer enormen Dokumentenmasse niederschlagen und so durch die Zeit hindurch so etwas wie das ohne Unterlaß wachsende Gedächtnis aller Übel der Welt konstituieren« (Foucault 2001, 29).

Aus dem Dilemma, figuriert von Wahrheit und Lüge, Ästhetik und Moral, ist nicht herauszukommen. Es ist das biographische Dilemma schlechthin. Wenn wir über Wahrheit und Lüge im biographischen Kontext sprechen, dann liefert Friedrich Nietzsches *Ueber Wahrheit und Lüge im aussermoralischen Sinne* von 1873 die zentralen Fragen für die Diskussion: Warum lügen Menschen? Woher rührt der Wahrheitssinn? Inwiefern ist Sprache Ausdruck dieses Wahrheitssinnes? Nietzsches Argument ist ein anthropologisches: Wollen wir nicht leben wie die Würmer, das heißt, wollen wir uns als schwächere Individuen im »Kampf um die Existenz« durchsetzen, dann stellt sich die Frage nach der Wahl der Mittel. Da wir im Gegensatz zu den stärkeren Tieren über keine spitzen Hörner und kein Raubtiergebiss verfügen, die uns die Wahrheit im direkten Zugriff liefern könnten, bleibt nur der »Intellekt« als Mittel zum Selbsterhalt des Individuums. Allerdings entfaltet der Mensch seine »Hauptkräfte in der Verstellung«: »Im Menschen kommt diese Verstellungskunst auf ihren Gipfel: hier ist die Täuschung, das Schmeicheln, Lügen und Trügen, das Hinter-dem-Rücken-Reden, das Repräsentiren, das im erborgten Glanze leben, das Maskirtsein, die verhüllende Convention, das Bühnenspiel vor Anderen und vor sich selbst [...] so sehr die Regel und das Gesetz, dass fast nichts unbegreiflicher ist, als wie unter den Menschen ein ehrlicher und reiner Trieb zur Wahrheit aufkommen konnte.« (Nietzsche 1999a, 876). Dass Menschen trotzdem einen Wahrheitstrieb entwickeln, ist weniger dem Impuls geschuldet, der Lüge an sich entgegen zu treten, als vielmehr den Folgen der Lüge. Wo die Wahrheit angenehm ist, nehmen wir sie gerne an, wo sie, »reine folgenlose Erkenntnis« ist, ist sie uns egal, wo sie zerstörerisch ist, bekämpfen wir sie (ebd., 878).

»Was ist also Wahrheit?«, fragt sich Nietzsche. Als Antwort schreibt er nicht nur den Biographen die folgenden folgenreichen Sätze ins Stammbuch: »Ein bewegliches Heer von Metaphern, Metonymien, Anthropomorphismen kurz eine Summe von menschlichen Relationen, die, poetisch und rhetorisch gesteigert, übertragen, geschmückt wurden, und die nach langem Gebrauch einem Volke fest, canonisch und verbindlich dünken: die Wahrheiten sind Illusionen, von denen man vergessen hat, dass sie welche sind, Metaphern, die abgenutzt und sinnlich kraftlos geworden sind [...]« (ebd., 880 f.). Die lange Geschichte der Trivialbiographik mit ihrem feststehenden Korpus an Stereotypen und Klischees liefert hier vor allem seit dem Beginn des 19. Jahrhunderts reichhaltigstes Anschauungsmaterial.

Die Abwehr einer romantisch-rousseauistischen Vorstellung von einem authentischen Leben *avant la lettre* und die Überzeugung von der polyvalenten rhetorischen Verfasstheit von Texten ist nicht nur unter Literaturwissenschaftlern längst kurrente Münze; – deren andere Seite stellt allerdings die nicht stillbare Sehnsucht nach auch biographischer Evidenz dar, die die Lektüren und die (kultur-)wissenschaftlichen Theoriebildungen nicht zur Ruhe kommen lässt.

2.2. Relativität des biographischen Wahrheitsbegriffs

Der janusköpfige Begriff einer biographischen Wahrheit ist spätestens seit Nietzsches Destruktionen und Dekonstruktionen ambivalent besetzt. Die biographische Wahrheit lässt sich nicht auf einen Begriff bringen, sie ist ein relationales Gebilde, sie entsteht zwischen der biographischen Erzählung, ihren Objekten und den Lesern jeweils neu. Sie ist zwar ein Effekt der rhetorischen Verfasstheit von Texten, dabei jedoch immer auch auf der Flucht vor dem beweglichen Heer von Metaphern, das sie einholen möchte (↗ IV.3. ›Discours‹). Der Kampf um die Wahrheit ist mit Nietzsche ein Kampf der lebendigen, der anschaulichen Metaphern der ersten Eindrücke gegen die Starrheit der konventionalisierten Metaphern (Nietzsche 1999a, 881 f.). Wahrheit in diesem Sinne ist subversiv. Sie greift überkommene Vorstellungskomplexe an und löst sie auf; sie untergräbt das Fundament einer der mächtigsten biographischen Metaphern: jener des Monuments und des Denkmals. (Auch Herders biographische Essays wollten großen Männern der Geschichte Denkmäler setzen, allerdings lebendige Denkmäler, die fortwirkendes Leben bezeugen sollten.) Diese Wahrheit ist vor allem in der Kunst beheimatet und kann sich auf den Adel des »creative fact« berufen,[1] darauf, dass die Imagination der Dichter die Fakten zu einer höheren Art von Wahrheit transformiert. Der Dichter, und wenn wir den Biographen zum Dichter adeln auch dieser, befreit die Fakten aus der Zwangsjacke ihres historischen Gebundenseins und gibt ihnen die Gnade einer späteren Wiedergeburt unter ganz anderen Umständen als den ursprünglichen. Wahrheit wird von Nietzsche als sprachlich reglementierte Konvention verstanden. Das »Ding an sich« – wir können einsetzen, die *biographische Wahrheit* – ist auch dem »Sprachbildner ganz unfasslich [...]. Er bezeichnet nur die Relationen der Dinge zu den Menschen und nimmt zu deren Ausdrucke die kühnsten Metaphern zu Hülfe« (ebd., 879). Auch der amerikanische Biographietheoretiker Ira Bruce Nadel insistiert auf dem fiktiven Charakter jeglichen biographischen Schreibens: »A biography is a verbal artefact of narrative discourse« (Nadel 1984, 8). Aber gerade die universelle Wirksamkeit der Metapher macht sie im biographischen Zusammenhang zu einem Vermittlungsinstrument zwischen einer allgemeinen und einer besonderen Wahrheit »which is the recognition of universal aspects of human behaviour through the particular actions of an individual life« (ebd., 166).

Die Doppelung der Vaterbiographie in den beiden Büchern Péter Esterházys in eine literarische und eine quasi dokumentarisch-faktuale ist auch deswegen so instruktiv, weil sie die zwei zentralen Momente der Biographie zeigt: Imagination (Erzählung) und Konstruktion einerseits, Faktizität, Wahrheitsfindung, detektivische Recherche, verbunden mit der Lust am Geheimnis und mit dem Schrecken über das Entdeckte, andererseits. Der Begriff einer biographischen Wahrheit ist gebunden an einen sich wandelnden Subjektbegriff, an die Ausdifferenzierung einer öffentlichen und privaten Sphäre, an die Entwicklung autobiographischen Selbstbewusstseins und an die kulturelle Relativität biographischer Wahrheitsvorstellungen. Dies zeigt sich sehr schön an einem Zitat Samuel Johnsons, der als Biographietheoretiker und als Objekt einer der berühmtesten Biographien, James Boswells *Life of Johnson*, auf beiden Seiten des biographischen Diskurses zu finden ist. Für Johnson besitzt die Selbsterkenntnis trotz Vorbehalten den Vorzug vor der biographischen Erkenntnis anderer, da nur die autobiographische Selbsterforschung den Versuchungen zu falschem Lob oder Liebedienerei zu entgehen vermöge: »[M]any temptations to falsehood will occur in the disguise of passions, too specious to fear much resistance. Love of virtue will animate panegyric, and hatred of wickedness embitter censure. [...] But he that speaks of himself has no motive to falsehood or partiality except self-love, by which all have so often been betrayed, that all are on the watch against its artifices.«[2]

Die Funktionalisierungen des biographischen Genres sind starken Änderungen unterworfen: Normativ-pädagogische Funktionen der Biographie im Zeitalter der Aufklärung verengten sich zum Programm nationaler Identitätsstiftung durch die Biographien großer Männer, der *great men*. Der Transfer kultureller Normen und Wertvorstellungen changiert vor allem im 19. Jahrhundert zwischen dem Bedürfnis nach übernationalem Ausgleich und der Inszenierung nationaler Klischees (Holmes/Schweiger 2009). Im 20. Jahrhundert spielt sich die Biographie mehr und mehr frei, sie möchte am einzelnen Individuum allgemeinmenschliche Phänomene wie künstlerische Kreativität, wissenschaftliche Leistungen oder politisches Handeln plausibel machen. Im selben Maße wie der ›verlogene‹ Charakter trivialbiographischer Insinuationen zum Gegenstand einer kritischen historischen Biographieforschung wird, wächst der Anspruch moderner Biographik zwischen Literatur und Wissenschaft. Historisch betrachtet hat sich die Vorstellung von der *ganzen* Wahrheit einer Person von einer moralischen zu einer ästhetischen und erkenntnistheoretischen Perspektive verschoben. »[U]nd obgleich ich nichts als die Wahrheit berichte, habe ich mir doch vor Augen gehalten, dass nicht immer die ganze Wahrheit preisgegeben werden muß«, heißt es in der Widmung von James Boswells Biographie über Samuel

1 Virginia Woolf: »The Art of Biography« [1939]. In: Dies.: *Collected Essays*. London 1967, Bd. 4, S. 221–228, hier S. 228.

2 Samuel Johnson: »*The Rambler*, No 60, 13. Oktober 1750«. In: James Clifford (Hg.): *Biography as an Art. Selected Criticism 1560–1960*. London 1962, S. 40–45, hier S. 45.

Johnson von 1791.[3] Gerade diese Lücken in der biographischen Überlieferung fordern die neuere Biographik heraus. Bislang tabuisierte Bereiche wie die Sexualität werden als Produktionsfaktoren künstlerischer und wissenschaftlicher Leistungen erkannt und dargestellt. Joachim Radkaus Biographie über Max Weber mit dem Untertitel »Die Leidenschaft des Denkens« (2005) ist hierfür ein hervorragendes Beispiel.[4] Dabei geht es nicht nur um Aufklärung, sondern auch um die Lust am biographischen Geheimnis als wichtiger Motor der biographischen Produktion selbst: »Das Vergessen [erscheint] als Lücke im Text, die mit Schreib- und Denkanstrengungen zu füllen ist, vielleicht aber auch den lückenhaften Text erst recht rätselhaft und interessant macht« (Weinrich 2005, 17).

Gerade autobiographische Stilisierungen sind ein wichtiges Erkenntnismittel biographischer Arbeit. Und wie wollte man öffentlichen Figuren gerecht werden, ohne eine Analyse der literarischen und medialen (Selbst)Inszenierungen zu unternehmen und ohne diese als zur ›Wahrheit‹ einer Biographie gehöriges Moment zu betrachten (vgl. die Beiträge zum Kapitel »Auto/Biographie« in Fetz/Schweiger 2006)? Ähnliches gilt für psychische Prozesse. Was durch die psychoanalytische Anamnese zu erreichen ist, heißt es in Sigmund Freuds spätem Text *Konstruktionen in der Analyse* (1937), ist die »Überzeugung von der Wahrheit der Konstruktion«. Diese, so Freuds späte Einsicht, könne therapeutisch dasselbe leisten wie die wieder gewonnene ›authentische‹ Erinnerung. Im Verhältnis zur eigenen Biographie tut auch das Surrogat seine Wirkung, ob der therapeutische Erfolg eine Illusion ist oder auf ›echten‹ Erfahrungen aufbaut, ist letztlich irrelevant (Wagner 2006, 58 f.). Dies bedeutet, dass biographische Wahrheit nie ohne ein gewisses Maß an Illusionsbildung und Inszenierung auskommt. Umgekehrt gilt aber auch, dass es gerade Aufgabe der Biographie ist, das Mischungsverhältnis von Inszenierung im Akt des Schreibens und von Selbstinszenierung bei der Produktion autobiographischer Zeugnisse mit einem universellen Anspruch auf Wahrheit in Einklang zu bringen. Die künstlerische Freiheit der Biographie endet dort, wo es gilt, biographische Stilisierungen, politische Ausweichmanöver, das Übertünchen individueller Schuld klar zu benennen.

2.3. Authentizität und Inszenierung

Die Biographen können als Detektive, Historiker, Anwälte und Ankläger ihrer Objekte oder auch als deren Therapeuten auftreten. Dementsprechend vielfältig sind die Formen, in denen fremdes Leben gefasst ist: Sie reichen von der wissenschaftlichen Biographie, die jedes Detail durch Fußnoten belegt, bis zum Roman, der sich biographischer Modelle bedient, um die biographischen Wahrheitsansprüche umso lustvoller zu desavouieren. In Julian Barnes' mit biographischen Versatzstücken arbeitendem Roman *Flauberts Papagei* (1984) geschieht dies gleich zu Beginn durch die Beschreibung einer vom Zahn der Zeit angenagten Flaubert-Statue. Die romanhafte Inszenierung der Reise eines englischen Schriftstellers auf Flauberts Spuren durch Frankreich birgt jede Menge Komik in sich. Barnes' Roman macht klar, dass *Wahrheit* und *Authentizität* nicht dasselbe sind. Statuen oder biographische Reliquien wie ausgestopfte Papageien müssen nicht unbedingt echt sein, um authentisch zu wirken. Die biographische Wahrheit beruht zu einem nicht geringen Teil auf der Suggestion von Authentizität. Die rousseausche autobiographische Wahrheit in den *Bekenntnissen* entzieht sich »den Gesetzen der Verifikation«: »Wir befinden uns nicht mehr im Bereich der *Wahrheit*, der wahren Geschichte, sondern wir sind in den der *Authentizität* getreten.«[5] Um Authentizität hervorzurufen, bedarf es des Imaginären, der Besetzung von materiellen Erinnerungsstücken oder immateriellen Erinnerungsfetzen mit Affekten, wobei im Sinne einer Kultur des Erinnerns »das Imaginäre nicht mit Fiktion und Fälschung gleichzusetzen ist, sondern mit Fabrikation und Erfindung, das heißt: mit jener Konstruktionsarbeit, die allem Kulturellen zugrunde

3 Vgl. James Boswell: *Das Leben Samuel Johnsons und Das Tagebuch einer Reise nach den Hebriden*. Leipzig 1984 (engl. 1791), S. 6.

4 Joachim Radkau: *Max Weber. Die Leidenschaft des Denkens*. München 2005.

5 Jean Starobinski: *Rousseau. Eine Welt von Widerständen*. München 1988, S. 294.

liegt« (Assmann 1999, 83). Darin gleicht die individuelle und kollektive Erinnerungsarbeit der Arbeit der Literatur. Die Biographie bildet das Verbindungsglied zwischen einer »atmosphärischen« Wahrheit, die das Terrain der Künstler ist, und einer »faktologischen« Wahrheit, der sich die Historiker verpflichtet sehen (ebd., 277). Mit den Worten von Julian Barnes: »Die Vergangenheit ist eine autobiographische Erzählung, die sich als Parlamentsprotokoll ausgibt.«[6]

Legen die Schriftsteller und die literarisch affizierten Psychoanalytiker den Akzent auf die biographische Erzählung mit all ihren Nebenschauplätzen, so die Historiker und die exakten Analytiker verschiedenster Profession auf den Wahrheitsgehalt der von allen Manipulationen gereinigten Quellen: »Die Macht über die künftige Erinnerung, die Macht der Verewigung muß vom Historiker erkannt und ausgeschaltet werden«, so der Historiker und Biograph Jacques Le Goff (Le Goff 1992, 229). Die Historiker dürfen sich nicht zu Gehilfen einer Erinnerungspolitik machen, die mit dem zielgerichteten Arrangement und der bewussten Zurichtung der Dokumente operiert und solchermaßen Deutungshoheit über den Tod hinaus zu erlangen sucht. Sie müssen erkennen, ob eine Quelle authentisch ist oder erfunden, und sie müssen erkennen, ob eine Quelle in einen bewusst gesteuerten Überlieferungszusammenhang eingebettet ist oder als *factum brutum*, als Rest und zufälliges Zeugnis eines historischen Faktums, zurückblieb. In ihrer Arbeit gleichen sie den polizeilichen Ermittlern. Ist jedoch der Schauplatz des historischen Ereignisses, des Verbrechens, der Biographie einmal abgesichert, dann treten die Schriftsteller unter den Historikern und die mit Imagination ausgestatteten Ermittler auf den Plan.

»In allen klassischen Kriminalgeschichten zeichnet sich der Detektiv dadurch aus, daß er beim Auswerten von Zeitungsnotizen, von Gesprächen und Mitteilungen *Szenen imaginativ nachbaut*, indem er seine *eigenen lebenspraktischen Erfahrungen* so lange als Vorannahmen einsetzt, bis sich die *Szenen zur Szenenfolge*, zum glaubwürdig zusammenhängenden Drama ergänzen. Lebenspraktische Ungereimtheiten werden dabei zum Anstoß, szenische Arrangements so lange neu auszuprobieren, bis sich ein plausibler Handlungsablauf ergibt« (Lorenzer 1985, 2). Ersetzt man in diesem Zitat des Psychoanalytikers Alfred Lorenzer den Detektiv nicht durch den Analytiker, sondern durch den Biographen, dann erweitern sich die Verwandtschaftsbeziehungen noch um diese dritte Figur. Lorenzer stellt der analytischen, auf Sprach- und Kausallogik aufbauenden Rekonstruktionsarbeit des Polizeipräfekten in Edgar Allen Poes berühmter Erzählung *Der Doppelmord in der Rue Morgue* das ›szenische Verstehen‹ des Detektivs gegenüber. Dieses szenische Verstehen übersetzt die aus der Quellenanalyse gewonnenen Informationen in einen Erfahrungszusammenhang. Wie der Detektiv und der Analytiker müssen auch die Biographen imstande sein, »die Mitteilungen, das heißt ›Sprachformeln‹, mit der ›Lebenspraxis‹« zu konfrontieren (ebd., 3). Um der biographischen Wahrheit oder der psychoanalytischen Wahrheit oder der Wahrheit eines Verbrechens nahe zu kommen, bedarf es eines kritischen Sprachbewusstseins, man könnte auch sagen: der Fähigkeit zur Quellenkritik, kombiniert mit der Fähigkeit zu Empathie und Imagination. Das folgende Zitat kann geradezu als Anforderungskatalog, was die erweiterten analytischen Fähigkeiten auch der Biographen betrifft, gelesen werden: »Wir sehen: Kritische Sensibilität gegenüber den Widersprüchen des manifesten Textsinnes wird ergänzt durch die Offenheit für das Outrierte. Kritische Schärfe muß ergänzt werden durch Phantasie und durch eine Imagination abweichend-abartiger Lebensentwürfe« (ebd., 7).

Die biographietheoretische Reflexion war meist aufseiten der Imagination, sie hält es meist nicht mit den strengen Historikern, sondern mit den Schriftstellern. Durch den Anschluss eines in Spurenelementen noch vorhandenen vergangenen Gedächtnisses an ein Gedächtnis der jeweiligen Gegenwart soll zivilisatorischer Fortschritt sichtbar werden: Darin besteht von Johann Gottfried Herder über Wilhelm Dilthey bis zum Biographen und Biographietheoretiker Leon Edel der humanisierende Effekt der Biographie. Für Leon Edel gehört es wohl zum Ethos des Biographen, die Quellen nicht zu manipulieren: »[A]nd the telling must be of such a nature as to leave the material unaltered«

6 Julian Barnes: *Flauberts Papagei*. München 1993 (engl.1984), S. 128.

(Edel 1957, 5). Dies scheint sich mit dem Anspruch zu decken, mittels der Biographie zumindest einen Teil dessen wiederzugewinnen, was einst der ›authentische‹ Stoff oder das Gewebe des Lebens war (↗IV. Analyse biographischer Erzählungen). Die Herausforderung bestehe darin, »to shape a likeness of the vanished figure« (ebd.). Ähnlichkeit aber bedeutet Differenz, bedeutet Modellierung, nicht Identität. Daraus ergibt sich die Spannung zum ethischen Imperativ, nichts zu verfälschen. In Einklang zu bringen sind die sich scheinbar widersprechenden Anforderungen – die Quellen nicht zu verfälschen und »to shape a likeness« – durch ein verbindendes Drittes, das ›Humane‹. Unter Bezug auf Lytton Strachey, der innerhalb der Geschichte der englischen Biographik für das 20. Jahrhundert eine ähnlich zentrale Position einnimmt wie James Boswell für das 18. Jahrhundert, unterlegt Edel der Biographie eine humanisierende Funktion: »Humane, because, inevitably, the biographical process is a refining, a civilizing – a humanizing – process« (ebd., I). Stärker als bei der genuin wissenschaftlichen Erkenntnis erhebt die Biographie einen Anspruch, der sich mit jeder »Gedächtnisarbeit« verbindet: »Sinngebung, Parteilichkeit und Identitätsstiftung« (Assmann 1999, 133). In Alexander Kluges und Oskar Negts großem Materialienbuch *Geschichte und Eigensinn*, das unter vielem anderen auch Bruchstücke zu einer Theorie der Biographie enthält, findet sich eine weitere Variation dieses Gedankens: »Man müsste im Sinne der Levi Strausschen Bricolage die subjektiven Splitter wiedererkennen, einsammeln und daraus eine menschlich zentrierte Welt zusammensetzen.«[7] Das Neuzusammensetzen subjektiver Splitter kann aber Gefahr laufen, sich zum Komplizen der Lüge zu machen, wenn das Idealbild mit der politischen Wirklichkeit kollidiert, diese Erfahrung musste Péter Esterházy machen.

2.4. Individualität und Typus

Die Biographie, so könnte eine Bestimmung lauten, beschreibt die Abweichungen eines Individuums von einem Modell oder einem Typus (↗I.7. ›Biographiewürdigkeit‹). Dabei macht es einen entscheidenden Unterschied, ob es sich um Personen aus der Antike, dem Mittelalter oder der Neuzeit handelt. Im Falle von Personen aus dem Mittelalter könnte ein biographisches Verfahren darin bestehen, auf einer Skala ein rekonstruiertes normatives Modell zu verzeichnen, auf der anderen die Abweichungen von diesem. Das Vorhandensein von Dokumenten mit informellem Charakter, die die ›Wahrheit‹ der Person einer gesellschaftlich und historisch determinierten ›Wahrheit‹ gegenüberstellen, ist hier die Bedingung für die Beschreibung ›individuellen‹ Verhaltens. Die Differenz zwischen Rolle und Verhalten als Emanationen des Selbst wäre dann ein Gradmesser für Individualität, ein Indiz überhaupt für das Vorhandensein des *Biographischen* im modernen Sinne. Gerade auch trivialbiographische Unternehmungen wie z. B. Stefan Zweigs Biographie über Marie Antoinette (*Marie Antoinette. Bildnis eines mittleren Charakters*, Leipzig 1932) wollen zeigen, wie aus einem *role model*, wie aus einem ›mittleren Charakter‹ eine tragische Figur mit individuellem Format wurde (bei Zweig spielt ein geheimnisvolles Briefbündel eine entscheidende Rolle); wobei die Beschreibung, die Ebene der Präsentation, einmal mehr einmal weniger von ideologischen Vorannahmen, von kulturellen Klischees, von Narrativen und Stereotypen oder von Übertragungsprozessen geprägt ist.

Die Biographie verfügt zumindest über das Potential, des Individuums innerhalb struktureller Zusammenhänge habhaft zu werden und die Spielräume zu beschreiben, die es innerhalb dieser Zusammenhänge gewinnt. *Wie* es diese gewinnt, als therapeutisch wirksame Illusion ›authentischer‹ Erinnerung im psychoanalytischen Diskurs, als narrative Konstruktion in der (auto-)biographischen Erzählung von Lebensgeschichten, oder auch als nachträgliche Beschreibung von ›Korrespondenzen‹ auf der Basis von Hinterlassenschaften (vgl. die Biographie von Sigrid Weigel über Ingeborg Bachmann[8]) gehört zu den Bedingungen, unter denen individuelle Freiräume überhaupt ent-

7 Alexander Kluge/Oskar Negt: *Geschichte und Eigensinn*. 3 Bde. Frankfurt a. M. 1993, Bd. 1, S. 151.

8 Sigrid Weigel: *Ingeborg Bachmann. Hinterlassenschaften unter Wahrung des Briefgeheimnisses*. Wien 1999.

stehen und beschreibbar werden. Die nachgelassenen Schriften zum Beispiel bilden nicht nur ein Archiv mächtiger formierender Diskurse, sie sind auch der Schauplatz, auf dem das Individuelle Stimme und Gesicht erhält. Die biographische Wahrheit einer Person ist nichts, das feststeht bzw. durch auch noch so exakte Rekonstruktions- und Recherchearbeit definitiv geklärt werden könnte; sie wird mit jedem biographischen Projekt neu verhandelt.

Die Biographie steht zwischen den Ansprüchen auf *Wahrheit* und biographische *Evidenz* und Auffassungen, die sie als lediglich ideologisches oder ästhetisches Konstrukt beschreiben. Als Ausdrucksform zwischen der Wahrheit der Körper, der Wahrheit der Ideen und der Wahrheit der Nachwelt evoziert die Biographie widersprüchliche Wahrheitsbegriffe. Dabei geht es der Biographie immer um Wahrheit, auch noch in der Verstellung: um die Wahrheit vor Gott, um die Wahrheit des Selbst, um die Wahrheit vor Gericht, um die Wahrheit einer historisch verbürgten Person, um die Wahrheit der Legende, um die Wahrheit jenseits von biographischen Mystifikationen oder um die Wahrheit eines bestimmten gelebten Lebens in einem bestimmten gesellschaftlichen und kulturellen Zusammenhang. Zur biographischen Wahrheit gehört die Wahrheit der Verdrängung, zum Beispiel als Handlung leitende Lebenslüge, ebenso wie die diskursive Formierung von Aussagen in bestimmten Formaten und Genres.

Literatur

Assmann, Aleida: *Erinnerungsräume. Formen und Wandlungen des kulturellen Gedächtnisses.* München 1999.

Edel, Leon: *Literary Biography. The Alexander Lectures 1955–56.* London 1957.

Fetz, Bernhard (Hg.): *Die Biographie – Zur Grundlegung ihrer Theorie.* Unter Mitarbeit von Hannes Schweiger. Berlin/New York 2009.

Ders./Schweiger, Hannes (Hg.): *Spiegel und Maske. Konstruktionen biographischer Wahrheit.* Wien 2006.

Foucault, Michel: *Das Leben der infamen Menschen.* Hg. u. übers. v. Walter Seitter. Berlin 2001.

Holmes, Deborah/Schweiger, Hannes: »Nationale Grenzen und ihre biographischen Überschreitungen«. In: Bernhard Fetz (Hg.): *Die Biographie – Zur Grundlegung ihrer Theorie.* Unter Mitarbeit von Hannes Schweiger. Berlin/New York 2009, S. 385–418.

Le Goff, Jacques: *Geschichte und Gedächtnis.* Frankfurt a. M./New York 1992.

Lorenzer, Alfred: »Der Analytiker als Detektiv, der Detektiv als Analytiker«. In: *Psyche* 39. Jg., 1 (1985), S. 1–11.

Nadel, Ira Bruce: *Biography. Fiction, Fact & Form.* New York 1984.

Nietzsche, Friedrich: »Ueber Wahrheit und Lüge im aussermoralischen Sinne«. In: Ders.: *Kritische Studienausgabe.* Hg. v. Giorgio Colli und Mazzino Montinari. München 1999a, Bd. 1, S. 873–890.

Ders.: »Ueber das Pathos der Wahrheit«. In: Ders.: *Kritische Studienausgabe.* München 1999b, Bd. 1, S. 754–760.

Wagner, Karl: »Glanz und Elend der Biographik«. In: Bernhard Fetz/Hannes Schweiger (Hg.): *Spiegel und Maske. Konstruktionen biographischer Wahrheit.* Wien 2006, S. 49–60.

Weinrich, Harald: *Lethe. Kunst und Kritik des Vergessens.* München 2005.

Bernhard Fetz

3. Biographie und Anthropologie

3.1. Anthropologie

Anthropologie ist ein vieldeutiger Begriff: (1) Im disziplinären Sinn bezeichnet Anthropologie vor allem die biologischen Wissenschaften vom Menschen (Evolutionstheorie, Humangenetik etc.), im angelsächsischen und französischen Sprachgebrauch (*anthropology*; *anthropologie*) Ethnologie und Sozialanthropologie. (2) Die philosophische Anthropologie beschäftigt sich mit dem Sein des Menschen, seinen Fähigkeiten und seiner Stellung zu Natur und Kosmos. Zentral war schon im 16. Jahrhundert die Frage nach dem Verhältnis der natürlichen oder animalischen und der vernünftigen Anteile des Menschen. (3) In einem weiteren Sinn bezeichnet Anthropologie generell das Wissen vom Menschen in seiner historischen Variabilität, wie es sich zu spezifischen Menschenbildern verdichtet, die sich in der Geschichte wandeln und ausdifferenzieren (Barsch/Hejl 2000; ↗II.4. Biographie und Wissen). Anthropologie erscheint dabei auch als Bezeichnung für eine Sach- und Fachbuchgattung (des 18. und 19. Jahrhunderts), in welcher – wie in C.F. Burdachs *Der Mensch nach den verschiedenen Seiten seiner Natur: Anthropologie für das gebildete Publicum* (Stuttgart 1837) – das Wissen vom Menschen popularisierend und teils unter ethischer Perspektive dargeboten wird.

Forschungsrichtungen, die heute die Bezeichnungen historische, literarische oder biographische Anthropologie führen, rekurrieren in unterschiedlicher Weise auf den Menschen sowie auf die Wissenschaften und Wissensstände vom Menschen. Dabei werden die Bezeichnungen uneinheitlich und häufig mehrdeutig verwendet.[1] So meint historische Anthropologie einerseits eine Beschäftigung mit der Rolle des einzelnen konkreten Menschen in der Geschichte, wobei mentalitäts-, sozial-, alltags- und mikrogeschichtliche Fragestellungen verfolgt werden. Nicht geschichtsmächtige ›große Männer‹, sondern die »Teilhabe aller Menschen an der Geschichte« steht im Zentrum: »Die Geschichte wird als von Menschen gemachtes Werk betrachtet, wie umgekehrt der Mensch als durch die Geschichte geprägtes Wesen definiert wird« (van Dülmen 2000, 32 f.). Im Kontext eines solchen Interesses an einer kleinräumig arbeitenden historischen Anthropologie sind zahlreiche jüngere Biographien entstanden, so etwa Carlo Ginzburgs Biographie eines Müllers im Friaul (↗I.7. ›Biographiewürdigkeit‹).[2] Andererseits wird unter historischer Anthropologie auch die Beschäftigung mit der Geschichtlichkeit des Wissens vom Menschen in seinen einzelnen Aspekten verstanden und in Studien zur Geschichtlichkeit menschlicher Grunderfahrungen und scheinbarer anthropologischer Konstanten erkundet (Familie, Kindheit, Leiblichkeit, Geschlechtlichkeit, Sexualität, Trauer, Tod etc.; Dressel 1996; Kaser 2004). (Vgl. ferner den Begriff ›anthropologische Historie‹, wie ihn Lucas Marco Gisi für die »Verschränkung von Anthropologie und Geschichte im 18. Jahrhundert« etabliert hat, also für die Verschränkung der Entwicklung des menschlichen Verstandes mit der Menschheitsgeschichte.[3]) Auch in den Literaturwissenschaften existieren unterschiedliche Forschungsrichtungen. Neben einer gerade in der Germanistik anzutreffenden wissenschaftshistorischen Ausrichtung auf die Geschichte der Wissenschaften vom Menschen in ihrer diskurs- und disziplingeschichtlichen Formierung, existieren unterschiedliche Tendenzen der Beschäftigung mit ›Literatur und Anthropologie‹:[4]

(1) Grundsätzliche Ansätze zu einer ›Anthropo-

1 Für eine weitere Differenzierung vgl. Aloys Winterling (Hg.): *Historische Anthropologie*. Stuttgart 2006.

2 Carlo Ginzburg: *Der Käse und die Würmer. Die Welt eines Müllers um 1600*. Frankfurt a. M. 1979 (ital. 1976).

3 Lucas Marco Gisi: *Einbildungskraft und Mythologie. Die Verschränkung von Anthropologie und Geschichte im 18. Jahrhundert*. Berlin/New York 2007.

4 Vgl. zur Begriffsdifferenzierung u. a. Wolfgang Riedel: »Literarische Anthropologie. Eine Unterscheidung«. In: Braungart/Ridder/Apel 2004, S. 337–366.

logie der Literatur‹ gehen von der Frage aus: »Warum dichten Menschen als einzige uns bekannte Lebewesen?« (Zymner/Engel 2003, 7). Wolfgang Iser spricht hier vom Fiktionsbedürfnis des Menschen; der Mensch als ein Rollenspieler nutzt für diese Anlage auch die literarische Produktion (Iser 1991). Forschungsansätze fragen u. a. nach den ›poetogenen Strukturen‹ in der Nichtkunst als Grundlage der Literarizität der Dichtkunst[5] oder nach dem Erzählen als einer anthropologischen Universalie.[6]

(2) Im Sinn der historischen Anthropologie und Mentalitätsgeschichte betonen auch Literaturwissenschaftler die Perspektive auf den einzelnen Menschen in seinen veränderlichen Haltungen zu einer wechselnden Lebenswelt (Röcke 2002). Diese Perspektive legt bereits eine Präferenz für Autobiographisches und Ego-Dokumente nahe, denn in ihnen zeige sich »kein fingiertes Szenario auf der Grundlage des neuen Wissens über den Menschen«, sondern die erlebnisgesättigte Selbstthematisierung des Menschen an der Grenze zwischen Dichtung und Wahrheit: »authentische, rückhaltlose, erlebte *conditio humana*« (Pfotenhauer 1987, 1 f.). Dadurch unterscheide sich das Autobiographische von den fingierten Charakteren, Figuren und Intrigen in Roman und Drama.

(3) Umgekehrt kann ›literarische Anthropologie‹ gerade als diese fingierten Szenarien der Menschennatur verstanden werden. Besonders für die Literatur der Aufklärung und des Biedermeier ist betont worden, dass Literatur selbst einen Beitrag zur Wissensproduktion über den Menschen leistet. Teils bemühen sich die Forschungsarbeiten um die anthropologische Kontextualisierung der Literatur,[7] teils wird der eigene anthropologische Diskurs der Literatur betont. Die ›literarische Anthropologie‹ bezeichnet also die impliziten oder expliziten Annahmen über die *conditio humana*, wie sie Grundlage der Gestaltung literarischer Figuren und ihrer Entwicklung ist, und setzt diese in Beziehung zur Problematisierung fragwürdig gewordener Menschenbilder. So hinterfragt die literarische Anthropologie des Biedermeier das harmonisierende Modell des ganzen Menschen (Lukas 2000) und die Literatur des späten 19. Jahrhunderts nimmt teil an einer vordiskursiven Aufmerksamkeit für Nervenkrankheiten. Das ›nicht szientifische‹, poetische Sprechen von der Natur des Menschen und vom Menschen als Naturwesen erscheint als »die anthropologische Funktion des Poetischen« (Riedel 1996, XIII). Häufig erweisen sich die literarischen Inszenierungen der Menschennatur als strategische, persuasive, argumentative Mittel zur Profilierung ethischer und sozialethischer Folgerungen (›rhetorische Anthropologie‹).[8] Vor diesem Hintergrund kann ›biographische Anthropologie‹ als eine spezielle literarische Anthropologie verstanden werden: als die implizite oder explizite Konstruktion des/der Biographierten auf der Basis einer angenommenen allgemeinen *conditio humana* sowie spezifischer Aspekte (Typologie, Geschlechterdiskurs, Rasse etc.). Die Biographie betrachtet das Individuum in den Bedingungen seines Mensch-Seins, und sie setzt nicht selten diese anthropologische Grundierung für ihre ethischen und didaktischen Zwecke ein (von Zimmermann 2006).

3.2. Biographiegeschichtliche Aspekte

Die Annahme, die Biographie perspektiviere das Individuum unter den Bedingungen seines Mensch-Seins (Anthropologie und Ethik), bestätigt Albrecht Dihle bereits für die antiken Ursprünge des Biographischen. So sehr die antike Geschichtsschreibung ein Interesse am Biographischen hatte, so entwickelte sich die Biographie nicht als eine historiographische Darstellungsform,

5 Vgl. Rüdiger Zymner: »Poetogene Strukturen, ästhetisch-soziale Handlungsfelder und anthropologische Universalien«. In: Zymner/Engel 2003, S. 13–29.

6 Vgl. Michael Scheffel: »Erzählen als anthropologische Universalie: Funktionen des Erzählens im Alltag und in der Literatur«. In: Zymner/Engel 2003, S. 121–138.

7 Vgl. Markus Fauser: *Einführung in die Kulturwissenschaft.* Darmstadt 2003, S. 59–65.

8 Vgl. Christian von Zimmermann: »Das seltsame Paarungsverhalten auf dem Lande. Rhetorische Anthropologie in den Brautschauerzählungen von Adalbert Stifter und Jeremias Gotthelf«. In: *Euphorion* 101. Jg. (2007), S. 227–252. – Eine andere Begriffsverwendung bezieht sich auf das Wissen insbesondere der klassischen Rhetorik vom Menschen und auf den Menschen als ›homo rhetoricus‹. Vgl. Josef Kopperschmidt (Hg.): *Rhetorische Anthropologie. Studien zum Homo rhetoricus.* München 2000; kritisch dazu: Elisabeth Strowick: »Methodische Überlegungen zu einer rhetorischen Anthropologie«. In: Braungart/Ridder/Apel 2004, S. 247–265.

sondern gerade in Abgrenzung zur Geschichtsschreibung (↗V.1. Antike). Während sich die Geschichtsschreibung auf die Taten und Ereignisse konzentriere und durch das »Bewußtsein von der Einmaligkeit geschichtlicher Abläufe« bestimmt sei, zeige sich in der Biographik ein »Interesse an der gleichbleibenden, weil auf natürlichen Voraussetzungen beruhenden Phänomenologie des Sittlichen« (Dihle 1987, 12). Plutarchs bekannte Selbstaussage, er verstehe seine Biographik nicht als Geschichtsschreibung,[9] weist in einen breiteren Kontext der Entwicklung des Biographischen aus philosophischer Ethik und Anthropologie (ebd., 17). Noch die Aufnahme biographischer Strukturen in die Geschichtsschreibung des Polybius dient im Sinn der Biographie dazu, »die Kluft zwischen Einst und Jetzt für den Leser durch einen Rekurs auf die gleichbleibende Menschennatur zu überspringen« (ebd., 18). Vergleichbarkeit zwischen Geschichte und Gegenwart, Übertragbarkeit sittlicher Konzepte zwischen griechischer und römischer Kultur (in Plutarchs Doppelbiographien) werden nur gewährleistet durch eine Orientierung am Mensch-Sein, aus welchem die Biographie ihr didaktisch-ethisches Potential schöpft: durch »die Orientierung nicht der Handlungen, sondern der Haltungen an den Vorbildern« (Görgemanns).[10] Insgesamt zeigt sich das ambivalente Verhältnis einer durch die Physis gegebenen Anlage zu Erziehung und Gewöhnung im sittlich formenden Lebenslauf: zum Guten wie – seltener – zum Bösen.

Trotz einer stärkeren Nähe zur Historiographie bleiben in der römischen Biographik der individualethische und anthropologische Gestus und die Abgrenzung von der Geschichtsschreibung erhalten (z. B. Cornelius Nepos; Dihle 1987). Vor diesem Hintergrund erscheint Tacitus' *Agricola* als ein bewusster Mischtext, der sich zwischen Historiographie und Biographie positioniert, indem er beide Schreibweisen weitgehend unvermittelt nebeneinander stellt. Durch die kontinuierliche Rezeption der Biographien Plutarchs[11] blieb diese Orientierung der Biographik auch für die Neuzeit vorbildlich. Auf Plutarch berufen sich Biographen[12] und Historiker noch im 18. und 19. Jahrhundert, welche – mit unterschiedlichen Wertungen und Zielrichtungen – die Abgrenzung von Biographie und Geschichtsschreibung postulieren und der Biographie den Aufgabenbereich der Anthropologie, der Individualethik, der Psychologie zuweisen. Vom Standpunkt des Historikers kritisiert Gustav Droysen besonders, Plutarch habe nicht beachtet, dass »große Männer in ihren großen Thaten charakterisiert sind«: Während den Biographen das Moralische im Kleinen interessiere, könne dies doch »nicht den Maßstab für den Beruf und die That eines großen geschichtlichen Lebens abgeben«.[13] In umgekehrter Perspektive bestimmt Eduard Gans mit Hegel gerade die Helden zweiten Ranges als Gegenstandsbereich der Biographik, da deren Wirken eben nicht in den geschichtlichen Taten aufgehe.[14] Ferdinand Ranke, der Plutarchs historische Unzuverlässigkeit, seinen unbedachten Umgang mit Quellen und die Fehler seiner Darstellung betont, schätzt gleichzeitig den Biographen Plutarch, der sich um die sittliche Wahrheit seines Gegenstandes bemühte.[15] Sein Bruder Leopold Ranke grenzt sich in der *Geschichte Wallensteins* (1869) von der Biographik eines Plutarch durch ein neues Verständnis des Verhält-

9 Plutarch: *Fünf Doppelbiographien. Griechisch und deutsch.* 2 Bde. Übers. von Konrat Ziegler u. Walter Wuhrmann. Zürich 1994. Bd. 1, S. 9.

10 Herwig Görgemanns: »Biographische Charaktere bei Plutarch«. In: Walter Berschin/Wolfgang Schamoni (Hg.): *Biographie – »So der Westen wie der Osten«? Zwölf Studien.* Heidelberg 2003, S. 43–58, hier S. 49.

11 Vgl. Thomas Winkelbauer: »Plutarch, Sueton und die Folgen. Konturen und Konjunkturen der historischen Biographie«. In: Ders. (Hg.): *Vom Lebenslauf zur Biographie. Geschichte, Quellen und Probleme der historischen Biographik und Autobiographik.* Waidhofen/Thaya 2000, S. 9–46.

12 Plutarch wurde auch generell zum Bezugspunkt für eine Reihen- oder Kollektivbiographik, die sich schon im Titel auf seinen Namen berief: *The British Plutarch; Or Biographical Entertainer* (hg. von Th. Mortimer, London 1762 ff.; dt. 1764–1794), *Neuer brittischer Plutarch* (hg. von F.W. Gillet, Berlin 1804), *Österreichischer Plutarch* (hg. von J. von Hormayr, Wien 1807–1814), *Wirtenbergischer Plutarch* (hg. von K. Pfaff, Esslingen 1830/32), *Jüdischer Plutarch oder, Biographisches Lexicon der markantesten Männer und Frauen jüdischer Abkunft* (hg. von F. Gräffer und S. Deutsch, Wien 1848) etc.

13 Johann Gustav Droysen: *Geschichte des Hellenismus. Erster Theil: Geschichte der Nachfolger Alexanders.* Hamburg 1836, S. 676.

14 Vgl. Eduard Gans: »Biographische Denkmale von K.A. Varnhagen v. Ense«. In: Ders.: *Vermischte Schriften juristischen, historischen, staatswissenschaftlichen und ästhetischen Inhalts.* Zweiter Band. Berlin 1834, S. 224–236.

15 Vgl. Ferdinand Ranke: »Demosthenes«. In: *Allgemeine Encyclopädie der Wissenschaften und Künste* I/24 (1833), S. 52–118, hier S. 57.

nisses von Mensch und Geschichte ab, welches den Einzelnen in den Bedingungen seiner Zeit profiliert und den bedeutenden Mann mit seinen Interessen und Zielen nur als einen tragischen Helden in der Geschichte auffassen kann. Der historische Zugriff einer Personalhistoriographie schließt den biographischen auf Anthropologie, Ethik, Charakterbildung aus (von Zimmermann 2006, 109–131; von Zimmermann 2009).

Plutarch wird dagegen besonders dort in Anspruch genommen, wo die genaue Charakterzeichnung, die Entwicklung einer vorbildlichen Haltung im Leben und die spezifische Bewältigung des Lebenslaufes im Umgang mit der eigenen Natur betont wird. Wieland empfiehlt Plutarch (und Cervantes) als Antidot gegen hagiographische Schwärmerei.[16] In dieser Richtung erscheint Karl August Varnhagen von Ense als wichtigster Biograph, der an der Schwelle zu einer modernen Biographik die Tradition Plutarchs aufgreift, um den Einzelpersonen im Ringen mit einer grundsätzlich ambivalenten *conditio humana* zu charakterisieren: Bildung, Milieu, Gewöhnung, sittlicher Charakter und charakteristische Geistesprägung sind der Gegenstand seiner Kurzbiographien, welche den einzelnen jenseits seiner geschichtlichen Bedeutung und teils explizit unabhängig von äußerem Erfolg und Einfluss als sittliches Phänomen fassen. Einer gesinnungskritischen Biographik und Charakteristik des Jungen Deutschland und des Vormärz blieb diese Toleranz für ambivalente Charaktere und Sonderlingsgestalten fremd, und der – noch bei Ranke spürbare – Einfluss der Geschichtsphilosophie auf die Geschichtsschreibung führte zu einer Skepsis der Historiker gegenüber der Biographik. Zugleich aber wird in diesem Spannungsfeld die Kontur biographischen Schreibens deutlicher erfasst: als Charakterisierungskunst, als anthropologisch-ethische Schreibform, die sich als didaktisches Instrument auch pädagogischen Anliegen öffnet.[17]

Parallel zur produktiven Rezeption der antiken Biographik wird ein zweiter Traditionsstrang[18] für das anthropologische und ethische biographische Verständnis bedeutsam: Gerade auch die Bibel wurde als eine Sammelbiographie wahrgenommen (↗ VII.5. Religionswissenschaft). Dies betrifft sowohl eine spezifisch christliche Rezeption als auch eine säkularisierte Rezeption im Rahmen praktischer Lebenshilfe: (1) Die christliche Anthropologie bezieht ihre Antwort auf die Frage nach dem Menschen aus seinem biblisch geschilderten Verhältnis zu Gott und Schöpfung; christliche Biographik basiert auf der Annahme einer Menschennatur, welche den Menschen auf christliche Tugend und endliche Erlösung/Vollendung ausrichtet. Traditionell steht dabei – von der Biographik der Heiligen und Märtyrer bis hin zu den Totenzetteln – die exemplarische Idealisierung der Biographierten im Hinblick auf ein christliches Ideal (Vorbildlichkeit) im Vordergrund. (2) In einem weiteren Kontext wurde die Bibel als Schilderung exemplarischer Lebensläufe, in denen sich einzelne in Bewährungssituationen zeigen (Vergleichbarkeit), rezipiert. Über die Predigt und Erbauungsliteratur finden biblische und homiletische Elemente der biographischen Belehrung Eingang in eine didaktische Literatur: »An der Spitze aller Biographien steht die große Biographie, das Buch der Bücher« (Smiles).[19]

Ein wesentlich neuer Gesichtspunkt in der Geschichte biographischen Schreibens kommt mit der Entwicklung anthropologischer Fallgeschichten hinzu, in denen die Menschennatur nicht Ausgangspunkt der Konstruktion oder Didaktik ist, sondern selbst am biographischen Material analysiert und demonstriert wird (↗ VII.9. Medizin und Psychologie). Dies gilt für Biographien und biographische Exempel im Rahmen der Degenerationsforschung und Vererbungslehre (Cesare Lomb-

16 Vgl. Christoph Martin Wieland: »An [Johann Georg] Zimmermann in Brugg. Zürich, den 5. Dezember 1758«. In: Ders.: *Briefwechsel*. Hg. v. Hans Werner Seiffert, fortgef. von Siegfried Scheibe. 20 Bde. Berlin 1963–2007, Bd. 1.1, Nr. 339, S. 39–45.

17 Vgl. Robert Partin: »Biography as an Instrument of Moral Instruction«. In: *American Quarterly* 8. Jg. (1956), S. 303–315. Das Konzept, die Biographierten als sittliches Phänomen zu erfassen, ist jüngst (unter Bezug auf Plutarch) von Söderqvist unter dem Begriff der ›essentiellen Biographie‹ aufgegriffen worden. Vgl. Thomas Söderqvist: »Wissenschaftsgeschichte à la Plutarch. Biographie über Wissenschaftler als tugendethische Gattung«. In: Hans Erich Bödecker (Hg.): *Biographie schreiben*. Göttingen 2003, S. 284–325, hier S. 300.

18 In der jüngeren Forschung werden ohnehin Parallelen zwischen Plutarchs biographischem Erzählen und der Anlage besonders des Markus-Evangeliums gezogen; vgl. Dirk Frickenschmidt: *Evangelium als Biographie. Die vier Evangelien im Rahmen antiker Erzählkunst*. Tübingen/Basel 1997.

19 Samuel Smiles: *Der Charakter*. Deutsche, autorisierte Ausgabe von Fr. Steger. Leipzig ^{4}1884, S. 387.

roso, Francis Galton etc.), der Pathologie und Psychopathologie (Paul Julius Möbius, Karl Jaspers, Isidor Sadger, Wilhelm Lange-Eichbaum, Ernst Kretschmer), der Tiefenpsychologie (Sigmund Freud, Kurt Eissler), der Lebenslaufforschung (Charlotte Bühler), der Charakterologie sowie einer Biologie des Forschers (Wilhelm Ostwald; vgl. von Zimmermann 2006, 186–273). Wichtig ist hier die anthropologische Wende in einigen vornehmlich naturwissenschaftlich ausgerichteten Teildisziplinen. Während etwa die *Krankheitsgeschichte* des 19. Jahrhunderts, von der Symptomatik und dem Verlauf der Krankheit bestimmt war, entwickeln sich im 20. Jahrhundert Darstellungsformen, welche den ganzen Menschen einbeziehen.[20] Dabei ist die Vorstellung leitend, dass organische und psychogene Krankheiten nicht zu trennen seien: Das rückt die Frage nach der *conditio humana* und nach der konkreten Lebensgeschichte in den Vordergrund und gibt der *Krankengeschichte* ein deutlich biographisches Gepräge (etwa in der Anthropologischen Medizin).[21] Die Entwicklung der Modelle anthropologischer Fallgeschichten hat das biographische Schreiben nicht nur in den Fachdisziplinen geprägt.

3.3. Systematische Aspekte

In systematischer Hinsicht eröffnen sich durch eine Analyse der anthropologischen Kontextualisierung biographischer Literatur neue Einblicke. Gegenüber anderen Forschungsperspektiven, welche sich vor allem der Frage nach dem Ort der Biographik zwischen Kunst und Wissenschaft, zwischen Roman und Geschichtsschreibung widmen oder ihre politisch-historische Dimension ins Zentrum rücken, erweist sich die anthropologische Dimension der Texte als Nahtstelle zwischen anthropologischen Wissenschaften, Mentalitätsgeschichte, Ethik, Pädagogik und Literatur. Dies betrifft den ganzen Menschen in seinem Mensch-Sein und in seinen Lebensverhältnissen, also nicht nur die generelle Frage nach der *conditio humana*, sondern auch den Gesamtkomplex menschlicher Grunderfahrungen in Lebenslauf und Lebensbeziehungen. Biographik akzentuiert den Einzelmenschen in seinen Voraussetzungen (Menschenbild) und seiner Lebenspraxis.[22]

In diesem Kontext wäre auch auf eine traditionelle Selbsthilfeliteratur hinzuweisen, welche unter didaktischem Aspekt über biographische Exempel Orientierungshilfen für die Einrichtung des eigenen Lebenslaufes anbietet und dabei, von einem spezifischen Menschenbild ausgehend, Anleitungen für eine gelungene Lebensführung, für die Bewältigung der Erfahrungen des Lebenskreises sowie für die Lebensbindungen im Hinblick auf Lebensglück und Heiterkeit vermittelt. Zu den Klassikern dieser biographisch orientierten Literatur zählt im 19. Jahrhundert das Werk des schottischen Moralphilosophen Samuel Smiles (hier bes.: *Life and Labour or Characteristics of Men of Industry, Culture and Genius*, 1887, dt. 1889).

3.3.1. *›Conditio humana‹*

Die wachsende Bedeutung biographischen Schreibens im 18. Jahrhundert in England und Deutschland erklärt Michael Maurer mit einem aus empirischen Denktraditionen sich entwickelnden Interesse am Menschen, welches auch die Grenzen der ›Biographiewürdigkeit‹ deutlich erweitert habe;[23] die Biographie ist Medium zur Erkenntnis des Menschen in seiner Natur, in seinen einzelnen Schicksalen, in seiner Sittlichkeit. Christian Garve etwa empfahl, das Studium des Menschen zunächst mit der Lektüre der Biographien Plutarchs zu beginnen.

Immer deutlicher werden Fragen nach der *conditio humana* im Medium der Biographie diskutiert, wenn körperliche Anlage, Gemüt, Naturell,

20 Vgl. Andreas Hanses: »Biographik als Wissenschaft«. In: Dieter Janz (Hg.): *Krankengeschichte. Biographie – Geschichte – Dokumentation*. Würzburg 1999, S. 105–125.

21 Viktor von Weizsäcker: »Krankengeschichte« [1928]. In: Dieter Janz (Hg.): *Krankengeschichte. Biographie – Geschichte – Dokumentation*. Würzburg 1999, S. 168–183.

22 Scheuer hat entsprechend in der Geschichte der Biographik einen »Spiegel der jeweils herrschenden *Individualitätsauffassung*« gesehen, in welchem die »Sozialgeschichte der Individuation« eingeprägt sei. Helmut Scheuer: »Biographie«. In: Gert Ueding (Hg.): *Historisches Wörterbuch der Rhetorik*. Bd. 2. Tübingen 1994, Sp. 30–43, hier Sp. 30.

23 Vgl. Michael Maurer: *Die Biographie des Bürgers. Lebensformen und Denkweisen in der formativen Phase des deutschen Bürgertums (1680–1815)*. Göttingen 1996, S. 77.

Temperament und Krankheit in Bezug zur geistigen Tätigkeit, zur Leistung, zum Charakter des oder der Biographierten gestellt werden.

Mit der Auflösung der Einheit der anthropologischen Wissenschaften in Ethnologie, physische Anthropologie und die aus dem akademischen Diskurs zunehmend verdrängte ethische oder ›pragmatische Anthropologie‹ (Kant) übernehmen fiktionale Literatur und Biographik die Fragestellungen einer pragmatischen Anthropologie. Über das lange 19. Jahrhundert hinweg stehen die Fragen nach einer *conditio humana* und ihren handlungs- und sozialethischen Implikationen beständig neu zur Disposition.

Auch an der Biographik lässt sich die ›Pluralisierung der Menschenbilder‹ ablesen. Dabei zeigt sich eine Zunahme des analytischen Verfahrens in der Biographie, welches den einzelnen Menschen hinsichtlich seiner physischen oder psychischen Konstitution bestimmt. Biographen fragen vermehrt nicht mehr nur auf der Grundlage eines Menschenbildes nach dem sittlichen Phänomen des Einzelmenschen, sondern bestimmen analytisch den Einfluss von Vererbung, pathologischen Erscheinungen, psychischen Formationen und Deformationen auf die Charakteristik der Einzelperson. Die Biologisierung des Geschlechterdiskurses und die Frage nach den Naturanlagen der Geschlechter bestimmt auch die Ausbildung unterschiedlicher formaler Traditionen weiblicher und männlicher Lebensläufe in den Biographien; diskutiert werden Mischungsverhältnisse weiblicher und männlicher Charakteranlagen. Gerade die biographiegeschichtliche Aufarbeitung der Grenzphänomene und »paradoxe[n] Geschlechtszuschreibungen« vermag hier die Bedeutung der Geschlechtszuordnung für die Biographik seit der Frühen Neuzeit aufzuzeigen.[24] Schließlich wäre auf die biographische Bezugnahme auf Nationalcharaktere, die ethnische Abstammung[25] zu verweisen und deren mögliche Funktionalisierung im Rahmen rassistischer und völkischer Diskurse (↗II.5. Biographie und Gedächtnis).[26]

Die *conditio humana* als Doppelnatur des Menschen wird noch für den Niederländer Jan Romein zum eigentlichen Gegenstand der Biographie. Dabei betont er nicht nur grundsätzlich die Verbindung von individueller historischer Erscheinung und allgemeinen menschlichen Grundlagen. Vielmehr entwickelt Romein im Anschluss vor allem an Bühler, Freud und Kretschmer konkrete Techniken für einen bewussten Umgang mit der Menschennatur in der biographischen Darstellung (Romein 1948).

Die anthropologischen Aspekte der Biographik stehen in einem deutlichen Spannungsfeld zu Formen des biographischen Schreibens, die nun deutlicher die Geschichte oder Geistesgeschichte als Bezugsdiskurs nutzen. Die jeweils als konstant angenommenen Merkmale des Menschlichen stehen einer Historisierung des oder der Biographierten entgegen. Einerseits unter dem Druck, den historischen Gegenstand der Biographie für die Leser durch Vergleichbarkeit zu aktualisieren, andererseits unter der Annahme sich in den Lebensläufen über den geschichtlichen Wandel hinweg wiederholender Lebensprobleme und Schicksalssituationen, behauptet sich die Eigenständigkeit biographischen Schreibens bis in die Moderne. Nachdrücklich betont die biographische Perspektive die individuellen psychischen und physischen Voraussetzungen der historischen Akteure sowie den Einfluss pathologischer Erscheinungen auf ihr Handeln (dessen Konsequenzen für den Geschichtsverlauf freilich unterschiedlich beurteilt werden). Dabei entwickelt sich die Polemik der Biographen – etwa Stefan Zweig, Emil Ludwig, Jakob Wassermann – gegenüber einer (akademischen) Geschichtswissenschaft aus der Konkurrenz zwischen psychologischer Wahrscheinlichkeit und aus Quellen belegbaren Fakten. Die durch die Menschenkenntnis des Biographen abgesicherte Einsicht in die Grundlagen des Handelns soll es ermöglichen, Lücken und Widersprüche der Quellen zu über-

24 Joachim Grage: »Entblößungen: Das zweifelhafte Geschlecht Christinas von Schweden in der Biographik«. In: Christian von Zimmermann/Nina von Zimmermann (Hg.): *Frauenbiographik. Lebensbeschreibungen und Porträts*. Tübingen 2005, S. 35–64, hier S. 35.

25 Vgl. etwa: Joseph Phelan: »Ethnology and Biography: The Case of the Brownings«. In: *Biography* 26. Jg. (2003), S. 261–282.

26 Vgl. etwa: Christian von Zimmermann: »Ulrich von Hutten. Der Vagabund als Identifikationstypus in nationalerzieherischen biographischen Entwürfen«. In: Hans Richard Brittnacher/Magnus Klaue (Hg.): *Unterwegs. Zur Poetik des Vagabundentums im 20. Jahrhundert*. Köln 2008, S. 177–194.

brücken. Die Biographie versteht sich dabei auch als Mahnung gegen die »Verabschiedung des Menschen« aus der Geschichte (so noch Joachim C. Fest).[27]

Die seit Beginn des 19. Jahrhunderts immer wieder geübte Kritik an der faktischen Unzuverlässigkeit der Biographie muss darum am Kern des Problems vorbeigehen. Erst eine (literaturtheoretische) Kritik des Biographismus, welche den eigenen Ansatz biographischer Anthropologie berücksichtigt, kann die Probleme aufdecken, denen sich eine auf die Geschichte der Menschenbilder verpflichtete Interpretation historischer Lebensläufe ausliefert: so Roland Barthes, der ausführte, jede Aussage über das Ich Jean Racines müsse zwangsläufig ›systembezogen‹ sein. Nur was dem herangezogenen psychologischen System entspreche, komme in den Blick des Interpreten und werde für seine Interpretation der Person leitend.[28] Vorweggenommen wird dies u. a. in der Problematisierung des Beobachters und seines Einflusses auf Gesprächsanalysen (Gegenübertragungsanalyse)[29] und Krankengespräche: »Jede Vorwegnahme aber einer *Idee* des Menschen [...] kann [...] einen Raub am Kranken bedeuten, eine bloße Fremdherrschaft oder Selbstdarstellung des Arztes und seiner Wissenschaft, keine Erzeugung der eigentlichen Geschichte des Kranken« (Viktor von Weizsäcker).[30]

3.3.2. Lebenslauf

Der menschliche Lebenslauf entwickelt sich im Rahmen eines Lebenskreises, der zwischen Geburt und Tod über die Phasen Kindheit, Jugend, Erwachsenenzeit und Alter vorläufig bestimmbar ist. Dabei sind Lebenskreismodelle historisch, kulturell, sozial und geschlechtlich variabel.[31] Welche Aspekte in diesem Lebenskreis in welcher Weise interpretiert werden, ist abhängig von historisch wandelbaren Menschenbildern unter dem Einfluss etwa von Pädagogik und Psychologie. Biographien zeigen dabei nicht selten zeittypische Gewichtungen, wie bereits die Vernachlässigung der frühen Kindheit in Biographien vor (und nach) der Entdeckung der Kindheit in der Romantik belegt. Sie können aber auch abweichenden Strukturen folgen, wie etwa die zögerliche Behandlung von Alterserscheinungen in biographischen Texten dokumentiert.

Offensichtlich steht dem idealisierten Bild einer gelungenen Individuation, Selbstentfaltung oder Emanzipation der regressive Prozess entgegen. Obwohl bereits in der antiken Biographik etwa bei Plutarch das Alter thematisiert worden ist und sowohl durch Alltagserfahrungen als auch durch Anthropologien die letzten Lebensphasen nebst Erscheinungen der Vergreisung als Bestandteil der Normalbiographie zu gelten haben, werden hohes Alter und Greisenalter kaum als Verfallsprozess geschildert. Ein neues Interesse an den biologischen Prozessen im Lebenslauf führte zu Beginn des 20. Jahrhunderts hier auch zu einer neuen Aufmerksamkeit für Alterungsprozesse. Nachdrücklich forderte der Wissenschaftsbiograph Wilhelm Ostwald »auch die großen Männer der Wissenschaft von ihrer menschlichen Seite zu nehmen« (Ostwald 1910, 6), anthropologisch abgeleitete »sehr allgemeingültige Gesetze« in der Biographie zu berücksichtigen (ebd., 12) und insbesondere nicht aus falscher Verehrung (›Nekrologstil‹) etwa auf die Schilderung einer Vergreisung in der Biographie zu verzichten. Ostwald begründet seine Forderung einerseits mit dem Interesse der Leser am Menschen in der Biographie, welches durch die Vergleichbarkeit des Mensch-Seins von Biographiertem und Leser geweckt werde, andererseits mit dem wissenschaftlichen Anspruch an die eigene Biographik, in wel-

27 Joachim Fest: »Die Unvorhersehbarkeit der Geschichte. Über den Methodenstreit der Historiker und die Kunst der Biographen«. In: Walter Berschin/Wolfgang Schamoni (Hg.): *Biographie – »So der Westen wie der Osten«? Zwölf Studien*. Heidelberg 2003, S. 1–13, hier S. 11.

28 Vgl. Roland Barthes: »Literatur oder Geschichte« [1960]. In: Ders.: *Literatur oder Geschichte*. Übers. von Helmut Scheffel. Frankfurt a. M. 1969, S. 11–35, hier S. 35. – Als Bereicherung des biographischen Gesichtskreises und zugleich als methodische Willkür sah schon W. Stern die Pluralität biographischer Methoden: William Stern: *Die Differentielle Psychologie in ihren methodischen Grundlagen*. Leipzig 1911, S. 322–326.

29 Vgl. Thomas Anz: »Autoren auf der Couch? Psychopathologie, Psychoanalyse und biographisches Schreiben«. In: Christian Klein (Hg.): *Grundlagen der Biographik: Theorie und Praxis des biographischen Schreibens*. Stuttgart 2002, S. 87–106, hier S. 105 f.

30 Viktor von Weizsäcker: »Krankengeschichte« (wie Anm. 21), S. 177.

31 Einen guten Überblick gibt: Michael Titzmann: »Zeiterfahrung und Lebenslaufmodelle als theoretischer und historischer Problemkomplex«. In: *Kodikas/Code: Ars Semiotica* 19. Jg. (1996), S. 155–164.

cher er die allgemeinen ›energetischen‹ Gesetze einer ›Biologie der Forscher‹ entwickeln wollte (von Zimmermann 2006, 192–208). Die regelmäßige Beschreibung des Lebens*kreises* als Aufstiegsmodell, die Betonung der Weisheit des Alters, der Wunsch, ›große Männer‹ möchten dem Tod aufrecht und vorbildlich begegnen, und ein Kult der ›letzten Worte‹ erwiesen sich freilich in der Biographik als recht dauerhafte Konzepte.

Von bedeutenderer Variationsbreite (synchron) und Veränderung (diachron) sind dagegen Vorstellungen der Kindheit und Jugend. Während bereits in der Romantik ein Interesse an den frühen Lebensphasen sich entwickelte und dies auch Spuren in der Biographik hinterlassen hat, wird im weiteren 19. Jahrhundert wie in der frühneuzeitlichen Biographik die Kindheit häufig nur in Form einer Familiengenealogie und – schon seltener – einer Schilderung des Herkunftsmilieus berücksichtigt (↗ II.6. Biographie – Genealogie – Generation). Die Jugend wird wesentlich als Zeit der schulischen und akademischen Ausbildung und häufig auf knappstem Raum abgehandelt. Offenbar hat aber auch die tiefenpsychologische Aufwertung der frühkindlichen Phase diese biographische Darstellungsweise nicht generell verändert, obwohl Freud in seinem bekannten Essay *Eine Kindheitserinnerung des Leonardo da Vinci* (1910) Hinweise zum Umgang mit biographischem Material der frühen Kindheit gegeben hatte. Selbst bei dem Freud-Bewunderer Stefan Zweig findet sich selten einmal eine Kindheitsbeschreibung[32] und nie erlangt sie den zentralen Status in der Biographie, welcher ihr nach Freud zukommen müsste. Deutlicher sind die unterschiedlichen Auffassungen von der Jugendzeit. Während viele Biographen diese rasch übergehen, kommt die Jugendzeit in spezifischen Zusammenhängen in den Blick. (1) Es bildet sich (mit älteren Vorläufern) eine eigene jugendpädagogische Tradition didaktischer Biographik heraus, welche zunehmend auch Gewicht auf denjenigen Lebensabschnitt legt, der dem Alter der Leser entspricht.[33] (2) Gerade Biographen, welche den sozialen Integrationsprozess der Jugendzeit kritisch bewerten, interessieren sich für diesen Lebensabschnitt, der sich als Konflikt zwischen Naturanlage und Zivilisationszwängen profilieren lässt.[34] (3) Die Jugendphase wird für liberalethische Biographien interessant, welche etwa die ›Männer aus eigener Kraft‹ als Autodidakten schildern oder ihre Herkunft aus einfachen Verhältnissen betonen wollen (↗ VII.8. Erziehungswissenschaft).

Nachdrücklich hat Romein die Berücksichtigung der Lebenslaufforschung von Charlotte Bühler in der Biographik gefordert: insbesondere die Anerkenntnis der durch Zu- und Abnahme gekennzeichneten fünf Lebensphasen (Romein 1948, 133 f.). Eine konsequente Betrachtung von Kindheit und Jugend entwickelt sich im Kontext entwicklungspsychologischer Theorien etwa bei Erik Erikson (*Young Man Luther*, New York 1958).

Studien, welche Wandel und Pluralisierung der Lebenslaufmodelle und ihre impliziten Annahmen über den Lebenskreis in der Geschichte der Biographik nach einzelnen Themen wie besonders Kindheit, Jugend und Alter erkundeten, stehen noch aus.

3.3.3. Lebensbeziehungen

Wenn Biographien die Perspektive auf das Individuum gegenüber einer Perspektive auf Geschichtsverläufe oder gesellschaftliche Strukturen profilieren, so erweisen sich gerade interpersonale Beziehungen als dasjenige Element der Texte, in welchem die Verbindung zwischen Individuum und Gesellschaft, Individuum und Geschichte am deutlichsten zum Ausdruck kommt. Wie wird der Mensch durch seine Lebensbeziehungen in Freundschaft, Partnerschaft, Ehe und Familie konstituiert? Welcher Status wird den Lebensbeziehungen anthropologisch oder sozial zugeschrieben? Wie werden soziale Faktoren über Lebensbeziehungen vermittelt? Wie werden Geschichte und Tradition über Genealogie, Generationenverhältnisse und Generativität als integrativer Bestandteil der Individualbiographie gefasst? Oder bleiben einzelne oder sämtliche Faktoren für die Entwick-

32 So etwa im Hölderlin-Essay in: Stefan Zweig: *Der Kampf mit dem Dämon. Hölderlin – Kleist – Nietzsche.* Leipzig 1925.

33 Vgl. Margarete Dierks/Hans Eich: »Biographie«. In: Klaus Doderer (Hg.): *Lexikon der Kinder und Jugendliteratur.* 3 Bde. Weinheim/Basel 1975–1982, Bd. 1, S. 173–175.

34 Dies Interesse an der ›Prometheuszeit‹ der Jugend findet sich schon lange vor Eduard Sprangers *Psychologie des Jugendalters* (1924).

lung von Persönlichkeit und Charakter irrelevant? Insbesondere die Indienstnahme der individualethischen Schreibweisen durch einen ethischen Liberalismus des 19. und 20. Jahrhunderts (musterbildend bei Samuel Smiles) hat in vielen Biographien zu einer negativen Fassung von Familie geführt.[35] Die Familie wird zwar als eine pädagogische Institution anerkannt – wie dies zahlreiche Biographien in den Kindheits- und Jugendkapiteln positiv oder negativ reflektieren –, aber die Forderung, der Einzelne müsse aus sich heraus Bildung, Tätigkeit, Leistung und Erfolg schöpfen, zeigt sich in der biographischen Inszenierung von Aufbruchs- und Abschiedsszenen, in denen sich die Wege des Biographierten von der Herkunft trennen müssen. Die liberalethische Biographik gibt hierfür zahlreiche Muster ab, und eine Frauenbiographik, welche den weiblichen Lebenslauf als Emanzipationsprozess beschreibt, inszeniert diesen unter Umständen ähnlich als Bruch mit familiären Bindungen, traditionellen Familienrollen (Tochter, Ehefrau) und Partnerschaftsmodellen. Dabei ist die rhetorisch-strategische Implementierung anthropologischer Konstanten (etwa über Weiblichkeit, Mütterlichkeit) von grundlegender Bedeutung für den Emanzipationsprozess, der als Individuation oder aber als tragische Disharmonie zwischen Lebenspraxis und ›Geschlechtsnatur‹ interpretiert werden kann.

Historisch wandelbare Vorstellungen von der Familie setzen nicht nur den einzelnen Menschen selbst, sondern auch seine Biographen unter Druck, gerade wenn idealisierende Darstellungen im Nachhinein zerrüttete Familienverhältnisse oder fehlende Bindungen kaschieren (etwa in der Hans-Christian-Andersen-Biographik).[36]

3.3.4. *Anthropologische Aspekte der Biographik*

Ob der Biographie selbst eine anthropologische Funktion zukommt, wie dies von der Selbstthematisierungsfunktion der Autobiographie angenommen worden ist, wurde bislang nicht diskutiert. Einer solchen Annahme stünde entgegen, dass der universale Charakter biographischen Erzählens im Hinblick auf die europäische Interpretation der Biographie im Rahmen einer Geschichte der Individualität zweifelhaft ist.[37] Die Betonung von Anthropologie, Ethik und Didaktik dürfte freilich auch neue Perspektiven für eine inter- und transkulturelle Biographieforschung eröffnen. Ein zumindest verbreitetes Modell ist die didaktische Biographik, wenn diese – wie Augustinus von den Biographien der Bibel sagt – dazu dient, Handlungsnormen und sittliche Grundsätze aus »Leben und Charakter« sowie in den »Handlungen der Gerechten« zu erkennen.[38]

Interesse verdienen in diesem Zusammenhang die Ursprünge der Biographik, die im ägyptischen Totenkult angesetzt werden.[39] Hier stehen Gedächtnis der Verstorbenen, Totenkult und Schutz vor Grabschändung im Vordergrund, aber auch eine didaktische Funktion. Wenngleich der pragmatische Bezug der Biographik zu Toten- und Trauerkultur nicht für die Geschichte der Biographik insgesamt leitend ist, so bleibt ein möglicher Bezug zwischen Trauer und Biographie bis in die Gegenwart erkennbar: Die Bedeutung biographischen Erinnerns für die Trauerarbeit der Individuen zeigt sich in einer auch formal eigenständigen Gattungsentwicklung (Thanatographie).[40]

3.3.5. *Biographik und biographische Anthropologie*

Der Gesichtspunkt einer biographischen Anthropologie verändert zugleich den Blick auf die Gattungsdiskussion. Während ohnehin nicht von *einer* Gattung der Biographie, sondern nur von biographischen Gattungen gesprochen werden kann, erscheint es aus der Perspektive des Anthropologi-

35 Vgl. ausführlich: Christian von Zimmermann/Nina von Zimmermann: »Familiengeschichten – Familienstrukturen in biographischen Texten: zur Einführung«. In: von Zimmermann/von Zimmermann 2008, S. 7–25.

36 Vgl. Joachim Grage: »Familienlosigkeit und Wahlverwandtschaft in der Hans-Christian-Andersen-Biographik«. In: von Zimmermann/von Zimmermann 2008, S. 63–82.

37 Vgl. Andreas Schüle (Hg.): *Biographie als religiöser und kultureller Text – Biography as a Religious and Cultural Text*. Münster 2002.

38 Aurelius Augustinus: »Über die Lüge«. In: Ders.: *Die Lüge und Gegen die Lüge*. Übers. von Paul Keseling. Würzburg 1986, S. 1–61, hier S. 39.

39 Vgl. Alexa F. Wilke: *Kronerben der Weisheit. Gott, König und Frommer in der didaktischen Literatur Ägyptens und Israels*. Tübingen 2006, S. 15–18.

40 Vgl. Christian von Zimmermann: »Thanatographie: Biographische Trauer und Familiengedenken«. In: von Zimmermann/von Zimmermann 2008, S. 189–209.

schen wenig sinnvoll, den Bereich biographischen Schreibens hier zu sehr einzugrenzen. Neben der herkömmlichen narrativen Biographie kommen auch deskriptive Charakteristiken in den Blick, neben Biographien, welche ihre Faktualität durch Quellennachweise inszenieren, auch historisch-biographische Romane oder Dramen. Deutlicher markiert wird dagegen die Grenze zur Geschichtsschreibung, wenngleich auch hier die Konkurrenz zwischen anthropologisch-ethischer und historischer Beschäftigung mit vergangenen Ereignissen breite – vielfach unter dieser Perspektive erst noch zu erkundende – Übergangsbereiche kennt. Auch die Frage nach dem Verhältnis von Biographik und Geschichtsschreibung gewinnt andere Konturen, wenn die anthropologische Basis des Biographischen in Bezug gesetzt wird zu wechselnden Bestimmungen (oder Ausgrenzungen) des Anthropologischen in der Geschichte der Geschichtswissenschaft.

Literatur

Barsch, Achim/Hejl, Peter M.: »Zur Verweltlichung und Pluralisierung des Menschenbildes im 19. Jahrhundert: Einleitung«. In: Dies. (Hg.): *Menschenbilder. Zur Pluralisierung der Vorstellung von der menschlichen Natur (1850–1914).* Frankfurt a. M. 2000, S. 7–90.

Braungart, Wolfgang/Ridder, Klaus/Apel, Friedmar (Hg.): *Wahrnehmen und Handeln. Perspektiven einer Literaturanthropologie.* Bielefeld 2004.

Dihle, Albrecht: *Die Entstehung der historischen Biographie.* Heidelberg 1987.

Dressel, Gert: *Historische Anthropologie.* Köln/Weimar/Wien 1996.

Dülmen, Richard van: *Historische Anthropologie. Entwicklung – Probleme – Aufgaben.* Köln/Weimar/Wien 2000.

Iser, Wolfgang: *Das Fiktive und das Imaginäre. Perspektiven literarischer Anthropologie.* Frankfurt a. M. 1991.

Kaser, Karl: »Menschliche Grunderfahrungen – der Blick der Historischen Anthropologie«. In: Elisabeth List/Erwin Filala (Hg.): *Grundlagen der Kulturwissenschaften. Interdisziplinäre Kulturstudien.* Tübingen/Basel 2004, S. 457–475.

Lukas, Wolfgang: »›Gezähmte Wildheit‹: Zur Rekonstruktion der literarischen Anthropologie des ›Bürgers‹ um die Jahrhundertmitte (ca. 1840–1860)«. In: Achim Barsch/Peter M. Hejl (Hg.): *Menschenbilder. Zur Pluralisierung der Vorstellung von der menschlichen Natur (1850–1914).* Frankfurt a. M. 2000, S. 335–375.

Ostwald, Wilhelm: *Grosse Männer. Studien zur Biologie des Genies.* Bd. 1. Leipzig $^{3/4}$1910.

Pfotenhauer, Helmut: *Literarische Anthropologie. Selbstbiographien und ihre Geschichte – am Leitfaden des Leibes.* Stuttgart 1987.

Riedel, Wolfgang: *»Homo Natura«. Literarische Anthropologie um 1900.* Berlin/New York 1996.

Röcke, Werner: »Historische Anthropologie. Ältere deutsche Literatur«. In: Claudia Benthien/Hans Rudolf Velten (Hg.): *Germanistik als Kulturwissenschaft. Eine Einführung in neue Theoriekonzepte.* Reinbek 2002, S. 35–55.

Romein, Jan: *Die Biographie. Einführung in ihre Geschichte und ihre Problematik.* Bern 1948 (niederl. 1946).

Zimmermann, Christian von: *Biographische Anthropologie. Menschenbilder in lebensgeschichtlicher Darstellung (1830–1940).* Berlin/New York 2006.

Ders.: »Geschichte oder Biographie: Leopold Rankes Porträts Papst Pauls III. und Wallensteins«. In: Wilhelm Hemecker (Hg.): *Die Biographie – Beiträge zu ihrer Geschichte.* Berlin/New York 2009, S. 73–104.

Ders./Zimmermann, Nina von (Hg.): *Familiengeschichten. Biographie und familiärer Kontext seit dem 18. Jahrhundert.* Frankfurt a. M. 2008.

Zymner, Rüdiger/Engel, Manfred (Hg.): *Anthropologie der Literatur. Poetogene Strukturen und ästhetisch-soziale Handlungsfelder.* Paderborn 2003.

Christian von Zimmermann

4. Biographie und Wissen

Dass Biographien ein vielfältiges Wissen vermitteln, steht außer Zweifel. Bereits die ältesten biographischen Zeugnisse – aus römischer Zeit etwa die Kaiserviten Suetons (ca. 70–140 n. Chr.) – dienten nicht zuletzt der Verbreitung von Wissen: über die schlichten biographischen Fakten, über Karriere und Konflikte, vor allem aber über die Normen und Werte, die der einzelne Herrscher im Bewusstsein der Zeitgenossen bzw. der Nachwelt gelebt oder durchbrochen hatte. Instruktion durch Wissen blieb auch in den späteren Jahrhunderten ein wesentliches Anliegen fast aller Lebensbeschreibungen, und die populäre Biographik folgt diesem Muster bis heute – *historia magistra vitae.*

Die eigentliche Funktion von Biographien für den Wissenshaushalt einer Gesellschaft gerät auf diese Weise allerdings eher ins Hintertreffen. Ziel des folgenden Beitrags ist es denn auch, ausgehend von der aktuellen Diskussion um die Wissensgesellschaft und in Auseinandersetzung mit Positionen der klassischen Wissenssoziologie, zu zeigen, inwiefern es sich bei der Biographie um eine spezifische Wissensformation handelt, und darzulegen, mit welchem Recht sie als Medium der Wissensintegration gelten darf – hierin nämlich liegt eine ihrer wichtigsten Aufgaben, sowohl mit Blick auf das biographische Subjekt als auch auf den Leser biographischer Texte.

Im Folgenden wird daher nicht in erster Linie von klassischen Biographien im Sinne eines rückblickenden Prosatextes die Rede sein, dessen Verfasser mit dem Objekt der Darstellung gemeinhin nicht identisch ist. Die Ausrichtung dieses Beitrags legt es vielmehr nahe, zunächst das *auto*biographische Erzählen zu betrachten, in dem der lebensweltliche Zusammenhang von Wissen und Biographie besonders deutlich zu Tage tritt. Die wissenssoziologischen Überlegungen, die aus der Beschäftigung mit autobiographischen Konstruktionen resultieren, gelten im Wesentlichen auch für die Vertextung des Lebens anderer.

4.1. Wissensgesellschaft

Bedingt durch die sozialen Phänomene der Individualisierung und Pluralisierung, die ihren Ausgang von den umwälzenden Prozessen der europäischen Aufklärung genommen haben, sind die traditionalen Instanzen der Sinnstiftung wie Familie, Schule, Kirche und Staat im Laufe des 20. Jahrhunderts in eine ernste Krise geraten. Dieser säkulare Umbruch, der an die neuhumanistische Idee anknüpfte, der Einzelne dürfe seinen Platz in der Gesellschaft nicht aufgrund seines Herkommens, sondern allein durch seine Leistung beanspruchen, hat dazu geführt, dass das Wissen ganz grundsätzlich zum »Organisations- und Integrationsprinzip und zur Problemquelle der modernen Gesellschaft« (Stehr 2004, 34) geworden ist.

Erkenntnistheoretisch ist Wissen in *subjektiver* Hinsicht durch das Merkmal der Gewissheit und in *objektiver* Hinsicht durch das Kriterium der Wahrheit bestimmt. In kulturwissenschaftlicher Perspektive meint Wissen dabei nicht nur den Besitz von Kenntnissen und Erkenntnissen, der sowohl intuitiv erschlossen als auch empirisch erworben bzw. methodisch und systematisch vergrößert werden kann, sondern ist v.a. als Handlung zu verstehen (ebd., 40–43). Wissen darf daher nicht als ein Guthaben betrachtet werden, aufgrund dessen der Mensch ein für allemal bestimmte Dinge, Fakten oder Regeln kennt – ein Sachverhalt, der sich angemessener mit dem Begriff der Information beschreiben lässt –, sondern muss als ein kommunikativer Prozess verstanden werden, mittels dessen Dinge, Fakten oder Regeln auf den eigenen Orientierungs- und Kompetenzbereich bezogen werden. Da die Ergebnisse dieses Prozesses jedoch intersubjektiv gültig sind, kann die geistige Aneignung von bestimmten Wissensinhalten auch symbolisch – z. B. durch Zeichen und Bilder – erfolgen (ebd. 2004, 37–38).

Dieses gleichsam objektivierte Wissen ist im 20. Jahrhundert zu einer so wichtigen kulturellen

Ressource der Gesellschaft geworden, dass nicht allein die Produktion von Wissen, sondern mehr noch seine Distribution und Reproduktion zu elementaren Fragen der sozialen Stabilität avanciert sind. Auch wenn die Teilhabe am Wissen abhängig vom Schichtungsprinzip bleibt, der Zugang zum jeweiligen Wissensbestand also über die individuellen Lebenschancen und Einflussmöglichkeiten entscheidet, befördert sie doch maßgeblich die Partizipation als Element politischer und gesellschaftlicher Mitbestimmung.

Die hier skizzierten Entwicklungen, die ihren gemeinsamen Nenner im Konzept der modernen Wissensgesellschaft finden, sind in den vergangenen Jahren vielfach unter dem von Anthony Giddens eingeführten Begriff der »knowledgeability«[1] diskutiert worden. Giddens begreift Wissen als einen Aspekt der Lebenswelt, also als einen alltäglichen und selbstverständlichen, jedoch nicht explizit benannten Bezugspunkt sozialen Handelns, und thematisiert nicht nur Wachstum und Verteilung von Wissen in modernen Gesellschaften, sondern auch den Anteil des Wissens an der Konstruktion und Legitimation von Autorität und Solidarität, letzthin also von Herrschaft und Gemeinschaft (ebd. 2004, 41–42).

4.2. Klassische Wissenssoziologie

Die Einsicht in die wechselseitige Abhängigkeit von Wissen und Gesellschaft ist keineswegs neu. »Alles Wissen, und vor allem alles gemeinsame Wissen um *dieselben* Gegenstände«, so hat Max Scheler bereits 1926 formuliert, »*bestimmt* ferner irgendwie das *Sosein* der Gesellschaft in allen möglichen Hinsichten. Alles Wissen ist endlich aber auch umgekehrt *durch* die Gesellschaft und *ihre* Struktur bestimmt.«[2] Diese Grundannahme kennzeichnet die Wissenssoziologie der Zwischenkriegszeit. Ihre Vertreter, zu denen neben Max Scheler v.a. Karl Mannheim, Maurice Merleau-Ponty, Aron Gurwitsch und Alfred Schütz gehören, griffen Edmund Husserls Überlegungen zur ›Lebenswelt‹ auf und entwickelten eine phänomenologische Sozialtheorie, die dem Subjekt und seiner Geschichte – und damit dem Lebenslauf und der Biographie – eine entscheidende Rolle zuweist (Maasen 2009, 18–30). Diese ›Soziologie des Alltags‹ knüpfte an die lebensweltliche Fundierung von Erfahrung und Urteil an und beschäftigte sich insbesondere mit dem Problem der Intersubjektivität. Dabei gingen die Vertreter dieses Ansatzes von dem Paradoxon aus, dass »die objektiven Eigenschaften historischer sozialer Wirklichkeiten im intersubjektiven menschlichen Handeln hervorgebracht werden (›sozial konstruiert‹ sind) und dass dieses auf den universalen Strukturen der subjektiven Orientierung in der Welt beruht«.[3]

Die Einsicht in dieses Spannungsverhältnis, das Alfred Schütz in seiner Studie *Der sinnhafte Aufbau der sozialen Welt* (1932) erstmals umfassend entfaltet hat (Maasen 2009, 32–34), steht auch im Mittelpunkt der Überlegungen von Peter L. Berger und Thomas Luckmann, die mit ihrer Untersuchung *The Social Construction of Reality* (1966; dt. *Die gesellschaftliche Konstruktion der Wirklichkeit*) einen neuen Zugang zur Wissenssoziologie erschlossen haben. Im Mittelpunkt ihrer Überlegungen, die sich in die phänomenologische Tradition einer erkenntnistheoretischen Konzeptualisierung von Bewusstsein, Denken und Handeln einreihen, steht die ebenso schlichte wie schlüssige These, dass die Wirklichkeit stets gesellschaftlich konstruiert ist – mithin ein Produkt menschlichen Handelns darstellt, das den in der Biographieforschung immer wieder diskutierten Gegensatz von Gesellschaft und Individuum aufhebt (Maasen 2009, 34–36).

›Wirklichkeit‹ (vorläufig verstanden als Qualität von Phänomenen, die unabhängig vom menschlichen Wollen vorhanden sind) und ›Wissen‹ (ebenso vorläufig verstanden als Gewissheit darüber, dass diese Phänomene wirklich sind) sind die leitenden Begriffe dieses Ansatzes, der für sich in Anspruch nimmt, sowohl den konkreten Prozess der Konstitution von Wissen und dessen Etablierung als gesellschaftliche Wirklichkeit zu erforschen als auch die Vielfalt solchermaßen konstru-

1 Anthony Giddens: *The Constitution of Society. Outline of the Theory of Structuration*. Cambridge 1984, S. 21.

2 Max Scheler: *Versuche zu einer Soziologie des Wissens* [1926]. Bern/München 1960, S. 52.

3 Thomas Luckmann: »Lebenswelt. Modebegriff oder Forschungsprogramm?« In: *Grundlagen der Weiterbildung* 1. Jg. (1990), S. 9–13, hier S. 12.

ierter gesellschaftlicher Wirklichkeiten und gesellschaftlichen Wissensbestände zu analysieren (Berger/Luckmann 1996, 20–28). Dabei interessieren sich Berger und Luckmann insbesondere für das Alltagswissen (auch: ›Allerweltswissen‹ oder ›Wissen des Jedermann‹), in dem sie eine Bedeutungs- und Sinnstruktur erkennen, ohne die keine menschliche Gemeinschaft möglich wäre. In ihrer Sicht besteht die Aufgabe der Wissenssoziologie denn auch vorrangig darin zu ergründen, »wie es vor sich geht, dass gesellschaftlich entwickeltes, vermitteltes und bewahrtes Wissen für den Mann auf der Straße zu außer Frage stehender ›Wirklichkeit‹ gerinnt« (ebd., 3).

Kennzeichnend für das in den Kulturwissenschaften insgesamt außerordentlich einflussreiche Konzept von Berger und Luckmann ist eine doppelte, scheinbar widersprüchliche Sichtweise der Gesellschaft, die allerdings bereits in den Arbeiten von Alfred Schütz angelegt ist: Gesellschaft ist demnach sowohl durch eine *objektive Faktizität* geprägt, die sich auf Émile Durkheims Axiom, soziologische Tatbestände wie Dinge zu behandeln, zurückführen lässt, als auch – in Anlehnung an Max Webers Definition des soziologischen Objekts als Sinnzusammenhang des Handelns – durch *subjektiv gemeinten Sinn* konstituiert.

Die entscheidende Frage – für Berger und Luckmann gar eine »Grundfrage der soziologischen Theorie« (ebd., 20) – lautet nun, auf welche Weise subjektiv gemeinter Sinn zu objektiver Faktizität wird. Das zur Beantwortung dieser Frage notwendige wissenssoziologische Arbeitsprogramm umfasst *erstens* die Untersuchung des subjektbezogenen sinnhaften sowie sinnkonstituierenden Handelns, *zweitens* die Anerkennung einer objektiv gegebenen, bereits ausgehandelten Wirklichkeit, auf die sich die einzelnen Subjekte beziehen und die zugleich Produkt subjektiven Handeln ist, und *drittens* die kommunikative Konstruktion einer geteilten Wirklichkeit durch intersubjektive Akte.[4]

Mit Blick auf unsere Fragestellung ist es von entscheidender Bedeutung, dass in wissenssoziologischer Perspektive Wissen und Wirklichkeit nicht ohne das Subjekt herstellbar sind (Kohli 1981, 515; Fischer/Kohli 1987, 31). In ihrer körpergebundenen, mit je eigenem Bewusstsein ausgestatteten Existenzweise tragen die Subjekte maßgeblich zur Generierung sozialer Wirklichkeiten bei (↗II.1. Biographie und Performanz). Indem sie Wissen produzieren, es weitergeben und bewahren, verfügen sie über einen kollektiven Ordnungsrahmen, mit dessen Hilfe erst eine Wirklichkeit entstehen kann (Abraham 2002, 113–115). Da der Prozess der Sozialisation für die Entstehung und Vermittlung von Wissen und Wirklichkeit eine zentrale Rolle spielt, ist es nicht verwunderlich, dass Luckmann sich im Rahmen seiner soziologischen Theorie des Subjekts immer wieder mit dem Konzept der ›persönlichen Identität‹ beschäftigt hat, das er als Schnittfläche von Leiblichkeit, Bewusstsein und Gesellschaftlichkeit betrachtet und als ›Lebensform‹ analysiert, die in modernen Gesellschaften hochgradig reflexiv strukturiert ist und für den Einzelnen zum Problem wird.[5] Beide Phänomene begünstigen sowohl die Beschäftigung mit dem eigenen Lebenslauf als auch die Auseinandersetzung mit den Biographien anderer Menschen, die in der Regel verschiedene Elemente eines Problem- und Lösungswissens enthalten.

Das Bindeglied zwischen dem Sozialisationsprozess und den für die Konstruktion von gesellschaftlicher Wirklichkeit grundlegenden Phänomenen der Reflexion, der Erinnerung und des Gedächtnisses sowie der Sedimentierung von Erfahrung und Wissen ist der Lebenslauf (ebd., 112–114). Durch den zeitlichen Ablauf des Lebens schichten sich in ihm einerseits unterschiedliche Erfahrungen auf, die in Erinnerungen abgelagert werden und in Form von (auto)biographischen Texten über Generationen hinweg als Wissen wei-

4 Dazu Karin Knorr: »Die Fabrikation von Wissen. Versuch zu einem gesellschaftlich relativierten Wissensbegriff«. In: *Kölner Zeitschrift für Soziologie und Sozialpsychologie* Sonderheft 22: Wissenssoziologie. Opladen 1980, S. 226–245; vgl. auch Karin Knorr-Cetina: »Spielarten des Konstruktivismus«. In: *Soziale Welt* 40. Jg., 1/2 (1989), S. 86–96.

5 Thomas Luckmann: *Lebenswelt und Gesellschaft. Grundstrukturen und geschichtliche Wandlungen.* Paderborn u. a. 1980; Ders.: »Persönliche Identität und Lebenslauf – gesellschaftliche Voraussetzungen«. In: Hanns-Georg Brose/Bruno Hildenbrand (Hg.): *Vom Ende des Individuums zur Individualität ohne Ende.* Opladen 1988, S. 73–88; Ders.: »Persönliche Identität. Ein sozialwissenschaftlicher Grundbegriff als gesellschaftliche und geschichtliche Gegebenheit«. In: Werner Weidenfeld (Hg.): *Deutschland. Eine Nation – doppelte Geschichte.* Köln 1993, S. 369–378.

tergegeben werden (↗ II.6. Biographie – Genealogie – Generation). Andererseits stellt der Lebenslauf bereits selbst eine Konstruktion dar, die mittels biographischen Wissens und biographischer Muster zu einer Objektivation gerinnt: Erst die Biographie, so lässt sich mit Alois Hahn pointiert feststellen, »macht für ein Individuum den Lebenslauf zum Thema«.[6] Dies gilt für die Aufzeichnung autobiographischer Zeugnisse ebenso wie für die lesende Auseinandersetzung mit biographischen Rekonstruktionen (↗ II.3. Biographie und Anthropologie).

4.3. Soziologische Biographieforschung

Im Zuge ihrer Rückbesinnung auf das Subjekt und der Hinwendung zu qualitativen Methoden hat sich die Soziologie seit den 1980er Jahren verstärkt mit handlungstheoretischen und wissenssoziologischen Ansätzen beschäftigt. In diesem Zusammenhang ist es auch zu einer Renaissance der ›biographischen Methode‹ gekommen, deren Wurzeln in den Studien von William I. Thomas und Florian Znaniecki, den Impulsen der Chicagoer Schule aus der Zwischenkriegszeit sowie in den noch weiter zurückreichenden Arbeiten der polnischen Autobiographieforschung liegen.[7] In Deutschland waren es v.a. Wolfram Fischer und Martin Kohli, die – in bewusster Anknüpfung an Schütz sowie Berger und Luckmann – eine soziologische Biographie- und Lebenslaufforschung etabliert haben, die »quer zur bequemen Unterscheidung von Mikro- und Makrosoziologie« liegt (Fischer/Kohli 1987, 30).

Die soziologische Biographieforschung betrachtet dabei nicht in erster Linie das Subjekt, sondern beschäftigt sich mit dem sozialen Konstrukt der (Auto-)Biographie, das als ›soziales Orientierungsmuster‹ und ›Regelsystem‹ verstanden wird. Das Konstrukt ›Biographie‹ verweist auf fundamentale Dimensionen der Sozialität – auf Erfahrung, Wissen und Handeln vor dem Hintergrund einer bereits vorstrukturierten Alltagswelt – und ist gekennzeichnet durch seine ›Horizonthaftigkeit‹, die für die Klärung des Spannungsverhältnisses von subjektivem Erleben und sozial geprägter Wirklichkeit außerordentlich relevant ist (Abraham 2002, 130–138). Indem (Auto-)Biographien sowohl ›Bestimmtes‹ als auch ›Unbestimmtes‹ enthalten, indem sie individuelles und kollektives Leben sowohl ›determinieren‹ als auch ›ent-determinieren‹, weisen sie den Subjekten nicht nur einen konkreten Ort in der sozialen Welt zu, sondern erschließen ihnen auch neue Möglichkeiten der Artikulation und Entfaltung. In dieser Sicht bilden Biographien eine Folie der Strukturierung und Sinnsetzung, die auf die individuelle Übersteigung des Vorgegebenen angelegt ist und gewissermaßen eine Selbstermächtigung des Lesers begünstigt. Für den Publikumserfolg populärer Biographien etwa aus der Feder Emil Ludwigs oder Stefan Zweigs ist dieser Zusammenhang von nicht zu überschätzender Bedeutung.

Zwischen den verschiedenen Konzepten, von denen (Auto-)Biographien maßgeblich getragen werden (den Strukturen der Alltagswelt, der leiblich gebundenen wie raumzeitlich strukturierten Erfahrung und Handlung einerseits; den Mustern, Regeln und Konventionen, die Biographien kennzeichnen, andererseits), stellen Fischer und Kohli eine entscheidende Gemeinsamkeit fest. Sie besteht darin, dass in allen (Auto-)Biographien die Möglichkeit angelegt ist, das Gegebene sowohl zu reproduzieren als auch es zu transformieren: »Ebenso wie Erfahrung und Handeln für Konsistenz stehen und gleichzeitig auf anderes, Emergentes verweisen, beinhaltet der Begriff biographischer Struktur Kontinuität und Diskontinuität als offenen Horizont biographisch noch nicht ausgelegter Möglichkeiten« (Fischer/Kohli 1987, 46).

---

6 Alois Hahn: »Biographie und Lebenslauf«. In: Hanns-Georg Brose/Bruno Hildenbrand (Hg.): *Vom Ende des Individuums* (wie Anm. 5), S. 91–105, hier S. 93.

7 Vgl. Martin Kohli: »Wie es zur ›biographischen Methode‹ kam und was daraus geworden ist. Ein Kapitel aus der Geschichte der Sozialforschung«. In: *Zeitschrift für Soziologie* 10. Jg., 3 (1981), S. 273–293; Wolfram Fischer-Rosenthal/Peter Alheit (Hg.): *Biographien in Deutschland. Soziologische Rekonstruktionen gelebter Gesellschaftsgeschichte*. Opladen 1995; Gabriele Rosenthal: *Erlebte und erzählte Lebensgeschichte*. Frankfurt a. M./New York 1995.

4.4. Biographisches Wissen und soziale Ordnung: der doppelte Zeithorizont der Biographie

Der Alltag – als gegebene, vorstrukturierte Wirklichkeit – vollzieht sich in sozialer Zeit und gesellschaftlicher Geschichte. In diesem Kontext stellen Biographien historisch variable Präskripte, lebensweltliche Blaupausen, zur Verfügung, die eine Ordnung in der Zeit ermöglichen und generelle Deutungsperspektiven transportieren. In der Alltagswelt finden sich zahllose Individuen, die über eine endliche Lebenszeit verfügen, deren soziales Korrelat die Lebensgeschichte bildet. Diese Lebensgeschichten bzw. Biographien werden mit Hilfe von Erfahrungen, durch das Handeln in sozialen Beziehungen und unter Rückgriff auf sozial konstituierte Wissensbestände konstruiert (Abraham 2002, 131). Das Wissen, das in Biographien transportiert wird, trifft so auf Strukturierungsbedürfnisse des Lesers und sucht sie zu befriedigen (↗ VIII.4. Biographie und Buchmarkt).

Darüber hinaus sind Biographien aufgrund ihrer temporalen Strukturierung auch in der Lage, die Spannung von Erleben und Erzählen bzw. von Handeln und Reflexion aufzufangen. Die ›Sequenzialität‹, in der in dieser Hinsicht die integrative Leistung der Biographie besteht, leitet sich dabei konsequent aus der Struktur des Handelns und der Erfahrung ab. Das Handeln besitzt immer Prozesscharakter und ist in der Zeitfolge irreversibel gestuft, wobei sich diese Stufung nicht in einer linearen Abfolge erschöpft, sondern einen doppelten Zeithorizont eröffnet. Vergangenheit steht nicht allein für unwiederbringlich Abgeschlossenes, Zukunft nicht ausschließlich für Kontingentes. Beide Teil-Horizonte sind vielmehr »als Erinnerungs- und Erwartungsinhalte aus der Gegenwart bestimmt und enthalten zugleich interpretationsbedürftige Leerstellen« (Fischer/Kohli 1987, 43) – wobei die nachempfindende Lektüre biographischer Texte oftmals dazu dient, die Leerstellen des eigenen Lebenslaufs zu schließen. Durch die Integration verschiedener Zeithorizonte ermöglicht die Biographie eine besonders dichte Verbindung von Faktizität (als irreversibel Gewesenem) und Auslegung (als offenem, reversiblem Horizont). Dies gelingt der Biographie, indem sie Vergangenes aus der Perspektive der Gegenwart interpretiert, das Vergangene zugleich als Sinnhorizont dieser Interpretation nutzt und diese gegenwärtige, aus der Vergangenheit gespeiste Interpretation auf die erwartbaren Entwicklungen der Zukunft bezieht (Abraham 2002, 132–133).

Aus wissenssoziologischer Sicht leisten Biographien daher nicht nur eine Integration von Subjektivem und Objektivem, sondern auch von Realem und Symbolischem. Tatsächlich fließt in Biographien sowohl jenes leibhaftig Erlebte ein, das zu objektiver Faktizität gerinnt und in der Regel materiale Spuren hinterlässt, als auch die variable Aufbereitung des Realen, die sich in spezifischen interpretativen Mustern und Topoi äußert. Insofern sind Biographien weder real noch fiktiv. Zwar enthalten sie sowohl reale als auch interpretative Momente – »diese Momente verweben sich jedoch zu einer Einheit ganz eigener Art, die Biographien eben gerade ihre durchlässig-schwebende und integrative Kraft verleiht« (ebd., 133).

In diesem Potential gründet die eminente Funktion biographischer Muster mit Blick auf Prozesse sozialer Orientierung, sozialer Integration und sozialer Ordnung; und ihre Funktion wächst umso mehr, je offensichtlicher die aus der Entstandardisierung traditionaler Lebensentwürfe resultierende Verunsicherung des modernen Menschen wird.[8] Damit ist ein umstrittenes sozialpsychologisches Argument benannt, das im Kern bereits von Siegfried Kracauer 1930 in die biographische Diskussion eingeführt worden ist.[9] Losgelöst von ihren ideologiekritischen Implikationen wird man allerdings sehr wohl die These vertreten können, dass eigene und fremde Biographien gerade in Zeiten beschleunigten sozialen Wandels ein wichtiges Orientierungswissen zur Verfügung stellen.

Nicht ausschließlich, aber vorzugsweise in modernen Gesellschaften dienen (Auto-)Biographien als sozialer Ordnungsrahmen, durch den die Subjekte im sozialen Raum verortet werden. Angesichts eines fortschreitenden Modernisierungspro-

8 Vgl. Wolfram Fischer-Rosenthal/Gabriele Fischer-Rosenthal: »Narrationsanalyse biographischer Selbstpräsentationen«. In: Ronald Hitzler/Anne Honer (Hg.): *Sozialwissenschaftliche Hermeneutik*. Opladen 1997, S. 133–164.

9 Siegfried Kracauer: »Die Biographie als neubürgerliche Kunstform« [1930]. In: Ders.: *Das Ornament der Masse*. Frankfurt a. M. 1970, S. 75–80.

zesses, der die Wahlmöglichkeiten und Entscheidungszwänge des Einzelnen auf eine nicht selten als bedrohlich empfundene Weise vergrößert,[10] erscheint die »Institutionalisierung des Lebenslaufs«,[11] zu dessen innerer und symbolischer Abstützung die (Auto-)Biographie unentbehrlich ist, als eine adäquate Antwort der Moderne auf einen massiven Prozess der Freisetzung des Individuums.

Biographien als »Phänomen[e] sozialer Semantik«,[12] als Schemata reflexiver Selbstbeschreibungen, sind sowohl für den Biographierten als auch für seine soziale Umwelt zu einer handlungsleitenden Kategorie der Sinnstrukturierung geworden. Weil Biographien Subjektives und Objektives zueinander in Beziehung setzen, erschließen sie nicht nur einen Zugang zum Subjekt, seiner Erlebnis- und Erfahrungswelt, die sich in biographischen Selbstthematisierungen ausdrückt, sondern eröffnen immer auch eine Perspektive auf die Gesellschaft. Denn Biographien sind sozial konstituiert, verweisen auf gesellschaftliche Ordnungen und sind an der Herstellung, Aufrechterhaltung oder Infragestellung dieser Ordnung beteiligt. Sie stabilisieren die subjektiv als prekär empfundene Wirklichkeit der modernen Wissensgesellschaft und verfügen in ihrer exemplarischen Auseinandersetzung mit dem sozial sanktionierten Deutungs- und Orientierungswissen zugleich über ein beträchtliches kritisches Potential.

4.5. Biographie als Wissensformation

Begreift man die Textgattung ›Biographie‹ und die grundsätzliche Fähigkeit zur (auto-)biographischen Artikulation in Anlehnung an Schütz und Luckmann als eine zentrale Kategorie der sozialen Orientierung und als unabdingbare Voraussetzung für die eigene Handlungsfähigkeit in der Welt, erscheint die Existenz von Biographien als eine beinahe selbstverständliche anthropologische Konstante (Alheit/Dausien 1992). Biographische Muster wie Formen der Thematisierung, Darstellung und Dramaturgie individueller Lebensverläufe tragen nicht nur zur Selbst- und Fremdorientierung im sozialen Raum und zur Strukturierung des Lebens bei, sondern sind selbst sozial konstruiert, vermittelt und tradiert. (Auto-)Biographien sind Teil eines kulturell überlieferten und gepflegten Wissens und spielen eine entscheidende Rolle bei der Steuerung von Erfahrung und Handeln.[13]

Vor diesem Hintergrund gilt die (Auto-)Biographie mittlerweile als eine *moderne soziale Wissensform*: Sie ist *modern*, insofern sie sich in einem historischen Prozess als eine reflexive Sicht des Subjekts auf sich selbst und sein Leben durchgesetzt hat; und sie ist eine *soziale Wissensform*, insofern sie als Set von Typisierungen verstanden werden kann, »die uns zur Interpretation und Bewältigung von problematischen Situationen der Sozialwelt zur Verfügung stehen« (ebd., 166).

Peter Alheit und Bettina Dausien haben den soeben skizzierten Prozess einer Durchsetzung der biographischen Perspektive näherhin als »Biographisierung« gedeutet, die im Sinne Michel Foucaults als ein Individualiätsdispositiv zu verstehen ist, das zwischen normativen gesellschaftlichen Erwartungen und subjektiven Dispositionen vermittelt: Moderne Individuen sind zur Selbstreflexion ihres biographischen Handelns gezwungen, wobei sich dies insbesondere in der Verzeitlichung und Sequenzialisierung der entsprechenden Handlungsabläufe ausdrückt – der moderne Mensch bilanziert und plant sein Leben. Das Bild jedoch, das er sich von seiner eigenen Biographie macht, »ist unübersehbar an der Bildungs- und Berufskarriere des bürgerlichen Mannes orientiert« (ebd.).

Das Leben der anderen, zumal die Biographie des bürgerlichen Mannes, wie sie in zahllosen Prosatexten im 18./19. Jahrhundert den gesellschaftlichen Wissensbestand bereichert hat, erfüllt eine beispielgebende, strukturierende Funktion für den eigenen Lebenslauf. Das bedeutet nun freilich nicht, dass bestimmte biographische Entwürfe al-

10 Grundlegend Ulrich Beck: *Risikogesellschaft*. Frankfurt a. M. 1986.

11 Vgl. Martin Kohli: »Die Institutionalisierung des Lebenslaufs. Historische Befunde und theoretische Argumente«. In: *Kölner Zeitschrift für Soziologie und Sozialpsychologie* 37. Jg., 1 (1985), S. 1–29.

12 Wolfram Fischer-Rosenthal/Gabriele Fischer-Rosenthal: »Warum Biographieanalyse und wie man sie macht«. In: *Zeitschrift für Sozialisationsforschung und Erziehungssoziologie* 17. Jg., 4 (1997), S. 405–427, hier S. 405.

13 Dazu Peter Alheit/Erika M. Hoerning (Hg.): *Biographisches Wissen. Beiträge zu einer Theorie lebensgeschichtlicher Erfahrung*. Frankfurt a. M./New York 1989.

ternativlos hegemonial (gewesen) sind. Die soziologische Biographieforschung hat beispielsweise herausgearbeitet, dass Frauen unterer Schichten in der Vergangenheit offensichtlich über andere Wissensformen und Orientierungsmuster verfügten und ihre Biographie entsprechend anders aufbereiteten.[14] Tatsächlich orientierte sich ihre biographische Identität nicht am etablierten Deutungsmuster eines linearen, entwicklungs- und aufstiegsorientierten Lebenslaufs (z. B. des erfolgreichen Staatsmannes oder Unternehmers), sondern an abweichenden Formen sozialen Wissens: an sozialstrukturell abgelagerten Erfahrungen von Scheitern und Resistenz.

Infolgedessen kann von einem einheitlichen Deutungsmuster ›Biographie‹ keine Rede sein. Vielmehr existieren neben einem dominanten ›modernen‹ biographischen Modell, das sich auf den ebenso abstrakten wie idealen Vorstellungen vom modernen männlichen Bürger gründet, andere Wissens- und Ausdrucksformen. Die biographische wie die wissenssoziologische Forschung hat daher mit einer variantenreichen Vielfalt biographischer Selbst- und Fremdrepräsentationen zu rechnen. Die nicht-dominanten Formen sind dabei keineswegs als ›missglückte‹ oder ›unterentwickelte‹ Varianten des ›eigentlichen‹ Musters zu verstehen. Vielmehr sind Gestalt und Funktion als Ausdruck einer ›sozialstrukturellen Brechung‹ zu begreifen und im Einzelnen vor dem Hintergrund des sozialen Entstehungskontextes zu analysieren.[15]

4.6. Biographie als Medium der Wissensintegration

Biographien – und zwar sowohl in Gestalt autobiographischer Verarbeitungen des eigenen Lebenslaufs als auch in Form rückblickender Prosatexte über Dritte – konzeptualisieren Erlebnisse, Erfahrungen und Erinnerungen (↗ II.5. Biographie und Gedächtnis). Die Sozialisationsforschung, die sich mit der Genese der Persönlichkeit und der gesellschaftlichen Integration des Subjekts beschäftigt, versteht die Biographie daher als ein Medium der individuellen und kollektiven Wissensintegration.[16]

Begreift man den bereits mehrfach erwähnten Prozess der Modernisierung als eine Ausdifferenzierung und Spezialisierung von Wissenssystemen, so stellt sich aus der Perspektive des Subjekts die Frage, wie das sozial verteilte, hochgradig parzellierte und nur mehr bruchstückhaft zugängliche Wissen, das das Individuum kontinuierlich durch sein Handeln in unterschiedlichen sozialen Kontexten erwirbt, so integriert werden kann, dass das Subjekt selbst nicht zerstückelt wird. Alois Hahn hat diese Frage mit einem Hinweis auf die integrierende Kraft der (Auto-)Biographie beantwortet.[17] Sie ist *das* Sammelbecken für individuelle und kollektive Erfahrungen. Sie ist der Ort, an dem der sinnhafte Bezug zwischen individueller Erfahrung und sozialem Wissen hergestellt wird. In ihr wird individuelles wie soziales Wissen sinnhaft aufgeschichtet und abgelagert. Sie spiegelt das Eigene im Sozialen und das Soziale im Eigenen.

Angesichts einer massiven Zerstückelung von Lebenszusammenhängen und daraus resultierenden Orientierungsproblemen versetzt die (Auto-)Biographie das biographische Selbst wie den lesenden Betrachter in die Lage, die Brüchigkeit und Widersprüchlichkeit der Gesellschaft differenziert verstehen und überhaupt erst aushalten zu können. Wenn die Gesellschaft in ihrer Struktur und ihren Erwartungen an das Individuum als widersprüchlich wahrgenommen wird, vermag gerade »die Rekonstruktion einer in sich brüchigen Biographie mit widersprüchlichen und ›defizitären‹ Handlungsmustern am präzisesten den Ablauf des Sozi-

14 Dazu Peter Alheit/Bettina Dausien: »Biographisierung von Frauenleben«. In: Peter Alheit u. a. (Hg.): *Bildung in der Arbeitsgesellschaft*. Teil 1. Bremen 1991, S. 570–585.

15 Vgl. Michael Mitterauer: »Lebensgeschichten sammeln. Probleme um Aufbau und Auswertung einer Dokumentation zur popularen Autobiographik«. In: Hermann Heidrich (Hg.): *Biographieforschung. Gesammelte Aufsätze der Tagung des Fränkischen Freilandmuseums am 12. und 13. Oktober 1990*. Neustadt a.d. Aisch 1991, S. 17–35; Christa Hämmerle: »Formen des individuellen und kollektiven Selbstbezugs in der popularen Autobiographik«. In: ebd., S. 36–60.

16 Vgl. Ulrich Herrmann: »Historische Sozialisationsforschung«. In: Klaus Hurrelmann/Dieter Ulich (Hg.): *Neues Handbuch der Sozialisationsforschung*. Weinheim/Basel 1991, S. 231–250.

17 Vgl. immer noch Alois Hahn: »Basis und Überbau und das Problem der begrenzten Eigenständigkeit von Ideen«. In: *Kölner Zeitschrift für Soziologie und Sozialpsychologie* 31. Jg., 3 (1979), S. 485–506, bes. S. 502.

alisationsprozesses [zu] beschreiben, wie umgekehrt eine solche gebrochene Biographie und dergestalt ›defizitäre‹ Bewältigungsstrategien die Beschaffenheit der Gesellschaft und das Hineinwachsen des Individuums in sie widerspiegelt«.[18] In wissenssoziologischer Hinsicht liegt hierin ein wesentlicher Grund für das große Interesse des Publikums an populären Biographien komplexer Persönlichkeiten. Die Begeisterung der bürgerlichen Leserschaft für Künstlerbiographien, die sich an der Schwelle zum 20. Jahrhundert fast immer durch ein gewaltiges Trotzdem, ein Ringen und Leiden, auszeichnen, spricht für sich (↗IV.1. Kontext).

Alle Lebensbedingungen sind immer auch das Produkt von Auslegungen. Sie werden nur insofern ›realitätsmächtig‹ und ›realitätsträchtig‹, als sie von den Subjekten mit Sinn versehen werden. Durch diese sinnkonstituierende Leistung, die die Verbindung von individuellem und sozialem Wissen herstellt, darf die Biographie als ein Medium gelten, das das biographische Subjekt wie den nach Orientierung strebenden Leser davor schützt, sich der Fragmentierung des eigenen Lebens widerstandslos auszusetzen. In der Biographie können die sozial hergestellten Bruchstücke der Erfahrung und des Wissens in eine Ordnung gebracht werden. Auf diese Weise bilden sie eine konsistente und kohärente Gestalt aus und werden für das Subjekt als selbst ausgelegte Geschichte erst zur sinnhaften Erzählung.

Literatur

Abraham, Anke: *Der Körper im biographischen Kontext. Ein wissenssoziologischer Beitrag*. Opladen 2002.

Alheit, Peter/Dausien, Bettina: »Biographie – ein ›modernes Deutungsmuster‹? Sozialstrukturelle Brechungen einer Wissensform der Moderne«. In: Michael Meuser/Reinhold Sackmann (Hg.): *Analyse sozialer Deutungsmuster*. Pfaffenweiler 1992, S. 161–182.

Berger, Peter L./Luckmann, Thomas: *Die gesellschaftliche Konstruktion der Wirklichkeit. Eine Theorie der Wissenssoziologie*. Frankfurt a. M. 1996 (amer. 1966).

Fischer, Wolfram/Kohli, Martin: »Biographieforschung«. In: Wolfgang Voges (Hg.): *Methoden der Biographie- und Lebenslaufforschung*. Opladen 1987, S. 25–49.

Kohli, Martin: »Zur Theorie der biographischen Selbst- und Fremdthematisierung«. In: Joachim Matthes (Hg.): *Lebenswelt und soziale Probleme. Verhandlungen des 20. Deutschen Soziologentages zu Bremen 1980*. Frankfurt a. M./New York 1981, S. 502–520.

Maasen, Sabine: *Wissenssoziologie*. Bielefeld ²2009.

Stehr, Nico: »Wissensgesellschaften«. In: Friedrich Jaeger/Jörn Rüsen (Hg.): *Handbuch der Kulturwissenschaften*. Bd. 3: Themen und Tendenzen. Stuttgart/Weimar, S. 34–49.

Carsten Kretschmann

18 Michael Klein: *Von der Seele des Körpers. Aufsätze zur Soziologie, Pädagogik und Psychologie des Sports*. Oldenburg 1991, S. 15.

5. Biographie und Gedächtnis

5.1. Biographie als Erinnerungsort

Wer einen Blick in die von Etienne François und Hagen Schulze herausgegebenen dreibändigen *Deutschen Erinnerungsorte* wirft, dem fällt auf, dass der Deutschen liebster *lieu de mémoire* – neben Orten im engeren Sinne (›Weimar‹), Ereignissen (›Der Westfälische Frieden‹), Dingen (›Der Volkswagen‹), Mythen und Legenden (›Die Dolchstoßlegende‹) oder literarischen Werken (›Grimms Märchen‹) – offenbar die Biographie darstellt. Von insgesamt 121 in kurzen Essays dargestellten Erinnerungsorten sind immerhin 25, also über ein Fünftel, klar als biographische Porträts erkennbar. Sie widmen sich so unterschiedlichen erinnerungswürdigen Personen wie Karl dem Großen, Goethe, der Familie Mann, Heinrich Heine, Bismarck, Rosa Luxemburg, Walther Rathenau, Marlene Dietrich, Albert Einstein, Karl May, Moses Mendelssohn, Karl Marx, Richard Wagner, Arminius und Friedrich dem Großen.

Die genannten Beispiele lassen bereits einige grundlegende Aufgaben erkennen, die die Biographie in der Erinnerungskultur übernimmt: die Beantwortung von Fragen nach gemeinsamer Herkunft, die Stiftung nationaler Identität und die Vermittlung bestimmter Werte und Normen (↗II.3. Biographie und Anthropologie). Biographien gehören damit zu den normativen und formativen Texten des kulturellen Gedächtnisses, wie Jan Assmann sie in seiner Studie *Das kulturelle Gedächtnis* definiert hat (J. Assmann 1992, 142). Vielleicht sind die Gründe für die herausragende Bedeutung der Biographie in der Erinnerungskultur darin zu suchen, dass kulturelle Ursprünge, Identitäten und Wertstrukturen in wohl keinem anderen Gedächtnismedium besser exemplifiziert, am Beispiel konkreter Lebenswege dargestellt werden können.

Projekte zu nationalen Erinnerungsorten (und das gilt auch für das französische Vorbild, Pierre Noras *Lieux de mémoire*, 1984–92) sind zumeist angesiedelt zwischen Stiftung und Reflexion von kulturellem Gedächtnis.[1] Das betrifft auch ihren Umgang mit Biographie. Die *Deutschen Erinnerungsorte* erzeugen und kontinuieren Gedächtnis, indem sie wiederholt auf jenen biographischen Kanon ›großer Männer‹ zurückgreifen, der im 19. Jahrhundert etabliert wurde (↗I.7. ›Biographiewürdigkeit‹). Doch dadurch, dass sie die Biographie als eine machtvolle Erinnerungspraxis sichtbar machen und zeigen, warum welche Lebensgeschichten zu welchem Zeitpunkt Bilder von nationaler Vergangenheit geprägt haben, beobachten und hinterfragen sie zugleich das kulturelle Gedächtnis. Ein Beispiel dafür, wie ein solches kritisch-reflexives metabiographisches Arbeiten im Rahmen der Erinnerungsgeschichte aussehen kann, bietet Na'ama Sheffis Artikel zu »Jud Süß«.[2] Sheffis Rekonstruktion der Repräsentationen des im frühen 18. Jahrhundert wegen angeblichen Hochverrats hingerichteten Hofjuden Süß Oppenheimer lenkt die Aufmerksamkeit auf verschiedene biographische Medien, die die Geschichte des Erinnerungsorts ›Jud Süß‹ über eine Zeitspanne mehr als 250 Jahren hinweg mitkonstituierten – von Schmähschriften, Chroniken, Flugblättern, Theaterstücken, Gedichten und Wilhelm Hauffs romantischer Novelle über verschiedene revisionistische biographische Skizzen um 1900, Lion Feuchtwangers Roman von 1925 und dessen nationalsozialistische Film-Adaption bis hin zu mehreren wissenschaftlich-historisch angelegten Biographien nach 1945. Diese Geschichte biographischer Repräsentationen bringt den komplexen erinnerungskulturellen Prozess zum Vorschein. Sie zeigt, wie im kollektiven Gedächtnis kursierende antisemitische Schemata in Lebensbeschreibungen eingehen und diese Texte wiederum zur Quelle und

1 Pierre Nora (Hg.): *Les lieux de mémoire I. La République*. Paris 1984; Ders.: *Les lieux de mémoire II. La Nation*. Paris 1986; Ders.: *Les lieux de mémoire III. Les France*. Paris 1992.

2 Na'ama Sheffi: »Jud Süß«. In: Etienne François/Hagen Schulze (Hg.): *Deutsche Erinnerungsorte*. 3 Bde. München 2001, Bd. 1, S. 422–437.

zum Verbreitungsmedium solch schematisierten Denkens werden; wie historische Biographien als Gedächtnismedien auch noch nach Jahrhunderten immer wieder konsultiert und aktualisiert werden; wie Biographie kulturelle Erinnerung konstruiert, tradiert, konsolidiert, aber auch kritisch und selbstreflexiv hinterfragt – und sie dabei unablässig erneuert.

5.2. Biographieforschung und kulturwissenschaftliche Gedächtnisforschung

Obwohl das Beispiel der Erinnerungsorte eindrücklich zeigt, welche herausragende Bedeutung Biographien für das kulturelle Gedächtnis haben, muss festgestellt werden, dass sich die kulturwissenschaftliche Gedächtnisforschung bis heute nicht systematisch mit der Biographik beschäftigt hat (Klein 2002, 81–84). Sehr viel intensiver erforscht ist das Verhältnis von Gedächtnis und Autobiographie, die als Zugang zur ›gelebten Geschichte‹ und als Ergebnis individueller, wiewohl soziokulturell geprägter Erinnerungsprozesse untersucht wird (↗I.8. Biographie vs. Autobiographie). Angesichts der Tatsache, dass beide Gattungen in der Literaturwissenschaft zunehmend unter Begriffen wie *Life Writing* oder ›Auto/Biographie‹ subsumiert und deren Unterschiede damit in gewissem Maße nivelliert werden, erscheint es geboten, zunächst einmal analytisch zu trennen zwischen der Erinnerung an das eigene Leben und der Erinnerung an das Leben anderer, nicht zuletzt weil deren Repräsentation in Systemen des organischen und des sozialen Gedächtnisses auf unterschiedliche Weise erfolgt.

Umgekehrt haben Erinnerung und Gedächtnis in der Biographieforschung ebenfalls lange Zeit eine nur marginale Rolle gespielt. Erst seit wenigen Jahren finden sich in einschlägigen Sammelbänden hin und wieder Beiträge etwa zur Biographie als nationaler Mnemotechnik[3] und Teil des kulturellen Gedächtnisses (Klein 2002) oder zum Zusammenhang von Erinnerung, Ethik und Biographik.[4] Auch in dieser Hinsicht sieht es auf dem Gebiet der Autobiographieforschung ganz anders aus, wo – etwa im Verbund von narrativer Psychologie, Literaturwissenschaft und Sozialwissenschaften – bereits komplexe interdisziplinäre Konzepte zur Beschreibung der kulturellen Dimension autobiographischen Erinnerns und Erzählens entworfen wurden.[5]

Während autobiographische Erinnerung üblicherweise mit dem individuellen Gedächtnis assoziiert wird, scheint das biographische Erinnern eine paradigmatische kulturelle Mnemotechnik darzustellen. Tatsächlich handelt es sich bei einer anthropologischen Urform des Biographischen – dem Totengedenken – zugleich um eine »›Urszene‹ der Erinnerungskultur« (J. Assmann 1992, 33). Die Grabinschrift ist eine biographische Abbreviatur, die in den verschiedensten Rahmen des kollektiven Gedächtnisses Erinnerungsprozesse auslösen kann: Engen Verwandten und Freunden mag sie als Hinweisreiz für individuelle Erinnerungen an den Toten dienen; den Enkeln als ein Medium des alltagsweltlichen, sich über einige Jahrzehnte hinweg erstreckenden kommunikativen Gedächtnisses; und im Falle berühmter Toter kann sie nicht zuletzt zu einem Symbol des kulturellen Gedächtnisses werden, jenem institutionalisierten und ritualisierten, potentiell viele Jahrhunderte überspannenden Gedächtnis, das die fundierenden Mythen einer Kulturgemeinschaft tradiert. Von antiken Grabinschriften bis zu mittelalterlichen *Libri Memoriales*, von Heiligenlegenden bis zu den vielaufgelegten Lebensbeschreibungen nationaler Helden im 19. Jahrhundert und schließlich zur aktuellen Vorliebe des Kinos für Filmbiographien (bzw. Biopics)[6] und einer zunehmenden Personalisierung von Geschichte im Rahmen von TV-›Histotainment‹ waren und sind Formen des Biographischen stets auf das Engste mit verschiedenen Prozessen kulturellen Erinnerns verwoben.

---

3 Vgl. Mary Rhiel/David Suchoff (Hg.): *The Seductions of Biography*. New York 1996; Peter France/William St Clair (Hg.): *Mapping Lives: The Uses of Biography*. Oxford 2002.

4 Vgl. Paul John Eakin (Hg.): *The Ethics of Life Writing*. Ithaca 2004.

5 Vgl. Jürgen Straub (Hg.): *Erzählung, Identität und historisches Bewußtsein. Die psychologische Konstruktion von Zeit und Geschichte*. Frankfurt a. M. 1998.

6 Vgl. Sigrid Nieberle: *Literarhistorische Filmbiographien. Autorschaft und Literaturgeschichte im Kino*. Berlin/New York 2008.

5.3. Biographie und Gedächtnis: Grundlagen

Biographie und Gedächtnis sind komplexe Konzepte, die in verschiedenen Zusammenhängen unterschiedlich verwendet werden. Daher geht es im Folgenden zunächst um Begriffsklärungen und um die Differenzierung von Beschreibungsebenen, mit deren Hilfe das Zusammenspiel von Biographie und Gedächtnis genauer gefasst werden kann.

5.3.1. Kollektives Gedächtnis: Soziale und kognitive Ebene

Bei der Verwendung des Begriffs kollektives Gedächtnis ist grundsätzlich zwischen zwei Ebenen zu unterscheiden: (1) einer kognitiven Ebene, dem soziokulturell geprägten individuellen Gedächtnis, das verkürzend bzw. metonymisch als ›kollektives‹ Gedächtnis bezeichnet wird, und (2) einer sozialen Ebene, der in gesellschaftlichen Kontexten erfolgenden Vergangenheitsrepräsentation, die ebenfalls – hier jedoch metaphorisch – mit dem Begriff des Gedächtnisses beschrieben wird (Erll 2005, 96 f.). Phänomene beider Ebenen hat Maurice Halbwachs, der Gründungsvater der kulturwissenschaftlichen Gedächtnisforschung, bereits in den 1920er Jahren zum Gegenstand seiner Untersuchungen gemacht, ohne freilich systematisch zwischen ihnen zu trennen. Zum einen postulierte Halbwachs, dass es im strengen Sinne kein individuelles Gedächtnis gebe, sondern dass jede noch so persönliche Erinnerung sich innerhalb jener *cadres sociaux de la mémoire*, den ›sozialen Rahmen des Gedächtnisses‹ (Halbwachs 1925/1985) bewege, über die der Einzelne mit verschiedenen Gruppen verbunden ist. In der Psychologie wurden solche Rahmen später als kulturspezifische Schemata bezeichnet. Zum anderen beschäftigte sich Halbwachs sowohl in *Das Gedächtnis und seine sozialen Bedingungen* (1925) als auch in seinem posthum erschienenen Hauptwerk *Das kollektive Gedächtnis* (1950) mit den ›Gedächtnissen‹ von Gruppen, wie Familien, Arbeitskollegen oder Religionsgemeinschaften, und richtete sein Augenmerk dabei auf die soziale Konstruktion von Versionen einer gemeinsamen Vergangenheit.

Kognitives und soziales Gedächtnis beeinflussen und durchdringen sich auf vielfältige Weise. Das zeigt sich nicht zuletzt auch im Bereich des Biographischen. Auf der sozialen Ebene wird das Leben von Personen zum Gegenstand des kollektiven Gedächtnisses, wenn es durch Medien und Rituale repräsentiert wird (vom Totengedenken über die historische Chronik bis zur belletristischen Biographie). Auf kognitiver Ebene gehört das Leben anderer zum Bereich dessen, was die Kognitionspsychologie als ›semantisches Gedächtnis‹ bezeichnet, d. h. zu unserem Wissenssystem (Schacter 2001, 48–53). Wenn es sich um Menschen handelt, die wir gekannt und mit denen wir interagiert haben, können Teile davon zudem im ›episodischen‹ Gedächtnis repräsentiert sein, jenem Bereich, in dem selbst gemachte Erfahrungen encodiert sind. Gerade weil die kognitive Repräsentation unserer eigenen Biographie – das also, was die Psychologie als ›autobiographisches Gedächtnis‹ bezeichnet und als Ergebnis der Narrativisierung episodischer Erinnerungen zu einer kohärenten Lebensgeschichte erklärt – bei der Aneignung von Wissen über die Welt (und damit auch über die Lebensverläufe anderer) stets eine Rolle spielt, ist jedes biographische Wissen schon durchdrungen von autobiographischer Erinnerung. Hier ist wohl auch der Grund zu suchen, warum häufig von ›Auto/Biographie‹ die Rede ist: Über andere schreiben bedeutet immer auch, über sich selbst zu schreiben, denn die Rekonstruktion des Lebens anderer wird (bewusst oder unbewusst) geleitet von den eigenen Erfahrungen und Lebenserinnerungen.

5.3.2. Biographie als Medium und Gegenstand des kollektiven Gedächtnisses

Bei ›Biographie‹ handelt es sich – wie auch bei dem häufig recht unglücklich als Gegenbegriff zum Gedächtnis gebrauchten Begriff der Geschichte – um einen Kollektivsingular (R. Koselleck), bei dem zumindest zu unterscheiden ist zwischen (1) der Biographie als dem Geschehen eines individuellen Lebens (dies ist der Gegenstand der psychologischen und sozialwissenschaftlichen Biographie- und Lebenslaufforschung) und (2) der ›Bio-Graphie‹ im Wortsinne als Vertextung bzw. besser: mediale Repräsentation eines solchen Lebens, wie sie im Rahmen der Geschichtswissenschaft, der Literaturwissenschaft, der Belletristik und anderer populärer Medien erfolgt. Im ersten Wortsinn ist Biographie ein *Gegenstand*, im zweiten ein *Medium* des kollektiven Gedächtnisses. Der Gegenstand Biographie kann auf kollektiver Ebene niemals ohne ein biographisches Medium erinnert werden bzw. ist ohne seine mediale Repräsentation (von der mündlichen Rede über das Buch zum Film) für die Erinnerungskultur nicht existent.

Diese mediale Verfasstheit kultureller Erinnerung ist seit den Schriften Aleida und Jan Assmanns ins Zentrum der kulturwissenschaftlichen Gedächtnisforschung gerückt. Für die Biographie als Gedächtnismedium bedeutet dies, dass die medienspezifischen Anteile bei der Erzeugung von Erinnerungen an das Leben anderer mitbedacht werden müssen. Die mündlich verfasste Biographie folgt anderen Regeln als die schriftliche oder die gefilmte. So kann in oralen Kulturen nur der Kernbereich eines Funktionsgedächtnisses tradiert werden. Erinnert wird, was für das organische Gedächtnis (etwa eines Barden) memorierbar ist. Jene biographischen Details, die für das Gedächtnis der Gruppe nicht unmittelbar relevant sind, werden vergessen. Skripturale Kulturen hingegen können zusätzliche Information in ein mediales Speichergedächtnis auslagern und bei Bedarf reaktualisieren (A. Assmann 1999, 130–142). Die klassische Biographie im Medium des rückblickenden Prosa-Texts ist ein Phänomen der Schriftkultur. Sie kann, darf und soll mehr Informationen enthalten als ein Individuum zu memorieren vermag, weil sie so als ein bei Bedarf aktualisierbares Reservoir kultureller Erinnerung nutzbar wird (↗II.4. Biographie und Wissen).

Wie jeder andere Gegenstand des kollektiven Gedächtnisses kann auch die Biographie in verschiedenen Modi der kulturellen Erinnerung repräsentiert werden. Erinnerungsmodi konstituieren sich als Konstellationen aus bevorzugten Medien, Symbolsystemen und Darstellungsformen. So ist etwa zu unterscheiden zwischen Biographie im geschichtswissenschaftlichen, sozialwissenschaftlichen oder literaturwissenschaftlichen Modus, im religiösen oder mythischen Modus, im belletristischen Modus usw.

5.3.3. *Erinnerungsprozesse der Biographie: Selektion, Konstruktion, Gegenwartsbezug*

Mit anderen Medien des kollektiven Gedächtnisses (wie Autobiographie und Historiographie) teilt die Biographie drei grundlegende Verfahren der Aneignung von Vergangenheit: Selektion, Konstruktion und Gegenwartsbezug. Diese werden im Folgenden metaphorisch als ›Erinnerungsprozesse‹ bezeichnet, weil sie den Vorgängen individuell-organischen Erinnerns in vieler Hinsicht strukturell ähneln.

Erstens können aus der Fülle des vergangenen Geschehens nur wenige Ereignisse ausgewählt werden. Gedächtnis ist ein Selektionsapparat. Es funktioniert, indem das meiste des potentiell Erinnerbaren vergessen wird. Das gilt für unsere Lebenserinnerungen ebenso wie für die mehrtausendseitigen Biographien des 19. Jahrhunderts. Zweitens werden die ausgewählten Elemente verschiedenen Konstruktionsprozessen unterzogen. Dazu gehört die Überführung des Ausgewählten in zeitliche und kausale Zusammenhänge, die eine sinnhafte Deutung des Geschehenen ermöglicht. Drittens ist von der Gegenwartsbezogenheit jeder Rekonstruktion der Vergangenheit auszugehen. Erinnert wird gemäß den Horizonten, Bedürfnissen und Belangen des Hier und Jetzt. Das Verfassen einer Biographie erfolgt daher stets im Zusammenspiel von historischen Quellen mit gegenwärtigem Wissen und Erkenntnisinteressen, mit aktuellen Diskursen über die Vergangenheit und Theorien des biographischen Schreibens. Die Biographie ist eine ›ekphorische Gattung‹ – wenn man einen Begriff der Kognitionspsychologie benutzen will, die mit Blick auf das organische Gedächtnis eine solche Verbindung von Vergangenem und Gegenwärtigem (nämlich Engrammen und Hinweisreizen) zu einem neu entstehenden Ganzen (der individuellen Erinnerung) als Ekphorie bezeichnet (Schacter 2001, 118).

5.4. Oral History und Biographie: Die Lehren der Weitererzählforschung

Wer Biographien schreibt, arbeitet in gewisser Weise immer mit individuellen Erinnerungen als

Material. Bei sogenannten Ego-Dokumenten der biographierten Persönlichkeit – Briefe, Tagebucheinträge, mündliche Äußerungen – aber auch bei sämtlichen Äußerungsformen jener, die den Biographierten kannten, handelt es sich um mediale Externalisierungen des individuellen Gedächtnisses (↗ VIII.2.3. Zur Bedeutung der Quellen).

Wie kaum ein anderer Forschungszweig hat die Oral History bzw. die Tradierungsforschung in den vergangenen Jahren deutlich gemacht, dass wir es bei diesem Material nicht mit der Vergangenheit selbst, sondern mit medial vermittelten Erinnerungen an diese Vergangenheit zu tun haben, auf die die typischen Eigenschaften des menschlichen Gedächtnisses zutreffen: hochgradige Selektivität und Gegenwartsbezogenheit, Tendenz zu Vergessen, Verzerrungen, Umdeutungen, Konfabulation usw. Schon Lutz Niethammer (1980) und seine Kollegen haben in den 1980er Jahren darauf hingewiesen, dass die Oral History eigentlich das kollektive Gedächtnis im Sinne von Halbwachs untersucht. In den 1990er Jahren sind Harald Welzer und seine Forschergruppe dieser Einsicht weiter auf den Grund gegangen und haben mit ihren lebensgeschichtlichen Interviews gezeigt, wie die sozialen Rahmen des kollektiven Gedächtnisses auf individuelle Erinnerungsprozesse Einfluss nehmen. In Veröffentlichungen wie *Opa war kein Nazi* (Welzer/Moller/Tschuggnall 2001) konnten sie zeigen, dass Kriegsveteranen etwa ihre eigenen Lebensgeschichten nach Maßgabe konventionalisierter Erzählschemata wiedergeben und wie dabei sogar Episoden aus bekannten Kriegsfilmen Verwendung finden.

Der klassische Untersuchungsgegenstand der Oral History ist das autobiographische Gedächtnis. Doch die Tradierungsforschung hat sich mehr und mehr zu einer ›Weitererzählforschung‹ entwickelt und ist damit auch auf das Gebiet des Biographischen vorgedrungen: An dem »Weitererzählen von Geschichten aus der lebensgeschichtlichen Vergangenheit anderer Personen«, wie sie etwa im Rahmen des Generationengedächtnisses bei der Erinnerung an Holocaust und ›Drittes Reich‹ erfolgen, kann man beobachten

»wie erinnerungskulturelle Rahmen auf der einen Seite und historische Sinnbedürfnisse auf der anderen Seite die Erzählgestalt determinieren, wie sie dazu führen, dass die erzählerischen Elemente der Geschichten entsprechend umfiguriert und vor allem hinsichtlich ihrer Plots, ihrer politschen und moralischen Botschaften, Gegenwartsdeutungen und erinnerungskulturellen Normen angepasst werden« (Koch/Welzer 2005, 165 f.).

Im europäischen Vergleich von Erinnerungen an den Holocaust haben Tradierungsforscher sowohl transnationale, kosmopolitische Narrationsmuster als auch unterschiedliche nationale und generationelle Schemata des Weitererzählens identifiziert (Welzer u. a. 2007).

Aus solchen Studien zu oralen Formen des biographischen Erzählens sind wichtige Einsichten auch über die klassische Biographie im Medium der Prosa ableitbar. Schriftlich wie mündlich verfasste Lebensbeschreibungen geben oft nicht so sehr Aufschluss über das Geschehene selbst als über die Deutungsbedürfnisse und Deutungsnormen sowie über das Kursieren von Erzählschemata und Plotstrukturen, die bestimmten sozialen Milieus und literarischen Traditionen ebenso entstammen können wie einer umfassenden, sich globalisierenden Medienkultur, welche tagtäglich – in Fernsehen, Kino und Belletristik – Muster für Lebensverläufe anbietet. In diesem Zusammenhang werden auch Biographien selbst sichtbar als zentraler Umschlagsplatz für Schemata zur Konstruktion von Lebensgeschichten, die aufseiten der Leserschaft biographisches Wissen ebenso prägen können wie die autobiographische Erinnerung.

5.5. Biographie als Medium des kollektiven Gedächtnisses

Bei der Biographie des klassischen Typs, dem rückblickenden Prosa-Text, handelt es sich um ein typisches Medium des kollektiven Gedächtnisses. Solche Medien tradieren und zirkulieren Versionen von der Vergangenheit; sie stiften und beobachten Gedächtnis. Auf der Basis der oben eingeführten Differenzierungen geht es im Folgenden um diese Grundfunktionen sowie um typische mediale Verfahren und schließlich um die soziale Konstruktion von Biographien als Gedächtnismedien.

5.5.1. *Funktionen: Speicherung und Zirkulation, Gedächtnisbildung und Gedächtnisreflexion*

Medien des kollektiven Gedächtnisses können zwei grundlegende Funktionen in der Erinnerungskultur erfüllen: Sie können Vergangenheitsversionen über Zeit hinweg oder durch Raum hindurch vermitteln. Um diese Funktionen zu beschreiben, haben Aleida und Jan Assmann in ihrer Theorie des kulturellen Gedächtnisses an Konrad Ehlichs Definition des Textes als »wiederaufgenommene Mitteilung« im Rahmen einer »zerdehnten Situation« angeknüpft (J. Assmann 1992, 21 f.). Eine solche Zerdehnung ist in zeitlicher wie in räumlicher Hinsicht denkbar, durch Speicher- oder Verbreitungsmedien. Zur Entwicklung der Theorie des kulturellen Gedächtnisses führte der Fokus auf den zeitlichen Zerdehnungsaspekt, auf die identitätsstabilisierende Langzeitkommunikation, welche durch Speichermedien gewährleistet wird. Im Bereich der Biographik haben etwa antike Lebensbeschreibungen eine solche Speicherfunktion erfüllt. Plutarchs Darstellungen von Julius Caesar und Alexander dem Großen werden bis heute gelesen. Dies ist ein Resultat von Prozessen des kulturellen Gedächtnisses, wie Archivierung, Kanonisierung, kontinuierliche Rezeption, Kommentierung und Auslegung durch Deutungseliten (ebd., 87–129).

Während die meisten Biographien früherer Jahrhunderte deutlich mit einem Auge auf die Nachwelt geschrieben wurden, sehen wir uns heute zunehmend mit einem Markt konfrontiert, der Lebensbeschreibungen für den Augenblick produziert. Stars und Sternchen, amerikanische Präsidenten und deutsche Kommunalpolitiker werden porträtiert, ohne dass Autoren, Verlage oder Leser ernsthaft an eine Bedeutung jener Werke über die aktuelle Buchsaison hinaus glauben würden (↗VIII.4. Biographie und Buchmarkt). Trotzdem können auch diese Biographien als Medien des kollektiven Gedächtnisses bezeichnet werden. Worum es hier geht, ist die Personalisierung von Zeitgeschichte, die Zirkulation von bestimmten Bildern der Vergangenheit, die sinnhafte Verknüpfung gegenwärtiger Entwicklungen mit historischen Prozessen und die kollektive Selbstvergewisserung – mithin um kulturelles Erinnern.

Als Speicher- wie als Zirkulationsmedien können Biographien darüber hinaus zwei grundlegende semantische Funktionen in der Erinnerungskultur erfüllen: Gedächtnisbildung und Gedächtnisreflexion. Gedächtnisbildung gehörte zu den zentralen Aufgaben der populären Biographien des 19. Jahrhunderts, die ›Weltgeschichte als Biographie großer Männer‹ (Thomas Carlyle) verbreiteten. Ebenso der Funktion der Gedächtnisbildung zuzurechnen sind jedoch auch die biographischen Bestrebungen des späten 20. Jahrhunderts, den bestehenden Erinnerungskanon aufzubrechen und Frauen, Angehörige der Arbeiterklasse oder Bewohner ehemals kolonisierter Länder in das kulturelle Gedächtnis mit aufzunehmen (↗V.6. 20. Jahrhundert; ↗VII.11 Postcolonial Studies). Tatsächlich ist die Biographie häufig das erste Gedächtnismedium, über das Revisionen des Erinnerungskanons erfolgen (vgl. z.B. die Suhrkamp-Reihe ›Berühmte Frauen‹).

Gedächtnisreflexion betreiben Biographien dort, wo sie ihre eigene Funktionsweise als Medium des kollektiven Gedächtnisses offenlegen und beobachten. Experimentelle Ausprägungen der Gattung – wie sie in den 1920er Jahren von Virginia Woolf und Siegfried Kracauer gefordert wurden – zeichnen sich oft auch dadurch aus, dass sie auf die Verwobenheit von Biographie und Gedächtnis Bezug nehmen. Sie unterlaufen die erinnerungskulturell geprägten Erwartungen der Rezipienten, indem sie auf tradierte Plotstrukturen und andere narrative Schemata verzichten, etwa zugunsten einer thematischen Anordnung (vgl. László Földényis Kleist-Biographie, 1999). Sie spielen mit den verschiedenen Erinnerungsmodi – wie etwa Wolfgang Hildesheimers *Marbot* (1981), eine literarisch-fiktionale Biographie im Modus des kunsthistorisch-faktualen – oder sie thematisieren den Zusammenhang von Biographie und Gedächtnis in expliziter Form, wie es etwa in der neueren Gattung der ›fiktionalen Metabiographie‹[7] üblich ist.

7 Vgl. Julijana Nadj: *Die fiktionale Metabiographie: Gattungsgedächtnis und Gattungskritik in einem neuen Genre der englischsprachigen Erzählliteratur*. Trier 2006.

5.5.2. *Verfahrensweisen: Intermedialität und Remediation als ›Gedächtnis‹ der Biographie*

Die Biographie gehört zu jenen hochgradig intermedialen Gedächtnismedien, die sich aus einer Vielzahl anderer Medien speisen: aus Briefen, Tagebucheinträgen, mündlichen Zeugnissen, Bildmedien, älteren Biographien usw. Wie für alle Gedächtnismedien so gilt auch für die Biographie, dass die Re-Präsentation der Vergangenheit niemals durch die Präsentation des Vergangenen selbst erfolgen kann, sondern bestenfalls über die Inkorporation von Medien, die dieser Vergangenheit entweder angehörten oder sie bereits dargestellt haben. Metaphorisch gesprochen und in Anlehnung an Renate Lachmann, die den Begriff von ›Intertextualität als Gedächtnis der Literatur‹[8] geprägt hat, handelt es sich bei solchen intermedialen Bezugnahmen um das ›Gedächtnis‹ der Biographie.

In der neueren Gedächtnisforschung wird eine solche Inkorporation vorgängiger Medien in ein neues Medium als ›Remediation‹ bezeichnet.[9] Kulturelles Erinnern folgt dabei einer Verfahrenslogik, die Jay David Bolter und Richard Grusin in ihrer Theorie Neuer Medien als ›Doppel-Logik der Remediation‹ beschrieben haben:[10] Auf der einen Seite zeichnen sich Gedächtnismedien wie Biographien meist durch die Erzeugung transparenter Unmittelbarkeit aus, die im Erinnerungs-Diskurs gerne mit dem Begriff der Authentizität belegt wird. Sie inszenieren sich als durchsichtige Medien, die dem Mediennutzer ein ›Fenster‹ auf ein vergangenes Leben eröffnen. Ihre Präsenz soll im Rezeptionsakt vergessen werden. Biographien erzeugen so die Illusion einer unmediatisierten Erinnerung; sie suggerieren die (unmögliche) Möglichkeit eines Zugriffs auf das prä-mediale Geschehen eines gelebten Lebens. Doch paradoxerweise entsteht dieser Effekt auf der anderen Seite erst durch eine besonders große Kunstfertigkeit und die Multiplikation von Medien. Indem Biographien ältere Medien ›recyceln‹, authentisieren sie sich als Gedächtnismedien. Biographien greifen jedoch nicht nur auf ein ›mediales Gedächtnis‹ zu, indem sie Quellen inkorporieren. Über Gattungsreferenzen stehen sie stets auch in Verbindung zur eigenen Gattungsgeschichte. Indem Biographien sich markiert oder unmarkiert auf die Tradition und die Konventionen biographischen Schreibens beziehen, stiften und kontinuieren sie ein ›Gattungsgedächtnis‹ – ein Verfahren, das in metabiographischen Texten nicht selten explizit problematisiert wird.[11] Der Punkt, an dem Biographien selbstreflexiv auf ihre Abhängigkeit von einem ›Mediengedächtnis‹ und auf das damit verbundene Paradox der hypermedialen Erzeugung transparenter Unmittelbarkeit verweisen, markiert den Übergang ihres Funktionspotentials vom Pol der Gedächtnisbildung zum Pol der Gedächtnisreflexion.

5.5.3. *Soziale Konstruktion: Biographie in plurimedialen Netzwerken der Erinnerung*

Eine Biographie macht noch kein kollektives Gedächtnis. Um Biographien als Erinnerungsorte fest in der Erinnerungskultur zu verankern, bedarf es mehr als der einmaligen textuellen Repräsentation eines gelebten Lebens. Biographien müssen zirkulieren, rezipiert, kontrovers besprochen, institutionalisiert und tradiert werden, um als Medien des kollektiven Gedächtnisses volle Wirkung entfalten zu können. Erst in sozialen Kontexten wird die Biographie zu einem Medium des kollektiven Gedächtnisses *gemacht*. Und weil die damit verbundenen Prozesse zumeist selbst medial verfasst sind – Diskussion der Biographie in Rezensionen und TV-Interviews, deren Aufnahme in Lehrpläne und Anthologien, Marketing über gedruckte Anzeigen usw. – kann man in diesem Zusammenhang von plurimedialen Netzwerken der Erinnerung sprechen. Die Biographie als wirkmächtiges Medium des kollektiven Gedächtnisses ist damit ein Phänomen gesellschaftlicher Produktion und Aneignung.[12]

8 Vgl. Renate Lachmann: *Gedächtnis und Literatur. Intertextualität in der russischen Moderne*. Frankfurt a. M. 1990.

9 Vgl. Astrid Erll/Ann Rigney (Hg.): *Mediation, Remeditation and the Dynamics of Cultural Memory*. Berlin/New York 2009.

10 Jay David Bolter/Richard Grusin: *Remediation: Understanding New Media*. Cambridge, Mass. 1999.

11 Vgl. Astrid Erll/Marion Gymnich/Ansgar Nünning (Hg.): *Literatur – Erinnerung – Identität. Theoriekonzeptionen und Fallstudien*. Trier 2003.

12 Vgl. zu dieser Denkfigur auch Astrid Erll/Stephanie Wodianka (Hg.): *Plurimediale Konstellationen. Film und kulturelle Erinnerung*. Berlin/New York 2008.

Die plurimediale Konstruktion einer Biographie als Erinnerungsort konnte zuletzt etwa am Beispiel von Helmut Schmidts 90. Geburtstag im Jahr 2008 beobachtet werden.

5.6. Die Biographie als Gedächtnisgattung

Die Biographie ist eine Gedächtnisgattung *par excellence* – eine Gattung, die auf verschiedenen Ebenen Gedächtnis prägt und von Gedächtnis geprägt ist. Biographien stiften, kontinuieren, zirkulieren und hinterfragen kulturelles Gedächtnis. In die Biographie gehen autobiographische Erinnerungen der Verfasser ebenso ein wie die Inhalte ihres semantischen Gedächtnisses (›Auto/Biographie‹). Solche individuellen Erinnerungen erweisen sich, wie die ›Weitererzählforschung‹ gezeigt hat, als gerahmt durch ein soziales Gedächtnis, als tiefgreifend geprägt durch in soziokulturellen Kontexten erworbene biographische Deutungsmuster. Bei dem Quellenmaterial, auf dem Biographien fußen, handelt es sich um medial externalisierte Erinnerungen der Biographierten und anderer Zeitzeugen, die sich die Biographie über Verfahren der Intermedialität bzw. der Remediation aneignet. Dabei formen auch tradierte Gattungskonventionen als Gegenstände eines ›Gattungsgedächtnisses‹ die Biographie mit. Und schließlich ist das Lesergedächtnis nicht zu vergessen: Die Erinnerung an vorgängige biographische Lektüren wird von Rezipienten an neue Biographien herangetragen und prägt den Rezeptionsprozess. Umgekehrt kann die Biographie auf das Gedächtnis des einzelnen Lesers Einfluss nehmen, und zwar nicht nur auf sein Wissen über die biographierte Person, sondern sogar auf seine aus der Lektüreerfahrung resultierende Codierung der eigenen Lebenserfahrung. Erst über komplexe Aushandlungsprozesse in plurimedialen Netzwerken werden Biographien allerdings zu auf kollektiver Ebene wirkmächtigen Gedächtnismedien und zu nationalen Erinnerungsorten.

Wer die Biographie als Gedächtnisgattung begreift, richtet seine Aufmerksamkeit auf ihre unhintergehbare kulturelle Erinnerungshaftigkeit. Damit wird der Blick auf ihre Selektivität und Konstruktivität gelenkt, auf ihre Medialisierung, Kulturspezifik und Gegenwartsorientierung. Ein Verständnis von biographischem Schreiben als Akt kultureller Erinnerung vermag vieles zu erklären, was in vergangenen Diskussionen mit dem Etikett der ›biographischen Fiktion‹ versehen wurde. Denn selbst die methodisch ausgereiftesten Biographien können uns niemals einen unmittelbaren Blick auf ein vergangenes Leben gewähren. Stattdessen haben wir es stets mit einem komplexen Prozess erinnerungskultureller Repräsentationspraxis zu tun – mit kultureller Erinnerung als Repräsentation und der Repräsentation kultureller Erinnerung (Saunders 2008, 330).

Literatur

Assmann, Aleida: *Erinnerungsräume. Formen und Wandlungen des kulturellen Gedächtnisses.* München 1999.

Assmann, Jan: *Das kulturelle Gedächtnis. Schrift, Erinnerung und politische Identität in frühen Hochkulturen.* München 1992.

Erll, Astrid: *Kollektives Gedächtnis und Erinnerungskulturen. Eine Einführung.* Stuttgart 2005.

Halbwachs, Maurice: *Das Gedächtnis und seine sozialen Bedingungen.* Frankfurt a. M. 1985 (franz. 1925).

Ders.: *Das kollektive Gedächtnis.* Frankfurt a. M. 1991 (franz. 1950).

Klein, Christian (Hg.): *Grundlagen der Biographik. Theorie und Praxis des biographischen Schreibens.* Stuttgart 2002.

Koch, Torsten/Welzer, Harald: »Weitererzählforschung. Zur seriellen Reproduktion erzählter Geschichte«. In: Thomas Hengatner/Brigitta Schmidt-Lauber (Hg.): *Leben – Erzählen.* Berlin/Hamburg 2005, S. 165–82.

Niethammer, Lutz (Hg.): *Lebenserfahrung und kollektives Gedächtnis. Die Praxis der »oral history«.* Frankfurt a. M. 1980.

Saunders, Max: »Life-Writing, Cultural Memory, and Literary Studies«. In: Astrid Erll/Ansgar Nünning (Hg): *Cultural Memory Studies. An International and Interdisciplinary Handbook.* In Zusammenarbeit mit Sara B. Young. Berlin/New York 2008, S. 321–332.

Schacter, Daniel L.: *Wir sind Erinnerung. Gedächtnis und Persönlichkeit.* Reinbek 2001 (engl. 1996).

Welzer, Harald u. a.: *Der Krieg der Erinnerung: Holocaust, Kollaboration und Widerstand im europäischen Gedächtnis.* Frankfurt a. M. 2007.

Ders./Moller, Sabine/Tschuggnall, Karoline: *»Opa war kein Nazi.« Nationalsozialismus und Holocaust im Familiengedächtnis.* Frankfurt a. M. 2002.

Astrid Erll

6. Biographie – Genealogie – Generation

Die meisten Biographien befassen sich mehr oder weniger ausführlich auch mit den Voraussetzungen und Entstehungsbedingungen sowie mit der Nachgeschichte des jeweils beschriebenen Lebens. Dafür stellen Genealogie und Generation besonders brauchbare Denk- und Erzählmodelle dar. Sie begründen Herkunft und Zukunft, sowohl hinsichtlich verwandtschaftlich-familiärer Abstammung und Fortzeugung als auch hinsichtlich sozialer und historischer Verhältnisse. Dabei liegt das Besondere des genealogischen Denkens nach Foucault darin, dass es immer dort ansetzt, »wo sich Leib und Geschichte verschränken«, und somit zeigt, »wie der Leib von der Geschichte durchdrungen ist und wie die Geschichte am Leib nagt«.[1] Auch das moderne Konzept der Generation, wie es sich, als historisch spezifische Variante genealogischen Denkens, seit dem späten 18. Jahrhundert herausgebildet hat, bezeichnet ein solches Grenz- und Übergangsphänomen. Die – heute zumeist vorherrschende – Vorstellung der Generation als einer Erlebnisgemeinschaft, die sich aufgrund gleicher oder ähnlicher Prägungen ihrer Angehörigen konstituiert, speist sich epistemologisch und wissenschaftsgeschichtlich aus der Überschneidung von Zeugungs-, Wachstums- und Vererbungstheorien, von Soziologie und Biologie, von Kultur- und Naturwissenschaften (Parnes/Vedder/Willer 2008).

Gerade in dieser nicht reduzierbaren Vielgestaltigkeit zwischen leiblicher Abstammung und Fortpflanzung einerseits, zeitlich-historischer Struktur andererseits, und hierin wiederum zwischen den wechselnden Bezügen auf Vergangenheit, auf aktuelle Zeitgenossenschaft und auf Fortschreibung in die Zukunft hinein, sind Genealogie und Generation wichtige Schnittstellen, wenn es um den Wechselbezug von Geschichte und Leben geht. Somit sind sie besonders gut geeignet, um Lebensgeschichten, d. h. biographische Narrative, zu plausibilisieren. Zugleich überschreitet das Denken in Genealogien und Generationen immer schon den Bezirk der *einen* biographischen Person, indem es ganz wesentlich auf deren Vorläufer, Zeitgenossen und Nachfolger ausgerichtet ist. Auf diese Weise lassen sich im Muster des Genealogischen oder Generationellen auch die Gattungsgrenzen der Personal- bzw. Individualbiographie überschreiten, hin zur Familienbiographie und der Biographie einer sozialen Gruppe. Im Folgenden wird daher zunächst die Funktion von Genealogie und Generation in Einzelbiographien, dann in Kollektivbiographien erörtert.

1 Michel Foucault: »Nietzsche, die Genealogie, die Historie«. In: Ders.: *Von der Subversion des Wissens*. Übers. v. Walter Seitter. Frankfurt a. M. 1978, S. 83–109, hier S. 91 f.

6.1. Genealogie und Generation in Einzelbiographien

6.1.1. *Zur historischen Entwicklung der Genealogie als biographischem Topos*

Antike bis Renaissance

Mit Blick auf die jeweils zweiten Bestandteile der Komposita Biographie und Genealogie stellt sich die Frage, wie die *Logik* der Herkunft und Fortzeugung in die (Be-)*Schreibung* des Lebens Eingang findet. Konkret ist das die Frage nach dem textlichen Ort der Vermittlung genealogischer Informationen. Was die Herkunft betrifft, so ist dieser Ort naheliegenderweise der Textanfang. Das gilt schon für die antike Biographik. Leo weist in diesem Zusammenhang mit Blick auf die Grundform der suetonischen Kaiserbiographien – »Name, Thaten, Lebensführung, Tod« – auf die weitläufige Bedeutung des Namens hin: Er ist derjenige biographische Topos, an dem »vom *genos* des Mannes« (Leo 1901/1990, 2) erzählt wird. Dasselbe gilt für die Dichterbiographien Suetons: Sie beruhen auf einem Schema, in dem »Name, Heimat, Eltern, Geburt« am Beginn stehen (ebd., 12).

Auch die Grundform der Biographien Plutarchs »beginnt mit dem *genos*, Vorfahren, Eltern, Geburt«, knüpft daran aber bereits »für Persönlichkeit und Lebensverhältnisse bezeichnende Züge« (ebd., 180). Das trifft etwa auf die Überlagerung familialer und sozialer Herkunft mit mythologischer Sinnstiftung zu, die sich am Beginn von Plutarchs Lebensbeschreibung des Themistokles findet (↗ V.1. Antike). Dort heißt es, er sei von mütterlicher Seite ein Ausländer gewesen und habe daher in Athen die Schule außerhalb der Stadttore besuchen müssen. Dieser geburtsmäßige Nachteil dient von vorn herein der quasi-heroischen Erhöhung des Biographierten: Plutarch bemerkt, dass die Schule dem Herkules geweiht war, »weil auch letzterer kein Vollblut unter den Göttern war«. Zudem sei es Themistokles gelungen, eine Reihe von Bürgersöhnen ebenfalls zum Besuch dieser Schule zu motivieren – so habe er bereits als Schüler »auf schlaue Weise die Trennung zwischen halben und ganzen Bürgern entfernt«.[2]

Im Mittelalter haben Genealogien vorwiegend die Funktion, die jeweils aktuell wirksamen Macht- und Herrschaftsverhältnisse zu legitimieren. Dem dient der Einsatz genealogischer Informationen in Fürstenviten. Oft wird die Herkunft eines Herrschers bis in alttestamentliche oder auch pagan-mythologische Vergangenheiten zurückgeführt, wobei aber die ununterbrochene Kontinuität der rechtmäßigen (und damit rechtsetzenden) Abstammung behauptet wird.[3] Etwas anders liegt der Fall in Einhards *Vita Caroli Magni* (um 830). Hier setzt der Chronist (bei ausdrücklicher Betonung seiner Unkenntnis in Bezug auf Geburt, Kindheit und Jugend des biographischen Objekts) mit dem Herrschaftswechsel von den Merowingern zu den Karolingern ein, um gerade aus diesem dynastischen Umbruch sowohl die ererbten wie auch die individuellen Verdienste Karls des Großen zu beglaubigen. Anders als die Fürstenviten beruhen mittelalterliche Heiligenviten grundsätzlich auf der Abkehr von weltlicher genealogischer Abstammung, gemäß dem antifamiliären Affekt im Nachfolgebefehl Christi. Allerdings fällt auf – etwa in den Hagiographien der *Legenda aurea* (1260) von Jacobus de Voragine –, dass auf die oftmals adelige Herkunft der Heiligen in der Regel ausdrücklich hingewiesen wird, um dann die Wahl einer rein geistlichen Verwandtschaft umso mehr hervorzuheben.

Eine neuartige Spannung der biographisch beschriebenen Einzelperson zu ihrer genealogischen Herleitung entsteht mit dem starken Akzent auf Individualität in der Biographik der Renaissance. In Giorgio Vasaris *Vite de' più eccellenti Architetti, Pittori et Scultori Italiani da Cimabue insino a' tempi nostri* (1550/1568) ist der Künstler mit einem naturgegebenen Ingenium ausgestattet, das nicht mehr schematisch auf das *genos* im Sinne der Abstammung verrechnet wird (↗ VII.3. Kunstgeschichte). Diesbezügliche Informationen fallen in vielen von Vasaris Viten sehr knapp aus oder fehlen ganz. Unterstrichen wird hingegen der Aspekt der Ausbildung, sei es durch die Begegnung mit den antiken Kunstvorbildern oder durch persönlichen Unterricht bei einem Meister. Entsprechend häufig findet sich der Hinweis auf die Vielzahl der Schüler am Ende der Künstlerviten. Diese nichtverwandtschaftliche Ausprägung von Genealogie kann durch leibliche Abstammungsverhältnisse unterstützt werden, wie Vasaris Viten über Väter und Söhne zeigen, die gleichzeitig Meister-Schüler-Biographien sind (z. B. über Nicola und Giovanni Pisano oder über Jacopo, Giovanni und Gentile Bellini[4]).

19. und 20. Jahrhundert (Genie-Genealogien, Pathographien, Mythographien)

Die erste deutschsprachige Biographie, die explizit ein »wahres großes Kunst-Genie« (Forkel 1802, 131) aus seiner genealogischen Herkunft erläutert, ist Johann Nikolaus Forkels *Über Johann Sebastian Bachs Leben, Kunst und Kunstwerke* (↗ VII.4. Musikwissenschaft). Schon der Buchtitel (einer der frühen Belege für die Formel ›Leben und Werk‹, deutlich vor Charles-Augustin Sainte-Beuves und HippolyteTaines ›l'homme et l'œuvre‹) lässt sich als Kurzfassung einer Genie-Anthropologie verste-

2 *Plutarchs ausgewählte Biographien*. Deutsch von Eduard Eyth. Stuttgart 1855, Bd. 2, S. 7.

3 Vgl. Gert Melville: »Vorfahren und Vorgänger. Spätmittelalterliche Genealogien als dynastische Legitimation zur Herrschaft«. In: Peter-Johannes Schuler (Hg.): *Die Familie als sozialer und historischer Verband. Untersuchungen zum Spätmittelalter und zur frühen Neuzeit*. Sigmaringen 1987, S. 203–309.

4 Giorgio Vasari: *Lebensläufe der berühmtesten Maler, Bildhauer und Architekten*. Übers. v. Trude Fein. Zürich 1974, S. 17–37 u. S. 237–254.

hen, die die Emphase des ›Lebens‹ unmittelbar auf die Kunst überträgt. Zentraler Gesichtspunkt dieser Übertragung ist der Transfer in der Familie. Es geht also nicht um das voraussetzungslose Erscheinen eines Genies, sondern um dessen geradezu notwendiges Hervorgehen aus seiner Abstammung – wobei nicht nur vom innerfamiliären musikalischen Unterricht und von der intergenerationellen Weitergabe von Traditionen die Rede ist, sondern auch von einer darüber hinausgehenden Erblichkeit der »Anlage«: »Wenn es je eine Familie gegeben hat, in welcher eine ausgezeichnete Anlage zu einer und derselben Kunst gleichsam erblich zu seyn schien, so war es gewiß die Bachische« (ebd., 28). Forkel greift für die Darstellung dieser Abstammung auf genealogisches Material des Biographierten selbst zurück, das dieser 1735 unter dem Titel »Ursprung der musicalisch-Bachischen Familie« zusammengestellt hatte (ebd., Anhang). Zentraler Gesichtspunkt der bachschen Genie-Genealogie ist die Reproduktionsfähigkeit: Forkel stellt ausführlich dar, dass Johann Sebastian Bach der Vater (und Lehrer) höchst erfolgreicher Musiker war. Allerdings können die Söhne gegenüber dem Vater nur als Schwundstufen musikalischen Genies erscheinen – ein Befund, den einer der Söhne (C.Ph.E. Bach) in einer Mitteilung an Forkel selbst hervorhebt: »Die jetzige Generation, qvoad Musicam, artet aus« (ebd., 157).[5]

Mit dem ›Ausarten‹ ist bereits das Argument der Degeneration benannt, mit dem das Genie im weiteren Verlauf des 19. und zu Beginn des 20. Jahrhunderts zum Testfall des genealogischen Ansatzes wird. Biographien genialer Menschen werden nun bevorzugt als Pathographien geschrieben (↗ V.6. 20. Jahrhundert).[6] Gemäß Cesare Lombrosos Formel »Genie und Irrsinn« bedingen »erworbene tiefergehende Krankheiten der Eltern eine vom normalen Typus abweichende Beschaffenheit der Kinder und weiterhin auch der Nachkommenschaft dieser [...], die sich nicht bis ins Unendliche fortsetzt, sondern ihr Ende in dem Erlöschen der entarteten Generationsreihe, manchmal auch in einer letzten Regeneration findet.« Demnach ist nicht selten »das Genie das letzte Aufflackern eines solchen Geschlechts, mit diesem Knalleffect erlischt es, und die häufige Sterilität des Genies charakterisirt es besonders als eine degenerative Erscheinung«.[7]

Gegen die schematische Rückführung singulärer Individualität auf solche Degenerationsmuster richtet sich Ernst Bertrams *Nietzsche*-Buch (1918) – das zudem etwas anderes und mehr als eine Biographie sein soll, nämlich der »Versuch einer Mythologie« (so der Untertitel). Das erste Kapitel »Ahnentafel« erwähnt zwar verschiedene Vorfahren Nietzsches, interpretiert dann aber das Phänomen der Nachkommenschaft in einem allgemeineren Sinn: als zentrales Problem in Nietzsches theoriegeschichtlicher Selbstdeutung. Wie Bertram zeigt, bejaht Nietzsche einerseits den eigenen Status als Nachgeborener, strebt aber andererseits nach voraussetzungsloser Originalität. Damit wird der Topos des Genealogischen neu gewichtet. Gegen die konkrete Abstammung aus »bloßen Blut- und Züchtungsvoraussetzungen« stellt Bertram Nietzsches Gedanken einer »geistigen Ahnentafel« mit Zarathustra, Jesus, Platon und Goethe als Vorfahren – gipfelnd in dem »Wunsch- und Wahnbild eines tausendjährigen Vorläufers und Erben seiner selbst«.[8] In diesem Bild kulminiert somit auch Bertrams gezielt durchgeführte Erhebung Nietzsches zur mythischen, legendarischen Gestalt, die sich der im 19. Jahrhundert gängig gewordenen Wechselerklärung von Leben und Werk entziehen muss.

Eine ähnliche Intention findet sich in Jean-Paul Sartres Flaubert-Biographie *L'idiot de la famille* (1971/72), wenngleich sie, ganz anders als Bertrams *Nietzsche*, eine monumentale Lebensgeschichte *vor* Einsetzen des (Haupt-)Werks ist. Sar-

5 Vgl. Stefan Willer: »Sui generis. Heredity and Heritage of Genius at the Turn of the 18th Century«. In: Staffan Müller-Wille/Hans-Jörg Rheinberger (Hg.): *Heredity Produced. At the Crossroads of Biology, Politics and Culture, 1500 to 1870. A Cultural History of Heredity, Vol I.* Cambridge 2007, S. 419–440.

6 Etwa Paul J. Möbius: *Das Pathologische bei Goethe.* Leipzig 1898; Otto Klinke: *E.T.A. Hoffmanns Leben und Werke. Vom Standpunkt eines Irrenarztes.* Halle 1908; als Sammlungen: Wilhelm Lange-Eichbaum: *Genie, Irrsinn und Ruhm.* München 1928; Ernst Kretschmer: *Geniale Menschen. Mit einer Porträtsammlung.* Berlin 1929; vgl. Jutta Person: *Der pathographische Blick. Physiognomik, Atavismustheorien und Kulturkritik 1870–1930.* Würzburg 2005.

7 Cesare Lombroso: *Entartung und Genie. Neue Studien.* Übers. v. Hans Kurella. Leipzig 1894, S. 91.

8 Ernst Bertram: *Nietzsche. Versuch einer Mythologie.* Berlin 1918, S. 28 bzw. S. 39.

tre behandelt auf dreitausend Seiten die Konstitution des Künstlers aus seiner familiären und sozialen Herkunft im Bürgertum des 19. Jahrhunderts. Das eigentliche Ziel dieses geradezu hypertrophen genealogischen Zugangs ist allerdings dessen abschließende Durchstreichung, d.h. die Zurückweisung jeglichen genealogischen Determinismus zugunsten einer Emphase individueller Selbsterschaffung. Die Beschäftigung mit Flaubert zeigt für Sartre exemplarisch, dass der Mensch sein Gemacht-Sein überschreiten müsse, um das zu werden, was er selbst aus sich mache.[9]

Ein solches Spannungsverhältnis des Einzelnen zu seiner Herkunftsfamilie ist eine starke Motivation für die biographische Auseinandersetzung mit Fragen der genealogischen Ordnung. Aber auch wo eine solche oder andere explizite Motivation fehlt, wird in Biographien bis heute fast ausnahmslos auf genealogische Herleitungen zurückgegriffen. Dass man sich einer Person als Biograph auf diesem Weg anzunähern habe, wird kaum einmal problematisiert – ebenso wenig wie der Umstand, dass die Tiefe, Breite und Dichte der dargestellten genealogischen Verknüpfung sich vor allem nach der Materiallage bestimmt und weniger nach der realen Bedeutung für die Personalität oder Individualität der Zentralfigur. So bleibt es in vielen Biographien beim topischen Hinweis auf die Vorfahren in gerader Linie und in zwei Generationen: Eltern und Großeltern. Dabei lässt sich gerade das vermeintlich Selbstverständliche, weil Natürliche dieser Filiationen infrage stellen. In dieser Weise versteht Peter-André Alt in seiner Kafka-Biographie *Der ewige Sohn* (2005) die familiäre Herkunft nicht als geradlinige Hinführung zur Figur des Protagonisten, sondern als ein problematisches ›Netz der Beziehungen‹, in dem dieser sich befindet. Alt setzt daher noch vor die Erwähnung der väterlichen und mütterlichen Vorfahren folgende Notiz Kafkas: »Die Kette der Generationen ist nicht die Kette Deines Wesens und doch sind Beziehungen vorhanden. Welche? Die Generationen sterben wie die Augenblicke Deines Lebens. Worin liegt der Unterschied?«[10]

6.1.2. Generationalität als biographisches Deutungsmuster

Vom Hinweis auf leibliche oder ideelle Vor- und Nachfahren zu unterscheiden ist der biographische Rekurs auf Generationalität im Sinne der alters- oder erfahrungsbedingten *Gleichzeitigkeit.* Eine solche Vorstellung von Generationen ist von besonderer Bedeutung für das Geschichtsdenken des Historismus. Wilhelm Dilthey spricht vom »Verhältnis der Gleichzeitigkeit von Individuen«, die sich, wenn sie denselben »leitenden Einwirkungen« unterworfen gewesen sind, zu einem »homogenen Ganzen« zusammenschließen können. Das Ausfindigmachen solcher historischen Erfahrungseinheiten versteht er als die wichtigste Methode, wenn das »Gerüst des Verlaufs geistiger Bewegungen«[11] dargestellt werden soll.

Dilthey organisiert seine Biographie *Leben Schleiermachers* (1870) über weite Strecken anhand dieses historischen Deutungsmusters. Schon die Vorfahren sortiert er nicht nur nach Familiengenerationen, sondern erörtert – vor allem für den Vater – auch die Generationszugehörigkeit im Sinn der geistesgeschichtlichen Epochisierung. Für die Erläuterung von Schleiermachers »Lebensideal« und »Weltanschauung« ist dann die Einbettung in die »junge Generation« der »romantischen Genossen« unabdingbar. Diltheys Interesse richtet sich hier zum einen auf den Konflikt dieser jungen literarischen Generation mit ihren unmittelbaren Vorgängern – namentlich mit Goethe –, zum anderen auf das dialektische Verhältnis des Einzelnen zu seiner Generation: »Wie jeder Genius war er mitten unter ihnen einsam und doch ihrer bedürftig« (Dilthey 1870/1991, 280).

Darüber hinaus ist von methodischer Bedeu-

9 Vgl. Monika Schulten: *Jean-Paul Sartres »L'idiot de la famille«. Ein methodisches Modell der Dichterbiographie. Ein Vergleich zwischen Wilhelm Diltheys verstehender und Jean-Paul Sartres dialektischer Konzeption der Biographie.* Frankfurt a.M. u.a. 1991.

10 Franz Kafka: *Gesammelte Werke in zwölf Bänden.* Nach der Kritischen Ausgabe hg. v. Hans-Gerd Koch. Frankfurt a.M. 1994, Bd. 6: Beim Bau der chinesischen Mauer und andere Schriften aus dem Nachlaß, S. 208. Zit. bei Peter-André Alt: *Franz Kafka. Der ewige Sohn. Eine Biographie.* München 2005, S. 21.

11 Wilhelm Dilthey: »Über das Studium der Geschichte der Wissenschaften vom Menschen, der Gesellschaft und dem Staat«. In: Ders.: *Gesammelte Schriften.* Bd. 5. Hg. v. Georg Misch. Stuttgart/Göttingen [8]1990, S. 31–73, hier S. 36f.

tung, dass Dilthey auch die Instanz des Biographen in diesem generationellen Gefüge situiert. Das Vorwort der Erstauflage setzt ein: »Ich schreibe das Leben eines Mannes, dessen persönlicher Eindruck noch heute in einer älteren Generation ganz lebendig ist«, um dann aber diesen Befund sogleich mit der Bemerkung zu konterkarieren, dass in dem »innersten Leben« Schleiermachers »etwas dem gegenwärtigen Geschlecht völlig Fremdartiges« sei. Angesichts dieser generationellen Spaltung auch der *Gegenwart* – »ältere Generation« versus »gegenwärtiges Geschlecht« – wächst dem Biographen Schleiermachers in seiner Selbstsicht die Aufgabe zu, »den Zusammenhang [seiner] Lebensereignisse mit unsern heutigen Aufgaben herzustellen, dem Bleibenden in ihnen eine erneute Wirkung in der Gegenwart zu schaffen. Die Kontinuität unserer geistigen Entwicklung hängt davon ab, in welchem Maße uns das gelingt« (ebd., XXXV). Dilthey entwirft also die Generation als Konfliktmodell, das dennoch der historischen Kontinuität dienen soll.

Dass in dieser Weise die Generationserfahrung des Biographen ins Feld geführt wird, begegnet wieder in den Selbstaussagen von DDR-Schriftstellerinnen wie Christa Wolf oder Sigrid Damm, die sich in den 1970er und 80er Jahren verstärkt dem biographischen Schreiben zuwenden. Die Selbstreflexion von Autorinnen in der realsozialistischen Gesellschaft führt zu der Erfahrung, selbst zu einer ›Generation ohne Biographie‹ (Damm) zu gehören, während die literarische Auseinandersetzung mit anderen Lebensgeschichten als der eigenen als neue Form von Authentizität beschrieben wird.[12] Insbesondere gilt das für den Bezug auf Protagonistinnen der Kulturgeschichte des 18. und 19. Jahrhunderts, etwa für Wolfs (teils fiktionalisierte) Beschäftigung mit Karoline von Günderode oder Damms Biographie Cornelia Goethes.[13]

Generationalität als Deutungsmuster ist in der Biographik des 20. Jahrhunderts weit verbreitet. Das gilt besonders dort, wo einzelne Personen besonders für ihre Zugehörigkeit zu einer bestimmten Schule oder Strömung bekannt sind – etwa in den Lebensgeschichten der Protagonisten der ›Beat Generation‹,[14] oder auch in Peter Burkes biographisch angelegter Darstellung der französischen historiographischen Schule der *Annales*, in denen nacheinander die ›Gründerväter‹ Lucien Febvre und Marc Bloch, deren Schüler Fernand Braudel und die ausdrücklich so bezeichnete ›dritte Generation‹ um Jacques LeGoff und Georges Duby behandelt werden.[15] Generation als biographisches Argument kann somit auch dazu dienen, die Vorstellung des singulären, herausragenden Individuums – die durch den bloßen Akt der Erhebung einer Person zur Zentralfigur einer Biographie unweigerlich entsteht – im selben Zug wieder zu relativieren. Angesichts der vielerorts als fragwürdig erscheinenden Idee individueller ›Größe‹ wird dann die Biographie aus dem Sachverhalt der Generationalität heraus legitimiert bzw. als ›typisch‹ oder ›exemplarisch‹ für eine bestimmte Generation angenommen (↗ IV.1 Kontext).

In der zeithistorischen Biographieforschung ist die Verallgemeinerung des Individuellen in Richtung auf das Generationelle von entscheidender methodischer Relevanz. Die Biographierten stehen grundsätzlich nicht für sich, sondern sind ›Zeitzeugen‹ (das gilt vor allem in der Oral-History-Forschung).[16] Umgekehrt hat die Generation aus der Perspektive dieser Zeitzeugen oft eine wichtige Funktion als narrativer Modus des Geschichtsbewusstseins und somit auch der (auto-)biographischen Selbstdeutung. Das betrifft mit der Vergangenheits- zugleich die Gegenwartsbewältigung: Wie die biographischen Interviews der aktuellen

12 Vgl. Doris Koller: *Biographisches Schreiben und Selbstreflexion. Frauen der Romantik in Lebensbeschreibungen von Schriftstellerinnen der DDR*. Magisterarbeit Universität Regensburg 1994, http://www.opus-bayern.de/uni-regensburg/volltexte/2001/21/pdf/RSL5.pdf (19.02.2009).

13 Vgl. Christa Wolf: *Kein Ort, Nirgends*. Berlin 1979 (sowie die Text- und Materialsammlung über Günderode: *Der Schatten eines Traumes. Gedichte, Prosa, Briefe, Zeugnisse von Zeitgenossen*. Hg. v. Christa Wolf. Berlin 1979); Sigrid Damm: *Cornelia Goethe*. Berlin/Weimar 1987.

14 Vgl. Dennis McNally: *Desolate Angel. Jack Kerouac, the Beat Generation, and America*. Cambridge, Mass. 2003; Bill Morgan: *I Celebrate Myself. The Somewhat Private Life of Allen Ginsberg*. New York 2006.

15 Peter Burke: *Offene Geschichte. Die Schule der »Annales«*. Übers. v. Matthias Fienbork. Frankfurt a.M. 1998 (engl. 1990).

16 Vgl. etwa die Arbeiten des Instituts für Geschichte und Biographie der Fern-Universität in Hagen, darunter die *Zeitschrift für Biographieforschung, Oral History und Lebensverlaufsanalysen* (BIOS); weiterhin Christine Thon: *Frauenbewegung im Wandel der Generationen. Eine Studie über Geschlechterkonstruktionen in biographischen Erzählungen*. Bielefeld 2008.

zeithistorischen Forschung zeigen, lassen sich insbesondere traumatische Erlebnisse oft nicht in individueller Rückschau, wohl aber als Erfahrung einer Generation perspektivieren und verbalisieren.[17] Eine methodologisch ähnliche Funktion wie in der Zeitgeschichtsforschung hat die Biographik als Instrument qualitativer Soziologie. In der dafür seit den 1980er Jahren entwickelten Technik der biographisch-narrativen Gesprächsführung werden Individualgeschichten als Einzelfälle verstanden, die induktiv im Sinne soziologischer Befunde zu verallgemeinern sind.[18] Bei dem für diesen Ansatz zentralen Konzept des *Lebenslaufs* geht es um mehr oder weniger typisierbare Übergänge und Statuswechsel eines Lebens (z. B. Schulabschluss, eigene Kinder, Heirat, Tod der Eltern, Austritt aus dem Berufsleben), d. h. um die Identifikation verschiedener Generationenstufen in der zeitlichen Abfolge *eines* Lebens.[19]

6.2. Generation und Genealogie in Kollektivbiographien

6.2.1. *Familienbiographien*

Die Ausweitung des lebensgeschichtlichen Topos der Genealogie hin zur biographischen Beschreibung von Filiationen deutet sich in einigen von Vasaris Künstlerviten an und wird in Forkels *Über Johann Sebastian Bachs Leben, Kunst und Kunstwerke* bereits weiter ausgeführt (s.o.). An späteren Bach-Biographien lässt sich zeigen, dass die Beschäftigung mit Vor- und Nachfahren immer mehr Raum einnimmt: Fünfundsiebzig Jahre nach Forkel widmet Philipp Spitta in seiner monumentalen Biographie den Vorfahren J.S. Bachs bereits fast zweihundert Seiten,[20] wiederum knapp hundert Jahre später verfasst Karl Geiringer eine Familienbiographie der Bachs mit dem programmatischen Untertitel *Seven Generations of Creative Genius.*[21]

Die Familienbiographie als Untergattung der Biographie findet sich explizit erst im späten 19. Jahrhundert – im Zuge eines sich etablierenden Wissens über die historisch relativ neue Form der bürgerlichen Familie. Auffällig ist allerdings, dass der Rahmen der Kleinfamilie in den meisten Familienbiographien überschritten wird. Dabei richtet sich das Interesse einerseits – quasi-dynastisch und in der Regel erfolgsgeschichtlich-apologetisch – auf die sukzessiven Generationen von Gelehrten- oder Unternehmerfamilien,[22] andererseits – im Bereich des Degenerationsdiskurses (s.o.) – auf den progressiven Verfall von Familien. So entwirft Robert L. Dugdale in seiner auf empirischen Studien fußenden und sozialreformerisch inspirierten Abhandlung *The Jukes* ein geradezu episches Bild der Degeneration:[23] Unter den 709 Abkömmlingen eines einzigen kriminellen Stammvaters findet er über dreihundert Prostituierte und Bettler, Dutzende von Schwerverbrechern sowie etliche ›Schwachsinnige‹. Dugdales Interpretation seines Materials richtet sich v.a. auf die Bedeutung des sozialen Milieus, doch setzen sich die intensiven Diskussionen über die *Jukes* zu Beginn des 20. Jahrhunderts auch in Richtung Erbbiologie und Rassenhygiene fort.[24]

17 Vgl. Malte Thießen: »Erinnerungskultur und Transgenerationalität. Zum Verhältnis von öffentlichen und individuellen Deutungen des ›Feuersturms‹«. In: Hartmut Radebold/Werner Bohleber/Jürgen Zinnecker (Hg.): *Transgenerationale Weitergabe kriegsbelasteter Kindheiten. Interdisziplinäre Studien zur Nachhaltigkeit historischer Erfahrungen über vier Generationen.* Weinheim 2008, S. 234–240; vgl. allgemein auch Gabriele Rosenthal: *Erlebte und erzählte Geschichte. Gestalt und Struktur biographischer Selbstbeschreibung.* Frankfurt a. M. 1995; Jürgen Reulecke (Hg.): *Generationalität und Lebensgeschichte im 20. Jahrhundert.* München 2003.

18 Vgl. Fritz Schütze: »Biographieforschung und narratives Interview«. In: *Neue Praxis* 13. Jg., 3 (1983), S. 283–293; Gisela Jakob: »Das narrative Interview in der Biographieforschung«. In: Barbara Friebertshäuser/Annedore Prengel (Hg.): *Handbuch Qualitative Forschungsmethoden in der Erziehungswissenschaft.* Weinheim/München 1997, S. 445–458; Ivonne Küsters: *Narrative Interviews. Grundlagen und Anwendungen.* Wiesbaden 2006.

19 Vgl. Martin Kohli (Hg.): *Soziologie des Lebenslaufs.* Darmstadt 1978; Bertram J. Cohler/Andrew Hostetler: »Linking Life Course and Life Story. Social Change and the Narrative Study of Lives over Time«. In: Jeylan T. Mortimer/Michael J. Shanahan (Hg.): *Handbook of the Life Course.* New York 2004, S. 555–577.

20 Philipp Spitta: *Johann Sebastian Bach.* 2 Bde. Leipzig 1873–1880.

21 Karl Geiringer: *The Bach Family. Seven Generations of Creative Genius.* London 1954.

22 Charles Rabany: *Les Schweighaeuser. Biographie d'une famille de savants alsaciens d'après leur correspondance inédite.* Paris 1884; Anonym: *Die Krupps. Lebensabriss von Friedrich Krupp, Alfred Krupp und Friedrich Alfred Krupp.* Essen 1912.

23 Robert L. Dugdale: *The Jukes. A Study in Crime, Pauperism, Disease and Heredity* [1877]. New York 1910.

24 So etwa bei Havelock Ellis: *The Task of Social Hygiene.* London 1912; vgl. dazu William Greenslade: *Degeneration, Culture and the Novel 1880–1940.* Cambridge 1994, S. 24.

Eine eigentümliche Überlagerung des erfolgs- und des verfallsgeschichtlichen Musters bietet im 20. Jahrhundert die Familie Mann. Thomas Manns Roman *Buddenbrooks* (1901), der eines der berühmtesten literarischen Beispiele für den Topos »Verfall einer Familie« liefert, ist schon früh als biographisches Dokument gelesen worden. Beginnend mit Viktor Manns Erinnerungsbuch *Wir waren fünf* (1949), verstärkt dann seit den 1980er und 90er Jahren, ist die Familie Mann zu einer Art Musterbeispiel für den familienbiographischen Ansatz geworden[25] – durchaus auch im Sinne der Zeitzeugenforschung[26] und mit der Auskopplung weiterer Einzelbiographien, die sich erst der Beschäftigung mit der Familie verdanken.[27]

Seit Anfang der 2000er Jahre kommt eine Fülle von populären Biographien berühmter Familien des 19. und v.a. 20. Jahrhunderts auf den Buchmarkt – sowohl aus der Kulturgeschichte[28] als auch aus Wirtschaft und Politik.[29] Am aktuellen Erfolg solcher Biographien zeigt sich nicht nur ein neues Bewusstsein für die tatsächliche historische Bedeutung familiärer Verknüpfungen, sondern mehr noch das gegenwärtige Bedürfnis, historische Sachverhalte im Modus des Familiären wahrzunehmen und wiederzuerkennen (↗ VIII.4. Biographie und Buchmarkt). So gesehen sind (kultur-)historische Familienbiographien das Gegenstück zur aktuellen Konjunktur autobiographischer Hinwendungen zur Familiengeschichte[30] und zur wissenschaftlichen Beschäftigung mit den intergenerationellen Strukturen des ›Geschichte-Machens‹ in Familien.[31]

6.2.2. *Generationenbiographien*

Mehr noch als Familienbiographien thematisieren Biographien ganzer gesellschaftlicher Generationen das Problem der Sortierung und Zuordnung von Lebensgeschichten zur Analyse größerer Gruppen. Der Begriff der Biographie kann hier höchst unterschiedliche Funktionen erfüllen. In Dorothee Wierlings ausdrücklich als *Versuch einer Kollektivbiographie* ausgewiesenem Buch *Geboren im Jahr Eins. Der Jahrgang 1949 in der DDR* handelt es sich um die Auswertung lebensgeschichtlicher Interviews mit Personen, die sämtlich im Jahr der DDR-Staatsgründung geboren worden sind.[32] Die ›Kollektivbiographie‹ entsteht mithin erst aus dem Gesamt der retrospektiven Einzelinterviews und ihrer historischen Analyse. Die Existenz des Kollektivs wird also nicht vorausgesetzt; vielmehr steht im Zentrum der Konflikt der je individuellen Biographien mit dem erzieherischen Anliegen der staatlich-parteilichen Führung, Lebensentwürfe vorausplanen zu können.

Im Unterschied dazu ist in Büchern wie Claus Leggewies *Die 89er* und Jürgen Busches *Die 68er*, die als *Porträt* bzw. *Biographie einer Generation* gekennzeichnet sind, stärker von einer generationellen Identität die Rede.[33] Allerdings sollen hier nicht ganze Jahrgangskohorten, sondern bestimmte Erfahrungsgemeinschaften charakterisiert werden. Dennoch stellt sich die Frage, ob die Mechanismen identitätsstiftender Prozesse in Gesellschaften mit der Koppelung der Konzepte von Generation und Biographie angemessen beschreibbar sind. Wäh-

25 Vgl. Michael Vogtmeier: *Die Familien Mann und Buddenbrook im Lichte der Mehrgenerationen-Familientherapie. Untersuchungen zu Thomas Manns »Buddenbrooks. Verfall einer Familie«*. Frankfurt a. M. u. a. 1987; Marianne Krüll: *Im Netz der Zauberer. Eine andere Geschichte der Familie Mann*. Zürich 1991; Hans Wißkirchen: *Die Familie Mann*. Reinbek 1999; Hildegard Möller: *Die Frauen der Familie Mann*. München 2004; Viola Roggenkamp: *Erika Mann – eine jüdische Tochter. Über Erlesenes und Verleugnetes in der Frauengenealogie der Familie Mann-Pringsheim*. Zürich 2005.

26 Vgl. Heinrich Breloer: *Unterwegs zur Familie Mann. Begegnungen, Gespräche, Interviews*. Frankfurt a. M. 2001.

27 Inge Jens/Walter Jens: *Frau Thomas Mann. Das Leben der Katharina Pringsheim*. Reinbek 2003; Dies.: *Katias Mutter. Das außerordentliche Leben der Hedwig Pringsheim*. Reinbek 2005.

28 Z.B. Eva Weissweiler: *Die Freuds. Biographie einer Familie*. Köln 2006; Jonathan Carr: *The Wagner Clan*. London 2007.

29 Thomas Rother: *Die Krupps. Durch fünf Generationen Stahl*. Frankfurt a. M./New York 2001; Ders.: *Die Thyssens. Tragödie der Stahlbarone*. Frankfurt a. M./New York 2003; Thomas Ramge: *Die Flicks. Eine deutsche Familiengeschichte über Geld, Macht und Politik*. Frankfurt a. M./New York 2004; Kitty Kelley: *The Family. The Real Story of the Bush Dynasty*. New York 2005; Pascale Nivelle/Elise Karlin: *Les Sarkozy. Une famille française*. Paris 2006; Werner Biermann: *Strauß. Aufstieg und Fall einer Familie*. Berlin 2006; Thomas Schuler: *Strauß. Die Biographie einer Familie*. Frankfurt a. M. 2006.

30 Z.B. Wibke Bruhns: *Meines Vaters Land. Geschichte einer deutschen Familie*. Berlin 2005.

31 Vgl. Olaf Jensen: *Geschichte machen. Strukturmerkmale des intergenerationellen Sprechens über die NS-Vergangenheit in deutschen Familien*. Tübingen 2004.

32 Dorothee Wierling: *Geboren im Jahr Eins. Der Jahrgang 1949 in der DDR. Versuch einer Kollektivbiographie*. Berlin 2002.

33 Claus Leggewie: *Die 89er. Porträt einer Generation*. Hamburg 1995; Jürgen Busche: *Die 68er. Biographie einer Generation*. Berlin 2003.

rend sich die Einzelbiographie immer an der Minimaldefinition der »Beschreibung eines Lebens von der Geburt bis zum Tod« messen lassen kann,[34] ist gerade der grundlegende Begriff des Lebens nur mit erheblichen semantischen Verlusten auf den der gesellschaftlichen Generation übertragbar.

Literatur

Bohnenkamp, Björn/Manning, Till/Silies, Eva-Maria (Hg.): *Generation als Erzählung. Neue Perspektiven auf ein kulturelles Deutungsmuster*. Göttingen 2009.

Dilthey, Wilhelm: *Leben Schleiermachers* [1870]. Erster Band. Hg. v. Martin Redeker. Unveränd. Ndr. der 3. Aufl. Göttingen 1991.

Forkel, Johann Nikolaus: *Über Johann Sebastian Bachs Leben, Kunst und Kunstwerke. Für patriotische Verehrer echter musikalischer Kunst* [1802]. Hg. v. Claudia Maria Knispel. Berlin 2000.

Jureit, Ulrike/Wildt, Michael (Hg.): *Generationen. Zur Relevanz eines wissenschaftlichen Grundbegriffs*. Hamburg 2005.

Leo, Friedrich: *Die griechisch-römische Biographie nach ihrer literarischen Form*. 2. Nachdruck der Ausgabe Leipzig 1901. Hildesheim 1990.

Lüscher, Kurt/Liegle, Ludwig: *Generationenbeziehungen in Familie und Gesellschaft*. Konstanz 2003.

Parnes, Ohad/Vedder, Ulrike/Willer, Stefan: *Das Konzept der Generation. Eine Wissenschafts- und Kulturgeschichte*. Frankfurt a. M. 2008.

Reulecke, Jürgen (Hg.): *Generationalität und Lebensgeschichte im 20. Jahrhundert*. München 2003.

Weigel, Sigrid: *Genea-Logik. Generation, Tradition und Evolution zwischen Kultur- und Naturwissenschaften*. München 2006.

Stefan Willer

34 »An account of the life of a man from birth to death is what I call biography«, vgl. Arnaldo Momigliano: *The Development of Greek Biography* [1971]. Expanded edition. London 1993, S. 11.

7. Biographie zwischen sozialer Funktion und sozialer Praxis

7.1. Soziale Realität und biographische Konstruktion

Die neuere soziologische Auseinandersetzung mit ›Biographien‹ geht von der ursprünglichen Bedeutung des griechischen Wortes aus: Es handelt sich um Beschreibungen (*graphein*) des Lebens (*bios*). Dieser Ausgangspunkt ist theoretisch kompatibel mit dem kommunikationssoziologischen sowie in methodischer Hinsicht mit dem textanalytischen Zugang zum Gegenstand der Lebensgeschichte. Daher unterscheidet sich die soziologische Biographieforschung von der eher sozialstrukturell analysierenden Lebenslaufforschung, die sich mit den Chancen des Eintritts spezifischer (sozial institutionalisierter) Lebensereignisse befasst (Mayer 2001). Der soziologischen Biographieforschung geht es insofern um das ›Wie‹ der Beschreibung des Lebens. Im Zentrum stehen dabei offen erhobene Interviews mit Angehörigen sozialer Gruppen, Funktionsschichten, Milieus, Organisationen usw., in denen »autobiographische Stegreiferzählungen« (Schütze 1981) angestoßen werden sollen. Biographieforschung ist in der Soziologie zunächst in den 1920er Jahren prominent geworden, hier vor allem in der sogenannten Chicago School. Als eine klassische Studie gilt zum Beispiel der umfangreiche Textkorpus von Lebenserzählungen mit polnischen Migranten in Europa und in den USA, die William I. Thomas und Florian Znaniecki zwischen 1918 und 1922 erhoben haben.[1] Diese Studie galt auch als das prototypische Vorbild der Renaissance der Biographieforschung Ende der 1970er Jahre, die vor allem in Deutschland, Frankreich, USA und Großbritannien erfolgte. Gestützt wurde diese Neuentdeckung der ›biographischen Methode‹ durch das zeitgleiche Aufkommen der Oral History als Verfahren in den Geschichtswissenschaften. Als einflussreiche Studien aus dieser Renaissance-Phase (1978–1994) können die Arbeiten von Daniel Bertaux und Isabell Bertaux-Wiaume über die Berufsbiographien im Bäckergewerbe gelten[2] oder etwa in Deutschland Heinz Budes autobiographische Interviews mit Angehörigen der sogenannten Flakhelfer-Generation.[3] Methodisch vorherrschend war in dieser Zeit das von Fritz Schütze entwickelte ›narrative Interview‹. Ab Mitte der 1990er mehrten sich jedoch Stimmen, die eine zunehmende Subjektzentrierung der soziologischen Biographieforschung bemängelten, nicht zuletzt von prominenten Vertretern der biographischen Methode (z. B. Bertaux) selbst. Es kam innerhalb der Zeitschrift *Biography & Society* des gleichnamigen internationalen Research Committees im soziologischen Weltverband sowie auf dem Weltkongress in Montreal (1998) zu einem Disput zwischen den subjekttheoretisch-konstruktivistischen und den milieusoziologisch-realistischen Vertretern der Biographieforschung. Diese Gegenüberstellung erwies sich jedoch als wenig produktiv, da sie die gemeinsame kommunikationstheoretische Basis der Biographieforschung übersehen hatte. Sie verharrte insofern in den bekannten neuzeitlichen Polarisierungen von Idealismus und Realismus. Es lässt sich jedoch überwiegend Zustimmung für die dialektische These finden, dass Biographien sowohl konstruiert als auch real sind (Corsten 1994; Nassehi 1994), genauer: dass es sich um eine soziale Realität biographischer Konstruktionen handelt (↗ II.4. Biographie und Wissen). Dies geht einher mit dem berühmten soziologischen Theorem des biographieanalytischen Ahnherrn William I. Thomas: »If men define situations as real, they are real in their consequences.«[4] Der soziologischen Biographieforschung geht es somit

1 William I. Thomas/Florian Znaniecki: *The Polish Peasant in Europe and America*. New York 1928.

2 Daniel Bertaux/Isabelle Bertaux-Wiaume: »Life Stories in the Bakers' Trade«. In: Daniel Bertaux (Hg.): *Biography and Society*. Beverly Hills 1981, S. 169–190.

3 Heinz Bude: *Deutsche Karrieren*. Frankfurt a. M. 1987.

4 William I. Thomas/Dorothy S. Thomas: *The Child in America*. New York 1928, S. 572.

nicht allein um die Rekonstruktion subjektiver Aneignungsweisen der sozialen Kontextbedingungen des eigenen Lebens. Biographieforschung kann erfassen, an welchen sozialen Orten welche Arten biographischer Kommunikation entstehen. Sie stellt somit einen Zusammenhang her zwischen der kommunikativen Gattung biographischer Texte und ihrem Außenbezug in der gesellschaftlichen Wirklichkeit. Und dieser Außenbezug ist selbstverständlich immer auch subjektiv vermittelt. Über diese Analyse der sozialen Differenzierung biographischer Kommunikation hinausgehend kann die soziologische Biographieforschung zudem die kulturelle Bedeutung von historisch spezifischen Formen der Lebenserzählung herausarbeiten. Die folgende Darstellung wird sich dabei auf vier Punkte konzentrieren: Zunächst werde ich (2) die soziale Differenzierung von Orten biographischer Kommunikation systematisch rekonstruieren. Danach untersuche ich (3) die Praxisregeln der Orte biographischer Kommunikation, indem ich sie auf die Sachverhalte der Kontingenz und der Irreversibilität der Lebensereignisse beziehe sowie auf die Semantik als ›schlüssige Geschichte‹ (Houellebecq), um darüber (4) biographische Strukturmerkmale der Thematisierung moderner Identität in Relation zu den sozialen Orten ihres Auftretens zu rekonstruieren. Zuletzt betrachte ich (5) Biographien als kommunikative Gattungen und leite daraus einige Konsequenzen für die soziologische Biographieforschung ab.

7.2. Soziale Orte biographischer Kommunikation

Blickt man in die Welt, so finden sich rasch vielfältige Formen der Beschreibung des Lebens: Tagebücher, Briefe, Gespräche an Flughäfen, auf Zugfahrten, in Kneipen oder beim Therapeuten, Zeugenaussagen oder Geständnisse vor Gericht, Beichten, Lebenslaufdarstellungen in Bewerbungsschreiben, Filme, Romane, etc. Daher wurde bereits vor einiger Zeit vorgeschlagen, die vielfältigen Varianten biographischer Kommunikation gattungsanalytisch anhand von zwei Unterscheidungen zu ordnen und zu den sozialen Kontexten in Beziehung zu setzen, in denen sie vorkommen (Corsten 1994).

	Instrumentell	*Konsumatorisch*
Interaktiv	Bewerbungsgespräche, Zeugenaussage	Kneipengespräch, biographisches Interview
Dokumentiert	Lebenslauf (CV)	Tagebuch, Roman, Film

Tableau 1: Systematik biographischer Kommunikationsformen

Grundsätzlich lässt sich unterscheiden, ob erstens die Erzählung des eigenen oder eines anderen Lebens im Kontext der Kommunikation einen spezifischen Zweck erfüllt (instrumentell) oder als Selbstzweck (konsumatorisch) verfolgt wird. Zweitens stoßen wir auf die Differenz von biographischen Kommunikationen, die entweder von vorneherein auf sprachlich-symbolische Aufzeichnung hin angelegt (dokumentiert) oder als vorübergehende mündliche Inszenierungen (interaktiv) erzeugt sind. Das vorgeschlagene Schema geht über eine einfache Heuristik hinaus. Es folgt einer grundlegenden soziologischen Konzeptionalisierung kommunikativer Praxisformen. In Bezug auf die sozialen Eigenschaften einer kommunikativen Praxis macht es nämlich einerseits einen erheblichen Unterschied, ob eine Kommunikation hinsichtlich der kulturellen Ziele, die mit ihr verfolgt werden können, auf spezifische Funktionen eines Handlungskontexts fixiert wird oder ob sie im sozialen Kontext als kultureller Wert in sich selbst gelten kann. In der ersten Variante wären Biographien lediglich ein Mittel, das einer sozialen Funktion (Leistungsdokumentation, Wahrheitsermittlung) untergeordnet bleibt. Sie kann sich daher nicht als eigenständige kommunikative und soziale Form entfalten. Im instrumentellen Fall bleibt biographische Kommunikation heteronom. Erst in Feldern, in denen sie als Wert in sich bzw. als Selbstzweck verfolgt wird, etabliert sie sich als autonome kommunikative und soziale Praxis. Ihre kommunikativen und symbolischen Mittel können somit voll und ganz der Entfaltung einer Darstellung des Lebens als Geschichte unterstellt werden. Deshalb ist nun andererseits die zeitliche Konstitution des Zeichengebrauchs in der kommunikativen Praxis von erheblicher Relevanz. Es macht wiederum einen Unterschied, ob die Darstellung eines Lebens mit der interaktiven Situation ihrer Darstellung vorübergeht oder ob sie als Darstellung aufgezeichnet und damit als symbolisches Dokument für weitere Kommunikationen reflexiv verfügbar wird. Während in mündlich und bloß interaktiv hergestellten Kommunikationen Worte im wahrsten Sinne des Wortes ›Schall und Rauch‹ sind, bleibt in dokumentierten Kommunikationen etwas ›schwarz auf weiß‹ wieder und wieder feststellbar. Insofern besitzen die unterschiedenen kommunikativen Gattungen verschiedene Modi der Bewältigung von Kontingenz und Irreversibilität und deshalb auch divergente Funktionen für das Selbst im jeweiligen kommunikativen Kontext, auf die ich in den folgenden Abschnitten genauer eingehen werde.

7.3. Biographische Kontingenz und die Irreversibilität von Lebensereignissen

Unter Kontingenz wird in der Soziologie allgemein die relative Abhängigkeit von Ereignissen und insbesondere von Entscheidungen als Handlungsereignissen von äußeren Umständen (Randbedingungen) verstanden. »Kontingent ist etwas, was weder notwendig ist noch unmöglich ist; was also so, wie es ist (war, sein wird), sein kann, aber auch anders möglich ist« (Luhmann 1984, 152). Ein literarisches Beispiel soll dies verdeutlichen: Milan Kundera lässt in seinem Roman *Die unerträgliche Leichtigkeit des Seins* die Liebesgeschichte zwischen Tomas und Tereza folgendermaßen beginnen:

»Vor sieben Jahren trat zufällig im Krankenhaus der Stadt, wo Teresa wohnte, ein komplizierter Fall einer Gehirnkrankheit auf, und Tomas' Chefarzt wurde zu einer dringenden Konsultation gebeten. Zufällig hatte dieser Chefarzt Ischias, konnte sich nicht bewegen und schickte Tomas zur Vertretung in das Provinzkrankenhaus. In der Stadt gab es fünf Hotels, doch Tomas stieg zufällig dort ab, wo Teresa arbeitete. Zufällig hatte er vor der Abfahrt des Zuges noch etwas Zeit, und er setzte sich ins Restaurant. Teresa hatte zufällig Dienst und bediente zufällig an seinem Tisch. Es waren also sechs Zufälle nötig, um Tomas auf Teresa hinzustoßen, als hätte er selbst gar nicht zu ihr gewollt« (Kundera 1984, 37).

Lebensereignisse weisen noch eine zweite Eigenschaft auf. Sie sind auf grundlegende Weise irreversibel. Sie entsprechen in ihrem Charakter den allgemeinen Eigenschaften von Ereignissen (so wie es die analytische Philosophie ebenfalls annimmt). Wenn wir unsere Grammatik (die Art, wie wir in ihr über Ereignisse sprechen) ernst nehmen, folgert Donald Davidson, »so legen wir uns damit auf eine Ontologie von Ereignissen als unwiederholbare Einzeldinge fest«.[5] Irreversibilität heißt dabei: Ein Ereignis geschieht und ist damit vorbei, unwiderruflich vergangen. Jedes Ereignis vollzieht eine »Gesamtveränderung von Vergangenheit, Zukunft und Gegenwart, allein schon dadurch, dass es die Gegenwartsqualität an das nächste Ereignis abgibt und für dieses Vergangenheit wird« (Luhmann 1984, 390). Kontingenz und Irreversibilität sind sowohl Eigenschaften von Lebensereignissen als auch von kommunikativen Ereignissen, die das Leben zum Thema haben, also auch von Biographien. Kontingenz bedeutet dann relative Abhängigkeit der biographischen Kommunikation von den (unintendiert selegierten) Strukturen der sozialen Orte, an denen Leben thematisch wird; Irreversibilität meint die zeitlichen Ordnungen sozialer Kontexte, die den Rhythmus bestimmen, in dem die Gegenwartsqualität von kommunikativen Ereignissen an nachfolgende abgegeben wird. Die Modi (Arten und Weisen), in denen Kontingenz und Irreversibilität an sozialen Orten (biographische) Kommunikation strukturieren, bezeichne ich als ›Logiken der Praxis‹ (Bourdieu 1987).

	Instrumentell	*Konsumatorisch*
Interaktiv	Aushandlung, Kampf	Spiel, Unterhaltung
Dokumentiert	Verfahren	Kunst, Wissenschaft

Tableau 2: Praktische Logiken biographischer Kommunikation

Die ›praktische Logik‹ einer interaktiv und instrumentell strukturierten Erzeugung biographischer Kommunikation liegt in Formen des Wettstreits, der Aushandlung und des Kampfs. Die Kontingenz besteht hier in der Interaktionsabhängigkeit der Kommunikation, die Irreversibilität im Zukunftsbezug der interaktiv gewählten Beiträge. In Personalauswahlgesprächen ist demnach die Thematisierung des Lebens eines Bewerbers abhängig von (oder: kontingent zu) den Fragen der Auswahl-

5 Donald Davidson: *Handlung und Ereignis*. Frankfurt a.M. 1985, S. 259.

kommission und der Art und Weise, wie ein Bewerber situativ reagiert. Die gestellten Fragen und die gegebenen Antworten werden dabei stets als kommunikative Entscheidungen gelesen, da der instrumentelle Fokus der Situation die Konsequenzen des Gefragten und Gesagten bewusst hält. Konsumatorische Interaktionen zeichnen sich dagegen durch die ›Entscheidungsvergessenheit‹ eines ›just do it‹ aus. Die Akteure geben sich dem Fluss des Erzählens hin, d. h. die Erzähler tauchen in ihre Erinnerungen ein und geben sie wieder, während die Zuhörer nur wegen des Gefallens am Zuhören selbst zuhören. In Situationen, in denen biographische Kommunikation instrumentell der Realisierung auf die Zukunft gerichteter sozialer Zwecke unterliegt, jedoch dokumentiert wird, setzen sich Formen reflexiver Stellungnahmen durch, die sich innerhalb einer sozialen Verfahrenslogik bewähren müssen. Und während bei interaktiven Formen der biographischen Kommunikation Spiel bzw. Unterhaltung dominieren, wird in dokumentierten Formen biographischer Kommunikation das Leben in seinem Wesen und in den Möglichkeiten seiner kunstvollen oder wissenschaftlichen Beschreibung zum Gegenstand. Im Roman *Die unerträgliche Leichtigkeit des Seins* inszeniert Kundera eine biographische Beschreibung als weitreichende Ontologie des Lebens. Das Leben sei eine Verkettung ausschließlich nicht-wiederholbarer Ereignisse. Wir könnten jede einzelne Situation im Leben nur einmal erleben, in einem bestimmten Moment nur eines tun und uns nur eine mögliche Handlungsalternative wählen. Damit sieht Kundera jedoch Entscheidungen im eigentlichen Sinn und vor allem Entscheidungsrationalität außer Kraft gesetzt:

> »Es ist unmöglich zu überprüfen, welche Entscheidung die richtige ist, weil es keine Vergleiche gibt. Man erlebt alles unmittelbar, zum ersten Mal und ohne Vorbereitung. Wie ein Schauspieler, der auf die Bühne kommt, ohne vorher je geprobt zu haben. Was aber kann das Leben wert sein, wenn die erste Probe für das Leben schon das Leben selber ist?« (Kundera 1984, 11)

Für das Leben selbst verwirft Kundera die Möglichkeit eines Vergleichs in der Zeit. Reflektieren in diesem Sinne könne nur der Roman als »die Erforschung dessen, was das menschliche Leben bedeutet, in der Falle, zu der die Welt geworden ist« (ebd.). Ich komme auf diese Besonderheit nochmals im Schlussabschnitt zu sprechen.

7.4. Schlüssige Geschichten und der semantische Fluss des Lebens

Der moderne Begriff der Biographie ist durch zwei weitere Eigenschaften gekennzeichnet: Wir schreiben den Ereignissen eines Lebens einen Bedeutungszusammenhang (Kohärenz) zu und beziehen sie auf die Identität des ›Biographieträgers‹ (Schütze 1981; Straub 1998). Allerdings ist diese Auffassung umstritten. Das foucaultsche Postulat ›Der Faden ist gerissen‹ bezieht sich auf die Zusammenhangsdeutung von Geschichten, die nach seiner Auffassung nicht mehr von der Kontinuität, sondern von der Diskontinuität der Ereignisse gedacht werden sollen.[6] Ähnlich – aber eher aus sozialrealistischer Perspektive – entwertet Bourdieu (1990) die ›biographische Illusion‹.

Bereits der ›nouveau roman‹ (Robbe-Grillet) hat die Vorstellung von biographischer Kohärenz dekonstruiert, und noch radikaler geht der französische Schriftsteller Michel Houellebecq im Roman *Elementarteilchen* vor: Er parallelisiert eine bestimmte quantentheoretische Sichtweise der Elementarphysik (nach Griffith) mit einer alltagstheoretischen Erfahrung des Erinnerns. So lässt Houellebecq seine Alter-Ego-Figur Michel im Roman sagen:

> »Eine Geschichte von Griffith wird ausgehend von einer Reihe von mehr oder weniger beliebigen Messungen entworfen, die zu unterschiedlichen Zeitpunkten vorgenommen werden. [...] Ein Elektron zum Beispiel hat zum Zeitpunkt t^1, eine gewisse Geschwindigkeit [...]; zum Zeitpunkt t^2 befindet es sich in einem bestimmten Bereich des Raums; zum Zeitpunkt t^3 hat es einen gewissen Spinwert« (Houellebecq 1999, 73).

Houellebecq referiert hier zunächst ein spezifisches Problem der Physik, das aber auch in anderen empirischen Wissenschaften auftreten könnte. Wir wollen einen spezifischen Gegenstand (hier: ein Elektron) zu mehreren Zeitpunkten beobachten, stellen jedoch Messungen fest, die sich in ver-

6 Vgl. Michel Foucault: *Archäologie des Wissens*. Frankfurt a. M. 1981.

schiedenartigen Eigenschaftsdimensionen befinden. Für die Wissenschaft ist dies ungewöhnlich, da sie methodisch eher dahin tendiert, Messungen in homogenen Eigenschaftsdimensionen vorzunehmen. So wäre es im konventionellen Wissenschaftsverständnis sinnvoller, zu drei Messzeitpunkten jeweils nur in einer Eigenschaftsdimension – etwa der Geschwindigkeit – Werte zu registrieren. Denn wie sollen wir Geschwindigkeiten mit der Position im Raum oder dem Spinwert sinnvoll vergleichen? Es wäre so, als würde ich bei einem Apfel morgens feststellen, dass er einen bestimmten Umfang hat, mittags die Farbe und abends die Konsistenz seiner Schale. Was für eine Art von Apfel-Theorie sollen wir daraus gewinnen? Houellebecq lässt nun aber seine Alter-Ego-Figur eine Analogie zwischen der Griffith-Theorie heterogener Messungen in der Elementarphysik und der Erinnerung im Leben entdecken. Seinem Romanbruder Bruno erläutert er:

»Du verfügst über Erinnerungen aus verschiedenen Augenblicken deines Lebens [...], diese Erinnerungen tauchen in unterschiedlicher Form auf; du siehst im Geist wieder Gedanken, Motivationen oder Gesichter vor dir. Manchmal erinnerst du dich nur an einen Namen [...]. Manchmal siehst du wieder ein Gesicht vor dir und bist unfähig, irgendetwas damit zu verbinden. Alles, was du zum Beispiel über Caroline Yessayan weißt, hat sich mit großer Genauigkeit auf jene wenigen Sekunden verdichtet, in denen deine Hand auf ihrem Schenkel lag« (ebd., 73).

Worin besteht nun die Analogie? Und worin besteht die Methode der Herstellung dieser Analogie? Zunächst einmal in einer Ähnlichkeit des Problems, hier der mangelnden Kontrolle über Beobachtungen. So wie es in der Physik manche ›Teilchen‹ gibt, die sich nicht zu jedem Zeitpunkt einheitlich beobachten lassen, fehlt auch der Erinnerung eine Kontrolle über die Form der im Gedächtnis zu einem bestimmten Zeitpunkt abgerufenen Inhalte. Wir haben also jeweils eine Reihe von Merkmalsausprägungen, die sich auf verschiedenartige Merkmale (Physik: Geschwindigkeit, Lage, Spinwert; Erinnerung: Name, Gesicht, Situation) beziehen. Nun lässt Houellebecq seine Figur die Analogie weitertreiben: »Ausgehend von einer Untermenge von Messungen kann man eine logisch in sich stimmige Geschichte definieren, von der man allerdings nicht sagen kann, ob sie wahr ist; sie läßt sich nur ohne Widersprüche vertreten« (ebd., 73). Auch dafür findet sich eine Parallele im Bewusstsein vom eigenen Leben:

»Die Geschichte, die du ausgehend von deinen eigenen Erinnerungen rekonstruieren kannst, ist eine stimmige Geschichte, die sich mit dem Prinzip einer eindeutigen Darstellung rechtfertigen lässt. Als einzelnes Individuum, das einer Ontologie von Dingen und Eigenschaften unterworfen ist und sich für die Dauer eines gewissen Zeitraums beharrlich an das Dasein klammert, hegst du nicht den geringsten Zweifel daran: Man muß dir zwangsläufig eine stimmige Geschichte von Griffith zuordnen können« (ebd., 74).

Die Pointe der Analogie besteht also darin, dass die Identität der Person eine Illusion, also ähnlich den stimmigen Geschichten in der Elementarphysik, unwahr sein könnte. Innerhalb eines bestimmten Versuchsrahmens sieht es so aus, als handelte es sich bei den Elementarteilchen um »getrennte Dinge mit stabilen, spezifischen Eigenschaften« (ebd.), im Rahmen der Existenzweise eines Individuums, das »sich für die Dauer eines gewissen Zeitraums beharrlich an das Dasein klammert«, gewinnt die mögliche ›Illusion‹, eine »stimmige Geschichte« (eine Biographie) zu haben, an Plausibilität (↗ IV.2. ›Histoire‹). Houellebecqs Antwort auf die Frage nach der Kohärenz und Konsistenz einer Biographie lässt sich soziologisch jedoch auch auf den Ort ihrer Entstehung (den Roman) beziehen. Als kommunikativer Ort kann der Roman als Kunst auf eine spezifische Bewältigungsform der Kontingenz und Irreversibilität zurückgreifen. Er kann somit auch die Problematik der Kohärenz und Konsistenz einer Lebensbeschreibung ganz anders bearbeiten als etwa ein Personalauswahlgespräch, eine Krankenakte oder eine Konversation zwischen zwei Unbekannten in einem Flughafenrestaurant. Das hat zum Beispiel damit zu tun, dass in Kommunikationsformen, die auf die Dokumentierung ihrer selbst zurückgreifen können, in weitaus höherem Maß Fehler, Widersprüchlichkeiten und Inkonsistenzen aufgefunden werden können, die etwa in einer Interaktionssituation tendenziell überhört oder im Laufe des Gesprächs wieder vergessen werden. Wie fügen sich somit an spezifischen Orten der Kommunikation die wahrgenommenen, aufeinander folgenden Ereignisse überhaupt zu einer stimmigen Geschichte eines Lebens? Und wie entsteht darüber eine biographische Identität der Person? Wir wollen die Frage der Kohärenz und Konsistenz auf die Artikulationsformen von biographischer Identität beziehen, die in spezifischen Kommunikationskontexten offenstehen.

	Instrumentell	*Konsumatorisch*
Interaktiv	Prüfung: Selbstbehauptung	Anerkennung: Selbstentäußerung
Dokumentiert	Begutachtung: Stellungnahme	Reflexion: Selbstkomposition

Tableau 3: Artikulationsformen biographischer Identität

Das oben rekapitulierte literarische Beispiel aus Houellebecqs Roman repräsentiert eine Artikulationsform biographischer Identität, die in De- und Rekompositionen des Selbst gründet und daher vor allem der Selbstreflexion dienlich ist. Dieser reflexive Umgang mit Biographie und Identität setzt Dokumentation (Textlichkeit) und einen konsumatorischen Fokus der Kommunikationssituation voraus, in der die Auseinandersetzung mit dem Leben selbst einen Eigenwert besitzt.

Wenn sich dagegen Erving Goffman (1959) mit der Identität der Person als dramatisches Skript befasst, interessiert ihn die Präsentation des Selbst im Alltagsleben (↗II.1. Biographie und Performanz). Die Plausibilität der Selbstpräsentation hängt dann aber weniger von unserer tatsächlichen Identität (falls es sie überhaupt gibt) ab, sondern von den Eindrücken, die unsere Selbstinszenierungen im sozialen Umgang bei anderen hervorrufen. Kohärenz und Konsistenz der Identitätsdarstellung wären aber dabei nur Werkzeuge, die in der Interaktion gebräuchlich sind. Kohärenz und Konsistenz sind sozial bekannte Ansprüche an die Darstellungen und Handlungen des Individuums, denen es mehr oder minder gerecht werden kann. In bestimmten Alltagssituationen unterstützen sich Interaktionspartner sogar gegenseitig dabei, einen konsistenten Eindruck des Selbst in der Situation herzustellen. Dann ist ein konsumatorischer Fokus der Interaktionssituation gegeben. Das soziale Geschehen dient der reinen Geselligkeit als gegenseitige Bestätigung der Selbstentäußerung. Goffman würde aber auch aus dem instrumentellen Grund der Aufrechterhaltung sozialer Dynamiken Houellebecqs Erzähler zustimmen, dass die Identität der Person und ihrer Geschichte nicht wahr sein müssen. Stimmigkeit der Geschichte herrscht aus sozialen Gründen vor, damit wir uns überwiegend als berechenbare Interaktionspartner gegenübertreten können. Während also in konsumatorisch fokussierten Interaktionen gegenseitige Anerkennung vorherrscht und für die Akteure Raum geschaffen wird, ihre Identität auszudrücken, führt die instrumentelle Rahmung der Interaktion zu einer Logik der ein- oder gegenseitigen Prüfung, der gegenüber die Identität der Akteure behauptet werden muss. In instrumentell gerahmter Kommunikation, die auf Dokumentation zurückgreifen kann, spielt die Funktion der Berechenbarkeit und Prüfung ebenfalls eine zentrale Rolle, aber sie wird modifiziert. Die Möglichkeit auf Dokumentiertes zurückzugreifen, macht die Prüfung zu einer Begutachtung biographischer Identität und die innerhalb dieser Kommunikation möglichen Beiträge zu Stellungnahmen.

7.5. Fazit: Biographien als kommunikative Gattungen

Die bisher entwickelten Unterscheidungen der Orte und Formen biographischer Kommunikation können verdeutlichen, dass wir je nach Situation auf sehr verschiedenes biographisches Text- bzw. Datenmaterial stoßen. Um dieses Material unterscheiden zu können, greife ich auf die wissenssoziologische Idee der »kommunikativen Gattungen« zurück.[7] An kommunikativen Gattungen lassen sich die Dimensionen der Binnenstruktur, des Außenbezugs und des situativen Vermittlungsmodus unterscheiden. Die zitierten Romane von Kundera und Houellebecq z. B. ähneln sich in formalen Aspekten des Erzählens. Zum einen rehabilitieren sie die allwissende Erzählerposition, die gleichsam

7 Thomas Luckmann: »Grundformen der gesellschaftlichen Vermittlung des Wissens: Kommunikative Gattungen«. In: *Kölner Zeitschrift für Soziologie und Sozialpsychologie* Sonderheft 27 (1986), S. 191–211; Susanne Günther/Hubert Knoblauch: »›Forms are the Food of Faith‹. Gattungen als Muster kommunikativen Handelns«. In: *Kölner Zeitschrift für Soziologie und Sozialpsychologie* 46. Jg. (1994), S. 693–723.

aus dem Nichts spricht, aber alles beobachten, erfahren und wiedergeben kann. Insofern handelt es sich nicht einfach um einen ›Dritte-Person-Erzähler‹, sondern um den ›idealen Chronisten‹.[8] Wenn eine solche spezifische Form der Kommunikation als Leitregel fungiert, lässt sich von einer Binnenstruktur, hier genauer: von einem Erzählcode, sprechen. Kundera und Houellebecq nutzen diese Erzählerposition sogar dazu, über sich selbst und ihre Möglichkeiten des Erzählens vom ›allwissenden‹ Metastandpunkt aus zu reflektieren. An diese mögliche Tendenz des Romans knüpft die Außenstruktur an: die Gesellschaft der Leser. Letztlich ist damit die Möglichkeit des Romans repräsentiert, das Leitmotiv einer biographischen Komposition als schlüssige Geschichte durchzuspielen. Literarische Biographien sind daher das Speichergedächtnis[9] (Assmann) einer ›gepflegten Semantik‹ (Luhmann 1984), das über die Leserschaft vermittelt kommunikativ abgerufen werden kann (↗ II.5. Biographie und Gedächtnis). Die ›elliptische‹ Erzählform eröffnet dem Leser neue Reflexionsmöglichkeiten. Der Autor berichtet nicht in der chronologischen Reihenfolge der Ereignisse, sondern kann zwischen sequentiell berichteten Episoden, daraus entstehenden Assoziationen, erinnerten Rückblenden und Metakommentaren hin und her springen. Dabei nimmt er in Form eines elliptischen Bogens Motive wieder auf und beleuchtet sie von unterschiedlichen Standpunkten des Sprechers. Genauer gesagt, lässt sich also behaupten, dass der allwissende Erzähler nicht an eine Form des Erzählens gebunden bleibt, sondern relativ frei zwischen ihnen wählen kann und ihre Anordnung gestalten darf. Damit der Leser sich einer solch schwierigen Kommunikation widmen kann, benötigt er mindestens zwei Vermittlungen: Er muss Bildungsprozesse durchlaufen und über frei gestaltbare Zeiträume verfügen, in denen er sich gewissermaßen ohne Druck den ungewöhnlichen kompositorischen Spielereien der Romane hingeben kann.

Dieser Erzählcode ist nicht konkurrenzlos in der biographischen Kommunikation und er unterscheidet sich systematisch von den ›autobiographischen Stegreiferzählungen‹ (Schütze 1981), die im Mittelpunkt der soziologischen Biographieforschung stehen. Allerdings ist darin – schon aus den Gründen des Interviewgesprächs als sozialer Situation – unmöglich, die Ich-Erzähler-Position, die von ihnen eingenommen wird, nicht auf sich selbst als wirkliche Person zu beziehen. Der Außenbezug der kommunikativen Gattung des ›autobiographischen Stegreiferzählens‹ sind spezifische Situationen des sozialen Erinnerns, in dem die höchstpersönliche Erinnerung eines Ich-Erzählers im Mittelpunkt steht. Als Verbindung von Erzählen und Zuhören ist sie somit auf der Vermittlungsebene an Interaktionssituationen gebunden. Der Zuhörer als Interaktionspartner, der zwar den Raum des Erzählens gewährt, ist als potentieller Nachfrager zur Geschichte stets ko-präsent. Allerdings handelt es sich bei der »autobiographischen Stegreiferzählung« nicht um die einzig mögliche Form einer interaktiv-konsumatorischen Thematisierung des Lebens. Auch gemeinsame Formen des Erzählens, etwa einer Gruppe mit biographisch bedeutsamen Kollektiverinnerungen (Kriegserlebnisse, Erfahrungen sozialer Krisen oder auch miteinander erfahrener Schulbiographien), würden die kommunikative Binnenstruktur des ›Stegreiferzählens‹ produzieren, um in ihrem kollektiven Gedächtnis (Außenbezug) die gemeinsame Erinnerung an ihre Geschichte aufrecht zu erhalten (↗ II.6. Biographie – Genealogie – Generation).

Auf ähnliche Weise lassen sich nun auch die instrumentell fokussierten Thematisierungen von Lebensereignissen spezifischen kommunikativen Gattungen zuordnen. Wenn Lebensereignisse von Personen dokumentiert werden, gerät die Biographie zur Akte: zur Krankenakte, zur Sozialakte, zum Teil der ›Verbrecher-Kartei‹ oder schlicht zur Personalakte. Akten dienen der Rationalisierung von Urteilen und werden deshalb von professionalisierten Gutachtern (Ärzte, Psychologen, Sozialpädagogen usf.) ausgewertet. Der soziale Außenbezug der Urteilsbildung unterscheidet sich dabei durchaus von der sozialen Funktion der Prüfung, die in instrumentell-interaktiven Settings der Kommunikation als Außenbezug relevant wird. Prüfungen sind verglichen mit Beurteilungen strikter am Schema ›geeignet/ungeeignet‹ orientiert. Wer prüft, will wissen, ob er/sie/es zu etwas taugt oder nicht. Im Fall einer interaktionsbasier-

8 Vgl. Arthur C. Danto: *Analytische Philosophie der Geschichte*. Frankfurt a. M. 1965.

9 Vgl. Jan Assmann: *Das kulturelle Gedächtnis*. München ^{6}2007.

	Instrumentell	*Konsumatorisch*	*Gattungsebenen*
Interaktiv	Aussage Glaubwürdigkeit bezeugen, prüfen	Erzählung Soziales Erinnern erzählen – zuhören	Binnencode Außenbezug Vermittlungsmodus
Dokumentiert	Akte Urteilsbildung begutachten	Roman Semantik (Gedächtnisspeicher) Leserschaft	Binnencode Außenbezug Vermittlungsmodus

Tableau 4: Biographische Thematisierungen als ›kommunikative Gattungen‹

ten Kommunikation, in der die Biographie geprüft wird, nimmt sie die Form einer Bezeugung an. Dabei bleibt im Übrigen der retrospektive Charakter der Biographie erhalten. Denn die Tauglichkeit einer Person für eine Gruppe ließe sich ja auf viele Weisen testen. Wenn sich die Gruppe aber für das Leben einer Person interessiert und dies an Aussagen einzelner Personen (oder der Person selbst) über ihr Leben zu prüfen gedenkt, dann geht es darum, das betreffende Leben zu bezeugen. Und letztlich entscheidet dann die interagierende Gruppe über die Glaubwürdigkeit derjenigen, die ein Leben (oder zumindest relevante Ausschnitte davon) bezeugen. Die Urteilsbildung im Prozess einer Begutachtung verlässt sich dagegen auf die Rationalität der aktenmäßigen Dokumentation des Lebens. Die hier vorgelegten Unterscheidungen von kommunikativen Gattungen der Biographien im Hinblick auf ihre Logik als soziale Praxisfelder eröffnen zwei Perspektiven für eine Soziologie der Biographie: Erstens befruchtet sie die Theorie der Biographie, insofern als sie die Soziogenese verschiedener Genres der biographischen Kommunikation zu erklären vermag. Zweitens bietet sie Möglichkeiten einer methodentheoretischen Reflexion der sozialwissenschaftlichen Biographieforschung, die immer noch sehr einseitig am narrativen Interview als Königsweg der Stimulierung ›autobiographischer Stegreiferzählungen‹ orientiert ist. Der soziologischen Biographieforschung stehen zukünftig insofern noch eine Vielzahl von Untersuchungsdimensionen offen.

Literatur

Bourdieu, Pierre: *Sozialer Sinn*. Frankfurt a. M. 1987.

Ders.: »Die biographische Illusion«. In: BIOS 2. Jg., 2 (1991), S. 75–81.

Corsten, Michael: »Beschriebenes und wirkliches Leben«. In: BIOS 7. Jg., 2 (1994), S. 185–205.

Goffman, Erving: *The Presentation of Self in Everyday Life*. Chicago 1959.

Houellebecq, Michel: *Elementarteilchen*. Köln 1999.

Kohli, Martin/Robert, Günter (Hg.): *Text und soziale Wirklichkeit*. Stuttgart 1981, S. 78–117.

Kundera, Milan: *Die unerträgliche Leichtigkeit des Seins*. München 1984.

Luhmann, Niklas: *Soziale Systeme*. Frankfurt a. M. 1984.

Mayer, Karl Ulrich: »Lebensverlauf«. In: Bernhard Schäfers/Wolfgang Zapf (Hg.): *Handwörterbuch zur Gesellschaft Deutschlands*. Opladen 2001, S. 446–460.

Nassehi, Armin: »Die Form der Biographie«. In: BIOS 7. Jg., 1 (1994), S. 46–65.

Schütze, Fritz: »Kognitive Figuren des autobiographischen Stegreiferzählens«. In: Martin Kohli/Günther Robert (Hg.): *Text und soziale Wirklichkeit*. Stuttgart 1981, S. 78–117.

Straub, Jürgen: »Geschichten erzählen, Geschichte bilden«. In: Ders. (Hg.): *Erzählung, Identität und historisches Bewusstsein*. Frankfurt a. M. 1998, S. 81–169.

Michael Corsten

III. Formen und Erzählweisen

1. Literarische Biographik

1.1. Annäherungen an ein ›mixtum compositum‹

Was ist eine literarische Biographie? Was unterscheidet eine literarische Biographie von einer nicht-literarischen? Ist literarische Biographik durch die Abgrenzung von wissenschaftlichen Lebensdarstellungen zu definieren oder doch eher durch ihren ästhetischen Rang gegenüber der trivialen, kommerziell erfolgreichen Massenware? Handelt es sich bei literarischen Biographien um Primär- oder um Sekundärliteratur?

Nach allgemeinem Konsens ist die Biographie ein Genre zwischen Kunst und Wissenschaft, sie partizipiert an Literatur und Geschichte, vermittelt zwischen ästhetischen und wissenschaftlichen Ansprüchen. Entsprechend enthält jede Biographie *auch* literarische Bestandteile. Es kann inzwischen als *common sense* gelten, dass auch wissenschaftliche Biographien nicht ohne narrative Verfahren und Fiktionalisierungen auskommen (können), und dass umgekehrt faktuale Anteile auch das literarisch-biographische Erzählen bestimmen (↗ I.4. Narrativität; ↗ I.5. Fiktionalität, Faktizität, Metafiktion). Es stellt sich daher die Frage, ob die Unterschiede zwischen literarischer und nicht-literarischer (insb. wissenschaftlicher) Biographik überhaupt mehr als graduell bestimmt werden können.

Heuristisch wird von einer literarischen Biographie gesprochen, wenn künstlerische Aspekte die Lebensbeschreibung dominieren (↗ I.6. Poetizität/ Literarizität). Helmut Koopmann bevorzugt den Begriff ›poetische Biographie‹; er bezeichnet damit Texte, die den »Spielraum«[1] des Genres nach der Seite der Kunst hin begrenzen und ihn gleichzeitig in Richtung anderer literarischer Gattungen öffnen. Unter dieser kunsttheoretischen Perspektive gehören zum Feld der literarischen Biographik nicht jene Texte, die sich narrativer Techniken *vorwiegend* instrumentell, etwa im Interesse der überzeugenderen Darstellung historisch-biographischer Ereignisse bedienen. Die spezifisch literarische Biographik umfasst demgegenüber alle ästhetisch-literarischen Darstellungen von Lebensläufen realer (oder auch fiktiver) Personen, in denen die künstlerische Form im Mittelpunkt steht.

Für die im anglo-amerikanischen Bereich existierende Doppeldeutigkeit des Begriffes *literary biography*, der zum einen die literarische Biographik im Allgemeinen, zum anderen aber speziell Biographien über Schriftstellerinnen und Schriftsteller bezeichnet, gibt es im deutschsprachigen Raum kein Äquivalent. Das Attribut ›literarisch‹ gilt hier ausschließlich der spezifisch künstlerischen Ausformung, nicht dem ›Objekt‹ der Biographie (das im Englischen bezeichnenderweise *subject* heißt). Im deutschsprachigen Raum wird von »fiktionalbiographische[r] Dichterdarstellung« (von Zimmermann 2000) oder von »fiktionale[r] Dichterbiographie« (Nünning 2000, 15f.) gesprochen. Die Konjunktur dieses Genres, das Phänomen, dass sich offenbar »gebrochene oder tragische Lebensläufe«[2] von Schriftstellern als besonders geeignet für die biographische Gestaltungen erweisen, zeigt sich an der Vielzahl entsprechender Veröffentlichungen.

Da »keine konsistente Poetik für das Genre Biographie« (Klein 2002, 18) existiert – und aus guten Gründen auch nicht existieren kann und sollte –, ergeben sich aus der Zuordnung von biographischen Texten zum Bereich der Kunst mehr Fragen als Antworten. Poetizität und Literarizität sind Kategorien, die historischen Wandlungen unterliegen und weder eindeutig noch abschließend zu definieren sind. Entsprechend lässt sich die literarische Biographik ohne Berücksichtigung des jeweiligen

1 Helmut Koopmann: »Die Biographie«. In: Klaus Weissenberger (Hg.): *Prosakunst ohne Erzählen. Die Gattungen der nicht-fiktionalen Kunstprosa*. Tübingen 1985, S. 45–65, hier S. 55.

2 Ralf Georg Bogner: »Lenau eroticus, Stifter neuroticus, Grillparzer tristis – (Re-)Konstruktionen der Lebenswege dreier österreichischer Schriftsteller des 19. Jahrhunderts in neueren fiktionalen Dichterbiographien«. In: von Zimmermann 2000, S. 57–77, hier S. 58.

literaturgeschichtlichen Kontextes weder kategorial noch normativ bestimmen, allenfalls ist eine Annäherung aus verschiedenen Blickrichtungen möglich.

Eine Biographie kann u. a. als ein literarisches Werk angesehen werden,

- weil ihr Verfasser/ihre Verfasserin aus einem literarisch-schriftstellerischen Selbstverständnis heraus tätig ist und die Lebensbeschreibung von künstlerisch-ästhetischen Gestaltungsabsichten geprägt ist (produktionsästhetische Perspektive);
- weil der biographische Text typisch literarische Merkmale aufweist, z. B. Verwendung literarischer Muster oder Gattungsmodelle, intertextuelle Bezüge, dialogische Struktur, poetische Sprache und Bilder etc. (textanalytische Perspektive);
- weil der biographische Text als literarischer rezipiert und kritisiert bzw. zum Gegenstand literaturwissenschaftlicher Analyse wird (rezeptionsästhetische Perspektive).

Aber kann eine Biographie überhaupt die Kriterien von Literarizität erfüllen? Stehen nicht der pragmatische Charakter biographischer Texte und deren Anbindung an historische Faktualität einer künstlerischen Gestaltung grundsätzlich entgegen? Befindet sich nicht jede Biographie aufgrund ihres engen Bezuges zu einem konkreten Leben – unabhängig von einem sich historisch wandelnden Literaturverständnis – immer zugleich »inside *and* outside the field of literature« (Jefferson 2007, 21)?

1.2. Leben Schreiben: Biographik und Literarizität

Die Frage, ob Biographien überhaupt Kunstwerke sein können, ist von unterschiedlicher Relevanz für die Debatten im französischen bzw. deutschsprachigen Raum einerseits und im englischsprachigen Raum andererseits. Die scharfe Trennung zwischen Wissenschaft und Kunst ist in England und Nordamerika bis heute unüblich. Dagegen ist in Deutschland und Frankreich eine Tradition der Ausgrenzung des Biographischen aus der Literatur zu verzeichnen. Diese Skepsis gegenüber der Literaturfähigkeit von ›Leben‹ führt zu einem Legitimationsdruck auf die Gattung, und sie betrifft nicht nur die biographische Literatur als Textsorte im engeren Sinne, sondern ebenso den »Biographismus als Methode«,[3] also die Analyse der Verbindung zwischen ›Leben‹ und Schreiben. Diese Verbindung ist eines der umstrittensten literaturwissenschaftlichen Probleme. Die Differenz zwischen beiden Bereichen, die im Programm autonomer Kunst festgeschrieben ist, entscheidet über den ästhetischen Wert und den kanonischen Rang eines Textes. Der Vorwurf des Dilettantismus und der Trivialität trifft diejenigen, denen das ›Leben‹ zum Material der Kunst wird. Besonders häufig sind von diesem Vorwurf schreibende Frauen betroffen. Ihre Texte gelten traditionell als lebensnah, als von ›weiblicher‹ Erfahrung geprägt und deshalb als nicht literaturfähig.

Literaturwissenschaftlich werden Versuche, literarische Texte biographisch zu lesen oder umgekehrt literarische Werke als Belege für biographische Deutungen heranzuziehen, seit geraumer Zeit als methodisch besonders problematisch angesehen. Das gilt vor allem im Kontext der textwissenschaftlichen, poststrukturalistisch bzw. dekonstruktivistisch motivierten Umorientierung der Literaturwissenschaft.

In neueren biographietheoretischen und -geschichtlichen Untersuchungen werden Alternativen zur Verteufelung der Biographie als »Anathema«[4] einerseits und zum Rückfall in naiven Biographismus andererseits gesucht. So hat Ann Jefferson unlängst vorgeschlagen, stattdessen von einer Parallelität der Entwicklung von Biographik und Literatur seit dem 18. Jahrhundert und einer produktiven Wechselwirkung zwischen beiden Bereichen auszugehen. In dieser Perspektive leistet die Biographik als Erzählform *und* als Interpretationsmethode einen Beitrag zum Selbstverständigungsprozess der modernen Literatur (Jefferson 2007, 16).

Dieser Beitrag ist komplex und lässt sich nach

3 Christian von Zimmermann: »Exemplarische Lebensläufe. Zu den Grundlagen der Biographik«. In: Ders./Nina von Zimmermann (Hg.): *Frauenbiographik. Lebensbeschreibungen und Porträts*. Tübingen 2005, S. 3–16, hier S. 4.

4 Sigrid Weigel: *Ingeborg Bachmann. Hinterlassenschaften unter Wahrung des Briefgeheimnisses*. Wien 1999, S. 295.

Jefferson *ex negativo* gerade dadurch nachweisen, dass ›Leben‹ seit dem 18. Jahrhundert mit wechselnden Argumenten und mit enormem argumentativen Aufwand aus der Literatur ausgegrenzt wurde. Womöglich unbeabsichtigt wurden dadurch gleichzeitig unterschiedliche Konzepte von Biographik ins Licht gerückt (oder sogar hervorgebracht). Positiv verbunden sieht Jefferson Biographisches und Literarisches über die sich wandelnden Konzepte von Autorschaft und die immer wieder neu aufgenommene Debatte über die Funktion biographischer Informationen für die Deutung und künstlerische Legitimation literarischer Texte (ebd., 16 f.). Als wechselseitiges Korrektiv profitieren insbesondere Biographik und moderner Roman voneinander (Schabert 1990, 48).

Für die Verfasserinnen und Verfasser von literarischen Lebensdarstellungen ergeben sich aus dem widersprüchlichen Aufeinander-Bezogensein von biographischem und literarischem Feld besondere Anforderungen: Sie müssen sich selbst zu den aktuellen Debatten über das Verhältnis von ›Leben‹ und Schreiben positionieren (↗ II.1. Biographie und Performanz). Literarische Biographik ist in diesem Sinne selbstreflexiv, sie partizipiert an der Tendenz der Literatur zur Selbst-Infragestellung, und sie tendiert dazu – wie die Entwicklung des Genres seit der Mitte des 20. Jahrhundert zeigt – metaliterarische und metabiographische Erzählformen und Darstellungsweisen zu integrieren.

1.3. Literarische Biographik vom 18. bis zum 20. Jahrhundert

Die Geschichte der Biographik ist gut dokumentiert.[5] Die Überblicksdarstellungen zeigen, dass die Formen literarisch-biographischen Erzählens an das Literatur- und Kunstverständnis der jeweiligen Epochen in den einzelnen Ländern geknüpft sind.

Bis ins 18. Jahrhundert wurde die Biographik von der Idee der Beispielhaftigkeit eines Menschenlebens bestimmt (↗ I.7. ›Biographiewürdigkeit‹): Sowohl die Biographien der griechischen und römischen Antike als auch die mittelalterlichen Heiligenviten fungierten als Darstellung exemplarischen, nicht individuellen Lebens. Auch noch in der Renaissance dienten Biographien der Darstellung vorbildlicher Menschen und damit vorwiegend pragmatischen, nicht künstlerischen Zwecken. Im 18. Jahrhundert bildeten sich biographische und romanhafte Erzählformen aus, in deren Mittelpunkt nicht mehr beispielhaftes Verhalten, sondern individuelle, einzigartige Erfahrungen standen. Diese Erfahrungen und die daraus resultierenden Denk-, Empfindungs- und Handlungsweisen beschäftigten auch die zeitgenössische Anthropologie und die sich zeitgleich konstituierende Geschichtswissenschaft.

Die Entstehung der Biographie im heutigen Sinne – als spezifische Übergangsform und Vermittlungsinstanz zwischen dem ›Leben‹ und der Wissenschaft auf der einen, der Literatur auf der anderen Seite – ist also aufs engste mit der sich im 18. Jahrhundert herausbildenden Vorstellung von Individualität verbunden. Sie steht in Zusammenhang mit der Entwicklung des Romans als literarischer Gattung.[6] Johann Karl Wezel, einer der innovativsten deutschsprachigen Romanautoren der Spätaufklärung, sah 1780 in der Orientierung an der Biographie den Königsweg für die Nobilitierung einer bis dato ästhetisch gering geschätzten Gattung: »Der Verfasser gegenwärtigen Werkes war beständig der Meinung, daß man diese Dichtungsart dadurch aus der Verachtung und zur Vollkommenheit bringen könnte, wenn man sie auf der einen Seite der Biographie und auf der andern dem Lustspiele näherte: so würde die wahre *bürgerliche Epopee* entstehen, was eigentlich der Roman sein sollte.«[7]

Auffassungen wie diese sicherten der Biographik einen erheblichen Einfluss auf die erzählende Prosa, eröffneten ihr den Weg in die Literatur, banden sie aber zugleich auch zurück an ein didaktisches, wirkungspoetisch ausgerichtetes Literatur-

5 Vgl. zur deutschsprachigen Biographik Scheuer 1979; zur englischsprachigen: Richard D. Altick: *Lives and Letters. A History of Literary Biography in England and America*. New York 1966; zur französischsprachigen: Daniel Madelénat: *La Biographie*. Paris 1984.

6 Vgl. F. László Földényi: »Exemplum und Memento. Die Biographie als Mittel der Darstellung«. In: Fetz/Schweiger 2006, S. 21–32, hier S. 29; Karl Wagner: »Glanz und Elend der Biographik«. In: Fetz/Schweiger 2006, S. 49–60, hier S. 53 f.

7 Johann Karl Wezel: *Herrmann und Ulrike. Ein komischer Roman* [1780]. Nachdruck Leipzig 1980, S. 5 f.

verständnis, das auf Erziehung und soziale Veränderung zielte. Dieses Literaturverständnis ist mit den anthropologischen und pragmatischen Anliegen von Biographien gut vereinbar: Die Biographien des ausgehenden 18. Jahrhunderts stehen im Zeichen der ›Erziehung des Menschengeschlechts‹ (Lessing). Als literarische Form biographischen Erzählens entstand der historische Roman, den in Deutschland Benedikte Naubert, in England Scott als »Zweischichtenroman«,[8] d. h. als Verknüpfung von historischen mit fiktiven Personen und Ereignissen begründete.[9]

Die mit der Ablösung der aufklärerischen Wirkungsästhetik durch die Autonomieästhetik von Klassik und Romantik verbundenen Kunstanforderungen konnte ein an praktisch-pädagogischen Zielen orientierter biographischer Roman nicht erfüllen. Ihm wurde um 1800 ein anderer Weg gewiesen: Mit der von Goethe geforderten und in seiner Winckelmann-Biographie auch umgesetzten Idee einer symbolischen Biographik wurde biographischem Erzählen auftragen, die Geschichte im (großen) Individuum zu spiegeln und inneres und äußeres Leben im Sinne eines humanistischen Ideals zu harmonisieren.

Helmut Scheuer hat gezeigt, dass die am goetheschen Harmoniemodell orientierte Biographik im 19. Jahrhundert in Deutschland in das Modell der großen Individualbiographie mündete und dabei in zwei Teilbereiche zerfiel: die (geschichts-)wissenschaftlich fundierte, eher politisch orientierte Biographik und die Künstlerbiographik, die vom Bemühen um »Vergeistigung und Ästhetisierung des Lebens« (Scheuer 1979, 55) gekennzeichnet war.

Insbesondere die von Schriftstellern und auch Schriftstellerinnen in Deutschland im 19. Jahrhundert verfassten Biographien sind mehrheitlich dem zweiten Typus zuzuordnen. Unter ihnen sind viele Darstellungen des Lebens von Dichtern zu finden, etwa die bekannten Biographien Caroline von Wolzogens über Schiller (1830), Julius Eduard Hitzigs über E.T.A. Hoffmann (1823) und Adelbert von Chamisso (1839), bis hin zu den weniger bekannten mehrbändigen *Culturhistorisch-biographischen Romanen* Heribert Raus u. a. über A. von Humboldt (1860), Jean Paul (1861), Hölderlin (1862) und Shakespeare (1864) sowie Amely Böltes *Frau von Stael* (1859).

Von Ausnahmen abgesehen – zu denen zweifellos Georg Büchners für die Geschichte der literarischen Biographik außerordentlich bedeutendes Fragment *Lenz* (1839) gehört – sind die künstlerischen Ansprüche dieser Texte eher gering. Angestrebt werden weder ästhetisch-literarische Innovationen noch die Integration in den Werkkanon einer sich etablierenden Literaturwissenschaft. Im Mittelpunkt steht nicht die Form, sondern das Interesse an der Darstellung von bedeutenden schöpferischen Menschen. Das Selbstverständnis des Verfassers der Biographie *als Künstler* korrespondiert mit der Perspektive auf den Gegenstand der Lebensbeschreibung. Die Darstellungen tendieren zu standardisierten, eher konventionalisierten Erzählformen, sind auf Chronologie sowie einen teleologischen, am Bildungsroman orientierten Aufbau ausgelegt und unterliegen einer starken Tendenz zur Harmonisierung (Scheuer 1979, 102). Diese Vereinigung des Biographen mit dem Mythos des von ihm dargestellten großen Individuums wurde in der Biographik des George-Kreises noch einmal übersteigert und als Abkehr von der sozialen Wirklichkeit zugunsten einer Verklärung der geistigen Welt inszeniert (↗ V.6. 20. Jahrhundert).

In der Zeit nach dem Ersten Weltkrieg erlebte die Biographik in vielen europäischen Ländern einen ungeheuren Aufschwung, auf den Kracauer bereits 1930 kritisch mit der Feststellung reagierte, es lasse sich daran ein bürgerliches Bedürfnis nach einer heilen Welt und nach Befreiung aus den Zwängen einer entfremdeten Wirklichkeit ablesen.[10]

Die deutschsprachige Biographik des 20. Jahrhunderts wurde nach dem Ersten Weltkrieg durch die ›historische Belletristik‹ Zweigs und Ludwigs begründet, in der literarisch-ästhetische Darstel-

8 Kurt Schreinert: *Benedikte Naubert. Ein Beitrag zur Entstehungsgeschichte des historischen Romans in Deutschland.* Nachdr. [der Ausg.] Berlin 1941. Nendeln/Lichtenstein 1969.

9 Vgl. Wilhelm Füger: *Die Entstehung des historischen Romans aus der fiktiven Biographie in Frankreich und England.* Diss. München 1963.

10 Vgl. Siegfried Kracauer: »Die Biographie als neubürgerliche Kunstform« [1930]. In: Ders.: *Das Ornament der Masse. Essays.* Frankfurt a. M. 1977, S. 75–80, hier S. 77.

lungsformen mit Authentizitätsansprüchen und psychologisch-psychoanalytischer Motivierung der Figuren verknüpft wird. Sie konnte sich gegen die heftige Kritik der zeitgenössischen historischen Fachwissenschaft behaupten und erlangte große Popularität. Andere Autoren wie Lion Feuchtwanger mit den frühen Romanen wie *Jud Süß* (1925) und *Der falsche Nero* (1936), Alfred Döblin mit *Wallenstein* (1920), Walter von Molo mit *Mensch Luther* (1928) und Franz Blei mit *Talleyrand oder der Zynismus* (1932) wandten sich mit explizit literarischem *und* geschichtswissenschaftlichem Anspruch der Biographik zu und erprobten neue Formen des Geschichtsromans auf der Grundlage historisch-biographischen Erzählens.

Mit Bertolt Brechts fragmentarischer ›Biographie‹ *Die Geschäfte des Herrn Julius Caesar* (entstanden 1938/39) liegt erstmals eine ästhetisch anspruchsvolle Antwort auf die zeitgenössischen biographischen Geschichtsromane und ein kritisches Gegenmodell zur ›historischen Belletristik‹ vor. Brechts Text stellt – insbesondere im Vergleich zu den meisten, eher konventionell erzählen Romanbiographien innerhalb der Exilliteratur – einen ersten Höhepunkt selbstreflexiver literarischer Biographik dar. Das Fragment setzt Maßstäbe für das Genre, weil Brecht die Frage nach der Möglichkeit und den Grenzen biographischen Erzählens auf hochartifizielle Weise zum Gegenstand des Erzählens selbst macht. Brechts *Julius Caesar*, der in der Biographieforschung erstaunlicherweise wenig beachtet wird,[11] räumt mit dem Modell einer sich auf historische ›Wahrheiten‹ berufenden Individualbiographie großer Männer gründlich auf. Cäsar entpuppt sich in den Erinnerungen eines früheren Gerichtsvollziehers als ebenso korrupter wie unfähiger Geschäftsmann. Die Preisgabe dieser Erinnerungen und die hinterlassenen Aufzeichnungen eines Zeitgenossen sind nicht umsonst zu haben, sie werden zur ›Ware‹, deren eigentlichen Wert der naive Biograph, der die Errichtung eines literarischen Heldendenkmals anstrebt, nicht richtig einschätzen kann. In *Die Geschäfte des Herrn Julius Caesar* wird biographisches Schreiben als Scheitern biographischer Modelle poetisch gestaltet, und es wird gezeigt, in welchem Maße vermeintliche Geschichts›wahrheiten‹ von Macht und (ökonomischen) Interessen bestimmt werden. Brecht zerstört nicht nur einen Heroenmythos, sondern er dekonstruiert die biographischen Verfahren des 19. und frühen 20. Jahrhunderts, die auf die Darstellung menschlicher ›Größe‹ und deren Beglaubigung durch vermeintliche historische ›Faktizität‹ ausgerichtet sind.

Während von der ›historischen Belletristik‹ im Stil Zweigs und Ludwigs eine Linie gezogen werden kann zur populären biographischen Massenware der Gegenwart, muss in Brechts *Julius Caesar* ein Initialtext für Erzählformen gesehen werden, die spätestens seit der Mitte des 20. Jahrhunderts zum Leitbild literarischer Biographien werden: Ihr Merkmal ist ein an der literarischen Moderne geschultes neues Verständnis von Literarizität sowie eine kritische Haltung zum Primat der traditionellen (Geschichts-)Wissenschaft.

1.4. Schriftstellerisches Selbstverständnis und die Praxis der literarischen Biographie seit der Mitte des 20. Jahrhunderts

An Brechts *Die Geschäfte des Herrn Julius Caesar* wird auch deutlich, dass die Kritik an der Tradition der literarischen Biographik nicht zur grundsätzlichen Abkehr vom biographischen Erzählen führte, sondern eine neue Vorstellung von biographischer Literarizität und damit auch eine Neubestimmung des Verhältnisses von Kunst und Wissenschaft ermöglichte. Literarizität ist für Brecht kein Selbstzweck, sondern ein Erkenntnismedium. Sie bezieht die Möglichkeiten der modernen Wissenschaft durchaus ein – allerdings nicht im Sinne der Veranschaulichung wissenschaftlicher Erkenntnisse, sondern als Anlehnung an wissenschaftliche Verfahren: Brechts Prosa ist wie sein Theater experimentell und sie dient nicht – auch wenn die Brecht-Rezeption dies zugunsten einer vereinseitigenden Perspektive auf den politischen Autor Brecht oft übersehen hat – der Vermittlung einer ›Wahrheit‹, sondern der Veränderung der Seh-, Denk- und Wahrnehmungsgewohnheiten mit Hilfe avancierter künstlerischer Mittel.

11 Ausnahme: Ulrich Kittstein: *»Mit Geschichte will man etwas«. Historisches Erzählen in der Weimarer Republik und im Exil (1918–1945)*. Würzburg 2006, S. 148–169.

Seit der Mitte des 20. Jahrhunderts, spätestens seit den 1970er Jahren, steht die literarische Biographik im Zeichen eines veränderten Verständnisses von Literarizität. Trotz aller Unterschiede im Einzelnen gilt seitdem für die meisten (nicht-trivialen) literarischen Biographien, dass das Verhältnis von ›Leben‹ und Schreiben nicht mehr als gegeben vorausgesetzt, sondern zum Gegenstand des Erzählens selbst gemacht wird (von Zimmermann 2000, 246f.; ↗III.4. Fiktionale Metabiographien). Dies hat weitreichende Konsequenzen nicht nur für die Erzählverfahren, sondern für die Praxis des Schreibens und das schriftstellerische Selbstverständnis:

1. Die ›Hilfsfunktion‹ der Wissenschaften
Die neueren literarischen Biographien sind von einem fundierten Selbstbewusstsein nicht nur gegenüber der wissenschaftlichen Biographik, sondern gegenüber dem wissenschaftlichen Feld allgemein gekennzeichnet. Es werden naturwissenschaftliche Verfahren, soziologische Methoden, psychologische oder psychoanalytische Erkenntnisse genutzt; auf die Quellen, die Geschichts- und Literaturwissenschaften bereitstellen und aufbereiten, wird in vielfältiger Weise zurückgegriffen. Literarische und wissenschaftliche Darstellungweisen gelten dabei als grundsätzlich unterschiedlich – wenn auch der literarischen Biographik durchaus zugetraut wird, einen »Beitrag zur akademischen Diskussion«[12] liefern oder bestimmte Probleme sogar besser lösen zu können (z. B. wenn es um Wahrung von Intimität, Vermeidung von Voyeurismus, Lücken in der Überlieferung, die Begründung der Wahl der biographierten Person – insbesondere im Hinblick auf deren historische ›Bedeutung‹ oder Marginalität – geht).[13]
2. Das Spiel mit offenen Möglichkeiten
Besser als im wissenschaftlichen Text kann in einer literarischen Biographie die Geschichte eines Menschen als unabgeschlossenes und unabschließbares Lebens›gebilde‹ entworfen werden. Die Vorläufigkeit und Vielfältigkeit von Deutungsangeboten kann mit Hilfe von literarischen Mitteln durch Annäherungen, Auflösung von Linearität, Chronologie und Teleologie sowie durch die literarische Integration des Arbeitsprozesses mit all seinen Umwegen, Doppelungen und Widersprüchlichkeiten in den Text selbst erreicht werden (↗IV.3. ›Discours‹). Dieser Arbeitsprozess ist – wie Dieter Kühn es prägnant formuliert hat – Ergebnis der Entscheidung für eine »*Form*«, nicht für eine »*Gliederung*« (Kühn 2002, 183). Diese »Form« bestimmt die der Biographie zugrunde liegende literarische »Schreibstrategie« (ebd.) und findet in der gewählten spezifisch literarischen Sprache ihren Ausdruck (ebd., 186).
3. Umgang mit den Quellen
Die Verarbeitung von Lebensspuren, nachgelassenen Briefen, Dokumenten, Tagebuchaufzeichnungen, Erinnerungen Dritter etc. unterliegt in literarischen Biographien nicht dem Prinzip der Vollständigkeit und der wissenschaftlichen Genauigkeit. Obwohl sich viele literarische Biographien durch sehr sorgfältigen Umgang mit den Quellen auszeichnen, ist die Auswahl und Anordnung künstlerischen Zwecken untergeordnet. Es gilt etwa, mit Hilfe der Quellen die »Poetizität« in der »Form« des gewählten Lebens zu entdecken (ebd., 183f.). Das beinhaltet auch die Möglichkeit, den Status der Quellen unterschiedlich deuten oder ihn auch als Form literarischer Inszenierung für den eigenen Text nutzen zu können. Autobiographische Texte z. B. »können auf ihren Inhalt hin gelesen werden, im Hinblick auf die Fakten des Lebens; als Erinnerung und als Beweis für das, was den Autorinnen und Autoren in ihrem Leben wichtig war; und als Fiktion, als eine schriftstellerische Form der Selbstdarstellung oder der Verkleidung« (ebd., 186f.).
4. Die Subjektivität der Biographin/des Biographen
In der Möglichkeit, Subjektivität zuzulassen, sehen Verfasserinnen und Verfasser von literarischen Biographien häufig ein Privileg der Kunst gegenüber der Wissenschaft. Damit sind nicht individuelle Emotionen gemeint, sondern das Akzeptieren der subjektiven »Voraussetzungen

12 Lucia Krämer: »Der Dichter als tragischer Held und Ideenträger – Eine Analyse jüngster Oscar Wilde-Darstellungen in Drama und Film«. In: von Zimmermann 2000, S. 285–300, hier S. 285f.

13 Vgl. Richard Holmes: »Biography: Inventing the Truth«. In: Batchelor 1995, S. 17–20.

biographischer Ojektivierung« (ebd., 184). Nun lässt sich mit Fug und Recht einwenden, dass auch eine wissenschaftliche Biographie nicht ohne subjektive Entscheidungen auskommt; vielfach sind wissenschaftliche Interessen mehr als offensichtlich persönlichen Vorlieben oder Faszinationen geschuldet. Ein Unterschied mag darin gesehen werden, dass die Entscheidungen im wissenschaftlichen Bereich begründet bzw. eingeordnet werden müssen in wissenschaftliche Themen, anthropologische oder Geschichtsauffassungen, Subjektivitätsvorstellungen oder -theorien. Idealiter bestimmt in der literarischen Biographik dagegen nicht die ›Theorie eines Lebens‹ die biographische Herangehensweise, sondern die (ästhetisch-literarische) »Form« die der subjektive Blick einer Künstlerin/eines Künstlers in einem individuellen Lebens wahrnimmt (ebd., 183). Die schreibende Person tritt dabei in einen Dialog mit der beschriebenen.

5. Die Wahl des ›Gegenstands‹
Was veranlasst eine Schriftstellerin/einen Schriftsteller zur biographischen Arbeit über eine bestimmte Person? Ist es Identifikation, Faszination, Abgrenzung, Begeisterung für das Werk oder das (außergewöhnliche) Leben, die Komplexität und Vielseitigkeit des Lebenslaufs oder doch gerade umgekehrt das Verbrecherische, Kritikwürdige, Alltägliche, Marginale, gar das Leben im Schatten einer bekannten Person? Für Verfasserinnen und Verfasser literarischer Biographien ist die Entscheidung Teil des künstlerischen Prozesses und steht in Zusammenhang mit den literarisch-ästhetischen Zielsetzungen. Person und Darstellungsform sind miteinander verknüpft: Die Individualitätsentwürfe, die anhand der ausgewählten Personen biographisch realisiert werden, hängen mit den Prämissen der künstlerischen Arbeit zusammen und können von subjektiven Motivationen, von historischen Interessen oder aber von aktuellen politischen Verständigungsbedürfnissen geprägt sein wie etwa die aktualisierenden Biographien über Figuren der Romantik in der DDR-Literatur. Ambivalenzen gegenüber der gewählten Person sind wohl für die meisten biographischen Arbeiten kennzeichnend: »Keeping the balance between love and detachment is the most obvious problem and perhaps the most difficult« (Batchelor 1995, 5). Das ambivalente Verhältnis zum gewählten *subject* wird nicht selten – etwa in Form reflexiver Einschübe – zum Bestandteil des Erzählens selbst.

6. Die Konstruktion des biographierten Subjekts
Eine besondere Herausforderung besteht für die literarische Biographik in der Entwicklung moderner Subjektverständnisse, die *cum grano salis* vom ›autonomen Ich‹ zur ›Depersonalisierung‹ verläuft. Dieser Prozess, der in der Figurengestaltung innerhalb der modernen und postmodernen Literatur leicht nachvollziehbar ist, stellt personenkonzentriertes biographisches Erzählen vor erhebliche Probleme, eröffnet aber auch neue erzählerische Möglichkeiten. Jede literarisch-biographische Arbeit wird sich zu den jeweils aktuellen Subjektvorstellungen verhalten müssen, wenn sie sich nicht mit dem Vorwurf konfrontiert sehen will, naive, harmonisierende Menschenentwürfe vergangener Jahrhunderte zu konservieren. Die ästhetisch-literarischen Schreibformen ermöglichen biographische Darstellungen, in denen sich die Perspektiven auf ein Subjekt vervielfältigen lassen, ein und dieselbe Person in verschiedenen Versionen eingeführt und Identitätsentwürfe kritisch durchgespielt werden können. Widersprüche und Maskierungen können so genauer reflektiert werden, die Frage nach der ›Wahrheit‹ von Selbstdarstellungen und -inszenierungen wird zum Teil des künstlerischen Prozesses.[14] – Der literarische Umgang mit dem jeweiligen Subjektverständnis ist eng verbunden mit der Frage nach der Eignung bestimmter biographischer Modelle und Lebensmuster. Viele biographische Muster beruhen z.B. auf der männlich geprägten bürgerlichen (Berufs-)Lebenslaufvorstellungen. Lebensgeschichten von Frauen werden dagegen häufig im Modell der Opferbiographie erzählt. Literarisch-biographische Darstellungsformen ermöglichen es, diese Muster aufzurufen, sie gleichzeitig ironisch zu unterlaufen und damit infrage zu stellen.

14 Vgl. Lucia Krämer: »Der Dichter als tragischer Held« (wie Anm. 12), S. 295; Joachim Grage: »›Und dann können Sie sich nicht einmal an die Wahrheit halten‹ – Über Dorrit Willumsens Roman ›Bang‹«. In: von Zimmermann 2000, S. 147–166, hier S. 155.

7. Dialog mit dem Adressaten/der Adressatin
Aus der Möglichkeit, in den literarischen Prozess der Lebenskonstruktion eine reflektierende Erzählinstanz zu integrieren, ergibt sich auch eine Erweiterung der literarischen Funktionen der Figur des Lesers/der Leserin. Erzählinstanz und biographierte Person können in einen Dialog mit – textextern oder textintern konstruierten – adressierten Lesern treten. Die Instanz des Lesers kann über alle Entscheidungen im biographischen Schreibprozess informiert werden, in einen Dialog über die Frage des Umgangs mit den Quellen eintreten (Hüncken 2003, 21) oder in die Schwierigkeiten der Lebenskonstruktion in die Problematik einbezogen werden. Insbesondere durch Brüche, reflexive Einschübe oder Irritationen wird »der Leser zur Aufmerksamkeit gezwungen. Dementsprechend läßt sich von der ›Diskontinuität‹ des Erzählten als einem Hauptmerkmal für die moderne Biographie und Literatur sprechen, die ›Handlungsaktivität und Mimesis‹ durch ›Ideenbewegung und Erkenntnisleistung‹ erweitert oder ersetzt« (ebd.). Die Verunsicherung des Lesers wird zum »konstitutive[n] Merkmal« insbesondere von Texten, die sich sowohl als »fiktionale Erzählung als auch als Beschreibung einer realen Persönlichkeit und deren historischer Umwelt«[15] lesen lassen.
Ob und inwieweit trotz dieser grundlegenden Verunsicherung ein biographischer Authentizitätsanspruch bzw. -schein im Sinne des berühmten unausgesprochenen Pakts zwischen Autor und Leser (Lejeune) oder auch nur eine »Authentizitätsillusion« (von Zimmermann 2000, 6) aufrecht erhalten werden soll, muss für jede literarische Biographie neu entschieden werden.
8. Vom Umgang mit Fiktionalität
Das Kriterium der Fiktionalität kann angesichts der Tatsache, dass auch der Faktizitätsanspruch historiographischer Texte in jüngster Zeit eingeschränkt wird und dass auch literarische Biographien faktuale Elemente enthalten, kein hinreichendes Merkmal für die Abgrenzung der literarischen von nicht-literarischen Biographien darstellen. Fiktionalität ist keine hinreichende Bedingung für Literarizität. Kühn etwa bestreitet sogar, dass Fiktionalität in literarischen Biographien *überhaupt* einen Platz haben sollte. Anders als etwa Peter Härtling, der etwa in seiner ›Novelle‹ *Božana* (1994) aus den fiktiven Briefen der tschechischen Sekretärin seines Vaters dessen Lebensgeschichte rekonstruiert, lehnt Kühn jede »Vermischung von Fakten und Fiktionen« (Kühn 2002, 184) vehement ab. Kühns Plädoyer, die Grenze zwischen literarischer und nicht-literarischer Biographik durch den Aspekt der Poetiziät und nicht der Fiktionalität zu markieren, ist zuzustimmen – wenn bei ihm auch in gewisser Weise eine Verwechslung von ›fiktiv‹ und ›fiktional‹ vorliegen mag. Literarische Biographien sind in aller Regel *auch* fiktional im Sinne von Als-ob-Erzählungen, und es kommen in ihnen oft – wenn auch nicht immer – fiktive Figuren (mitunter auch fiktive Erzählinstanzen oder sogar fiktive Autoren bzw. Autorinnen) und fiktive Ereignisse vor. Entscheidend für die Gattungszugehörigkeit ist jedoch zugleich in aller Regel, dass die Person, deren Lebensgeschichte literarisch erzählt wird, nicht fiktiv ist. Die große Aufmerksamkeit, die Wolfgang Hildesheimers *Marbot* (1981) als perfekt konstruierte und durch fingierte Quellen ›abgesicherte‹ Geschichte einer erfundenen Person erregt hat, ist nicht zuletzt auch dem Bruch dieser Gattungsregel geschuldet.

1.5. Typologien, Einordnungen, Wertungsprobleme

Nach wie vor existiert keine systematische Darstellung der Erzähltypen und Erscheinungsformen der neueren literarischen Biographik. Das ist zum einen der Heterogenität der Gattungsausprägungen geschuldet: Neben traditionellen Erzählformen sind inzwischen vielfach »metafiktionale Reaktionen auf die literaturtheoretischen Entwicklungen bis hin zu einer neuen ›Lust am Erzählen‹« (von Zimmermann 2000, 2) zu verzeichnen. Insbesondere für die stärker selbstreflexiven und metabiographischen biographischen Texte fehlen bislang Klassifizierungsmöglichkeiten (Nünning 2000, 20 f.). Vieles spricht daher dafür, die unterschiedli-

15 Joachim Grage: »›Und dann können Sie sich nicht einmal an die Wahrheit halten‹« (wie Anm. 14), S. 147.

chen Erscheinungsformen nicht vorschnell zu rubrizieren und dadurch womöglich innovative Grenz- und Mischformen auszuschließen (in diesem Sinne auch Klein 2002, 21).

Zum anderen behindern definitorische Unsicherheiten die Systematisierung: Bezeichnungen wie ›literarische Biographie‹, ›biographischer Roman/biographische Erzählung‹, ›poetische Biographie‹, ›fiktionale Biographie‹, ›biographische Literatur‹, ›(meta-)biographische Fiktion‹ werden häufig synonym verwendet, obwohl damit unterschiedliche Annäherungen an das Genre verbunden sind.

Es ist also sinnvoll, dass die vorliegenden typologisierenden Darstellungen in aller Regel von der Hybridität oder Nichteindeutigkeit der Gattung Biographie ausgehen und nicht kategorial oder gar normativ zwischen literarischen und nicht-literarischen Texten unterscheiden (↗ I.2. Biographie als Gattung?), sondern zunächst nach einzelnen Autorinnen oder Autoren, speziellen Aspekten oder bestimmten Stoffgebieten bzw. Epochen differenzieren (Schabert 1990; von Zimmermann 2000).[16] Für die typologische Erfassung der Unterschiede in der neueren Biographik gilt aktuell das Kriterium der Metafiktionalität als besonders geeignet. Darunter wird die Verlagerung des Schwerpunkts der Biographie von »der Darstellung der Lebensgeschichte [...] auf die [...] Auseinandersetzung mit epistemologischen, methodischen oder darstellungstechnischen Problemen der Rekonstruktion und narrativen Wiedergabe eines Lebenslaufes« (Nünning 2000, 23) verstanden.

Metafiktionalität ist ein häufiges, aber nicht notwendiges Merkmal von Literarizität (Röller 2007, 22 f.) und daher nur eingeschränkt für die Typologisierung literarisch-biographischer Texte geeignet. Wenn überhaupt Erzähltypen und -formen innerhalb der literarischen Biographik unterschieden werden sollen, scheint es sinnvoller, stofforientiert oder für bestimmte biographiegeschichtliche Epochen Merkmalskataloge mit Hilfe gattungs- und erzähltheoretischer Kategorien zu bilden und die einzelnen Texte durch ihre Auseinandersetzung mit bestimmten Gattungsnormen und im Hinblick auf den Umgang mit Erzählkonzepten der jeweiligen Zeit zu kennzeichnen.

Aber selbst dann stellt sich noch die Frage, ob sich literarische Biographik überhaupt sinnvoll rubrizieren lässt und ob die Typologisierung nach einzelnen formalen Merkmalen von Literarizität – etwa der paratextuell markierten Zuordnung zu literarischen Gattungen, des Vorkommens spezifischer Zeitstrukturen (z. B. des nach Käte Hamburger für literarische Texte kennzeichnenden ›epischen Präteritums‹) oder der spezifischen Verwendung von Bildern und poetischer Sprache – wirklich zu sinnvollen Unterscheidungen zwischen einzelnen Texten führen kann (↗ IV.1. Kontext).

Zweifel sind angebracht. Gattungspoetiken und Erzähltheorien unterliegen wie die Vorstellungen von Literarizität selbst historischen Wandlungen, und es sind gerade die Texte, die Gattungsnormen auf den Kopf stellen oder Erzählkonventionen unterlaufen, die literarisch besonders interessant sind. Das gilt auch und gerade für Biographien, in denen die Zugehörigkeit zu bestimmten literarischen Gattungen explizit ausgestellt wird. Mit dem Untertitel *Roman* erscheinen z. B. so unterschiedliche Titel wie Michail Bulgakovs Biographie *Das Leben des Herrn de Molière* (dt. 1971), Renate Feyls Lebensbeschreibung der Gottschedin *Idylle mit Professor* (1986), als *biographischen Roman* bezeichnet Brigitte Krause ihr Buch *Gefesselte Rebellin Brigitte Reimann* (1994), Kühn bevorzugt Titel und Untertitel, die Poetizitätssignale enthalten: *Das Heu, die Frau, das Messer. Eine Novelle* (eine Karl-Philipp-Moritz-Biographie, 1997), *Clara Schumann, Klavier. Ein Lebensbuch* (1996) oder provozierend mit der Abgrenzung zur literaturwissenschaftlichen Biographik spielen, wie unlängst bei dem Band *Gertrud Kolmar. Leben und Werk, Zeit und Tod* (2008). Viele literarische Biographien sind überdies nicht eindeutig bestimmten Gattungen zuzuordnen. Gattungsmischungen liegen z. B. bei biographischen Briefromanen, historischen Romanen, bei als fingierte Autobiographie verfassten biographischen Texten oder bei Montagen aus Quellentexten und Erzählpassagen vor.

Typologisierungen nach Erzählverfahren, -strukturen oder Darbietungsweisen werfen ähnliche Probleme auf. Die Verwendung des häufig als trivial angesehenen historischen Präsens (etwa bei

16 Vgl. Christian von Zimmermann/Nina von Zimmermann (Hg.): *Frauenbiographik* (wie Anm. 3); Arthur Bradley/Alan Rawes: *Romantic Biography*. Aldershot 2003.

Veronika Becis *Eduard Mörike. Die gestörte Idylle*, 2004, oder Alberto Dines' *Tod im Paradies. Die Tragödie des Stefan Zweig*, dt. 2006) kann in anderen Texten wie z. B. in Henning Boëtius' Novelle *Tod am Wannsee* (2002) literarisch innovativ sein. Auktorial organisierte Erzählweisen kommen in ästhetisch eher anspruchslosen Texten wie in Ingeborg Drewitz' Bettine-von-Arnim-Biographie (2002) ebenso vor wie abschnittsweise in dem phantasievollen, Realität und Irreales vermischenden Roman von Eberhard Hilscher *Der Dichter und die Frauen oder Vier Verwandlungen eines Mannes, Walther von der Vogelweide genannt* (1992).

Ist nun die neuere und neueste Biographik in literarischer Hinsicht insgesamt eher innovativ, oder hinkt sie den literarischen Entwicklungen hinterher? Und gilt nach wie vor die von Scheuer seit 1979 immer wieder erneuerte Forderung, dass sich die wissenschaftliche Biographik in ihren Darstellungsweisen an modernen Formen literarisch-biographischen Schreibens orientieren sollte?

Auch hier ergibt sich kein eindeutiges Bild. Während noch die aktuelle Tendenz zu metafiktionalen Erzählweisen als Zeichen biographischer Innovation gefeiert wird, scheint sich bereits ein Überdruss an selbstreferentiellen Erzählweisen und die Favorisierung eines Gegentypus zu der mit Hilfe »auktoriale[r] Fiktionalitätsspiele« erzeugten »selbstreferentiellen anonymen oder figuralen Erzählergegenwart«[17] abzuzeichnen. Gleichzeitig gilt aber für viele literarische Biographien immer noch die Feststellung: »The biographer-as-artist ist still living in the nineteenth century«.[18]

Was ist unter diesen Bedingungen eine ästhetisch innovative literarische Biographie? Die Frage ist womöglich erst dann zu beantworten, wenn die Resonanz, die bestimmte Texte gefunden haben, biographiegeschichtlich erkennbar ist. Vieles deutet darauf hin, dass gerade die Texte, die in keine Kategorie passen, die sogar nicht als Biographie im engeren Sinne konzipiert sind, sondern mit biographischen Erzählformen spielen, dem Genre neue Erzählmöglichkeiten eröffnen, wie z. B. Sten Nadolnys *Die Entdeckung der Langsamkeit* (dt. 1983), Antonia S. Byatts *Besessen* (dt. 1993) oder auch Robert Menasses *Die Vertreibung aus der Hölle* (2001). Erst die Rezeption macht oft deutlich, dass ein bestimmter Text (unbeabsichtigt?) Maßstäbe für die literarisch-biographisches Erzählen setzt: Uwe Johnsons außergewöhnliche, fast ausschließlich aus Dokumenten und Quellentexten montierte poetische Annäherung an Ingeborg Bachmann in *Eine Reise nach Klagenfurt* ist zu Recht von Heinrich Böll als »Modell [...] für Biographien – besser noch: auch für Autobiographien«[19] bezeichnet worden.

Literatur

Batchelor, John (Hg.): *The Art of Literary Biography*. Oxford 1995.

Fetz, Bernhard/Schweiger, Hannes (Hg.): *Spiegel und Maske. Konstruktionen biographischer Wahrheit.* Wien 2006.

Hüncken, Stephanie: *Dieter Kühn und die Biographik. Modernes Erzählen zwischen Kunst und Wissenschaft.* Siegen 2003.

Jefferson, Ann: *Biography and the Question of Literature in France.* Oxford 2007.

Klein, Christian (Hg.): *Grundlagen der Biographik. Theorie und Praxis des biographischen Schreibens.* Stuttgart/Weimar 2002.

Kühn, Dieter: »Werkreflexion, Stichwort: literarische Biographie«. In: Christian Klein (Hg.): *Grundlagen der Biographik. Theorie und Praxis des biographischen Schreibens.* Stuttgart/Weimar 2002, S. 179–202.

Nünning, Ansgar: »Von der fiktionalen Biographie zur biographischen Metafiktion«. In: Christian von Zimmermann (Hg.): *Fakten und Fiktionen. Strategien fiktionalbiographischer Dichterdarstellungn in Roman, Drama und Film seit 1970.* Tübingen 2000, S. 15–36.

Röller, Ute: *»Mein Leben ist ein Roman...«. Poetologische und gattungstheoretische Untersuchung jüngerer literarischer Musikerbiographien.* Würzburg 2007.

Schabert, Ina: *In Quest of the Other Person. Fiction as Biography.* Tübingen 1990.

Scheuer, Helmut: *Biographie. Studien zur Funktion und zum Wandel einer literarischen Gattung vom 18. Jahrhundert bis zur Gegenwart.* Stuttgart 1979.

Zimmermann, Christian von (Hg.): *Fakten und Fiktionen. Strategien fiktionalbiographischer Dichterdarstellungen in Roman, Drama und Film seit 1970.* Tübingen 2000.

Anita Runge

17 Wilhelm Kühlmann: »Endzeitliche Parabolik – Bemerkungen zu Stefan Andres' Synesios-Biographie (1971)«. In: von Zimmermann 2000, S. 119–130, hier S. 122.

18 Catherine Peters: »Secondary Lives. Biography in Context«. In: Batchelor 1995, S. 43–56, hier S. 44.

19 Heinrich Böll: »Spurensicherung. Über Uwe Johnson, ›Eine Reise nach Klagenfurt‹«. In: *Frankfurter Allgemeine Zeitung* (23.11.1974).

2. Wissenschaftliche Biographik

2.1. Niedergang und Rehabilitierung eines Genres

Dass biographisches Schreiben seit einiger Zeit (wieder) als wissenschaftliches Verfahren in den Blick genommen werden kann, steht im Zusammenhang mit der methodischen Öffnung in der Geschichtswissenschaft seit den 1970er Jahren,[1] wäre aber nicht denkbar ohne die seit einigen Jahren stetig wachsenden Bemühungen um eine Theoretisierung des Genres. Inzwischen gilt nur noch eingeschränkt, was die Literaturwissenschaftlerin und Biographin Deirdre Bair 2001 als eigene Erfahrung unter dem pointierten Titel: »Die Biografie ist akademischer Selbstmord«[2] zusammenfasste. Und auch die ein Jahr später von Peter-André Alt, selbst Verfasser literaturwissenschaftlicher Biographien, getroffene Feststellung, dass »in der akademischen Welt die Tendenz zur programmatischen Ablehnung einer Gattung [regiere], die als methodisch restaurativ oder (schlimmer noch) theoretisch naiv eingestuft wird«,[3] muss relativiert werden: Biographische Verfahren erleben in verschiedenen historischen Fachdisziplinen eine »überraschende Renaissance« (Bödeker 2003b, 12); mit der methodischen Erneuerung der Biographik wird die Hoffnung auf innovative, die Fach- und Disziplinengrenzen sprengende wissenschaftliche Darstellungsmöglichkeiten verbunden[4] – wenn nicht sogar auf grundlegende wissenschaftliche Selbsterneuerung im Sinne einer »den kruden Wissenschaftsobjektivismus überwinden wollenden ›Wendung zum Konkret-Besonderen‹« (ebd., 17).[5]

Voraussetzung für die Wiederbelebung der wissenschaftlichen Biographik ist die Abkehr von traditionellen Formen: Als wissenschaftlich – und auch ästhetisch – inakzeptabel gelten Biographien, die am Modell einer im 19. und frühen 20. Jahrhundert beliebten Form der Geschichtsdarstellung, der Historiographie entlang der Lebensbeschreibungen ›großer‹ (in der Regel) männlicher Individuen orientiert sind (↗I.7. ›Biographiewürdigkeit‹). Diese gattungsgeschichtlich einfluss- und umfangreiche Tradition biographischen Erzählens mit ihrer chronologisch-teleologischen, geschlossenen Darstellungsweise stellt nachgerade die Negativfolie für aktuelle biographietheoretische Arbeiten dar, von der aus methodisch reflektierte neue biographische Modelle entwickelt werden. Die Kritik gilt – je nach Position – etwa unter historisch-soziologischer Perspektive dem konservativ-historistischen Charakter dieser Art von Biographik (Scheuer 1979, 111) unter subjekttheoretischen Aspekten dem »Mythos einer geschlossenen historischen Persönlichkeit« (Bödeker 2003b, 26) oder in gendertheoretischer Hinsicht der Blindheit gegenüber biographischen Modellen, die auf die Universalisierung männlicher bürgerlicher Lebenskonstruktionen angelegt sind.[6]

1 Vgl. Ulrich Raulff: »Das Leben – buchstäblich. Über neuere Biographik und Geschichtswissenschaft«. In: Klein 2002, S. 55-68, hier S. 68.

2 Deirdre Bair: »Die Biografie ist akademischer Selbstmord«. In: *Literaturen* 7/8 (2001), S. 38 f.

3 Peter-André Alt: »Mode ohne Methode? Überlegungen zu einer Theorie der literaturwissenschaftlichen Biographik«. In: Klein 2002, S. 21–39, hier S. 23.

4 Vgl. Margit Szöllösi-Janze: »Lebens-Geschichte – Wissenschafts-Geschichte. Vom Nutzen der Biographie für die Geschichtswissenschaft und Wissenschaftsgeschichte«. In: *Berichte zur Wissenschaftsgeschichte* 23. Jg. (2003), S. 17–35.

5 Zum ›biographical turn‹ vgl. u. a. Thomas Etzemüller: »Die Form ›Biographie‹ als Modus der Geschichtsschreibung. Überlegungen zum Thema Biographie und Nationalsozialismus«. In: Michael Ruck/Karl-Heinrich Pohl (Hg.): *Regionen im Nationalsozialismus*. Bielefeld 2003, S. 71–90; Wilhelm Füßl: »Zwischen Mythologisierung und Dekonstruktion: Die Funktion des Biographen«. In: Ders./Stefan Ittner (Hg.): *Biographie und Technikgeschichte*. Opladen 1998, S. 59–69; Ina Hartwig/Ingrid Karsunke/Tilman Spengler (Hg.): *Die Rückkehr der Biographien*. Berlin 2002; Gert Jüttemann/Hans Thomae (Hg.): *Biographische Methoden in den Humanwissenschaften*. Weinheim 1998; Simone Lässig: »Toward a Biographical Turn? Biography in Modern Historiography – Modern Historiography in Biography«. In: *Bulletin of the German Historical Institute* 35. Jg. (2004), S. 147–155.

6 Vgl. Anne-Kathrin Reulecke: »›Die Nase der Lady Hester‹. Überlegungen zum Verhältnis von Biographie und Geschlechterdifferenz«. In: Röckelein 1993, S. 117–142, hier S. 127.

Gattungsgeschichtlich stellt sich der Reputationsverlust biographischer Verfahren in den einzelnen wissenschaftlichen Bereichen unterschiedlich dar: Das Innovationspotential, das viele der aus heutiger Perspektive kritisierten ›Heldenbiographien‹ zu ihrer Zeit entfalten konnten, wird in der Wissenschaftsgeschichte der Literatur- und Kulturwissenschaften durchaus anerkannt.[7] Zu nennen wären vor allem die materialreichen und oft in ihrer akribischen Detailversessenheit nicht wieder erreichten positivistischen Arbeiten, u. a. von Franz Muncker (*Friedrich Gottlieb Klopstock. Geschichte seines Lebens und seiner Schriften*, 1907), Erich Schmidt (*Lessing*, 1884–92), Rudolf Haym (*Herder. Nach seinem Leben und seinen Werken dargestellt*, 1880–85), aber auch die sich davon abgrenzenden geistesgeschichtlichen Biographien im Umkreis von Wilhelm Diltheys *Leben Schleiermachers* (1870).[8]

Dass Lebensbeschreibungen dieser Art trotz ihrer unbestreitbaren Verdienste heute im Allgemeinen eher als Vorläufer der populären als der wissenschaftlichen Biographik gelten, ist auf die seit der Wende zum 20. Jahrhundert beginnende und sich bis in die Gegenwart fortsetzende Debatte um die Eignung der Biographik als historiographisches Verfahren zurückzuführen (von Zimmermann 2006, 37). Spätestens ab diesem Zeitpunkt waren der sich professionalisierenden Geschichtswissenschaft in Deutschland – anders als in angelsächsischen Ländern – selbst anspruchsvollere biographische Formen grundsätzlich suspekt. Die enge Verknüpfung von Kunst und Geschichte im biographischen Erzählen wurde – obwohl Teil der eigenen Wissenschaftsentwicklung[9] – zunehmend als problematisch angesehen. Als Ergebnis einer polemischen Auseinandersetzung mit der publizistisch sehr erfolgreichen ›historischen Belletristik‹ am Ende der 1920er Jahre wurden biographische Erzählformen von den Fachhistorikern als unwissenschaftlich ausgegrenzt.[10] Nach 1945 führten die Orientierung der Geschichtswissenschaft auf struktur- und sozialgeschichtliche Perspektiven und die damit verbundene Skepsis gegenüber dem Individuellen zum weiteren Bedeutungsverlust biographischer Verfahren.

Die geschichtswissenschaftliche Rehabilitierung der Biographik in den letzten Jahrzehnten des 20. Jahrhunderts spiegelt die Umorientierung des Faches wider; sie geht einher mit einem wachsenden »Interesse an der Alltagsgeschichte« (Bödeker 2003b, 15), »an den historischen Ausprägungen von Subjektivität« (ebd.), dem »Aufschwung kleinräumiger Detailstudien« (ebd., 17), nicht zuletzt mit der von Hayden Whites Arbeiten ausgehenden Einsicht in die Bedeutung der Narration für die Konstruktion von Geschichte.[11] Damit ist eine Öffnung der engen Grenzen der Fachwissenschaften verbunden; die Verknüpfung von geschichts- mit literatur- und kulturwissenschaftlichen, aber auch philosophisch-ideen- und wissenschaftsgeschichtlichen Sichtweisen[12] ermöglicht die Betrachtung der gesellschaftlichen, kulturellen und ethischen Dimensionen historisch-biographischer Darstellungsformen und deren Indienstnahme für verschiedene wissenschaftliche, wissenschaftsgeschichtliche, politische und künstlerische Zwecke. Das aktuelle Interesse an der Biographik steht dabei im Zeichen einer neuen Allianz von Kunst und Wissenschaft – literarische Formen, insbesondere der moderne Roman, werden als Modell für eine nicht-geschlossene, nicht-traditionelle biographische Schreibweise angesehen.

Von entscheidender Bedeutung für die Aufwertung wissenschaftlich-biographischer Verfahren ist jedoch, dass die Biographik seit einiger Zeit – sowohl unter gattungsgeschichtlicher als auch gattungstheoretischer Perspektive – vielfach selbst Objekt wissenschaftlicher Analysen geworden ist.

7 Vgl. Hans-Martin Kruckis: »Biographie als literaturwissenschaftliche Darstellungsform im 19. Jahrhundert«. In: Jürgen Fohrmann/Wilhelm Voßkamp (Hg.): *Wissenschaftsgeschichte der Germanistik im 19. Jahrhundert*. Stuttgart/Weimar 1994, S. 550–575.

8 Vgl. Bernd Hamacher/Myriam Richter: »Biographismus und Anti-Biographismus in philosophischen Goethe-Deutungen des 20. Jahrhunderts«. In: *Goethe Yearbook* XVI. Bd. (2008), S. 193–206.

9 Vgl. Daniel Fulda: *Wissenschaft als Kunst. Die Entstehung der modernen deutschen Geschichtsschreibung 1760–1860*. Berlin u. a. 1996.

10 Vgl. Ulrich Kittstein: *»Mit Geschichte will man etwas«. Historisches Erzählen in der Weimarer Republik und im Exil (1918–1945)*. Würzburg 2006, S. 116–148.

11 Vgl. Hayden White: *Auch Klio dichtet oder die Fiktion des Faktischen. Studien zur Topologie des historischen Diskurses*. Stuttgart 1986 (amer. 1978).

12 Vgl. Ulrich Raulff: »Das Leben – buchstäblich« (wie Anm. 1), S. 68.

Insofern ist die »Rückkehr der Biographie [...] nicht dem Aufschwung der traditionellen Biographie, sondern einer erneuerten Biographie geschuldet« (ebd., 16). Diese Erneuerung steht im Zeichen intensiver Theoretisierung – wobei der Prozess in den Einzelwissenschaften ungleichzeitig verläuft und in einigen Bereichen wie der Wissenschaftsgeschichte der Medizin und Naturwissenschaften noch eher konventionelle biographische Darstellungsformen dominieren.[13] Der Verlust theoretischer Naivität stellt aber auch dort wie insbesondere in den Geschichts-, Literatur- und Kulturwissenschaften die wichtigste Voraussetzung für eine Rehabilitierung der Biographie als Forschungsmethode dar.

2.2. Merkmale wissenschaftlicher Biographik

Trotz – bzw. gerade aufgrund – der breiten aktuellen Theoretisierungsbestrebungen, die inzwischen einen Umschlag von Quantität in Qualität erreicht haben sollten, fehlen Definitionen wissenschaftlich-biographischer Verfahren bzw. Kriterien für deren Abgrenzung von nicht-wissenschaftlicher Biographik. Der Rehabilitierung und Neubestimmung des biographischen Genres steht eine bemerkenswerte Unschärfe im Umgang mit Subgenres und in den Unterscheidungen z. B. zwischen wissenschaftlicher und populärer, wissenschaftlicher und literarischer Biographik gegenüber. Im Zentrum der Debatten stehen andere Themen wie Fragen nach dem Subjektverständnis, nach biographischer Sinnstiftung, adäquaten Darstellungsformen bzw. wissenschafts- und erkenntnistheoretischen Funktionen. Im Licht neuerer Biographietheorien interessiert eher die ›Hybridität‹ und Uneindeutigkeit der Textsorte, das Changieren nicht nur zwischen Kunst und Wissenschaft, sondern auch zwischen Erzählen und Selbstreflexion, Fiktionalität und Faktizitätsanspruch wird als innovatives Potential angesehen, das bei vorschnellen Klassifikationen nicht ausgeschöpft werden könne (↗III.4. Fiktionale Metabiographien). An die Stelle dichotomischer Differenzierungen treten deshalb Versuche, biographisches Schreiben als Variationen innerhalb eines Spektrums unterschiedlicher Darstellungsmöglichkeiten mit fließenden Übergängen zu beschreiben und allenfalls die Pole festzulegen, zwischen denen sich diese Möglichkeiten bewegen.

Wissenschaftliches biographisches Schreiben zeichnet sich in diesem Sinne zwar durch einen größeren ›Wahrheits-‹ oder Faktualitätsanspruch aus[14] – es wird erwartet, dass die geschilderten Ereignisse überprüfbar sind. Dieser Anspruch gilt jedoch nicht exklusiv für wissenschaftliche Lebensbeschreibungen, sondern wird auch populären oder literarischen Biographien zugestanden. ›Wissenschaftlichkeit‹ wird signalisiert durch die Orientierung an bestimmten »Konventionen [...], die neben dem Text auch den Paratext betreffen und nach denen bestimmte Ansprüche an die formale Gestaltung gestellt werden«.[15] Zu den Merkmalen einer wissenschaftlichen Darstellungsweise zählen das Vorhandensein von typischen Gliederungsmodi, wissenschaftlichen Zitierformen und Anmerkungsapparaten, von Registern und Bibliographien. In der Regel werden »mehr explizite Verweise auf fremde Texte«[16] vorliegen sowie eine besondere Strukturierung bzw. Präsentation des Materials, eine gewisse Distanz zur biographierten Person[17] und ein Argumentationsstil, der ein wissenschaftliches Publikum adressiert und aus Sicht von Schriftstellern nicht selten als Verstoß gegen

13 Vgl. Christoph Gradmann: »Nur Helden in weißen Kitteln? Anmerkungen zur medizinhistorischen Biographik«. In: Bödeker 2003a, S. 245–284, hier S. 255 f.

14 Vgl. Christoph Gradmann: »Geschichte, Fiktion und Erfahrung – kritische Anmerkungen zur neuerlichen Aktualität der historischen Biographie«. In: *Internationales Archiv für Sozialgeschichte der deutschen Literatur* 18. Jg. (1992), S. 1–16, hier S. 5.

15 Ute Röller: *»Mein Leben ist ein Roman...«. Poeotologische und gattungstheoretische Untersuchung jüngerer literarischer Musikerbiographien.* Würzburg 2007, S. 44.

16 Ute Röller: *»Mein Leben ist ein Roman...«* (wie Anm. 15), S. 45

17 »Demgegenüber legitimiert im Falle einer populären Biografie zum Beispiel die persönliche Beziehung zwischen Biografen und Biografierten den Text (während im Falle einer wissenschaftlichen Biografie eine persönliche Beziehung die Autorität des Biografen sogar unterminieren würde).« Christian Klein: »Biografie«. In: Thomas Anz (Hg.): *Handbuch Literaturwissenschaft.* Bd. 2: Methoden und Theorien. Stuttgart/Weimar 2007, S. 187–194, hier S. 189. Dies gilt allerdings nur dann, wenn aus der persönlichen Beziehung nicht ein besonderer, womöglich exklusiver Zugang zum Quellenmaterial resultiert wie z. B. in der Biographie von Heimo Schwilk: *Ernst Jünger. Ein Jahrhundertleben.* München u. a. 2007.

sprachlich-literarisches ›Formbewusstsein‹ bzw. als Ausblendung der spezifischen Subjektivität des Biographen gilt.[18]

Mit der Bestimmung von Wissenschaftlichkeit als sprachlicher und textstrukturierender Präsentationsweise ist eine heuristische Möglichkeit gegeben, ein bestimmtes Korpus zu identifizieren und es von jenen biographischen Texten zu unterscheiden, die diese formalen Bedingungen nicht erfüllen (↗IV.1. Kontext). Durch den Verzicht auf weitergehende ab- und ausgrenzende Definitionen – und auch Hierarchisierungen – der verschiedenen biographischen Subgenres wird es aber gleichzeitig möglich, in die breite gattungstheoretische Debatte alle biographischen Formen und damit auch wissenschaftlich-biographische Texte mit einzubeziehen. Die Mehrzahl der aktuellen Studien zur Geschichte und zur ›Erneuerung‹ der Biographie ist inter- bzw. transdiziplinär orientiert und bietet – mit wenigen Einschränkungen – auch für wissenschaftliche Biographien wichtige Ergebnisse.

An die Stelle von Festschreibungen treten in aktuellen biographietheoretischen Arbeiten Überlegungen zur Ausgestaltung des neuen positiven *Verhältnisses* von Wissenschaft und Biographik, und zwar in beide Richtungen: als Auseinandersetzung mit der Funktion von wissenschaftlichen Erkenntnissen als Grundlage biographischer Arbeit und umgekehrt: als Beschäftigung mit Biographien als Form wissenschaftlicher Erkenntnisgewinnung. Hierbei sind zwar im Einzelnen fachspezifische Aspekte zu berücksichtigen. Grundsätzlich geht es dabei aber um die Beschreibung der komplexen Situation, dass einerseits Biographien für wissenschaftliche Untersuchungen als Objekt (biographietheoretischer Analysen), als Erkenntnismethode und als (wissenschaftsgeschichtliche) Metaperspektive genutzt werden und andererseits wissenschaftliche Ereignisse und Personen als Objekte für Biographien fungieren, wissenschaftliche Verfahren als methodische Hilfsmittel dienen und die Biographietheorie metabiographische Funktionen übernehmen kann.

2.3. Wissenschaft/Wissenschaftlichkeit als Voraussetzung biographischer Arbeit

2.3.1. Wissenschaft(ler/innen) als Gegenstand

Bekannte Wissenschaftler und – seltener – Wissenschaftlerinnen, aber auch historisch bedeutsame Ereignisse der Wissenschaftsgeschichte, an denen mehrere Personen beteiligt waren, sind beliebte Objekte biographischer Darstellungen. Die Anzahl jeweils existierender Biographien wird nicht selten als Indikator für die wissenschaftliche Bedeutung der porträtierten Person angesehen. Die Variationsbreite der Präsentationsformen reicht – wie ein kurzer exemplarischer Blick auf die neuere Albert-Einstein-Biographik deutlich machen kann – von auf Vollständigkeit angelegten Lebenserzählungen (z. B. Denis Brian: *Einstein. A Life.* New York u. a. 1996 oder Albrecht Fölsing: *Albert Einstein. Eine Biographie.* Frankfurt a. M. 1993) über die Beschreibung einzelner Lebensphasen (etwa: Hubert Goenner: *Einstein in Berlin. 1914–1933.* München 2005) oder Lebensbereiche (John R.L. Highfield: *The Private Lives of Albert Einstein.* New York 1994) bis hin zu wissenschaftsgeschichtlich orientierten Gruppenbiographien (Ernst Peter Fischer: *Aristoteles, Einstein & Co. Eine kleine Geschichte der Wissenschaft in Porträts.* München 1995). Nicht jede dieser Biographien ist im oben skizzierten heuristischen Sinne als ›wissenschaftlich‹ zu betrachten, gleichwohl ist die Auseinandersetzung mit bestimmten Erscheinungsformen wissenschaftlicher Praxis und Erkenntnisgewinnung Voraussetzung für die biographische Arbeit. Die Doppeldeutigkeit der im anglo-amerikanischen Bereich gebräuchlichen Bezeichnung *scientific biography* für wissenschaftliche Biographien und für Biographien *über* Wissenschaftler/innen, für die es im Deutschen ähnlich wie für *literary biography* keine Entsprechung gibt, markiert ein Spannungsverhältnis zwischen Wissenschaft als Gegenstand und als biographisches Darstellungsverfahren.

18 Vgl. Dieter Kühn: »Werkreflexion, Stichwort: literarische Biographie«. In: Klein 2002, S. 179–202, hier S. 183 f.

2.3.2. *Wissenschaftliche Theorien, Methoden und Verfahren als Grundlage biographischen Arbeitens*

Zu den unverzichtbaren Hilfsmitteln für biographisches Schreiben gehören geschichtswissenschaftliche und philologische Rechercheverfahren und Quellenarbeit. Dazu zählen nicht nur die Methoden der Ermittlung und Erschließung von Archivmaterial, Nachlässen und Zeitdokumenten, sondern auch die Methoden der Quellenkritik und -kommentierung. Bibliographien, Briefeditionen, Werkausgaben mit historisch-kritischen Anmerkungsapparaten stellen wichtige Grundlagen für die biographische Arbeit dar.[19] Gattungstheoretische Untersuchungen zu Brief, Tagebuch und Autobiographie stellen wissenschaftliche Instrumente für die Analyse von Quellen zur Verfügung. In diesem Zusammenhang wird auch die Frage nach dem Umgang mit persönlichen Dokumenten als Problem wissenschaftlicher Ethik diskutiert.[20] Von besonderer Bedeutung sind die Ergebnisse der in den Literaturwissenschaften intensiv geführten Debatte um eine konstruktivistisch informierte Neubestimmung des Verhältnisses von ›Autorschaft‹ und künstlerischem Werk,[21] die sich auch auf wissenschaftliche Biographien über nicht-literarisch tätige Personen übertragen lassen. Text- und Literaturwissenschaften stellen Instrumentarien bereit, dieses Verhältnis nicht naiv biographistisch, sondern im Sinne eines reflektierten Dialogs mit dem vorgefundenen Material zu bearbeiten. Autobiographische Dokumente und Hinterlassenschaften enthalten Informationen darüber, wie eine Person ihr eigenes Leben gesehen hat und gesehen haben möchte. Die textanalytische Deutung des z. B. in Briefen und Tagebüchern aufgehobenen biographischen ›Auftrags‹, die Auseinandersetzung mit Quellen, die in Form eines »wissenschaftlichen Dialogs mit den Vorgaben des jeweiligen ›Lebens‹« geführt werden kann,[22] ermöglicht eine wissenschaftliche Begründung der einzunehmenden biographischen Perspektive. Ergänzend bilden narratologische Erkenntnisse die Grundlage für einen differenzierten Umgang mit Erzählschemata und Handlungsstrukturen biographischer Texte (↗IV. Analyse biographischer Erzählungen). Die ›Hilfsfunktion‹ von Soziologie, Psychologie/Psychoanalyse besteht in der Bereitstellung von Theoriemodellen, die als Ausgangspunkt für biographische Entwürfe von Individualität dienen können: Ob die biographierte Person stärker in ihrem Verhältnis zur Gesellschaft, als Einzelwesen mit spezifischen seelischen Befindlichkeiten oder als beispielhaft für psychologische bzw. psychoanalytische Einsichten in den Blick genommen wird, ergibt sich aus der Orientierung des Biographen bzw. der Biographin an den Erkenntnissen einer bestimmten Fachdisziplin und den daraus resultierenden methodischen Entscheidungen, die wissenschaftliche Biographien in der Regel implizit oder explizit theoretisch motivieren. Jede (wissenschaftliche) Biographie basiert entsprechend auf anthropologischen, subjekt- und individualitätstheoretisch fundierten Entscheidungen, die nicht selten auch bestimmten Theoriemoden folgen. Die Kenntnis der Geschichte dieser Individualitätsmodelle[23] – etwa als »Sozialgeschichte der Individuation« (Bödeker 2003b, 30) oder auch als Psychohistorie (Röckelein 1993) – ermöglicht einen historisch kontextualisierenden und reflektierten Umgang mit biographischen Personenentwürfen, so dass »Subjektivität [...] historisiert und als Prozeß begriffen« (Bödeker 2003b, 23) werden kann.

Für die *scientific biography* im engeren Sinne, also die biographische Darstellung von wissenschaftlich tätigen Personen, Gruppen oder Ereignissen, sind darüber hinaus Kenntnisse des jeweiligen wissenschaftlichen Feldes, seiner Geschichte und Theorie unverzichtbar, ebenso die Beschäfti-

19 Vgl. Hugh Barr Nisbet: *Lessing. Eine Biographie.* München 2008, S. 9.

20 Vgl. Sigrid Weigel: »Hinterlassenschaften, Archiv, Biographie. Am Beispiel von Susan Taubes«. In: Fetz/Schweiger 2006, S. 33–78.

21 Vgl. Peter-André Alt: »Mode ohne Methode?« (wie Anm. 3), S. 25.

22 Anita Runge: »Geschlechterdifferenz in der literaturwissenschaftlichen Biographik. Ein Forschungsprogramm«. In: Klein 2002, S. 112–128, hier S. 126 f. – Zum Dialog mit dem Material vgl. auch Thomas Söderquist: »Wissenschaftsgeschichte à la Plutarch. Biographie über Wissenschaftler als tugendethische Gattung«. In: Bödeker 2003a, S. 287–325, hier S. 297 ff.

23 Vgl. Peter Alheit/Bettina Dausien: »Biographie – ein modernes Deutungsmuster. Soziokulturelle Brechungen einer Wissensform der Moderne«. In: Michael Meuser/Reinhold Sackmann (Hg.): *Analyse sozialer Deutungsmuster. Beiträge zur empirischen Wissenssoziologie.* Pfaffenweiler 1992, S. 161–182.

gung mit spezifischen Denk- und Kommunikationsstrukturen, die das Selbstverständnis und die wissenschaftliche Arbeit der biographierten Person bestimmt haben.[24] Biographische Legitimations- und Autorisierungsstrategien können auf das Wissen über Mechanismen des jeweiligen fachspezifischen Feldes zurückgreifen, etwa auf die dieses Feld prägenden Anforderungen an künstlerische oder wissenschaftliche Leistungen (↗ VIII.2.1. Konzeptionelle Vorüberlegungen). Die neueren Ansätze der Wissenschaftsforschung ermöglichen es dabei, die Aufmerksamkeit im Sinne des *doing science* stärker auf den wissenschaftlichen Prozess als auf das Ergebnis zu lenken:

»Tatsächlich haben die als *science studies* bekannt gewordenen wissenschaftshistorischen Forschungen der Biographik zwei wichtige Anregungen geliefert. Trennt man nicht mehr zwischen der Wissenschaft als solcher und ihren sozialen und sonstigen Bedingungen, sondern bezieht sich auf sozialkonstruktivistische Modelle der Wissenskonstruktion, so kehrt unversehens das historische Individuum in das Zentrum des Geschehens zurück. Jedenfalls ist die bequeme Trennung in Person und Werk kaum aufrecht zu erhalten.«[25]

Wie das Beispiel der Medizingeschichte zeigt, lassen sich sogar konkrete wissenschaftsgeschichtliche Einsichten für Biographien fruchtbar machen: »Die kulturelle Bedingheit von Körperwahrnehmung und -konstruktion ist aber durchaus ein lohnendes Thema für Biographie.«[26]

2.3.3. *Die Funktion von gattungsgeschichtlichen und -theoretischen Untersuchungen für die Analyse von Biographien*

Die aktuelle intensive Theoretisierung der Biographie trägt nicht allein zu ihrer Erneuerung und Rehabilitierung als (wissenschaftlicher) Darstellungsform bei, sondern stellt auch ein Instrumentarium für das biographische Schreiben dar. Eine – (vielfach noch zu leistende) diachrone und synchrone Analyse biographischer Texte, die vergleichende Betrachtung von Biographien zu einer einzelnen Person oder zu Personen einer bestimmten Epoche oder eines wissenschaftlichen oder künstlerischen Feldes zeigt die Vielfalt der Möglichkeiten textstrukturierender Entscheidungen und deren Implikationen – ob in theoretischer, ästhetischer, politischer oder ethischer Hinsicht. Insbesondere die literaturwissenschaftliche Beschäftigung mit Biographien ermöglicht das Erkennen von (zeittypischen) Erzählmustern, Identitäts- und Individualitätskonstruktionen, narrativen Modellen bzw. Motiven und überführt diese Erkenntnisse in ein Rüstzeug für eine Biographik, die sich der historischen Bedingtheit von biographischen Subjektivitätskonzepten und Narrativen – auch den ihr selbst zugrunde liegenden – bewusst ist.

2.4. Biographik als Erkenntnisverfahren und wissenschaftliche Darstellungsform

2.4.1. *Die Funktion von Biographien im (fach-)wissenschaftlichen Diskurs*

Biographien übernehmen in den einzelnen Fachdisziplinen unterschiedliche Funktionen. In keinem wissenschaftlichen Fach jedoch gehört biographisches Schreiben zum Kernbestand der standardisierten Methoden der Erkenntnisgewinnung. Biographische Verfahren werden nach wie vor, obwohl inzwischen akzeptiert, je nach Disziplin als mehr oder weniger randständig angesehen. Diese marginale Position eröffnet der Biographik jedoch einen Raum, in dem sie sich als Forum der (Selbst-)Kritik und (Selbst-)Reflexion des jeweiligen Faches – und der eigenen Gattung etablieren kann. Wissenschaftliche Biographien tragen »zu einem kritischen geschichtlichen Diskurs bei, wobei gleichgültig ist, ob dieser politik-, sozial-, kultur-, makro- oder mikrohistorisch ist.«[27] Zur kritischen Selbstreflexion gehört das Bewusstsein des Konstruktionscharakters jeder Biographie und der notwendigen Eingeschränktheit der jeweiligen biographischen Perspektive. Zwar ist mit wissenschaftlichen Biographien häufiger als mit literarischen und populären der Anspruch verbunden, eine

24 Vgl. Christian Klein: »Biografie« (wie Anm. 17), S. 191.
25 Christoph Gradmann: »Nur Helden in weißen Kitteln?« (wie Anm. 13), S. 266 f.
26 Christoph Gradmann: »Nur Helden in weißen Kitteln?« (wie Anm. 13), S. 270.
27 Thomas Söderquist: »Wissenschaftsgeschichte à la Plutarch« (wie Anm. 22), S. 290.

grundlegend neue Sichtweise auf eine dargestellte Person zu eröffnen oder die Aufmerksamkeit auf bislang unbekannte Personen zu richten; zumeist dient der Hinweis auf Erkenntnisse bzw. Quellen, die bis dato unbekannt waren, zu Legitimation dieses Innovationsanspruchs. Damit verbunden ist aber das Wissen von der »Vorläufigkeit« (von Zimmermann 2006, 6) und Korrekturbedürftigkeit jeder biographischen Arbeit: »Der Biograph nimmt bei seiner Arbeit an einer Doppelbewegung teil, die nur scheinbar in entgegengesetzte Richtungen strebt. Er arbeitet an der Erklärung eines Rätsels, und indem er es erklärt, schafft er es neu.«[28] Im besten Sinne versteht sich wissenschaftliche Biographik daher als Diskussions- bzw. Dialogangebot, in dem kritische Impulse auf unterschiedlichen – wissenschaftlichen und nicht-wissenschaftlichen – Ebenen zum Ausdruck kommen, u. a.

- als Kritik an der Vernachlässigung bestimmter Personen und Ereignisse, deren (historische) Bedeutung es neu zu bestimmen gilt;
- als Kritik an bereits existierenden biographischen Darstellungen;
- als Kritik an strukturanalytischen Herangehensweisen, die das Individuelle, Persönliche, das geschichtliche Detail vernachlässigen;
- als Kritik an objektivierenden Erkenntnisverfahren im Interesse der Einbeziehung »des subjektiven Elements in historischen Prozessen«;[29]
- als Kritik an der Konzentration auf den jeweiligen disziplinären ›Mainstream‹ zugunsten einer inter- und/oder transdisziplinären Perspektive.

2.4.2. Anlage und Erzählverfahren wissenschaftlicher Biographik

Als Experimentierfeld für die Verbindung von wissenschaftsinternen und -externen Anliegen und Erkenntnisinteressen bietet die wissenschaftliche Biographik Raum für die Erprobung unterschiedlicher Schreibformen – angepasst an die jeweilige Zielsetzung und die Materiallage. Dabei geht es – anders als in der literarischen Biographie – weniger um die Form selbst als um die Erzeugung einer narrativ oder auch »ästhetisch erzeugten Kohärenz«[30] auf der Grundlage eines nur in Bruchstücken überlieferten Lebenslaufs. Eine Biographie erfüllt nach neuerem Verständnis insbesondere dann wissenschaftliche Anforderungen, wenn sie diese Kohärenz nicht reduktionistisch – als Bestätigung einer zugrunde liegenden theoretischen Annahme[31] –, sondern experimentell, d. h. auch: in Auseinandersetzung mit dem Selbstverständnis sowie den expliziten und impliziten Vorannahmen des Biographen/der Biographin und unter Berücksichtigung des Konstruktionscharakters jeder biographischen Arbeit herstellt.

Dafür eignen sich ›offene‹ Formen der Lebensbeschreibung, in denen anstelle linearer, einsträngiger, teleologischer Darstellungsweisen Lücken- und Montagetechniken[32] verwendet werden, in denen an die Stelle der individuellen die Doppel-, Kollektiv- oder Netzwerkbiographie tritt,[33] Biographik als »postalisches Prinzip«[34] oder gar als digitale, netzwerkbasierte, Web-2.0-orientierte Biographik[35] betrieben wird. Neuere wissenschaftliche Biographien experimentieren mit Ordnungs- und Gliederungskriterien; anstelle der Lebenschronologie strukturieren thematische oder Werkaspekte

28 Kurt Nowak: »Schleiermacher. Das ›Ich‹ und seine Umwelt«. In: Bödeker 2003a, S. 173–210, hier S. 210.

29 Christoph Gradmann: »Nur Helden in weißen Kitteln?« (wie Anm. 13), S. 258.

30 Christoph Gradmann: »Nur Helden in weißen Kitteln?« (wie Anm. 13), S. 260, vgl. auch von Zimmermann 2006, S. 12.

31 Zur Problematik psychologischer bzw. psychoanalytischer Biographien vgl. Thomas Anz: »Autoren auf der Couch? Psychopathologie, Psychoanalyse und biographisches Schreiben«. In: Klein 2002, S. 87–106; zu den Möglichkeiten und Grenzen psychohistorischer Lebensdarstellungen: Hedwig Röckelein: »Der Beitrag der psychohistorischen Methode zur ›neuen historischen Biographie‹«. In: Röckelein 1993, S. 17–38.

32 Vgl. Beatrix Borchard: »Lücken schreiben. Oder: Montage als biographisches Verfahren«. In: Bödeker 2003a, S. 211–241.

33 Zu den Leistungen der ›Gruppenbiographik‹ vgl. Alexander Gallus: »Biographik und Zeitgeschichte«. In: *Aus Politik und Zeitgeschichte* 1/2 (2005), http://www.bpb.de/publikationen/249NFW.html (10.06.2009). Cord Arendes/Hubertus Buchstein: »Politikwissenschaft als Universitätslaufbahn: Eine Kollektivbiographie politikwissenschaftlicher Hochschullehrer/-innen in Deutschland 1949–1999«. In: *Politische Vierteljahresschrift* 45. Jg., 1 (2004), S. 9–31; Johanna Bleker/Sabine Schleiermacher: *Ärztinnen aus dem Kaiserreich. Lebensläufe einer Generation*. Weinheim 2000; Angelika Schaser: *Helene Lange und Gertrud Bäumer. Eine politische Lebensgemeinschaft*. Köln u. a. 2000.

34 Sigrid Weigel: »Korrespondenzen und Konstellationen. Zum postalischen Prinzip biographischer Darstellungen«. In: Klein 2002, S. 41–54.

35 Vgl. David Oels/Stephan Porombka: »Netzlebenslinien. Probleme der Biographie im digitalen Zeitalter«. In: Klein 2002, S. 129–142.

die Lebensdarstellung. Es gilt nachgerade als Qualitätskriterium für wissenschaftlich-biographisches Schreiben, ob es sich »von der modernen Literatur belehren läßt, von ihren Formen der Unterbrechung, des Szenischen, der erhellenden Konstellation, und das Bewußtsein des Gemachten, Gestellten, Konstruktiven als Voraussetzung der Erkennbarkeit wach hält.«[36] Literatur fungiert als »›Paradisziplin‹ zur Wissenschaft, indem sie Schreibtechniken erprobt, die dann auch für die Wissenschaft brauchbar sind.«[37]

2.4.3. Besonderheiten der Biographien über Wissenschaftler/innen

Ein biographisches Subgenre mit besonderen wissenschaftlichen und wissenschaftskritischen Einflussmöglichkeiten stellt die *scientific biography* im engeren Sinne dar.[38] Biographien, in denen die Profession von Wissenschaftler/innen im Mittelpunkt steht, erfordern eine Beschäftigung mit den wissenschaftlichen Diskurssystemen, in die die Person eingebunden war, und erlauben daher in besonderem Maße eine (fach-)wissenschaftliche Selbstreflexion in historischer Perspektive.

Scientific biographies »wurden aus einer Vielzahl von Gründen, seien es nationale, literarische, historische etc., geschrieben und gelesen. Einige Biographen sind fasziniert von den untersuchten Persönlichkeiten und Ereignissen der Vergangenheit; sie betrachten sie gleichsam als Ersatz für Freunde oder als literarisch-ästhetischen Gegenstand. Andere glauben, daß die heutigen Wissenschaftler ihre eigene Forschung verbessern könnten, wenn sie aus den Erfolgen und Fehlern ihrer Vorgänger lernten. Biographien über Wissenschaftler sind oftmals performative Akte des Lobens oder des Gedenkens; sie artikulieren das starke Bedürfnis, diejenigen Männer und Frauen, die wissenschaftliches Neuland betraten, hervorzuheben und zu ehren. Viele Biographien werden geschrieben, um professionelle und disziplinäre Interessen zu steigern, um das professionelle Selbstverständnis zu fördern oder auch um patriotische und nationalistische Gefühle zu wecken. Andere Biographen werden von ihrem erkenntnistheoretischen Interesse geleitet und schreiben Biographien als Fallstudien für die Wissenschaftsphilosophie.«[39]

Am wichtigsten jedoch sind Biographien als Medium für eine Selbstverständigung der Wissenschaften – die durchaus auch ethische Aspekte einschließen kann: *Scientific biographies* – so eine traditionelle und offenbar wieder aktuelle Auffassung – dienen auch dazu, Wissenschaftler/innen »als moralisches Vorbild zu präsentieren«,[40] und zwar nicht »in einem traditionellen moralistischen Sinne [...], sondern als Quellen für einen öffentlichen ethischen Diskurs und als Fundgrube für Ideen, wie man ein ›gutes Leben‹ als Wissenschaftler führen kann«.[41]

Unter diesem Aspekt stellt die für wissenschaftliche Lebensbeschreibungen zentrale Frage nach dem Verhältnis von ›Leben‹ und ›Werk‹ nicht nur eine methodische, sondern eine wissenschaftsethische Herausforderung dar, die den Blick weniger auf die Ergebnisse als auf die individuellen und kollektiven Praktiken ihrer Erzeugung richtet (Bödeker 2003b, 62 f.). Vor allem in dieser Hinsicht können *scientific biographies* eine Metafunktion für Prozesse wissenschaftlicher Erkenntnisgewinnung übernehmen.

2.5. Fazit: Wissenschaftliche Biographik zwischen Naivität und Übertheoretisierung

»Kann es überhaupt noch eine wissenschaftliche Biographik geben?«[42] Diese von Hedwig Röckelein schon 1993 aufgeworfene Frage stellt sich angesichts der Anforderungen der neueren Biographietheorien dringlicher denn je. Wissenschaftliche

36 Hans Höller: »Die ›unvermeidliche dunkle Geschichte‹ hinter den Texten. Überlegungen zum Verhältnis von Werk und Biographie bei Ingeborg Bachmann«. In: Irmela von der Lühe/Anita Runge (Hg.): *Biographisches Erzählen*. Stuttgart/Weimar 2001, S. 137–152, hier S. 130.

37 Helmut Scheuer: »›Mich interessiert das Biographische‹. Anna Seghers und ihre Biographinnen«. In: Christian von Zimmermann/Nina von Zimmermann (Hg.): *Frauenbiographik. Lebensbeschreibungen und Porträts*. Tübingen 2005, S. 311–324, hier S. 315.

38 Vgl. Thomas Söderquist: »Wissenschaftsgeschichte à la Plutarch« (wie Anm. 22), S. 289.

39 Thomas Söderquist: »Wissenschaftsgeschichte à la Plutarch« (wie Anm. 22), S. 289 f.

40 Thomas Söderquist: »Wissenschaftsgeschichte à la Plutarch« (wie Anm. 22), S. 290.

41 Thomas Söderquist: »Wissenschaftsgeschichte à la Plutarch« (wie Anm. 22), S. 290 f.

42 Hedwig Röckelein: »Der Beitrag der psychohistorischen Methode zur ›neuen historischen Biographie‹« (wie Anm. 31), S. 28.

Biographien sollen – ohne die »unbegrenzte[n] Möglichkeiten formaler wie inhaltlicher Gestaltung«,[43] die die Literatur hat, erzählerisch komplex sein, individuelle, nicht standardisierte Darstellungsformen bieten. Sie sollen ebenso analytisch wie selbstreflexiv mit der eigenen Gattung umgehen, bei der Rekonstruktion des ausgewählten Lebensweges den Konstruktionscharakter jeder biographischen Arbeit wie auch des zugrunde gelegten Quellenmaterials berücksichtigen, wissenschaftstheoretische und -ethische Aspekte mit einbeziehen und – nicht zuletzt – die eigene Rolle der Biographin/des Biographen selbst als historisch kontextualisierte reflektieren.

Ein Blick auf die Fülle der Neuerscheinungen zeigt, dass nur ein verschwindend geringer Teil der vorliegenden Biographien den neuen Anforderungen gerecht wird. Angesichts des Grades der Theoretisierung mag es enttäuschen, dass die meisten wissenschaftlichen Biographien naiven Mustern folgen und auf jegliche Selbstreflexion oder biographietheoretische Fundierung verzichten. Die Praxis der wissenschaftlichen Biographik hinkt dem gattungstheoretischen und -geschichtlichen Erkenntnisstand hinterher. Das bedeutet einerseits, dass auch die konventionelleren Biographien offenkundig für ihre jeweiligen Fachgebiete wichtige Funktionen erfüllen. Andererseits muss aber die Frage gestellt werden, ob und wie die neuen Anforderungen an die biographische Arbeit überhaupt realisierbar sind. Besteht nicht die Gefahr einer Übertheoretisierung und Überfrachtung des Genres mit nicht einlösbaren Ansprüchen? Und kann unter diesen Bedingungen tatsächlich von einem Medium für eine »wissenschaftliche Selbsterneuerung« (Bödeker 2003b, 17) gesprochen werden oder sogar davon, dass die Biographik das neue »kulturwissenschaftliche Paradigma« (Titel einer Tagung in Wien 25.–27. März 2009) sein könnte?

Zum gegenwärtigen Zeitpunkt wird man die ›neue‹ wissenschaftliche Biographik wohl – abgesehen von Ausnahmen (ohne Anspruch auf Vollständigkeit oder Repräsentativität seien z.B. genannt: Natalie Zemon Davis: *Women on the Margins. Three Seventeenth-Century Lives*. Cambridge, Mass. u.a. 1995; Margit Szöllösi-Janze: *Fritz Haber, 1868–1934*. München 1998; F. László Földényis: *Heinrich von Kleist. Im Netz der Wörter*. München 1999; Wojciech Kunicki: *Hans Lipinsky-Gottersdorf. Leben und Werk*. Dresden 2006; Hugh Barr Nisbet: *Lessing. Eine Biographie*. München 2008) – noch eher als Potential denn als Realität ansehen müssen. Dies wird sich in größerem Maßstab womöglich erst dann ändern, wenn das Thema ›Theorie und Praxis der Biographik‹ zum Pflichtprogramm der wissenschaftlichen Ausbildung und in die Studienpläne zumindest der historischen und philologischen Fachdisziplinen aufgenommen wird.

Literatur

Bödeker, Hans Erich (Hg.): *Biographie schreiben*. Göttingen 2003a.

Ders.: »Biographie. Annäherungen an den gegenwärtigen Forschungs- und Diskussionsstand«. In: Hans Erich Bödeker (Hg.): *Biographie schreiben*. Göttingen 2003b, S. 9–63.

Fetz, Bernhard/Schweiger, Hannes (Hg.): *Spiegel und Maske. Konstruktionen biographischer Wahrheit*. Wien 2006.

Klein, Christian (Hg.): *Grundlagen der Biographik. Theorie und Praxis des biographischen Schreibens*. Stuttgart/Weimar 2002.

Röckelein, Hedwig (Hg.): *Biographie als Geschichte*. Tübingen 1993.

Schaser, Angelika: »Bedeutende Männer und wahre Frauen. Biographien in der Geschichtswissenschaft«. In: Irmela von der Lühe/Anita Runge: *Biographisches Erzählen*. Stuttgart/Weimar 2001, S. 137–152.

Scheuer, Helmut: *Biographie. Studien zur Funktion und zum Wandel einer literarischen Gattung vom 18. Jahrhundert bis zur Gegenwart*. Stuttgart 1979.

Zimmermann, Christian von: *Biographische Anthropologie. Menschenbilder in lebensgeschichtlicher Darstellung (1830–1940)*. Berlin/New York 2006.

Anita Runge

43 Hedwig Röckelein: »Der Beitrag der psychohistorischen Methode zur ›neuen historischen Biographie‹« (wie Anm. 31), S. 28.

3. Populäre Biographik

3.1. Merkmale populärer Biographien

Wenn im deutschen Sprachraum von populären Biographien gesprochen wird, können ganz verschiedene Sachen gemeint sein. So werden damit nicht nur Biographien bezeichnet, die auf dem Buchmarkt sehr erfolgreich waren oder sind. Gemeint sein können auch jene Biographien, in denen komplexe Sachverhalte aus der Geschichte oder der Wissenschaft allgemeinverständlich erklärt und damit für sog. Laien übersetzt werden. Als populär gelten aber auch Biographien, die es darauf anlegen, ihre Leser gut zu unterhalten. Nicht zuletzt werden jene Biographien als populär gehandelt, in denen von Personen erzählt wird, deren Lebensläufe mit den Medien der populären Kultur verbunden sind: Prominente, Stars und Sternchen aus Film, Funk, Fernsehen, Musik und mittlerweile auch aus dem Internet. In diesem Durcheinander kann eine tausendseitige, akribisch gearbeitete Albert Einstein-Biographie, die sich nicht zuletzt deshalb gut verkauft, weil in ihr die Relativitätstheorie überzeugend einfach erklärt wird, ebenso als populär gelten, wie ein biographisches Porträt von Boris Becker oder eine als ›spannend‹ etikettierte Biographie über einen berühmten Literaturkritiker, die von einem Journalisten verfasst worden ist. Als populäre Biographie kann aber auch die hundertseitige Schiller, Goethe- oder Lessing-Biographie eines Literaturwissenschaftlers gelten, der zuvor eine umfassende Biographie desselben Autors vorgelegt hat, die in der Germanistik als seriöse wissenschaftliche Leistung anerkannt wird.

So sehr sich diese Formate auch unterscheiden – es gibt ein festes Set von Merkmalen, mit dem die Eigenart populärer Biographien charakterisiert wird.

1. *Synthetisierung.* Zum wichtigsten Merkmal der populären Biographie gehört, dass sie nicht aus einer eigenständigen wissenschaftlichen Forschungsarbeit hervorgeht, sondern sich auf bereits gesicherte Quellen bezieht und aus bereits publizierten biographischen Studien und Forschungsarbeiten bedient, um die vorhandenen Materialien zu einer großen Erzählung zusammenzuführen. Die Benutzung und Bearbeitung dieser Quellen wird aber nicht sichtbar gemacht (etwa durch Zitate, Fußnoten mit Quellenangaben, Diskussion der Forschungsliteratur…), sondern zugunsten einer geschlossenen Erzählung unkenntlich gemacht.
2. *Intimisierung.* Zu einem weiteren wichtigen Merkmal der populären Biographien gehört, dass sie Lebensgeschichten als *Nacherlebens*geschichten erzählen. Es geht bei der Bearbeitung des Materials um die Herstellung einer geradezu intimen Nähe. Die biographierte Person soll den Lesern so vertraut sein, dass sie ihre geheimsten Neigungen kennen lernen und mit ihr mitfühlen können.
3. *Personalisierung.* Dafür werden komplexe historische, gesellschaftliche, wissenschaftliche oder ästhetische Sachverhalte personalisiert und psychologisiert: Sie werden in ständiger Rückkoppelung mit dem individuellen, lebensgeschichtlich geprägten, aber auch schicksalhaft präformierten Denken und Handeln der biographierten Person erklärt.
4. *Singularisierung.* Entworfen wird ein Individuum, das aus seiner Zeit herausgehoben ist, zugleich aber aus dieser Sonderstellung heraus prägend auf seine Zeit zurückwirkt.
5. *Typologisierung.* Ergänzt wird das mit einer (auch auf alle weiteren Personen ausgeweiteten) konturierenden Charakterisierung und Typologisierung. Durch sie wird das Individuelle als etwas Wiedererkennbares, Vertrautes, Bekanntes, Allgemein-Menschliches erfahrbar gemacht.
6. *Anekdotisierung.* Unterstützt wird das durch die Anekdotisierung der Lebensgeschichte: Erzählt werden immer wieder kurze, prägnante Geschichten, durch die sowohl das Singuläre als auch das Charakteristische und Typische der

biographierten Person auf den Punkt gebracht wird.

7. *Dramatisierung.* Zugleich wird die Lebensgeschichte in eine große geschlossene Erzählung überführt. Hierfür werden einzelne Bruchstücke über einen Spannungsbogen zu einem dramatischen Ganzen zusammengefügt. Dafür werden die auftretenden Personen in Charaktere verwandelt, die in ihrer Rolle einen Beitrag zur dramatischen Verwicklung der Lebensgeschichte leisten. Zugleich kommt einzelnen Lebensabschnitten die Funktion von Akten als kleineren dramatischen Einheiten zu, in denen jeweils bestimmte Themen und Teilkonflikte so weit entwickelt werden, dass sie im nächsten Akt aufgenommen und entsprechend des Spannungsbogens weiter bearbeitet werden können.
8. *Überformung.* Für populäre Biographien gilt, dass sie sich zum einen ihren Stoff mit einer exemplarischen, lehrreichen, spannenden, unterhaltsamen Geschichte überformen – in der Regel in Anlehnung an die Vorgaben des Entwicklungsromans (der Held wächst durch die Auseinandersetzung mit der Welt) und in Fortführung der Erfolgsstrategien des historischen Romans (der Held und seine Umgebung stehen im Brennpunkt eines großen historischen Ereignisses und müssen durch individuelles Handeln Geschichte gestalten).

Das Profil populärer Biographien ergibt sich nun allerdings nicht durch die vollständige Erfüllung des gesamten Katalogs. Es ergibt sich zum einen über die Kombination der genannten Erzählstrategien, zum anderen über die Intensität ihrer Verwendung. Weil das so ist, gibt es nicht nur einen kaum überschaubaren Variantenreichtum populär-biographischer Erzählformen, der es unmöglich macht, von *der* populären Biographie zu sprechen. Auch ist nur schwer zu bestimmen, ab wann genau man es mit einer populären Biographie zu tun hat. Der Übergang ins Populäre ist fließend. Mehr noch: Weil die biographische Erzählung ohne die Anwendung der genannten Erzählstrategien gar nicht zu denken ist, steht sie unter Verdacht, ein so grundsätzlich populäres Format zu sein, dass sie sich – wohl oder übel – selbst in ihren wissenschaftlichsten Ausprägungen der Strategien des Populären bedienen muss (↗IV.3. ›Discours‹). Es ist dieser vor allem aus den Sozialwissenschaften und den sozialwissenschaftlich orientierten geisteswissenschaftlichen Disziplinen heraus formulierte Verdacht, der lange Zeit in der Literaturwissenschaft gehegt und gepflegt worden ist und dazu geführt hat, dass die Biographie nicht als eigenständige wissenschaftliche Forschungsleistung anerkannt wurde, weil sie allenfalls zwischen »Historiographie und Fiktion, der bloßen Sammlung von Lebensdaten und dem historischen oder biographischen Roman«[1] angesiedelt ist, ohne einen wirklich festen Ort und ein festes Profil zu haben.

3.2. Zur Genealogie der populären Biographie

Folgt man dem Verdacht, dass die Biographie immer schon mit den Strategien des Populären operiert, fällt es schwer, eine spezielle Geschichte der populären Biographie zu erzählen – denn diese fällt dann mit der Geschichte der Biographie zusammen. Erst wenn man als Kriterium für das Populäre seine massenhafte Produktion, Verbreitung und Rezeption hinzuzieht, lassen sich genauere Eingrenzungen vornehmen: Dann beginnt die Geschichte der populären Biographie in der zweiten Hälfte des 18. Jahrhunderts, wo sie sich in Form von Porträts und Charakteristiken als Format in den Frühformen des Feuilletons etabliert (↗III.5. Kleinformen).[2] Sie haben die Funktion, für die unmittelbare Gegenwart ein Pantheon von Persönlichkeiten zu bestücken, auf das sich Autoren und Leser im eigenen Lebensentwurf beziehen können. Diese identitätsstiftende Funktion kommt den biographischen Kurztexten auch noch in den Feuilletons zu, die ab dem Beginn des 19. Jahrhunderts entstehen. Hier werden allerdings immer häufiger noch lebende oder gerade erst verstorbene Persönlichkeiten vorgestellt, die das aktuelle gesellschaftliche Leben prägen. Die biographischen Formen werden in diesen Kontexten genutzt, um Promi-

1 Helmut Koopmann: »Die Biographie«. In: Klaus Weissenberger (Hg.) *Prosakunst ohne Erzählen. Die Gattungen der nicht-fiktionalen Kunstprosa.* Tübingen 1985, S. 46–65, hier S. 47.
2 Vgl. Wilmont Haacke: *Handbuch des Feuilletons.* 3 Bde. Emsdetten 1951–53, Bd. 2, S. 146 ff.

nenz herzustellen, zu beobachten und von ihr zu berichten. Dabei richtet sich die Aufmerksamkeit zunehmend auf Persönlichkeiten der Populärkultur: Die Biographien von Schauspielerinnen, Sängern, Musikern, Dramatikern werden hier ebenso vorgestellt wie die von antiken Philosophen oder Feldherren der Neuzeit. Diese Gruppen laden sich, weil sie in derselben Rubrik vorgestellt werden, gegenseitig mit Bedeutung auf: Schauspielerinnen, Sänger, Musiker etc. stehen in der öffentlichen Wahrnehmung nunmehr auf einer Höhe mit Philosophen und Feldherren – und umgekehrt gehören Philosophen und Feldherren zum festen Ensemble der Populärkultur.

Mitte des 19. Jahrhunderts bekommen die biographischen Artikel auch in den neuen Familienillustrierten, deren Erscheinen in der Forschung den eigentlichen Beginn der modernen populären Kultur markiert, ihren festen Platz (Hügel 2003, 75 f.). Auch hier werden Persönlichkeiten der Geschichte und der unmittelbaren Gegenwart in ein und derselben Rubrik porträtiert. Allerdings hat sich die Funktion der biographischen Texte jetzt noch einmal verändert: Wenn es im Editorial der *Gartenlaube* von 1853 heißt, man wolle den Leser »unterhalten und unterhaltend belehren«, so gilt das ebenso für die biographischen Charakteristiken, die in den Familienillustrierten abgedruckt werden. Auch über ihnen soll, wie über dem »Ganzen«, »der Hauch der Poesie« schweben »wie der Duft auf der Blume« (zit. nach Hügel 2003, 75). In ihren frühen Formen bestehen diese Texte aus zwei großen Absätzen: Der erste bietet eine Anekdote, eine Einschätzung des Charakters, einen Hinweis auf die Verdienste der jeweiligen Person. Dann folgt in einem zweiten Teil der Abriss des Lebenslaufs unter Angabe der wichtigsten Daten. Diese Texte sind zwar immer noch darauf angelegt, die Leser mit Wissen zu versorgen, doch gewinnen sie ihren eigentlichen Sinn erst im Kontext all der anderen Artikel, die in den Illustrierten erscheinen: Sie dienen der Vervollständigung des Bildes, das sich die Leser vom Großen und Ganzen der Welt machen. Neben Gedichten, Erzählungen und Novellen, neben »beschreibenden und geschichtlichen Aufsätzen«, »naturwissenschaftlichen Aufsätzen«, Artikeln »ueber den menschlichen Körper im gesunden und kranken Zustande«, Berichten »aus der Gewerbswelt« und »Blättern« und »Blüthen« stehen im ersten Jahrgang der Gartenlaube dreizehn »Biographien und biographische Skizzen«, 1860 sind es fünfzehn, von denen allerdings zwei (einmal in fünf, einmal in neun) in Fortsetzungen als größere Erzählungen erscheinen. 1890 sind es dann – bei fast vierfachem Umfang der Ausgaben – aufs ganze Jahr knapp über zwanzig.

Wenn Nietzsche 1873 von »unsere[r] an die biographische Seuche gewöhnten Zeit«[3] spricht, dann hat das nicht nur mit dem Erfolg des biographischen Formats in der Unterhaltungspresse zu tun, sondern auch damit, dass sich die Biographie auf einem boomenden Buchmarkt etabliert hat. Zum einen erscheinen Biographie-Bücher als Essay-Bände, in denen Autoren die Skizzen publizieren, die sie zuvor in Zeitungen und Zeitschriften gedruckt oder anlässlich von Jubiläen als Reden gehalten haben (↗ IV.1. Kontext). Zum anderen wird die Biographie zur großen Erzählung weiterentwickelt, die immer mehr biographische Details in immer größere Spannungsbögen integriert. Diese Entwicklung wird aber nicht von Unterhaltungsschriftstellern, sondern von Historikern vorangetrieben. Selbst »führende Fachwissenschaftler wie Theodor Mommsen, Heinrich von Sybel oder Heinrich von Treitschke [zielten] mit ihren größeren Synthesen und Gesamtdarstellungen auf ein bürgerliches Lesepublikum jenseits enger fachwissenschaftlicher Grenzen ab. Die sich im Rückblick andeutenden Gattungsgrenzen bzw. Gattungstraditionen werden zwischen den 1850er und 1870er Jahren kaum thematisiert« (Nissen 2008, 40).

In der politischen Biographik dominieren die – preußischen – Heldengeschichten: Hier kämpfen große Männer mit historischen Taten für große Staatsprojekte. In der kulturgeschichtlichen Biographik werden die großen Ausnahmegestalten entdeckt, die die Überlegenheit des menschlichen Geistes unter Beweis gestellt haben. Die Zeitgebundenheit ihrer Handlungen wird dabei ins Ewig-Menschliche übersetzt. Diese Biographien tragen deutliche Züge des Populären. Wenn Carl Jacob Burckhardt ihren Nutzen darin sieht, dass »die als Ideale fortlebenden Männer [...] einen hohen Wert

3 Friedrich Nietzsche: »Die Philosophie im tragischen Zeitalter der Griechen« [1873]. In: Ders.: *Werke in drei Bänden*. München 1954, Bd. 3, S. 348–388, hier S. 366.

für die Welt und ihre Nationen insbesondere [haben], sie [...] denselben ein Pathos [geben], einen Gegenstand des Enthusiasmus«, dass »sie bis in die untersten Schichten intellektuell auf[regen] durch das vage Gefühl von Größe« und dass sie »einen hohen Maßstab der Dinge aufrecht« halten und »zum Wiederaufraffen aus zeitweiliger Erniedrigung« helfen (Burckhardt nach Scheuer 1979, 104), dann ist damit vor allem ihr Unterhaltungswert für die Leser und zugleich ihre Erfolgsformel für den boomenden Buchmarkt bestimmt: Hier wird Größe durch die Doppelstrategien Singularisierung und Typologisierung hergestellt (↗V.5. 19. Jahrhundert). Darstellungsziel ist nicht nur die erhobene, sondern die *erhabene* Persönlichkeit. Ihr soll sich der Biograph mit Pathos und Enthusiasmus nähern, um die Leser zu affizieren und ihnen selbst das Gefühl von Größe zu vermitteln – denn, wie Herman Grimm es in seiner Michelangelo-Biographie formuliert hat: »wer heute oder zukünftig wie sie [die großen Männer] denkt und handelt, steigt hinauf zu ihnen und wird in ihre Reihen aufgenommen.«[4]

3.3. Die ›klassische‹ populäre Biographie

Auf diese Weise haben die Heldenbiographien den Bestsellerbiographien, die nach dem ersten Weltkrieg auf dem Buchmarkt erscheinen, das Feld bereitet. Stefan Zweig (*Die Baumeister der Welt. Versuch einer Typologie des Geistes*, 1920/25/28; *Romain Roland*, 1921; *Joseph Fouché*, 1929) und Emil Ludwig (*Goethe*, 1920; *Bismarck*, 1921/26; *Rembrandt*, 1923; *Napoleon*, 1925; *Wilhelm der Zweite*, 1925; *Der Menschensohn*, 1928) sind dabei die Autoren, die sich genauestens mit den älteren Büchern auskennen, dem Schreiben von Biographien aber eine ganz neue Dynamik geben. So wird in der neuen Generation mit ›Größe‹ anders umgegangen. Während die Biographien der großen Männer ihre Unterhaltsamkeit daraus gezogen haben, dass sie Leser in eine Sphäre hinaufziehen wollen, in der die wahren Tugenden des Menschseins in Reinform verwirklicht sind, so geht es in den Bestsellerbiographien von Zweig oder Ludwig darum, die biographierte Person stärker zu vermenschlichen (↗V.6. 20. Jahrhundert). Ludwig hat das sehr genau pointiert: Während die älteren Biographen noch gefragt haben, wie der Einzelne mit der Welt harmoniert, lautet die neue Frage, »wie harmoniert er in sich selber?«[5] Wenn sich Zweig mit seinen Gestalten »zutiefst verbunden« und Ludwig ihnen »irgendwie verwandt« fühlt, gilt das im Hinblick auf grundmenschliche Seelennöte. Umgeschaltet wird von Außen- auf Innenwelt. Damit ändert sich dann auch das typologisierende Verfahren. Sind die populären Biographien des 19. Jahrhunderts auf eine Typik aus, die sich an den Tugenden orientiert, so hält sich die Typik der neueren populären Biographien an die Lehre von den Affekten und die psychologische Charakterkunde.

Einer der wichtigsten Unterschiede zwischen der älteren und neueren populären Biographie liegt allerdings in der Inszenierung von Autorschaft. Mit ihr wird auf die Ansprüche eines noch einmal ausdifferenzierten Buchmarktes reagiert, der das Buch zum Konsumartikel werden lässt und die Lektüre anderen Konsumaktivitäten angleicht.[6] Weder Zweig noch Ludwig sind waschechte Historiker. Sie treten als freie Autoren in Erscheinung, die sich auf abgeklärte Weise der Herausforderung stellen, dass Biographien erzählt sein müssen. Mit der Souveränität von Profis verwandeln sie die knorrig erzählten Lebensgeschichten der älteren Generation in rasante Erzählungen, für die Verdichtung, Dramatisierung, Spannungssteigerung die eigentlichen Kunstgriffe sind (Zweig nach Scheuer 1979, 225). Überdies präsentieren sich Ludwig und Zweig als Autoren, die sich nicht an feste Regeln binden lassen, sondern die Form der biographischen Erzählung vorgeblich aus der unmittelbaren Auseinandersetzung mit ihrem Gegenstand ziehen. Besonders Ludwig entwickelt darüber hinaus sein Selbstverständnis aus dem, was ihm der Markt zurückmeldet. Weil sich seine Bücher *en masse* verkaufen (was er mit einer Liste von Publikationen und Auflagenzahlen am Ende seiner Autobiographie deutlich herausstellt), sieht er sich

4 Herman Grimm: *Das Leben Michelangelos* [1860]. Leipzig 1940, S. 103.

5 Emil Ludwig: *Der Künstler. Essays*. Berlin 1914, S. 198.

6 Vgl. Gideon Reuveni: »Lesen und Konsum. Der Aufstieg der Konsumkultur in Presse und Werbung bis 1933«. In: *Archiv für Sozialgeschichte* 41. Jg. (2001), S. 97–117.

bestätigt: Wenn er mit seinen Biographien auf das Grundmenschliche zielt und die Menschen seine Bücher kaufen, kann er daraus schließen, dass sein Schreibkonzept aufgegangen ist.[7] Ludwig führt gern vor, dass dieses Konzept auch immer wieder aufgeht: In Hochgeschwindigkeit schreibt er immer neue Biographien, die immer wieder nach demselben Muster funktionieren – und sich offensichtlich genau deshalb immer wieder gut verkaufen (↗ VIII.4. Biographie und Buchmarkt).

3.4. Kritik an der populären Kultur

Die Offenheit, mit der vor allem Emil Ludwig diese Marktorientierung herausgestellt hat, hat das Bild vom Autor populärer Biographien als souveränem und zugleich den Marktgesetzen unterworfenem Vielschreiber und die Wahrnehmung populärer Biographien als marktadäquates Serienprodukt nachhaltig geprägt. Das liegt nicht zuletzt an einer folgenreichen Debatte, die am Ende der 1920er Jahre um Emil Ludwigs Erfolgsbiographien herum geführt wurde und in der dieses Bild noch einmal deutlich konturiert worden ist. Hier waren es die Fachhistoriker, die sich angesichts der Bestsellerqualitäten der sogenannten ›historischen Belletristik‹ um ihr öffentliches Ansehen gebracht sahen und darum bemüht waren, legitime und illegitime Geschichtsschreibung zu unterscheiden. Dabei hatten die Fachwissenschaftler mit dem Problem zu kämpfen, dass sie einerseits gegen die populäre Biographie für eine seriöse Geschichtsschreibung plädierten, die nicht allgemeinverständlich sein und sich deshalb auch nicht an breitere Leserkreise wenden sollte. Andererseits beruhte die öffentliche Anerkennung der Historiker gerade auf der Allgemeinverständlichkeit ihrer Arbeiten. Weil sie beides wollten, befanden sich die Geschichtswissenschaftler in dem Dilemma, Spezialisten sein und gleichzeitig öffentlichkeitswirksam agieren zu wollen (Nissen 2008).

Aus diesem Dilemma heraus fiel die Auseinandersetzung mit den so erfolgreichen Konkurrenten im Kampf um Aufmerksamkeit zum Teil besonders scharf aus. Die populären Biographien wurden als Machwerke von Dilettanten verhöhnt, die »ein buntes Gemisch von plumpster politischer Tendenzmacherei, Feuilletonismus und bodenlosester Kritiklosigkeit«[8] boten. »Wer hat heutzutage Zeit und Kraft, ernsthafte Lektüre zu treiben?«, wurde 1928 mit ätzender Polemik in einer der ›historischen Belletristik‹ gewidmeten Broschüre gefragt, die von Herausgebern der renommierten Fachorgan *Historischen Zeitschrift* aus einzelnen Rezensionen zusammengestellt worden war: »Wie die Geschwindigkeit der Fahrzeuge, so nimmt auch die des geistigen Aufnehmens zu. Ist man doch vom Kino verwöhnt; nachdenken ist lästig, selber urteilen zeitraubend« (zit. nach Gradmann 1993, 103). Für die Historiker war klar: Für die Anpassung an die neuen Geschwindigkeiten, Oberflächlichkeiten und Scheinhaftigkeiten wurde in den populären Biographien die historische Wahrheit geopfert. Umso empfindlicher waren die Reaktionen, wenn es um Symbolfiguren preußisch-deutscher Geschichte ging. Verhandelt wurden in der Auseinandersetzung um die ›historische Belletristik‹ deshalb nicht nur Fragen der Legitimation der Geschichtswissenschaft. Im Mittelpunkt stand immer auch die Frage nach dem Eigenwert deutscher Geschichte (↗ II.5. Biographie und Gedächtnis).

Dieses Ressentiment gegen die populäre Biographie ist im Umfeld der Kritischen Theorie bereits 1930 von Siegfried Kracauer aufgenommen, allerdings soziologisch reformuliert und mit der dialektischen Kritik der kapitalistischen Kulturindustrie verknüpft worden. Auch Kracauer versteht den Erfolg der populären Biographie als Ausdruck eines Modernisierungsschadens. Die populäre Biographie wird, so Kracauer, von der bürgerlichen Mittelschicht, vornehmlich von Kleinbürgern gelesen, die ihre Geschichte zerstört und ihre politische Macht schwinden sehen und sich deshalb an die Biographien großer Männer halten, um sich mit einer Aura zu versorgen, die längst verloren gegangen ist. Damit wird die biographische Mode zum Ausdruck des Zustands einer Klasse, die »gezwungen« ist, »sich allen Erkenntnissen und Formenproblemen zu verweigern, die seinen Bestand

7 Vgl. Emil Ludwig: *Geschenke des Lebens. Ein Rückblick.* Berlin 1931, S. 867ff.

8 Wilhelm Schüßler: »Einleitung«. In: Schriftleitung der Historischen Zeitschrift (Hg.): *Historische Belletristik. Ein kritischer Literaturbericht.* München/Berlin 1928, S. 5–8, hier S. 7.

gefährden«. Während sich die avantgardistische Kunst diesen Erkenntnissen und Problemen stellt und sie reflektiert, bietet die populäre Biographie nur die »Flucht« vor der Wirklichkeit.[9]

Der Soziologe Leo Löwenthal hat diese Thesen in den 1950er Jahren aufgenommen und damit der deutschen Biographieforschung bis in die 1980er Jahre hinein wichtige Formeln vorformuliert. Auch für Löwenthal gilt die populäre Biographie als ein von der Kulturindustrie hergestellter, aus Klischees zusammengesetzter Massenartikel, der keinen eigenständigen ästhetischen Wert hat, sondern Abdruck kultureller Zwänge ist. Wenn Löwenthal den Unterschied zwischen Massenkultur und Kunst als Unterschied »zwischen der unechten Befriedigung und der echten Erfahrung« bestimmt, »die einen Schritt auf dem Wege zu größerer persönlicher Erfüllung darstellt«,[10] dann ist damit auch der populären Biographie der entsprechende Platz angewiesen. Sie zu lesen lohnt für Löwenthal nicht, wenn man etwas Substantielles über die Lebensgeschichte einer bestimmten Person oder über eine bestimmte Epoche erfahren will. Die Lektüre lohnt nur dann, wenn es darum geht, die in der Produktion und der Rezeption gleichermaßen zum Ausdruck kommende Verdinglichung des geltenden gesellschaftlichen Selbstverständnisses abzulesen. Von der Popularität der Biographie bei bürgerlichen Lesern schließt Löwenthal auf die Verhältnisse der bürgerlichen Gesellschaft. »Die Analyse der Popular-Biographie ist [...] vor allem ein Beitrag zur Analyse ihrer Leserschicht, ein Beitrag zur Kritik der geistigen Kultur des späten Liberalismus« (Löwenthal 1955, 232). Dieser Kultur weben die Biographen aus »unechten Tatsächlichkeiten, die weder die empirische Realität spiegeln noch ihr theoretisches Bild bestimmen«, einen »Schleier [...], der aus Geschichte Mythologie macht. [...] Die Geschichte und ihr Inhalt wird zum Anlass eines welthistorischen Geschwätzes; sein Signum ist der Relativismus einer Schicht, die nichts ernst nimmt und die nicht mehr ernst genommen wird« (ebd., 244 f.). Wenn Politik, Macht und die Typologie der Führer die von Löwenthal identifizierten »vornehmsten Themen der Popular-Biographie« sind, dann erscheinen sie ihm nur als Hohlformen, die zu füllen sich Autoren und Leser zwar heftig wünschen, deren Hohlheit sie damit aber nur umso deutlicher vor Augen führen.

Weil die Autoren populärer Biographien diese Hohlformen als gefüllte vorgestellt und am Schleier mitgewoben haben, der den wirklichen politischen Niedergang des Bürgertums und des gesamten Projekts Weimarer Republik verdeckt hat, hat man den populären Biographien der 1920er Jahre noch fünfzig Jahre später »hilflose Wunschphantasien von individueller Autonomie« und »metaphysische Grimassen«[11] attestiert und ihnen eine Mitverantwortung für den Aufstieg der Nationalsozialisten gegeben: »Ludwig kommt mit seiner Mißachtung des komplexen Geflechtes der wirtschaftlich-gesellschaftlichen Umwelt, der Strukturen und Wechselbeziehung über einen schwachen Romantizismus nicht hinaus, der mit der Stärkung demokratischen Bewusstseins wenig zu tun hat.«[12] Und Scheuer konstatiert 1979: »Kann den ›modernen‹ Biographien auch nicht der Vorwurf gemacht werden, sie hätten dem Nationalsozialismus vorgearbeitet [...], so haben sie doch die herrschende Unzufriedenheit und Ratlosigkeit verstärkt, die einem demokratischen Bewusstsein abträglich sein mussten und die für jene Erlösungssehnsucht verantwortlich sind, die an den Mittelschichten in der Weimarer Republik festgestellt worden sind« (Scheuer 1979, 217).

3.5. Die populären Grenzgänger

Erst 1983 hat Helmut Kreuzer den Versuch unternommen, Emil Ludwig und der populären Biographie »einen legitimen Platz in der Geschichte der prorepublikanischen bzw. antifaschistischen Literatur« zu verschaffen und ihr dazu noch ästheti-

9 Siegfried Kracauer: »Die Biographie als neubürgerliche Kunstform« [1930]. In: Ders.: *Das Ornament der Masse. Essays*. Frankfurt a. M. 1978, S. 75–80, hier S. 77 f.

10 Leo Löwenthal: »Standortbestimmung der Massenkultur« [1950]. In: Ders.: *Schriften*. Bd. 1: Literatur und Massenkultur. Hg. v. Helmut Dubiel. Frankfurt a. M. 1980, S. 9–25, hier S.16.

11 Friedbert Aspetsberger: »Metaphysische Grimassen. Zum biographischen Roman der Zwischenkriegszeit«. In: Klaus Amann/Albert Berger (Hg.): *Österreichische Literatur der dreißiger Jahre. Ideologische Verhältnisse, Institutionelle Voraussetzungen, Fallstudien*. Wien/Köln 1985, S. 247–276, hier S. 249.

12 Rolf Schörken: *Geschichte in der Alltagswelt. Wie sie uns begegnet und was wir mit ihr machen*. Stuttgart 1981, S. 73.

schen Avantgardismus zu attestieren.[13] Dieser Versuch steht allerdings noch ganz im Einflussbereich einer Literaturwissenschaft, die sich zwar zu Beginn der 1970er Jahre den Gebrauchstexten und der Trivialliteratur geöffnet, sich aber trotzdem weiterhin der Kritik der Kulturindustrie verschrieben hat. Seither gibt es zwar ein größeres literaturwissenschaftliches Interesse an der populären Sachliteratur – das aber immer vorbehaltlich der Prüfung, ob der untersuchte Text nicht eine »antiemanzipatorische Wirkung« hat, indem er »Sachprobleme simplifiziert, verharmlost« und derart »verfälscht«, dass die »wünschenswerte Chance einer informativen, kritischen Funktion und Breitenwirkung, die das Sachbuch in einer demokratischen Gesellschaft haben könnte, [...] damit vertan«[14] wird. In diesem Sinn hat 1979 auch der Lektor des S. Fischer-Verlages im *Börsenblatt für den Deutschen Buchhandel* vor »besonders gefährlich[en]« Biographien gewarnt, »die zu problematischen Identifikationsmustern verkommen sind. Mit ihrer Hilfe kann der unkritische Leser aus den Realitäten der Geschichte in distanzlose Schwärmerei um-, wenn nicht vollends aus der Geschichte aussteigen.« Wenn das Ziel solcher populären Biographien darin gesehen wird, dass sie »nur vordergründig angenehme Entspannung« bieten, aber tatsächlich zur »Flucht aus der Wirklichkeit« (Pehle 1979, 17) anstiften, dann ist man damit knapp vierzig Jahre nach Siegfried Kracauers kritischer Glosse nicht viel weiter gekommen.

Dass die Kritik zu diesem Zeitpunkt immer noch dieselbe war, lag daran, dass die Grenze zwischen seriöser und populärer Biographie nach 1945 noch befestigt worden war. Tatsächlich hat sich die bundesdeutsche Geschichtswissenschaft spätestens ab den 1960er Jahren (nicht zuletzt in Reaktion darauf, dass sich die Historiker im ›Dritten Reich‹ korrumpiert und ihr ›Große Männer, große Geschichte‹-Paradigma für den Führerkult umfunktionalisiert hatten) der Sozial- und Strukturgeschichte zugewandt und die Individualbiographie für erledigt erklärt, womit die Grenze zwischen den seriösen und den populären Sachbüchern abgesteckt wurde. Von Interesse waren die »gesellschaftlichen, überindividuellen Motive und Einflüsse, nicht jedoch die sog. individuellen Motive«.[15] Wer sich einzelnen Lebensgeschichten zuwandte, stand entsprechend unter Verdacht, Kitsch zu produzieren, politisch restaurativ zu wirken, den Markt zu bedienen und damit die verdinglichten Verhältnisse zu stabilisieren. Das aber hatte zur Folge, dass nicht die Fachwissenschaftler, sondern, wie die Einschätzung des Lektors vom S. Fischer-Verlag lautete, »Außenseiter die Gattung ›historisches Sachbuch‹ übernommen und damit große Erfolge erzielt« haben (Pehle 1979, 16).

Nun sind allerdings viele der ›großen‹ populären Sachbücher in der Bundesrepublik von Autoren geschrieben worden, die man nicht unbedingt als Außenseiter, doch immerhin als Grenzgänger bezeichnen kann. Grenzgänger war ein Autor wie Sebastian Haffner, der kein fachlich geschulter Historiker war, der aber, ohne dass die Fachwissenschaft Notiz von ihm nahm, mit seinen *Anmerkungen zu Hitler* (1978) ein Best- und Longsellerbuch geschrieben und damit, nimmt man seine Preußen-Bücher und seine Bismarck-Biographie hinzu, »nach 1945 die öffentliche Wahrnehmung zentraler Epochen deutscher Geschichte geprägt«[16] hat.

Ein Grenzgänger war auch Golo Mann, der 1965 seine Laufbahn an der Universität beendet hatte, um als freier Publizist zu arbeiten. Er wurde vom Feuilleton für seine Wallenstein-Biographie (1971) gefeiert, weil er mit ihr, »was die literarisch-ästhetische Dimension des Biografischen betrifft, Maßstäbe gesetzt hat« – das allerdings nicht im Sinne eines ästhetischen Avantgardismus, sondern durch den forcierten Einsatz eines traditionellen, an der Grenze zur Fiktion orientierten Erzählens (Ullrich 2007). G. Mann selbst hatte schon früh auf den an-

13 Helmut Kreuzer: »Biographie, Reportage, Sachbuch. Zu ihrer Geschichte seit den zwanziger Jahren«. In: Benjamin Bennett/Anton Kaes/William J. Lillyman (Hg.): *Probleme der Moderne. Studien zur deutschen Literatur von Nietzsche bis Brecht. Festschrift für Walter Sokel.* Tübingen 1983, S. 431–458, hier S. 445.

14 Knut Hickethier: »Sachbuch und Gebrauchstext als Kommunikation«. In: Ludwig Fischer (Hg.): *Gebrauchsliteratur. Methodische Überlegungen und Beispielanalysen.* Stuttgart 1976, S. 58–85, hier S. 68.

15 Hans-Ulrich Wehler: »Zum Verhältnis von Geschichtswissenschaft und Psychoanalyse.« In: Ders. (Hg.): *Geschichte und Psychoanalyse.* Frankfurt a. M. 1971, S. 7–26, hier S. 22.

16 Carsten Kretschmann: »Vergangenheit für die Gegenwart. Das Bismarck-Bild im Werk Sebastian Haffners«. In: Andy Hahnemann/David Oels (Hg.): *Sachbuch und populäres Wissen im 20. Jahrhundert.* Frankfurt a. M./New York 2008, S. 81–96, hier S. 83.

deren Umgang der amerikanischen Professoren mit der *popular biography* verwiesen und den eigenen Publikumserfolg entsprechend kommentiert: »Ein wenig Kultur im Erzählen, und man ist schon eine Seltenheit« (zit. ebd.). Tatsächlich hat die Wallenstein-Biographie »vielen Leuten gefallen«, wie er im Rückblick konstatierte, »alten und sehr jungen, einfachen und sehr komplizierten. Aber die ›Zunft‹? Da war nahezu nichts [...]« (zit. ebd.), außer Kritik, die nicht nur von konservativen Historikern, sondern immer auch zugleich von linken Wissenschaftlern geäußert wurde, die in Golo Mann einen konservativen »Schönschreiber« sehen wollten und seine Bucherfolge nur als »den gröbsten Vorwurf [...] gegen die deutschen Zustände« verstehen konnten.[17]

Auch der Bestseller-Biograph Richard Friedenthal hat seine Bücher als Grenzgänger geschrieben. Als promovierter Germanist, Lektor, Journalist und Publizist hat er über Stefan Zweig (1948), Händel (1959), Leonardo da Vinci (1959), Luther (1967), Pascal, Montaigne und Diderot als *Entdecker des Ich* (1969), über Jan Hus (1972), Marx (1981), dann nochmal über Diderot (1984) und – legendär und für Generationen von Germanistik-Studierenden grundlegend – über Goethe (1963) geschrieben. Weil er sich dem Autor, ganz in der Tradition Ludwigs nicht als Denkmal, sondern als durchaus problematischem Menschen genähert hatte, dem er als Biograph »Sympathie« und »Wärme« entgegenbringen wollte, wurde die Biographie nicht nur zum Bestseller – sie wurde auch von Fachwissenschaftlern und Goetheverehrern scharf kritisiert.[18]

Dass sich an diesem kulturellen Zwangsmechanismus – Erfolg auf dem Buchmarkt, Lob im Feuilleton, Kritik aus der Fachwissenschaft – zum Ende des 20. Jahrhunderts etwas geändert hat, zeigt der Umgang mit einem anderen, äußerst erfolgreichen Grenzgänger: Rüdiger Safranski, der als Germanist gestartet ist und sich in einen hochdotierten *public intellectual* verwandelt hat, der neben Peter Sloterdijk als Mitglied des sog. *Philosophischen Quartetts* auch im Fernsehen zu sehen ist. 1976 mit Studien zur Entwicklung der Arbeiterliteratur in der Bundesrepublik promoviert, hat er sich Mitte der 1980er Jahre auf das Schreiben von Biographien verlegt, mit denen er darauf abzielt, die deutsche Geistes- und Kulturgeschichte zu rekapitulieren und in eine große pointierte Erzählung über das Land der Dichter und Denker zu übersetzen: E.T.A. Hoffmann (1984), Heidegger (1994), Nietzsche (2000), Schiller (2004) – dazu gibt es ein mit biographischen Charakteristiken bestücktes Buch über die Romantiker (2007), zuletzt eines über die Beziehung zwischen Goethe und Schiller (2009). Safranskis Biographien haben nicht nur sehr schnell Eingang in die Literaturlisten für germanistische BA- und MA-Seminare, sondern auch in die Forschungsliteratur gefunden. Zwar wird er von Vertretern der Fachdisziplin durchaus scharf kritisiert – das allerdings auf Augenhöhe. Für die Fachwissenschaftler zählt Safranski nicht zu den Außen*seitern*, er gehört eher zu einer Außen*seite*, um die man sich in einer Zeit kümmern muss, in der sich (auch) die Literaturwissenschaft neu legitimieren muss. In diesem Sinne wird an und mit Safranski die Aufgabe der literaturwissenschaftlichen Öffentlichkeitsarbeit neu entdeckt, die sich über das publikumsorientierte Sachbuch und die unterhaltsam geschriebene Biographie ebenso wie über das Unterhaltungsmedium Fernsehen ihr Publikum suchen muss und ihr Publikum auch finden kann.

3.6. Ein neuer Blick auf die populäre Kultur

Diese Veränderung im Umgang mit der populären Biographie und ihren Autoren hat nicht zuletzt etwas mit einem veränderten wissenschaftlichen Verständnis der Populärkultur zu tun. Die Etablierung der Kulturwissenschaften hat in Deutschland seit den 1990er Jahren gleich in mehrfacher Hinsicht dazu geführt, dass das Populäre neu bewertet worden ist. So ist die Populärkultur aus dem herabwürdigenden Dichotomie-Diskurs herausgenommen worden. Sie wird – jedenfalls in kulturwissenschaftlichen Kontexten – nicht mehr gegen die ›echte‹ Kunst oder die ›seriöse‹ wissenschaftliche Arbeit ausgespielt. Stattdessen wird den populärkulturellen Artefakten eine komplexe ästhetische

17 »Eine deutsche Kassandra«. In: *Die Zeit*, Nr. 13 (22.03.1974).
18 Vgl. Hans Wagener: *Richard Friedenthal. Biographie des großen Biographen*. Gerlingen 2002, S. 227 f.

Eigenständigkeit zugesprochen. Großen Verdienst daran hat Hans-Otto Hügel. Er hat gezeigt, dass diese Artefakte nicht mit jener Eindeutigkeit operieren, mit der sich die Kunst als Kunst zu erkennen gibt. Folgt man Hügel, dann gewinnen Artefakte der »Unterhaltungskultur« – wie er die Populärkultur akzentuiert– ihre Eigenständigkeit durch eine »ästhetische Zweideutigkeit«: Sie definieren sich über einen »Oszillations- und Schwebezustand«, »in dem die Unterscheidung zwischen Ernst und Unernst nicht mehr gilt« (Hügel 1993, 129). Dieser Zustand ermöglicht, sich unterhaltend »zwischen Teilhabe an Bedeutendem und Zerstreuung an Bedeutungslosem« (ebd., 137) zu bewegen. Unterhaltung ist, so pointiert Hügel, »beides und immer beides halb, hierin liegt ihre geringe Wirkung, aber auch ihre Faszination begründet« (Hügel 1987, 107). So unterscheidet sich die Unterhaltung von der Kunst dadurch, dass Letztere »*unbedingte* Teilnahme, Konzentration verlangt«, während die Unterhaltung es »dem Rezipienten leicht« (Hügel 1993, 132) macht. Sie erleichtert den Zugang, indem sie nicht – so wie die Kunst – etwas emphatisch Neues, Anderes, Individuelles präsentiert. Unterhaltung operiert mit bekannten Formaten oder Genres, die der Rezipient schon kennt, nur in dieser Variation noch nicht. Und weil man, so Hügel, das einzelne Stück oder die einzelne Folge immer auch als Variation eines Formats oder eines Genres begreifen kann, ist man von allzu großer Aufmerksamkeit entlastet und bleibt doch engagiert (ebd.).

Damit verzichtet Unterhaltung darauf, den Rezipienten zu unterwerfen und ihm ein schlechtes Gewissen zu machen, wenn er sich nicht unterwerfen kann oder unterwerfen will. Kunstrezeption erfordert »ihrem Anspruch nach Unbedingtheit«, sie erlaubt »keine Beliebigkeit in der Wahrnehmung und im Interesse« und verlangt deshalb vom »Rezipienten Anstrengung«. »Die Unterhaltungsrezeption« erlaubt dagegen »(fast) jedes Maß an Konzentration und Interesse« (ebd., 130). »Was auch immer wir von der Unterhaltung wahrnehmen, wir brauchen uns nie schlecht zu fühlen, dass wir ihr nicht gerecht würden. Bei der Kunst hingegen setzt sich das Werk wegen seiner ›objektiven‹ Rezeptionsvorgaben durch und meldet hörbar an, wenn wir uns nicht genug Mühe geben« (ebd., 129).

Diese Offenheit der populärkulturellen Artefakte ist in den Cultural Studies schon früh zum Ausgangspunkt für die Entwicklung einer anderen Sicht auf die Rezipienten gemacht worden. Da »kulturelle Formen im Bereich des Populären weder gänzlich korrumpierend noch gänzlich authentisch« sind, stattdessen »Widersprüche, Ambivalenzen, Mehrdeutigkeiten« enthalten, die unterschiedlich gelesen werden können« (Winter 2003, 57), werden die Rezipienten eben nicht mehr als willenlose Konsumenten verstanden. Sie arbeiten an den Bedeutungen mit – durch widerspenstige Lektüren, die nicht linear auf das reagieren, was durch das Artefakt scheinbar vorgegeben wird. Michel de Certeau hat in seinem einflussreichen Essay über die *Kunst des Handelns* (1988) die Techniken dieser Aneignung, Umformung und Einspeisung von Bedeutungen erläutert: Grundoperation ist das Wildern, das Ausnehmen von Texten, das quasi-anarchische Zusammenstellen von Material, das neu kombiniert wird. Der Leser ist für ihn »ein schwärmerischer Autor. Er hat keinen festen Boden unter den Füßen und schwankt an einem Nicht-Ort zwischen dem, was er erfindet, und dem, was ihn verändert«.[19] Leser sind »Reisende; sie bewegen sich im Gelände des Anderen, wildern wie Nomaden in Gebieten, die sie nicht beschrieben haben«.[20]

So emphatisch das klingt, so nachdrücklich ist das in der Lese- und Leserforschung vor allem im Hinblick auf Sachtexte bestätigt worden: Sie werden vorwiegend im Hinblick auf ihren Gebrauch in Alltagskontexten rezipiert. Begleitet wird ihre Lektüre von Tagträumen, in denen Anwendungsmöglichkeiten phantasiert werden. Gleichzeitig werden sie aber seltener zu Ende gelesen – und wenn sie zu Ende gelesen werden, dann haben die Leser häufig Passagen oder ganze Kapitel überblättert.[21]

Erkennt man diesen Spielraum, den Artefakte der Populärkultur den Rezipienten eröffnen, als gegeben an, und nimmt man zur Kenntnis, dass

19 Michel de Certeau: *Kunst des Handelns*. Berlin 1988, S. 306.
20 Michel de Certeau: *Kunst des Handelns* (wie Anm. 19), S. 307.
21 Erich Schön: »Kein Ende von Buch und Lesen. Entwicklungstendenzen des Leseverhaltens in Deutschland – Eine Langzeitbetrachtung«. In: Stiftung Lesen (Hg.): *Lesen im Umbruch – Forschungsperspektiven im Zeitalter von Multimedia*. Baden-Baden 1998, S. 39–77.

die Rezipienten populärkultureller Artefakte sich nicht einfach manipulieren lassen, dann erscheint auch die populäre Biographie in einem anderen Licht. Zumindest erscheinen die Thesen, die Kracauer und Löwenthal vorgegeben haben und die von der Biographieforschung übernommen worden sind, unterkomplex. Während die populären Biographien aus der Perspektive der Kritischen Theorie gerade keine Spielräume lassen, wird in kulturwissenschaftlichen Forschungen nach ihren Widersprüchen, Ambivalenzen und Mehrdeutigkeiten gesucht. Der Erfolg der Biographien wird entsprechend damit erklärt, dass sie die Leser *nicht* festlegen – schon gar nicht auf das, was Interpreten wie Kracauer oder Löwenthal in sie hineinlesen wollten (vgl. zur Problematik der vereinheitlichenden Kategorisierung von Lesern populärer Biographien Scheuer 1979, 208 ff.).

Die populäre Biographie ist damit nicht nur aus dem herabwürdigenden Dichtomie-Diskurs herausgenommen. Auch ist von ihr der Schatten genommen, den die Literaturwissenschaft in ihren linearen Rekonstruktionsversuchen der Geschichte der Weimarer Republik als Vorgeschichte der nationalsozialistischen Herrschaft auf die populäre Biographie hat. Damit werden dann auch all die Merkmale, an denen man populäre Biographien zu erkennen meint (Synthetisierung, Intimisierung, Personalisierung, Singularisierung, Typologisierung, Anekdotisierung, Dramatisierung, Überformung) nicht mehr als manipulative Erzähltechniken verstanden. Gerade an den populären Biographien lässt sich, statt nach der vermeintlichen Einheitlichkeit, nach ihrer Wirkung nach der Vielfalt ihrer (erzählerischen) Möglichkeiten fragen. Und das heißt dann schließlich für die Autoren populärer Biographien, dass sie nicht mehr als korrumpierte Lohnschreiber verstanden werden, die sich bloß dem Zeitgeist (und das heißt dann in Krisenzeiten: dem falschen Zeitgeist) unterwerfen, sondern an komplexen Werken arbeiten, die ästhetisch eigenständig und für produktive Lektüren geöffnet sind.

All das führt zu einer Rehabilitierung der populären Biographie. Es führt zu einer Rehabilitierung der Autoren populärer Biographien. Und es führt zu einer Rehabilitierung derjenigen Gruppe, die in der Forschung bisher am offensten verachtet worden ist: die Leser populärer Biographien. Zugleich eröffnen sich damit Forschungsfelder für die Literaturwissenschaft, die sich nicht nur mit der ganzen Bandbreite populärbiographischer Schreibweisen beschäftigen, sondern ihren eigenen Umgang mit dem Populären und damit dann auch ihre eigenen Schreibweisen überprüfen kann.

Literatur

Gradmann, Christoph: *Historische Belletristik. Populäre historische Biographien in der Weimarer Republik.* Frankfurt a. M./New York 1993.

Hügel, Hans-Otto: »Unterhaltung durch Literatur. Kritik, Geschichte, Lesevergnügen«. In: Rudolf Keck/Walter Thissen (Hg.): *Medien zwischen Kultur und Kult. Zur Bedeutung der Medien in Kultur und Bildung.* Heilbronn 1987, S. 95–111.

Ders.: »Ästhetische Zweideutigkeit der Unterhaltung. Eine Skizze ihrer Theorie«. In: *montage/av. Zeitschrift für Theorie und Geschichte audiovisueller Kommunikation* 2. Jg., 1 (1993), S. 119–141.

Ders.: »Unterhaltung«. In: Ders. (Hg.): *Handbuch Populäre Kultur.* Stuttgart/Weimar 2003, S. 73–82.

Löwenthal, Leo: »Die biographische Mode« [1955]. In: Ders.: *Schriften.* Bd. 1: Literatur und Massenkultur. Hg. v. Helmut Dubiel. Frankfurt a. M. 1980, S. 231–257.

Nissen, Martin: »›Wir, die Historiker und Biographen‹. Zur Gattungspoetik des historischen Sachbuchs (1945–2000)«. In: Andy Hahnemann/David Oels (Hg.) *Sachbuch und populäres Wissen im 20. Jahrhundert.* Frankfurt a. M./New York 2008, S. 69–79.

Pehle, Walter H.: »Probleme der Geschichtsschreibung«. In: *Börsenblatt für den Deutschen Buchhandel* 35. Jg. (16.05.1979), S. 16–18.

Scheuer, Helmut: *Biographie. Studien zur Funktion und zum Wandel einer literarischen Gattung vom 18. Jahrhundert bis zur Gegenwart.* Stuttgart 1979.

Ullrich, Volker: »Die schwierige Königsdisziplin«. In: *Die Zeit,* Nr. 15 (04.04.2007).

Winter, Rainer: »The People«. In: Hans-Otto Hügel (Hg.): *Handbuch Populäre Kultur.* Stuttgart/Weimar 2003, S. 56–61.

Stephan Porombka

4. Fiktionale Metabiographien

4.1. Zu Phänomen, Kontext und Begriff der ›fiktionalen Metabiographie‹ bzw. ›biographischen Metafiktion‹

In der Geschichte der Biographik gibt es neben der dominanten Traditionslinie, die sich durch ausgeprägten Wirklichkeitsbezug und die faktengestützte Darstellung der wesentlichen Lebensabschnitte einer tatsächlichen Person in der literarischen, wissenschaftlichen oder der populären Biographie auszeichnet, einen entgegengesetzten Typus, in dem die selbstbezügliche Reflexion über die Bedingungen der Möglichkeit, Lebensgeschichte(n) darzustellen und zu erzählen, in das Zentrum rückt. Während in konventionellen wissenschaftlichen, populären und literarischen Biographien die Darstellung eines fremden Lebenslaufes im Mittelpunkt steht, verlagern selbstreflexive Erscheinungsformen der Gattung den Akzent auf die Prozesse der sprachlichen Erzeugung bzw. Konstruktion des biographischen Textes und Subjekts sowie auf die Auseinandersetzung mit den Konventionen biographischen Schreibens (↗I.8. Biographie vs. Autobiographie).

Ungeachtet der inzwischen zu Topoi gewordenen Krisen von traditionellen Autor-, Subjekt- und Identitätskonzeptionen lässt sich in vielen Literaturen der Gegenwart ein wiedererwachtes Interesse an der Darstellung menschlicher Lebensbeschreibungen in den Genres der Biographie feststellen. Kennzeichnend für neue Erscheinungsformen dieser Genres ist allerdings eine prononcierte Tendenz zu Metaisierung bzw. Selbstreflexivität: Im Zentrum solcher Biographien bzw. Biofiktionen (Huber/Middeke 1999) steht die selbstreflexive, kritische Auseinandersetzung mit Fragen biographischer Rekonstruktion und Sinnstiftung sowie mit den Konventionen von Biographien. Dabei ist unübersehbar, dass selbstreflexive Erscheinungsformen der Biographie dialogisch auf die Diskurse der Geschichtstheorie und wissenschaftlichen Biographik sowie auf Subjekt- und Persönlichkeitstheorien bezogen sind. In vielen selbstreflexiven, fiktionalen Biographien finden sich intertextuelle Echos auf Debatten über das Objektivitätsideal des Historismus, das durch die Einsicht in die Subjektabhängigkeit und Konstruktivität der Biographie ersetzt worden ist.

Um den Besonderheiten dieses Typus des Genres begrifflich Rechnung zu tragen, scheint es sinnvoll, solche selbstreflexiven Gattungsausprägungen von traditionellen Formen der Biographie zu unterscheiden und als ›biographische Metafiktion‹ bzw. ›fiktionale Metabiographie‹ zu bezeichnen (Nünning 1998, 2000; Nadj 2006). Fiktionale Metabiographien rücken den Prozess der imaginativen Rekonstruktion und Darstellung des Lebens einer (mehr oder weniger) berühmten Person in den Mittelpunkt und zeichnen sich durch ein hohes Maß an ästhetischer, historiographischer und biographischer Selbstreflexivität aus. Die Begriffe ›biographische Metafiktion‹ und ›fiktionale Metabiographie‹ signalisieren, dass sich die Aufmerksamkeit in solchen fiktionalen Biographien von der *Darstellung von* Ereignissen aus dem Leben einer historischen Persönlichkeit auf die Metaebene der *Reflexion über* deren Aneignung, Rekonstruktion und Repräsentation im Medium der Biographie verlagert. Nicht die Schilderung des Lebens einer Person steht somit im Zentrum, sondern die nachträgliche Beschäftigung des Biographen mit der Lebensgeschichte des Biographierten.

*Meta*biographien heißen diese neue Spielarten des Genres, weil sie auf einer Metaebene allgemeine Probleme der Biographik verhandeln, während das Adjektiv *fiktional* darauf hinweist, dass es sich um Romane handelt, also um Texte, die wesentlich durch den Einsatz fiktionaler Erzähltechniken gekennzeichnet sind. Das wesentliche Kennzeichen der fiktionalen Metabiographie besteht darin, dass die Probleme der Rekonstruktion der Vergangenheit vom Standpunkt des Hier und Jetzt, der retrospektiven Sinnstiftung sowie der Möglichkeiten und Grenzen der sprachlichen Repräsentation der individuellen Lebensgeschichte einer historischen Person, ins Zentrum rücken. Damit bringen fiktionale Metabiographien die – inzwischen nicht mehr neue – Einsicht literarisch zum Ausdruck, dass das Schreiben von Biographien – fiktionalen wie auch nicht-fiktionalen – inzwischen selbst zum Problem geworden ist. Indem sie nicht bloß die sprachliche Konstitution des biographischen Subjekts bewusst machen, sondern auch grundlegende Gattungsschemata der Biographie durch ein *foregrounding* ausstellen, ziehen sie gleichsam die folgerichtige fiktionale Konsequenz aus den Einsichten poststrukturalistischer Sprach-, Identitäts- und Biographietheorien (↗ II.1. Biographie und Performanz).

Fiktionale Metabiographien zeichnen sich somit dadurch aus, dass sie die Paradoxien von ›Bio-graphien‹ bloßlegen, die aus ihrer Verwandtschaft mit der Historiographie resultieren und die Michel de Certeau (1988, XXVII) prägnant auf den Begriff gebracht hat. Seine Bemerkungen über Historiographie lassen sich auf den Bereich der Biographie übertragen: Auch der Begriff ›Biographie‹, der ein Kompositum der Worte ›Leben‹ und ›Schreiben‹ ist, verweist auf das Paradoxon (um nicht ebenfalls Oxymoron zu sagen) einer zwischen zwei entgegengesetzten Bereichen – der Wirklichkeit und dem Diskurs – hergestellten Beziehung. Die Aufgabe einer herkömmlichen Biographie ist es, diese antinomischen Bereiche, den der Wirklichkeit und den der sprachlichen Darstellung, zu verbinden und dort, wo die Verbindung schwer herzustellen oder gar unvorstellbar ist, so zu tun, als ob sie dennoch möglich wäre.

Verfasser fiktionaler Metabiographien verzichten hingegen darauf, die Distanz, die zwischen dem Leben einer historischen Persönlichkeit und der sprachlichen Darstellung des Lebens liegt, zu überdecken. Anstatt im Modus der Fiktion den Lebenslauf einer Person darzustellen, lenkt biographische Metafiktion die Aufmerksamkeit auf die Kluft, die zwischen dem (vergangenen) Leben und dessen narrativer (oder dramatischer) Repräsentation liegt. Dabei nutzen sie ein breites Spektrum von innovativen literarischen Darstellungstechniken, um die Probleme des Biographen in das Zentrum rücken und die Unüberbrückbarkeit der Kluft zwischen dem vergangenen Leben und den Modellen der Biographie offen zu legen.

Während eine Tendenz zur selbstreflexiven Problematisierung des Schreibens und des Genres seit jeher zu den Merkmalen der Autobiographie zählt, lassen sich die Anfänge ausgeprägter metabiographischer Reflexion auf einige Essays und experimentelle Spielarten der Biographie zu Beginn des 20. Jahrhunderts zurückführen, vor allem auf Stracheys revisionistische und ikonoklastische Biographien *Eminent Victorians* (1918) und *Elizabeth and Essex: A Tragic History* (1928) sowie auf einige metabiographische Essays der britischen Romanautorin Virginia Woolf. In ihrem Essay »The Art of Biography« (Woolf 1967), in dem sie sich kritisch mit den Konventionen positivistischer Biographien auseinandersetzt, bemerkt Woolf, im Zeitalter der Photographie müsse der Biograph unterschiedliche Versionen desselben Gesichts akzeptieren; zudem regt sie an, das Genre der Biographie könne seinen Bereich ausdehnen, indem es Spiegel in sonderbaren Ecken oder geheimen Winkeln aufhänge. Diese Devise fungiert in vielen neueren fiktionalen Biographien und Metabiographien insofern geradezu als dominantes Kompositionsprinzip, als innovative Erscheinungsformen dieses Genres wie Julian Barnes' hybrider Montageroman *Flaubert's Parrot* (1984) oder Byatts *The Biographer's Tale* (2000), vielleicht *das* Paradigma der fiktionalen Metabiographie in der zeitgenössischen Literatur, dazu tendieren, verschiedene Facetten des Lebens von Dichtern in einer Vielzahl unterschiedlicher Spiegel, Texte und Perspektiven zu reflektieren (Nünning 1998, 2005). Stellvertretend für viele andere Werke seien etwa metabiographische Romane und Dramen von Autoren wie Peter Ackroyd (*Chatterton*, 1987), Tom Stoppard (*Travesties*, 1975) oder John Updike (*Memories of the Ford Administration*, 1993) genannt, aber auch andere fiktionale Metabiographien wie Peter Shaffers *Amadeus* (1984), Michael Ondaatjes *Coming Through Slaughter* (1976), oder Sheila Yegers *Variations on a Theme by Clara Schumann* (1991) illustrieren den generellen Trend hin zur expliziten und impliziten fiktionalen Metabiographie (Kramer 2000, Nadj 2006), für den Hildesheimers *Mozart* (1977) ein frühes Beispiel ist (Faber 1980).

4.2. Besonderheiten fiktionaler Metabiographien: Abgrenzung von anderen Biographie-Typen

Fiktionale Metabiographien unterscheiden sich von anderen Typen biographischen Schreibens vor allem durch drei Merkmale, die sich alle auf die Nähe konventioneller Biographien zum realistischen Erzählen, das auf ästhetische Illusionsbildung abzielt, und fiktionaler Metabiographien zum experimentellen, illusionsstörenden Erzählen (zum Folgenden Wolf 1993) zurückführen lassen: Erstens ersetzen sie die in literarischen, populären und vor allem wissenschaftlichen Biographien vorherrschende Heteroreferentialität durch fiktionale und literarische Autoreferentialität bzw. Rückbezüglichkeit. Während die anderen Typen der Biographie einen ausgeprägten Welt- bzw. Wirklichkeitsbezug aufweisen und mit sprachlichen Mittel eine »biographische Illusion« (Bourdieu 1990) erzeugen, also den Effekt oder die ästhetische Illusion erwecken, sich auf die Welt bzw. die individuelle Lebensgeschichte einer Person zu beziehen, rücken fiktionale Metabiographien mit Hilfe selbstreflexiver Strategien gerade die Frage in den Blick, wie es mit Sprache überhaupt gelingen kann, den Eindruck der Bezugnahme auf die Welt zu erwecken und die Kluft zwischen einem vergangenen Leben und dessen sprachlicher Repräsentation zu überbrücken (↗ I.3. Referentialität).

Die zweite Besonderheit, durch die sich fiktionale Metabiographien von anderen Typen biographischen Schreibens unterscheiden, betrifft die Verlagerung der Aufmerksamkeit von der erzählten Lebensgeschichte einer Person auf die Metaebene der biographischen Rekonstruktion, sprachlichen Repräsentation und erzählerischen Vermittlung eines vergangenen Lebens. Während sich traditionelle literarische, populäre und wissenschaftliche Biographien durch die »Zentralität der Geschichtsebene« (Wolf 1993, 199), d. h. durch die meist mehr oder weniger chronologische und kohärente Darstellung der jeweils erzählten Lebensgeschichte und eine damit einhergehende Unauffälligkeit bzw. Transparenz der Vermittlung auszeichnen, tritt die Schilderung der individuellen Geschichte einer historischen Persönlichkeit in fiktionalen Metabiographien zugunsten der Vermittlungsebene und der Reflexion über die Bedingungen biographischer Erkenntnis und die Methoden der Darstellung eines Lebenslaufes in den Hintergrund. Durch diese Verlagerung des Akzents von der Ebene des ›Was‹ (*histoire*) auf die Ebene des ›Wie‹ (*discours*) der Erzählung kann es zu einer Entwertung und Relativierung der jeweils erzählten Lebensgeschichte kommen, die als eine Version von mehreren möglichen erkennbar wird (↗ IV. Analyse biographischer Erzählungen). Während in den verschiedenen Spielarten nicht-fiktionaler Biographien die Darstellung einer kohärenten und möglichst vollständigen Lebensgeschichte die grundlegende Erwartungshaltung von Rezipienten prägt, wird genau diese Erwartungshaltungen in metabiographischen Darstellungen durch eine fragmentarische und unabgeschlossene Inszenierung kontrastierender Lebensgeschichten sowie eine oft auffällig gestaltete Ebene der sprachlichen und narrativen Vermittlung unterlaufen.

Drittens unterscheiden sich fiktionale Metabiographien dadurch von anderen Typen von Biographien, dass sie sich gerade nicht darum bemühen, ihre eigene Gemachtheit, Konstrukthaftigkeit und Fiktionalität zu verschleiern, sondern sie im Gegenteil durch Verfahren der Metafiktion bloßzulegen. Das Spektrum experimenteller Schreibweisen reicht von ungewöhnlicher Sprachverwendung und Hervorhebung der Materialität der Quellen, auf die sich Biographen stützen, über die multiperspektivische Kontrastierung verschiedener Lebensgeschichten bis zur illusionsstörenden Verwendung nicht-narrativer Diskursformen. Metabiographien schaffen so ein Bewusstsein für eben jene Gattungskonventionen, Schreibweisen und Techniken mittels derer traditionelle Biographien das Vorhandensein der letztlich unüberbrückbaren Kluft zwischen Leben und Schreiben zu verschleiern suchen.

Im Hinblick auf die Möglichkeiten, Probleme der Biographie literarisch zur Anschauung zu bringen, sind grundsätzlich zwei Darstellungsmodi zu unterscheiden. Metabiographische Fragestellungen können entweder explizit von einer fiktionalen Sprecherinstanz thematisiert oder mit Hilfe der Semantisierung literarischer Darstellungsverfahren strukturell und implizit vermittelt werden. Im ersten Fall werden Probleme der Biographie von einer

Figur oder einer Erzählinstanz direkt angesprochen oder sogar im Figurendialog erörtert. Im zweiten Fall trägt die Semantisierung literarischer Darstellungsverfahren (z. B. multiperspektivische Auffächerung des erzählten Geschehens oder die Funktionalisierung der Raum- und Zeitdarstellung als Bedeutungsträger; ↗IV.2. ›Histoire‹) dazu bei, historiographische oder biographische Fragen strukturell zu reflektieren.

4.3. Fiktionale Metabiographien aus funktionsgeschichtlicher Sicht

Im Kontext der wissenschaftlichen Beschäftigung mit Biographie und Biographik sind fiktionale Metabiographien nicht nur aus typologischer, sondern vor allem auch aus funktionsgeschichtlicher Sicht insofern von großem Interesse, als sie in selbstreflexiver Weise eine Art von Gattungsgedächtnis und Gattungskritik darstellen (zum Folgenden Nadj 2006). Sie belassen es keineswegs dabei, das Verhältnis zwischen Geschichte (im Sinne eines vergangenen Ereigniszusammenhangs) und Literatur – zwischen einem vergangenen Leben und dessen sprachlicher Repräsentation in einer Biographie – zu problematisieren. Vielmehr übernehmen sie selbst aktive und produktive Funktionen als Medium der kulturellen Erinnerung, der biographischen Sinnstiftung, der metabiographischen Selbstreflexion sowie der Gattungskritik. Sie reflektieren nicht bloß die postmoderne Einsicht in die Textualität der biographischen Überlieferung, sondern sie entwickeln selbst eigenständige Formen von fiktionaler Lebensdarstellung, die herkömmliche Ansichten von historischer Erkenntnis und Biographie in Zweifel ziehen, erweitern oder durch neue – z. B. dekonstruktivistische oder konstruktivistische – Vorstellungen ersetzen können.

Die für fiktionale Metabiographien kennzeichnenden Formen der Thematisierung und Inszenierung von Problemen des biographischen Schreibens schärfen das Bewusstsein dafür, dass die geschichtliche Welt dem Biographen nicht direkt zugänglich ist, sondern nur in sprachlich vermittelter Form von perspektivisch gebrochenen, durch Genrekonventionen geprägten und subjektiv gefärbten Beschreibungen. Im Gegensatz zu der Annahme, dass Quellen einen direkten Zugang zu Fakten liefern und ein transparentes Medium seien, das einen unverzerrten Blick auf die Vergangenheit ermöglicht, schärfen Metabiographien das Bewusstsein dafür, dass alle Biographen durch die Auswahl und narrative Anordnung des Materials ihre Objekte – allen voran das biographische Subjekt und die Fiktion einer kohärenten Identität – mittels Sprache und Erzählung überhaupt erst selbst erzeugen bzw. konstruieren. Demzufolge sind auch vermeintlich nicht-fiktionale Typen biographischer Werke sprachliche Konstrukte, die narrative Darstellungsmuster verwenden, aber deshalb sind sie noch keineswegs – wie vielfach in der Hayden White-Rezeption vorschnell gefolgert wird – nichts anderes als ›verbale Fiktionen‹.

Angesiedelt an der Schnittstelle zwischen Faktizität und Fiktionalität, decken fiktionale Metabiographien die Konventionen biographischen Schreibens auf, durchkreuzen etablierte Gattungsgrenzen und setzen sich in selbstreflexiver Weise mit biographischen Fragestellungen auseinander. Gerade durch die selbstreflexive Thematisierung von Problemen des biographischen Schreibens lenken sie die Aufmerksamkeit auf die Darstellungsstrategien, Konventionen und Rezeptionserwartungen von Biographien. Damit verschieben sie zugleich den Fokus von der Darstellung eines Lebens hin zur Reflexion über epistemologische und methodologische Fragen über den Versuch, eine individuelle Lebensgeschichte zu rekonstruieren und zu erzählen.

Fiktionale Metabiographien stellen insofern eine Art von Gattungsgedächtnis bzw. Gattungskritik dar, als sie mit den Darstellungsmöglichkeiten fiktionaler Erzähltexte biographische Konventionen, Produktionsschemata und Rezeptionserwartungen reflektieren. Ihr Charakter als Gattungsgedächtnis besteht somit darin, das kollektive Wissen um Darstellungskonventionen der nicht-fiktionalen Biographie, bei der es sich ja um eine besonders stark konventionalisierte Gattung handelt und deren Konventionen zugleich Referenzfolie und Objekt der Reflexion darstellen, sowie deren präformierende Wirkung für biographisches Schreiben herauszustellen. Metabiographien setzen sich kritisch mit den etablierten Strukturierungsschemata und Deutungsmustern auseinander, die die Art und Weise vorprägen, wie Leben wahrgenommen, dargestellt und bewertet wird.

Metabiographien fungieren daher nicht nur als selbstreflexives Gattungsgedächtnis, sondern sie erfüllen auch Funktionen einer Gattungskritik und loten zugleich neue Möglichkeiten aus, Lebensgeschichten zu erzählen oder in nicht-narrativer Weise zu repräsentieren. Die Problematisierung von Gattungskonventionen und Deutungsmustern sowie des in Biographien zum Ausdruck kommenden Bedürfnisses nach Erzählung als Medium der Sinnbildung wird in Metabiographien zum Anlass für gattungskritische Reflexionen. Metabiographien schaffen nicht nur ein Bewusstsein für die narrative Präfiguriertheit aller Wahrnehmungsleistungen und damit auch für die narrative Bedingtheit von Biographien, sondern sie machen auch das Bedürfnis nach Erzählung zum Gegenstand kritischer Reflexion, indem sie das Scheitern einer (biographischen) Suche nach Kohärenz und Sinn inszenieren.

Die Bedeutung und das Leistungsvermögen fiktionaler Metabiographien liegen in ihrer Bewusstmachung, Problematisierung und Weiterentwicklung biographischer Gattungskonventionen. Dabei übernehmen fiktionale Metabiographien poetologische Funktionen, indem sie Erzählverfahren und Gattungsstrukturen bewusst machen und ihr Leistungsvermögen kritisch reflektieren. Zur gattungspoetologischen Selbstreflexion tragen auch die für fiktionale Metabiographien charakteristischen intertextuellen Echos bzw. Anspielungen auf Werke der biographischen Tradition bei. Daneben können Metabiographien insofern ›metahistorische Funktionen‹ übernehmen, als sie sich explizit mit den Möglichkeiten der Rekonstruktion und Repräsentation von vergangenem Leben beschäftigen. Indem sie die Frage nach den in einer Gesellschaft gültigen Selektionskriterien für biographische Darstellungen thematisieren, können sie dazu beitragen, das Bewusstsein für kulturell verfestigte Bewertungskriterien und -maßstäbe, was als außergewöhnliches, normales oder erfolgreiches Leben zu gelten hat, zu schärfen.

Literatur

Bourdieu, Pierre: »Die biographische Illusion« [1986]. In: BIOS 3. Jg., 1 (1990), 75–81.

Certeau, Michel de: *The Writing of History*. New York 1988 (franz. 1975).

Faber, Marion: »Wolfgang Hildesheimer's *Mozart* as Meta-Biography«. In: *Biography* 3. Jg., 3 (1980), S. 202–208.

Huber, Werner/Middeke, Martin (Hg.): *Biofiction(s): The Rewriting of Romantic Lives in Contemporary Drama and Fiction*. Columbia, SC 1999.

Kramer, Stephanie: *Fiktionale Biographien. (Re-)Visionen und (Re-)Konstruktionen weiblicher Lebensentwürfe in Dramen britischer Autorinnen seit 1970: Ein Beitrag zur Typologie und Entwicklung des historischen Dramas*. Trier 2000.

Nadj, Julijana: *Die fiktionale Metabiographie: Gattungsgedächtnis und Gattungskritik in einem neuen Genre der englischsprachigen Erzählliteratur*. Trier 2006.

Nünning, Ansgar: »›How do we seize the past?‹ Julian Barnes' fiktionale Metabiographie *Flaubert's Parrot* als Paradigma historiographischer und biographischer Metafiktion«. In: LWU 31. Jg., 2 (1998), S. 145–171.

Ders.: »Von der fiktionalen Biographie zur biographischen Metafiktion«. In: Christian von Zimmermann (Hg.): *Fakten und Fiktionen: Strategien fiktionalbiographischer Dichterdarstellungen in Roman, Drama und Film seit 1970*. Tübingen 2000, S. 15–36.

Ders.: »Fictional Metabiographies and Metaautobiographies: Towards a Definition, Typology and Analysis of Self-Reflexive Hybrid Metagenres«. In: Werner Huber/Martin Middeke/Hubert Zapf (Hg.): *Self-Reflexivity in Literature*. Würzburg 2005, S. 195–209.

Wolf, Werner: *Ästhetische Illusion und Illusionsdurchbrechung in der Erzählkunst. Theorie und Geschichte mit Schwerpunkt auf englischem illusionsstörenden Erzählen*. Tübingen 1993.

Woolf, Virginia: »The Art of Biography« [1939]. In: Dies.: *Collected Essays*. London 1967, Bd. 4, S. 221–228.

Ansgar Nünning

5. Biographische Kleinformen

Von biographischen Kleinformen kann man in zweierlei Hinsicht sprechen: Zum einen können damit biographische Genres von geringem Umfang gemeint sein (5.1.), zum anderen konstitutive Elemente von biographischen Studien jeder Art und jeden Umfangs (5.2.).

Im Hinblick auf biographische Formen von geringem Umfang lassen sich einerseits Genres differenzieren, die das Ganze eines Lebens umfassen sollen und dabei möglichst knapp gehalten werden, und andererseits solche, die – chronologisch oder inhaltlich – lediglich einen Teil eines Lebens zu Darstellungszwecken herausgreifen. Bei dieser zweiten Gruppe kann man wiederum solche, die bewusst fragmentarisch, lückenhaft und auf Ergänzung oder Fortsetzung angelegt sind, von anderen unterscheiden, die synekdochisch oder metonymisch für das darzustellende Leben stehen sollen.

5.1. Biographische Kleinformen

5.1.1. Registereintrag

Die nicht weiter reduzierbare elementare biographische Angabe stellt der *Eigenname* dar, der im Regelfall – meist zumindest mit den Angaben von Geburts- und Todesjahr – zugleich für das gesamte Leben eines Biographierten steht, zuweilen aber auch nur für einen Teil. Die Vielfalt von Namensvarianten (vor allem in Kunst und Wissenschaft) kann Probleme verursachen – etwa bei Pseudonymen, Doppelnamen, Humanistennamen, Namenswechsel durch Heirat oder aus anderen, z. B. politischen Gründen (vgl. den berühmten Fall des Literaturwissenschaftlers Hans Schwerte alias Hans Ernst Schneider). Dies ändert jedoch nichts an der fundamentalen Ebene, auf der sich der jeweilige Name als Kern-Element befindet. Auf diese Schwundform des Biographischen wird man insbesondere dann geführt, wenn man die biographische Kleinform des Registereintrags bedient. In jüngerer Zeit ist dabei im wissenschaftlichen Kontext ein Bedeutungszuwachs und damit einhergehend ein Funktionswandel des klassischen Personenregisters zu verzeichnen. Bei kommentierten Editionen etwa wird häufig der die vorkommenden Personen betreffende Teil des Kommentars zur Entlastung und übersichtlicheren Strukturierung der Informationen ins Personenregister ausgelagert. Mit dieser Aufwertung des Registereintrags zu einer biographischen Kleinform aber stellt sich die Frage nach den Auswahlkriterien für die in einem spezifischen Fall zu gebenden Informationen, zum Beispiel dann, wenn man bei der betreffenden Person davon ausgehen kann, dass ihre elementaren Lebensumstände der Zielgruppe, für die das Register erstellt wird, relativ umfassend bekannt sind. Ein solcher Fall würde etwa vorliegen, wenn man einen Registereintrag zu Johann Wolfgang von Goethe in einem literaturwissenschaftlichen Werk verfassen müsste. Was würde man außer den bloßen Lebensdaten hinzusetzen? ›Deutscher Schriftsteller‹? Seine Aufenthaltsorte und Reisen? Seine Heirat? Art und Auswahl dieser biographischen Elemente (vgl. 5.2.) hängen von der Zwecksetzung der Kleinform, in diesem Falle des Registers, ab. Vielleicht würde man in dem konstruierten Fall zu der Auffassung gelangen, man müsse oder könne in der erforderlichen Kürze eines Registereintrags keine Informationen zu Goethe geben, die nicht redundant und ihrer Allbekanntheit wegen wenig sinnvoll wären, und beließe es bei der bloßen Namensnennung.

Auch abgesehen von dieser Schwundform ist ein Registereintrag in der Regel normiert. Durch ein Raster wird festgelegt, welche Informationen als biographische Elemente aufgenommen werden. Häufig wird am Schluss des Eintrags auf die nächst größeren biographischen Kleinformen verwiesen, denen die Informationen häufig entnommen sind, nämlich *Lexikonartikel*.

5.1.2. *Lexikonartikel*

Der *Lexikonartikel* stellt die heterogenste biographische Kleinform dar. Je nach der Konzeption und Zwecksetzung des Gesamtunternehmens fallen die einzelnen Einträge ganz unterschiedlich aus. Am unspezifischsten sind die Personenartikel in Konversationslexika und allgemeinen Enzyklopädien wie dem *Brockhaus* u. a. Biographische Enzyklopädien wie insbesondere die *Neue Deutsche Biographie* (NDB, 1953 ff.) erheben den doppelten Anspruch der (relativen) Vollständigkeit und Objektivität. Das Bestreben nach Objektivität zeigt sich vor allem im Vergleich mit dem Vorgängerunternehmen, der *Allgemeinen Deutschen Biographie* (ADB, 56 Bde., 1875–1912) – deren Einträge sich auf die im 18. Jahrhundert herausgebildete Form des biographischen Essays oder der Charakteristik zurückführen lassen (vgl. 5.1.4.) –, und ist etwa greifbar im Zurückdrängen intentionaler Verknüpfungsleistungen des Biographen in Form von narrativen Strukturierungen und Strategien. Stattdessen folgen die Artikel der NDB einem festen Schema, das (den Umfang und) die einzelnen Elemente festlegt. Diese Standardisierung – inzwischen auch in zahlreichen digitalen *Personendatenbanken* – kann bis zur strengen Normierung in der *Personennamendatei* (PND) gehen, wo sich das der kritischen Infragestellung scheinbar entzogene Problem der Auswahl der Datensätze umso dringlicher stellt.

Die Artikel biographischer Fachlexika zeigen die ganze Breite möglicher Darstellungsformen, die jeweils von der redaktionellen Anlage des Unternehmens bestimmt sind. Nimmt man die Literatur als Beispiel (analoge Beispielreihen ließen sich für beliebige andere Fachgebiete bilden), so sind etwa das *Metzler Autoren Lexikon* (3. Aufl. 2004) und das *Metzler Autorinnen Lexikon* (1998) auf der einen Seite der Skala anzusiedeln. Bei den essayistischen Artikeln in diesen Lexika handelt es sich nicht mehr nur um biographische Informationen im eigentlichen Sinne, Ziel ist vielmehr auch eine Werkcharakteristik. Dem gegenüber stehen Lexika mit streng nach Rubriken gegliederten und stichwortartig verfassten Artikeln wie etwa das *Lexikon der deutschsprachigen Gegenwartsliteratur seit 1945* (Neuausgabe 2003) oder das *Handbuch österreichischer Autorinnen und Autoren jüdischer Herkunft* (2002). Das einfachste Schema in dieser Hinsicht bietet das *Deutsche Literatur-Lexikon. Biographisch-bibliographisches Handbuch* (3. Aufl. 1968 ff.), der nach seinem Begründer (1. Aufl. 1927 ff.) so genannte *Kosch* mit den drei Artikelpositionen Leben, Werke/Schriften und Literatur, wobei hier schon im Titel ausgedrückt ist, dass neben die biographische die bibliographische Zwecksetzung tritt. Je spezifischer die fachliche Ausrichtung des Lexikons, desto stärker werden sich solche erweiterten Zwecksetzungen an die biographische Darstellung im engeren Sinne anlagern und desto mehr Rubriken enthalten die einzelnen Artikel. Als Beispiel sei das *Internationale Germanistenlexikon* (2003) genannt, das ein differenziertes festes Artikelraster aufweist sowie als Besonderheit die ›weichen‹ Rubriken »Sonstiges zu Herkunft und Familie« und »Lebensumstände«. Durch solche freier zu füllenden Artikelpositionen soll dem Problem begegnet werden, dass eine streng normierte Strukturierung der Lexikonartikel den nicht normierbaren Lebensverläufen darstellerisch nicht gerecht wird.

Von solchen modernen lexikalischen und enzyklopädischen Projekten, bei denen die Artikel zwar einer Gesamtkonzeption folgen, aber je für sich stehen, können ältere Darstellungen unterschieden werden, bei denen es sich nicht um eine bloße Kompilierung von Personenartikeln handelt, sondern bei denen die Gesamtdarstellung eine eigenständige Zwecksetzung verfolgt. Als Beispiele seien Giorgio Vasaris *Vite de' più eccellenti Architetti, Pittori et Scultori Italiani da Cimabue insino a' tempi nostri* (1550; dt.: *Leben der ausgezeichnetsten Maler, Bildhauer und Baumeister von Cimabue bis zum Jahre 1567*; ↗ VII.3. Kunstgeschichte) sowie Johann Wolfgang von Goethes *Materialien zur Geschichte der Farbenlehre* (1810) genannt.

Das in den vergangenen Jahrzehnten zu verzeichnende Zurückdrängen narrativer Elemente in wissenschaftlichen biographischen Genres wie dem Lexikonartikel soll vor allem auch die Gefahr einer finalistischen Konstruktion vermeiden (Blamberger 2008), die mit dem Tod als Endpunkt die Lebensgeschichte auf einen Sinn hin darstellt, der vom Betrachter dem Leben erst im Nachhinein aufgrund eines anthropologischen Kohärenzbedürfnisses unterlegt wird und unterlegt werden kann.

5.1.3. *Nekrolog/Nachruf*

Umgekehrt kann aber gerade auch die Biographie vom Ende her das Ziel der Darstellung sein, so beim Genre des *Nekrologs* bzw. *Nachrufs* (Wulf-Mathies 1969; Goetz 2008, Kap. I; zu Schriftstellernachrufen vom 16. bis zum 19. Jahrhundert Bogner 2006; zu Formen und Funktionen des Nachrufs in den Massenmedien Brunn 1999), wo das unverwechselbar Individuelle des Verstorbenen, seines Lebens und seines Sterbens, öffentlich dargestellt werden soll, und zwar aus der Perspektive eines – zeitlich, meist aber auch persönlich – Nahestehenden, so dass der Nekrolog auch als »Freundesbiographie« bezeichnet worden ist (von Graevenitz 1980, 113). Historisch und weltanschaulich wurzelt der Nekrolog – sofern es sich dabei um ein epideiktisches Genre und nicht im Sinne einer anderen, älteren Wortbedeutung um ein bloßes Verzeichnis Verstorbener handelt – in der antiken, dem Lob des Verstorbenen dienenden *Leichenrede* (*Laudatio funebris* und *Panegyrikos*), später auch *Leichenpredigt*, die aufgezeichnet und von der Familie des Toten aufbewahrt wurde, worin sich die Memorialfunktion des Genres ausdrückt (↗ II.5. Biographie und Gedächtnis).

Charakteristisch für die finalistische Konstruktion des Nekrologs ist, dass aus dem postulierten Höhepunkt einer Lebenskurve deren Bestimmung und Erfüllung im Tod abgeleitet und der Tod nach dem Abschluss der sittlichen Entwicklungsgeschichte dargestellt wird (von Graevenitz 1980, 132). Im 19. Jahrhundert haben Goethes *Kleine Biographien zur Trauerloge am 15. Juni 1821*[1] in diesem Sinne genreprägend gewirkt, und zwar auch durch den (in diesem Fall im Logenwesen ausgedrückten) korporativen Gedanken der Stiftung einer Gruppenidentität, dem der Nekrolog häufig Rechnung trägt. Goethes Nachrufe folgen dem Schema: Herkunft, Erziehung, Ausbildung, Beruf, Tod. Ziel und Höhepunkt der Entwicklungsgeschichte eines bürgerlichen Individuums ist der mit dem Berufseinstieg erfolgende und mit dem Ende der Jugend gleichzusetzende Eintritt in die bürgerliche Gesellschaft. Das Leben des Erwachsenen nach diesem Scheitelpunkt des Lebens erscheint als normiert, nicht individuell, und daher allenfalls in einzelnen Ausnahmen im Rahmen der leitenden Zwecksetzung erzählbar. Hier zeigt sich exemplarisch die Abhängigkeit des Genres von der historischen Konstitution der Gesellschaft bzw. einer bestimmten Individualitätskonzeption. Für den Nekrolog gilt in Geschichte und Gegenwart, dass er zwar die biographische Darstellung (durch die persönliche Perspektive und/oder die ›Nahsicht‹) dezidiert privatisiert und individualisiert, sie jedoch andererseits häufig einer schematisierten ideellen Zwecksetzung unterordnet. Noch elementarer als beim Nekrolog tritt diese Schematisierung in anderen Formen des Gedenkens wie etwa einer Grabinschrift oder einer Todesanzeige hervor, in denen sich die leitende Idee zum Beispiel in einem Bibel- oder Gedichtvers ausdrücken kann. Individualisiertere Formen hat hier z. B. die jüdische Gedenkpraxis ausgebildet, wo sich auf Grabsteinen – oft zweisprachig auf Vorder- und Rückseite verteilt – regelrechte Nachrufe finden lassen. Hinter der Trauer und dem individuellen Totengedenken, deren Ausdruck der Nekrolog vorgeblich dienen soll, steht in jedem Fall eine allgemeine Idee als sinngebendes Muster (vgl. zur gesellschaftlich bedingten Typisierung und Topik des Gelehrten-Nekrologs, einem für die Wissenschaftsgeschichtsschreibung zentralen Quellengenre: Wulf-Mathies 1969).

5.1.4. *Anekdote, Porträt, Charakteristik*

Einer allgemeinen Idee steht das einzelne, außergewöhnliche Ereignis gegenüber. Konstitutiv für das Genre wird dieses Ereignis im Falle der *Anekdote* (Schlaffer 1997). Hier soll das unverwechselbar Individuelle eines Lebens bzw. eines Charakters metonymisch dargestellt werden, wobei die Anekdote keinen Anspruch auf die Wirklichkeit des dargestellten Ereignisses erhebt, hingegen den Anspruch auf Wahrheit hinsichtlich des daraus abgeleiteten oder sich darin äußernden Wesensbildes des Biographierten (↗ IV.3. ›Discours‹). Die Anekdote ist – als rhetorisch auflockerndes, ausschmü-

1 *Goethes Werke*. Hg. im Auftrage der Großherzogin Sophie von Sachsen. 143 Bde. in vier Abteilungen. Weimar 1887–1919, I. Abt., Bd. 36, S. 347–363.

ckendes Element – meist in ein biographisches *Porträt* bzw. eine *Charakteristik* oder ein *Charakterbild* eingebunden, bei denen jeweils ein enger Zusammenhang zwischen dem – nach modernen Individualitätskonzeptionen problematischen – ›Wesen‹ und den Lebensäußerungen eines Menschen unterstellt wird, um die ›Werke‹ aus dem Charakter abzuleiten und den Charakter an den Handlungen zu illustrieren. Epistemologisch handelt es sich bei der Charakteristik, wie sie z. B. durch Friedrich Schlegel entwickelt wurde, um eine Verbindung von Historiographie und Philosophie. Die Philologie des 19. und 20. Jahrhundert konnte sich gegen den von der Philosophie der Zeit erhobenen Vorwurf der unwissenschaftlichen ›Aggregathaftigkeit‹ verteidigen, indem sie dem systematischen Genre der Charakteristik den Vorzug vor der Gattung der Biographie gab, die unter dem Verdacht des Positivismus stand. Als Kleinformen können sich indes Porträt und Charakteristik, die wie der Nekrolog als epideiktische Genres zu verstehen sind und ›repräsentativen‹ Persönlichkeiten gelten (vgl. etwa Richard M. Meyers *Deutsche Charaktere*, 1897, sowie speziell für die Literaturgeschichte Erich Schmidts *Charakteristiken*, 1886 ff.), zur vollständigen Biographie im Sinne eines genetisch erzeugten Wesensbildes ›auswachsen‹, während die Anekdote als Genre in sich geschlossener ist, nämlich als ursprünglich mündliche, auf das Wiedererzählen angelegte Form. Etymologisch besteht hier ein Bezug zum griechischen *anékdotos* (›nicht herausgegeben‹), was in der antiken Philologie für unveröffentlichte Schriften (*Anekdota*) gebraucht und im Frankreich des 17. Jahrhunderts, nun im Singular, zur kleinen Erzählung aus dem Privatleben berühmter Leute umgebildet wurde. Da die erzählte Geschichte nicht wahr sein muss, kann es zu Wanderanekdoten kommen, die von einer historischen Figur auf eine andere übertragen werden. Im Anschluss an Nietzsches Auffassung der Anekdote als Quelle der Geschichtsschreibung untersuchten insbesondere Ernst Kris und Otto Kurz Anekdoten als »typische Züge in der Biographik vom bildenden Künstler«, deren Gesamtheit sie als »die Legende vom Künstler« bezeichneten (Kris/Kurz 1934/1995, 34). Durch die Anekdote könne aus anderen Quellen nicht Überliefertes über die persönliche Eigenart des Biographierten erfahren werden (↗VIII.2.1. Konzeptionelle Vorüberlegungen). Sie diene damit als »Urzelle der Biographik« im Allgemeinen und der Künstlerbiographie im Besonderen (ebd., 33). Wird die Anekdote als didaktisches Instrument zur Veranschaulichung der individuellen Persönlichkeit vor allem berühmter Künstler(innen) weiterhin eingesetzt, so lässt eine vergleichende Anekdotenforschung die Wiederkehr stereotyper, allenfalls nach Zeitbedürfnissen modifizierter Handlungs- und Rollenmuster erkennbar werden, wobei sich gerade das vermeintlich Individuelle als klischeehaft und von Vorgängerbiographien geprägt erweist.

Im Kontext des *New Historicism* wurde die Anekdote als Unterbrechung der historischen Kontinuität und Störung der Erzählbarkeit von Geschichte konzeptualisiert, was bei der Biographie den Blick auf die Kontingenz des Lebens und der biographischen Konstruktion lenkt. Gerade durch die nicht auf Realitätsreferenz verpflichtete Anekdote aber werde die nicht-teleologische Wahrheit der Geschichte (und des Lebens) zur Geltung gebracht (Fineman 1989).

5.1.5. *Kurzviten, Gutachten*

Zielen die bisher skizzierten Kleinformen auf das abgeschlossene Ganze eines Lebens – sei es im chronologischen, sei es im wesentlichen Sinne –, so gewinnen biographische Kleinformen lebender Personen immer mehr an Bedeutung und werden in unterschiedlichen Medien, vor allem auch im Internet, weiter ausdifferenziert. Auf allen Feldern der Öffentlichkeit gibt es ein Bedürfnis nach mannigfachen Formen, die permanent bedient werden müssen, und zwar häufig auf der Basis autobiographischer Selbstpräsentationen, sei es auf Websites, in Anträgen, Bewerbungen, Kurzviten bei Veranstaltungen und in Publikationen etc. Während in diesen Fällen Gesichtspunkte der Inszenierung und des Marketings einer Persönlichkeit eine Rolle spielen, ist im wissenschaftlichen Kontext das Problem der Verifizierung biographischer Daten zu bedenken, die aus Selbstauskünften noch lebender Personen stammen, die z. B. mit ihrer Biographie in ein Lexikon aufgenommen werden sollen. Das Problem der Validität der Daten ist dabei nicht neu, sondern stellt sich auch bei traditionsreichen

Unternehmungen wie dem *Kürschner* oder dem *Who is who*.

Diskursspezifische Sonderformen bilden etwa medizinische *Anamnesen* oder forensische *Gutachten*, auch *Zeugnisse*, bei denen der diskursive Zweck die Auswahl der Elemente steuert. Ob solche (Teil-)Biographien grundsätzlich über die Lebenszäsur hinweg einfach fortsetzbar sind oder die Darstellung später im Lichte des Todes um- und neugeschrieben werden muss, ist in der Biographik im Hinblick auf die leitenden Elemente einer Biographie noch nicht ausreichend diskutiert.

5.2. Überlegungen zu einer Elementarlehre der Biographik

In diesem Sinne ist für die Entwicklung einer Elementarlehre der Biographik zu plädieren, die die Konsequenz aus der Einsicht zieht, dass es in der Biographieschreibung keine voraussetzungslosen Fakten gibt. Dies war bei Kris und Kurz evident, die nach der Bedeutung fester biographischer Motive und »Formeln« fragten (Kris/Kurz 1934/1995, 29), wobei diese Topoi nach den Berufen der Biographierten variierten. Auch für andere Professionen lassen sich ähnliche ›Legenden‹ formulieren, wie dies Kris und Kurz für den Künstler unternahmen (für Medizinerbiographien vgl. Klein 2006). Bei Roland Barthes ergab sich der Fokus auf biographische Elemente aus der Theorie der Auflösung des Subjekts, so dass sich ein Leben »dank eines freundlichen und unbekümmerten Biographen auf ein paar Details, einige Vorlieben und Neigungen, sagen wir auf ›Biographeme‹, reduzieren würde, deren Besonderheit und Mobilität außerhalb jeden Schicksals stünden und wie die epikuräischen Atome irgendeinen zukünftigen und der gleichen Auflösung bestimmten Körper berührten« (Barthes 1971/1974, 13). Im Hinblick auf seine autobiographischen Anamnesen nannte Barthes das *Biographem* »nichts anderes als eine künstliche Anamnese: die ich dem Autor, den ich liebe, verleihe« (Barthes 1975/1978, 120). Der Terminus *Biographem* legt jedoch den Begriff auf die Beschreibungsebene einer Darstellung fest, während eine möglichst neutrale Elementarlehre auch die Bedeutungselemente noch unterhalb der Textebene berücksichtigen müsste, die sich als Eigenschaften, Dispositionen und Partikeln auf ein Leben beziehen.

Schon ein Eigenname als Registereintrag wie »Goethe, Johann Wolfgang (von)« als nicht weiter reduzierbarer Kern einer biographischen Kleinform ist kein *hard fact*, sondern wird, da er *pars pro toto* das Ganze beinhaltet, d. h. für das gesamte Leben und für die Darstellung dieses Lebens in Schriftform, die Biographie, steht, durch diese synekdochale Funktion sogleich wieder weich und vage. Um eine elementare Reduktion eines Lebens auf eine biographische Kleinform in der Darstellung überhaupt vornehmen zu können, muss man prinzipiell die Ergebnisse all jener Disziplinen berücksichtigen, die den Menschen erforschen – und die überdies die Vorstellung eines Kerns der Individualität oder des Subjekts häufig als fragwürdig erscheinen lassen. Obwohl nicht weiter reduzierbar, sind alle biographischen Elemente eminent theoriegesättigt. Wenn man von der biographischen Minimalform des Eigennamens aus das biographische ›Gebäude‹ Schritt für Schritt aufzubauen versucht, wird die Wahl der Bausteine ganz unterschiedlich ausfallen, je nach dem, welches ›Theoriedesign‹ im Kern steckt und dessen Entfaltung steuert.

Auf den ersten Blick am neutralsten dürften vermutlich die schlichten Lebensdaten eines Biographierten sein, zumindest die Jahreszahlen. Aber bereits an der Frage, wie fest diese Daten als Grenzen zu behandeln sind, wie sehr also das Individuum in der biographischen Darstellung nach hinten oder vorne ›offen‹ ist, dürften sich die Geister scheiden. Werden Eltern und sogar Großeltern erwähnt, stehen dahinter meist weitreichende Annahmen wie die Generationenlehre oder gesellschaftsgeschichtliche Theorien. Selbst das Todesdatum wird dann keine absolute Grenze der Darstellung bilden, wenn Leben und Werk des Biographierten bedeutsame Nachwirkungen zeitigten. Berücksichtigt man dies in breiterem Umfang, so stellt das ›Werk‹ den eigentlichen Gegenstand der biographischen Darstellung dar, während die konkreten Lebensdaten nur die – wenn auch unabdingbare, so doch vergleichsweise belanglose – Unterlage bilden. Diese aus dem 19. Jahrhundert (und dort im deutschsprachigen Raum vor allem aus der

Goethe-Biographik) stammende biographische Konzeption ist heute unter dem Titel der ›Werkbiographie‹ theoretisch und praktisch erfolgreich.

In biographischen Kleinformen immer wieder genannt werden etwa Elemente wie Religionszugehörigkeit oder Ehe, die auf historisch veränderbare Gesellschaftskonzeptionen rekurrieren (dabei im Falle der Ehe zuweilen geschlechtsspezifisch unterschiedlich gehandhabt werden, vgl. die Darstellungspraxis im *Internationalen Germanistenlexikon*) und deren Relevanz in standardisierten Genres wie etwa dem Lexikonartikel jeweils neu zu überprüfen ist. In vergleichbarer Weise ist nach der Relevanz und dem Grund für die Aufnahme jedes einzelnen Elementes zu fragen. Dazu gehören z. B. auch Parteimitgliedschaften und Vereinszugehörigkeiten.

Von solchen Elementen können schließlich *Kategorien* unterschieden werden, die als Transzendentalien der Darstellung ebenfalls elementaren Charakter haben und daher in einer Elementarlehre der Biographik zu berücksichtigen, darüber hinaus aber konstitutiv für jede Form der Biographie sind. Die wichtigste Kategorie dürfte dabei die Chronologie sein. Dass ein Leben in unumkehrbarer Richtung in der Zeit verläuft, scheint eine Bedingung der Möglichkeit von Biographie zu bilden. Allein durch die Suggestionskraft der Chronologie lagern sich auch dann, wenn in der Moderne gerade die Diskontinuitäten von Lebensverläufen charakteristisch werden, weitere Kategorien an, die auch in den Kleinformen häufig zugrunde gelegt und gerade dort nicht problematisiert werden – namentlich Entwicklung, Konsistenz des Individuums und Wechselverhältnis von Ich und Umwelt.

Die Aufmerksamkeit auf die in den kleinsten biographischen Elementen versteckten theoretischen Implikationen der biographischen Darstellung kann ein entsprechendes Problembewusstsein gerade bei den vermeintlich objektiven und neutralen, weil scheinbar theoriearmen oder gar -freien biographischen Kleinformen schaffen – und zwar auf Biographen- wie auf Benutzerseite –, und darüber hinaus Kompetenz im kritischen Umgang mit Biographik in all ihren Formen ausbilden.

Literatur

Barthes, Roland: *Sade, Fourier, Loyola*. Frankfurt a. M. 1974 (franz. 1971).

Ders.: *Über mich selbst*. München 1978 (franz. 1975).

Blamberger, Günter: »Poetik der Biographie. Über Konstruktionsprinzipien von Lebensgeschichten«. In: Rolf Füllmann u. a. (Hg.): *Der Mensch als Konstrukt. Festschrift für Rudolf Drux zum 60. Geburtstag*. Bielefeld 2008, S. 359–371.

Bogner, Ralf Georg: *Der Autor im Nachruf. Formen und Funktionen der literarischen Memorialkultur von der Reformation bis zum Vormärz*. Tübingen 2006.

Brunn, Stefan: *Abschieds-Journalismus. Die Nachrufkultur der Massenmedien*. Münster 1999.

Fineman, Joel: »The History of the Anecdote. Fiction and Fiction«. In: Harold Aram Veeser (Hg.): *The New Historicism*. New York 1989, S. 49–76.

Goetz, Thomas: *Poetik des Nachrufs. Zur Kultur der Nekrologie und zur Nachrufszene auf dem Theater*. Wien u. a. 2008.

Graevenitz, Gerhart von: »Geschichte aus dem Geist des Nekrologs. Zur Begründung der Biographie im 19. Jahrhundert«. In: DVjs 54. Jg. (1980), S. 105–170.

Klein, Christian: »Zwischen Quelle und Methode. Zum Verhältnis von Medizin und Biographie«. In: BIOS 19. Jg., 1 (2006), S. 5–15.

Kris, Ernst/Kurz, Otto: *Die Legende vom Künstler. Ein geschichtlicher Versuch* [1934]. Frankfurt a. M. 1995.

Schlaffer, Heinz: »Anekdote«. In: Klaus Weimar u. a. (Hg).: *Reallexikon der deutschen Literaturwissenschaft*. 3 Bde. Berlin/New York 1997–2003, Bd. 1, S. 87–89.

Wulf-Mathies, Monika: *Typologische Untersuchungen zum deutschen Gelehrten-Nekrolog des 19. und 20. Jahrhunderts, dargestellt am Beispiel des Historiker-Nachrufs*. Diss. Hamburg 1969.

Myriam Richter/Bernd Hamacher

6. Biographische Erzählungen auf der Bühne

6.1. Dramatik

Biographie und Drama scheinen auf den ersten Blick wenig gemein zu haben: Das biographische Erzählen entwirft, so ließe sich *cum grano salis* sagen, linear-chronologische, häufig teleologisch ausgerichtete Lebensläufe historischer Individuen, die meist im epischen Rückblick geschildert werden. Das Drama hingegen führt, wie Aristoteles in seiner wirkmächtigen *Poetik* festlegt, mögliche Ereignisse in ihrer dramatischen Gegenwärtigkeit vor Augen, und zwar bevorzugt in dialogischer Form (Pfister 1982, 20). Während der Biograph »nicht ohne Gefährdung des Wahrheitsanspruchs größere Passagen seiner Erzählung einer der Figuren überlassen« kann (Klein 2007, 193), kennt das Drama zumindest idealiter keinen Erzähler, sondern führt »mehrere Figuren als handelnde«[1] und sprechende vor, so dass ein polyperspektivisches Arrangement diverser Positionen entsteht. Im Drama generiert der Dialog die Handlung, versprachlicht selbst die Milieus (Szondi 1978, 16f.), ja mehr noch: die Sprache selbst ist Handlung, ist performativ (Pfister 1982, 23f.). Zwar ließe sich die Biographie als Dialog zwischen beschriebener Figur und Autor definieren, der in diesem Genre mit dem Erzähler zusammenfällt (Klein 2007), doch es dominiert prinzipiell ein episch-monologischer Erzählduktus, der dem Wahrheitsanspruch bzw. dem Wahrheitsvertrag zwischen Autor und Leser entgegenkommt. Allerdings kennt auch das Drama narrative bzw. epische Partien, allem voran die (von Horaz als schwächer gewerteten) Mitteilungen in der Teichoskopie (der Mauerschau), der Expositionserzählung und im nicht-aktionalen, informierenden Monolog (Pfister 1982, 68, 125f.).

Die zeitlichen und räumlichen Einheiten, wie sie zumindest eine klassische Dramenästhetik einfordert, sind einem biographischen Narrativ ebenfalls konträr, das eher lange Zeiträume abdeckt und diverse Schauplätze entwirft. Das dramatische Genre verlangt zudem gebündelte, konzentrierte Aktionen, die auf einen Höhepunkt, eine Katastrophe oder ein Happy End zulaufen. Das Drama »bedeutet einerseits Konflikt und seine Auflösung, andererseits Einheit und Verdichtung nach den Regeln des notwendigen Möglichen (in Anlehnung an Aristoteles)« (Taylor 2002, 114). Wenn das Drama also biographisch erzählt, dann meist in stark selektiver Form, das heißt auf einzelne exemplarische (Entscheidungs-)Situationen konzentriert, während die Biographie, sei sie fiktiv oder faktual, mehrere Stationen eines Lebens miteinander verknüpft, selbst wenn sie als biographische Metafiktion postmodern-reflexiv und fragmentarisch angelegt ist (Nünning 2000). Wird ein Drama auf der Bühne inszeniert, so unterscheidet sich die schriftlich fixierte Biographie noch dazu vom plurimedialen Schauspiel durch die physische Veräußerlichung der Figur auf der Bühne, die für eine performativ-körperliche Realisation des erzählten Stoffes sorgt (↗ II.1. Biographie und Performanz).

Gleichwohl kann es zwischen den Gattungen zu Überschneidungen kommen, die sich aus der obigen Abgrenzung der Genres ableiten lassen und bestimmte Dramenformen ins Zentrum rücken. Dazu gehören: (1) das epische Drama, insbesondere das Stationendrama, das sich formal für die Rekonstruktion größerer Zeiträume und somit für das biographische Narrativ eignet, (2) das analytische Drama, das die Katastrophe aus einem Rückblick, aus der Einsicht in eine frühere Schuld generiert und somit memorative Narrationsmuster integriert, (3) das Monodrama, das meist monologisch angelegt ist und bevorzugt um die Vergangenheit kreist, (4) das historische Drama, das eine reale Persönlichkeit in den Mittelpunkt rückt und durch einen ›biographischen Pakt‹ kontextualisiert, das heißt die Figur auf biographisches Wissen beziehbar macht, sowie (5) das Laienspiel, das mit dem autobiographischen Material von Akteu-

1 Aristoteles: *Poetik*. Übers. u. hg. v. Manfred Fuhrmann. Stuttgart 1982, S. 9.

ren arbeitet und dieses zu einer (kollektiven) biographischen Narration komponiert.

Biographie und Dramatik bzw. Theater überschneiden sich mithin allem voran in Bezug auf ihre Memorialpraxis; in der Renaissance beispielsweise übte das Theater ausdrücklich in Erinnerung und Gedächtnis ein (wie das *teatro della memoria* von Giulio Camillo). Allerdings lassen sich im Drama biographische Partien im engen Sinne (einer berichtet vom Leben eines anderen) nur selten ausmachen, denn meist erzählen die Figuren im Rückblick von ihrem eigenen Leben – aus Autorperspektive indes handelt es sich bei diesen vermeintlich autobiographischen Erzählungen um biographische Konstruktionen.

6.1.1. Das Stationendrama als Verinnerlichung

Das Stationendrama führt eine Figur durch mehrere Erlebnisse und Figurenkonstellationen hindurch, so dass ein biographisches Narrativ zumindest simuliert werden kann. Historisches Vorbild sind die christlichen Schauspiele, die das Leben Jesu oder aber des Anti-Christen schildern. Dieser biblische Kontext bleibt selbst in moderneren Stationendramen wie den symbolistischen und expressionistischen präsent. Das Stationendrama ist den epischen Dramenformen zuzurechnen, denn die isolierten Erlebnisse werden von einem unsichtbaren Spielleiter bzw. Erzähler vernetzt. Als prototypisches Beispiel kann Goethes Gelehrtendrama *Faust I* (1808, UA 1829) gelten, das nicht etwa den Antagonismus von Gegenspielern schildert, sondern die innere Entwicklung eines modernen suchenden Menschen; das Reisemotiv, das mühelos für eine Vielzahl von Schauplätzen sorgt, ist konsequenter Ausdruck dieser Haltung.

Um 1900 beginnen sich diese episierenden Formen aufgrund der Krise des traditionellen Dramas, wie sie Peter Szondi einschlägig beschrieben hat, durchzusetzen. Das Dialogische als konstitutives Medium des Zwischenmenschlichen geht verloren, die Sprache als Generator dramatischer Gegenwart scheint ausgedient zu haben. Eine Reaktion auf die Krise des Dialogs besteht darin, das Drama zu subjektivieren und zu verinnerlichen, das heißt auf eine Figur zu konzentrieren, so dass die Konjunktur für biographisierende Stücke steigt. August Strindbergs Theatertexte beispielsweise sind allem voran Ich-Dramen, denn es geht um die Entfaltung von Innerlichkeit und um das Seelenleben eines Einzelnen. »Das Drama, die Kunstform kat'exochen der dialogischen Eröffnung und Offenheit, erhält die Aufgabe, verborgene seelische Geschehnisse darzustellen. Es löst sie, indem es sich auf seine zentrale Gestalt zurückzieht und sich entweder auf sie überhaupt beschränkt (Monodramatik) oder von ihrer Perspektive aus das übrige einfängt (Ich-Dramatik)« (Szondi 1978, 43).

In Strindbergs Stück *Nach Damaskus I-III* (1898–1901), das die Entwicklung des Helden über einen langen Zeitraum hinweg verfolgt, fungieren die nacheinander auftretenden Figuren als Ich-Abstrahlungen des Protagonisten. Die Hauptfigur begegnet in einem psychologisch-klaustrophobischen Szenario lediglich ihren abgespaltenen Seelenanteilen, die für frühere Lebensstufen stehen. Dieser Dramentypus kommt der Biographie mit ihrem Fokus auf eine Zentralfigur deshalb recht nahe, weil der sich entwickelnde Held »von den Gestalten, die er an den Stationen seines Weges antrifft, aufs deutlichste abgehoben« ist (Szondi 1978, 44) – diese Struktur motiviert unter anderem den Monolog, der im Drama eine Ausnahmeerscheinung darstellt. Henrik Ibsen schreibt um die Jahrhundertwende ebenfalls Stationendramen, beispielsweise *Peer Gynt* (1867, UA 1876), das die Theatermacher deshalb (ähnlich wie *Faust*) vor Probleme stellt, weil die abenteuernde Hauptfigur altert und an sich mit verschiedenen Schauspielern besetzt werden muss. Die expressionistischen Stücke des frühen 20. Jahrhunderts mit ihrem O-Mensch-Pathos profilieren insbesondere die religiöse Dimension des Stationendramas, wie in Georg Kaisers *Von morgens bis mitternachts* (1912, UA 1917) besonders deutlich wird. Seit dem ausgehenden 19. Jahrhundert – in dieser Phase löst sich das Theater konsequent vom literarischen Text ab und die Dramatik experimentiert infolge der Sprachkrise mit neuen Ausdrucksformen – nähern sich Biographie und Drama also an, weil der Einzelne in einen grundlegenden Antagonismus zur Welt tritt, so Szondi, und sein differenziertes Seelenleben ausgelotet wird.

6.1.2. *Das analytische Drama*

Theaterstücke tendieren insbesondere dann zum Biographischen, wenn es um das katastrophische Potential der Vergangenheit geht wie im analytischen Drama. Diese Form kannte bereits die Antike: Schiller und Goethe verweisen in ihrem berühmten Brief vom 2. Oktober 1797 auf das Vorbild *Oedipus Rex* von Sophokles. Die Katastrophe ergibt sich in der analytischen Tragödie vornehmlich aus einem anagnoretischen Akt, also dadurch, dass der Protagonist in einem (auto-)biographischen Rückblick seine Schuld am gegenwärtigen Unheil plötzlich (wieder-)erkennt. Dieser memorative Dramentypus integriert mithin (auto-) biographische Erzählungen, wie sie auch ein rekapitulierender Chor äußern kann, der in dieser Funktion dem »auktorialen Erzähler als Vermittlungsinstanz in narrativen Texten entspricht« (Pfister 1980, 110). Auch die bürgerliche Dramatik kennt (auto-)biographische Narrative, die nur mittelbar mit dem fatalen Ende verbunden sein müssen. In Lessings *Miß Sara Sampson* (UA 1755) erzählt die Antagonistin und Spiegelfigur Marwood von ihrem früheren Leben mit Mellefont, das die unglückliche Zukunft Saras vorwegnimmt und ihre Verzweiflung steigert. In Büchners Drama *Dantons Tod* (1835, UA 1902) ist die elegische Lebenserzählung Marions eingelassen, die das Plädoyer des Stückes für eine hedonistische Revolution unterstützt.

Dem Analytischen als dramatischer Grundstruktur kommt zum Ausgang des 19. Jahrhunderts große Bedeutung zu, allem voran in den naturalistischen Dramen von Gerhart Hauptmann und im Œuvre von Henrik Ibsen: Das berühmte Emanzipationsstück *Nora oder ein Puppenheim* (UA 1879) legt nach und nach die Geschichte Noras frei, also ihre Geldnot sowie die Fälschung von Unterschriften; in *Die Frau vom Meer* (UA 1889) steht die frühere schicksalhafte Begegnung mit einem Fremden im Mittelpunkt. Kommt im Drama die Vergangenheit ins Spiel, so wird diese meist in berichtend-epischer Form vergegenwärtigt. Das gilt auch für die monomanischen, über weite Partien monologischen Stücke von Thomas Bernhard, in denen die Geste des Rückblicks universal geworden ist. In *Der Theatermacher* (UA 1985) und *Minetti* (UA 1976) erzählen tyrannische Künstler stummen Figuren oder aber dem Publikum ihre grandiosen Erfolgsgeschichten aus einer mythischen Vorzeit. In Herbert Achternbuschs Erinnerungsdrama *Ella* (UA 1978) berichtet eine Figur einer anderen, ebenfalls sprachlosen, aus ihrem Leben, wobei die Grenze zwischen Selbst- und Fremdbericht völlig verschwimmt, denn das sprechende Ich schlüpft in die Rolle des Gegenübers. Auch diese Lebensberichte sind, dem Genre entsprechend, auf Pointen, Peripetien und Höhepunkte fokussiert. Im Drama ist die Selektionsstruktur (Pfister 1982, 274), die auch das biographische Erzählen prägt (↗IV.2. ›Histoire‹), aufgrund des beschränkten quantitativen Textumfangs weitaus sichtbarer. Allerdings werden die erzählten Geschichten, zumindest im klassischen Drama, innerhalb einer Szene nach dem Prinzip der Sukzession als »einsinniges Nacheinander« in einem raum-zeitlichen Kontinuum organisiert (ebd., 273).

6.1.3. *Das Monodrama als Medium der Erinnerung*

Ebenfalls im 20. Jahrhundert mehren sich die Dramen, die Biographie ausdrücklich zu ihrem Gegenstand machen wie Samuel Beckett in *Krapp's Last Tape* (UA 1958) oder Max Frisch in *Biografie: Ein Spiel* (UA 1968). Diese Stücke reflektieren das biographische Narrativ, das heißt sie spüren dem Verhältnis von Fiktion/Realität und Medialität/Erinnerung nach, sind also metabiographische Fiktionen. In Becketts monodramatischem Memorialtext erinnert sich ein alter Mann, indem er sein Leben sprechend auf ein Tonband aufnimmt – auf diese Weise wird der ›unnatürliche‹ Monolog gerechtfertigt – und sich alternierend die früheren Aufzeichnungen anhört. Dieser medial-repetitive Prozess zerstört nach und nach jegliche Chronologie der Erinnerung, die sich noch dazu auf singuläre Details, ja auf einzelne Worte fixiert und so den sprachlich-medialen Charakter von *Memoria* vorführt. Diese dramatische Form der (Auto-)Biographie fungiert mithin als reflexives Medium, das die Gattungskonventionen der biographischen Prosa (Linearität, Teleologie etc.) ausstellt und unterläuft.

6.1.4. *Historische Dramen und der biographische Pakt*

Insbesondere Dramen, die historische Figuren behandeln, weisen biographische Anteile auf, denn ähnlich wie sich die Biographie durch ihre Referentialität auszeichnet und diese zur Bedingung für den Wahrheitspakt zwischen Autor und Leser macht, beziehen sich historisch-biographische Stücke auf eine außertextuelle Wirklichkeit, allerdings ohne Objektivität zu beanspruchen; bereits die fiktionale Ausdrucksform markiert das interpretative Moment der Figurenanlage. In gewissem Sinne ist das biographische Drama auf der Bühne, so hält Richard H. Palmer fest, immer ein historisches. Oder umgekehrt: Die Präsentation von Geschichte auf der Bühne tendiert zur Personalisierung, zur Biographie: »History, particularly in the theatre – with its circumscribed time frame, staging limitations and emphasis on the actor – still appears most frequently in the guise of biography« (Palmer 1998, 13). Stephanie Kramer unterscheidet drei Typen des biographisch-historischen Dramas: (1.) das dokumentarische Drama, (2.) das revisionistische Drama (hier werden verbindliche Mythen konterkariert) und (3.) das metabiographische Drama, das die Medialität und Konstruktivität von Biographien ausstellt (Kramer 2000a). Zusätzlich wäre (4.) das postbiographische Drama zu nennen, das die grundlegende Fiktionalität der Biographie freilegt (Südkamp 2008, 73 f.). Im anglophonen Raum, in dem das biographische Schauspiel weitaus verbreiteter ist, wird darüber hinaus zwischen traditionell-realistischen Formen, die sich dem *well-made play* annähern, und innovativ-reflexiven unterschieden (ebd., 71 f.).

Dass biographische Stücke grundsätzlich in hohem Maße selektiv sind und das Material neu arrangieren, verdeutlicht beispielsweise der frankophone Autor Yves Laplace in seiner Vorrede zu *Feu Voltaire* (1993): Das Drama über den prominenten Aufklärer basiert zwar auf Biographien und Essays, will aber weder das gesamte Leben noch die zeitgenössische Realität dokumentieren, denn »le théâtre n'a pas de vocation historique ni documentaire«.[2] Es muss vielmehr seine eigenen Mittel nutzen, und das sind Fiktionalisierung, Verdichtung und Dialog. Gleichwohl stellt das biographisch-historische Genre Referenz her, denn der Name (paratextuell im Titel oder im Text) ruft die Wirklichkeit bzw. das biographische Wissen über eine Person auf, so dass sich im Anschluss an Philippe Lejeunes Rede vom ›autobiographischen Pakt‹[3] von einem ›biographischen Pakt‹ sprechen ließe, den auch der Zuschauer eines Historiendramas eingeht (Grace 2006). Das heißt, er bezieht Figuren wie Napoleon, Wallenstein oder Maria Stuart, auch wenn die Dramen den Kulminationspunkt ihrer Existenzen fokussieren, auf die bekannten Lebensdaten und integriert den dramatischen Moment bzw. die selektierten Episoden in den aufgerufenen Lebenszusammenhang. Die Figuren basieren meist auf sorgfältigen historischen Recherchen – wie sie u. a. Büchners *Dantons Tod* (1835, UA 1902) zugrunde liegen –, so dass die Rekontextualisierung des Lesers/des Zuschauers erleichtert wird. Eine ähnliche Tendenz haben Dokumentardramen, die wie Schlüsselromane auf konkrete Akteure der historischen Realität verweisen, beispielsweise Rolf Hochhuths umstrittenes Drama *Der Stellvertreter* (1961, UA 1963), das das politische Verhalten des Papstes während des Holocaust anprangert. Besonders einschlägig sind in diesem Zusammenhang die beliebten Künstlerdramen wie – willkürlich herausgegriffen – Hanns Johsts Grabbe-Drama *Der Einsame* (1917) oder auch Tankred Dorsts sowie Albert Ostermaiers Stücke über den Künstler-Revolutionär Ernst Toller, *Toller* (UA 1968) und *Zwischen zwei Feuern. Toller-Topographie* (UA 1995). Insbesondere in der US-amerikanischen und angelsächsischen Literatur ist das biographische Stück seit den letzten dreißig Jahren beliebt, zumal in seiner Version als Künstlerdrama. Dieser Typus wird unter anderem genderpolitisch genutzt, um in biographischen Metafiktionen den hartnäckigen Mythen weiblichen Schreibens entgegenzutreten (Kramer 2000b) wie es Lavonne Mueller in ihrem Stück *Colette in Love* (UA 1986) unternimmt, Maureen Duffy in *A Nightingale in Bloomsbury Square* (über Virginia Woolf, 1974) oder Claire To-

2 Yves Laplace: *Feu Voltaire suivi de Maison Commune*. Paris 1993, S. 13.

3 Philippe Lejeune: *Der autobiographische Pakt*. Frankfurt. a. M. 1994 (franz. 1975).

malin in *The Winter Wife* (über Katherine Mansfield, 1991). Ein Dramatiker, der biographische Konstruktionen und ihre Darstellungsprobleme in seinen Stücken prominent zum Thema macht, ist Tom Stoppard, der u.a. in *Travesties* (über Joyce, Lenin, Tzara; UA 1975), in *Arcadia* (über Lord Byron; UA 1993) und *Indian Ink* (UA 1995) das intrikate Verhältnis von Faktizität und Fiktion untersucht und Genreregeln des biographischen Erzählens konterkariert (Südkamp 2008).

6.1.5. Die Entdeckung von Alltagsbiographien

Parallel zur Wiederentdeckung der Biographie im ausgehenden 20. Jahrhundert und ihrer wissenschaftlichen Nobilitierung zieht auch das Theater verstärkt (auto-)biographisches Material von Laien heran, um kunstvolle biographische Netzwerke zu konstruieren (↗ III.10 Kollektivbiographische Ansätze). Insbesondere die Gruppe *Rimini Protokoll* aus der Gießener Schule stellt für ihre Performances (über Polizisten in Südamerika, das Altern, den Umgang mit Karl Marx' *Das Kapital* etc.) Laienensembles zusammen, die ihre persönlichen Erinnerungen, ästhetisch arrangiert, auf der Bühne präsentieren. Diese biographischen Theaterabende sind allem voran auf Vernetzung angelegt, das heißt auf die ästhetische Komposition von Einzelerlebnissen, so dass die Erinnerung der einen Figur zur Replik oder zum ironischen Kommentar der anderen wird – *Memoria* erscheint im Sinne von Maurice Halbwachs als kollektive Erinnerung. Das Theater produziert auf diese Weise mit unübersehbaren Authentizitätseffekten eine Art Alltagsgeschichte, die mithilfe von ausgewählten Memorialgegenständen plastisch wird. Denn Erinnern ist auch an Gegenstände gebunden, wie Jan Assmann betont,[4] und diese können auf dem Theater in konkreter, allerdings zeichenhafter Gestalt vergegenwärtigt werden. René Pollesch, der die Grenze zwischen Regisseur und Autor tendenziell aufhebt, arbeitet ebenfalls mit den konkreten (Theater-)Erfahrungen seines Ensembles und thematisiert auf diese Weise die Ausbeutungsverhältnisse auf dem Theater unter genderpolitischem Vorzeichen. Zu Beginn des 21. Jahrtausends haben auf dem Theater also die Lebenserzählungen von ›Experten des Alltags‹ Konjunktur (Dreysse/Malzacher 2007).

Das biographische Drama fungiert insgesamt, so ließe sich abschließend festhalten, als Reflexionsmedium der Prosabiographie, unter anderem aufgrund seiner stärkeren Selektionsstruktur, wodurch die ›Peripetien‹, die spektakulären Entscheidungssituationen in einem Lebenslauf fokussiert werden. Da das Drama prinzipiell mehreren Figuren Raum gibt, besteht die Tendenz, Biographie als kollektiv-dialogischen Prozess zu gestalten (im Sinne von Maurice Halbwachs' Theorie der Rahmungen) und damit die bürgerliche Fiktion eines isoliert-autonomen Lebens aufzubrechen. Zugleich eröffnet die Biographie dem Theater die Möglichkeit, den (häufig beklagten) Hiatus von Leben und Kunst zu überwinden, indem das Alltagsleben des Publikums und der Darsteller selbst auf die Bühne gebracht wird.

4 Vgl. Jan Assmann: *Das kulturelle Gedächtnis. Schrift, Erinnerung und politische Identität in frühen Hochkulturen.* München 1992.

Literatur

Dreysse, Miriam/Malzacher, Florian (Hg.): *Experten des Alltags. Das Theater von Rimini Protokoll.* Berlin 2007.

Grace, Sherrill: »Theatre and the AutoBiographical Pact: An Introduction«. In: Jerry Wassermann (Hg.): *Theatre and AutoBiography: Writing and Performing Lives in Theory and Practice.* Vancouver 2006, S. 13–29.

Klein, Christian: »Biografie«. In: Thomas Anz (Hg.): *Handbuch Literaturwissenschaft.* Bd. 2: Methoden und Theorien. Stuttgart/Weimar 2007, S. 187–194.

Kramer, Stephanie: *Fiktionale Biographien. (Re-)Visionen und (Re-)Konstruktionen weiblicher Lebensentwürfe in Dramen britischer Autorinnen seit 1970. Ein Beitrag zur Typologie und Entwicklung des historischen Dramas.* Trier 2000a.

Dies.: »Lebensspuren: Alternative Lebensentwürfe von Dichterinnen und die Problematik weiblicher Autorschaft im englischsprachigen Gegenwartsdrama«. In: Christian von Zimmermann (Hg.): *Fakten und Fiktionen. Strategien fiktionalbiographischer Dichterdarstellungen in Roman, Drama und Film seit 1970.* Tübingen 2000b, S. 319–333.

Nünning, Ansgar: »Von der fiktionalen Biographie zur biographischen Metafiktion – Prolegomena zu einer Theorie, Typologie und Funktionsgeschichte eines hybriden Genres«. In: Christian von Zimmermann (Hg.): *Fakten und Fiktionen. Strategien fiktionalbiographischer Dichterdarstellungen in Roman, Drama und Film seit 1970.* Tübingen 2000, S. 15–36.

Palmer, Richard H.: *The Contemporary British History Play*. Westport/London 1998.
Pfister, Manfred: *Das Drama. Theorie und Analyse*. München 1982.
Südkamp, Holger: *Tom Stoppard's Biographical Drama*. Trier 2008.
Szondi, Peter: »Theorie des modernen Dramas«. In: Ders.: *Schriften I*. Frankfurt a. M. 1978, S. 9–148.
Taylor, Henry M.: *Rolle des Lebens. Die Filmbiographie als narratives System*. Marburg 2002.

Franziska Schößler

6.2. Musiktheater: Oper, Operette, Musical

6.2.1. *Biographisches Erzählen auf der Musiktheater-Bühne: eine kurze Typologie*

Nimmt man biographisches Erzählen im Bereich des Musiktheaters in den Blick, kommen vor allem zwei Gruppen von Biographierten in den Fokus: Personen der Zeitgeschichte – vor allem Herrschende, aber auch Personen wie Christoph Columbus, dessen Leben seit 1690 immer wieder (u. a. von Alessandro Scarlatti, Jacques Offenbach, Darius Milhaud und Werner Egk) vertont wurde – und Künstler. Letztere sind insofern von besonderem Interesse, als sich hier zumeist biographisches Erzählen mit Fragen von Künstler-Bild und Selbst-/Fremdinszenierung vermischen, was sich vor allem in Bühnenwerken ab dem 19. Jahrhundert verstärkt beobachten lässt (Taylor-Jay 2004). Innerhalb dieser Gruppe sind mit Blick auf das Musiktheater drei Figurentypen zu unterscheiden: (1.) Künstler aus nicht-musikalischen Bereichen (Maler, Dichter, Goldschmied u. a.), (2.) fiktive Komponisten-/Musiker-Figuren und (3.) reale Komponisten/Musiker (höchst selten auch Komponistinnen/Musikerinnen). Für alle Typen steht außer Frage, dass sie die Inszenierung eines (imaginären) Künstler-Bildes ermöglichen, das nicht zuletzt auf das (reale) künstlerische Selbstverständnis des Komponisten oder der Komponistin des Bühnenwerkes zu verweisen vermag. Darüber hinaus lassen sich die drei Typen in wesentlichen Punkten unterscheiden: Der *erstgenannte Typus* ermöglicht das biographische Erzählen einer Künstler-Vita und die Thematisierung künstlerspezifischer Fragestellungen – etwa das Verhältnis des Künstlers zur Gesellschaft oder auch Fragen der Inspiration – ohne dass der auf der Bühne dargestellte Künstler mit einem eigenen *musikalischen* Œuvre in die kompositorische Faktur des Bühnenwerkes integriert werden müsste. Beispiel für diesen Typus ist Hector Berlioz' Opéra-comique *Benvenuto Cellini* (Libretto: Armand-Francois-Léon de Wailly und Henri-Auguste Barbier nach Cellinis Autobiographie, Uraufführung: Paris 1838). Der *zweite Typus* tangiert nur indirekt biographisches Erzählen auf der Musiktheaterbühne, da es sich um fiktive Musikerfiguren handelt. Zu bedenken bleibt bei diesem Typus gleichwohl, dass er eine Projektionsfigur *par excellence* darstellt, so dass sich hier vielfach autobiographische Bezüge finden lassen (z. B. *Osud* [*Schicksal*] von Leoš Janáček oder *Der ferne Klang* von Franz Schreker). Im *dritten genannten Typus* kulminieren schließlich die Aspekte biographischen Erzählens auf der Musiktheaterbühne: Denn bei der biographischen Darstellung einer konkreten Komponistenpersönlichkeit auf der Musiktheaterbühne geht es nicht nur um die Dramatisierung einer (Künstler-)Vita, sondern vor allem auch um die Frage, ob und wie die Musik des dargestellten Komponisten – mithin ein Hauptgrund, warum die Person biographisch von Interesse ist – in die Komposition des Musiktheaterwerks einfließt, eine Frage, die weder beim ersten noch beim zweiten Künstler-Typus relevant ist. Im Folgenden seien ebenso punktuell wie exemplarisch vier Musiktheaterwerke herausgegriffen, die alle dem letztgenannten Typus angehören und anhand derer unterschiedliche Aspekte biographischen Erzählens auf dem Musiktheater aufgezeigt werden können: die Vertonung eines die Biographie zweier Komponisten (Wolfgang Amadeus Mozart und Antonio Salieri) thematisierenden Dramas; eine Oper, in der Giuseppe Verdi als Komponist auftritt und sein Leben als Oper ›komponiert‹; eine Operette über den Komponisten Franz Schubert und das Musical *Mozart!*.

6.2.2. *»Mozart und Salieri« als Drama von Aleksandr Puškin und als Oper von Nikolaj Rimski-Korsakov*

Im Drama *Mozart und Salieri* (*Mocart i Sal'eri*, 1830) von Aleksandr Puškin liegt die Momentaufnahme einer fiktiven Begegnung zwischen den beiden titelgebenden Protagonisten vor. Puškin nimmt dies zum Anlass, um die unterschiedlichen Lebensläufe von Wolfgang Amadeus Mozart und Antonio Salieri Revue passieren zu lassen, vor allem aber um zwei diametral verschiedene Konzepte des künstlerischen Selbstverständnisses gegenüberzustellen. Damit liegt hier keine chronologische oder episodische biographische Erzählung vor, vor allem auch keine auf Authentizität abzielende, sondern ein biographisches Erzählen in punktuellen Rückblenden, das vor allem die deutliche Konturierung der gegensätzlichen Künstler-Bilder zum Ziel hat: einerseits Salieri als hart und mühsam arbeitender, talentierter Komponist, andererseits Mozart als ein im Sinne der Romantik genialischer Schöpfer, dessen Werk ebenso mühelos wie unreflektiert entsteht.

Salieri ist von der Person Mozarts zutiefst irritiert, denn so sehr er dessen Musik wertschätzt und bewundert, so unverständlich ist ihm sein Charakter – sowohl in seiner Melancholie (2. Szene) als auch in seiner komischen Ausprägung: Der Straßenmusiker, der im Gasthaus über Mozarts »Voi che sapete« (Ariette des Cherubino aus *Le Nozze di Figaro*, 2. Akt) auf der Geige improvisiert hat und nun »eine Arie aus ›Don Giovanni‹« anstimmt (Regieanweisung, Puškin 1985, 9), ist für Mozart ein komischer Spaß, während Salieri dadurch die hohe Kunst Mozarts beschädigt sieht: »Es ist nicht komisch, wenn ein Farbenkleckser mir die Madonna Raffaels verhunzt, und auch nicht, wenn ein feiler Possenreißer durch Parodien die Ehre Dantes kränkt« (ebd., 11). Dieser scheinbaren Unvereinbarkeit – Mozart als musikalisches Genie einerseits, als lebenslustiger, dem Komischen zugewandter Mensch andererseits – stellte für die Mozart-Biographik des 19. und frühen 20. Jahrhunderts ein grundlegendes Problem dar, das zumeist in einer apollinischen Überhöhung Mozarts kompensiert wurde. Bei Puškin zieht Salieri daraus den Schluss, Mozart vergiften zu müssen, um die göttliche Musik gleichsam vor ihrem allzu irdischen Urheber zu bewahren: »Du, Mozart, bist ja deiner selbst nicht würdig. [...] Du, Mozart, bist ein Gott und weißt es nicht; ich weiß es, ich« (ebd., 13). Die Vergiftung selbst ereignet sich, kurz nachdem Mozart einen Ausschnitt aus seinem *Requiem* vorgetragen und Salieri mit der Überzeugung konfrontiert hat: »Verbrechen und Genie, die beiden passen nicht zusammen« (ebd., 23). Damit spricht Mozart unwissentlich Salieri Genialität ab, denn zugleich reicht dieser ihm den vergifteten Wein.

Die Vergiftung Mozarts durch Salieri setzt die Gegensätzlichkeit der beiden Künstler-Typen so überzeugend in Szene, dass sich daraus nicht zuletzt auch die Langlebigkeit der Vergiftungstheorie erklären lässt. Obwohl sie inzwischen als widerlegt gilt (Unseld 2009), ist sie bis heute im kulturellen Gedächtnis verankert. Dies geht nicht zuletzt auf Puškins Dramatisierung zurück, vor allem aber auf die Adaption seines Stücks durch Peter Shaffer und dessen Verfilmung durch Miloš Forman (*Amadeus*, 1984; ↗II.5. Biographie und Gedächtnis).

Nikolaj Rimski-Korsakov vertonte Puškins Drama 1897, bezeichnenderweise zu einem Zeitpunkt, den er selbst als ästhetischen Wendepunkt begriff: »Die jetzige Zeit ist für die Musik schwierig, viele frühere Ideale sind kurz und klein geschlagen, in den Köpfen gärt es. Die Selbstsicherheit und die rosigen Träume aus der Zeit, als das ›Mächtige Häuflein‹ existierte, sind endgültig vorbei« (zit. nach Redepenning 1994, 380). Die Oper *Mozart und Salieri* spiegelt diese Schwellensituation sowohl ästhetisch als auch in ihrer Dramaturgie deutlich wider: Zwar begann Rimski-Korsakov mit seinem Einakter eine neue Phase seines eigenen Opernschaffens, zugleich aber setzte er sich hier mit der Vergangenheit auseinander, indem er auf das ästhetische Ideal der russischen Nationalmusik der 1860er und 70er Jahre rekurrierte – die Dialog-Oper mit der für sie typischen Prosa-Vertonung – und *Mozart und Salieri* dem Komponisten Aleksandr Dargomyžskij widmete, dessen Oper *Der Steinerne Gast* als Schlüsselwerk dieser Ästhetik galt. Diese Schwellensituation spiegelt sich dramaturgisch auch in den beiden Künstler-Typen wider, wobei bezeichnend ist, dass *der Mensch* Salieri weiterlebt, während Mozarts *Musik*, die Rimski-Korsakov zitatweise in die Partitur einfügt, als die bleibende, die überdauernde dargestellt wird.

Mit der Verankerung in der russischen Musikkultur und Operngeschichte ist freilich nur einer der beiden Bezugspunkte benannt. Denn auf der anderen Seite erweist Rimski-Korsakov mit seinem Einakter der Musik von Mozart seine Reverenz, eine Geste, die für den aus dem Balakirev-Kreis hervorgegangenen Rimski-Korsakov keineswegs selbstverständlich ist. Rimski-Korsakov arbeitet dabei vordergründig mit Zitaten, die immer auch durch den Text legitimiert werden, d. h. jene Passagen aus Werken von Mozart und Salieri übernehmen, die im Text gerade erwähnt werden. Auch das markante Requiem-Zitat in der 2. Szene gehört hierzu, wobei es dramaturgisch wie musikalisch als Höhepunkt konzipiert ist und durch den externen Chor (hinter der Bühne) eine deutliche Überhöhung erfährt. Darüber hinaus aber ist die gesamte Partitur, die einerseits so eng an die Tradition der Prosavertonung der russischen Operngeschichte (Dargomyžskij, Mussorgskij) anknüpft, andererseits als eine deutliche stilistische Anlehnung an den mozartschen Operntypus konzipiert, so dass sich hier auf kompositorischer Ebene zwei durchaus heterogene Sphären begegnen: russische Nationalmusik und Wiener Klassik.

6.2.3. *Zeitgenössische Oper und Biographik am Beispiel von »Giuseppe e Sylvia« von Adriana Hölszky*

Das von Hans Neuenfels entworfene Libretto zu Adriana Hölszkys Oper *Giuseppe e Sylvia* (Uraufführung: Stuttgart 2000) setzt eine irreale Situation in Szene, bei der biographisches Erzählen gleich mehrfach, d. h. auf verschiedenen Ebenen, zum Thema wird: Ein Filmregisseur möchte das Leben des Komponisten Giuseppe Verdi und das der Dichterin Sylvia Plath verfilmen, um die beiden Künstler im kulturellen Gedächtnis zu bewahren. Dazu werden die beiden Verstorbenen nicht als Erinnerungs*bilder* wieder zum Leben erweckt, sondern sie treten als konkrete Bühnen*figuren*, wenngleich irreal als Wiederauferstandene, auf. Die Eigendynamik, die sich aus der Begegnung der beiden so unterschiedlichen Persönlichkeiten und ihrer Existenz als ›Untote‹ ergibt, sprengt den Rahmen des Filmprojekts, so dass dieses schließlich scheitert. Zusätzlich zu dieser bereits doppelbödig angelegten Dramaturgie (Filmbiographie versus die ›reale‹ Begegnung der beiden untoten Künstler) spielen sowohl die Selbstinszenierungen des Komponisten und der Dichterin als auch die Fremdwahrnehmung der beiden als Künstlerin/als Künstler – sowohl medial als auch literarisch und historiographisch – eine wichtige Rolle, so dass sich hieraus ein dichtes Netz aus verschiedenen biographischen und autobiographischen, inszenatorischen und historiographischen Perspektiven ergibt (vgl. Abb. 1).

Besonders interessant im Zusammenhang mit biographischem Erzählen auf der Opernbühne ist dabei die 6. Szene, in der der Komponist Giuseppe Verdi (recte: die Bühnenfigur des toten Verdi) seinen eigenen Lebenslauf als Oper konzipiert und ›komponiert‹: In vier Akten (mit einem Prolog und einem Epilog) arrangiert er sein Leben, dabei biographische Versatzstücke mit Angaben zur Komposition und zur dramaturgischen Disposition des Materials mischend: »Zweiter Akt mit Streichertremolo. Das Fagott später. Zuvor ein Gewitter. Aus dem Regenbogen schimmern die Porträts von Bach, Händel, Mozart, Beethoven. Der kleine Junge, etwas größer geworden, springt auf und stammelt: I primi padri. Schneller Vorhang« (Neuenfels 2000, 81, vgl. dazu die Partitur VI/19-VI/28). Im ›dritten Akt‹ werden die frühen Krisen in Verdis Leben geschildert: die Ablehnung am Mailänder Konservatorium sowie der Tod seiner ersten Frau und seiner beiden Kinder; der ›vierte Akt‹ fasst die Komponistenkarriere zusammen. Im Epilog schließlich treten der Regisseur und das Scriptgirl als Figuren der externen Inszenierung, der Filmebene, auf.

Ein *Opern*komponist, der innerhalb einer *Oper* sein Leben als *Oper* ›arrangiert‹ – die dreifache Schichtung des Elements Oper wird gebrochen durch die dreifache Dekonstruktion des Biographischen: Zum einen wird die Lebensgeschichte Verdis nur in klischeehaften Spots beleuchtet (Gerhard 2001). Zum zweiten wirkt die Lebensgeschichte, indem sie von Verdi selbst *ad hoc* als Opernentwurf, mithin als Kunstwerk inszeniert wird, extrem stilisiert. Zum dritten geht auch Hölszkys Vertonung auf Distanz zum Biographischen, zu dem, was Verdi als biographische und kompositorische Versatzstücke anbietet: Von den veritablen Kompositionsanweisungen, die die Bühnenfigur Verdi gibt, setzt Hölszky nichts in klingende Realität um. Vielmehr übernimmt sie die von ihm formulierten Kompositionsklischees und überträgt sie in eine eigene Musiksprache: Wenn etwa Verdi den ›zweiten Akt‹ mit einem »Streichertremolo« und einem »Gewitter« beginnen lässt, nimmt Hölszky das vibrierende Moment auf, und überträgt es aber der Gruppe von Klavier, Cembalo, Gitarre, Marimba- und Vibraphon, die im Pianissimo eine trillernd-flirrendes Gewebe bilden (Partitur, 6. Szene, T. 19). Das »Gewitter« selbst erklingt im Kinderchor, der in der für Hölszky typischen Melange aus Geräuschhaftem, Gesungenem und Gesprochenem agiert: »Lippengeräusch ähnlich dem des kochenden Wassers«, »Murmelstimme«, »Ausatmen-Hauch mit Handvibrato« – um nur einige der geforderten Geräuscharten zu nennen. Hölszky geht damit nicht auf die Kompositionsanweisung ein, formiert hingegen eine eigene Musikalisierung des von der Komponisten-Figur Geforderten. Damit fügt sie dem ohnehin höchst komplexen ›biographischen Netz‹ der Oper eine weitere Ebene hinzu, gleichsam eine Kontrastebene, die nicht darauf aus ist, ein kohärentes biographisches Bild des Komponisten Verdi in Musik zu setzen, sondern die dieses als Fiktion enttarnt, denn »*eigentlich*«, so die Komponistin im Interview, »ist das Erzählen von Biographien auf der Bühne tödlich« (Unseld, in Vorb.). Durch Dekonstruktion und das Hervorheben von Irrationalität und Inkohärenzen nehmen damit Hölszky und ihr Librettist Neuenfels eine größtmögliche Distanz zu einem ›geschlossenen‹, monolithischen biographischen Komponisten-Bild ein (↗ III.4. Fiktionale Metabiographien).

6.2.4. *Komponisten auf der Operetten- und der Musical-Bühne: Schubert und Mozart*

In der Operette *Das Dreimäderlhaus* (1916) wird das Bild des Komponisten Franz Schubert konform zu den mit ihm verbundenen Klischees entworfen, der biographische Ausschnitt ist als kohärente Episode konzipiert, die Musik reagiert homogen auf die Dramaturgie, wird an sie sogar adaptiert. Dabei ist bereits die Wahl des Komponisten bezeichnend: Schubert galt noch bis weit ins 20. Jahrhundert hinein als ›Kleinmeister‹, dessen Werk als geringwertiger eingeschätzt wurde als etwa dasjenige Ludwig van Beethovens, zu dem – wie auch im *Dreimäderlhaus* in Szene gesetzt – Schubert eine ehrfurchtsvolle Distanz einzunehmen habe. Das überspitzt dargestellte Ungleichgewicht zwischen Beethoven und Schubert entspricht dabei den gegensätzlichen Künstler-Bildern, die Beethoven heroisch-genialisch, Schubert hingegen schlicht und sentimental konzipierten (Dittrich 1998). Dass die Operette *Das Dreimäderlhaus* diesen Antagonismus der Künstler-Bilder aufgriff – der im Übrigen weite Bereiche auch der musikhistorischen und -wissenschaftlichen Literatur über beide Komponisten durchzog (Robert Schumann, La Mara u. a.) –, scheint konsequent, waren damit doch – ähnlich wie bei *Mozart und Salieri* – kontrastierende Künstler-Charaktere auf der Bühne darstellbar: der naive, herzensgute, aber erfolglose Schubert und das erfolgreiche, unnahbare und auch künstlerisch unerreichbare Genie Beethoven.

Die weltweite Erfolgsgeschichte der Operette *Das Dreimäderlhaus* (Libretto: Alfred Maria Willner und Heinz Reichert, Musik: Heinrich Berté nach Franz Schubert, Uraufführung 1916, erstmals verfilmt 1918/Regie: Richard Oswald, weitere Verfilmung 1958/Regie: Ernst Marischka, Schubert: Karlheinz Böhm) erregte Aufsehen und zeitigte zugleich scharfe Kritik, die sich vor allem daran entzündete, dass der Komponist Schubert für eine Popularisierung vereinnahmt würde, die die Kunstmusik verunglimpfe. Man fürchtete um den Rang der Kunstmusik, ihre Authentizität und sah sie einem Publikum ausgesetzt, das nicht in der Lage sei, diese adäquat zu rezipieren (in diesem Sinne u. a. Karl Krauss, Theodor W. Adorno). Dagegen steht die Meinung, dass hier die Möglichkeit geschaffen wurde, »›Informationen‹ über Schuberts Leben in anschaulicher Bühnendarstellung und eine zusammenfassende Sicht auf sein Oeuvre« zu erhalten (Giesbrecht-Schutte o.J.). Richard Tauber, der die Operette 1933/34 bearbeitete, weitete diesen allgemeinen Bildungsanspruch sogar noch aus, indem er die Rolle des Schubert ausbaute und als interpolierte Konzert-Szene mehrere originale Schubert-Lieder in die Handlung einflocht.

Mit einem gewissen Bildungs- (neben dem dominierenden Unterhaltungs-) Anspruch trat auch die Musical-Produktion *Mozart!* auf (Idee, Buch, Texte: Michael Kunze, Musik: Sylvester Levay, Originalproduktion: Wien 2000). Anders als in der Schubert-Operette aber steht dabei nicht die Vermittlung der Musik im Vordergrund, sondern die der Biographie Mozarts: Die dramaturgisch wir-

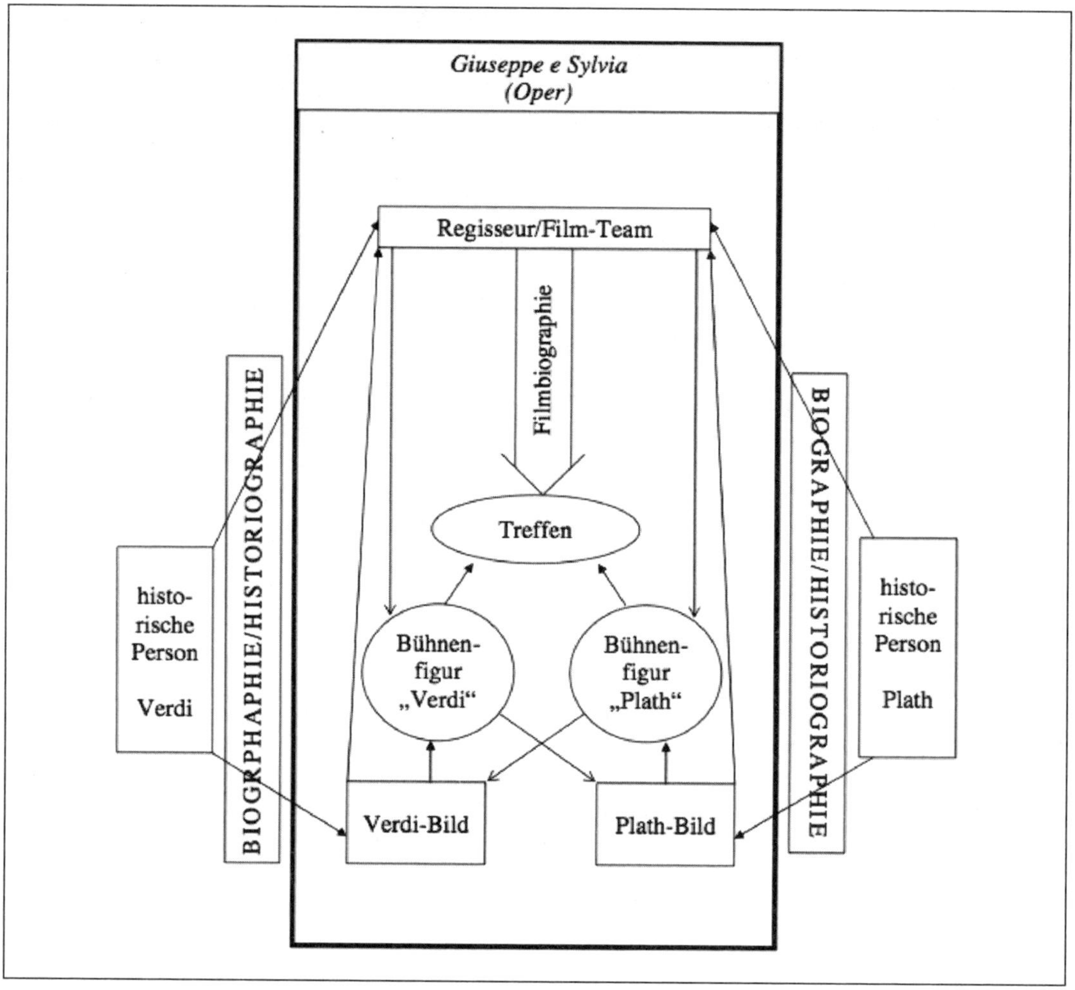

Abb.1: Biographische Inszenierungen und Interdependenzen in *Giuseppe e Sylvia* von Hans Neuenfels und Adriana Hölszky

kungsvoll gestaltete Lebensgeschichte des früh verstorbenen Künstlers, der am Unverständnis seiner Umwelt scheitert und in der Liebe zu Constanze Weber individuelles Glück findet, thematisiert zwar immer wieder die Musik als Lebensmittelpunkt Mozarts und stellt sie als kanonisierte, als als kulturelles Erbe überdauernde Kunst dar. Zu hören aber ist die Musik von Sylvester Levay, die Musik Mozarts wird weder in Bearbeitungen noch in Ausschnitten in erkennbarem Maß einbezogen. Damit liegt der Fokus im Musical *Mozart!* deutlich auf dem biographischen Erzählen, das Musik als kulturelles Handeln und als Bildungskanon benennt, nicht aber erklingen lässt.

Literatur

Csobádi, Peter u.a. (Hg.): *Das Phänomen Mozart im 20. Jahrhundert. Wirkung, Verarbeitung und Vermarktung in Literatur, Bildender Kunst und in den Medien. Gesammelte Vorträge des Salzburger Symposions 1990.* Anif/Salzburg 1991.

Dittrich, Marie-Agnes: »Kein grollender Titan – Franz Schubert, der Österreicher«. In: Annette Kreutziger-Herr (Hg.): *Das Andere. Eine Spurensuche in der Musikgeschichte des 19. und 20. Jahrhunderts.* Frankfurt a.M. 1998, S. 191–201.

Gerhard, Anselm: »Verdi-Bilder«. In: Ders./Uwe Schweikert (Hg.): *Verdi-Handbuch.* Kassel/Stuttgart/Weimar 2001, S. 1–23.

Giesbrecht-Schutte, Sabine: »›Klagen eines Troubadours‹ Zur Popularisierung Schuberts im Dreimäderlhaus«, http://www.musik.uni-osnabrueck.de/lehrende/giesbrecht/trouba.htm (9.2.2009).

Neuenfels, Hans: »Giuseppe e Sylvia. Libretto«. In: *Programmheft zur Uraufführung von ›Giuseppe e Sylvia‹, Oper in 13 Bildern, Musik: Adriana Hölszky, Libretto: Hans Neuenfels, Staatsoper Stuttgart* (17. November 2000), S. 71–92.

Puschkin, Alexander [Puškin, Aleksandr]: *Mozart und Salieri* [*Mocart i Sal'eri*]. Zweisprachige Ausgabe, übers. von Kay Borowsky. Stuttgart 1985.

Redepenning, Dorothea: *Geschichte der russischen und sowjetischen Musik*. Bd. 1: 19. Jahrundert. Laaber 1994.

Reid, Robert: *Pushkin's Mozart and Salieri. Themes, Character, Sociology*. Amsterdam/Atlanta 1995.

Szabó-Knotik, Cornelia: »Der Mann Mozart. Konstruktionen des Schöpfermythos im Film«. In: Günter Krenn (Hg.): *Mozart im Kino. Betrachtungen zur kinematografischen Karriere des Johannes Chrysostomus Wolfgangus Theophilus Mozart*. Wien 2005, S. 30–58.

Taylor-Jay, Claire: *The Artist-Operas of Pfitzner, Krenek and Hindemith. Politics and the Ideology of the Artist*. Aldershot 2004.

Unseld, Melanie: »Pathographische, biographische und musikhistorische Inszenierungen von Mozarts Tod«. In: Eckart Altenmüller/Susanne Rode-Breymann (Hg.): *Krankheiten »großer« Musiker und Musikerinnen. Reflexionen am Schnittpunkt von Musikwissenschaft und Medizin*. Hildesheim/Zürich/New York (ersch. voraus.) 2009, S. 23–40.

Dies.: *Biographie und Musikgeschichte*. Habil-Schrift (in Vorb.).

Melanie Unseld

7. Biographische Erzählungen in audio-visuellen Medien

7.1. Spielfilm

7.1.1. *Ausgangspunkte: Terminologie, Eingrenzungen, Merkmale*

Neben der ›klassischen‹ Biographie in Buchform ist der das Leben einer historisch verbürgten Person ganz oder ausschnittsweise darstellende Spielfilm eine besonders präsente Variante biographischen Erzählens. Von der Beliebtheit dieses Genres zeugen die zahlreichen biographisch ausgerichteten Filme, die jede Saison in den Kinos anlaufen. Gerade die großen Mainstream-Produktionen aus Hollywood nehmen sich gern und mit großem Aufwand der Lebensgeschichte besonderer Persönlichkeiten an.

Zur Bezeichnung dieser biographischen Filme hat sich auch im deutschsprachigen Raum der aus dem Englischen stammende Begriff *biopic* (eine Kombination aus *biographical* und *picture*) weitgehend durchgesetzt. Synonym verwandt finden auch die Termini ›Filmbiographie‹ oder ›biographischer Film‹ Anwendung.

Folgt man George Custen, so ist das entscheidende Merkmal eines Biopics seine Referentialität. Denn kaum ein Spielfilm kommt ohne die Darstellung entscheidender Teile einer Lebensgeschichte aus – das macht ihn indes noch nicht zum Biopic. Ein Biopic schildere demgegenüber »the life of a historical person, past or present« (Custen 1992, 5). Das Biopic sei dabei »minimally composed of the life, or the portion of a life, of a real person whose real name is used« (ebd., 7). Im Gegensatz zum ›klassischen‹ Spielfilm präsentiert das Biopic keine ›erfundene‹ Geschichte, sondern referiert auf historische Realität. Dabei umfasst es eher in Ausnahmefällen das Leben der historischen Person in Gänze, sondern stellt im Regelfall besonders wichtige Ausschnitte dar. Mit dem Historienfilm teilt das Biopic zwar den Referenzbezug auf historische Wirklichkeit, wo dieser jedoch soziale oder politische Ereignisse und Ideen fokussiert, konzentriert sich das Biopic auf die individuelle Entwicklung des Biographierten. Im Gegensatz zum Dokumentarfilm verwenden Biopics eher in Ausnahmefällen historisches Originalmaterial, vielmehr bewegen sie sich im fiktionalen Rahmen des ›als ob‹ (Mischformen sind indes möglich) – sie ließen sich folglich als fiktionale Erzählungen mit faktualen Inhalten bezeichnen.[1] Bezogen auf schriftliche Biographien wäre das Biopic am ehesten mit dem biographischen Roman vergleichbar, während der biographische Dokumentarfilm eher der das Quellenmaterial ausbreitenden wissenschaftlichen Biographie entspräche. Dass in den meisten Biopics – wie von Custen angeführt – die tatsächlichen Namen der historischen Personen Verwendung finden, ist unbestritten, allerdings weisen einige prominente Gegenbeispiele wie *Citizen Kane* (der Film basiert auf dem Leben des Pressemoguls William Randolph Hearst, ohne den Namen zu erwähnen) darauf hin, dass dieses Kriterium zu eng gefasst ist, um das Genre sinnvoll zu bestimmen. Vor diesem Hintergrund gelangt man zu folgender Definition: Biopics sind fiktionale Filme, die das Leben einer historischen Person (ganz oder in Ausschnitten) schildern, wobei die Entwicklung oder besondere Merkmale der Persönlichkeit des Biographierten im Zentrum stehen.

Henry M. Taylor betont ferner, dass Biopics – etwa im Gegensatz zum Western – nicht durch eine spezifische Ästhetik oder Ikonographie bestimmt sind: »Weil die Gattung von der Kodifizierung her relativ schwach ist – der biographische Rahmen stellt in sich schon einen starken vorfilmischen Kode dar –, ist sie von der formal-stilistischen Gestaltung her auch flexibel« (Taylor 2002, 21). Inwieweit es sich beim Biopic um ein eigenes Genre handelt, ist umstritten (ebd., 18, 21). Biographische Filme werden in der Forschung häufig zu-

1 Vgl. Christian Klein/Matías Martínez: »Wirklichkeitserzählungen. Felder, Formen und Funktionen nicht-literarischen Erzählens«. In: Dies. (Hg).: *Wirklichkeitserzählungen. Felder, Formen und Funktionen nicht-literarischen Erzählens*. Stuttgart/Weimar 2009, S. 1–13, hier S. 5.

nächst als ›Western‹, ›Kriegsfilm‹, ›Melodrama‹ oder ›film noir‹ verstanden und erst in einem zweiten Schritt als ›Biopics‹ klassifiziert.[2] Behandelt man das Biopic als eigenständiges Genre, so wird es in Abgrenzung zu ›traditionellen‹ Genres als ›nicht-traditionelles‹ Genre bestimmt.[3]

Biopics markieren ihre Referentialität auf verschiedene Weise explizit (ebd., 295 ff.): So gibt (1) der Titel in den meisten Biopics klare Hinweise auf den biographischen Charakter des Films. Häufig bildet (1a) der Name des Biographierten den Titel des Films – in den verschiedensten Variationen: Vor- und Nachname (*Julius Cäsar*), nur Vor- oder Nachname (*Ray* bzw. *Luther*), Pseudonym oder Spitzname (*Bird*). Taylor weist darauf hin, dass die titelgebenden Namen häufig durch einen Zusatz wie »The Story of...« (nebst weiterer Über- oder Untertitel) ergänzt werden, die dann meist Hinweise auf die Profession des Biographierten liefern (häufig Personen der Populärkultur) bzw. auf die Intention des Films (häufig pädagogisch-didaktisch). Statt des Namens kann (1b) auch der Titel eines berühmten Werks oder eine prägende Eigenschaft bzw. ein besonderes Charakteristikum den Filmtitel bilden bzw. den Namenstitel ergänzen (*De-Lovely*, *The Elephant Man*, *A Beautiful Mind*, *The Last Emperor*). Neben dem Titel finden sich weitere Referenzmerkmale: So kommen (2) häufig Texttafeln und Zwischentitel zum Einsatz, die darauf verweisen, dass der Film ›einer wahren Begebenheit‹ folge oder ein ›Tatsachenbericht‹ sei. Eingeblendete Ortsnamen oder Jahreszahlen verweisen auf die außerfilmischen realen Bezugspunkte. Schließlich kommen in Biopics häufig (3) Voiceover-Kommentare zum Einsatz, in denen also eine Figur, die nicht in der Szene ist, das gezeigte Geschehen bewertet und einordnet.

7.1.2. Historisch-systematische Entwicklung

Von Beginn an ist das Biopic ein wesentlicher Bestandteil der Filmgeschichte. Biopics spielten stets eine wichtige Rolle bei der Durchsetzung spezifischer Vorstellungen von historischen Prozessen, wenn sie nicht gar bestimmte Formen eines allgemeinen Geschichtsverständnisses überhaupt erst produzierten (Custen 1992, 2 ff.; ↗II.4. Biographie und Wissen). Wie biographisches Erzählen an sich, so wird auch das biographische Erzählen im Spielfilm durch gesamtgesellschaftliche Entwicklungen und theoretische Strömungen beeinflusst.

Insgesamt lässt sich die historische Entwicklung des Biopics grob vereinfachend in drei Phasen einteilen: (1) Die formative Phase reicht von den Anfängen des Kinos bis zum Ende der 1920er Jahre, (2) die klassische Phase reicht vom Ende der 1920er bis zum Beginn der 1960er Jahre. Seit den 1960er Jahren ist das Genre (3) geprägt vom Fortleben etablierter Formen einerseits und von Innovationsversuchen andererseits. (Im Hinblick auf die Biopic-Produktionen des Hollywood-Studio-Systems unterteilt Custen die zweite Phase anhand der biographierten Persönlichkeiten in zwei weitere Abschnitte: die Zeit von 1927 bis 1940, in der die ›großen Männer‹ Thema waren, und 1941 bis 1960, in der verstärkt ›Entertainer‹ biographiert wurden; vgl. ebd., 84 ff.)

Eine wesentliche inhaltlich-konzeptionelle Akzentverschiebung innerhalb des Genres ist für die 1950er Jahre festzustellen (Taylor 2002, 24–44): Bis in die 1940er dominierte der heldenhafte Einzelne die Biopics, der allen Problemen trotzend seine Ziele verfolgte und die Menschheit (oder wenigstens einen Teil) voranbrachte. Spätestens in den 1960ern wandelte sich das Bild und die pathologische Figur rückte ins Zentrum. Die Filmbiographie präsentierte nun weniger Wunsch- und Vorbilder, sondern fungierte als Spiegel sozialer Realitäten. Die Vorstellung einer quasi-natürlichen gesellschaftlichen Progression hin zu Humanität und Wohlstand schwand und der Glaube an die Wirkmächtigkeit einzelner Individuen nahm ab. Diese Veränderungen lassen sich auch im Hinblick auf das filmische Erzählen ausmachen: Während bis in die 1950er eine harmonische Geschlossenheit dominierte, setzte sich ab den 1960ern zunehmend ein offener Handlungsschluss durch.

Charles Musser weist darauf hin, dass das frühe Kino spezifische Rezeptionsmodi beachten musste, damit die Zuschauer das Gesehene – das zumeist aus einer einzigen Einstellung bestand – verarbeiten konnten (Musser 1990, 2 f.). Eines der verfolg-

2 Vgl. Glenn Man: »Editor's Introduction«. In: *Biography* 23. Jg., 1 (2000), S. V-X, hier S. V.

3 Vgl. Wes D. Gehring (Hg.): *American Handbook of Film Genres*. New York u. a. 1988.

ten Grundmuster bestand darin, ein bekanntes Geschehen darzustellen, das die Zuschauer ohne Schwierigkeiten einordnen und kontextualisieren konnten. Hierfür boten sich herausragende Ereignisse aus dem Leben bedeutender Persönlichkeiten auf besondere Weise an. Bereits im Jahr 1895 (also dem Jahr, das als Geburtsjahr der Institution Kino gilt) entstanden erste kurze Filme, in deren Zentrum das Leben einer historischen Persönlichkeit steht, so *Joan of Arc* oder *The Execution of Mary, Queen of Scots* (ebd., 86). Georges Hatot verantwortete 1898 eine kleine Reihe von Filmen, die historische Persönlichkeiten thematisieren: Jeanne d'Arc, Robbespierre, Marat (Kraemer 2004, 126). George Méliès drehte 1899 einen Film bestehend aus zehn Tableaus über die Dreyfus-Affäre (Taylor 2002, 26) und 1900 ein groß angelegtes Schauspiel in 12 Bildern über Jeanne d'Arc (Kraemer 2004, 129). Auch wenn die Grenze zum Historienfilm in diesen Fällen nicht immer klar zu ziehen ist, finden sich in den frühen Beispielen doch Ansätze eines filmischen Erzählens des Lebens einer historischen Persönlichkeit.

Biopics im engeren Sinne, also Filme, die umfangreicher das Leben einer historischen Person darstellen, lassen sich wohl erst für die Jahre ab 1909 nachweisen: Verwiesen sei hier auf vier US-amerikanische Kurzfilme über George Washington und Napoleon und einen französischen Film über Molière, die als kurze Biopics einzuordnen sind (Taylor 2002, 27). 1912 erzielte Sarah Bernhardt mit dem schon 40-minütigen Film *La reine Elisabeth* in der Titelrolle einen großen Erfolg (Custen 1992, 5). In Deutschland begann spätestens 1912/13 mit den Filmen *Theodor Körner. Von der Wiege bis zur Bahre* (Regie: Gerhard Dammann) und *Richard Wagner. Ein kinematographischer Beitrag zu seinem Lebensbild* (Regie: Carl Froelich) die biographische Filmgeschichte (Nieberle 2008, 83). Es folgten die Filme Ernst Lubitschs *Madame du Barry* (1919) und *Anne Boleyn* (1920) sowie *Danton* (1920) und *Peter der Große* (1922; Regie jeweils: Dimitri Buchowetski; Custen 1992, 5). Die Filme Lubitschs avancierten zu Schlüsselwerken, die von verschiedenen Regisseuren imitiert wurden (Taylor 2002, 28). In den 1920er und 1930er Jahren entstand ferner eine Reihe von Filmen, die deutschen Dichtern galten und zwei Aspekte fokussierten. Neben Darstellungen, die dem »heroische[n] Narrativ des Nationalismus« (Nieberle 2008, 86) verpflichtet waren – so die auf den *Körner*-Film von 1912 folgenden Körner-Porträts aus den Jahren 1927 und 1932 (ebd., 89–95) –, standen Biopics, die besonders an der Herausbildung des ›Genius‹ und der Entwicklung des Individuums in der Jugend interessiert waren (z. B. *Heinrich Heines erste Liebe*, Regie: Eva Christa, 1922 oder der Goethe-Film *Die Jugendgeliebte*, Regie: Hans Tintner, 1930; ebd., 95–116). Schon diese kurze Aufzählung verdeutlicht, dass sich Biopics in dieser formativen Phase des Genres insbesondere zwei Personengruppen zuwenden, die sie zum Gegenstand der filmischen Darstellung machen: Personen aus dem Umfeld politischer Macht oder der Hochkultur.

Die Zeit zwischen 1927 und 1960 wird als ›klassische Ära‹ des Biopics bezeichnet. In diesen Jahren erlebte das Genre im Rahmen des Hollywood Studio-Systems[4] eine Blütezeit und einen ersten quantitativen Höhepunkt (Custen zählt für diese Zeit allein 291 Hollywood-Produktionen, Custen 1992, 81). Gleichzeitig bildeten sich im Laufe der 1930er Jahre im Zuge der Durchsetzung des Tonfilms die typischen Charakteristika des Biopics heraus (Taylor 2002, 29 f.). Zum ersten Publikumserfolg unter den biographischen Tonfilmen (mit 170 Millionen Zuschauern) avancierte 1929 *Disraeli* (Regie: Alfred E. Green) über den gleichnamigen britischen Premier. Im Kontext der allgemeinen Nationalisierung der Kulturproduktion in den 1930er Jahren (Christie 2002, 291 f.) und einer verschärften Filmzensur (im Sinne einer Selbstzensur durch den ›Production Code‹ der Studios) in den USA boten Biopics den großen Filmfirmen die Möglichkeit, kulturell vorbildliche und moralisch wertvolle Lebensgeschichten zu präsentieren, die gleichzeitig finanziell erfolgversprechend waren. Diese Rechnung ging auf: Prägend (wiewohl nicht typisch, weil in der Mehrzahl Amerikaner porträtiert wurden, Custen 1992, 90) wirkten William Dieterles Filme *The Story of Louis Pasteur* (1936) und *The Life of Emile Zola* (1937), die sowohl zu Publikumserfolgen avancierten als auch Oscars ge-

4 Vgl. David Bordwell/Janet Staiger/Kristin Thompsom: *Classical Hollywood Cinema. Film Style and Mode of Production to 1960* [1985]. London 2005.

wannen (Taylor 2002, 30; Elsaesser 1986). Beide Filme waren stark moralisch-didaktisierend angelegt, betonten das unbeirrbare Wirken eines heldenhaften Einzelnen für Fortschritt und Gerechtigkeit und wandten sich gegen soziale Ausgrenzung. Die hier etablierte Konfliktlinie – der Einzelne steht mit seinen Ideen gegen herrschende Vorstellungen und setzt diese schließlich (zum Wohl der Menschheit) durch – wurde konstitutiv für das Genre. Ähnliche Tendenzen bestimmten auch den sowjetischen biographischen Film dieser Zeit, wenngleich hier die Helden stärker in ein Kollektiv eingebunden waren (Taylor 2002, 30).

Die deutschen Biopics dieser Zeit führten Tendenzen der 1920er Jahre fort, indem etwa weiterhin Friedrich der Große als eine der patriotischen Zentralgestalten deutscher Geschichte etabliert wurde.[5] Daneben wurde das Leben weiterer ›großer Deutscher‹ geschildert und in den Dienst der Macht gestellt, wie in *Robert Koch* (Regie: Hans Steinhoff, 1939) oder *Bismarck* (Regie: Wolfgang Liebeneiner, 1940).

Während in Deutschland der biographische Film der beginnenden 1940er Jahre ganz im Zeichen nationalsozialistischer Propaganda stand und ›Führerfiguren‹ (*Ohm Krüger*, Regie: Hans Steinhoff, 1940; *Der große König*, Regie: Veit Harlan, 1940/1942) in den Blick nahm[6] sowie Künstlerbiographien im ideologischen Sinne deutete (Nieberle 2008, 116–129),[7] setzte in den USA der 1940er Jahre eine Wendung zu eher leichten Themen ein, und im Zuge dessen widmete man sich zunehmend der filmischen Beschäftigung mit Personen der Populärkultur wie Unterhaltungsmusikern (etwa *Yankee Doodle Dandy*, Regie: Michael Curtiz, 1942) oder Sportlern (z. B. *Pride of the Yankees*, Regie: Sam Wood, 1942).

In den 1950er Jahren erlebt das Biopic einen weiteren Höhepunkt. Im Zentrum standen nun allerdings weniger die heroischen Persönlichkeiten, sondern gebrochene und eher pathologische Figuren, deren Leben am Schluss des Films nicht mehr (wie noch zuvor) zwangsläufig mit den gesellschaftlichen Ansprüchen harmonieren musste (↗ I.7. ›Biographiewürdigkeit‹). Ungeachtet dessen bleibt eine mythologisierende Grundtendenz dem Genre inhärent – so bedienten sich die meisten Biopics nach wie vor verschiedener Versatzstücke einer Schöpfer- oder Erlösungsmythologie (Taylor 2002, 32). In idealtypischer Weise schienen sich Künstlerbiographien für diese Kombination aus Pathologie und Mythologisierung anzubieten und entsprechend kamen in den 1950er Jahren eine Reihe von Biopics über Künstler heraus – so etwa über Henri Toulouse-Lautrec: *Moulin Rouge* (Regie: John Huston, 1952) oder über Vincent van Gogh: *Lust for Life* (Regie: Vincente Minnelli, 1956). Voller Brüche erscheint auch das Leben des mexikanischen Bauernführers Emiliano Zapata in *Viva Zapata!* (Regie: Elia Kazan, 1952). Zwar stellt der Film aufgrund der vornehmlich politischen Aktivitäten des Protagonisten einerseits eine Ausnahme in dieser Zeit dar, andererseits illustriert er in der Präsentation der Widersprüchlichkeit von Emiliano Zapatas Persönlichkeit ein Hauptanliegen der Biopics dieser Phase. Zu einer Art Prototyp des Biopics dieser Zeit wurde *The Glenn Miller Story* (Regie: Anthony Mann, 1954). Verstärkt wurden nun auch das Intimleben der Biographierten in den Blick genommen und die Nachtseiten ausgeleuchtet: Ein frühes Beispiel stellt der Film *Love Me or Leave Me* (Regie: Charles Vidor, 1955) über die Alkoholsucht der Sängerin Ruth Etting dar (ebd., 36).

Die 1960er Jahre waren geprägt vom Bedeutungsverlust der Kinoindustrie, der mit dem Fernsehen seit den 1950er Jahren zunehmend Konkurrenz erwuchs (Custen 1992, 214–232; Custen 2000, 133–135). Die Kinolandschaft in den USA wurde bestimmt von den mit großem Aufwand beworbenen ›Blockbustern‹, und verstärkt traten ab den 1970ern technische Effekte in den Vordergrund. Biopics passten eher schlecht in diese Neuausrichtung, mussten sie doch weiterhin auf die Relevanz einer Lebensgeschichte vertrauen, die ohne großen technischen Aufwand auszukommen hatte (Custen 2000, 141–159). Ferner verstärkten sich in dieser Zeit Zweifel am Handlungsspielraum des Einzelnen, was den Status der Biopics gleichfalls prob-

5 Vgl. Helmut Regel: »Die Fridericus-Filme der Weimarer Republik«. In: Axel Marquardt/Heinz Rathsack (Hg.): *Preußen im Film*. Reinbek 1981, S. 124–134.

6 Vgl. Sabine Hake: *German National Cinema*. London/New York 2002, S. 77–85.

7 Vgl. Barbara Schrödl: »Rembrandt im NS-Film«. In: Jürgen Felix (Hg.): *Genie und Leidenschaft. Künsterleben im Film*. St. Augustin 2000, S. 35–54.

lematisierte. Gegen den Trend dieser Zeit stellte sich indes das großangelegte Projekt *Lawrence of Arabia* (Regie: David Lean, 1962), das zwar ganz der Tradition der Biopics über ›große Männer‹ der 1930er Jahre verpflichtet ist, nichtsdestotrotz sowohl beim Publikum als auch der Kritik großen Erfolg hatte (der Film gewann sieben Oscars). Während zwischen 1966 und 1975 die Produktion von Biopics zurückging (Taylor 2002, 37), ist für die 1980er Jahre ein Anstieg zu verzeichnen. Große Publikumserfolge waren etwa *Gandhi* (Regie: Richard Attenborough, 1982), *Amadeus* (Regie: Miloš Forman, 1984) oder *The Last Emperor* (Regie: Bernardo Bertolucci, 1987), die alle mit dem Oscar für den besten Film ausgezeichnet wurden. Während *Gandhi* und *The Last Emperor* zwar in der Objektwahl (asiatische Politiker/Herrscher) originell sind, zeichnen sie letztlich doch eher konventionell harmonische Lebensbilder herausragender Größen der Geschichte. Demgegenüber ist *Amadeus* dem Konzept des zerrissenen Künstlers verpflichtet.

Die Skepsis gegenüber dem unkritischen und hagiographischen Ansatz der Mehrzahl der Biopics führte im Zuge der programmatischen Neuorientierungen des europäischen Kinos dazu, dass man sich zunehmend solcher Biographien annahm, die den Blick in menschliche Abgründe erlaubten, wovon der Film über den Auschwitz-Lagerkommandanten Rudolf Höß *Aus einem deutschen Leben* (Regie: Theodor Kotulla, 1977) Zeugnis ablegt. Ferner wurden Biopics über Personen gedreht, die von der Gesellschaft ausgeschlossen waren, wie z. B. der entstellte Protagonist in *The Elephant Man* (Regie: David Lynch, 1980) oder Kaspar Hauser in Werner Herzogs Film *Jeder für sich und Gott gegen alle* (1974). Taylor (2002, 40) weist ferner auf die Bedeutung Ken Russells für die Herausbildung einer neuen Bildsprache und neuer Akzentsetzungen auch im Biopic hin: In *The Music Lovers* (über Tschaikowsky, 1970) spielt etwa Tschaikowskys Homosexualität eine zentrale Rolle.

Seit den 1990er Jahren lässt sich wieder eine Zunahme biographischer Filme verzeichnen. Im Zentrum stehen erneut v.a. historisch bedeutsame Persönlichkeiten wie Thomas Jefferson (*Jefferson in Paris*, Regie: James Ivory, 1995) oder Elisabeth I. (*Elizabeth*, Regie: Shekhar Kapur, 1998) bzw. Künstler der Hochkultur wie Picasso (*Surviving Picasso*, Regie: James Ivory, 1996) oder der Pianist David Helfgott (*Shine*, Regie: Scott Hick, 1996).

Neben der hier erkennbaren Fortführung bereits etablierter Ansätze lassen sich einige neuere Tendenzen ausmachen: So findet sich eine Reihe von vergleichenden Biopics, in denen die Biographien von (mindestens) zwei Personen präsentiert werden (*Hilary and Jackie*, Regie: Anand Tucker, 1998; *Aimée und Jaguar*, Regie: Max Färberböck, 1999 oder *Joe & Max*, Regie: Steve James, 2002). Ferner nimmt die Zahl an Mischformen zu: So werden inszenierte Spielfilmsequenzen mit historischem Filmmaterial kombiniert (*The Doors*, 1991 oder *Nixon*, 1995, Regie jeweils: Oliver Stone). Eine Entwicklung, die auch für biographische Erzählformen im Fernsehen festzustellen ist.

Dass Biopics heute nach wie vor bei der Kritik hoch in der Gunst stehen, belegt eine Momentaufnahme: Für den Oscar 2005 waren in der Kategorie ›Bester Film‹ gleich drei Biopics nominiert: *Ray* (über Ray Charles, Regie: Taylor Hackford), *The Aviator* (über den Flugpionier Howard Hughes, Regie: Martin Scorsese) und *Finding Neverland* (über den Autor von *Peter Pan* James M. Barrie, Regie: Marc Forster). Die Filme gingen zwar leer aus, aber Jamie Foxx gewann für seine Verkörperung des Sängers Ray Charles den Oscar als bester Hauptdarsteller. Das Publikumsinteresse spiegelte den Kritikererfolg indes nicht wider: Keiner der drei Filme schaffte es unter die zwanzig erfolgreichsten Filme des Jahres.[8] Nach wie vor scheint es allerdings als besondere schauspielerische Leistung zu gelten, eine Person der Zeitgeschichte glaubhaft zu verkörpern. Seit 2005 erging jedes Jahr der Oscar für den besten Hauptdarsteller oder die beste Hauptdarstellerin für die Hauptrolle in einem Biopic: 2006 für Philip Seymour Hoffman (in *Capote*, Regie: Bennett Miller, 2005), 2007 für Helen Mirren als Elisabeth II. (in *The Queen*, Regie: Stephen Frears, 2006), 2008 für Marion Cotillard in dem Biopic über Edith Piaf *La vie en rose* (Regie: Olivier Dahan, 2007) und 2009 an Sean Penn für seine Verkörperung des schwulen Politikers Harvey Milk in dem Biopic *Milk* (Regie: Gus Van Sant,

8 http://www.insidekino.de/USAJahr/USA2004.htm (8.8.2009).

2008). Diese Beobachtung zeigt: Auch wenn Biopics vielleicht nicht mehr zu den Publikumsmagneten zählen, ist ihre Präsenz auf dem Filmmarkt ungebrochen und der Zuspruch der Kritiker groß.

7.1.3. Elemente des biographischen Films

Authentizität – Formen, Strategien und Funktionen: Besonders für das klassische Biopic gelten der Anspruch, auf Realität zu referieren, sich also auf historisch-reale Sachverhalte, Orte und Personen zu beziehen, und das Bemühen, ein authentisches Bild zu generieren, als distinktive Genremerkmale (Custen 1992, 51), die darüber hinaus zu einer vermarktbaren »trademark« geworden sind (Elsaesser 1986, 23; Custen 1992, 60–67). Den Anspruch auf Referentialität ebenso wie die eigene Authentizität kommuniziert ein Großteil biographischer Filme auch jenseits der klassischen Hollywood-Produktionen (ebd., 51–60), indem unterschiedliche explizite und evozierende Authentizitätssignale zur Anwendung kommen, die auf verschiedenen Ebenen innerhalb und außerhalb der filmischen Diegese, d. h. der durch den Film entfalteten ›Welt‹, liegen. Diese die Rezeption lenkenden Signale produzieren den Eindruck von Authentizität (↗ IV.1. Kontext). Ob der evozierte Eindruck mit den außerfilmischen Tatsachen übereinstimmt oder nicht, ist zunächst sekundär.

Um die verschiedenen Authentizitätssignale zu systematisieren, bietet es sich an, in Anlehnung an Gérard Genettes Konzept des ›Paratextes‹[9] zu unterscheiden zwischen solchen Authentizitätssignalen, die (1) *nicht zur filmischen Diegese gehören* und solchen, die (2) *zur filmischen Diegese zählen.* Erstere nennen wir *parafilmische Authentizitätssignale,* Letztere *filmische Authentizitätssignale.* Im Hinblick auf die (1) parafilmischen Authentizitätssignale lassen sich in Abhängigkeit von der Nähe zum ›eigentlichen‹ filmischen Erzählen (1a) *epifilmische* und (1b) *perifilmische Authentizitätssignale* unterscheiden. Beide Arten von Authentizitätssignalen können den Referentialitätsanspruch und die Authentizität des Films herausstellen.

(1a) *Epifilmische Signale* zeichnen sich durch eine raum-zeitliche Distanz zum Film aus: z. B. Trailer, Plakate sowie Interviews mit Verantwortlichen etc.[10] Sowohl das Plakat als auch der Trailer zu David Lynchs *The Elephant Man* (1980) beinhalten den Hinweis, der Film basiere auf ›der wahren Lebensgeschichte von John Merrick‹ (›the true life story of John Merrick‹) und nicht auf genuin fiktionalen Bearbeitungen desselben Stoffes (›and not upon the Broadway play of the same title or any other fictional account‹). (1b) *Perifilmische Signale* befinden sich in unmittelbarer Nähe zum Film. Als drei besonders wichtige perifilmische Signale sind zu nennen: der Titel, Texttafeln und einleitende Erzähler-Kommentare. So kann ähnlich wie Poster, Filmvorschauen und Interviews der Titel eines Films den für den Film beanspruchten Status dadurch anzeigen, dass er sein Referenzobjekt direkt benennt. Dabei ist es unerheblich, ob der Name des Biographierten vollständig genannt wird (z. B. *Andrej Rubljow*, Regie: Andrej Tarkowskij, 1968), ob die Referenz durch die Nennung eines Pseudonyms bzw. Spitz- oder Künstlernamens (z. B. *Gandhi*, Regie: Richard Attenborough, 1982 oder *Capote*, Regie: Bennett Miller, 2005) oder durch formelle Anreden erfolgt (z. B. *Madame Curie*, Regie: Mervyn LeRoy, 1943). Durch Zusätze wie ›Story‹, ›True Story of‹ oder ›Life of‹ wird einerseits das narrative Moment hervorgehoben, andererseits – im Falle von ›true story‹ oder ›Life of‹ – auch die Authentizität der Darstellung und der Bezug auf ein (reales) ›Leben‹ betont. Auffälligerweise geschieht dies gerade in historisch fragwürdigeren Fällen, die scheinbar einer besonderen Beglaubigung bedürfen, wie *The True Story of Jesse James* (Regie: Nicholas Ray, 1957; Taylor 2002, 296). Titel hingegen, die ihr Referenzobjekt nicht eindeutig benennen, lassen auf eine stärkere Fiktionalisierung schließen (ebd., 297 f.).

Neben dem Titel sind es im Besonderen einleitende Texttafeln, die den Anspruch des Films auf Authentizität und teils gar auf Faktualität artikulieren. Der Film erhebt, wenn er sich als faktual inszeniert, nicht mehr nur den Anspruch, im Gewand des ›als ob‹ Mögliches zu präsentieren, sondern tatsächlich Geschehenes darzustellen. So wird

9 Vgl. Gérard Genette: *Paratexte. Das Buch vom Beiwerk des Buches.* Frankfurt a. M. 1992 (franz. 1987).

10 Vgl. Klaus Kreimeier/Georg Stanitzek: »Texte, Paratexte, in Medien: Einleitung«. In: Dies. (Hg.): *Paratexte in Literatur, Film, Fernsehen.* Berlin 2004, S. 1–19, bes. S. 12 ff.

Falk Harnacks Film *Anastasia, die letzte Zarentochter* (1956) eine Texttafel vorangestellt, die behauptet, das Biopic sei »ein *Tatsachenbericht* nach Dokumenten, Gerichts- und Polizeiakten und eidesstattlichen Erklärungen« (zit. nach Taylor 2002, 301). Neben diesen expliziten Anspruchsformulierungen wird die filmische Diegese sehr häufig mithilfe von Informationen zur räumlichen und zeitlichen Situierung der Handlung durch Texttafeln oder einleitende Erzähler-Kommentare vorbereitet – teils in Kombination mit visuellen Medien, z. B. historischen Photographien wie in *Bonnie und Clyde* (Regie: Arthur Penn, 1967) oder Ölgemälden wie in *Madame Du Barry* (Regie: William Dieterle, 1934). Eine seltene Form der Authentizitätserzeugung ist die Autorisierung des Films durch den noch lebenden Biographierten, so wird z. B. *Mission to Moscow* (Regie: Michael Curtiz, 1943) von einer Einleitung des porträtierten Botschafters Joseph Davies eröffnet (Custen 1992, 264).

Im Hinblick auf (2) *filmische Authentizitätssignale* kann die historisch korrekte Gestaltung der Diegese (Ähnlichkeit zwischen Schauspieler und Biographiertem, Richtigkeit der historischen Fakten, Szenerie etc.) als dominante Strategie *filmischer* Authentizität gelten (↗ IV.3. ›Discours‹). Je ähnlicher der Schauspieler die historische Persönlichkeit in Mimik und Gestik nachahmt, desto höher wird seine Leistung gewürdigt und umso höher ist der Authentizitätseffekt. Zahlreiche Filme präsentieren (z. B. im Abspann) historische Aufnahmen des Biographierten, um die Übereinstimmung zwischen schauspielerischer Präsentation und historischer Realität zu verdeutlichen (vgl. jüngst *Milk*, Regie: Gus Van Sant, 2008). In Ausnahmefällen spielt der Biographierte sich sogar selbst: z. B. Bob Mathias, Muhammad Ali und Audie Murphy (Anderson 1988, 337; Custen 1992, 55 f.). Gerade die großen Studios wie MGM (Metro-Goldwyn-Mayer) und Warner Brothers waren um die historische Korrektheit der Darstellung bemüht und inszenierten marktorientiert ihre eigenen Recherchen (Elsaesser 1986, 23 f.). Broschüren, die größere Projekte wie *Marie Antoinette* (MGM, Regie: W.S. Van Dyke, 1938) oder *Madame Curie* (MGM, Regie: Mervyn LeRoy, 1943) begleiteten, dokumentierten in einer Vielzahl von Daten und Fakten eindrucksvoll den betriebenen Aufwand (Custen 1992, 34–45). Authentizität war nicht allein Selbstzweck, sondern in besonderer Weise dazu geeignet, das Biopic innerhalb des Filmangebots von anderen Genres abzugrenzen. Damit bot sie eine ideale Vermarktungsoption, die ausgiebig genutzt wurde. Texteinblendungen, die Zeit- und Ortsangaben beinhalten (Taylor 2002, 303) und somit die Handlung (wie perifilmische Tafeln) raum-zeitlich verorten, verstärken den durch eine historisch korrekte Diegese erzeugten Eindruck. In der nachklassischen Phase des Hollywood-Biopics kommt ab den 1960er Jahren verstärkt die Integration von authentischem Material in Form von originalen Tonaufnahmen, historischen Bildern und Filmaufnahmen hinzu. So werden während der Abdankungsrede Richard Nixons in Oliver Stones Nixon-Biopic (1995) historische Aufnahmen der Familie Nixon eingeblendet. Gerade die Integration anderer Medien in die filmische Diegese (z. B. rotierende oder herangezoomte Zeitungen und Zeitungsschlagzeilen) hat insofern einen authentisierenden Effekt, als dadurch die »präfilmische, historische Existenz der biographischen Persönlichkeit« (ebd., 304) suggeriert wird – ganz unabhängig davon, ob es sich dabei um historisches oder fingiertes Material handelt.

Abgesehen vom Dargestellten kann die Art der Darstellung zur Authentizität des Films beitragen: Steven Spielberg drehte *Schindler's List* (1993) fast ausschließlich in Schwarzweiß, um einen Authentizitätseffekt zu erzielen. Er wollte damit an historische Aufnahmen aus den Konzentrationslagern anschließen, die als Schwarzweißphotographien ins kulturelle Gedächtnis eingegangen sind.[11] Eine ähnliche Strategie verfolgte Paul Leduc, als er *Reed, México insurgente* (1973) in Sepia drehte.[12]

Diese für das Biopic charakteristischen Strategien der Authentizitätserzeugung evozieren eine Authentizität, die zwei Dimensionen umfasst: zum einen eine historisch-referentielle, zum anderen eine ästhetische. Letztere ist ihr insofern zu eigen,

11 Vgl. Matías Martínez: »Authentizität als Künstlichkeit in Steven Spielbergs Film ›Schindler's List‹«. In: *Augen-Blick. Marburger und Mainzer Hefte zur Medienwissenschaft* 36 (2004), S. 39–60.

12 Vgl. Robert Rosenstone: »In Praise of the Biopic«. In: Richard Francaviglia/Jerry Rodnitzky (Hg.): *Lights, Camera, History. Portraying the Past in Film*. College Station 2007, S. 11–29, bes. S. 21.

als Authentizität als Ergebnis einer künstlerischen Inszenierung verstanden werden muss, hinter der eine spezifische Wirkungs- und Vermarktungsabsicht steht (Custen 1992, 60). Ob die Handlung eines Biopics lediglich einen Authentizitätseindruck (also eine Form von ›Authentizitätsfiktion‹) hervorruft oder eine Authentizität produziert, die tatsächlich auf historisch-realen Begebenheiten basiert, ist für den Effekt und dessen Vermarktung unerheblich. Da die Mehrdimensionalität von Authentizität häufig unreflektiert bleibt, vielmehr von der ästhetischen Ebene auf die referentielle kurzgeschlossen wird, werden Biopics seit ihrem Aufkommen bis in die Gegenwart hinein in besonderem Maße von Diskussionen um ihren Wahrheitsgehalt begleitet (ebd., 35 ff.).[13]

Narrative Strukturierungen und Fokussierung – Klassisch geschlossene und offene Formen: Der biographische Film verfügt nicht über eine genredefinierende Modellierung der Narration, sondern bedient sich des gesamten Repertoires filmischer Erzählformen und -techniken. Das Spektrum seiner Narrative reicht von der geschlossenen Plotstruktur des klassischen Hollywood-Kinos (*Classical Hollywood Cinema*) bis hin zu komplexen nicht-linearen und offenen Erzählformen (der Postmoderne). Es lassen sich jedoch besonders mit Blick auf die Hollywood-Produktionen vom Ende der 1910er bis zum Beginn der 1960er Jahre narrative Grundmuster bestimmen, die zentrale Parameter der narrativen Strukturierung bestimmen: den Plot, die Handlungsmotivierung und die Zeitstruktur. Nach 1960 greifen Biopics zwar immer wieder auf diese klassische Grundstruktur zurück, verwenden sie aber freier. Im Ansatz korreliert die narrative Strukturierung mit Typen der Fokussierung der biographischen Figur und der Anordnung der Nebenfiguren: So lässt sich die ›Zentrierung‹ der biographischen Figur dem klassischen Narrativ und die ›Dezentrierung‹ eher experimentellen und postmodernen Formen des Biopics zuordnen.

Die Plotstruktur des klassischen Hollywood-Kinos – die sowohl für Spielfilme im Allgemeinen als auch für Biopics im Besonderen prägend war – bestimmt David Bordwell als die Wiederherstellung einer stabilen Ausgangssituation durch die Aktivität einer psychologisch klar umrissenen Figur. Die kausal motivierte Ereigniskette des Plots ist indes nicht ein-, sondern zweisträngig: Sie besteht im Regelfall aus einer heterosexuellen Liebesgeschichte einerseits und aus einer einem zweiten thematischen Bereich angehörenden Plotlinie andererseits (z. B. Krieg, Arbeit, Suche oder Mission). Beide Plotlinien werden parallel geführt und am Ende (häufig zeitgleich) aufgelöst. Die Vermittlung erfolgt aus ›allwissender‹ Perspektive und ist nur (wenn überhaupt) begrenzt selbstreflexiv.[14] Innerhalb dieser Grundstruktur haben sich einige Besonderheiten des biographischen Films herausgebildet: Vielfach wird im Biopic die historisch weniger bedeutsame Plotlinie (des heterosexuellen Liebesverhältnisses) zum eigentlichen Motivationsantrieb der Ereignisse, während die historisch relevante Plotlinie erzähllogisch sekundär bleibt (Taylor 2002, 158 f.). Beide Plotlinien werden in manchen Fällen in ein sich gegenseitig ausschließendes Verhältnis gesetzt, so dass sich der Held letztlich z. B. zwischen ›Liebe‹ und ›Karriere‹ zu entscheiden hat (Custen 1992, 149). In Künstler-Biopics kommt der Liebesbeziehung insofern eine besondere Bedeutung zu, als sie zur Erklärung der künstlerischen Produktivität herangezogen wird (ebd., 161, 271). Custen nennt des Weiteren neben dem Einstieg *in medias res* den *flashback* und die Montage als charakteristische Elemente des klassischen Biopics (ebd., 182–186). Mit einem Einstieg *in medias res* setzt die Handlung an einer beliebigen Stelle der Geschichte ein (und nicht am ›eigentlichen‹ Anfang). Der *flashback* als Rückblende erlaubt dann jene Ereignisse, die vor dem Einsetzen der Geschichte liegen, nachzuholen. Die Montage hingegen verbindet wichtige Ereignisse in verdichteter Form, so kann beispielsweise die erfolg-

13 Zu jüngeren Kontroversen vgl. Andrew Billings: »Biographical Omissions: The Case of A Beautiful Mind and the Search for Authenticity«. In: *Film Journal* 1. Jg, 1 (2002), http://www.thefilmjournal.com/issue1/billingsbiography.html (01.08.2009); Tommy Gustafsson: »The Black Pimpernel: The Biopic as a Mediator of the Past«. In: *Film International* 6. Jg., 3 (2008), S. 18–26.

14 Vgl. grundlegend David Bordwell: »Classical Hollywood Cinema. Narrational Principles and Procedures«. In: Philip Rosen (Hg.): *Narrative, Apparatus, Ideology. A Film Theory Reader*. New York 1986, S. 17–34; David Bordwell/Janet Staiger/Kristin Thompsom: *Classical Hollywood Cinema* (wie Anm. 4).

reiche Tour eines Sängers durch sich schnell abwechselnde Schlagzeilen und Theaterposter etc. dargestellt werden.

In Valentine Davies' *The Benny Goodman Story* (1955) findet man zentrale Elemente der klassischen Struktur umgesetzt: Die linear chronologisch angelegte Narration zeichnet sowohl Goodmans musikalische Karriere bis zur prestigeträchtigen Anerkennung des Jazz in der Carnegie Hall als auch die Beziehung zu Alice Hammond nach (Taylor 2002, 120–127). Dabei stabilisiert der Liebesplot den Karriereplot, da Letzterer nur schwach motiviert wird (ebd., 121). Bereits der offizielle Trailer zum Film stellt eine direkte kausale Verbindung zwischen der Liebesgeschichte und Goodmans künstlerischem Schaffen her, so wird ein Bild von Steve Allen (als Benny Goodman) und Donna Reed (als Alice Hammond) von dem Text »The warm and wonderful lovestory that inspired the most exciting music of our time« überblendet. Billy Wilders *The Spirit of St. Louis* (1957) basiert auf einem etwas abgewandelten Typus des klassischen Schemas. Wilder verzichtet in der Präsentation der Ereignisse auf eine lineare Chronologie und setzt auf die Subjektivierung der Perspektive. Charles Lindberghs Leben wird in einer Reihe von Rückblenden aus seiner eigenen Perspektive geschildert. Die *flashbacks* sind jeweils als (teils traumhafte) Sequenzen in Lindberghs Atlantiküberquerung, die für die Rückblicke als übergeordnete Erzählebene fungiert, eingebaut (ebd., 127–135). Auch Wilders Film liegt die zweisträngige Plotstruktur zugrunde, jedoch in transformierter Form, da die Rolle des weiblichen Liebesobjekts auf Lindberghs Flugzeug übertragen wird (ebd., 133).

Aus der Modellierung der Narration im Sinne des klassischen Hollywood-Kinos geht eine in besonderem Maße ›geschlossene Welt‹ hervor, in der die klaren Kausalitätsverhältnisse für ein geradezu mechanisches Verständnis der Vorgänge (Custen 1992, 165–167) und in Verbindung mit der ›allwissenden Perspektive‹ der Vermittlungsinstanz für einen ›Objektivierungseffekt‹ sorgen. In seiner strengen ›Bauart‹ und der Ausrichtung auf die Wiederherstellung der Stabilität – sowie im Einsatz der Montage – folgt das klassische Biopic einer »teleology of fame« (ebd., 185). Der Ruhm des Biographierten gründet dabei vor allem auf den Leistungen des Individuums und wird aus einer verdichteten Episode heraus motiviert (z. B. im Entertainer-Biopic durch den ›großen Durchbruch‹, Custen 1992, 206–208). Damit kann das klassische Hollywood-Biopic in seiner narrativen Geradlinigkeit und Geschlossenheit als Paradebeispiel für die von Pierre Bourdieu kritisierte ›biographische Illusion‹ gelten.

Die geschlossene narrative Struktur geht in der Regel mit einer Zentrierung auf die Hauptfigur einher. Dadurch ragt die Figur – ganz im Sinne der ›Teleologie des Ruhms‹ – über alle anderen hinaus und wird ins ›Übermenschliche‹ überhöht. Die Hauptfigur steht deutlich im Mittelpunkt, auch wenn die Perspektivierung auf sie unterschiedlich ausfallen kann: Sei es in Form einer *objektiven* Perspektive wie in *The Benny Goodman Story*, einer *subjektiven quasi-autobiographischen* wie in *The Spirit of St. Louis* oder einer *(multi-)perspektivischen* wie in *Polonaise. A Song to Remember* (Regie: Charles Vidor, 1945) oder *Citizen Kane* (Regie: Orson Welles, 1941; Taylor 2002, 165–194). Während dem Frédéric Chopin-Biopic die Perspektive von Chopins Mentor Joseph Elsner zugrunde gelegt wird, entsteht die Biographie Charles Foster Kanes (stellvertretend für William Randolph Hearst) retrospektiv aus den Erzählungen verschiedener Nebenfiguren.

Der Verbindung der Ereignisse durch ein zusammenhängendes Narrativ mit ausgeprägten Ursache-Wirkung-Beziehungen, wie sie für das klassische Hollywood-Kino prägend war, steht seit den 1960ern in US-Produktionen die Fragmentarisierung der Narration gegenüber, die die Teleologie des klassischen Schemas zugunsten einer stärker additiven Episodenhaftigkeit auflöst – und damit zugleich zur Dekonstruktion der ›biographischen Illusion‹ beiträgt. Offene Formen des biographischen Films entstehen in der nachklassischen Periode Hollywoods und im Einflussbereich des *Art Cinemas*, das zentrale Gestaltungsprinzipien der klassischen Hollywood-Produktionen negiert (hauptsächlich die eindeutigen Ursache-Wirkung-Beziehungen und die psychologisch klar umrissene Figur).[15] Das Ergebnis ist

15 Vgl. David Bordwell: »The Art Cinema as a Mode of Film Practice«. In: Catherine Fowler (Hg.): *The European Cinema Reader*. London 2002, S. 94–102.

eine zunehmende Komplexität und Ambiguität der Darstellung. David Thompson stellt Ende der 1970er Jahre fest, dass im Vergleich zu den ›klaren‹ Biopics der Vergangenheit die zeitgenössischen Hybride zwischen Illusion und Authentizität einen Effekt hervorrufen, der die Stabilität und Zuverlässigkeit der Wahrnehmung von Wirklichkeit infrage stellt.[16]

Einige Beispiele sollen die vorgestellten Tendenzen verdeutlichen: In Theodor Kotullas *Aus einem deutschen Leben* (1977) wird das Leben Rudolf Höß', der von 1940 bis 1943 Leiter des Konzentrationslagers Auschwitz war, in sechzehn Kapitel unterteilt, die jeweils in chronologischer Folge Episoden aus Höß' Leben schildern (Taylor 2002, 135–144). Dadurch, dass jede dieser Episoden datiert wird, werden die zeitlichen Lücken zwischen ihnen offengelegt. Es geht nicht darum, Sukzession zu vermitteln, sondern punktuell ›Einblicke‹ in Höß' Biographie zu geben. Zudem bleibt das Ende (als eigentlicher Kumulationspunkt der Handlung) offen, das Biopic bricht vor der Hinrichtung Höß' ab. Gilt der Ursache-Wirkungs-Zusammenhang noch innerhalb der einzelnen Episoden, so gibt es zwischen ihnen keine starke kausale Bindung mehr – sie werden vielmehr additiv und in chronologischer Folge gereiht (↗IV.2. ›Histoire‹). Der Effekt des ›großen‹ zusammenhängenden Narrativs und die dramatische Kurve werden aufgegeben.

Eine komplexe Form der nicht-linearen und sprunghaften Darstellung findet sich in Oliver Stones *Nixon* (1995; ebd., 144–158). Auch in *Nixon* werden Anachronien (in Form von Rück- und Vorausblenden) eingesetzt, doch während die Rückblenden in Wilders *The Spirit of St. Louis* einer bestimmten Situation (der Atlantiküberquerung) zugeordnet waren und raum-zeitlich fixiert werden konnten, verselbstständigen sie sich in Stones Richard-Nixon-Biopic. Zudem werden Rückblenden ineinander verschachtelt, so dass Narrationen auf verschiedenen Erzählebenen stattfinden (mit dem Effekt, dass die Zuverlässigkeit der Narration abnimmt). Diese narrativen Verunsicherungen werden durch die teils assoziative Struktur, die die narrative Geradlinigkeit ersetzt, und die Verquickung von fiktivem und authentischem Material intensiviert.

Wird durch die Gestaltung von *Nixon* und *Aus einem deutschen Leben* die Teleologie der Narration in zunehmenden Maße gelockert, so rücken Biopics, die die biographische Figur ›dezentrieren‹, die eigentliche biographische Figur ins Abseits und lassen sie im Extremfall gänzlich verschwinden (ebd., 199–230) – beides kann als Bruch mit einer geschlossenen Konzeption von Individualität und Subjekt gedeutet werden. In der sogenannten *Kammerdiener-Perspektive* wird das Leben einer historisch unbedeutenderen Figur zugrunde gelegt, während die historisch relevante Figur nicht immer präsent ist (*Céléste*, Regie: Percy Adlon, 1981). Hier greift das Kino auf Erzählverfahren zurück, die in der Literatur spätestens seit dem 19. Jahrhundert etabliert sind (›mittlerer Held‹). In Tarkowskijs *Andrej Rubljow* hingegen verschwindet die biographische Figur immer wieder, um ein *historisches Tableau* zu entfalten. Die episodische Struktur der Narration, der Verzicht auf klare Ursache-Wirkung-Relationen sowie die Thematisierung menschlicher Entfremdung rücken Tarkowskijs Biopic in den Bereich des *Art Cinemas* (ebd., 210). In Francesco Rosis *Salvatore Giuliano* (1961) wird die Dezentrierung der Figur radikalisiert: Die Figur ist nicht mehr am Leben und tritt nicht mehr in Erscheinung, physisch bleibt sie absent, allein durch die Rede anderer ist sie präsent.

Abschließend lässt sich festhalten, dass Biopics aufgrund ihrer breiten Rezeption das Bild der biographierten Persönlichkeiten in besonders nachhaltiger Weise prägen. Dadurch, dass Biopics aufgrund des notwendigen Spannungsaufbaus zumeist besonders dramatische Schicksale thematisieren bzw. aus dem Leben besonderer Personen dramatische Episoden herausgreifen, tragen sie wesentlich zum öffentlichen Verständnis von historischen Prozessen als Ergebnissen existentieller individueller Entscheidungssituationen bei. Auf diese Weise perpetuieren Biopics möglicherweise Vorstellungen von gesellschaftlicher Wirklichkeit einerseits und milieuspezifischen Verhaltensweisen andererseits, die jenseits dieser Filme längst obsolet sind.

16 Vgl. David Thompson: »The Invasion of the Real People«. In: *Sight and Sound* 47. Jg., 1 (1977/1978), S. 18–22.

Literatur

Anderson, Carolyn: »Biographical Film«. In: Wes D. Gehring (Hg.): *Handbook of American Film Genres*. New York u.a. 1988, S. 331–351.
Christie, Ian: »A Life on Film«. In: Peter France/William St Clair: *Mapping Lives. The Uses of Biography*. Oxford/New York 2002, S. 283–301.
Custen, George F.: *Bio/Pics. How Hollywood Constructed Public History*. New Brunswick/New Jersy 1992.
Ders.: »The Mechanical Life in the Age of Human Reproduction: American Biopics, 1961–1980«. In: *Biography* 23. Jg., 1 (2000), S. 127–159.
Ders.: »Making History«. In: Marcia Landy (Hg.): *The Historical Film. History and Memory in Media*. New Brundwick 2001, S. 67–97.
Elsaesser, Thomas: »Film History as Social History. The Dieterle/Warner Brothers Bio-pic«. In: *Wide Angle* 8. Jg., 2 (1986), S. 15–31.
Karsten, Eileen: *From Real Life to Reel Life. A Filmography of Biographical Films*. Metuchen 1993.
Kraemer, Doris: »Jeanne d'Arc. Ein Mythos im Film«. In: *Mythos – Fächerübergreifendes Forum für Mythosforschung*. Bd. 1: Mythen in der Kunst. Würzburg 2004, S. 126–149.
Man, Gleen (Hg.): *Biography* 23. Jg., 1 (2000): The Biopic.
Musser, Charles: *The Emergence of Cinema. The American Screen to 1907*. New York u.a. 1990.
Nieberle, Sigrid: *Literarische Filmbiographie. Autorschaft und Literaturgeschichte im Kino*. Berlin/New York 2008.
Stevens, Michael G.: *Reel Portrayals: The Lives of 640 Historical Persons on Film, 1929 through 2001*. Edited by R. Thompson. Jefferson 2003.
Taylor, Henry M.: *Rolle des Lebens. Die Filmbiographie als narratives System*. Zürich 2002.

Christian Klein/Lukas Werner

7.2. Dokumentarfilm

7.2.1. Die ›wirkliche‹ Person?

»Ein Dokumentarist ist natürlich vieles. Er ist vor allem ein Festhalter des Lebens.
Eines gewissen Lebensmoments. Das Ergreifende am Dokumentarfilm ist ja, dass die Zeit einen Moment lang angehalten ist. Dieser Moment, in dem wir jetzt sprechen, dieses Wort, das ich in diesem Moment sage, wird nie mehr wiederkommen« (Marschall/Witzke 1999, 29).

Das Festhalten der Gegenwart eines Moments, eines Lebens ist von fundamentaler Wichtigkeit für Menschen. Das biographische Interesse an einer Person entsteht aus einer Faszination für das Leben des zu porträtierenden Menschen und dem Wunsch, dieses aufzuzeichnen. Das Zusammentreffen zwischen Filmemacher und Protagonisten im Dokumentarfilm und die daraus resultierende Beobachtung des Lebens oder auch der Erzählung von Leben soll greifbar gemacht werden. Die Geschehnisse werden von der Kamera aufgezeichnet, und diese Bilder und Töne halten den Moment in einer konstanten Gegenwart fest (↗ I.3. Referentialität). Zugleich ist die Suche nach der Darstellbarkeit eines Lebens im biographischen Dokumentarfilm aufgrund der direkten Zusammenarbeit zwischen dem Filmemacher und der zu porträtierenden Person aufwändig. Es ist die Präsenz dieses Menschen im Bild, die eine Erzählung entscheidend beeinflusst. Der Film, das Fenster zur Welt, soll die Momente des Miterlebten so darstellen, wie sie sich vor den Augen der Filmemacher ereignen.

Dieser Anspruch ist jedoch mit Vorsicht zu betrachten. Die Anwesenheit einer Kamera verändert den Moment der Realität, der auf dem Filmmaterial abgebildet wird. Es entsteht nach Hartmut Bitomsky doch nur eine Wiedergabe der eigenen Wahrnehmung.[1] Dieser Ansatz entspricht im Grunde unserer eigenen Betrachtung der Welt, die wir durch unsere Anwesenheit verändern und durch unsere Interpretation für uns verständlich machen. Der Regisseur entscheidet jedoch darüber hinaus, welche Szenen er filmt und welche er ignoriert, welche Fragen er stellt und welche Momente letztendlich im fertigen Film zu sehen sind. Diese Selektion ist einerseits ein Entscheidungsprozess des Filmemachers, der seine Handschrift, seinen Einfluss im bzw. auf den fertigen Film sichtbar macht, und andererseits eine Konsequenz der durchschnittlichen Länge eines Films, in der nicht alles erzählt werden kann.

Zudem stellt sich durch die Anwesenheit der Kamera die Frage der Performance des Porträtierten vor der Kamera. Ist diese Person wirklich so, oder verändert sie sich vor der Kamera für den Zuschauer? Es bleibt immer die Frage bestehen, inwieweit man tatsächlich die ›wirkliche‹ Person vor sich sieht: Kann man dem Anspruch, den Men-

1 »Das führt zu dem Gedanken, dass ein Dokumentarfilm die Realität uns nicht einfach wiedergibt, sondern sie visuell noch einmal entstehen lässt: Er zeigt uns, wie Realität entsteht« (Bitomsky 2003, S. 211).

schen so darzustellen, wie er ist, überhaupt gerecht werden (↗ II.1. Biographie und Performanz)?

7.2.2. Modi des Dokumentarischen

Die Herangehensweise an einen biographischen Dokumentarfilm ist variabel. Sie wird bestimmt von dem Zusammenspiel zwischen den Vorstellungen des Regisseurs und dem Einfluss des Protagonisten auf den Film. Der Filmwissenschaftler Bill Nichols hat aus dieser Vielfalt eine Typologie verschiedener Dokumentarfilme entwickelt (vgl. Nichols 1985). Es sind in den letzten Jahren auch andere Ansätze formuliert worden. Genannt sei Eva Hohenberger, die eine Unterscheidung in drei Phasen der Theoriebildung zum Dokumentarfilm vornimmt, und zwar in von ihr als »normative«, »reflexive« und »dekonstruktive« bezeichnete Dokumentarfilmtheorien (Hohenberger 2006, 9–31). Nach Nichols gibt es fünf Modi des Dokumentarischen, die ich im Folgenden auf den biographischen Dokumentarfilm anwenden möchte. Vorausgeschickt sei dabei, dass diese Klassifizierung natürlich eine idealtypische ist, während sich in der Praxis immer wieder Überschneidungen feststellen lassen.

Expositorischer Dokumentarfilm: Der Expositorische Dokumentarfilm entwickelte sich in den 1930er Jahren und ist eng mit dem Namen des Filmemachers John Grierson (1898–1972) verbunden. Die Filme wenden sich direkt der realen Welt zu und werden oft durch eine autorative Narration eines Erzählers dominiert. Es war Griersons Absicht, die »Komplexität des Sozialen in der Reduktion auf eine filmische Story zu vereinfachen, um Konsens über eine bestehende Gegenwart zu erzielen« (Hohenberger 2006, 13). Die Filme sollten eher eine erzieherische als eine informierende Funktion haben. In den späteren Filmen dieser Art ist der expositorische Charakter allerdings eher in der klaren Erzählweise als durch einen Kommentar erkennbar. Beispielhaft für ein solches Verständnis des biographischen Dokumentarfilms stehen die Filme Georg Stefan Trollers. Troller, der durch seine ›Personenbeschreibungen‹ (1971–1993) nachhaltig den deutschen Dokumentarfilm beeinflusst hat, ist durch seine halbstündigen Porträts mehr oder weniger berühmter Personen wie Ron Kovic oder Charles Bukowski bekannt geworden. Die Biographien Trollers zeichnen sich vor allem durch den von ihm selbst gesprochenen Kommentar aus, mittels dessen er die Geschehnisse vor der Kamera kommentiert und bewertet. So besucht Troller in *Ron Kovic – Warum verschwindest du nicht?* (1977) den Vietnamveteran in den 1970er Jahren und beschreibt dessen Leben als Querschnittsgelähmter (auch von Oliver Stone als *Geboren am 4. Juli* verfilmt). Kovic, der zu einem Aktivisten gegen den Vietnamkrieg geworden ist, lebt bei einem Freund und versucht seinen Frieden mit der Verletzung zu finden. Trollers Stimme ist immer wieder über den Aufnahmen zu hören: So charakterisiert er die etwas unruhig hin und her gehende Frau von Kovics Freund mit den Worten: »Die einzige Verliererin bei dieser Party ist Bobs Frau Shannon, die sich überzählig vorkommt neben dieser Männerfreundschaft.«[2] Durch solche Eingriffe ordnet Troller die Aktionen der Menschen vor der Kamera, er fasst die Meinungen und Erlebnisse der anderen in seinen Worten zusammen und prägt sie für den Zuschauer mit seiner Beurteilung. Die Protagonisten selbst kommen hingegen kaum zu Wort.

Beobachtender Dokumentarfilm: Der Beobachtende Dokumentarfilm, auch *Direct Cinema* genannt, entwickelte sich in den 1960er Jahren. Die Filmemacher wollten einen »sense of being there« erreichen, eine Art authentisches Erlebnis des Moments, so wie er sich vor der Kamera ereignete. Don Alan Pennebaker beschrieb dieses wie folgt: »It's possible to go to a situation and simply film what you see there, what happens there, what goes on, and let everybody decide whether it tells them any of these things. But you don't have to label them, you don't have to have narration to instruct you so you can be sure and understand that it's good for you to learn« (zit. nach Levin 1971, 235). Es wurde versucht, durch die Direktheit und Unmittelbarkeit der Ereignisse eine Abbildung der Realität zu schaffen. Dementsprechend werden keine direkten Fragen an die Protagonisten gestellt und es gibt auch keinen begleitenden Kommentar. Zusätzlich basiert die unmittelbare Nähe dieser

2 Georg Stefan Troller: *Ron Kovic – Warum verschwindest du nicht?* ZDF 1977, 00:05:09:23.

Filme auf der Entwicklung von tragbaren Kameras und Tonrekordern, die neue Möglichkeiten der Darstellung eröffneten. Durch diese Direktheit bekommt der Zuschauer in den Filmen selten ein Gefühl für die Bedeutung des Kontexts, in dem die Ereignisse stattfinden, oder eine Perspektive, mit der er sich identifizieren kann.

Als Beispiel sei Don Alan Pennebakers *Don't Look Back* (1967) genannt.[3] Pennebaker begleitete Bob Dylan auf dessen Konzerttournee durch England 1962. Die Kamera war stets unmittelbar am Protagonisten, sei es bei Interviews, *backstage* oder auf der Bühne, wodurch sie zu einem Akteur im Raum wurde, auf den Bob Dylan reagierte, mit dem er spielte. Für den Zuschauer bedeutet dies, dass er einem Abschnitt aus Dylans Leben beiwohnt, er erlebt das Geschehen mit, kann es selbst beurteilen, muss aber zugleich immer damit rechnen, dass Dylan nicht nur ein Performer auf der Bühne ist, sondern auch vor der Kamera. Deutlich wird dies auf einer Pressekonferenz am Flughafen zu Beginn der Tournee: Dylan beantwortet alle ihm gestellten Fragen mit Gegenfragen und provokanten Bemerkungen, wodurch seine Rolle als permanenter Performer noch verstärkt wird. Dylan versucht auf diese Weise, möglichst wenig von sich preiszugeben und spielt mit den Situationen und Unsicherheiten, die sich ihm bieten. Zudem kommentiert er viele seiner eigenen Handlungen, so dass man das Gefühl bekommt, dass er sich bewusst vor der Kamera inszeniert. Zugleich ist jedoch genau diese bewusste Selbstdarstellung vor der Kamera eine Beobachtung dessen, was passiert, wenn man Bob Dylan mit Aufmerksamkeit und einer anderen Art von Bühne konfrontiert. Der Zuschauer sieht vielleicht nicht den privaten Bob Dylan, den er gern sehen würde, aber dafür wird die Konstruktion des offiziellen Musikers als eine provokante Persönlichkeit sichtbar (↗II.1. Biographie und Performanz). Insofern löst der Film sein Versprechen ein, Dylans Leben zu beobachten: Er zeigt, wie es ist, ein Performer zu sein und bestimmte Erwartungen an sein eigenes Rollenverhalten einzulösen.

Interaktiver Dokumentarfilm: Ebenfalls in den 1960er und 1970er Jahren entstand der Interaktive Dokumentarfilm. Er zeichnet sich vor allem durch die direkte Anrede des Zuschauers aus. Die interviewte Person sitzt hier vor der Kamera und schaut fast direkt in sie hinein, so dass der Zuschauer den Eindruck bekommt, dass direkt mit ihm geredet wird. Die Filme konzentrieren sich auf die Rekonstruktion von Geschichte durch Interviews. Der Zeuge eines Geschehnisses, einer Zeitspanne sitzt vor der Kamera und erzählt seine Geschichte, die manchmal enthüllend, häufig aber auch fragmentarisch und unvollständig ist. Diese uneingeschränkte Präsenz vor der Kamera wirft jedoch zugleich besonders deutlich die Frage nach der Performance der Person auf. Dennoch können die Erzählungen oder Gedanken mehr über das Innenleben und die Persönlichkeit des Protagonisten zeigen als in den expositorischen Dokumentarfilmen (↗II.2. Biographisches Erzählen zwischen Wahrheit und Lüge).

Zu den klassischen Interviewfilmen im biographischen Bereich gehört *Der Wackelatlas – Sammeln und Jagen mit H.C. Artmann* (2001) von Emily Artmann und Katharina Copony. Dieser Film zeigt H.C. Artmann, den österreichischen Lyriker, im Gespräch mit seiner Tochter und Nichte, beginnend im Jahr 2000 bis kurz vor seinem Tod. Der Schriftsteller wird immer frontal sitzend in einem Sessel oder Stuhl in verschiedenen Räumen gezeigt. Die anderen variablen Elemente sind seine Sitzhaltung, seine Zigaretten und sein gesundheitlicher Zustand, dessen Veränderung man miterleben kann.

Zu den Charakteristika dieses Films zählt die familiäre Atmosphäre: Hier spricht ein H.C. Artmann als Schriftsteller, aber auch als Vater und Onkel. Es ist eine Situation der Vertrautheit, die eine Offenheit der Gespräche ermöglicht und zusätzlich Raum für Humor, Verstimmung und kleine Gesten lässt, die dem Zuschauer im Gedächtnis bleiben. Der Fokus der Unterhaltungen liegt auf dem Schreiben und der Sprache von Artmann. Immer wieder erinnert er sich auch an Gedichte und scheint über die gestellten Fragen zu philosophieren. Manches Mal entsteht aus den Fragen ein eigener Gedankenfluss, an anderen Stellen müssen die beiden Gesprächspartnerinnen immer wieder Zwischenfragen einwerfen, um H.C. Artmann zum Reden zu animieren. Den Zuschauer

3 Don Alan Pennebaker: *Don't Look Back*. Dokurama 1999.

fasziniert in diesen Erzählungen die Nähe zum Autor, zu seinen Gedanken und Vorstellungen. Allerdings muss man sich als Betrachter für den Schriftsteller Artmann oder die Themen, die angesprochen werden, begeistern können, weil in diesem Film keine anderen Szenen als die Interviews existieren. Als ein anderes bekanntes Beispiel wäre hier *Im Toten Winkel* (2002) von André Heller zu nennen, in dem Traudl Junge, Hitlers Sekretärin, von ihrem Leben erzählt. Heller selbst äußert sich in einem Gespräch zu der Problematik der erzählenden Person vor der Kamera:

»Ich verlasse mich darauf, dass eine spannende Figur, die etwas Spannendes erzählt, kein Beiwerk braucht. Ich will beobachten, was ist eine Handbewegung, wie synchron ist einer mit seiner Körpersprache und der Geschichte, die er erzählt? Sagt mir sein linker Fuß, dass er wahrscheinlich lügt bei dem, was sein Mund gerade ausspricht? Ich wäre nie auf die Idee gekommen, die Frau Junge mit irgendwelchen optischen Nebenschauplätzen zu unterwandern. Wenn etwas nicht interessant ist, dann wird auch das Beiwerk es nicht erhöhen können. Dann ist es eben ein Bluff« (Grissemann 2002).

Reflexiver Dokumentarfilm: Der Reflexive Dokumentarfilm der 1980er Jahre hinterfragte die bis dahin dominierenden dokumentarischen Formen. Es werden beobachtende Passagen mit Interviews vermischt, zudem finden sich Kommentare des Filmemachers, der Film wird zusätzlich versehen mit Zwischentiteln, wodurch darauf aufmerksam gemacht wird, dass der Dokumentarfilmer ein teilnehmender Zeuge und aktiver Produzent von Sinn ist, ein Produzent des kinematischen Diskurses und kein neutraler oder allwissender Reporter der Wirklichkeit (↗ I.5. Fiktionalität, Faktizität, Metafiktion).

Werner Herzog arbeitet in seinem Porträt *Mein liebster Feind – Klaus Kinski* (1999) nach diesem Prinzip.[4] Auch wenn dies kein klassisch reflexiver Film ist, so bewirkt doch die Präsenz Herzogs im Film ein starkes Bewusstsein dafür, dass diese Erzählung persönlich gefärbt ist. Der Regisseur beschreibt in diesem Film das Leben von Klaus Kinski (beginnend mit dem ersten Kontakt), aber auch die Beziehung zu diesem ungewöhnlichen Menschen. Gleich zu Beginn des Films wird eine Wohnung aufgesucht, in der Kinski und Herzog drei Monate lang zusammengewohnt haben. Herzog, der damals dreizehn Jahre alt war, erzählt bei einem Gang durch die Wohnung von der damaligen Pension und dem Jähzorn Kinskis. Auch wenn die Szene sehr spontan wirkt, so ist sie doch gestellt, denn Herzog hat vorab entschieden, welche Aspekte der Wohnung er zeigen möchte. Die Bewohner selbst wirken ein wenig wie Statisten, die überrumpelt werden. Diese Erzählweise zieht sich durch den ganzen Film hindurch: Herzog ist nicht nur als Erzählerstimme präsent, sondern auch als Person. Er führt mit seiner ganz eigenen Sichtweise durch das Leben Kinskis. Auf der einen Seite findet man so ein expositorisches Element, auf der anderen Seite lässt Herzogs Präsenz den Zuschauer erkennen, dass die Erzählungen persönlich eingefärbt und selektiv sind. Der Film weist somit eine reflexive Komponente auf, die es dem Zuschauer ermöglicht, die Konstruktion der Erzählung durch Herzog über die eigenen Erfahrungen zu verstehen. Die Mischung aus Archivmaterial, persönlichen Erzählungen und Ausschnitten aus Kinskis Filmen lässt ein faszinierendes Bild von Kinski, aber auch von Herzog, entstehen. Herzog beschreibt nicht nur Kinskis ›Wahnsinn‹, sondern auch die eigene Besessenheit, wenn es um das Drehen von Filmen geht.

Performativer Dokumentarfilm: Der Performative Dokumentarfilm entstand in den 1990er Jahren. Im Gegensatz zu allen vorherigen Modi wird hier die Betonung des referentiellen Aspekts außer Kraft gesetzt. Diese Filme haben nicht mehr den Anspruch, ein Fenster zur Welt zu sein, sondern in erster Linie wird hier der Zuschauer zum Referenten. Die erzählte Biographie bezieht sich hier nicht zuallererst auf die Wirklichkeit, sondern sucht durch ihre erzählenden Bild- und Tonelemente eine neue Geschichte zu konstruieren, mit der sich der Betrachter von einem eigenen subjektiven Standpunkt aus identifizieren kann. Es werden die subjektiven Elemente eines klassischerweise objektiven Diskurses betont. Der performative Dokumentarfilm versucht einen subjektiven Standpunkt im Film zu konstruieren, mit dem sich der Zuschauer identifizieren kann. Mögliche Grenzen dieser filmischen Darstellung können in einer zu

4 Werner Herzog: *Mein liebster Feind – Klaus Kinski*. DVD 2004.

starken Betonung der stilistischen Erzählmittel liegen, mit der Folge, dass die Form über dem Inhalt steht und das Ergebnis als unverständlicher Avantgarde- oder Experimentalfilm eingeordnet werden könnte. Intendiert ist diese Art von Film als Versuch, unsere Wahrnehmung und unsere Gewohnheiten zu brechen und somit Raum für eine andere Art der Sicht auf die Welt zu schaffen.

Die Filmemacher Jem Cohen und Peter Sillen haben diesen Ansatz in ihrem Film *Benjamin Smoke* (2000) verfolgt,[5] in dem der in Atlanta lebende titelgebende Bluessänger bis zu seinem Tod begleitet wird. *Benjamin Smoke* ist ein Porträt, das nach einer Bildsprache sucht, die dem Protagonisten in seiner Eigenheit gerecht wird. Sein außergewöhnlicher Charakter, seine Drogenexzesse, seine kompromisslosen Performances als Drag Queen (Transvestit) und seine existentielle Auffassung vom Leben und von der Musik haben ihn sowohl in der Musikszene als auch im alltäglichen Leben zum Außenseiter gemacht. Trotzdem wird nicht die Frage nach dem Sinn dieses Lebens gestellt, sondern eine ›impressionistische‹ Geschichte präsentiert.

Die dokumentarische Filmbiographie über Benjamin Smoke bleibt durchgehend fragmentarisch und unvollständig. Um den Hauptteil, die Interviews, herum sind szenisch beobachtete Proben und Konzertaufnahmen gruppiert. Zusätzlich gibt es atmosphärische Bilder, Super-8-Material und stark beschleunigte Aufnahmen von Benjamin in verschiedenen Räumen eines Hauses. Die Bilder betten die Interviews von Benjamin in ihre Umgebung ein: Da es wenig Szenen gibt, in denen Benjamin einfach beobachtet wird, werden assoziative Motive und Stimmungen gesucht, um den Protagonisten greifbar zu machen. Mit Hilfe dieser Stilmittel gelingt es dem Film, einen subjektiven Standpunkt für den Zuschauer zu schaffen. Im Prinzip gibt es sogar zwei Subjektivitäten in dem Film: Zum einen gibt es den Standpunkt Benjamins, von dem aus er sein Leben betrachtet, und zum anderen gibt es die Haltung der Filmemacher, die ihm dem Raum geben, sich selbst und sein Leben darzustellen.

5 Jem Cohen/Peter Sillen: *Benjamin Smoke*. DVD 2003.

7.2.3. Fazit

Die beschriebene Bandbreite der Darstellungs- und Erzählformen des biographischen Dokumentarfilms zeigt, dass bei jedem Film eine individuelle Auseinandersetzung des Filmemachers mit der Erzählung eines Lebens stattfindet. Die verschiedenen Ansätze entstehen aus einer Entscheidung für eine Erzählweise, die zum einen mit dem Verhältnis zwischen Filmemacher und der zu porträtierenden Person, zum anderen mit der Auseinandersetzung mit der Aufnahme von Realität verbunden ist: Wie lässt sich das Leben am besten erzählen? Welche Form wird dem Protagonisten gerecht? Diese beiden Fragen sind entscheidend dafür, welche Erzählformen sich im biographischen Dokumentarfilm herausgebildet haben und welche sich in Zukunft noch entwickeln werden.

Literatur

Artmann, Emily/Copony, Katharina: *Der Wackelatlas – Sammeln und Jagen mit H.C. Artmann*. Österreich 2001.

Bitomsky, Hartmut: *Kinowahrheit*. Berlin 2003.

Grissemann, Stefan: »Geschichte, Schuld und Versöhnung – Interview mit André Heller und Othmar Schmiderer«. In: www.im-toten-winkel.de/html/interview.html (13.6.2009).

Hohenberger, Eva: *Bilder des Wirklichen – Texte zur Theorie des Dokumentarfilms*. Berlin 2006.

Levin, G.Roy: *Documentary Explorations*. Garden City, NY 1971.

Marschall, Susanne/Witzke, Bodo: *Wir sind alle Menschenfresser – Georg Stefan Troller und die Liebe zum Dokumentarischen*. St. Augustin 1999.

Nichols, Bill: »The Voice of Documentary«. In: Bill Nichols (Hg.): *Movies and Methods II*. Berkeley 1985, S. 258–273.

Ders.: »Performativer Dokumentarfilm«. In: Manfred Hattendorf (Hg.): *Diskurs film*. Bd. 7: Perspektiven des Dokumentarfilms. München 1995, S. 149–164.

Diana Weilepp

7.3. Fernsehen

Audiovisuelle Darstellungen der Lebensgeschichte von Einzelnen oder von Gruppen gibt es seit dem Beginn des Programmbetriebs des Fernsehens in den 1930er Jahren sowohl in dokumentarischer wie in fiktionaler Form.

In einem weit gefassten Verständnis medialer Biographik stellt die Zentrierung der medialen Darstellung von Welt auf eine Person und deren Erlebnisse eine zentrale Form von medialer Repräsentation von Welt dar. Vor allem auch fiktionale Darstellungen schildern fast immer einen ereignis- und entscheidungsreichen Abschnitt aus dem Leben der Protagonisten. Eine biographische Grundstruktur prägt also große Teile der Repräsentation von Welt im Fernsehen.

Von den allgemeinen biographieorientierten Strukturen heben sich biographische Fernsehformen im Engeren ab. Sie knüpfen zum einen an die tagesaktuelle Berichterstattung der Presse (z. B. in der Form von Nachrufen) sowie an filmische Formen des Kinofilms an und haben zum anderen genuine Formen des biographischen Erzählens im Fernsehen entwickelt.

7.3.1. Tagesaktuelle Fernsehbiographik

Versteht man Fernsehen als ein Informationsmedium, ist der *Nachruf* in den Nachrichtensendungen oder Magazinen die häufigste Form der biographischen Würdigung, die vor allem das Leben von prominenten Zeitgenossen betrifft und zumeist mit visuellen Materialien (Photographien, Filmausschnitte) versehen wird (↗ III.5. Biographische Kleinformen). Das Leben der Verstorbenen wird dabei auf einen Beitrag von zwei bis drei Minuten komprimiert. Herausgestellt wird, was den Verstorbenen für die Gesellschaft wichtig werden ließ. Dabei werden fast immer lebensgeschichtliche Würdigungen in Form einer Fernsehdokumentation, die sich verschiedener Materialien bedient, eingeblendet. Handelt es sich um den Tod von Regisseuren, Autoren und/oder Schauspielern, werden oft auch Filme und Sendungen von diesen im Anschluss oder an einem folgenden Tag ausgestrahlt. Ironisch hat diese Form des Nachrufens Rolf Hädrichs Film *Dr. Murkes gesammelte Nachrufe* (HR 1963) thematisiert.

Biographische Fernsehdokumentationen werden auch bei anderen bedeutsamen Anlässen präsentiert. Sie greifen auf bereits vorhandenes Archiv-Material zurück, wenn etwa in der laufenden Berichterstattung über den zweiten Irakkrieg eine Fernsehdokumentation über das Leben von Saddam Hussein eingebaut wird, die dessen Werdegang von seiner Kindheit bis zum irakischen Präsidenten zeigt. Die Form ist dabei heute in der Regel die eines Filmberichts, in dem Ausschnitte aus Nachrichtensendungen, Dokumentationen, Wochenschauen, Photographien, Grafiken montiert und von einem Off-Sprecher (*voice over*) kommentiert werden. Kürzere Versionen von Fernsehbiographien bildeten – heute weniger gebräuchlich – filmische *Schrift-Inserts* mit einer stichwortartigen Kurzbiographie, die über ein Standbild gelegt wird. Diese Form wurde in den 1970er Jahren sowohl in Dokumentationen als auch in fiktionalen Fernsehfilmen (z. B. in Dieter Meichsner: *Alma Mater*, ARD/NDR 1971) verwendet.

Zur tagesaktuellen Biographik gehören auch die zahlreichen Berichte aus dem Leben prominenter Zeitgenossen: Ähnlich wie in der ›Yellow Press‹ finden sich auch in Boulevard-Magazinen und anderen Sendungen (vor allem der kommerziellen Sender) anlassbezogene Sendebeiträge aus dem – zumeist privaten – Alltag von Schauspielern und anderen in den Medien häufig präsenten Personen (›Celebrities‹). Die jeweiligen Anlässe werden häufig zu biographischen Kurzporträts genutzt, die aus Interviewzitaten und Bemerkungen aus älteren Berichten und photographischen und filmischen Aufnahmen montiert wurden.

7.3.2. Fernsehbiographik in den Anfängen des Fernsehens nach dem Zweiten Weltkrieg

Bedeutsamer als die der Presse entnommene Form der Nachrufe wurden die Anleihen aus dem Kinofilm. Die Fernsehbiographie ist eng verwandt mit der Filmbiographie, weil sie mit der filmischen Produktionsweise von Sendungen auch die Genrekonventionen des Biopics übernommen hat. (Die Bezeichnung ›Biopic‹ setzt sich aus den Begriffen ›biographical‹ und ›picture‹ zusammen; die amerikanische Bezeichnung ist seit den 1950er Jahren, auch im nicht-englischen Sprachraum, gebräuchlich.) Biopics werden zumeist über bekannte Persönlichkeiten hergestellt, aus deren Leben ein Abschnitt (nicht unbedingt immer das ganze Leben) dargestellt wird. Die besondere Prominenz der dargestellten Person wird zumeist bereits mit dem Titel des Films signalisiert: z. B. *Schindler's List*, Regie: Steven Spielberg, 1993; *Luther*, Regie: Eric Till, 2002/2003; *Hilde*, Regie: Kai Wessel, 2009, über Hildegard Knef. Damit wird an Vorkenntnisse der Zuschauer angeknüpft. Der Zuschauer kann den Eindruck gewinnen, am Leben der prominenten Persönlichkeit in Bild und Ton teilzuhaben und gleichzeitig bis dahin unbekannte Details und vielleicht sogar Geheimnisse aus dem Leben des/der Dargestellten zu erfahren. Fast immer wird dabei von großen Figuren der Geschichte erzählt (›Great Men‹-Filme).

Neben der amerikanische Kinotradition wirkte sich auch die deutsche Kinofilmgeschichte auf die Fernsehbiographien der frühen Jahre aus mit Filmen wie *Robert Koch, der Bekämpfer des Todes* (Regie: Hans Steinhoff, 1939), *Friedrich Schiller – Triumph eines Genies* (Regie: Herbert Maisch, 1940), *Bismarck* (Regie: Wolfgang Liebeneiner, 1940) oder die Fridericus-Rex-Filme (um Friedrich den Großen), die von den 1920er Jahren bis in die 1940er Jahre entstanden und ein eigenes deutsches Subgenre herausgebildet haben. Auch die Kinofilme der Nachkriegszeit wie *Sauerbruch – Das war mein Leben* (Regie: Rolf Hansen, 1954) und *Ein Lied geht um die Welt* (Regie: Géza von Bolváry, 1958), über den von den Nationalsozialisten verfolgten jüdischen Tenor Joseph Schmidt, waren einflussreich. Dokumentarische Filmbiographien wie Curt Oertels *Michelangelo* (1940) oder andere vor 1945 gedrehte Kulturfilme liefen im Fernsehen der 1950er Jahre in der Bundesrepublik (↗ III.7.1. Spielfilm).

7.3.3. *Geschichtsvermittlung durch dokumentarische und fiktionale Fernsehbiographien*

Die Fernsehfilme und Fernsehspiele, die sich in den 1960er Jahren im bundesdeutschen Fernsehen mit biographischen Darstellungen beschäftigten, waren zumeist der Gattung des *Dokumentarspiels* verpflichtet. Dokumentarspiele stellen Episoden und größere Lebensabschnitte aus dem Leben zumeist politisch bedeutsamer Persönlichkeiten dar, wobei Personen des 20. Jahrhunderts und insbesondere der NS-Zeit im Vordergrund stehen. Es handelt sich hier um Produktionen, die reale Personen und historisch belegte Konstellationen zum Gegenstand haben, diese aber fiktional nachstellen bzw. die Schilderung durch erfundene (aber mögliche) Szenen auffüllen.

Zum einen wurden spektakuläre Fälle der Zeitgeschichte aufgriffen wie z. B. in *Anastasia* (ZDF 1967), der von der russischen Zarentochter handelt, die angeblich die Ermordung der Zarenfamilie 1917 überlebt hat, *Die Affäre Eulenburg* (ZDF 1967) über Kaiser Wilhelm II. oder *Der Fall Mata Hari* (ZDF 1966) über die Nackttänzerin und Spionin im Ersten Weltkrieg. Diese Dokumentarspiele operieren mit dem Voyeurismus einer Schlüsselloch-Perspektive, zudem wollten die Fernsehredakteure und Regisseure den Zuschauern die Illusion vermitteln, »im Wohnzimmer Wilhelm dem Zweiten oder dem letzten Zaren persönlich zu begegnen, Augenzeuge der Affäre Mayerling oder des Attentats von Sarajewo zu werden, im Bewusstsein, dass alle Szenen authentisch sind« (ZDF-Journal 1967, zit. n. Hickethier 1980, 284).

Zum anderen zielten biographische Dokumentarspiele auf die Vergegenwärtigung zentraler Episoden der politischen Zeitgeschichte, um politische Aufklärung zu betreiben. Dokumentarspiele, wie sie vor allem die ARD produzierte, präsentierten Personen, die zu den demokratischen oder Widerstands-Traditionen der jüngeren deutschen Geschichte zählen. *Der Prozeß Carl von O.* stellt z. B. die letzten Phasen des Lebens des kritischen Publizisten Carl von Ossietzky (ARD/NDR 1963) dar, der 1938 nach langer KZ-Haft an Tuberkulose starb. *Der Fall Liebknecht-Luxemburg* von Dieter Ertel (ARD 1969) schildert die Ermordung der beiden kommunistischen Führer nach dem Ersten Weltkrieg, andere biographische Dokumentarspiele aus dieser aufklärerischen Tradition waren *Walter Rathenau* (ARD 1967) oder *Bernhard Lichtenberg* (ZDF 1965). Das Fernsehen trug auf diese Weise dazu bei, der demokratischen Gesellschaft der zu dieser Zeit noch jungen Bundesrepublik eine historische Traditionslinie zu verschaffen (↗ II.5. Biographie und Gedächtnis).

Die schon dem biographischen Kinofilm eigene Neigung, die dargestellten Persönlichkeiten durch die biographische Darstellung zu heroisieren und zu ›Übermenschen‹ zu stilisieren, wurde im Dokumentarspiel, und in der Folge im Fernsehfilm, dahingehend gewendet, dass es sich hier vor allem um Personen des Widerstands handelte, die sich für eine höhere Sache opferten, für demokratische Werte eintraten oder im Kampf gegen die Nazis ihr Leben ließen. Der Heroismus, der die Dramaturgie oft latent bestimmte, war deshalb gebrochen, es wurde – etwa in *Der Fall Liebknecht-Luxemburg* – immer auch gezeigt, wie die Dargestellten litten, verzweifelt waren und untergingen.

Auch das DDR-Fernsehen wandte sich der Inszenierung von Geschichte durch biographische Formen der Fernsehdramatik (analog dem bundesrepublikanischen Dokumentarspiel) zu. Künstlerpersönlichkeiten wie Käthe Kollwitz (*Siehe den Menschen*, DDR 1964) oder Frauen der politischen Geschichte wie *Jenny Marx* (DDR 1964), die Frau von Karl Marx, oder Käte Niederkirchner, die zum antifaschistischen Widerstand gehörte (*Käte*, DDR 1970), wurden vom Fernsehen herausgestellt. Es ging darum – darin gar nicht so weit vom Fernsehen der Bundesrepublik entfernt – den Zuschauern über die Thematisierung der Lebensgeschichte von historischen Personen, die sich widerständig verhalten hatten, ein für ihre Gegenwart positives Weltbild zu liefern und damit eine ›Ahnenreihe‹ des neuen Staates aufzubauen. Adressiert waren solche Sendungen häufig an jugendliche Zuschauer. Die Sendung *Hans Beimler, Kamerad* (DDR 1969) schildert das Leben und den Kampf des kommunistischen Spanienkämpfers, der der DDR-Jugend als markantes Vorbild dienen und ihre Wehrbereitschaft stimulieren sollte (Steinmetz/Viehoff 2008, 275). Der didaktische und auf die Gegenwart der Zuschauer bezogene Charakter derartiger Fernsehbiographien war offenkundig (↗ II.3. Biographie und Anthropologie).

In der Bundesrepublik geriet Anfang der 1970er Jahre vor allem das ZDF-Dokumentarspiel in die Schusslinie der Kritik, sprachen doch selbst die Programmverantwortlichen davon, dass die Zuschauer »die totale Illusion« haben sollten, »bei einem solchen historischen Vorgang dabei zu sein oder dabei gewesen zu sein« (ZDF-Redakteur Wolfgang Bruhn, zit. n. Hickethier 1980, 284). Dieser Anspruch – alles sei tatsächlich so gewesen, wie es gezeigt wird – wurde heftig kritisiert, konnte das Dokumentarspiel doch allenfalls eine *mögliche* Darstellung liefern in dem Sinne von »es könnte so gewesen sein« (Delling 1976).

Seit den 1960er Jahren sind biographische Darstellungen immer wieder auch in *Fernsehfilm und Fernsehspiel* zu sehen gewesen. Die Darstellung eines kürzeren oder längeren Lebensabschnittes einer Figur ist als eine fiktionale Form häufig auch ein Stück Biographie, wobei Autoren oft die eigene Lebensgeschichte in der Form der Fiktion erzählen. Als eines der sensibelsten Beispiele dafür, wie das Fernsehen mit filmischen Darstellungen des Lebens umgeht, ist die von Georg Stefan Troller (Buch) und Axel Corti (Regie) produzierte Filmtrilogie *Wohin und zurück* (*An uns glaubt Gott nicht mehr, Santa Fe* und *Welcome in Vienna*), die die Geschichte eines jungen Wieners zeigt, der zwischen 1937 und 1945 zunächst ins Exil nach Frankreich und dann in die USA gelangt, um als amerikanischer Soldat nach Wien zurückzukehren, und der sich trotz der Anfeindungen der daheimgebliebenen Wiener entschließt, in Wien zu bleiben. Corti hat auch andere biographische Fernsehfilme wie *Der junge Freud* (über Sigmund Freud, ORF/ZDF 1976) oder *Ein junger Mann aus dem Innviertel* (über Hitler, ZDF/ORF 1973) inszeniert und damit gezeigt, wie durch eine subtile Verdichtung von biographischen Momenten in der fiktionalen Darstellung so etwas wie historische Wahrheit sichtbar werden kann.

7.3.4. Biographien von Alltagsmenschen im Fernsehen – Oral-History-Filme

Monologische Varianten: Bereits in den 1960er Jahren entwickelten sich im Fernsehen der Bundesrepublik neue Formen der Biographik. Die auf Staatsbürgerkunde setzende Intention ihrer Macher war durch die offenkundige Überschätzung ihrer Möglichkeiten in Verruf geraten. In den Vordergrund traten jetzt Alltagsmenschen, deren Schicksale zur Darstellung kamen (↗ I.7. ›Biographiewürdigkeit‹). Es gab ein neues Interesse an den alltäglichen Lebenswegen, die durch Befragungen ermittelt wurde. Oral History, mündlich erzählte Geschichte, war das Konzept, das der Essener Historiker Lutz Niethammer in jenen Jahren propagierte. Diese neuen Formen standen im Kontext einer historiographischen Bewegung, die Geschichte nicht mehr als eine der politischen Machthaber erzählen und damit als eine ›von oben‹ darstellen wollte. Bestimmend wurde eine Perspektive ›von unten‹, von den Erlebnissen der kleinen Leute und ihren individuellen Geschichten, in denen dennoch allgemeine Erfahrungen sichtbar werden sollten.

Programmatisch war ein Film von Erika Runge, den sie nach ihrem außerordentlich erfolgreichen Buch *Bottroper Protokolle* (1968), das aus Tonbandprotokollen entstanden war, gedreht hatte. Sie setzte in *Warum ist Frau B. glücklich?* (WDR 1969) die Duisburger Bergarbeiterwitwe Maria Bürger vor die Kamera und ließ sie ihr Leben erzählen. Ähnlich war ein weiterer Film (*Ich heiße Erwin und bin 17 Jahre*, WDR 1973) aufgebaut, der die Lebensgeschichte des Jugendlichen Erwin porträtierte. Diese Filme zeigten, dass autobiographische Fernsehformen vom Erzählgestus einfacher Menschen geprägt sein konnten.

Diese Gattung des *biographischen Oral-History-Films* erwies sich als attraktiv. Sie bot dem emphatischen Anspruch an das Fernsehen, es zu einem Medium der Alltagsmenschen zu machen, eine Form und ließ diese im Fernsehen direkt zu Wort kommen. Solche Filme schienen dem Brecht-Diktum, man solle aus dem Rundfunk ein Kommunikationsmedium machen, zu entsprechen. Ein neueres Beispiel stellt der Film *Lenin kam nur bis Lüdenscheid* (ARD 2009) nach dem Drehbuch von Richard David Precht dar, in dem der Autor selbst, seine Geschwister und sein Vater autobiographisch Prechts Kindheit und Jugend in einem bundesdeutschen linken Milieu schildern, dabei viel vom Alltag der 1970er und 1980er Jahre sichtbar machen und Prechts eigene Kinder filmisch stellvertretend für die Kindheit ihres Vaters stehen. Dokumentarische Filmausschnitte veranschaulichen zeitsymptomatische Phänomene wie Schulalltag, Demonstrationen und Alltag in der Kleinstadt nach dem Prinzip ›Ich verfilme die Welt in meinem Kopf‹ (Precht).

Neben der eher *monologischen Form* eines solchen Interviewfilms, der in der Regel nur durch eingeblendete Photographien und kleine Filmaufnahmen, die die Erzählenden an anderen Orten zeigen, unterbrochen wurde, entwickelten sich auch *Formen eines dialogischen Erzählens* und polyphonen Sprechens.

Polyphone Varianten/Generationen-Porträts: Der Regisseur Klaus Volkenborn drehte 1978 (zusammen mit Karl Siebig und Johann Feindt) den Film *Unversöhnliche Erinnerungen* (ZDF), in dem er zwei am Spanischen Bürgerkrieg beteiligte Deutsche porträtiert: Zum einen den Maurer Ludwig Stillger, der als Interbrigadist auf der Seite der Spanischen Republik kämpfte und nach dem Zweiten Weltkrieg in der Bundesrepublik wegen seiner DKP-Mitgliedschaft verfolgt wurde; zum anderen den Wehrmachtsflieger Henning Strümpell, der mit Hitlers ›Legion Condor‹ den Putschisten Franco unterstützte und in der Bundesrepublik der 1950er Jahre zum Bundeswehrgeneral aufstieg. Der Film stellt ohne Kommentierungen des Autors die Erzählungen der beiden, die sich nie begegnet sind, deren Wege sich gleichwohl kreuzten, einander gegenüber: Jeder wurde in seinem privaten Milieu aufgenommen, der Film setzt durch seine Montage ihre chronologischen Erzählungen im Wechsel gegeneinander, wobei der Maurer in seiner unauffälligen Art deutlich die moralisch stärkere Position einnimmt.

Die Filmemacherin Erika Runge war, bevor sie ihre eigenen Filme drehte, Regieassistentin in der Fernsehspielabteilung des NDR bei Egon Monk gewesen, aus der auch Eberhard Fechner kam, der zunächst als Schauspieler arbeitete und dann mit eigenen Dokumentarfilmen auf sich aufmerksam machte. 1969 sendete der NDR Fechners ersten Film *Nachruf auf Klara Heydebreck*. Fechner war mit einem Aufnahmeteam nach Berlin gereist und hatte in einer Polizeistation die eingehenden Meldungen über Selbstmorde verfolgt. Die Nachricht vom Tode der über 70-jährigen Klara Heydebreck nahm er auf. Er befragte Mitbewohner des Hauses, in dem sie mehrere Jahrzehnte vereinsamt gelebt hatte, die Familie, Polizeibeamte und Anwohner in der näheren Umgebung. Aus deren Stimmen und aus wenigen alten Photographien, ihrem Haushaltsbuch und Dokumenten ihrer musischen Vorlieben entstand ein biographisches Porträt der Frau, die nicht mehr lebte, aber dennoch auf eine merkwürdig nahe Weise im Film anwesend war. Es kommt zu einem polyphonen Sprechen der befragten Personen ihrer Umgebung, Fechner lässt auch Texte, erst vom Neffen, dann von einem Polizeibeamten lesen, um durch die Differenz der Art des Sprechens zu zeigen, wie Menschen unterschiedlich mit sprachlich formulierten Sachverhalten umgehen – ein poetologisches Verfahren wie es in anderen Inszenierungen später Heiner Müller oder Heiner Goebbels in den Formen des biographischen Hörspiels anwendeten.

Eberhard Fechner machte in seinen weiteren Filmen diese *Polyphonie* zu einem zentralen Gestaltungsprinzip. Er wählte verschiedene Phasen deutscher Zeitgeschichte aus und thematisierte sie in Filmen wie *Klassenphoto* (NDR 1970), in dem er die Lebenswege der Schüler einer Gymnasialklasse von 1933 verfolgt, und *Unter Denkmalschutz* (1975), in dem er die Bewohner eines Frankfurter Hauses darstellt. *Damenstift* (1984) handelt von adeligen Bewohnerinnen eines Stifts und *Comedian Harmonists* (1977) von der A-cappella-Gruppe und den Lebenswegen ihrer Mitglieder, die nach der Machtergreifung der Nazis aufgrund der Verfolgung der jüdischen Mitglieder auseinanderbrach. Fechner bündelt hier biographische Schilderungen Einzelner, die über teilweise gemeinsames Leben sprechen. Indem sie sich widersprechen oder ergänzen, wird das Gemeinsame dieser Biographien sichtbar. Die Filme sind so geschnitten, dass einer der Erzählenden oft nur einen Halbsatz formuliert, der dann von einem anderen fortgeführt wird. Obwohl die Befragten nicht gemeinsam aufgenommen wurden, entsteht durch die Montage der Eindruck eines kollektiven Sprechens.

Bei Fechners Filmen handelt es sich um *Generationsbiographien* (↗ III.10 Kollektivbiographische Ansätze). Die Form der Montage, die hier zu einer fast unauffälligen, gleichwohl subtilen Form der Verschränkung führt, lässt eine kollektive Biographie entstehen, eine gemeinsame mediale Erinnerung. Das Panorama eines Jahrhunderts entfaltet sich, und Geschichte erscheint als eine vielfach erfahrene und erlebte.

Auch das DDR-Fernsehen kannte die Form der biographischen Interview-Filme. Hier ging es jedoch weniger um Alltagsmenschen als darum, durch Befragungen den politischen Gegner vorzuführen und zu entlarven. Walter Heynowski und Gerhard Scheumann bildeten ein langjähriges Team, das unter dem Signum Studio H&S geführt wurde und das durch eine Vielzahl von Filmen über den westdeutschen Gegner Aufsehen erregte. Die Porträts der Prominenten-Wahrsagerin Buchela (*Geisterstunde*, DDR 1967), des Sprechers der sudentendeutschen Landsmannschaft Walter Becher (*Der Präsident im Exil*, 1969) oder von Politikern in hohen Ämtern in der Bundesrepublik, die schon dem NS-Regime an einflussreicher Stelle gedient hatten (so der Bundesminister Theodor Oberländer und der Staatssekretär im Kanzleramt Hans Globke), zeigten, wie die biographische Darstellung als *Mittel der politischen Agitation* eingesetzt wurde.

Der wichtigste Film dieser Art von Heynowski und Scheumann ist ein Porträt des bundesdeutschen Söldners Siegfried Müller, der an den Auseinandersetzungen im Kongo, zu denen es nach der Entlassung des Landes aus dem Kolonialstaat in die Unabhängigkeit gekommen war, beteiligt war. Der dann so bezeichnete ›Kongo Müller‹ wurde vor laufender Kamera interviewt – unter falscher Vorspiegelung, mit wem er es zu tun hatte – und äußerte sich freimütig über sein mörderisches Soldatengeschäft. *Der lachende Mann – Bekenntnisse eines Mörders* (DDR 1966) wurde auch international ein Erfolg, weil der Film, obwohl er fast nur den erzählenden, leicht betrunkenen Kongo-Müller zeigt, die Todesgeschäfte solcher Söldner sehr deutlich offenbarte.

7.3.5. Biographische Langzeitbeobachtungen

Im DDR-Fernsehen waren auch andere Formen von Biographik zu sehen, die aus dem Gebrauch filmischer Produktionsformen und der Nutzung der Fernsehpräsentationsmöglichkeiten entstanden. Film-Fernseh-Koproduktionen schufen seit den 1970er Jahren einen neuen Rahmen für biographische Produktionen (Hickethier 1998), in der DDR entstanden durch die Defa-Filmproduktion für das Fernsehen ähnliche Möglichkeiten für die Fernsehbiographik. Die Besonderheit der übergroßen Programmfläche des Fernsehens führte dazu, dass das Fernsehen über 90 Minuten Dauer hinausgehende, neue *Langzeit-Biographien* ermöglichte.

In der DDR drehten ab 1961 Barbara und Winfried Junge eine Reihe von Filmen, die unter dem Gruppentitel *Die Kinder von Golzow* bekannt wurden. Das Regisseurpaar nahm 1961 einen Film über die Schüler einer Klasse aus dem brandenburgischen Ort Golzow im Oderbruch auf, Länge 13 Minuten, und 1962 einen zweiten mit einer Länge von 14 Minuten. Junges fuhren dann in Abständen immer wieder nach Golzow und dokumentierten filmisch, was aus den Schülern von 1961 wurde. Über 20 Filme, einige davon mehrteilig mit bis zu 300 Minuten Umfang, entstanden daraus bis 2007, als sie mit dem letzten zweiteiligen Film *...und dann leben sie noch heute – Das Ende der unendlichen Geschichte* das Projekt abschlossen. Rund 45 Stunden Filmmaterial sind auf diese Weise entstanden, in den Filmen wurden 18 Menschen der Jahrgänge 1953 bis 1955 auf ihrem Lebensweg begleitet – auch über das Ende der DDR hinaus. Dadurch lassen sich biographische Veränderungen und neue Einstellungen der Porträtierten sehr differenziert darstellen (↗ II.6. Biographie – Genealogie – Generation). In diesen Filmen dominiert zwar das verbale Erzählen, die Zuschauer können jedoch sehr anschaulich das Älterwerden der Protagonisten miterleben.

Ein vergleichbares, wenn auch zeitlich kürzeres Projekt stellt die bundesrepublikanische Reihe *Berlin – Ecke Bundesplatz* (WDR) der Dokumentarfilmer Detlef Gumm und Hans-Georg Ullrich dar, die von 1985 bis 2003 an diesem Projekt arbeiteten. Ähnlich den Junges beobachteten die beiden Dokumentarfilmer, wie sich am Berliner Bundesplatz das Leben der Nachbarn veränderte, wie sie lebten und was aus ihnen wurde. In den ›Langzeitdokumentarfilmen‹ wird das biographische Material so zusammengestellt, dass audiovisuelle Biographien der einzelnen Personen aus Szenen ihres Lebens entstehen.

Eine Folge erzählt z. B. von der jahrzehntelangen Freundschaft zweier älterer Ehepaare mit ihren unterschiedlichen Lebensentwürfen und gemeinsamen Interessen (*Alte Freunde*, WDR 2004). *Kinder, Kinder* (WDR 2004) erzählt dann von der nächsten Generation. Durch die Verbindung der Porträts einzelner Menschen über Jahre hinweg entsteht auch ein Bild eines gemeinsamen Ortes, eines gemeinsamen Lebenszusammenhangs.

Im fiktionalen Bereich muss hier die große Trilogie *Heimat* von Edgar Reitz erwähnt werden, in der er die Chronik des fiktiven Ortes Schabbach im Hunsrück erzählt. In mehr als 55 Stunden (mit Prolog und Epilog) erzählt der Autor und Regisseur vom Leben der Schabbacher zwischen 1919 und 2000 und kann damit Lebensgeschichte mehrdimensional zeigen. Es sind diese Möglichkeiten, Leben ausführlich zu erzählen, die die biographischen Besonderheiten des Fernsehens ausmachen, auch wenn z. B. die Filme von Reitz oder von den Junges auch im Kino gezeigt wurden. Ihr großes Publikum allerdings fanden sie immer erst im Fernsehen.

Das biographische Darstellen von Alltagsmenschen im Fernsehen führte zu einem verstärkten Interesse der Menschen an der medialen Aufbereitung ihrer eigenen Biographie, so dass seit der Jahrtausendwende auch Privatfirmen (z. B. erlebnisfabrik.de) die Produktion von ›*Biographiefilmen*‹ anbieten, die sie aus gelieferten Photos und Interviews herstellen: Jeder kann auf diese Weise zu einer eigenen Filmbiographie gelangen.

7.3.6. Serielle Formen: Biographie-Effekte im Fernsehen

Biographische Langzeitformen anderer Art finden sich in den lang laufenden Unterhaltungsserien wieder. Sie sind aus Produzentensicht nicht als biographische Serien angelegt, entfalten aus Rezipientensicht letztlich aber doch biographische Effekte (↗ I.5. Fiktionalität, Faktizität, Metafiktion). Die seit 1985 im Fernsehen der Bundesrepublik laufende Serie *Lindenstraße* zeigt über eine 25-jährige Dauer (2010) die Entwicklung der – fiktionalen – Figuren. Mutter Beimer ist z. B. (in der Gestalt von Marie-Luise Marjan) mit einer langen Lebensgeschichte in den Köpfen der Serien-Fans präsent, ebenso konnten auch die Seriengeschichten anderer Figuren verfolgt werden. Das physische Altern – eindrücklich an den Kindern der Familie Beimer, die alle inzwischen erwachsen sind, zu beobachten – macht einen durchschrittenen Lebensweg der Figuren deutlich, der dann aus vielen Episoden (im Mai 2009 über 1200 Folgen) rekonstruiert werden kann.

Ein anderes Beispiel solcher *Serienbiographien* ist die Serie *Mein Leben & Ich*, die von 1999 bis 2007 für den kommerziellen Sender RTL produziert und von diesem ausgestrahlt wurde. Die Schülerin Alexandra (›Alex‹) Degenhardt (gespielt von Wolke Hegenbarth) steht im Mittelpunkt und kommentiert die Serienhandlungen in einem *voice over*, so dass dadurch eine zusätzliche, komödiantisch genutzte Ebene entsteht. Auch hier erwächst durch das vielteilige Seriengeschehen eine größere biographisch zu verstehende Darstellung der Figuren.

Ähnlich lassen sich andere lang laufende Serien (wie die Daily Soaps *Marienhof*, ARD, und *Gute Zeiten. Schlechte Zeiten*, RTL, beide seit 1992), aber auch Telenovelas (*Sturm der Liebe*, ARD seit 2005) oder Familiensagas (*Dallas*, 1978–1991 und *Dynasty*, 1981–1989) als biographische Darstellungen verstehen. Deutlicher als in den dokumentarischen Formen sind hier biographische Effekte zu erkennen, weil die Zuschauer aus der Vielzahl der einzelnen Folgen (wenn es sich denn um Serien mit aufeinander aufbauenden Folgenhandlungen handelt) selbst Biographien der Figuren konstruieren. Sie werden in den präsentierten Folgen selbst nicht explizit vermittelt, sondern sind nur in der Kontinuität der Serienrezeption zu erleben.

Auch dokumentarische Reihen und Serien, wie sie z. B. Guido Knopp seit Mitte der 1990er Jahre für das ZDF produzieren lässt (*Hitler – eine Bilanz*, 1995; *Hitlers Helfer*, 1996 und 1998; *Hitlers Krieger*, 1998; *Hitlers Frauen und Marlene*, *Hitlers Kinder*, 2000; *Sie wollten Hitler töten*, 2004), und viele anderen Mini-Serien besitzen eine solche biographische Grundstruktur. Dazu gehören auch Dokumentationsreihen wie *Kanzler – Die Mächtigen der Republik* (ZDF 1999), und *Die Deutschen* (ZDF 2008). Teilweise findet hier eine problematische Reduktion von Geschichte auf Biographik (vor allem auf die Figur Hitlers bezogen) statt.

7.3.7. Dokumentarisch-fiktionale Mischformen

Zu den besonderen Formen der Fernsehbiographik gehören auch die *dokumentarisch-fiktionalen Mischformen*. Ging es über lange Jahre darum, dass biographische Darstellungen sich entweder dokumentarischer oder fiktionaler Formen bedienten, so haben sich aus der Synthese beider Modi des medialen Sprechens (dokumentarisch vs. fiktional) neue Kombinationen ergeben, die auch als Hybridformen bezeichnet werden. Letztlich finden sich solche Verbindungen bereits in den 1960er Jahren (z. B. in den Fernsehspielen Egon Monks), doch haben sie sich vor allem seit den 1980er Jahren im deutschen Fernsehen zu einer eigenständigen Form entwickelt. Als Prototypen können hier die Filme von Heinrich Breloer gelten, aber auch andere wie Horst Königstein und Cord Schnibben haben sich solcher Formen bedient. Breloer geht es ähnlich wie Fechner darum, *Psychogramme der Gesellschaft* zu zeichnen, indem die Mitglieder dieser Gesellschaft dargestellt werden.

Breloers an den politischen Skandalen der Republik entlang entwickelten Fernsehfilme sind biographisch angelegt: Filme wie *Die Staatskanzlei* (ARD/NDR 1989) über den schleswig-holsteinischen Ministerpräsidenten Uwe Barschel, *Kollege Otto* (ARD 1991) über den Coop-Skandal und dessen Protagonisten Bernd Otto, oder *Wehner – die unerzählte Geschichte* (ARD 1993) über den SPD-Parteipolitiker Herbert Wehner stießen auf eine große Resonanz. Sein Mehrteiler über den langjährigen Hitler-Getreuen Albert Speer (*Speer und Er*, ARD 2004), der als Architekt und Rüstungsminister half, den Krieg zu verlängern, bildete mit *Die Manns* (ARD 2001 über die Familie Mann) einen vorläufigen Höhepunkt dieser biographischen Subgattung im Fernsehen. Mit dem zweiteiligen autobiographischen Film *Eine geschlossene Gesellschaft* (ARD 1987) thematisierte er seine eigene Kindheit in den 1950er Jahren.

Breloer kombiniert dokumentarische Mittel, historische Filmaufnahmen, Fernsehaufnahmen (soweit schon vorhanden), Tonaufnahmen, Zeitungsmeldungen etc. zu einer möglichst vollständigen Darstellung seiner Figuren. Diese Materialien verbindet er mit Episoden der Figuren, die er inszeniert. Oft handelt es sich dabei um historisch nicht belegte oder belegbare Szenen (z. B. in seinem ersten längeren Film zusammen mit Horst Königstein *Das Beil von Wandsbek*, NDR 1982). Mit ihnen soll die Psychologie einer Figur ergründet oder für ein Verhalten eine ausdrucksstarke Situation gefunden werden. Als dritte Form kommt die ›Spurensuche‹ (Recherche und Befragung) hinzu, bei der Breloer oft selbst im Bild zu sehen ist (↗ VIII.2.3. Zur Bedeutung der Quellen). Vor allem in seinen frühen Filmen werden diese drei Materialebenen deutlich auseinander gehalten. Breloer will den Eindruck von ›Täuschung‹ meiden. So werden z. B. in *Die Staatskanzlei* die fiktionale Figur des Ministerpräsidenten im Wechsel mit dem dokumentarischen Bild von ihm zu sehen, so dass sich ein merkwürdiges Flirren zwischen den Ebenen, zwischen fiktionalem Schein und dokumentarisch behaupteten Sein, ergibt.

Verzichtet wird auf den Anspruch, eine ›geschlossene‹ Form der vermittelten Welt zu erzeugen. Breloer zeigt, dass das, was wir über einzelne Figuren und ihre Lebensabläufe wissen, nur bruchstückhaft ist. Die Figuren besitzen damit – so zeigt es die Materialästhetik der Filme – selbst keine in sich ruhenden Identität, sondern bleiben fragmentarisch und in sich widersprüchlich. Bei Breloer ist das Fernsehen im besten Sinne zu einer eigenen Form gelangt, weil hier die Besonderheit des Fernsehens als ein in sich selbst fragmentarisch und synthetisch zusammengesetztes Medium in die Fernsehgattung Eingang gefunden hat.

Bei historischen Sendungen, in denen häufig Szenen mit Schauspielern nachgespielt werden, spricht man neuerdings auch mit dem britischen Historiker Robin George Collingwood vom *Reenactment*, womit eine Wiederaufführung und ein Nachstellen historisch belegter Begebenheiten gemeint sind. Damit soll letztlich Geschichte medial wieder erlebbar gemacht werden. Eine möglichst authentische Nachstellung wird dabei angestrebt, wobei durch diese dann wieder nur die schon einmal in den 1960er versuchte ›Illusion des Authentischen‹ (Wolfgang Bruhn vom ZDF) erreicht wird. Gerade Breloer bemüht sich jedoch eher darum, durch die Differenz in den Materialen beim Zuschauer ein Bewusstsein von der widersprüchlichen Materialität der medialen Darstellung aufrecht zu erhalten.

7.3.8. Reality-Formen – Fernsehbiographien lebensnäher?

In den ersten Jahren des neuen Jahrhunderts haben sich neue Fernsehformen herausgebildet, die als Reality TV bezeichnet werden. Dabei geht es jedoch nicht wirklich um die Darstellung einer Realität außerhalb des Fernsehens, sondern allenfalls um neue, zumeist stark emotionalisierte Perspektiven auf die Welt, und darum, dass sich die Zuschauer stärker mit den dargestellten Personen identifizieren können.

Laiendarsteller spielen sich selbst, ihre Probleme und Lebens-Situationen. Die Präsentation des Geschehens folgt jedoch den Regeln fiktionaler Serienunterhaltung, mit ihren Inszenierungsformen, dramaturgischen Grundmustern und der seriellen Kameraästhetik. Eines der ersten deutschen Beispiele wurde von 1990 bis 2001 vom WDR produziert: *Die Fußbroichs*, die als Ruhrgebietsfamilie sich selbst und ihr Leben in mehreren unregelmäßig gesendeten Filmen darstellten.

Die neueren *biographisch orientierten Reality-Serien* (auch Reality Soaps oder Dokusoaps genannt) mit biographischen Aspekten versetzen z. B. die Zuschauer in vergangene Epochen und lassen Menschen Alltagsprobleme in historischen Umgebungen mit all ihren Beschwernissen und sozialen Einengungen bewältigen (z. B. in der ARD: *Schwarzwaldhaus 1902*, 4 Folgen 2002; *Abenteuer 1900 – Leben im Gutshaus*, 16 Folgen 2004; *Abenteuer 1927 – Sommerfrische*, Dienstboten und Herrschaft, 16 Folgen 2005).

Beliebt sind auch Auswandererserien, bei denen die Zuschauer miterleben können, wie die dargestellten Personen ein neues Leben beginnen. *Goodbye, Deutschland! Die Auswanderer* (Vox 2006) zeigt in einzelnen Folgen, wie es den ausgewanderten Familien an ihren neuen Orten ergeht, ob sie Heimweh haben und wie sie die neuen und unerwarteten Probleme bewältigen. Die Familien werden in unregelmäßigen Abständen besucht, manche werden über Jahre beobachtet, andere dagegen sind nur kurz in der Serie zu sehen. Diese Serien stellen ein ähnliches Experiment wie auch die Langzeitbeobachtungen der *Kinder von Golzow* und *Berlin – Ecke Bundesplatz* dar.

Die Vielfalt der vorhandenen biographischen Formen und Formate im Fernsehen wird sich in Zukunft noch weiter ausdifferenzieren. Die Bewältigung der Probleme des Lebens, das Betrachten von erfolgreichen oder auch gescheiterten Biographien bildet offenbar für viele Zuschauer eine der interessantesten Formen der Unterhaltung, weil sie gleichzeitig immer auch – von der sicheren Position eines bloß Zuschauenden aus – dazu anregt, sich selbst mit dem eigenen Leben dazu in Beziehung zu setzen. Die wachsende Zahl sogenannter ›Helptainment‹-Formate – Sendereihen, in denen Menschen mit schwierigen Lebensumständen nicht mehr zurechtkommen und ihnen ›Hilfe‹ von Experten bzw. Fernsehmitarbeitern angeboten wird (*Die Super-Nanny, Helfer mit Herz, Raus aus den Schulden*) – resultiert aus dieser Entwicklung.

Literatur

Delling, Manfred: *Bonanza & Co.* Reinbek 1976.

Hickethier, Knut: *Das Fernsehspiel der Bundesrepublik. Themen, Form, Struktur, Theorie und Geschichte. 1951–1977.* Stuttgart/Weimar 1980.

Ders.: *Geschichte des deutschen Fernsehens.* Stuttgart/Weimar 1998.

Ders.: »Ermittlungen gegen die Unmenschlichkeit. ›Der Prozess‹ von Eberhard Fechner«. In: Waltraud ›Wara‹ Wende (Hg.): *Geschichte im Film. Mediale Inszenierungen des Holocaust und kulturelles Gedächtnis.* Stuttgart/Weimar 2002, S. 141–158.

Niethammer, Lutz (Hg.): *Lebenserfahrung und kollektives Gedächtnis: die Praxis der »oral history«.* Frankfurt a. M. 1980.

Steinmetz, Rüdiger/Viehoff, Reinhold (Hg.): *Deutsches Fernsehen Ost. Eine Programmgeschichte des DDR-Fernsehens.* Berlin 2008.

Knut Hickethier

7.4. Hörfunk

Biographik im Radio ist durch die mediale Konzentration auf die Akustik geprägt. Die Audiophonie wiederum ist nicht an die Institution des Rundfunks gebunden, sondern kann sich auch in ›freien‹ Produktionen realisieren. Diese werden heute auf Tonträgern außerhalb des Hörfunks verbreitet sowie in öffentlichen und privaten Veranstaltungen oder in Installationen (zumeist in Galerien und Museen) zu Gehör gebracht. Eine Sonderform stellt das Hörbuch (Kassette, CD) dar, das zumeist eine Lesung literarischer Texte enthält und inzwischen selbst zu einem Massenmedium geworden ist. Die audiophone Biographie ist jedoch vor allem in den Hörfunkprogrammen zu finden.

7.4.1. Typologie audiophoner Biographik

Eine spezielle und verbindliche Gattungs- und Genrelehre, die die Form der Biographie ausweist, kennt auch der Hörfunk nicht. Dennoch lassen sich im Programmangebot fünf biographische Grundformen erkennen:

(a) Tagesaktuelle biographische Formen sind in den Hörfunk-Nachrichtensendungen und -Magazinen der *Nachruf* und die *biographische Kurzform*, die auch im Rahmen von Sendungen zu besonderen Anlässen (*Kalenderblatt, Wir erinnern*) zu finden sind. Sowohl der Tod einer Persönlichkeit als auch ein besonderes Ereignis in deren Leben (Preisverleihungen, Publikationen besonderer Werke, Reden etc.) führen häufig zu Kurzbiographien oder biographischen Notizen, die wesentliche Stationen eines Lebens im Wort festhalten und damit den Betreffenden in der kulturellen Gegenwart verankern.

(b) Die *Lesung* eines zumeist bereits als Buch veröffentlichten biographischen Textes findet sich relativ selten im Programm, wie z. B. die Lesung der Schiller-Biographie Sigrid Damms (*Das Leben des Friedrich Schiller*, 40 Folgen, HR 2005). Die literarische Vorlage wird dabei oft gekürzt und dem meist halbstündigen Senderahmen angepasst (Pauler 2001, 13 f.).

(c) Der *biographische Radio-Essay* stellt einen akustischen Wortbeitrag dar, der speziell für den Hörfunk produziert wird, wobei die biographischen Darstellungen in der Regel zunächst als schriftlicher Text verfasst und dann inszeniert werden. Die mündliche Form der Darbietung ist durch die Aufnahmetechnik (Mikrofon, Speicherung, Mischung, Schnitt) immer optimiert. Die Färbung der Stimme, Intonation und Akzentsetzung sollen das Erzählte und Vorgetragene strukturieren und mit zusätzlicher Prägnanz versehen. Musik wird im Essay in der Regel sparsam eingesetzt und dient der Gliederung des sprachlichen Textes.

(d) Das *biographische Feature* (*Radio-Feature*) stellt eine dokumentarische Form dar, die den Anspruch erhebt, dass das Dargestellte in einem direkten Referenzverhältnis zur vormedialen Realität steht (↗ I.3.). Das Spektrum der vorhandenen Feature-Formen ist breit und reicht vom ›literarischen Feature‹, das nur mit der Sprache arbeitet, bis hin zur audiophonen Darbietung, die nur mit Geräuschen operiert.

(e) Das *biographische Hörspiel* stellt eine der Fiktion zugehörige Form dar, die ähnlich dem Fernsehfilm und Fernsehspiel auch Biographien historisch belegter Personen liefern kann. Es setzt als eine szenische Form mit dem Merkmal der Figurenrede die audiophonen Mittel der Musik, des Geräusches, des Gesangs, der Bearbeitung gesprochener Sprache ein, wobei je nach Hörspielkonzept (des Autors, Regisseurs und der Hörspielform) die Breite der eingesetzten Mittel unterschiedlich ist. Grundsätzlich lassen sich das *Illusionshörspiel*, das *Neue Hörspiel*, das *O-Ton-Hörspiel* und Mischformen bis hin zur audiophonen Performance unterscheiden (s.u.).

Die allgemeine Entwicklung der Biographik im Radio ist durch Funktionsverschiebungen geprägt, die der Hörfunk mit der Ausbreitung des Fernsehens seit den 1950er Jahren erfahren hat. Dabei hat eine starke Reduktion der Wortanteile in den Hörfunkprogrammen stattgefunden und die Bedeutung von Hörspiel, Feature und Essay stark abgenommen. Szenische Produktionen (Einzelhörspiele und vor allem Hörspielserien) gerieten dadurch innerhalb der Programme in eine Nischenposition für Minderheiten, die zur Betonung künstlerisch anspruchsvoller Produktionen führte.

7.4.2. *Zur historischen Entwicklung der Radio-Biographik bis 1970*

1920er–1940er Jahre – Zwischen Leitbild und Indoktrination: In den 1920er Jahren würdigen sogenannte ›Hörbilder‹ und ›Hörfolgen‹ (in der Art des Features, Essays oder eines Vortrags) Leben und Wirken prominenter Künstler, Schriftsteller, Herrscher, Politiker, Naturwissenschaftler oder Techniker. Prägend war ein pädagogischer Impetus und eine didaktische Form, ging es doch auch darum, Vorbilder und Leitbilder vor allem für jugendliche Hörer zu präsentieren (↗ II.4. Biographie und Wissen). Neben der Darstellung ›großer Deutscher‹ standen die Pioniere der Weltentdeckungen im Vordergrund: Polarforscher, Bergsteiger, ferner »Helfer der Menschheit und Taten Einzelner für Andere« (Schwitzke 1963, 75). Die Schilderungen zeigten sie immer bei der Überwindung von großen Herausforderungen.

Nach 1933 nahm die Zahl der biographischen Sendungen zu, sollte doch deutsche Geschichte in der Form von ›*Lebensbildern*‹ dargestellt werden: »Von Hermann dem Cherusker bis zu Adolf Hitler« (Wessels 1985, 475) reichten biographische Reihen wie z. B. *Deutschland – seine Gestalten und Führer* (1933), *Große Deutsche* (1935) oder *Männer formten deutsche Geschichte* (1936/37). Das Grundmuster ist immer ähnlich, es zeigt berühmte Personen (etwa bei Otto Rombach *Schliemann – der Narr* oder Günter Eich *Semmelweis – Der Tod an den Händen*, 1939), die sich ihren Lebenstraum erfüllen. Sie leisten Herausragendes, indem sie sich gegen eine Welt von Feinden durchsetzen (↗ III.7.1. Spielfilm). Dadurch werden sie, auf einem Gipfel stehend, besonders herausgestellt, bringen damit auch ein Opfer für die unter ihnen stehenden Massen der Volksgemeinschaft. Für das dahinter stehende Biographie-Konstrukt gab Hitlers selbststilisierte Biographie das Muster ab (E.G. Erich Lorenz: *Adolf Hitler, der Kämpfer für das neue Deutschland*, SDR 1933; Kribus 1995, 63). In dem Propagandastück *Schlageter* von Hanns Johst, das von dem rechtsnationalen Saboteur Albert Leo Schlageter handelt, der 1923 von einem französischen Militärgericht zum Tode verurteilt und hingerichtet worden war, steht denn auch eine solche Figur »allein über einer niederen Welt, die ihn in seinem Heldentum anfeindet und ihn doch braucht, um sich durch ihn in ihrem Schicksal zu vollenden« (Ketelsen 1970, 155).

1950er Jahre – Öffnung und Neuorientierung: Im Hörfunk der 1950er Jahre trat nach der Herausstellung nationaler ›Führer‹ in der NS-Zeit die Biographie ›großer Deutscher‹ in den Hintergrund. Biographische Formen etablieren sich zu dieser Zeit in der neu entwickelten, aus dem britischen Hörfunk entlehnten Form des *Features*, das sich deutlich von der Vorkriegs-Hörfolge abgrenzte und eine literarisierte Darstellung betonte, sowie im ebenfalls neu entwickelten *Radio-Essay*. Alfred Andersch mit seiner SDR-Redaktion ›Radio Essay‹ förderte ebenso wie Ernst Schnabel mit der Feature-Redaktion beim NWDR Autoren der Gruppe 47, aber auch zahlreiche andere. Insbesondere Arno Schmidt für den SDR, Axel Eggebrecht und Walter Jens für den NWDR sowie Heinrich Böll für den HR (Frankfurter »Nachtstudio«) verfassten biographische Essays und Features (Hülsebus-Wagner 1983). Dabei standen Publizisten und Politiker wie Siegfried Jakobsohn, Gustav Stresemann, Carl von Ossietzky (Eggebrecht), Schriftsteller wie Wieland,

Klopstock, Herder, Tieck, aber auch Autoren der Trivialliteratur wie Karl May und nationalsozialistische Autoren wie Gustav Frenssen (Schmidt) im Mittelpunkt der Betrachtung.

Die biographischen Radio-Essays, die z. B. im »Nachtprogramm« des Süddeutschen Rundfunks ausgestrahlt wurden, wirkten sich auch auf die Kultur der Nachkriegszeit aus (Lersch 1995), entdeckte doch Arno Schmidt zahlreiche Autoren der deutschen Literaturgeschichte (Brockes, Oppermann, Wezel) wieder oder machte auf Autoren der Weltliteratur (Charlotte Brontë, Edgar Allen Poe, Charles Dickens, James Joyce) aufmerksam. Die eigenen, oft biographisch angelegten Essays (über Thomas Mann, Elio Vittorini, Walter Benjamin) dienten Alfred Andersch als Anknüpfungspunkte für eine kulturelle Öffnung und Neuorientierung der bundesrepublikanischen Kultur. Das Stuttgarter »Nachtprogramm« verstand sich als ein »Laboratorium«, das eine »funkische Ästhetik« anstrebte und einen »technisch beeinflussten Essayismus« entwickelte (Warner 2007, 11 f.).

Die geschlossene, monologisch angelegte biographische Form wurde aufgebrochen, mehrere Sprecher trugen die Texte dialogisch und damit kontrastiv vor (etwa bei Arno Schmidt über den NS-Autor Gustav Frenssen). Der Einsatz des Tonbandes erlaubte dichte Zitatcollagen und neue akustische Montagen, die verschiedene Perspektiven auf Lebenswege boten und unterschiedliche Materialebenen zum ›Sprechen‹ brachten. Der Literaturwissenschaftler Ansgar Warner spricht hier von einer »technischen ›ars combinatoria‹«, von einer essayistischen Montage (ebd., 15 ff.), die bis zu den Radio-Essays von Hans Magnus Enzensberger (z. B. über Erich Kästner oder William Carlos Williams) und Helmut Heißenbüttel (über Carl Einstein) reicht.

In der Weiterentwicklung insbesondere des Features, das als audiophone Form ohnehin eine offene ästhetische Struktur bevorzugt, kamen musikalische Elemente hinzu. Als prototypisch kann Alfred Anderschs *Der Tod des James Dean* (Südwestfunk u. a. 1959) gelten. Die biographische Erinnerung an ein Idol der ›Beat-Epoche‹ bedient sich der Montage aus Reportagen (z. B. einer Boxweltmeisterschaft), Gedichten, Musik und dem sprachlichen Bericht und erzeugt damit ein Klangbild, das für das irritierte Lebensgefühl einer widerborstigen und gleichwohl unterlegenen Jugend steht.

1960er Jahre – Innovative Formen: Das Feature entdeckte in den 1960er Jahren neben der Montage den verstärkten Einsatz von O-Ton-Material. Besonders die Feature-Redaktion des Senders Freies Berlin (SFB) unter Peter Leonhard Braun war hier führend. Das *O-Ton-Feature* will die zu vermittelnde Welt letztlich als eine rein akustische Welt zu Gehör bringen, als eine Welt der Geräusche, der Klänge, der Stimmen, wobei in ihrer radikalen Form, wie sie vor allem die Features von Peter Leonhard Braun selbst darstellen, die durch sie vermittelte Wortbedeutung nachrangig ist. Für das biographische Hörspiel blieb diese Entwicklung zunächst von geringerer Bedeutung, ließen sich doch selten biographische O-Töne über eine größere Lebensspanne zusammentragen. Klaus Lindemann vom SFB lieferte dann jedoch auch biographisch orientierte O-Ton-Features über Süchtige und andere Gruppen der Gesellschaft, ebenso arrangierten und montierten andere Autoren O-Ton-Biographien (z. B. Michael Schulte über Karl Valentin, Renke Korn über die Musikgruppe *Die Perlons*; Hickethier 1984).

Die Biographik tendiert in den O-Ton-Formen zum Autobiographischen, ähnlich den zeitgleich entstehenden Oral-History-Tendenzen im Fernsehfilm und in anderen biographischen Medien (↗ I.7. ›Biographiewürdigkeit‹).

Eine vergleichbare Entwicklung fand parallel im Hörspiel statt. In den 1960er Jahren entdeckten Autoren, Regisseure und Redakteure in Abkehr vom Illusionshörspiel, wie es Heinz Schwitzke in den 1950er Jahren propagiert hatte, das akustische Material: Geräusch, Musik und die Stimme selbst. Das vom Redakteur des Westdeutschen Rundfunks Klaus Schöning so bezeichnete *Neue Hörspiel* nahm sich in besonderer Form des biographischen Darstellens an, ohne daraus jedoch ein Genre zu machen. Es ging und geht um die Darstellung von personaler Identität im Audiophonen bzw. um deren Findung bzw. Auflösung in der Vielfalt der Klänge und Stimmen.

Als prototypisch können Wolf Wondratscheks Hörspiel *Paul oder die Zerstörung eines Hörbeispiels* (Westdeutscher Rundfunk u. a. 1970) und Ror

Wolfs *Leben und Tod des Kornettisten Bix Beiderbecke aus Nord-Amerika* (Südwestfunk u. a. 1988), beide unter der Regie von Heinz Hostnig, gelten. Wondratschek vergewissert sich der Person und ihrer Geschichte in der Form eines *stream of consciousness*, bestehend aus Selbstreflexionen, Tonfetzen aus dem Radio, Kommentaren und Musikzitaten, der sich im Kopf des Lastwagenfahrers Paul ereignet. Der Hörer spürt diesen Fragmenten, die sich aneinanderreihen, nach, um in ihnen einen übergreifenden Sinn zu entdecken und dann zu einer Figur zu gelangen, die sich ihm im Verlauf des Hörspiels immer deutlicher erschließt. In *Bix Beiderbecke* erzählt Ror Wolf die Biographie des Jazzmusikers Beiderbecke, in einer balladenartigen Form und unter Hinzuziehung von Beiderbeckes Musik, die das Lebensbild, das sich hier ergibt, entscheidend prägt.

7.4.3. Biographik im Hörspiel seit den 1970er Jahren

Generell wird die Biographie zum Konstrukt aus Stimmen, Geräuschen und Musik, es geht vor allem nicht mehr um das bloß erzählende Nachzeichnen einer Figur. Drei wesentliche Formtendenzen der Biographie im Hörspiel seit den 1970er Jahren lassen sich erkennen.

(a) Die Biographie entsteht *im Schnittpunkt akustischer Materialien*, die direkt oder – häufiger – indirekt den Porträtierten charakterisieren. So beschäftigt sich z. B. Andreas Ammer in seinem Hörspiel *Benjamin Loops* (Bayerischer Rundfunk 1992) mit dem Tod Walter Benjamins in einer Collage einander überlagernder Klangassoziationen und setzt sich mit Benjamins politischem und ästhetischem Vermächtnis auseinander. Voraussetzung einer derartigen Klang- und Assoziations-Biographik ist eine intime Kenntnis des Dargestellten beim Hörer, so dass sich das Hörerlebnis wesentlich durch ein Wiedererkennen verwendeter Motive und Themen bestimmt. Dass Ammer dabei auch versucht, die ›Legende‹ der Moderne, Walter Benjamin, zu zerstören und das biographische Denken generell infrage zu stellen, verhindert dessen gegenteilige Wahrnehmung durch den Hörer nicht.

(b) Die *Montage von Stimmen* ergibt ein polyphones Gegen-, Mit- und Übereinander, in dem die als innere Stimmen ausgewiesenen Reden eine permanente Reflexion von Biographie und Lebenssituationen betreiben und zahlreiche Assoziationen wachrufen. In Friederike Mayröckers *So ein Schatten ist der Mensch* (RIAS u. a. 1982) wird ein Geflecht von Gedanken, Empfindungen und inneren Bildern erzeugt, das bis in die Kindheit der Protagonistin reicht. In Ernst Jandls *Aus der Fremde* (Westdeutscher Rundfunk u. a. 1980) wird auf diese Weise die Innensicht eines Autors geliefert, dessen Erinnerungen sich mit den Gedanken über das Schreiben und den Alltagsverrichtungen mischen.

Zu dieser Tendenz des Hörspiels gehören auch die Arbeiten von George Tabori – oft in Regie von Jörg Jannings – (*Mein Kampf*, 1992, *Autodafé*, 1992, *Requiem für einen Spion*, 1993), in denen die erzählende und sich erinnernde Stimme durch das Ausstellen von Schnaufen und Atmen eine gewisse Körperlichkeit erhält, so dass im nichtkörperlichen Medium des Audiophonen eine neue Körperlichkeit der Erinnerung entsteht (↗II.1. Biographie und Performanz).

(c) Verstärkt werden gesellschaftliche Randpositionen, biographische Pathologien und *psychische Grenzpositionen* dargestellt. Dabei geht es nicht unbedingt um Krankheitsgeschichten. Prototypisch kann hier Jörg Amanns Hörspiel *Sit well, Edith!* (Radio Bremen 1994) über die britische Exzentrikerin und Autorin Edith Sitwell gelten, bei der auch das Konstrukt der inneren Stimme verwendet und damit ihre Randposition durch oft manisch klingende Stimmen evoziert wird.

Kennzeichen dieser neuen Tendenzen ist, dass es sich hier um *nicht-illusionistische Biographie-Formen* handelt. Der Hörer versteht angesichts der oft komplexen Konstruktionen nicht immer alles und kann deshalb nicht allen Verschränkungen der Darstellung folgen.

Die Biographik im Hörfunk ist in ihren Erscheinungsweisen vielfältig und versteckt ihre Besonderheit der Darstellung von Lebensgeschichten und Leben gerade in ihren anspruchsvollen Formen oft unter allgemeinen, die Biographik nicht vermittelnden Sendetiteln. Es soll damit offenbar eine Genrefizierung verhindert werden. Gleichwohl bestimmt das biographische und erinnernde Sprechen immer stärker auch die Radiokunst.

Literatur

Hickethier, Knut: »Die Welt als Hör-Raum in der Zeit. Zur Geschichte der Programmform ›Feature‹«. In: *epd/ Kirche und Rundfunk* Nr. 53 (27.6.1984), S. 4–7.

Hülsebus-Wagner, Christa: *Feature und Radio-Essay. Hörfunkformen von Autoren der Gruppe 47 und ihres Umkreises*. Aachen 1983.

Ketelsen, Uwe-Karsten: *Vom heroischen Sein und völkischen Tod. Zur Dramatik des Dritten Reichs*. Bonn 1970.

Kribus, Felix: *Das deutsche Hörfunk-Feature. Geschichte, Inhalt und Sprache einer radiogenen Ausdrucksform*. Stuttgart 1995.

Lersch, Edgar: »Die Redaktion ›Radio Essay‹ beim Süddeutschen Rundfunk 1955–1981 im rundfunkgeschichtlichen Kontext«. In: SDR (Hg.): *Dokumentation und Archive*. Bd. 5. Stuttgart 1995, S. 7–13.

Pauler, Monika: »Lebensgeschichten – Zeitgeschichte«. In: Andreas Stuhlmann (Hg.): *Radio-Kultur und Hör-Kunst. Zwischen Avantgarde und Popularkultur 1923–2001*. Würzburg 2001, S. 207–221.

Schwitzke, Heinz: *Das Hörspiel. Dramaturgie und Geschichte*. Köln/Berlin 1963.

Warner, Ansgar: *»Kampf gegen Gespenster«. Die Radio-Essays Wolfgang Koeppens und Arno Schmidts*. Bielefeld 2007.

Wessels, Wolfram: *Hörspiele im Dritten Reich*. Bonn 1985.

Knut Hickethier

8. Biographisches Erzählen und digitale Medien

8.1. Das Spektrum biographischer Erzählungen im Internet

Neue Medien bleiben zumeist nicht ohne Folgen für den ›kommunikativen Haushalt‹ und entsprechend für die Kommunikationsformen einer Gesellschaft.[1] Im Kontext biographischer Erzählungen ist zu klären, ob und inwieweit die Bandbreite biographischer Erzählungen, die außerhalb des virtuellen Raumes von biographischen Kleinformen bis zum avancierten biographischen Experiment reicht, im digitalen Medium genutzt wird. Da die Forschung unterschiedlicher wissenschaftlicher Disziplinen von einer Bestandsaufnahme biographischer Erzählungen in den digitalen Medien noch weit entfernt ist, wird im Folgenden skizziert, welche Formen und Funktionen etablierter Biographik begünstigt werden und welche neuartigen Möglichkeiten biographischer Erzählungen sich andeuten.

Eine besondere Schwierigkeit stellt die Tatsache dar, dass das Internet ein »Emblem der Vielheiten« (Oels/Porombka 2002, 134) ist. Nach Robert Simanowski erlaubt es sowohl Individual- als auch Massenkommunikation (Simanowski 2007, 245). Die internetbasierte Kommunikation (so Chat, Weblogs, Videoblogs, …) und die Hypertextplattform des World Wide Web (WWW) bevorzugen jeweils andere Erzählweisen und besitzen dementsprechend auch andere pragmatisch-kommunikative (z. B. Informieren, Illustrieren) und sozialpsychologische Funktionen (z. B. Identitätsstiftung, Imagepflege). Die internetbasierte Kommunikation dient vorrangig der raumunabhängigen Vernetzung von Menschen. Biographische Erzählungen weisen hier entweder eine Nähe zu mündlichen Alltagserzählungen oder zu medial schriftlichen Texttraditionen der Alltagschronistik auf, wobei sie Versprachlichungsstrategien der Nähe[2] bevorzugen. Ihr Funktionspotential bemisst sich pragmatisch an dem jeweiligen, wenngleich zerdehnten Interaktionszusammenhang. Ihre sozialpsychologischen Funktionen rücken die Perspektive der Produzenten relativ zu einem interaktiven Kontext in den Vordergrund und können bis zur Inszenierung virtueller Kommunikationsgemeinschaften reichen.

Biographik im WWW hingegen dient zumeist der Präsentation und Tradierung schon sedimentierter Wissensbestände und ist nutzerorientiert, wobei sie sich entweder an ein disperses Massenpublikum oder an eine spezifische Nutzergruppe (z. B. wissenschaftliche Netzwerke, Gruppen mit Partikularinteressen) richten (↗ II.4. Biographie und Wissen). Obwohl sich Hypertexte bzw. Hypermediaprodukte unterscheiden, in verschiedene Hypertextnetze eingebettet sind, gegebenenfalls Interaktivität und kollaboratives Schreiben (*wreading*) ermöglichen und sprachlich variabel gestaltet werden, dienen sie prototypisch der Distanzkommunikation. An den hypertextgestützten Spielarten biographischer Erzählungen wird deutlich, dass sie überwiegend für die kollektive Rezeption von ›Erzählstoffen‹ geformt werden und bereits etablierte Formate adaptieren und bisweilen produktiv anverwandeln. Besondere Bedeutung besitzen allerdings, wie unter (8.3.) gezeigt wird, v. a. solche Formen narrativer Strukturierung, bei denen zwar die Komplexität und Partikularität von authentischen Ereignissen in der retrospektiven Sichtweise zugunsten einer linearen Ereignisfolge verdichtet werden, die jedoch eine dominant sachliche Elaborierung besitzen und dem Berichten nahestehen. Narrative Strukturierungen, die entweder literarische Erzähltechniken oder die für Alltagserzählungen konstitutiven Dramatisierungen

1 Dazu Michael Giesecke: *Sinnenwandel, Sprachwandel, Kulturgeschichte. Studien zur Vorgeschichte der Informationsgesellschaft.* Frankfurt a. M. 1992.

2 Im Sinne von: Peter Koch/Wulf Oesterreicher: »Sprache der Nähe – Sprache der Distanz. Mündlichkeit und Schriftlichkeit im Spannungsfeld von Sprachtheorie und Sprachgeschichte«. In: *Romanistisches Jahrbuch* 36. Jg. (1985), S. 15–43.

nutzen, besitzen eine untergeordnete Bedeutung.[3] Durch die mögliche Vernetzung von Hypertexten und internetbasierter Kommunikation sind Übergänge jedoch möglich (so perspektivische biographische Erzählungen).

Nur vereinzelte Aufsätze thematisieren nicht-literarische (biographische) Erzählungen im Internet und in anderen digitalen Medien (Oels/Porombka 2002; Handler 2006; Krameritsch 2007). Da ein wichtiger Strang biographischer Erzählungen auf der Nutzung von Hypertexten/-media basiert, wird zunächst die hypertextuelle Erzählumgebung beleuchtet (8.2.). Danach folgt eine Klassifikation biographischer Hypertexte, die einerseits in den Kontext des Wissensaufbaus und der -vermittlung zu stellen sind (8.3.), andererseits der Stabilisierung einer Gruppenidentität dienen (8.4.), bevor die Möglichkeiten biographischen Erzählens in der internetbasierten Kommunikation (8.5.) knapp dargestellt werden.

8.2. Die hypertextuelle Erzählumgebung

Grundsätzlich finden sich im Internet, abgesehen von E-Text-Varianten schon gedruckter Texte, kaum Hypertexte, die Adaptionen seriell-erzählender Biographien sind. Prinzipiell böten sich Hypertexte dafür an, multiple Rezeptionspfade zu legen, Interpretationen biographischer Episoden miteinander zu kontrastieren und so den Konstruktionscharakter biographischen Arbeitens zu verdeutlichen. Solche Nutzungen sind im Internet randständig (siehe aber die einzelnen Unterkapitel). In ihrem 2002 veröffentlichten Beitrag ziehen Oels/Porombka das Fazit, dass »der Boom der Biographien ohne digitale Experimente« auskomme (Oels/Porombka 2002, 139). Auch 2009 bilden übergreifend (post)moderne Biographik und hypertextuelle Experimente keine kongeniale Allianz. Bei biographischen Erzählungen im Internet handelt sich vielmehr um Arrangements von Datenmaterial, die ohne ein breites Spektrum von Erzähltechniken auskommen, was indirekt die Befunde zur Netzliteratur bestätigt. Da für biographische Erzählungen in den digitalen Medien klassische Einteilungskategorien nicht greifen (so beispielsweise episch-dokumentarisch oder ästhetisierend),[4] wird die Biographik im Anschluss an funktional-pragmatische Einteilungsmodelle erschlossen. Diese sehen in Hypertexten Produkte sprachlichen Handelns, die vorrangig in Abhängigkeit vom virtuellen Kontext, vom Thema, von der Funktion und von (Hyper)Texttraditionen stehen (Jakobs 2005, 160). Zur Klassifikation biographischer Hypertextsorten sind zunächst allgemeine Eigenschaften von Hypertexten von spezifisch biographischen zu trennen: Für Hypertexte ist allgemein die nicht- bzw. multi-lineare Organisation von Informationseinheiten charakteristisch, die über ein multikodales Spektrum von Linkformen miteinander verbunden sind, die vom Einzelwort bis zu sensitiven Textbestandteilen oder Graphiken reichen (Jakobs/Lehnen 2005, 160). Hypertexte integrieren zumeist nicht nur sprachliche Informationseinheiten, sondern verbinden über Links auch semiotische Einheiten unterschiedlicher Qualität und Größenordnung (so Bild-, Audio- oder Videodateien; ↗ VIII.2.3. Zur Bedeutung der Quellen). Zur Herausarbeitung der spezifischen Eigenschaften hat es sich in der angewandten Sprach- und Kommunikationswissenschaft etabliert, zwischen medialer und konzeptioneller Linearität/Nicht-Linearität zu unterscheiden. Während das Buch – im Gegensatz zu Filmrollen – idealiter ein lineares Medium ist, kann es jedoch wie beispielsweise eine Enzyklopädie nicht-linear gelesen werden. Der Unterschied zwischen Text und Hypertext liegt demnach nicht in der medialen, sondern in der konzeptionellen Nicht-Linearität. Angelika Storrer unterscheidet zwischen *monosequenzierten* Texten, bei denen der Autor einen präferierten Leseweg plane, *mehrfachsequenzierten* Texten, bei denen unterschiedliche Lesewege möglich sind, und *unsequenzierten* Texten. Dort sind Textkonstituenten »durch thematische Verweise miteinander verknüpft und können ohne Risiko für das Verständnis in beliebiger Reihenfolge rezipiert werden« (Storrer 2000, 240). Hinsichtlich der

3 Zur Unterscheidung narrativer Strukturierungen vgl. Heiko Hausendorf/Wolfgang Kesselheim: *Textlinguistik fürs Examen*. Göttingen 2008, S. 91–93.

4 Christian Klein: »Einleitung: Biographik zwischen Theorie und Praxis. Versuch einer Bestandsaufnahme«. In: Ders. (Hg.): *Grundlagen der Biographik. Theorie und Praxis des biographischen Schreibens*. Stuttgart/Weimar 2002, S. 7.

Interaktivität ist die Unterscheidung zwischen *geschlossenen* und *offenen* Hypertexten wichtig (Krameritsch 2007, 152 f.): Während geschlossene Hypertexte das Medium Internet lediglich als Informations- und Distributionsmedium nutzen, so dass die Rezeption eher unidirektional, rückkoppelungs- und interaktionsarm erfolgt, erlauben offene Hypertexte den Eingriff des Nutzers und lassen dynamische Gebilde entstehen. Die Tatsache, dass sich die Kohärenz eines offenen Hypertextes dynamisch ergibt (Storrer 2003, 13) und vom Nutzer abhängig ist, verlangt nicht weniger, sondern mehr Antizipationsleistungen hinsichtlich der potentiellen Nutzerprofile und -pfade. Verbunden mit der »Schlüssellochperspektive des Nutzers« (Jakobs/Lehnen 2005, 161), der ein mentales Modell der Gesamtkonstruktion nur schwer aufbauen kann, ergeben sich Konsequenzen für den Einsatz von Navigierungs-, Kontextualisierungs- und Orientierungshilfen. Über die Qualität eines Hypertextes entscheidet eine intelligente Verlinkung (so durch typisierte und nicht nur assoziativ-referentielle Links[5]). Da Hypertexte »on screen« auf einer »multimodalen Sehfläche«[6] gelesen werden, passt sich die Gestaltung einer »Ökonomie der Flächennutzung«[7] an. Wie die Informationseinheiten ›granuliert‹ werden sollten, ohne dass eine Zersplitterung und Atomisierung der Information erfolgt, fällt in den Bereich der Usability-Forschung und ist noch offen. Deutlich ist jedoch, dass textliche Informationen kürzer und clusterartiger und Darstellungsformen wie etwa Listen oder Tabellen begünstigt werden.

Im Anschluss an funktional-pragmatische Einteilungsmodelle sind entsprechend zu berücksichtigen: (a) der kontextualisierende Rahmen (so ein Hypertextnetz), (b) die Perspektive des Verfassers (sofern erkennbar), (c) die vorgesehene Nutzerorientierung, einschließlich der Art der Verlinkung, der Serviceleistungen und der interaktiven Angebote, (d) die thematische Organisation der Module, (e) die narrative Strukturierung sowie (f) die syntaktischen Gestaltungs- und die lexikalischen Formulierungsmuster der einzelnen Module. Das Zusammenspiel dieser miteinander verknüpften Ebenen erlaubt eine Beurteilung, ob es sich um offene oder geschlossene Hypertexte handelt. Gleichzeitig lässt sich ermitteln, ob Adaption oder Verfremdung der etablierten Biographik vorliegt.

8.3. Biographik auf wissensvermittelnden Webseiten

Sowohl bei der Einbettung von Biographien in die Hypertextnetze größerer Institutionen oder Forschungsnetzwerke als auch bei der Einbettung auf den Homepages von Privatpersonen wird deutlich, dass die Präsentation einer Biographie einer konventionellen Erwartungs- und Rezeptionshaltung entspricht und zumeist nach dem Muster einer linearen Abfolge von Phasen, einem sozial standardisierten Regelsystem sinnvoller Sukzession erfolgt und, wenngleich nicht in allen Varianten, dem »Mythos personaler Kohärenz«[8] verpflichtet ist. Ferner ist erkennbar, dass damit nicht nur eine bestimmte Themenabfolge festgelegt wird, sondern auch, dass der Lebensweg gerade bekannter Personen lexikalisch stereotypisiert wird und die multimediale Einbettung sich kultureller »Visiotype«[9] bedient.

8.3.1. Biographische Hypertexte mit registrierend-dokumentierender Funktion: Spielarten der Hypertext-Biographie

Die einfachste Aufbereitung biographischer Daten erfolgt als Auflistung, die sich ähnlich im Anhang von Kurzbiographien findet. Charakteristisch ist ebenso eine reduzierte syntaktische Gestaltung wie konventionelle Formulierungsmuster. Die Präsen-

5 Vgl. Rainer Kuhlen: *Hypertext. Ein nicht-lineares Medium zwischen Buch und Wissensbank.* Berlin 1991, S. 113 ff. u. 118 ff.

6 Ulrich Schmitz: »Schriftbildschirme. Tertiäre Schriftlichkeit im World Wide Web«. In: Jannis K. Androutsopoulos u. a. (Hg.): *Neuere Entwicklungen in der linguistischen Internetforschung* (*Germanistische Linguistik* 37. Jg., 186/187). Hildesheim/Zürich/New York 2006, S. 184–208, hier S. 202.

7 Ulrich Schmitz: »Schriftbildschirme« (wie Anm. 6), S. 205.

8 Ich übernehme die Formulierung von Hans Erich Bödeker: »Biographie: Annäherungen an den gegenwärtigen Forschungs- und Diskussionsstand«. In: Ders. (Hg.): *Biographie schreiben.* Göttingen 2003, S. 9–63, hier S. 27.

9 Vgl. Uwe Pörksen: »Visiotype. Die Welt der zweiten Anschauung«. In: Ulla Fix/Hans Wellmann (Hg.): *Bild im Text – Text im Bild.* Heidelberg 2000, S. 191–206.

tationsweise folgt einem Laufbahnmodell[10] und nivelliert sowohl Lebenslauf Diskontinuitäten als auch Unterschiede zwischen Lebensläufen. Es handelt sich um geschlossene, schwach mehrfachsequenzierte Hypertexte, die zumeist nur spärlich mit Links versehen sind (↗III.5. Biographische Kleinformen). Lebensläufe finden sich in diversen Internetarchiven/Datenbanken, z. B. des Deutschen Historischen Museums,[11] sie werden zumeist nicht subjektiv deklariert und dienen dem Nutzer allenfalls zur ersten Orientierung.[12] Zusatzangebote finden sich gelegentlich. Von Nutzern wird die Präsentationsweise mit dem Internet identifiziert: »Ich weiß auch, dass ich im Internet lauter Millionen fertiger Biografien finde … aber die fangen alle ohne Einleitungstext an und sind mehr oder weniger stichpunktartig.«[13]

Darüber hinaus zeigt sich das folgende, das Internet mittlerweile dominierende Hypertextmodell: Der Lebensweg eines Individuums wird ebenfalls entlang der Zeitachse verfolgt. Allerdings ergibt sich eine Zergliederung in thematische Informationseinheiten, die durch unterschiedliche temporale Hinweise verknüpft werden. In diesen Hypertexten wird referiert, was hinsichtlich solcher Subthemen wie ›familiärer Hintergrund‹, ›Schul-‹, und gegebenenfalls ›akademische Ausbildung‹, ›Heirat und Freundschaften‹ oder ›Professionalisierung in einem Feld‹ (vermeintlich) unbestritten ist. Eigenschaften von Personen werden oft mit kulturell akzeptierten Klischees wiedergegeben und entsprechend bebildert. Zumeist assoziativ-referentielle Links verweisen unkommentiert auf andere Webseiten, so dass ein kohärenter Bezugsrahmen vom Nutzer selbst hergestellt werden muss. Diese kondensierten Versionen gängiger (Kurz)Dokumentarbiographien nutzen allerdings die Möglichkeiten der Dokumentenvernetzung, indem Primärquellen (so Handschriften, E-Texte zum Herunterladen, Leseproben aus Werken) zur Verfügung gestellt werden. Diese Präsentationsform findet sich sowohl in Internetarchiven als auch bei größeren Forschungsnetzwerken, bei denen eine Person im Vordergrund steht, gelegentlich auch auf den Homepages von Privatpersonen oder auch bei Hybridmedien (insbesondere bei den Internetauftritten wissenschaftsjournalistischer Radio- oder Fernsehsendungen[14]). Bei etwas längeren Hypertextmodulen bietet ein Paratext eine Orientierungshilfe.[15] Eine sprachlich wenig elaborierte Biographik, flankiert von Serviceleistungen, bildet im Internet einen Prototyp, der im anglo-amerikanischen Raum als ›Hypertext Biography‹ (im Deutschen eher unspezifischer ›online-Biographie‹) bezeichnet wird. Varianten der Hypertext-Biographien zeigen eine Perspektivik des Zugriffs, lösen sich vom Lebensbericht und besitzen eine Verwandtschaft zum Personenporträt. Subjektive Kommentierungen des Textproduzenten, Anekdoten und ausführliche Schilderungen biographischer Episoden finden sich in der Regel allerdings nur bei thematisch gebundenen Biographiesammlungen.[16] Ansätze zur »Biotopographie« (siehe 8.3.3.) zeigen v.a. englischsprachige Webseiten, die an eine biographische Pinnwand erinnern und andere Gebrauchstextsorten wie Zeitungen imitieren.

8.3.2. *Biographische Hypertexte mit enzyklopädischer Funktion: Die neuen Lexikonartikel*

Zu dieser Gruppe gehören zunächst Lexikonartikel, die oft als E-Text-Varianten vorhanden sind.[17] Auch die partizipativ erzeugten Texte bei Wikipedia folgen dem enzyklopädischen Zuschnitt, wobei sich nach einer Phase des Experimentierens mittlerweile eine konventionelle Abfolge herausgebildet hat: Thematisch gegliederte Module, die sich an der Zeitachse orientieren, mit intensiver und z. T. mit schwer rezipierbarer Verlinkung zu anderen Artikeln aus Wikipedia oder aus dem Internet, Übersicht über wichtige Werke mit entsprechen-

10 Im Sinne von Eckart Liebau: »Laufbahn oder Biographie? Eine Bourdieu-Lektüre«. In: BIOS 2. Jg., 1 (1990), S. 83–89.

11 Vgl. http://www.dhm.de/lemo/html/biografien (24.5.2009).

12 Ein Beispiel für eine Linksammlung ist: http://www.historicum.net/recherche/lexika-und-nachschlagewerke/biographische (24.5.2009). Ein Beispiel für einen Weblog: http://biografien-news.blog.de (27.5.2009).

13 http://www.e-hausaufgaben.de/Thema-104633-Wie-schreibe-ich-die-perfekte-Biografie.php (27.5.2009).

14 Vgl. http: //www.wdr.de/tv/speer_und_er (27.5.2009).

15 Vgl. http://www.kafka.uni-bonn.de/cgi-bin/kafka?Rubrik=biographie&Punkt=kurzbiographie (10.6.2009).

16 Vgl. http://www.laut.de/biographien (27.5.2009); http://www.fembio.org/biographie.php/frau/biographien (27.5.2009).

17 Vgl. http://www.deutsche-biographie.de (24.5.2009).

den Drucken, Literaturverzeichnisse (gegebenenfalls pdf-Dateien) sowie weiterführende Serviceangebote (so Links zum Bildarchiv oder auch zu eher wissenschaftlichen Diskussionsforen).[18] Sprachlich ist besonders interessant, dass sich die Verfasser als neutrale Berichterstatter verstehen, die den lexikonspezifischen, stark ökonomischen Duktus jedoch häufig nicht übernehmen. Insofern liegt hier nicht ein Imitat, sondern eine produktive Anverwandlung der informierenden Gebrauchstextsorte ›Lexikonartikel‹ vor. In diesem Zusammenhang ist aber auch auf die Nekrologe zu verweisen, die in Wikipedia relativ zeitnah erscheinen.[19] Insgesamt dienen auch diese Hypertexte zumeist der ersten Orientierung, aber durch ihre Serviceleistungen auch der vertieften Beschäftigung mit einer Person. Obwohl in Wikipedia entsprechende Kontrollinstrumente vorliegen, ist die Richtigkeit biographischer Informationen nicht immer gewährleistet.[20]

8.3.3. Biographische Hypertexte mit paradigmatischer Funktion: Die Biotopographie

Eine Bereicherung der Biographik stellen unterschiedliche Portale zu gesellschaftlich als wichtig erachteten Persönlichkeiten, Gruppierungen und Denkschulen dar (↗III.10. Kollektivbiographische Ansätze). Es handelt sich zumeist um unsequenzierte Texte, die in Grenzen partizipativ sind. Das Portal-Modell basiert auf einem thematisch geordneten Hypertextnetz, das erlaubt, unterschiedliche Subthemen näher zu verfolgen. Die Einstiegsseite steckt zumeist den thematischen und funktionalen Horizont ab. Die Möglichkeiten der subthematischen Profilierung führen – und das unterscheidet sie von den bisher thematisierten Formen der Biographik radikal – zu einer ausgesprochenen ›Polyphonie‹ der Hypertexte, die bloßen Internetflaneuren und Experten unterschiedliche Rezeptionspfade eröffnen. Sie ermöglichen einerseits eine oberflächliche, selektive Lektüre, andererseits sind sie auch für den Fachwissenschaftler interessant, da der chronologische Aufbau durch verlinkte wissenschaftliche, interpretative und räsonierende Hypertexte durchbrochen wird. Portale sind gleichzeitig auch Hypermediaprodukte, die über das sonst übliche Panoptikum von Bildern hinausgehen und eine spezifische Erlebnisqualität besitzen (z. B. durch virtuelle Spaziergänge durch historische Räume). Ein gutes Beispiel stellt die Seite zu Willy Brandt dar,[21] die zwar auch entlang seiner Lebensjahre organisiert ist, jedoch auch unter dem Link ›Hintergrund‹ ermöglicht, relevante, mit Brandt verbundene Ereignisse eines Jahres gesondert zu betrachten. Die Verlinkung gewinnt an Tiefenschärfe, da die Links keine relativ desintegrierten Zusatzinformationen sind. Die Gestaltung der Module bleibt allerdings grundsätzlich den Mustern des Lebensberichts verhaftet. Die Seite zu Brandt macht jedoch schon deutlich, was für viele neuere Portale wichtig ist: Sie orientieren sich, folgt man Olaf Hähner, an der paradigmatischen Biographik, die das Individuum als Produkt eines heterogenen Faktorengefüges (Familie, Gruppierung, Generation, Mentalität, Epoche) zeigen kann.[22] Obwohl betont werden muss, dass auch bei avancierten Portalen[23] die einzelnen Textmodule kaum die Spannbreite narrativer Techniken (z. B. ohne interne Fokalisierung, extradiegetisches Erzählen, innerer Monolog etc.) nutzen, ermöglicht es eine geschickte Verlinkung, Ausschnitte aus künstlerischen Werken in Bezug zum Lebensweg zu setzen, Interpretationshinweise von namhaften Forschern zu erhalten oder sogar in älteren Biographien zu stöbern. Die Ergänzung des biographischen Längsschnittes durch einen generationsspezifischen Querschnitt könnte zukunftsweisend sein, besonders in Hinsicht auf spezifische Inszenierungspraktiken oder auf die Offenlegung sozial geschaffener Bedeutungssysteme. Neben dieser Präsentation von Lebensläufen, die dem Nutzer entweder eine erste Orientierung oder auch einen gezielten Wissensaufbau ermöglichen, findet sich biographisches Erzählen auch in didaktisch motivierten

---

18 Eine Formatvorlage findet sich unter: http://de.wikipedia.org/wiki/Wikipedia%3AFormatvorlage_Biografie (27.5.2009).

19 Vgl. http://de.wikipedia.org/wiki/Nekrolog (24.5.2009).

20 Vgl. aktuell: Richard Herzinger: »Wie ich im Internet zum Juden erklärt wurde«. In: *Die Welt* (27.5.2009), S. 7.

21 Vgl. http://www.bwbs.de/Biografie/index.html (27.5.2009).

22 Vgl. Olaf Hähner: *Historische Biographik. Die Entwicklung einer geschichtswissenschaftlichen Darstellungsform von der Antike bis ins 20. Jahrhundert*. Frankfurt a. M. u. a. 1999, S. 30 ff.

23 Vgl. http://www.goethezeitportal.de (27.5.2009); http: // www.victorianweb.org (27.5.2009).

Lern-Lehr-Umgebungen. Ein avanciertes Projekt ist der *Hypertextcreator* (Krameritsch 2007, 288–295), als Beispiel für ein themengebundenes Netzwerk ist das Projekt *hyperNietzsche* zu nennen.[24] Die meisten käuflich zu erwerbenden CD-Roms sind ebenfalls der Biotopographie zuzurechnen.

8.4. Biographik im Kontext identitätsstiftender Webseiten

Während die unter (8.3.) skizzierte Biographik bei Protagonisten der Hoch- und Unterhaltungskultur ansetzt und vornehmlich zur Tradierung von Wissensbeständen genutzt wird, können biographische Erzählungen auch einem gruppenspezifischen Selbstverständigungsprozess dienen: Relevanzfestlegungen und -hierarchien werden hier von einer häufig durch Diskussionsforen und/oder Weblogs miteinander verbundenen Interessensgemeinschaft gesteuert, wobei der kommunikative Radius potentiell begrenzter ist (↗ II.7. Biographie zwischen sozialer Funktion und sozialer Praxis). Dass die Biographik hier eine identitätsstiftende Funktion hat, lässt sich dadurch begründen, dass die Präsentation von Lebensläufen gemeinsamer Bezugspunkt eines virtuellen Netzwerkes, die Sinnorientierungen, festlegt. Anders als beim neutralen Lebensbericht variiert die narrative Strukturierung je nach sozialem Netzwerk und kann im weiteren Sinne eine hagiographische Tendenz annehmen. Aufmerksamkeit verdient der Stellenwert biographischer Erzählungen in familiären Netzwerken im weiteren Sinne und in spezifischen Subkulturen mit partialen Interessen.

In familiären Netzwerken können biographische Erzählungen zur Identität einer (weit verzweigten) Familie beitragen. Mit dem familiären Leben sind traditionell Formen verbunden, die Erinnerung und/oder dem Gedenken schon verstorbener Familienmitglieder dienen. Sofern diese Gedenkrituale mit biographischen Erzählungen verbunden sind, stellen sie ein Verbindungsglied zwischen dem partikulären Leben eines Familienmitglieds und allgemeinen Familientraditionen her. Welches große Interesse daran besteht, lässt sich anhand von Diskussionsforen zum Thema, wie man eine Biographie schreibt, und Weblogeinträgen oder an dem Angebot entsprechender Dienstleistungen nachzeichnen. Im Bereich der Ahnenforschung finden sich sowohl registrierende Hypertextsorten als auch experimentelle Zugangsweisen wie die Videobiographie,[25] die vorrangig der familiären Identitätsbildung und gegebenenfalls auch für eine spezifische Inszenierung für eine weitere Öffentlichkeit gedacht sind (↗ II.6. Biographie – Genealogie – Generation). Biographische Erzählungen zeigen auch die seit den 1990er Jahren aus Amerika importierten Internetfriedhöfe[26] (u. a. für jung verstorbene Kinder und Jugendliche). Die virtuelle Spiegelung eines Lebensweges ist von dem Wunsch getragen, dem Verstorbenen ein Denkmal zu setzen (↗ II.5. Biographie und Gedächtnis). Die Gestaltungsweise ist konventionell und zudem nur spärlich verlinkt. Die Webseiten dienen vorrangig als Ventil für die eigene Trauer und bieten zudem eine Kommunikationsplattform. Biographische Erzählungen finden sich darüber hinaus auf den Webseiten von (Familien)Unternehmen und dienen hier vorrangig der Imagepflege. Da Letztere in Werbemaßnahmen eingebettet ist, orientieren sie sich am *corporate design* und setzen zum Teil auf ungewöhnliche multimediale Präsentationsweisen (z. B. Filmsequenzen, animierte Zeitleisten[27]).

Verschiedentlich ist bemerkt worden, dass sich im Netz virtuelle Kommunikationsgemeinschaften mit partikulären Interessen herausbilden. Mythologisierende Texte[28] zeigen sich neben registrierenden und dokumentierenden biographischen Darstellungsformen bei politischen Kult- und Identifikationsfiguren, die für politische Milieus und entsprechende Gruppierungen konstitutiv sind. Selbstverständlich gilt dies auch für bestimmte Spielarten spiritueller Kommunikation.[29] Norma-

24 Vgl. http://www.hypernietzsche.org/base.html (27.5.2009).

25 Vgl. den Weblog http://yourstoryhere.blotsot (24.5.2009).

26 Vgl. http://www.internet-friedhof.de (27.5.2009).

27 Vgl. http://www.bahlsen.de/root_bahlsen_anim/index.php (25.5.2009).

28 Wilhelm Füßl: »Zwischen Mythologisierung und Dekonstruktion: Die Funktion des Biographen«. In: Ders./Stefan Ittner (Hg.): *Biographie und Technikgeschichte*. Opladen 1998, S. 59–69.

29 So der Videokanal der Scientology-Sekte, auf dem die Biographie des Gründers Hubbard stilisiert wird: http://www.scientology.de/#/lrh_bio (26.5.2009).

lerweise werden die pragmatischen Funktionen auch direkt genannt: Man wolle der Person ein Denkmal setzen,[30] ein kleines Memorial widmen[31] und/oder die Diskussion über gesellschaftliche Veränderungen befördern. Die Gestaltung biographischer Erzählungen weist große Heterogenität auf, da sie vom zeremoniellen Stil bis zum aufgelockerten Parlando[32] reicht. Die Serviceleistungen unterscheiden sich dabei kaum von anderer Hypertext-Biographik. Neben der Stilisierung von Kultfiguren gibt es auch Interessensgemeinschaften, die sich – mehr oder weniger systematisch – rätselhaften Personen widmen, z. B. der sog. Dunkelgräfin.[33] Gemeinsam ist den genannten Realisierungsvarianten eine Art Demokratisierungsschub, da auch Personen thematisiert werden, die ansonsten nicht im Fokus öffentlichen Interesses stehen. Allerdings sollte auch betont werden, dass sich die Stilisierung von Kultfiguren und die Verunglimpfung etablierter biographischer Erzählungen auf den Websites rechtsradikaler Denker findet.[34]

8.5. Andere biographische Erzählungen

In Weblogs, Diskussionsforen und auf der Videoplattform YouTube dominiert das Erzählen partikulärer biographischer Episoden nach dem der Muster der konversationell eingebetteten Erzählung, die von einer einfachen narrativen Sequenz bis zur elaborierten Alltagserzählung reicht. Diese Erzählungen stehen in einem spezifischen Interaktionszusammenhang und besitzen demnach auch unterschiedliche Funktionen: So kann mit diesem episodischen Erzählen intendiert sein, ein Argument zu bestätigen/zu widerlegen, Erfahrungen mitzuteilen, einen Stimulus für nachfolgende Erzählprozesse zu geben und einen gemeinsamen Erfahrungshorizont zu schaffen.[35] Es kann sich einerseits um authentische und geschlossene biographische Alltagserzählungen, andererseits auch um apokryphe Erzählungen aus zweiter Hand handeln. Interessant sind v.a. solche Realisationsformen, bei denen am kollektiven Gedächtnis unter dem Motto »Wer war eigentlich X?« gearbeitet wird. Zum einen finden sich bei themengebundenen Weblogs sukzessive Erzählprozesse, wenn durch die impulsgebende Frage Informationen ergänzt, ein Überblick über das Feld der Buchbiographien gegeben, hinsichtlich ihrer Relevanz bewertet werden und ein eigenständiger kultureller Kanon erarbeitet wird. Neben einer informellen sprachlichen Gestaltung, die diese Hypertext-Biographien von den unter (8.3.) genannten Formen unterscheidet, wird auch hier die Videographie, vornehmlich über YouTube genutzt.[36]

8.6. Fazit

Biographische Erzählungen im Internet sind vielfältig. Im Kontext der Wissensvermittlung reichen sie von Hypertexten mit registrierender Funktion über Hypertext-Biographien mit unterschiedlichen Serviceleistungen bis zu Hypertextnetzen, die virtuelle historische Räume eröffnen. Um elaborierte Erzählungen, folgt man der literaturwissenschaftlichen Narrativik, im engeren Sinne handelt es sich oft nicht, sondern um Abschattierungen mehr oder weniger neutralen biographischen Berichtens im Kontext der Informationsvermittlung und des Wissensaufbaus. Während eine referierende Präsentation biographischer Daten die institutionell einbettete Wissensvermittlung dominiert, finden sich elaborierte narrative Strategien, jedoch auch das aufgelockerte Parlando eher bei interessensgeleiteten Kommunikationsgemeinschaften im Netz. Grundsätzlich darf bemerkt werden, dass

30 Vgl. http://www.che-lives.com (24.5.2009).
31 Vgl. http://www.mythos-dutschke.de (24.5.2009).
32 Der Begriff verweist auf: Peter Sieber (2008): »Kriterien der Textbewertung am Beispiel des Parlando«. In: Nina Janich (Hg.): *Textlinguistik. 15 Einführungen.* Tübingen 2008, S. 271–291.
33 Vgl. http://www.madame-royale.de (26.5.2009).
34 So die Verunglimpfung der Autobiographie Reich-Ranickis auf den Webseiten von Albert Mechtersheimer, vgl. http://www.mechtersheimer.de (27.5.2009).
35 Vgl. Doris Tophinke: »Wirklichkeitserzählungen im Internet«. In: Christian Klein/Matías Martínez (Hg.): *Wirklichkeitserzählungen. Felder, Formen und Funktionen nicht-literarischen Erzählens.* Stuttgart/Weimar 2009, S. 245–274.
36 Vgl. http://maedchenmannschaft.net/series/wer-war-eigentlich-%E2%80%A6 (25.5.2009); http://www.motor-talk.de/blogs/andyrx/wer-war-eigentlich-felix-wankel-t2268931.html (25.5.2009); http://www.youtube.com/watch?v=ZLchehHozZs&feature=PlayList&p=12530DD9F32102FC&playnext=1&index=2 (25.5.2009).

die multimediale Biotopographie und die Videographie – in Grenzen – als neuartig einzustufen sind. Bei allen anderen Realisationsvarianten steht unter Formgesichtspunkten die Imitation oder allenfalls die produktive Anverwandlung etablierter Texttraditionen im Vordergrund.

Literatur

Handler, Peter: »Zur Narrativik des ›digital storytelling‹. Textkonstitution in sequenziell angelegten Webformaten«. In: Jannis K. Androutsopoulos u. a. (Hg.): *Neuere Entwicklungen in der linguistischen Internetforschung* (*Germanistische Linguistik* 37. Jg., 186/187). Hildesheim/Zürich/New York 2006, S. 209–243.

Jakobs, Eva-Maria: »Hypertextsorten«. In: *Zeitschrift für Germanistische Linguistik* 31. Jg., 2 (2003), S. 232–273.

Dies./Lehnen, Katrin: »Hypertext – Klassifikation und Evaluation«. In: Torsten Siever u. a. (Hg.): *Websprache.net. Sprache und Kommunikation im Internet*. Berlin/New York 2005, S. 159–184.

Krameritsch, Jakob: *Geschichte(n) im Netzwerk. Hypertext und dessen Potenziale für die Produktion, Repräsentation und Rezeption der historischen Erzählung*. Münster/New York/München/Berlin 2007.

Oels, David/Porombka, Stephan: »Netzlebenslinien. Probleme der Biographie im digitalen Zeitalter«. In: Christian Klein (Hg.): *Grundlagen der Biographik. Theorie und Praxis des biographischen Schreibens*. Stuttgart/Weimar 2002, S. 129–142.

Simanowski, Robert: »Elektronische und digitale Medien«. In: Thomas Anz (Hg.): *Handbuch Literaturwissenschaft*. Bd. 1. Stuttgart/Weimar 2007, S. 244–249.

Storrer, Angelika: »Was ist ›hyper‹ am Hypertext?«. In: Werner Kallmeyer (Hg.): *Sprache und neue Medien*. Berlin/New York (2000), S. 222–249.

Dies.: »Kohärenz in Hypertexten«. In: *Zeitschrift für germanistische Linguistik* 31. Jg., 2 (2003), S. 274–292.

Dies.: »Hypertextlinguistik«. In: Nina Janich (Hg.): *Textlinguistik. 15 Einführungen*. Tübingen 2008, S. 211–227.

Britt-Marie Schuster

9. Intermediale Biographik (Bild und Biographie)

9.1. Bilder in der Biographie: Pluriperspektivität

Nur wenige zeitgenössische Biographien kommen ohne Abbildungen aus. Sofern Photographien des biographischen Objekts verfügbar sind, werden Bilder ausgewählt und in den biographischen Text eingefügt: Biographien verfügen in aller Regel entweder über einen Bildteil, oder Abbildungen der biographierten Person finden sich über den gesamten Text verteilt, wo sie meist an entsprechender Stelle mit einem Begleittext versehen werden, der Informationen zu Ort und Zeitpunkt der Aufnahme enthält. Handelt es sich um eine biographierte Person aus vorphotographischer Zeit, so wird das biographische Objekt in Porträts gezeigt, die oft von anderem visuellen Material begleitet werden: dazu zählen in erster Linie Abbildungen relevanter Gebäude und Schauplätze.

Die weit verbreitete Praxis, visuelles Material in biographische Texte einzuarbeiten, ist historisch betrachtet eine relativ neue Entwicklung. Vor weniger als einem Jahrhundert waren Biographien ohne Abbildungen keine Ausnahme. Populärbiographische Sammlungen wie Emil Ludwigs *Genie und Charakter* (1924) und Lytton Stracheys *Portraits in Miniature* (1931) erschienen ohne Bilder. Um Leben darzustellen und nachzuzeichnen greift die zeitgenössische Biographik aber zunehmend auch auf Bilder zurück. Dabei gestaltet sich das Verhältnis von Wort und Bild nicht notwendigerweise komplementär. Das Bild unterscheidet sich als Lebensspur grundlegend von schriftlichen Dokumenten: eingefroren und zweidimensional, unterbricht es den biographischen Erzählfluss und bestimmt die Vorstellung des Lesers/der Leserin; wo es den Status einer Ikone erhält, kann es vom biographischen Text wieder relativiert, kontextualisiert und infrage gestellt werden. Durch die Einbeziehung mehrerer unterschiedlicher Abbildungen entsteht ein vollständigeres Bild des Biographierten. Die Bilder konkurrieren miteinander und ergänzen einander zugleich. Dem aufmerksamen Betrachter öffnen sie die Augen für die Kontingenz des einzelnen Bildes und die Risiken der Monoperspektivität. So lösen sich die Bilder aus der zeitlichen Fixierung, überwinden den in der einzelnen Photographie eingefrorenen Moment und verweisen auf die Prozesse der körperlichen Veränderung und des Alterns, die sonst oft verschwiegen oder in einer chronologischen Erzählung als selbstverständlich betrachtet werden können. Biographische Bildserien deuten damit jene temporale Kontinuität an, die die Biographie immer nur fragmentarisch wiedergeben kann.

9.2. Biographik als Porträtkunst: Raum und Körper

Selbst dort, wo Biographien keine Abbildungen enthalten, beanspruchen sie eine Verwandtschaft mit einer konkreten Art der bildlichen Darstellung: mit dem Porträt (↗ III.5. Biographische Kleinformen). Die Lebensgeschichte ist nicht bloß narrativ, sondern auch deskriptiv: ein Lebensbild. Im literarischen Diskurs des 19. und frühen 20. Jahrhunderts bezeichnete das Wort ›Porträt‹ nicht nur bzw. nicht einmal in erster Linie die visuelle Darstellung eines Individuums, sondern vielmehr eine reduzierte Form der Biographie, wie sie u. a. Lytton Strachey geprägt hat. Mit dem biographischen ›Porträt‹ wollte man von der faktengesättigten, seitenstarken Biographie loskommen. Zu den bedeutenden historischen Beispielen zählen neben Stracheys bereits zitierten impressionistischen Kurzbiographien auch Charles Augustin Sainte-Beuves *Portraits Littéraires* (1848 und 1876–78); Edmund Gosses *Critical Kit-Kats* (1896),[1] Emil Ludwigs schon erwähntes Werk *Genie und Charakter* (1924) mit dem Untertitel *Sammlung männlicher Bild-*

1 Vgl. *The Penguin Dictionary of Literary Terms and Literary Theory*. Hg. v. J. A. Cuddon. London 1999, Stichwort »kit-kat«.

nisse, und Geoffrey Scotts *Portrait of Zélide* (1925). Die metaphorische Anlehnung der Gattung Biographie an die bildenden Künste kann als Antwort auf die Räumlichkeit des Lebens verstanden werden, auf eine verkörperte Räumlichkeit, die nicht leicht in eine rein narrative Form gebracht werden kann (↗IV.2. ›Histoire‹): Durch die Sprache der Bilder versucht der abwesende Körper des Objekts wieder in den Text einzutreten (vgl. 9.3.).[2] Die langlebige Praxis, Biographie und Porträtkunst zueinander in Beziehung zu setzen, erfährt in Nigel Hamiltons 2007 erschienener Studie *Biography: A Brief History* eine auffallende Wendung. Hamilton führt in seinem Konzept der *life depiction* (Lebensdarstellung, Lebensbild) das Visuelle und Verbale zusammen und kritisiert dabei den aus seiner Sicht bestehenden Logozentrismus der modernen Biographik. Er erweitert das biographische Spektrum um Lebensdarstellungen in verschiedenen Formen und Medien und schließt dabei die bildenden Künste und den Film mit ein. Der Wortbestandteil *graph* in Bio*graph*ie spiegelt in diesem Verständnis die komplexe Semantik von *graphein* wider, die Schreiben und Zeichnen (graphische Kunst) gleichermaßen umfasst. Dabei entsteht aber die Gefahr, dass das Spezifische an der textuellen Darstellung ausgeblendet wird und das umstrittene Diktum *ut pictura poesis* für die Biographik wieder Geltung erlangt, das die Unterscheidung zwischen dem Sichtbaren und dem Sagbaren tendenziell aufhebt. Die Geschichte der Fehlinterpretation und Dekontextualisierung, die diese horazische Formel von der prinzipiellen Vergleichbarkeit von Literatur und Malerei vom Zeitpunkt ihrer Formulierung an begleitet, ist lang.[3]

2 Vgl. Caitríona Ní Dhúill: »Lebensbilder. Biographie und die Sprache der bildenden Künste«. In: Bernhard Fetz (Hg.): *Die Biographie – Zur Grundlegung ihrer Theorie*. Unter Mitarbeit von Hannes Schweiger. Berlin/New York 2009, S. 473–499.

3 Vgl. Gabriele K. Sprigath: »Das Dictum des Simonides: Der Vergleich von Dichtung und Malerei«. In: *Poetica* 36. Jg. (2004), S. 243–280; auch Mario Praz: »Ut pictura poesis«. In: Ders.: *Mnemosyne. The Parallel between Literature and the Visual Arts*. Princeton 1967, S. 3–27.

9.3. Bildbiographik (von ›picture biography‹ bis ›graphic memoir‹)

Biographien, in denen Bildserien des biographischen Objekts ein zentrales Kompositionsprinzip darstellen, können unter dem gesonderten Genrebegriff ›Bildbiographien‹ (*picture biographies*) subsumiert werden. Diese intermediale Form entbindet die Biographie jedoch keineswegs vom geschriebenen Wort – selbst der Verzicht auf die Untertitelung des Bildes kann die Verbindung von Sprache und Bild nur teilweise aufheben, da auch unkommentierte Bilder unweigerlich mit anderen textuellen und paratextuellen Angaben (Titel, Anhang, Begleittext) in Beziehung treten. Bildbiographien schließen zwar Text mit ein, verschieben aber in jedem Fall das Gleichgewicht zwischen Text und Bild zugunsten der Bilder und werfen so die Frage nach dem Verhältnis der beiden letztendlich inkommensurablen Medien auf. Indem sie nicht Worten, sondern Bildern den Vorzug geben, rücken Bildbiographien Körperlichkeit ins Zentrum und rufen dabei das Bewusstsein von der Abwesenheit des Körpers wach (↗II.1. Biographie und Performanz). Bilder *vom* biographischen Objekt vermögen dessen Körper viel deutlicher darzustellen, als Worte *über* das Objekt. Mehr noch ist die photographische Aufnahme, wie Theoretiker von Roland Barthes bis Susan Sontag festgestellt haben, wohl das sprechendste Zeugnis für die Auflösung des Körpers.[4]

Die Entscheidung, in Biographien dem Visuellen den Vorzug gegenüber Textuellem zu geben, korrespondiert häufig mit einer überdurchschnittlich hohen medialen Bildpräsenz des Objekts zu Lebzeiten. Film- und Bühnenschauspieler und andere Vertreter der Unterhaltungsindustrie sind öfter Gegenstand von Bildbiographien als von konventionellen Textbiographien. Die Bildbiographie fungiert in hohem Maße als Erinnerungsort: Da ihr Erscheinen häufig mit Jahrestagen oder Jubiläen verbunden ist, haben Bildbiographien oftmals den Charakter von Chroniken, die den ikonenhaften Status ihres Objekts in der Populärkultur be-

4 Roland Barthes: *Die Helle Kammer. Bemerkung zur Photographie*. Frankfurt a. M. 1989 (franz. 1980), bzw. Susan Sontag: *Über Fotografie*. Frankfurt a. M. 1980 (amer. 1977).

gründen oder unterstreichen (↗II.5. Biographie und Gedächtnis). Bildbiographien dienen auch dazu, Kinder mit dem vorherrschenden historischen Narrativ eines kulturellen Raumes vertraut zu machen: So bietet etwa die *Picture Book Biography*-Serie des amerikanischen Autors David A. Adler kurze Einführungen zu bedeutenden Persönlichkeiten der amerikanischen Geschichte, von Benjamin Franklin bis Rosa Parks. Tendenziell sind Bildbiographien – ob für Erwachsene oder Kinder – weniger umfangreich. Auf beinahe jeder Seite von *Kindlers klassischen Bildbiographien* – einer besonders erfolgreichen Reihe, die in den 1950er und 1960er Jahren herausgebracht wurde – finden sich Illustrationen. Die Abbildungsdichte ist in den durchschnittlich 140 Seiten umfassenden Bänden dieser Reihe im Fall bildender KünstlerInnen am höchsten, da nicht nur die Kunstschaffenden selbst und ihre soziale Umgebung, sondern auch ihr Werk bildhaft dargestellt werden.

Jüngere Entwicklungen in den Bereichen *photo memoir* und *graphic memoir* eröffnen neue Möglichkeiten, die Interaktion von Wort und Schrift in der *life depiction* zu gestalten: Zu den herausragenden Beispielen zählen Marjane Satrapis *Persepolis* (2000), Alison Bechdels *Fun Home: A Family Tragicomic* (2006) und Joanne Leonards *Being in Pictures* (2008). Während Leonard ihre Erinnerungen in eine Retrospektive eigener Photographien einwebt und sich so photographisches Werk und Leben gegenseitig durchdringen und erhellen, greifen Satrapi und Bechdel auf die Form des Comics zurück, um ihre Autobiographien in Szene zu setzen. Das Goethe-Institut gab zum 250. Geburtstag seines Namensgebers sogar eine zweibändige Comic-Biographie in Auftrag, die von Friedemann Bedürftig (Text), Christoph Kirsch und Thomas von Kummant (Zeichnungen) verantwortet wurde (*Goethe. Die Comic-Biographie.* Band 1: Zum Sehen geboren, Band 2: Zum Schauen bestellt. Stuttgart 1999). Comics und *graphic novels* erfordern ein vielfältiges, mehrschichtiges Textverständnis, da Bildunterschriften, Begleittexte, Bilder, Rahmen und Dialoge zueinander in Beziehung treten und eine glatte, lineare Lesart außer Kraft setzen. Damit heben (auto)biographische Texte dieser Art die komplexe zeitliche Struktur erzählten Lebens hervor und machen die dramaturgisch ausgestalteten Verschiebungen in der Darstellung von Ereignissen, Erfahrungen und Rückblicken deutlich erkennbar. Der etablierten wissenschaftlichen Biographieforschung, die nach wie vor den Text höher als das Bild wertet und Photographien und anderem Bildmaterial eine ergänzende, komplementäre, jedenfalls untergeordnete Rolle zuweist, bleibt die Aufgabe, das volle Potential des *imagetexts* (Mitchell) noch auszuschöpfen.

9.4. Bildinterpretation

Entscheiden sich Biographen für bestimmte Abbildungen, so fügen sie dem betreffenden Bild meist auch Informationen oder Interpretationen an, in denen sie etwa über den geistigen Zustand ihres Objekts zum Zeitpunkt der Aufnahme mutmaßen oder aber sein von Bild zu Bild wechselndes Aussehen kommentieren. Viele dieser Interpretationen bleiben gezwungenermaßen spekulativ und verweisen auf die hermeneutische Herausforderung, Lebensspuren, ob schriftlich oder bildlich, überhaupt zu deuten (↗II.2. Biographisches Erzählen zwischen Wahrheit und Lüge). Unabhängig davon, ob deren Authentizität beglaubigt wurde oder nicht, sind Photographien niemals ein Garant für Objektivität, denn eine Reihe bereits bestehender Narrative oder Topoi kann ihnen aufgezwungen werden. Claire Tomalins Bildunterschrift zu einer Photographie von Ellen Ternan und ihren Schwestern ist ein sprechendes Beispiel: »Wie in so vielen Geschichten von drei Schwestern, war eine der Ternans klug, eine fröhlich und die jüngste mit betörender Schönheit bedacht, noch dazu hatte sie die Gabe, sich selbst nach ihrem Willen zu wandeln.«[5] Sigrid Weigels Entscheidung, ihrer 1999 erschienen Biographie zu Ingeborg Bachmann keine Abbildungen der Schriftstellerin beizugeben, wird ihrer These gerecht, dass die konventionelle Biographie die Komplexität der Lebensspuren auf genau solche narrative oder mythische Muster reduziert: Der Verzicht auf Photos kann als Teil eines Gegenprojekts zur Ikonisierung Bachmanns verstanden werden. Zu den we-

5 Claire Tomalin: *The Invisible Woman. The Story of Nelly Ternan and Charles Dickens*. London 1991, gegenüber S. 81.

nigen Bildern, die Weigel auswählte, zählen Wiener Straßenszenen und eine Karte von Galizien. Dem Leser soll so Bachmanns »imaginäre Topographie« vor Augen geführt werden:[6] Die Schriftstellerin wird nicht dem Blick des Lesers ausgeliefert, vielmehr soll er sehen, was auch die Schriftstellerin gesehen haben könnte. Dieser Fall zeigt, dass sich ein differenzierter Umgang mit Bildern zwar im Text, nicht aber auf dem Buchumschlag durchsetzen lässt: Den Vorgaben des Buchmarktes entsprechend zeigt dieser, wie so oft, eine Aufnahme der Biographierten.

Ein höchst außergewöhnliches Beispiel intermedialer *life depiction* stellt James Agees und Walker Evans' 1936 entstandenes Werk *Let Us Now Praise Famous Men* dar. Die beiden Journalisten hatten den Auftrag, das Leben von Farmern im Süden der USA nach der Weltwirtschaftskrise der 1930er Jahre zu dokumentieren. Agee und Evans wollten Techniken ›für die Aufnahme, Verbreitung und Analyse‹ der bäuerlichen Existenz entwickeln. Evans' Photosequenz, die die Farmer und ihre Familien zeigt, ist ein 400-seitiger, teils hochpoetischer Text Agees nachgestellt, der nicht nur Lebensgeschichte und alltägliche Lebensbedingungen der Photographierten mit polemischem Unterton behandelt, sondern auch die Interaktion zwischen Dokumentierenden und Dokumentierten reflektiert. Anders als in der konventionellen Biographik kommt den Bildern keine rein illustrative Aufgabe zu. »They, and the text, are coequal, mutually independent, and fully collaborative« (Agee/Evans 1988, XLVII). Indem er die Unabhängigkeit und die gleichzeitige Interdependenz von Wort und Bild herausstreicht, bestätigt Agee die komplexe Problematik der Intermedialität: Die Photographien dienen nicht dem Text, sie verbünden sich vielmehr mit ihm, um das Leben aufzuzeichnen, »to perceive simply the cruel radiance of what is« (ebd., 11).

Literatur

Agee, James/Evens, Walker: *Let Us Now Praise Famous Men. Three Tenant Families* [1939]. Boston 1988.

Bechdel, Alison: *Fun Home. A Family Tragicomic*. London 2006.

Hamilton, Nigel: *Biography: A Brief History*. Cambridge, Mass./London 2007.

Leonard, Joanne: *Being in Pictures. An Intimate Photo Memoir*. Ann Arbor 2008.

Mitchell, William J.Thomas: *Picture Theory*. Chicago, London 1994.

Satrapi, Marjane: *Persepolis*. 4 Bde. Paris 2000–2003.

Caitríona Ní Dhúill

(aus dem Englischen von Wolfgang Kreutzer)

6 Sigrid Weigel: *Ingeborg Bachmann. Hinterlassenschaften unter Wahrung des Briefgeheimnisses*. Wien 1999, Abb. 3, gegenüber S. 323.

10. Kollektivbiographische Ansätze

Kollektivbiographik ist eine der Antworten auf den gegen die Biographie immer wieder vorgebrachten Vorwurf der Heroisierung des Individuums auf Kosten der Kontextualisierung einer Lebensgeschichte. Anstatt nur eine Person in den Mittelpunkt zu stellen, untersuchen Kollektivbiographien Gruppen und Netzwerke und damit die Beziehungen zwischen einzelnen Figuren. Dabei treten Unterschiede und Gemeinsamkeiten ihrer Lebensgeschichten deutlicher hervor, als dies in einer Individualbiographie der Fall sein kann (↗ IV.1. Kontext). Vor allem in den Geschichts- und Sozialwissenschaften sind kollektivbiographische Arbeiten zu verzeichnen, während für die literatur- oder kulturwissenschaftliche Biographik nach wie vor der *spotlight approach* kennzeichnend ist und in erster Linie einzelne Individuen in den Blick genommen werden.

Aus sozialgeschichtlicher Perspektive ist eine Kollektivbiographie »die theoretisch und methodisch reflektierte, empirische, besonders auch quantitativ gestützte Erforschung eines historischen Personenkollektivs in seinem jeweiligen gesellschaftlichen Kontext anhand einer vergleichenden Analyse der individuellen Lebensläufe der Kollektivmitglieder« (Schröder/Weege/Zech 2000, 69). Das (dominierende) Erkenntnisinteresse liegt einerseits darin, »Rückschlüsse auf das Typische, das Allgemeine«, d. h. »auf allgemeinere gesellschaftliche Aggregate oder auf die Gesamtgesellschaft selbst« ziehen zu können. Es richtet sich andererseits »auf das Untypische, das Abweichende, das Individuelle« (ebd.). Kollektivbiographik ermöglicht daher sowohl die »Untersuchung des gesellschaftlichen Wandels, der sich im individuellen und kollektiven Lebenslauf konkretisiert«, als auch die »Untersuchung des individuellen Wandels, der auf seinen kontextuellen bzw. gesellschaftlichen Lebenslauf rückgebunden wird« (ebd., 69 f.).

10.1. Kollektivbiographik in historischer Perspektive

In den anglo-amerikanischen Geschichtswissenschaften erlebte, Lawrence Stone zufolge, prosopographisches Arbeiten (s.u.) in den 1920er Jahren eine erste Blüte und wurde dabei stark von den Methoden der eben entstehenden Sozialwissenschaft beeinflusst. Für die 1950er Jahre lässt sich erneut eine stärkere Verbreitung von Studien feststellen, die statt einzelner Individuen eine Gruppe in den Mittelpunkt rücken.[1] Entscheidende Impulse für kollektivbiographisches Arbeiten gingen in den 1970er und 1980er Jahren von der feministischen Biographik aus, die einen Kontrapunkt zu den Biographien ›großer Männer‹ bildete und damit auch die Gattung Biographie erneuern sollte. Die feministische Soziologin Liz Stanley bringt die Diskussion mit ihrer Argumentation gegen den *spotlight approach* der traditionellen Biographie auf den Punkt: »In feminist and cultural political terms, people's lives and behaviours make considerably more sense when they are located through their participation in a range of overlapping social groups, rather than being portrayed as somehow different, marked out all along by the seeds of their later greatness.«[2]

Demgegenüber können Kollektivbiographien der Marginalisierung, Stereotypisierung und dem Ausschluss von Frauen aus der Geschichtsschreibung begegnen.[3] Ähnlich sieht Jutta Seidel Kollektivbiographik als Methode, die Alltags- und Mentalitätsgeschichte der Arbeiterklasse sichtbar zu machen (↗ V.6. 20. Jahrhundert).[4] Parke konsta-

1 Lawrence Stone: *The Past and the Present*. Boston/London/Henley 1981, bes. S. 45–57.

2 Liz Stanley: *The Auto/biographical I: The Theory and Practice of Feminist Auto/biography*. Manchester 1992, S. 9.

3 Vgl. Alison Booth: »Collective Biographies of Women: An Annotated Bibliography«, http://womensbios.lib.virginia.edu (19.12.2008).

4 Vgl. Jutta Seidel: »Individual- und Kollektivbiographien: zwei Wege historischer Erkenntnis«. In: Manfred Lechner/Peter Wilding (Hg.): *»Andere« Biographien und ihre Quellen. Bio-*

tiert, dass *minority biography* historisch schon lange auf kollektivbiographische Verfahren zurückgreift, obwohl sie mit anderen Kategorien als herkömmliche Biographik arbeiten muss, und dass solche Biographien stärker ethische und pädagogische Aspekte berücksichtigen (Parke 1996, 120f.; ↗VI.8. US-amerikanische Biographik).

Generell erlaubt es »[d]er Fokus auf eine Gruppe, beispielhaft gesellschaftliche Werte und ihre Wirkungsmacht auf die individuelle Lebensgestaltung zu diskutieren und im Zuge dessen auch nach den Freiräumen zu fragen, die sich das Individuum trotz sozialer Zwänge zu schaffen weiß« (Schweiger 2009, 324). Kollektive Biographik bietet daher »entweder einen stark normativen Gesellschaftsbezug oder ein sehr subversives Identifikationspotential, Letzteres vor allem im Kontext feministischer Biographik« (Febel 2005, 129). Kollektivbiographik als noch junges Subgenre der Gattung Biographie vollzieht damit eine Entwicklung, die sich im modernistischen Roman bereits um 1900 feststellen ließ und die die Erkenntnis umsetzt, »that the course of human development depends less on individualism than upon the endless ramifications of human interaction, much of which is beyond control or even consciousness« (Peters 1981, 44).

10.2. Formen der Kollektivbiographik

Das Spektrum kollektivbiographischer Arbeiten ist sehr breit und reicht von historischen Untersuchungen über soziologische Studien bis zu kulturwissenschaftlichen Darstellungen. Zu unterscheiden ist grundsätzlich zwischen prosopographischen Kollektivbiographien und Gruppenbiographien: »Collective biography narrates many lives and, while depicting them individually, proceeds by a set of organizational criteria with a cumulative purpose. Group biography depicts the social, personal, and professional interactions of a definable association of individuals [...]« (Parke 1996, 111). Die Begriffe Kollektivbiographie, Gruppenbiographie und Prosopographie werden zumeist synonym verwendet, sollten aber deutlicher voneinander unterschieden werden, da es sich um verschiedene methodische Ansätze handelt.

graphische Zugänge zur Geschichte der Arbeiterbewegung. Ein Tagungsbericht. Wien/Zürich 1992, S. 9–15.

10.2.1. Prosopographien

Als Prosopographien werden statistisch-empirische Studien bezeichnet, deren Methode die »systematische quantitative Sammlung und Auswertung ausgewählter Lebensdaten« ist und zwar von »möglichst umfassende[n] Einheiten«.[5] Diese, besonders in der Wissenschaftsgeschichte sowie in der Elitenforschung etablierte Methode verbindet biographische Fragestellungen mit gesamtgesellschaftlichen Entwicklungen und Institutionengeschichte, so dass auch weniger ›berühmte‹ Personen in den Blick geraten.[6] Zu den evaluierten biographischen Faktoren gehören Geburtsort, Berufe der Eltern, Ausbildung u. a., anhand derer Lebensläufe einer bestimmten (Berufs-)Gruppe rekonstruiert werden können, wie z. B. von Professoren in Deutschland oder den USA im 19. Jahrhundert.[7] Eine Studie über Wiener Studierende verknüpft den prosopographischen Ansatz methodisch innovativ mit Oral History, indem die quantitative Auswertung von über 22.000 Inskriptionsscheinen durch biographisch-narrative Interviews mit Zeitzeug/-innen ergänzt wird.[8]

5 Cord Arendes/Hubertus Buchstein: »Politikwissenschaft als Universitätslaufbahn: Eine Kollektivbiographie politikwissenschaftlicher Hochschullehrer/-innen in Deutschland 1949–1999«. In: *Politische Vierteljahresschrift* 45. Jg., 1 (2004), S. 9–31, hier S. 10.

6 Vgl. Clark A. Elliott: »Collective Lives of American Scientists: An Introductory Essay and a Bibliography«. In: Elizabeth Garber (Hg.): *Beyond History of Science. Essays in Honor of Robert E. Schofield.* Bethlehem 1990, S. 81–104. Siehe dazu auch Alexander Gallus: »Biographik und Zeitgeschichte«. In: *Aus Politik und Zeitgeschichte* 1–2 (2005), S. 40–46; vgl. dazu den jüngst erschienenen Sonderband der Zeitschrift *Historical Social Research/Historische Sozialforschung* 33. Jg., Sonderband 20 (2008): Heinrich Best: *Führungsgruppe und Massenbewegungen im historischen Vergleich. Der Beitrag der Historischen Sozialforschung zu einer diachronen Sozialwissenschaft.*

7 Vgl. Andreas D. Ebert: *Jüdische Hochschullehrer an preußischen Universitäten (1870–1924). Eine quantitative Untersuchung mit biografischen Skizzen.* Frankfurt a. M. 2008; Marita Baumgarten: *Professoren und Universitäten im 19. Jahrhundert. Zur Sozialgeschichte deutscher Geistes- und Naturwissenschaftler.* Göttingen 1997; Clark A. Elliott: »Models of the American Scientist: A Look at Collective Biography«. In: *Isis* 73. Jg., 1 (1982), S. 77–93.

8 Vgl. Herbert Posch/Doris Ingrisch/Gert Dressel (Hg.): *»Anschluß« und Ausschluss 1938. Vertriebene und verbliebene Studierende der Universität Wien.* Wien 2008.

Darüber hinaus zählen zur Prosopographie schon seit der Antike biographische Lexika und Sammlungen, die einzelne Lebensbeschreibungen unter einem gemeinsamen Gesichtspunkt vereinen, wie Zugehörigkeit zu einer Nation (z. B. *Österreichisches Biographisches Lexikon*) oder Berufsgruppe (z. B. *Biographical Dictionary of Blues Singers*), geteilte Lebenserfahrungen (z. B. Migration und Exil: *Globale Lebensläufe*) oder politische Bewegung (z. B. *Biographisches Lexikon des Sozialismus*). Alison Booth weist darauf hin, dass Prosopographie in vielfältigen Formen repräsentiert ist; neben Lexika und Anthologien gehören dazu auch Filme, Ausstellungen, Orte (wie Denkmäler) oder die in der *New York Times* erschienen Porträts der Opfer der Anschläge vom 11.9.2001.[9] Prosopographische Darstellungen erfüllen eine wichtige Funktion in Prozessen der Kanonisierung und definieren die Zugehörigkeit der/des Einzelnen zu einer bestimmten Gruppe und deren Nachleben im kollektiven Gedächtnis.

10.2.2. Gruppenbiographien

Im Unterschied zur Prosopographie gehen Paar-, Familien- oder Gruppenbiographien stärker qualitativ vor und arbeiten Gemeinsamkeiten und Unterschiede zwischen individuellen Lebensläufen heraus (↗ II.6. Biographie – Genealogie – Generation). Margot Peters nennt in ihrem programmatischen Aufsatz über Gruppenbiographien als mögliche verbindende Faktoren zwischen einzelnen Lebensläufen »a family, a place, an organization, a movement, a cultural affinity, a point in time« (Peters 1981, 41).

Unter den Paarbiographien finden sich solche, die Ehen und Partnerschaften in den Blick nehmen[10] ebenso wie Studien zu zwei Figuren, die erst durch die Biographie in einen direkten Zusammenhang gebracht werden; Letztere werden auch als vergleichende Biographien bezeichnet.[11] Der familienbiographische Ansatz fokussiert häufig auf Identitätsfragen (familiär, regional, beruflich) und die Problematik der Selbstkonstruktion.[12]

Die Kriterien, die für die Biographie einer Gruppe konstituierend sind, variieren: Leon Edel widmet sich in *Bloomsbury. A House of Lions*[13] neun Figuren aus der Bloomsbury Group und deren Gemeinsamkeiten hinsichtlich ihres Lebensstils, ihrer moralischen Ansichten, politischen Positionen und ihrer künstlerischen und schriftstellerischen Vorlieben. Er untersucht damit einen Personenkreis, der sich, zumindest teilweise, selbst als Gruppe verstand und als solche in der Literatur- und Kulturgeschichtsschreibung Eingang gefunden hat (↗ VI.3. Britische Biographik). Shari Benstocks *Women of the Left Bank*[14] zu 22 US-amerikanischen Autorinnen und Künstlerinnen im Paris der Zeit zwischen 1900 und 1940 nimmt hingegen eine Gruppe in den Blick, deren Mitglieder einander nur teilweise kannten und die durch den gemeinsamen Wohnort, ihren Status als *American expatriates* und ein gemeinsames soziales und künstlerisches Milieu miteinander in Beziehung gebracht werden.

In jüngster Zeit wird versucht, die soziologische Netzwerkanalyse, die nach Interaktionsgeflechten, d. h. »Beziehungen zwischen Personen, Gruppen und Institutionen«[15] fragt, für die Biographieforschung produktiv zu nutzen.[16] Da für die Netzwerkanalyse soziale Strukturen entscheidend

9 Vgl. Alison Booth: *How to Make It as a Woman. Collective Biographical History from Victoria to the Present.* Chicago/London 2004, S. 14 ff. Booth verweist auf eine Vielzahl weiterführender Literatur.

10 Vgl. Geoffrey Skelton: *Richard and Cosima Wagner. Biography of a Marriage.* London 1982; Janet Malcolm: *Two Lives. Gertrude and Alice.* New Haven/London 2007; Angelika Schaser: *Helene Lange und Gertrud Bäumer. Eine politische Lebensgemeinschaft.* Köln 2000.

11 Vgl. David R. Contosta: *Rebel Giants. The Revolutionary Lives of Abraham Lincoln & Charles Darwin.* Amherst 2008. Zur *comparative biography*, ihren Möglichkeiten und Grenzen siehe John M. Cooper: »Conception, Conversation, and Comparison: My Experiences as a Biographer«. In: Lloyd E. Ambrosius (Hg.): *Writing Biography. Historians and Their Craft.* Lincoln 2004, S. 79–102.

12 Vgl. Lucinda H. MacKethan: »The Setons at Home: Organizing a Family Biography«, http://nationalhumanitiescenter.org/biography/mackethan.htm (19.12.2008); Richard W.B. Lewis: *The Jameses. A Family Narrative.* New York 1991.

13 Leon Edel: *Bloomsbury. A House of Lions.* London 1979.

14 Shari Benstock: *Women of the Left Bank. Paris, 1900–1940.* Austin 1986.

15 Sabine Arend: »Über die Grenzen der Kunstgeschichte hinaus. Netzwerkanalyse als biographischer Zugriff auf die Wissenschaftsgeschichte«. In: Katja Bernhardt/Piotr Piotrowski (Hg.): *Grenzen überwindend. Festschrift für Adam S. Labuda zum 60. Geburtstag.* Berlin 2006, S. 1–10, hier S. 2.

16 Vgl. Friedrich Lenger: »Netzwerkanalyse und Biographieforschung – einige Überlegungen«. In: BIOS 18. Jg., 2 (2005), S. 180–185.

sind, untersucht sie Kommunikationsprozesse und Handlungen von Akteur/-innen.

In allen Fällen zielt die Gruppenbiographik darauf ab, Unterschiede zwischen den individuellen Lebensläufen herauszuarbeiten, anstatt die ›biographischen Objekte‹ einem Schema unterzuordnen.

10.3. Methode der Kollektivbiographik/ Gruppenbiographik

Zur Abgrenzung gegenüber der Prosopographie schlagen wir vor, dass als Kollektivbiographien im Sinne von Gruppenbiographien diejenigen Studien charakterisiert werden, die sich in einer qualitativen Untersuchung zwischen zwei und maximal 40 bis 50 Personen widmen. Kollektiv-/Gruppenbiographien richten ihren Blick nicht nur auf das Typische, die Norm, sondern auch auf das Spezifische, die Abweichungen eines Personenkollektivs, während sie gleichzeitig das einzelne Individuum innerhalb dieses Kontextes verorten. Es geht um »Vernetzungen und Einflüsse, Parallelitäten wie Differenzen *zwischen* den einzelnen Personen« (Harders/Lipphardt 2006, 82).

Die Zusammenstellung der Untersuchungsgruppe erfolgt entweder durch die Fragestellung der Biographin/des Biographen oder durch die eigene Identifikation der Gruppe als Gruppe. In beiden Verfahren zeichnet sich das gewählte Kollektiv durch einzigartige Charakteristika aus,[17] wie z. B. gemeinsame Herkunft, gleiche Profession oder Mitgliedschaft in einem Verein. Dabei können

> »Gruppenbiographien [...] neue Aspekte an einer Person sichtbar machen, deren Lebensgeschichte bereits sehr gut dokumentiert ist, deren soziales Netzwerk aber nur in Teilen oder nicht eingehend analysiert wurde. Sie können aber auch dazu dienen, die Lebensgeschichten von Menschen aufzuzeichnen, die bislang nicht für biographiewürdig erachtet wurden und die keine individualbiographische Darstellung zu rechtfertigen scheinen« (Schweiger 2009, 323).

Insbesondere eignet sich der kollektivbiographische Ansatz für marginalisierte Gruppen (s.o.), weil aufgrund geringer Quellenüberlieferung keine Individualbiographien möglich scheinen oder die Gruppenbiographie weitergehende Erkenntnisse verspricht.

Im Gegensatz zur Individualbiographie erfasst die Kollektivbiographie einerseits ein Datensample mehrerer Personen, aus dem sich der Fragestellung entsprechend Aussagen über Karriereverläufe, ein bestimmtes historisches Milieu oder generationelle Prägungen treffen lassen.[18] Andererseits konzentrieren sich kollektivbiographische Zugänge auf Erfahrungs- und Handlungsräume historischer Personen, ihren Habitus und die Herstellung von Wirklichkeit. Die Gruppenbiographik greift somit aktuelle Diskurse um Themen wie den Konstruktionscharakter von Leben(swegen) und die Handlungsspielräume Einzelner auf. Sie stellt soziale Interaktionen in den Mittelpunkt, macht Handlungsoptionen sichtbar und zeigt alternative Verläufe von Lebensgeschichten. Gerade durch den Vergleich mit Anderen eines Kollektivs werden neben Gemeinsamkeiten individuelle Konturen deutlich. Überdies ermöglichen Kollektivbiographien die Verknüpfung soziologischer, historiographischer und kulturwissenschaftlicher Theorien und Methoden und gelangen somit zu einer multiperspektivischen Darstellung.

Literatur

Febel, Gisela: »Frauenbiographik als kollektive Biographik«. In: Christian von Zimmermann/Nina von Zimmermann (Hg.): *Frauenbiographik. Lebensbeschreibungen und Porträts*. Tübingen 2005, S. 127–144.

Harders, Levke/Lipphardt, Veronika: »Kollektivbiografie in der Wissenschaftsgeschichte als qualitative und problemorientierte Methode«. In: *Traverse* 13. Jg., 2 (2006), S. 81–91.

Parke, Catherine N.: *Biography: Writing Lives*. New York/ London 1996.

Peters, Margot: »Group Biography: Challenges and Methods«. In: Anthony M. Friedson (Hg.): *New Directions in Biography*. Honolulu 1981, S. 41–51.

Schröder, Wilhelm Heinz/Weege, Wilhelm/Zech, Mar-

17 Vgl. Tity de Vries: »Creating a Group Identity: The New York Intellectuals«. In: Hans Bak (Hg.): *Writing Lives. American Biography and Autobiography*. Amsterdam 1998, S. 247–256, hier S. 247.

18 Vgl. Dorothee Wierling: *Geboren im Jahr Eins. Der Jahrgang 1949 in der DDR. Versuch einer Kollektivbiographie*. Berlin 2002; Michael Wildt: *Generation des Unbedingten. Das Führungskorps des Reichssicherheitshauptamtes*. Hamburg 2002.

tina: *Historische Parlamentarismus-, Eliten- und Biographieforschung*. Köln 2000.
Schweiger, Hannes: »Die soziale Konstituierung von Lebensgeschichten. Überlegungen zur Kollektivbiographik«. In: Bernhard Fetz (Hg.): *Die Biographie – Zur Grundlegung ihrer Theorie*. Unter Mitarbeit von Hannes Schweiger. Berlin/New York 2009, S. 317–352.

Levke Harders/Hannes Schweiger

IV. Analyse biographischer Erzählungen

Im Zentrum einer Biographie – hier verstanden als textuelle Repräsentation eines Lebens – steht immer eine reale Person (eher ausnahmsweise auch mehrere). Indem Biographien die Ereignisse aus dem Leben der biographierten Person(en) als eine zusammenhängende Ereignisfolge präsentieren, sind sie Erzählungen (↗ I.4. Narrativität). Zwar finden sich vereinzelt auch fingierte Biographien, die das Leben einer fiktiven Person zum Gegenstand haben, diese sind aber keine Biographien im engeren Sinne. Biographien zählen mithin zu den faktualen Texten oder auch »Wirklichkeitserzählungen«, die eine ganz besondere Rezeptionshaltung evozieren. Denn der Leser von Wirklichkeitserzählungen

> »erwartet nicht die Schilderung eines möglichen (oder gar fantastisch-unmöglichen), sondern eines wirklichen Geschehens. Textpragmatisch zeichnen sich faktuale Erzählungen im Gegensatz zu fiktionalen dadurch aus, dass der Autor zugleich auch der Erzähler seines Textes ist. Er muss für die Wahrheit der vorgebrachten Behauptungen einstehen. Verfasser faktualer Texte schließen mit ihren Lesern eine Art Abkommen. Indem sie ihren Text als faktual markieren, sichern sie zu, dass sie wahrhaftig, knapp, klar und relevant berichten« (Klein/Martínez 2009, 3).

Gérard Genette spricht in diesem Zusammenhang von einer »Wahrheitsverpflichtung« des Autors faktualer Texte (Genette 1992, 78), Philippe Lejeune von einem »Pakt« (Lejeune 1994; ↗ I.5. Fiktionalität, Faktizität, Metafiktion). Dieser Pakt, der aus der Identität von Autor und Erzähler resultiert, erlaubt es dem Leser einerseits, das Geschilderte sinnvoll auf außertextuelle Wirklichkeit zu beziehen, bietet andererseits dem Autor überhaupt erst die Möglichkeit, in ernst zu nehmender Weise auf außersprachliche Wirklichkeit zu rekurrieren (↗ I.3. Referentialität). Wie wirkungsmächtig dieser Pakt ist, zeigt sich daran, dass man – selbst wenn man eine Biographie voller falscher Angaben läse – zunächst nicht annehmen würde, dass der Autor willentlich gegen den Vertrag verstoßen habe, sondern eher unterstellen würde, dass dem Verfasser Fehler unterlaufen seien. Während die Identität von Autor und Erzähler für alle Wirklichkeitserzählungen gilt, variiert das Verhältnis von Erzähler und Protagonist. Im Gegensatz etwa zur Autobiographie sind bei der Biographie zwar auch Autor und Erzähler, nicht aber Erzähler und Protagonist identisch.

Biographien sind (wie Wirklichkeitserzählungen überhaupt) narrative Konstruktionen, die ihren kommunikativen Sinn erst im Zusammenspiel verschiedener Aspekte entfalten. So sind folgende Dimensionen zu berücksichtigen, die im Hinblick auf die Analyse biographischer Erzählungen zu differenzieren sind: (IV.1.) die Ebene der kontextuellen Rahmenbedingungen – gleichermaßen Produktion wie Rezeption betreffend – (wie legitimiert der Biograph seine Arbeit, werden die Lesererwartungen befriedigt?), (IV.2.) die Ebene der Handlung, also des ›Was‹ der Erzählung, der *histoire* (wie werden die Handlungselemente in einen überzeugenden Zusammenhang gebracht?) sowie (IV.3.) die Ebene der Darstellung, des ›Wie‹ der Erzählung, des *discours* (welche narrativen Techniken kommen zum Einsatz?).

Literatur

Genette, Gérard: *Fiktion und Diktion*. München 1992 (franz. 1991).

Klein, Christian/Martínez, Matías (Hg.): *Wirklichkeitserzählungen. Felder, Formen und Funktionen nicht-literarischen Erzählens*. Stuttgart/Weimar 2009.

Lejeune, Philippe: *Der autobiographische Pakt*. Frankfurt a. M. 1994 (franz. 1975).

Christian Klein

1. Kontext

1.1. Paratexte, Legitimationsstrategien und die Motivation des Biographen

Die Biographie ist im Gegensatz zu anderen historiographischen Textsorten weder eindeutig einer bestimmten Disziplin zuzuordnen, noch überhaupt auf den wissenschaftlichen Diskurs einzugrenzen, sie hat vielmehr auch in der literarischen ›Hoch-‹ sowie populären ›Unterhaltungskultur‹ ihren Platz. Die Einbettung in den jeweiligen Diskurs, die Erwartungen der Leser und die daraus resultierenden Anforderungen an den Biographen haben Konsequenzen für die textuelle Ausformung.

Fragt man nach dem anhaltend großen Leserinteresse an Biographien, scheinen zwei Antworten nahezuliegen: Biographien dienen der Entschädigung für enttäuschte Hoffnungen und verpasste Chancen oder haben die Vorbildfunktion idealer Lebensläufe und der mustergültigen Bewältigung von Herausforderungen des Lebens. Populäre Biographien zielen dabei vielfach auf die Erfüllung der genannten Leserwünsche ab, legen die Wahrheitsverpflichtung des Biographen eher großzügig aus und perpetuieren damit möglicherweise überholte Lebenslauf- und Identitätskonzepte, die ohne diese biographischen Arbeiten so vielleicht nicht mehr virulent wären (↗III.3. Populäre Biographik). Im Gegensatz dazu versuchen reflektierte Biographien das geschilderte Leben auch in seinen Widersprüchen, Brüchen und Sackgassen zu beschreiben.

Erste Hinweise darauf, dass man einen Text im Rahmen des oben beschriebenen Paktes zu rezipieren hat, liefern zumeist sog. paratextuelle Angaben. Ein Paratext ist Gérard Genette zufolge jenes »Beiwerk, durch das ein Text zum Buch wird und als solches vor die Leser und, allgemeiner, vor die Öffentlichkeit tritt« (Genette 1992, 10). Hierzu zählen all jene die Rezeption des Haupttextes steuernden, aber nicht im eigentlichen Sinne zu diesem gehörigen Elemente: die Gattungsangabe, ein Vorwort, ein Motto, der Klappentext etc. Indem der Autor seinen Text etwa mit der Gattungsangabe ›Biographie‹ versieht, bietet er uns einen Pakt im obigen Sinne an. Er gibt zu erkennen, dass er seinen Text als Wirklichkeitserzählung verstanden wissen will, er also eine Erzählung präsentiert, die (wie reflektiert oder defizitär auch im Einzelnen) zu schildern beabsichtigt, wie es (in diesem Falle: das Leben der biographierten Person) tatsächlich gewesen sei. Oft liefern Paratexte auch erste Hinweise darauf, welche Lesergruppe die jeweilige Biographie ansprechen will, indem etwa Untertitel wie »eine wissenschaftliche Biographie« gewählt werden oder der Klappentext das »unterhaltsame Porträt« einer berühmten Persönlichkeit ankündigt bzw. »intime Einblicke« in das Leben jenseits der Öffentlichkeit verspricht.

Je nach dem, für welche Leserschaft eine Biographie geschrieben wird, sieht sich der Biograph genötigt, seine Arbeit auf unterschiedliche Weisen zu legitimieren, um so den ›Pakt‹ mit dem Leser zu fundieren. So verleiht der Verfasser einer wissenschaftlichen Biographie seinem Text über den Verweis auf entsprechendes Quellenmaterial Autorität und expliziert sein Vorgehen (↗III.2. Wissenschaftliche Biographik). Demgegenüber legitimiert im Falle einer populären Biographie zum Beispiel die persönliche Beziehung zwischen Biograph und Biographiertem den Text (während im Falle einer wissenschaftlichen Biographie eine persönliche Beziehung die Autorität des Biographen sogar unterminieren könnte). Freilich unterliegen auch die jeweiligen Legimitationsstrategien (wie auch die Erwartung der Leserschaft) historischen Veränderungen. Während Stefan Zweig in den 1920er und 1930er Jahren seine zahlreichen, erfolgreichen biographischen Arbeiten rechtfertigte, indem er seine Bereitschaft und Eignung zur Einfühlung in die Psyche des Biographierten betonte, dürfte diese Legitimationsstrategie selbst die Leser populärer Biographien heute kaum noch überzeugen.

Einige Biographen machen sich die Wirkungsmacht der Legitimationsstrategien zunutze, um die

Funktionsweisen biographischen Erzählens zu problematisieren. So verleiht etwa Wolfgang Hildesheimer der fingierten Biographie Andrew Marbots dadurch vermeintliche Authentizität, dass er die erfundene Lebensgeschichte in historische Begegebenheiten einbettet und erfundene Quellen aufruft. Bereits einige Jahre zuvor hatte sich Hildesheimer durch die Veröffentlichung einer Mozart-Arbeit Autorität als Verfasser einer Biographie im eigentlichen Sinne erworben, die nun auch im Falle der fingierten Biographie wirkt (im umgekehrten Fall hätte es Hildesheimer sicher schwer gehabt, nach der Publikation einer fingierten Biographie als Verfasser einer faktualen ernst genommen zu werden).[1]

Doch nicht nur die jeweilige Legimitationsstrategie ist diskursabhängig, sondern auch der Einsatz narrativer Techniken, die wahlweise eher der Wissenschaft oder der Literatur zugeordnet werden (vgl. IV.3.). Zwar gehen auch die literarischen Biographen Wahrheitsverpflichtungen ein, doch verleihen ihre Texte, obwohl ihnen zumeist Recherche und Quellenstudium vorausgehen, nicht qua Struktur diesem Anspruch Ausdruck (vgl. demgegenüber etwa die Anmerkungsapparate wissenschaftlicher Texte; ↗III.1. Literarische Biographik).

Neben den Legitimationsstrategien ist vor allem die Frage nach der Motivation des Biographen relevant, weil sie unmittelbare Auswirkungen auf die Anlage und Konzeption der jeweiligen Biographie hat. Prinzipiell lassen sich drei unterschiedliche Beweggründe dafür ausmachen, dass eine Biographie geschrieben wird: So ist zunächst (1) eine rein extrinsische, anlassbezogene Motivation auszumachen, die oft ohne besondere inhaltliche Zielsetzungen auskommt. In diesem Sinne ist jeder halbwegs ›runde‹ Geburts- oder Todestag einer bekannten Persönlichkeit Anlass für biographische Neuerscheinungen, die auch ohne originelle Ideen oder Ansätze ihre Käufer finden. Neben extrinsischen Beweggründen finden sich zwei Varianten einer intrinsischen, inhaltlichen Motivation, die danach zu unterscheiden sind, ob zu der Person, über die eine Biographie vorgelegt wird, bereits Biographien existieren oder nicht. Entsprechend finden wir (2a) eine intrinsische Motivation mit dem Ziel der *Etablierung* eines biographischen Diskussionszusammenhangs und (2b) eine intrinsische Motivation mit dem Ziel der *Akzentuierung* eines biographischen Diskussionszusammenhangs. Die Lebensbeschreibung einer schon oft biographierten Person wird in aller Regel eine andere Zielsetzung verfolgen als eine Arbeit, die erstmalig das Leben einer Person schildert. Ein Biograph, der die erste Biographie einer bestimmten Person vorlegt, dürfte vor allem das Ziel verfolgen, das Leben der Person einer breiteren Öffentlichkeit bekannt zu machen, mithin einen Diskussionszusammenhang überhaupt erst zu stiften (2a). Ein Biograph, der sich demgegenüber heute daran macht, eine Thomas-Mann-Biographie zu schreiben, müsste wohl (setzen wir inhaltliche Beweggründe voraus) entweder unzufrieden mit den bisherigen Biographien sein (weil sie seiner Meinung nach z. B. falsche Schwerpunkte setzen oder auch zu stark die Individualitätsauffassung ihrer Entstehungszeit transportieren) oder neue Quellen erschlossen haben. Sein Ziel wäre demnach Korrektur oder Erweiterung eines existierenden Diskussionszusammenhangs bzw. das Setzen neuer Akzente (2b). In diesem Sinne betont etwa Eckart Kleßmann in seiner Biographie E.T.A. Hoffmanns, Ausgangspunkt seines Vorhabens sei kein neues Material, sondern eine neue Perspektive (Bedeutung der Religion).[2] Ein besonders eindrucksvolles Beispiel für den Versuch einer Akzentverschiebung ist John Fuegis Buch *Brecht and Company*, in der Brecht in seinen Frauenbeziehung problematisiert und die These aufstellt wird, zahlreiche Brecht zugeschriebene Texte stammten eigentlich von den Frauen aus seinem Umfeld.[3] Überhaupt sind es häufig, inhaltlich gesehen, vor allem sexuelle oder politische Aspekte, die zu biographischen Korrekturversuchen anregen, wovon auch Lothar Machtans Arbeit über Hitler und dessen angebliche Homosexualität Zeugnis ablegt.[4]

1 Vgl. Wolfgang Hildesheimer: *Marbot. Eine Biographie*. Frankfurt a. M. 1982 sowie Ders.: *Mozart*. Frankfurt a. M. 1977.

2 Eckart Kleßmann: *E.T.A. Hoffmann oder die Tiefe zwischen Stern und Erde*. Stuttgart 1988.

3 John Fuegi: *Brecht and Company. Sex, Politics, and the Making of the Modern Drama*. New York 1995.

4 Lothar Machtan: *Hitlers Geheimnis. Das Doppelleben eines Diktators*. Berlin 2001.

Die unterschiedlichen Motivationen haben verschiedene Auswirkungen auf die Struktur der Biographien: So kommt der Biograph mit (1) rein anlassbezogener Motivation noch am ehesten mit wenig Mühe bei der Recherche und Textgestaltung aus, weil die zum nächsten Jubiläum verfassten Lebensbeschreibungen die von ihm vorgelegte Biographie ohnehin ablösen werden. Im Gegensatz dazu wird der Biograph, der (2a) einen biographischen Diskussionszusammenhang etablieren will, möglichst viel Quellenmaterial zusammentragen, dieses breit darlegen und das Leben umfassend beschreiben. Er wird weniger pointieren, sondern eher ausgewogen präsentieren und die Biographie weniger kontrovers oder herausfordernd anlegen. Demgegenüber wird der Biograph, der (2b) Akzente in einem existierenden biographischen Diskussionszusammenhang setzen will, das Material seiner These bzw. seinem Ansatz entsprechend auswählen und anordnen sowie argumentative Schwerpunkte setzen oder die neu entdeckten Quellen entsprechend inszenieren. Insgesamt lässt sich sagen, dass ein dermaßen motivierter Biograph sein Ziel wohl vor allem durch Pointierung und Zuspitzung erreicht.

1.2. Das ›Objekt‹ der Biographie: einzigartig oder typisch?

Mit der Stiftung eines Diskussionszusammenhangs ist gleichzeitig das Verhältnis von Individuum und Gesellschaft angesprochen, denn man kann das Leben einer Person der Öffentlichkeit bekannt machen wollen, weil es (1) so einzigartig ist bzw. die Person Einzigartiges hervorgebracht hat, oder weil es (2) so typisch ist bzw. die Person stellvertretend für eine bestimmte Gruppe von Menschen steht. Olaf Hähner spricht im ersten Fall von syntagmatischen und im zweiten von paradigmatischen Biographien (Hähner 1999). Ob es sich um eine syntagmatische oder eine paradigmatische Biographie handelt, hat Auswirkungen auf die Art der Darstellung. Während eine syntagmatische Biographie vor allem die Differenz zwischen dem Leben des Biographierten und zeitgleichen Lebensläufen herausstellen und besonderes Augenmerk auf die Andersartigkeit der individuellen Handlungen legen wird, hebt eine paradigmatische Biographie vor allem auf die Übereinstimmung mit parallelen Lebensverläufen ab und betont das Gemeinsame. Den Fokus der syntagmatischen Biographie bildet folglich die *Originalität*, den der paradigmatischen die *Egalität*. So betont etwa Herman Grimm in seiner Michelangelo-Biographie aus dem Jahre 1860 (ganz im Sinne der syntagmatischen Biographie) die Unabhängigkeit des Künstlers von der Gesellschaft, so dass sich der Eindruck einstellt, der Künstler stünde isoliert einer feindlichen Welt gegenüber.[5] Im Gegensatz dazu schreibt Ulrich Herbert seine Biographie über Werner Best ganz ausdrücklich auch aus dem Grund, dass Best ein idealtypischer Vertreter der NS-Machteliten sei und sich in der individuellen Biographie allgemeine Strukturen exemplifizieren ließen (paradigmatische Biographie).[6] Geht man davon aus, dass es die Aufgabe des Biographen sei, im Rahmen seiner Darstellung der ›biographischen Trias‹ (bestehend aus Leben, ›Werk‹ und Gesellschaft) gerecht zu werden, so zeigt sich, dass syntagmatische und paradigmatische Biographien jeweils unterschiedlichen Bereichen der Trias besonderes Gewicht verleihen: Bei der syntagmatischen Biographie liegt der Schwerpunkt auf der Verbindung von Leben und ›Werk‹, Gesellschaft fungiert hier eher als Kontrastfolie; entsprechend ist etwa Nietzsche in Horst Althaus' Biographie ein Titan, der sich gegen die Zeit erhebt.[7] Die paradigmatische Biographie legt den Akzent auf die Verbindung von Leben und Gesellschaft; in diesem Sinne versteht Joachim Dyck in seiner Benn-Biographie dessen »intellektuelle Arbeit als einen produktiven Reflex auf seine alltäglichen Lebenserfahrungen«.[8] All diese Aspekte sind (da sie auch Ausdruck unterschiedlicher Subjektkonstruktionen sind) historisch variabel und müssen entsprechend kontextualisiert werden.

5 Herman Grimm: *Das Leben Michelangelos*. Hannover 1860.

6 Ulrich Herbert: *Best. Biographische Studien über Radikalismus, Weltanschauung und Vernunft. 1903 – 1989*. Bonn 1996.

7 Horst Althaus: *Friedrich Nietzsche. Eine bürgerliche Tragödie*. München 1985, S. 19.

8 Joachim Dyck: *Der Zeitzeuge. Gottfried Benn (1929–1949)*. Göttingen 2006, S. 12.

Insbesondere die Fragen nach der Motivation des Biographen sowie die nach dem Fokus auf das biographische ›Objekt‹ (zugespitzt also die Frage danach, ob der Biographierte als Genie oder Typus inszeniert wird) haben Auswirkungen auf die Auswahl der verschiedenen Handlungselemente und ihre Struktur.

Literatur

Genette, Gérard: *Paratexte. Das Buch vom Beiwerk des Buches.* Frankfurt a. M. 1992 (franz. 1987).

Hähner, Olaf: *Historische Biographik. Die Entwicklung einer geschichtswissenschaftlichen Darstellungsform von der Antike bis ins 20. Jahrhundert.* Frankfurt a. M. u. a. 1999.

Christian Klein

2. ›Histoire‹: Bestandteile der Handlung

Jede Erzählung hat ein Thema, das als »Bedeutungseinheit der einzelnen Elemente des Werkes« (Tomasevskij 1985, 211) zu verstehen ist. Diese Bedeutungseinheit setzt sich aus mehr oder weniger zahlreichen einzelnen Handlungselementen zusammen, die in spezifischer Weise miteinander verknüpft sind. Im Falle biographischen Erzählens ist das Thema das jeweils geschilderte Leben, wobei man die präsentierte Lebensgeschichte in verschiedene biographische Episoden zerlegen kann. Die kleinste Einheit der Handlung ist das ›Motiv‹ (das nicht zu verwechseln ist mit dem Terminus aus der literarhistorischen Stoff- und Motivforschung). Boris Tomasevskij definiert in diesem Sinne: »Das Thema eines nicht weiter zerlegbaren Werkteils wird als *Motiv* bezeichnet. Eigentlich verfügt jeder Satz über ein eigenes Motiv. [...] Die Motive bilden, indem sie sich miteinander verbinden, die thematische Verknüpfung des Werkes« (ebd., 218, Hervorhebung im Orig.).

Jeder biographischen Darstellung liegt also die *Selektion* und *Organisation* von Motiven zugrunde. Insofern ist jedes Motiv sinntragend und lässt sich auf seine Funktion im biographischen Erzählzusammenhang hin analysieren – wäre das Motiv im Erzählzusammenhang sinnlos, hätte es kaum Eingang in die Erzählung gefunden.[1] Im Rahmen der narratologischen Auseinandersetzung mit Biographien wird also ausschließlich die Funktionalisierung der Motive im Kontext der Erzählung rekonstruiert. Gegenstand der Analyse ist allein die narrative Vertextung des Lebens und nicht etwa das Leben selbst – man erfährt also nichts darüber, inwieweit einer bestimmten Handlung tatsächliche Bedeutung im Leben des Biographierten zukommt, sondern nur, ob der Biograph sie ihr zuschreibt.

Der Biograph wählt (in Abhängigkeit von der Quellenlage oder seinem Interesse; ↗ IV.1. Kontext) biographische Motive und ordnet diese zu einem sinnhaften, narrativ strukturierten Zusammenhang. Entsprechend kann man (2.1.) die Funktion der ausgewählten Motive einerseits sowie (2.2.) die Organisation der Motive andererseits untersuchen. Je nach dem, welcher Art die ausgewählten Motive und ihre Organisation sind, ergeben sich (2.3.) unterschiedliche Biographietypen, die je unterschiedliche Sinnangebote liefern. Neben den Motiven und ihrer Verknüpfung spielen (2.4.) auch Figuren- und Raumfragen auf der Ebene der Handlung (also der *histoire*, dem ›Was‹ der Erzählung) eine besondere Rolle bei der Sinnkonstitution.

Nach diesem Verständnis liefert die Beschäftigung mit den einzelnen Handlungselementen und ihrer Verknüpfung, mit Figuren- und Raumfragen Hinweise auf die Gesamtanlage, Makrostruktur und Zielrichtung der jeweiligen Biographie. Die folgenden Ausführungen bilden demnach eine Grundlage für die narratologische Handlungsanalyse von Biographien. Sie sind nicht nur von Nutzen für die Praxis des biographischen Schreibens, indem die meist unhinterfragt wirkenden Vertextungsstrukturen transparent gemacht werden, sondern verdeutlichen auch, dass die eher grundsätzlichen Funktionen, die Biographien zu erfüllen scheinen (etwa die Etablierung bzw. Perpetuierung spezifischer Wertvorstellungen oder Subjektkonzepte), auf konkrete Textstrukturen zurückzuführen sind. Die Beschäftigung mit den einzelnen Handlungselementen von Biographien liefert durch die Hintertür Antworten auf zentrale Fragen der Biographieforschung.

2.1. Motive und ihre Funktionen

Es lassen sich verschiedene Motivgruppen unterscheiden, die je unterschiedliche Funktionen für den Handlungszusammenhang besitzen. Aus-

1 Auch auf den ersten Blick funktionslose Details besitzen eine semantische Funktion: Roland Barthes weist darauf hin, dass vermeintlich überschüssige Detailangaben das »konkrete Reale« repräsentieren und diesen Details eine beglaubigende Funktion im Sinne eines »Realitätseffekts« zukomme; vgl. Martínez/Scheffel 2007, S. 117.

gangspunkt der Differenzierung ist zunächst die Frage, ob den Motiven (1) eine Funktionalität auf der Ebene des Seins zuzusprechen ist oder ob sie (2) funktional auf der Ebene des Tuns bzw. Erleidens sind.[2] Mit Motiven, die funktional auf der Ebene des Seins sind, geht keine Situationsveränderung im Handlungszusammenhang einher; wir nennen sie deshalb *statisch*. Motive, die auf der Ebene des Tuns/Erleidens funktional sind, bewirken eine Situationsveränderung; wir nennen sie deshalb *dynamisch*. Eine Situationsveränderung (Seymour Chatman spricht hier vom »change of state«)[3] definieren wir im Anschluss an Wolf Schmid (2008, 13 f.) über drei Kriterien: (a) eine temporale Struktur (Ausgangs- und Endsituation), (b) die Gleichzeitigkeit von Similarität und Kontrast der Situationen (wären die Situationen nicht ähnlich, könnte man kaum davon sprechen, dass es sich um die Veränderung derselben Situation handelt, würden sie sich nicht unterscheiden, wäre keine Veränderung der Situation auszumachen), (c) den Bezug der Situationen auf ein und dasselbe Subjekt.

Im Anschluss an diese Unterscheidung zwischen statischen und dynamischen Motiven lassen sich weitere Differenzierungen vornehmen. So können die statischen Motive in zwei Gruppen unterteilt werden: solche die (1a) *Zustände* (also Beschreibungen der Natur, des Ortes, des Umstands etc.) und solche die (1b) *Eigenschaften* von Figuren betreffen. Folgender Satz aus Thomas Karlaufs Biographie Stefan Georges markiert einen Zustand: »Bingen gehörte zu Hessen, Bingerbrück auf der anderen Seite als Teil der preußischen Rheinprovinz zum Regierungsbezirk Koblenz« (Karlauf 2007, 38). Demgegenüber umreißen folgende Beispiele Eigenschaften: »Perfektioniert hatte er [Mallarmé] vor allem die Stilisierung des Dichters als eines großen Leidenden« (ebd., 86) oder: »George war unter 1,75 Meter groß« (ebd., 14).

Die dynamischen Motive lassen sich demgegenüber unterscheiden je nach dem, ob es sich um (2a) nicht-intendierte Zustandsveränderungen handelt; diese nennen wir *Geschehnisse*. Wir finden (2b) ferner Zustandsveränderungen, die durch die Realisierung von Handlungsabsichten einer Figur bewirkt werden; diese nennen wir *Aktionen*. Der Satz: »Jedenfalls fuhr George am 1. April von Genua ohne Dienstbach nach Rom« (ebd., 242) markiert eine Aktion, während der Satz: »Im Mai 1915 wurde Gothein in Galizien von einer Kugel am Kopf getroffen« (ebd., 465) offensichtlich eine nicht-intendierte Zustandsveränderung beschreibt, folglich als Geschehnis bezeichnet werden kann.

An diese vier Motivgruppen (Zustände, Eigenschaften, Geschehnisse, Aktionen) lässt sich nun ein Kriterium anlegen, das zu einer weiteren Ausdifferenzierung führt und für die analytische Beschäftigung mit Biographien grundlegend ist. Denn die Motive dieser vier Gruppen können handlungslogisch funktional im engeren Sinne sein oder nicht. Sie können danach differenziert werden, ob sie für den weiteren Handlungsverlauf notwendig sind (*verknüpfte Motive*) oder nicht (*freie Motive*). Verknüpfte Motive, die also für die Handlungsfolge funktional sind, können nicht gelöscht werden, ohne dass die Erzähllogik darunter leiden würde. Freie Motive hingegen können wegfallen, ohne dass dies auf den weiteren Handlungsverlauf Auswirkungen hätte. Das zitierte Beispiel etwa, das die politische Zugehörigkeit Bingens beschreibt, könnte im Kontext der George-Biographie, aus der es stammt, gelöscht werden, ohne dass die Handlungslogik leiden würde. Wenn im anderen Beispiel Gothein am Kopf getroffen, daraufhin vom Kriegsdienst befreit und in die Heimat geschickt wird, wo er wieder George begegnet, so handelt es sich offensichtlich um ein verknüpftes Motiv, das Funktionalität im Handlungszusammenhang besitzt.

An die situationsverändernden Motive (Geschehnisse und Aktionen) lassen sich darüber hinaus (in Anlehnung an Schmid 2008, 14 ff.) zwei weitere (graduierbare) Kriterien zur Differenzierung anlegen: (zum einen) die *Erwartbarkeit* des Geschehnisses bzw. der Aktion und (zum anderen) die *Relevanz* der Situationsveränderung im Rahmen der erzählten Welt (die eng verbunden ist mit der Frage der Reversibilität der Situationsveränderung): Wenn die durch ein dynamisches Motiv bewirkte Situationsveränderung in der narrativen

2 Roland Barthes: »Einführung in die strukturale Analyse von Erzählungen«. In: Ders.: *Das semiologische Abenteuer*. Frankfurt a. M. 1988, S. 102–143, hier S. 112.

3 Seymour Chatman: *Story and Discourse. Narrative Structure in Fiction and Film*. Ithaca/London [4]1988, S. 44.

Welt als besonders wesentlich bewertet wird, dann ist dieses Motiv besonders relevant.

Graphisch zusammengefasst lassen sich folgende Motivgruppen unterscheiden, an die wir folgende weiterführende Kriterien zur Differenzierung anlegen können:

Motivgruppen

(1) Statische Motive		(2) Dynamische Motive	
(1a) Zustände	(1b) Eigenschaften	(2a) Geschehnisse	(2b) Aktionen

An alle Motive anzulegendes Kriterium

Handlungslogisch funktional – ja (=verknüpft)/nein (=frei)?

An die dynamischen Motive anzulegende Kriterien

Erwartbar – ja/nein?
Relevant – ja/nein?

Die Fragen nach der handlungslogischen Funktionalität, nach der Erwartbarkeit und der Relevanz lassen sich freilich nur anhand des Handlungsverlaufs und nur in Abhängigkeit von den Erwartungen und Regeln klären, die unser Bild von der ›erzählten Welt‹ prägen, von den Normen, die sie bestimmen. So ist etwa der 18. Geburtstag ein erwartbares Geschehnis, aber je nach historisch-kulturellem Kontext kann er relevant sein (wenn man mit 18 volljährig wird) oder ist irrelevant (wenn man erst mit 21 volljährig wird). Der Satz »Um 1.15 Uhr in der Nacht auf Montag trat der Tod durch Herzstillstand ein« (Karlauf 2007, 632) markiert in jedem Fall ein verknüpftes, relevantes Geschehnis (denn Georges Tod hat natürlich handlungslogische Konsequenzen für die biographische Erzählung) – ob es sich aber um ein erwartbares oder unerwartetes Geschehnis handelt, kann man nur im Erzählkontext klären (in diesem Falle ist es erwartbar, weil vorab der Krankheitsverlauf Georges geschildert wird). Der Satz: »Im Dezember 1944 wurde es [Georges Elternhaus] bei einem Bombenangriff vollständig zerstört« (ebd., 43), ist demgegenüber für den weiteren Handlungsverlauf unerheblich und mithin ein freies, irrelevantes Geschehnis. Denn ob das Haus 1944 noch steht oder nicht, spielt für die Handlung keine Rolle – ob es indes erwartbar ist oder nicht, hängt vom Kontext ab. Ein anderes Beispiel: »Nachdem er [George] ihn [Kronberger] eine Zeitlang beobachtet hatte, trat er eines Tages auf ihn zu und fragte ihn, ob er ihn zeichnen dürfe« (ebd., 342). Dass es sich hier um eine verknüpfte, relevante Aktion handelt, kann man erst im Zuge des weiteren Verlaufs feststellen. Inwieweit eine eher unerwartete Aktion vorliegt, lässt sich aus den im Text präsentierten Handlungserwartungen und Wertvorstellungen ableiten – dass erwachsene Männer Umgang mit ihnen unbekannten Knaben suchen, wird auch im Text als eher ungewöhnlich gekennzeichnet (entsprechend wird berichtet, wie sich George mit den »argwöhnischen Eltern« gutstellen muss, ebd., 345). Eine freie, erwartbare und irrelvante Aktion findet sich schließlich in folgendem Beispiel: »Die wichtigsten Sehenswürdigkeiten hatte George nach zwei Wochen absolviert: Westminster Abbey, Saint Paul's Cathedral, National Gallery« (ebd., 73). Dass der kulturinteressierte junge George diese Stätten besucht, ist keine Überraschung, für den Handlungsverlauf spielt es indes keine Rolle.

Hier ist schließlich auf den Aspekt der Erzählwürdigkeit (*tellability*) einer Geschichte abzuheben. Diese ist umso höher, je weniger die Frage nach dem Erzählzweck (»Na und?«) zu stellen ist.[4] In Texten mit geringer Ereignishaftigkeit kann die Erzählwürdigkeit gerade darin bestehen, dass ein spezifisches Ereignis ausbleibt. Die Erzählwürdigkeit leitet folglich auch die Selektion der Motive, denn je stärker deren Erzählwürdigkeit scheint, desto eher werden sie ausgewählt. Dabei müssen die Kriterien dieser Auswahl nicht zwangsläufig einem hohen Maß an Erwartbarkeit oder Relevanz entsprechen.

In diesem Sinne ließe sich als Minimalbestandteil einer biographischen Erzählung mindestens ein dynamisches Motiv (eine Situationsveränderung) ausmachen, während mindestens ein stati-

4 Vgl. Marie-Laure Ryan: »Tellability«. In: David Herman/Manfred Jahn/Marie-Laure Ryan (Hg.): *Routledge Encyclopedia of Narrative Theory*. London/New York 2005, S. 589–591.

sches Motiv (insb. eine Eigenschaft) Minimalbestandteil einer Charakteristik wäre (vgl. I.1).

Mithilfe der vorstellten Differenzierungsmöglichkeiten können die Handlungselemente biographischer Erzählungen nun näher bestimmt werden. Dies ist deshalb wichtig, weil die Art und Weise der Motivpräsentation unterschiedliche Konnotationen mit sich bringt. Zur Verdeutlichung sollen im Folgenden zwei Biographie-Varianten vorgestellt werden, die durch die besondere Präsenz je spezifischer Motive geprägt sind und quasi die entgegengesetzten Pole einer graduierbaren Skala markieren: Je stärker ganz allgemein Aktionen im Vordergrund stehen, desto deutlicher werden das Individuum und sein Handlungsspielraum betont. Diese Tendenz wird verstärkt, wenn es sich bei den Aktionen vor allem um unerwartete und relevante Aktionen handelt, denn hier wird der Biographierte dann als besonders durchsetzungsstarke Persönlichkeit inszeniert, die eigenen Bedürfnissen folgt bzw. eigene Ideen umsetzt und dabei keine Rücksicht auf Erwartungen und Handlungsnormen nimmt. Wenn sich die Handlung also vornehmlich aus den Aktionen des Biographierten zusammensetzt und diese Aktionen qualitative Situationsveränderungen mit sich bringen, wird deutlich, dass das Individuum sein Umfeld prägt (und nicht umgekehrt). Verstärkt wird dieser Eindruck, wenn die Aktionen nicht erwartbar sind, der Biographierte also nicht immer einem vorgeprägten Handlungsmuster folgt, sondern die Initiative ergreift und eigene, unkonventionelle Wege beschreitet. Weiter unterstützt werden kann diese Tendenz durch die Schilderung handlungslogisch funktionaler Eigenschaften des Biographierten. Denn dann lässt sich hervorheben, wie stark die persönlichen Eigenschaften und Eigenarten den Handlungsverlauf beeinflussen (und nicht etwa die politischen Umstände). Wenn etwa geschildert wird, dass Max Planck sich nach der Schule gegen die elterlichen Vorgaben entscheidet und auch nicht auf den Rat eines Physikprofessors hört, der ihm davon abrät, Physik zu studieren, weil diese Wissenschaft quasi ausgeforscht sei, Planck aber – weil er stets eigenwillig, stur und neugierig gewesen sei – doch das Physikstudium aufnimmt: dann wird die handlungslogisch funktionale Eigenschaft (Sturheit, Neugier) zur Voraussetzung der Begründung der Quantenmechanik. Dadurch, dass es sich bei dem Entschluss für das Physikstudium um eine nicht-erwartbare Aktion handelt (denn schließlich raten ihm alle davon ab), werden die Durchsetzungskraft und besondere Persönlichkeit Plancks betont. Verallgemeinernd lässt sich sagen: Biographien, in denen vor allem handlungslogisch funktionale Eigenschaften mit nicht-erwartbaren, relevanten Aktionen kombiniert werden, betonen die wirkmächtige Individualität des Biographierten.

Demgegenüber: Je mehr Geschehnisse geschildert werden, desto stärker lässt sich das Individuum als Objekt äußerer Einflüsse inszenieren. Auch diese Tendenz wird verstärkt, wenn insbesondere unerwartete, relevante Geschehnisse präsentiert werden, denn das Leben des Biographierten erscheint dann als von zufälligen und nicht-gesteuerten Ereignissen geprägt. Werden schließlich vor allem handlungslogisch funktionale Zustände geschildert, so erscheint das Thema des Textes (also das Leben der biographierten Person) als Resultat nicht-beeinflussbarer Parameter, das biographische Objekt als Spielball des Schicksals. Wird etwa in einer Biographie besonderes Gewicht darauf gelegt, dass Kafka als deutschsprachiger Jude im Prag der Jahrhundertwende aufwächst, dann wird die zweifache Zugehörigkeit zu einer Minderheit zu einem handlungslogisch funktionalen Zustand. Wird darüber hinaus besonders Kafkas Tuberkuloseerkrankung betont (unerwartetes, relevantes Geschehnis), dann erscheint Kafkas individueller Handlungsspielraum als gering, es entsteht vielmehr der Eindruck, Kafka könne allenfalls auf äußere Einwirkungen reagieren. Auch hier lässt sich allgemein sagen: Je mehr in Biographien handlungslogisch funktionale Zustände mit nicht-erwartbaren, relevanten Geschehnissen kombiniert werden, desto stärker bildet sich der Eindruck, dass der Biographierte ohnmächtig widrigen Umständen ausgeliefert gewesen sei.

Die Analyse der Handlungselemente (die Rekonstruktion der biographischen Motive) gibt also nicht nur Aufschluss über die Anlage der Textstruktur, sondern liefert auch erste Hinweise auf die Intention des Biographen und den Sinn der Erzählung. Das wird umso deutlicher, wenn es im Folgenden um die Verknüpfung der Motive im Einzelnen geht.

2.2. Die Verknüpfung der Motive (Motivierung)

Es war bereits ganz allgemein die Rede davon, dass Motive verknüpft oder frei erscheinen können. Will man die Formen der Verknüpfung genauer differenzieren, lässt sich zunächst eine eher schematische Form der Motiv-Organisation ausmachen: Im Rahmen der rein chronologischen Verknüpfung der Motive werden die einzelnen Handlungselemente sukzessiv präsentiert. Im Extremfall ließe sich das Leben einer Person auch in Form einer Auflistung der Geschehnisse und Aktionen nach Tagen präsentieren – Strukturprinzip wäre die Chronik. Zumeist begnügen sich Biographen allerdings nicht damit, als übergeordneten Erzählzusammenhang die kalendarische Abfolge der Tage zugrunde zu legen, sondern sie wollen die einzelnen Motive in einen darüber hinausgehenden sinnhaften Zusammenhang betten. Die Motive folgen dann nicht nur *aufeinander*, sondern auch *auseinander* – aus einem »Geschehen« wird dann eine »Geschichte«, oder in anderen Worten: »Das Geschehen wird zu einer Geschichte, wenn die dargestellten Veränderungen motiviert sind. Die Motivierung integriert die Ereignisse in einen Erklärungszusammenhang« (Martínez/Scheffel 2007, 110). Die Analyse der Motiv-Organisation zielt folglich darauf ab, die verschiedenen Formen der inhaltlichen Verknüpfung und ihre Logik zu beschreiben.

Es lassen sich für den biographischen Kontext vor allem zwei Formen der Motivierung unterscheiden: (1) An erster Stelle steht die kausale Motivierung: Ein Motiv wird in einen Ursache-Wirkungs-Zusammenhang eingebettet, der als wahrscheinlich oder zumindest möglich gilt. Dabei spielt es keine Rolle, ob es sich bei diesem Motiv um ein Geschehnis oder eine Aktion handelt – wichtig ist allein, dass man es im Nachhinein empirisch-kausal erklären zu können meint. Diese Form der Motivierung ist für biographisches Erzählen die wichtigste, gilt es doch nach wie vor als wesentlicher Anspruch an den Biographen, für die Aktivitäten und Erlebnisse des Biographierten Erklärungen zu finden und das Leben des biographischen Objektes verstehbar zu machen.

Im Hinblick auf die Konstitution der Geschichte findet sich neben der kausalen Motivierung auch (2) die finale Motivierung: Der Handlungsverlauf scheint hier von Anfang an festgelegt und folgt einer Art großem Masterplan. Diese Art der Motivierung findet sich vor allem in älteren Biographien, in denen das ganze Leben scheinbar auf eine Bestimmung zuzulaufen scheint – etwa auf eine große Entdeckung oder ein bedeutendes Kunstwerk.

Die Geschichte besteht aus Episoden. Die Verkettung der Episoden miteinander wird auf die eine oder andere Weise motiviert. Episoden sind zwischen der Ebene der Motive einerseits und der Ebene der Geschichte andererseits angesiedelt: »Eine Episode ist entweder Teil einer (aus mehreren Episoden zusammengesetzten) Haupthandlung oder aber eine Nebenhandlung, die für die chronologische und kausale Kontinuität der Haupthandlung irrelevant ist« (Martínez/Scheffel 2007, 110). Die Episode ist durch die Kohärenz der dargestellten Ereigniskette gekennzeichnet, deren Anfangs- und Endpunkt sie vom übergeordneten Erzählzusammenhang abgrenzen. Episoden können ihrerseits (1) sukzessiv, (2) additiv oder (3) korrelativ verkettet sein. Im Falle der (1) sukzessiven Verkettung besteht die Handlung aus verschiedenen abgrenzbaren Episoden, die nacheinander präsentiert werden. Dies könnte man wohl auch als Minimalbedingung biographischer Erzählungen bezeichnen. Episoden, die (2) additiv verkettet sind, bilden Ergänzungen zur Haupthandlung. In diesem Sinne lässt sich etwa episodisch die Biographie eines Freundes des biographischen Objekts bis zum Zeitpunkt der ersten Begegnung erzählen. Diese Episode wird zwar nicht allein um ihrer selbst willen erzählt, sondern hat eine ergänzende Funktion, sie ist aber darüber hinaus nicht weiter in den Erzählzusammenhang eingebettet. Demgegenüber haben (3) korrelativ verkettete Episoden eine klare Funktion für die Haupthandlung: Hier ist »der Grad bzw. die Klarheit der Spiegelung der Vorgänge für die Bildung des Gesamtvorgangs entscheidend« (Lämmert 1990, 53). In diesem Sinne werden (3a) Parallel- oder (3b) Kontrastepisoden in die Haupthandlung eingebettet, um etwa das Zeittypische in den Lebensumständen des biographischen Objekts zu betonen oder gerade das Besondere seiner Aktionen herauszustreichen. Es hat unterschiedliche Auswirkungen auf den Sinn der Gesamterzählung, ob man verstärkt korrelativ verkettete Kontrastepisoden präsentiert (um etwa das Außergewöhnliche des biographischen Objekts zu präsentieren) oder Parallelepisoden einbindet. Die Art und Weise der korrelativen Verkettung der Episoden liefert Hinweise auf die paradigmatische oder syntagmatische Anlage der Biographie (vgl. Abschnitt IV.1. Kontext).

Zusammengefasst: Motive haben unterschiedliche Funktionen und werden nach bestimmten Kriterien ausgewählt und einer bestimmten Form der Motivierung folgend verknüpft. Dabei bilden verschiedene Motive eine Episode, sofern sie sich zu einem kohärenten Erzählzusammenhang fügen. Mehrere Episoden können auf unterschiedliche Weisen miteinander verkettet sein. Jeder dieser Aspekte (Selektion und Funktion von Motiven, Verknüpfung der Motive und Verkettung von Episoden) hat Auswirkungen auf die Makrostruktur und trägt seinen Teil zum Sinn der biographischen Erzählung bei.

2.3. Der Sinn der Erzählung

Hayden White hat auf die narrative Bedingtheit historiographischer Tätigkeiten verwiesen. Seine Beobachtungen können auch die Struktur biographischer Arbeiten erhellen. So findet der Biograph sein Material in Form von Ereignissen, die er zunächst (meist) zeitlich ordnet oder, in Whites Terminologie: die er zu einer ›Chronik‹ zusammenstellt. Im Anschluss daran verleihe der Biograph der Chronik eine Struktur (Anfang, Mitte, Ende) – White spricht auf dieser Integrationsebene von einer ›Story‹. Soweit korrespondiert das whitesche Modell mit den oben ausgeführten Überlegungen zur Motivierung. Doch White geht noch einen Schritt weiter und fragt nach dem Sinn der Erzählung. Während auf der Ebene der Chronik Fragen wie »Was geschah als nächstes?« beantwortet werden können und auf der Ebene der Story geklärt werden kann, warum sich »die Dinge so und nicht anders?« ereigneten, sei die Frage nach dem Sinn (»Was soll das Ganze?«) nicht direkt aus der Struktur der Handlung ableitbar. Der Sinn lasse sich, so White, erst erfassen, wenn man die Erklärung des Geschehens berücksichtige, wobei für die Biographie in besonderer Weise die Erklärung durch die Einbettung in ein übergeordnetes Handlungsschema (»emplotment«) einschlägig scheint: Der Sinn der Handlung finde sich in einem quasi archetypischen Handlungsschema, das der Erzählung zugrunde liege und das der Leser erkenne.

Diese Handlungsschemata sind (in Whites Terminologie und Definition): *Romanze* (Erlösungsgeschichte, Selbstfindung des Helden, der Hindernisse überwindet), *Satire* (unausweichliche Niederlage gegen böse Mächte, widrige Umstände, gesellschaftskritische Entlarvung), *Komödie* (vorübergehende Versöhnung widerstreitender Kräfte, temporärer Triumph des Helden über seine Umwelt) und *Tragödie* (resignative Einsicht in Ursache von Konflikten, Vernichtung des Helden, wodurch diese Konflikte ansatzweise gelöst werden können).[5] Mit diesen Handlungsschemata sind spezifische Implikationen verbunden: Komödie und Romanze betonen Veränderung und Progress, Satire und Tragödie hingegen eher Dauer und Stabilität. Am Beispiel Kafkas lassen sich die verschiedenen Möglichkeiten der Sinngebung verdeutlichen: Kafka überwindet die familiären und beruflichen Zwänge, erkennt seine Berufung zum Autor und lebt für die Literatur (Romanze). Kafka sieht sich als deutschsprachiger Jude in Prag und als Künstler erdrückenden Umständen sowie Repressionen ausgesetzt, führt dennoch einen (erzwungenen) zerstörerischen Lebenskampf, kann seinem Leben aber keine positive Wendung geben (Satire). Kafka kann wenigstens vorübergehend die Ansprüche von außen (gesellschaftliche und familiäre Zwänge) mit den eigenen Wünschen in Einklang bringen (Komödie). Kafka sieht ein, dass er nie allen an ihn gestellten Anforderungen gerecht werden und gleichzeitig Autor sein kann, woran er zugrunde geht (Tragödie). Für all diese Handlungsschemata finden sich konkrete Beispiele in der Kafka-Biographik.[6]

---

5 Vgl. Hayden White: *Metahistory. Die historische Einbildungskraft im 19. Jahrhundert in Europa.* Frankfurt a. M. 1991 (amer. 1973).

6 Vgl. Christian Klein: »Kafkas Biographie und Biographien Kafkas«. In: Oliver Jahraus/Bettina von Jagow (Hg.): *Kafka-Handbuch. Leben – Werk – Wirkung.* München 2008, S. 17–36.

Für die angemessene Analyse von Biographien ist die Identifizierung des zugrunde liegenden Handlungsschemas folglich unerlässlich, da es den Gang der Erzählung maßgeblich beeinflusst. Die Biographie bleibt als Chronik und Story dabei durchaus dem Wahrheitsanspruch biographischen Erzählens verpflichtet, auch wenn sie durch die Einpassung faktualen Geschehens in eher literarische Erzählmuster dem Text qua Narrativität einen zusätzlichen Sinn verleiht.

Es liegt auf der Hand, dass das *emplotment* eng mit der Auswahl der biographischen Motive und ihrer Verknüpfung verbunden ist. Eine *Romanze* wird sich eher unerwartbarer relevanter Aktionen bedienen und diese kausal verknüpfen, während eine Satire eher handlungslogisch funktionale Zustände schildern wird.

Fazit: Biographien wollen etwas. Sie präsentieren nie wertfrei irgendein Leben, sondern stellen die Geschichte einer Person dar, die aus bestimmten Gründen von Bedeutung zu sein scheint – weil der Biographierte z. B. besondere Handlungen vollbracht hat, weil er besonders typisch für bestimmte historische Epochen oder Geistesströmungen ist, weil er spektakulär gescheitert ist oder besonders kreativ war. Die je spezifische Vorstellung von der Bedeutung, die dem jeweiligen Lebensweg seitens des Biographen zugeschrieben wird, prägt die biographische Darstellung auf ganz eigene Weise: Sie beeinflusst die Auswahl der Motive, ihre Verknüpfung und die Verkettung der Episoden. Aus diesen Aspekten speist sich das zugrunde liegende Handlungsschema, das den Sinn der Erzählung liefert. Auf diese Weise führt die Beschäftigung mit den verschiedenen konkreten Handlungselementen zu Hinweisen auf die abstrakten und übergreifenden Fragen der Bedeutung von Biographien.

2.4. Figuren- und Raumfragen

Die Handlung im Rahmen biographischer Erzählungen besteht zu ganz wesentlichen Teilen aus Figurenhandlungen. Dies wird bereits durch die Bezeichnung der unterschiedlichen Motive deutlich, die (bis auf die Zustände) entweder Eigenschaften von Figuren oder das Handeln bzw. Erleiden von Figuren markieren. Figuren tragen in Erzählungen wesentlich zur Bedeutung des Textes bei – und im Rahmen biographischer Erzählungen ganz besonders.

Die Annäherungsversuche an das Phänomen der Figur sind Legion. Darunter finden sich auch verschiedene Versuche, Figurentypologien zu entwerfen, die aber zumeist in der einen oder anderen Weise problematisch sind (Jannidis 2004, 85–105). Daher kann hier keine Systematik der Figuren in Biographien entworfen, sondern lediglich auf eine doppelte Differenzierungsperspektive hingewiesen werden, die im Hinblick auf die Analyse von Figuren für die Bedeutung des Handlungsverlaufs eingenommen werden kann. In diesem Sinne meint Jannidis: »Das Ensemble der Figuren in einem narrativen Text ist selten nur eine amorphe Masse, sondern ist unter Gesichtspunkten gegliedert, die auch Schlußfolgerungen auf die relevante Kommunikationsabsicht des Textes erlauben. Handlungsbezogene Muster, z. B. Protagonist und Gegenspieler, oder bedeutungsbildende Muster, z. B. Parallel- und Kontrastfigur sind wesentliche Elemente« (ebd., 107). Ausgehend von dieser Beobachtung lässt sich zum einen nach (a) der Partizipation der jeweiligen Figur an den Ereignissen der Handlung fragen, zum anderen nach (b) der Figurenkonstellation. Wenn Jannidis allerdings von der Dichotomie Protagonist und Gegenspieler spricht, geht er davon aus, dass die Handlung um einen zentralen Konflikt kreist, was nicht zwangsläufig der Fall sein muss, zugleich fokussiert er die Handlungsfunktionalität der Figureninteraktion. Unabhängig davon, ob es einen Gegenspieler gibt, lassen sich (je nach dem Grad der Beteiligung an Ereignissen) in jedem Fall Protagonist und Nebenfiguren unterscheiden. Fragt man nach der Bedeutung der Figurenkonstellation, so lassen sich einerseits Figurenbeziehungen ausmachen, die auf Ähnlichkeit basieren, andererseits solche, die auf Differenz fußen: »Als Parallelfigur wird die Übereinstimmung in einem relevanten Set von Figurenmerkmalen bezeichnet, als Kontrastfigur eine entsprechende Oppositionsbeziehung« (ebd., S. 105).

In Biographien wird in den allermeisten Fällen der Biographierte die Hauptfigur sein. Je nachdem, ob ein Gegenspieler existiert, ob dem Protagonisten mehr oder weniger präsente Nebenfiguren beigesellt werden und diese Parallel- oder Kontrastfiguren sind, bekommt der narrative Gesamtzusammenhang eine bestimmte Tendenz auf der Bedeutungsebene. So können präsente Parallelfiguren dazu führen, dass man eher den Eindruck erhält, der Biographierte sei typischer Vertreter einer bestimmten Haltung, Schicht o.Ä., während Kontrastfiguren die Besonderheit des Biographierten herausstreichen. Existiert die Figur eines Gegenspielers (der nicht zwangsläufig Kontrastfigur sein muss), so wird eine spezifische Konfliktbeziehung in den Vordergrund gestellt, die Biographie läuft sozusagen auf eine Art Duell hinaus und die Handlungselemente werden auf ihre Bedeutung im Rahmen dieser Konstellation befragt. Auch die Art und Weise der Figurenkonstellationen besitzt eine spezifische Funktionalität und trägt folglich zum Sinn der Erzählung bei, wobei spezifische Biographie-Typen bestimmte Figurenkonstellationen bevorzugen – so werden etwa paradigmatische Biographien eher Parallel-, syntagmatische Biographien eher Kontrastfiguren etablieren (vgl. Abschnitt IV.1.2.).

Wie schon in Bezug auf die Auswahl der Motive allgemein festgestellt werden konnte, besitzt jedes Handlungselement im Rahmen der Erzählung Bedeutung. Diese Beobachtung trifft auch auf die Raumbeziehungen im Text zu, die immer schon semantisiert sind. Der Raum steht in enger Verbindung mit dem Handeln der Figuren und der Gesamtbedeutung des Textes. In diesem Sinne können verschiedene Räume mit verschiedenen Bedeutungen verbunden sein und lassen sich etwa in ein Wertesystem einbinden. In Jurij Lotmans Konzept der Raumsemantik (Lotman 1973) wird eine Handlung überhaupt erst dadurch konstituiert, dass der Held die Grenze zwischen zwei semantisch aufgeladenen Teilräumen überschreitet. Hier avanciert die Existenz einer klassifikatorischen Grenze zwischen zwei Räumen zum Ausgangspunkt narrativer Dynamik: topologisch markierte Räume werden mit semantischen Gegensatzpaaren verbunden (›gut vs. böse‹, ›frei vs. unfrei‹) und erst die Grenzüberschreitung (bzw. ihr Versuch) bildet das Ereignis. Man muss kein Anhänger dieses Konzepts im Einzelnen sein, um zu erkennen, dass Räume in spezifischer Weise mit Bedeutung aufgeladen werden und dem gelingenden oder scheiternden bzw. rückgängig gemachten Raumwechsel eine Funktion im Handlungszusammenhang zukommen kann. In diesem Sinne definieren Martínez/Scheffel Texte, in denen eine vollzogene Grenzüberschreitung präsentiert wird, als »revolutionär« und solche, in denen eine Grenzüberschreitung scheitert oder vollzogen und dann wieder rückgängig gemacht wird, als »restitutiv«: »Revolutionäre Texte durchbrechen die klassifikatorische Ordnung der erzählten Welt, restitutive bestätigen sie« (Martínez/Scheffel 2007, 142). Auch wenn die hier eingeführte, starke Terminologie möglicherweise irritiert, weist die Betonung der Unterscheidung von gelingenden und misslingenden Grenzüberschreitungen doch darauf hin, inwieweit die Idee der semantisierten Räume auch erhellend im Bezug auf eine Bedeutungsproduktion im Rahmen biographischer Erzählungen sein kann. Bezeichnet man solche Texte, in denen eine erfolgreiche Grenzüberschreitung geschildert wird, als ›veränderungsbetont‹ und solche, in denen misslingende oder zurück genommene Grenzüberschreitungen präsentiert werden, als ›stagnativ‹, erhält man für die Ebene der Raumbeziehungen ein weiteres Beschreibungsmerkmal, das für die narrative Sinnkonstruktion in biographischen Erzählungen relevant ist.

Es ist nicht verwunderlich, dass gerade die Biographie als Textsorte, in der zumeist der Entwicklungsgedanke im Zentrum steht, stets von (a) einigen signifikanten und (b) gelingenden Raumwechseln geprägt, also ›veränderungsbetont‹ angelegt ist. Häufig werden diese einem traditionellen Dreischritt von (1) Kindheit/Jugend, (2) Ausbildung/Lehrzeit, (3) eigentlicher Wirkungszeit angepasst und fast immer verbindet sich mit einem Raumwechsel ein Entwicklungsschritt. So kommt (um ein besonders typisches Beispiel zu nennen) kaum eine Hitlerbiographie um den typischen ›Dreisprung‹ Braunau/Wien – München – Berlin herum, der die biographische Darstellung anhand von Raumwechseln ordnet und kontinuierliche Progression insinuiert, obwohl sich die Biographie auch nach ganz anderen Gesichtspunkten aufbauen ließe.

Im Hinblick auf Biographien fallen insgesamt vor allem konkrete geographische Ortswechsel ins Auge, die in den allermeisten Fällen mit Bedeutung aufgeladen werden. Wenn Stefan George aus der »rheinischen Idylle« seiner Kindheit und Jugend als junger Mann erst ins »pulsierende« London, dann ins »aufregende« Paris der Jahrhundertwende und schließlich ins »fiebrige« Berlin reist, dann werden in der biographischen Darstellung diese Grenzüberschreitungen als Emanzipation von den biographischen Ursprüngen, als erste Schritte auf dem Weg zur Künstlerbiographie und als Lehrzeit des Dichters funktionalisiert (Karlauf 2007, 72–112). Insgesamt ist es so, dass Grenzüberschreitungen als Organisationsprinzip die meisten Biographien (mit-)strukturieren, was sich häufig schon im jeweiligen Inhaltsverzeichnis niederschlägt, wo Orte eine prominent Rolle spielen.

Zusammenfassend lässt sich sagen, dass sowohl Figurenkonstellationen als auch Raumkonzeptionen als sinntragende Elemente der Handlung zu verstehen sind, die auf je spezifische Weise funktionalisiert werden können. Figuren- und Raumdarstellungen tragen im narrativen Gesamtzusammenhang wesentlich zur Konstitution von Bedeutung bei. Eine differenzierte Beschäftigung mit der Sinnproduktion im Rahmen biographischer Erzählungen, die von der konkreten Textstruktur ausgeht und die einzelnen Handlungselemente (Motive und ihre Verknüpfung, Figuren, Raum) systematisch untersucht, steht indes noch aus. Die grundsätzliche Relevanz eines solch textbezogenen Ansatzes wird durch die hier skizzierten Zugriffsmöglichkeiten deutlich.

Literatur

Jannidis, Fotis: *Figur und Person. Beitrag zu einer historischen Narratologie*. Berlin/New York 2004.

Karlauf, Thomas: *Stefan George. Die Entdeckung des Charisma*. München 2007.

Lämmert, Eberhard: *Bauformen des Erzählens*. Stuttgart ^{8}1990.

Lotman, Jurij: *Die Struktur des künstlerischen Textes*. Hg. v. Rainer Grübel. Frankfurt a. M. 1973.

Martínez, Matías/Scheffel, Michael: *Einführung in die Erzähltheorie*. München ^{7}2007.

Schmid, Wolf: *Elemente der Narratologie*. 2. verb. Aufl. Berlin/New York 2008.

Tomasevskij, Boris: *Theorie der Literatur. Poetik*. Hg. v. Klaus-Dieter Seemann. Wiesbaden 1985.

Christian Klein

3. ›Discours‹: Das ›Wie‹ der Erzählung – Darstellungsfragen

3.1. Biographie zwischen faktualem und literarisch-fiktionalem Erzählen

Wie inzwischen mehrfach erwähnt, handelt es sich bei Biographien um narrative Konstruktionen, also textuell gestiftete Sinnzusammenhänge mit je spezifischen Kommunikationsabsichten. Nicht nur das, *was* in Biographien geschrieben wird, sondern auch die Art und Weise, *wie* das geschieht, beeinflusst maßgeblich die Wahrnehmung der biographierten Person und den Geltungsanspruch einer Biographie. Eingangs (IV.1.) wurde bereits darauf hingewiesen, dass Biographien als ›Wirklichkeitserzählungen‹ Teil einer unmittelbaren Kommunikationssituation sind: Der Autor, der hier immer gleichzeitig der Erzähler (aber nicht der Protagonist) ist, berichtet mit behauptender Kraft Sachverhalte, die vom Leser als Präsentation eines ›wirklichen‹ Geschehens rezipiert werden. Während Wirklichkeitserzählungen direkt auf Realität Bezug nehmen, der Autor/Erzähler als Subjekt der Äußerung ausgemacht wird, liegt der Fall bei der fiktional-literarischen Rede komplizierter, denn hier werden die Sätze nicht als Behauptungen des realen Autors, sondern als Aussagen eines Erzählers im Rahmen einer imaginären Kommunikationssituation verstanden. Fiktional-literarische Texte umfassen neben der realen Kommunikationssituation (realer Autor produziert Sätze, die von einem realen Leser rezipiert werden) mithin eine zweite Ebene, auf der ein erfundener Erzähler Aussagen behauptet. Fiktional-literarische Texte sind in diesem Sinne als Beispiele einer »kommunizierten Kommunikation« zu verstehen.[1] Ungeachtet der Unterschiede in Bezug auf die Kommunikationssituation sind auch Biographien (selbst streng wissenschaftliche Lebensbeschreibungen) geprägt von narrativen Darstellungstechniken (↗ I.4. Narrativität). Je nach dem, ob es sich bei den konkreten Texten um literarische oder wissenschaftliche Biographien handelt, können diese narrativen Darstellungstechniken mehr oder weniger zum Einsatz kommen (↗ I.6. Poetizität/Literarizität).

Grundsätzlich lässt sich für die Analyse biographischer Erzählungen narratologisches Instrumentarium in seiner ganzen Breite fruchtbar zur Anwendung bringen. Folgt man Gérard Genette (1994), so sind bei der Analyse von Erzählungen drei Dimensionen zu berücksichtigen: *Zeit*, *Modus* (Grad an Mittelbarkeit und Perspektive des Erzählens) und *Stimme* (Akt des Erzählens, der u. a. das Verhältnis von erzählendem Subjekt und Erzähltem umfasst). Im Hinblick auf die narratologische Analyse biographischer Erzählungen auf der Ebene des *discours*, also des ›Wie‹ der Erzählung, sollen daher insbesondere (1) die *zeitliche Strukturierung* bzw. (2) der *Modus des Erzählens* und hier vor allem die Fragen nach der Distanz (»wie mittelbar wird das Erzählte präsentiert?«) beleuchtet werden. Im Hinblick auf den Modus spielt ferner die *Wiedergabe mentaler Zustände* eine besondere Rolle, wird der Umgang mit Aspekten der ›Seelenschau‹ doch häufig als einer der hauptsächlichen Unterschiede zwischen faktualen und literarisch-fiktionalen Texten betrachtet. Schließlich soll (3) die *Dimension der Stimme* (»wann wird erzählt?« und »inwieweit ist der Erzähler am Geschehen beteiligt?«) in den Blick genommen werden (vgl. zur folgenden Darstellung insg. auch Martínez/Scheffel 2007, S. 27–107).

3.2. Dimension der Zeit

Erzählen ist an sich ein zeitlicher Vorgang und umfasst immer zwei Zeitebenen: die Ebene der *erzählten Zeit* (also die Dauer der erzählten Geschichte) und die Ebene der *Erzählzeit* (also die Zeit, die für das Erzählen der Geschichte benötigt wird). Das Verhältnis der zwei Zeitebenen untereinander lässt

1 Dieter Janik: *Die Kommunikationsstruktur des Erzählwerks. Ein semiologisches Modell*. Bebenhausen 1973, S. 12.

sich in drei Fragen klären: (1) *Welche Reihenfolge?* (In welcher Ordnung wird das Geschehen in einer Erzählung vermittelt?), (2) *Wie lange?* (Welche Dauer beansprucht die Darstellung des Geschehens in einer Erzählung?), (3) *Wie oft?* (In welcher Frequenz wird ein Geschehen in der Erzählung präsentiert?)

Im Hinblick auf (1) die *Reihenfolge* lassen sich neben der klassisch chronologischen Abfolge allgemein zwei Typen von Anachronien (also Umstellungen der chronologischen Ordnung einer Ereignisfolge) ausmachen: (1a) *Rückwendungen* (Analepsen) und (1b) *Vorausdeutungen* (Prolepsen). Bei der (1a) Rückwendung wird der chronologische Gang der Erzählung unterbrochen, um Geschehnisse nachzutragen, die sich schon zu einem früheren Zeitpunkt ereignet haben. Im Falle der (1b) Vorausdeutung wird ein zukünftiges Ereignis der Geschichte vorweggenommen, obwohl der Gang der Erzählung noch gar nicht an diesem Punkt angelangt ist. Beide Typen von Anachronien finden sich in biographischen Erzählungen, auch wenn Biographien gemeinhin einem eher chronologischen Erzählgang verpflichtet sind. In Thomas Karlaufs George-Biographie findet sich etwa folgende Rückblende: »Am Abend zuvor war Stefan George zum wiederholten Male in ersten Stock der Salesianergasse vorstellig geworden« (Karlauf 2007, 9). Hier wird ein dem Zeitpunkt der erzählten Handlung vorgängiges Ereignis nachgetragen. Einige Seiten später liest man: George »trug emotional tiefe Wunden davon. Es sollte Jahre dauern, bis sie verheilten« (ebd., 27). Hier ist klar eine Vorausdeutung zu erkennen und es wird gleichzeitig ersichtlich, dass Vorausdeutungen ein narratives Mittel zur Spannungserzeugung sein können, denn der Leser dieser Passage möchte nun natürlich erfahren, wie die Zeit bis zur ›Verheilung‹ aussah und ob es ein konkretes Erlebnis gab, das zur ›Wundlinderung‹ beitrug.

Die Frage nach (2) der *Dauer* thematisiert das Verhältnis von erzählter Zeit und Erzählzeit. Hier lassen sich prinzipiell drei mögliche Relationen ausmachen: (2a) *zeitdehnendes Erzählen* (die Erzählzeit ist länger als die erzählte Zeit), (2b) *zeitdeckendes Erzählen* (Erzählzeit und erzählte Zeit fallen zusammen, sind gleich lang) und (2c) *zeitraffendes Erzählen* (erzählte Zeit ist deutlich länger als die Erzählzeit). Während (2a) zeitdehnendes Erzählen in Biographien die Ausnahme bildet und (2b) zeitdeckendes Erzählen insbesondere in Form dialogischer Rede präsent sein dürfte, finden sich in Biographien zahlreiche Beispiele (2c) zeitraffenden Erzählens. Angesichts der Tatsache, dass der Biograph auf zumeist einigen hundert Seiten eine Zeitspanne von etlichen Jahrzehnten darstellen muss, werden verschiedene Abschnitte gerafft dargestellt, wobei die extremste Form der Raffung der *Zeitsprung* (Ellipse) ist. In dem Satz: »Vier Jahre später, im November 1904 […], fasste Scott den Entschluss, den Kontakt wieder herzustellen« (ebd., S. 265), werden vier Jahre mit wenigen Worten überbrückt. Da durch die Zeitangabe »vier Jahre später« der Zeitsprung ausdrücklich markiert wird, spricht man in diesem Fall auch von einem expliziten Zeitsprung.

Auf der Ebene der Zeit lässt sich abschließend die Frage nach der (3) *Frequenz* klären. So kann ein einmaliges Geschehnis einmal oder wiederholt und ein sich wiederholendes Geschehnis wiederholt oder einmalig berichtet werden. Entsprechend kann man folgende Typen unterscheiden: (3a) *singulatives Erzählen* (was einmal geschieht, wird einmal erzählt), (3b) *repetitives Erzählen* (was einmal geschieht, wird n-mal erzählt) und (3c) *iteratives Erzählen* (was n-mal geschieht, wird einmal erzählt). In Biographien findet man neben singulativem zumeist iteratives Erzählen, Letzteres insbesondere in Fällen sich regelmäßig wiederholender Ereignisse – zwei Beispiele: »Immer wieder kam George in den frühen zwanziger Jahren auf Napoleon zu sprechen« (ebd., 37) oder: »In den folgenden Jahren reiste Scott regelmäßig im Winter für ein paar Monate nach Deutschland« (ebd., 265 f.).

Deutlich wird: Der Biograph kann im Hinblick auf das Verhältnis von erzählter Zeit und Erzählzeit auf verschiedene Darstellungstechniken zurückgreifen, die auf unterschiedlich starke Art und Weise seine Erzählerfunktion betonen: Je mehr Anachronien eingebaut werden, je häufiger etwa Zeitraffungen oder Zeitsprünge zu erkennen sind, desto stärker inszeniert der Biograph seine Erzählung als narratives Konstrukt.

3.3. Modus: die Mittelbarkeit des Erzählens

Neben der Zeit ist die zweite grundlegende Dimension, die im Rahmen der narratologischen Analyse des ›Wie‹ biographischer Erzählungen zu berücksichtigen ist, der Modus. Entscheidend ist hier zunächst der Eindruck, wie unmittelbar oder vermittelt das erzählte Geschehen erscheint. Dabei unterscheidet man den *narrativen Modus* (= Erzählen mit Distanz) vom *dramatischen Modus* (= Erzählen ohne Distanz). In Bezug auf die Frage nach der Unmittelbarkeit des erzählten Geschehens spielt vor allem die Präsentation von (gesprochener bzw. gedachter) Figurenrede eine besondere Rolle.

Der Biograph kann in seinem Text unterschiedlich stark in den Vordergrund treten, indem er bei der Wiedergabe von Gesprächen zwischen mehr oder weniger ›unmittelbar‹ wirkenden Darstellungsweisen wählt: Er kann Äußerungen und Reden zusammenfassend paraphrasieren (dabei gegebenfalls auch kommentieren und werten) oder aber sie in direkter Rede zitieren. In der folgenden Passage werden nacheinander beide Modi der Redewiedergabe verwendet:

»[Hitler] entwickelte vor Goebbels seine Vision von einem künftigen Wohlstand für Deutschland, der sich auf die Kolonisierung und Ausbeutung des Ostens gründen sollte. [...] Wie er es stets zu tun pflegte, sprach er dann über die Bedrohung durch den Westen. Es sei nur die Frage, wann London ›die ausweglose Lage der Plutokratien‹ erkennen würde. ›Was jetzt nicht erledigt werden kann, wird im kommenden Sommer erledigt‹, so gab Goebbels Hitlers Ansicht wieder. ›Jedenfalls sollen die Bolschewisten bis nach Asien zurückgetrieben werden‹. [...] Sobald die Ausbeutung dieses Gebiets angemessen organisiert sei, ›kann unser Sieg überhaupt nicht mehr gefährdet werden‹« (Kershaw 2000, 592).

Insgesamt lässt sich festhalten, dass Raffungen und raffende Redewiedergaben (»[Hitler] entwickelte vor Goebbels seine Vision von einem künftigen Wohlstand für Deutschland«, ebd.) stärker vermittelt als direkte Zitate wirken, weil der Biograph hier als Erzähler deutlicher in Erscheinung tritt.

Entsprechend den verschiedenen Möglichkeiten bei der Wiedergabe gesprochener Rede können auch Gedanken und Gefühle mehr oder weniger distanziert dargestellt werden, nämlich narrativ-distanziert zusammengefasst oder in Form direkter ›Gedankenrede‹. Nehmen wir wieder ein Beispiel aus Ian Kershaws Hitler-Biographie: »Brauchitsch wurde ins Führerhauptquartier bestellt und einem Sturm von Beschimpfungen ausgesetzt. Niedergeschlagen gab der Oberbefehlshaber den Befehl Hitlers an [...] Rundstedt weiter« (Kershaw 2000, 593). Eine solche Gefühlszuschreibung (»niedergeschlagen«) macht die interpolierende Aktivität des Biographen kenntlich. Hingegen gäbe folgende Umformulierung einen vermeintlich direkten Zugang zu Brauchitschs Innenwelt: »Brauchitsch wurde ins Führerhauptquartier bestellt und einem Sturm von Beschimpfungen ausgesetzt. *Das ist eine Katastrophe, dachte er,* und gab den Befehl Hitlers an [...] Rundstedt weiter«.

Die Wiedergabe mentaler Zustände (Gedanken, Gefühle, Wünsche) fremder Personen belastet den Glaubwürdigkeitsanspruch einer Biographie in besonderem Maße. Während uns unsere eigene Psyche in der Regel einigermaßen zugänglich ist, besitzen wir keinen direkten Zugang zur Innenwelt anderer. Dennoch verzichten wohl die wenigsten Biographen auf die Darstellung psychischer Vorgänge. In der Regel macht der Biograph dabei aber seinen Lesern deutlich, dass die von ihm dargestellten Bewusstseinszustände zwar nicht nachweisbar, aber doch zumindest plausibel sind. Dafür kann er sich beispielsweise schlicht auf seine psychologische Intuition beziehen, die ihn vermuten lässt, dass man in einer bestimmten Situation auf eine bestimmte Weise reagiert, oder aber er beruft sich auf Dokumente, die es zumindest nahelegen zu vermuten, dass eine Person in einer gegebenen Situation die vom Biographen unterstellten Gedanken usw. tatsächlich gehabt hat.

In literarischen Biographien finden sich häufiger als in wissenschaftlichen Biographien Passagen, in denen mentale Zustände wiedergegeben werden. Literarische Biographien können insgesamt einen größeren darstellerischen Freiraum in Anspruch nehmen, weil der Leser hier den ›Wahrheitsvertrag‹ mit dem Autor etwas großzügiger auslegt. So nutzt etwa Dieter Kühn die ›Seelenschau‹ als darstellerische Strategie, um in seiner Biographie über den mittelalterlichen Dichter und Sänger Neidhart, zu dem kaum überlieferte Quellen vorliegen, einen erzählerischen Bogen zu spannen. Die Biographie setzt mit einer Szene ein, in der ein Mönch einen Garten wässert: »Während der Mönch den Holzbottich wieder nachfüllt und Betonie, Muskateller-Salbei und Wermut begießt, wiederholen sich in seinem Kopf die Fragen, die ihn nachts für Stunden wachhalten, und früher als sonst ist er in den Kräutergarten gegangen: Was ist ein Jahrhundert? Was ist ein Jahrtausend? Was ist Zeit, das Vergehen von Zeit?« (Kühn 1989, 7) Die vergangenen und gegenwärtigen Gedanken des Mönches scheinen vor dem Biographen wie ein offenes Buch zu liegen. Hier wird ein grundlegender Unterschied zwischen wissenschaftlicher und literarischer Biographik erkennbar, den Kühn folgendermaßen auf den Punkt bringt: »Die literarische Biographie lässt wiederum zu, was eine wissenschaftliche Biographie nicht zulassen würde, nicht zulassen könnte, zulassen dürfte: dass sie auch Subjektives artikuliert.«[2] So schält sich in doppelter Hinsicht ein entscheidendes Charakteristikum der wissenschaftlichen Biographie heraus: Sie pflegt die Rhetorik der Distanz gleichzeitig in Bezug auf das Objekt wie auf das Subjekt des biographischen Erzählens. Der wissenschaftliche Biograph klammert seine eigene Person und seine subjektive Befindlichkeit weitgehend aus und widmet sich den subjektiven Empfindungen seines Objektes auch immer dann sehr zögerlich, wenn diese Empfindungen nicht quellenmäßig zu beglaubigen sind (↗III.2. Wissenschaftliche Biographik). Demgegenüber kann der literarische Biograph selbstreflexiv sich und seine biographische Arbeit (Recherche, Schreiben) zum Thema machen: »Nach dem Kaffee fahre ich los: das Straßenschild Reuental, das Hinweisschild Ofteringen-Reuental. Ich fahre weiter Richtung Autobahn. Und nehme mir vor, nach dem Reuental zu suchen, aus dem Neidhart gekommen sein könnte« (ebd., 21).

Die unterschiedlichen Möglichkeiten der Darstellung von Ereignissen, Reden, Gefühlen und Gedanken (zwischen denen der Biograph selbstverständlich beliebig wechseln kann) üben unterschiedliche Wirkungen auf den Leser aus. Generell darf man vermuten: Während distanzreduzierende Erzähltechniken den Eindruck einer größeren Authentizität des *Dargestellten* erwecken, verstärken distanzbetonte Darstellungsweisen die Authentizität der biographischen *Darstellung*.

Neben dem Eindruck der Mittelbarkeit des Erzählten spielt auf der Ebene des Modus die Frage nach der Fokalisierung eine besondere Rolle. Die narrative Darstellung kann nicht nur aus unterschiedlicher Distanz, sondern auch aus unterschiedlichen Blickwinkeln erfolgen und kann mehr oder weniger an die Sicht einer Figur gekoppelt sein. Fragt man danach, aus welcher Sicht das Erzählte vermittelt wird, sind drei Typen der Perspektivierung erkennbar: (a) *Nullfokalisierung* (keine Einschränkung des Erzählerblickfelds, Perspektive: Übersicht), (b) *interne Fokalisierung* (Fokus ist auf den Horizont einer Figur beschränkt, Perspektive: Mitsicht), (c) *externe Fokalisierung* (nur äußerlich wahrnehmbare Vorgänge werden dargestellt, Erzähler ist nur Beobachter, Perspektive: Außensicht). Biographien sind häufig extern fokalisiert. Entscheidet sich der Biograph für eine Nullfokalisierung, so inszeniert er sich deutlich als quasi-allwissender Erzähler – ein wissenschaftlicher Biograph müsste dann in Kauf nehmen, dass der Wahrheitsanspruch der Darstellung infrage gestellt würde. Dass Biographien aus der Perspektive der Übersicht (Nullfokalisierung) erzählt werden, ist am häufigsten in literarischen Biographien festzustellen – ein weiteres Beispiel aus Kühns Neidhart-Biographie:

> »Lilien, Bauernrosen, Pfingstrosen begießt der namenlose Mönch von Heisterbach im Kräutergarten des Klosters, […] aber während er Lilie und Liebstöckel, Pfingstrose und Sellerieraut, Bauernrose und Zitronenmelisse Wasser gibt, hat er kein Auge für Blüten und Blätter, er denkt nach über die Frage, die ein Psalm, ein Satz eines Psalms ausgelöst hat, dieser Satz zieht all seine Gedanken an sich, von diesem Satz kommt er nicht los: Vor Gott sind tausend Jahre wie ein Tag« (ebd., 7).

Die Sicht des Biographen ist hier ganz offensichtlich nicht eingeschränkt: Er weiß nicht nur, dass der Mönch keinen Blick für die Pflanzen hat, sondern auch, was Grund und Auslöser der Ablenkung sind. Die interne Fokalisierung ist, außer in literarischen Biographien, auch dann denkbar, wenn der Biograph als Figur und Ich-Erzähler in der Biographie auftaucht.

2 Dieter Kühn: »Werkreflexion, Stichwort: literarische Biographie«. In Christian Klein (Hg.): *Grundlagen der Biographik. Theorie und Praxis des biographischen Schreibens.* Stuttgart/Weimar 2002, S. 179–202, hier S. 184.

3.4. Stimme: Wann wird erzählt? Beteiligung des Erzählers am Geschehen?

Im Hinblick auf die Dimension der Stimme sind bei der Analyse biographischer Erzählungen insbesondere (1) der *Zeitpunkt des Erzählens* und (2) die *Stellung des Erzählers zum Geschehen* zu fokussieren.

Es lassen sind in Bezug auf (1) den *Zeitpunkt des Erzählens* drei Möglichkeiten des zeitlichen Verhältnisses von Erzählen und Erzähltem ausmachen: (1a) *früheres Erzählen*, (1b) *gleichzeitiges Erzählen* sowie (1c) *späteres Erzählen*. Da Biographien stets von Vergangenem berichten, ist hier das spätere Erzählen (also der nachträgliche Bericht) der Regelfall. Biographien, die quasi-prophetisch etwas berichten, das noch nicht eingetreten ist (früheres Erzählen) sind ebenso die Ausnahme wie Biographien, die ›live‹ einen Lebensweg beschreiben.

Der Biograph muss beim Schreiben eine Reihe von Entscheidungen darüber treffen, wie er seinen Text gestaltet. Das beginnt mit der Stellung des Biographen zu dem Leben, das er erzählt. Zwar steht in Biographien, anders als in Autobiographien, nicht das eigene Leben im Mittelpunkt. Aber der Biograph kann doch als Beteiligter, etwa als persönlicher Freund oder naher Bekannter der biographierten Person auftreten. Oder aber er erscheint als distanzierter Historiograph, der allenfalls intellektuell oder emotional, nicht aber biographisch mit seinem Stoff verbunden ist. Aus der jeweiligen Stellung des Biographen lassen sich unterschiedliche Legitimationsansprüche ableiten (↗IV.1. Kontext): Wer biographisch beteiligt ist, kann die besonderen Kenntnisse eines *insiders* reklamieren. Wer aus der Distanz des Historiographen erzählt, mag daraus seine wissenschaftliche Objektivität ableiten.

Als von der Fokalisierung gesprochen wurde, war auch schon die Rede davon, dass der Erzähler Teil der erzählten Geschichte sein kann oder nicht. Diese Unterscheidung betrifft die *Stellung des Erzählers zum Geschehen*. Auch hier sind drei Varianten möglich: (a) *homodiegetisches Erzählen* (Erzähler ist an dem von ihm erzählten Geschehen beteiligt), (b) als Sonderfall der homodiegetischen Erzählung wäre die *autodiegetische Erzählung* zu nennen (Ich-Erzähler ist gleichzeitig die Hauptfigur) sowie (c) die *heterodiegetische Erzählung* (Erzähler zählt nicht zu den Figuren seiner Geschichte). Die heterodiegetische Erzählung ist der Regelfall biographischen Erzählens, die homodiegetische Erzählung die Ausnahme. Demgegenüber kann eine Biographie *per definitionem* keine autodiegetische Erzählung sein, da es sich dann – weil der Erzähler in diesem Falle auch Protagonist sein müsste – um eine *auto*biographische Erzählung handeln würde.

3.5. Sprachliche Stilmittel

Eine spezifisch künstlerische Sprachverwendung gilt gemeinhin als Merkmal literarischer Texte.[3] Diese wichen in ihrem Stil und ihrer Sprache von der Norm ab, denn die Hauptfunktion von Sprache als Kommunikationsmedium zur Mitteilung konkreter Sachverhalte werde hier eingeschränkt. Diese Normabweichung geschehe durch literaturspezifische Ausdrucksmittel (rhetorische Stilmittel etc.). Auch wenn Biographien in diesem Verständnis keine ›rein‹ literarischen Texte sind, weil sie stets reale Inhalte vermitteln wollen, die referentielle Funktion folglich mitnichten aufgehoben ist, so sind viele Biographien doch von einem deutlich sprach-künstlerischen Anspruch gezeichnet (↗I.6. Poetizität/Literarizität). Die intensive Verwendung sprachlicher Bilder oder auch von literarischen Techniken wie dem Einsatz von Leitmotiven heben auch zahlreiche wissenschaftliche Biographien von anderen faktualen Textsorten ab. Je stärker allerdings solche als genuin literarisch konnotierten Techniken eingesetzt werden, desto deutlicher müssen Biographen ihren faktualen Geltungsanspruch auf anderem Wege untermauern (etwa durch Fußnoten), damit der faktuale Geltungsanspruch der Biographie nicht unterminiert wird.

Ira Bruce Nadel hat sich im Rahmen seines Versuchs, eine Poetik biographischen Schreibens zu entwerfen, auch darauf konzentriert, die bildliche Sprache von Biographien näher zu analysieren, denn bestimmte sprachliche Stilmittel (Tropen)

3 Vgl. Gérard Genette: *Fiktion und Diktion*. München 1992 (franz. 1991), S. 11–40.

zählen, folgt man Nadel, zum prägenden Merkmal biographischen Erzählens: »However, in alternating various tropological strategies through such literary means as metaphor, metonymy, synecdoche and irony, the biographer can mediate the difficulty of ever achieving a definitive, objective life-account« (Nadel 1984, 155). Das Verständnis des geschriebenen Lebens ist in diesem Sinne eine Funktion des Verständnisses der Sprache der Darstellung. Die Funktion der für ihn wichtigsten vier Stilmittel in Biographien – Metapher, Metonymie, Synekdoche und Ironie – fasst Nadel folgendermaßen zusammen: »Metaphor emphasizes the unity between reason and imagination through representation; metonymy links contiguous events or facts in the life through condensation; synecdoche conveys their integration; irony expresses their distance or separation« (ebd., 157). Biographien sind zumeist gekennzeichnet durch das Vorherrschen bestimmter sprachlicher Stilmittel, meist der Metapher oder Metonymie (ebd., 158 f.). Die Metapher (Ersetzung eines ›eigentlichen‹ durch einen metaphorisch ›uneigentlichen‹ Ausdruck, der mit dem ›eigentlichen‹ eine semantische Schnittmenge teilt) stellt, so Nadel, eine Brücke zwischen der Vergangenheit des darzustellenden Lebens und der Gegenwart des Lesers dar und verbindet die Verweisfunktion der Sprache mit der Interpretation und Analyse des Gegenstands der Biographie. Die Metapher besitzt aufgrund der semantischen Schnittmenge zwischen ›eigentlichem‹ und ›uneigentlichem‹ Ausdruck (was Nadel als ›Ähnlichkeit‹, »resemblance«, bezeichnet) einen interpretativen Mehrwert, der einerseits den Blick auf das biographische Objekt schärft und anderseits den Zugriff des Biographen offenbart. Demgegenüber zeichnet die Metonymie (also die Ersetzung eines Ausdrucks durch einen anderen, der mit dem zu ersetzenden in tatsächlicher räumlicher, zeitlicher, kausaler etc. Beziehung steht) aus, dass sie aufgrund der ›Nachbarschaftsbeziehung‹ (»relation of contiguity«) zwischen ersetzendem und ersetzten Ausdruck Verbindungen zwischen nicht zusammengehörigen Begebenheiten und Fakten herstellen kann – in diesem Sinne bietet die Metonymie dem Biographen gleichzeitig die Möglichkeit zu Selektivität und Synthese und etabliert den Realitätssinn (»sense of reality«) einer biographischen Erzählung (ebd., 167), was wesentlich zum Eindruck der Authentizität der Darstellung beiträgt. Die anderen beiden Stilmittel (Synekdoche und Ironie) behandelt Nadel nur am Rande. Die Synekdoche, also die Ersetzung eines Wortes von weiterer durch eines von engerer Bedeutung – oder umgekehrt (z. B. im Sinne von *pars pro toto*), könne dem Biographen als Stilmittel dabei helfen, verschiedene Elemente in eine sinnvolle Beziehung zu setzen ohne alle Einzelheiten aufzeigen zu müssen – ein Beispiel stehe dann etwa stellvertretend für einen Entwicklungsabschnitt. Nadel bringt – im Sinne einer Denkfigur – eine synekdochische Gesamtanlage der Biographie als alternative zu einer chronologischen ins Spiel (ebd., 181). Während der Syndekdoche in diesem Konzept eine eher integrierende Funktion zukommt, bietet demgegenüber die Ironie (indem etwa das Gegenteil vom Gemeinten gesagt wird) dem Biographen die Möglichkeit zur Distanz.

Auch wenn man diesem Ansatz nicht in allen Einzelheiten folgen mag, so wird doch deutlich, dass der Einsatz sprachlicher Stilmittel ein zentrales Element biographischen Erzählens ist – prägen Tropen doch zu einem nicht unerheblichen Teil Präsentation, Interpretation und Rezeption des dargestellten Lebens.

3.6. Texteinrichtung und Fazit

Neben zeitlicher Struktur, Modus, Stimme und sprachlichen Stilmitteln finden sich einige weitere Aspekte, die auf der Ebene des ›Wie‹ die Rezeption einer biographischen Erzählung steuern können. Zum einen wäre die Texteinrichtung zu nennen, die die Wirkung einer Biographie mitbestimmt. So können die dargestellten Sachverhalte prinzipiell entweder global oder im Einzelnen durch Quellenhinweise beglaubigt werden. Dies kann im Zuge der Textgestaltung wiederum entweder, besonders augenfällig, in Form von Fußnoten auf derselben Seite oder, weniger markant, als Endnoten im Anhang geschehen. Das wirkt sich auf den Geltungsanspruch der Biographie aus: In der Regel begnügen sich literarische Biographien mit wenigen globalen Quellenhinweisen, während wissenschaftliche Biographien ihren Anspruch mit einem umfangreichen Anmerkungsapparat stützen. Daneben können Abbildungen oder Besonderheiten in Bezug auf die Gestaltung der Druckvorlage (Satz, Typographie etc.) dem Text eine weitere Facette hinzufügen.

Zusammenfassend lässt sich festhalten, dass Biographien spezifische Kommunikationsabsichten verfolgen, die erst im Zusammenspiel der verschiedenen Textebenen (kontextuelle Rahmenbedingungen, Handlung und Darstellungsebene) zum tragen kommen. In welcher Reihenfolge oder Häufigkeit bestimmte Ereignisse präsentiert werden (*Zeit*), wie mittelbar Figurenrede oder mentale Zustände geschildert werden bzw. aus welcher Perspektive das Geschehen geschildert wird (*Modus*), ob der Erzähler am Geschehen beteiligt ist oder nicht (*Stimme*) – die verschiedenen Umgangsweisen mit diesen Fragen evozieren unterschiedliche Textwirkungen. Daneben haben sprachliche Stilmittel oder die Textgestaltung Auswirkungen auf die Rezeption einer Biographie. Die Analyse der ›Gemachtheit‹ biographischer Erzählungen trägt ganz wesentlich zum Verständnis der spezifischen Sinnproduktion von Biographien bei.

Literatur

Genette, Gérard: *Die Erzählung*. München 1994 (franz. 1972/83).

Karlauf, Thomas: *Stefan George. Die Entdeckung des Charisma*. München 2007.

Kershaw, Ian: *Hitler. 1936–1945*. Stuttgart/München 2000.

Kühn, Dieter: *Neidhart aus dem Reuental*. Frankfurt a. M. [3]1989.

Martínez, Matías/Scheffel, Michael: *Einführung in die Erzähltheorie*. München [7]2007.

Nadel, Ira Bruce: *Biography. Fiction, Fact and Form*. London 1984.

Christian Klein/Matías Martínez

V. Historischer Abriss

1. Antike

1.1. Griechische Biographien

1.1.1. *Enkomion und Peripatetische Biographien*

In der Gräzistik ist die Eigenständigkeit der Biographie als Gattung längere Zeit umstritten gewesen (Momigliano 1971). Gegenwärtig zeichnet sich ein Konsens ab, biographisches Erzählen, wie es bereits bei Homer und in parallelen altorientalischen Literaturkorpora (wie dem Alten Testament oder der ägyptischen Literatur) vorliegt, von der Gattung Biographie abzuheben. Dem klassischen Werk von Friedrich Leo (1901) wird mit Recht darin gefolgt, dass die Gattung Biographie mit der peripatetischen Schule des Aristoteles einsetzt.[1] Unmittelbare Vorformen haben die Sokrates-Schüler Xenophon und Platon geschaffen. Die platonischen Dialoge und die platonische *Apologie* stellen allerdings noch keine Biographien im eigentlichen Sinne dar. Und auch die Sonderformen Xenophons schaffen noch keine Biographie *sensu stricto*: Die *Apologie* Xenophons ist auf das Gerichtsverfahren gegen Sokrates beschränkt, der *Agesilaos* weitet lediglich das Genre der Lobrede, das Enkomion, auf das gesamte Leben einer bedeutenden Einzelperson aus, die *Kyrupaedie* (»Erziehung des Kyros«) ist ein überlanges, romanhaftes Enkomion, die *Apomnemoneumata* (»Memorabilien«) sind auf die Lehrtätigkeit des Sokrates beschränkt und zeigen weder die handlungsmäßige noch die zeitliche Gliederung einer Biographie.

Isokrates schafft, zeitgleich mit Xenophon, mit dem *Euagoras* die klassische Form des Enkomion; die überbordende Fülle des xenophonischen Kyros-Enkomions ist in die übersichtliche Form einer langen Rede zurechtgestutzt worden, wie sie bereits im *Agesilaos* als Versuch auch vorliegt (Sonnabend 2003, 32–59).

Die peripatetische Biographie entsteht erst daraus, dass das ältere Enkomion, der rhetorische Lobpreis eines Lebenslaufes, mit dem dramatischen Aufbau der klassischen Tragödie verbunden wird. Die Biographie wird aber aufgrund der dramatischen Erzählweise noch nicht zum Drama, sondern bleibt der Prosaliteratur der Geschichtsschreibung verhaftet. Denn nur von solchen Personen werden Enkomien und später auch Biographien überliefert, die wie der spartanische König Agesilaos oder der zyprische König Euagoras als Staatsführer oder als Persönlichkeiten der Philosophie, Literatur, Religion oder Medizin historischen Rang beanspruchen können.

Leider sind die frühen peripatetischen Biographien verlorengegangen oder nur in Bruchstücken erhalten geblieben, z. B. die Bruchstücke der Euripides-Biographie des Satyros (3. Jhd. v. Chr.).[2] Lediglich aus den Titeln und den wenigen Fragmenten lässt sich ermitteln, dass diese Biographien hauptsächlich Philosophen und Dichter zum Thema hatten.[3] Allerdings bringt der Siegeszug Alexanders des Großen es mit sich, dass auch ein Herrscher zum bevorzugten Charakter einer *Biographie* wird. Doch der zeitgenössische, richtungsweisende Historiograph Polybios (2. Jhd. v. Chr.) polemisiert wiederum dagegen, anstelle seiner Universalgeschichte eine Biographie über Philipp V. (238–179 v. Chr.) zu schreiben (Polybios, 8,13).[4] Die Gestaltung der peripatetischen Philosophen- und Herrscherbiographien lässt sich aus den späteren Werken der Prinzipatszeit (27 v. Chr. – 284 n. Chr.) erschließen. Diese Biographien sind als einzige weitgehend vollständig erhalten geblieben. Den literarisch späten Höhepunkt der hellenistischen Biographie bildet, unbestritten seit dem Altertum, Plutarch (45–120 n. Chr.). Sein umfassen-

1 Vgl. Albrecht Dihle: *Studien zur griechischen Biographie*. Göttingen [2]1970.

2 Vgl. Bernd Effe (Hg.): *Hellenismus*. Stuttgart 1985, S. 302–310.

3 Vgl. Klaus Berger: »Hellenistische Gattungen im Neuen Testament«. In: Hildegard Temporini/Wolfgang Haase (Hg.): *Aufstieg und Niedergang der römischen Welt II 25*. Berlin/New York 1984, S. 1031–1432, bes. S. 1231–1245.

4 Polybios: *Geschichte*. 2 Bde. Eing. u. übertr. von Hans Drexler. Zürich/Stuttgart 1961. Bd. 1, S. 630.

des Werk der vergleichenden Parallelbiographien ist mit den vorhandenen 22 Paaren fast vollständig überliefert worden.

Von Plutarch wird Alexander als König *und* Philosoph charakterisiert. Er löst das platonische Ideal der Einheit von Herrschaft und Philosophie ein, allerdings nur unvollkommen. Die Philosophenbiographie wird zur Herrscherbiographie erweitert *und* bleibt in ihr weiterhin erkennbar. Viele kleine Begebenheiten zeugen noch vom Einfluss der Fabulierfreude der frühen Philosophenbiographie. Alexander erhält hier die menschlich nahen Züge eines auf Freunde und Schüler bedachten Philosophen wie Demosthenes, sein von ihm ehrenvoll behandelter Gegner. Der spätere *Alexanderroman* des Pseudo-Kallisthenes (3. Jhd. n. Chr.) reichert die philosophische Neugierde Alexanders um viele weitere volkstümliche Motive an. Diese volkstümliche Mythisierung eines Staatsgründers zum Philosophen hält bis heute an, was sich etwa in der Mythisierung von Gründergestalten wie George Washington u. a. niederschlägt.[5]

Auf der anderen Seite schafft Alexander etwas Neues: ein Königtum über ein neues griechisch-persisches Weltreich mit göttlicher Legitimation. Plutarch stellt ein Ideal vor, das die Griechen seit den Verwüstungen des Peloponnesischen Krieges zu entwickeln begannen: die Vergöttlichung eines siegreichen Führers. Die Samier machten mit dem siegreichen, spartanischen Flottenadmiral Lysander den Anfang (Plutarch, Lysander, 18), die Athener lieferten mit der Vergöttlichung des Diadochen-Abenteurers Demetrios Poliorketes (291/290) eine peinliche Schmeichelei. Die Ambivalenz liegt auf der Hand. Die geschlagenen griechischen Städte erwarten eine Heilsgestalt, die die alte Ordnung wiederherstellt; die Gepriesenen können diese Vergöttlichung nicht einlösen und verfallen später unweigerlich dem Spott der Enttäuschten. Der ›Gott‹ Demetrios findet nach einer Niederlage keine Unterstützung mehr von den Athenern (Plutarch, Demetrios, 51). Plutarch erlaubt sich daher mehrfach an Alexander, der die angesonnene Vergöttlichung nur unzureichend abweist, vielmehr in fragwürdiger, unklarer Weise fördert, vorsichtige Kritik (Plutarch, Alexander, 27–28); der Schriftsteller Lukian (2. Jhd.) steigert sie später in seinen *Totengesprächen* zu einer beißenden Satire (Lukian, dialogi mortuorum, 12–13).

An die Philosophenbiographie hat sich jedoch unter Einfluss der Hofgeschichtsschreibung die Herrscherbiographie mit Vergöttlichungstendenzen als Erweiterung angelagert und drängt ab dem Prinzipat die Philosophenbiographie an den Rand. Noch eindeutiger als die Philosophenbiographie stellt die Herrscherbiographie einen unauflösbaren Bezug zur Historiographie her. Im geschichtlichen Kontext schildert die Herrscherbiographie Machtausübung, kritisiert sie mit popularphilosophischer Ethik und weist ihr neue Wege (Plutarch, Alexander, 1; Demetrios, 1). Mit dem Porträt des Herrschers soll jeder Leser zum ethisch handelnden Subjekt der Geschichte erzogen werden.[6] Demetrios und Marc Anton werden von Plutarch als negative Beispiele vorgeführt, Cäsar und Alexander hingegen als positive Beispiele; denn Alexanders Leichnam bleibt lange Zeit unverwest als Zeichen göttlicher Bestätigung und Durchsetzung des Friedens bei den Diadochen (Plutarch, Alexander, 77, 3), Cäsar wird zu Recht nach seinem Tode vergöttlicht (Plutarch, Caesar, 67–69); trotz kleiner Charakterfehler der beiden überwiegt bei weitem die positive Vorbildfunktion. Bei Demetrios und Marc Anton ist es genau umgekehrt; trotz einiger herausragender Eigenschaften überwiegen die negativen Seiten bei weitem.[7]

Plutarch beschreibt sein Programm besonders in den Vorworten zu den einzelnen Parallelbiographien und ihren Vergleichen. Aufschlussreich ist das Vorwort zur Alexander-Biographie. Im Unterschied zur Geschichtsschreibung bringt Plutarch »nicht alles... Denn ich [Plutarch] schreibe nicht Geschichte, sondern zeichne Lebensbilder« (Plutarch, Alexander, 1); wie bei Herodot »wirft ein geringfügiger Vorgang, ein Wort oder ein

5 Vgl. Irmgard Wagner: »Die Mythen be(ver-/ent-)sorgen«. In: Jens Schröter/Antje Eddelbüttel (Hg.): *Konstruktion von Wirklichkeit. Beitrag aus geschichtstheoretischer, philosophischer und theologischer Perspektive*. Berlin 2004, S. 169–179.

6 Vgl. Albrecht Dihle: *Die Entstehung der historischen Biographie*. Heidelberg 1987, S. 33–81.

7 Vgl. Barbara Scardigli: *Die Römerbiographien Plutarchs*. München 1979.

Scherz ein bezeichnenderes Licht auf einen Charakter als Schlachten« (Plutarch, Alexander, 1).[8]

Die Biographie konzentriert sich auf das Malen eines Lebensbildes. Wie bei einem Gemälde wird die Fülle der großen Ereignisse weggelassen; dagegen werden kleine Details zugelassen, um den Charakter und die Merkmale des Persönlichen mit den Sinnen zu erfassen.[9] Das Bild gibt nicht nur einen inneren Eindruck wieder, sondern erzeugt eine Einheit von Faktum und Deutung. Die Fakten erhalten eine mögliche, realistische Lesart.[10] Die Anekdote ist als Schlaglicht besonders beliebt.

Die Biographie zeigt durchgängig eine dreiteilige Struktur: 1. Vorbereitung zum öffentlichen Auftreten, 2. öffentliches Auftreten, 3. Tod.[11] Der erste Teil muss nicht mit Empfängnis, Geburt und Kindheit einsetzen. Die Mehrzahl der lateinischen Biographien bei Cornelius Nepos setzt mit dem jungen Erwachsenen ein, ebenfalls der griechischen Biographien bei Plutarch; auch die *Res Gestae*, der autobiographische Rechenschaftsbericht des Augustus, setzen mit dem jungen Erwachsenen Octavian ein. Die Geburtsgeschichten mit Wundern sind vielmehr die Ausnahme; sie gehen auf spätägyptische Einflüsse zurück.[12]

1.1.2. Die neutestamentlichen Evangelien als antike, gehobene Ideal-Biographien

Lukas ist wie Plutarch ein Biograph. Den Prolog zur Apostelgeschichte leitet er mit einer Kurzbeschreibung des *ersten* Buches ein: »Das erste Buch habe ich über alles das geschrieben, lieber Theophilos, was Jesus anfing zu tun und zu lehren« (Apg 1,1). *Facta et dicta memorabilia* lautet die Überschrift des Zeitgenossen Valerius Maximus zu seiner lateinischen Exempel-Sammlung (so auch das Vorwort 1). Diogenes Laertios nennt sein griechisches Werk *Leben und Meinungen berühmter Philosophen* (vgl. 1,1). Lukas kennzeichnet deutlich sein *erstes* Buch als Biographie (↗ VII.5. Religionswissenschaft).[13] Er vermeidet allerdings die Gattungsbezeichnung *bios*.

Sein Vorgänger, das anonyme Markusevangelium, hatte ja in seinem Vorwort die christliche Neuprägung ›Evangelium‹ an die Stelle der Gattungsbezeichnung *bios* gesetzt: »Anfang des Evangeliums von Jesus Christus« (Mk 1,1).[14] Lukas folgt im ersten Buch der Anlage des Markusevangeliums. Er schiebt allerdings eine zweite Buch-Vorlage ein, das Spruchevangelium Q. Um Q unterbringen zu können, dehnt Lukas eine Reisenotiz des Markusevangeliums aus (Mk 10,1). So schafft er einen umfangreichen Reisebericht, der die Hauptmasse von Q aufzunehmen vermag. Außerdem hängt er an sein erstes Buch eine biographisch ausgerichtete Universalgeschichte der Apostel und Gemeinde an (Apg 1,2–8). Die sich erfüllenden Heilsereignisse sind idealbiographisch auf Jesus von Nazareth konzentriert; sie ordnen nicht umgekehrt Jesus als geschichtlich austauschbare Person in eine objektive Heilsgeschichte ein. Nach antikem Verständnis konnte über ihn nur eine verkündende Biographie mit universalem Anspruch, aber keine objektive Universalgeschichte geschrieben werden. Denn Jesus Christus lässt eschatologisch eine neue Welt anbrechen, die sich in Zukunft universal vollenden wird.

Das Markusevangelium als erste Evangeliumbiographie bleibt in Gattung, Aufbau und Theologie als Vorlage des Lukasevangeliums erkennbar. Lukas und Matthäus verstärken mit ihren zusätzli-

8 Plutarch: *Große Griechen und Römer*. 6 Bde. Eingel. u. übers. v. Konrat Ziegler. München 1980. Bd. 5, S. 7.

9 Vgl. Dirk Wördemann: *Das Charakterbild im bios nach Plutarch und das Evangelium nach Markus*. Paderborn 2002, S. 56–106.

10 Vgl. Jens Schröter/Antje Eddelbüttel (Hg.): *Konstruktion von Wirklichkeit. Beitrag aus geschichtstheoretischer, philosophischer und theologischer Perspektive*. Berlin 2004.

11 Vgl. Detlev Dormeyer: *Evangelium als literarische und theologische Gattung*. Darmstadt 1989, S. 59f., 160–194; Frickenschmidt 1997, S. 192–210.

12 Vgl. Joachim Kügler: *Pharao und Christus? Religionsgeschichtliche Untersuchung zur Frage einer Verbindung zwischen alltägyptischer Königstheologie und neutestamentlicher Christologie im Lukasevangelium*. Bodenheim 1997, S. 133–185; vgl. Frickenschmidt 1997, S. 253ff.

13 Vgl. Richard Burridge: *What are the Gospels? A Comparison with Graeco-Roman Biography*. Cambridge 1992, S. 191–220; vorsichtig Petr Pokorný: *Theologie der lukanischen Schriften*. Göttingen 1998, S. 28–31; Walter Radl: *Das Lukas-Evangelium*. Darmstadt 1988, S. 49–53.

14 Vgl. Eve-Marie Becker: *Das Markus-Evangelium im Rahmen antiker Historiographie*. Tübingen 2006; David du Toit: *Der abwesende Herr. Strategien im Markusevangelium zur Bewältigung der Abwesenheit des Auferstandenen*. Neukirchen-Vluyn 2006; Detlev Dormeyer: »Die Kompositionsmetapher ›Evangelium Jesu Christi, des Sohnes Gottes‹ Mk 1,1. Ihre theologische und literarische Aufgabe in der Jesus-Biographie des Markus«. In: *New Testament Studies* 33. Jg. (1987), S. 452–468; Dormeyer 2002, S. 4–39.

chen Geburtsgeschichten unabhängig voneinander den herrschaftlichen Charakter Jesu und die biographische Form des Erzählevangeliums; auch das Johannesevangelium behält die biographische Form des Erzählevangeliums bei (↗II.3. Biographie und Anthropologie).

1.2. Lateinische Biographien und Prinzipatszeit

Die Römer schreiben erst ab dem 1. Jahrhundert v. Chr. Biographien, jedoch schon ab dem 3. Jahrhundert. v. Chr. Autobiographien.

Von Cornelius Nepos, dem gattungsprägenden Biographen (100–25 v. Chr.), sind leider nur die Bücher über die griechischen Feldherren und über die beiden römischen Staatsmänner und Geschichtsschreiber Cato major und Atticus erhalten geblieben. Weit stärker als bei Plutarch oder gar bei den Evangelien dominiert bei Nepos der Autorkommentar. Nur wenige Anekdoten werden vorgestellt. Der überwiegende Teil der Erzählzeit dient der biographischen und historiographischen Beschreibung von Charakter, Kriegsverläufen, Schlachten, Prozessen und Sterben. Das Ziel der peripatetischen Biographie und der Evangelien, indirekt durch Interaktionen und Gespräche den Charakter zu erschließen, wird nicht verfolgt.[15]

Sueton (70/75–140/150) reiht in historischer Abfolge Kaiserbiographien zu dem Gesamtwerk *De vita Caesarum* aneinander. Er ordnet das Material der Einzelbiographie in zwei Teilen an: 1. Chronologie mit Herkunft und Geburt, Leben bis zum Amtsantritt; 2. Rubrik von Eigenschaften und Taten, am Schluss Sterben und Tod. Die indirekte Charakterzeichnung tritt wie bei Nepos zurück; dagegen wird Hofklatsch reichlich aufgenommen. Die Konzentration der biographischen Geschichtsschreibung auf einzelne Personen und Episoden oder Epochen wird nun zur Gesamtschau der Kaiserpersönlichkeiten systematisiert.[16]

Die parallele biographische Geschichtsschreibung setzt mit Sallust (86–35 v. Chr.:) ein. Er beschreibt mit den beiden Monographien *Die Verschwörung des Catilina* und *Der Krieg mit Jugurtha* jeweils eine entscheidende Epoche der römischen Geschichte, in deren Mittelpunkt die historischen Persönlichkeiten Catilina († 62 v. Chr.) und König Jughurta von Numidien (160–104 v. Chr.) stehen. Doch nicht nur diese beiden Hauptakteure, sondern die gesamte römische Führungsschicht wird in ihrem Abweichen von den römischen Tugenden dargestellt. Geschichte, insbesondere die Verfallsgeschichte der späten römischen Republik, entsteht im Wechselspiel zwischen Gesellschaft und Einzelpersönlichkeit. Die biographische Geschichtsschreibung geht weiter mit der *Historia Romana* des Velleius Paterculus (20/19 v. Chr. – nach 31 n. Chr.), die den Prinzipat des Tiberius (14–37) wiederum lobpreisend in den Mittelpunkt stellt,[17] und mit den *Annalen* und *Historien* des Tacitus (61/62 – ca. 120). Dieser schuf außerdem mit *Agricola* eine Mischform von biographischer Geschichtsschreibung und Biographie.[18] Im Unterschied zu Velleius führt Tacitus die kritische Linie von Sallust weiter. Die einseitige Verurteilung der Cäsaren nach Augustus als Tyrannen erfährt allerdings gegenwärtig eine deutliche Korrektur.[19]

Auf Sueton folgen weitere historisch angeordnete Sammlungen von Kaiserbiographien: Marius Maximus, der nur aus Zitaten in der *Historia Augusta* belegt ist, Aurelius Victor und die *Historia Augusta*, eine anonyme Sammlung aus dem 4. Jahrhundert n. Chr.

Die griechischen Philosophenbiographien gehen in der Prinzipatszeit weiter mit dem Handbuch des Diogenes Laertios (Ende 2. Jhd.), mit den Pythagorasbiographien des Porphyrios (ca. 234–

---

15 Vgl. Joseph Geiger: *Cornelius Nepos and Ancient Political Biography*. Stuttgart 1985.

16 Vgl. Wolf Steidle: *Sueton und die antike Biographie*. München ²1963.

17 Ulrich Schmitzer: *Velleius Paterculus und das Interesse an der Geschichte im Zeitalter des Tiberius*. Heidelberg 2000.

18 Zur Parallelität von Agricola zum Markusevangelium und zum lukanischen Doppelwerk vgl. Martin Ebner: »Von gefährlichen Viten und biographisch orientierten Geschichtswerken. Vitenliteratur im Verhältnis zur Historiographie in hellenistisch-römischer und urchristlicher Literatur«. In: Thomas Schmeller (Hg.): *Historiographie und Biographie im Neuen Testament und seiner Umwelt*. Göttingen 2009, S. 35–63; Manfred Lang: »Der ›bonus dux‹. Tacitus' Agricola und der lukanische Paulus«. In: Jörg Frey/Clare K. Rothschild/Jens Schröter (Hg.): *Die Apostelgeschichte im Kontext antiker und frühchristlicher Historiographie*. Berlin/New York 2009, S. 244–277.

19 Andreas Mehl: *Römische Geschichtsschreibung. Grundlagen und Entwicklungen. Eine Einführung*. Stuttgart 2001, S. 119–131.

ca. 301/305) und Jamblichos (ca. 250–ca. 330), mit der Sammlung von Philostratos (3. Jhd.) und mit dessen umfangreichem Sonderwerk *Leben des Apollonios von Tyana*.[20] Lukian (2. Jhd.) schrieb eine satirische, negative Biographie über den zeitgenössischen Propheten und Wundertäter Alexander von Abunoteichos;[21] eine positive Biographie wiederum verfasste er über den Philosophen Demonax. Die Philosophenbiographien finden sich auch in anonymer und pseudepigraphischer, volkstümlicher Form für Homer, Äsop und andere bedeutende Männer, deren biographische Traditionen bis in die griechische Klassik zurückgehen können.[22]

Plinius d.J. (61/62 – ca. 112) wurde für den lateinischen Panegyricus, d.i. das Herrscherlob vor einer Festversammlung, stilbildend. Die bisherigen Taten des Kaisers wurden mit Aufgabenbeschreibungen, moralischen Tugendreihen und sakralen Prädikationen zu einem eindrucksvollen, biographischen Lobpreis verbunden, der in den Herrscherlobreden und Fürstenspiegeln des Mittelalters weiter nachwirkt.[23]

In den ersten Heiligenbiographien über Bischof Cyprian von Carthago († 258, lateinisch von Pontius) und den Mönchsvater Antonius (griechisch von Athanasios, 328–373) ist der Einfluss der antiken Biographien mit Enkomion-Stil und der panegyrischen Reden, aber auch die Einwirkung der neutestamentlichen Evangelien deutlich erkennbar; doch im Unterschied zu ihnen schildert die Hagiographie einen überzeitlichen Typos zur Nachahmung und keine singuläre Person zur eigenständigen Nachfolge.[24]

1.3. Autobiographie

Josephus Flavius (37/38 n. Chr. – nach 100 n. Chr.) bietet mit seiner *Vita* die erste erhaltene, historiographische Autobiographie der Antike.[25] Die hellenistischen Vorgänger sind selten.[26] Die autobiographische Rede des Isokrates (354/53 v. Chr.) macht den Anfang. Er schafft eine fiktive, nachträgliche Apologie zu einem Strafverfahren gegen ihn: *Antidosis oder über den Vermögenstausch* (Isokrates, Antidosis). Darin bringt er verstreut kurze Enkomien zu seinem Lebenslauf (Antidosis, 159–166). Ein ausführlicher, chronologischer Bericht seines gesamten Lebensverlaufs fehlt noch in dieser Verteidigungsrede.

Im lateinischen Raum setzt die Autobiographie mit Scipio Africanus (ca. 235–183) ein, der die literarische Form eines Briefes benutzt (Sonnabend 2003, 89 f.). Von den Nachfolgern sind später Marc Aurels *Selbstbetrachtungen* und Augustinus' *Bekenntnisse* die bekanntesten Beispiele. Die *Res Gestae* (*Tatenbericht des Kaisers Augustus*) bilden eine weitere Parallele. Wie im griechischen Enkomion werden nur die erfolgreichen Ergebnisse der ›Taten‹ (*Res gestae*) aufgeführt,[27] nicht die Handlungen mit gemischten Erfolgen gemäß der Commentarii-Literatur (bekanntestes Beispiel: Iulius Caesars *Commentarii de bello Gallici* von 52/51 v. Chr.), die wiederum den griechischen Hypomnemata, das sind autobiographische Erinnerungen (z. B. in den Apomnemoneumata Xenophons), entsprechen. Die unterschiedlichen Titel zeigen bereits an, welche Spannbreite die Autobiographie in der Antike besaß.[28]

20 Vgl. Herwig Görgemanns: »Biographie«. In: Hubert Cancik u. a. (Hg.): *Der Neue Pauly*. Bd. 2. Stuttgart 1996, S. 682–687, 689.

21 Lukian von Samosata: *Alexandros oder der Lügenprophet*. Eingel., hg., übers. u. erl. v. Ulrich Victor. Leiden u. a. 1997.

22 *Legende von Homer dem fahrenden Sänger*. Übers. u. erl. v. Wolfgang Schadewaldt. Zürich/Stuttgart 1959; *Das Leben Äsops*. Übers. v. Günter Poethke. Eingel., hg. u. erl. v. Wolfgang Müller. Leipzig 1974; vgl. Mary Lefkowitz: *The Lives of the Greek Poets*. London 1981.

23 Plinius der Jüngere: *Panegyrikus. Lobrede auf den Kaiser Trajan*. Hg., übers. u. erl. v. Werner Kühn, Darmstadt 1985.

24 Vgl. Dieter von der Nahmer: *Die lateinische Heiligenvita. Eine Einführung in die lateinische Hagiographie*. Darmstadt 1994; Detlev Dormeyer: »Das Markus-Evangelium als antike historiographische Idealbiographie. Vom Erzählevangelium zur spätantiken Hagiographie«. In: Maria-Barbara von Stritzky/Christian Uhrig (Hg.): *Garten des Lebens. Fs. Winfrid Cramer*. Altenberge 1999, S. 61–84.

25 Vgl. Georg Misch: *Geschichte der Autobiographie*. Bd. 1.1: Das Altertum. Frankfurt a. M. [3]1949, S. 349; Shaye Cohen: *Josephus in Galilee and Rome: his Vita and his Development as a Historian*. Leiden 1979, S. 101 f.; Flavius Josephus: *Aus meinem Leben (Vita)*. Krit. Ausgabe. Übers. u. komm. v. Folker Siegert/Heinz Schreckenberg/Manuel Vogel. Tübingen 2001, S. 1–23.

26 Vgl. Klaus Meister: *Die griechische Geschichtsschreibung. Von den Anfängen bis zum Ende des Hellenismus*. Stuttgart u. a. 1990, S. 187; Michael Reichel (Hg.): *Antike Autobiographien. Werke – Epochen – Gattungen*. Köln 2005.

27 Vgl. Anne Dawson: *Freedom as Liberating Power. A Socio-Political Reading of the Exousia Texts in the Gospel of Mark*. Freiburg/Göttingen 2000, S. 13–95.

28 Vgl. Ingo Broer: »Autobiographie und Historiographie bei Paulus«. In: Thomas Schmeller (Hg.): *Historiographie und Biographie im Neuen Testament und seiner Umwelt*. Göttingen 2009, S. 155–208.

1.4. Ergebnis

Hypomnemata und Enkomien sind u. a. Darstellungen des eigenen oder eines fremden Lebenslaufes. Ihr Sitz im Leben ist die öffentliche Rede. Im Erzählteil der Rede, der *narratio*, wird der Lebenslauf einer Person erzählt. Noch heute sind in Fest-, Abschieds- und Trauerreden solche Hypomnemata und Enkomien feste Bestandteile (↗ II.5. Biographie und Gedächtnis). Die römische Autobiographie ist aus der Trauerrede bei der Pompe, dem Trauerzug, hervorgegangen. Doch diese historisierenden Enkomien und Hypomnemata werden sehr schnell im Hellenismus von den historiographischen Biographien in den Hintergrund gedrängt. Der Porträtierte soll weder zu Lebzeiten sich selbst idealisieren noch nach dem Tode idealisiert werden, sondern wie im Drama in seiner Charaktermischung aus Tugenden und Fehlern, eventuell sogar aus Lastern, vorgestellt werden. Die praktische Philosophie von Platon und Aristoteles, insbesondere die Lehre von den vier Kardinaltugenden Weisheit/Klugheit, Tapferkeit, Selbstzucht und Gerechtigkeit (Platon, Staat, 427b–434c), wird tonangebend. Es soll die *Eudaimonia* als vollkommene Verwirklichung aller Tugenden und Werte für das Individuum und der Gesellschaft angestrebt werden; der vorbildliche Charakter entsteht aus Anlagen und Lernen (Aristoteles, Nikomachische Ethik 3,9–6,13).[29]

Neben der Biographie blieben die formelhaften Enkomien, Hypomnemata und panegyrischen Reden weiterhin im Gebrauch. Sie hatten ja in der Fall-Erzählung der Rede einen festen Platz.

So bietet Paulus wiederholt in 1 Thess 2,17–3,10; Gal 1,10–24; Phil 3,5–6 und 2 Kor 11,21–33 solche Enkomien zu sich selbst, die aber einen neuen Ton anschlagen. Das Neue Testament entwickelt als neues Leitbild gegenüber der *Nikomachischen Ethik*, den Willen des monotheistischen Gottes Israels und Vaters Jesu Christi so zu erfüllen, wie es die paulinischen Briefe und die neue, christliche Gattung der Evangeliumbiographie vorstellen. Diese Spannung zwischen philosophisch oder theologisch bestimmtem Ideal prägt dann die anschließende christliche Biographie-Literatur.

Literatur

Dihle, Albrecht: »Die Evangelien und die griechische Biographie«. In: Peter Stuhlmacher (Hg.): *Das Evangelium und die Evangelien*. Tübingen 1983, S. 383–413.

Dormeyer, Detlev: Das *Markusevangelium als Idealbiographie von Jesus Christus, dem Nazarener*. Stuttgart ²2002.

Erler, Michael/Schorn, Stefan (Hg.): *Die griechische Biographie in hellenistischer Zeit*. Berlin 2007.

Frickenschmidt, Dirk: *Evangelium als Biographie. Die vier Evangelien im Rahmen antiker Erzählkunst*. Tübingen/Basel 1997.

Momigliano, Arnoldo: *The Development of Greek Biography*. Cambridge, Mass. 1971.

Leo, Friedrich: *Die griechisch-römische Biographie nach ihrer literarischen Form*. Leipzig 1901.

Sonnabend, Holger: *Geschichte der antiken Biographie. Von Isokrates bis zur Historia Augusta*. Darmstadt 2003.

Detlev Dormeyer

29 Vgl. Dirk Wördemann: *Das Charakterbild im bios* (wie Anm. 9). Paderborn 2002, S. 56–106.

2. Mittelalter

›Biographie‹ heißt ›Lebensbeschreibung‹. Das Wort ist erst durch die Plutarchübersetzung von John Dryden (1683) in Umlauf gekommen (↗I.1. Begriffsgeschichte). Das alte griechische Wort für Lebensbeschreibung lautet *bios*, das lateinische *vita*. Andere lateinische Namen sind *passio* / *martyrium*, *obitus* / *transitus*, *gesta*, *legenda* / *lectio*, *sermo*, *historia*, *chronica*, *miracula* / *virtutes*, *translatio* und *epitaphium*. Biographie ist keine Abteilung der Geschichtsschreibung. Das sagt Plutarch (Alexander c.1): »Ich schreibe nicht Geschichte, sondern zeichne Lebensbilder«. Der Begriff ›Hagiographie‹ ist erst seit dem 18./19. Jahrhundert mit dem Inhalt gefüllt worden, den er für die Moderne hat. Die Grenzzone zwischen Biographie und Hagiographie ist im Mittelalter breit. Mehr als zehntausend biographisch/hagiographische lateinische Texte sind aus der Zeit bis 1500 erhalten (↗VII.5. Religionswissenschaft).

Im literaturarmen 3. Jahrhundert n. Chr. beginnen die abendländischen Christen in der Art von Gerichtsprotokollen die Verhöre während der Verfolgungen aufzuzeichnen (›Flugblattliteratur‹). ›Echte‹ (zeitgenössische) ›Märtyrerakten‹, wie die *Passio SS. Perpetuae et Felicitatis*, sind selten.

Nach den Märtyrern kommen die Mönche. Die *vita* des Möchsvaters Antonius († 356) von Athanasius ist in der Übersetzung des Evagrius ein Klassiker spätantiker und mittellateinischer Biographie geworden. Hieronymus († 420) schrieb drei Mönchsväterleben, von denen jedes auf seine Weise in Konkurrenz zur *Vita B. Antonii* tritt: *Vita S. Pauli primi eremitae*, *Vita S. Hilarionis* und *Vita Malchi monachi capitivi*. Letztere ist für die Gattungsgeschichte die aufschlussreichste; denn sie lehrt, dass der Held einer christlichen Biographie kein Heiliger sein musste, und dass Geburt und Tod nicht unbedingt in einer *vita* erzählt zu werden brauchten.

Für das Mittelalter galten auch viele Briefe des Hieronymus als Biographien. Schließlich verpflanzte Hieronymus den antiken Literaturtyp *De viris illustribus* ins christliche Milieu. Es handelt sich hier um Literaturgeschichte in Kurzbiographien.

Martin von Tours ist zuerst Mönch, dann Bischof. Noch zu seinen Lebzeiten schreibt Sulpicius Severus (397) seine *vita*, die zusammen mit ihren Fortsetzungen die erfolgreichste Biographie im lateinischen Mittelalter wurde. Nun beginnt der Aufschwung der Bischofsbiographie. Ambrosius von Mailand († 397) erhält um 420 eine Biographie aus der Feder seines Vertrauten Paulinus (›Kammerdienerbiographie‹). Die *Vita S. Augustini* des Possidius zeichnet sich dadurch aus, dass sie das ›suetonische‹ Element der täglichen Gewohnheiten integriert. Die vielen Verneinungen, in denen geschildert wird, was Augustinus alles *nicht* tat, lassen an die *Vita Attici* des Cornelius Nepos als Vorbild denken.

Um 530 entsteht in Rom die Serienbiographie der Päpste (*Liber pontificalis*), bei der es – im älteren Teil – nicht um Heiligkeit geht, sondern um Ergebnisse der Amtsführung (›Amtsbiographie‹). Venantius Fortunatus († um 600) ist der erste Biograph des Mittelalters, der lateinische Viten reihenweise schreibt. Es sind Bischofsbiographien, mit Ausnahme der *Vita S. Radegundis*. Hier ist merkwürdig, dass das Sterben der Radegunde nicht erzählt wird; nur im Rahmen eines *Miraculum post mortem* wird der Tod rückblickend erwähnt.

Nach dem Vorbild des Venantius Fortunatus wird in der Merowingerzeit (481–751) in großem Umfang Bischofsbiographie geschrieben. Die zwischen 675 und 680 verfasste *vita* des Goldschmieds und Bischof Eligius wurde erst von der modernen Forschung in ihrer Bedeutung erkannt. Die bedeutendste Mönchsvita der Epoche ist die *Vita S. Columbani* des Jonas von Bobbio: Das I. Buch erzählt das Leben des Iren Columban († 615); das II. das einiger seiner Schüler auf dem Kontinent.

Eine italienische Spezialität des frühen Mittelalters ist die Übersetzung griechischer Biographien ins Lateinische; Zentren sind zuerst Rom, dann

Neapel. Spaniens erstes Goldenes Zeitalter im 7. Jahrhundert wirkt sich auch auf die Biographie positiv aus; nach der Invasion der Mauren (711) hält sich als kulturelle lateinische Insel ein Kreis in Córdoba, wo Paulus Albarus mit der *vita* des Eulogius († 859) eine der schönsten Freundschaftsbiographien schreibt. Irland ist in der zweiten Hälfte des 7. Jahrhunderts biographisch aktiv, England in der ersten des 8. Jahrhunderts. Bedas *Vita S. Cuthberti* wird sowohl in metrischer als auch in prosaischer Fassung ein Klassiker der Biographie.

Die erste in Stil und Tendenz als ›karolingisch‹ zu bezeichnende Biographie ist die *Vita S. Willibrordi*, die Alkuin 796 als ›Opus geminum‹ (in Prosa und in poetischer Fassung) schrieb. Für die Kirche war die Prosafassung bestimmt, für die Schule die metrische Dublette. Alkuins Vorrede zu der Karl dem Großen gewidmeten *Vita (II) S. Richarii* enthält das Programm karolingischer Umstilisierung merowingischer Biographie. Einhart schreibt um 830 seine *Vita Karoli* nach dem Vorbild von *De vita Caesarum* des Sueton. Einhart kann und will in dieser Art der Kaiserbiographie keinen Nachfolger haben; denn er hat sein Rezept – das Kontrafaktum von Sueton – nicht verraten. Zwangsläufig lenkt die Herrscherbiographie um Ludwig den Frommen († 840) in andere Bahnen. Der amtsbiographische Gedanke fasst Fuß in dem großen Kloster Fulda, wo jeder der ersten fünf Äbte eine Biographie erhält.

Der karolingische Klassizismus läuft um 870 aus. Es folgt eine manieristische Spätphase, in der unter anderem in St. Gallen 884–887 die Einharts Karlsleben variierenden und überbietenden *Gesta Karoli* von Notker I. entstehen. Von 920 bis 960 gibt es fast kein literarisches Leben mehr im lateinischen Westen. Doch in dieser Zeit formen sich neue Kräfte: Cluny und das von den Deutschen weitergetragene Imperium.

Charakteristisch für die Literatur aus dem Reformkloster Cluny (910–1790) ist die Abtbiographie; jedoch wird nicht jeder Abt biographisch gewürdigt, sondern nur einer, der als Heiliger angesehen ist. Neuland betritt Abt Odo von Cluny mit der *Vita S. Geraldi* insofern, als der Held ein *Graf* ist. Ab ca. 960 treten in Mitteleuropa Biographen auf, deren Werke einen starken historiographische Akzent tragen; die Viten der Bischöfe Brun von Köln (von Ruotger) und Ulrich von Augsburg (von Gerhard) seien für viele andere genannt. Im Investiturstreit (1076–1122) zerbricht die führende Stellung Mitteleuropas, auch auf literarischem Gebiet. Die Literaturproduktion nimmt ständig zu, aber die Stellung der Biographie im Literaturpanorama wird schwächer. Für die trotzdem inflationäre Entwicklung der Biographie im 12. Jahrhundert ist das zeitgenössische Echo auf Bernhard von Clairvaux († 1153) und Thomas Becket († 1170) charakteristisch. Bernhard hat seine Biographen im Gefolge; sie schreiben seine Wundertaten gleich auf. Der Mord im Dom an Thomas Becket hat, angefangen von Johannes von Salisbury, dem Humanisten des 12. Jahrhunderts, einen Biographen nach dem anderen auf den Plan gerufen.

Die bedeutendste Biographie des 13. Jahrhunderts ist die des Franziskus († 1226). Sie existiert in mehreren Fassungen. Thomas von Celano bringt noch einiges der neuartigen Erscheinung des Franziskus zur Sprache, zum Beispiel, dass sein Auftreten in jungen Jahren von manchen als ›frech‹ empfunden wurde. In der offiziellen Biographie von Bonaventura ist dies eingeebnet, wofür allerdings eine *theologische* Deutung des Lebens eingeführt wird. Für das Latein allgemein ist das 13. Jahrhundert eine kritische Zeit; denn ein Literaturgebiet nach dem anderen geht an die erstarkenden Nationalsprachen verloren. Das lässt sich auch an der Biographie beobachten: Joinville († 1317) schreibt seine *Histoire de saint Louis* altfranzösisch; Lebensbeschreibungen der deutschen Mystiker des Spätmittelalters sind meist mittelhochdeutsch abgefasst. Im 14. Jahrhundert ist eine verstärkte Hinwendung zur Antike zu beobachten. Walter Burley († um 1344) widmet seine Serienbiographie *De vita et moribus philosophorum* ganz den altgriechischen und römischen Philosophen.

Die entscheidenden literarischen Neuerungen kommen nun aus Italien. Mit Francesco Petrarca (1304–1374) setzt dort eine Bewegung ein, die dem Latein noch einmal eine führende Rolle sichert. Petrarcas Biographicum ist *De viris illustribus;* es enthält nur Biographien von Römern der Antike. Giovanni Boccaccio (1313–1375) hatte die Idee, den *Viri illustres* ein Buch *De claris mulieribus* gegenüberzustellen. Mit dieser Öffnung des Biographietyps war auch Platz geschaffen für die Serie von Künstlerbiographien. Giorgio Vasari, der Meister dieser Gattung schrieb dann allerdings italienisch (↗VII.3. Kunstgeschiche).

Für Petrarca war Sueton der große antike Biograph. Bald nach Petrarcas Tod setzt die Rezeption der *bioi parallēloi* des Plutarch im Abendland ein. Es dauerte bis zum Jahr 1440, bis in Gianozzo Manettis *Vita Socratis et Senecae* eine überzeugende lateinische Parallelbiographie plutarchischer Art erschien. Der Siegeszug der ›Heroenbibel‹ (Ralph Waldo Emerson über Plutarchs Biographien) war aber unaufhaltsam und weckte bis ins 19. Jahrhundert Begeisterung für das heroische Individuum.

Literatur

Berschin, Walter: *Biographie und Epochenstil im lateinischen Mittelalter*. 5 Bde. Stuttgart 1986–2004.

Ders.: »Sueton und Plutarch XIV. Jahrhundert«. In: Ders.: *Mittellateinische Studien*. Heidelberg 2005, S. 357–363.

Grundmann, Herbert: *Geschichtsschreibung im Mittelalter*. Göttingen 1965.

Haarländer, Stephanie: *Vitae episcoporum*. Stuttgart 2000.

Ijsewijn, Jozef: »Die humanistische Biographie«. In: August Buck (Hg.): *Biographie und Autobiographie in der Renaissance*. Wiesbaden 1983, S. 1–19.

Walter Berschin

3. Frühe Neuzeit

In der Biographik der Frühen Neuzeit sind an mehreren Stellen neue Entwicklungen zu verzeichnen, deren Auswirkungen bis ins 18. und 19. Jahrhundert reichen. Für den wissenschaftlichen Diskurs zur Biographieforschung spielen diese paradigmatischen Veränderungen bisher jedoch nur eine untergeordnete Rolle. Unter drei Aspekten sollen diese sowohl formal als auch inhaltlich zu charakterisierenden Weichenstellungen beschrieben werden. Der Einfluss der religiösen Umbrüche des 16. Jahrhunderts lässt sich am Format der Leichenpredigt verfolgen, deren Personalteile zu einer spezifischen Art von biographischer Tradierung erweitert wurden. Als zweiter Aspekt soll die erbauliche Biographik des Pietismus betrachtet werden; Lebensgeschichten werden hier vornehmlich zum Erweis der göttlichen Gnade niedergeschrieben und gelesen. Diese in großen Auflagen verbreitete Literatur knüpfte nicht an die mittelalterliche fromme Biographik an; das Ziel bleibt jedoch das Gleiche, nämlich zur Nachahmung anzuleiten. Das dritte Phänomen, das sich bereits in der frühneuzeitlichen Biographiegeschichtsschreibung beobachten lässt, ist die Einbeziehung von Personen, die nicht der Bildungselite angehören. Frauen und Männer aus Berufsgruppen wie Handwerker oder Tagelöhner werden zum Gegenstand der schriftlich fixierten Erinnerung. Insbesondere anhand der frühneuzeitlichen Frauenlexika mit teilweise ausführlichen Biographien kann diese Tendenz abgelesen werden. Neben den genannten Neuakzentuierungen der auf Personen gerichteten *Memoria* werden tradierte Formen fortgeführt, auch wenn diese die Perspektive der Frühen Neuzeit reflektieren. Beispielhaft dafür seien Thomas Mores *History of Richard III*[1]. und Samuel Pufendorfs *Leben und Thaten* des brandenburgischen Großen Kurfürsten Friedrich Wilhelm von 1695 genannt.[2]

3.1. Neues Format – Leichenpredigt mit Biographieteil

Eine andere als die hergebrachte Würdigung des Lebens im Angesicht des Todes entstand im 16. Jahrhundert aus der Notwendigkeit konfessioneller Abgrenzung. Die protestantische Leichenpredigt, die die Totenmesse ersetzen sollte, enthielt zunächst nur einen kurzen Personalteil. Daraus entwickelte sich im 17. Jahrhundert eine förmliche Biographik. Gedruckte Sammlungen, die aus Anlass der Würdigung eines Verstorbenen entstanden und unter diversen Bezeichnungen auftreten, wurden zunehmend zu einer eigenen biographischen Gattung. Bei den öffentlichen Reaktionen auf den Tod Martin Luthers (†1546) und den anderer Protagonisten der reformatorischen Bewegung verknüpften sich zwei Interessen zur Formierung einer zunächst als evangelisch konnotierten Erinnerungskultur. Die traditionellen mittelalterlichen Rituale des Abschieds konnten nicht fortgeführt werden und die führenden Reformatoren sollten für die Nachwelt eine Deutung aus protestantischer Sicht erfahren. Die ersten Spuren für die biographische Würdigung Luthers legten die beiden Leichenpredigten und die erste Gedenkrede Philipp Melanchthons im Februar 1546 in Wittenberg.[3] Der biographische Rückblick innerhalb der aus mehreren Teilen bestehenden Leichenpredigten entfaltete seine Breitenwirkung auch konfessionsübergreifend in der Barockzeit. Die z. T. sehr umfangreichen frühneuzeitlichen Sammlungen von Leichenpredigten dokumentieren die Bedeutung

1 Thomas More: *The history of King Richard III. The complete works Vol. 2.* Hg. v. Richard S. Sylvester. New Haven, Conn. u. a. 1963; Hans Peter Heinrich: *Sir Thomas Mores »Geschichte König Richards III.« im Lichte humanistischer Historiographie und Geschichtstheorie.* Paderborn u. a. 1987.

2 Samuel Pufendorf: *De Rebus Gestis Friderici Wilhelmi Magni, Electoris Brandenburgici.* Berlin 1695.

3 Martin Brecht: *Martin Luther.* Bd. 3: Die Erhaltung der Kirche. Stuttgart 1987, S. 371 f.

dieser Textgattung. Die Erforschung dieser Quellengattung ist vor allem mit dem Namen Rudolf Lenz verbunden, der seit 1974 umfangreiche Befunde katalogisiert und damit der Forschung zugänglich gemacht hat.[4] Bedingt durch die Kosten einer Drucklegung und den am leichtesten für akademisch Gebildete zugänglichen Buchmarkt blieb die Erstellung einer für die Öffentlichkeit konzipierten Lebensgeschichte auf den Adel und die Bildungselite beschränkt. Daneben bestand gleichwohl Bedarf an weiteren biographischen Texten. Die erste Luther-Biographie von Johannes Mathesius wählt insofern eine eigene Vorgehensweise, die sowohl von der humanistischen Gelehrtenbiographie als auch von der mittelalterlichen Heiligenvita absticht, als das Leben des Reformators in Form von Predigten gewürdigt wird (↗VI.1. Deutschsprachige Biographik).[5] Das reformatorische Anliegen, die Geschichte der Kirche unter anderen hermeneutischen Vorzeichen zu entwerfen, schlägt sich auch in Ansätzen einer evangelisch interpretierten Biographik nieder: Georg Major verfasste 1555 eine *Vita S. Pauli Apostoli* und reklamierte damit eine lutherische Deutung der Person des Apostels. Diese Fährte einer Aneignung wichtiger Aspekte der Vergangenheit zeigen Majors *Vitae patrum*, in denen er die Teile der Mönchsväterüberlieferung aufnimmt, die für ein protestantisches Geschichtsverständnis als brauchbar gelten.[6]

4 Vorarbeiten existierten jedoch bereits: Rudolf Mohr: *Protestantische Theologie und Frömmigkeit im Angesicht des Todes während des Barockzeitalters hauptsächlich auf Grund hessischer Leichenpredigten*. Marburg 1964. Für das umfangreiche Schaffen von Rudolf Lenz sei nur eine seiner ersten programmatischen Veröffentlichungen angeführt: »Leichenpredigten; eine bisher vernachlässigte Quellengattung. Geschichte, Forschungsstand, Methoden, Probleme, Bibliographie«. In: *Archiv für Kulturgeschichte* 56. Jg. (1974), S. 296–312.

5 Johannes Mathesius: *D. Martin Luthers Leben in siebzehn Predigten*. Leipzig [1888]; Hans Volz: *Die Lutherpredigten des Johannes Mathesius – Kritische Untersuchungen zur Geschichtsschreibung im Zeitalter der Reformation*. Halle 1928.

6 Georg Major: *Vitae patrum, in usum ministrorum verbi quoad eius fieri potuit repurgatae*. Wittenberg 1578; Ders.: *Vitae patrum. Das ist: Leben der Altväter zu nutz den Predigern Göttlichen Worts*. Lübeck 1604. Zu Majors Person und Werk vgl. Irene Dingel: *Georg Major (1502–1574) – ein Theologe der Wittenberger Reformation*. Leipzig 2005.

3.2. Lebensgeschichten als Massenware zum Erweis der göttlichen Gnade

Gegen Ende des 17. Jahrhunderts zeichnen sich die Konturen einer protestantischen Erneuerungsbewegung ab: des Pietismus. Mit der Fokussierung auf das alltägliche Leben als Feld zur Bewährung des wahren Glaubens geht eine Konzentration auf die Selbstbeobachtung und den Austausch dieser Erfahrungen mit Gleichgesinnten einher. Briefe, Tagebücher, auto- und biographische Aufzeichnungen erleben eine Konjunktur, die auch nationale und konfessionelle Grenzen überschreitet. Dabei sind die Gattungen nicht klar von einander abgrenzbar; in viele biographische Darstellungen wurden autobiographische Aufzeichnungen aufgenommen. Die Darlegung der eigenen und der fremden Lebensgeschichte dient dem Nachzeichnen der tatsächlichen Erfahrbarkeit der göttlichen Gnade.[7] Dafür eignen sich am besten die Lebensverläufe gewöhnlicher Menschen, die keine besonderen Voraussetzungen für eine Präsentation in handschriftlichen oder gedruckten Medien mitbringen als ihr gelebtes Leben. Die biographische Exempelliteratur, deren Ausläufer sich bis ins 19. Jahrhundert verfolgen lassen, verdichtet die mentalitätsgeschichtlichen Akzente, die der Pietismus setzt: Jeder Mann und jede Frau ist aufgerufen, sich für den Glauben einzusetzen und davon Zeugnis abzulegen. Gemäß dieses Verständnisses beleuchten pietistische Lebens- und Erfahrungsberichte Männer, Frauen und Kinder vieler sozialer Schichten. Die einflussreichste dieser Sammelbiographien, die *Historie der Wiedergebohrnen* (1698–1745), bezog ihr Material zunächst aus puritanischen englischen Quellen.[8] In der *Historie* zeigt sich bereits, dass diese Biographisierung des Glaubens auch das Tor zur Rezeption der mittelalterlichen hagiographischen Tradition öffnete. Den deutlichsten Ausdruck findet diese Anknüpfung

7 Martin Hirzel: *Lebensgeschichte als Verkündigung. Johann Heinrich Jung-Stilling – Ami Bost – Johann Arnold Kanne*. Göttingen 1998. Diese Studie arbeitet sowohl mit biographischem als auch autobiographischem Material.

8 Johann Henrich Reitz: *Historie der Wiedergebohrnen*. 7 Teile. Nachdruck in vier Bänden hg. v. Hans-Jürgen Schrader. Tübingen 1982; Hans-Jürgen Schrader: *Literaturproduktion und Büchermarkt des radikalen Pietismus. Johann Henrich Reitz' »Historie der Wiedergebohrnen« und ihr geschichtlicher Kontext*. Göttingen 1989.

an die vorreformatorische Geschichte bei Gerhard Tersteegen, dessen *Auserlesene Lebensbeschreibungen heiliger Seelen*, 1733–1753,[9] 25 Männer und Frauen katholischen Glaubens porträtiert. Zu den Kennzeichen dieser Literaturgattung gehört, dass sie erbauliche Ziele verfolgte und vornehmlich zur Nachahmung auffordern wollte. Dieser Umstand spiegelt sich in der literarischen Anspruchslosigkeit und der Insider-Sprache, der sog. Sprache Kanaans. Die fast ausschließliche Ausrichtung an der frommen Binnenkultur trug dazu bei, dass diese sehr verbreitete Form der Biographik von der wissenschaftlichen Forschung erst in jüngster Zeit beachtet wird.[10]

Die starke Hervorhebung der je individuellen Umsetzung des pietistischen Glaubens- und Lebensverständnisses findet seinen Niederschlag auch in der Geschichtsschreibung, am prominentesten in der *Unpartheyischen Kirchen- und Ketzerhistorie* Gottfried Arnolds, die von 1699 an in mehreren voluminösen Bänden und Auflagen erschien.[11] Der Autor legt in seinem nachhaltig wirksamen Opus eine auf den pietistischen Prämissen beruhende Geschichtskonzeption vor, in der Einzelpersonen mit ihren Verhaltensweisen allergrößtes Gewicht für die Abläufe in Kirche und Welt tragen. Dem welthistorisch angelegten Entwurf sind an vielen Stellen Biographien und Kataloge mit biographisch wichtigen Daten eingefügt.

3.3. Frauen als Gegenstand der Biographik

Unterschiedliche Koinzidenzien führten dazu, dass die Kategorie des Geschlechts zu einem Auswahlkriterium für die Darstellung lebensgeschichtlich erfasster Vergangenheit wurde (↗ I.7. ›Biographiewürdigkeit‹; ↗ V.4. 18. Jahrhundert). Eine bedeutsame Einbeziehung von Frauen zeichnet sich in den pietistischen Biographie-Sammlungen ab; die große weibliche Beteiligung galt teilweise – sowohl positiv als auch negativ interpretiert – als Ausweis dieser Bewegung.[12] Wenn Frauen in relativ großer Zahl – verglichen mit biographischer Literatur nicht-pietistischer Provenienz – hier präsent waren, dann heißt das jedoch nicht, dass eine in etwa gleichwertige Abbildung beider Geschlechter stattfand. Auch unter pietistischen Voraussetzungen blieb die Geschlechterdifferenz der Frühen Neuzeit erhalten.[13] Die unter humanistischen Vorzeichen erstellten Kataloge erinnerungswürdiger Frauen erlebten um 1700 einen Aufschwung, zu dem auch die religiösen Bewegungen beitrugen. Ein Beispiel für die Fortsetzung einer nur auf Frauen bezogenen biographischen *Memoria* stellt Johann Caspar Ebertis *Eröffnetes Cabinet Deß Gelehrten Frauen=Zimmers* von 1706 dar.[14] Der hier zugrunde liegende Begriff des Gelehrtentums spiegelt den unspezifischen Gebrauch der Frühen Neuzeit und kann von daher auch Dichterinnen und Mystikerinnen einbeziehen. In dieser Tradition steht das Werk des lutherischen Theologen Johann Heinrich Feustking, das allerdings in erster Linie auf eine innerkirchliche Auseinandersetzung abzielt. Sein *Gynaeceum Haeretico Fanaticum* von 1704 enthält teilweise ausführliche biographische Skizzen zu religiös engagierten Frauen.[15] Frauenlexika des 18. und 19. Jahrhunderts wie Paul Peter Finauers *Allgemeines Historisches Verzeichniß gelehrter Frauenzimmer*[16] oder das *Pantheon berühmter und merkwürdiger Frauen*[17] knüpfen an diesen

9 Tersteegens Bände erlebten viele Auflagen und Nachdrucke; eine textkritische Neuedition fehlt.

10 Ein knapper Überblick über die biographische Literaturproduktion des Pietismus findet sich bei Hans-Jürgen Schrader: »Die Literatur im Pietismus«. In: Hartmut Lehmann (Hg.): *Glaubenswelt und Lebenswelten. Geschichte des Pietismus.* Bd. 4. Göttingen 2004, S. 396 f.

11 Die erste Auflage erschien 1699 bis 1703 in Franfurt a. M.; Arnold selber verfertigte etliche Neuauflagen mit vergrößerten Umfang. Die Ausgabe, die 1729 in Frankfurt erschien, ist in einem Nachdruck zugänglich Hildesheim 1967.

12 Das Vorwort zu Bd. 1 der *Historie der Wiedergebohrnen* beschäftigt sich mit dieser Fragestellung und spricht den Frauen generell eine intensivere Religiosität zu.

13 Diesen Prozess beleuchtet der folgende Sammelband: Ulrike Gleixner/Erika Hebeisen (Hg.): *Gendering Tradition. Erinnerungskultur und Geschlecht im Pietismus.* Korb 2007.

14 Johann Caspar Eberti: *Eröffnetes Cabinet Deß Gelehrten Frauen=Zimmers.* Frankfurt a. M./Leipzig 1706. Nachdruck hg. v. Elisabeth Gössmann. München 1986.

15 Johann Heinrich Feustking: *Gynaeceum Haeretico Fanaticum, oder Historie und Beschreibung der falschen Prophetinnen, Quäckerinnen, Schwärmerinnen und andern sectirischen und begeisterten Weibes=Personen.* Frankfurt a. M./Leipzig 1704. Nachdruck hg. v. Elisabeth Gössmann. München 1998.

16 Peter Paul Finauer: *Allgemeines Historisches Verzeichniß gelehrter Frauenzimmer.* München 1761.

17 *Pantheon berühmter und merkwürdiger Frauen.* Teil 1–4. Leipzig 1809–1813.

Wissensfundus an und schrieben ihn für ihre jeweilige Gegenwart fort. In der Frühen Neuzeit waren Frauen in der Biographik nicht nur marginal präsent; sie treten allerdings weniger als Autorinnen in Erscheinung, sondern als Beschriebene, deren Lebensverläufe für die Zeitgenossen und die Nachwelt festgehalten wurden.

Literatur

Backus, Irena: *Life Writing in Reformation Europe. Lives of Reformers by Friends, Disciples and Foes.* Aldershot 2008.

Berschin, Walter (Hg.): *Biographie zwischen Renaissance und Barock. Zwölf Studien.* Heidelberg 1993.

Buck, August (Hg.): *Biographie und Autobiographie in der Renaissance.* Wiesbaden 1983.

Niekus Moore, Cornelia: *Patterned Lives. The Lutheran Funeral Biography in Early modern Germany.* Wiesbaden 2006.

Ruth Albrecht

4. 18. Jahrhundert

Biographische Texte erlebten im 18. Jahrhundert (v. a. in der zweiten Hälfte) eine gewisse Konjunktur – entsprechend ist es auch als das »eigentliche Jahrhundert der Biographie« (Maurer 2004, 40) bezeichnet worden. Eine umfassende Synthese zur Biographiegeschichte dieser Epoche ist zwar nach wie vor ein Desiderat der interdisziplinären Forschung, allerdings lassen sich einige verallgemeinerbare Beobachtungen formulieren. So lässt sich zunächst auf *formaler Ebene* feststellen, dass (1) keine einheitliche Begrifflichkeit zur Charakterisierung des Genres existiert, sondern eine Vielzahl von Termini nebeneinander stehen. Damit korrespondiert (2) die breite Varianz der Erscheinungsformen: Den Hauptteil des biographischen Schrifttums im 18. Jahrhundert machen weniger die großen monographischen Biographien aus, sondern vielmehr Kleinformen in einem weiten Spektrum. *Inhaltlich* ist die Biographik dieser Phase durch (3) eine moralisch-didaktische Intention und (4) die Einordnung des Individuums in geschichtliche Zusammenhänge bestimmt. Daneben ist (5) eine Verbürgerlichung der biographischen Objekte zu beobachten, die einerseits mit der barocken Herrscherpanegyrik bricht, andererseits aber – dies stellt ein Teilmoment der sich zur gleichen Zeit etablierenden bürgerlichen Geschlechterordnung dar – die prinzipielle Privilegierung von Männern unberührt lässt. *Gattungsgeschichtlich* sind (6) die sich teilweise überschneidende Konstituierung von Biographie und Roman sowie (7) eine deutliche Tendenz zur Selbstreflexion des biographischen Diskurses epochenspezifisch. Standen diese Aspekte historisch nicht isoliert nebeneinander, werden sie nachfolgend aus analytischen Gründen dennoch einzeln behandelt.

4.1. Plurale Terminologie

In den literarischen Texten sowie den im engeren Sinne biographietheoretischen Quellen des 18. Jahrhunderts existiert eine Vielzahl von Begriffen zur Benennung der Gattung (↗I.1. Begriffsgeschichte). Neben ›Biographie‹ sind ›Lebensbeschreibung‹ und ›Portrait‹ die wichtigsten zeitgenössischen Termini. Obwohl die biographiologische[1] Begriffsgeschichte bislang kein Kernbereich der Forschung gewesen ist, kann festgehalten werden, dass mit den Verwendungsweisen der unterschiedlichen Bezeichnungen nicht unbedingt ein je spezifischer Bedeutungsraum akzentuiert gewesen sein muss; sie werden vielmehr häufig synonym verwandt. Allerdings finden sich auch Gegenbeispiele zu dieser Beobachtung: So ist es etwa für die sich als Wissenschaft etablierende Geschichtsschreibung entscheidend, dass biographische Studien in Begriff und erkenntnisleitenden Interessen von der pragmatischen Universalgeschichte getrennt werden (hierbei handelt es sich um eine quellensprachliche Bezeichnung des 18. Jahrhunderts, die einerseits das dominante historiographische Programm der deutschen Spätaufklärung und andererseits die damit verbundenen Darstellungen bezeichnete[2]). Anders als im Bereich der kunsthistorischen Biographik fungieren ›Biographie‹ und ›Geschichte‹ in der deutschen Aufklärungshistorie (Hellwig 2005, 35) – ähnlich wie auch bei Voltaire – als Kontrastbegriffe (dazu detailliert Schnicke 2009).

Das vergleichsweise breite Begriffsinventar des 18. Jahrhunderts belegt insgesamt die Aktivität dieser formativen Phase in der »Entfaltung des

1 Dieser Begriff wurde von Christian Klein geprägt und bezeichnet die Wissenschaft von der Biographik, vgl. Ders.: »Einleitung. Biographik zwischen Theorie und Praxis. Versuch einer Bestandsaufnahme«. In: Ders. (Hg.): *Grundlagen der Biographik. Theorie und Praxis des biographischen Schreibens*. Stuttgart/Weimar 2002, S. 1–22, hier S. 4.

2 Vgl. dazu überblicksartig etwa: Gudrun Kühne-Betram: »Aspekte der Geschichte und der Bedeutung des Begriffs ›pragmatisch‹ in den philosophischen Wissenschaften des ausgehenden 18. und des 19. Jahrhunderts«. In: *Archiv für Begriffsgeschichte* 27. Jg. (1983), S. 158–186.

Gattungsbewusstseins«[3]. Wenn sich der Terminus ›Biographie‹ im Laufe des Jahrhunderts schließlich immer mehr durchsetzt, ist damit nicht primär eine Vereinheitlichung biographischer Praxis verbunden, sondern eine gestiegene Selbstvergewisserung des Genres.

4.2. Diversität von Kleinformen

Mit der Begriffsvielfalt geht ein Variantenreichtum der Kleinformen einher (↗III.5. Biographische Kleinformen). Während von Voltaire in Frankreich (*Histoire de Charles XII.*, 1730; *Vie de Molière*, 1739) und diversen Autoren in Großbritannien (Samuel Knight: *The Life of Erasmus*, 1727; Samuel Johnson: *Life of Savage*, 1744; James Boswell: *The Life of Samuel Johnson*, 1791) große monographische Biographien vorlagen, fanden sich dazu im deutschsprachigen Raum lediglich Ansätze, etwa mit Georg Forsters *Cook* von 1789. Charakteristisch war hier stattdessen eine weit ausdifferenzierte literarische Repräsentanz biographischer Studien, die sich im 18. Jahrhundert vieler verschiedener Textsorten bedienten. Verbreitet waren etwa Gelegenheitsschriften wie Gelehrtengeschichten, Nachrufe und Porträts, die das private Leben der Protagonisten thematisierten und damit die barocke Tradition des Epitaphs und der Leichenrede wieder aufgriffen. Damit verwandt sind Gedächtnisschriften, wie etwa jene Johann Gottfried Herders zu Abbt (1768), Hutten (1776) und Winckelmann (1778) oder jene Friedrich Nicolais zu Kleist (1760), Mendelssohn (1786), Möser (1797), Wlömer (1802) und Ramler (1803). Darüber hinaus sind biographische Gedichte überliefert; u.a. von Karl Philipp Moritz (»Auf Lessings Tod«, 1781; »Tod Johann Seiverts«, 1785) und Christian Friedrich Daniel Schubart (»Auf den Tod des Generalmajors von Scheeler«, 1784; »Grabschrift auf Johann Friedrich Stahl«, 1790). Auch Moritz' psychologische Zeitschrift *GNOTHI SAUTON oder Magazin für Erfahrungsseelenlehre*, die von 1783 bis 1793 erschienen war, druckte diverse Lebensbeschreibungen ab. Eine besonders verbreitete Form stellten biographische Sammelwerke dar. Zu Beginn des 18. Jahrhunderts waren sie v.a. in Frankreich populär, später auch in anderen Regionen (du Deffand, Schröckh, Pilkington, Johnson, Schlichtegroll, Hirsching). Herder fasst die unterschiedlichen Formen und Nationaltraditionen hyperbolisch zusammen und zeigt die Verbindungen und Bezugnahmen in der europäischen Debatte auf, wenn er schreibt: »Wäre ich nun ein Franzose: so würde ich freilich [...] meine Helden durch schreiende ›Elogen‹ erheben. – Als Brite würde ich geradezu nach ihren Werken greifen, sie [...] durch einen Kommentar verjüngen, und die Biographie des Autors bis auf jedes Jahr und jeden Umstand berichten. Als ein Welscher würde ich in musikalischen Tönen Elegien weinen, und ihren Ruhm in spitzige lapidare Aufschriften einpassen«.[4]

Helmut Scheuers These, es habe im 18. Jahrhundert keine Biographik im eigentlichen Sinne gegeben und Romane bzw. Autobiographien hätten deren Funktionen übernommen (Scheuer 1979, 13), ist vor dem Hintergrund des facettenreichen biographischen Schreibens im 18. Jahrhundert – ungeachtet des Fehlens großer Monographien – nicht zuzustimmen. Ob die biographischen Kleinformen der regen intellektuellen Debatte im deutschsprachigen Raum des 18. Jahrhunderts einen angemesseneren Resonanzraum bieten konnten als großangelegte Biographien, wäre intensiver zu diskutieren;[5] Forschungen zu diesem Aspekt der Verbindung von Biographie-, Medien- und Mentalitätsgeschichte stehen indes aus.

4.3. Pädagogisch-moralische Intention

Im Gegensatz zur barocken Herrscherpanegyrik und im prinzipiellen Gegensatz zu den formelhaften französischen *portraits* ist die Biographik des 18. Jahrhunderts am Allgemein-Menschlichen interessiert und zielt auf eine pädagogisch-morali-

3 Günter Niggl: *Geschichte der deutschen Autobiographie im 18. Jahrhundert. Theoretische Grundlegung und literarische Entfaltung*. Stuttgart 1977, S. 41.

4 Johann Gottfried Herder: »Entwurf zu einer Denkschrift auf A. G. Baumgarten, J. D. Heilmann und Th. Abbt«. In: Ders.: *Frühe Schriften*. Hg. v. Ulrich Gaier. Frankfurt a.M. 1985, S. 677–681, hier S. 678.

5 Vgl. Helmut Scheuer: »Biographie – ästhetische Handlungsmodelle und historische Rekonstruktionen«. In: Johann Holzner/Wolfgang Wiesmüller (Hg.): *Ästhetik der Geschichte*. Innsbruck 1995, S. 119–139, hier S. 131.

sche Besserung.[6] Diese Absicht ist einer der frequentiertesten Topoi des zeitgenössischen Diskurses überhaupt, d.h. er begegnet in nahezu jeder Stellungnahme zur Gattung. Scheuer sieht hierin die aufklärerische Funktion der Gattung und ihre Aufgabe zur »Erziehung des Menschengeschlechts« (Scheuer 1979, 9–21; ↗II.3. Biographie und Anthropologie).

Inhaltlich gibt beispielsweise Thomas Abbt der Gattung vor, sich nicht in einer »chronologische[n] Reihe von Thaten« zu erschöpfen (Abbt 1762, 57), sondern ein »Muster für eine grosse Menge«[7] zu sein; Justus Möser spricht von »Tugenden oder Laster[n]«, die »der Nachwelt [...] vorgestellet werden« sollen und benennt den didaktischen Zweck der Gattung explizit (»die Menschen lernen dadurch«).[8] Die pädagogisch-moralische Intention ist insgesamt in verschiedene Kontexte eingebettet. Wenn es bei Herder heißt, »eine Lebensbeschreibung [...] von der Art, daß sie weder Ideal noch Bild gibt, [...] wird [...] sehr langweilig«,[9] steht das in Verbindung mit dem *delectare*-Gebot der Dichtung. Biographische Studien sind hier primär als literarische Gattung thematisiert. Johann Joachim Eschenburg forderte hingegen ein »nachzuahmendes oder warnendes Beyspiel« (Eschenburg 1783/1976, 261) zu präsentieren und thematisierte damit die Wahl des biographischen Objekts im Kontext einer primär ethischen Zielsetzung. Wohl am wichtigsten ist die Beziehung zur Erfahrungsseelenlehre. Das traditionelle Diktum *nosco te ipsum et alios* (erkenne dich selbst und andere) erfuhr im 18. Jahrhundert breite Akzeptanz. Ein Titel wie Johann Georg Leutmanns *Nosce te ipsvm et alios oder die Wissenschaft Sich Selbst und anderer Menschen Gemüther zu erkennen* (1724) zeigt das an. Auch Herder entwarf in seiner Einleitung zu *Thomas Abbt Schriften*, »die von der Kunst redet, die Seele des andern abzubilden«, ein Programm, um von »Augenblicke[n] [...], da sich sie Seele entkleidet [...] Weisheit lernen« zu können (Herder 1768/1993, 576). Biographische Studien nehmen über die Erfahrungsseelenlehre am Prozess der (Proto-)Psychologisierung der entstehenden Geisteswissenschaften teil, eine Entwicklung, die spätestens zu Beginn des 20. Jahrhunderts voll ausgeprägt sein wird. Das damit verbundene Ziel der Innerlichkeit, das Jan Romein im Sinne einer »neuerliche[n] ›Entdeckung des Menschen‹« als zentrales Merkmal der Biographik des 18. Jahrhunderts proklamiert (Romein 1948, 37), konstituiert darüber hinaus eine wesentliche Nähe zum Roman, denn auch Romanautoren lag an der erzieherischen Funktion ihrer Schriften, weshalb sie an Erkenntnissen des Menschlichen interessiert waren. »Alle Dichter«, so notiert etwa Friedrich von Blanckenburg apodiktisch, »haben den allgemeinen Endzweck durch das Vergnügen zu unterrichten« (Blankenburg 1774/1985, 249). Vor allem der psychologisch-anthropologische Roman, etwa Jean-Jacques Rousseaus und Moritz' und der Bildungsroman in der Ausprägung Wielands und Goethes, sind dieser Idee verpflichtet.

4.4. Enttypisierung und historische Kontextualisierung des Individuums

Ein entscheidender Impuls für die Entwicklung der Biographik besteht in der Enttypisierung und Individualisierung des biographischen Objekts, wie sie vor allem von Herder vertreten worden ist. Um einen Gegenwartsbezug bemüht, wandte er sich gegen formelhafte Lobschriften in der Tradition der französischen *éloge*. Im fünften der *Briefe zur Beförderung der Humanität* von 1793 setzte er sich in diesem Sinne mit Friedrich Schlichtegroll, dem Herausgeber diverser Nekrologe auseinander: »Der Name Totenregister, ist schon ein trauriger Name. ›Laß Tote ihre Toten begraben‹; wir wollen die Gestorbenen als Lebende betrachten [...]. Hiermit wandelt sich auf einmal das Nekrolog in ›Athanasium‹, in ein ›Mnemeion‹; sie sind nicht gestorben [...]: denn ihre Seelen, ihre Verdienste ums

6 Anders offenbar in der kunsthistorischen Biographik, vgl. Hellwig 2005, S. 35.

7 Thomas Abbt: »Hundert und ein und sechzigster Brief. Allgemeine Erfordernisse der Schreibart eines Biographen, die Herr P. nie gekannt hat«. In: *Briefe, die Neueste Literatur betreffend* 10. Theil (1761), S. 211–214, S. 212.

8 Justus Möser: »Aufmunterung und Vorschlag zu einer westfälischen Biographie«. In: Ders.: *Sämtliche Werke. Historisch-kritische Ausgabe*. Bd. 4. Bearb. v. Ludwig Schirmeyer/Werner Kohlschmidt. Oldenburg/Berlin 1943, S. 297–300, hier S. 297.

9 Johann Gottfried Herder: *Theologische Schriften*. Hg. v. Christoph Bultmann/Thomas Zippert. Frankfurt a. M. 1994, S. 567.

Menschengeschlecht, ihr Andenken lebet«.[10] Herders bereits erwähnte eigene ›Denkmale‹ sind denn auch weniger pietätvoll gehaltene Erinnerungen als vielmehr auf die Zukunft gerichtete »Gedächtnishilfe[n]« (Scheuer 1979, 14). Es geht in diesen Texten zwar nach wie vor um die Würdigung der öffentlichen Leistung des Bürgers, aber im Zentrum stehen nicht die bloßen Lebensumstände, sondern die Darstellungen versuchen den Protagonisten erneut lebendig werden zu lassen (↗II.4. Biographie und Wissen; ↗II.5. Biographie und Gedächtnis).

Zeitlichkeit wird in diesem Konzept direkt mit didaktischer Intention korreliert. Nach Herder sollen biographische Studien der eigenen Zeit nützen, für sie schreibe er sie (Herder 1768/1993, 570). Nur darüber aber, dass ein Individuum, kein Typus wahrgenommen werde, sei ein produktiver Rückschluss auf die Gegenwart möglich. Damit geht eine historische Situierung des biographischen Objekts einher: »Man macht sich nemlich aus dem allgemeinen Abriß der Geschichte bekannt: ›wo‹ die Person stand? und ›was‹ sie etwa im Zusammenhange des Gemäldes der Geschichte [...] bedeutet haben soll?«[11] Die Haltung, dass nicht das Exemplarische oder das Allgemein-Anthropologische, sondern das Historisch-Konkrete Thema biographischer Studien sein sollte, vertraten daneben auch andere Autoren. So formulierten etwa Johann Matthias Schröckh und Abbt die Bedeutung des Singulären pointiert. »Würde Luther«, fragte Letzterer rhetorisch, »zu andern Zeiten haben Luther seyn können?«[12]

Insgesamt leitet dieses vergeschichtlichende Verständnis eine neue Form der Biographik ein. Die Selbstverständlichkeit, mit der das Vorwort zu *Dichtung und Wahrheit* diese Position 1811 reflektiert – »Denn dieses scheint die Hauptaufgabe der Biographie zu sein, den Menschen in seinen Zeitverhältnissen darzustellen«[13] –, zeigt dabei den Rezeptionsradius an, der für die Historisierung des Individuums zu veranschlagen ist. Goethe nimmt hier den besonderen Status des Einzelnen, wie er in der zweiten Hälfte des 18. Jahrhunderts für biographische Studien installiert wurde, als ihr bestimmendes Merkmal auf.

4.5. Rhetorik der sozialen Deregulierung

Wiewohl in der Forschung die Tendenz vorherrscht, für das 18. Jahrhundert eine soziale Öffnung biographischer Studien anzunehmen (vgl. z. B. Maurer 2004, 41), ist diese Einschätzung durch die Quellen nur bedingt belegbar. So kann weniger eine soziale Deregulierung, verstanden als die Aufhebung der (Vor-)Festlegung des biographischen Objekts auf eine bestimmte Sozialfraktion der Gesellschaft, festgestellt werden, als vielmehr eine diese Aufhebung suggerierende Rhetorik, die von der Forschung häufig unkritisch übernommen wird.

Wird im 18. Jahrhundert einerseits betont, alle Menschen einbeziehen zu wollen, grenzen die biographietheoretischen Äußerungen dieser Epoche andererseits gesellschaftlich abgewertete Gruppen aus und reproduzieren dadurch ihren prekären sozialen Status. In ständischer Perspektive werden z. B. unehrenhafte oder bäuerliche Schichten marginalisiert, in systematischer Perspektive v.a. Frauen und nicht-hegemoniale Männlichkeiten. Als hegemoniale Männlichkeit definierte Robert Connell »the configuration of gender practice which embodies the currently accepted answer to the problem of the legitimacy of patriarchy, which garantees (or is taken to guarantee) the dominant position of men and the subordination of women« (↗V.3. Frühe Neuzeit).[14] Über implizit formulierte

10 Johann Gottfried Herder: *Briefe zu Beförderung der Humanität.* Hg. v. Hans Dietrich Irmscher. Frankfurt a. M. 1991, S. 26.

11 Johann Gottfried Herder: *Theologische Schriften* (wie Anm. 9), S. 566.

12 Thomas Abbt: »Zwei hundert und neun und siebenzigster Brief. Urteil über des Hrn Fr Carlo Mosers Schreibart in seinen gesammelten moralischen und politischen Schriften [...]«. In: *Briefe, die Neueste Literatur betreffend* 18. Theil (1764), S. 47–68, hier S. 59 f.

13 Johann Wolfgang Goethe: *Aus meinem Leben. Dichtung und Wahrheit.* Hg. v. Klaus-Detlef Müller. Frankfurt a. M. 1986, S. 13.

14 Robert Connell: *Masculinities.* St. Leonards 1995, S. 77. Vgl. kritisch zu diesem Konzept u. a. Sylka Scholz: »›Hegemoniale Männlichkeit‹ – Innovatives Konzept oder Leerformel?«. In: Hella Hertzfeld/Katrin Schäfgen/Silke Veth (Hg.): *GeschlechterVerhältnisse. Analysen aus Wissenschaft, Politik und Praxis.* Berlin 2004, S. 33–45; Martin Dinges: »›Hegemoniale Männlichkeit‹ – Ein Konzept auf dem Prüfstand«. In: Ders. (Hg.): *Männer – Macht – Körper. Hegemoniale Männlichkeiten vom*

Anforderungen an biographische Objekte, einen bürgerlich-männlichen Tugendkatalog und die pädagogische Funktion, mit der der Status quo gefestigt, nicht aber zur Subversion traditioneller Machtdispositionen beigetragen wird, geraten weite Teile der Bevölkerung aus dem – oder jedenfalls: nicht in den – Blick. Die Einleitung zur sogenannten *Allgemeinen Biographie* Schröckhs ist hierfür typisch: »Meine Biographie heißt allgemein, weil sie keinen Zeitraum der Geschichte, kein Volk, keine Classe berühmter Personen [...] übergehen soll«, heißt es zunächst. Mitgeteilt wird gleichzeitig aber auch, dass nur die »großen Seelen des weiblichen Geschlechts« berücksichtigt werden, d. h. »Fürstinnen« und »Frauenzimmer, die sich über ihr Geschlecht erhoben haben« und ansonsten lediglich Männer, die sich »auf dem Throne, im Staate, in der Kirche, im Kriege und selbst in den Wissenschaften und Künsten hervorgethan haben«, d. h. insgesamt »die großen Männer«.[15] Das 18. Jahrhundert ist damit gerade nicht durch die »Biographie des gewöhnlichen Jedermann« gekennzeichnet (vgl. abweichend Maurer 2004, 41). Wie sehr biographische Studien trotz aller anders lautenden Formeln auf die Artikulation eines männlich-bürgerlichen Selbstbewusstseins ausgerichtet sind – auch das ein Ausdruck der Säkularisierung –, verdeutlicht der Umstand, dass Johann Georg Wiggers ein komplettes Kapitel der Gelehrtenbiographik widmet (Wiggers 1777, 116–156) und Herder indirekt darauf hinweist, an der bürgerlichen Welt des männlichen, gebildeten Schriftstellers interessiert zu sein (Herder 1768/1993, 577).

Dieser theoretisch-methodischen Marginalisierung entspricht der empirische Befund. Zwar ist insofern eine Verschiebung zu Beginn des 18. Jahrhunderts festzustellen, als dass nicht mehr nur höfische Kreise einbezogen wurden; eine generelle soziale Öffnung war mit dieser Entwicklung aber nicht verbunden. Diese Beobachtung Erich Werners für Frankreich (Werner 1935, 47) ist insofern verallgemeinerbar, als sich auch in den Porträtsammlungen und literarischen Texten anderer Nationen zunehmend bürgerliche Personen finden. Dabei existiert ein wirkmächtiger Zusammenhang ebenso zwischen den biographischen Subjekten und biographischen Objekten wie auch zwischen dem gesellschaftlichen Status der Autoren und dem Raum, der ihren Produkten im kollektiven Gedächtnis zukommt. So gab es durchaus Frauen, die biographisch aktiv gewesen sind und auch durchaus Biographien von Frauen, die in Ausnahmefällen auch innerhalb gelehrter Zirkel diskutiert worden sind.[16] Prinzipiell war diese weibliche Geschichtsschreibung aber auf den außeruniversitären Bereich verlegt, weil Frauen von institutioneller Bildung weitgehend ausgeschlossen waren. Hier versuchten sie jedoch in wachsendem Maße identitätsbildend tätig zu sein.[17] Diese Konjunktur der Frauenbiographik seit spätestens der Mitte des 18. Jahrhunderts ist von der Forschung bislang allerdings wenig berücksichtigt worden, was bis heute dazu beiträgt, dass biographische Studien als männliche Gattung verstanden werden und codiert sind.

4.6. Interferenz von Biographie und Roman

Für die biographiologische Analyse der Entwicklungen des 18. Jahrhunderts ist die Thematisierung der bereits erwähnten historischen Beziehung von Biographie und Roman deshalb von Bedeutung, weil sich beide parallel entwickelten (↗ III.1. Literarische Biographik). Die Interferenzen beider Gattungen ergeben sich dabei aufgrund ähnlicher Prämissen, d. h. v. a. der positiven Bewertung des Individuums. In diesem Sinne sind auch die Briefromane Samuel Richardsons, Rousseaus und Goethes als Ausdruck des Interesses an einer individuellen Lebensgeschichte zu verstehen; Romane wie

Mittelalter bis heute. Frankfurt a. M./New York 2006, S. 7–33; Michael Meuser: »Hegemoniale Männlichkeit. Überlegungen zur Leitkategorie der Men's Studies«. In: Brigitte Aulenbacher/Mechthild Bereswill/Martina Löw (Hg.): *FrauenMännerGeschlechterforschung. State of the Art*. Münster 2006, S. 160–174.

15 Johann Matthias Schröckh: *Allgemeine Biographie. Erster Theil*. Berlin 1767, S. 2v–4v.

16 Vgl. z. B.: Anonymus: »Lebensbeschreibungen einiger gelehrten Frauenzimmer«. In: *Neue allgemeine deutsche Bibliothek* 23. Jg. (1796), S. 430–432.

17 Vgl. Angelika Schaser: »Bedeutende Männer und wahre Frauen. Biographien in der Geschichtswissenschaft«. In: Irmela von der Lühe/Anita Runge (Hg.): *Biographisches Erzählen*. Stuttgart/Weimar 2001, S. 137–152, hier S. 142.

etwa *Robinson Crusoe* (1720) spiegeln den (ökonomischen) Individualismus der Zeit wider. Auf der Ebene der Darstellung dominiert im 18. Jahrhundert in beiden Gattungen der Realismus; Werner Hahl und Daniel Fulda haben nachgewiesen, dass die frühe Romantheorie und die pragmatische Geschichtsschreibung denselben Darstellungsprinzipien verpflichtet waren.[18] Hinsichtlich der Textorganisation und Sprachgestaltung gelten der (biographische) Roman und die (biographisch orientierte) Historiographie der Aufklärung als lediglich graduell verschieden.

Wenn Romane noch zu Beginn des 19. Jahrhunderts als »Geschichtsdichtung«[19] übersetzt werden, bildet dieses Verständnis der changierenden Gattungsgrenzen den Kontext für das (ironische) Spiel mit Gattungsbezeichnungen. Der breit rezipierte und als bedeutendster humoristischer Roman des deutschsprachigen Raums im 18. Jahrhundert angesehene Text *Lebensläufe nach aufsteigender Linie nebst Beilagen A, B, C* (1778–1781) von Theodor Gottlieb von Hippel deutet mit seinem Titel »eine mehr oder minder der Historie verhaftete Autobiographie und darüber hinaus noch weitere Lebensbeschreibungen«[20] an. Auch die vielzitierten Worte aus dem Vorwort zum ersten Teil von Moritz' *Anton Reiser* (1785) – die hier nur stellvertretend für andere, etwa jene aus der Vorrede zu Johann Karl Wezels *Herrmann und Ulrike* (1780) stehen – akzentuieren die Nähe beider Gattungen: »Dieser psychologische Roman könnte auch allenfalls eine Biographie genannt werden.«[21] Wie die literaturwissenschaftliche Forschung festgestellt hat, ist diese Ansicht insofern berechtigt, als die seelischen Reaktionen des Protagonisten, d. h. die Kausalitäten interner und externer Prozesse thematisiert sind und die eingeschalteten Reflexionspassagen ihrer Deutung dienen.[22] *Anton Reiser* ist dennoch keine Biographie im engeren Sinne, denn der Roman verbindet fiktive Wirklichkeiten mit historisch Verbürgtem und entspricht daher nicht der zeitgenössischen Faktizitätsbehauptung für biographische Studien.

Auch in der Differenzierung des 18. Jahrhunderts markierte damit gerade der Umgang mit den *facta* in der Tradition des Aristoteles die Gattungsgrenze zur Biographie.[23] So rubrizierte Eschenburg Biographie und Roman in seiner Systematik zwar gemeinsam unter ›Historische Schreibart‹ als Rhetorik, worin sich erneut ihre enge Verwandtschaft und die antike Tradition artikulieren, gleichzeitig werden sie aber in getrennten Abschnitten als zwei prinzipiell unterscheidbare Formen diskutiert. Dabei ist die über Quellen abgesicherte Überprüfbarkeit der Angaben das entscheidende Definitionsmerkmal von Biographien (Eschenburg 1783/1976, 262). Auch Blanckenburg betonte in seinem *Versuch über den Roman* – der ersten deutschsprachigen Romantheorie – zunächst die Gemeinsamkeit beider Gattungen: Wie der Biograph solle auch der Dichter »das Innre seiner Personen aufdeck[en]« (Blankenburg 1774/1985, 282). Der Unterschied beider Formen, auf den auch Blanckenburg verwies, bestand für ihn ebenfalls im *modus operandi*: Denn während der Biograph – und hier liegt Blanckenburg auf einer Linie mit beispielsweise Diderot – lediglich »[auf]zeichnet, was er sieht und weiß«, d. h. Realist sein muss, kann der Romanautor als »Schöpfer« agieren (ebd., 397 f.). Auch wenn sich beide Gattungen also potentiell des gleichen Gegenstands annehmen können, differieren sie im 18. Jahrhundert (und auch im 19. Jahrhundert) darin, dass der Biograph im Gegensatz zum Romanautor einerseits heuristisch an die zufälligen Gegebenheiten der Überlieferung gebunden und andererseits methodisch auf sie verpflichtet ist. Konkret manifestiert sich das in den Quellenanhängen zu

18 Vgl. Werner Hahl: *Reflexion und Erzählung. Ein Problem der Romantheorie von der Spätaufklärung bis zum pragmatischen Realismus.* Stuttgart u. a. 1971, S. 50–61; Daniel Fulda: *Wissenschaft aus Kunst. Die Entstehung der modernen deutschen Geschichtsschreibung 1760–1860.* Berlin/New York 1996, S. 100–144.

19 Joachim Heinrich Campe: *Wörterbuch zur Erklärung und Verdeutschung der unserer Sprache aufgedrungenen fremden Ausdrücke.* Braunschweig 1801, S. 593 f.

20 Anke Lindemann-Stark: *Leben und Lebensläufe des Theodor Gottlieb von Hippel.* St. Ingbert 2001, S. 229.

21 Karl Philipp Moritz: *Anton Reiser. Teil 1.* Hg. v. Christoph Wingertszahn. Tübingen 2006, S. 10.

22 Vgl. Hans-Joachim Schrimpf: »Moritz. Anton Reiser«. In: Benno von Wiese (Hg.): *Der deutsche Roman. Vom Barock bis zur Gegenwart. Struktur und Geschichte.* Bd. 1. Düsseldorf 1963, S. 95–131, hier S. 97 f.

23 Vgl. die fundamentale Differenzierung im neunten Kapitel der *Poetik*: »Denn der Geschichtsschreiber und der Dichter [...] unterscheiden sich vielmehr dadurch, daß der eine das wirklich Geschehene mitteilt, der andere, was geschehen könnte« (Aristoteles: *Poetik.* Übers. u. hg. v. Manfred Fuhrmann. München 1976, S. 58).

biographischen Studien, die im Laufe des 18. Jahrhunderts zunehmen (Hellwig 2005, 42).

Die implizite Privilegierung der (realistischen) Fiktion, die hier zum Ausdruck kommt, kann als Ausdruck eines gesteigerten Interesses der Spätaufklärung am psychologischen Verständnis der Protagonisten gelesen werden – ein bloßer Tatenbericht erscheint demgegenüber als erkenntnistheoretisch wenig weitreichend. Für Blanckenburg ist damit eine explizite qualitative Aussage, nämlich die Abwertung des Biographen verbunden.

Wie sehr theoretisch-poetologische Aspekte in die ästhetischen Texte hineingewirkt haben und somit für die Gattungsdefinition auch faktisch wirksam waren, zeigt der Umstand, dass einzelne Passagen aus Blanckenburgs Romantheorie in *Anton Reiser* fast wörtlich wiederholt werden.[24]

4.7. Theoretisierung

Wenn es wissenschaftshistorisch auch korrekt ist, dass das theoretisch-methodische Nachdenken über biographische Studien erst nach 1945 intensiv einsetze,[25] darf darüber jedoch nicht die Diskussion in der zweiten Hälfte des 18. Jahrhunderts übersehen werden. Maurer hat drei Gründe für diese erste neuzeitliche Theoretisierung angeführt (Maurer 2004, 41): Neben (a) einer zunehmenden Individualisierung, nennt er (b) die psychologische Durchdringung und (c) die bürgerliche Aneignung der Gattung. Während Ernst Engelberg und Hans Schleier dazu tendierten, die diversen Versuche zur theoretischen Verortung biographischer Studien als Ausdruck eines gefestigten Gattungsbewusstseins zu werten (Engelberg/Schleier 1990, 196), interpretierte Olaf Hähner die zunehmende Anzahl der Beiträge gegenteilig als Ausdruck eines problematisch gewordenen Verhältnisses zur Biographie (Hähner 1999, 63). Sinnvoll erscheint eine kombinierte Sichtweise, die sowohl die verschiedenen Positionen etwa zur historischen Biographie anerkennt, aber gleichzeitig auch die zunehmende Etablierung eines biographietheoretischen Diskurses wahrnimmt. Denn bereits Wiggers hatte (vor mehr als 230 Jahren) festgestellt, dass das »weit[e] Feld« der Biographiologie »schon sehr angebauet ist« (Wiggers 1777, 7).

Über die 70 Jahre von ca. 1750 bis 1820 – dem Zeitraum, der für diese frühe Theoretisierung anzusetzen ist – lässt sich nicht nur eine quantitative, sondern hinsichtlich der Form der Quellen auch eine qualitative Entwicklung erkennen. Dominierten zunächst eher vereinzelte Diskussionsbeiträge in Zeitschriften (z. B. Johnson: *The Rambler*, Nr. 60, 1750), Rezensionen (z. B. Abbt: *Briefe, die Neueste Litteratur betreffend*, Nr. 161 u. 211, 1761–1762), kleinere Referate und Aufsätze (z. B. Lichtenberg: »Von den Charakteren in der Geschichte«, 1765) oder auch Vorworte und Einleitungen (Schroeckh, Herder), stellt Eschenburgs *Entwurf einer Theorie und Literatur der schönen Wissenschaften* (1783) eine erste systematische Verortung biographischer Studien dar. Später erschienen auch monographische, mehr oder weniger stringent argumentierende Arbeiten und Traktakte. Neben Wiggers' *Ueber die Biographie* (1777) sind Daniel Jenischs *Theorie der Lebens-Beschreibung* (1802) und Simon Erhardts *Das Leben und seine Beschreibung* (1816) die wichtigsten (↗ VIII.1. Lehre des biographischen Schreibens). Ein Quellenproblem der modernen Forschung besteht darin, dass nahezu alle diese Texte in nur wenigen Exemplaren erhalten und deshalb schwer zugänglich sind bzw. es kaum Nachdrucke oder historisch-kritische Ausgaben dieser Autoren gibt. Für den deutschsprachigen Kontext fehlen zudem Quellensammlungen zur historischen Biographiologie, während bspw. für die anglo-amerikanische Debatte seit längerem eine Kompilation einschlägiger Texte vorliegt (Clifford 1962).

Neben explizit theoretisch-methodischen Texten spiegelt sich die zunehmende Theoretisierung auch in den biographischen Studien selbst wider. Wie die Forschung für Frankreich festgestellt hat, wird hier die zu Beginn des 18. Jahrhunderts verloren gegangene Tradition theoretischer Einleitungen ab der Jahrhundertmitte wieder aufgegriffen (Werner 1935, 61 f.). Am Beispiel Jenischs lässt sich die direkte Korrespondenz von Theorie und Praxis

24 Vgl. Hans-Joachim Schrimpf: »Moritz. Anton Reiser« (wie Anm. 22), S. 101.

25 Vgl. Hans Schleier: »Überlegungen zur historischen Biographie um die Jahrhundertwende in Deutschland«. In: Wolfgang Küttler/Karl-Heinz Noack (Hg.): *Historiographiegeschichte als Methodologiegeschichte. Zum 80. Geburtstag von Ernst Engelberg*. Berlin 1991, S. 81–87, hier S. 81.

auch für den deutschsprachigen Raum zeigen: In seiner Monographie zur *Theorie der Lebens-Beschreibung* schließt er an die biographiologische Untersuchung eine biographische Darstellung an, die er schon mit dem Untertitel *Nebst einer Lebens-Beschreibung Karls des Großen* ankündigt.

Thematisiert werden in den biographiologischen Texten des 18. Jahrhunderts insgesamt Aspekte, die auch heute noch im Zentrum der Forschung stehen: Im Wesentlichen sind es theoretische und methodische Probleme wie Fragen nach dem disziplinären Ort biographischen Arbeitens. Bereits früh zeigte sich die Zentralstellung Samuel Johnsons für große Teile der kontinentalen Theoriebildung. So übernahm etwa Abbt, als einer der bedeutendsten deutschen Beiträger, dessen Position in den Punkten Personenwahl, Zweck, Inhalt, Erkenntnisinteresse und Gegenstand. Die europäische Dimension der Debatte verdeutlicht exemplarisch auch Eschenburgs Liste nachahmenswerter Muster, die neben klassisch-antiken auch eine Vielzahl französischer, italienischer und britischer Namen enthält (Eschenburg 1783/1976, 263 f.). An diesen Anleihen wird ein weiteres Spezifikum der theoretisch-methodischen Diskussion im deutschsprachigen Raum deutlich: Gerade weil sie nicht nur aus Originalbeiträgen bestand, kann die Theoretisierung im 18. Jahrhundert auch als Thematisierung und Übertragung beschrieben werden. Eine komplexer werdende Debatte stellte sich erst im Übergang zum 19. Jahrhundert ein, wie nicht zuletzt die qualitative Entwicklung der Quellen zeigt. Die relevanten Texte verfahren dabei insofern different zur gegenwärtigen Diskussion, als sie oft einem Duktus normativer Setzungen verpflichtet sind.

4.8. Das eigentliche Jahrhundert der Biographie?

In Abwägung der vorgestellten Charakteristika sprechen v.a. drei Aspekte für die eingangs zitierte Formel vom eigentlichen Jahrhundert der Biographie. So führt erstens die zunehmende Theoretisierung letztlich tatsächlich zu einem stärkeren Gattungsbewusstsein. Zweitens ist auch die bemerkenswerte und vielgestaltige Publizistik Beleg einer gesteigerten Produktivität des biographischen Diskurses. Das erneuerte biographische Erkenntnisinteresse, d. h. die Historisierung des Individuums, ist, drittens, ein Aspekt, der für die weiteren Entwicklungen überaus wichtig war. Allerdings fallen (neben prinzipiellen Einwänden gegen die implizite Fortschrittsgeschichtsschreibung) drei Gegenargumente ins Gewicht: Zunächst bedeutet die Theoretisierung nicht *per se* eine Aufwertung der Biographik. Aus Sicht der geschichtswissenschaftlichen Biographik geht mit ihr teilweise sogar eine Infragestellung als historiographischer Gattung einher (Schnicke 2009). Andererseits ist zu betonen, dass eine Demokratisierung biographischer Studien, d. h. eine Öffnung für potentiell alle Individuen – wenn überhaupt – erst in der zweiten Hälfte des 20. Jahrhunderts zu beobachten ist. Darüber hinaus entwickelt sich das heute oft als klassisch geltende Format der monographischen Biographie erst im 19. Jahrhundert zu einer dominanten Form.[26]

Bezeichnet man also das 18. Jahrhundert als das eigentliche Jahrhundert der Biographie, liegt dieser Aussage wohl eher der Entwicklungsgedanke des Genres zugrunde. Geht es hingegen um eine umfassende qualitative Bewertung vor dem Hintergrund der gesamten Biographiegeschichte, erscheint ein solches Urteil gerade aufgrund der späteren Entwicklungen als zu emphatisch.

Literatur

Abbt, Thomas: »Zwey hundert und eilfter Brief. P. Pauli Abzug aus dem Reich der schönen Wissenschaften, nebst desselben Abschiedsunterredung mit seinem Kunstrichter. Nützliche Regeln für Biographen, aus dem Rambler«. In: *Briefe, die Neueste Litteratur betreffend* 13. Theil (1762), S. 33–60.

Blankenburg, Friedrich von: *Versuch über den Roman* [1774]. Hg. v. Eberhard Lämmert. Stuttgart 1965.

Clifford, James L. (Hg.): *Biography as an Art. Selected Criticism 1560–1960*. London 1962.

Engelberg, Ernst/Schleier, Hans: »Zu Geschichte und Theorie der historischen Biographie«. In: *Zeitschrift für Geschichtswissenschaft* 38. Jg. (1990), S. 195–217.

26 Hähner definierte entsprechend den großen Zeitraum vom 18. bis zum frühen 20. Jahrhundert als Phase der Konstitutierung der Gattung (Hähner 1999, S. 10).

Eschenburg, Johann Joachim: *Entwurf einer Theorie und Literatur der schönen Wissenschaften* [1783]. Hg. v. Walter A. Koch. Hildesheim/New York 1976.

Hähner, Olaf: *Historische Biographik. Die Entwicklung einer geschichtswissenschaftlichen Darstellungsform von der Antike bis ins 20. Jahrhundert.* Frankfurt a. M. u. a. 1999.

Hellwig, Karin: *Von der Vita zur Künstlerbiographie.* Berlin 2005.

Herder, Johann Gottfried: »Über Thomas Abbt Schriften. Der Torso von einem Denkmal, an seinem Grabe errichtet« [1768]. In: Ders.: *Schriften zur Ästhetik und Literatur 1767–1781.* Hg. v. Gunter E. Grimm. Frankfurt a. M. 1993, S. 565–608.

Johnson, Samuel: *The Rambler.* Hg. v. Albrecht B. Strauss/W.J. Bate Strauss. New Haven/London 1969. Nr. 60, S. 318–323.

Maurer, Michael: »Zur Theorie der Biographie im 18. Jahrhundert«. In: Joachim Kremer/Wolf Hobohm/Wolfgang Ruf (Hg.): *Biographie und Kunst als historiographisches Problem.* Hildesheim/New York/Zürich 2004, S. 40–45.

Romein, Jan: *Die Biographie. Einführung in ihre Geschichte und ihre Problematik.* Bern 1948 (niederl. 1946).

Scheuer, Helmut: *Biographie. Studien zur Funktion und zum Wandel einer literarischen Gattung vom 18. Jahrhundert bis zur Gegenwart.* Stuttgart 1979.

Schnicke, Falko: »Transgressive Semantiken. Zur erkenntnistheoretischen Umwertung von ›Biographie‹ im Übergang vom 18. zum 19. Jahrhundert (Abbt, Wiggers, Droysen)«. In: Michael Eggers/Matthias Rothe (Hg.): *Wissenschaftsgeschichte als Begriffsgeschichte. Terminologische Umbrüche im Entstehungsprozess der modernen Wissenschaften.* Bielefeld 2009, S. 235–266.

Werner, Erich: *Das Literarische Porträt in Frankreich im 18. Jahrhundert. Ein Beitrag zur Geschichte des literarischen Porträts.* Diss. masch. Leipzig 1935.

Wiggers, Johann Georg: *Ueber die Biographie.* Mittau 1777.

Falko Schnicke

5. 19. Jahrhundert

Innerhalb der Biographiegeschichte kommt dem 19. Jahrhundert insofern eine besondere Rolle zu, als eine große Popularität und Produktivität der Gattung für diesen Zeitraum zu konstatieren ist; Kritiker sprachen gar von einer »biographische[n] Seuche«.[1] Diese Bedeutung spiegelt sich im Forschungsstand wider, denn neben den Überblicksdarstellungen, die das 19. Jahrhundert jeweils prominent thematisieren, sind zahlreiche Detailstudien publiziert worden. Allerdings stehen die Forschungsergebnisse der einzelnen Disziplinen eher unvermittelt nebeneinander. Eine interdisziplinäre Auseinandersetzung mit dem Genre, steht – und nicht nur für das 19. Jahrhundert – noch aus. Ungeachtet des disparaten Forschungsstandes sind einige allgemeine (teils gegenläufige) Entwicklungen auszumachen: So sind biographische Studien im 19. Jahrhundert *in diskursanalytischer Perspektive* (1) Leitmedium der sich etablierenden Wissenschaft, gleichzeitig nimmt aber (2) die explizite Theoretisierung im Vergleich zum Ende des 18. Jahrhunderts ab und es wird (3) fundamentale Kritik an biographischem Arbeiten geübt. *In systematischer Sicht* steht neben einer (4) politisch-nationalen eine geistes- und kulturwissenschaftliche Biographik, die sich formal zwischen (5) Essays, mehrbändigen Einzel- und Nationalbiographien bewegt. *Thematisch* sind biographische Studien im 19. Jahrhundert weitgehend auf (6) die ›großen Männer‹ festgelegt. Damit geht sowohl eine (7) Entindividualisierung als auch eine Verinnerlichung einher.

5.1. Leitmedium Biographie

Neben einem deutlich gesteigerten Leseinteresse (Garraty 1957, 101) wird die Funktion der Biographie als Leitmedium des 19. Jahrhunderts an ihrer Bedeutung innerhalb der Wissenschaften erkennbar. Hatte schon Jan Romein (1948, 42) für Großbritannien die wissenschaftliche Biographie als wichtigsten Typus des 19. Jahrhunderts identifiziert, wird das von der neueren Forschung bestätigt; der im 18. und 19. Jahrhundert entstehenden Biographik kommt ein wesentlicher Einfluss auf die Historiographie insgesamt zu. Für Großbritannien ist dabei besonders Thomas Carlyle, der im biographiologischen[2] Diskurs des 19. Jahrhunderts eine Position einnimmt, die mit der Samuel Johnsons im 18. Jahrhundert vergleichbar ist (Thayer 1920, 134), paradigmatisch für die der historischen Persönlichkeit zugeschriebene Position. In seinen bekannten Vorlesungen *On Heroes, Hero-Worship and the Heroic in History* (1841) deklariert er Geschichtsschreibung insgesamt zur Biographik, wenn er postuliert: »The History of the World [...] was the Biography of Great Men« (Carlyle 1904, 13).

Wird diese extreme Position außerhalb Großbritanniens nur selten wiederholt, kommt biographischen Studien auch in anderen Ländern – und besonders im deutschsprachigen Raum, wo sie im letzten Drittel des 19. Jahrhunderts zur bevorzugten Form der Historiographie geworden ist (Engelberg/Schleier 1990, 198) – eine zentrale Stellung zu. Qualitativ zeigt sich das an der positiven Verknüpfung biographischer Studien mit der Entwicklung der wissenschaftlichen Geschichtsschreibung.[3] Quantitativ wird das daran deutlich, dass alle einflussreichen Vertreter des Faches biographisch tätig gewesen sind: Johann Gustav Droysen etwa begann seine Karriere mit der *Geschichte Alexanders des Grossen* (1833) und schrieb mit dem

1 Friedrich Nietzsche: »Die Philosophie im tragischen Zeitalter der Griechen«. In: Ders.: *Werke in drei Bänden*. Bd. 3. Hg. v. Karl Schlechta. München 1956, S. 349–413, hier S. 366.

2 Vgl. zu diesem Terminus: Christian Klein: »Einleitung. Biographik zwischen Theorie und Praxis. Versuch einer Bestandsaufnahme«. In: Ders. (Hg.): *Grundlagen der Biographik. Theorie und Praxis des biographischen Schreibens*. Stuttgart/Weimar 2002, S. 1–22, hier S. 4.

3 Vgl. Heinrich von Sybel: »Ueber den Stand der neueren deutschen Geschichtsschreibung« [1856]. In: Ders.: *Kleine Historische Schriften*. Bd. 1. München 1863, S. 343–359, hier S. 356.

Leben des Feldmarschalls Grafen York von Wartenburg (1851/52) das publizistisch wohl erfolgreichste historische Werk des 19. Jahrhunderts (zwölf Auflagen bis 1897), während Heinrich von Treitschke in seiner *Deutschen Geschichte im neunzehnten Jahrhundert* (1879–1894) so viele eindrückliche Porträts entwarf, dass sie in einem eigenen Band herausgegeben wurden.

Daneben ist auch für den Bereich der Literaturgeschichte ein deutlicher biographischer Schwerpunkt zu konstatieren (auch wenn eine einflussreiche Poetik biographische Elemente aus der entstehenden Germanistik auszuschließen versuchte[4]). Georg G. Gervinus und Wilhelm Scherer etwa sind als Literaturhistoriker über weite Strecken am Leben der Produzenten von Literatur interessiert und schließen von der Biographie des Autors auf das Wesen der Texte, denn »[m]an begreift aus d[er] kurzen Lebensskizze«,[5] wie es in der *Geschichte der Deutschen Dichtung* explizit heißt. Literaturgeschichte war auch direkt als Biographie möglich, wie die vielen Arbeiten zu Klassikern zeigen (Kruckis 1994) – eine Tendenz, die gegen Ende des Jahrhunderts in Erich Schmidts *Lessing. Geschichte seines Lebens und seiner Schriften* (1884) kulminiert – der Untertitel unterstreicht dabei beispielhaft den doppelten Anspruch (↗VII.2. Literaturwissenschaften). Ähnliches gilt auch für die Kunstgeschichte, die in biographischen Darstellungen substantielle Beiträge sah und besonders in den Jahren nach 1860 zahlreiche große ›Leben und Werk-Biographien‹ hervorbrachte (Hellwig 2005; ↗VII.3. Kunstgeschichte).

5.2. Implizite Theoretisierung

Entgegen der in der älteren Forschung zum Teil virulenten Einschätzung, dass biographische Studien über weite Strecken des 19. Jahrhunderts nicht Gegenstand theoretischer Reflexion waren (Jander 1965, 185; differenzierter: Engelberg/Schleier 1990, 198), lassen sich durchgängig theoretisch-methodologische Positionierungen zum Genre belegen. Allerdings hat sich ihre Form gegenüber dem späten 18. Jahrhundert verändert: So liegen keine monographischen Abhandlungen, sondern verstreute Bemerkungen in Vorworten, Rezensionen, Abschnitten in Historiken und Kleinstbeiträge vor. Es ist dabei aussagekräftig, dass sich die bedeutendste biographische Zeitschrift des 19. Jahrhunderts, die *Biographischen Blätter. Jahrbuch für lebensgeschichtliche Kunst und Forschung* (1895–1896), weniger mit theoretischen Überlegungen beschäftigte und sich stattdessen auf empirische Arbeiten konzentrierte. Typisch für einen bestimmten Zweig der Forschung ist es, daraus ein generelles Desinteresse an Theorie und Methode des 19. Jahrhunderts abzuleiten, wie etwa Hans Schleier (1991, 83) es tut.

Eine der wesentlichen methodologischen Entwicklungen formuliert Droysen. So ist die kurze Passage zur historischen Topik in der *Historik* (1857) von zentraler Bedeutung, denn nach der Trennung von ›Biographie‹ und ›Geschichte‹ in der Aufklärungshistorie wird das Genre nun – nach gewissen Vorläufern – dadurch, dass biographische Studien als Subtyp der erzählenden Darstellung selbstverständlich neben andere mögliche Darstellungsformen gestellt sind, wirkmächtig in den Kanon wissenschaftlicher Geschichtsschreibung integriert.[6] Eine »eminent[e] Bedeutung« (Dilthey 1979, 247) kommt biographischen Studien auch in Wilhelm Diltheys *Aufbau der geschichtlichen Welt in den Geisteswissenschaften* (1910) zu. Dem Lebenslauf wird hier die Funktion einer »Urzelle der Geschichte« (ebd., 246) zugeschrieben, denn der Historiker könne die Struktur der Vergangenheit nur verstehen, wenn er das Leben betrachte, dabei aber v.a. die beeinflussenden

4 Vgl. August Wilhelm Schlegel: *Vorlesungen über schöne Litteratur und Kunst*. Bd. 1. Heilbronn 1884, S. 17 f.

5 Georg G. Gervinus: *Geschichte der Deutschen Dichtung*. Bd. 1. Leipzig [5]1871, S. 518.

6 Vgl. Johann Gustav Droysen: »Historik. Die Vorlesungen von 1857. (Rekonstruktion der ersten vollständigen Fassung aus den Handschriften)«. In: Ders.: *Historik, Bd. 1. Rekonstruktion der ersten vollständigen Fassung der Vorlesung (1857), Grundriß der Historik in der ersten handschriftlichen Fassung (1857/1858) und der letzten gedruckten Fassung (1882)*. Hg. v. Peter Leyh. Stuttgart-Bad Cannstatt 1977, S. 1–393, hier S. 242 f. Dazu detailliert: Falko Schnicke: »Transgressive Semantiken. Zur erkenntnistheoretischen Umwertung von ›Biographie‹ im Übergang vom 18. zum 19. Jahrhundert (Abbt, Wiggers, Droysen)«. In: Michael Eggers/Matthias Rothe (Hg.): *Wissenschaftsgeschichte als Begriffsgeschichte. Terminologische Umbrüche im Entstehungsprozess der modernen Wissenschaften*. Bielefeld 2009, S. 235–266.

und determinierenden Strukturen erfasse. »[W]ir müssen neue Grundlagen für das Verständnis derselben [allgemeine Bewegungen] aufsuchen, die nicht im Individuum gelegen sind, um sie zu verstehen«, heißt es dazu. »Das Individuum ist nur der Kreuzungspunkt für Kultursysteme, Organisationen, in die sein Dasein verwoben ist: wie könnten sie aus ihm verstanden werden?« (ebd., 251). Die Konsequenz dieser Position besteht in der Kritik des unbeschränkten Individualitätsprinzips; biographische Studien stellen für Dilthey – und das markiert seine Modernität – deshalb eine Vermittlungsinstanz zwischen Individualität und allgemeiner Geschichte dar (↗II.4. Biographie und Wissen).

5.3. Biographiekritik als Ideologiekritik

Neben Diltheys primär methodologischer Neuausrichtung sind biographische Studien, obwohl sie zu Recht als Kennzeichen des 19. Jahrhunderts gelten, zeitgenössisch auch aus anderer Richtung, und ganz fundamental, kritisiert worden. So wandte sich etwa Friedrich Nietzsche in der zweiten *Unzeitgemäßen Betrachtung* nicht nur allgemein gegen die »›historisch[e] Krankheit‹« (Nietzsche 1954, 281) der Gegenwart, sondern auch konkret gegen (wissenschaftliche) Biographik (↗II.2. Biographisches Erzählen zwischen Wahrheit und Lüge). Die Menschen, so Nietzsche, »empfinden es mit Zorn und halten es für ein Unrecht, begangen am Lebendigsten unsrer Kultur, wenn solche Männer wie Mozart und Beethoven bereits jetzt mit dem ganzen gelehrten Wust des Biographischen überschüttet und mit dem Foltersystem historischer Kritik zu Antworten auf tausend zudringliche Fragen gezwungen werden« (ebd., 254). Nietzsche stellt dabei zwar die Ideologie der ›großen Männer‹ nicht infrage, argumentiert aber für ein Gedächtnis »›gegen die Geschichte‹« (ebd., 265). Ähnlich wie Kierkegaard versucht er damit den ›lebendigen Menschen‹ gegen den Historismus im Allgemeinen und Hegels Geschichtsphilosophie im Speziellen zu verteidigen. Diese Intention vertrat auch Rudolf von Gottschall, in dem er die Charakteristik des Biedermeier und Vormärz ideal setzte und ein »Übergewicht des allgemeinen Geschichtlichen über die Darstellung des Individuellen« (Gottschall 1874, 672) konstatierte. Unter der dominanten einordnenden und historisch kontextualisierenden Biographik sah er das Leben verloren gehen. Die Umkehrung dieses Prinzips, den Versuch geschichtliche Entwicklungen zur Erklärung der Einzelperson heranzuziehen, hat er in seinem Essay »Maximilian Robespierre« mustergültig realisiert.[7]

Eine Infragestellung ganz anderer Art formulierte Franz Mehring in seiner *Lessing-Legende* von 1893. Von Sozialisten und Vertretern des wissenschaftlichen Kommunismus begeistert aufgenommen, stellt sie den Versuch dar, am Beispiel des Lessingbildes die politischen Implikation der bürgerlichen Geschichtsschreibung des Kaiserreiches offenzulegen. Mehring kritisierte die Art, mit der Lessing, der als Leitfigur der bürgerlichen Gesellschaft wahrgenommen worden ist, von der Gegenwart politisch und sozial vereinnahmt wurde. Konkret wandte er sich gegen den »patriotische[n] Trödel Sybels, Treitschkes und ähnlicher Historiker« (Mehring 1975, 15) und sah v.a. in Schmidts *Lessing* nur »traurige[n] Schwindel« (ebd., 192). Im Gegensatz zu Nietzsche oder Gottschall verband Mehring mit seiner Kritik gleichzeitig eine Kritik am bürgerlichen Personenkult insgesamt.[8]

Neben diesen geschichtspolitischen Positionen lassen sich selbstverständlich auch weniger fundamentale Diskussionen, etwa die Ablehnung von zu persönlich gehaltener Biographik oder der Dokumentarbiographik eines Georg H. Pertz belegen. An den Einzelpositionen Nietzsches, Gottschalls und Mehrings wird aber ganz allgemein deutlich, dass Gerhart von Graevenitz' These, Biographiekritik sei immer auch Ideologiekritik,[9] für das 19. Jahrhundert in besonderer Weise zutrifft.

7 Rudolf von Gottschall: »Maximilian Robespierre«. In: Ders. (Hg.): *Der Neue Plutarch*. Leipzig 1875, 2. Bd., S. 1–122.

8 Vgl. William Boehart: »Lessing-Legenden«. In: Wolfgang Beutin/Wilfried Hoppe (Hg.): *Franz Mehring (1846–1919). Beiträge der Tagung vom 8. bis 9. November 1996 in Hamburg anlässlich seines 150. Geburtstages*. Frankfurt a.M. 1997, S. 103–113, hier S. 104.

9 Vgl. Gerhart von Graevenitz: »Geschichte aus dem Geist des Nekrologs. Zur Begründung der Biographie im 19. Jahrhundert«. In: DVjs 54. Jg. (1980), S. 105–170, hier S. 106.

5.4. Politisch-nationale und kulturwissenschaftliche Biographik

Nach Helmut Scheuer können in systematischer Perspektive für das 19. Jahrhundert zwei inhaltliche Strömungen unterschieden werden: neben einer politisch-nationalen steht eine geistes- und kulturwissenschaftliche Biographik (Scheuer 1979, 56; ↗VI.1. Deutschsprachige Biographik). Autoren, die der ersten Variante zuzurechnen sind, bemühten sich aus politischen Motiven v.a. mithilfe biographischer Studien zu den Führern der Kriege gegen Napoleon darum, Bürgertum und Adel zu versöhnen (u.a. Droysen, Pertz, Max Lehmann). Mit den ›Freiheitskriegen‹ – dem bevorzugten Zeitraum der politischen Biographik – konnte eine Phase der nationalen Erhebung thematisiert werden, die vom gemeinsamen Engagement von Adel und Bürgertum getragen war. Zur Selbstvergewisserung des Bürgertums wurden aber auch grundlegende Identifikationsmodelle geschaffen, allen voran stand dabei die Verehrung Friedrichs des Großen, der europaweit als ein für das Bürgertum vorbildhafter Politiker entworfen wurde (u.a. Reinhold Koser, Thomas Carlyle, Thomas Macaulay). Die pädagogische Funktion der Gattung wurde zunehmend für den politischen Bereich monopolisiert und knüpfte darin an den »voraufklärerischen Herrschaftspersonalismus« (ebd., 63) an. Modellgebend gilt in der Forschung Droysens bereits erwähnte Studie zu von Wartenburg, die von ihm selbst treffend als »geschichtlich[e] Pädagogik«[10] bezeichnet worden ist. Ebenfalls einflussreich war Treitschkes biographische Essayistik. Sie diente einerseits dazu, seine bürgerlichen Adressaten auf das weltanschauliche Projekt des starken Nationalstaates einzuschwören und andererseits machtstaatliche Interventionen als ›sittlichen Zweck‹ umzudeuten und zu legitimieren. Im Sinne Romeins stellt die politisch-nationale Biographik damit die Reaktion auf eine gesellschaftliche Krise dar, denn während bürgerliches Engagement nach der gescheiterten Revolution von 1848 in der Restauration unter erheblichen Druck geriet, sollte über biographische Studien – teilweise als explizit formuliertes Programm – eine Neuinspiration am Beispiel früherer Helden gestiftet werden. Romein führt ganz generell aus: »Der Mensch fällt sozusagen aus der Gesellschaft, in der er sich vorher zu Hause fühlte, heraus, auf sich selbst zurück, um sich auf seine Kraft und seine Schwächen und auf seine Möglichkeiten zu besinnen« (Romein 1948, 17). »Die Biographie ist nicht die Beschäftigung und der Trost der Sicherheit, sondern des Zweifels« (ebd., 28).

Für die geistes- und kulturwissenschaftliche Biographik ist eine grundsätzlich andere mentalitätsgeschichtliche Funktion zu konstatieren, denn hier geht es vor allem um die Selbstvergewisserung (und damit Abgrenzung) des verunsicherten (Bildungs-)Bürgertums im Rahmen der Beschäftigung mit dem Leben vermeintlich identitätsstiftender Größen. Die geistes- und kulturwissenschaftliche Biographik ist weniger politisch aufgeladen, worin sich die – nach 1848 im deutschsprachigen Raum noch gesteigerte – bürgerliche Distanz zur direkten politischen Einflussnahme artikuliert. Nach Scheuers Einschätzung hat diese Abwendung von der Gegenwart und die Hinwendung zur Kunst- und Kulturgeschichte »für die Biographik der Folgezeit eine überaus große Bedeutung« (Scheuer 1979, 60). Als wichtige und diskursprägende Beispiele sind etwa Carlyles *Life of Friedrich Schiller* (1825), Caroline von Wolzogens *Schillers Leben* (1830), Gustav Schwabs *Schiller's Leben* (1840), George H. Lewes' *On the Character and Works of Goethe* (1842), Franz Kuglers *Karl Friedrich Schinkel* (1842), Karl Rosenkranz' *G.W.F. Hegels Leben* (1844), Carl Justis *Winckelmann* (1866–1872) und *Michelangelo* (1900), Diltheys *Leben Schleiermachers* (1870), Herman Grimms *Das Leben Raphael's* (1872) und *Goethe* (1877) oder Rudolf Hayms *Herder* (1877/1885) zu nennen.

5.5. Einzelbiographie, Nationalbiographien und Essay

Diese und andere Beispiele belegen mit der Orientierung auf monographische Biographien die Relevanz dieser formalen Ausprägung für die Biographik des 19. Jahrhunderts. Regional gilt das Ideal der Großform besonders für den deutschsprachi-

10 Johann Gustav Droysen: *Briefwechsel*. Bd. 1. Hg. v. Rudolf Hübner. Osnabrück 1967, S. 668.

gen Raum, während es sich mit Ausnahme etwa von François-René de Chateaubriands *Vie de Rancé* (1844) und Ernest Renans *Vie de Jésus* (1863) in Frankreich nicht durchsetzt[11] und auch in Großbritannien ausführliche, akademische Biographien nicht im gleichen Maße präsent sind (Romein 1948, 55). Hinsichtlich ihrer Gestaltung sind die monographischen Biographien oft sehr aufwändig und auf mehrere Bände angelegt, bisweilen stehen sie im Umfeld oder sind Teil von umfassenden Werkeditionen. Ihr Anspruch liegt im Erfassen der Persönlichkeit und/oder ihrer Zeit; nicht selten wird auch das Œuvre thematisiert, was sich in den stereotypen Titeln nach dem Muster ›Leben und Werk von‹/›Life and Letters of‹ bzw. ›Geschichte von‹/›History of‹ spiegelt (hierzu kurz Hähner 1999, 114 f.). Symbolisch liegt in den großen monographischen Biographien insofern eine Korrespondenz von Inhalt und Form vor, als sich die kulturelle Bedeutung der ›großen Männer‹ in den ihnen gewidmeten Formaten wiederholt. Da monographische Individualbiographien bis heute als ›klassische‹ Biographien gelten, ist es eine wesentliche Aufgabe gegenwärtiger Forschung, diese Codierungen kritisch zu reflektieren.

Einen zeitgenössisch viel kritisierten Subtyp stellt die Dokumentationsbiographik dar, deren Ablehnung mit dem Verwurf des Positivismus generell zusammenfällt. Sie setzt die entwickelten Standards der Belegpflicht um, indem sie viele Quellen vollständig im Text abdruckt. Als ein Beispiel aus Großbritannien sei auf William Thayers Bewertung von John G. Lockhart hingewiesen; »he lacks that power of selection«, stellt er fest, »which stamps the man of genius in any art. He quotes too copiously from Scott's letters and journals« (Thayer 1920, 113). Im deutschen Sprachraum wurden die ausufernden Biographien von Heinrich Pertz (*Das Leben des Ministers Freiherrn vom Stein*, 1849–1855; *Das Leben des Feldmarschalls Grafen Neidthardt von Gneisenau*, 1864–1869) mit ihren mehr als 5.200 bzw. 3.650 Seiten als »weitläufig und formlos«[12], als »Urkunden- und Monsterbiographi[k]« (Gottschall 1874, 585) abgelehnt. Am detaillierten Nachweis der Lebensdaten interessiert, über den im Gegensatz zu geschichtsphilosophischen Positionen ein positivistisches, durch die historischen Fakten selbst evoziertes Verständnis der Geschichte erreicht werden sollte, verfehlte gerade diese Biographik die Individualität ihrer Objekte (Scheuer 1995, 132).

Das Streben nach Größe und Vollständigkeit, das für das 19. Jahrhundert in besonderer Weise charakteristisch ist, dokumentiert sich auch in den entstehenden Nationalbiographien (↗II.5. Biographie und Gedächtnis). Während hier Frankreich mit der *Biographie universelle* (25 Bde., 1811–1833) und *Nouvelle Biographie générale* (46 Bde., 1855–66) an der Spitze der europäischen Entwicklung stand, folgten Großbritannien mit dem *[Oxford] Dictionary of National Biography* (63 Bde., 1885–1900) und Deutschland mit der – auf die Idee Rankes zurückgehende – *Allgemeinen Deutschen Biographie* (56 Bde., 1875–1912) nach. Mit diesen monumentalen Werken, an denen häufig die bedeutendsten Gelehrten der Zeit mitgewirkt haben, sind Forschungsleistungen geschaffen worden, die bis heute wissenschaftliche Relevanz besitzen.

Besonders in der zweiten Hälfte des 19. Jahrhunderts ist daneben die Form des Essays von Bedeutung. So gehört etwa Treitschkes biographische Essayistik zu »den großen Leistungen der Biographik im 19. Jahrhundert« (Scheuer 1979, 66).[13] Zu erwähnen sind aber auch Autoren wie Heinrich Grimm, Gervinus, August Varnhagen von Ense, Otto Gildemeister, Karl Hillebrand, Julian Schmidt oder Ludwig Speidel. Im Hinblick auf diese biographische Essayistik lassen sich (nach Andreas Fischer) drei prinzipielle Intentionen unterscheiden: Werden in einer Reihe von Essays (1) individuell-biographische Elemente wie der Lebenslauf und konkrete Taten in den Mittelpunkt gestellt, versuchen (2) andere Beispiele unter Vernachlässigung biographischer Details das Bleibende ihrer Protagonisten zu erfassen oder (3) die Stellung der Bio-

11 Vgl. Peter France: »Biography«. In: Ders. (Hg.): *The New Oxford Companion to Literature in French*. Oxford 1995, S. 95.

12 Heinrich von Sybel: »Ueber den Stand der neueren deutschen Geschichtsschreibung« (wie Anm. 3), S. 356.

13 Auch Fischer wählt Treitschke als repräsentatives Beispiel für seine Untersuchung zum Essay aus, vgl. Andreas Fischer: *Studien zum historischen Essay und zur historischen Porträtkunst an ausgewählten Beispielen*. Berlin 1968.

graphierten innerhalb der Geschichte zu bewerten.[14]

5.6. Männer, die Geschichte machen

Das Moment der Größe ist auch auf der Ebene der Subjekttheorie in die Biographik der Zeit eingeschrieben. Wie Geschichte insgesamt, waren biographische Studien das Medium einer männlich dominierten Vergangenheitsvergewisserung, wobei die Privilegierung ›großer Männer‹ als Grundsignatur weithin unproblematisiert blieb. Das 19. Jahrhundert ist damit zu Recht als »great age for ›great lives‹«[15] bezeichnet worden (↗I.7. ›Biographiewürdigkeit‹).

Berücksichtigt wurden vor allem Herrscher, Militärs und führende Protagonisten des kulturellen Lebens; im deutschsprachigen Raum fungierte Bismarck seit der Reichgründung bis weit ins 20. Jahrhundert hinein als »Leitstern« (Schleier 1991, 81). Die damit einhergehenden sozialen Ausklammerungen sind evident: Einerseits werden Frauen und nicht-hegemoniale Männlichkeiten – d.h. Formen von Männlichkeit, die nach Robert Connell nicht zu der dominanten, akzeptierten und deshalb (be-)herrschenden Männlichkeit gehören[16] – marginalisiert, anderseits findet eine historische Degradierung des Proletariats, das oft als bloße ›Masse‹ diffamiert und stets als Negativ des Bürgertums abgehoben wird, statt (↗V.3. Frühe Neuzeit; ↗V.4. 18. Jahrhundert). Zwar wird die apologetische Biographik kritisiert (Mehring; vgl. für Großbritannien: Engelberg/Schleier 1990, 202), erscheint eine Reihe zu *Eminent Women*, gibt es erste Biographien aus dem Umfeld der Arbeiterbewegung (Gustav Meyer, Friedrich Engels, Karl Marx, Mehring) und findet gegen Ende des Jahrhunderts eine verhaltene soziale Öffnung statt, indem etwa R.M. Werner über mentalitätshistorische Ansätze, auch der »Biographie der Namenlosen«[17] Raum einräumen will – insgesamt sind diese Positionen aber von untergeordneter Bedeutung. In viel stärkerer Weise (re-)produzieren biographische Studien die bestehende »hierarchy of cultural role modells«[18] und legitimieren sie damit in ihrer Geltung.

Der männliche Primat ist der Biographik des 19. Jahrhunderts nicht nur implizit, sondern wird in verschiedenen Stellungnahmen auch explizit verhandelt. Ist die Formel »Männer machen die Geschichte«[19] – deren normative Kraft gerade darin deutlich wird, dass sie nicht im engeren Kontext auf biographische Studien bezogen ist – bis heute am bekanntesten, sind v.a. Hegels ›welthistorische Individuen‹ als einzelne, vom Weltgeist gleichzeitig er- und bemächtigte (männliche) Figuren, einflussreich gewesen. In seinen *Weltgeschichtlichen Betrachtungen* (1905) thematisiert auch Jacob Burckhardt die Spannung von Individuellem und Allgemeinem. In der Deklination verschiedener Verhältnisse beider stellt auch er die Bedeutung ›großer Männer‹ als wesentlich heraus. Weniger explizit, aber ebenso selbstverständlich wird in allen Beiträgen zu dieser Frage das Geschlecht der geschichtsmächtigen Figuren über Beispiele oder eindeutige Semantiken als männlich definiert. Biographien fungieren im 19. Jahrhundert damit – analog zum Bildungsroman – als Orte der Ausprägung einer bürgerlich-männlichen Identität.[20] Ihre formative Potenz ist dabei dadurch

14 Vgl. Andreas Fischer: *Studien zum historischen Essay* (wie Amn. 13), S. 6.

15 Sybil Oldfield: »Exemplary and Model Lives«. In: Margaretta Jolly (Hg.): *Encyclopedia of Life Writing. Autobiographical and Biographical Forms*. 2 Bde. London/Chicago 2001, Bd. 1, S. 314–316.

16 Vgl. Robert Connell: *Masculinities*. St. Leonards 1995. Kritisch zu diesem Konzept u.a.: Sylka Scholz: »›Hegemoniale Männlichkeit‹ – Innovatives Konzept oder Leerformel?«. In: Hella Hertzfeld/Katrin Schäfgen/Silke Veth (Hg.): *GeschlechterVerhältnisse. Analysen aus Wissenschaft, Politik und Praxis*. Berlin 2004, S. 33–45; Martin Dinges: »›Hegemoniale Männlichkeit‹ – Ein Konzept auf dem Prüfstand«. In: Ders. (Hg.): *Männer – Macht – Körper. Hegemoniale Männlichkeiten vom Mittelalter bis heute*. Frankfurt a.M./New York 2006, S. 7–33; Michael Meuser: »Hegemoniale Männlichkeit. Überlegungen zur Leitkategorie der Men's Studies«. In: Brigitte Aulenbacher/Mechthild Bereswill/Martina Löw (Hg.): *FrauenMännerGeschlechterforschung. State of the Art*. Münster 2006, S. 160–174.

17 R.M. Werner: »Biographie der Namenlosen«. In: *Biographische Blätter. Jahrbuch für lebensgeschichtliche Kunst und Forschung* 1. Jg. (1895), S. 114–119.

18 Roger Paulin: »Adding Stones to the Edifice. Patterns of German Biography«. In: Peter France/William St Clair (Hg.): *Mapping Lives. The Uses of Biography*. Oxford/New York 2002, S. 103–114, hier S. 104.

19 Heinrich von Treitschke: *Deutsche Geschichte im Neunzehnten Jahrhundert. Erster Teil. Bis zum zweiten Pariser Frieden*. Leipzig 1879, S. 28.

20 Vgl. dazu u.a. Helga Grice: »Gender and Life Writing«. In: Margaretta Jolly (Hg.): *Encyclopedia of Life Writing. Autobiographical and Biographical Forms*. 2 Bde. London/Chicago 2001, Bd. 1, S. 359–361; Angelika Schaser: »Bedeutende Män-

multipliziert, dass die (bildungs-)bürgerlichen Schichten als wichtigste Rezipienten biographischer Studien das transportierte Geschlechtermodell tragen und gleichzeitig ihre Hauptproduzenten sind; die *gender*-Implikationen erweisen sich also als selbstreferentiell (↗VII.10 Gender Studies).

Gleichzeitig findet im 19. Jahrhundert, trotz des »Bedürfnis[ses], zu verherrlichen« (Romein 1948, 69) keine unumschränkte Heldenverehrung statt, was v.a. die jüngere Forschung betont hat. So konnte Jens Nordalm für Carlyle und Treitschke nachweisen, dass angesichts eines ganzen Katalogs von Bedingungen, die sie an das heroische Individuum stellen, um als solches gelten zu können, vielmehr von »gegängelte[n] Helden« gesprochen werden müsse (Nordalm 2003). Ranke ist sogar als »Antibiograp[h]« bezeichnet worden, der mit einer akteurzentrierten Historiographie eine Alternative zur Biographik gefunden habe (von Zimmermann 2006, 124).

5.7. Tendenz zur Entindividualisierung und Verinnerlichung

Mit der antibiographischen Annäherung an das Individuum korrespondiert zugleich einer der beiden Fluchtpunkte biographischen Arbeitens im 19. Jahrhundert. Wenn Ranke konstatiert, dass auch eine mächtige Figur vor der Weltgeschichte »unbedeutend erscheint«,[21] macht das seine universalhistorische Perspektive deutlich: Nicht der Einzelne, sondern das Gesamte steht für ihn im Mittelpunkt. Entindividualisierung kann daneben auch das Resultat politischer Motive sein. Gerade für die kleindeutschen Historiker ist ein auffälliges Interesse an biographischen Studien zu beobachten, allerdings geht es ihnen oft nicht um die thematisierte Person, sie ist vielmehr nur der Anlass zu politischer Geschichte mit didaktischer Funktion. In beiden Varianten (historischer Objektivismus, politische Vereinnahmung) liegt die Konzentration der Darstellungen paradoxerweise nicht auf den titelgebenden Figuren, sondern auf der historischen bzw. politischen Umgebung. Konzeptionell drückt sich das in wenigen Details aus dem Privatleben und Informationen zum Werdegang, zur familiären Situation und zur Entwicklung der Personen aus; Charakterisierungen erfolgen oft nur indirekt. Im Zentrum stehen stattdessen die öffentlichen Aktivitäten, für die die ausgewählten Personen stehen und deren Chiffre sie werden. Ihre Rolle ist die von »Geschäftsführern eines Zweckes«,[22] wie Hegel es ausdrückte. Biographische Studien werden damit Teil der allgemeinen Geschichte, wobei ihre Protagonisten nur noch Erzählanlass sind (↗II.3. Biographie und Anthropologie).

Dem stehen Tendenzen zur Verinnerlichung gegenüber. Vor allem im Rahmen der geistes- und kulturgeschichtlichen Biographik ist das Streben nach einer in der politischen Wirklichkeit vermissten Harmonie und Einheit zu erkennen, das nach der gescheiterten Revolution von 1848 von einer zunehmenden Entpolitisierung begleitet war (Scheuer 1979, 77–79). In diesem Sinne thematisieren biographische Studien dieser Ausrichtung besonders das Privatleben und die Emotionalität ihrer Protagonisten, woraus sich auch die große Bedeutung der Privatkorrespondenz, die Romein für das 19. Jahrhundert feststellt (Romein 1948, 42), erklärt. Im Ergebnis steht die Gattung ab 1870 näher am Leben als im frühen oder mittleren 19. Jahrhundert (Thayer 1920, 103), die gleichzeitig aber mit einer größeren Distanz zum historischen Kontext einhergeht. Negative Charaktereigenschaften, intime Details oder Fragen sozialer Abstammung bleiben im Allgemeinen aber auch bei dieser Ausrichtung ausgespart, weshalb von einer »Sexu- und Soziophobie« (Romein 1948, 44) der Biographik des 19. Jahrhunderts gesprochen worden ist.

ner und wahre Frauen. Biographien in der Geschichtswissenschaft«. In: Irmela von der Lühe/Anita Runge (Hg.): *Biographisches erzählen*. Stuttgart/Weimar 2001, S. 137–152.

21 Leopold von Ranke: *Die römischen Päpste in den letzten vier Jahrhunderten*. Bd. 1. Hg. v. Horst Michael. Hamburg/Zürich o.J., S. 156.

22 Georg Wilhelm Friedrich Hegel: »Philosophie der Weltgeschichte. Einleitung 1830/31«. In: Ders.: *Vorlesungsmanuskripte II (1816–1831)*. Hg. v. Walter Jaeschke. Hamburg 1995, S. 138–207, hier S. 165.

Literatur

Carlyle, Thomas: *On Heroes, Hero-worship and the Heroic in History. In One Volume.* Hg. v. Henry D. Traill. London 1904.

Dilthey, Wilhelm: *Der Aufbau der geschichtlichen Welt in den Geisteswissenschaften* [1910]. Hg. v. Bernhard Groethuysen. Göttingen/Stuttgart [7]1979.

Engelberg, Ernst/Schleier, Hans: »Zu Geschichte und Theorie der historischen Biographie«. In: *Zeitschrift für Geschichtswissenschaft* 38. Jg. (1990), S. 195–217.

Garraty, John Arthur: *The Nature of Biography.* New York 1957.

Gottschall, Rudolf von: »Die Biographie der Neuzeit«. In: *Unsere Zeit. Deutsche Revue der Gegenwart* 10. Jg. (1874), S. 577–593, S. 657–677.

Hähner, Olaf: *Historische Biographik. Die Entwicklung einer geschichtswissenschaftlichen Darstellungsform von der Antike bis ins 20. Jahrhundert.* Frankfurt a. M. u. a. 1999.

Hellwig, Karin: *Von der Vita zur Künstlerbiographie.* Berlin 2005.

Jander, Eckhart: *Untersuchungen zu Theorie und Praxis der deutschen historischen Biographie im neunzehnten Jahrhundert. (Ist die Biographie eine mögliche Form legitimer Geschichtsschreibung?).* Diss. masch. Freiburg i.Br. 1965.

Kruckis, Hans-Martin: »Biographie als literaturwissenschaftliche Darstellungsform im 19. Jahrhundert«. In: Jürgen Fohrmann/Wilhelm Voßkamp (Hg.): *Wissenschaftsgeschichte der Germanistik im 19. Jahrhundert.* Stuttgart/Weimar 1994, S. 550–575.

Mehring, Franz: *Die Lessing-Legende.* Hg. v. Thomas Höhle/Hans Koch/Josef Schleifstein. Berlin 1975.

Nietzsche, Friedrich: »Unzeitgemäße Betrachtungen. Zweites Stück. Vom Nutzen und Nachteil der Historie für das Leben«. In: Ders.: *Werke in drei Bänden.* Bd. 1. Hg. v. Karl Schlechta. München 1954, S. 209–287.

Nordalm, Jens: »Der gegängelte Held. ›Heroenkult‹ im 19. Jahrhundert am Beispiel Thomas Carlyles und Heinrich von Treitschkes«. In: *Historische Zeitschrift* 276. Jg. (2003), S. 647–675.

Romein, Jan: *Die Biographie. Einführung in ihre Geschichte und ihre Problematik.* Bern 1948 (niederl. 1946).

Scheuer, Helmut: *Biographie. Studien zur Funktion und zum Wandel einer literarischen Gattung vom 18. Jahrhundert bis zur Gegenwart.* Stuttgart 1979.

Schleier, Hans: »Überlegungen zur historischen Biographie um die Jahrhundertwende in Deutschland«. In: Wolfgang Küttler/Karl-Heinz Noack (Hg.): *Historiographiegeschichte als Methodologiegeschichte. Zum 80. Geburtstag von Ernst Engelberg.* Berlin 1991, S. 81–87.

Thayer, William R.: *The Art of Biography.* New York 1920.

Zimmermann, Christian von: *Biographische Anthropologie. Menschenbilder in lebensgeschichtlicher Darstellung (1830–1940).* Berlin/New York 2006.

Falko Schnicke

6. 20. Jahrhundert

6.1. Grundtendenzen

Die Beobachtung, dass die Entwicklung der Biographik in unmittelbarer Beziehung zu allgemeineren geistes- und mentalitätsgeschichtlichen Entwicklungen steht, ist inzwischen fast zu einem Gemeinplatz geworden. Biographien greifen herrschende Subjekt- und Identitätskonzepte auf und schaffen gleichzeitig einen Resonanzraum, in dem diese ihre Wirkung recht eigentlich erst entfalten können. Angesichts der zahlreichen ideologischen, politischen und geistesgeschichtlichen Paradigmenwechsel und Ausdifferenzierungen im 20. Jahrhundert, die entsprechend immer Auswirkungen auf die Biographik hatten, kann es nicht verwundern, dass die Vielzahl biographischer Arbeiten im 20. Jahrhundert kaum auf einen gemeinsamen Nenner zu bringen ist. Einige übergreifende Signaturen, die für das 20. Jahrhundert insgesamt Geltung beanspruchen können, lassen sich dennoch identifizieren: So wird zum einen die im 19. Jahrhundert einsetzende Entwicklung zur ›Vermenschlichung‹ des biographischen Objekts zu Beginn des 20. Jahrhunderts konsequent fortgesetzt und auf die psychische und physische Konstitution und Entwicklung rekurriert, um den Charakters des Biographierten erklären zu können (von Zimmermann 2006, 186 ff.). Privates und ›Geheimes‹ tritt dabei immer stärker ins Zentrum biographischer Darstellungen, was schließlich auch zu dezidierten Gegenbewegungen führt, die das ›Geheimnis‹ der biographierten Persönlichkeit bewahren wollen. Neben die politisch-ideologisch funktionalisierte Biographik treten zum anderen zunehmend kritische und (selbst-)reflexive Biographien, die ihre Produktionsbedingungen ebenso hinterfragen wie ihre Erkenntnismöglichkeiten (↗ III.4. Fiktionale Metabiographien). Das Spektrum der Biographierten orientiert sich zudem zwar zum Hauptteil weiterhin an den ›einflussreichen‹ Persönlichkeiten, erfährt jedoch dezidierte Erweiterungen, indem etwa bewusst bislang marginalisierte Bevölkerungsgruppen in den Blick der Biographen gelangen (↗ I.7. ›Biographiewürdigkeit‹).

Insgesamt können – grob verallgemeinernd – drei Phasen der Biographik im 20. Jahrhundert ausgemacht werden: Zunächst lässt sich bis in die Mitte der 1930er Jahre eine ausgesprochen vielgestaltige biographische Praxis erkennen, die zwischen Psychologisierung einerseits und Heroisierung andererseits oszilliert. Gleichzeitig werden Versuche unternommen, neue Schreibformen zu etablieren, was mit einer Kritik an der gängigen Biographik einhergeht. Auf diese äußerst produktive Phase folgt eine Phase der Konsolidierung und Re-Traditionalisierung. Die Biographik wird erneut für politische und ideologische Zwecke eingespannt. Eher avancierte Formen werden zurückgedrängt, während Biographien, in denen virulente Identitätsfragen keinen Platz haben, weiterhin ihre Leserschaft finden. Das kritische Publikum sieht seine Skepsis gegenüber dem Genre bestätigt, eine Skepsis, die ab den 1960er Jahren im sozialgeschichtlichen Paradigma ihre theoretische Absicherung findet. Erst gegen Ende der 1970er Jahre setzt eine Phase biographischen Arbeitens ein, die ausgelöst wird durch jene theoretischen Überlegungen, die den objektivierenden Gestus historiographischer Arbeit infrage stellen und die subjektiven wie interpretativen Anteile betonen. Im Zuge dessen entwickeln sich neue biographische Ansätze. Im Folgenden sollen einige Schlaglichter auf die zentralen Strömungen und Entwicklungen der Biographik im 20. Jahrhundert geworfen werden.

6.2. Entwicklungen bis in die späten 1920er Jahre

6.2.1. *Zwischen Psychologisierung und Mythisierung*

Die im 19. Jahrhundert einsetzende Psychologisierung der Biographik wurde vor allem im ersten

Drittel des 20. Jahrhunderts intensiv fortgesetzt und ausdifferenziert. Einerseits wurde der spätestens mit Cesare Lombrosos Studie über *Genie und Irrsinn* (1864, dt. 1887) etablierte psychopathographische Ansatz weitergeführt und das Leben herausragender Künstler vor dem Hintergrund psychischer Erkrankungen gedeutet. 1928 legte Wilhelm Lange-Eichbaum seine Arbeit *Genie, Irrsinn und Ruhm* vor, die international Aufsehen erregte und zum Standardwerk dieser Richtung avancierte (Anz 2002, 89 f.). Lange-Eichbaum gab dem psychopathographischen Ansatz eine soziologische Wendung, indem er das Zusammenspiel von historisch variablen gesellschaftlichen Erwartungen und individuellen Auffälligkeiten thematisierte: Die Gesellschaft erklärt jemanden dann besonders leicht zum genialen Künstler, wenn er ihren spezifischen Vorstellungen entspricht. Wenn die Gesellschaft zu einer bestimmten Zeit vornehmlich psychisch auffällige Künstler zu verehren bereit ist, steigen die Chancen zum Genie erklärt zu werden dann, wenn der Künstler diese ›Erwartungen‹ bedient. – Hier deutet sich früh ein fundamentaler Zusammenhang von gesellschaftlicher Formation und individueller Inszenierung an (↗VIII.2.1. Konzeptionelle Vorüberlegungen), der zur eigentlichen Entfaltung erst in den soziologischen Überlegungen Pierre Bourdieus ab den 1970er Jahren kommt.

Neben die Psychopathographien und diese allmählich ablösend trat eine psychoanalytisch ausgerichtete Biographik, die – anschließend an Sigmund Freuds Studie zu Leonardo da Vinci aus dem Jahr 1910 – den Zusammenhang zwischen künstlerischer Kreativität und psychologischer Disposition zu klären versuchte. Im Unterschied zur Psychopathographie ging es der psychoanalytischen Biographik immer auch darum, die künstlerische Produktivität besser zu verstehen und die Interpretation von Kunstwerken in die Betrachtungen einzubeziehen (Anz 2002, 92; ↗VII.9. Medizin und Psychologie). Ausgehend von der im Zuge des psychoanalytischen Klientengesprächs entwickelten biographischen Praxis wurden zunehmend auch bedeutende Künstler in den Blick der psychoanalytischen Biographik genommen. Hier ging es folglich nicht um die konkrete Therapie der (zumeist schon verstorbenen) Künstler, sondern um den Einsatz psychoanalytischen Instrumentariums zum ›eigentlichen‹ Verständnis einer Lebensgeschichte. Einen Übergang von Pathographie zur psychoanalytischen Biographik markieren die Arbeiten Isidor Sadgers, der zwar mit seinem Kleist-Buch (*Heinrich von Kleist. Eine pathographisch-psychologische Studie*, 1910) in der Tradition der Pathographien »Kleists Lebenszeugnisse als Belege für homosexuelle und masturbatorische Tendenzen heranzieht und seinen Patriotismus psychosexuell erklärt«.[1] Anderseits formuliert Sadger in dem 1912 erschienenen Aufsatz »Von der Pathographie zur Psychographie« ein dezidiertes Bewusstsein für die Eigenarten künstlerischer Kreativität und stellt die Frage nach krankhaften Belastungen zurück. Ins Zentrum tritt nun die sexuelle Entwicklung – unabhängig von der Einordnung als ›krank‹ oder ›gesund‹. Im Zuge der psychoanalytischen Biographik bildete sich auch eine eigenständige Form der psychoanalytischen Literaturinterpretation heraus, die im Rahmen der Analyse literarischer Texte verborgene Bedeutungsschichten auszumachen suchte. Auch wenn die Bedeutung der ›Psychobiographik‹ seit den 1930er Jahren insgesamt abnahm, wurde sie (mit einer zweiten Blütezeit in den 1960ern) weiterhin gepflegt. Vor allem im anglo-amerikanischen Raum entwickelte sich eine rege psychobiographische Praxis. Auf besonders eindrucksvolle Weise verband etwa der aus Österreich stammende US-amerikanische Psychoanalytiker Kurt R. Eissler in seiner 1963 erschienenen zweibändigen Goethe-Biographie die Ansätze der psychoanalytischen Biographik mit den Versuchen einer psychoanalytischen Literaturinterpretation.

Freud selbst hat psychobiographisches Arbeiten nicht als Verfahren zum ›Sturz von Helden‹ verstanden, sondern als Methode zum tieferen Verständnis. Dieser sei zwangsläufig eine gewisse ›Vermenschlichung‹ entrückter biographischer Objekte inhärent: »Nicht herabsetzen zwar will der Biograph den Heros, sondern ihn uns näher bringen. Aber das heißt doch die Distanz, die uns von ihm trennt, verrin-

1 Joachim Pfeiffer: »Kleist und die Sprache des Unbewussten. Zur Geschichte der psychoanalytischen Kleist-Forschung«. In: Ortrud Gutjahr (Hg.): *Heinrich von Kleist. Freiburger Literaturpsychologische Gespräche* Bd. 27. Würzburg 2008, S. 21–38, hier S. 25.

gern, wirkt doch in der Richtung einer Erniedrigung.«[2] Diese Tendenz zur »Erniedrigung« (ein Begriff, den Freud hier eher wertfrei einsetzt) haben Zeitgenossen indes als Degradierung und Entwürdigung verstanden, was zu Kritik führte.

Eine dezidierte Gegenbewegung stellt die Mythisierung des Genies in der Biographik des George-Kreises dar. Hier ging es gerade nicht um die Einbettung des Individuums in seine historischen oder familiären und individualpsychologischen Kontexte, sondern um das Herausschälen einer überzeitlichen Legende und Transzendierung in die Sphären einer ›höheren Welt‹. Stefan George, als Priester-Dichter der Auserwählten, stiftete eine Kunstreligion, deren zentrale Idee die Abgrenzung gegen das hässliche Außen war. In diesem Sinne verstanden sich die Anhänger Georges als Mitglieder eines Ordens, des ›Geheimen Deutschlands‹, und ihre biographischen Arbeiten als Quasi-Gottesdienste. So ging es Ernst Bertram oder Friedrich Gundolf nicht um die Präsentation menschlicher Ebenbilder, sondern um die Verehrung verherrlichter Vorbilder. Programmatisch heißt es zu Beginn von Bertrams Nietzsche-Biographie: »Wir vergegenwärtigen uns ein vergangenes Leben nicht, wir entgegenwärtigen es [...]. Und einzig in der Form der Legende überdauert die Persönlichkeit [...]. Nur als Bild, als Gestalt, nur als Mythos also lebt sie, nicht als Kenntnis und Erkennen eines Gewesenen.«[3] Besonders produktiv setzte allerdings Gundolf diesen Ansatz um, so in seinen biographischen Studien zu: *Goethe* (1916), *George* (1920), *Heinrich von Kleist* (1922), *Martin Opitz* (1923), *Caesar* (1924), *Hutten, Klopstock, Arndt* (1924), *Andreas Gryphius* (1927), *Shakespeare* (1928), *Paracelsus* (1928) und *Lessing* (1929; ↗ II.6. Biographie – Genealogie – Generation).

Zum engeren Kreis um George gehörte auch der Historiker Ernst H. Kantorowicz, der 1927 mit der Biographie *Kaiser Friedrich der Zweite* bekannt wurde, die in der Fachwissenschaft auf Kritik stieß, weil Kantorowicz nicht zwischen mythischen Überlieferungen und realen Begebenheiten unterscheidet und den Stauferkaiser – ganz im Sinne der Ideologie des George-Kreises – als überhistorische Figur entwirft. Mit Mythenforschung setzte sich Kantorowicz auch nach seiner Emigration in die USA auseinander, wovon das Buch *The King's two bodies* (1957) zeugt. In dieser kulturhistorisch orientierten Arbeit entwirft Kantorowicz eine »politische Theologie des Mittelalters« (so der Untertitel) und untersucht die Kontinuität der Institution Monarchie im Wandel ihrer Repräsentanten.[4] Ausgangspunkt der Arbeit ist die Idee, dass der König immer über zwei Körper verfügt: einen politischen und einen natürlichen. Während der natürliche Körper sterblich ist und anfällig für Krankheiten und ggf. auch ungerecht sein kann, ist der politische Körper vollkommen und ewig. Diese Studie von Kantorowicz ist auch für die Biographietheorie interessant, weil sie eine Reihe von Grundfragen problematisiert, die für biographisches Arbeiten relevant sind: Aspekte der Performanz und Inszenierung, das Verhältnis von öffentlichem Handeln und privatem Verhalten, die Beziehung zwischen Individuum und Institution.

In der Biographik des George-Kreises wurden Ansätze des 19. Jahrhunderts in verstärkter Ausprägung weitergeführt: Dem Chaos der Gegenwart wurden narrative Harmonisierung und feste, vertrauenswürdige Werte entgegengesetzt. Georges Geschichtsverständnis kreiste um das Gleichbleibende, Ewig-Wertvolle in der Historie, wobei der Mensch gerade nicht als durch Milieu oder psychologische Dispositionen geprägt aufgefasst wurde (↗ V.5. 19. Jahrhundert). Wissenschaftlichkeit wurde im George-Kreis verfemt, der Mythos hingegen hochgehalten. Gegen diese Art von mytifizierender Biographik artikulierte sich früh Widerspruch, wiewohl die Biographik des George-Kreises letztlich ein »elitäres Randpänomen« blieb (von Zimmermann 2006, 192).

6.2.2. *Moderne Biographik/New Biography*

Die Erfahrungen des Ersten Weltkriegs führten zu einer tiefen Verunsicherung und Desorientierung – frühere vermeintliche Gewissheiten galten nicht

2 Sigmund Freud: »Ansprache im Frankfurter Goethehaus«. In: Ders.: *Gesammelte Werke*. Bd. 14. Frankfurt a.M. 1948, S. 547–550, hier S. 550.

3 Ernst Bertram: *Nietzsche. Versuch einer Mythologie*. Bonn 1918, S. 1.

4 Ernst H. Kantorowicz: *Die zwei Körper des Königs. Eine Studie zur politischen Theologie des Mittelalters*. München 1990.

mehr; und auch die vormals verbreiteten Vorstellungen von der Handlungsmacht des Einzelnen oder einer kohärenten Identität gerieten ins Wanken. Es sind wohl auch diese Umbrüche, aus denen nach 1918 europaweit eine ›Neue Biographik‹ hervorging. Ihre Protagonisten waren neben anderen in England Lytton Strachey (*Eminent Victorians*, 1918), in Frankreich André Maurois (*Ariel ou la vie de Shelley*, 1923 oder *La vie de Disraëli*, 1927) und in Deutschland Stefan Zweig (*Marceline Desbordes Valmore*, 1920 oder *Romain Rolland*, 1921 bzw. *Marie Antoinette*, 1932) sowie Emil Ludwig (*Napoleon*, 1924 oder *Wilhelm der Zweite*, 1925 bzw. *Bismarck*, 1926). Auch wenn sich die Ansätze im Einzelnen unterscheiden, so lassen sich doch einige allgemeine Charakteristika dieser ›Neuen Biographik‹ skizzieren (von Zimmermann 2006, 274 ff.). So stand zunächst an erster Stelle die Auswahl signifikanter Details und das Zeichnen typischer Szenen, umfassende Material- und Faktenpräsentation trat zurück. Vom Biographen wurde psychologische Einfühlung verlangt und er sollte den Charakter des Biographierten in seiner Entwicklung und Besonderheit komplex zeichnen. Man kehrte sich ab von der schematisierten Ableitung der Persönlichkeit aus den historischen Umständen und erhob mit der eigenen Arbeit den Anspruch Dichtung zu schaffen. Auf diese Weise sollte ein eigener Weg zum Verständnis des Seelenlebens des Biographierten präsentiert werden können. Glaubwürdigkeit und Legitimation erlangte die Lebensbeschreibung in dieser Perspektive nicht durch intersubjektiv nachvollziehbare, belegte Erkenntnisse, sondern durch die Wesensverwandtschaft und Ähnlichkeit zwischen Biograph und Biographiertem.

Die Kritik an dieser Richtung entzündete sich an zwei Aspekten: Zum einen wurde die Enthistorisierung des Individuums problematisiert. Die aus der Psychobiographik übernommene Bedeutung individueller Entwicklungen führte in der ›Neuen Biographik‹ zu einem eher ahistorischen Verständnis von der unhintergehbaren Einmaligkeit historischer Persönlichkeiten (vgl. 6.3.2.). Moniert wurde diese Tendenz insbesondere von Vertretern der Soziologie und Marxisten. Trotz der impliziten Entbindung des Individuums aus historischen Prozessen und ungeachtet ihres literarischen Anspruchs verstanden die ›Neuen Biographen‹ ihre Arbeiten aber durchaus als Beiträge zur Geschichtsschreibung – und so wurden sie auch in der Öffentlichkeit rezipiert. Dies war der zweite Ansatzpunkt für Kritik insbesondere aus der Historikerzunft, wo man sich programmatische Debatten um die ›Historische Belletristik‹ lieferte (s.u.). Im anglo-amerikanischen Raum entzündete sich die Debatte um die ›New Biography‹ insbesondere an Aufsätzen von Virginia Woolf, in denen sie die Stellung der Biographie zwischen Wissenschaft und Literatur kritisch reflektiert.

In der intensiven Produktivität der ›Modernen Biographen‹ lässt sich wohl auch der in den 1920er und 1930er Jahren in Europa präsente Wunsch nach einer gesellschaftlichen und sozialen Neuausrichtung erkennen (↗ II.4. Biographie und Wissen). In diesem Sinne meint von Zimmermann: »Es liegt gewiß nahe, die Breite und den Umfang der biographischen Produktivität der modernen Biographie in ihrer Gesamtheit auch als umfassendes Programm einer Revision der Geschichte und der Ahnengalerie für die Gegenwart zu deuten« (ebd. 2006, 310).

6.2.3. *Arbeiterbiographik*

Einem ähnlichen Anspruch unterlag auch die Arbeiterbiographik, wiewohl ihre historischen Anfänge schon im 19. Jahrhundert liegen. In Großbritannien und Frankreich war sie ab den 1860er Jahren populär, in Deutschland setzen »Bemühungen um die Fixierung von Arbeitergeschichte« (Paul 1984, 86) um die Jahrhundertwende ein. Diese Beschreibung Sigrid Pauls gibt dabei einen Hinweis auf die Produktionsbedingungen dieses Zweigs biographischer Literatur. Arbeiterbiographien entstanden oft auf Anregung von Funktionsträgern der Arbeiterbewegung, die den über die offizielle Geschichtsschreibung nur am Rande repräsentierten Bevölkerungsschichten die Möglichkeit der Artikulation zu geben suchten. Besonders zu Beginn des 20. Jahrhunderts wurden diverse Arbeiterautobiographien und Arbeiterbiographien veröffentlicht. Sie erschienen teilweise anonym und weniger in Form großer Monographien, sondern als kürzere Berichte. Wichtige Herausgeber der als Einzelveröffentlichungen oder in Reihen publizierten (Auto-)Biographien waren etwa Paul Göhre oder August Bebel. Die biographischen Texte waren nicht als Identifikationsangebot für Arbeiter konzipiert, sondern auf ein bürgerliches Publikum ausgerichtet, bei dem sie auch zeitweise auf reges Interesse stießen. Als zweite Intention zur Produktion dieser Arbeiterbiographik ist daneben der »Versuch einer parteilichen Geschichtsschreibung, die mit wissenschaftlichen Mitteln die Biographien großer Persönlichkeiten rekonstruiert und den ›Großen‹ der bürgerlichen Historiographie entgegenstellt«,[5] auszumachen. Es handelt sich um den Versuch, der dominanten Geschichtsschreibung nicht lediglich bislang wenig beachtete Nuancen hinzuzufügen, sondern eine eigene, selbstbewusste Geschichte der Arbeiterbewegung zu kreieren. Hierzu zählen etwa die Arbeit Franz Mehrings zu Marx (1918) und Gustav Mayers Titel zu Engels (1919/1932). In der Zwischenkriegszeit nahm die Beschäftigung mit Arbeiterbiographien seitens der Sozialwissenschaften, die empirisches Material für statistische Untersuchungen generieren wollten (z. B. Max und Alfred Weber, Eugen Rosenstock), zu (↗ VII.6. Soziologie). Mit teilweise gezielten Fragebögen und Erfahrungsberichten zu bestimmten, festgelegten Themen stellten sie die Quellen für ihre mentalitätshistorischen Studien (etwa zur Psyche des Industriearbeiters) in gewisser Weise selbst her (Paul 1984, 90–93). Im Rahmen der Aufwertung von Ego-Dokumenten in den Kulturwissenschaften waren arbeiterbiographische Texte auch in den 1970/80er Jahren wichtig, eine umfassende, elaborierte Gegen-Geschichte ›von unten‹, d. h. aus Perspektive der ›kleinen Leute‹, ist daraus aber nicht entstanden.

Insgesamt wird deutlich, dass die Arbeiterbiographik in mehrfacher Hinsicht ein Spezialfall biographischen Schreibens ist. Das biographische Interesse geht aufgrund der beschriebenen Produktionsbedingungen erstens hauptsächlich von den jeweiligen Initiatoren, nicht von den biographischen Subjekten selbst aus. Arbeiterbiographien sind, zweitens, (oft autobiographische) Texte, deren Produktionskontext zeigt, dass sie – paradoxerweise – weniger der Darstellung des beschriebenen Individuums genügen sollen, sondern *pars pro toto* für eine soziale Schicht und ihre Erfahrungen stehen (↗ VI.7. Russische und sowjetische Biographik).

5 Peter Alheit/Bettina Dausien: »Biographie«. In: Hans Jörg Sandkühler (Hg.): *Europäische Enzyklopädie zu Philosophie und Wissenschaften*. Bd. 1. Hamburg 1990, S. 405–418, hier S. 413.

6.3. Kämpfe und Kritik in den späten 1920er und 1930er Jahren

Gegen Ende der 1920er Jahren wurden verschiedene Auseinandersetzungen um das Genre der Biographie geführt. Es stritten die biographisch arbeitenden Historiker gegen Biographien verfassende Belletristen, und die eher linksorientierten Publizisten und Wissenschaftler gegen den konstatierten Konservatismus der zeitgenössischen Biographen. Insgesamt waren die 1920er und 1930er Jahre die Jahrzehnte, in denen der für lange Zeit letzte originär auf die Biographik bezogene Theorie-Schub stattgefunden hat. In dieser Zeit wurden auch theoretisch instruktive Überlegungen angestellt und das Genre intensiv, auch kritisch, diskutiert.

6.3.1. Streit um ›Historische Belletristik‹

Nachdem die Frage, ob biographische Studien Kunst oder Wissenschaft sind, seit der Entstehung des Genres in der Antike immer wieder thematisiert worden war, spitzte sich diese Diskussion in der Weimarer Republik dramatisch zu (↗ I.6. Poetizität/Literarizität). In einer heftig geführten, mehrere Jahre andauernden öffentlichen Debatte wurde am Beispiel populärer Biographien darum gerungen, wo die Grenzen zwischen Geschichte, Wissenschaft und unterhaltsamen Geschichtsdarstellungen verlaufen. Auch wenn aus dieser Auseinandersetzung keine substantiellen Konsequenzen für das Genre resultieren, wird daran symptomatisch die zeitgenössische Krise der Geschichtswissenschaft deutlich.

1928 veröffentlichte die *Historische Zeitschrift* einen »kritischen Literaturbericht« als gesonderte Broschüre, in dem renommierte Historiker am Beispiel der damals sehr populären Autoren Emil Ludwig, Herbert Eulenberg, Werner Hegemann und Paul Wiegler eine vernichtende Kritik nichtwissenschaftlicher Biographik formulierten.[6] Vor allem zwei Gründe sind für die Auseinandersetzung seitens der Fachwissenschaft zu identifizieren. Zum einen gingen die genannten Autoren teilweise kritisch mit der jüngeren deutschen Geschichte um, zum anderen waren ihre Schriften aufgrund ihres Erfolgs – allein Ludwigs Auflagen hatten 1931 die Zahl von 800.000 Exemplaren überschritten – nicht mehr zu ignorieren, zumal sie mit den Helden der Geschichte exakt jenen Ausschnitt thematisierten, dem sich auch die Fachwissenschaft der Zeit widmete (Kolb 1992, 71). Pointiert hatte Ludwig den aus Sicht des Faches kritischsten Punkt nicht ohne Schadenfreude benannt: »Der Fesselndste unter den Biographen ist heute nicht der Historiker«.[7] Inhaltlich wurde kritisiert, dass die ›Literaten‹ wissenschaftlichen Kriterien (besonders der Belegpflicht) nicht genügten und methodisch unzureichend arbeiten würden; so stellte etwa Wilhelm Mommsen heraus, dass Ludwigs Bismarck-Biographie »völlig die Kenntnis des allgemein politischen Hintergrundes fehlt«.[8] Auch die psychoanalytische Herangehensweise, der Ludwig tatsächlich nicht abgeneigt gewesen ist,[9] stieß auf wenig Wohlwollen. Gleichzeitig wurde aber auch deutlich, dass es im Wesentlichen politische Intentionen waren, die zur Ablehnung von republikanischen Autoren durch die konservativ-republikfeindliche Gruppe der Historiker führte.

»Die Historiker sind ernstlich böse«,[10] kommentierte denn auch Carl von Ossietzky mit ironischem Unterton in der *Weltbühne*. Und gerade an der Ernsthaftigkeit der Kritik zeigt sich im Ergebnis, dass es um mehr als biographische Studien ging, wurde doch viel eher um die »legitime Geschichtsschreibung«[11] – so das Schlagwort Mommsens – gestritten. Neben politisch reaktionären Interessen fiel der Angriff der Geschichtswissenschaft deshalb so heftig aus, weil sie die Definition der Disziplin am Beispiel der populären Biographien mit ästhetischen Dimensionen in Verbindung gebracht sahen.

6.3.2. *Kracauers Kritik*

Einer der vehementesten Gegner der gängigen Biographik jener Zeit war Siegfried Kracauer, der in seinem 1930 erschienenen Aufsatz »Die Biographie als neubürgerliche Kunstform« dem Genre in seiner damaligen Ausprägung den ›Totenschein‹ ausstellt. Kracauer sah die Ursache für die Konjunktur der Biographie in der zunehmenden Identitätsdissoziation, im Schwund der geschlossenen, handlungsfähigen Persönlichkeit, die die Voraussetzung für die bürgerliche Literatur vor dem Ersten Weltkrieg gewesen sei. Die Geschlossenheit der Persönlichkeit, die noch konstitutiv für die ›alte‹ Romanform gewesen war, sei verloren gegangen, womit die ›Krisis des Romans‹ einhergehe. Die Biographie sei ein so beliebtes Genre geworden, weil sie einen Stoff verarbeite, der seine Form vermeintlich bedinge, der Biograph sich folglich vor den Problemen des Romans in die Biographie flüchte: »Der Kern, den einst die erfundene Handlung bot, wird in einem Schicksal wiedererlangt, das beglaubigt ist. Es ist zugleich auch die Garantie einer Komposition.«[12] Schon an der Formulierung von der ›Krisis des Romans‹ ist unschwer zu erkennen, dass Kracauer hier auf Überlegungen Walter Benjamins zurückgreift, die dieser im Rahmen einer kurz vor Kracauers Artikel erschienenen Besprechung von Alfred Döblins *Berlin Alexander-*

6 Vgl. Schriftleitung der Historischen Zeitschrift (Hg.): *Historische Belletristik. Ein kritischer Literaturbericht.* München/Berlin 1928.

7 Emil Ludwig: »Charaktere und Biographien«. In: Ders.: *Der Künstler. Essays.* Berlin 1914, S. 204–213, hier S. 208.

8 Wilhelm Mommsen: »Rez. zu Bismarck. Geschichte eines Kämpfers«. In: Schriftleitung der Historischen Zeitschrift (Hg.): *Historische Belletristik* (wie Anm. 6), S. 30–37, hier S. 35.

9 Vgl. Sebastian Ullrich: »›Der Fesselndste unter den Biographen ist heute nicht der Historiker‹. Emil Ludwig und seine historischen Biographien«. In: Wolfgang Hardtwig/Erhard Schütz (Hg.): *Geschichte für Leser. Populäre Geschichtsschreibung in Deutschland im 20. Jahrhundert.* Stuttgart 2005, S. 35–56, hier S. 46.

10 Carl von Ossietzky: »Die Historiker sind ernstlich böse«. In: *Die Weltbühne* 24 (1928), S. 877–879.

11 So der Titel bei Wilhelm Mommsen, vgl. Ders.: *›Legitime‹ und ›Illegitime‹ Geschichtsschreibung. Eine Auseinandersetzung mit Emil Ludwig.* München 1930.

12 Siegfried Kracauer: »Die Biographie als neubürgerliche Kunstform« [1930]. In: Ders.: *Das Ornament der Masse.* Frankfurt a. M. 1970, S. 75–80, hier S. 77.

platz angestellt hatte.[13] Kracauer nimmt Benjamins Gedanken von der Restitution des Epischen auf und führt ihn konsequent fort. Die Flucht des Biographen ist für ihn nämlich nur ein Indiz für die Flucht des Bürgertums insgesamt, das vor der Einsicht in das Ende seiner Fortexistenz weglaufe: »Wie fragwürdig auch immer die eine oder andere Biographie sei: der Glanz des Abschieds ruht auf ihrer Gemeinschaft.«[14] Leo Löwenthal stellt in seinem Aufsatz über »Die biographische Mode« (1955) eine ähnliche Diagnose wie Kracauer. Kracauer allerdings verwahrte sich stets dagegen, den Biographie-Boom der 1920er als Mode zu bezeichnen, »vielmehr sind ihre unmodischen Gründe in den weltgeschichtlichen Ereignissen der letzten anderthalb Jahrzehnte zu suchen«.[15]

Vor dem Hintergrund seiner Generalabrechnung mit dem Genre der Biographie, ist es besonders interessant, dass Kracauer selbst auch als Autor einer Biographie in Erscheinung getreten ist: 1937 publiziert er *Jacques Offenbach und das Paris seiner Zeit*. Im Vorwort zu diesem Buch umreißt er sein Konzept biographischen Arbeitens, das er der obsoleten heroisierenden Biographie entgegensetzt. Er nennt sein Projekt eine »Gesellschaftsbiographie« und präzisiert, das Buch sei »eine Gesellschaftsbiographie in dem Sinne, daß es mit der Figur Offenbachs die der Gesellschaft erstehen läßt, die er bewegte und von der er bewegt wurde, und dabei einen besonderen Nachdruck auf die Beziehungen zwischen der Gesellschaft und Offenbach legt«.[16] Zwar weist Kracauer unmittelbar anschließend darauf hin, dass »hier die rein musikalisch interessierten Leser zu kurz kommen werden«,[17] er stellt aber gleichzeitig die Bedeutung der Werke Offenbachs für die Analyse der Biographie heraus, wenn er hinsichtlich der zwischen 1855 und 1867 entstandenen Operetten meint, sie seien »nicht allein der repräsentativste Ausdruck der kaiserlichen Ära, sondern greifen zugleich mit verwandelnder Kraft in das Regime ein. Sie spiegeln ihre Epoche und helfen zu sprengen [...].«[18]

Kracauers Ausgestaltung des Konzeptes einer »Gesellschaftsbiographie« hat unter seinen Zeitgenossen nur wenige Befürworter gefunden. Theodor W. Adorno war es, der im Rahmen einer Rezension des Werkes seines ehemaligen Mentors als Kritiker auf den Plan trat. Den Musiktheoretiker befremdete zutiefst, dass Kracauer die Biographie eines Musikers verfassen zu können glaubte, ohne die musikalischen Arbeiten adäquat zu berücksichtigen, weshalb er schließt: »Distanziert von Offenbachs Material jedoch gerät die Darstellung in die Nähe eben jener individualisierenden Roman-Biographik, der Kracauer so emphatisch opponiert.«[19] Gertrud Koch weist auf das innovative Potential der Offenbach-Biographie hin und merkt an, dass Kracauers Text als Versuch gelesen werden kann, »aus der Biographie heraus jene Motive zu retten, in denen die Künstlerlaufbahn als kultureller Selbstentwurf wieder aufscheint«.[20]

6.4. Biographik zwischen Ideologie, Sozialgeschichte und Poststrukturalismus

6.4.1. *Re-Traditionalisierung biographischen Arbeitens*

Die historische und politische Situation führte im Laufe der 1930er Jahre dazu, dass biographisches Arbeiten zunehmend in den Dienst ideologischer Konzeptionen gestellt wurde. In Deutschland beendete die Machtübernahme der Nationalsozialisten auf dem Feld der Biographie impulsgebende Diskussionen und hielt das Innovationsrad an bzw. drehte es zurück. Die Literaturpolitik verlangte kohärente Handlungsabläufe, die Zahl der biographiewürdigen Personen wurde stark eingeschränkt. Viele avancierte Biographen mussten zudem das Land verlassen oder wurden nicht mehr publiziert.

13 Vgl. Walter Benjamin: »Krisis des Romans. Zu Döblins ›Berlin Alexanderplatz‹«. In: Ders.: *Gesammelte Schriften*. Bd. 3. Hg. v. Hella Tiedemann-Bartels. Frankfurt a. M. 1991, S. 230–236.
14 Siegfried Kracauer: »Die Biographie« (wie Anm. 12), S. 79.
15 Siegfried Kracauer: »Die Biographie« (wie Anm. 12), S. 75.
16 Siegfried Kracauer: *Jacques Offenbach und das Paris seiner Zeit* (=Schriften Bd. 8). Hg. v. Karsten Witte. Frankfurt a. M. 1976, S. 9.
17 Siegfried Kracauer: *Jacques Offenbach* (wie Anm. 16), S. 9.
18 Siegfried Kracauer: *Jacques Offenbach* (wie Anm. 16), S. 10.
19 Theodor W. Adorno: »Rezension: Siegfried Kracauer: ›Jacques Offenbach und das Paris seiner Zeit‹«. In: Ders.: *Gesammelte Schriften*. Bd. 19: Musikalische Schriften VI. Hg. v. Rolf Tiedemann und Klaus Schultz. Frankfurt a. M. 1984, S. 363–365, hier S. 364.
20 Gertrud Koch: *Kracauer zur Einführung*. Hamburg 1996, S. 89.

Versuche, eine der NS-Ideologie konforme biographische Schreibweise zu finden (die den Biographierten in seinen ›Blut-und-Boden‹-Zusammenhang einbettete) gab es zwar (↗III.7.1. Spielfilm; ↗VII.3. Kunstgeschichte), doch diese sind ebenso frei von wissenschaftlichen Erkenntnissen wie politisch indiskutabel. Doch auch die Befreiung Deutschlands vom NS-Regime bedeutete keinen Startschuss für eine lebendige, originelle, zeitgemäße Biographieproduktion. In Ostdeutschland fanden die seit den 1920er Jahren in der Sowjetunion etablierten Modelle biographischen Schreibens Verbreitung, die sich zwischen Verklärung der Vorreiter der sozialistischen Bewegung und dem ›Jedermann-Helden‹ abspielten (↗VI.7. Russische und sowjetische Biographik). In Westdeutschland dominierten bis in die 1960 Jahre die traditionellen und wenig innovativen Biographien das Feld – ein Befund, der im Großen und Ganzen auch auf die internationale biographische Produktion zutrifft.

Mit der Etablierung der Sozialgeschichte und der zunehmenden Relevanz poststrukturalistischer Diskurse in den Geisteswissenschaften erfuhr biographisches Arbeiten einen weiteren Bedeutungsverlust, wendete man sich doch nun verstärkt überindividuellen und gesamtgesellschaftlichen Phänomenen zu (↗VI.2. Französische Biographik). Erst Mitte der 1980er setzt sich zunehmend das Konzept der ›Alltagsgeschichte‹ durch und in diesem Zuge ist auch wieder eine zaghafte Hinwendung zur Biographie (als Korrektiv und Ergänzung zur Sozialgeschichte) zu erkennen – die Etablierung der Oral History tat ein Übriges.

6.4.2. 1960er und 1970er Jahre: Marginalisierung durch das sozialgeschichtliche Paradigma

Im Gegensatz zur Entwicklung in Großbritannien, wo biographische Studien auch über den zunehmenden Methodenpluralismus in den Wissenschaften eine ungebrochen positive Tradition verzeichnen,[21] sind sie in Deutschland im Zuge der Etablierung der Sozialgeschichte explizit marginalisiert worden. Mit der Durchsetzung des sozialwissenschaftlichen Paradigmas in den 1960er und 1970er Jahren war eine erkenntnistheoretisch begründete Abwertung biographischer Studien aufgrund verlagerter Forschungsinteressen verbunden. So stellte etwa Jürgen Kocka eine »übergreifend[e], ›gesamtgeschichtlich[e]‹ Interpretation«[22] der Geschichte in den Mittelpunkt des Interesse und zielte auf die »Geschichtsmächtigkeit kollektiver [...] gesellschaftlicher Strukturen und Prozesse«.[23] Individualhistorische Perspektiven galten in diesem Sinne als wenig aussagekräftig. Insgesamt sollten vorhandene Entscheidungs- und Handlungsspielräume einzelner Personen zwar nicht übersehen werden,[24] gleichzeitig waren soziale Formationen, Voraussetzungen und Folgen ökonomischer, politischer und kultureller Phänomene sowie Institutionen und Prozesse aber so wichtig,[25] dass dafür kaum Raum blieb. Auch das Programm der einflussreichen *Deutschen Gesellschaftsgeschichte* Hans-Ulrich Wehlers, des Bielefelder Nestors der Sozialgeschichte, war prinzipiell nicht am Individuum orientiert, sondern fragte andersherum nach den »schwer überschreitbare[n] Grenzen«[26] des intentionalen Handelns. Biographische Studien wurden von Wehler daneben auch grundsätzlich methodisch disqualifiziert[27] und gerieten ihm schließlich unter den Generalverdacht der fast nie zu vermeidenden Einseitigkeit.[28] Wenn für das Frankreich der *Annales*-Tradition und für das Großbritannien der *social history*-Tradition eine ähnliche – allerdings weniger polemische – Entwicklung in der Theoriedebatte zu beobachten

21 Diese Feststellung gehört zu denn Topoi der vergleichenden Biographieforschung. Gründe für diese Unterschiede sammelt: Joern Leonhard: »Liberalismus und Persönlichkeit. Die historische Biographik Großbritanniens«. In: *Jahrbuch für Liberalismus-Forschung* 15. Jg. (2003), S. 23–43, hier S. 28f.

22 Jürgen Kocka: »Sozialgeschichte – Strukturgeschichte – Gesellschaftsgeschichte«. In: *Archiv für Sozialgeschichte* 15. Jg. (1975), S. 1–42, hier S. 34.

23 Jürgen Kocka: »Sozialgeschichte« (wie Anm. 22), S. 35.

24 Jürgen Kocka: »Sozialgeschichte« (wie Anm. 22), S. 41.

25 Vgl. Jürgen Kocka: »Sozialgeschichte, Gesellschaftsgeschichte«. In: *Handbuch der Geschichtsdidaktik*. Hg. v. Klaus Bergmann u. a. Seelze-Velber 1997, S. 191–197, hier S. 191.

26 Hans-Ulrich Wehler: *Deutsche Gesellschaftsgeschichte*. Bd. 1: Vom Feudalismus des Alten Reiches bis zur Defensiven Modernisierung der Reformära 1700–1815. München 1987, S. 30.

27 Vgl. Hans-Ulrich Wehler: »Zum Verhältnis von Geschichtswissenschaft und Psychoanalyse«. In: Ders. (Hg.): *Geschichte und Psychoanalyse*. Köln 1971, S. 9–30.

28 Vgl. Hans-Ulrich Wehler: »Aus der Geschichte lernen?«. In: Ders.: *Aus der Geschichte lernen? Essays*. München 1988, S. 11–18, hier S. 14f.

ist, hat sie doch in den einzelnen Ländern zu unterschiedlichen Ergebnissen geführt. So gab es in Deutschland und Großbritannien immer auch biographische Studien, die zwar weniger zahlreich als unter anderen Paradigmen waren, aber immerhin publiziert worden sind. In Frankreich hingegen war der diskursive Erfolg der *Annales*-Schule so durchgreifend, dass wissenschaftliche Biographien als »Missing Form« (Konvitz 1976, 9) bezeichnet worden sind, d. h. dass die gesellschafts- und mentalitätsgeschichtliche Forschung biographische Annäherungen für nicht zielführend hielt und sie deshalb den Wissenschaftlern aus der Vorgängergeneration bzw. literarischer Gestaltung überließ.

Neben dezidiert anti-biographischen Positionen gab es allerdings durchaus biographische Studien (v. a. Kollektiv- und Typenbiographien[29]) und formierten sich auf theoretischer Ebene auch früh Gegenstandpunkte. So entspann sich Ende der 1970er und Anfang der 1980er Jahre in der Bundesrepublik eine lebhafte, aber zahlenmäßig überschaubare Debatte um die Bedeutung und Aufgabe biographischer Studien. Dabei wurden neben dem Verhältnis von ›Individuum‹ und ›Struktur‹, die Rolle von soziologischen und psychologischen Methoden und die Form der sozialgeschichtlichen Biographie erörtert. Einer sich dabei oftmals selbst fokussierenden Debatte und der damit verbundenen Redundanz ist es geschuldet, dass konzeptionelle Neuansätze erst nach und nach aufkamen. Einen ersten Höhepunkt in dieser Diskussion bildete der breit rezipierte und mittlerweile kanonische Beitrag zur »Biographie in der ›Krise der Geschichtswissenschaft«, in dem Hagen Schulze in konziliantem Ton darauf insistierte, biographischen Studien in veränderter Form künftig wieder eine gewichtige Rolle zuzugestehen (Schulze 1978, 512).

Als Negativfolie und Anknüpfungspunkt war im Zuge dieser Diskussionen die Hochphase biographischer Studien stets präsent. Gegner und Befürworter setzten sich dabei gleichermaßen von den als »Heldenfriseure[n]«[30] wahrgenommenen Protagonisten des 19. Jahrhunderts ab. Problematisch geworden war das idealistische Verständnis des Individuums, gerade jener Aspekt also, dem die Gattung im Anschluss an Goethe und Hegel ihre Inthronisierung verdankte (Hähner 1999, 83 ff.). Im Rahmen der Kritik an der Sozialgeschichte wurden neben frauen- und alltagsgeschichtlichen Ansätzen gerade auch biographische Studien restituiert, eine Theoretisierung des Genres setzte gleichwohl nicht ein; Jürgen Oelkers wies in diesem Zusammenhang bereits 1974 darauf hin, dass die Biographie deshalb zu einer »unschuldigen Gattung«[31] zu werden drohe.

6.4.3. *Linguistic Turn, der Tod des Autors und die biographische Illusion*

Besondere Bedeutung für die biographiebezogene Diskussion dürften ferner jene in den späten 1960er Jahren aufkommenden theoretischen Ansätze gehabt haben, die unter dem Begriff des *linguistic turn* und der damit in Zusammenhang stehenden Debatte um die Funktion der Narrativik in der historiographischen Arbeit subsumiert werden. Die Erkenntnis, dass philosophische Wahrheiten nicht allein analytisch *ge*-, sondern immer auch sprachlich *er*funden werden, führte notwendigerweise zu einer Revision geisteswissenschaftlicher Positionen. Hayden Whites These von der ›Fiktion des Faktischen‹ hob schließlich die seit Aristoteles gezogene Grenze zwischen dem Geschichtsschreiber, der berichtet, wie es tatsächlich war, und dem Literaten, der erzählt, wie es hätte sein können, endgültig auf und definierte den historischen Text als narratives Konstrukt. Diese Positionen wurden in den späten 1980ern vom *New Historicism* aufgenommen, weiterentwickelt und führten unter Einbeziehung von Theoremen Michel Foucaults zu einer erneuten Betonung historischer Implikationen. Im Bereich der Literaturwissenschaft verloren die Konzepte der werkimmanenten Interpretation bzw. des *New Criticism*, die den Text allein aus sich heraus verstanden wissen wollten und, da sie die Einbindung in historische, gesellschaftliche oder auch biographische Kontexte

29 Das gilt auch für Großbritannien, vgl. Lawrence Stone: »Prosopography«. In: *Daedalus* 100. Jg. (1971), S. 46–79.

30 Hans Schleier: »Narrative Geschichte und strukturgeschichtliche Analyse im traditionellen Historismus«. In: *Zeitschrift für Geschichtswissenschaft* 34. Jg. (1986), S. 99–112, hier S. 104.

31 Jürgen Oelkers: »Biographik – Überlegungen zu einer unschuldigen Gattung«. In: *Neue Politische Literatur* 29. Jg., 3 (1974), S. 296–309, hier S. 303.

weitgehend ablehnten, quasi ahistorisch waren, zunehmend ihren Status als maßgebliche Ansätze und wichen einer neuerlichen (allerdings nicht subjektzentrierten) Kontextualisierung.

Die skizzierten Theoreme wirkten sich gerade auf die Biographik in besonderem Maße aus, da Lebensbeschreibungen an der Schnittstelle von Historiographie, Literaturwissenschaft und Literatur stehen. Endgültig obsolet mussten nun Ansätze erscheinen, welche den Lebensweg als chronologisch darstellbare Abfolge kausal sich bedingender Ereignisse verstanden – jene Ansätze folglich, die schon Kracauer kritisiert hatte. Doch die Problematisierung ging weit über Fragen der Konzeption und Darstellung hinaus und machte auch vor dem Selbstverständnis des Biographen nicht Halt. Es erschien nämlich fortan kaum mehr möglich, mit jenem althergebrachten Objektivitätsgestus aufzutreten und die Ergebnisse der Arbeit als letztgültige Wahrheit zu verkaufen. Helmut Scheuer zog aus diesen Entwicklungen die Schlussfolgerung, dass einzig literarische Biographien den an zeitgemäße Lebensbeschreibungen anzulegenden veränderten Maßstäben gerecht würden. Texte von Wolfgang Hildesheimer oder Dieter Kühn genügten sehr wohl wissenschaftlichen Standards, fielen aber nicht in den überholten Allwissenheitsgestus zurück, sondern betonten, dass ihre Präsentation lediglich *eine* (wiewohl am Wahrscheinlichen orientierte) Möglichkeit der Darstellung des Gewesenen sei (Scheuer 1979, 230; s. u.).

Für die Literaturwissenschaften waren schließlich die Arbeiten von Roland Barthes (*Der Tod des Autors*, 1967) und Michel Foucault (*Was ist ein Autor?*, 1969) von besonderer Bedeutung, führten sie doch zu bedeutenden Erschütterungen im theoretischen Fundament, die auch direkte Auswirkungen auf die Biographik hatten. Sowohl Foucault als auch Barthes haben sich intensiv mit Fragen der Autorschaft beschäftigt und den literarischen Text aus dem alleinigen Bannkreis und der Deutungshoheit seines Verfassers befreit, was zwangsläufig zu einem Überdenken der Rolle des Autors beim Entstehen und für das Verständnis eines literarischen Textes führte. Es stellte sich plötzlich die Frage, ob das Leben des Autors überhaupt noch von Bedeutung für die literaturwissenschaftliche Arbeit war, Biographien also einen heuristischen Wert besaßen. Auch wenn man Barthes und Foucault nicht dahingehend (miss-?)verstand, dass das Autorsubjekt gar keine Rolle mehr spielen sollte, stellten die skizzierten Theorieumbrüche neben den Darstellungsoptionen und dem Selbstverständnis des Biographen doch auch das Erkenntnisinteresse der Biographik an sich infrage. Denn was konnte der Biograph überhaupt noch sinnvoll darstellen wollen? Gibt es so etwas wie tatsächliches Leben, das man nur unter den Trümmern der Zeit freizulegen braucht? Die Biographik sah sich plötzlich in Diskussionen um Identität und Authentizität verstrickt, mit denen sie sich noch immer auseinander zu setzen hat. Neben der sog. literarischen Biographie, von der in diesem Kontext neue Impulse ausgehen (s.u.), wäre eine weitere Vorgehensweise anzuführen, die dem Kontingenzschock der Postmoderne Rechnung trägt, ihr Augenmerk dabei verstärkt auf die Diskursebene legt und den Autor als Konstrukt einer Kommunikationstechnik begreift, ohne damit die Bedeutung der Biographik zu negieren: Zunehmend werden nämlich Biographien geschrieben, die nicht mehr chronologisch, sondern thematisch strukturiert sind.

Diese Ansätze können auch als produktive Reaktion auf einen weiteren einflussreichen Kritiker der biographischen Methode verstanden werden, denn neben den Poststrukturalisten war es ein weiterer Franzose, der 1986 die Grundlagen biographischen Arbeitens infrage stellte: der Soziologe Pierre Bourdieu. In seinem Aufsatz »Die biographische Illusion« trägt Bourdieu Kritik am Denk-Konzept Biographie vor, die, wiewohl nicht wirklich neu, nicht zuletzt aufgrund des radikalen Impetus zu lebhaften Debatten führt. Zunächst kritisiert Bourdieu die Implikationen des Begriffs »Lebensgeschichte«, der sich in die Soziologie hineingeschmuggelt habe und der dazu führe, das Leben als Abfolge verschiedener sich bedingender Geschehnisse zu begreifen, die sukzessiv zusammenhängend darstellbar seien. Bourdieu kritisiert den chronologischen Ansatz dieser Konzeption, der aus einem Interesse daran resultiere, das Postulat der Sinnhaftigkeit der Existenz zu akzeptieren. Schließlich gelangt Bourdieu zu der Frage, ob man vielleicht überhaupt nur »einer rhetorischen Illusion [huldigt], einer gemeinsamen Vorstellung von der Existenz, die von einer ganzen literarischen

Tradition unablässig verstärkt wurde und wird, wenn man eine Lebensgeschichte produziert und das Leben als eine Geschichte behandelt, das heißt als kohärente Erzählung einer signifikanten und auf etwas zulaufenden Folge von Ereignissen.«[32]

Nach einigen weiteren kritischen Ausführungen zu dem in der Soziologie vorherrschenden Identitätskonzept kommt Bourdieu zu seinem bekannten, vernichtenden Urteil:

»Der Versuch, ein Leben als eine einmalige und sich selbst genügende Abfolge von Ereignissen zu verstehen, deren einziger Zusammenhang in der Verbindung mit einem ›Subjekt‹ besteht, dessen Konstanz nur die eines Eigennamens sein dürfte, ist ungefähr so absurd wie der Versuch, eine Fahrt mit der U-Bahn zu erklären, ohne die Struktur des Netzes zu berücksichtigen, das heißt, die Matrix der objektiven Relationen zwischen den verschiedenen Stationen.«[33]

Allerdings weist Bourdieu auch schon in diesem kritischen Beitrag zur Beschäftigung mit Existenzverläufen auf Wege hin, die aus dem Dilemma führen können.[34] Mit späteren Überlegungen hat Bourdieu einen Ansatz ausgearbeitet, der biographisches Arbeiten in Zeiten postmoderner Individualitätsskepsis legitimiert: sein Habituskonzept (↗ VIII.2.1. Konzeptionelle Vorüberlegungen).

6.5. Tendenzen seit 1970: Neue Perspektiven

Über die Biographik des 20. Jahrhunderts fanden Gruppen Eingang in das kulturelle Gedächtnis, die sich zuvor – wenn überhaupt – gemessen an ihrer statistischen Quantität nur unzureichend repräsentiert fanden. Das trifft besonders für Frauen und Arbeiter zu – allerdings in je spezifischer Weise. Während sich die Arbeiterbiographik nicht als konstanter Zweig etablieren konnte (vgl. 6.2.3.), ist die Lage im Falle der Frauenbiographik eine andere. Über verschiedene Stufen, die mit unterschiedlichen Intentionen und differenten historischen Kontexten verbunden waren, ist sie bis heute eine diskutierte und praktizierte Form biographischen Arbeitens. Die literarische Biographik des späten 20. Jahrhunderts zeichnet sich dagegen weniger durch neue Objekte als durch diversifizierte Präsentationstechniken aus.

6.5.1. *Frauenbiographik*

War für die Frauenbiographik schon ab 1850 eine Konjunktur zu beobachten (Schaser 2001, 142), ist sie auch in der ersten Hälfte des 20. Jahrhunderts eine wichtige biographische Subgattung. Allerdings handelte es sich weniger um Produkte akademischer Provenienz, als vielmehr um ein identitätsstiftendes Phänomen, d. h. eine Biographik von Frauen über Frauen (und primär auch für Frauen). Wie Angelika Schaser herausstellt, wurden Frauen dabei oft nicht als Individuen, sondern unter kollektivierenden Perspektiven mit Interesse am ›Wesen‹ sogenannter ›wahrer Frauen‹ thematisiert (ebd.). Titel wie *Die Kultur der Frau. Eine Lebenssymphonie der Frau des XX. Jahrhunderts* (1931), *Die Frauen des Ostens. Vom Matriarchat bis zu den Fliegerinnen von Baku* (1938) oder *Deutsche Frauen. Bildnisse und Lebensbeschreibungen* (1939) belegen das ebenso wie die exemplarische Lektüreanweisung bei Amanda Sonnenfels: »Nicht die berühmten Namen der deutschen Frauen [...] sollen für meine jungen Leser und Leserinnen die höchste Bedeutung gewinnen, sondern vor allem ihre menschlich großen Eigenschaften«.[35] Gertrud Bäumer, eine der einflussreichsten Vertreterinnen der ersten Frauenbewegung, hatte diese kulturelle Reduktion gegenüber der Betonung von Männern bereits zeitgenössisch als »Blindheit und Voreingenommenheit«[36] kritisiert. Als die Frauenbiographik in Folge der Etablierung der Frauen- und Geschlechterforschung seit den 1970er Jahren zum Gegenstand der Forschung wurde, ist besonders

32 Pierre Bourdieu: »Die biographische Illusion«. In: Ders.: *Praktische Vernunft. Zur Theorie des Handelns*. Frankfurt a. M. 1998, S. 75–83, hier S. 77.

33 Pierre Bourdieu: »Die biographische Illusion« (wie Anm. 32), S. 82.

34 Vgl. hierzu Christian Klein: »Lebensbeschreibung als Lebenserschreibung? Vom Nutzen biographischer Ansätze aus der Soziologie für die Literaturwissenschaften«. In: Ders. (Hg.): *Grundlagen der Biographik. Theorie und Praxis des biographischen Schreibens*. Stuttgart/Weimar 2002, S. 69–85.

35 Amanda Sonnenfels: »An meine Leser und Leserinnen!«. In: Dies.: *Deutsche Frauengestalten. Fünf Lebensbeschreibungen hervorragender Frauen für die Mädchenwelt*. Stuttgart [1910], o. S.

36 Gertrud Bäumer. »Die wahre Frau«. In: Dies.: *Gestalt und Wandel. Frauenbildnisse*. Berlin 1939. S. XI–XVI, hier S. XI.

von amerikanischen (Literatur-)Wissenschaftlerinnen über die Möglichkeit, diese Situation verändern zu können, diskutiert worden. Kritisiert wurden traditionelle Biographien im Wesentlichen aufgrund ihrer Fixierung auf eine exponierte Figur, deren Entwicklung, Leben und Wirken als von externen Einflüssen unabhängig und damit als männlich galt; der Ausweg wurde in einer spezifisch feministischen Biographik gesehen (zu dieser Debatte vgl. von Zimmermann 2005, 18–22.). Vor allem aus Perspektive differenzsensibler Forschung ist in den USA eine Erneuerung biographischer Darstellungen eingefordert worden. So fänden sich neben Frauen auch nicht-weiße, indianische, homosexuelle, unterbürgerliche und behinderte Personen im Rahmen der dominanten Biographietraditionen nicht angemessen berücksichtigt.[37] Die Biographik thematisiere mitnichten *All Sides of the Subject.*[38] Moderne Biographietheorie stellt in Abkehr von den ›großen Männern‹ isolierte, ›allgemeine‹ Größe zur Disposition und betont die Chance, bislang marginalisierten Gruppen (↗ V.3. Frühe Neuzeit; ↗ V.4. 18. Jahrhundert) einen Raum neben und in der Mainstreamkultur schaffen zu können. Biographische Studien sollen sich demnach nicht lediglich als Summe öffentlicher Leistungen definieren, denn hierin liegt eine implizite Privilegierung hegemonialer Gruppen, sondern – im Gegenteil – Aufmerksamkeit in bislang unterrepräsentierte Bereiche lenken. Dabei scheinen allerdings verschiedene Probleme auf: Zunächst besteht ein wesentliches Problem der Frauenbiographik in der ungünstigen Quellenlage. »Nachlässe von Frauen fanden und finden«, so Schaser, »selten den Weg in die Archive. Selbst wenn sie bis dahin gelangen, gab und gibt es nur unzureichende finanzielle Mittel, um diese Materialien der Forschung zugänglich zu machen« (Schaser 2001, 141). Dieser Umstand zeigt, wie sehr sich das androzentrische Weltbild und die Möglichkeit seiner Korrektur bedingen. Daneben ist besonders die Unmöglichkeit einer Orientierung an der Tradition hervorgehoben worden. Sollen einerseits keine Reproduktionen der traditionellen Dominanzstrukturen erzeugt werden, dürfen als Ergebnis dieser Kritik keine Heroinen entworfen werden, die dem hegemonial-männlichen Rollenideal prinzipiell verpflichtet sind. Da diskursprägende Modelle für diese Intention aber bislang weitgehend fehlen, ist für die und von der Biographik für eine solche Perspektive noch viel zu leisten.

Eine medial innovative Entwicklung sind die Internet- bzw. digitalen Biographieprojekte, die Frauenbiographien bereitstellen und biographische Daten sammeln. Mit dem von Ilse Korotin geleiteten Projekt *biografiA. Biographische Datenbank und Lexikon österreichischer Frauen* (http://www.biografia.at) etwa soll der noch immer statthabenden Unterrepräsentanz von Frauen in Lexika und Nachschlagewerken aktiv entgegengewirkt werden. Die 15.000 bislang zusammengetragenen Datensätze berücksichtigen neben exponierten Figuren auch gerade weniger bekannte Frauen, um damit das »Gesamtbild weiblicher Aktivitäten und Wirkungsbereiche«[39] abbilden zu können. Bei ihrer Erfassung wird versucht den unterschiedlichen Lebensumständen und -optionen von Männern und Frauen gerecht zu werden, was sich in der erhöhten Sensibilität gegenüber Namensänderungen, Netzwerken und Tätigkeitsfeldern widerspiegelt. Auch das von Luise F. Pusch herausgegebene Format *FemBio Frauen-Biographieforschung* (www.fembio.org) bietet eine Datenbank, deren Informationen für spezifische Suchanfragen variabel miteinander verknüpft werden können (30.000 Frauen, 250 Attribute). Daneben sind rund 300 biographische Essays abrufbar, die sich bedeutenden Frauen widmen und meist zu Jahrestagen oder vergleichbaren Anlässen online gestellt werden. Die Anlage der Texte folgt einem programmatisch-feministischen Ansatz: »Ein gewöhnliches Lexikon informiert nicht darüber, wie diese Frauen wirklich gelebt haben. Wenn z. B. große Frauen von Männern behindert, benachteiligt, mißbraucht, gequält oder gar ermordet wurden, so erfahren Sie das in ande-

37 Vgl. Belinda Robson: »Biography«. In: Cheris Kramarae/Dale Spender (Hg.): *Routledge International Encyclopedia of Women. Global Women's Issues and Knowledge.* Bd. 1. New York/London 2000, S. 107–108, hier S. 108.

38 Vgl. Teresa Iles (Hg.): *All Sides of the Subject: Women and Biography.* New York 1992.

39 Ilse Korotin: »Frauen sichtbar machen: Das Projekt ›biografiA – Biographische Datenbank und Lexikon österreichischer Frauen‹«. In: Christian von Zimmermann/Nina von Zimmermann (Hg.): *Frauenbiographik. Lebensbeschreibungen und Porträts.* Tübingen 2005, S. 355–367, hier S. 358.

ren Quellen meist nicht. Wenn die Frauen lieber mit Frauen als mit Männern zusammen lebten, so wird das in der Regel ›diskret‹ übergangen. In einer FemBiographie werden aber solche biographischen Fakten genau so wichtig genommen wie alle anderen.«[40] Insgesamt bieten diese Projekte damit digitale Forschungsbeiträge und -möglichkeiten, die analog nicht zur Verfügung stehen. Sie sind für qualitative wie quantitative Forschungen im Bereich geschlechter-, sozial- und kulturgeschichtlicher Ansätze in besonderer Weise hilfreich.

6.5.2. Literarische Biographik

In Zuge der Analyse diverser literarischer Biographien aus der Spätphase des 20. Jahrhunderts stellt Helmut Scheuer eine gezielte und bewusste Grenzverwischung zwischen Fiktion und Realität, eine Vermischung von Kunst und Wissenschaft als konstitutives Merkmal heraus (Scheuer 1979, 230–248). Für Texte wie Dieter Kühns *N* (1970), *Die Präsidentin* (1973), *Josephine* (1976) und *Ich Wolkenstein* (1977) oder Hans Magnus Enzensbergers *Der kurze Sommer der Anarchie. Buenaventura Durrutis Leben und Tod* (1972), Günter de Bruyns *Jean Paul* (1975), Peter Härtlings *Hölderlin* (1976), Wolfgang Hildesheimers *Mozart* (1977) und Dieter Hildebrandts *Lessing* (1979) gelte ein »besonderer Wahrheitsanspruch [...], der seine Legitimität sowohl auf künstlerische als auch auf die wissenschaftliche Erkenntnissuche gründet« (Scheuer 1982, 16).[41] Dabei ist die Vermittlung von subjektiver Wahrheitssuche und objektiv-formalisierter Rekonstruktion des Vergangenen einkalkuliert und in ihren Erkenntismöglichkeiten reflektiert. Härtling stellt das schon auf der ersten Seite klar: »Ich bemühe mich auf Wirklichkeiten zu stoßen. Ich weiß, es sind eher meine als seine. Ich kann ihn nur finden, erfinden, indem ich mein Gedächtnis mit den überlieferten Erinnerungen verbünde. Ich übertrage vielfach Mitgeteiltes in einen Zusammenhang, den ich allein schaffe«.[42] Es handelt sich bei dieser und anderen Passagen weniger um die Parodie von Einleitungen zu wissenschaftlichen Publikationen, als um die fundamentale Einsicht in die unhintergehbare Subjektivität jeder Narration. Wie Scheuer feststellt, werde gerade durch den Verzicht auf den absoluten Wahrheitsanspruch die Rekonstruktion des Lebenslaufes als »Addition je subjektiver Zugriffe« (ebd.) möglich. Das Bemühen moderner Schriftsteller besteht mithin darin »subjektive und allgemeine Aussagen in eine fruchtbare Spannung zu bringen, die den Erkenntnisakt vorantreiben kann« (ebd., 24).

Technisch wird dieses Programm durch ein Verfahren der Uneindeutigkeit umgesetzt. So haben sich die Autoren zwar paratextuell auf das Genre des Romans festgelegt, heben damit aber nicht auf den traditionellen historischen Roman ab, sondern durchbrechen die in die Genreangaben eingelagerten Vorgaben und damit den ›Glauben‹ an die Fiktion. So ist etwa bei Enzensberger keine geschlossene, um Einheitlichkeit bemühte Erzählung das darstellerische Ziel. In einer Art Quellencollage, die von erklärenden Glossen lediglich durchbrochen wird, führt er stattdessen die Ausgangssituation seines Schreibens gleichzeitig als dessen Ergebnis vor. Wenn auch andere Autoren die Collagetechnik einsetzen, zeigt sich darin der Versuch, die Protagonisten multiperspektivisch, d. h. widersprüchlich und gegensätzlich zu deuten. Gleichzeitig wird aber zumeist auch deutlich, dass die Autoren die Fachliteratur und andere Quellen detailliert studiert haben, sie also die Kenntnis des Bekannten mit dem Anspruch verbinden, neue Aspekte über die thematisierten Personen mitzuteilen.

Diese an deutschsprachiger Biographik entwickelten Beobachtungen treffen letztlich auch auf einen Großteil der internationalen literarischen Biographik zu. So entstehen in Großbritannien ab den 1980er Jahren literarische Biographien, die sich explizit mit den Möglichkeiten der ›Wahrheitsfindung‹ im Prozess des biographischen Schreibens beschäftigen. So hat etwa Julian Barnes mit *Flaubert's Parrot* (1984) eine fiktionale Metabiographie vorgelegt, die geprägt ist vom Spiel mit verschiedenen Erzählperspektiven und Leitmotiven, von der Präsentation skurriler Details und dem Verzicht auf die ›große‹ Erzählung. Identität und Subjektivität werden als Konstruktionen er-

40 http://www.fembio.org/biographie.php/frau/ueber (10.8. 2009).

41 Vgl. zu Kühns biographischen Romanen: Stephanie Hüncken: *Dieter Kühn und die Biographik. Modernes Erzählen zwischen Kunst und Wissenschaft*. Siegen 2003.

42 Peter Härtling: *Hölderlin. Ein Roman*. Darmstadt/Neuwied 1976, S. 1.

kennbar, der ›wahre‹ Flaubert bleibt Phantasmagorie. Interessanterweise hatte sich schon Jean-Paul Sartre biographisch an Flaubert abgearbeitet, wovon sein 1971/72 unvollendet veröffentlichter Roman-Zyklus *L'Idiot de la famille. La vie de Gustave Flaubert de 1821 à 1851* Zeugnis ablegt. Sartre zeichnet Flauberts Entwicklung nach, indem er ihn in mentalitätsgeschichtliche und familiäre Zusammenhänge einbettet und so neben der Biographie auch einen Versuch intellektueller Geschichtsschreibung vorlegt. Wenn Sartre nach den Bedingungen für Flauberts Erfolg fragt und diesen in Verbindung mit dem »Irresein« Flauberts und dessen Epoche setzt, schließt er an Lange-Eichbaums soziologisch erweitertes psychopathographisches Konzept aus den 1920er Jahren an. Im Jahre 2000 legte Antonia S. Byatt mit ihrem Roman *The Biographer's Tale* die Geschichte eines Biographen vor, der erkennen muss, dass vermeintlich objektive Quellen manipuliert wurden und sich keine einheitliche Ordnung in das gesammelte biographische Material bringen lässt. Schließlich gibt der Biograph sein Unterfangen auf. Byatt verknüpft fiktionale Passagen mit Ausschnitten aus realen historischen Quellen und problematisiert die Erkenntnismöglichkeiten biographischen Arbeitens.

Die in den literarischen Biographien präsentierte Kombination aus Faktenpräsentation und Problematisierung des Zugriffs in Verbindung mit Versuchen zu innovativen Schreibverfahren wurde denn auch als mögliches Vorbild für die wissenschaftliche, speziell die historische Biographik gesehen. Die historische Biographik sollte sich, so das Plädoyer, von der lange gepflegten Trennung von Kunst und Wissenschaft verabschieden. Ferner ist vom Ideal eines geschlossenen Gesamtbildes abzurücken zugunsten fragmentarischer Entwürfe. Schließlich ist ein stärkeres Bewusstsein für den Konstruktionscharakter biographischer Narrationen, ihre Chancen und die grundsätzlichen Begrenzungen der Erkenntnismöglichkeiten einzufordern. In diesen Punkten könnten sich die Fachwissenschaften von den literarischen Biographien inspirieren lassen, ohne deshalb ihre Ansprüche auf intersubjektiv nachprüfbare Ergebnisse aufgeben zu müssen. Jüngere Beispiele zeugen davon, dass wissenschaftliche Biographen diese Anregungen verstärkt aufgreifen (↗III.2. Wissenschaftliche Biographik).

Literatur

Anz, Thomas: »Autoren auf der Couch? Psychopathologie, Psychoanalyse und biographisches Schreiben«. In: Christian Klein (Hg.): *Grundlagen der Biographik. Theorie und Praxis des biographischen Schreibens.* Stuttgart/Weimar 2002, S. 87–106.

Hähner, Olaf: *Historische Biographik. Die Entwicklung einer geschichtswissenschaftlichen Darstellungsform von der Antike bis ins 20. Jahrhundert.* Frankfurt a. M. u. a. 1999.

Hamilton, Nigel: *Biography. A Brief History.* Cambridge, Mass. 2007.

Hoberman, Ruth: *Modernizing Lives. Experiments in English Biography, 1918–1939.* Carbondale 1987.

Kolb, Eberhard: »›Die Historiker sind ernstlich böse‹. Der Streit um die ›Historische Belletristik‹ in Weimar-Deutschland«. In: Norbert Finzsch/Hermann Wellenreuther (Hg.): *Liberalitas. Festschrift für Erich Angermann zum 65. Geburtstag.* Stuttgart 1992, S. 67–86.

Konvitz, Josef: »Biography. The Missing Form in French Historical Studies«. In: *European Studies Review* 6. Jg. (1976), S. 9–20.

Madelénat, Daniel: »Biographie«. In: Martine Bercot/Georges Grente (Hg.): *Le XXe siècle.* Paris 1998, S. 142–145.

Paul, Sigrid: »Arbeiterbiographien in Deutschland, Österreich, Polen und Schweden als Vorläufer Mündlicher Geschichte«. In: Gerhard Botz/Josef Weidenholzer (Hg.): *Mündliche Geschichte und Arbeiterbewegung. Eine Einführung in Arbeitsweisen und Themenbereiche der Geschichte ›geschichtsloser‹ Sozialgruppen.* Wien/Köln 1984, S. 85–108.

Scheuer, Helmut: »Biographie. Überlegungen zu einer Gattungsbeschreibung«. In: Reinhold Grimm/Jost Hermand (Hg.): *Vom Anderen und vom Selbst. Beiträge zu Fragen der Biographie und Autobiographie.* Königstein/Ts. 1982, S. 9–29.

Ders.: *Die Biographie. Studien zur Funktion und zum Wandel einer literarischen Gattung vom 18. Jahrhundert bis zur Gegenwart.* Stuttgart 1979.

Schulze, Hagen: »Die Biographie in der ›Krise der Geschichtswissenschaft‹«. In: *Geschichte in Wissenschaft und Unterricht* 29. Jg. (1978), S. 508–518.

Zimmermann, Christian von: *Biographische Anthropologie. Menschenbilder in lebensgeschichtlicher Darstellung (1830–1940).* Berlin/New York 2006.

Zimmermann, Nina von: »Zu den Wegen der Frauenbiographikforschung«. In: Christian von Zimmermann/Dies. (Hg.): *Frauenbiographik. Lebensbeschreibungen und Porträts.* Tübingen 2005, S. 17–32.

Christian Klein/Falko Schnicke

VI. Regionale Entwicklungen

1. Deutschsprachige Biographik

Während hierzulande nach wie vor Auseinandersetzungen darüber geführt werden, ob der deutschsprachigen Biographik ein Platz auf der Ehrentribüne der Kulturgeschichte zuzuweisen ist, scheint diese Frage für Außenstehende längst geklärt. Entsprechend ist etwa im angelsächsischen Raum ganz selbstverständlich von der ›großen deutschen biographischen Tradition‹ die Rede.[1] Fest steht: Auch wenn sich die deutschsprachige Biographik vielleicht nicht so nachdrücklich ins alltägliche Leben eingeschrieben hat wie die angelsächsische, so war und ist sie doch Teil einer lebendigen kulturellen Praxis. Biographien bieten die Möglichkeit, vorbildhafte Lebensentwürfe zu gestalten, erlauben auf diese Weise, sich des eigenen Selbst zu vergewissern, und spiegeln so stets herrschende Individualitätsauffassungen und -ideale. Diese Ideale werden dabei in einer spezifischen Form und zu einem bestimmten Zeitpunkt (aus einer ›Gegenwart‹ heraus) vermittelt. Neben die Bedeutung der Form tritt somit ein besonderes Gegenwartsinteresse, das sich in der Biographie niederschlägt. In diesem Sinne erlaubt der Blick auf eine regionale Ausprägung der Biographie einen Einblick in kulturelle Konfigurationen und ihre Transformationen im historischen Prozess.

1.1. Exempel, Polemik und Repräsentation in hybriden Formen – Biographik zwischen 1500 und 1750

Die deutschsprachige Biographik der Frühen Neuzeit, deren Spektrum von der Individualbiographie über biographische Kleinformen bis hin zu Sammelbiographien reicht, wurzelt in der *memoria*-Kultur (↗ II.5. Biographie und Gedächtnis). Neben der an religiöse Praktiken oder konfessionelle Auseinandersetzungen gebundenen Biographik, die didaktische Exempel liefert und zum Träger apologetischer Positionen wird, bildet sich eine säkularisierte(re) Form biographischen Schreibens heraus, die verstärkt auf gesellschaftliche Selbstdarstellung abzielt. Im Fall religiöser, hagiographischer Biographik werden mittelalterliche Traditionen, durch Reformation und Humanismus gebrochen, fortgesetzt.

Die Individualbiographik dieser Zeit konstituiert keine Gattung *sui generis*, sondern ist ein hybrides Genre, das sich aus unterschiedlichen Textformen und inhaltlichen Topoi zusammensetzt. Im Hinblick auf Inhaltliches bedient sie sich antiker, humanistischer sowie christlicher Versatzstücke und lässt das Individuum zugunsten übergeordneter Prinzipien in den Hintergrund treten. Die biographische Beschäftigung mit der Person Martin Luthers liefert ein anschauliches sowie zugleich gut dokumentiertes Beispiel und zeigt, wie zunächst biographische Kleinformen dominieren und später von umfangreicheren Individualbiographien abgelöst werden: Philipp Melanchthons Beiträge zur Luther-Biographik sind – als Vorrede und Trauerrede – biographische Kleinformen. In der »Praefatio« (1546, dt. 1559) zum zweiten Band von Luthers *Opera* orientiert sich Melanchthon bei der Anlage seines Textes an Sueton (Backus 2008, 3); in Details wird Melanchthons Darstellung v. a. von humanistischen Topoi geprägt,[2] und auf der narrativen Makroebene bildet die *historia salutis* seinen Bezugspunkt. Luther wird nicht als Individuum oder *exemplum* entworfen; Melanchthon geht es vielmehr um Luthers Position(ierung) in der Heilsgeschichte (ebd., 5 ff.). Leben und Lehre Luthers werden in ein wechselseitiges Abhängigkeitsverhältnis gesetzt, so dass die Biographie letztlich als theologische Legitimation fungiert. Melanchthons *Oratio in funere D. Martini Lutheri* (1546, dt. 1546)

1 Vgl. Roger Paulin: »Adding Stones to the Edifice: Patterns of German Biography«. In: Peter France/William St Clair: *Mapping Lives. Uses of Biography*. Oxford/New York 2002, S. 103–114, hier S. 103.

2 Vgl. Eike Wolgast: »Biographie als Autoritätsstiftung: Die ersten evangelischen Lutherbiographien«. In: Berschin 1993, S. 41–72, hier S. 57.

knüpft an die antike *oratio funebris* an, enthält zugleich aber auch Elemente der Heiligenvita.[3] Der von Melanchthon behandelte Stoff bleibt selektiv, eine erste vollständige Luther-Biographie liefert der katholische Kontroverstheologe Johannes Cochlaeus mit den *Commentaria de actis et scriptis Martini Lutheri* (1549, dt. 1582). Diese mit einer Vielzahl historischer Dokumente angereicherte Darstellung sucht einerseits Luther zu diffamieren, ist jedoch zugleich aufgrund ihrer chronikalischen Struktur und der Breite des entfalteten Materials der Historiographie verpflichtet (ebd., 20). An der spätmittelalterlichen Predigtform der *sermones de sanctis* orientieren sich Johannes Mathesius' *Historien von des Ehrwirdigen in Gott Seligen thewren Manns Gottes* (1566). Von evangelischer Seite folgen Cyriacus Spangenbergs *Theander Lutherus* (1589), ebenfalls ein Predigt-Zyklus, und Georg Gloccers *Warhafftige Historia* (1586). Doch während Cochlaeus' wie Gloccers Biographien von Polemik und Apologetik dominiert werden, verzichtet Mathesius auf eine Funktionalisierung der *Historien* im Rahmen theologischer Kontroversen und setzt auf Anschaulichkeit und das Erbauungspotential der Biographie; beides trägt zur Popularität der *Historien* bei (ebd., 10).

Kasualtexten, die zu Anlässen wie Geburt, Taufte, Hochzeit etc. verfasst werden, liegt *per se* ein biographisches Interesse zugrunde, doch allein die Leichenpredigt bietet die Möglichkeit, ein Leben in seiner Gänze zu erzählen.[4] Während Luther als Begründer der Leichenpredigt noch auf biographische Informationen verzichtet, werden diese in der zweiten Hälfte des 16. Jahrhunderts immer häufiger in Leichenpredigten eingewoben; um 1600 bildet der ›Lebens-Lauff‹ (auch ›Personalia‹) einen eigenständigen Teil des Druckes.[5] Charakteristisch für diese biographische Kleinform ist ein Satz von Themenbereichen, der aus der (antik-) humanistischen Rhetorik stammt und zu dem folgende Elemente zählen: Geburt, Eltern (Genealogie), Taufe, Kindheit, Schule, Beruf, Ehestand, Kinder, Tugenden und Schwächen, die letzte Krankheit und der Tod (Niekus Moore 2006, 63–81). Zwar bildet das Individuum den Ausgangspunkt der Darstellung – teils werden noch authentisierende Ego-Dokumente eingefügt (ebd., 57) – doch geht es letztlich nicht darum, den Menschen in seiner Einzigartigkeit darzustellen, sondern anhand seiner Biographie einen vorbildhaft christlichen und gruppenspezifischen Lebensweg (als Prediger, Arzt etc.) aufzuzeigen. Die ausführliche Schilderung der Sterbeszene fungiert dabei zugleich als ›ars moriendi‹ *in nuce*. Der Lebenslauf wird im Hinblick auf seine religiöse wie säkulare Dimension zum *exemplum*. Neben den narrativen Mustern tragen der rhetorische Ornatus und die Entfaltung polyhistorischen Wissens zur Überformung des Individuellen bei. Über ihre Funktion als Erbauungsliteratur hinaus werden Leichenpredigten zu einem Instrument der gesellschaftlichen Selbstrepräsentation, was sich u. a. in der Erweiterung des Lebenslaufs zeigt – eine Tendenz, die jedoch bereits in der zweiten Hälfte des 17. Jahrhunderts auf kirchliche Kritik stößt.[6] Mit Blick auf die zunehmende Verselbstständigung des Lebenslaufs liegt es nahe, die ›Biographie‹ als erweiterte und »säkulare Version der gedruckten Leichenpredigt«[7] zu verstehen.

Zwei Typen der Sammelbiographie lassen sich in der Frühen Neuzeit unterscheiden: Zum einen werden hagiographische Sammlungen, wie sie auch das Mittelalter hervorgebracht hat, fortgesetzt, zum anderen kommen vermehrt säkulare Sammelbiographien in Form von berufsständischen Sammlungen und biographischen Gelehrtenlexika auf.

Mit dem Humanismus und der Kritik der Reformatoren am Heiligenkult verändert sich auch die Stellung der Hagiographie: Laurentius Surius versucht durch Glättung der Texte mit den *Bewerten*

3 Vgl. Herbert Immenkötter: »Von Engeln und Teufeln: Über Luther-Biographien des 16. Jahrhunderts«. In: August Buck (Hg.): *Biographie und Autobiographie in der Renaissance*. Wiesbaden 1983, S. 91–102, hier S. 93.

4 Vgl. die thematische Sektion ›Biographie‹ in Rudolf Lenz (Hg.): *Leichenpredigten als Quelle historischer Wissenschaften*. Bd. 4. Marburg 2004, S. 273–381.

5 Vgl. Rudolf Lenz: »Zur Funktion des Lebenslaufes in Leichenpredigten«. In: Walter Sparn (Hg.): *Wer schreibt meine Lebensgeschichte? Biographie, Autobiographie, Hagiographie und ihre Entstehungszusammenhänge*. Gütersloh 1990, S. 93–115, hier S. 95.

6 Vgl. Rudolf Lenz: *De mortuis nil nisi bene? Leichenpredigten als multidisziplinäre Quelle*. Sigmaringen 1990, S. 13, 142 f.

7 Michael Maurer: *Die Biographie des Bürgers. Lebensformen und Denkweisen in der formativen Phase des deutschen Bürgertums (1680–1815)*. Göttingen 1996, S. 114, zudem vgl. S. 120.

Historien der Lieben Heiligen Gottes (6 Bde., 1570–1575, dt. 1574–1580) auf die neue Situation zu reagieren; bestimmt wird das Genre auf katholischer Seite jedoch v.a. von populären Sammlungen wie Martin von Cochems *Verbesserter Legende der Heiligen* (1705) und seiner *Neuen Legende der Heiligen* (1708). Ausgehend von Luthers Kritik rücken in den protestantischen Sammlungen die Kirchenlehrer und Märtyrer ins Zentrum:[8] Ludwig Rabus' *Historien der heyligen außerwölten Gottes Zeügen* (8 Teile, 1552–1558) und Hieronymus Wellers *Historien Etlicher Merterer* (1580) sind programmatische Beispiele für deutschsprachige Martyrologien. Letztlich ist Erbauung das Hauptziel dieser Biographiesammlungen. Mit dem Pietismus setzt Ende des 17. Jahrhunderts ein gesteigertes Interesse an (auto)biographischen Texten ein,[9] das sich in Sammlungen wie Johann Heinrich Reitz' *Historie Der Wiedergebohrnen* (7 Teile, 1698–1745), Gottfried Arnolds *Vitae patrum* (1700) und *Leben der Gläubigen* (1701) sowie Gerhard Tersteegens *Auserlesene Lebensbeschreibung* (3 Bde., 1733–1753) artikuliert. Mit der Akzentuierung der ›Innerlichkeit‹ setzt der Pietismus wichtige Impulse für die (Auto)Biographik des 18. Jahrhunderts.[10]

Die Gelehrtenkultur der Frühen Neuzeit, die sich in Texten permanent selbst reflektiert und entwirft, konsolidiert ihr Eigenbild in berufsständischen Sammelbiographien und allgemeinen Gelehrtenlexika. Neben lateinischen Sammlungen entstehen in der ersten Hälfte des 18. Jahrhunderts deutschsprachige Projekte, die gruppendefinierende Funktion haben: so beispielsweise Christian Gottlieb Jöchers *Compendiöses Gelehrten-Lexicon* (1715 ff.; 1750/1751 als *Allgemeines Gelehrten-Lexicon* in vier Bänden erschienen) und Johann Jakob Bruckers *Ehren-Tempel der Deutschen Gelehrsamkeit* (1747). Abgeschlossen werden Artikel in Sammelwerken teils von kurzen zusammenfassenden Bewertungen (›Charakteristik‹),[11] die Umgangsformen, die Stellung zur Religion etc. charakterisieren (↗I.1. Begriffsgeschichte). Viele Lexika des 18. Jahrhunderts werden im Laufe des 19. ergänzt und erweitert; in dieser Linie – und unter nationalistischen Vorzeichen – steht als Spätprodukt die *Allgemeine Deutsche Biographie* (56 Bde., 1875–1912).

1.2. Zwischen Politik und Kultur und vom Essay zur Monographie – Biographik zwischen 1750 und 1900

Im Zuge des sich im 18. Jahrhundert wandelnden Individualitätskonzepts wenden sich u.a. Johann Gottfried Herder und Johann Wolfgang von Goethe gegen jene von Stereotypen und ›Gemeinplätzen‹ bestimmte Biographik, wie sie sich in Leichenpredigten, Lob- und Preisreden sowie Hagiographien in programmatischer Weise realisiert (Scheuer 1979, 14). In der zweiten Hälfte des 18. Jahrhunderts gilt es nun, sich von der schematisierten Darstellung eines Lebens abzuwenden und verstärkt auf die ›Personalität‹ (Goethe) und Individualität der dargestellten Person zu konzentrieren. Es komme darauf an, wie Daniel Jenisch 1802 festhält, »nach dem genetischen Zusammenhang von Ursache und Wirkung« zu fragen und »nichts Geringeres zu liefern, als die psychologische Entwicklungsgeschichte des […] Individuums«.[12] Es ist dieses Interesse an der Psychologie der Figuren, das die Biographie mit dem Roman verbindet (ebd., 12), so findet man die Verschränkung beider Gattungen u.a. in programmatischen Äußerungen wie Johann Karl Wezels Bestimmung von *Herrmann und Ulrike* (1780) als ›bürgerliche Epopee‹ und ›Biographie‹, Karl Philipp Moritz' Gleichsetzung von ›psychologischem Roman‹ und ›Biographie‹ im *Anton Reiser* (1785–1790) sowie als Gattungsangaben einiger Romane Jean Pauls – z.B. *Flegeljahre. Eine Biographie* (1804/1805) oder *Die*

8 Vgl. Matthias Pohlig: *Zwischen Gelehrsamkeit und konfessioneller Identitätsstiftung. Lutherische Kirchen- und Universalgeschichtsschreibung 1546–1617.* Tübingen 2007, S. 341–370.

9 Zur biographischen Schreibpraxis im Pietismus vgl. Ulrike Gleixner: *Pietismus und Bürgertum. Eine historische Anthropologie der Frömmigkeit.* Göttingen 2005, S. 165–208.

10 Günter Niggl: »Zur Säkularisation der pietistischen Autobiographie im 18. Jahrhundert«. In: Ders. (Hg.): *Die Autobiographie. Zu Formen und Geschichte einer literarischen Gattung.* Darmstadt 1989, S. 367–391.

11 Vgl. Hans-Martin Kruckis: »Biographie als literaturwissenschaftliche Darstellungsform im 19. Jahrhundert«. In: Jürgen Forhmann/Wilhelm Voßkamp (Hg.): *Wissenschaftsgeschichte der Germanistik im 19. Jahrhundert.* Stuttgart/Weimar 1994, S. 550–575, hier S. 552.

12 Daniel Jenisch: *Theorie der Lebensbeschreibung.* Berlin 1802, S. 13, 31.

unsichtbare Loge. Eine Biographie (1793). Das Modell der Entwicklung eines Individuums, wie es sich im Bildungsroman in prototypischer Weise herausbildet, wird darüber hinaus zu einem Leitnarrativ der Biographie.

Im ausgehenden 18. und vor allem im Laufe des 19. Jahrhunderts lässt sich ein wachsendes Interesse an biographischen Texten beobachten (Jander 1965, 6, 30), das u.a. in Großprojekten wie Johann Matthias Schröckhs *Allgemeiner Biographie* (8 Bde., 1767–1791), der Zeitschrift *Der Biograph* (8 Bde., 1802–1809), Joseph von Hormayrs *Oesterreichischer Plutarch* (20 Bde., 1807–1814) oder Karl Wilhelm Böttigers *Weltgeschichte in Biographien* (8 Bde., 1839–1844) Ausdruck findet. Parallel dazu – besonders in der Frühphase – findet die theoretische Reflexion der Formen und Funktionen biographischen Schreibens statt, die sich entweder als integraler Teil der Schreibpraxis (z.B. in Form eines programmatischen Vorworts) manifestiert oder sich in explizit theoretischen Schriften wie Johann Georg Wiggers' *Ueber die Biographie* (1777), Jenischs *Theorie der Lebensbeschreibung* (1802) oder Simon Erhardts *Das Leben und seine Beschreibung* (1816) niederschlägt (ebd., 31–41).

Während die Anfänge der neuen Biographik noch von offenen Kleinformen (etwa den Essays Herders oder Georg Forsters bzw. den Charakterstiken Friedrich Schlegels, Heinrich Laubes oder Karl Gutzkows) geprägt sind, in denen größtenteils auf chronologische Linearität verzichtet wird, so wird im Laufe des 19. Jahrhunderts die monographische (teils mehrbändige) Großdarstellung, der eine sukzessive Chronologie zugrunde liegt, zum dominierenden Typus biographischen Schreibens. Die monographische Individualbiographik findet in Gustav Droysen, Wilhelm Dilthey und Carl Justi prominente Hauptvertreter; zugleich wird mit Heinrich von Treitschke, Karl Hillebrand und Herman Grimm der biographische Essay in den letzten Dekaden des 19. Jahrhunderts nochmals belebt.

Mit Blick auf die inhaltliche Ausrichtung und Funktionalisierung der Biographik des 19. Jahrhunderts lassen sich zwei Haupttendenzen ausmachen, die bereits im 18. Jahrhundert einsetzen, sich aber erst in der zweiten Hälfte des 19. Jahrhunderts voll entfalten: historisch-politische Biographik einerseits, geistes- bzw. kulturwissenschaftliche Biographik andererseits (Scheuer 1979, 55). Erstere zeichnet sich durch einen sozial-politischen Blickwinkel aus, der mit politischer Funktionalisierung und gesellschaftlichen Forderungen einhergeht, zugleich treten die Form der Biographie und die Auswahl des biographischen Objekts in den Hintergrund. Zweitere definiert sich nicht über die Funktionalisierung, sondern vielmehr über die Auswahl der biographischen Objekte und die Darstellungsweise: So thematisiert die geistes- und kulturwissenschaftliche Biographik v.a. Wissenschaftler und Künstler und basiert auf der Ästhetisierung und Idealisierung des Dargestellten. Die historisch-politische Linie lässt sich von Herder und Forster über Gutzkow und die Jungdeutschen bis hin zu Droysen und der ›borussischen Schule‹ nachzeichnen, während die geistes- und kulturwissenschaftliche Biographik von F. Schlegel über Goethe und Varnhagen von Ense bis hin zur Biographik Diltheys und Justis reicht.

1.2.1. *Politisierung: Herders Essays, Jungdeutsche Charakteristiken und die ›borussische Schule‹*

Herder wird mit »Ueber Thomas Abbts Schriften« (1768), »Hutten« (1776) und »Denkmal Johann Winkelmanns« (1778) zum Impulsgeber einer neuen Biographik. Zwar schließt er einerseits an die Tradition der Kasualliteratur an, indem er u.a. an den ›Denkmal‹-Begriff anknüpft,[13] doch grenzt er sich andererseits nachdrücklich von dieser ab, »[d]a schwerlich etwas Langweiligeres, als ein unbestimmtes Leichenlob sein kann […]«.[14] Im »Denkmal Johann Winkelmanns« polemisiert er gegen die französische Eloge mit ihren *Lieux communs* und ihrer elaborierten Rhetorik. Als Gegenprogramm formuliert Herder in der ›Einleitung‹ des Abbt-Essays die Eckpunkte seiner eigenen Biographik: Er verschiebt den Fokus von dominant handlungsorientierten Lebensbeschreibungen zur Darstellung der ›Denkart‹, wodurch der Biograph, in Fortführung antiker Traditionen, zum »Biogra-

13 Vgl. Ingeborg Nerling-Pietsch: *Herders literarische Denkmale. Formen der Charakteristik vor Friedrich Schlegel.* Münster 1997, S. 36–49.

14 Johann Gottfried Herder: *Werke.* 10 Bde. Hg. v. Günter Arnold u.a. Frankfurt a.M. 1985–2000, Bd. 7, S. 27.

phen der Seele« wird (Scheuer 1979, 18). Den Zugang zur ›Seele‹ eröffnen Herder Texte, »denn der Geist, der der Abbts Körper überlebt, atmet in seinen Schriften«.[15] Zugleich sucht Herder Abbts ›Denkart‹ fruchtbar zu machen: Sie soll den Leser ›beleben‹ und in ihm ›würken‹. Wenn sich Herder als Biograph immer wieder an den Leser wendet und seine subjektive Position deutlich macht, tritt er in einen offenen Dialog mit ihm. Indem Herder die »Gestorbnen als Lebende betrachten« will, »verwandelt sich auf einmal das Nekrologium in ein *Athanasium*, in ein *Mnemeion*«[16] und erhält belebende Relevanz für die Gegenwart. Mit Luther, Savonarola und Ulrich von Hutten thematisiert Herder Personen, die auch für seine Gegenwart politisches Potential besitzen, darüber hinaus entfaltet er in seinen biographischen Essays einen bürgerlichen Tugendkatalog, der auf ›Bescheidenheit‹, ›Wohlanständigkeit‹, ›Gründlichkeit‹ etc. basiert und unter nationalen Vorzeichen steht (ebd., 23; Hähner 1999, 85 f.). Die politische Dimension gewinnt somit, wenngleich eher implizit und vorsichtig, bei Herder an Gewicht (Scheuer 1979, 24, 32 f.).

Forster knüpft mit seinem Essay »Cook der Entdecker« (1787) in wesentlichen Punkten, z. B. in der dialogischen Anlage des Essays und in der Entwicklung eines bürgerlichen Tugendkatlogs, an Herder an, bleibt aber zugleich traditionellen Topoi der Heldendarstellung verpflichtet, wenn er etwa James Cook häufig mit antiken Figuren parallelisiert. Im Vergleich zu Herder tritt bei Forster die politische Dimension jedoch deutlich hervor: Neben der biographisch-beschreibenden Ebene zieht er in »Cook« eine geschichtsphilosophisch-politische ein, die den Text in der Auseinandersetzung mit Jean-Jacques Rousseau in die Nähe einer Staatsutopie rückt.[17] Während sich in dieser Frühphase der neuen Biographik das Politische also wahlweise zwischen den Zeilen entfaltet (Herder) oder der biographische Essay als Projektionsfläche politischer Utopien genutzt wird (Forster), forcieren in den 1830er und 1840er Jahren die Jungdeutschen die Politisierung der Biographik und machen ihre biographischen Texte zu einem »scharfe[n] Instrument der Kritik« (von Zimmermann 2006, 98).

Zu einem Schlüsselbegriff der Jungdeutschen Biographik avanciert der ›Charakter‹, denn »eine höhere Aufgabe als Charaktere, giebt es für keine Darstellung, die höchste *Kunst* ist unbestritten die *Charakteristik* in diesem Sinne«.[18] Neben den literaturkritischen Charakterbildern Heinrich Laubes (*Moderne Charakteristiken*, 1835, vgl. von Zimmermann 2006, 98–101), die in der Tradition literaturgeschichtlicher Charakteristiken gesehen werden können (s.u.), ist es vor allem Gutzkow, der mit den *Oeffentlichen Charakteren* (1835), *Börne's Leben* (1840) und anderen Schriften einen wesentlichen Beitrag zur Jungdeutschen Biographik leistet. Im Zentrum seiner Darstellungen steht nicht das Privatleben des Biographierten, sondern – in Anlehnung an den englischen *public character*[19] – der ›Charakter‹ des Porträtierten in seinem öffentlichen Wirken. In Abgrenzung gegen die ›private‹ Biographik eines Varnhagen von Ense will Gutzkow nur solche Leben schildern, »bei denen das Nebendetail der Privatverhältnisse so unbedeutend ist, daß sie nicht vermisst werden«; ihm geht es darum, »aus den objektiven Klammern der Geschichte das Alles [abzulösen], was auf die Rechnung der Charaktere kommt«.[20] Letztlich wird die Biographie auf diese Weise zu einem Instrument der Zeitgeschichtsschreibung – nicht zuletzt dadurch, dass Gutzkow vor allem (lebende) Zeitgenossen porträtiert. Bei Gutzkow verbindet sich im Begriff des ›Charakters‹ eine deskriptive Dimension (das ›Charakteristische einer Person‹) mit einem normativen Charakterbegriff – aus der Spannung zwischen diesen beiden Begriffspolen geht Gutzkows Forderung nach der ›Entlarvung‹ des Charakters hervor. Neben den kritischen Tenor biographischen Schreibens und seine zeitgeschichtliche Dimension tritt bei Gutzkow der An-

15 Johann Gottfried Herder: *Werke* (wie Anm. 14), Bd. 2, S. 569.
16 Johann Gottfried Herder: *Werke* (wie Anm. 14), Bd. 7, S. 26.
17 Vgl. Helmut Scheuer: »Bürgerliches Heldenporträt – Ein Beitrag zur Erziehung des Menschengeschlechts. Ein Beitrag zu Forsters Biographik«, in: Claus Volker Klenke (Hg.): *Georg Forster in interdisziplinärer Perspektive*. Berlin 1994, S. 288–306, hier S. 304.
18 Arnold Runge: »Gustav Kühne: Weibliche und männliche Charaktere« [Rez.]. In: *Hallische Jahrbücher für Wissenschaft und Kunst* Nr. 216 (1838), Sp. 1720.
19 Vgl. Martina Lauster: »Globalkommentar«. In: Karl Gutzkow: *Die Zeitgenossen*, http://projects.exeter.ac.uk/gutzkow/Gutzneu/gesamtausgabe/index.htm, S. VI.48–VI.53 (4.5.2009).
20 Karl Gutzkow: *Oeffentliche Charaktere*. Erster Theil. Hamburg 1835, S. X.

spruch hinzu, künstlerische Texte zu verfertigen (von Zimmermann 2006, 103).

In Abgrenzung gegen die bestehende Biographik des Biedermeier und Vormärz bildet sich um die Jahrhundertmitte die Biographik der Historiker (ebd., 111; allgemein: Hähner 1999; Jander 1965). Jürgen Oelkers erkennt in dieser Biographik drei Typen: Er unterscheidet zwischen »episch-dokumentarischer« (Ranke), »politisch-pädagogischer« (Droysen) und »ästhetischer« (Dilthey) Biographie.[21] Diesen Typen liegt ein Anspruch zugrunde, der mit umfangreichen Quellenstudien und einem ungeheuren Zeitaufwand einhergeht und teils – durch die Materialfülle – zu mehrbändigen positivistischen »Monsterbiographien« führt (Gottschall 1874, 585 über Pertz' Biographien; Hähner 1999, 139 ff.; Jander 1965, 41–46). Es ist besonders die ›borussische Schule‹ um Droysen, von Seybel und von Treitschke, die die politisch-pädagogische Form der Biographik – und damit zugleich die »eigentlich politische Biographik im Dienste Preußens« (Scheuer 1979, 64) – hervorbringt und unter dem Motto ›Preußens Beruf‹ zu einer kleindeutschen Lösung der Nationalstaatsfrage beitragen will.

In der *Historik* (1857 ff.) verortet Droysen die Biographie als ›erzählende Darstellung‹ innerhalb historiographischer Präsentationsmöglichkeiten. Die Biographie eigne sich in besonderer Weise dazu, »den geschichtlichen Gedanken in seinem Werden« darzustellen, weil man ihn hier in »seinem handelnden Subjekt« verfolgen könne.[22] Dabei ist es nicht möglich, das Leben jedes bedeutenden Menschen in einer Biographie zu erfassen, da »die bedeutendsten über das Maß der Biographie hinausragen«.[23] Droysens theoretische Ausführungen zur Biographie weichen von seiner eigenen biographischen Praxis ab – besonders im Hinblick auf die ›Kandidaten-Theorie‹, also die ›Biographiewürdigkeit‹ einer Person (Hähner 1999, 118 ff., Scheuer 1979, 195). Droysen will nicht das ›Innere‹ des Biographierten darstellen, vielmehr bestimmt er die Biographie als jene Form der Darstellung, die vollkommen der »Phase der historischen Tätigkeit« (Hähner 1999, 114) einer Person gilt. Damit wird ›tätigkeitsarmen‹ Lebensabschnitten wie Kindheit und Adoleszenz wenig Aufmerksamkeit geschenkt – oft bleiben die Ausführungen auf wenige Seiten beschränkt. Im Fokus steht die politisch aktive Zeit des Biographierten. Auf Psychologisierung, Charakterisierung und Bewertung – wie sie im Vormärz Usus waren – verzichtet Droysen zugunsten der Stilisierung des Biographierten zu einer Symbolgestalt (von Zimmermann, 121), die im Rahmen der politischen Stoßrichtung der Gesamtdarstellung funktionalisiert wird. Das Konzept der politischen Biographie der borussischen Schule setzt Droysen im *Leben des Feldmarschalls York von Wartenburg* (3 Bde., 1851/1852) in programmatischer Weise um (Hähner 1999, 151–160), doch bereits in der älteren *Geschichte Alexanders des Grossen* (1833) ist diese Tendenz angelegt (von Zimmermann 2006, 120).

Heinrich von Treitschke als weiterer Vertreter der borussischen Schule prägte das bekannte Diktum, dass es »Männer sind, welche die Geschichte machen, Männer wie Luther, wie Friedrich der Große und Bismarck«.[24] Die Dominanz personaler Individualität (»Männer«) musste aber in Konflikt geraten mit den kollektiven (preußischen) Interessen. Die Lösung, die von Treitschke in seinen biographischen Arbeiten nutzt, ist das Konzept der »Kollektivindividualität des Staates«, in der der Herrscher als Individuum aufgeht und zugleich im Staat selbst erhöht wurde (Scheuer 1979, 73). Von Treitschkes biographische Texte sind vor allem Essays, die formal und in Bezug auf topische Elemente der Biographik des ausgehenden 18. und der ersten Hälfte des 19. Jahrhunderts verpflichtet sind (ebd., 65–71).

1.2.2. Idealisierung und Ästhetisierung: Schlegel, Goethe, Varnhagen von Ense, Dilthey und Justi

Parallel zur politischen bildet sich die geistes- und kulturwissenschaftliche Biographik heraus, die das Geistig-Ästhetische betont, das Individuum in sei-

21 Vgl. Jürgen Oelkers: »Biographik. Überlegungen zu einer unschuldigen Gattung«. In: *Neue politische Literatur* 19. Jg. (1974), S. 296–309.

22 Johann Gustav Droysen: *Historik. Vorlesungen über Enzyklopädie und Methodologie der Geschichte.* Unveränderter reprographischer Nachdruck der 7. Aufl. Darmstadt 1974. S. 290 f.

23 Johann Gustav Droysen: *Historik* (wie Anm. 22). S. 291.

24 Heinrich von Treitschke: *Politik. Vorlesungen gehalten an der Universität zu Berlin.* 2. Bde. Leipzig 1897–1898, Bd. 1, S. 6.

ner Entwicklung verfolgt und zugleich (problematische) sozial-geschichtliche Bezüge ausklammert. Dabei spielt nicht nur die Auswahl der Person (Künstler, Wissenschaftler etc.) und die Selektion der darzustellenden Elemente ihres Lebens eine Rolle (z. B. durch Ausklammerung aller politischen Inhalte), sondern darüber hinaus auch der Modus der Darstellung, der in besonderem Maße einem harmonisierenden Narrativ verpflichtet ist.

Friedrich Schlegels Essays »Über Lessing« (1797) und »Georg Forster« (1797), die am Anfang der ästhetisierenden Biographik stehen, gehören in die Tradition der literaturkritischen und -geschichtlichen Charakteristiken des ausgehenden 18. Jahrhunderts[25] und richten ihr Augenmerk v. a. auf die Schriften der Autoren. Das Bild, das von beiden gezeichnet wird, zielt auf die geistige Überhöhung der Person: So wird Forster zum »poetische[n] Intelektuelle[n]«[26] und Lessing zu einer »ästhetischen Instanz« (Scheuer 1979, 60). Die politische Dimension, die im Fall Forsters als Jakobiner besonders virulent ist, wird in beiden Fällen ausgespart. Neben der inhaltlichen Selektion, die das Dargestellte auf Unpolitisches beschränkt, spielt bei Schlegel die Konzeption der Charakteristik als Schreibform eine zentrale Rolle. Die Charakteristik sei – so Schlegel in den Athenäums-Fragmenten – »ein Kunstwerk der Kritik«[27] und damit *per se* eine künstlerische Form. So wird die durch Selektion des Stoffes erzielte Ästhetisierung des Inhalts durch die Ästhetisierung auf der Ebene der Form ›verdoppelt‹.

Während Schlegel im Falle Forsters das Politische vollständig ausklammert, versucht Goethe in seinen (auto)biographischen Schriften das Verhältnis zwischen Welt und Individuum zu erfassen. Es sei, so Goethe in *Dichtung und Wahrheit* (4 Teile, 1811–1833), »die Hauptaufgabe der Biographie [...], den Menschen in seinen Zeitverhältnissen darzustellen, und zu zeigen, in wiefern ihm das Ganze widerstrebt, in wiefern es ihn begünstigt, wie er sich eine Welt- und Menschenansicht daraus gebildet, und wie er sie, wenn er Künstler, Dichter, Schriftsteller ist, wieder nach außen abgespiegelt«.[28] Die »Zeitverhältnisse« werden jedoch nicht ausschließlich als historische Konditionierung eines Lebens gedacht, ihnen liegt vielmehr ein Geschichtsverhältnis zugrunde, das kreisförmig ist und das Typische und Unveränderliche hervorhebt. In seinen *Skizzen zu einer Schilderung Winkelmanns* (1805) beschreibt Goethe einen speziellen Typus dieses Verhältnisses zwischen dem Individuum mit seinen natürlichen Anlagen und der Welt: ein »Harmoniemodell« (Scheuer 1979, 43–53). Es sind die »besonders begabten Menschen«, zu denen für Goethe auch Winckelmann zählt, die das Bedürfnis haben »zu allem, was die Natur in sie gelegt hat, auch in der äußeren Welt die antwortenden Gegenbilden zu suchen und dadurch das Innere völlig zum Ganzen und Gewissen zu steigern«.[29] Winckelmann verkörpert für Goethe die geschichtliche Konkretisierung dieses Ideals. Programmatisch für Goethes biographische Skizze ist die Einheit von Leben und Werk, die auf den ›antwortenden Gegenbildern‹ basiert.[30] So hat Winckelmann »sein Leben in seine Schriften eingearbeitet« und zugleich sind es seine Schriften, auf denen seine Selbstverwirklichung durch Bildung gründet (ebd., 46, 49). Der Entwicklung, die das Individuum durchläuft, liegt ein entelechisches Prinzip zugrunde, nach dem sich alles Vollkommene aus bereits im Menschen Vorhandenem entfaltet und ein ›Ganzes‹ aus ihm werden lässt. Gemeinsam mit dem Cellini-Text (1803) und der Philipp Hackert-

25 Z.B. Karl August Küttners *Charaktere Deutscher Dichter und Prosaisten* (2 Bde., 1781), Leonard Meisters *Charakteristik deutscher Dichter* (2 Bde., 1784/1787); zur Tradition der ›Charakteristik‹ vgl. Klaus Weimar: *Geschichte der deutschen Literaturwissenschaft bis zum Ende des 19. Jahrhunderts*. München 1989, bes. S. 134–147; Günter Oesterle: »›Kunstwerk der Kritik‹ oder ›Vorübung zur Geschichtsschreibung‹? Form- und Funktionswandel der Charakteristik in Romantik und Vormärz«. In: Wilfried Barner (Hg.): *Literaturkritik – Anspruch und Wirklichkeit*. Stuttgart 1990, S. 64–86.

26 Rüdiger Görner: »Zwischen den Kulturen. Friedrich Schlegels Versuch über Georg Forster«. In: *Germanisch-Romanische Monatsschrift* 56. Jg., 4 (2006), S. 59–68, hier S. 64.

27 Friedrich Schlegel: »Athenäums-Fragmente«. In: Ders.: *Kritische Schriften*. 3. erw. Aufl. München 1971, S. 25–88, hier S. 86.

28 Johann Wolfgang Goethe: *Dichtung und Wahrheit*. München 1985, S. 11.

29 Johann Wolfgang Goethe: »Skizze zu einer Schilderung Winkelmanns«. In: Ders.: *Sämtliche Werke, Briefe, Tagebücher und Gespräche*. Hg. v. Friedrich Apel u. a. 40 Bde. Frankfurt a. M., Bd. 19: Ästhetische Schriften 1806–1815, S. 176–212, hier S. 177 f.

30 Vgl. Wilhelm Voßkamp: »Skizzen zu einer Schilderung Winckelmanns«. In: Bernd Witte (Hg.): *Goethe Handbuch*. 4. Bde. Bd. 3: Prosaschriften. Stuttgart u. a. 1996, S. 612–619, hier S. 617.

Biographie (1811) bildet Goethes *Winkelmann* eine Reihe von Künstlerviten, an deren Ende seine Autobiographie *Dichtung und Wahrheit* steht.[31]

Karl August Varnhagen von Ense, der mit Nachrufen, literarischen Porträts und monographischen Biographien ein umfassendes biographisches Oeuvre vorlegte, schließt in vielen seiner Texte an Goethes *Winkelmann* an, entwickelt aber zugleich einen eigenen biographischen Typus mit literarischem Anspruch, der für das 19. Jahrhundert prägend wird (von Zimmermann 2006, 73; Gottschall 1874, 676). Bereits ab 1816 publiziert Varnhagen, zunächst anonym, biographische Texte in Brockhaus' *Zeitgenossen* (3 Reihen, 1816–1841). Mit den *Biographischen Denkmalen* (5 Bde., 1824–1830), die zu den bekanntesten biographischen Texten der Zeit werden (Scheuer 1979, 54), setzt er seine biographischen Arbeiten fort – nun allerdings nicht mehr anonym. Bis zu seinem Tod 1858 publiziert Varnhagen von Ense immer wieder Biographisches: Dabei reicht das Spektrum der Biographierten von Dichtern (z. B. *Paul Flemming*, 1826) über Politiker und Militärs (z. B. *Leben des Fürsten Blücher von Wahlstadt*, 1826) bis hin zu Theologen (z. B. *Leben des Grafen von Zinzendorf*, 1830). Charakteristisch für seine Biographik ist die Fokussierung des ›Privatcharakters‹: Soziale und historische Faktoren werden größtenteils ausgeblendet und der Schwerpunkt liegt auf der ›Individuation‹ des Menschen, die auf ›Anlagen‹ und ›Bildung‹ basiert – worin eine Verbindung zu Goethe besteht (von Zimmermann, 73). Varnhagen von Ense schafft jedoch keine statischen idealtypischen Charaktere, vielmehr ›gemischte‹, die dynamisch sind. Im Zentrum stehen bei ihm nicht die großen Gestalten, sondern die ›Helden der zweiten Reihe‹; und später verstärkt sich Varnhagens Interesse für ›Außenseitertum‹ und ›Sonderlingswesen‹.[32] Im Hinblick auf seinen Stil und die Fähigkeit, »künstlerisch geschlossene Lebensbilder zu geben« (Gottschall 1874, 676), gilt Varnhagen noch zum Ende des 19. Jahrhunderts als mustergültig.

Mit dem *Leben Schleiermachers* (1. Bd. 1870) legt Dilthey die ›ästhetische‹ Variante der Historikerbiographie vor (Oelkers). In Anlehnung an Goethe formuliert Dilthey, es liege der »Schwerpunkt der Biographie« darin, das »Verhältniß des Einzelnen zu der Gesamtheit, in welcher er sich entwickelt und auf die er zurückwirft«,[33] zu schildern. Dilthey stellt Schleiermacher vor dem Hintergrund der geistesgeschichtlichen Strömungen seiner Zeit dar und verbindet dies mit einem Alters- und Bildungsstufenmodell (Jander 1965, 133–142). Er unternimmt den Versuch, beide Aspekte zu einem homogenen Ganzen zu synthetisieren. Da jedoch die integrative Behandlung beider Bereiche fehlschlägt, bleibt Diltheys *Schleiermacher* Fragment (Kruckis 1995, 279).

Diltheys *Leben Schleiermachers* gehört in die Reihe der großen geistesgeschichtlichen Biographien der zweiten Hälfte des 19. Jahrhunderts. Geprägt wird die Landschaft von Autoren wie Rudolf Haym (u. a. *Herder nach seinem Leben und seinen Werken*, 2 Bde., 1877–1885), Herman Grimm (u. a. *Leben Michelangelo's*, 2 Bde., 1860–1863), Erich Schmidt (u. a. *Lessing*, 2 Bde., 1884–1892) und Carl Justi (u. a. *Winckelmann*, 2 Bde., 1866–1872; *Diego Velázquez und sein Jahrhundert*, 1888). Die Biographie etabliert sich zeitgleich als legitime Form wissenschaftlichen Arbeitens, entsprechend schreiben beispielsweise Philologen auf dem Höhepunkt ihrer Karrieren vorzugsweise Biographien der großen Klassiker des 18. und beginnenden 19. Jahrhunderts (Lessing, Herder, Goethe).

Die großen Biographien – die besonders Künstler und Gelehrte in den Blick nehmen – bedienen sich im Vergleich mit der biographischen Essayistik in viel stärkerem Maße einer narrativen Grundstruktur, die einem schlichten dreigliedrigen Schema folgt und auf einer linearen Chronologie basiert: In der Kindheit empfängt der Biographierte erste Impulse (›Erwartung‹), es folgt seine Loslösung von der Familie, die mit Studien- und Bildungsreisen einhergehen kann und die geisti-

31 Vgl. Tadeusz Namowicz: »Cellini, Winckelmann und Hackert. Zur Problematik der Künstlervitae Goethes«. In: Sabine Doering (Hg.): *Resonanzen*. Würzburg 2000, S. 131–140.

32 Konrad Feilchenfeld/Ursula Wiedermann: »Biographien und Porträts« [Kommentar]. In: Karl August Varnhagen von Ense: *Werke*. 5 Bde. Bd. 4: Biographien, Aufsätze, Skizzen, Fragmente. Frankfurt a. M. 1990, S. 778–783, hier S. 780.

33 Wilhelm Dilthey: *Leben Schleiermachers* [1870]. 2. Aufl. vermehrt um Stücke der Fortsetzung aus dem Nachlaß. Leipzig 1922. S. II. Vgl. zur theoretischen Fundierung der Biographie in den Geisteswissenschaften Wilhelm Dilthey: *Der Aufbau der geschichtlichen Welt in den Geisteswissenschaften* [1910]. Frankfurt a. M. 1970, S. 303–310.

gen Anlagen ausbildet (›Erweckung‹), als Höhepunkt des Lebens schließt sich die eigentlich produktive Schaffensperiode des Künstlers an (›Erfüllung)‹. Die narrative Ordnung korreliert dabei mit dem Bildungs- und Selbstfindungsprozess des Individuums, so dass sich die Struktur der Biographie jener des Bildungsromans annähert (Scheuer 1979, 92 f.). Der Sprachduktus dieser Biographien hat nichts mehr von der dialogischen Anlage herderscher Essays an sich, sondern soll auch in der sprachlichen Vermittlung Ruhe und Überlegenheit transportieren. Inwieweit in dieser harmonisierenden Biographik der Wunsch der Bürger nach Selbstvergewisserung im Nachgang der gescheiterten 1848-Revolution zu finden ist, die den Verlust von Sinnimmanenz kompensieren soll (ebd., 55), bleibt dahingestellt.

In den zeitgleich entstehenden »Monsterbiographien« Heinrich Pertz' indes (*Das Leben des Ministers Freiherrn von Stein*, 6 Bde., 1849–1855, oder seine Biographie des Grafen von Gneisenau, 3 Bde., 1864–69) werden narrative Tendenzen durch die Menge des präsentierten Quellenmaterials minimiert, so dass die Biographien letztlich zu bloßen ›Urkundensammlungen‹ werden (Gottschall 1874, 585–588). Pertz' Studien stellen Extremfälle positivistischer Biographik dar, in denen sich ein bedingungsloser Glaube an die beweisende Kraft von Quellenmaterial und Fakten artikuliert. Die dahinter stehende Überzeugung der determinierenden Kraft von ›race‹, ›moment‹ und ›milieu‹ (Hippolyte Taine), die Künstler und Werk aus den bedingenden Umständen ableiten zu können meinte, führte in der Reaktion zu einer verstärkten Psychologisierung der Biographik einerseits (›Moderne Biographik‹) und zur radikalen Verweigerung historisch-sozialer Kontextualisierungen andererseits (›Mythographie‹).

1.3. Kunst und Wissenschaft – Biographik im 20. Jahrhundert

Hatte sich die Biographie im 19. Jahrhundert als wissenschaftlich-universitäre Darstellungsform etabliert, so werden in den ersten Dekaden des 20. Jahrhunderts ihre Möglichkeiten als künstlerisch-wissenschaftliche Gattung neu vermessen. Einerseits gewinnt sie durch die Biographien u. a. Emil Ludwigs und Stefan Zweigs eine breitere nationale und internationale Öffentlichkeit, andererseits wird sie von Seiten der institutionalisierten Wissenschaft zunehmend problematisiert: Als wissenschaftliche Darstellungsform wird die Biographie letztlich suspekt. Hinzu treten neue Facetten, etwa die Biographik des George-Kreises oder die sogenannte ›Moderne Biographik‹.

Während sich zu Beginn des Jahrhunderts intensive Diskussionen über den Status biographischen Schreibens als wissenschaftlicher Methode feststellen lassen, so flachen diese während der Zeit des Nationalsozialismus zugunsten einer stark ideologischen Funktionalisierung der Biographie ab (↗ VII.3. Kunstgeschichte; ↗ III.7.1. Spielfilm). Elemente eines nationalistischen und antiindividualistischen Diskurses finden sich bereits in den 1920er Jahren (von Zimmermann 2006, 455–467). Der Biographierte exemplifiziert – im Sinne nationalsozialistischer Weltanschauung – die Realisierung der ›Blut-und-Boden-Ideologie‹, seine Selbstverwirklichung erfolgt über den Dienst an der Gemeinschaft. Damit rücken v. a. rassistisch-nationalistische Elemente in den Vordergrund.[34] So verknüpft das biographische Großprojekt von Willy Andreas und Wilhelm von Scholz *Die Großen Deutschen* (4 Bde. und ein Ergänzungsband, 1935–1937) Einzel- und Nationalgeschichte, um sich für ›nationale Interessen‹ stark zu machen, die zum ›Dritten Reich‹ führen und in diesem aufgehen (ebd., 452).

Während in den 1960er Jahren die Diskussion um den erkenntnistheoretischen Stellenwert biographischen Arbeitens wieder auflebt, deutet ab den 1970er und 1980er Jahren der biographische Roman eine »Symbiose von Kunst und Wissenschaft« (Scheuer 1979, 247) an, indem er seine Möglichkeitsbedingungen reflektiert und die ›biographische Illusion‹ (Pierre Bourdieu) durchbricht (↗ VI.2. Französische Biographik). War die Biogra-

34 Vgl. Helmut Peitsch: »Ein Storm aus Blut und Boden? Zur literarhistorischen Biographik aus der Zeit des Faschismus am Beispiel Franz Stuckerts«. In: David A. Jackson/Mark G. Ward (Hg.): *Theodor Storm – Narrative Strategies and Patriarchy*. Lewiston u. a. 1999, S. 239–264; Karin Hellwig: »Kontinuitäten in der biographischen Methode zur Zeit der NS-Diktatur und nach 1945«. In: Nicola Doll u. a. (Hg.): *Kunstgeschichte nach 1945. Kontinuität und Neubeginn*. Köln u. a. 2006, S. 39–50.

phie als im engeren Sinne wissenschaftliche Darstellungsform in den Geisteswissenschaften im Laufe des 20. Jahrhunderts zunehmend in Verruf geraten, scheint sich seit einigen Jahren ein Trendwechsel abzuzeichnen.

1.3.1. ›Mythos‹ und ›Legende‹ – die Mythographie des George-Kreises

Die Biographik des George-Kreises radikalisiert zentrale Elemente der geistes- und kulturwissenschaftlichen Biographik des 19. Jahrhunderts, die sie zugleich überwindet (Kruckis 1995, 296–299; Scheuer 1979, 111–122). Neben dem Germanisten Friedrich Gundolf, der mit zahlreichen Monographien (u.a. *Goethe*, 1916; *George*, 1920; *Heinrich von Kleist*, 1922) und Essays der produktivste Biograph des George-Kreises gewesen ist, stehen Ernst Bertram (*Nietzsche – Versuch einer Mythologie*, 1918) und der Historiker und Mediävist Ernst Kantorowicz (*Kaiser Friedrich der Zweite*, 1927). Als Schlüsselbegriffe zum Verständnis der ›Mythographie‹ erweisen sich Bertrams ›Legende‹ sowie Gundolfs ›Mythos‹.[35] Bertram betont, es gehe in einer Biographie nicht darum, »ein vergangenes Leben [zu vergegenwärtigen]«, sondern zu »entgegenwärtigen« und es somit »zeitlos« zu machen;[36] zugleich hebt Gundolf hervor, das Individuum sei nicht als »Zeitgeschöpf« darzustellen, sondern als »Mensch schlechthin«.[37] Das Ergebnis ist die Enthistorisierung und Typisierung des Biographierten, der – ganz im Sinne des Einheits- und Harmoniedenkens der ›Gestalt‹-Theorie – die »Einswerdung einer menschlichen Seele mit der sachlichen Welt« verkörpere.[38] Insofern als der Fokus auf dem ›Sein‹, dem ›Typischen‹ und dem ›Ewigen‹ liegt, wird der Biographierte ins Geistig-Seelische überhöht, Individuelles und Psychologisches sowie der historisch-soziale Kontext treten zurück. Gundolf selbst differenziert zwischen zwei Typen ›großer Individuen‹: den ›Sehern‹ (z.B. Platon, Winckelmann, Goethe) einerseits und den ›Tätern‹ (z.B. Alexander, Caesar, Friedrich II.) andererseits (Scheuer 1979, 115). Wenngleich die Biographien teils im universitären Kontext entstehen, so ist die Darstellung jedoch niemals nur ›exakte Wissenschaft‹, sondern ›immer geheimnisvoll zweideutig‹ und ›Dichtung‹ (Bertram nach Scheuer 1979, 118) – sie hat einen künstlerischen Kern. Als beispielhaft für die Biographie eines ›Sehers‹ kann Gundolfs *Goethe* gelten: Zwar folgt Gundolf in der Anlage der Biographie einer Dreiteilung (›Sein und Werden‹, ›Bildung‹, ›Entsagung und Vollendung‹), wie sie auch von den Positivisten gepflegt wurde, doch legt er parallel zum chronologisch-biographischen Schema eine systematische Ebene an (›Lyrik‹, ›Symbolik‹, ›Allegorik‹) und führt so Leben und Werk in einer höheren Synthese, der ›Wesensschau‹, zusammen (Kruckis 1995, 302, 305). Gundolf überhöht Goethe nicht nur zu einer übermenschlichen Erscheinung, sondern verzichtet auch auf Anmerkungen, Nachweise und einen wissenschaftlichen Apparat. Somit hebt sich sein *Goethe* auf markante Weise von den positivistischen Arbeiten des ausgehenden 19. Jahrhunderts und der neugermanistischen Praxis ab. Der Bruch mit der gängigen wissenschaftlichen Biographik führt zu einer lebhaften Diskussion um das Buch, die 1921 in einem Sonderheft der Zeitschrift *Euphorion* kulminiert (ebd., 318ff.). Gundolfs Biographie wird in ihrer Hybridität zwischen Kunst und wissenschaftlichem Anspruch als ›Wissenschaftskunst‹ und er selbst als ›Künstler der Wissenschaft‹ bezeichnet, letztlich aber verlässt Gundolf den Bereich wissenschaftlichen Arbeitens.[39]

1.3.2. ›Moderne Biographik‹ – ›neubürgerliche Kunstform‹ und Alternativen

Nach dem Ersten Weltkrieg kam es zu einer ›biographischen Mode‹, so Leo Löwenthal, in deren Rahmen die Biographie sich als »Artikel des geho-

35 Vgl. Anna Maria Arrighetti: *Menschen und Werk in kritischen Publikationen des George-Kreises. Zu Friedrich Gundolfs ›Goethe‹ und zu Ernst Bertrams ›Nietzsche – Versuch einer Mythologie‹*. Heidelberg 2008, S. 33–53.

36 Ernst Bertram: *Nietzsche. Versuch einer Mythologie*. 8., um einen Anhang erweiterte Aufl. Bonn 1965, S. 9. Zum Legenden-Konzept vgl. S. 9–18.

37 Friedrich Gundolf: *Dichter und Helden*. Heidelberg 1921, S. 33.

38 Friedrich Gundolf: *Dichter und Helden* (wie Anm. 37), S. 48.

39 Vgl. Ernst Osterkamp: »Friedrich Gundolf zwischen Kunst und Wissenschaft. Zur Problematik eines Germanisten aus dem George-Kreis«. In: Christoph König/Eberhard Lämmert (Hg.): *Literaturwissenschaft und Geistesgeschichte 1910–1925*. Frankfurt a.M. 1993, S. 177–198, bes. S. 190ff.

benen literarischen Massenkonsums« etabliert habe.[40] Hatten die Biographen des George-Kreises auf eine Psychologisierung zugunsten der Überhöhung des Dargestellten ins Geistig-Seelische verzichtet, so setzt die ›Moderne Biographik‹ der 1920er und 1930er Jahre vor allem auf die Psychologie der Figuren (Scheuer 1979, 134). Sie wendet sich gegen den voluminösen Monumentalismus der (positivistischen) Vorgänger und die ›Vergötterung‹ des Biographierten, wie sie im Kontext der Mythographien betrieben wurde. Dabei handelt es sich um eine internationale Bewegung, die sich in der *New Biography* des Bloomsbury-Kreises (Lytton Strachey) manifestiert, sich in André Maurois' biographischen und theoretischen Texten spiegelt oder die Biographien Emil Ludwigs, Werner Hegemanns und Stefan Zweigs prägt.[41]

Mit Blick auf die Materialfülle (›masses of material‹) wirft Strachey den ›viktorianischen‹ Biographen in seinem auch in Deutschland einflussreichen Band *Eminent Victorians* (1918) mangelnde Auswahl (›selection‹), Unbefangenheit (›detachment‹) und Formung (›design‹) vor und umreißt damit *ex negativo* den konzeptuellen Rahmen der ›Modernen Biographik‹ (von Zimmermann, 276). ›Unbefangenheit des Biographen‹, ›psychologisches Einfühlungsvermögen‹, ›komplex gestaltete Psyche des Biographierten‹, ›erzählerische Verknappung‹, ›Entgötterung des Helden‹ und ›Einheit von Historie und Dichtung‹ werden zu (theoretischen) Leitsätzen der ›Modernen Biographik‹, die in der Praxis jedoch nie vollständig umgesetzt wurden (ebd., 274). Nicht mehr Faktenfülle, sondern ausgewählte Ereignisse, die in ihrem »›inneren‹ Zusammenhang« (ebd., 279) dargestellt werden, sollen die Garanten der biographischen ›Wahrheit‹ sein. Geschickte Selektion und Verknüpfung werden zu Kernaufgaben des Autors, der sich in besonderer Weise in den Biographierten einfühlen muss, um ein authentisches Bild des Lebens zeichnen zu können. Für Stefan Zweig ist es die Kunst des Erzählens, die das Leben in eine angemessene Form bringt und somit zur ›Geschichte‹ werden lässt.[42] Mithilfe eines gradlinigen Handlungsverlaufs, einer begrenzten Anzahl von Figuren sowie der Fokussierung auf zentrale Handlungsschauplätze wird eine ›ästhetische Harmonie‹ erzeugt, die eine kohärente, in sich ›geschlossene Welt‹ entstehen lässt (Scheuer 1979, 222–226).

Durch den Anspruch, sowohl literarische als auch historiographische Texte zu schreiben, treten Ludwig, Hegemann, Zweig u. a. in Konkurrenz zur etablierten Form wissenschaftlicher Biographik (ebd., 158). Zwischen 1928 und 1931 erreicht der daraus erwachsene Streit um ›legitime‹ und ›illegitime‹ Formen der Geschichtsschreibung (Wilhelm Mommsen) seinen Höhepunkt. Im Zentrum der an vielen Stellen ausgetragenen Kontroverse (u. a. in der *Historischen Zeitschrift* und im Sonderheft *Historische Belletristik*) stehen Ludwig und Hegemann – Zweigs und Jakob Wassermanns wichtige Biographien waren zu dieser Zeit noch nicht erschienen. Vordergründig wird die Wissenschaftlichkeit der Biographien der sogenannten ›Historischen Belletristik‹ diskutiert und von Seiten der Historiker einstimmig negiert. Die Auseinandersetzung um das Verhältnis von Kunst und Wissenschaft ist jedoch keine ausschließlich wissenschaftliche, sondern auch eine ideologische, bei der auf der einen Seite die Vertreter der ›Historischen Belletristik‹ als Befürworter der demokratischen Republik und auf der anderen die Historiker als konservative Monarchisten stehen (Scheuer 1979, 158 ff.; Gradmann 1993, kritisch hierzu von Zimmerman 2006, 391 ff.).

Eine andere Perspektive der Kritik legt Siegfried Kracauer seinem Aufsatz »Die Biographie als neubürgerliche Kunstform« (1930) zugrunde. Er argumentiert v. a. gegen die vom Biographen erzählerisch erzeugte (Schein-)›Harmonie‹, die er ins Verhältnis setzt zur bürgerlichen Ideologie (Scheuer 1979, 217). Die »Krisis des Romans« bestehe darin, »daß die bisherige Romankomposition durch die Aufhebung der Konturen des Individuums und

40 Leo Löwenthal: »Die biographische Mode« [1955]. In: Ders.: *Schriften*. Bd. 1: Literatur und Massenkultur. Hg. v. Helmut Dubiel. Frankfurt a. M. 1980, S. 231–257, hier S. 231.

41 Z.B. Emil Ludwigs *Goethe. Geschichte eines Menschen* (1920), *Wilhelm der Zweite* (1925), *Napoleon* (1928); Werner Hegemanns *Fridericus oder das Königsopfer* (1924); Stefan Zweigs *Der Kampf mit dem Dämon. Hölderlin. Kleist. Nietzsche* (1925), *Marie Antoinette* (1932), *Maria Stuart* (1935), *Magellan. Der Mann und seine Tat* (1938).

42 Vgl. Stefan Zweig: »Geschichte als Dichterin«. In: Ders.: *Zeit und Welt. Gesammelte Aufsätze und Vorträge 1904–1940*. Stockholm 1943, S. 365–388.

seiner Gegenspieler außer Kraft gesetzt«[43] sei. Der Einzelne habe »seine Nichtigkeit und die der andern erfahren müssen« und das »Vertrauen in die objektive Bedeutung irgendeines individuellen Bezugssystems [sei] [...] ein für allemal verlorengegangen«. Die Biographie biete nun, so Kracauer, insofern eine valide Alternative, als sie in ihrer Faktizität ein »gültige[s] Bezugssystem« liefere und damit den Ich-Verlust substituiere. Damit stelle sich die Biographie aber nicht den zeitgenössischen Problemen, vielmehr sei sie »als Form der neubürgerlichen Literatur [...] ein Zeichen der *Flucht*«, ein Refugium des Bürgers, das ihn von der Gegenwart abschirmt (ähnlich argumentiert auch Löwenthal, der in der Biographie die ›klassische Emigrationsliteratur des deutschen Bürgertums‹ sieht). Mit seiner Studie *Jacques Offenbach und das Paris seiner Zeit* (1937) legt Kracauer als Gegenkonzept zur kritisierten Individualbiographie eine »Gesellschaftsbiographie« vor, die »mit der Figur Offenbachs die der Gesellschaft entstehen läßt, die er bewegte und von der er bewegt wurde, und dabei besonderen Nachdruck auf die Beziehungen zwischen der Gesellschaft und Offenbach legt«.[44]

Parallel zur ›Historischen Belletristik‹ um Ludwig erproben Lion Feuchtwanger (*Jud Süß*, 1925; *Der falsche Nero*, 1936), Bertolt Brecht (*Die Geschäfte des Herrn Julius Caesar*, ent. 1938/1939), Alfred Döblin (*Wallenstein*, 1920), Franz Blei (*Talleyrand oder der Zynismus*, 1932) und teils Walter von Molo (*Mensch Luther*, 1928) neue Formen des biographischen Romans, die von der Biographik der 1970er Jahre in stark selbstreflexiver Variante fortgeführt werden.

1.3.3. Von der literarischen Biographik der 1970er Jahre bis heute

Mit Hans Magnus Enzensberger (*Der kurze Sommer der Anarchie. Buenaventura Durrutis Leben und Tod*, 1972), Peter Härtling (*Hölderlin*, 1976), Wolfgang Hildesheimer (*Mozart*, 1977) und Dieter Kühn (*N*, 1970; *Ich Wolkenstein*, 1977, *Herr Neidhart*, 1981 u. a.) beginnt in den 1970er Jahren eine Form biographischen Schreibens, die sich aus dem Wissen um die eigene Unzulänglichkeit – an die Reflexivität von Brechts *Die Geschäfte des Herrn Julius Caesar* anschließend (↗III.1. Literarische Biographik) – ihrer Literarizität und ihres Konstruktionscharakters in besonderem Maße bewusst ist. Nichtsdestotrotz trägt sie aber Merkmale wissenschaftlichen Arbeitens und führt letztlich zu einer »neuen Wissenschaftlichkeit« im Modus fiktionalen Sprechens (Scheuer 1979, 241). Häufig werden die Texte nicht als ›Biographien‹ im eigentlichen Sinne verstanden, sondern als biographische ›Romane‹ (und mit entsprechenden Gattungsangaben versehen). Paradoxerweise wird aber zugleich am Anspruch, Realität zu erfassen und abzubilden, festgehalten (ebd., 233).[45]

Während Ludwig und Zweig auf ästhetisierende Harmonie als kohärenzstiftende Größe setzten, verweigern sich die literarischen Biographien der zweiten Hälfte des 20. Jahrhunderts dieser Strategie: So verzichtet Enzensberger auf narrative Geschlossenheit, Kühn thematisiert die Gemachtheit der eigenen Texte, indem er ihren Entstehungsprozess reflektiert und alternative biographische Entwicklungen – im Sinne contra-faktischen Denkens – aufzeigt. Bei Günter de Bruyn, Ludwig Harig und Härtling wird zwar größtenteils an der Chronologie festgehalten, die ›geschlossene Welt‹ wird jedoch durch Reflexionen, Dialogizität (in Form von Leseransprachen), Vermutungen und Fragen aufgebrochen (ebd., 241). Die monoperspektivische auktoriale Erzählhaltung wird durch sich widersprechende Quellen und einen Polyperspektivismus, der verschiedene unvereinbare Aussagen nebeneinander stehen lässt, ersetzt (ebd., 236). Die narrative Kontinuität und damit der Schein biographischer Geschlossenheit wird durch essayistisches Schreiben gebrochen. Darüber hinaus wird die Subjektivtät des Biographen als vermittelnder Instanz zu einem integralen Teil der Darstellung. Indem der biographische Roman seine eigene Gemachtheit offenlegt, wird er – im Vergleich mit

43 Siegfried Kracauer: »Die Biographie als neubürgerliche Kunstform« [1930]. In: Ders.: *Schriften*. Hg. v. Inka Mülder-Bach. Bd. 5.2: Aufsätze 1927–1931. Frankfurt a. M. 1990, S. 195–199.

44 Siegfried Kracauer: *Jacques Offenbach und seine Zeit*. In: Ders.: *Schriften*. Hg. v. Karsten Witte. Bd. 8: Jacques Offenbach und seine Zeit. Frankfurt a. M. 1976, S. 9.

45 Vgl. Christian von Zimmermann (Hg.): *Fakten und Fiktionen. Strategien fiktionalbiographischer Dichterdarstellungen in Roman, Drama und Film seit 1970*. Tübingen 2000.

›verschleiernden‹, sich objektiv gebärdenden Biographien – zuverlässiger. Die ›Wissenschaftlichkeit‹ der literarischen Biographie resultiert zum einen aus dieser Reflexion der eigenen Verfasstheit, zum anderen aus den genuin wissenschaftlichen Methoden und Techniken (Textphilologie, Quellenkritik, Diskussion der Forschungsliteratur, Fußnoten etc.), die zur Anwendung kommen.

Dieter Kühn nutzt dieses hybride Schreibverfahren zwischen Faktum und Fiktion bis in die jüngste Vergangenheit: In seinem Roman *Geheimagent Marlowe* (2007), in dem er auf eine traditionelle Erzählerfigur verzichtet, werden historische Dokumente mit fingierten Materialien montiert. Bereits im Motto (ein Zitat von Johannes Bobrowski) wird der Anspruch und die Funktionalisierung dieser fingierten Quellen jedoch deutlich: »Wir häufen hier eine historische Unwahrheit auf die andere, um ein zutreffendes Bild zu bekommen«.[46]

Im institutionalisierten Wissenschaftsbetrieb zeichnet sich besonders im Rahmen kulturwissenschaftlicher Fragestellungen ein Trendwechsel ab. Zwar war die Behauptung, dass das Schreiben einer Biographie ›akademischer Selbstmord‹ (Deirdre Bair) sei, vermutlich schon immer übertrieben, aber erst seit in jüngerer Zeit vermehrt biographisch ausgerichtete Qualifikationsschriften erscheinen, lässt sich mit Recht behaupten, dass die Biographie als wissenschaftliche Arbeitsform rehabilitiert ist. Flankiert wird dieses Revival durch eine zunehmende Beschäftigung mit theoretischen Fragen biographischen Erzählens.[47]

Literatur

Backus, Irena: *Life Writing in Reformation Europe. Lives of Reformers by Friends, Disciples and Foes*. Aldershot 2008.

Berschin, Walter (Hg.): *Biographie zwischen Renaissance und Barock. Zwölf Studien*. Heidelberg 1993.

Hähner, Olaf: *Historische Biographik. Die Entwicklung einer geschichtswissenschaftlichen Darstellungsform von der Antike bis ins 20. Jahrhundert*. Frankfurt a. M. u. a. 1999.

Gottschall, Rudolf: »Die Biographie der Neuzeit«. In: *Unsere Zeit. Deutsche Revue der Gegenwart* 10. Jg. (1874), S. 577–593, 657–677.

Gradmann, Christoph: *Historische Belletristik. Populäre historische Biographien der Weimarer Republik*. Frankfurt a. M./New York 1993.

Jander, Eckhart: *Untersuchungen zur Theorie und Praxis der deutschen historischen Biographie im neunzehnten Jahrhundert. (Ist die Biographie eine mögliche Form legitimer Geschichtsschreibung?)*. Freiburg i.B. 1965.

Klein, Christian (Hg.): *Grundlagen der Biographik. Theorie und Praxis des biographischen Schreibens*. Stuttgart/Weimar 2002.

Kruckis, Hans-Martin: *»Ein potenziertes Abbild des Menschen«. Biographischer Diskurs und Etablierung der Neugermanistik in der Goethe-Biographik bis Gundolf*. Heidelberg 1995.

Niekus Moore, Cornelia: *Patterned Lives. The Lutheran Funeral Biography in Early Modern Germany*. Wiesbaden 2006.

Scheuer, Helmut: *Biographie. Studien zur Funktion und zum Wandel einer literarischen Gattung vom 18. Jahrhundert bis zur Gegenwart*. Stuttgart 1979.

Zimmermann, Christian von: *Biographische Anthropologie. Menschenbilder in lebensgeschichtlicher Darstellung (1830–1940)*. Berlin/New York 2006.

Lukas Werner

46 Dieter Kühn: *Geheimagent Marlowe. Roman eines Mordes*. Frankfurt a. M. 2007, S. n.p. [5].

47 Vgl. Bernhard Fetz (Hg.): *Die Biographie – Zur Grundlegung ihrer Theorie*. Unter Mitarbeit von Hannes Schweiger. Berlin/New York 2009; Klein 2002.

2. Französische Biographik

2.1. Die Biographie als arme, aber trotzdem beliebte Verwandte der Autobiographie

Die Biographie genießt in Frankreich als Gattung keinen besonders hohen symbolischen Stellenwert. Wenn Biographien von französischen Gelehrten und den Ästheten eher missachtet (Dosse 2005, 9; Madelénat 1984, 9) und als arme Verwandte der Autobiographie eingestuft werden, dann sind die Einwände philosophischer Natur (das Wesentliche wird verpasst) oder moralischer (Indiskretion), epistemologischer (unmögliche Objektivität) oder literarischer (Längen). Es liegt aber vor allem auch daran, dass die Kategorie des Individuums in Frankreich mindestens für bestimmte Epochen nicht hoch im Kurs stand. Für die französischen Geschichtsschreiber des 19. Jahrhunderts waren nicht mehr ›große Individuen‹ entscheidend; im Zentrum standen kollektive Einheiten wie das Volk, die Nation, die soziale Klasse oder gar die Menschheit.[1] Um die Jahrhundertwende postulierte die Soziologie von Émile Durkheim den absoluten Primat der sozialen Gesetzmäßigkeiten, die das individuelle Bewusstsein bestimmen. Die historische Schule der *Annales*, die in den 1930er Jahren entstand, nahm das Programm von Durkheim auf und untersuchte vor allem Langzeitphänomene, soziale und ökonomische Strukturen. Der in den 1960er Jahren entstehende Strukturalismus blendete die Geschichtlichkeit aus, verkündete gar den ›Tod des Subjekts‹, um sich vor allem der Wirkmächtigkeit diskursiver Strukturen zuzuwenden.[2]

Gewisse Vorbehalte gegenüber der Gattung der Biographie erklären sich wohl auch aus ihrem hybriden Charakter (↗ I.5. Fiktionalität, Faktizität, Metafiktion), der in französischen Darstellungen immer wieder hervorgehoben wird (Dosse 2005, 19, 57; Aron/Preyat, 1). Daniel Madelénat legte zwar eine relativ klare Definition der Gattung vor, wenn er die Biographie definiert als Erzählung des Lebens einer historischen Persönlichkeit (bei der idealerweise die Einmaligkeit und die Kontinuität herausgearbeitet werden; Madelénat 1984, 18). Aber gerade diese Definition benennt auch den Spannungsbogen. Das Objekt – die historische Persönlichkeit – verweist auf die geschichtliche Referentialität. Die erzählerische Vermittlung bezeichnet andererseits eine literarische Technik (↗ I.6. Poetizität/Literarizität), bei der die Linearität des Erzählens die Chronologie des Lebensweges abbildet und der Biograph unweigerlich auch seine Sicht einbringt und Fehlendes durch seine Imagination ergänzt. André Maurois, der selber zahlreiche Biographien verfasst, aber auch über die Gattung geschrieben hat, verwies seinerseits auf die Spannung zwischen ihrer wissenschaftlich-dokumentarischen und ihrer ästhetischen Dimension, und in seinen Augen war Letztere durchaus wichtig. Die herausragenden Persönlichkeiten, so Maurois, gestalteten schon ihr Leben als eine Art Kunstwerk, was sich dann auch in der Lebensbeschreibung spiegeln müsse. Die chronologische Erzählung gehorche dem Prinzip des Romans, der die jeweilige Gegenwart beschwöre, als ob das Ende noch offen sei, und halte dadurch auch das Interesse des Lesers wach (Maurois 1928, 56–66). Auch in den Augen von François Mauriac, der Racines Lebensweg nachzeichnete, ist eine Biographie immer auch romanhaft und müsse es letztlich auch sein, denn nur durch die literarische Vergegenwärtigung werde die Figur für den Leser lebendig. Es ist gerade auch die literarische Qualität, eine unverkennbare Schreibweise, die die französische Biographie anvisiert. Wenn auch der literarische Charakter der Biographie in Frankreich wichtig ist, so wird die Gattung doch ebenso wenig wie

1 Vgl. Gisèle Séginger: *Flaubert. Une poétique de l'histoire*. Strasbourg 2000, S. 81–99.

2 Vgl. Joseph Jurt: »Französisches Denken nach Sartre«. In: Ders./Rolf G. Renner (Hg.): *Wahrnehmungsformen/Diskursformen: Deutschland und Frankreich. Wissenschaft, Medien, Kunst, Literatur*. Berlin 2004, S. 65–81.

die Autobiographie der Fiktion zugerechnet. Im Unterschied zur autodiegetischen Schreibweise der Autobiographie ist die Biographie jedoch heterodiegetisch (↗ IV. Analyse biographischer Erzählungen): Erzähler und Erzählobjekt sind nicht identisch.[3] Über das Erzählobjekt wird in der dritten Person berichtet. Der Erzähler der Biographie steht aber nicht total außerhalb seines Erzählgegenstandes. In vielen Reflexionen zur Biographie wird die intensive Beziehung zur Person, deren Leben man entwirft, betont. Es wird gefordert, man müsse von der zu schildernden Persönlichkeit geradezu besessen sein (Dadoun 2000, 52).

In dieser Spannung zwischen der Subjektivität des Biographen und dem Objektivitätsanspruch der Gattung liegt nach Lejeune, dem großen Theoretiker der Autobiographie, der eigentliche innere Widerspruch der Biographie. In seinen Augen kaschiert die große Gelehrsamkeit des Biographen dessen unausweichliche Partialität. Denn schon in der Wahl der zu schildernden Persönlichkeit komme eine Affinität zum Ausdruck. Ein zweiter Widerspruch, dessen sich die Biographen oft nicht bewusst würden, ist nach Lejeune der Totalitätsanspruch. Der Autor verfüge immer nur über einzelne Elemente aus dem Leben des zu Schildernden. Die unweigerlichen Lücken würde er dann mit dem Bindemittel der psychologischen Imagination ergänzen, damit die »biographische Suppe« »eindicke« (Lejeune 1994, 77 f.). Trotzdem gilt sowohl für die Biographie wie für die Autobiographie der ›referentielle Pakt‹; sie erhebt den Anspruch, eine textexterne Realität zu erfassen; sie will wahr und nicht bloß wahrscheinlich sein. François Dosse schlägt darum im Gefolge von Lejeune den Begriff eines ›biographischen Paktes‹ vor, der den Autor gegenüber dem Leser verpflichte (Dosse 2004, 103).

Trotz der Subjektskepsis, die in der französischen Geschichtsschreibung vom 19. Jahrhundert bis zur *Annales*-Schule und in der neueren Philosophie vorherrscht, trotz des Unbehagens der Literaturtheoretiker über die »unreine Gattung« (ebd., 57) erfreute und erfreut sich die Biographie in Frankreich bei einem breiteren Publikum großer Beliebtheit. Dieser Widerspruch erklärt sich wohl auch daher, dass die Subjektskepsis im 20. Jahrhundert vor allem ein Elitepublikum bestimmte, während ein breiteres Publikum nach wie vor von Lebensbeschreibungen fasziniert ist, vor allem von Biographien politischer Persönlichkeiten, gerade weil auch das Geschichtsinteresse auf der Basis der (wenig infrage gestellten) Idee der historischen Kontinuität in Frankreich besonders lebendig ist.

2.2. Periodisierungsversuche und Anfänge französischer Biographik

Der Begriff ›Biographie‹ ist in Frankreich noch nicht so alt. Im *Dictionnaire de Trévoux* wird vom Gebrauch des Wortes ›biographe‹ bei Ménage vor 1693 berichtet; 1721 wird das Wort ›Biographie‹ noch als seltener Begriff aufgeführt; 1752 vermerkt man, der Begriff finde sich häufig bei Gelehrten und noch Charles-Augustin Sainte-Beuve bezeichnet um 1850 ›Biographie‹ als eher gelehrtes Wort. Wenn der Begriff sich erst spät durchsetzte, so existierte die ›Sache‹, die Gattung, schon seit Urzeiten in Frankreich. Die gängige Bezeichnung war indes *vie* – ›das Leben des...‹.

Madelénat unterscheidet zwischen drei Paradigmen der Biographie, die gleichzeitig drei Perioden darstellen: die ›klassische‹ Biographie, deren Normen von der Antike bis zum 18. Jahrhundert stabil bleiben, dann die romantische Biographie vom 18. bis zum Beginn des 20. Jahrhunderts, die dem neuen Bedürfnis nach Kenntnis der Intimität und des Familienlebens Rechnung trägt und schließlich die moderne Biographie, die auf einem ethischen Relativismus sowie auf den Erkenntnissen der Psychoanalyse und einer erneuerten historischen Epistemologie fußt (Madelénet 1984, 34).

Richtungsweisend für die frühen Biographien in Frankreich waren die antiken Modelle. So schrieb etwa Montaigne, dass die Lebensbeschreibungen neben den Memoiren zu seiner Lieblingslektüre gehörten. Wenn Montaigne in seinem Essay »Über Bücher« seine Bewunderung für jene zum Ausdruck bringt, die Biographien schreiben, dann vor allem dann, wenn sie wie Plutarch stärker offen

3 Vgl. Gérard Genette: *Figures III*. Paris 1972, S. 251–253.

sind für das, was sich im Innern der Menschen abspielt als für das, was ihnen von außen widerfährt.[4]

Die Anfänge französischer Biographik waren aber zunächst vor allem religiös geprägt: durch Hagiographien. Auf der Basis der Apostelgeschichte (am Beispiel des heiligen Stephan) galten die ersten Hagiographien den Märtyrern, die in ihrem Martyrium die transzendente Macht der Ohnmächtigen gegenüber der sie verfolgenden weltlichen Macht belegen sollten. Später wurden Heiligenleben auch sogenannten Bekennern gewidmet. Im Mittelalter (im 13. Jahrhundert) fanden die Heiligenleben Eingang in große Sammlungen wie die *Legenda aurea* des italienischen Dominikaners Jacobus de Voragine, das zum populärsten religiösen Volksbuch wurde, das im 14. Jahrhundert auch ins Französische übersetzt wurde. Etwas Analoges versuchte der französische Dominikaner Vincent de Beauvais in seinem *Speculum historiale*.

Gegenüber der protestantischen Heiligenkritik versuchten die Jesuiten den historischen Kern der Hagiographien herauszuarbeiten. Ihr Unternehmen, die *Acta sanctorum*, wird von der Gesellschaft der Bollandisten bis heute weitergeführt und ist auf über 60 Werke angewachsen. In den Hagiographien fanden sich stets bestimmte Topoi. Der Heilige wird vor allem unter dem Gesichtspunkt des Beispielhaften gesehen; sein Leben erscheint als Vollzug einer Berufung. Darum steht hier weniger eine Entwicklung, eine Zeitlichkeit im Vordergrund als mehr der Ort seines Wirkens. Die Lebensbeschreibung des Heiligen verdankt sich zunächst immer der Zustimmung der Gemeinde der Gläubigen. Der Klerus versuchte das Ausufern der Legenden zu kontrollieren, die einen wichtigen Teil der französischen Literatur des Mittelalters ausmachen und auch für den Denkstil dieser Periode eine Quelle darstellen.[5]

Die Faszination, die von der traditionellen Hagiographie ausging, lag in einem von außergewöhnlichen Ereignissen geprägten Lebensweg. Dieselbe Faszination lebt in säkularisierter Form weiter in Biographien, die dem Schicksal einer früh verstorbenen Schauspielerin, einem charismatischen Revolutionär gewidmet sind, die getragen von einer kollektiven Emotion, dieselben Legenden hervorrufen.[6] Ähnlich wie die Hagiographien oft das Leben von einer plötzlichen Offenbarung her erzählten, wird das Leben des ›Helden‹ von einem heroischen Ereignis her konstruiert, der das ›Heldentum‹ des Protagonisten offenbart.

Wenn Petrarca mit seinem Buch *De Viris illustribus* die Tradition der antiken Biographie wieder aufgreift, so steht bei ihm die moralische Vorbildlichkeit im Vordergrund. Als Charles Perrault in seiner Publikation *Les hommes illustres qui ont paru en France pendant ce siècle avec leur portrait au naturel* (1697–1700) die modernen Helden als der Antike ebenbürtige Figuren darstellte, dann situierte er sich innerhalb der Logik seines *Parallèle des Anciens et des Modernes* (1688–1697), in dem er der Kultur der Antike die absolute Vorrangstellung zugunsten des Zeitalters von Louis XIV. streitig machte. Die großen Männer erschienen hier als Produkte einer Epoche, während in den Biographien des vorigen Jahrhunderts eines Théodore de Bèze oder eines André Thevet mehr die Besonderheit der einzelnen Personen und weniger die Zugehörigkeit zu einer herausragenden historischen Gruppe betont wurde.

Aber auch für die Biographien der Künstler und Schriftsteller standen wieder italienische Autoren Pate: Boccaccios *Leben Dantes* aus dem 14. Jahrhundert und Vasaris *Leben der besten Maler, Bildhauer und Architekten* (1550). In Frankreich wurde Pierre de Ronsard als der erste nationale Dichter gefeiert, in der ausführlichen Totenrede von Du Perron – schon eine Biographie *in nuce* – und dann in der ersten französischen Dichterbiographie, die wir Binet (1586) verdanken. Im Vordergrund standen hier weniger einzelne Fakten als vielmehr Ronsards Engagement für die Überwindung der Religionskriege, auch durch die Dichtung.

Im Laufe des 17. Jahrhunderts wurden die ›Eloges‹ zu einer verbreiteten Gattung, die innerhalb eines mondänen Zirkels oder in einem Salon das Lob einer Dichterpersönlichkeit vortrugen. Der

4 Vgl. Michel de Montaigne: »Über Bücher«. In: Ders.: *Essais*. Erste moderne Gesamtübersetzung von Hans Stilett. Frankfurt a. M. 1998, S. 201–210, hier S. 208.

5 Vgl. Paul Meneses: »Le récit hagiographique, expression doctrinaire de la spiritualité médiévale«. In: *Diogène* 139 (1987), S. 53–72, hier S. 68 f.

6 Vgl. Yasmina Foehr-Janssens: »Hagiographie«. In: Paul Aron/Marie-Andrée Beaudet (Hg.): *Le dictionnaire du littéraire*. Paris 2002, S. 259–260, hier S. 260.

Schriftstellerberuf war zu einer sozial identifizierbaren Funktion geworden, die sich von bloßer Liebhaberei abhob. Zu Beginn des 18. Jahrhunderts sind ganze Serien von Schriftsteller-Porträts auszumachen.

2.3. Rousseau, die Romantik und die französische Biographik ab 1750

In der zweiten Hälfte des 18. Jahrhunderts setzte das ein, was Madelénat das »romantische Paradigma« nennt (Madelénat 1984, 51); die theokratische Monarchie und das neoklassische Stilideal wichen einem demokratischeren und weniger normativen Modell. Im Vordergrund stand nun das Individuum, das nicht mehr bloß durch seine soziale Rolle, sondern auch durch sein Privatleben definiert wurde (mit einer Verlagerung auf die Familie und der Aufwertung der Kindheit). Eine Revolution stellten Jean-Jacques Rousseaus *Confessions* dar, die der Autor 1759 begann und erst zehn Jahre später abschloss. Publiziert wurde diese erste moderne Autobiographie erst nach dem Tod Rousseaus (1782 die ersten sechs, 1789 die restlichen sechs Bände). Vor Rousseau schrieb man Memoiren, die sich nicht durch die Selbsterkenntnis eines Individuums legitimierten, sondern durch die wichtigen politischen Ereignisse, an denen der Autor als Akteur oder als Zeuge teilgenommen hatte. Gegen die Tradition der Klassik, aber auch gegen die meisten Denker des Jahrhunderts der Aufklärung definierte Rousseau den Menschen nicht durch seine soziale Natur. Indem er den Primat der Gesellschaft negierte, die den an sich guten Menschen pervertiere, negierte er auch die soziale Hierarchie, die dem Projekt der Memoiren zugrunde lag. Allein die moralische und die emotionale Qualität des Menschen und nicht sein sozialer Rang rechtfertige die Autobiographie. Im autobiographischen Projekt Rousseaus äußert sich ein Vertreter des Dritten Standes, für den die Erfahrungen des Bewusstseins und seines persönlichen Lebens eine absolute Bedeutung haben.

In seiner Autobiographie spricht Rousseau schon im ersten Kapitel von seinen Leseerfahrungen als einem zentralen Ereignis, das für seine Subjektkonstitution entscheidend war. Ein Ich-Gefühl entwickelte sich erstmals, als er nächtelang zusammen mit seinem Vater die Bücher las, die die früh verstorbene Mutter hinterließ. Neben der eskapistischen Romanlektüre, die Rousseau verdammt, weil sie Gefühle suggeriere, die auf keiner eigenen Erfahrungsbasis beruhten, erwähnt er aber noch einen anderen Typus der Lektüre, durch die er sich selbst nicht entfremdet werde, sondern sich selber finde. Bei diesem Lektüre-Typ würde im Zuge der Identifikation mit Figuren, denen eine ethische Vorbildfunktion für das praktische Handeln zukomme, zur Konstituierung eines ethischen Ichs beigetragen: Gemeint ist die Lektüre von Plutarchs Biographien der großen Männer Roms und Athens. In einem gewissen Sinne entstand so die Autobiographie auch aus dem Projekt der antiken Biographie.

In der zweiten Hälfte des 18. Jahrhunderts schenkt man dem Privatleben des Schriftstellers immer größere Aufmerksamkeit. Als Beispiel sei hier Bernardin de Saint-Pierre erwähnt, einer der wenigen Freunde, die Rousseau in seiner letzten Periode geblieben waren. Er brachte Rousseau große Bewunderung entgegen und bezeichnete sich als seinen Schüler; die beiden trafen sich häufig zu Spaziergängen und standen in Briefkontakt. All das floss dann ein in seine *Fragments sur Rousseau*, die er ab 1771 veröffentlichte. Damit eröffnete sich die Periode der ›secrétaires‹ der Schriftsteller, ein Modell, das in England von James Boswell und seinem *The Life of Samuel Johnson* (1791) verkörpert wurde, ein Werk von über 1000 Seiten, das eine kohärent totale Sicht des Autors intendierte.

Eine der schönsten Realisierungen des ›romantischen Paradigmas‹ ist zweifellos François-René de Chateaubriands *Leben des Abbé de Rancé* (1844), zu dem 1965 ausgerechnet Barthes, der drei Jahre später den ›Tod des Autors‹ proklamieren sollte, ein wunderbares Vorwort verfasste.

Mit der Romantik entstand eine systematischere Sicht auf die Literatur ebenso wie das Konzept einer Literatur-Geschichte. Hier kam der Biographie eine wichtige Rolle zu. Die Benediktiner von Saint-Maur hatten unter Dom Rivet de la Grange schon 1733 eine *Histoire littéraire de la France* begonnen, die auch im 19. Jahrhunderts weitergeführt wurde. Die einzelnen Autoren werden hier mit ihrer Biographie eingeführt; die Biographie wurde aber nicht zum Werk in Beziehung gesetzt; immerhin wurde auch die Bedeutung des Milieus unterstrichen (Fraisse 2008, 2). Zur Zeit der Romantik erscheinen gelehrte Dichterbiographien wie die von Charles Walckener über La Fontaine (1821) sowie analoge Werke von Jules-Antoine Taschereau zu Molière (1825) und Corneille (1829).

Der junge Sainte-Beuve wird diese Biographien als Faktenhuberei bezeichnen. Um die intime Wahrheit eines Dichters hervorzuheben, brauche es inspirierte Biographen. Sainte-Beuve wird von 1829 bis 1849 mit seinen ›Portraits littéraires‹ seine systematische biographische Methode entwickeln. Er weist dem Leben des Autors die Priorität zu; über die Analyse des Werkes gelte es, den Menschen zu erfassen, der mit diesem intim verbunden sei. Er orientiert sich hier an Plutarchs Modell und sucht die moralischen Qualitäten der Dichter zu erfassen. Sainte-Beuve nimmt zweifellos eine historische Perspektive ein, indem er den Sitten, den religiösen Tendenzen, den poetischen Konventionen einer Epoche Rechnung trägt, um dann das Individuum als dichterische Kapazität zu erfassen.

Wenn er die Schriftsteller in Geistes- und Talentfamilien zu ordnen versuchte, kündigte er die Verfahren der späteren wissenschaftlichen Kritik an, setzte sich aber ab von dem mechanistischen Verfahren Hippolyte Taines (der eine Milieutheorie geistiger Phänomene entwickelt hatte), indem er gegenüber dessen deterministischer Sicht einen gewissen Freiheitsgrad der Menschen behauptete (May 1987, 40). Die Methode von Sainte-Beuve, die man unter dem Schlagwort ›L'homme et l'œuvre‹ zusammenfasste, wurde nun zum dominanten Modell der Literaturgeschichte in Frankreich und zugleich zum vorherrschenden Paradigma der Literaturgeschichte.

Gustave Lanson, Protagonist einer positivistischen Literaturwissenschaft, postuliert in seinen literaturhistorischen Arbeiten den Primat des Werkes: Von der Biographie werden nur die Elemente berücksichtigt, die für das Werk relevant sind – etwa die Lektüren des Autors; von der Biographie her kann die innere Einheit des Werkes erschlossen werden, dies aber keineswegs zwangsweise. Die rhetorische Analyse, welche der biographistische Ansatz eher verpönte, wurde von Lanson wieder ins Recht gesetzt. Der Stil erscheint bei ihm als ein Ausdruck der schöpferischen Persönlichkeit (Fraisse 2008, 11 f.). Die Bedeutung der Dichterbiographie wird so in der positivistischen Literaturbetrachtung – zugunsten der Quellenkritik – relativiert; sie ist bloß ein Element unter anderen.

Wenn in Frankreich die Dichterbiographie ein wichtiges Element der Literaturgeschichte war, wenn vor allem die Biographien immer wieder Dichterfiguren galten, dann liegt das auch daran, dass die Literatur hier als repräsentativer Ausdruck der Nation betrachtet wird.

2.4. Kritik der Biographik im 20. Jahrhundert: Strukturalismus und Psychoanalyse

Neben dem Erfolg der Gattung Biographie bei einem breiteren Publikum artikulierten sich im Laufe des 20. Jahrhunderts wichtige intellektuelle Tendenzen, die die Gattung infrage stellten, gleichzeitig aber auch zu ihrer Weiterentwicklung beitrugen.

Zunächst muss man hier den Marxismus und die Sozialwissenschaften erwähnen, die in den Gruppen und den sozialen Klassen den eigentlichen Motor der Geschichte situierten und für die die Biographie bloß Anekdotisches beitragen konnte. Entscheidend war dann der Ansatz des sog. Strukturalismus, wie er sich in der strukturalen Anthropologie (1958) von Claude Lévi-Strauss artikulierte. Der Anthropologe orientierte sich am Strukturkonzept der Linguistik und versuchte das Unbewusste der Gesellschaften zu erfassen; der Geschichtswissenschaft warf Levi-Strauss vor, sich noch an die ›überholten‹ Konzepte des Bewussten und des Individuellen zu halten. Foucault stellte dann fest, dass auch die Geschichtswissenschaften immer mehr auf die Analyse der Ethnologie, der Soziologie und der Humanwissenschaften zurückgriffen. Braudel, der große Vertreter der *Annales*-Schule betonte, dass seine Disziplin aufgehört habe, sich nur mit Ereignissen zu beschäftigen; für ihn sei die Zeit der langsamen ökonomischen und sozialen Zyklen und schließlich die Zeit der Strukturen »von langer, selbst von sehr langer Dauer« zentral. Braudel hatte keine Hemmungen, den Begriff der Struktur als fruchtbare Kategorie in die Geschichte der ›langen Dauer‹ einzuführen.[7] Innerhalb einer solchen Strukturgeschichte spielten die Individuen keine wichtige Rolle mehr. Wenn Braudel am Ende seiner Arbeit über die Welt des Mittelmeers den Tod Philipps II. erwähnt, dann auch, um zu unterstreichen, dass der Tod eines Königs angesichts der Bedeutung der Strukturen und der geographischen Räume kein Ereignis mehr sei.

Eine zweite Tendenz, die die traditionelle Biographie infrage stellte, war die Psychoanalyse. Indem sie die Rolle des Unbewussten ins Zentrum rückte, ließ sie das Konzept eines souveränen Subjekts als obsolet erscheinen. Gleichzeitig trug die Psychoanalyse zu einer Erneuerung der Gattung Biographie bei (↗ V.6. 20. Jahrhundert). Wegleitend war hier die These, dass das psychische Leben durch frühkindliche Traumatismen bestimmt werde. Die Freud-Schülerin Marie Bonaparte stellte in ihrem zweibändigen Werk *Edgar Poe, sa vie, son œuvre* (1933) beim Dichter eine Fixation auf die tote Mutter fest. Diese latente Nekrophilie habe zu einer Neurose geführt sowie zu einer Symbolik, die die ersten Leser als bizarr einstuften. Der Psychoanalytiker Jean Delay widmete bezeichnenderweise allein der Jugend André Gides ein zweibändiges Werk (*La jeunesse d'André Gide*, 1956), das Jacques Lacan als ein Meisterwerk einstufte; der Autor diagnostizierte bei Gide einen mystischen, aber zielgehemmten Kult um die Frau und eine Tyrannei väterlicher Gebote, die die Ursache seiner Homosexualität und der Befreiungsversuche in seinem autobiographisch geprägten Werk seien. Die Psychobiographie systematisierte diesen Ansatz, der etwa durch die Biographien von Dominique Fernandez über Cesare Pavese (1967) und Pier Paolo Pasolini (1982) illustriert wurde.

Sartre sucht dann sowohl den Marxismus als auch die Psychoanalyse zu überwinden, indem er deterministischen Sichtweisen sein Freiheitskonzept entgegensetzt. Als Subjektphilosoph war er gezwungen, sich auch mit der Gattung der Biographie auseinanderzusetzen. Eine (traditionelle) Biographie ist in seinen Augen unmöglich, weil die Gegenwart, die hervorbricht, sich von der Vergangenheit absetzt; das ist schon das Thema seines ersten Romans *La nausée* (1938), in dem der Protagonist Roquentin versucht, eine Biographie über eine historische Figur des 18. Jahrhunderts, den Marquis de Rollebon, zu erstellen und dann auf dieses Projekt, das allein ihn rechtfertigen könnte, verzichtet.

Sartre berichtet in seiner Autobiographie *Les mots* (1964), wie er schon als Kind *L'enfance des hommes illustres* las und so mit dem Biographie-Projekt in Kontakt kam. In der Kriegsgefangenschaft in Deutschland las er die von Emil Ludwig verfasste Biographie zu Wilhelm II. und projizierte dabei auch eigene Züge auf den Biographierten, stellte fest, wie die Biographie intim mit der Autobiographie verbunden ist und dass es keine mechanische externe Determination gibt. Den retrospektiven Blick der Biographie transformierte er in eine prospektive Sichtweise. Aus der Perspektive seiner Freiheitsphilosophie ist ein ursprüngliches Projekt der entscheidende Angelpunkt, um ein Lebenswerk zu verstehen. Das versucht er in den Büchern zu übersetzen, die er Baudelaire (1947) und Genet (1952) widmet. Ähnlich wie Rousseau oder Augustinus konzipiert er die Lebenswege der von ihm Biographierten von einer Erleuchtung aus, die alles entscheidet. Die Biographien werden so zu einer Art Hagiographie von ›Märtyrern‹ der Kunst, die der Logik »Wer verliert, gewinnt« gehorchen.

Wenn Sartre sich ab 1959 seinem Buch über Flaubert widmet, das 1971/72 unvollendet unter dem Titel *L'idiot de la famille* erscheint, dann auch, weil er dadurch ein autobiographisches Problem lösen will, das er schon in seiner Kindheitsautobiographie *Les mots* ansprach: Was bedeutet Schreiben? Aber gleichzeitig versucht er nicht bloß, das Individuum Flaubert zu erfassen, sondern im Partikularen das Universelle. Auch hier geht er wieder von einem ursprünglichen Projekt aus, von der Neurose Flauberts, die dieser 1844 in seinen Anfällen somatisierte und auf seine Position als ›Spätzünder‹ im Vergleich zu seinem brillanten Bruder zurückführte. Letztlich ist die Flaubert-Biographie auch ein Roman, wie Sartre selber schreibt: »Ich möchte, dass man meine Studie (*L'idiot de la famille*) wie einen Roman liest, denn es ist in der Tat

7 Vgl. Joseph Jurt: »Französisches Denken nach Sartre« (wie Anm. 2), S. 74.

die Geschichte eines Lernprozesses, der in das Scheitern eines ganzen Lebens mündet.«[8]

2.5. Positionen der Literaturkritik und der ›Tod des Autors‹

Es manifestierten sich allerdings auch Vorbehalte gegen die Gattung der Biographie innerhalb der Literatur selber. Angeknüpft wurde an Aussagen von Flaubert und Baudelaire, die den ›Biographismus‹ ablehnten. Wenn Baudelaire zuerst auch eine Biographie von Poe (1852) verfasst hatte, so lobte er später seinen Dichterfreund Léon Gautier, weil er sich jedem Biographie-Versuch widersetzt habe, denn letztlich könne man keine ›Biographie der Sonne‹ schreiben. Mit anderen Worten: die profane Gattung der Biographie sei einem Dichtergenie völlig unangemessen. Schließlich haben auch Stéphane Mallarmé und Paul Valéry jeden Bezug eines literarischen Werkes zu einer persönlichen Innerlichkeit verdammt, um einzig die verbale und unpersönliche Natur der Werke in den Vordergrund zu stellen. 1908/09 verfasst Marcel Proust seinen Essay »Contre Sainte-Beuve« (der erst 1954 veröffentlicht wurde). Er wandte sich gegen die gängige ›l'homme et l'œuvre‹-Methode: Das literarische Werk verdanke sich einem anderen Ich als dem Ich, das wir in unseren Gewohnheiten in der Gesellschaft zum Ausdruck bringen. Die Biographie sei darum nicht geeignet, dieses ›andere Ich‹ zu erfassen, das sich allein im Werk manifestiere. Die alltäglichen Erfahrungen würden dank der Alchemie des Stils im Werk transformiert (Dosse 2005, 94; Madelénat 1984, 76). Noch radikaler wird Maurice Blanchot in seinem *Lautréamont et Sade* (1963) behaupten, das Subjekt löse sich völlig im sprachlichen Signifikanten auf. Auch Genette wird die biographische Illusion bei Sainte-Beuve in seinem Aufsatz über Stendhal (1969) kritisieren. Henri Beyle sei für uns nicht so sehr eine reale Person, sondern eine von Stendhal geschaffene Figur. Gleichzeitig wendet sich Jacques Derrida in seiner *Grammatologie* (1969) gegen die Illusion eines psycho-biographischen Signifikates; die Schrift bedeute das Verschwinden einer Präsenz, und Foucault stellte im selben Jahr in seiner *Archéologie du savoir* infrage, dass die Einheit eines Werkes durch den Bezug auf eine souveräne Subjektivität garantiert werden könne.[9] All das mündete in das radikale Axiom von Barthes über den »Tod des Autors« (1968). Barthes hatte schon 1960 einen Einleitungstext über »l'homme racinien« sowie einen Artikel über denselben Autor in der Zeitschrift *Annales* publiziert, die dann zusammen mit anderen Studien 1963 unter dem Titel *Sur Racine* erschienen. Hier behauptete er, dass man, wenn man Literaturgeschichte betreiben wolle, auf die Kategorie des Individuums – hier Racine – verzichten müsse. Der Text trete an die Stelle des Autors, und diesen Text müsse man mit Hilfe aktueller – psychoanalytischer, anthropologischer und linguistischer – Ansätze befragen. Barthes arbeitet im Text vor allem signifikative Raum-Strukturen (Innen-/Außenraum) heraus. In einem gewissen Sinne radikalisiert er eine Position, die Valéry schon früher zum Ausdruck gebracht hatte. Was die Biographen an den Tag brächten, so Valéry, seien Züge, die Racine mit tausend anderen Zeitgenossen teilte. Das Wichtigste aber – das Schöpferische – sei völlig unabhängig von den Abenteuern der Lebensführung, der Ereignisse, die die Biographie zu Tage bringe. Da Racine zum nationalen literarischen Erbe Frankreichs zählt, wirbeln Ausführungen zum Autor der *Andromaque* viel Staub auf. Der große Racine-Spezialist der Sorbonne, Raymond Picard, Verfasser einer Racine-Biographie (*La carrière de Jean Racine*, 1956) widersprach äußerst heftig dem Ansatz von Barthes, dessen Racine-Deutung, so Picard, sei völlig beliebig. Die Ereignisse des Lebens des Autors seien durchaus relevant, wenn sie materielle und soziale Folgen zeitigten.

Barthes selber wird seine radikale Position nicht aufrechterhalten. Schon 1971 wird er in seinem Buch *Sade, Fourier, Loyola* einen Abschnitt ›Leben‹ einfügen, in dem er keineswegs eine kohärente Biographie der genannten Autoren entwirft, sondern bloß ein paar Fragmente aufführt, die er ›Biographeme‹ nennt. Biographisches ist für ihn letztlich bloß mehr als Fragment möglich; das wird

8 Jean Bruneau: »Jean-Paul Sartre biographe de Flaubert«. In: Claude Burgelin (Hg.): *Lectures de Sartre*. Lyon 1986, S. 161–183, hier S. 173–183.

9 Vgl. Jean-Claude Bonnet: »Le fantasme de l'écrivain«. In: *Poétique* XVI. Jg., 63 (1985), S. 259–277, hier S. 259.

dann auch deutlich in seiner Autobiographie *Roland Barthes par Roland Barthes* (1975), die er in der dritten Person abfasst, so auch eine Distanz zu sich selbst markiert und vor allem Fragmente auch über seinen Körper notiert. An einer Stelle schreibt er auf, was er mag, unter anderem: Birnen, weiße Pfirsiche, Kirschen, um dann an anderer Stelle die Franzosen über ihre Lieblingsfrüchte zu charakterisieren: Vorliebe für Birnen, Kirschen, Himbeeren, weniger für Orangen. Damit charakterisiert er sich weniger als Individuum, sondern durch seine Zugehörigkeit zu einer Epoche, zu einer sozialen Gruppe. Die Biographeme verweisen entsprechend, so Françoise Gaillard, nicht auf die Biographie, sondern letztlich auf das Ethnographische (Gaillard 1991, 102).

2.6. Biographik-Debatten in Sozial- und Geschichtswissenschaften seit den 1970er Jahren

Seit dem Ende der 1970er Jahre scheint sich die Welle des strikten Strukturalismus, der auch eine formalistische Literaturkritik bestimmte, abzuschwächen, und die Biographie, die bei einem Elitepublikum völlig obsolet war, gewinnt wieder an Ansehen. Eine ganze Reihe von (universitären) Zeitschriften widmet nun dem Biographischen und der Biographie Sondernummern, so *Poétique* (1985), *Diogène* (1987), *Revue des sciences humaines* (1991), *Politix* (1994). Selbst die der Strukturgeschichte vorbehaltene Zeitschrift *Annales* öffnet nach 1989 ihre Spalten einem wichtigen Artikel von Giovanni Levi über die Gebrauchsweisen der Biographie (Levi 1989). Levi unterstreicht hier sowohl die Fruchtbarkeit wie auch die Ambiguität der Biographie für die Geschichtswissenschaft, allerdings ist für ihn nach wie vor ein quantitatives Verfahren für die Geschichtswissenschaft maßgeblich. Es gehe darum, an soziale Bedingungen gebundene Verhaltensweisen zu ermitteln, die statistisch gesehen den Normalfall darstellten. Hier könnten biographische Elemente eine Übereinstimmung zwischen individuellem und kollektivem Habitus aufzeigen. Schließlich könne die Biographie den Zusammenhang zwischen persönlichen Erfahrungen und Kontext belegen. Ein Einzelfall illustriere dann die Entwicklung einer Gruppe besser als bloße Häufigkeitsstatistiken. Verwiesen wird etwa auf Michel Vovelles Studie über Joseph Sec aus Aix-en-Provence (1975), der für den sozialen Aufstieg des Provinzbürgertums steht. Daniel Roche untersuchte den Glaser Jacques-Louis Ménétra, um die Situation der Handwerksgesellen am Ende des 18. Jahrhunderts zu beleuchten. Daneben gibt es auch Fallstudien, die Beispiele nachzeichnen, die von der sozialen Norm abweichen und dadurch wieder diese Norm sichtbar machen. Verwiesen wird hier auf die berühmte Biographie über die Welt des Müllers Menochio um 1600, die Carlo Ginzburg aus Inquisitionsprotokollen rekonstruiert hatte (dt. *Der Käse und die Würmer*, 1979). Die italienische *microstoria* hatte so auch beigetragen zu einer Aufwertung der Biographie als sozialer Biographie innerhalb der Geschichtswissenschaft.

Aber auch innerhalb der Soziologie konnte man eine Aufwertung der Biographie seit den 1970er Jahren konstatieren. Ausgangspunkt war hier die Ethnologie insbesondere das Selbstporträt einer mexikanischen Familie, das der amerikanische Ethnologe Oscar Lewis unter dem Titel *Die Kinder von Sánchez* (1965) herausgab. In Frankreich propagierte der Soziologe Daniel Bertaux in einem Bericht im Jahre 1976 diesen Ansatz. Vor allem Jean Peneff stützte sich auf ethnologische Lebensberichte bei seinen Arbeiten über das Gewerkschaftsmilieu oder über algerische Unternehmer und legte auch theoretische Arbeiten über die biographische Methode in der Soziologie vor (Peneff 1990).[10]

1986 veröffentlichte dann Bourdieu in seiner Zeitschrift *Actes de la recherche en sciences sociales* einen viel beachteten Aufsatz über die ›biographische Illusion‹ (»L'illusion biographique«). Zunächst ist festzuhalten, dass das keinen Rückfall in eine strukturalistische Position bedeutete. In einem Rückblick auf sein Schaffen unterstrich er, dass er die leibhaftigen Akteure wieder ins Spiel bringen wollte, die durch Lévi-Strauss und die

10 Vgl. Jean Peneff: »Les grandes tendances de l'usage des biographies dans la sociologie française«. In: Berlivet/Collovald/Sawicki 1994, S. 25–31; Bernard Pudal: »Du biographique entre ›science‹ et ›fiction‹. Quelques remarques programmatiques«. In: Berlivet/Collovald/Sawicki 1994, S. 5–25.

Strukturalisten zu bloßen Epiphänomenen der Struktur erklärt worden waren. Was Bourdieu aber ablehnte, war die ihm zufolge absurde oder ideologische Opposition zwischen Individuum und Gesellschaft. Das Soziale ist nach ihm in den Institutionen präsent, aber auch über das Konzept des Habitus in den Akteuren, wobei der Habitus als Ergebnis der Sozialisation durch Familie und Schule verstanden wird.[11] Was Bourdieu an der Gattung ›Lebensgeschichte‹ kritisierte, die in die Ethnologie und dann in die Soziologie eingeführt worden war, das war die exklusive Orientierung an der zeitlichen Linearität, die sich auch in den entsprechenden Metaphern wie ›Weg‹, ›Straße‹, ›Karriere‹ widerspiegele (Bourdieu 1998, 75–83). Das Leben werde als eine ›kohärente und gerichtete Gesamtheit‹ gesehen, das einer chronologischen Ordnung, die als eine logische betrachtet werde, folge und so als Vollendung eines Zieles erscheine. Bourdieu hatte schon früher in Bezug auf Sartres Flaubert-Biographie die teleologische Sicht kritisiert, die den Lebensweg als Realisierung eines ›Projektes‹ interpretierte. Zwischen dem Biographen und dem Erzähler bestehe eine Komplizität, da beide Interesse daran hätten, dass der Lebens-Weg ›Sinn mache‹. Bourdieu fragt sich, ob man nicht letztlich einer ›rhetorischen Illusion‹ folge, wenn man das Leben als ›Geschichte‹ behandle. Er fragt dann als Soziologe vor allem nach den sozialen Mechanismen, die die Ganzheitlichkeit und Einheit des Ich erzeugen. Es sei vor allem die Institution des gleich bleibenden Eigennamens, die die Vorstellung einer permanenten Identität generiere. Die ›Lebensgeschichten‹ folgten so unbewusst einer linearen Rhetorik, die eine chronologische Kohärenz ergeben müsse. An die Stelle der teleologischen ›Lebensgeschichte‹ setzt Bourdieu den *Verlauf* als eine Abfolge von Positionen, die ein Akteur einnimmt. Die biographischen Ereignisse sind so im sozialen Raum zu situieren als Platzierungen oder Platzwechsel. Die biographischen Elemente sind für Bourdieu nicht irrelevant; es ist aber nicht adäquat, sie nur auf der Basis einer chronologischen Kontinuität zu interpretieren und nicht in Bezug auf die Position der anderen Akteure im jeweiligen Feld.

11 Vgl. Joseph Jurt: *Bourdieu*. Stuttgart 2008, S. 58–67.

In dem mit Mitarbeitern herausgegebenen Band *La misère du monde* (dt. *Das Elend der Welt*, 1993) lässt Bourdieu die Ausgeschlossenen zu Wort kommen; diese geben auch ›Lebensgeschichten‹ wieder, aber nicht eine ganze Lebensgeschichte, sondern eine Darstellung ihrer Situation, die durch die Kommentare im sozialen Raum verortet werden.

2.7. Tendenzen der neueren literarischen Biographik

Nicht nur aus der Literatur-, Geschichts- oder Sozialwissenschaft erfuhr die Biographie neue Impulse, sondern Anstöße kamen auch aus dem literarischen Feld selber. Schon in den 1930er Jahren hatte man von einer Krise der Fiktion gesprochen; der Roman in der dritten Person – mit erfundenen Personen und Ereignissen – erschien nicht mehr als glaubwürdig. Darum führten die Schriftsteller (auto-)biographische Elemente in den Roman ein, um der Gattung eine größere Glaubwürdigkeit zu verleihen.

Paul Nizan, Zeitgenosse Célines, entfernte sich in seinen Romanen von der Fiktion. In seinem Roman *Antoine Bloyé* (1932) konnte man unschwer den sozialen Aufstieg und Fall seines Vaters erkennen. Der Roman nähert sich so der Gattung der Biographie; aber auch autobiographische Elemente sind auszumachen. Der Sohn, der Autor, ist präsent über den auktorialen Erzähler, der über das sozialanalytische Wissen des aufgeklärten Intellektuellen verfügt und schließlich ist er auch darin präsent, dass er seine eigenen Probleme (sozialer Aufstieg und Verrat) auf die Figur des Vaters projiziert.

Annie Ernaux' 1983 veröffentlichtes Buch *La Place* erinnert unmittelbar an Nizan. Auch hier geht es um die Geschichte des Vaters. Auch hier spielt die Todes- und Verratsproblematik eine zentrale Rolle. Nur hat sich die Autorin völlig von der Fiktion verabschiedet. Es handelt sich um eine Ich-Erzählung, die ein Segment aus der eigenen Erfahrung auswählt: das Leben des Vaters. Von der Erzählform her ist es eine Autobiographie (Ich-Perspektive), inhaltlich eine Biographie. Aber das Problem des Vaters ist auch das der Tochter, das des sozialen Aufstiegs und der damit einhergehenden Erfahrung der Entfremdung. Ernaux wird danach ihrer Mutter ein Buch unter dem Titel *Une femme* (1987) widmen. Hier schreibt sie explizit, es handle sich weder um eine Biographie, noch weniger um einen Roman, sondern vielleicht um etwas zwischen der Literatur, der Soziologie und der Geschichte. In der Tat steht sie mit ihren Werken dem soziologischen Ansatz von Bourdieu nahe; sie geht viel weniger von einer zeitlichen Linie aus, sondern sie beschreibt – schon der Titel *La place* verdeutlicht das – den Platz und die Deplatzierungen ihres Vaters (aber auch ihre eigene) im sozialen Raum. Das Literarische besteht hier nun überhaupt nicht in der Fiktion, sondern in der Reflexivität und in der Suche nach einer einfachen Schreibweise, die der Einfachheit der elterlichen Welt entspricht.[12]

Ernaux ist nicht die einzige, die literarische Werke schreibt, die sich nicht mehr als Fiktionen verstehen, sondern die auf einem autobiographischen und biographischen Substrat beruhen. Erwähnen sollte man Pierre Michon: 1984 veröffentlichte er sein erstes Werk *Vies minuscules*, in dem er acht ›Leben‹ schildert von acht Figuren aus dem Kreis seiner Verwandtschaft oder seiner Heimat, von Figuren, die nicht berühmt wurden, die Misserfolge kannten, deren Schicksal ihn aber irgendwie betroffen machte. Im Zentrum steht auch hier immer eine doppelte Perspektive, die des Erzählers und die der geschilderten Person. Das spürt man dann auch wieder im kleinen, 1988 publizierten Werk *Vie de Joseph Roulin* (dt. *Das Leben des Joseph Roulin*, 1990). Hier wird Vincent van Gogh mit den Augen seines Freundes, des Briefträgers Joseph Roulin gesehen, der ihm vier, fünf Mal Porträt gesessen und der den armen holländischen Maler zu einer Zeit gekannt hatte, als dessen Werke noch nicht Millionenwerte erzielten. Entgegen der ursprünglichen Perspektive der Gattung der Biographie geht es hier nicht darum, eine Berühmtheit zu feiern, sondern jenseits des im Nachleben erzeugten Mythos eine Perspektive zu finden, die der noch nicht berühmten Person entspricht und dabei auch der Imagination zu trauen.

12 Vgl. Isabelle Charpentier: »De corps à corps. Réceptions croisées d'Annie Ernaux«. In: Berlivet/Collovald/Sawicki 1994, S. 45–75 ; Joseph Jurt: »Autobiographische Fiktion – Fiktionale Autobiographie (Céline, Nizan, Ernaux)«. In: *Literaturwissenschaftliches Jahrbuch* 34. Bd. (1993), S. 347–359.

Die jüngeren Diskussionen um das Genre Biographie schlagen sich schließlich auch in der Politik der Verlage nieder (↗VIII.4. Biographie und Buchmarkt): So trägt eine Reihe im Verlag Presses des Sciences Politiques den programmatischen Titel ›Références/Facettes‹. Die Einwände von Bourdieu und Levi werden ernst genommen, mit der klassischen Vorstellung einer linearen, kohärenten Lebensdarstellung wurde gebrochen. Es geht vielmehr darum, die zahlreichen Facetten einer Persönlichkeit, die Vielzahl der Betrachtungsweisen, den Wandel der posthumen Einschätzungen aufzuzeigen; bisher sind Bände zu Charles Maurras (2000), Marc Bloch (2000) und Maurice Thorez (2000) erschienen. Gleichzeitig kann man darauf verweisen, dass die traditionellen Biographien-Verlage Tallandier und Perrin sich Mitte der 1990er Jahre erneuerten, nicht mehr bloß unterhaltsame Biographien herausbringen, sondern Monographien, die auch durch ihre wissenschaftliche Solidität überzeugen. Modelle bleiben hier die Biographie-Reihen der Verlage Fayard, Flammarion und Gallimard (Dosse 2004, 22–37).

Literatur

Aron, Paul/Preyat, Fabrice: »Introduction. Brève histoire problématique de la biographie«, http://contextes.revues.org/document2543.html (23.3.2009).

Berlivet, Luc/Collovald, Annie/Sawicki, Frédéric (Hg.): *La biographie. Usages scientifiques et sociaux*. Paris 1994.

Bourdieu, Pierre: »Die biographische Illusion« [1986]. In: Ders.: *Praktische Vernunft. Zur Theorie des Handelns*. Frankfurt a. M. 1998, S. 75–83.

Dadoun, Roger: »Qui biographie?«. In: Francis Marmande/Eric Marty (Hg.): *Entretiens sur la biographie*. Biarritz/Paris 2000, S. 43–63.

Dosse, François: *Le pari biographique. Ecrire une vie*. Paris 2005.

Fraisse, Luc: »Le pittoresque développement des biographies d'écrivains au XIXe siècle«, http://contextes.revues.org/document2143.html (23.3.2009).

Gaillard, Françoise: »Roland Barthes: le biographique sans biographie«. In: *Revue des sciences humaines* 98. Jg., 224 (1991), S. 85–103.

Lejeune, Philippe: *Je est un autre. L'autobiographie de la littérature aux médias* [1980]. Paris 1994.

Levi, Giovanni: »Les usages de la biographie«. In: *Annales ESC* 6 (1989), S. 1325–1336.

Madelénat, Daniel: *La Biographie*. Paris 1984.

Maurois, André: *Aspects de la Biographie*. Paris 1928.

May, Georges: »Sa vie, son œuvre. Réflexions sur la biographie littéraire«. In: *Diogène* 139 (1987), S. 31–52.

Peneff, Jean: *La méthode biographique. De l'Ecole de Chicago à l'histoire orale*. Paris 1990.

Joseph Jurt

3. Britische Biographik

»Read no history; nothing but biography, for that is life without theory.«[1] So lässt der spätere britische Premierminister Benjamin Disraeli 1832 die stark autobiographisch inspirierte Hauptfigur seines gleichnamigen Romans, Contarini Fleming, feststellen und erfasst damit zugleich die Grundzüge, wenn nicht gar das Wesen der biographischen Tradition Großbritanniens. Dass Theorie freilich in der von Disraeli postulierten Sicht im Grunde nicht zu vermeiden ist und auch der biographischen Praxis *a priori* zugrunde liegt, ist dabei als gegeben zu betrachten. Biographen leben nun einmal nicht das Leben der von ihnen Biographierten. Stattdessen gliedern und arrangieren sie es, fassen es in Begriffe und gießen es im Ganzen in ein zumeist bewusst kohärent gestaltetes Narrativ. Über diesen Umstand hinaus stellt sich bei der grundsätzlichen Beschäftigung mit Biographik jedoch die Frage nach der Theoriebedürftigkeit des Genres im engeren epistemologischen Verständnis von Theorie. Dies gilt nirgendwo mehr als im Hinblick auf die Tradition der britischen Biographik, deren Ursprüngen und historischer Entwicklung, heutigem Zustand und nicht zuletzt Wesen im Folgenden nachgegangen werden soll. Die vorliegende Darstellung gliedert sich dabei grob in einen historischen Überblick, einige skizzenhafte und gezwungenermaßen selektive Bemerkungen zum heutigen Stand der Biographik in Großbritannien und den abschließenden Versuch, den Charakter dieser sehr reichen und populären nationalen Ausprägung von biographischer Literatur auszuloten.

3.1. Johnson und Boswell, die Väter der modernen Biographik

Der Beginn der englischen Biographik wird gewöhnlich mit Samuel Johnson (1709–1784) und dessen Intimus und Biographen James Boswell (1740–1795) in Verbindung gebracht, den vermeintlichen *Paten* des Genres in seiner modernen Ausprägung.[2] Insbesondere Boswells *Life of Johnson* von 1791, eine auf minutiöser Alltagsbeobachtung fußende Biographie des Freundes, gilt vielen als Auftakt zum großen Zeitalter englischer Biographik.[3] Und tatsächlich bildet Boswells mit ca. 1500 Druckseiten ungemein umfangreiche Darstellung einen Meilenstein in der Geschichte biographischen Schreibens. Sie ist zum einen der erste Bestseller des Genres, der Boswell die beträchtliche Summe von mehr als 1500 Pfund an Tantiemen einbrachte; zum anderen lässt sie sich als eines der ersten auf privaten Aufzeichnungen und einer Vielzahl anderer Quellen beruhenden Porträts betrachten, das, obgleich stark selektiv, in seinem Streben nach Totalität und Wahrheit richtungsweisend für die Biographie als Darstellungsform wurde. Dabei sind sowohl Boswells *Johnson* als auch Johnsons eigene biographische Arbeiten, nicht zuletzt sein *Life of Savage* (1744), stark von jenem autobiographischen Zugang bestimmt, den beide in ihren programmatischen Äußerungen zum Genre als Quintessenz gelungener biographischer Arbeit begreifen (↗VI.2. Französische Biographik). Ohne mit jemandem gegessen und getrunken und in sozialem Umgang gestanden zu haben, so vermerkt Johnson, ließe sich dessen Leben nicht beschreiben.[4]

Von Johnson stammen darüber hinaus die ersten mehr oder minder systematischen Reflexionen zur Biographie als Gegenstand wissenschaftlicher Betrachtung. In zwei Artikeln, 1750 und 1759 in

1 Benjamin Disraeli: *Contarini Fleming. A Psychological Romance* [1832]. 4 Bde. London 1927. Bd. 1, S. 141.

2 Vgl. Richard Holmes: »Boswell's Bicentenary« [1991]. In: Ders.: *Sidetracks: Explorations of a Romantic Biographer*. London 2001, S. 369–376.

3 James Boswell: *The Life of Samuel Johnson* [1791]. Hg. v. R.W. Chapman. Oxford 2008.

4 Samuel Johnson: *Johnson on Savage. The Life of Mr. Richard Savage* [1744]. Hg. v. Richard Holmes. New York 2005; vgl. auch Richard Holmes: *Dr. Johnson and Mr. Savage*. London 1993.

den von ihm selbst herausgegebenen Zeitschriften *The Rambler* und *The Idler* veröffentlicht, nimmt er sich der Grundlagen biographischer Arbeit an. Diese lassen sich auf fünf Kernaussagen zurückführen (Monk 2007, 529 f.):

1. In ihrer Beziehung zu anderen Literaturgattungen ist die Biographie auf halbem Wege zwischen der Geschichte als von Fakten bestimmter Disziplin und dem Roman als auf die Gefühlsebene des Menschen abgestellter Literaturgattung zu verorten.
2. Aufgrund der Komplexität eines individuellen Lebens ist im Grunde jeder Mensch biographiewürdig.
3. Das Schreiben einer Biographie setzt umfassende Beschäftigung mit dem Leben des Biographierten voraus, die auch vor vermeintlich entlegenen Aspekten nicht Halt machen sollte. Es erfordert jedoch auch die sorgfältig abwägende Auswahl der mittels eingehender Forschung zusammengetragenen Fakten.
4. Die moralische Verantwortung des Biographen gegenüber (a) dem Biographierten selbst, (b) der Öffentlichkeit und nicht zuletzt dem, was Johnson als (c) Verpflichtung zur Wahrheit bezeichnet, wird eingefordert. In bemerkenswert streitbarer Form plädiert Johnson hier für einen vergleichsweise robusten Umgang mit der Vergangenheit des Biographierten und hält jedwede »Pietät hinsichtlich der Fehler und Mängel von Freunden«[5] für unangebracht.
5. Wahrheit steht somit im Zentrum der Betrachtungen Johnsons, obgleich diese auch beim faktographisch unterstützten Schreiben einer Biographie nicht vollends zu erreichen sei. Nur die Autobiographie, die Beschäftigung mit dem Selbst, gestatte vollkommene Einsicht in das Innenleben eines Menschen. Der Autobiograph operiere daher, ganz wie der Historiker, stets dichter an der Wahrheit als der Biograph.

Ähnliche Gedanken hatte der englische Jurist und Biograph Roger North (1653–1734) bereits dreißig Jahre vor Johnson und mehr als ein halbes Jahrhundert vor Boswells großer Johnson-Biographie geäußert, so dass sich der beiden zugeschriebene Rang als Stammväter moderner Biographik mit Recht historisch relativieren lässt, wie dies auch Allan Pritchard kürzlich mit Blick auf die nicht ausreichend gewürdigte Biographik des 17. Jahrhunderts getan hat (Clifford 1962, XIff.; North 1962; Pritchard 2005, 3ff.).

3.2. Biographik im 19. Jahrhundert: viktorianische Praxis

Obgleich sich die englische Biographik des 19. Jahrhunderts unter dem Einfluss der Romantik nachhaltiger als zuvor für das Innen- und Gefühlsleben des biographischen Objekts (*subject*) zu interessieren begann, verließ sie doch nie gänzlich die Leitlinien der von Johnson und Boswell etablierten Praxis.[6] Insbesondere das Bedürfnis, ein Leben ganz erfassen zu wollen, gewann dabei häufig maßlose Züge im Hinblick auf den Umfang und die Struktur biographischer Arbeiten, nicht zuletzt aufgrund der rapide anwachsenden Quellendichte und einer zunehmenden Skepsis gegenüber jeder Auslese von einmal erschlossenem Material (Cockshut 1974, 16).[7] Zugleich wurde unter dem Druck viktorianischer Moralbegriffe die von Johnson aufgebrachte Forderung nach schonungsloser Dokumentation eines Lebens abgelegt. Die damit einhergehende Pietät und übereifrige Identifikation mit dem Biographierten verflachte dabei aus naheliegenden Gründen zu jener Reverenz, die noch heute in der Hauptsache mit der Biographik des Viktorianischen Zeitalters in Verbindung gebracht wird. Ihren programmatischen Ausdruck fand diese Herangehensweise im Anspruch Margaret Oliphants, dass der Biograph in erster Linie

5 Samuel Johnson: »*The Rambler* 60 (1750), 13. Oktober 1750«. In: Clifford 1962, S. 40–43, hier S. 43.

6 Die zentralen Werke sind hier u. a. William Godwin: *Memoirs of the Author of A Vindication of the Rights of Women* [1798], hier: *Godwin on Wollstonecraft. The Life of Mary Wollstonecraft*. Hg. v. Richard Holmes. New York 2005; und William Hazlitt: »Liber Amoris: Or, The New Pygmalion« [1823]. In: *The Selected Writings of William Hazlitt*. Hg. v. Duncan Wu. London 1998, Bd. 9.

7 Vgl. auch A.O.J. Cockshut: »Foreword«. In: Ruth Hoberman: *Modernizing Lives: Experiments in English Biography, 1918–1939*. Carbondale 1987, S. X.

seinem Gegenstand verpflichtet sei und daher die Wahrung der Reputation des Biographierten der Wahrheit vorzuziehen habe.[8]

Nichtsdestoweniger trug die englische Biographik des 19. Jahrhunderts nicht unwesentlich zur Etablierung und Ausweitung des Genres bei. Getragen vom historischen Positivismus der Zeit entstanden umfangreiche quellengesättigte Darstellungen, die das Genre an die sich formierenden geisteswissenschaftlichen Disziplinen, insbesondere die Geschichtswissenschaft, heranführten, wie in den historischen Arbeiten Thomas Carlyles (1795–1881) und dessen bewusst zuspitzendem Diktum reflektiert: »The History of the world is but the Biography of great men«.[9] Mit der Kultivierung eines narrativ-literarischen Stils prägte die viktorianische Biographik allerdings auch das Selbstverständnis und die Außenwahrnehmung des Biographen als Künstler und Literat nachhaltig, dessen Revier freilich weit eher die faktenreich rekonstruierte historische Lebenswelt des Einzelnen zu sein hatte als die Vorstellungswelt des Romanciers. Angesichts dessen mag eine Rückbesinnung auf die zentralen Werke der Biographik des 19. Jahrhunderts als Korrektiv zur gegenwärtig vorherrschenden theoriebefrachteten Praxis geeignet sein. Das Bemühen jedoch, die viktorianische Tradition als Modell für die heutige Beschäftigung mit dem Genre zu rehabilitieren, erscheint wenig fruchtbar (u. a. Cockshut 1974, 16 ff.).[10]

8 Margaret Oliphant: »The Ethics of Biography« [1883]. In: Clifford 1962, S. 97–102, hier S. 97 ff.

9 Thomas Carlyle: *On Heroes, Hero-Worship and the Heroic in History* [1840]. New York 1861, S. 26 (Zit.); ferner Ders.: *History of Friedrich II of Prussia, Called Frederick the Great*. 6 Bde. London 1858–1865; und Ders.: »On History«. In: *The Works of Thomas Carlyle*. Hg. v. H. D. Traill. London 1896–99, Bd. XXVII: Critical and Miscellaneous Essays, Bd. II. Zum Kontext s. Ann Rigney: »The Untenanted Places of the Past: Thomas Carlyle and the Varieties of Historical Ignorance«. In: *History and Theory* 22. Jg. (1996), S. 338–357; und Dies.: *Imperfect Histories: The Elusive Past and the Legacy of Romantic Historicism*. Ithaca 2000.

10 Zur Kritik vgl. zuletzt David Amigoni: »Introduction. Victorian Life Writing: Genres, Print, Constituencies«. In: Ders. (Hg.): *Life Writing and Victorian Culture*. Aldershot 2006, S. 1–19, hier S. 10 f.

3.3. Stracheys »Eminent Victorians«

Der von den Biographen des späten Viktorianischen Zeitalters gesetzte Tenor verklärender Reverenz und ungebremster Erzählfreude zeitigte mit Beginn des 20. Jahrhunderts eine literarische Gegenreaktion, die in erster Linie mit der Publikation von Lytton Stracheys *Eminent Victorians* von 1918 und dem Bloomsbury-Kreis in Verbindung gebracht wird. Stracheys Vorwort zu seinen vier Studien zentraler, zumeist unkritisch heroisierter Gestalten des Viktorianischen Zeitalters (Kardinal Manning, Florence Nightingale, Thomas Arnold und General Gordon) ist dabei als revolutionäres Manifest eines neuen Verständnisses von Biographik gesehen worden, auf das bereits zeitgenössisch mit dem Begriff *New Biography* Bezug genommen wurde (Strachey 1918/1986, 9 ff.; Monk 2007, 537 ff.). In gleich zweifacher Form lassen sich Stracheys Miniaturen als bewusster Bruch mit der späten viktorianischen Biographik betrachten: Zum einen handelte es sich ganz offensichtlich um literarische Miniaturen, die sich allein ihrem Umfang nach von der viktorianischen Tradition abhoben; zum anderen setzte sich Strachey radikal vom hagiographischen Geist der Biographik des ausgehenden 19. Jahrhunderts ab. Mit ungekannt pietätloser Ironie und einer ausgeprägten Vorliebe für den *elegant* stilisierten *Rufmord*, wandte er sich in erster Linie gegen das, was er selbst und ein beträchtlicher Teil der nachwachsenden, vom Ersten Weltkrieg traumatisierten Generation als die Scheinheiligkeit und Heuchelei des Viktorianischen Zeitalters begriffen: jene Anmaßung moralischer Überlegenheit im Angesicht von häuslichem Materialismus und globalem Imperialismus, rückständiger Erziehungspraxis, christlichem Missionierungseifer und neurotischer Gutmenschelei.[11] Obgleich Stracheys bewusst pointierte Darstellung keineswegs stilbildend auf die moderne Biographik Großbritanniens wirkte, nahm er mit seinen *Eminent Victorians* den Charakter biographischen

11 Zit. *Rufmord* nach Roy Hattersley: »Rezension von Lytton Strachey, ›Eminent Victorians‹: the Definitive Edition« [1918]. In: *New Statesman* (12.8.2002); ferner Michael Holroyd: *Lytton Strachey. A Critical Biography*. 2 Bde. London 1967/1968, rev. Ausgabe als *Lytton Strachey. The New Biography*. London 1994.

Schreibens im 20. Jahrhundert vorweg. In Absetzung von der positivistischen, zumeist deskriptiven viktorianischen Praxis war es dem Biographen nach Strachey nicht nur gestattet, einen wie auch immer gearteten Standpunkt einzunehmen; Stracheys Verständnis von Biographie als Kunstform erforderte es vielmehr, dass der Biograph (wie der Historiker) sein Material dem Leser gestaltend, interpretierend und nicht zuletzt verstehend vermittelte.[12] Anlässlich Stracheys frühem Tod 1932 brachte der amerikanische Literaturkritiker Edmund Wilson den sich vollziehenden Gezeitenwechsel empathisch mit der Formulierung zum Ausdruck, dass weder Amerikaner noch Engländer nach Stracheys *Opus magnum* über die Legenden ihrer Vergangenheit noch so empfinden konnten wie zuvor. »Something had been punctured for good.«[13]

Wie allerdings bei Johnson, dessen Gedanken zum Genre bereits eine Generation zuvor von North antizipiert worden waren, stellten sich auch Stracheys *Eminent Victorians* weniger isoliert dar als deren Rezeption dies lange Zeit nahegelegt hat. Dies erklärt sich vornehmlich aus dem Umstand, dass Stracheys Arbeiten zeitlich mit dem Bedürfnis nach radikaler Zäsur im Gefolge des Ersten Weltkriegs zusammenfielen, ja in gewisser Weise als deren Ausdruck zu betrachten sind. Begünstigt wurde die fortwährende Rezeption der *Eminent Victorians* darüber hinaus durch die Deutungsmacht, die Strachey und anderen Angehörigen des Bloomsbury-Kreises als Repräsentanten der literarischen Moderne im Laufe der 1920er und 1930er Jahre zukam. Insbesondere Virginia Woolf nutzte die Etablierung der Bloomsburianer nicht nur zu eigenen Arbeiten an den experimentellen Rändern des biographischen Genres, sondern auch um Stracheys Werk und mit diesem ihr eigenes modernistisches Verständnis von Biographik nachhaltig in der öffentlichen Wahrnehmung zu verankern.

Als erster Vertreter der Moderne in der Biographik hat jedoch weniger Strachey zu gelten als der Dichter, Schriftsteller und Literaturkritiker Edmund Gosse (1849–1928), Sohn des Naturwissenschaftlers Philip Henry Gosse, der seinerseits zum Pantheon spätviktorianischer Heldengestalten gehörte. Von Gosse stammt dabei nicht nur eines der ersten schonungslos kritischen biographischen Porträts, die 1907 erschienenen Memoiren *Father and Son*, sondern auch eine Reihe prototheoretischer Äußerungen zum Genre, in denen bereits der Kern von Stracheys Kritik an der biographischen Tradition des Viktorianismus angelegt ist.[14] Biographie ist Gosse zufolge in erster Line als Kunstform zu verstehen, deren Praxis ausgeprägtes Augenmaß, die Erkenntnis in den relativen Wert menschlicher und dinglicher Existenz sowie ein tiefer Sinn für literarische Verantwortung zugrunde liegen sollten. Der Gegensatz zur vermeintlich unkritischen Masse viktorianischer Biographik wird hier erstmals zum Programm (Gosse 1903/1962, 113 ff.).

3.4. Virginia Woolf und die Theoriedebatte der 1920 und 1930er Jahre

Auf Strachey folgte die wahrscheinlich intensivste öffentliche Debatte über die Theoriebedürftigkeit biographischen Arbeitens, die im englischsprachigen Raum geführt worden ist. Setzte man davor (und danach) Biographie in ihrer narrativ praktizierten Form zumeist als gegeben voraus, so entwickelte sich in den 1920er und 1930er Jahren erstmals eine dynamische, in ihren Grundlagen bereits stark theoretische Auseinandersetzung über die Merkmale und das Wesen der idealen Biographie.

Diese geht maßgeblich auf zwei programmatische Essays Virginia Woolfs zurück, eine erste Stellungnahme »The New Biography« von 1927, kaschiert als Rezension der größtenteils fiktiven Memoiren Harold Nicolsons, und eine als Würdigung

12 Vgl. u. a. Lytton Strachey: *The Shorter Strachey*. London 1989, S. 93; Ders.: *Portraits in Miniature and Other Essays*. London 1931, S. 160f, sowie Monk 2007, S. 537 ff.; Novarr 1986, S. 27 ff.

13 Edmund Wilson: »Lytton Strachey«. In: *New Republic* (21.9.1932).

14 Edmund Gosse: *Father and Son* [1907]. Hg. v. Michael Newton. Oxford/New York 2004. Vgl. bereits Charles Richard Sanders: »Lytton Strachey's Conception of Biography«. In: *PMLA. Publications of the Modern Language Association of America* 66. Jg. (1951), S. 295–315, hier S. 303; auch Novarr 1986, S. 15 ff.; Monk 2007, S. 534 ff.

von Stracheys Werk beabsichtigte Intervention unter dem Titel »The Art of Biography« von 1939 (Woolf 1927/1962, 126ff.; Woolf 1939/1962, 128ff.). In beiden Essays nimmt Woolf die von ihr besprochenen Arbeiten zum Anlass, um ihren eigenen Blick auf das Genre zu entwickeln. Im Gegensatz zur allgemeinen Erwartungshaltung jedoch unterscheidet sich dieser fundamental von dem größtenteils nicht explizierten Biographieverständnis Stracheys. Woolf deutet dabei die Arbeiten Nicolsons und Stracheys ganz bewusst in dem Sinne, dass diese sich zur Bekräftigung ihres eigenen zentralen Arguments bemühen lassen: Die *Wahrheit der Fakten*, konstitutiv für jene handwerkliche, methodisch disziplinierte Tradition der Biographik, die bereits Johnson und Boswell praktizierten, und die *Wahrheit der Fiktion* seien, so Woolf, *a priori* unvereinbar; ihre angestrengt wirkende Mischung durch Biographen wie – vermeintlich – Strachey oder Nicolson sei ungenießbar, ja abstoßend (Woolf 1927/1962, 128; Woolf 1939/1962, 131f.; Monk 2007, 540ff.).[15] In der Spannung zwischen dem methodisch reflektierten Bemühen des Biographen und der kreativen Unbeschwertheit des Literaten werde die neue Biographik Stracheys aufgerieben. Die »schmetterlingsgleiche Nichtgreifbarkeit« des Menschen und seiner Persönlichkeit lasse sich nicht mittels jener »granithaften Solidität« erschließen, die den stets nur äußerlichen Tatsachen anhafte und auf die selbst die ambitionierte neue Spielart der Biographik weiterhin Bezug nehme. In Absetzung vom ihres Erachtens gescheiterten Experiment der neuen Biographik bringt Woolf die literarische und damit zwangsläufig fiktive Erschließung des menschlichen Innenlebens zur Geltung, der offenbar als einziger literarischer Form die »wahrhaftige Vermittlung der Persönlichkeit« möglich sei (Woolf 1927/1962, 127f.; zit. nach Monk 2007, 542).

Woolfs Intervention zeitigte beinahe umgehend eine ausführliche Replik des Diplomaten, Schriftstellers und Teilzeit-Bloomsburianers Harold Nicolson. Ein Großteil der Argumente Nicolsons – und bezeichnenderweise auch Woolfs – war dabei bereits 1916 vom amerikanischen Literaturwissenschaftler Waldo H. Dunn vorweggenommen worden, dessen *English Biography* allerdings nur wenig rezipiert wurde (Nicolson 1928; Nicolson 1954/1962, 197ff.; Novarr 1986, 24ff., 45; Monk 2007, 535ff.). In Absetzung von Woolfs Biographieverständnis fasst Nicolson das biographische Schreiben in erster Linie als wissenschaftliche Praxis auf, deren Tendenz zur vermeintlich drögen Reproduktivität freilich mittels literarischer Ausgestaltung aufzufangen sei. Zentral scheint für Nicolson vor allem die strikte Vermeidung eines Standpunktes zu sein, wie ihn Strachey zwar in die Debatte eingeführt, jedoch überwiegend unbestimmt belassen hatte. Die reinste Form biographischen Schreibens, »pure biography«, wie Nicolson sagt, sei jene, die sich dem Bedürfnis erfolgreich entziehe, das Leben eines Individuums als beispielhafte Illustration einer im Grunde unerheblichen Theorie oder Auffassung zu verwenden (Nicolson 1928, 9f.). Dagegen konzediert Nicolson, dass eine narrative Synthese des vorhandenen Materials im Allgemeinen nicht zu vermeiden sei, wolle man den Kardinalfehler viktorianischer Biographik nicht unter anderen Vorzeichen erneut begehen. Der Graben, der sich dabei zwischen dem literarischen und dem wissenschaftlichen Interesse einer Biographie auftue, erscheint Nicolson im Grunde unüberbrückbar. Nur den altvorderen Meistern des Genres, insbesondere Boswell mit seinem *Life of Johnson*, sei es vorbehalten gewesen, Biographie in ihrer vermeintlich reinen Form zu erfassen, da sich die frühe, ihrem Entstehungszusammenhang nach vorwissenschaftliche Biographik in einem Zustand der Naivität befunden habe, in dem die Voraussetzungen des Genres noch unverfälscht angelegt gewesen seien. Die künftige Entwicklung der reinen Form biographischer Praxis tendiere jedoch zur Spezialisierung und Verwissenschaftlichung. Die von Nicolson als unrein und bewusst verfälschend gekennzeichnete literarische Biographik entferne sich hingegen von den realen Voraussetzungen des Genres immer weiter und werde schließlich, so Nicolsons Erwartung, vollends in der nicht mehr biographischen – und nicht zuletzt unwissenschaftlichen – Fiktion aufgehen (Nicolson 1928, u.a. 9ff., 154ff.). Obgleich seine Studie

15 Vgl. en detail, Ray Monk: »This Fictious Life: Virginia Woolf on Biography, Reality, and Character«. In: *Philosophy and Literature* 31. Jg. (2007), S. 1–40.

The Development of English Biography im Hausverlag der Bloomsburianer, Hogarth Press, veröffentlicht wurde, ist sie offensichtlich in erster Linie als Gegenentwurf zu Woolfs wirkungsmächtiger Koketterie mit dem Fiktiven in der Biographie zu verstehen.

Noch im selben Jahr – 1928 – wurden Nicolsons Ausführungen durch die in Cambridge gehaltenen Vorlesungen des französischen Schriftstellers und Literaturwissenschaftlers André Maurois ergänzt, die das Verhältnis zwischen wissenschaftlicher und künstlerisch-literarischer Biographie beleuchteten. Maurois' Intervention in der britischen Biographie-Debatte der Zwischenkriegszeit kam insofern besondere Bedeutung zu, als er bis dato nicht nur mit einigem Erfolg als Romancier hervorgetreten war, sondern sich darüber hinaus als Wegbereiter britischer Literatur in Frankreich auch in England einen Namen gemacht hatte. In Absetzung von Nicolsons Neigung zu beinahe szientistischer Faktengläubigkeit begreift Maurois die Biographie vornehmlich als fragiles Hybrid von wissenschaftlicher Praxis auf der einen und künstlerisch-ästhetischem Anspruch auf der anderen Seite. Das Leitprinzip des Biographen verengt er dabei ebenso wie Johnson auf die Vermittlung von Wahrheit, wie sie im Individuum angelegt sei, nicht jedoch in der ideologisch-philosophischen Abstraktion und Generalisation (Maurois 1929, 110, 131 f.).

Bei aller Verschiedenartigkeit im Einzelnen einte Strachey und Woolf, Nicolson und Maurois sowie die ihnen nachfolgenden Biographen der Jahrhundertmitte vor allem der zeitgenössisch übermächtige Einfluss von Freud und dessen Vorstellungen vom Wirken der menschlichen Psyche. Stracheys Arbeiten, insbesondere die Doppelbiographie *Elizabeth and Essex* (1928), scheinen besonders nachhaltig vom freudschen Impetus durchdrungen, das Innenleben des Protagonisten psychologisierend (und damit zwangsläufig auch fiktionalisierend) zu erschließen. Obgleich Freuds eigene Ausflüge in das biographische Genre als gescheitert gelten können, stellte seine psychoanalytische Methode das zentrale Rüstzeug für einen Großteil auch der englischsprachigen Biographik der Jahrhundertmitte bereit. In Großbritannien kam sie jedoch nur selten so konsequent zur Geltung wie in den ambitionierten Arbeiten des amerikanischen Literaturkritikers und Biographen Leon Edel.[16]

3.5. Vielfalt des guten Erzählens – zum Stand der britischen Biographik

Die britische Biographik des 20. Jahrhunderts, sollte diese überhaupt gesondert von ihrem nordamerikanischen Pendant abzuhandeln sein, scheint sich dabei ein eher instinktives Verständnis von Freud und der Psychoanalyse angeeignet zu haben; sie baut – in der Tradition Johnsons und Boswells – vornehmlich auf das ebenso empathisch wie kunstvoll entwickelte Narrativ, innerhalb dessen sich die Vermittlung von menschlichem Wesen und Wahrheit quasi auf natürliche Weise vollzieht. Wahrheit als zentrales Axiom biographischen Arbeitens ist allerdings auch hier unter dem Einfluss der Postmoderne nachhaltig relativiert worden, so dass zunehmend ›relative Wahrheiten‹ bemüht werden, der Begriff jedoch im Allgemeinen weiterhin Anwendung findet.[17]

Über die Beschäftigung mit dem Charakter und der Zuordnung der Biographie als Genre hinaus hat sich im Laufe der zweiten Jahrhunderthälfte ein neues Selbstverständnis unter Biographen herausgebildet, das in seinen Grundlagen maßgeblich auf die britische Literatur zurückgeht. Angefangen mit A.J.A. Symons Biographie des englischen Literaten und Berufsexzentrikers Frederick Rolfe, *The Quest for Corvo* (1934), begriffen sich britische Vertreter des Genres zunehmend als Suchende mit eingangs unbekanntem Ziel (Hamilton 2007, 213 ff.).[18] Die Beschäftigung mit der Biographie eines anderen Menschen wurde von daher auch zur Auseinandersetzung mit dem Selbst und setzte dabei im Kern erneut jene autobiographische Komponente ins Recht, die in ihrer ursprünglichen

16 Leon Edel: *Literary Biography: The Alexander Lectures 1955–56*. London 1957; Ders.: *Writing Lives: Principia Biographica*. New York 1984. Vgl. zudem Leon Edels fünfbändige Henry James-Biographie, beginnend mit *Henry James: The Untried Years 1843–1870*. Philadelphia 1953, und endend mit *Henry James: The Master 1901–1916*. Philadelphia 1972.

17 Vgl. u.a. Michael Holroyd: »Our Friends the Dead«. In: *The Guardian* (1.6.2002).

18 A.J.A. Symons: *The Quest for Corvo*. London 1934; vgl. auch, vom Ansatz ähnlich, Ian Hamilton: *In Search of JD Salinger*. London 1988.

Form bereits bei Boswell angelegt war. Richard Holmes' *Footsteps* (1985), eine autobiographisch wie biographisch collagierte Forschungsreise in die Romantik, lässt sich in diesem Zusammenhang als stilbildend bezeichnen.

Zeitlich parallel zu Holmes radikalisierten Julian Barnes' biographische Variationen auf das Leben Flauberts, 1984 unter dem Titel *Flaubert's Parrot* (dt. 1987) erschienen, dessen kokette Behauptung von der Biographie als »Erfindung der Wahrheit«.[19] Barnes erzählt in seinem Roman das Leben Flauberts aus drei aufeinanderfolgenden, sich teilweise ausschließenden Perspektiven: einem optimistischen Blickwinkel, der Flauberts berufliche wie amourös-private Erfolge resümiert; einer pessimistischen Variation auf Flauberts Lebenslauf, die von Krankheiten, Misserfolgen und Todesfällen zu berichten weiß; und schließlich einer Authentizität evozierenden Zitatcollage, die Flauberts Biographie anhand seiner Tagebucheinträge nachvollzieht.[20] Obgleich vornehmlich als Roman über einen Hobbybiographen Flauberts, Geoffrey Braithwaite, zu lesen, hat Barnes' radikalsubjektivistische Perspektivenvielfalt das zumeist unausgesprochene Selbstverständnis englischer Biographen nachhaltig beeinflusst. Das prominenteste und sicherlich provokanteste Beispiel einer Metabiographie in barnesscher Manier ist die 2000 (dt. 2001) erschienene Arbeit *The Biographer's Tale* der englischen Schriftstellerin Antonia S. Byatt, deren zentraler Gestalt, Phineas G. Nanson, jeder Enthusiasmus für das Genre und seine dekonstruktionshungrigen Vertreter abgeht:

»I had always considered biography a bastard form, a dilettante pursuit. Tales told by those incapable of true invention, simple stories for those incapable of true critical insight. Distractions constructed by amateurs for lady readers who would never grapple with The Waves or The Years but liked to feel they had an intimate acquaintance with the Woolfs and with Bloomsbury, from daring talk of semen on skirts to sordid sexual interference with nervous girls. A gossipy form.«[21]

Die vorhergegangenen Bemerkungen haben vor allem deutlich gemacht, dass Biographie in Großbritannien überwiegend biographisch-narrative Praxis bedeutet. Methodologische Reflexionen des Genres oder die seit kurzem zunehmend geforderte theoretische Abstraktion des Gegenstandes sind dieser Praxis fremd geblieben – dies obgleich in einer Reihe von Sammelbänden und programmatischen Stellungnahmen sowie im Rahmen internationaler Konferenzen seit den 1980er Jahren der Versuch unternommen wird, das literarische Genre der Biographie mit theoretischen Voraussetzungen zu versehen und damit gleichsam disziplinär zu akademisieren (Monk 2007, 528, 555 ff.). In Großbritannien selber hat diese Tendenz u. a. dazu geführt, dass sich inzwischen etliche universitäre Institutionen mit Biographieforschung beschäftigen und die Universität von East Anglia mit Richard Holmes seit 2001 über den ersten britischen Professor für Biographical Studies verfügt. Ein eigenständiges akademisches Fach ist die biographische Forschung damit jedoch nicht geworden, was sich zum Teil aus der buchstäblichen Undisziplinierbarkeit des Genres erklären dürfte (u. a. Hamilton 2007, 279 ff.).

Im Gegensatz zu Kontinentaleuropa hat sich die Biographie in Großbritannien jedoch stets auch als nicht wegzudenkender Bestandteil geisteswissenschaftlicher Forschung gehalten. Während die deutschen und französischen Traditionen von Biographik seit den 1960er Jahren unter dem Druck zunehmender Theorielastigkeit im öffentlichen und nicht zuletzt akademischen Diskurs an den Rand der Gesellschaft gedrängt wurden, besetzten britische Biographen sukzessive deren Mitte – dies umso nachhaltiger, als Biographie sich in dieser Phase als lukratives und äußerst populäres literarisches Genre endgültig etablierte. Diese Entwicklung hielt ungebrochen bis einschließlich 2005 an, so dass sich einige Biographen veranlasst sahen, euphorisch von einer neuen Blütezeit, einer »wahrhaftigen zweiten Renaissance« der Biographik zu sprechen (ebd., 205, 239 ff.). Seit einigen Jahren

19 Richard Holmes: »Biography: Inventing the Truth«. In: John Batchelor (Hg.): *The Art of Literary Biography*. Oxford 2003, S. 15–26.

20 Julian Barnes: *Flaubert's Parrot*. London 1984; vgl. ferner William Bell: »Not Altogether a Tomb: Julian Barnes, Flaubert's Parrot«. In: David Ellis (Hg.): *Imitating Art: Essays in Biography*. London 1993, S. 149–173; und Andrzej Gasiorek: »Postmodernism and the Problem of History. Julian Barnes«. In: Ders.: *Post-War British Fiction. Realism and After*. London 1995, S. 158–65.

21 A. S. Byatt: *The Biographer's Tale. A Novel*. London 2000, S. 5.

sind jedoch nicht nur die Verkaufszahlen biographischer Werke teilweise dramatisch eingebrochen; auch die durchschnittliche Qualität englischer Biographien scheint im Abnehmen begriffen zu sein.[22] Dabei ist, wie im Kontext der oben zitierten Metabiographien angedeutet (↗ III.4. Fiktionale Metabiographien), eine Tendenz zur Ausdifferenzierung des Genres zu beobachten: weg von konventionellen Lebensbeschreibungen, die in der Regel das gesamte Leben eines Individuums abdecken; hin zu episoden- oder ereignishaft verdichtenden Narrativen, Kollektiv- oder Experimentalbiographien, wie beispielshalber anhand der bewusst rückwärts fortschreitenden Studie eines obdachlosen Alkoholikers zu illustrieren, die Alexander Masters 2005 vorgelegt hat; oder der Metamorphose Peter Ackroyds, des Biographen beinahe aller literarischer Größen des Königreichs – von Shakespeare bis Ezra Pound und T.S. Eliot –, zum Biographen seiner Heimatstadt London, der Themse und in Bälde auch Englands.[23]

Gleichwohl wird der praxisorientierte britische Blick auf die Biographie als Genre unvermindert stark von der klassischen Forderung nach einer guten Erzählung bestimmt. »Daß die Biographie Erzählung sein muß oder gar nichts, bedarf keines Beweises«,[24] so hat es der streitbare Geschichtenerzähler Golo Mann einmal in gelungener Verdichtung der englischen und nicht zuletzt seiner eigenen Deutung des Genres formuliert. Ein derartiges Verständnis von Biographie beinhaltet freilich weit mehr als reflexives Phlegma und antitheoretischen Affekt, wie sie der geisteswissenschaftlichen Tradition in Großbritannien häufig zum Vorwurf gemacht worden sind. Die von britischen Biographen eingeforderte Anschaulichkeit in der Darstellung ist keineswegs ausschließlich als technischer Aspekt zu verstehen, sondern vielmehr als zentraler Ausdruck eines (wissenschaftlichen) Selbstverständnisses, das implizit auf Karl Popper und dessen kollektive Inpflichtnahme der Intellektuellen gegenüber der Öffentlichkeit rekurriert.[25] John Careys Kritik der vermeintlich elitären Haltung der literarischen Moderne und ihrer wesentlichen Träger macht sich Poppers emanzipatorischen Impetus aus literaturwissenschaftlicher Perspektive zu eigen und gilt, obgleich erst 1992 erschienen, in Großbritannien als klassische Analyse dieses Phänomens.[26]

Auch die vom Philosophen (und Biographen) Ray Monk kürzlich an verschiedenen Stellen vorgetragene Skepsis im Hinblick auf das gestörte Verhältnis von Biographie und Theorie steht in dieser Tradition (u.a. Monk 2007, 562 ff.). Unter Bezugnahme auf Ludwig Wittgensteins späte Schriften, zumal dessen *Philosophische Untersuchungen*, argumentiert Monk gegen die bewusste Theoretisierung des Genres, wie sie sich im Gefolge der Moderne herausgeschält hat. Sowohl Theoretiker des Schlages Freud oder Edel als auch die ihnen nachfolgenden postmodernen Relativisten (Ira B. Nadel, Paul J. Eakin) seien in ihrem Bemühen, das *a priori* der Theorie unzugängliche Genre mit philosophisch-theoretischen Grundlagen zu versehen, als gescheitert zu betrachten. Der vorherrschenden Tendenz zur Theoretisierung der Gattung setzt Monk sein Verständnis von Biographie als beispielhaftem Modell für die sprachphilosophischen Ausführungen des späten Wittgenstein entgegen, verdichtet in der folgenden Annahme aus den *Philosophischen Untersuchungen*: »Die übersichtliche Darstellung vermittelt das Verständnis, welches eben darin besteht, dass wir die ›Zusammenhänge sehen‹.«[27]

22 Kathryn Hughes: »The Death of Life Writing«. In: *The Guardian* (28.6.2008).

23 Alexander Masters: *Stuart: A Life Backwards*. London 2005; Tom Gatti: »Peter Ackroyd to Write a Biography of England«. In: *The Times* (20.4.2007).

24 Golo Mann: »Plädoyer für die historische Erzählung« [urspr. Theoriebedürftigkeit der Geschichte, 1979]. In: Ders.: *Wissen und Trauer. Historische Portraits und Skizzen*. Leipzig 1991, S. 232–243.

25 Neben Poppers *Die offene Gesellschaft und ihre Feinde*. 2 Bde. Stuttgart [7]1992 (engl. 1945) vgl. dessen Auseinandersetzung mit Habermas und Marcuse: »Gegen die großen Worte«. In: Ders.: *Auf der Suche nach einer besseren Welt. Vorträge und Aufsätze aus dreißig Jahren*. München/Zürich 1984, S. 99–113.

26 John Carey: *The Intellectual and the Masses. Pride and Prejudice Among the Literary Intelligentsia, 1880–1939*. London 1992; dt., bezeichnenderweise ohne nachhaltige Rezeption, als *Haß auf die Massen. Intellektuelle 1880–1939*. Göttingen 1996. Zur Kritik vgl. Stefan Collini: »With Friends like These: John Carey and Noel Annan«. In: Ders.: *English Pasts. Essays in History and Culture*. Oxford 1999, S. 289–304.

27 Ludwig Wittgenstein: *Philosophische Untersuchungen* [1953]. In: *Werkausgabe*. Hg. v. Gertrude E. Anscombe, Georg H. v. Wright und Rush Rhees. Frankfurt a.M. [4]1988. Bd. 1, § 122; vgl. auch Monk 2007, S. 567, und die Arbeit von Tridgell 2004.

Naiver als hier ist dies bereits vor mehr als einem Jahrhundert von jenem englischen Wagnerianer formuliert worden, der es 1890 als Redner vor der Lancaster Philosophical Society ablehnte, über Wagners Philosophie zu sprechen, da diese »ebenso trocken und ermüdend sei wie die deutsche Philosophie im allgemeinen.« Stattdessen wolle er sich den pragmatischen britischen Ansatz zueigen machen, »die Methoden über Bord zu werfen und [nur] das Ergebnis zu prüfen.«[28]

Literatur

Backscheider, Paula R.: *Reflections on Biography*. Oxford 1999.

Clifford, James L. (Hg.): *Biography as an Art. Selected Criticism, 1560–1960*. London 1962.

Cockshut, A.O.J.: *Truth to Life. The Art of Biography in the Nineteenth Century*. New York 1974.

Gosse, Edmund: »The Ethics of Biography« [1903]. In: James L. Clifford (Hg.): *Biography as an Art. Selected Criticism, 1560–1960*. London 1962, S. 113–119.

Hamilton, Nigel: *Biography. A Brief History*. Cambridge, Mass. 2007.

Holmes, Richard: *Footsteps. Adventures of a Romantic Biographer*. London 1985.

Holroyd, Michael: *Works on Paper: The Craft of Biography and Autobiography*. London 2002.

Johnson, Samuel: »Idler 84 (1759), 24. November 1759«. In: James L. Clifford (Hg.): *Biography as an Art. Selected Criticism, 1560–1960*. London 1962, S. 43–45.

Maurois, André: *Aspects of Biography*. Übers. v. Sydney C. Roberts. New York 1929 (franz. 1928).

Monk, Ray: »Life without Theory: Biography as an Exemplar of Philosophical Understanding«. In: *Poetics Today* 28. Jg., 3 (2007), S. 527–570.

Nicolson, Harold: *The Development of English Biography*. London 1928.

Ders.: »The Practice of Biography« [1954]. In: James L. Clifford (Hg.): *Biography as an Art. Selected Criticism, 1560–1960*. London 1962, S. 197–205.

North, Roger: »›General Preface‹ zu ders., *Life of Lord Keeper North*, unveröffentlichtes Manuskript« [o.J.]. In: James L. Clifford (Hg.): *Biography as an Art. Selected Criticism, 1560–1960*. London 1962, S. 27–37.

Novarr, David: *The Lines of Life. Theories of Biography, 1880–1970*. West Lafayette 1986.

Hoberman, Ruth: *Modernizing Lives. Experiments in English Biography, 1918–1939*. Carbondale 1987.

Pritchard, Allan: *English Biography in the Seventeenth Century: A Critical Survey*. Toronto 2005.

Strachey, Lytton: *Eminent Victorians* [1918]. London 1986.

Tridgell, Susan: *Understanding Our Selves: The Dangerous Art of Biography*. Bern 2004.

Woolf, Virginia: »The New Biography« [1927]. In: James L. Clifford (Hg.): *Biography as an Art. Selected Criticism, 1560–1960*. London 1962, S. 126–128.

Dies.: »The Art of Biography« [1939]. In: James L. Clifford (Hg.): *Biography as an Art. Selected Criticism, 1560–1960*. London 1962, S. 128–134.

Michael Jonas

28 Zit. nach John Ramsden: *Don't Mention the War: The British and the Germans since 1890*. London 2006, S. XIII.

4. Italienische Biographik

4.1. Zuschreibungsprobleme

Wer über italienische Biographik schreiben will, steht vor besonderen Herausforderungen, die sich exemplarisch an der Konzeption des *Dizionario biografico degli italiani* (Biographisches Lexikon der Italiener) verdeutlichen lassen. Dieses Nachschlagewerk, das in den 1960er Jahren unter der Schirmherrschaft des Istituto dell'Enciclopedia italiana begonnen wurde und bis heute unvollendet geblieben ist (2007 wurde der Buchstabe L erreicht), soll – so das Werbematerial des Verlags – Menschenleben aus 1500 Jahren Geschichte beschreiben. Beginnend mit dem Untergang des römischen Reiches werden Personen biographisch erfasst, die – so der etwas vage definierte Rahmen – im geographischen Raum ›von den Alpen bis zum Mittelmeer‹ lebten. Die hier erkennbaren Zuschreibungsprobleme spiegeln die Schwierigkeiten wider, die sich bei einem Überblick über die italienische Biographik auftun. Die Etablierung Italiens als Nationalstaat erstreckte sich über mehrere Jahrzehnte des 19. und frühen 20. Jahrhunderts. Bis ins 12. Jahrhundert zurück reichen hingegen die Wurzeln der modernen italienischen Hochkultur, auch wenn sich diese zuerst auf einen eher bescheidenen geographischen Raum (die Toskana) beschränkten.

4.2. Traditionsbegründung in Humanismus und Renaissance und ihr Nachwirken

Die vielleicht einflussreichste biographische Tradition Italiens entstand im Anschluss an die Tätigkeit der sogenannten *Tre Corone* (drei Kronen) Dante, Petrarca und Boccaccio in und um Florenz. Inspiriert nicht nur durch Dantes Dichtung, sondern auch durch seine Freundschaft zu Francesco Petrarca und dessen humanistisches Gelehrtentum, verfasste Giovanni Boccaccio mit seinem *Trattatello in laude di Dante* (1360) die erste biographische Studie in italienischer Sprache. Gleichzeitig arbeitete er an einer Lebensgeschichte seines Mentors auf Latein (*De vita et moribus Francisci Petracchi poetae*) sowie an zwei Sammlungen von moralisierenden Exempla, in denen klassizistische und mittelalterliche Vorbilder verschmelzen sollten: *De casibus virorum illustrium* (1355–74) und *De mulieribus claris* (1361–1375).

So wurden im Zuge des Humanismus und der Renaissance Muster für die italienische Biographik etabliert, die bis ins 20. Jahrhundert wirksam blieben: Obwohl Biographen häufig eng mit ihren biographischen Objekten befreundet waren, wurde nach antikem Vorbild das Persönliche eher ausgeblendet, um ein ›exemplarisches Leben‹ entstehen zu lassen. Wie in Boccaccios Schrift über Dante wurden die autobiographischen Angaben des Biographierten grundsätzlich nicht hinterfragt. Die öffentliche Präsenz der jeweiligen Figur und ihre geschichtliche und/oder künstlerische Bedeutung standen im Mittelpunkt. Persönliche Details, die nicht mit den ästhetischen oder moralischen Werten des öffentlichen Wirkens in Einklang zu bringen waren, galten als irrelevant (Hainsworth/McLaughlin 2007, 10f.). Bei Künstlern und Künstlerinnen wurde das Leben hauptsächlich aus dem Werk konstruiert und durch das Werk gedeutet.

Es waren diese Eigenschaften, die die italienische Biographik zum maßgebenden Element in der Entwicklung einer modernen Kunstgeschichte machten. Wie der Titel verrät, steht etwa Giorgio Vasaris Künstlerlexikon *Vite de' più eccellenti Architetti, Pittori et Scultori Italiani da Cimabue insino a' tempi nostri* (1550) durchaus in der Tradition der biographischen Verehrung (*Lebensbeschreibungen der ausgezeichnetsten Maler, Bildhauer und Architekten*), umso stärker, da der Verfasser bei einigen der beschriebenen Künstler studierte. Die Genauigkeit von Vasaris Angaben wurde aufgrund dieser persönlichen Nähe zu den Objekten seiner Darstellung auch immer wieder angefochten. Trotzdem lieferte Vasari die ersten biographischen Informationen überhaupt zu Figuren wie Andrea del Sarto und Michelangelo Buonarroti. Nicht nur der enzyklopädische Ansatz, sondern auch die stilistisch gelungene Mischung aus Atelieranekdoten und ästhetischer Wertschätzung machte Vasaris Werk in der Folge zum Bezugspunkt für biographisch arbeitende Kunsthistoriker in aller Welt.[1] Die biographischen Muster, die er für ›geniale‹ Künstler entwarf, bleiben lange wirkmächtig (↗ VIII.2.1. Konzeptionelle Vorüberlegungen).[2]

Parallel zu den rhetorisch hoch entwickelten Biographien der Humanisten entstand eine zweite lebensgeschichtliche Tradition auf Italienisch, die bis vor kurzem wenig Beachtung seitens der Forschung genoss: die *libri di famiglia* (Familienbücher), geführt von Kaufmannsdynastien ab dem 12. Jahrhundert.[3] In diesen Chroniken wurden zwar primär Geschäftsziele dokumentiert, sie beinhalteten aber auch Memoiren und Deutungen der Handlungsweisen früherer Generationen und Verhaltensempfehlungen für die nachfolgenden: Söhne schrieben über ihre Väter, Väter hinterließen Ratschläge und Aufträge. Obwohl nicht Biographien im engeren Sinne, bieten diese Schriften eine Art Ergänzung zu den idealisierten Gestalten der humanistischen Biographik. Ferner wurden in den *libri di famiglia* nicht nur die wirtschaftlichen und familiären, sondern oft auch die politischen Hintergründe der Renaissance aufgerollt (eines der berühmtesten *libri* wurde 1373–1472 von den Medici geführt).

Der enzyklopädische Anspruch Vasaris blieb längere Zeit ein einflussreiches Modell für biographische Darstellungen in italienischer Sprache. Gleichzeitig nahm das Interesse an nachweisbaren Quellen zu. Im 17. Jahrhundert tat sich beipielsweise der adelige Gelehrte Giammaria Mazzuchelli auf diesem Gebiet mit *Gli scrittori d'Italia* (1753–1763) hervor. Dieses riesige Unterfangen hätte die Lebensläufe aller Schriftsteller ›Italiens‹ von der Antike bis in Mazzuchellis Gegenwart umfassen sollen, mitsamt Notizen zu den literarischen Hauptwerken und Exzerpten aus ihrer Korrespondenz. Mazzuchelli starb allerdings bevor die Arbeit vollendet werden konnte.

4.3. Biographik im Dienste der ›Nation‹ ab 1800

Die biographischen Verallgemeinerungen und Abstraktionen des Humanismus erlebten einen späten, nationalistisch angehauchten Aufschwung im 19. Jahrhundert. Der Kampf um die Vereinigung Italiens (abgeschlossen 1870) prägte das gesamte Geistesleben, insbesondere die Biographik. Berühmt-berüchtigt ist etwa der kolportierte Ausspruch des Premierministers Camillo Cavour: »Wir haben Italien gemacht, jetzt müssen wir Italiener machen.« Der Bedarf an nationalen Vorbildern färbte die biographische Arbeit sowohl von Dichtern als auch von Historikern, sogar nachdem sich eine gewisse Desillusionierung gegenüber den konkreten Formen der Vereinigung breitgemacht hatte (siehe zum Beispiel Giosuè Carduccis *Poeti e figure del Risorgimento*, 1858–1901, biographische Skizzen, die 1937 gesammelt erschienen).[4] Biographien wurden aber andererseits auch als eine Möglichkeit wahrgenommen, die Charakteristika und historischen Besonderheiten der Regionen zu bewahren, die im Zuge der Vereinigung dem Gesamtstaat unterworfen wurden. Herausragend sind hier die Werke des Historikers und Philosophen Benedetto Croce, der in biographischen Essay-Sammlungen verschiedenen geistigen Traditionen des Südens gedachte, etwa dem konservativen Liberalismus, den kulturellen Hinterlassenschaften der Bourbonen oder der Dialektliteratur.[5]

Es waren aber nicht nur Italiener, die nach 1861 das Bedürfnis spürten, ›italienische‹ Lebensgeschichten aus der vor-nationalstaatlichen Vergangenheit zu retten oder neu entdeckten ›italienischen‹ Volkshelden zu huldigen. Ab dem späten

1 Vgl. Alfred Reumont: *Andrea del Sarto*. Leipzig 1835, S. VII–VIII.

2 Vgl. Karin Hellwig: *Von der Vita zur Künstlerbiographie*. Berlin 2005; Doris Berger: »Show me how to become a great artist. Biopics über KünstlerInnen«. In: Manfred Mittermayer u. a. (Hg.): *Ikonen, Helden, Außenseiter. Film und Biographie*. Wien 2009, S. 35–52.

3 Vgl. Vittore Branca: *»Con amore volere«. Narrar di mercatanti fra Boccaccio e Machiavelli*. Venedig 1996, S. 10–76.

4 Giosuè Carducci: *Opere*. Bd. 18/19. Bari 1937.

5 Siehe zum Beispiel Benedetto Croce: *Uomini e cose della vecchia Italia*. Bari 1927.

18. Jahrhundert war die italienische Halbinsel ein Sammelpunkt für Kunst- und Kulturinteressierten aus ganz Europa geworden. Vor allem englischsprachige Intellektuelle wurden zu den meistgelesenen Biographen italienischer Persönlichkeiten – eine Entwicklung, die sich bis ins 21. Jahrhundert verfolgen lässt (Hainsworth/McLaughlin 2007, 1f.) (↗VI.5. Spanische Biographik). Mit ihren zahlreichen biographischen Studien und deren meist fast zeitgleichen Übersetzungen ins Italienische setzten deutschsprachige Historiker wie Alfred Reumont und Herman Grimm oder Journalisten wie Marie Esperanza von Schwartz neue Impulse in der italienischen Biographik.[6] Obwohl ihre Ansätze individuell sehr unterschiedlich waren, betonten diese Autoren wiederholt die Wichtigkeit der Quellenarbeit und bemühten sich nicht nur um schwungvolle Narrative, sondern verantworteten auch Briefausgaben und Werkkataloge, um so biographische Dokumente zu liefern.

4.4. Im Schraubstock politischer Entwicklungen: Biographik nach 1900

Der dokumentarische Impuls kam im Laufe der ersten Hälfte des 20. Jahrhunderts in Italien mehrmals unter Beschuss. Die einflussreichsten kulturellen Strömungen der Periode, der Futurismus, der Hermetizismus und letztlich der Faschismus selbst mitsamt seiner Propaganda (↗VII.3. Kunstgeschichte), wirkten detaillierten und gründlich recherchierten Lebensbeschreibungen entgegen. Für die Futuristen trat der/die Einzelne grundsätzlich hinter die Errungenschaften der modernen Technologie zurück. Im Hermetizismus hingegen behielt das Individuum einen zentralen Platz, galt aber letztendlich als unergründlich und nicht darstellbar. Die Faschisten wiederum tendierten dazu, Genauigkeit in der biographischen und der historischen Forschung politischer Zweckdienlichkeit zu opfern. Faschistische Biographien zielten hauptsächlich darauf, dem Personenkult um Benito Mussolini oder aber anderen ›Helden‹ des Regimes zu frönen.[7]

Diese Zeit der Umwälzungen brachte aber auch vereinzelt Innovationen hervor, die als Teil einer generellen Suche nach neuen narrativen Möglichkeiten im Italien der 1940er und 1950er Jahre verstanden werden können. Beispielhaft sei Anna Bantis historischer Roman *Artemisia* (1947) erwähnt, der ursprünglich als herkömmliche Biographie der Renaissance-Malerin Artemisia Gentileschi geplant war. Nachdem das Manuskript einem Bombenangriff zum Opfer gefallen war, schrieb Banti das Werk komplett um, indem sie die Ich-Erzählform wählte. In fiktiven Dialogen mit ihrem biographischen Objekt stellte Banti nicht nur die Erlebnisse im Rahmen eines Frauen- und Künstlerdaseins im 16. Jahrhundert dar, sondern auch die eigenen traumatischen Erfahrungen des Zweiten Weltkriegs.[8] Bantis Roman ist zugleich eine Meditation über die Herausforderungen und Grenzen des Biographischen: Die Autorin macht zum Beispiel keinen Hehl daraus, dass sie im Zuge ihrer Forschungen zu Gentileschi immer weniger objektiv bleiben konnte, und dass ihr schließlich die emotionale Verbindung zu dieser längst verstorbenen Figur mehr als irgendeine wissenschaftliche Erkenntnis bedeutete.

Der Schatten des Faschismus lag noch lange Zeit über der italienischen Biographik. Nach 1945 bis in die 1990er Jahre galt dezidierter Antifaschismus als einzig mögliche öffentliche Haltung. Anstatt die schwierigen Episoden der 1920er und 1930er Jahre aufzuarbeiten, wurden sie in Biographien überoder umgangen. Peter Hainsworth vermutet, dass aus diesem Grund biographische Projekte in Italien seltener als anderswo unternommen wurden. Als Beispiel führt er Eugenio Montale an, den wichtigsten italienischen Lyriker des 20. Jahrhunderts, über den bis heute nur eine einzige, lückenhafte Biographie vorliegt, verfasst von einem engen

6 Vgl. Deborah Holmes: »Internationaler Nationalismus. Überlegungen zur deutsch-italienischen Biographik im 19. Jahrhundert«. In: Bernhard Fetz (Hg.): *Die Biographie – Zur Grundlegung ihrer Theorie.* Unter Mitarbeit von Hannes Schweiger. Berlin/New York 2009, S. 441–469.

7 Zur biographischen ›Explosion‹ zum Thema Mussolini, vgl. Luisa Passerini: *Mussolini immaginario. Storia di una biografia.* Rom/Bari 1991, S. 153–234. Zu faschistischen Eingriffen sogar bei nicht italienischen Biographien zum Faschistenführer Mussolini sowie Kritik daran von antifaschistischen italienischen Exilanten, siehe Deborah Holmes: *Ignazio Silone in Exile.* Aldershot 2005, S. 148–151.

8 Zu Bantis *Artemisia* und spätere fiktionalisierte Biographien von Frauen vgl. Susanna Scarparo: *Elusive Subjects: Biography as Gendered Metafiction.* Leicester 2005.

Freund des Dichters (Hainsworth/McLaughlin 2007, 16–20). Und auch dort, wo sich Biographien der Auseinandersetzung mit dem Faschismus stellten, trug das nicht zwingend dazu bei, die Möglichkeiten und Chancen eines originär biographischen Zugriffs herauszustreichen. So wurde zwar der Versuch unternommen, den Faschismus als Massenphänomen im Rahmen biographischer Studien zu verstehen, doch wurde dadurch das Erkenntnispotential des Genres eher infrage gestellt als betont. In diesem Sinne tritt etwa in Renzo de Felices siebenbändiger Studie über *Mussolini* (1964–1992) die Einzelperson des Diktators oft so sehr in den Hintergrund, dass die Definition des Werkes als Biographie an sich in Zweifel gezogen wird.

Eine gewisse Veränderung scheint sich am Anfang des neuen Jahrtausends durchgesetzt zu haben. Es wird mehrfach und auf unterschiedliche Arten versucht, mit den monumentalen und ehrerbietigen Darstellungen der Vergangenheit zu brechen. Eine Tendenz zu Enthüllungsgeschichten und *debunking*, die sich zum Beispiel in der englischsprachigen Biographik schon lange etabliert hat, zeigt sich seit kurzem auch in Italien. So behauptet Dario Biocca in *Ignazio Silone. La Doppia Vita di un Italiano* (2005) bewiesen zu haben, dass sein Objekt kein antifaschistischer Held, sondern ein faschistischer Doppelagent gewesen sei. Bisher unbeachtete Frauenleben bieten ein besonders ergiebiges Feld für biographische Aufdeckungsarbeit, wie u. a. Cristina de Stefano mit *Belinda e il mostro. Vita segreta di Cristina Campo* (2002) zeigte.[9] Neue biographische Formen werden gleichzeitig in der Migrationsforschung ausgearbeitet, vor allem in Studien zu den Lebensgeschichten italienischer Auswanderer in Australien und den Vereinigten Staaten.[10]

Literatur

Hainsworth, Peter/McLaughlin, Martin (Hg.): *Biographies and Autobiographies in Modern Italy. A Festschrift for John Woodhouse.* Oxford 2007.

Deborah Holmes

9 Zum Thema italienische Frauenbiographik vgl. Elisa Brilli: »Nuovi soggetti e vecchi paradigmi. Una ricognizione sulle biografie di donne (Italia 1995–2005)«. In: A. Ronchetti/M. S. Sapegno (Hg.): *Dentro/Fuori, Sopra/Sotto. Critica femminista e canone letterario negli studi di Italianistica.* Ravenna 2007, S. 140–150.

10 Vgl. die Arbeit John Gatt-Rutters, zum Beispiel »Translating Lives: Italian-Australian Biography and Translation«. In: *Life Writing* 4. Jg., 1 (2007), S. 41–58.

5. Spanische Biographik

5.1. Grundtendenzen

Biographik als Gattung verstanden weist in Spanien von seinen mittelalterlichen Anfängen bis heute im Vergleich zu anderen europäischen Staaten einige Besonderheiten auf:

1. Die Anzahl kritischer und wissenschaftlich fundierter Biographien ist insgesamt recht gering und konzentriert sich auf einige herausragende literarische Gestalten (↗ I.7. ›Biographiewürdigkeit‹). Die hauptsächliche Ursache dafür ist in der historischen Entwicklung Spaniens zu suchen. Jahrhunderte lang haben kirchliche und staatliche Zensur ein freies Schreiben unmöglich gemacht. Biographisches Schreiben musste sich auf ›geschönte‹ Fakten beschränken, ›Anstößiges‹ konnte nicht geschrieben werden. So liegen beispielsweise über viele große und auch außerhalb der spanischen Grenzen bekannte Schriftsteller des 19. und 20. Jahrhunderts (Leopoldo Alas, Miguel de Unamuno, José Ortega y Gasset, die ganze Generation von 1927 mit Ausnahme Lorcas u.v.a.) keine wissenschaftlichen Biographien vor.
2. Populäre Biographien mit hagiographischer Tendenz sowie ausschweifend erzählte romanhafte Lebensbeschreibungen werden in Spanien bis heute dagegen gerne konsumiert und in hohen Auflagen produziert. Dies hängt einerseits mit dem Leseverhalten in Spanien zusammen, wo offensichtlich kein großer Bedarf an kritischen und wissenschaftlich fundierten Biographien besteht, sondern man sich auch in diesem Bereich mit unterhaltender und die oberflächliche Neugier befriedigender Lektüre begnügt. Andererseits ist dieser Befund aber auch Ausdruck der bis heute anzutreffenden ›hispanischen Scheu‹, ›unangenehme‹ Wahrheiten (vor allem solche, die Politik, Religion und Sexualität betreffen) öffentlich auszusprechen.
3. Das biographische Genre wird zu einem großen Teil von nicht-spanischen Autoren gepflegt (↗ VI.4. Italienische Biographik). Dies hängt natürlich mit den genannten Gründen zusammen, ist aber sicherlich auch eine Folge des großen Interesses, das vor allem angelsächsische, französische und deutsche Forscher an der spanischen Kultur von jeher gezeigt haben. Spanien spielte in der europäischen Reiseliteratur, aber auch in der Wissenschaftsliteratur (z. B. in der Kunstgeschichte und in der Literaturgeschichte) stets eine große Rolle. Dies gilt übrigens auch für die (hier nicht behandelte) historisch-politische Biographik. Auch bei den großen Biographien über König Philipp II. (Ludwig Pfandl) und Karl V. (Karl Brandi, Alfred Kohler) bis hin zu Francisco Franco (Paul Preston) dominieren deutsch- und englischsprachige Autoren.
4. Eine Veränderung dieser strukturellen Gegebenheiten ist seit dem Ende der franquistischen Diktatur bemerkbar. Nicht nur nehmen spanischsprachige Autoren in Bezug auf biographisches Schreiben einen größeren Anteil ein, auch das Interesse an kritischen Biographien scheint (vor allem in intellektuellen und Wissenschaftskreisen) merklich gestiegen zu sein. Dies lässt sich auch daran ablesen, dass die Zahl der aus anderen Sprachen übersetzten Biographien deutlich zunimmt. Eine ›Europäisierung‹ Spaniens ist also auch hier, wie in vielen anderen Bereichen, zu spüren.

Die folgenden Ausführungen konzentrieren sich vor allem auf solche Biographien, die Schriftsteller zum Thema haben. Aus den oben genannten Gründen liegt der Schwerpunkt der Darstellung auf der Biographik des 20. Jahrhunderts. Eine historisch-diachrone Beschäftigung mit spanischer Biographik verschiedener Epochen steht noch aus.

5.2. Mittelalter bis zum Ende des 17. Jahrhunderts

Biographische Zeugnisse über mittelalterliche spanische Autoren sind kaum vorhanden. Dafür gibt es eine Reihe von Gründen: Viele Texte – und gerade die bekanntesten und bedeutendsten wie die Heldenepen (*cantares*) oder die Gedichtsammlungen (*romanceros*) – sind anonym überliefert. Sie wurden von professionellen Spielleuten (*juglares*) öffentlich vorgetragen, wobei Umfang und Inhalt durchaus variieren konnten. Da also in der Regel keine individualisierte und authentische Textfassung vorlag, war auch der Name und die Person eines Autors für das Publikum unerheblich. Wenn doch Namen auftauchen, dann sind diese oft nur implizit aus den Werken selbst zu erschließen und damit recht zweifelhaft bzw. umstritten. Dies ist der Fall bei einem gewissen Per Abad, der als möglicher Verfasser des *Cantar de Mio Cid* am Ende des Textes genannt wird – ob als Autor oder bloß als Kopist, ist nicht nachweisbar. Von anderen Schriftstellern ist oft nicht viel mehr als der Herkunftsort (Gonzalo de Berceo) oder der Berufsstand (Juan Ruiz, el Arcipreste de Hita) überliefert. Und wenn schließlich doch mehr biographische Fakten über einen Autor bekannt sind als üblich, wie dies beim Marqués de Santillana, dem am besten bekannten mittelalterlichen Dichter Spaniens, der Fall ist, so ist dieser Umstand mehr oder weniger zufälligen Nachrichten in zeitgenössischen Chroniken und Dokumenten geschuldet.

In den sogenannten *Siglos de Oro* (dem ›Goldenen Zeitalter‹ des 16. und 17. Jahrhunderts) treffen wir auf eine völlig veränderte Situation. Die aus Italien importierte Renaissance, in der das Individuelle und Originale eine deutliche Aufwertung erfahren hat, der veränderte literarische Markt, der den zunehmend selbstständigen Autor zum ›Verkäufer‹ seiner ›Ware‹ Buch machte, und nicht zuletzt der wachsende Konkurrenzkampf unter der anschwellenden Zahl von Textproduzenten, haben das Interesse des Autors, seine ›Biographie‹ bekannt zu machen, erheblich gesteigert. Die Zunahme amtlicher Dokumente, überhaupt die um sich greifende Verschriftlichung des Alltagslebens sowie das Verfassen von Briefen, die vom Adressaten gesammelt und aufgehoben wurden, haben die biographischen Kenntnisse über die Autoren beträchtlich anwachsen lassen. Hinzu kommt, dass die Zeitgenossen selbst bereits ein starkes Interesse am Leben ihrer bewunderten Vorbilder entwickelten. Über Garcilaso de la Vega oder Fray Luis de Granada schrieben nur wenige Jahre bzw. Jahrzehnte nach deren Tod Fernando de Herrera (1680), bzw. Jerónimo Giannini (1595) umfangreiche Biographien.

Ein Autor schließlich ragt, was die Anzahl der Biographien und deren Qualität betrifft, deutlich unter den übrigen heraus: Das Leben des Miguel de Cervantes hat seit dem 17. Jahrhundert ein nahezu ununterbrochenes biographisches Interesse gefunden. Die erste Cervantes-Biographie stammt von Gregorio Mayans y Siscar aus dem Jahr 1737, und Cervantes nimmt auch eine Sonderstellung in der Biographik des 20. Jahrhunderts ein, kann man in seinem Fall doch von einer differenzierten Forschungstradition sprechen (s.u.).

5.3. 18. und 19. Jahrhundert

Eine nennenswerte biographische Forschung über spanische Dichter und Schriftsteller des 18. Jahrhunderts, dem Zeitalter der Aufklärung und des Neoklassizismus, ist erst in den letzten dreißig Jahren festzustellen. Dies ist in erster Linie die Folge davon, dass die internationale Literaturwissenschaft dem spanischen 18. Jahrhundert bis vor kurzem insgesamt recht wenig Beachtung geschenkt hat. Anders als in anderen europäischen Ländern konnte die Ideologie der Aufklärung nur recht schwer Fuß fassen. Die geographische Randlage (›Jenseits der Pyrenäen beginnt Afrika‹), die gesellschaftliche und ökonomische Rückständigkeit, vor allem aber die Dominanz der katholischen Kirche und die allgegenwärtige Zensur verhinderten einen Anschluss Spaniens an den geistigen Fortschritt der west- und mitteleuropäischen Staaten. Zudem waren die ›aufgeklärten‹ spanischen Intellektuellen selbst oft Kleriker, in deren Denken nicht die Kritik der Religion an sich, sondern in deren Schriften die Anprangerung gesellschaftlicher Missstände, wie etwa die verbreitete Korruption, im Mittelpunkt standen. Daraus speiste sich in nicht unerheblichem Maße das wissenschaftliche Desinteresse der Literaturwissenschaft.

Im Hinblick auf die biographische Praxis ist festzuhalten, dass im Verlauf der zweiten Hälfte des 18. Jahrhunderts und vor allem im 19. Jahrhundert zu fast allen bedeutenden Autoren des ›Goldenen Zeitalter‹ des 16. und 17. Jahrhunderts eine ganze Reihe monumentaler Biographien entstanden, die allerdings eine allzu unkritische Bewunderung mit einer positivistischen Faktenhäufung verbanden.

Ein Überblick über die Biographik des 19. Jahrhunderts zeigt einerseits, dass einige Grundlinien (insb. die Konzentration auf wenige kanonisch legitimierte Autoren) weiterhin ihre Gültigkeit haben. Andererseits sind zwei Phänomene zu konstatieren, die dieses Jahrhundert von dem vorherigen deutlich abgrenzen. Zum einen lässt sich eine deutliche Zunahme von ›erzählten Biographien‹ (*biografías noveladas*) feststellen, die die Grenze zwischen Fakten und Fiktion immer wieder verwischen und der gestiegenen Nachfrage nach ›leichter Kost‹ (vor allem von adeligen und bürgerlichen Fräuleins) Rechnung tragen. Ergänzt wird dieses Bedürfnis nach schnell konsumierbaren Lebensbeschreibungen durch biographische Überblicksdarstellungen und Sammelwerke, wie *Vidas Españolas e Hispanoamericanas del siglo XIX* des Philosophen José Ortega y Gasset (1883–1955) oder die *Galería de la literatura española* von Antonio Ferrer del Río (1754–1830).

5.4. 20. Jahrhundert

Das biographische Interesse hat im 20. Jahrhundert nochmals beträchtlich zugenommen. Es ist dabei nicht verwunderlich, dass die Zahl nichtspanischer Biographen weiterhin eine wichtige Rolle spielt. Bis zum Ende der franquistischen Diktatur 1975 unterlag in Spanien die literaturwissenschaftliche Forschung (wie andere Forschungsbereiche auch) den Bedingungen der Zensur. Demokratische ebenso wie liberale und ›linke‹ Schriftsteller veröffentlichten ihre Texte zum allergrößten Teil im Exil, der kleinere Teil, der im Land verblieb, erfand raffinierte Umgehungsstrategien und literarische Camouflagetechniken, um die staatliche Zensur zu umgehen. An der Veröffentlichung von kritischen Biographien dieser Autoren hatte der Staat (und mit ihm die regimetreue Wissenschaft) kein großes Interesse. Es kamen in jenen Jahrzehnten dennoch (meist populäre) Lebensbeschreibungen dissidenter Autoren auf den spanischen Buchmarkt, die versuchten, die reiche literarische Tätigkeit (gerade von den auch im Ausland bekannten Mitgliedern der sogenannten ›Generation von 1898‹ oder der noch berühmteren ›Generation von 1927‹) als ›spanisches‹ Kulturgut und ›nationales‹ Erbe zu vereinnahmen und deren regimekritischen Äußerungen zu negieren oder zumindest abzuschwächen. Die biographischen Publikationen zu diesen Autoren stammten fast ausschließlich aus der Feder spanischer Wissenschaftler, die im Exil lebten.

Einige Schlaglichter sollen andeuten, wie sich Biographen im 20. Jahrhundert den Autoren vergangener Epochen angenähert haben (die Aufstellung orientiert sich an der Epochenzugehörigkeit der Biographierten):

In den letzten dreißig Jahren sind zu den spanischen ›Klassikern‹ des 16. und 17. Jahrhunderts einige (wenn auch bei weitem nicht so viele wie in anderen europäischen Ländern) informative und auf dem neuesten Forschungsstand basierende Biographien erschienen. Daneben liegen aber auch weiterhin dickleibige Bände mit deutlich hagiographischem Einschlag vor (vor allem über die Mystiker Teresa de Ávila und Juan de la Cruz, in der Mehrzahl aus der Feder katholischer Ordensleute) oder unverhüllt fiktionaler Tendenz, z. B. über das bunt schillernde Leben des Juan de Tassis y Peralta, Conde de Villamediana von Néstor Luján (*Die sieben Tode des Grafen Villamediana*, 1989, span. 1987).

Die Cervantes-Biographik bildete seit der Mitte des 20. Jahrhunderts verschiedene Schwerpunkte aus. Dabei lassen sich drei Richtungen unterscheiden: Die erste folgt der voluminösen (7 Bde.) und wirkungsmächtigen Arbeit von Luis Astrana Marín (*Vida ejemplar y heróica de Miguel de Cervantes Saavedra*, 1948–1958) und stellt in deutlich hagiographischer Manier Cervantes' Leben als ›exemplarisch und heroisch‹ (*ejemplar y heróica*) dar. Die zweite folgt – in Fortschreibung der Thesen des ›Dissidenten‹ Américo Castro – einer ›entmythisierenden‹ und ›dekonstruierenden‹ Tendenz und bettet Cervantes in den historischen und politischen Kontext seiner Zeit ein. Die jüngste Linie –

ausgehend von der Studie des französischen Cervantisten Louis Combet (*Cervantès ou les incertitudes du désir. Un approche psychoestructurale de l'œvre de Cervantès*, 1980) – vertritt die vor allem unter spanischen Hispanisten bis heute heftig umstrittene These, Cervantes stamme nicht nur aus einer Familie zwangsgetaufter Juden (*conversos*), sondern sei auch ein erotisch-sexueller Außenseiter. Es war vor allem die italienische Hispanistin und Cervantes-Biographin Rosa Rossi, die in zwei Büchern (*Ascoltare Cervantes*, 1987, span. 1988; *Sulle tracce di Cervantes*, 1997, span. 2000) eine Bi- bzw. Homosexualität des größten spanischen Klassikers nachzuweisen sucht. Cervantes ist auch einer der wenigen Schriftsteller des *Siglo de Oro*, über den heute eine moderne, (quellen)kritische und methodisch einwandfreie Biographie vorliegt.[1]

Im Hinblick auf das 19. Jahrhundert können nur zwei Biographien hervorgehoben werden, die in ihrem quellenkritisch abgesicherten Detailreichtum sowie in ihrem klaren und sicheren Urteil vorbildhaft sind: die über den Romantiker Gustavo Adolfo Bécquer (1836–1870), verfasst von Robert Pageard (*Bécquer, leyenda y realidad*, 1990), und die über den großen Romancier der realistisch-naturalistischen Erzählkunst Benito Pérez Galdós (1843–1920) aus der Feder von Pedro Ortiz Armengol (*Vida de Galdós*, 1996). Obwohl diese beiden Schriftsteller die beiden Hauptströmungen im spanischen 19. Jahrhundert (die Romantik und den Realismus) wie keine anderen repräsentieren, ist doch festzuhalten, dass die jungen, liberalen und revolutionären Autoren der isabellinischen Ära gegenüber den eher kostumbristischen und der spanischen Wirklichkeit der zweiten Hälfte des 19. Jahrhunderts zugeneigten Autoren ein größeres Interesse unter den Biographen gefunden haben.

Zunehmend richtet sich das Interesse auch auf schreibende Frauen des 19. Jahrhunderts: Dabei stehen einerseits natürlich die bekannten Namen im Vordergrund – so erhielten Gertrudis Gómez de Avellaneda (1814–1873) und Emilia Pardo Bazán (1851–1921) eine ganze Reihe biographischer Untersuchungen (u. a. von Carmen Bravo Villasante aus den 1960er Jahren). Aber auch unbekannteren Schriftstellerinnen wird stärkere Beachtung gezollt. Marina Mayorals umfassender Sammelband zu den spanischen Romantikerinnen enthält monographische Artikel zu Francisca Larrea de Böhl, Vicenta Maturana, Angela Grassi, Josefa Massanes, und anderen mehr (Mayoral 1990).

Mit der Publikation von Biographien aus der Feder ausländischer Wissenschaftler (vor allem französischer und angelsächsischer) seit Mitte der 1970er Jahre erreichte die biographische Gattung in Spanien wieder internationalen Standard. Dies soll abschließend an zwei der bedeutendsten spanischen Dichter des 20. Jahrhunderts verdeutlicht werden.

Antonio Machado (1875–1939) gilt heute als Symbolfigur der tragisch verlaufenen Geschichte Spaniens im 20. Jahrhundert. Kaum ein anderer Dichter verkörpert wie er das Wesen des modernen Spaniers, seine humanistisch-ethische Grundhaltung, sein politisches Engagement für Demokratie und Freiheit, sein tiefes Verständnis für Land und Leute Kastiliens. Es verwundert daher nicht, dass der *Grupo Escorial* (ein dissidenter falangistischer Literaturzirkel in der Zeit des frühen Franquismus) versuchte, ihn für seine Sache zu vereinnahmen. Seine ersten Biographen melden sich mit wenigen Ausnahmen aus dem US-amerikanischen, bzw. argentinischen Exil: Manuel de Miguel Pérez Ferrero (*Vida de Antonio Machado y Manuel*, 1947), Gabriel Pradal-Rodríguez (1951),[2] Segundo Serrano Poncela (*Antonio Machado*, 1954), Alice Jane McVan (*Antonio Machado*, 1959) und Manuel Tuñón de Lara (*Antonio Machado, poeta del pueblo*, 1967). Sie schufen das (falsche) Bild vom »authentischen Volksdichter« (*poeta del pueblo auténtico*), tief verwurzelt in den Traditionen seiner kastilischen Heimat, der kollektive Ausdruck des spanischen Wesens und seiner Tragik. Eine Zäsur bringt erst die Biographie von José Luis Cano (*Antonio Machado. Biografía ilustrada*), veröffentlicht 1975, im Todesjahr Francos. Sie ist um eine größere Objektivität gegenüber der Person Machados bestrebt, ist gespickt mit Fakten und Informationen (soweit sie damals vorlagen) und lässt dem Leser einen

1 Jean Canavaggio: *Cervantes. Biographie*. Zürich/München 1989 (franz. 1986).

2 Gabriel Pradal-Rodríguez: »Vida y obra«. In: Ders.: *Antonio Machado (1875–1939). Vida y obra – Bibliografía – Antología – Obra inédita*. New York 1951, S. 11–90.

größeren Spielraum, sich ein persönliches Urteil über den Dichter zu bilden. Es folgen weitere voluminöse Biographien: Bernard Sesé – *Antonio Machado (1875–1939). El hombre. El poeta. El pensador*, 2 Bde., 1980 – verbindet in zwei umfangreichen Bänden Person, Dichtung und Gedankengut Machados derart ausführlich miteinander, dass Leben und Werk des andalusisch-kastilischen Dichters in einer bis dahin unbekannten Totalität vor dem Leser erscheinen. Joaquín Gómez Burón (*Machado, los últimos 30 días*, 1989) rekonstruiert minutiös die letzten dreißig Tage des Dichters von seiner Abreise aus Barcelona bis zu seinem Tod in Collioure, angereichert mit einer umfangreichen und minutiösen Dokumentation (Photographien, Briefe, Telegramme bis hin zu seiner Registrierung im Hotel Bougnol-Quintana). Die letzte monumentale Biographie schreibt der irische Hispanist Ian Gibson (*Ligero de equipaje. La vida de Antonio Machado*, 2006), eine zuverlässige und gut lesbare Synthese aller bekannten Fakten zum Leben Machados.

Der Fall Lorca ist ein bisschen komplizierter, stand seine Rezeption doch Jahrzehnte lang unter einem doppelten Stigma: dem des ›linken‹ Republikaners, der von Franco-treuen Kräften zu Beginn des Bürgerkriegs in Granada erschossen wird, und dem des Homosexuellen. Federico García Lorca (1898–1936) gilt während der franquistischen Diktatur keineswegs als verfemt. Er erlitt in vielem ein ganz ähnliches Schicksal wie Antonio Machado. Von den ›progressiven‹ Falangisten verehrt und auf den ›Sänger eines ewigen Spaniens‹ und ›Blut-und-Boden-Dramatikers‹ reduziert, wird seine Lyrik (wenigsten zum Teil) gelesen, und seine Theaterstücke werden (wenn auch nicht alle) auf spanischen Bühnen aufgeführt. Seine kaltblütige Ermordung und seine Homosexualität bleiben natürlich bis zum Ende der Diktatur im öffentlichen Raum tabu. Es ist der jahrzehntelangen und umfassenden Recherche Ian Gibsons zu verdanken, in seiner Aufsehen erregenden Biographie (*Federico García Lorca. Eine Biographie*, 1991, span. Bd. 1: 1985, Bd. 2: 1987) Lorcas Intimleben und die genauen Umstände seines Todes rekonstruiert zu haben. Während die Sekundärliteratur zum lyrischen und dramatischen Werk Lorcas mittlerweile ins Unüberschaubare angewachsen ist, konnten die Biographen Lorcas nur einzelne Details und unwesentliche Korrekturen seinem Leben hinzufügen. Die jüngste biographische Forschung zu Lorca versucht seine Gedichte und Dramen aus seinem Leben, insbesondere aus seiner Homosexualität, zu erklären und zu deuten.[3]

Literatur

Mayoral, Marina (Hg.): *Escritoras románticas españolas*. Madrid 1990.

Romera Castillo, José/Gutiérrez Carbajo, Francisco (Hg.): *Biografías literarias (1975–1997). Actas del VII Seminario Internacional del Instituto de Semiótica Literaria, Teatral y Nuevas Tecnologías de la UNED*. Madrid 1998.

Simón Palmer, Carmen: *Escritoras Españolas del siglo XIX. Manual bio-bibliográfico*. Madrid 1991.

Werner Altmann

3 Vgl. David Johnston: *Federico García Lorca. Leben hinter Masken*. Düsseldorf/Zürich 2003 (engl. 1998); Werner Altmann: *Federico García Lorca. Der Schmetterling, der nicht fliegen konnte*. Hamburg 2002; Ian Gibson: *Lorca y el mundo gay*. Barcelona 2009.

6. Skandinavische Biographik

Die historische Entwicklung der Biographik in Skandinavien folgt im Groben der Geschichte des Genres in Kontinentaleuropa, weist jedoch eine Reihe von Eigenheiten auf, die im Folgenden ausgeführt und in ihren nationalen wie regionalen Kontext gestellt werden sollen. Dabei ist zu beachten, dass der zugrunde liegende Begriff von Skandinavien pragmatischer Natur ist, und die folgenden Ausführungen sich in erster Linie auf Dänemark und Schweden, kursorisch auch auf Norwegen und Finnland beziehen. Aus Gründen stilistischer Variation wird gelegentlich auch auf den Terminus Nordeuropa zurückgegriffen, der, obgleich keineswegs deckungsgleich, in mittelbarer Entsprechung des in Skandinavien gebräuchlichen Begriffs *Norden* dem Gegenstand am ehesten gerecht wird.[1] Ausgangspunkt der folgenden Betrachtungen sind häufig geschichtswissenschaftliche Debatten über den Nutzen und die Praxis der Biographie. Diese Akzentsetzung ergibt sich in erster Linie aus dem Umstand, dass die biographische Methode gerade in diesem Bereich in Skandinavien besonders nachhaltig erörtert worden ist, während ebenfalls mit Biographie befasste Disziplinen wie die Literaturwissenschaften die methodisch-theoretischen Implikationen biographischen Schaffens weniger intensiv reflektiert zu haben scheinen.

6.1. Früher biographischer Enzyklopädismus

Ihre Anfänge nimmt die biographische Tradition in Skandinavien im 19. Jahrhundert. Der Begriff Biographie freilich ist auch hier älter und lässt sich in Dänemark erstmals 1772 nachweisen, in Schweden wenige Jahre darauf bereits in Form eines biographischen Lexikons (*Försök til et biographiskt lexicon öfver lärde och namnkunnige svenske män*, 4 Bde., Stockholm 1778–1787). Dessen Bearbeiter Gregor Gezelius legt damit den Grundstein für die großen enzyklopädischen Werke des 19. und frühen 20. Jahrhunderts in Skandinavien. Unter diesen kommt dem von Vilhelm Fredrik Palmblad zusammengestellten, zwischen 1835 und 1857 in 23 Bänden erschienenen *Biographiskt lexicon öfver namnkunnige svenska män* zweifelsohne eine Vorreiterfunktion zu – dies nicht nur für den Norden, sondern für den gesamten europäischen Raum. Gezelius und Palmblad werden dementsprechend zu Recht als Gründungsväter der systematischen Biographik Skandinaviens betrachtet. Dabei können ihre Arbeiten auch als zeittypischer Ausdruck von universellen Veränderungen im Gefolge der Aufklärung gelten, deren wesentliche geistes- und ideengeschichtliche Triebkräfte – Säkularisierung, Rationalität und Individualisierung – das Aufkommen der Biographik im bürgerlichen Zeitalter nachhaltig beeinflussten. Bemerkenswert ist in diesem Zusammenhang, dass die frühen schwedischen Biographen mit ihren vergleichsweise umfangreichen Nachschlagewerken eine kultur- und geistesgeschichtliche Tendenz gleichsam vorwegnehmen, die sich in den kulturell als federführend begriffenen Gesellschaften erst wesentlich später verfestigt: so in Deutschland mit der Etablierung der *Allgemeinen Deutschen Biographie* (ab 1875, 56 Bde.), in Großbritannien mit dem *Dictionary of National Biography* (ab 1885, 63 Bde.) sowie in Frankreich dem *Dictionnaire de biographie française* (ab 1932, 19 Bde. – diesem Projekt gingen freilich die *Biographie universelle*, 1811–1833, und die *Nouvelle Biographie générale*, 1855–1866, voran).

Auf Grundlage von Palmblads Vorarbeiten entfaltet sich von 1917 an mit dem *Svenskt biografiskt lexikon* (SBL) ein Mammutprojekt, dessen auf 38 Bände angelegte neue Reihe im Jahre 2015 zum

1 Vgl. u. a. Uffe Østergård: »The Geopolitics of Nordic Identity – From Composite States to Nation States«. In: Øystein Sørensen/Bo Stråth (Hg.): *The Cultural Construction of Norden*. Oslo 1997, S. 25–71.

Abschluss gelangen soll.[2] Ähnliche Entwicklungen lassen sich in Dänemark und – nach Erlangung der staatlichen Eigenständigkeit 1905 – auch in Norwegen beobachten, deren nationale biographische Nachschlagewerke, das *Dansk biografisk leksikon* (DBL, ab 1887 in drei Ausgaben) bzw. *Norsk biografisk leksikon* (NBL, ab 1923 in zwei Ausgaben), den europäischen Trend allerdings weit eher nachvollziehen als ihn, wie das frühe schwedische Projekt, zu antizipieren (Larsson 2007, 52f; Nadel 1984, 47).[3]

6.2. Skandinavische Biographik in der Tradition des 19. Jahrhunderts

Abseits der lexikalischen Tradition vor allem Schwedens folgt die biographische Praxis in Skandinavien größtenteils den Entwicklungslinien des Genres in Kontinentaleuropa. Das 19. und das frühe 20. Jahrhundert stehen dabei unter dem wirkungsmächtigen Einfluss der nationalen staatsidealistischen Tradition in den Geistes- und hier zumal den Geschichtswissenschaften, die ihrerseits einen Großteil ihres Referenzrahmens von Leopold von Ranke und der deutschen Historiographie bezogen.[4] Wissenschaft, zumal die historische, erfüllt im Selbstverständnis dieser Tradition vornehmlich die Funktion, die Genese und Entwicklung von Nationen und Staaten historisch nachzuvollziehen und damit auch und gerade in der Gegenwart sinn- und identitätsstiftend zu wirken. Im Spannungsverhältnis zwischen der nationalstaatlichen Inpflichtnahme der Geschichtswissenschaft auf der einen und ihrer zunehmenden Professionalisierung seit der Mitte des 19. Jahrhunderts auf der anderen Seite entstanden in dieser Phase auch in Skandinavien äußerst umfangreiche, quellengesättigte historische Arbeiten, deren Idealform zweifellos die Biographie war. Im biographischen Fokus standen dabei in der Regel herausragende Staatslenker, die sprichwörtlich ›großen Männer‹, deren Lebensbeschreibung sich als historisch-politisches Lehrstück inszenieren ließ und deren Vita angesichts dessen häufig zu einem »blutarmen und schattenhaften Porträt des Menschen« verblasste (↗ I.7. ›Biographiewürdigkeit‹).[5]

Nichtsdestoweniger hält insbesondere das frühe 20. Jahrhundert eine Reihe von durchaus beachtenswerten Ausnahmen bereit, die nicht minder als *pars pro toto* für die beschriebene Traditionslinie gelten können. Unter diesen kommt insbesondere den stark populärwissenschaftlich gehaltenen biographischen Arbeiten Nils Ahnlunds Bedeutung zu, nicht zuletzt dessen literarisch ambitionierter Teilbiographie des schwedischen Staatsmannes und Reformers Axel Oxenstierna (1583–1654; *Axel Oxenstierna intill Gustav Adolfs död*, Stockholm 1940). In Finnland ist in diesem Zusammenhang auf die wirkungsmächtige Biographie des finnischen Philosophen und Staatsmannes Johan Vilhelm Snellmans zu verweisen, die der Philosoph Thiodolf Rein um die Jahrhundertwende sowohl auf Schwedisch als auch auf Finnisch veröffentlichte (*Johan Vilhelm Snellman*, 2 Bde., Helsinki 1895–1899). Torvald Höjers monumentale Biographie des schwedischen Königs Karl XIV. Johann (1763–1844), erschienen in drei Bänden zwischen 1939 und 1960, lässt sich mit Recht als Krönung und zugleich als Abgesang dieser Tradition begreifen (Johansson 2007, 20 ff.; Larsson 2007, 53).

6.3. Radikaler Positivismus: die Weibullsche Schule und das 20. Jahrhundert

Im Gefolge des sich seit dem frühen 20. Jahrhundert vollziehenden Paradigmenwechsels in den Geisteswissenschaften veränderte sich auch in Nordeuropa die Praxis der Biographik fundamental. Diesem Prozess lag, insbesondere in den Geschichts- und Literaturwissenschaften, eine ver-

2 Vgl. Bengt Hildebrand: »Biografisk historiografi och Svenskt Biografiskt Lexikon. Några huvudlinjer av utvecklingen«. In: *Personhistorisk tidskrift* 40. Jg. (1939/40), S. 138–206; Göran Nilzén/Per Thullberg: »Vem var det?: till belysning av Svenskt biografiskt lexikon«. In: *Historisk tidskrift* 105. Jg. (1985), S. 234–241.

3 Für Finnland vgl. *Suomen kansallisbiografia*. 10 Bde. Helsinki 2003–2007 sowie das ältere Nachschlagewerk *Kansallinen elämäkerrasto*. 5 Bde. Helsinki 1927–1934.

4 Vgl. Jan Eivind Myhre: »Introduction: A Century of Nordic Historical Scholarship«. In: Ders./Frank Meyer (Hg.): *Nordic Historiography in the 20th Century*. Oslo 2000, S. 14 ff.

5 Bengt Hildebrand: »Klimatväxlingar i modern svensk biografi: Exemplifiering och synpunkter«. In: *Personhistorisk tidskrift* 57. Jg. (1959), S. 97–170, hier S. 102 (Übersetzung: M.J.).

stärkte Hinwendung zu schonungsloser, ihren Gegenstand aggressiv dekonstruierender Quellenkritik zugrunde, die den Menschen in seinem historischen und gesellschaftlichen Kontext zu begreifen suchte und in Schweden in erster Linie auf die Brüder Lauritz und Curt Weibull sowie auf den Literaturhistoriker Henrik Schück zurückgeht.[6] Für die Biographie als historiographischer Darstellungsform hatte der radikale Positivismus der Weibullschen Schule zur Folge, dass deren traditionelle Aufgabenstellung, die Beständigkeit des Charakters und damit die Einheit der Person erzählend zu bekräftigen, zunehmend vom problemgeleiteten Blick auf die vermeintlich zentralen Bedingungsfaktoren menschlichen Handelns abgelöst wurde: Machtambitionen, ökonomisches Kalkül und Glaubens- wie Bekenntnisbindung standen nun im Zentrum der Betrachtung. Der Mensch erschien in dieser Deutung, so hat es Alf W. Johansson pointiert dargestellt, als interessengeleiteter Homo oeconomicus (Johansson 2007, 22 f.).

In der biographischen Praxis zog die Orientierung der Weibullschen Schule an explizierbaren Problemen eine im Grunde sachsystematische, stark thesenartig verdichtete Ausrichtung von Biographien nach sich, die sich bewusst vom älteren Leitbild der zumeist chronologisch nacherzählenden Gesamtbiographie absetzte. Curt Weibulls 1931 in Stockholm erschienene Arbeit *Drottning Kristina*, die in ihrem Titel bereits den Begriff Biographie zugunsten der Formulierung *studier och forskningar* (Studien und Forschungen) meidet, macht dies besonders deutlich. Mit selektivem Pragmatismus, »intellektueller Schärfe und stilistischer Eleganz« entwickelt Weibull sein Bild der schwedischen Königin Christina (1626–1689) als konsequent interessengeleiteter Politikerin, in dem sich nicht zuletzt der Verfasser mehr als nur konturenhaft widerspiegelt (Johansson, 24).[7] Weibulls profiliertester Schüler, Erik Lönnroth, trat seinerseits 1986 mit einer auf den ersten Blick anachronistisch anmutenden Herrscherbiographie hervor: der des aufgeklärten Monarchen Gustav III. von Schweden (1746–1792, *Den stora rollen: Kung Gustaf III spelad av honom själv*, Stockholm 1986). Über den psychohistorisch geschulten Blick auf die Inszenierung Gustavs in seiner Rolle als König – der spielerische Titel der Arbeit lautet *Die große Rolle. König Gustav III. gespielt von ihm selbst* – befreit sich Lönnroth jedoch konsequent von den politik- und diplomatiegeschichtlichen Prämissen des Genres und verortet seine Arbeit unverkennbar im gerade erst aufkommenden kulturhistorischen Diskurs der 1980er Jahre.

6.4. Unter ›wissenschaftlicher Quarantäne‹: das sozialwissenschaftliche Paradigma und die finnische Ausnahme

Zu diesem Zeitpunkt freilich war die biographische Tradition Schwedens wie Skandinaviens insgesamt von den sozial- und strukturgeschichtlichen Paradigmen der 1960er Jahre verdrängt worden (↗ VI.2. Französische Biographik). Was über die nächsten Jahrzehnte folgte, ist in der Retrospektive in Nordeuropa eindringlich als eine Form *wissenschaftlicher Quarantäne* beschrieben worden (Rosengren/Östling 2007, 7). Obgleich dieser Wandel – mit Ausnahme Großbritanniens – in ganz Europa vonstatten ging und die Biographie nicht zuletzt in Deutschland aus dem akademischen Kanon der Nachkriegszeit weitgehend verschwand, erwiesen sich die Marginalisierung der Geisteswissenschaften und der Verlust ihrer angestammten Darstellungsformen in Skandinavien als besonders nachhaltig. Ohne erwähnenswerte intellektuelle Lobby in der Öffentlichkeit verkümmerte die biographische Praxis insbesondere in Schweden, aber auch in Dänemark und Norwegen, zur Randerscheinung (Egeland 2000, 129 ff.; Johansson 2007, 26 f.).[8]

6 Vgl. Rolf Torstendahl: »Minimum Demands and Optimum Norms in Swedish Historical Research, 1920–1960: The ›Weibull School‹ in Swedish Historiography«. In: *Scandinavian Journal of History* 6. Jg. (1981), S. 117–141.

7 Einen Einblick in die (insb. kontinentaleuropäische) Biographik zu Königin Christina aus *Gender*-Perspektive liefert: Joachim Grage: »Entblößungen. Das zweifelhafte Geschlecht Christinas von Schweden in der Biographik«. In: Christian von Zimmermann/Nina von Zimmermann (Hg.): *Frauenbiographik. Lebensbeschreiibungen und Porträts*. Tübingen 2005, S. 35–64.

8 Ausnahmen bilden u. a. Göran B. Nilsson: *André Oscar Wallenberg* (mit variierenden Einzeltiteln). 3 Bde., Stockholm 1984–1994; Viggo Sjøqvist: *Erik Scavenius. En biografi*. 2 Bde. Kopenhagen 1973.

Nur in Finnland, für das die Personalisierung seiner jungen Nationalgeschichte auch immer identitätsstiftende Implikationen besaß, hielt sich die biographische Methode vergleichsweise unbeschadet. Als prominentestes Beispiel ist in diesem Zusammenhang die zwischen 1964 und 1982 in acht Bänden erschienene Biographie C.G.E. Mannerheims (1867–1951), des Oberbefehlshabers der finnischen Streitkräfte im Zweiten Weltkrieg und zeitweiligen Staatspräsidenten, aus der Feder Stig Jägerskiölds zu nennen. Auf diese folgten in den 1980er und 1990er Jahren umfangreiche Biographien der beiden Nachfolger Mannerheims im Präsidentenamt, Juho K. Paasikivi und Urho Kekkonen.[9] Neben biographischen Studien aus der methodisch zumeist konservativ disponierten Militär-, Diplomatie- und Politikgeschichte verzeichnet das Genre auch im Bereich der Ideen- und Kulturgeschichte sowie in den Literaturwissenschaften eine gewisse Kontinuität, wie die fünfbändige musikhistorische Biographie des finnischen Komponisten Jean Sibelius von Erik Tawaststjerna exemplarisch verdeutlicht (*Jean Sibelius*, 5 Bde., Helsinki 1965–1988).

Die ungebrochene Popularität der Biographie in der finnischen Gesellschaft lässt sich unter Umständen auch auf die hier besonders ausgeprägte autobiographische Kultur zurückführen, die sich in dieser Form in keinem anderen der skandinavischen Länder findet. Beschreibungen des eigenen Lebens liegen dabei nicht nur in publizierter Form vor, sondern werden seit Anfang des 20. Jahrhunderts auch von der einfachen Bevölkerung angefertigt und in einem der umfangreichsten Archive unpublizierter Lebensbeschreibungen bei der Finnischen Literaturgesellschaft sowie in einer Reihe von örtlichen Archiven verwahrt.[10] Das aus dieser Tradition hervorgegangene Extrem dürfte der Fall des finnischen Schriftstellers Kalle Päätalo sein, dessen autobiographisches Iijoki-Epos (*Juuret Iijoen törmässä*), erschienen zwischen 1971 und 1998, aus 26 Bänden und fast 17.000 vergleichsweise langatmigen Seiten besteht, sich jedoch beträchtlicher Popularität erfreut.[11]

6.5. Dänische Debatten und die Renaissance der Biographik in Skandinavien

Bildete Finnland mit seiner vergleichsweise stabilen biographischen Tradition ab den 1960er Jahren die Ausnahme unter den Ländern Nordeuropas, so lässt sich seit Ende der 1990er Jahre eine rapide Wiederbelebung des Genres auch in Dänemark, Schweden und Norwegen beobachten (↗VI.1. Deutschsprachige Biographik). Diese Renaissance ist offensichtlich auf zwei Gründe zurückzuführen: Zum einen folgen die skandinavischen Gesellschaften – und mit ihnen auch ihre Wissenschaftskulturen – einem deutlichen internationalen Trend zur Wiederbelebung der Biographik; zum anderen deutet das ansteigende geisteswissenschaftliche Interesse an der Biographie auch im nordeuropäischen Raum auf einen erneuten Paradigmenwechsel hin, der tradierte Darstellungsmodi unter veränderten methodisch-theoretischen Vorzeichen rehabilitiert. Obgleich es sich dabei nicht um eine auf Skandinavien beschränkte Entwicklung handelt, fügt sich diese hier reibungsloser als anderswo in akademische Strukturen ein, die sich seit den 1970er Jahren neuen Tendenzen in den Geistes- und Sozialwissenschaften gegenüber ausgesprochen offen zeigen. Beispielhaft sei nur auf die für die Region symptomatische Präsenz der Gender Studies verwiesen, deren Arbeiten in den einschlägigen skandinavischen Sammelbänden zur Biographik angemessene Berücksichtigung finden (u. a. Rosengren/Östling 2007, 9; Possing 1997).

In Schweden spiegelt sich die Rehabilitierung der Biographie unter anderem in der schrittweisen Konversion des Weibull-Schülers Erik Lönnroth

9 Stig Jägerskiöld: *Mannerheim* (mit variierenden Einzeltiteln). 8 Bde., Helsinki 1964–1982; Tuomo Polvinen: *J. K. Paasikivi: valtiomiehen elämäntyö*. 5 Bde. Helsinki 1989–2003; Juhani Suomi: *Urho Kekkonen* (mit variierenden Einzeltiteln). 8 Bde., Helsinki 1986–2000.

10 Vgl. *Kansanrunousarkisto* (dt. Folklore- bzw. Volkskundearchiv) bei der Finnischen Literaturgesellschaft (SKS), Helsinki, http://www.finlit.fi/kra (13.4.2009).

11 Vgl. J. P. Roos: »Finland: A Survey of Life Writing« bzw. Ders.: »Kalle Päätalo«. In: Margaretta Jolly (Hg.): *Encyclopedia of Life Writing. Autobiographical and Biographical Forms*. 2 Bde. London/Chicago 2001, S. 325 bzw. S. 687 f. sowie zuletzt Jenni Janatuinen: *Miehenkuva: Kalle Päätalon perintö*. Helsinki 2005.

zum Biographen wider. Hatte dieser noch in den frühen 1950er Jahren die biographische Methode als generell unfruchtbare und mit bedeutungslosem Detail überfrachtete Fehlentwicklung in der historischen Forschung kritisiert, so beklagte er knapp drei Jahrzehnte später *expressis verbis* das Fehlen des Menschlichen in der neueren Geschichtsschreibung, jene beinahe totale Abwesenheit »der Menschen als Menschen, lebendig anzuschauen, nicht als Nummern und Abstraktionen« (Lönnroth 1983/1997, 198). Noch selbstverständlicher als Lönnroth geht inzwischen eine ganze Generation jüngerer Historiker und Literaturwissenschaftler vor, die in der Biographie das *Primat der Geisteswissenschaften* erkennt und die biographische Darstellungsform in einem interdisziplinär erweiterten geisteswissenschaftlichen Forschungskanon zu verankern sucht (Rosengren 2007, 81).

Am ehesten lässt sich diese Entwicklung – mit ihren skandinavischen Eigenheiten – anhand der Biographie-Debatte in Dänemark in den 1990er Jahren veranschaulichen. Diese entzündete sich 1992 an Birgitte Possings Biographie der dänischen Pädagogin und Feministin Natalie Zahle (1827–1913) – einer Dissertationsschrift, deren wissenschaftlicher Wert noch im Verlauf ihrer öffentlichen Disputation an der Universität Kopenhagen aus dem Auditorium heraus infrage gestellt wurde und in den folgenden Monaten und Jahren heftige Debatten nach sich zog (u.a. Jensen 1997).[12] Die Kritik bezog sich dabei weniger auf die von Possing vorgelegte, materialgesättigte Studie als auf die Frage nach der ›Relevanz‹ als unerlässlichem Kriterium in der Historiographie. Handelte es sich bei der Lebensgeschichte des Fräuleins Zahle, so fragte Possings energischster Opponent, der renommierte Politik- und Wirtschaftshistoriker Niels Thomsen, überhaupt um Geschichte im engeren Sinne der Begriffsbedeutung? Obgleich Thomsens Kritik in ihrer Grundsätzlichkeit inzwischen überholt scheint, verhält sie sich im Hinblick auf Dänemark und Schweden doch repräsentativ für einen gleichsam doppelten Affekt gegenüber der Biographie im Allgemeinen und neueren, sich zumeist als postmodern verstehenden biographischen Ansätzen im Besonderen. Possings Zahle-Studie, wenn auch ihrer Anlage nach keineswegs postmodern, und die sich an ihr entzündende Debatte um den Stellenwert und die methodologische Verortung der Biographie verdeutlichen Position und Gegenposition mit einer Intensität, wie sie sich in dieser Form wohl eher in kleineren Gesellschaften entwickelt. Die höchst differenzierte Auseinandersetzung wirkte – im übertragenen Sinne – wie ein Katalysator auf die fortschreitende Rehabilitierung der Biographie als historiographischer und literarischer Darstellungsform in Dänemark und zunehmend auch im restlichen Nordeuropa (Possing 2007, 37 ff.; Hvidt 1997, 31 ff.; Egeland 2000, 241 ff.). Abseits der skizzierten akademischen Debatten hat auch Skandinavien seit den 1980er Jahren eine ähnliche Welle populärer Biographik erlebt, wie sie in ganz Europa ungebrochen zu beobachten ist. Insbesondere literarische Zugänge zum Genre Biographie sind in Skandinavien verbreitet.[13] Obgleich sich in Großbritannien Tendenzen zu einer Diversifizierung des Genres zeigen, ja sich unter Umständen gar ein Auslaufen des bis vor kurzem bestimmenden Trends zur Biographik abzeichnet, scheint der Scheitelpunkt dieser Entwicklung im nordeuropäischen Raum noch lange nicht erreicht.[14]

12 Birgitte Possing: *Viljens Styrke. Natalie Zahle – En Biografi om Køn, Dannelse og Magtfuldkommenhed.* 2 Bde. Kopenhagen 1992; sowie die sich auf Possings Buch beziehende Debatte in: *Historisk Tidsskrift* 92. Jg. (1992), S. 353–358 (Thomsen), S. 359–363 (Possing); bzw. *Historisk Tidsskrift* 97. Jg. (1997), S. 414–429 (Thomsen), S. 439–450 (Possing); S. 414–429; ferner u.a. Grethe Jensen: »Politisk biografi«. In: *Historisk Tidsskrift* 91. Jg. (1991), S. 76–91.

13 Vgl. Heiko Uecker: »Roman-Biographien der 1980er Jahre. Eine Zusammenfassung«. In: Kurt Braunmüller/Mogens Brøndsted (Hg.): *Deutsch-nordische Begegnungen. 9. Arbeitstagung der Skandinavisten des deutschen Sprachgebiets 1989 in Svendborg.* Odense 1991, S. 206–213.

14 Vgl. zu Dänemark u.a. Kristian Hvidt: *Edvard Brandes – portræt af en radikal blæksprutte.* Kopenhagen 1988; Bo Lidegaard: *I Kongens Navn. Henrik Kauffmann i dansk diplomati 1919–58.* Kopenhagen 1996; sowie Bernard Eric Jensen/Anne-Birgitte Ricard: *Livet fortalt – litteraturhistoriske og faghistoriske biografier i 1990'erne.* Roskilde 1999; zu Schweden u.a. Peter Englund: *Silvermasken: En kort biografi över drottning Kristina.* Stockholm 2006; sowie die modische Variation von Svante Nordin: *1900-talet: En biografi.* Stockholm 2005; zu Norwegen vgl. u.a. Lars Frode Larsens dreibändige *Knut Hamsun*-Biographie, Oslo 1998–2002; und Tor Bomann-Larsen: *Roald Amundsen. En biografi.* Oslo 2003.

Literatur

Ambjörnsson, Ronny/Ringby, Per/Åkerman, Sune (Hg.): *Att skriva människan: Essäer om biografin som livshistoria och vetenskaplig genre.* Stockholm 1997.

Egeland, Marianne: *Hvem bestemmer over livet? Biografien som historisk og litterær genre.* Oslo 2000.

Hvidt, Kristian: »Den historiske biografi – en spaendingsfyldt genre«. In: Ronny Ambjörnsson/Per Ringby/Sune Åkerman (Hg.): *Att skriva människan: Essäer om biografin som livshistoria och vetenskaplig genre.* Stockholm 1997, S. 31–42.

Jensen, Grethe: »Den danske historiske biografi efter 1970«. In: *Den jyske Historiker* 75./76. Jg. (1997), S. 94–111.

Johansson, Alf W.: »Biografin och den svenska historievetenskapen«. In: Henrik Rosengren/Johan Östling (Hg.): *Med livet som insats. Biografin som humanistisk genre.* Lund 2007, S. 19–31.

Larsson, Lisbeth: »Biografins återkomster«. In: Henrik Rosengren/Johan Östling (Hg.): *Med livet som insats. Biografin som humanistisk genre.* Lund 2007, S. 51–59.

Lönnroth, Erik: »Det biografiska synsättet« [1983]. In: Ronny Ambjörnsson/Per Ringby/Sune Åkerman (Hg.): *Att skriva människan: Essäer om biografin som livshistoria och vetenskaplig genre.* Stockholm 1997, S. 187–199.

Nadel, Ira B.: *Biography: Fiction, Fact & Form.* London 1984.

Österberg, Eva: »Individen i historien: En (o)möjlighet mellan Sartre och Foucault«. In: *Det roliga börjar hela tiden: bokförläggare Kjell Peterson 60 år den 20 december 1996.* Stockholm 1996, S. 321–332.

Possing, Birgitte: »Biografien ud fra et kvinde- og et historievidenskabeligt synspunkt«. In: Ronny Ambjörnsson/Per Ringby/Sune Åkerman (Hg.): *Att skriva människan: Essäer om biografin som livshistoria och vetenskaplig genre.* Stockholm 1997, S. 61–74.

Dies.: »Et kritisk blik på biografien«. In: Henrik Rosengren/Johan Östling (Hg.): *Med livet som insats. Biografin som humanistisk genre.* Lund 2007, S. 33–50.

Rosengren, Henrik: »Biografin – den humanistiska vetenskapens primat«. In: Ders./Johan Östling (Hg.): *Med livet som insats. Biografin som humanistisk genre.* Lund 2007, S. 81–92.

Ders./Östling, Johan (Hg.): *Med livet som insats. Biografin som humanistisk genre.* Lund 2007.

Michael Jonas

7. Russische und sowjetische Biographik

Der Osten Europas ist auch fünf Jahre nach der Erweiterung der EU für viele westeuropäische Betrachter und Betrachterinnen ein weites und größtenteils unbekanntes Feld. Entsprechend viel Raum eröffnet sich für die fortwährende Tradierung stereotyper Selbst- und Fremdbeschreibungen. In besonderem Maße gilt dies für Russland, das traditionellerweise als Gravitationszentrum der zwischen Feindbild und Traumland changierenden westlichen Bilder ›des Ostens‹ fungiert.[1] Eine wichtige Position auf diesen *mental maps* nimmt hierbei die Annahme ein, dass die russische Geschichte durch einen stark ausgeprägten Kollektivismus charakterisiert sei und sich damit fundamental vom individualistisch geprägten Westen unterscheide. Russland erscheint dann zumeist als Reich des Kollektiven, der Masse, mit entsprechend schwach entwickelten individuellen Selbstverständnissen.

Der folgende Überblick über die russische und sowjetische Biographik stellt vor diesem Hintergrund zugleich eine Hinterfragung bestehender Annahmen über das nach wie vor größte Land der Erde dar. Die Geschichte der Biographik im russischen und sowjetischen Kontext ist bis heute ungeschrieben, weshalb die nachstehenden Ausführungen nicht mehr als ein Bericht zum derzeitigen Forschungsstand und eine Annäherung an ein deutlich umfangreicheres Thema sein können.

Zugleich sind seit den 1980er Jahren aus literatur- und geschichtswissenschaftlicher Perspektive eine ganze Reihe von Studien veröffentlicht worden, die sich mit der Lebensbeschreibung von Individuen unter zaristischer und sowjetischer Herrschaft beschäftigen. Das Hauptaugenmerk liegt hierbei jedoch auf autobiographischen Zeugnissen verschiedenster Art, die als Ausdruck und Ort von Identitätsfindung entdeckt und interpretiert werden. Da biographisches und autobiographisches Schreiben sich in ihrer historischen Entwicklung immer wieder gegenseitig beeinflusst haben, wird dieses Wechselverhältnis, soweit es für die Darstellung der Gesamtentwicklung sinnvoll erscheint, mit einbezogen.

Als letzte Vorbemerkung sei zudem noch darauf verwiesen, dass sowohl das Russländische Imperium als auch die Sowjetunion multiethnische und multikonfessionelle Reiche waren, bei deren umfassender Betrachtung eine Vielzahl weiterer Gruppen mit in den Blick genommen werden müsste. Ob es sich hierbei jeweils um eigene Traditionen biographischen Schreibens handelt, etwa im Sinne einer spezifisch jüdischen Biographik (↗ VII.12 Jewish Studies), ist in der Forschung umstritten und wird im Rahmen dieses Überblicks nicht weiter thematisiert.[2] Grundsätzlich sollte man diese Heterogenität jedoch im Blick behalten, wenn man von ›der‹ russischen oder sowjetischen Biographik spricht, und im Sinne eines West-Ost-Vergleichs läge in dieser imperialen Dimension sicherlich ein lohnenswerter Ausgangspunkt, denkt man etwa an die biographischen Traditionen im britischen Empire, im Habsburger oder auch im Osmanischen Reich.

7.1. Die Entwicklung bis zum Ende des 18. Jahrhunderts

Fragt man nach den ›eigentlichen‹ Anfängen biographischen Schreibens in Russland, so lässt sich die zweite Hälfte des 18. Jahrhundert als die Zeit benennen, in welcher zunehmend Individual- und Familienbiographien verfasst wurden (↗ III.10 Kollektivbiographische Ansätze). Diese waren in der Regel noch nicht zur Publikation vorgesehen, sondern wurden für das nähere persönliche Umfeld

1 Hierzu u. a. Gregor Thum (Hg.): *Traumland Osten. Deutsche Bilder vom östlichen Europa im 20. Jahrhundert.* Göttingen 2006; Wolfgang Wippermann: *Die Deutschen und der Osten. Feindbild und Traumland.* Darmstadt 2007.

2 Vgl. hierzu die Ausführungen von Alexis Hofmeister: »Probleme jüdischer Autobiographik«. In: Herzberg/Schmidt 2007, S. 209–217.

geschrieben. Zu einer deutlichen Zunahme an Veröffentlichungen biographischer Texte und damit zur Entwicklung eines eigenen Genres ›Biographie‹ kam es schließlich im Laufe des 19. Jahrhunderts.

Zugleich gab es auch bereits im Mittelalter und zu Beginn der Neuzeit Beschreibungen des Lebens bestimmter, in der Regel zeitgenössisch als wichtig erachteter Personen. Diese Texte waren jedoch traditionell an spezifische Formen wie Heiligenviten oder Herrscherchroniken gebunden, was mit einer Normierung der Darstellung und einem Ausblenden des Individuellen einherging. Das 17. Jahrhundert brachte dann eine sukzessive Weiterung des öffentlich Sagbaren bei der Thematisierung von Individualität, und zwar durch die Fortentwicklung autobiographischer Beschreibungen im sakralen Schrifttum. Die Kirchenspaltung (*Raskol*) von 1666/67 führte zu einer Zunahme und qualitativen Veränderung von Selbstzeugnissen: Führende Vertreter der Altgläubigen, die sich infolge der Reformen des Patriarchen Nikon von der Orthodoxen Amtskirche gelöst hatten, nutzten das Medium des Lebensberichts, um ihre Entscheidung zu rechtfertigen und ihr Handeln als vorbildhaft darzustellen. Hierbei thematisierten sie in einem deutlich höheren Maße als dies in früheren Selbstzeugnissen (wie etwa Pilgerberichten) der Fall war ihre individuellen Beweggründe, ihre Gefühle, ihre Hoffnungen und Gewissensqualen.[3] Die Grenzen des Zuwachses an Subjektivität setzte hierbei das christliche Weltbild der Verfasser: Man erhob keinen Anspruch auf künstlerische Originalität, sondern sah sich als Teil des göttlichen Heilsgeschehens – Ulrich Schmid hat für diese Textgattung den Begriff der »Autohagiographie« (Schmid 2000, 43) geprägt.

Im 18. Jahrhundert war es dann das weltliche Schrifttum, welches sich vermehrt dem Individuum zuwandte. Hauptträgerschicht dieses Prozesses war bis ins 20. Jahrhundert hinein der Adel, worin ein Unterschied zur Entwicklung in Westeuropa liegt, die wesentlich stärker mit dem dortigen Bürgertum verknüpft war. Übereinstimmend lässt sich hingegen für Ost und West konstatieren, dass das 18. Jahrhundert insgesamt noch von einer Dominanz der Autobiographie gegenüber der Biographie geprägt war.[4] In Russland reagierten die Adligen mit der Fixierung ihres Lebensweges oder dem ihrer Familie auf die gesellschaftlichen Veränderungen, die mit den Reformen Peters I. und Katharinas II. einhergingen: Man versicherte sich der eigenen Identität und begriff das Beschreiben des Ichs als Distinktionsmittel, um sich gegen andere Gruppen abzugrenzen.[5] Die bei den Altgläubigen noch rahmensetzende religiöse Lebensdeutung wurde nun mit dem Vordringen aufklärerischen Gedankenguts zunehmend durch das Ideal des selbstverantwortlichen Individuums abgelöst.

Während die meisten dieser Individual- und Familienbiographien zunächst nicht zur Veröffentlichung vorgesehen waren, erschienen ab den 1740er Jahren zunächst punktuell, später in größerer Dichte, Biographien in Buchform. Es handelte sich in der Regel um die Lebenswege ›großer‹ Staatsmänner und Militärs, wobei sich anfangs vor allem Personen der griechischen und römischen Antike großer Beliebtheit erfreuten: Die russische Übersetzung der Biographie Mark Aurels erlebte zwischen 1740 und 1798 nicht weniger als fünf Auflagen und auch die Geschichte Alexanders des Großen wurde mehrfach wieder auf den Markt gebracht.[6] Die meisten dieser Monographien erschienen im letzten Drittel des 18. Jahrhunderts, zur Regierungszeit Katharinas II. (der Großen), und hierunter finden sich nicht zufällig Biographien von Peter I. (dem Großen), Friedrich II., Voltaire und Nikita Panin, der unter Katharina bis 1780 als Außenminister tätig gewesen war: Sie alle waren Weggefährten oder Vorbilder der selbsternannten Aufklärerin auf dem Zarenthron. Ihre Lebenswege wurden als Erfolgsgeschichten präsen-

3 Vgl. Christoph Schmidt: »Grundmuster russischer Selbstzeugnisse seit dem Mittelalter«. In: Herzberg/Schmidt 2007, S. 63–77; Jurij P. Zareckij: *Avtobiografičeskie ›Ja‹ ot Avgustina do Avvakuma. Očerki istorii samosoznanija evropejskogo individa.* Moskau 2002.

4 Vgl. diese Feststellung für Westeuropa bei Christian Klein: »Einleitung: Biographik zwischen Theorie und Praxis. Versuch einer Bestandsaufnahme«. In: Ders. (Hg.): *Grundlagen der Biographik. Theorie und Praxis des biographischen Schreibens.* Stuttgart/Weimar 2002, S. 1–22, hier S. 6.

5 Hierzu ausführlich Andrej G. Tartakovskij: *Russkaja memuaristika XVIII-pervoj polovine XIX v.* Moskau 1991.

6 Eine Auflistung zwischen 1740 und 1800 erschienener biographischer und autobiographischer Bücher findet sich bei Jones 1989, S. 70–79.

tiert, und der Zweck der Biographien bestand in der Legitimation der Herrschaft Katharinas.

Die staatstragende und zugleich auch die schriftstellerische Freiheit einschränkende Funktion, die der Biographik damit zukam, fand eine bewusst provokative Antwort in einem Buch, das den Titel *Das Leben des Fjodor Vasil'evič Ušakov* trug und 1789 anonym erschien. Hier wird das Leben eines völlig unbekannten jungen Mannes beschrieben, der als Student nach Leipzig geschickt wird. Berichtet wird von solch vermeintlich belanglosen Dingen wie dem tiefgreifenden kulturellen Schock, der die russischen Studenten erfasste, als ihnen in Leipzig zur Suppe nicht Pastete, sondern Brot, Butter und kaltes Fleisch gereicht wird. Das durch solche Details vermittelte Gefühl der Fremdheit wächst sich bei dem Protagonisten zu einer tiefgreifenden Depression aus, die schließlich in seinen Tod mündet.[7]

Autor des Werkes war Alexander Radiščev, dessen Name vor allem mit der im folgenden Jahr erschienenen *Reise von Petersburg nach Moskau* und der hierin geübten radikalaufklärerischen Kritik an Katharina verbunden ist. Mit der Veröffentlichung der Erzählung über Fjodor Ušakov forderte er die staatlicherseits betonte Relevanz des Lebens und Wirkens der ›großen Männer‹ heraus und stellte stattdessen die Biographie eines ›einfachen‹ Menschen und die Bedeutung alltäglicher Erfahrungen in den Mittelpunkt. Auch wenn er zu Lebzeiten unter den russischen Biographen keine Nachahmer fand, so hatte Radiščev damit doch einen wichtigen Kontrapunkt gesetzt, der in den kommenden Jahrzehnten wieder aufgegriffen werden sollte.

7.2. Das ›lange‹ 19. Jahrhundert

Das 19. Jahrhundert brachte in Russland eine deutlich Zunahme biographischer und autobiographischer Publikationen. Sie stellten eine Reaktion auf die massiven außen- und innenpolitischen Umbrüche dar, die das Land im ›langen‹ 19. Jahrhundert durchlief: Epochale Ereignisse wie der Vormarsch Napoleons bis Moskau 1812 und der anschließende Siegeszug russländischer Truppen bis nach Paris oder die tiefgreifenden sozialen und ökonomischen Veränderungen infolge der rasanten Industrialisierung am Ende des Jahrhunderts führten zu einer intensiven Beschäftigung mit dem eigenen Selbst und der Rolle des Individuums im historischen Prozess. Der Begriff der *liččnost'* (Person, Persönlichkeit) avancierte zu einem zentralen Terminus in den Debatten der russischen *Intelligencija* über Zustand und Zukunft des eigenen Landes. Man begriff das Individuum einerseits als aktiv handelndes Wesen, das als Motor der Veränderung gegen den Status quo des autokratischen Regimes in Stellung gebracht wurde. Zugleich blieb es jedoch ein gebundenes Wesen, das nicht nur Rechte, sondern auch Pflichten gegenüber der Gesellschaft besaß und in erster Linie nicht als einzelnes, sondern als Vertreter bestimmter Gruppen wahrgenommen wurde.[8] Dementsprechend reklamierten verschiedene Kreise mit sehr unterschiedlichen Zielsetzungen mittels (auto)biographischen Schreibens den Begriff der *liččnost'* für sich.

Eine weit verbreitete Reaktion auf die gesellschaftlichen Wandlungen stellte die Beschwörung einer vermeintlich ›goldenen‹ Adelsvergangenheit in der Gestalt individual- und familienbiographischer Erzählungen dar. In diesem Sinne wurden einerseits jene im 18. Jahrhundert verfassten, aber nicht veröffentlichten Manuskripte publiziert, andererseits entstanden neue, den Adel glorifizierende Texte. Als Beispiel sei Sergej Aksakovs *Familienchronik* erwähnt, die in den 1840er und 1850er Jahren in mehreren Teilen erschien und als Vorbild für zahlreiche weitere Familiengeschichten fungierte. Aksakov zeichnet in seiner Erzählung das Bild einer vom Untergang bedrohten Idylle, deren Kern die um den Familienvater gruppierte Familie bildet. Er verknüpft hierbei alltägliche Elemente aus seinem eigenen Leben und dem seiner Verwandten mit einer Handlungsführung, die stark

7 Anonym [Alexander Radiščev]: »Žitie Fedora Vasil'eviča Ušakova«. In: Aleksandr N. Radiščev: *Polnoe sobranie sočinenij*. Moskau/Leningrad 1938. Bd. 1, S. 153–213, hier S. 162.

8 Hierzu ausführlich Rainer Goldt: »Freiheit in Einheit? Persönlichkeit und Kollektiv als kulturelle Schlüsselkonzepte russischen Denkens«. In: Knut Berner/Almuth Hattenbach (Hg.): *Individualität in Russland und Deutschland*. Münster u. a. 2003, S. 19–43; Julia Herzberg: »Autobiographik in ›Ost‹ und ›West‹«. In: Herzberg/Schmidt 2007, S. 15–63.

märchenhafte Züge trägt. Diese Kombination legte den Grundstein für den Erfolg der *Familienchronik*: Sie wurde mit dem Anspruch der Authentizität präsentiert und transportierte zugleich ein Ideal, das der Selbstversicherung des Zielpublikums diente. Entsprechend hoch war das Maß an Identifikation mit den Biographien der von Aksakov beschriebenen Personen beim durch die Umstürze der Gegenwart erschütterten russischen Adel.[9]

Neben dieser lange Zeit dominierenden konservativen Funktion der Biographik führte der gesellschaftliche Wandel jedoch in der russischen Gesellschaft ebenso wie in Westeuropa zu einer zunehmenden Artikulation von Partikularinteressen, zu einer Ausdifferenzierung der öffentlichen Meinung.[10] Für das biographische Schreiben bedeutete dies, dass sich neben Erzählungen wie jener Aksakovs nun auch andere Stimmen Gehör verschafften, die ebenfalls auf den Begriff der *liččnost'* rekurrierten. So veröffentlichten etwa mehrere Moskauer Kaufmannsfamilien an der Wende vom 19. zum 20. Jahrhundert ihre Autobiographien und die Geschichte ihrer Vorfahren. Auch sie reagierten damit auf die Umbrüche der Zeit, strebten im Gegensatz zum konservativen Adel jedoch danach, sich ihren Platz in der Gesellschaft zu erschreiben, indem sie Lebenswege präsentierten, die von traditionellen Formen der Sozialisation abwichen und damit ein bürgerliches Bewusstsein zum Ausdruck brachten.[11]

Eine weitere Ausdifferenzierung des (auto)biographischen Panoramas erfolgte durch die zunehmende Zahl an Publikationen von Frauen. In einem gesellschaftlichen Umfeld, das stark von patriarchalischen Wertvorstellungen, wie sie etwa in der *Familienchronik* Aksakovs zum Ausdruck kamen, geprägt war, eröffneten die Thematisierung der Individualität sowie das Beschreiben der Biographien anderer Frauen Freiräume zur Reflexion der eigenen Identität.[12] Gleiches gilt für Zeugnisse von Angehörigen der unteren Schichten, also etwa die bäuerliche Biographik: Vor allem im Nordwesten des Imperiums verfassten Bauern und Bäuerinnen, die zwischen Stadt und Land pendelten, Aufzeichnungen über ihr Leben sowie das ihres jeweiligen Umfeldes – womit sich erneut Selbst- und Fremdbeschreibung mischten und zugleich das lange Zeit dominierende Monopol des (männlichen) Adels auf dieses Genre weiter aufgebrochen wurde.[13]

Eine letzte Entwicklung, die im Kontext des 19. Jahrhunderts zu nennen ist, ist die Entstehung einer oppositionellen Autobiographik. Die Erinnerungen führender Protagonisten und Protagonistinnen der revolutionären Bewegung, wie etwa Alexander Hercen,[14] Vera Figner und Vera Zasulič[15] kursierten in der Illegalität und schufen so eine Gegenöffentlichkeit zur durch Zensur und Publikationsverbote gelenkten offiziellen Linie. Damit wurde eine Tradition begründet, die sich im 20. Jahrhundert, zur Zeit der Sowjetherrschaft, fortsetzen sollte.

Aus Sicht des Staates bargen diese mannigfaltigen Aneignungen des Begriffs des Individuums eine Gefahr: Sie beinhalteten das Potential, die bestehende Sozialordnung zu verändern und damit das gesamte System ins Wanken zu bringen. Die Antwort hierauf erfolgte rasch, und zwar in Gestalt einer staatstragenden, stark national gefärbten Biographik. Diese schlug sich u. a. in den zeitgenössischen Schulbüchern, in einem Boom biographi-

9 Ausführlich zu Inhalt und Rezeption der *Familienchronik* Richard Gregg: »The Decline of a Dynast: From Power to Love in Aksakov's ›Family Chronicle‹«. In: *Russian Review* 50. Jg., 1 (1991), S. 35–47; Schmid 2000, S. 285–327.

10 Für Westeuropa trifft diese Feststellung Christian Klein: »Einleitung: Biographik« (wie Anm. 4), S. 8.

11 Vgl. hierzu die Beiträge von Klaus Heller und Galina Ul'janova in: Hellbeck/Heller 2004.

12 Neben der bereits genannten Literatur sei verwiesen auf: Toby W. Clyman/Diana Greene (Hg.): *Women Writers in Russian Literature*. London 1994; Toby W. Clyman/Judith Vowles (Hg.): *Russia through Women's Eyes*. New Haven/London 1996; Irina Savkina: *»Pišu sebja…« Avtodokumental'nye ženskie teksty v russkoj literatury pervoj poloviny XIX veka*. Tampere 2001.

13 Hierzu vor allem der Band von Herzberg/Schmidt 2007, sowie die in Vorbereitung befindliche Dissertation von Julia Herzberg (Bielefeld): *Verborgene Archive. Bäuerliche Biografik aus dem russischen Norden zwischen Zarenreich und Sowjetunion*, http://www.uni-bielefeld.de/geschichte/abteilung/arbeitsbereiche/osteuropa/fpherzberg.html (19.12.2008).

14 Aleksandr Gercen: *Byloe i dumy*. London 1854–1858.

15 Zu den Autobiographien weiblicher Revolutionärinnen u. a. Hilde Hogenboom: »Vera Figner and Revolutionary Autobiographie: The Influence of Gender on Genre«. In: Rosalind Marsh (Hg.): *Women in Russia and Ukraine*. Cambridge 1996, S. 78–94.

scher Lexika sowie in einer entsprechenden Darstellung des letzten Zaren nieder.

Die im 19. Jahrhundert an russischen Schulen eingesetzten Lehrbücher im Fach Geschichte waren von einem historischen Verständnis geprägt, das, ähnlich dem Historismus der deutschen Geschichtswissenschaft, historische Prozesse als Geschichten ›großer‹ Persönlichkeiten begriff. In diesem Sinne wurden die einzelnen Kapitel geordnet und die Viten der ausgewählten Persönlichkeiten als Entwicklungsstufen einer nationalen Erfolgsgeschichte interpretiert: Vladimir der Heilige, unter dessen Herrschaft die Taufe der *Rus'* erfolgte, verkörperte das christliche Fundament des Reichs, Alexander Nevskijs erfolgreiche Schlachten gegen die Truppen Schwedens und des Deutschen Ordens wurden zum Sinnbild der Wehrhaftigkeit Russlands gegen westliche Aggression, Ivan III. stand mit seiner Befreiung vom ›Tatarenjoch‹ für die erfolgreiche Verteidigung gegen östliche Bedrohungen, und Peter I. wurde, bei allen Kontroversen, die seine Person in den Debatten zwischen ›Westlern‹ und ›Slavophilen‹ auslöste, in der offiziellen Lesart zum Symbol für Aufbruch und Ausbau des Imperiums. In allen diesen Fällen ging man davon aus, dass es die biographische Form war, mit der man diese gewünschten Inhalte didaktisch am erfolgreichsten transportieren konnte.[16]

Begleitet wurde diese Personifizierung einer nationalen Erfolgsgeschichte durch eine intensivierte Publikation biographischer Lexika. Während das erste und vorerst einzige Lexikon dieser Art 1772 erschienen war, brachte das 19. Jahrhundert eine ganze Reihe entsprechender Veröffentlichungen hervor, darunter das achtbändige *Lexikon der denkwürdigen Menschen des russischen Landes* (1836–1847), das *Kritisch-biographische Lexikon der russischen Schriftsteller und Gelehrten. Vom Beginn der russischen Gelehrsamkeit bis in unsere Tage* (1886–1904) sowie das 25-bändige *Russische biographische Lexikon*, das zwischen 1896 und 1913 erschien und von der Russischen Historischen Gesellschaft herausgegeben wurde.[17]

Alle diese Projekte dienten dem Ziel der Etablierung eines verbindlichen Heldenpantheons und damit der Traditionsstiftung und Legitimation der bestehenden Ordnung. Gleiches lässt sich auch für ein Buch sagen, dass Anfang 1913, und damit wenige Wochen vor dem Beginn der 300-Jahr-Feierlichkeiten der Dynastie der Romanovs erschien: *Die Herrschaft des Kaisers Nikolaus Aleksandrovič*.[18] Es handelt sich um die erste Biographie eines noch lebenden Zaren, und sie war Teil einer gezielten Erschließung neuer Medien der Selbstrepräsentation durch Nikolaus II. Neben dem Theater und den ersten Filmaufnahmen eines russländischen Herrschers betrachtete Nikolaus das gedruckte Wort als zentrales Mittel, seine Herrschaft im öffentlichen Bewusstsein in ein positives Licht zu rücken. Die Biographie, die zugleich in Auszügen in ausgewählten Tageszeitungen sowie bald darauf in englischer und französischer Übersetzung erschien, wurde von Andrej Elčaninov, einem führenden Militärberater des Zaren, verfasst. Elčaninov, der mit einem entsprechend guten Detailwissen über den Protagonisten aufwarten konnte, präsentiert den letzten Romanov als einen Diener des Volkes, der von einer Verbundenheit mit dem ›einfachen Bauern‹ getragen wird. Alle anderen gesellschaftlichen Gruppen und Akteure werden weitgehend ausgeblendet, Nikolaus erscheint als ›Arbeiter-Zar‹ (*tsar'-rabotnik*), der unermüdlich und ohne private Ausschweifungen dem Volk dient. Elčaninov griff damit eines der wirkungsmächtigsten Motive des russischen Diskurses auf, die idealisierte Einheit zwischen ›Väterchen Zar‹ und dem ›bodenständigen‹, ›rechtschaffenden‹ Volk, und die Biographik wurde auf diesem Weg zu einem identitätsstiftenden Element der »Scenarios of Power«[19] eines kurz vor dem Zusammenbruch stehenden Regimes.

16 Vgl. Ulrike Schmiegelt: »Russland. Geschichte als Begründung der Autokratie«. In: Monika Flacke (Hg.): *Mythen der Nationen: Ein europäisches Panorama*. München/Berlin 1998, S. 401–422; Frithjof Benjamin Schenk: *Aleksandr Nevskij. Heiliger – Fürst – Nationalheld. Eine Erinnerungsfigur im russischen kulturellen Gedächtnis (1263–2000)*. Köln/Weimar/Wien 2004.

17 Vgl. das Stichwort »Biografija«. In: *Bol'šaja Rossijskaja Ėnciklopedija*. Moskau 2005. Bd. 3, S. 492 f.

18 Hierzu und zum Folgenden Richard Wortman: »Publicizing the Imperial Image in 1913«. In: Laura Engelstein/Stephanie Sandler (Hg.): *Self and Story in Russian History*. Ithaca/London 2000, S. 94–120.

19 So der Titel des einschlägigen Werks von Richard Wortman: *Scenarios of Power: Myth and Ceremony in Russian Monarchy*. 2 Bde. Princeton 1995/2000.

7.3. Biographik unter sowjetischen Vorzeichen

Der nach dem ›Roten Oktober‹ 1917 entstehende sowjetische Staat war, geht man von seinem marxistisch-leninistischen Selbstverständnis aus, kein Ort für eine Weiterentwicklung biographischer Traditionen und Ansätze. Nicht das Individuum, sondern das Kollektiv in Gestalt der Arbeiterklasse wurde als Movens des menschlichen Fortschritts betrachtet, und entsprechend scharf war die Abgrenzung gegen jede Form des ›Subjektivismus‹ (sub-ektivizm) und den »bourgeois-objektivistischen Charakter«[20] der bisherigen Biographik.

Zugleich waren sich jedoch auch die neuen Machthaber des Umstandes bewusst, dass sie die neue Ordnung nicht allein durch Gewalt und Repression aufrecht erhalten konnten, sondern dass auch ein revolutionäres System integrativer Elemente bedurfte, wollte man die Bevölkerung einbinden. Ein solches identitätsstiftendes Band erblickte man in der Figur des ›sozialistischen Helden‹.

Lenin hatte schon 1920 davon gesprochen, dass Russland nicht nur einzelne Helden habe, sondern dass diese »aus der Masse« kommen würden, dass »Russland Helden zu Hunderten und Tausenden wird hervorbringen können«.[21] Und Maksim Go'rkij, Schriftsteller und maßgebliche Figur bei der Durchsetzung des Sozialistischen Realismus, formulierte Mitte der 1920er Jahre in einem Aufsatz »Über den Helden und die Menge«:

»Für mich ist jede Menge eine Ansammlung von Heldenkandidaten. Für die Menschen ist es völlig gleichgültig, wer der Held ist: Max Linder, Jack the Ripper, Mussolini, ein Boxer oder ein Zauberer, ein Politiker oder ein Pilot – jeder Einzelne aus der Menge will sich an der Stelle oder in der Lage eines dieser Leute sehen, die es fertiggebracht haben, aus dem dichten Dunkel des alltäglichen Lebens herauszuspringen. [...] Daher ist jeder Held ein soziales Phänomen, dessen pädagogische Bedeutung äußerst wichtig ist. Ein Held sein zu wollen heißt mehr Mensch sein zu wollen als man ist. Eigentlich ist jeder Mensch in seiner Sphäre schon ein Held, wenn man nur aufmerksam in das dunkle Dickicht dieser Sphäre hineinschaut. Wir alle sind als Helden geboren und leben als solche. Und wenn die Mehrheit das verstanden hat, wird das Leben durch und durch heroisch werden.«[22]

Gor'kijs Konzeption knüpfte an zentrale Elemente traditioneller Heldenvorstellungen an, enthielt jedoch eine entscheidende Weiterung: Die Menschen des Sozialismus waren nicht nur potentielle Helden, sondern die Fortentwicklung der neuen Gesellschaftsordnung stellte die Garantie dafür dar, dass dies auch tatsächlich eintreffen werde. Es war das Konzept des »Jedermann-Helden«,[23] das zugleich den Weg vom Individuell-Heroischen zum Kollektiv-Heroischen ebnen sollte. Auf diesem Weg erhielt die Biographik auch unter realsozialistischen Vorzeichen eine wichtige legitimatorische Funktion. Neben ›verdienten‹ Staats- und Parteigrößen waren es nicht zuletzt ›einfache Leute‹ aus dem Volk, die hervorgehoben wurden, denn ihre Lebenswege enthielten die notwendigen alltäglichen Elemente, um für die breite Bevölkerung tatsächlich identitätsstiftend wirken zu können (↗ III.7.3. Fernsehen). Andere biographische Konzeptionen, die sich gegen eine solche Rückkehr teleologischer Erzählformen wandten und wie sie etwa in der futuristischen Gruppe LEF (*Levyj Front Iskusstv*, Linke Front der Künste) in den 1920er Jahren diskutiert wurden, konnten sich demgegenüber nicht dauerhaft halten.[24] Mit dem Beginn der forcierten Industrialisierung unter Stalin wurde dann der Titel ›Held der Arbeit‹ eingeführt, später folgte die Auszeichnung ›Held der Sowjetunion‹, exemplarische Biographien der Träger wurden zur Pflichtlektüre in den Schulen, und ein 1987 erschienenes zweibändiges Lexikon der *Helden der Sowjetunion* umfasste rund 4.000 Seiten mit über 12.000 Kurzbiographien. In den einleitenden Bemerkungen dieses Mammutprojekts hieß es u. a.: »Indem wir die Kurzbiographien lesen, treten wir in Verbindung mit der lebendigen, konkreten Ge-

20 »Biografija«. In: *Bol'šaja Sovetskaja Ėnciklopedija*. 2. Ausgabe. Moskau 1950. Bd. 5, S. 181.

21 Vladimir I. Lenin: *Polnoe Sobranie Sočinenij*. Moskau 1963. Bd. 42, S. 4.

22 *Archiv Gor'kogo*. Moskau 1969. Bd. 12, S. 113 f., hier zit. nach: Hans Günther: *Der sozialistische Übermensch. M. Gor'kij und der sowjetische Heldenmythos*. Stuttgart/Weimar 1993, S. 92.

23 Silke Satjukow/Rainer Gries: »Zur Konstruktion des ›sozialistischen Helden‹. Geschichte und Bedeutung«. In: Satjukow/Gries 2002, S. 17.

24 Vgl. hierzu Devin Fore: »Gegen den ›lebendigen Menschen‹. Experimentelle sowjetische Biographik der 1920er Jahre«. In: Bernhard Fetz (Hg.): *Die Biographie – Zur Grundlegung ihrer Theorie*. Unter Mitarbeit von Hannes Schweiger. Berlin/New York 2009, S. 353–385.

schichte unseres Vaterlandes, mit ihren ruhmreichsten Ereignisse und Menschen«.[25]

Neben der Biographik war die kommunistische Partei auch bemüht, die autobiographischen Traditionen der russischen Gesellschaft in die neuen ideologischen Bahnen zu lenken. Vormals illegale Selbstzeugnisse wurden nun zu Wegmarken einer erfolgreichen revolutionären Bewegung, und über regelrechte Schreibanleitungen und Großprojekte wie die von Gor'kij initiierte Gründung des Verlags Geschichte der Betriebe und Fabriken versuchte man, die Arbeiter zur Niederschrift ihrer Biographien zu bewegen und damit zugleich eine bestimmte Narration zu kanonisieren (↗V.6. 20. Jahrhundert).[26] Diese Aufrufe fanden bei den ›Massen‹ jedoch nicht den erhofften Rückhall, und je länger der neue Staat existierte und je doktrinärer und repressiver er wurde, umso mehr entwickelte sich das, was es bereits unter zaristischer Herrschaft gegeben hatte: eine oppositionelle Autobiographik. Vor allem nach Stalins Tod 1953 stellten die Aufzeichnungen und Erinnerungen an die dunkelsten Jahre der sowjetischen Herrschaft einen zentralen Bezugspunkt bei der Herausbildung dissidentischer Kreise dar, auch wenn sie vorerst im Exil oder im sogenannten *Samizdat* (Selbstverlag), also im Untergrund erscheinen mussten.

7.4. Jüngste Entwicklungen und Perspektiven

Mit dem Zusammenbruch der Sowjetunion 1991 begann für die russische Gesellschaft eine Phase neuer Freiheiten, aber auch der Suche nach neuen Orientierungen. Dieser Prozess lässt sich auch für die Entwicklung der postsowjetischen Biographik konstatieren. Unter das Stichwort der ›neuen Freiheiten‹ fällt sicherlich der enorme Boom, den biographische Darstellungen aller Art in den 1990er Jahren erlebten und der bis heute anhält. Die Regale der Buchhandlungen in Moskau und Petersburg sind ebenso wie jene in Kazan' oder in Irkutsk voll mit Porträts bedeutender Figuren der russischen Geschichte – von Katharina II. bis Wladimir Putin, von Issak Babel' bis Aleksandr Solženicyn gibt es kaum jemanden, dessen oder deren Geschichte nicht gleich mehrfach auf den Markt gebracht worden wäre.

Die Mehrzahl dieser Publikationen folgt hierbei einem Verständnis von Biographik, das sich in einer chronologischen Erzählung des vorbildhaften Lebens ›großer‹ Männer und Frauen erschöpft, und bedient damit unter dem Stichwort der ›neuen Orientierungen‹ bestehende Identifikationsbedürfnisse eines breiten Publikums. Es wäre jedoch verkürzt, die jüngste Entwicklung der russischen Biographik auf dieses auch in anderen postrealsozialistischen Ländern zu beobachtende Phänomen zu reduzieren. Die neuen Freiheiten wurden ebenso genutzt, um sich neue Ansätze zu erschließen bzw. alte, lange Zeit unterdrückte ›wiederzuentdecken‹.

Von einer Wiederentdeckung des Subjekts lässt sich bereits seit Anfang der 1980er Jahre sprechen, und zwar zunächst vor allem durch die Arbeiten von Andrej Tartakovskij. Bei seinen Untersuchungen autobiographischer Quellen betrachtete er diese entgegen der vorherrschenden Lesart nicht mehr primär als Faktensteinbrüche, sondern stellte die Texte selbst in den Mittelpunkt, indem er danach fragte, wie sich autobiographisches Schreiben unter dem Einfluss historischer Ereignisse veränderte.[27] Damit ebnete er einer neuen Sichtweise den Weg, die anschlussfähig war an die in Westeuropa unter den Stichworten *linguistic turn* diskutierte sprachliche Bedingtheit (auto)biographischer Texte.

Ein anderes, für die Biographik relevantes Feld ist die seit 1991 entstandene russische Gender-Forschung. Während hier zunächst vor allem ein ›Theorieexport‹ von West nach Ost das Bild dominierte,

25 *Geroi Sovetskogo Sojuza. Kratkij biografičeskij slovar*. 2 Bde. Moskau 1987, Bd. 1, S. 11. Weiterführend sei zudem verwiesen auf das Themenheft *Das Ich und die Macht. Skizzen zum Homo heroicus und Homo sovieticus* der Zeitschrift *Osteuropa* 57. Jg., 12 (2007).

26 Zentral hierfür u. a. Igal Halfin: *From Darkness to Light: Class, Conscious and Salvation in Revolutionary Russia*. Pittsburgh 2000; Ders.: *Terror in My Soul: Communist Autobiographies on Trial*. Cambridge/London 2003; Jochen Hellbeck: *Revolution on My Mind: Writing a Diary under Stalin*. Cambridge/London 2006; Sheila Fitzpatrick/Yuri Slezkine (Hg.): *In the Shadow of Revolution: Life Stories of Russian Women, from 1917 to the Second World War*. Princeton/New Jersey 2000.

27 Andrej G. Tartakovskij: *Russkaja memuaristika* (wie Anm. 5); Ders.: *1812 god i russkaja memuaristika. Opyt istoričnikovedčeskogo izučenija*. Moskau 1980.

gibt es in den letzten Jahren auch verstärkt Bemühungen darum, die in Westeuropa in der Regel unbekannten russischen feministischen Traditionen zu ›entdecken‹ und somit in einen wirklich gleichberechtigten Dialog einzutreten.[28] Auch wenn Gender Studies im postsowjetischen wissenschaftlichen Diskurs nach wie vor keinen leichten Stand haben, so sind doch erste Institutionalisierungen geschaffen[29] und konkrete Impulse in die Biographik, etwa in die sozialwissenschaftliche Biographieforschung,[30] eingegangen.

Ein weiterer Bereich, der zweifellos viel Potential für einen transnationalen Dialog über die historischen Ausformungen von Biographik und ihre zukünftige Fortentwicklung bietet, ist die eingangs erwähnte Imperiumsforschung. So widmet die diesseits und jenseits des Atlantiks sehr gut vernetzte Zeitschrift *Ab Imperio* ihren Schwerpunkt im Jahr 2009 dem Thema »Homo Imperii«, wobei ein Heft der Frage des »Narrating the Multiple Self: New Biographies for the Empire«[31] nachgehen wird.

Es bleibt zu hoffen, dass solche Kooperationen zukünftig trotz der nicht gerade einfachen politischen Rahmenbedingungen intensiviert werden können. Es sollte hierbei nicht darum gehen, bestehende Unterschiede der biographischen Traditionen in Ost und West im Sinne einer überbordenden Überwindung alles Trennenden völlig einzuebnen, sondern sie vielmehr als Bereicherung zu sehen. Zugleich gilt es, die jeweiligen Entwicklungen zu kontextualisieren und damit pauschale und essentialistische Zuschreibungen zu überwinden. Von einem solchen Dialog könnten beide Seiten nur profitieren.

Literatur

Hellbeck, Jochen/Heller, Klaus (Hg.): *Autobiographical Practices in Russia – Autobiographische Praktiken in Russland*. Göttingen 2004.

Herzberg, Julia/Schmidt, Christoph (Hg.): *Vom Wir zum Ich. Individuum und Autobiographik im Zarenreich*. Köln/Weimar/Wien 2007.

Humphrey, Robin/Miller, Robert/Zdravomyslova, Elena (Hg.): *Biographical Research in Eastern Europe. Altered Lives and Broken Biographies*. Hampshire 2003.

Jones, Gareth W.: »Biography in Eighteenth Century Russia«. In: *Oxford Slavonic Papers* 22. Jg. (1989), S. 58–80.

Satjukow, Silke/Gries, Rainer (Hg.): *Sozialistische Helden. Eine Kulturgeschichte von Propagandafiguren in Osteuropa und der DDR*. Berlin 2002.

Schmid, Ulrich: *Ichentwürfe. Die russische Autobiographie zwischen Avvakum und Gercen*. Zürich 2000.

Hans-Christian Petersen

28 Vgl. hierzu Elisabeth Cheauré/Caroline Heyder (Hg.): *Russische Kultur und Gender Studies*. Berlin 2002.

29 Erwähnt sei die vom Zentrum für Gender Studies in Charkiv herausgegebene Zeitschrift *Gendernye issledovanija* (Gender Studies), http://www.gender.univer.kharkov.ua/english/gurnal.shtml (19.12.2008).

30 Dies gilt etwa für die Arbeiten Anna Temkinas (Sankt Petersburg), vgl. u.a. Anna Temkina: »The Construction of Sexual Pleasure in Women's Biographies«. In: Humphrey/Miller 2003, S. 299–321; Dies./Elena Zdravomyslova: »›Happy Marriage‹ of Gender Studies and Biographical Research in Contemporary Russian Social Science«. In: Ingrid Miethe/Claudia Kajatin/Jana Pohl (Hg.): *Geschlechterkonstruktionen in Ost und West. Biografische Perspektiven*. Münster 2004, S. 75–95.

31 http://abimperio.net/cgi-bin/aishow.pl?state=flyer9_en&idlang=1 (19.12.2008).

8. US-amerikanische Biographik

8.1. Biographie – ein vielbeachtetes Genre zwischen Kunst, Handwerk und Beruf

Ein Land, das seit 1917 einen wichtigen Literaturpreis im Bereich Biographie/Autobiographie vergibt, schätzt offensichtlich die Darstellung der Person in der Geschichte. Der Markt ist differenziert, die Nachfrage groß. Die traditionelle Wertschätzung des Genres in den USA hat sowohl zu institutionalisierter Biographieforschung geführt als auch – verstärkt seit den 1980er Jahren – zu einer (akademischen) Debatte über Form, Methodik und Theorie der Biographie (↗ VIII.1. Lehre des biographischen Schreibens).[1] Über das gesamte 20. Jahrhundert hinweg wird erörtert, ob Biographie eine Kunst (*art*) oder ein Kunsthandwerk (*craft*) sei, ob das Genre zu den Literatur- oder Geschichtswissenschaften gehöre oder gar eine eigene Disziplin bilde.[2] Aus theoretisch gegensätzlichen Perspektiven kommen Paul Murray Kendall (Kendall 1965/1986, 49) und Ira Bruce Nadel (Nadel 1985, 8) in dieser Frage zum gleichen Schluss: dass es sich bei Biographie nämlich um Literatur handelt. Zu einem ähnlichen Ergebnis kommt Leon Edel, wenn er schreibt: »Biography is an art when the work is composed, brought together, given structure, form and narrative style. It becomes documentary when it is a compendium [...]« (Edel 1984, 40). Die Historikerin Barbara W. Tuchman definiert *Life Writing* als einen »prism of history«,[3] während Michael Holroyd es als Beruf (*profession*) sieht.[4]

In diesen Debatten wird auch stets verhandelt, wer Biographien schreibt und wie diese geschrieben (und gelesen) werden. Während in Deutschland zwischen wissenschaftlicher und rein populärer Biographie andere Formen kaum verbreitet sind (mit Ausnahme der Produkte einiger etablierter literarischer Biographen), ist der Markt in den USA schon seit Mitte des 19. Jahrhunderts wesentlich ausdifferenzierter. Neben Historikerinnen und Literaturwissenschaftlern schreiben professionelle Autor/-innen Biographien, die sowohl gut recherchiert sind als auch breit rezipiert werden.[5] Die freischaffende Autorin Doris Kearns Goodwin z. B. publiziert seit den 1970er Jahren Biographien, für die sie u. a. den Pulitzer Preis gewonnen hat,[6] während gleichzeitig viele der wissenschaftlichen Biographien ein größeres Publikum finden als hierzulande.[7] In den nordamerikanischen Buchläden werden folglich nicht nur mehr Biographien angeboten, sondern das Genre ist in den USA auch wesentlich breiter gefächert. Die Feuilletons der überregionalen Zeitungen rezensieren wöchentlich mindestens eine biographische Neuerscheinung,

1 Eine knappe Übersicht mit Bibliographie bietet Carl Rollyson: »Biography as a Genre«. In: *Choice* 35. Jg., 2 (1997), S. 249–258.

2 Die unterschiedlichen Auffassungen spiegeln sich in zahlreichen Buchtiteln wider, u. a. bei Thayer (1920/1977) und Oates (1986) sowie: Paul Murray Kendall: *The Art of Biography*. New York 1965; Catherine Drinker Bowen: *Biography. The Craft and the Calling*. Boston 1969; Jeffrey Meyers (Hg.): *The Craft of Literary Biography*. London 1985; William Zinsser: *Extraordinary Lives. The Art and Craft of American Biography*. New York 1985; Milton Lomask: *The Biographer's Craft. Practical Advice on Gathering, Writing, Shaping and Polishing Biographical Material*. New York 1987; Jeffrey Meyers (Hg.): *The Biographer's Art. New Essays*. London 1989; Dale Salwak (Hg.): *The Literary Biography. Problems and Solutions*. London 1996; Lloyd E. Ambrosius (Hg.): *Writing Biography: Historians and Their Craft*. Lincoln 2004.

3 Barbara W. Tuchman: »Biography as a Prism of History«. In: Oates 1986, S. 93–103.

4 Vgl. Anthony M. Friedson: »Appendix: Summary of Questionnaire Responses«. In: Friedson 1981, S. 83–96, hier S. 96.

5 Z.B. das auch in Deutschland sehr erfolgreiche Buch von Tom Reiss: *The Orientalist. In Search of a Man Caught Between East and West*. London 2006.

6 Preise erhielt Doris Kearns Goodwin u. a. für *No Ordinary Time. Franklin and Eleanor Roosevelt. The Home Front in World War II*. New York 1994 und *Team of Rivals. The Political Genius of Abraham Lincoln*. New York 2005.

7 Für das letzte Jahrzehnt z. B. John Matteson: *Eden's Outcasts. The Story of Louisa May Alcott and her Father*. New York 2007; Louis Menand: *The Metaphysical Club. A Story of Ideas in America*. New York 2002; David Levering Lewis: *W.E.B. Du Bois: The Fight for Equality and the American Century, 1919–1963*. New York 2000.

zumeist befindet sich ein biographisches Werk unter den zehn besten Büchern des Jahres.[8] Darüber hinaus erfreuen sich Biographien auch in den populäreren Printmedien, in Film und Fernsehen großer Beliebtheit, wie u. a. die Serie »Biography«, der »Biography Channel« und die sog. *biopics* zeigen.

Die Bedeutung des Genres in den USA wird zudem in der Gründung des Forschungszentrums Center for Biographical Research an der University of Hawaii[9] deutlich, das sich seit 1976 der interdisziplinären Untersuchung von *Life Writing* widmet, seit 1978 die Zeitschrift *Biography* herausgibt und 1980 ein *Glossary of Terms in Biography* veröffentlichte.[10] Weitere wesentliche Institutionen der US-amerikanischen Biographieforschung sind das Consortium for the Study of Biography, das Ed Cray 2007 an der Annenberg School for Communication der University of Southern California, Los Angeles gründete,[11] sowie das 2008 eröffnete Leon Levy Center for Biography an der City University of New York.[12] Als einflussreiches Netzwerk ist weiterhin die Washington Biography Group zu nennen, in der seit 1986 Biograph/-innen über ihre Arbeit diskutieren.[13] Zunehmend gewinnen auch internationale Vernetzungen an Bedeutung, wie die seit 1999 bestehende International Auto/Biography Association[14] oder die 2009 gegründete Biographers International Organization (BIO).

Zeitschriften der Biographieforschung sind neben *Biography* seit 1985 *a/b: Auto/Biography Studies* (publiziert von der Autobiography Society und der University of North Carolina, Chapel Hill) und seit 2007 das kanadische *Journal of Historical Biography*. Thomas R. Smith gibt seit 2006 *Lifewriting Annual. Biographical and Autobiographical Studies* heraus, während James McGrath Morris seit 2007 den monatlichen Newsletter *The Biographer's Craft* anbietet.[15]

8.2. Biographisches Arbeiten bis in die 1930er Jahre

Die USA können heute auf fast 400 Jahre publizierter Autobiographien und Biographien zurückblicken. Für die Zeit ab 1620 sind z. B. Cotton Mather und Benjamin Franklin wichtige Autoren; eine vom 17. bis in das 19. Jahrhundert verbreitete Form der autobiographischen Erzählung sind »Indian captivity narratives«, die anthropologische Beobachtungen mit Berichten göttlicher Vorsehung verknüpfen.[16] Nach dem Unabhängigkeitskrieg publiziert Jeremy Belknap seine zweibändige Essaysammlung *American Biography* (1794), es folgen erste Biographien über George Washington und ab 1834 die Reihe *Library of American Biography*. Nationalismus und »didacticism« seien zentrale Paradigmen der nordamerikanischen Biographie bis 1860, so Scott Casper (Casper 1999, 4). Der Bürgerkrieg beeinflusst die Entwicklung des Genres wenig, aber die Biographieschreibung professionalisiert sich ab 1850 (Merrill 1932/1969, 53 ff.). Neu sind zudem Porträts von Zeitgenossen: So schreibt Nathaniel Hawthorne über Franklin Pierce (1852) oder Ralph Waldo Emerson über Henry David Thoreau (1862). Schon die Vielzahl der in der zweiten Hälfte des 19. Jahrhunderts beliebten biographischen Reihen zeigt, dass es sich um ein sehr populäres Genre handelt: »[...] biographers and critics and readers alike believed that biography had power: the power to shape individuals' lives and character and to help define America's national character« (Casper 1999, 2). Neben James Parton, der über ein Dutzend viel gelesener Biographien publiziert, ist für diese Epoche die zehnbändige Biographie über Abraham Lincoln von John G. Nicolay und John M. Hay (1890) besonders einflussreich.

Um 1900 werden die detailreichen Hagiogra-

8 Eine Auswahl der Biographien, die sich zwischen 2005 und 2008 unter den von der New York Times nominierten zehn besten Büchern des Jahres befanden: Patrick French: *The World is what it is. The Authorized Biography of V. S. Naipaul.* London 2008; Linda Colley: *The Ordeal of Elizabeth Marsh. A Woman in World History.* New York 2007; Mark Stevens/Annalyn Swan: *De Kooning. An American Master.* New York 2004.

9 www.hawaii.edu/biograph (16.2.2009).

10 Donald J. Winslow: *Life Writing. A Glossary of Terms in Biography, Autobiography and Related Forms.* Honolulu 1980.

11 http://bio.uscannenberg.org/index.php (16.2.2009).

12 www.leonlevycenterforbiography.org (24.3.2009).

13 www.patmcnees.com/work16.htm (16.2.2009).

14 www.iaba.org.cn (24.3.2009).

15 www.thebiographerscraft.com (16.2.2009).

16 Mason I. Lowance, Jr.: »Biography and Autobiography«. In: Emory Elliott (Hg.): *Columbia Literary History of the United States.* New York 1988, S. 67–82, hier S. 76.

phien der vorangegangenen Jahrzehnte zunehmend kritisiert und realitätsgetreue Lebensbeschreibungen gefordert; der bisherige Fokus auf die Region New England erweitert sich nach Süden und Westen. Das Genre differenziert sich durch die Veränderungen in der modernen Literatur, durch neue Methoden in den Geistes- und Sozialwissenschaften, aber auch durch die politisch-sozialen Entwicklungen im Land, die das Interesse an ›normalen‹ Menschen befördern und den Kreis der Biograph/-innen erweitern. Dana Merrill erkennt daher um 1900 eine »democratization of biography« (Merrill 1932/1969, 79).[17]

Der Erste Weltkrieg gilt als wichtiger Einschnitt in der Kultur- und Literaturgeschichte der USA, da er eine stärkere Abgrenzung gegenüber der europäischen, insbesondere der britischen Kultur zur Folge hatte. Diese Betonung einer eigenen, genuin US-amerikanischen Kultur ab den 1920er Jahren geht mit einem politischen und kulturellen Wandel einher. Im Bereich der Biographik führte dies – beeinflusst von der Psychologie sowie von Lytton Strachey und André Maurois – zur US-amerikanischen Variante der *New Biography* (die freilich weiterhin in engem Zusammenhang mit den britischen Entwicklungen in diesem Bereich stand, s.u.). Die *New Biography* lehnt hagiographisches Arbeiten ab, stellt die kritische Interpretation eines Lebens in den Vordergrund und orientiert sich stilistisch stärker am Roman, um eine größere Leserschaft zu erreichen. Allein zwischen 1916 und 1930 erscheinen in den USA etwa 4.800 neue Biographien, darunter *The ordeal of Mark Twain* von Van Wyck Brooks (1920) oder Katharine S. Anthonys Werk über Margaret Fuller (1920).

Der Amerikanist Howard Mumford Jones setzt sich 1932 kritisch mit der profitablen *New Biography* seiner Zeit auseinander, deren Neuheit er nicht erkennen kann, sondern auf antike Traditionen zurückführt.[18] Jones macht acht zeitgenössische Subformen aus, die er kritisch unter die Lupe nimmt: Eine rein psychoanalytische Biographie sei kaum zu realisieren, die medizinische Biographie sei wenig ergebnisreich, die ›informal biography‹ konzentriere sich zu sehr auf das Alltägliche, die archäologische Biographie, die das Subjekt ausschließlich aus der Perspektive der eigenen Epoche interpretiere, gehe über diese nicht hinaus, und die fiktionale Biographie sei eben *fiction* (und nicht *scholarship*).[19] Die *psychography*, eine von Gamaliel Bradford konzipierte,[20] zwischen Psychologie und Biographie angesiedelte Form der Charakterstudie, stelle Persönlichkeiten zu schematisch dar. Die psychologische Biographie sei vielversprechend, berge aber die Gefahr der Vereinfachung, während sich die damals modische ›debunking biography‹, die die Schriftstellerin Joyce Carol Oates in den 1980er Jahren als *pathography* beschrieb, ausschließlich auf die negativen Seiten des biographierten Subjekts konzentriere.[21]

8.3. Biographietheorie und -methode bis in die 1930er Jahre

Die Diskussion über das Genre Biographie in den USA ist bis zur Mitte des 20. Jahrhunderts kaum von der in Großbritannien zu unterscheiden. Hier wie dort sind James Boswell, Virginia Woolf, Harold Nicolson, Strachey und Maurois zentrale Bezugspunkte (↗VI. Britische Biographik). Einen frühen US-amerikanischen Beitrag zur Geschichte und zum Genre der Biographie leistet der Historiker und Biograph William R. Thayer. Er konstatiert 1920, dass die moderne Biographie ein Leben nicht nur beschreibe, sondern auch interpretiere, dass sie lebensnäher als bisherige Biographien sei und von neuen wissenschaftlichen Methoden profitiere. Dabei benötige der Biograph Sympathie für sein ›Objekt‹ (das im Anglo-amerikanischen bezeichnenderweise *subject* heißt), um dieses in seiner Ganzheit erfassen und darstellen zu können.

17 Ähnlich, wenn auch nicht ganz so enthusiastisch, beurteilt Thayer die Entwicklungen ab 1870 (Thayer 1920/1977, S. 102 ff.).

18 Vgl. Howard Mumford Jones: »Methods in Contemporary Biography«. In: *English Journal* 21. Jg., 2 (1932), S. 113–122.

19 Ein neueres, umstrittenes Beispiel ist die fiktionale (Auto-)Biographie von Edmund Morris: *Dutch. A Memoir of Ronald Reagan*. New York 1999.

20 Gamaliel Bradford, der u. a. *Lee the American* (1912) und *Portraits of American Women* (1919) mit großem Erfolg veröffentlicht, stellt seinen Ansatz kurzer Porträts u. a. in dem Essay »Psychography« vor: Gamaliel Bradford: *A Naturalist of Souls. Studies in Psychography*. New York 1917.

21 Zu diesem Phänomen ausführlich Carl Rollyson: *A Higher Form of Cannibalism? Adventures in the Art and Politics of Biography*. Chicago 2005.

Thayer verortet Biographie als Teil der Geschichtsschreibung. Zwar könne man über jede interessante Person eine Biographie schreiben, aber »the acknowledged great men in history [...] are endowed with unusual qualities, or with common qualities in an uncommon degree – an endowment which gives them more points of contact, more power, more interest, more charm. These are the men and women whom biography perpetuates« (Thayer 1920/1977, 147).

1932 erscheint mit *The Development of American Biography* die erste Monographie, die sich explizit der nordamerikanischen Biographik widmet. Dana Kinsman Merrill geht auf deren Besonderheiten ein, darunter die »frontier and Western biography«, die sich Pionieren, ›indianischen Häuptlingen‹ oder Siedlern widmet (Merrill 1932/1969, 44 f.). Des Weiteren erwähnt sie – kurz – die »Negro biography«, die v. a. autobiographisch ausgerichtet sei, wie z. B. die 1845 erschienene, einflussreiche *Narrative of the Life of Frederick Douglass, an American Slave* (ebd., 49). Merrill unterscheidet für die neuere Biographik drei Formen: die objektive Lebensbeschreibung, die *life-and-letters*-Biographie und die fiktionale Biographie. Dabei würden Biographien ganz heterogene Absichten verfolgen, die von Erinnerungspolitik über didaktische Ziele hin zu Erklärung oder Unterhaltung reichen (ebd., 13).

In ihrer Anthologie *Modern Biography*, die biographische und autobiographische Texte für den Unterricht vereinigt, stellt Marietta A. Hyde 1931 fest, dass Schulen und Hochschulen biographische Werke zunehmend nutzen würden, denn: »Biography acts as an indirect introduction and a delightful accompaniment to history; it cements and fixes the important facts of science and literature, and makes real the great personalities concerned in them.«[22]

Lewis Mumford, der 1929 mit *Herman Melville* als Biograph hervorgetreten war, erörtert schon 1934 elementare Fragen des biographischen Arbeitens, die später auch Paul Murray Kendall und Leon Edel diskutieren. Modernes *Life Writing*, so Mumford, sei komplexer geworden und erfordere selektives Vorgehen. Biographie müsse zwar faktenbasiert sein, aber da Fakten relativ und nur als Fragmente überliefert seien, könne auch das Endergebnis nur selektiv, ein »concentrated symbol of the subject's life« sein.[23] Für eine anstrebenswerte ›dreidimensionale‹ Biographie müsse eine Autorin/ein Autor sowohl sozialgeschichtliche Aspekte als auch das Unbewusste einer Person einbeziehen.

8.4. Biographietheorie und -methode bis in die 1980er Jahre

Das in den USA zur Jahrhundertmitte dominante literaturwissenschaftliche Paradigma des *New Criticism* unterbricht für mindestens zwei Jahrzehnte biographietheoretische und -methodische Debatten. Zwischen den 1930er und den 1960er Jahren finden sich daher nur spärliche Überlegungen zur Biographik, u. a. von Edel (s. u.), von der Biographin Catherine Drinker Bowen[24] und vom Historiker Kendall. Kendall, der zwischen 1955 und 1970 u. a. Biographien über Richard III. und Louis XI. publiziert, reflektiert 1965 *The Art of Biography*.[25] Hatte die akademische Geschichtsschreibung das Genre lange für trivial gehalten, würden Historiker/-innen seit dem Zweiten Weltkrieg zunehmend biographisch arbeiten. Während Geschichte das Allgemeine einer Epoche betrachte, handelten Biographien von den Besonderheiten eines einzelnen Lebens. Kendall bedauert, dass es kaum Literatur über das Genre gebe und es im universitären Lehrplan weiterhin keinen Platz finde. Die Arbeit des Biographen umschreibt er folgendermaßen: »The biographer, out of the mating of an extrinsic experience, imperfectly recorded, and his imagination, recreates a world, to which he attempts to give something of the reality of illusion. [...] We demand of biography that it be *true to a life*« (Kendall 1965/1986, 35, Hervorhebung im Original). Kendall erkennt im zeitgenössischen *Life Writing* zwei Stilrichtungen: Während es der wissenschaftlichen

22 Marietta A. Hyde (Hg.): *Modern Biography*. New York 1931, S. VI. – Laut Hyde wird 1919 die erste Professur für Biographie eingerichtet.

23 Lewis Mumford: »The Task of Modern Biography«. In: *English Journal* 23. Jg., 1 (1934), S. 1–9, hier S. 8.

24 Vgl. Catherine Drinker Bowen: *The Writing of Biography*. Boston 1951; Dies.: *Adventures of a Biographer*. Boston 1959.

25 Paul Murray Kendall: *The Art of Biography*. New York 1965.

Biographie an Kunst mangele, verfehle die fiktionalisierte Biographie die Wahrheit. Zwischen beiden liege »the impossible craft of true biography« (ebd., 40). Dazu müsse sich der Autor/die Autorin zunächst psychisch völlig in das Material versenken, um später die Abgrenzung zu vollziehen und eine Balance zwischen dem zeitgebundenen Standpunkt der biographierten Person und dem ebenso zeitgebundenen eigenen Standpunkt zu finden.

Erst seit Ende der 1970er Jahre wird die Biographie als Genre in den Literatur- und Geschichtswissenschaften intensiv diskutiert, offenbar auch, weil Biographien sich weiterhin großer Popularität in den USA erfreuen: »The number of biographical titles published each year has virtually doubled since the 1960s, and for good reason. Biography may now be the preferred form of reading in America,« so Stephen B. Oates 1986.[26] David Novarr stellt in *The Lines of Lives* erstmals einen historischen Überblick über theoretische Überlegungen zum Genre zusammen,[27] während *Biography as High Adventure* grundlegende Texte namhafter zeitgenössischer Biographen (u.a. Maurois, Edel, Kendall, Bowen, Mark Schorer, Justin Kaplan) präsentiert (Oates 1986). In den 1980er und 1990er Jahren erscheinen rund 40 Monographien und Aufsatzbände, die sich im engeren Sinne (auch) mit der US-amerkanischen Biographik befassen. Für die 1980er Jahre sind insbesondere der Band *New Directions in Biography* sowie die zeitgleich erschienenen *Writing Lives: Principia Biographica* von Leon Edel und *Biography: Fiction, Fact, and Form* von Ira Bruce Nadel relevant (zu beiden s.u.).

Das Symposium *New Directions in Biography* an der University of Hawaii 1981 spiegelt den damaligen Stand der Debatte wider (mit Beiträgen von Edel, Holroyd, Margot Peters, Shoichi Saeki u.a.), wobei die These, dass mittels Biographien kulturelle Hindernisse überwunden würden, außergewöhnlich erscheint. Anthony M. Friedson skizziert im Vorwort zum Konferenzband, dass sich die aktuelle Biographik durch das Aufheben folgender Grenzen wandeln würde: »1) barriers between different cultures; 2) barriers between different social and political dispensations; 3) barriers between the sexes; 4) barriers between different fields and endeavors; 5) barriers of form between different literary genres, modes, and tones of writing; 6) barrier between theory and practice.«[28]

Friedson fasst die Überlegungen von rund 100 Biograph/-innen aus verschiedenen Ländern, die sich per Fragebogen zum Thema geäußert hatten, zusammen. Sie vermissen kritische Literatur über Theorie und Praxis der Biographik, konstatieren jedoch gleichzeitig den hochgradigen Professionalismus neuerer Biographien, die stilistisch wie formal neue Wege einschlagen würden und sich durch einen reflektierten Umgang mit dem Quellenmaterial auszeichneten. Als relevante disziplinäre Einflüsse werden Psychologie, Politik-, Literatur- und Geschichtswissenschaften, Soziologie und Anthropologie genannt.[29]

Leon Edel und Ira Bruce Nadel

Edel, der zwischen 1953 und 1972 eine fünfbändige Biographie über Henry James publiziert, äußert sich ab 1956 zur Biographik. Ein Großteil seiner Beiträge erscheint 1984 unter dem Titel *Writing Lives. Principia Biographica.* Im Zentrum seiner Überlegungen steht die Beziehung zwischen Biograph/-in und Objekt (*subject*), wobei sein Interesse insbesondere Schrifsteller/-innen gilt. Edel nutzt eine biographische Methode der Literaturkritik und verbindet diese mit einem psychoanalytischen Interpretationsansatz: Für ihn sind Leben und Werk nicht zu trennen, denn »the poet is the poem« (Edel 1984, 17) bzw. »the style is the man« (ebd., 131). Der Biograph/die Biographin solle folglich sowohl das Werk eines Schriftstellers erläutern, als auch dessen Seele und Gedanken (*mind*) wiedergeben, indem sie Bilder, Symbole und wiederkehrende Denkweisen des Autors identifizieren.

In der Tradition der *New Biography* der 1920er Jahre (Strachey, Woolf und Maurois) stehend, möchte Edel mit seiner psychoanalytisch geprägten *New Biography* die Person wieder ins Zentrum der Literaturgeschichte rücken. Edel nennt vier

26 Stephen B. Oates: »Prologue«. In: Oates 1986, S. IX-XIII.

27 David Novarr: *The Lines of Lives. Theories of Biography, 1880–1970.* West Lafayette 1986.

28 Anthony M. Friedson: »Foreword: Lifting the Barriers«. In: Friedson 1981, S. VII-XXII, hier S. XI.

29 Vgl. Anthony M. Friedson: »Appendix: Summary of Questionnaire Responses«. In: Friedson 1981, S. 83–96.

Leitsätze seiner *New Biography*: Der Biograph/die Biographin müsse 1) das Denken und das Unbewusste des biographierten Subjekts verstehen, 2) dazu die Rolle der teilnehmenden Beobachtung einnehmen, 3) Schlüssel zum tieferen Verständnis des Subjekts (der »figure under the carpet«) finden und 4) der Biographie Form und Struktur geben (ebd. 28 ff.). Die *New Biography* konzentriert sich auf die innere Motivation eines Menschen, wobei der Biograph bzw. die Biographin wisse, »that we are self-contradicting and ambivalent, that life is neither as consistent nor as intellectual as biography would have it to be, and that when we come as close as possible to character and personality and to the nature of the temperament and genius, we have written the kind of biography that comes closest to truth« (ebd., 108).

Das Gleichgewicht zwischen Empathie und Distanz hält Edel für ein wesentliches Problem, dessen sich der Biograph bewusst sein sollte. Die Biographin/der Biograph müsse zuerst sich selbst analysieren: »[...] the biographer must try to know himself before he tries to know the life of another« (ebd., 63). Eine enge Beziehung mit dem biographierten Subjekt könne zwar die Objektivität beeinträchtigen, sei aber für tiefgründige Einsichten erforderlich. Die Verbindung zwischen Biograph und biographiertem Subjekt sei durch Übertragung (im Sinne von Freud) gefährdet. Die *New Biography* müsse die Übertragung reflektieren und vermeiden, denn »the biographer is always his biography – *and not his subject*« (ebd., 83, Hervorhebung im Original).

Edel setzt sich ferner mit der Schwierigkeit der Materialfülle auseinander. Im Gegensatz zu früheren Biographien gäbe es heute meist zu viele Quellen (in Nachlässen, Archiven, durch Oral History, Film und andere Medien). Unser »age of the archive« habe zur Folge, dass Biograph/inn/en sich noch stärker ordnend und interpretierend einbringen müssten (ebd., 36, 94). Nicht nur deshalb seien für das Schreiben einer Biographie Forschungsmethodik und -theorie nötig. Die Biographin/der Biograph müsse sich vorab Wissen erarbeiten, in einem zweiten Schritt Quellen suchen, und diese sowie das schriftstellerische Werk anschließend kritisch bewerten. Zuletzt müssten diese Fragmente logisch und mithilfe psychologischer Einsichten zu einer »comprehensive truth« (ebd., 110) zusammengefügt werden. Dabei solle ein Autor zwar seine Fantasie nutzen, aber nicht von den Fakten abweichen, denn Biographien seien weder *fiction* noch seien Biograph/inn/en allwissend: »All biography is, in effect, a reprojection into words, into a literary or a kind of semiscientific and historical form, of the inert materials, reassembled, so to speak, through the mind of the historian or the biographer. His becomes the informing mind. He can only lay bare the facts as he understood them, in a continuous and inquiring narrative« (ebd., 43).

Ira Bruce Nadel betont in seiner Monographie *Biography* die Bedeutung der biographischen Erzählung (↗ IV.3. ›Discours‹). Nadel hält Edels Konzept für unzureichend und lehnt die psychologische Biographik ab. Beeinflusst von postmodernen Ansätzen (insbesondere von Hayden White und Paul Ricœur), definiert Nadel Biographie als einen »verbal artefact of narrative discourse« (Nadel 1985, 8). Biographietheorie müsse deshalb analysieren, wie der biographische Text die porträtierte Person mithilfe literarischer Techniken darstelle, also nach Tropen, stilistischen Merkmalen u. ä. fragen (ebd., 151 ff.). Über die Erzählung werde das *subject* entworfen und damit auch die Wahrnehmung der biographierten Person beeinflusst. Die Erzählsituation sei daher entscheidend, wobei Nadel drei biographische Erzählerpositionen ausmacht: 1) die dramatisch-expressive, die auf Partizipation setzt, 2) die objektiv-akademische, die auf Abgrenzung gründet, und 3) die interpretierend-analytische, die die Deutung in den Vordergrund rückt (ebd., 170).

Obwohl Nadels biographietheoretisches Modell auf einem gänzlich anderen theoretischen Paradigma beruht, unterscheiden sich seine methodischen Konzeptionen kaum von denen Edels: Der Biograph, so Nadel, müsse dem Leben eine Ordnung und einen kohärenten Sinn verleihen, indem er wiederkehrende Muster erkenne, die als Erklärung und Leitthema dienen. Biographien würden durch die Betonung von Vollständigkeit eine Realitäts-Illusion befördern, die aber nur über Auswahl erreicht wird. Die Interpretation und Darstellung des biographierten Subjekts folge einem »pattern of idealization, revision and rejection« (ebd., 119).

Weil der Biograph/die Biographin in diesem Prozess etwas von sich selbst preisgäbe, sei Biographie immer relativ und nie objektiv.

Nadels Überlegungen, die sich auf den Biographen/die Biographin als Erzähler/in richten und die sprachlichen Grundlagen der Biographik hinterfragen, werden weniger rezipiert als Edels psychologischer Ansatz. Kritik an Edel üben neben Nadel u.a. die feministische Biographik (s.u.), Michael Holroyd[30] und Frank Vandiver.[31] Eugene Goodheart kritisiert, dass Edel mithilfe von »antiseptic psychoanalysis« Schlussfolgerungen ziehe und diese als Wahrheit anführe, er sich also entgegen seiner *Principia Biographica* als allwissender Biograph geriere.[32]

8.5. Biographik seit den 1990er Jahren

In seinem Aufsatz »The Silhouette and the Secret Self« charakterisiert Leonard Cassuto Edel als »foremost theorist of biography of the last half-century«, dessen Modell viele Biographien in den USA beeinflusst habe: »One might say that everyone had to walk in Leon Edel's shoes regardless of where they wanted to go« (Cassuto 2006, 1258). Die bei Edel im Mittelpunkt stehende Suche nach dem ›secret self‹ sei noch immer das bestimmende Paradigma der Biographik. Diesem Paradigma läge die Annahme zugrunde, dass die Wahrheit »beyond the rational« läge und dass das verborgene Selbst die öffentliche Persona verständlich mache (ebd., 1250f.). Folglich entspräche es seit Edel der biographischen Konvention, Kindheit und Familie große Bedeutung beizumessen.[33] Edels Methode scheitere jedoch bei Individuen, von denen wenig überliefert sei. Biograph/inn/en müssten dann auf die »silhouette biography« zurückgreifen, d.h. induktiv vorgehen und das Leben vornehmlich über den Kontext erklären (ebd., 1256).[34] Die neueren Ansätze der Literatur- und Geschichtswissenschaften, namentlich der *New Historicism*, die den Zusammenhang von Text und Kontext betonen, pluralisieren in den 1990er Jahren die Biographik und tragen zu einem methodischen Wandel bei, wie z.B. mit der innovativen Form der *cultural biography*.[35]

Trotz des immensen Einflusses des französischen Poststrukturalismus auf die US-amerikanischen Geisteswissenschaften kann die Dekonstruktion des Subjekts dem Genre Biographie wenig anhaben. Allerdings verändern seit Anfang der 1990er Jahre sowohl die Infragestellung des einheitlichen Subjekts als auch die Kategorien *race*, *class* und *gender* die Sicht- und Arbeitsweise von Biograph/inn/en.

Dieser Paradigmenwechsel lässt sich auch anhand der Verleihung des Pulitzer Preises nachvollziehen: Über Jahrzehnte standen fast ausschließlich weiße, bedeutende Männer der US-amerikanischen Geschichte als biographierte Subjekte (und zumeist auch als Autoren) im Vordergrund,[36] obwohl 1917 der erste Pulitzer Preis an zwei Frauen verliehen wurde, Laura E. Howe Richards und Maud Howe Elliott für die Biographie ihrer Mutter Julia Ward Howe (1916).[37] Erst nach dem politischen Wandel der 1960er Jahre, dem *civil rights movement* und der Frauenbewegung, erhalten 1976 eine Biographie über eine Frau, die Schriftstellerin Edith Wharton, und 1984 die Lebensgeschichte des schwarzen Pädagogen Booker T. Washington den begehrten Preis.[38] Frauen und Schwarze sind als biographiewürdige Subjekte spät öffentlich anerkannt worden; Menschen anderer nicht-hege-

30 Vgl. Michael Holroyd: *Works on Paper: The Craft of Biography and Autobiography*. Washington 2002.

31 Vgl. Frank Vandiver: »Biography as an Agent of Humanism«. In: James F. Veninga (Hg.): *The Biographer's Gift. Life Histories and Humanism*. College Station 1983, S. 3–20.

32 Eugene Goodheart: »Leon Edel's Henry James«. In: Jeffrey Meyers (Hg.): *The Biographer's Art* (wie Anm. 2), S. 149–167, hier S. 155ff.

33 Z.B. Robert Dallek: *Lone Star Rising. Lyndon Johnson and his Times, 1908–1960*. New York 1991.

34 Bekanntes Beispiel für eine Biographie dieser Art ist der Bestseller von Stephen Greenblatt: *Will in the World. How Shakespeare became Shakespeare*. New York/London 2004.

35 Z.B. David S. Reynolds: *Walt Whitman's America. A Cultural Biography*. New York 1995 und Peter Conn: *Pearl S. Buck. A Cultural Biography*. New York 1996.

36 Alle Gewinner/-innen seit 1917: www.pulitzer.org/bycat/Biography+or+Autobiography (16.2.2009).

37 Für einen Überblick über weibliche Biographik in den USA im späten 19. und frühen 20. Jahrhundert siehe Linda Wagner-Martin: *Telling Women's Lives. The New Biography*. New Brunswick 1994.

38 R.W.B. Lewis: *Edith Wharton. A Biography*. New York 1975 und Louis R. Harlan: *Booker T. Washington. The Wizard of Tuskegee, 1901–1915*. New York 1983. – Beide Bücher sind von weißen Männern geschrieben.

monialer Gruppen oder aus nicht-westlichen Regionen werden vergleichsweise selten in Biographien porträtiert (↗ I.7. ›Biographiewürdigkeit‹).[39]

8.5.1. *Feministische Biographik*

Vor allem die feministische Theorie übte nachhaltigen Einfluss auf die Biographik aus, denn, so die Wissenschaftlerinnen, das Leben von Frauen lasse sich mit den Regeln und Konventionen der herkömmlichen Biographik nicht angemessen beschreiben. Die – in wachsendem Maße seit Anfang der 1970er Jahre – publizierten Biographien über Frauen verändern das Genre in mehrfacher Hinsicht. Erstens dekonstruiert die feministische Biographik die männlich-universalistische Subjektposition: »When the particular becomes female, the universal can no longer be male.«[40]

Es wird zweitens nicht nur der biographische Kanon erweitert, sondern gleichzeitig die männlich-zentrierte Biographik hinterfragt: »Women's lives have rarely fit the model of the normative biographical hero-type. As feminist biographers have carved out a major domain within the genre, we have not only uncovered and restored ›lost‹ women, many of whom were not heroic in the traditional sense, but we have also called into question the masculinist grounds on which biography has conventionally been defined and accepted.«[41]

Drittens nutzt die feministische Biographik *gender* als zentrale Analysekategorie, bezieht aber die Kategorien Klasse, ›Rasse‹, Religion, Ethnizität und regionale Herkunft ebenso in die Interpretation ein. Dieser – zeitlich frühe – intersektionale Ansatz hat das *Life Writing* in den letzten Jahrzehnten entscheidend modifiziert. Indem sie einen stärkeren Bezug zum Kontext und zur Gruppe herstellen, wenden sich feministische Biographinnen gegen Stereotypisierung und Marginalisierung.

Damit einhergehend finden viertens Fragen der Auswahl, des Aufbaus, der Erzählung und des Stils wieder stärkere Beachtung. Carolyn G. Heilbrun schildert die Schwierigkeit, das Leben von Frauen zu erzählen, da eine weibliche Lebensgeschichte einem anderen *plot* folge als die Geschichten (erfolgreicher) Männer.[42] Bestandteil der weiblichen Geschlechterrolle sei die enge Verbindung von privatem und öffentlichem Leben, die ganz andere Strukturen des Lebens und Arbeitens – und damit auch der Biographie – hervorbringe.[43]

Viele Theoretikerinnen halten eine enge Beziehung zwischen Biographin und biographierter Frau sowie einen dezidiert autobiographischen Zugang für selbstverständlich.[44] Diese Identifikation wurde zwar zunehmend auch innerhalb der feministischen Biographik kritisch hinterfragt, löste aber einen wesentlichen – fünften – Impuls auf das gesamte Genre aus, da es die Illusion einer biographischen Objektivität zum Thema macht: »For the biographer and the autobiographer, postmodernity means understanding that there is no secure external vantage point from which one can see clearly and objectively, can ›realize‹ the subject.«[45] Die feministischen Debatten führten dazu, dass generell die Subjektivität und das autobiographische Element des biographischen Arbeitens anerkannt werden.[46]

---

39 Einen Einblick bieten folgende Sammelbände: Carol Ramelb (Hg.): *Biography East and West. Conference Papers*. Honolulu 1989 sowie Mary Rhiel/David Suchoff (Hg.): *The Seductions of Biography*. New York/London 1996.

40 Sara Alpern u.a.: »Introduction«. In: Dies. (Hg.): *The Challenge of Feminist Biography: Writing the Lives of Modern American Women*. Urbana/Chicago 1992, S. 1–15, hier S. 5f. – Die schwierige Suche nach dem weiblichen Subjekt beschreibt die Kunsthistorikerin Eunice Lipton: *Alias Olympia. A Woman's Search for Manet's Notorious Model and Her Own Desire*. New York 1992.

41 Lois Rudnick: »The Male-Identified Woman and Other Anxieties: The Life of Mabel Dodge Luhan«. In: Sara Alpern u.a. (Hg.): *The Challenge of Feminist Biography: Writing the Lives of Modern American Women*. Urbana/Chicago 1992, S. 116–138, hier S. 118f.

42 Vgl. Carolyn G. Heilbrun: *Writing a Woman's Life*. London 1989.

43 Z.B. Kathryn Kish Sklar: *Florence Kelley and the Nation's Work*. New Haven 1995; Susan Ware: *It's one o'clock and here is Mary Margaret McBride. A Radio Biography*. New York 2005.

44 Z.B. ein Großteil der Beiträge in: Carol Ascher/Louise DeSalvo/Sara Ruddick (Hg.): *Between Women. Biographers, Novelists, Critics, Teachers and Artists write about Their Work on Women* [1984]. New York/London 1993.

45 Marjorie Garber: »Introduction (Postmodernism and the Possibility of Biography)«. In: Mary Rhiel/David Suchoff (Hg.): *The Seductions of Biography* (wie Anm. 39), S. 175–177, hier S. 175.

46 Der autobiographische Zugang der jüngeren Biographik wird vehement kritisiert von Stanley Fish: »Just Published: Minutiae Without Meaning«. In: *New York Times* (7.9.1999).

8.5.2. *Minority biography*

Angeregt durch die kritische feministische Biographik einerseits und poststrukturalistische, postkoloniale und *queer* Theorieentwicklung andererseits, entwickelte sich die Praxis einer *minority biography*. Die Historikerin Shirley A. Leckie unterstreicht die Notwendigkeit, marginalisierte Lebensläufe gegen die dominanten euro- und ethnozentristischen Perspektiven der Geschichtsschreibung in den Vordergrund zu stellen.[47] Der 1996 erschienene Band *The Seductions of Biography* versucht, die Frage, wie bei einer Fragmentierung des Subjekts Biographie und Autobiographie (noch) möglich sei, zu beantworten. Die Vertreter/-innen dieser Richtung sehen Biographie als Ansatz, marginalisierte Gruppen darzustellen und – auch auf theoretischer Ebene – die Problematik der Repräsentation zu diskutieren. Statt der Darstellung von westlichen, weißen, männlichen Subjekten könne über eine postmoderne Pluralität, die Präsentation von »new subjects«, die hegemoniale Kultur infrage gestellt werden.[48]

Wie Catherine Parke in ihrer Übersicht *Biography* ausführt, betrifft ein Problem der *minority biography* die Frage, wie der Minderheitenstatus des biographierten Subjekts porträtiert und die eigene (Geschlechts- oder ethnische) Identität einbezogen werden könne, ohne dass die biographierte Person zum Helden/zur Heldin oder zum Opfer stilisiert werde. Schlussendlich, so Parke, habe sich der Biograph/die Biographin zu verantworten, er/sie müsse nach der Wahrheit suchen und sie beurteilen (Parke 1996, 102).

Eine weitere Schwierigkeit der *minority biography* liegt in der fehlenden Überlieferung. Subalterne Subjekte hinterlassen meist nur spärlich schriftliche Quellen, so dass Biograph/inn/en verstärkt Photographien, mündlichen Zeugnisse und andere Materialien nutzen. Die Historikerin Nell Irvin Painter plädiert deshalb dafür, gerade bei ›marginalisierten‹ Lebensläufen Bilder und Photographien als Quellen hinzuziehen und interdisziplinär zu arbeiten. Am Beispiel von Sojourner Truth, Frederick Douglass und Duke Ellington zeigt Painter, dass viele Abbildungen rassistische Stereotype und ›controlling images‹ enthalten, andere jedoch Selbstkonzeption und Abgrenzung gegen die Klischees erkennen lassen. Porträtphotographien stellten – auch für Afroamerikaner/-innen – eine Möglichkeit dar, das eigene Bild in der Öffentlichkeit zu kontrollieren.[49]

Der Literaturwissenschaftler Arnold Rampersad, der Biographien über W.E.B. Du Bois und den afroamerikanischen Dichter Langston Hughes veröffentlichte, diskutiert, warum bisher die Autobiographie das bevorzugte Genre der afroamerikanischen Literatur sei. Schwarze Autobiographien in den USA unterschieden sich von weißen, da sie von der spezifischen schwarzen Kultur und Geschichte geprägt seien. Rampersad stellt 1983 eine »new wave of interest« an schwarzen Biographien fest (Rampersad 1983, 3), bis dahin sei die *black biography* von den Entwicklungen des Genres abgekoppelt gewesen. In einem Interview 1991 hinterfragt Rampersad den Begriff der *black biography*. Zentral sei, schwarze Kultur und Erfahrung, die bisher weder in der historischen noch in der biographischen Literatur repräsentiert sei, wahrheitsgetreu darzustellen und für die Beschreibung des schwarzen Subjekts neue Begrifflichkeiten und Ansätze zu finden.[50]

8.6. Fazit: Pluralisierung und Narration

Ähnlich wie in Europa haben die großen Paradigmenwechsel des späten 19. und des 20. Jahrhunderts eine ›Verwissenschaftlichung‹ der Biographie zur Folge, die kritischer und selbstreflexiver wird. Spätestens seit Mitte der 1990er Jahre wird die psychologisch motivierte Suche nach der Innenwelt

47 Shirley A. Leckie: »Biography Matters: Why Historians Need Well-Crafted Biographies More than Ever«. In: Lloyd E. Ambrosius (Hg.): *Writing Biography* (wie Anm. 2), S. 1–26.

48 Mary Rhiel/David Suchoff: »Introduction. The Seductions of Biography«. In: Dies. (Hg.): *The Seductions of Biography* (wie Anm. 39), S. 1–5, hier S. 2 f.

49 Nell Irvin Painter: »›Ut Pictura Poesis‹; or, The Sisterhood of the Verbal and Visual Arts«. In: Lloyd E. Ambrosius (Hg.): *Writing Biography* (wie Anm. 2), S. 103–131.

50 Vgl. Gail Porter Mandell: »Conversation with Arnold Rampersad«. In: Dies. (Hg.): *Life into Art. Conversations with Seven Contemporary Biographers*. Fayetteville/London 1991, S. 44–67, hier S. 53 f. – Zwei jüngere Beispiele hierfür: Nell Irvin Painter: *Sojourner Truth: A Life, A Symbol*. New York 1996; John D'Emilio: *Lost Prophet. The Life and Times of Bayard Rustin*. New York 2003.

eines Individuums von der Einbettung in den sozial-historischen Kontext abgelöst. Die feministische, postmoderne und postkoloniale Kritik am Genre führt zu pluralistischen Ansätzen, einem breiten Methodenspektrum und nicht zuletzt zu einer schier unüberschaubaren Menge an gutverkäuflichen Biographien.[51]

Die US-amerikanische Biographik unterscheidet sich insbesondere in der Erzählhaltung von deutschen Publikationen, da Autor/-innen stärker in die Narration involviert sind. Diese Merkmale gelten jedoch nicht als negativ, sondern werden als Authentizität gelesen. Bemühen sich deutsche Biograph/inn/en meist um eine klare Abgrenzung von Fakt und Fiktion, spielt in den USA eine spannende Erzählweise eine größere Rolle. Eine Lebensbeschreibung wird entsprechend als literarische Erzählung und Geschichtsvermittlung konzipiert und rezipiert und dient gleichzeitig der Konstruktion einer positiv besetzten nationalen, ethnischen oder anderweitig gruppenspezifischen Identität.[52]

Literatur

Casper, Scott E.: *Constructing American Lives. Biography and Culture in Nineteenth-Century America*. Chapel Hill/London 1999.

Cassuto, Leonard: »The Silhouette and the Secret Self: Theorizing Biography in Our Times«. In: *American Quarterly* 58. Jg., 4 (2006), S. 1249–1261.

Edel, Leon: *Writing Lives. Principia Biographica*. New York 1984.

Friedson, Anthony M. (Hg.): *New Directions in Biography*. Honolulu 1981.

Kendall, Paul Murray: »Walking the Boundaries« [1965]. In: Stephen B. Oates (Hg.): *Biography as High Adventure. Life Writers Speak on Their Art*. Amherst 1986, S. 32–49.

Merrill, Dana Kinsman: *The Development of American Biography* [1932]. Folcroft 1969.

Nadel, Ira Bruce: *Biography. Fiction, Fact and Form*. London/Basingstoke 1985.

Oates, Stephen B. (Hg.): *Biography as High Adventure. Life Writers Speak on Their Art*. Amherst 1986.

Parke, Catherine N.: *Biography: Writing Lives*. New York/London 1996.

Rampersad, Arnold: »Biography, Autobiography, and African-American Culture«. In: *Yale Review* 73. Jg., 1 (1983), S. 1–16.

Thayer, William R.: *The Art of Biography* [1920]. Folcroft 1977.

Levke Harders

51 Wagner-Martin weist jedoch zu Recht darauf hin, dass es kaum einen Markt für Bücher über marginalisierte Menschen gibt: Linda Wagner-Martin: *Telling Women's Lives. The New Biography*. New Brunswick 1994, S. 132.

52 Z.B. Debby Applegate: *The most famous Man in America. The Biography of Henry Ward Beecher*. New York 2006; Taylor Branch: *Parting the Waters. America in the King Years, 1954–63*. New York 1988; Ders.: *Pillar of Fire : America in the King Years, 1963–65*. New York 1998 sowie Ders.: *At Canaan's Edge. America in the King Years, 1965–68*. New York 2006; Paula J. Giddings: *Ida. A Sword Among Lions. Ida B. Wells and the Campaign Against Lynching*. New York 2008.

VII. Biographisches Arbeiten als Methode

1. Geschichtswissenschaft

Die deutsche Geschichtswissenschaft hat auf breiter Front die Biographie wiederentdeckt; ja man ist sogar geneigt, geradezu von einem biographischen Boom in der Historie zu sprechen. Konnte man vor einigen Jahren noch mit guten Gründen einen deutschen ›Sonderweg‹ im Umgang mit der Biographie innerhalb der Geisteswissenschaften konstatieren bzw. erleichtert feststellen, dass das Verfassen einer geschichtswissenschaftlichen Biographie nicht mehr ›den sicheren Karrieretod‹ bedeute, so haben sich die Vorzeichen mittlerweile fast umgekehrt. Der Büchermarkt wird überschwemmt von einer Flut biographischer Neuerscheinungen, von denen viele nicht länger von akademischen Außenseitern verfasst sind, sondern von Fachhistorikern. Als symptomatisch hierfür kann gelten, dass mittlerweile auch zunehmend Habilitationsschriften einen biographischen Zugang wählen und ihren Verfassern bei dem Erklimmen der höchsten Sprossen auf der akademischen Karriereleiter sogar dienlich sind.[1] Bezeichnenderweise waren die von ›zünftigen‹ Historikern verfassten Biographien im Regelfall keine akademischen Qualifikationsschriften, sondern die Frucht langjährig angehäufter Gelehrsamkeit, geschrieben aus der Position einer gesicherten akademischen Existenz. Dies trifft zu ebenso für das als ›Eisbrecher‹ geltende Opus von Lothar Gall über Bismarck[2] wie für das gleichermaßen beachtete Werk von Christian Meier über Caesar[3] – zwei weit über den Kreis der Fachhistoriker ausstrahlende biographische Studien, die als Meilensteine auf dem Wege der allmählichen Rehabilitierung der Biographie innerhalb der deutschen Geschichtswissenschaft zu gelten haben.

1 Z.B. Ewald Frie: *Friedrich August Ludwig von der Marwitz 1777–1837. Biographie eines* Preußen. Paderborn 2001; Constantin Goschler: *Rudolf Virchow. Mediziner – Anthropologe – Politiker*. Köln 2002.

2 Lothar Gall: *Bismarck. Der weiße Revolutionär*. Frankfurt a. M. 1980.

3 Christian Meier: *Caesar*. Berlin 1982.

Warum kann die Biographie in der Geschichtswissenschaft mittlerweile als so etabliert gelten, so dass man für sie keine Lanze mehr brechen muss? Drei Hauptursachen scheinen dafür verantwortlich zu sein: Die Biographie fügt sich bestens in eine innerhalb der Geschichtswissenschaft dominierende hermeneutische Grundauffassung ein; eine gewisse Theorieferne schlägt ihr forschungspragmatisch zum Vorteil aus; sie hat die Herausforderungen der Sozialgeschichte produktiv verarbeitet und zudem aus der Kulturgeschichte eine neue legitimationsspendende Kraft erhalten.

1.1. Sinnverstehen als methodisches Fundament der Biographie

Die deutsche Geschichtswissenschaft hat sich nie so weit auf dekonstruktivistische Auffassungen eingelassen wie die Literaturwissenschaft. Lange Zeit verschanzte sich die Historie hinter einem Bollwerk positivistischer Positionen und ließ sich von der Illusion leiten, die Evidenz der mit Fleiß zusammengetragenen historischen Quellen verbürge geschichtswissenschaftlich gewonnene Erkenntnis. Die Theoriedebatten seit den 1970er Jahren haben auch die Historie aus ihrem positivistischen Schlummer gerissen. Zwar haben nur wenige Historiker wie Reinhart Koselleck die von der philosophischen Hermeneutik insbesondere Hans-Georg Gadamers ausgehenden Impulse aufgegriffen (Koselleck 1987) und zur Fundierung einer historischen Hermeneutik genutzt. Aber dass der Historiker Quellen erst durch kreative Fragestellungen in geschichtswissenschaftliche Erkenntnis überführt, dass mithin Geschichtswissenschaft »retrospektive Synthesis« ist und insofern auch das phantasievolle Aufschließen (Fried 1996) der Quellen zum Kerngeschäft gehört, hat sich als Grundauffassung bei den allermeisten deutschen Historikern durchgesetzt. Die Position, wonach der Historiker sinnerschließend tätig ist, indem er die vorgefundenen Überreste der Vergangenheit nach eigenen Sinngesichtspunkten organisiert und auf diese Weise gestalterisch überformt, erleichtert den Zugang zum biographischen Geschäft. Denn die Anerkennung der gestalterischen Leistung des Historikers lässt es als theoretisch unbedenklich erscheinen, sich disparaten Zeugnissen aus dem Leben einer Person in der Absicht anzunähern, diese Fragmente zu einem einheitlichen Ganzen zusammenzufügen. Von einem hermeneutischen Standpunkt aus betrachtet, ist der biographische Entwurf des Lebens einer Person genauso legitim wie jede auf einen anderen historischen Gegenstand übertragene Sinnstiftung, ja stellt eine besonders anspruchsvolle Aufgabe für den Historiker dar, deren geglückte Bewältigung nicht zuletzt auch ein hohes Maß an erzählerischem Geschick voraussetzt, was nicht bei allen historischen Gegenständen gleichermaßen verlangt wird. Schon Wilhelm Dilthey hat in seinen grundlegenden Ausführungen zum historischen Verstehen daher die ›Biographie als Kunstwerk‹ eingestuft und damit zugleich die Nähe der historischen Biographie zur literarischen Biographie betont. Es verwundert daher nicht, dass in der aktuellen geschichtswissenschaftlichen Diskussion um die Biographie eine Rückbesinnung auf die klassischen Positionen Diltheys zu registrieren ist (Kraus 2007, 326–328; ↗V.5. 19. Jahrhundert). Eine reflektierte historische Hermeneutik muss jedoch – über Dilthey hinausgehend – jede phänomenologische Engführung vermeiden und der Illusion begegnen, der historische Akteur würde diejenigen Bedeutungen generieren, die er seinem Handeln unterlegt. Es gehört zu den produktiven Fortentwicklungen der Hermeneutik durch die Kulturphilosophie und Kultursoziologie von Alfred Schütz, Thomas Luckmann und Peter L. Berger, die Einsicht in die kulturelle Verfasstheit und die kommunikative Erzeugung von Bedeutungen etabliert zu haben (Gestrich 1988). Die Handlungsmächtigkeit historischer Individuen beruht demgemäß im Kern darauf, dass sie kollektive Sinnmuster mobilisieren; und von hier aus lässt sich ein kulturhistorischer Brückenschlag zwischen Person und Disposition vollziehen (↗II.4. Biographie und Wissen).

1.2. Keine theoretische Überlastung der Biographie

Die Rückkehr der Biographie vor dem Hintergrund der Wiederbelebung einer pragmatischen, nicht theoretisch überladenen Hermeneutik hat dazu geführt, dass eine gewisse Theorieferne der Biographie zum Vorteil gereichte. Gewiss war für manchen Historiker die Biographie immer auch ein Refugium für eine Geschichtswissenschaft, bei der man sich ohne lange theoretische Vorüberlegungen direkt in das historische Getümmel stürzen und nach Herzenslust seine Erzählkunst ausleben konnte. Insofern war die Betonung, dass besonders nachhaltige Biographien sich gerade durch den expliziten Verzicht auf theoretische Überhänge auszeichneten,[4] mehr als ein bloßes Kokettieren mit einer gewissen Theoriescheue. So hat Hans-Peter Schwarz, in Doppelfunktion als Politikwissenschaftler und Historiker tätig, seine politikwissenschaftlichen Forschungen stets mit großer theoretischer Sensibilität betrieben, aber möglicherweise gerade deswegen seine klassisch geschichtswissenschaftlichen Biographien von allem theoretischen Überbau freigehalten, wovon nicht zuletzt seine auch wegen ihrer erzählerischen Qualität gerühmte Adenauer-Biographie Zeugnis ablegt.[5] Diese Theorieabstinenz gereichte forschungsstrategisch der Biographie insofern zum Vorteil, als bei der kreativen Konstruktion des Lebens einer Person ein produktiver Eklektizismus zum Tragen kommen konnte. Die Biographie verlockt gleichsam dazu, das Leben einer Person durch die Wahl verschiedener perspektivischer Zugänge zu beleuchten und damit die ›Buntheit‹ des geschichtlichen Lebens am biographischen Beispiel zum Ausdruck zu bringen. Die anspruchsvollsten historischen Biographien zeichnen sich demgemäß dadurch aus, dass sie einen solchen multiperspektivischen Zugang wählen; ihnen wird daher auch das

4 Vgl. Hans-Peter Schwarz: »Der Historiker als Biograph oder: Was können wir von Lothar Gall lernen?«. In: Dieter Hein/Klaus Hildebrand/Andreas Schulz (Hg.): *Historie und Leben. Der Historiker als Wissenschaftler und Zeitgenosse. Festschrift für Lothar Gall zum 70. Geburtstag*. München 2006, S. 249–255.

5 Hans-Peter Schwarz: *Adenauer. Der Aufstieg: 1876–1952*. Stuttgart 1986, vor allem S. 963–966; Ders.: *Adenauer. Der Staatsmann: 1952–1967*. Stuttgart 1991.

Hauptaugenmerk in den folgenden Ausführungen gelten. Zugleich schlägt der biographische Zugriff Brücken zwischen den Teildisziplinen innerhalb der Geschichtswissenschaft, was angesichts einer Tendenz zum Auseinanderdriften kein geringer innerdisziplinärer Vorteil ist. Insbesondere die Wissenschaftsgeschichte ist durch die Wiederbelebung der biographischen Methode wieder enger an die allgemeine Geschichtswissenschaft herangeführt worden; viele der methodisch ausgereiftesten Biographien stammen von Wissenschaftshistorikern.[6] Das Erfolgsrezept für eine gelungene Biographie kann man bereits bei Dilthey nachlesen: nämlich die zu biographierende Person mit den sie umgebenden Umständen so zu verweben, dass mit Hilfe des biographischen Zugriffs zugleich eine Zeitdiagnose erstellt wird (Dilthey 1981, vor allem 306–309; vgl. auch Kraus 2007, 326). Der Eindruck dürfte nicht fehlgehen, dass nahezu sämtliche Biographien – und auch die bewusst auf theoretische Reflexionen verzichtenden – diesen Grundsatz Diltheys beherzigen, der deswegen zum Gemeingut historischer Biographien geworden ist. Eine personenlastige Sichtweise, welche die gesellschaftlichen, politischen und kulturellen Handlungsbedingungen ignoriert, wird man zumindest bei akademisch angebundenen Historikern nicht mehr antreffen; als goldene Regel hat sich eingebürgert, im biographischen Ansatz die richtige Balance zwischen personalen und strukturellen Elementen zu finden.[7] Diese Sensibilität für die Kontextualisierung ist gewiss nicht zuletzt der Verfeinerung des biographischen Zugriffs durch eine Sozialgeschichte zu verdanken, die zu der Einsicht gelangte, dass sich die Person als handlungsmächtiger Faktor nicht in Strukturen auflösen lässt und umgekehrt zu einer Verfeinerung des biographischen Vorhabens insofern beitrug, als sie eine Fülle heuristisch ergiebiger Konzepte beisteuerte, mit denen das Individuum und sein Verhaftetsein in sozialen Entitäten intelligent miteinander verknüpft werden kann (↗ VIII.2.1. Konzeptionelle Vorüberlegungen). Dazu gehört das klassische Instrumentarium der Sozialgeschichte, also der Verweis auf die Sozialisation des Einzelnen in Primärgruppen wie der Familie, aber auch in Sekundärgruppen wie Klasse oder Stand (Gestrich 1988). Hinzurechnen wird man aber zunehmend auch interpretatorische Haltepunkte, die über die soziale Verhaftung hinausgehen und den Einzelnen in seine historisch vorfindbare Lebenswelt einbetten.

1.3. Kulturgeschichtliche Revitalisierung der Biographie

Der in der Geschichtswissenschaft seit Mitte der 1990er Jahre zu registrierende *cultural turn* hat auch der historischen Biographie neuen Schwung verliehen. Wegen ihrer Akteurszentrierung nahm die Kulturgeschichte auch biographiewürdige Personen in den Blick, wobei die von der ›Alltagsgeschichte‹ ausgehenden Impulse diesen Kreis auch auf die ›kleinen Leute‹ erweiterte, die nicht im Rampenlicht der öffentlichen Aufmerksamkeit standen. Die Kulturgeschichte stattete den Biographen zudem mit Kategorien aus, welche im Sinne von Kultur als einer ›handlungsorientierenden Sinnkonfiguration‹ die kulturellen Antriebskräfte dieser Individuen identifizierten. Aus der politischen Soziologie stammt der Milieu-Ansatz,[8] der darauf abzielt, aus einer homogenen lebensweltlichen Prägung korrespondierendes politisches Verhalten abzuleiten. Dieser Ansatz trägt zwar nicht, um Untiefen, Devianzen und Normabweichungen von Individuen – und damit besonders farbige Persönlichkeiten – begrifflich einzufangen; er erlaubt es aber, beim biographischen Unterfangen einen überindividuellen Faktor einzubauen, der politische Vergemeinschaftungen in den Blick nimmt. Einen ähnlichen Nutzen erbringt das Konzept der Generation, das einen vergemeinschaftenden Erfahrungshintergrund als Fundament für generationelle Kohäsion proklamiert.[9] Mit seiner Hilfe können – wie Michael Wildt am Beispiel der Führungskader des Reichssicherheitshauptamtes ge-

6 Z.B. Margit Szöllösi-Janze: *Fritz Haber 1868–1934. Eine Biographie*. München 1998. Vgl. Gradmann 2003.

7 Vgl. Constantin Goschler: *Rudolf Virchow* (wie Anm. 1), S. 12; Margit Szöllösi-Janze: *Fritz Haber* (wie Anm. 6), S. 12 f.

8 Rainer M. Lepsius: *Demokratie in Deutschland. Soziologisch – historische Konstellationsanalysen*. Göttingen 1993.

9 Vgl. Jürgen Reulecke (Hg.): *Generationalität und Lebensgeschichte im 20. Jahrhundert*. München 2003; Ulrike Jureit: *Generationenforschung*. Göttingen 2006.

zeigt hat[10] – ganze Kohorten kollektivbiograpisch erfasst werden. Zudem taugt es auch, um markante Repräsentanten solcher Erfahrungsverwertungsgemeinschaften zu porträtieren, wobei die Verfasser häufig Wert darauf legen, keine klassische Biographie, sondern – wie im Falle der beispielhaften Studie von Ulrich Herbert – ›biographische Studien‹ vorgelegt zu haben[11]. Das biographische Vorhaben profitiert weiterhin von der durch die Kulturgeschichte neu erweckten Sensibilität für die symbolische Dimension von Kommunikationsprozessen – und zwar in doppelter Weise: einmal, weil gerade Personen in hohem Maße zu Objekten kultureller Zuschreibungsakte aufsteigen können und damit symbolisch veredelt werden; zum anderen, weil sich aus dieser symbolischen Erhöhung neue politische Ressourcen ergeben, die zur Steigerung der Herrschaftsfähigkeit herausragender politischer Führungsgestalten beitragen. Wenn solche politischen Führer durch ein symbolisch vermitteltes Interaktionsgefüge ein kulturell gefestigtes Band zwischen sich und ihrer Gefolgschaft knüpfen, dann ist eine politische Biographie solcher Herrscherfiguren im Kern ein Beitrag zur Herrschaftstypologie. Bereits die Hitler-Biographie von Ian Kershaw ist diesen Weg gegangen,[12] indem sie die personalen und strukturellen Elemente mit Hilfe des der Herrschaftssoziologie Max Webers entnommenen Begriffs der ›charismatischen Herrschaft‹ so verflocht, dass Hitlers Macht unter Rekurs auf seine dynamische Beziehung mit in Deutschland abrufbaren sozio-kulturellen Dispositionen erklärt wurde. Von dort war es nur ein kleiner Schritt, um das Charisma solcher politischer Führer aus ihrer Fähigkeit zur symbolischen Expression politisch-kultureller Deutungsmuster abzuleiten, wie am Beispiel von Paul von Hindenburg geschehen.[13] Derartige biographische Vorhaben, die auf eine kulturgeschichtliche Erweiterung des Politischen abzielen, greifen nicht mehr auf das stark historistisch angehauchte Begriffsreservoir zurück, das bis in die 1970er Jahre bei der Erfassung von Herrschergestalten Anwendung fand. Betroffen davon ist insbesondere der Begriff der ›Größe‹, der sich wie ein roter Faden durch die Biographiegeschichte zieht und auch noch in der bahnbrechenden Hitler-Biographie von Joachim Fest seinen Platz fand. Dabei huldigte Fest keineswegs einer antiquierten Personenzentriertheit, weil er Wert auf die Austauschbeziehungen zwischen Hitler und den überindividuellen Kräften legte. Aber in Ermangelung herrschaftstypologischer Konzepte, wie sie Kershaw gewinnbringend auf Hitler bezog, griff Joachim Fest in der Tradition von Burckhardt auf den Begriff der Größe zurück, den er – durchaus im Sinne seines Grundanliegens – ausgab als die Fähigkeit eines weltgeschichtlichen Individuums, »selber die tiefere Übereinstimmung mit Geist und Tendenz der Epoche auszudrücken«.[14] Doch Größe, Tragik und verwandte Begriffe haben in dem Maße ihre Funktion als terminologische Haltepunkte für theoretisch sensible Biographien verloren, in dem alle mehr oder weniger verkappten teleologischen Annahmen über den Verlauf von Geschichte angesichts postmoderner Ernüchterung der Biographen ihre Attraktivität eingebüßt haben. Durch die Abwehr normativ aufgeladener Termini fällt es heutigen Biographen auch vermutlich leichter, jene produktive Distanz zum biographischen Gegenstand zu wahren, die erforderlich ist, um sich nicht im Negativen wie im Positiven von dieser Person überwältigen zu lassen. Ganz wird sich der Biograph nie schützen können vor der Aufdringlichkeit eines Gegenstandes, den er sich schließlich selbst ausgesucht hat und den er oft eine Vielzahl von Jahren bis in die kleinsten Verästelungen des Lebenswegs zu verfolgen versucht.

1.4. Historische Biographie als Narration

Christian Meier hat in einer tiefgründigen Reflexion über die Faszination des Biographischen dem Biographen den Ratschlag erteilt, sich vor Verein-

10 Michael Wildt: *Generation des Unbedingten. Das Führungskorps des Reichssicherheitshauptamtes.* Hamburg 2002, S. 23–29, 847–849.

11 Ulrich Herbert: *Best. Biographische Studien über Radikalismus, Weltanschauung und Vernunft, 1903–1989.* Bonn ²1996.

12 Ian Kershaw: *Hitler 1889–1936.* Stuttgart 1998; Ders.: *Hitler 1936–1945.* Stuttgart 2000.

13 Wolfram Pyta: *Hindenburg. Herrschaft zwischen Hohenzollern und Hitler.* München 2007.

14 Joachim Fest: *Hitler. Eine Biographie.* Frankfurt a.M. 1973, S. 19.

nahmung durch den biographischen Gegenstand zu schützen und »sich den Helden also vom Leib [zu] halten«.[15] Was die Ausführungen Meiers besonders bedenkenswert macht, ist die Bedeutung, die er bei diesem Unterfangen literarischen Stilmitteln beimisst (↗IV.3. ›Discours‹). Durch Verfremdung, Ironie und Metaphorik kann sich der Biograph seinen allzu zudringlichen Untersuchungsgegenstand auf Abstand halten und ihm damit erst richtig auf die Spur kommen.Die historische Biographie müsste deswegen eigentlich der ideale Ort sein, an dem der Verfasser darüber reflektiert, auf welche Weise er literarische Mittel einsetzt, um aus den aufgespürten Quellen eine historische Person mit Leben zu erfüllen und ihr ein Gesicht zu geben. Keine historiographische Gattungsform steht wegen der Bedeutung erzählerischer Modi zur Konstruktion biographischer Kohärenz mit der Literatur auf engerem Fuße; und genau hier ließe sich die von Hayden White ausgelöste Debatte über die narrative Qualität geschichtswissenschaftlicher Darstellungen am biographischen Verfahren selbst exemplifizieren. Dabei ist es verständlich, wenn der Historiker die von White vorgenommene problematische Grenzverwischung zwischen quellenmäßig verbürgten Fakten und literarisch erzeugten Fiktionen verwirft und am grundlegenden Unterschied zwischen Geschichte und Literatur keine Abstriche macht (↗I.5. Fiktionalität, Faktizität, Metafiktion). Deswegen ist es erklärungsbedürftig, warum die legitime Anregung Whites (White 1986, vor allem 123–144) oder auch die Überlegungen von Literaturwissenschaftlern (Scheuer 1995) nach Reflexion der Verwendung rhetorischer Verfahren bei der Gestaltung des historischen Materials so wenig Anklang bei geschichtswissenschaftlich arbeitenden Biographen gefunden hat (Gradmann 2003, 258–261). Diese Ausblendung der ästhetischen Dimension wird man primär auf die Sprachlosigkeit der Geschichtswissenschaft gegenüber der Literaturwissenschaft zurückführen können: Die Geringschätzung des Ästhetischen ist ein spätes Erbe der Dominanz der Sozialgeschichte, die Literatur auf ihre vermeintliche Funktion der Widerspiegelung sozialer Stratifikationen reduzierte; und bei der Wiederbelebung der Kultur in der Historie spielte die Literaturwissenschaft als Impulsgeber kaum eine Rolle. Die Anstöße des legendären Arbeitskreises Poetik und Hermeneutik versickerten mit dessen Ende und harren der Wiederentdeckung durch eine jüngere Historikergeneration. Symptomatisch für die intellektuelle Selbstbeschneidung der Historie ist der Umstand, dass ein einschlägiger Sammelband (Fulda/Tschopp 2002), in dem eine junge Garde von Wissenschaftlern die Berührungsflächen zwischen Literaturwissenschaft und Geschichtswissenschaft produktiv ausmisst, keinen einzigen disziplinär ausgewiesenen Fachhistoriker für dieses Unterfangen gewinnen konnte, sondern ausschließlich Literaturwissenschaftler, die mehrheitlich in der Zweitqualifikation Historiker sind. Zu den ganz wenigen Ausnahmen, bei denen sich ein Historiker ausdrücklich zum reflektierten Gebrauch erzählerischer Mittel beim biographischen Geschäft bekannte, zählt die auch in dieser Hinsicht unkonventionelle Caesar-Biographie von Meier. Der prominente Althistoriker schöpft das reiche Repertoire erzählerischer Formen aus, um ›seinen‹ Caesar auftreten zu lassen: Als dramaturgischen Einstieg wählt er das Entscheidungsjahr 49 v. Chr. mit der Überschreitung des Rubicon und entwirft von hier aus eine Lebensgeschichte seines Protagonisten, die nicht zuletzt durch den gehäuften Gebrauch des Stilmittels der Frage[16] dem Leser die Fülle von Handlungsoptionen vor Augen führt, über die Caesar verfügte. Das beständige Hin- und Herwenden von Handlungsalternativen, das behutsame Ausloten von Möglichkeitsräumen bildet ein kompositorisches Darstellungsprinzip seiner Studie. Gewiss sollte man von Historikern keine literaturwissenschaftliche Analyse der von ihnen verwendeten Tropen der Sprache erwarten; doch zeugt die Caesar-Biographie Meiers davon, wie ertragreich der dosierte Einsatz von Erzählkunst für das Unternehmen historische Biographie sein kann.

15 Christian Meier: »Die Faszination des Biographischen«. In: Frank Niess (Hg.): *Interesse an der Geschichte*. Frankfurt a. M. 1989, S. 100–111, hier S. 101.

16 Christian Meier: *Caesar* (wie Anm. 3), S. 16, 21, 24f.

1.5. Neuere theoretische Ansätze und das Erkenntnispotential der Biographik

Meier gehört zu den wenigen Biographen, die explizite theoretische Selbstvergewisserung über ihr eigenes Vorhaben betrieben haben (Meier 1979). Ansonsten fällt auf, dass eine gewisse Kluft besteht zwischen dem Verfassen gewichtiger biographischer Werke, die ohne begleitende theoretische Vertiefungen auskommen, und dem Formulieren theoretischer Anforderungen an biographische Unternehmungen, ohne dass dies jemals durch eigene biographische Studien eingelöst worden wäre. Die historische Biographie als eine besonders marktgängige Publikationsform wird daher auch weiterhin eher im konventionellen Gewand daherkommen und das Material um das Leben einer Person chronologisch so gruppieren, dass daraus eine Erzählung aus einem Guss geformt wird. Ohne das biographische Unterfangen durch ein Übermaß an theoriegeleiteten Anforderungen überfrachten zu wollen, seien abschließend einige Beispiele angeführt, die zum Ausdruck bringen, wie Anschaulichkeit und theoretische Komplexität im biographischen Werk miteinander verwoben sind.

1.5.1. Die Krise als Brücke zwischen Struktur und Individuum

Ein Hauptproblem jeder Biographie ist es, die als Gemeinplatz zu konstatierende Interdependenz von strukturellen Zwängen und individuellen Entfaltungsmöglichkeiten begrifflich zu konturieren und auf diese Weise einen systematischen Zugang zu gewinnen, der auf eine Reihe biographischer Vorhaben übertragbar sein könnte. Vieles spricht dafür, dass der Begriff der ›Krise‹ hierfür besonders taugt. Denn in einer krisenartigen Zuspitzung eröffnen sich Individuen neuartige Handlungsoptionen und kommt das personale Element in geradezu exemplarischer Weise zum Tragen (Hähner 1999, 256). Identifiziert man Personen gerade deswegen als biographiewürdig, weil sie in solchen Ausnahmekonstellationen an historischen Weichenstellungen maßgeblich beteiligt waren, dann liegt der sich daraus ergebenden Anordnung des Materials häufig eine innere Logik zugrunde, die auf die Bewältigung der Krise als biographischen Kulminationspunkt zusteuert. Durch eine solche insbesondere für Herrschergestalten geeignete Komposition kann auch die herrschaftstypologische Vermittlung zwischen personalen und strukturellen Faktoren elegant gelöst werden. Das Konzept der ›charismatischen Herrschaft‹ sieht deswegen in der Permanenz der Krisenbewältigung den Umschlagpunkt, an dem sich eine besondere persönliche Fähigkeit des Charismatikers durch das Meistern solcher fundamentaler Herausforderungen immer wieder neu zu bewähren hat.[17] Nur auf den ersten Blick impliziert eine offene oder versteckte Ausrichtung eines politischen Lebensweges auf die Krisenbewältigung ein Übergewicht des personalen gegenüber dem strukturellen Faktor. Denn die Krisen definieren die Aufgaben, an deren Erfüllung sich die Person zu messen hat; und wenn es gar – wie in Meiers *Caesar* – eine ›Krise ohne Alternative‹ ist, die der Biograph seinem Protagonisten auf den Weg gibt, wird der Entfaltungsspielraum der Persönlichkeit von vornherein limitiert. Insofern diktiert hier das politische System den politischen Akteuren die Agenda.

1.5.2. Zeit- und Epochenverständnis

Biographische Tiefenbohrungen eignen sich ebenfalls vorzüglich, um dem Wandel des Zeitverständnisses auf die Spur zu kommen. Denn wo lässt sich das Zeitbewusstsein besser ablesen als beim Individuum? Vor allen Dingen eröffnet ein solcher erfahrungsgeschichtlicher Ansatz die Möglichkeit, aus einer spezifischen Verarbeitung von Zeit durch das Individuum und hier nicht zuletzt aus einer bestimmten Zukunftsvorstellung ganz konkrete Handlungen dieser Person abzuleiten. In theoretischer Hinsicht steht dabei das dynamische Begriffspaar »Erfahrungsraum« und »Erwartungshorizont« Pate, das Reinhart Koselleck geprägt hat (Koselleck 1984, 349–375). Einige biographische Studien zeugen davon, wie fruchtbar es sein kann, von diesem Fundament aus Leben und Handeln

17 Ian Kershaw: *Hitler 1889–1936* (wie Anm. 12); Ders.: *Hitler 1936–1945* (wie Anm. 12); Hans-Ulrich Wehler: *Deutsche Gesellschaftsgeschichte.* Bd. 3: Von der »Deutschen Doppelrevolution« bis zum Beginn des Ersten Weltkrieges 1849–1914. München 1995, S. 368–376.

von Personen zu konturieren. Der Begriff »Epochenbewußtsein«[18] ist ein solches Angebot zur historischen Ortsbestimmung, von dem aus sich Lebensgeschichten entwerfen lassen. Am Beispiel einer ungewöhnlichen Persönlichkeit im Übergang vom Ancien Régime zur bürgerlich geprägten Gesellschaft ist mit großer Sensibilität aufgezeigt worden, wie sich durch einen Epochenumbruch »ein biographischer Möglichkeitsraum von bislang ungeahnter Weite«[19] eröffnete und unter gewissermaßen entsicherten Bedingungen experimentelle Lebensentwürfe entstanden. Derartig aufgebaute Biographien integrieren die Selbstdeutungen des Biographierten als produktives Element, von dem aus sich dessen Lebensgeschichte erschließen lässt.

1.5.3. Biographie und Psychologie?

Bleibt abschließend noch zu fragen, ob die historische Biographie nicht fast zwangsläufig auf Erkenntnisse der Psychologie und/oder der Psychoanalyse angewiesen ist. Tut der Biograph beim Ausleuchten der verborgensten Ecken seines Protagonisten nicht gut daran, sich der professionellen Deutungsangebote der wissenschaftlichen Experten in Sachen Innerlichkeit zu bedienen, statt freihändig mit psychologisierenden Versatzstücken zu hantieren, die oft genug dem gesunden Menschenverstand entspringen? Solche Nachfragen hatten in den frühen 1990er Jahren zur Forderung nach der Etablierung einer ›Psychohistorie‹ als nicht zuletzt für Zwecke der Biographieforschung geeigneten Nahtstelle zwischen Geschichtswissenschaft und Psychologie geführt (Röckelein 1993). Mittlerweile ist es jedoch in der Historie still geworden um den Versuch einer psychohistorischen Neubelebung der historischen Biographie. Das Verstummen solcher Forderungen ist zum einen darauf zurückzuführen, dass deren Vertreter ihre theoretischen Vorstellungen praktisch so gut wie gar nicht in Gestalt handfester Biographien eingelöst haben. Dieses implizite Selbsteingeständnis dürfte nicht zuletzt mit dem Umstand zusammen hängen, dass ein eklatanter Quellenmangel jene Konzentration auf die nach dem Selbstverständnis von Psychoanalyse wie Psychologie gleichermaßen ausschlaggebende Phase der Kindheit und Jugend für die Persönlichkeitsentwicklung verhindert. Im Normalfall verfügt der Biograph gerade im Hinblick auf diese vermeintlich formative Phase nur über bruchstückhafte Zeugnisse, aus denen kaum seriöse Erkenntnisse abzuleiten sind. Hinzu kommt, dass psychohistorische Ansätze, die sozialpsychologisch ausgerichtet sind und nach psychischen Verbindungen zwischen dominierenden Führerpersönlichkeiten und deren Gefolgschaft fragen, durch die Revitalisierung der Kulturgeschichte überrollt wurden. So greifen etwa Studien zur Genese charismatischer Herrschaft ebenso wie Untersuchungen, die mit dem Konzept des Traumas operieren, im Regelfall auf bewährte und quellenmäßig sehr viel besser einlösbare Offerten aus der Kultursoziologie zurück. Es spricht Bände, dass die Psychologie für die historische Biographieforschung praktisch nur dort zumindest ansatzweise rezipiert wird, wo sie sich dezidiert zu einem hermeneutischen Ansatz bekennt und Klassiker der Sozialphilosophie wie George Herbert Mead für eine narrative Psychologie entdeckt (Straub 1989). Dringt der Historiker in biographischer Absicht in die psychischen Tiefenschichten seines Protagonisten ein und will er dabei auch die emotionalen Kräfte, nicht zuletzt auch die sexuellen Antriebskräfte freilegen, die das Handeln seiner Person bestimmen, dann greift er – davon zeugt etwa die unkonventionelle Biographie über Max Weber von Joachim Radkau – auf einen bunten Methodenmix aus kultur-, sozial- und wissenschaftshistorischen Erklärungsansätzen zurück, aber kaum auf in der Psychohistorie empfohlene Ansätze.[20] Diskussionswürdig bleibt dabei die Frage, ob ein Biograph, der bei der Durchforstung der Quellen oft sehr intime Einzelheiten seines Protagonisten aufspürt, derartig Privates zur Sprache bringen soll, wenn sein Erkenntnisinteresse auf andere Leitfragen ausgerichtet ist.

18 Volker Depkat: *Lebenswenden und Zeitenwenden. Deutsche Politiker und die Erfahrungen des 20. Jahrhunderts*. München 2007, S. 30–32.

19 Ewald Frie: *Marwitz* (wie Anm. 1), S. 34.

20 Vgl. Joachim Radkau: *Max Weber. Die Leidenschaft des Denkens*. München 2005, vor allem S. 23 f.

1.6. Fazit und Ausblick

So bleibt schließlich zu konstatieren, dass die Geschichtswissenschaft mit neu entfachtem Eifer dabei ist, die historischen Fußabdrücke im Regelfall bedeutender Personen zu vermessen und dabei so tief wie möglich in deren Leben einzutauchen. Die Historie tut dies mit größerer theoretischer Sensibilität als noch vor einigen Dekaden; allerdings ist das theoretische Potential der historischen Biographie bei weitem noch nicht ausgeschöpft. Denn man darf nicht aus dem Auge verlieren, dass die Gesetze des Buchmarktes eher eine gewisse Konformität bei der erzählerischen Gestaltung desjenigen Genres nahelegen, das in krassem Unterschied zu akademischen Qualifikationsschriften nicht nur das Interesse eines überschaubaren Kreises von Fachleuten weckt, sondern prinzipiell auf ein überaus reges Publikumsinteresse zählen kann.

Literatur

Dilthey, Wilhelm: *Der Aufbau der geschichtlichen Welt in den Geisteswissenschaften* [1910]. Frankfurt a.M. 1981.

Fried, Johannes: »Wissenschaft und Phantasie. Das Beispiel der Geschichte«. In: *Historische Zeitschrift* 263. Jg. (1996), S. 291–316.

Fulda, Daniel/Tschopp, Silvia Serena (Hg.): *Literatur und Geschichte. Ein Kompendium zu ihrem Verhältnis von der Aufklärung bis zur Gegenwart*. Berlin/New York 2002.

Gestrich, Andreas: »Sozialhistorische Biographieforschung«. In: Andreas Gestrich/Peter Knoch/Helga Merkel (Hg.): *Biographie sozialgeschichtlich. Sieben Beiträge*. Göttingen 1988, S. 5–28.

Gradmann, Christoph: »Nur Helden in weißen Kitteln? Anmerkungen zur medizinhistorischen Biographik in Deutschland«. In: Hans Erich Bödeker (Hg.): *Biographie schreiben*. Göttingen 2003, S. 243–284.

Hähner, Olaf: *Historische Biographik. Die Entwicklung einer geschichtswissenschaftlichen Darstellungsform von der Antike bis ins 20. Jahrhundert*. Frankfurt a. M. u. a. 1999.

Koselleck, Reinhart: *Vergangene Zukunft. Zur Semantik geschichtlicher Zeiten*. Frankfurt a. M. ^{2}1984.

Ders.: »Historik und Hermeneutik«. In: Ders./Hans-Georg Gadamer (Hg.): *Hermeneutik und Historik*. Heidelberg 1987, S. 9–28.

Kraus, Hans-Christof: »Geschichte als Lebensgeschichte. Gegenwart und Zukunft der politischen Biographie«. In: Ders./Thomas Nicklas (Hg.): *Geschichte der Politik. Alte und neue Wege*. München 2007, S. 311–332.

Meier, Christian: »Von der Schwierigkeit, ein Leben zu erzählen. Zum Projekt einer Caesar-Biographie«. In: Jürgen Kocka/Thomas Nipperdey (Hg.): *Theorie und Erzählung in der Geschichte*. München 1979, S. 229–258.

Röckelein, Hedwig: »Der Beitrag der psychohistorischen Methode zur ›neuen historischen Biographie‹«. In: Dies. (Hg.): *Biographie als Geschichte*. Tübingen 1993, S. 17–38.

Scheuer, Helmut: »Biographie – Ästhetische Handlungsmodelle und historische Rekonstruktionen«. In: Johann Holzner/Wolfgang Wiesmüller (Hg.): *Ästhetik der Geschichte*. Innsbruck 1995, S. 119–139.

Straub, Jürgen: *Historisch-psychologische Biographieforschung*. Heidelberg 1989.

White, Hayden: *Auch Klio dichtet oder Die Fiktion des Faktischen. Studien zur Tropologie des historischen Diskurses*. Stuttgart 1986 (amer. 1978).

Wolfram Pyta

2. Literaturwissenschaften

2.1. Einleitende Überlegungen zu Kritik, Präsenz und Funktion der Gattung

In der deutschen Literaturwissenschaft herrschte bis weit in die 1980er Jahre hinein Skepsis gegenüber der biographischen Gattung, und diese Skepsis lässt sich ohne Weiteres mit theoretischen, essayistischen, methodischen, soziologischen, philosophischen Einreden von Siegfried Kracauer bis Pierre Bourdieu begründen. Kracauer hat 1930 die Biographie als ›neubürgerliche Kunstform‹ denunziert, als ein Rückzugsgefecht des historisch bereits ohnmächtigen Bürgertums und des damit verbundenen Begriffs von Subjekt und Individuum. Hier, in den überständigen Biographien der Weimarer Republik – man könnte sich Emil Ludwig oder Stefan Zweig vorstellen –, zeige sich noch einmal, in »Kristallisation«, das geschichtliche Walten, »dessen Unantastbarkeit außer Zweifel steht. Und wird nicht die Objektivität der Darstellung durch die historische Bedeutung des Urbildes verbürgt? An ihm glauben die literarischen Biographen endlich die Stütze gefunden zu haben, die sie anderswo vergeblich suchten, das gültige Bezugssystem, das sie der subjektiven Willkür enthebt.«[1]

Auch Pierre Bourdieu hat die Gattung attackiert (↗ V.6. 20. Jahrhundert) und in seinem bekannten Aufsatz »Die biographische Illusion« (1986/1998) gefragt, ob man nur einer rhetorischen Illusion huldige, »einer gemeinsamen Vorstellung von der Existenz, die von einer ganzen literarischen Tradition unablässig verstärkt wurde und wird, wenn man eine Lebensgeschichte produziert und das Leben als eine Geschichte behandelt, das heißt als kohärente Erzählung einer signifikanten und auf etwas zulaufende Folge von Ereignissen«.[2]

Warum werden trotz dieser kritischen Einwände weiterhin Biographien gelesen und geschrieben – auch von Literaturwissenschaftlern? Selbst von Siegfried Kracauer, der 1937 seine Biographie *Jacques Offenbach und das Paris seiner Zeit* veröffentlicht hat? Bourdieu hat den biographischen ›Sündenfall‹ zwar nicht begangen, immerhin aber den Text *Esquisse pour une auto-analyse* geschrieben (dt. *Ein soziologischer Selbstversuch*), der nach seinem Tod 2002 als eine Art (Anti-)Autobiographie erschien, die er selbst als »soziologische Selbstbeschreibung« etikettiert hat.[3] Solche Haupt- und Nebenwidersprüche vereinfachen die Situation nicht, es lässt sich aber sicher festhalten: Seit einigen Jahren gibt es einen neuen Biographie-Boom (wiewohl die Gattung auch zuvor in der Gunst des Publikums nicht bedroht war). Eine Stichprobe im deutschen *Verzeichnis lieferbarer Bücher* wirft unter dem Schlagwort 2000 lieferbare Biographien aus und zählt dabei ganze Reihen wie dtv porträt, Suhrkamp BasisBiographien und die mittlerweile 700 Rowohlt-Biographien nicht mit, weil sie unter ›Monographien‹ laufen; Kleinformen und Sammelwerke von der *Allgemeinen Deutschen Biographie* (ADB) bis *Wikipedia* sind ganz unüberschaubar geworden; und entgegen der Auffassung des *Reallexikons der deutschen Literaturwissenschaft* (Dainat 1997, 237) gibt es wenige, aber inzwischen doch respektable wissenschaftliche Beiträge auf der Meta-Ebene, die man nach einem Vorschlag Christian Kleins wohl »biographiologisch« nennen müsste, nachdem »Biographik« für das schiere Tun, das Schreiben von Biographien schon besetzt ist (Klein 2002, 4).

Es gibt wohl eine Funktion von Biographien, die stets unumstritten war und den Erfolg ganzer Buchreihen ausmacht: Sie dienen als allererste Einführungen in Leben und Werk einer Schriftstellerin, eines Dichters oder auch Wissenschaftlers.

1 Siegfried Kracauer: »Die Biographie als neubürgerliche Kunstform« [1930]. In: Ders.: *Das Ornament der Masse. Essays.* Frankfurt a. M. 1977, S. 75–80, hier S. 77.

2 Pierre Bourdieu: »Die biographische Illusion« [1986]. In: Ders.: *Praktische Vernunft. Zur Theorie des Handelns.* Frankfurt a. M. 1998, S. 75–83, hier S. 77.

3 Pierre Bourdieu: *Ein soziologischer Selbstversuch.* Aus dem Französischen von Stephan Egger. Frankfurt a. M. 2002, S. 9.

Diese Texte erfüllen ihre Aufgabe für ein interessiertes Bildungsbürgertum, sind oft reichhaltig illustriert, können verständlich machen, werden aber weiterreichende, komplexe Fragen nicht oder allenfalls sehr summarisch beantworten können. Populäre Darstellungen mit dem Anspruch fachwissenschaftlicher Absicherung haben hingegen seit den 1950er Jahren einen großen Aufschwung genommen. Seit 1957 erscheinen im Berliner Colloquium Verlag die *Köpfe des XX. Jahrhunderts*, 1958 wurde die erste Rowohlt-Monographie publiziert. Ähnliche Unternehmungen hat es auch schon im ausgehenden 19. Jahrhundert und in der Weimarer Republik gegeben: Für die Reihe der *Volksbücher* im Velhagen & Klasing Verlag etwa, die noch im Kaiserreich begründet wurde und in der bis 1930 knapp 200 großzügig bebilderte Bände aus allen Wissensgebieten erschienen, legte man großen Wert auf den akademischen Hintergrund der Verfasser: So schrieb etwa Georg Witkowski, der bedeutende Editor Goethes, Schillers und Christian Reuters, den Band über Lessing.[4] Seit den 1990er Jahren hat die Bedeutung der biographischen Buchreihen allerdings stark abgenommen, ablesbar an den zurückgehenden Auflagenzahlen. Zwar war die Konkurrenz gleichartiger Reihen nie so groß wie zu dieser Zeit, aber immer mehr Leserinnen und Leser begnügen sich mit den Erstinformationen des Internets, das längst nicht mehr nur amateurhaft geschriebene Artikel bereithält, sondern z. B. in *Wikisource* auch sämtliche Artikel der *Allgemeinen Deutschen Biographie*, 26.000 Einträge in 56 Bänden, die von 1875 bis 1912 erschienen sind.[5]

Wenngleich in der zweiten Hälfte des 20. Jahrhunderts die Literaturwissenschaft der Biographie mehr als nur skeptisch gegenüberstand und sie aus der philologischen Praxis größtenteils verbannte, so gehörte die Biographie doch zum Grundbestand vorwissenschaftlichen und noch nicht institutionalisierten philologischen Arbeitens und leistete darüber hinaus im Laufe des 19. Jahrhunderts einen Beitrag zur Herausbildung der neugermanistischen Philologie als universitärer und institutionalisierter Disziplin; zeitweise war die Biographie sogar ihre ›Domäne‹ (Kruckis 1994, 566; Weimar 1989, 454 f.). Zugleich trugen biographische Texte sowohl zur Kanonisierung bestimmter Autoren (-bilder) als auch zur Popularisierung literaturgeschichtlichen Wissens bei (↗ II.5. Biographie und Gedächtnis).

4 Georg Witkowski: *Lessing*. Mit 81 Abbildungen und einem Umschlagbild. Bielefeld/Leipzig 1921; zu Witkowski vgl. Peter-Henning Haischer: »Witkowski, Georg«. In: Christoph König (Hg.): *Internationales Germanistenlexikon 1800–1950*. 3 Bde. Berlin/New York 2003. Bd. 3, S. 2048–2050.

5 http://de.wikisource.org/wiki/Allgemeine_Deutsche_Biographie (15.2.2009).

2.2. Zur historischen Entwicklung – von der Charakteristik des 18. Jahrhunderts bis zur Gegenwart

2.2.1. *Anfänge und Grundlagen: Charakteristiken, Editionen, biographische Sammelwerke und die Goethe-Biographik*

Die ›Entdeckung‹ der deutschsprachigen Literatur in der zweiten Hälfte des 18. Jahrhunderts ging nicht nur mit editorischen und literaturgeschichtlichen, sondern auch mit biographischen Arbeiten einher (↗ I.1. Begriffsgeschichte). August Küttners *Charaktere teutscher Dichter und Prosaisten* (1781) liefern neben Leonhard Meisters *Charakteristik deutscher Dichter* (1785–1787) ein anschauliches Beispiel für biographische Kleinformen, die aus einem philologischen Interesse heraus entstanden sind. Küttner erfasst, in chronologischer Reihenfolge, über 200 Personen – nicht nur Dichter im engeren Sinne, sondern auch Theologen und Philosophen – in kurzen ›Charakteristiken‹, die dichterische Eigenart, Biographie und Informationen zum Werk zusammenbringen. Der zeitliche Erfassungsrahmen von Küttners *Charakteren* reicht dabei vom frühen Mittelalter bis in seine Gegenwart (Weimar 1989, 134–147). Um 1800 erschien eine ganze Reihe solcher Charakteristik-Bücher, die Schriftsteller und Schriftstellerinnen (z. B. *Deutschlands Schriftstellerinnen, eine charakteristische Skizze*, 1791) in das ›Pantheon der Deutschen‹ aufnahmen, um somit zur Konsolidierung eines nationalen Bewusstseins beizutragen. Diese Sammlungen von kleinformatigen Biographien wurden in großen lexikalischen Projekten wie Johann Georg Meusels *Lexikon der vom Jahr 1750 bis 1800 verstorbenen teutschen Schriftsteller* (15 Bde., 1802–1816) fortgeführt.

Die vorwissenschaftliche, einem frühen Konzept von Philologie verpflichtete Reflexion der Gattung Biographie setzt im 18. Jahrhundert mit Johann Gottfried Herder und einer Selbstverständigung der neuen bürgerlichen Schicht ein. Mit der Genie- und Autonomieästhetik wird auch ein Nachdenken über die Darstellung singulärer Lebensläufe relevant, die mit den typologisch-gottgefälligen früheren Mustern nicht mehr kompatibel sein müssen (vgl. systematisch dazu Scheuer 1979). Biographik im 18. und auch noch frühen 19. Jahrhundert war allerdings vor allem von großen Autobiographien wie Goethes *Aus meinem Leben. Dichtung und Wahrheit* (4 Bde., 1811–33) und autobiographischen Romanen wie Karl Philipp Moritz' *Anton Reiser. Ein psychologischer Roman* (4 Bde., 1785–90) geprägt – ganz zu schweigen von Jean Pauls labyrinthischen, skurrilen Romanbiographien seiner Figuren Quintus Fixlein, Firmian Stanislaus Siebenkäs, Gotthelf Fibel, Walt & Vult und anderer.

Auch in dieser Zeit sind aber schon große Schriftstellerbiographien entstanden, oft aus dem Umfeld des jeweiligen Autors oder aus unmittelbarer Nähe inspiriert, und im Unterschied zu den Biographien des späten 19. und 20. Jahrhunderts ist hier auch der editorische Anteil immer erheblich gewesen. Zu nennen wäre beispielsweise Karl Lessings Biographie seines Bruders, in drei Bänden 1793–95 erschienen: *Gotthold Ephraim Lessings Leben, nebst seinem noch übrigen litterarischen Nachlasse.* Für die eigentliche Lebensbeschreibung braucht Karl Lessing nur den ersten Band, im zweiten kommentiert und ediert er Bruchstücke des theologischen und philosophischen, im dritten (unter Mitarbeit von G.G. Fülleborn) des philologischen und literarischen Nachlasses.[6] J.G. Gruber rechtfertigte den Umfang seiner Wieland-Biographie – 1600 Seiten in vier Teilen, vierzehn Jahre nach Wielands Tod erschienen – mit einer »Reihe noch ungedruckter Briefe Wielands aus seiner interessantesten Periode«.[7] Noch gegen Ende des 19. Jahrhunderts sollte parallel zur Weimarer Goethe-Ausgabe auf der Grundlage der Weimarer Archiv-Bestände und unter der Leitung Wilhelm Scherers eine auf sechs Bände geplante interdisziplinär angelegte Goethe-Biographie entstehen. Dieses Projekt konnte jedoch nicht realisiert werden und scheiterte bereits in der Planungsphase (Kruckis 1994, 571). Das editorische und biographische Großprojekt zeigt jedoch die signifikante Verknüpfung zwischen ›Goethe-Philologie‹ – zu der auch die Goethe-Biographik gehörte – und der Konsolidierung der deutschen Neuphilologie.[8] Goethe hat sich aber auch selbst breit kommentiert und zahlreiche biographische Quellen erzeugt. Neben der Autobiographie und den Briefen sind hier vor allem die Gesprächsbücher zu nennen; besonders prominent sind F.W. Riemers *Mittheilungen über Goethe* (2 Bde., 1841) und J.P. Eckermanns *Gespräche mit Goethe in den letzten Jahren seines Lebens* (3 Bde., 1823–48). Die ersten Goethe-Biographien erschienen noch zu Goethes Lebzeiten, so z.B. Vianas *Göthes Leben und Schriften* (1828) und Heinrich Dörings *Göthe's Leben* (1828), Döring verfasste darüber hinaus Biographien über Wieland, Herder und Schiller. Doch diese Biographen waren keine Philologen im eigentlichen Sinne. Als beispielhafte philologische Beiträge zur Goethe-Biographik des 19. Jahrhunderts können Heinrich Viehoffs *Goethe's Leben* (4 Bde., 1847–1854), Karl Goedekes *Goethes Leben und Schriften* (1874) und Alexander Baumgartners *Göthe. Sein Leben und seine Werke* (3 Bde., 1880–1883) gelten. Albert Bielschowsky setzte in seiner Goethe-Biographie (*Goethe. Sein Leben und seine Werke*, 2 Bde., 1895–1904) das von Goethe geprägte Modell des Bildungsromans programmatisch um (Kruckis 1994, 571). Bielschowskys Biographie prägte – mit nicht weniger als 29 Auflagen bis zum Ersten Weltkrieg – das Goethe-Bild der ersten Dekaden des 20. Jahrhunderts. Goethe wird in Bielschowskys Darstellung zum ›potenzierten Abbild der Menschheit‹ stilisiert: Ein Verständnis Goethes als Menschen,

6 Karl Lessing: *Gotthold Ephraim Lessings Leben, nebst seinem noch übrigen literarischen Nachlasse.* Hg. v. K. G. Lessing. 3 Bde. Berlin 1793–95.

7 J.G. Gruber: *C. M. Wielands Leben.* Neu bearbeitet von J. G. G. Mit Einschluß vieler noch ungedruckter Briefe Wielands. Erster Theil. I. und II. Buch. Leipzig 1827, S. XII.

8 Vgl. Hans-Martin Kruckis: »Goethe-Philologie als Paradigma neuphilologischer Wissenschaft im 19. Jahrhundert«. In: Jürgen Fohrmann/Wilhelm Voßkamp (Hg.): *Wissenschaftsgeschichte der Germanistik im 19. Jahrhundert.* Stuttgart/Weimar 1994, S. 451–493.

so Bielschowsky, erlaube somit ein tieferes Verständnis für die Menschen überhaupt.

2.2.2. *Im Schatten der Geschichte – das biographische Ideal des späten 19. Jahrhunderts und der Positivismus*

Der Ideal-, zu gewissen Zeiten auch Negativtypus einer Biographie hat sich in der zweiten Hälfte des 19. Jahrhunderts entwickelt. Nachdem sich das Bürgertum nach 1848 politisch mit einer recht eingeschränkten Position begnügen musste, entstanden breit angelegte Künstler- und Politikerbiographien, die Heldengeschichten in der Form von Entwicklungsromanen erzählten, oft mit harmonisierendem Gestus – die Recken des Geistes mussten sich zwangsläufig einfügen in ihre Zeit. Am Ende des Jahrhunderts, mit der Lebensphilosophie Wilhelm Diltheys, wurde die Eigengesetzlichkeit des Individuums wieder stärker betont, die Außenwelt wird im jeweiligen Bewusstsein ganz aufgehoben, ja Bewusstsein und Außenwelt werden gar nicht mehr als getrennt aufgefasst. Dilthey hat auch die Begrifflichkeit von Natur- und Geisteswissenschaften in ihrer Differenz von Erklären und Verstehen geprägt. Biographie erscheint bei ihm als verstehende, auch ästhetisierende Rekonstruktion eines Individuums in seiner emphatisch als ganzheitlich gesehenen Wirklichkeit; mit seinem *Leben Schleiermachers* (1870) hat er einen entsprechenden Versuch vorgelegt. Biographie wird zur »Verbündete[n] des Individuums inmitten der allgemeinen Geschichte«, das Interesse an Biographie geradezu zur »Voraussetzung der Geisteswissenschaften«.[9] Einen Höhepunkt der Methodenreflexion des 19. Jahrhunderts vor Dilthey stellt schon das Werk des Historikers Johann Gustav Droysen dar, weniger seine eigenen Beiträge zur Gattung – er hat über Alexander den Großen (1833) und den Feldmarschall Yorck von Wartenburg (1851/52) geschrieben – als vielmehr seine *Historik* (1857). Dass Geschichte ›objektiv‹ so darstellbar sei, wie sie gewesen – so die Auffassung Leopold von Rankes, die von Hippolyte Taine positivistisch und folgenreich zementiert wurde mit der Frage nach *race*, *moment* und *milieu* – , erscheint nach Droysen immer schon simplifizierend, fast naiv. Er relativiert das enzyklopädische Moment für die Geschichtswissenschaften – es gehe vielmehr um historisches Denken und Forschen, also immer schon um Auswahl und Interpretation (Droysen 1857/1977, 425). Eine Biographie sei um der geschichtlichen Bedeutung der behandelten Person willen relevant, kaum ihrer Persönlichkeit wegen; eine »Sammlung von Kenntnissen ist nicht Wissenschaft«, eine »tote Masse historischer Gelehrsamkeit« empfange erst »Leben durch die historische Wahrheit, d.h. durch die Zurückführung auf den höheren Zusammenhang« (ebd., 60). Im Verstehen einer historischen Persönlichkeit, ihres Horizonts liege sicher ein Genuss für die Leser wie für die Biographen; nachgewiesen würden zwar immer auch die Bedingtheit, die Umstände, unter denen eine Persönlichkeit »denkwürdige Dinge« geleistet habe, die Darstellung solcher Kausalitäten führe aber immer »auf eine Begabung, d.h. auf eine Unberechenbarkeit« hin (ebd., 242). In der *Historik* geht es auch, hundert Jahre vor Hayden White, bereits um Fragen der Darstellung, um Erzählen und Fingieren in der Geschichtsschreibung (und damit zwangsläufig auch im speziellen Fall der Biographie). Die Tatsachen können nach Droysen allein nicht objektiv sprechen; »sie wären stumm ohne den Erzähler, der sie sprechen läßt. Objektiv ist nur das Gedankenlose« (ebd., 405).

Die »eigentliche Domäne der neudeutschen Philologie« (Weimar 1989, 454) in der zweiten Hälfte des 19. Jahrhunderts war die Biographie. Während Qualifikationsarbeiten zunächst den Dichtern der zweiten Reihe galten, biographierten Philologen auf der Spitze ihres beruflichen Werdegangs klassische Autoren des 18. und 19. Jahrhunderts: Lessing, Herder, Goethe und Schiller (ebd., 454f.). Dabei richtete sich im Rahmen des Positivismus ab den 1880er Jahren das Augenmerk vor allem auf eine genaue Dokumentation des Lebens aus den Quellen. Zwar wird das Werk im Sinne einer Leben-Werk-Darstellung gewürdigt, aber im Vergleich mit der Lebensrekonstruktion und -darstellung tritt es in den Hintergrund. Hinzu kommt eine wertende und moralisierende Perspektive, die

9 Sigrid Weigel: »Korrespondenzen und Konstellationen. Zum postalischen Prinzip biographischer Darstellungen«. In: Christian Klein (Hg.): *Grundlagen der Biographik. Theorie und Praxis des biographischen Schreibens*. Stuttgart/Weimar 2002, S. 41–54, hier S. 43.

vor allem dem Biographierten als Person gilt und weniger seinen Texten (ebd.). In den letzten beiden Dekaden des 19. Jahrhunderts entstehen große Biographien wie Franz Munckers *Klopstock* (1888), Jakob Minors *Schiller* (2 Bde., 1889/1890) und die Goethe-Biographien Karl Goedekes, Heinrich Düntzers (1880) und Richard Moritz Meyers (1895).

Erich Schmidt, Nachfolger Wilhelm Scherers an der Berliner Universität und selbst Verfasser mehrerer biographischer Arbeiten (*Lenz und Klinger*, 1878; *Lessing*, 2 Bde., 1884–1892), hat 1886 einen umfangreichen Fragekatalog zusammengestellt, der dem Biographen als Leitfaden dienen sollte. Um sich im Detail verlierende Biographien zu vermeiden, warnte er vor allzu ›mikroskopischen Darstellungen‹, in denen das Narrative verlorengeht (Scheuer 1979, 96 f.).

Um 1900 kommt es dann zu einer methodischen, aber nicht quantitativen Stagnation innerhalb der fachwissenschaftlichen Biographik; damit steigt die Anzahl und der Erfolg fachfremder Biographen (Kruckis 1994, 573 f.; ↗ V.6. 20. Jahrhundert; ↗ VI.1. Deutschsprachige Biographik). Im Zuge der geistesgeschichtlichen Wende der 1910er Jahre verlor die Biographie innerhalb der Literaturwissenschaft an Bedeutung. Aus dem Umkreis des George-Kreises ging mit den Arbeiten des Mediävisten und Historikers Ernst Kantorowicz, der Literaturwissenschaftler Friedrich Gundolf und Ernst Bertram in den ersten Jahrzehnten des 20. Jahrhunderts die sogenannte ›Mythographie‹ hervor, die den Biographierten mythologisch überhöhte (Scheuer 1979, 113–151) und damit die Grenzen der bisherigen fachwissenschaftlichen Biographik sprengte. So hat Gundolf für die Zeitgenossen zunächst scheinbar die ›endgültige‹ Goethe-Biographie geschrieben, doch zugleich entzieht sich Gundolfs Biographie dem fachinternen Kriterium der wissenschaftlichen Nachvollziehbarkeit und steht damit außerhalb des etablierten Bereichs philologischen Arbeitens.

2.2.3. Biographische Tendenzen im 20. Jahrhundert

Droysens Theorie, die die Funktion des Erzählers historischer Stoffe reflektiert hat, waren die wenigsten abgeschlossenen Biographien der Zeit gewachsen. Nach den großen historistischen, positivistischen Arbeiten des ausgehenden 19. und des frühen 20. Jahrhunderts wurde die Gattung in der Weimarer Republik bereits kritisch kommentiert (von Kracauers Essay »Die Biographie als neubürgerliche Kunstform« war bereits die Rede). Im nationalsozialistischen Deutschland ging es allenfalls um konforme, der Ideologie entgegenkommende Hagiographien. Auf den Kult der ›großen Persönlichkeit‹, auf den Führerwahn reagierten die deutsche Nachkriegsliteratur und in deren Folge auch die Historiker und Biographen, indem sie Alltagsgeschichte erzählten: Geschichten der ›kleinen Leute‹ – Biographien der ›Großen‹ waren obsolet geworden. Seit den 1970er Jahren trat zunehmend ein neuer Typus von Biographie in Erscheinung, parallel zur Sozialgeschichte und der Oral History der Historiker: die literatursoziologische Methode, die auch nach dem Zurücktreten der Sozialgeschichte aktuell blieb (↗ VI.2. Französische Biographik) setzte sich durch. Einer der ersten, der den neuen Ansatz markant formulierte, war Jean-Paul Sartre in der Einleitung seiner ausufernden Biographie über Gustave Flaubert, *L'idiot de la famille* (4 Bde., 1971/72, dt. 1977–79). Die (positivistische) Gefahr, permanent auf Details von unreduzierbarer, nicht weiter interpretierbarer Bedeutung zu stoßen, schätzte Sartre als gering ein, jede Information werde »in ihrem Kontext zum Teil eines Ganzen [...], das nicht aufhört, sich hervorzubringen, und zugleich seine eigentliche Homogenität mit allen anderen Teilen offenbart«.[10] Auch die Biographie als Geschichtsschreibung eines Einzelnen bleibe nicht ein irrelevantes, unreduzierbares Einzelnes: »Ein Mensch ist nämlich niemals ein Individuum; man sollte ihn besser ein *einzelnes Allgemeines* nennen: von seiner Epoche totalisiert und eben dadurch allgemein geworden, retotalisiert er sie, indem er sich in ihr als Einzelheit wiederhervorbringt.«[11]

Insbesondere für die deutsche Literaturwissen-

10 Jean-Paul Sartre: *Gesammelte Werke*. In Zusammenarbeit mit dem Autor und Arlette El Kaim-Sartre hg. von Traugott König. Schriften zur Literatur. Bd. 5: Der Idiot der Familie. Gustave Flaubert 1821–1857. I. Die Konstitution. Übers. u. hg. von Traugott König, Reinbek 1986, S. 7.

11 Jean-Paul Sartre: *Der Idiot der Familie* (wie Anm. 10), S. 7.

schaft war der biographische Schub in der deutschen Literatur seit den 1970ern von Bedeutung. Eine ganze Reihe belletristischer Autoren publizierte Biographien, die sich durch methodischen Ehrgeiz auszeichneten: Adolf Muschg (*Gottfried Keller*, 1977) und Hans-Jürgen Fröhlich (*Schubert*, 1978) schrieben psychoanalytische Musterbiographien; Dieter Kühn (u. a. *Die Präsidentin*, 1973; *Ich, Wolkenstein*, 1977) und Peter Härtling (*Hölderlin*, 1976) stellten mit den Ergebnissen ihrer Recherchen stets auch den Vorgang der Recherche und die Unsicherheiten des Verfahrens dar; Wolfgang Hildesheimer legte mit seinem gattungslosen *Mozart*-Buch (1977) und einigen flankierenden Reden grundsätzliche Arbeiten zum Verhältnis von Biographen und Biographierten vor, in denen er die plump vertraulichen und vorgeblich so urteilssicheren Anmaßungen der Mozart-Biographik scharf kritisierte und die Grenzen von wissenschaftlichem und spekulativem Verfahren deutlich machte. Konsequenterweise ist das anschließende Buch Hildesheimers, *Marbot. Eine Biographie* (1981), einem Ästheten und frühen Kunstgeschichtler der Goethezeit gewidmet, Sir Andrew Marbot, der in vielem die Psychoanalyse vorweggenommen haben soll und über den Hildesheimer alles wusste, dessen Leben er vollständig aus Quellen der Zeit konstruieren konnte. Marbot ist allerdings eine fiktive Figur, eine Erfindung Hildesheimers, die nie gelebt hat. Als reines Produkt der Imagination kann sein Erfinder in der Tat alles über ihn wissen. Ein möglicher Vergleichstext zu diesen neuen biographischen Arbeiten wäre *Fouqué und einige seiner Zeitgenossen* (1958) von Arno Schmidt; so avanciert Schmidt in seinen erzählenden Arbeiten war, so konventionell war seine Vorstellung einer Biographie, die noch fast als positivistisch und dem 19. Jahrhundert sehr verpflichtet gelesen werden könnte, wäre da nicht seine Sprachgewalt und die durchgängige Lust an entschiedenen Urteilen.

Der Reflexionsschub in der Literatur ging Hand in Hand mit großangelegten methodischen Überlegungen der Historiker, die Biographien (den Umgang mit einzelnen menschlichen Lebensläufen) wie Droysen von der Seite der Darstellung her durchdachten, die die anfallenden Probleme als Teile der komplexen Relation zwischen Teil und Ganzem,[12] Mikro- und Makrogeschichte auffassten und die Biographien ›einfacher‹, alltäglicher Menschen schrieben. Der initiierende Moment hierzu war Carlo Ginzburgs Biographie des Müllers Domenico Scandella, *Der Käse und die Würmer. Die Welt eines Müllers um 1600* (1976, dt. 1990). Hayden White wies auf die fiktionalisierenden Strategien hin, die auch historisches Erzählen notgedrungen enthalten müsse (*Auch Klio dichtet oder Die Fiktion des Faktischen. Studien zur Tropologie des historischen Diskurses*, 1986; ↗I.5. Fiktionalität, Faktizität, Metafiktion). Eine adäquate Biographie des neuen Typs wird sich die Distanz zu ihrem Gegenstand präsent halten; sie wird für das Erzählen ihrer Geschichte(n) eine eigene Sprache brauchen, wird die einzelnen Teile freier als in der bloßen Chronologie anordnen, wird die Tempi der Darstellung wechseln und einen bewussten Umgang mit ihren Fiktionen pflegen. Auch den praktizierenden Biographen in den Philologien war spätestens in den 1980er Jahren klar geworden, dass die Gattung stets Spiegel der jeweils herrschenden Individualitätsauffassungen sei, dass insofern große Anteile zeitgleicher Arbeiten mit ähnlichen Gegenständen auch austauschbar seien. Pointiert hat Elias Canetti in einer Aufzeichnung von 1993 notiert: »Der Gedanke, daß alles von einem Menschen beachtet werden könnte, bloß weil er bekannt war, ist lächerlich. Denn wenn ein Tausendstel von ihm anders war als das Übliche, so waren 999 Tausendstel wie bei jedem anderen. Diese sind es aber, die man sucht und findet und zur Bestätigung des Üblichen verwendet.«[13]

Die radikalste Konsequenz hat bislang wohl der ungarische Übersetzer, Dramaturg und Universitätsdozent F. László Földényi gezogen. Sein Buch *Heinrich von Kleist: Im Netz der Wörter* (1999) liefert keine geschlossene oder auch nur chronologisch nachvollziehbare Biographie Kleists, sondern nur noch alphabetisch strukturierte Kapitel über jeweils einen Begriff, von ›Ach‹ bis ›Zufall‹. Seine

12 Vgl. Karl Acham/Winfried Schulze (Hg.): *Teil und Ganzes. Zum Verhältnis von Einzel- und Gesamtanalyse in Geschichts- und Sozialwissenschaften*. München 1990; darin besonders Christian Meier: »Notizen zum Verhältnis von Makro- und Mikrogeschichte«, S. 111–140.

13 Elias Canetti: *Werke. Aufzeichnungen 1954–1993. Die Fliegenpein. Nachträge aus Hampstead. Postum veröffentlichte Aufzeichnungen*. München/Wien 2004, S. 449 f.

Arbeit trägt den Charakter eines offenen Fragments vor sich her, die Leser müssen Konsistenz, Linearität, Geschlossenheit erst selbst herstellen, wenn ihnen daran gelegen ist.

2.3. Probleme und Chancen biographischen Arbeitens in den Literaturwissenschaften

Welche Probleme die biographische Gattung impliziert, ist bis zur Jahrtausendwende eher ausnahmsweise in literaturwissenschaftlichen Arbeiten ausgetragen worden, sehr viel deutlicher in metabiographischen Romanen. Genannt sei hier nur Uwe Johnsons *Das dritte Buch über Achim* (1961, in der französischen Übersetzung *L' impossible biographie*): Ein westdeutscher Journalist arbeitet monatelang in der DDR an der Biographie eines berühmten ostdeutschen Radfahrers, im Auftrag eines ostdeutschen Verlags. Das Projekt scheitert, vor allem, weil der Sportler selbst einzelne Episoden seines Lebens, die nicht einem musterhaften Funktionärsleben entsprochen haben, ausgelassen haben will. Ein anderer Entwurf: In Marlene Streeruwitz' *Nachwelt. Ein Reisebericht. Roman* (1999) wird von einem zehntägigen Aufenthalt der geschiedenen, 39-jährigen Margarete Doblinger in Los Angeles erzählt. Sie interviewt eine Reihe von Emigranten, weil sie eine Biographie über die Bildhauerin Anna Mahler schreiben will, die Tochter Gustav und Alma Mahlers. Authentische Interviews, die Streeruwitz 1990 mit Mahlers zeitweiligen Ehemännern Albrecht Joseph und Ernst Křenek, mit Freunden, Bekannten, Verwandten geführt hat, sind integriert; erzählt wird aber vor allem vom vergangenen Leben Margaretes, ihren Empfindungen, den Recherche-Fahrten und Alltagsverrichtungen in Kalifornien. Sie will durch die Recherche und ihre Reise dem Alltag zuhause entkommen. Ihr biographisches Projekt scheitert, sie gibt das Buch auf, weil sie es nach all ihren Gesprächen für anmaßend und unmöglich hält, ein fremdes Leben in seinen Brüchen, seiner Komplexität abzubilden. Das puristische, fast naive Scheitern der Protagonistin ist paradoxerweise im Gelingen des Romans *Nachwelt* aufgehoben: Er liefert gerade im Wechsel zwischen der Beschreibung der recherchierenden Margarete und ihren Interviews ein löchriges, pointillistisches Bild Anna Mahlers und der Biographin, das gerade durch seinen Fragment-Charakter der Erinnerung an einen vielfach gebrochenen Lebenslauf der vor dem Nationalsozialismus geflohenen Künstlerin gerecht wird. Auffälligerweise sind weder bei Johnson noch bei Streeruwitz die Hinderungsgründe philologischer Natur, die Probleme liegen auf politischer, philosophischer, anthropologischer, mitmenschlicher Ebene.

2.3.1. Leben – Werk – Selektion

Es scheint durchaus Rechtfertigungen aus literaturwissenschaftlicher Sicht für das Verfertigen von Biographien zu geben. Dabei müssen Biographien über Schriftsteller Besonderheiten beachten: Nur hier müssen die Biographen dasselbe Medium verwenden wie die Biographierten, die Sprache. Das kann eine Qualität sein, wenn man die Not vieler Musikerbiographien bedenkt, deren kompositorisches Werk sprachlich kaum adäquat gewürdigt werden kann. Der Sachverhalt kann aber auch eine Last sein – nicht nur, weil etwa Heinrich Heines Biographen die Eleganz seiner Sprache kaum erreichen können; sie müssten sich auch die Frage stellen, ob eine Biographie über einen formal höchst raffinierten und innovativen Autor nicht ihrerseits nach formaler Innovation suchen sollte (bislang ist das noch nicht geschehen). Oder läuft der Biograph mit einem solchen Versuch eher Gefahr, die Manierismen eines verehrten Autors zu übernehmen[14] – gesuchte Effekte, die man in einer Biographie viel weniger leicht tolerieren wird als in einem Werk der Belletristik, in dem es zuerst um Ästhetik, das Wie des Erzählens geht. Dass sich der Verfasser einer Biographie seiner ›Figur‹ einschreibt wie ein Romancier seinen Figuren, wird in wissenschaftlichen Arbeiten zwar möglichst vermieden, kann aber auch nie ganz ausgeschlossen werden. Wenn sich Heinrich Mann in seinem biographischen Zola-Essay (1915)[15] selbst porträtiert

14 Vgl. die aus diesem Grund stilistisch immer wieder problematische Arbeit von Bernd Neumann: *Uwe Johnson*. Mit zwölf Porträts von Diether Ritzert. Hamburg 1994.

15 Heinrich Mann hat den Essay nach dem Zeitschriften-Erstdruck in den *Weißen Blättern* 1915 in die Sammlungen *Macht*

und in Napoleon III. den deutschen Kaiser, macht das die Biographie in der Retrospektive zwar doppelt interessant: Wie weit konnte Mann die Parallelen ziehen, wie wurden sie von seinen Zeitgenossen aufgenommen? Sein Bruder Thomas hat diese Selbstprojektion erkannt und Heinrich Mann wie Zola in den *Betrachtungen eines Unpolitischen* (1918) als ›Zivilisationsliteraten‹ attackiert. Auf vergleichbares Interesse kann ein Philologe, der seine Privatobsessionen in die biographierte Figur einzuschmuggeln trachtet, allerdings nicht rechnen – denn warum sollte sich der Leser für die Vita eines solchen Biographen interessieren?

Was das Leib-Seele-Problem in der Philosophie, ist in der Schriftstellerbiographie das Werk-Leben-Problem: Wie lassen sich beide darstellen in ihrem mutmaßlichen Zusammenhang, ohne in banale Psychologisierungen oder die berühmte *biographical fallacy* zu geraten, also den Versuch, ein Werk durch biographische Erfahrungen eines Autors zu erklären?[16] Immer wieder werden Schriftstellerbiographien mit der Hoffnung gerechtfertigt, man könne durch biographische Kontextualisierung mehr über die Werke erfahren, sie besser interpretieren. Ein Großteil traditioneller Biographik beschränkt sich hier auf den Nachweis autobiographischer Elemente, ohne dass immer klar würde, was wir denn mehr wissen, wenn wir wissen, aus welchen Bausteinen, Erlebnissen, auch Leseerlebnissen die jeweiligen Werke zusammenassoziiert worden sind. Ein Problem, das jeder Biograph hat, wird auch in Johnsons erwähntem Roman behandelt, die Frage nach der Selektion von Einzelheiten: Welche Elemente kommen in das fertige Buch, was wird, und aus welchen Gründen, außen vor gelassen? Besonders im Angelsächsischen gibt es immer wieder Versuche, das Auswahl-Problem zu marginalisieren, indem man möglichst viele Einzelheiten in die Darstellung zu integrieren sucht: Richard Ellmanns Biographien über James Joyce (1959, revidiert 1982; dt. 1994) und Oscar Wilde (1984, dt. 1987) sind Standardwerke dieser Art. Die Rechtfertigung für einen Überschuss an Details liegt in der Offenheit des Verfahrens; die Leser werden hier ernst genommen, sie sollen gemäß ihrer eigenen Interessen auswählen können, und dazu müssen sie mit allem beliefert werden, was erreichbar ist. Und der Biograph liefert auch stets mehr, als er selbst schon mit den literarischen Werken in Verbindung bringen kann – möglicherweise treten ja noch neue Zusammenhänge aus den Archiven und Dachböden ans Licht, in deren Kontexte erst solche Details zu leuchten beginnen. Im deutschen Sprachraum ist das Gegenmodell stärker vertreten: Hier handelt es sich gewissermaßen um biographische Thesenromane, die einen Autor und sein Gesamtwerk über den Leisten einiger weniger philosophischer Thesen schlagen und alles abschneiden, was nicht gut in dieses Konzept passt. Rüdiger Safranskis *Friedrich Schiller oder Die Erfindung des Deutschen Idealismus* (2004) könnte ein Beispiel dieses Verfahrens sein (im Gegensatz zu den Biographien Safranskis über Schopenhauer, Heidegger und Nietzsche). Die streng philologischen Varianten von Biographie liefern vor allem Werkbiographien, umfassende Interpretationen und Kontextualisierungen von Gesamtwerken, die sich für Schriftstellerbiographien methodisch absolut rechtfertigen lassen – immerhin sind Schiller und Lessing, um zwei rezente Beispiele zu nennen,[17] wegen ihrer Werke noch im Gespräch, nicht wegen ihres Tabakkonsums oder ihres Sozialverhaltens. Die Gefahr eines solchen Methodenpurismus liegt allerdings darin, das eigentliche Publikum zu verfehlen, indem nämlich statt Biographien als biographisch ausgeweitete Forschungsberichte für ein Spezialistenpublikum geschrieben werden.

2.3.2. *Kreativitätsforschung und die biographische Interpretation von Literatur*

Bei aller Kritik liegt eine Rechtfertigung der Gattung aber doch darin, dass letztlich jede Literatur autobiographisch ist. Denn jeder Autor hat nur das zur Verfügung, was er erlebt, gesehen, gelesen, ge-

und Mensch (1919) und *Geist und Tat* (1931) aufgenommen; vgl. Heinrich Mann: *Geist und Tat. Franzosen von 1780 bis 1930. Essays.* Frankfurt a. M. 1997, S. 119–203.

16 Vgl. z. B. Elisabeth Lundays Blog *The Dilettante. The Silly Side of Serious Culture* zum Thema »The Biographical Fallacy«, http://www.lunday.com/dilettante/?p=9 (10.4.2009): Lunday führt das Problem an *Shakespeare in Love* vor (USA/GB 1998, Regie: John Madden, Buch: Tom Stoppard/Mark Norman).

17 Z.B. Peter-André Alt: *Schiller. Leben – Werk – Zeit.* 2 Bde. München 2000; Hugh Barr Nisbet: *Lessing. Eine Biographie.* Aus dem Englischen übers. von Karl S. Guthke. München 2008.

fühlt hat (wozu auch das Sich-Hineinfühlen in Andere gehört) – eine gewisse Beschränkung und eine Gemeinheit des Autors, wie Arno Schmidt meinte. Trotzdem ist aus der Aufdeckung der autobiographischen Bezüge eines Werkes immer noch nicht zu klären, wie der Autor ›es gemacht‹ hat.

Aus dem Verhältnis von beobachtendem Wissenschaftler und Schriftsteller oder Schriftstellerin haben sich schon etliche Romane gespeist – in Michael Frayns *The Trick of It* (1989, dt. *Wie macht sie's bloß?*, 1992) beobachtet der Ehemann die berühmte Schriftstellerin, die seine Ehefrau ist, in William Goldings *The Paper Men* (1984, dt. *Papiermänner*, 1996) endet die Recherche des lästigen Wissenschaftlers mitten im Satz durch einen Schuss, mit dem ihn der moralisch zweifelhafte Großschriftsteller erledigt.

Biographische Neugier wie auch alle Interpretationsversuche an literarischen Texten befinden sich auf den Spuren einer Persönlichkeit, die als kreative anerkannt ist, so anerkannt, dass ihr eine (oder sogar mehrere) Biographien gewidmet werden. Jede Biographie ist daher implizit auch Kreativitätsforschung.[18] Sie rechtfertigt auch das Interesse an Vorstufen von Werken, an Notizen, Briefen, Selbstaussagen jeder Art, obwohl die Autoren keineswegs immer die besten Interpreten ihrer selbst waren – aber sie waren immer besonders nah dran an ihrem eigenen Werk. Schon deshalb hat die Debatte um den Tod des Autors, den die kleinen Beiträge von Roland Barthes und Michel Foucault losgetreten haben,[19] der Biographiesucht des Publikums nie ernsthaft etwas anhaben können. Allerdings hat die Diskussion die Gattung im innerwissenschaftlichen Bereich zeitweilig herabgesetzt, ja beschädigt; noch stärker haben das allerdings die unseriösen Beiträge der Gattung selbst getan, in denen Biographik unbezweifelt als Heuristik zum Verständnis eines Werks eingesetzt wurde.

Strikt erkenntnistheoretisch betrachtet, sind Werk und Leben ganz unterschiedliche Kategorien, die in biographischen Kurzschlüssen immer wieder vermengt werden. Dennoch verändern biographische Details den Blick: Wider besseres Methodenwissen wird man Ernst Jünger eben doch anders lesen, wenn man seine frühen antisemitischen Aufsätze kennt – auch wenn sich dadurch kein Wort an seinen Arbeiten der 1950er Jahre verändert, die Genauigkeit der Beobachtungen in den *Subtilen Jagden* (1967) nicht darunter leiden, die traumlogischen ›Figuren und Capriccios‹ in *Das abenteuerliche Herz* (1938) nicht weniger komplex dadurch werden. Dass wir biographisches Wissen trotz des kategorialen Unterschieds im Umgang mit Texten nicht wegfiltern können, ist sicher ein Grund, warum um biographische Details so hartnäckig gestritten wird, vor allem wenn sie die Zeit des nationalsozialistischen Deutschland betreffen.

2.3.3. *Zur Bedeutung von Ego-Dokumenten*

Alle rechtfertigenden Überlegungen zur Rolle der Biographie in den Literaturwissenschaften lassen sich im Wechsel auf unmittelbar benachbarte Gattungen stützen – in dem Moment nämlich, wo begründet werden soll, warum Tagebücher, Briefe, unvollendete und problematische Arbeiten wie etwa Elias Canettis Memoirenwerk *Party im Blitz* (posthum 2003) gegen den erklärten Willen des Erblassers gedruckt werden. Das Argument für solche Editionen ist letztlich nicht, dass sie ›biographisch interessant‹ wären, das sind sie zweifellos auch. Es handelt sich aber auch um eine Kanonfrage: Von bestimmten Autoren wird alles veröffentlicht, von Kafka würde man auch noch die Einkaufszettel drucken, wenn es sie denn gäbe, von Goethe ist das vermutlich bereits geschehen.

Abgesehen von eventuell betroffenen Persönlichkeitsrechten Dritter (↗ VIII.5. Rechtsfragen des Biographieschreibens), die sich mit zunehmendem zeitlichen Abstand erledigen, ist hier entscheidend, dass die Briefe von Lessing, Goethe, Kleist, Büchner usw. jedenfalls nach ihrem Tod gedruckt werden, weil sie als Zeugnisse eines Schriftstellers, eines Dichters Aufmerksamkeit verdienen (↗ VIII.2.3. Zur Bedeutung der Quellen). Der exzeptionelle Umgang mit dem Wort zeigt sich nicht nur in den zu Lebzeiten veröffentlichten Schriften; Künstler sind diese Autoren auch als Brief- und Ta-

18 Vgl. Hubert Zapf: »Theorien literarischer Kreativität«. In: Ders./Hans Vilmar Geppert (Hg.): *Theorien der Literatur. Grundlagen und Perspektiven*. Bd. III. Tübingen/Basel 2007, S. 7–31.

19 Die Texte von Barthes und Foucault sind kommentiert und ediert in Fotis Jannidis u. a. (Hg.): *Texte zur Theorie der Autorschaft*. Stuttgart 2000.

gebuchschreiber gewesen, im Alltäglichen, im Gebrauchs-Schreiben, in der Selbstverständigung. Es ist daher nur konsequent, dass etwa Peter Weiss seine *Notizbücher* (4 Bde., 1981/82), Peter Rühmkorf eine bearbeitete Version von kleinen Teilen seiner Tagebücher unter dem Titel *TABU I* (1995) und *TABU II* (2004) noch selbst zu Lebzeiten herausgegeben haben. Was Arno Schmidt angeht, hat Jan Philipp Reemtsma die Edition des ersten Bandes von Alice Schmidts Tagebüchern mit der Vorbemerkung begleitet, eine Veröffentlichung von Schriftstellerbriefen bedürfe keiner speziellen Rechtfertigung, und welche Teile eines Schriftstellernachlasses nun Teil »einer großen Konfession« sind und welche nicht, sei letztlich eine Geschmacksfrage.[20] Tagebücher sind ohnehin als Kunstform längst nobilitiert worden, es sei nur an die Tagebücher Harry Graf Kesslers erinnert (Auswahl 1961, Gesamtausgabe 2004 ff.) oder an die Tagebücher von Max Frisch (1950, 1972).

Letztlich ist die Biographie in den Philologien für all jene Ansätze, die Autor- und Werkfragen in den Mittelpunkt stellen, eben doch die Königsgattung – das Gegenteil einer Spezialisierung auf monographische Detailfragen fürs Fachpublikum, im Angelsächsischen ist das längst erkannt worden. Alles, was man über einen Autor wissen kann, sein Werk, das im Zentrum der Darstellung stehen wird, alle anschließenden Nebendiskurse haben hier einen legitimen Ort. Im günstigsten Fall kann eine Biographie eine Zusammenschau von kulturwissenschaftlichen und im engeren Sinne philologischen Methoden bieten, eine Synthesebildung der gesamten Forschung über einen Autor und sein Werk. Hier wird an einem umfassenden Ausschnitt erzählt, welche Rolle Literatur in gesellschaftlichen Deutungsprozessen spielt, wie sie soziale und mentale Phänomene der Kultur, der sie entstammt, aufnimmt und günstigstenfalls umgekehrt wiederum beeinflusst.[21] Allmählich scheint diese Auffassung sogar in der germanistischen Literaturwissenschaft angekommen.

20 Jan Philipp Reemtsma: »Vorwort«. In: Alice Schmidt: *Tagebuch aus dem Jahr 1954*. Hg. v. Susanne Fischer. Frankfurt a. M. 2005, S. 5–11, hier S. 5–7.

21 Vgl. Ansgar Nünning: »Erinnerung – Erzählen – Identität. Perspektiven einer kulturwissenschaftlichen Erzählforschung«. In: Geppert/Zapf (wie Anm. 18), S. 33–59, hier S. 53.

Literatur

Bödeker, Hans Erich: »Biographie. Annäherungen an den gegenwärtigen Forschungs- und Diskussionsstand«. In: Ders. (Hg.): *Biographie schreiben*. Göttingen 2003, S. 9–64.

Conrad, Christoph/Kessel, Martina (Hg.): *Geschichte schreiben in der Postmoderne. Beiträge zur aktuellen Diskussion*. Stuttgart 1994.

Dainat, Holger: »Biographie$_2$. Wissenschaftliche Darstellung von Leben und Werk eines Autors«. In: Klaus Weimar u. a. (Hg.): *Reallexikon der deutschen Literaturwissenschaft*. 3 Bde. Berlin/New York 1997–2003, Bd. 1, S. 236–238.

Droysen, Johann Gustav: *Historik. Rekonstruktion der ersten vollständigen Fassung der Vorlesungen (1857). Grundriß der Historik in der ersten handschriftlichen (1857/1858) und in der letzten gedruckten Fassung (1882)*. Textausgabe von Peter Leyh. Stuttgart/Bad Cannstatt 1977.

Hähner, Olaf: *Historische Biographik. Die Entwicklung einer geschichtswissenschaftlichen Darstellungsform von der Antike bis ins 20. Jahrhundert*. Frankfurt a. M. u. a. 1999.

Klein, Christian: »Einleitung: Biographik zwischen Theorie und Praxis. Versuch einer Bestandsaufnahme«. In: Ders. (Hg.): *Grundlagen der Biographik. Theorie und Praxis des biographischen Schreibens*. Stuttgart/Weimar 2002, S. 1–22.

Kruckis, Hans-Martin: »Biographie als literaturwissenschaftliche Darstellungsform im 19. Jahrhundert«. In: Jürgen Fohrmann/Wilhelm Voßkamp (Hg.): *Wissenschaftsgeschichte der Germanistik im 19. Jahrhundert*. Stuttgart/Weimar 1994, S. 550–575.

Ders.: *»Ein potenziertes Abbild der Menschheit«. Biographischer Diskurs und Etablierung der Neugermanistik in der Goethe-Biographik bis Gundolf*. Heidelberg 1995.

Raulff, Ulrich: »Wäre ich Schriftsteller und tot… Vorläufige Bemerkungen über Biographik und Existenz«. In: Hartmut Böhme/Klaus Scherpe (Hg.): *Literatur- und Kulturwissenschaften. Positionen, Theorien, Modelle*. Reinbek 1996, S. 187–205.

Scheuer, Helmut: *Biographie. Studien zur Funktion und zum Wandel einer literarischen Gattung vom 18. Jahrhundert bis zur Gegenwart*. Stuttgart 1979.

Ders.: »Biographie$_1$. Literarische Darstellung eines Lebenslaufes«. In: Klaus Weimar u. a. (Hg.): *Reallexikon der deutschen Literaturwissenschaft*. 3 Bde. Berlin/New York 1997–2003, Bd. 1, S. 233–236.

Schmitz-Emans, Monika: »Das Leben als literarisches Projekt. Über biographisches Schreiben aus poetischer und literaturtheoretischer Perspektive«. In: BIOS 8. Jg., 1 (1995), S. 1–27.

Weimar, Klaus: *Geschichte der deutschen Literaturwissenschaft bis zum Ende des 19. Jahrhunderts*. München 1989.

Sven Hanuschek

3. Kunstgeschichte

3.1. Vasari und die Vitenschreibung im 16. und 17. Jahrhundert

Am Anfang der Kunstgeschichte steht die Künstlergeschichte. Dabei wurden Künstler aufgrund der Zugehörigkeit der bildenden Künste in der Antike und im Mittelalter zu den *artes mechanicae* und nicht zu den *artes liberales* vergleichsweise spät biographiewürdig. Denn ungeachtet der hohen Wertschätzung eines Kunstwerks erfuhr sein Schöpfer als Handwerker wenig Achtung. Aus der Antike ist eine einzige, heute nur in Fragmenten überlieferte Sammlung von Lebensbeschreibungen von Malern und Bildhauern bekannt, die Duris von Samos um 300 v. Chr. verfasste (Schlosser 1924, 9–13). Erst die Renaissance schuf mit ihrem neuen Kunstbegriff die Voraussetzungen für eine neue Bewertung der sozialen Stellung des Künstlers, die zu einem Interesse an seiner Person führen konnte.

Giorgio Vasari (1511–1574) gilt heute aufgrund seines umfassenden Werks *Vite de' più eccellenti Architetti, Pittori et Scultori Italiani da Cimabue insino a' tempi nostri* (erstmals 1550) als »Vater der Kunstgeschichte« (Soussloff 1997, 42–72; Hellwig 2002, 51–60; Guercio 2006, 24–46).[1] Grundlegend für die Vitenschreibung und auch generell für die Kunstgeschichtsschreibung dieser Zeit ist, dass sie von den Bedürfnissen der Künstler selbst ausging und sich in erster Linie an andere Künstler, erst in zweiter Linie an interessierte andere Zeitgenossen richtete. Den Autoren ging es zum einen darum, die künstlerische Produktion zu beleben und zu steigern und den jungen Künstlern Exempel zu präsentieren. Zum anderen beabsichtigten sie mit den Schriften das Selbstverständnis der Künstler und ihr Ansehen nach außen hin zu erhöhen und ihren hohen sozialen Status zu betonen.

Vasari beschreibt in seinem dreiteiligen Werk die Anfänge und eine erste Blütezeit der Kunst in der Antike, ihren Verfall im Mittelalter und ihre Wiedergeburt in der Gegenwart. Er vereinigt mehrere Arten von Kunstschriften, deren Wurzeln in der Antike zu suchen sind: Künstlerviten nach dem Vorbild von Plutarchs Biographien berühmter Männer, rhetorische Werkbeschreibungen nach Philostrats *Eikones*, technische Anleitungen, wie sie Vitruv verfasste und eine Lehre der Stilentwicklungen nach dem Vorbild von Ciceros *Brutus*. Die der organischen Natur entlehnte Metapher von Wachstum, Blüte und Verfall hat Vasari auf die bildenden Künste übertragen. Die *Vite* sind demgemäß in drei Teile gegliedert, die den drei Zeitaltern der neueren Kunst entsprechen: das Zeitalter Giottos als das der Kindheit, das Zeitalter Masaccios als das der Jugend und Erziehung und schließlich das Zeitalter Leonardos und Michelangelos als das der Reife und Vollendung. Neben diversen Anekdoten enthalten die Viten zahlreiche Topoi, also feste biographische Motive, die sich gleichlautend oder mit geringer Veränderung wiederholen.[2] Diese beziehen ihre Stoffe aus der Mythologie oder den mittelalterlichen Sagen und werden häufig auf die Jugend des Künstlers bezogen. Der Topos von der frühen Regung des künstlerischen Talents findet sich etwa bei Giotto, von dem es heißt, er habe als Hirtenknabe einzelne Tiere auf Steine gezeichnet und sei dabei von Cimabue entdeckt worden. Oder bei Polidoro da Caravaggio, der nach dem Bericht Vasaris als Hilfskraft Kalkgefäße trug, sich in Ab-

1 Zu Vasari und den Viten vgl. Martin Warnke: »Die erste Seite aus den Viten Giorgio Vasaris. Der politische Gehalt seiner Renaissancevorstellungen«. In: *kritische berichte* 5. Jg. (1977), S. 5–28; Hans Belting: »Vasari und die Folgen. Die Geschichte der Kunst als Prozeß«. In: Ders.: *Das Ende der Kunstgeschichte*. München 1983, S. 63–91; Carl Goldstein: *Visual Fact over Verbal Fiction. A Study of the Carracci and the Criticism, Theory, and Practice of Art in Renaissance and Baroque Italy*. New York u. a. 1988; Julian Kliemann: »Giorgio Vasari. Kunstgeschichtliche Perspektiven«. In: Peter Ganz u. a. (Hg.): *Kunst und Kunsttheorie 1400–1600*. Wiesbaden 1991, S. 29–73; Patricia Lee Rubin: *Giorgio Vasari. Art and History*. New Haven/London 1995.

2 Vgl. zur Funktion dieser biographischen Legenden: Ernst Kris/Otto Kurz: *Die Legende vom Künstler. Ein geschichtlicher Versuch* [1934]. Frankfurt a. M. 1995.

wesenheit der Maler selbst an den Fresken der vatikanischen Loggien versuchte und dessen Begabung dann entdeckt wurde.

Vasaris *Vite* wurden in Italien Vorbild für zahlreiche Vitensammlungen im 17. Jahrhundert, die meist lokalen Charakter hatten (Schlosser 1924, 407–591). Und auch außerhalb Italiens entstanden zu dieser Zeit zahlreiche Vitenbücher: In den Niederlanden etwa van Karel van Manders *Schilder-Boeck* (1604), in Frankreich André Félibiens *Entretiens sur les [...] plus excellens Peintres* (1666–1688), in Deutschland Joachim von Sandrarts *Teutsche Academie der edlen Bau-, Bild- und Mahlerey-Künste* (2 Bde., 1675–79) und in Spanien Antonio Palominos *Parnaso español pintoresco laureado* (1724; Schlosser 1924, 407–591). Wie Vasari waren es meist Künstler, die die Viten ihrer Kollegen für die Nachwelt festhielten. Die Autoren waren zwar Vasari noch stark verpflichtet (so nahmen sie gleichfalls nur die Lebensbeschreibungen verstorbener Künstler auf), entwickelten jedoch auch eigene Ansätze. So kam dem Œuvre immer größere Bedeutung zu und es zeigten sich erste Tendenzen, zwischen Lebensgeschichte und Werkbeschreibung zu trennen.

3.2. Entstehung der Künstlerbiographie als Großform im 18. Jahrhundert

Nachdem nahezu zweihundert Jahre die in der Tradition Vasaris entstandenen Viten vorherrschend gewesen waren, wandten sich nach 1700 auch jene Autoren von dieser Frühform der Biographie ab, denen es weiterhin ein Anliegen blieb, »Geschichte der Künstler« zu vermitteln, und sie erprobten innerhalb der Künstlergeschichte neue methodische Ansätze (Hellwig 2005, 23–59). Die Entstehungsgeschichte der Biographien dieser Zeit – der Großteil war als Lexikonartikel geplant, als solche jedoch zu umfangreich geraten (↗ III.5. Biographische Kleinformen) – zeigt, dass man im 18. Jahrhundert noch stark an der Form der Sammelbiographie festhielt, und die Individualbiographie sich als Darstellungsform zunächst nur zögerlich durchsetzte. Es begann ein Prozess der Historisierung und Verwissenschaftlichung der Viten, der zur Entstehung der Gattung ›Künstlerbiographie‹ führte. Darauf verweisen zunächst die veränderten Kreise der Autoren und Adressaten hin. Es waren nicht mehr die Künstler selbst, die Lebensbeschreibungen zeitgenössischer Kollegen verfassten, sondern Gelehrte, Theologen und Schriftsteller, die über historische Künstler für ihresgleichen schrieben. Als biographiewürdig erachtete man insbesondere die beiden Hauptvertreter der deutschen Renaissance, Lucas Cranach und Albrecht Dürer,[3] wobei die Biographen versuchten, die Maler in einen größeren kunsthistorischen Rahmen zu stellen und bereits in Ansätzen historisch-kritisch arbeiteten. Unisono bekundeten die Biographen ein Streben nach ›Wahrheit‹, ›Neuem‹ und ›Vollständigkeit‹. Sie betrachteten die überlieferten Berichte nicht länger als einen Kanon gesicherter Kenntnisse über die Vergangenheit, sondern waren bemüht, deren Wahrheitsgehalt zu überprüfen und Irrtümer richtig zu stellen. Die meisten Schriften besaßen einen Anmerkungsapparat, in dem die Autoren auf die Übernahme fremder Ergebnisse explizit aufmerksam machten. Auf den Prozess der Verwissenschaftlichung deutet auch, dass man verstärkt eine Systematisierung und Klassifizierung des Materials, eine ›Ordnung‹, forderte. Die Biographien präsentierten sich nicht mehr – wie vordem die Viten – als unstrukturierte Textblöcke, sondern Inhaltsverzeichnis und eine Gliederung des Haupttextes nach inhaltlichen Gesichtspunkten erleichterten dem Leser die Orientierung. Als Konstante lässt sich in den Künstlerbiographien des 18. Jahrhunderts die Trennung in die großen

3 Vgl. Heinrich Conrad Arend: *Das gedechtnis der ehren eines der vollkommnesten künstler seiner und aller nachfolgenden zeiten Albrecht Dürers*. Goßlar 1728; David Gottfried Schöber: *Albrecht Dürers eines der größten Meister und Künstler seiner Zeit, Leben, Schriften und Kunstwerke, aus neue und viel vollständiger, als von anderen ehemals geschehen*. Leipzig 1769; Johann Friedrich Christ: »Leben des berühmten Lucas Cranach«. In: *Fränkische Acta erudita e curiosa* 5, Samml. Nr. VII (1726), S. 338–355; C. E. Reimer: *Historisch-critische Abhandlung über das Leben und die Kunstwerke des berühmten deutschen Mahlers, Lucas Cranach*. Hamburg/Leipzig 1761; Johann Ferdinand Roth: *Leben Albrecht Dürers, des Vaters der deutschen Künstler. Nebst alphabetischem Verzeichnisse der Orte, an denen seine Kunstwerke aufbewahret werden. Möglichst vollständig beschrieben*. Leipzig 1791; Johann Friedrich Köhler: »Einige Nachrichten von des berühmten Malers Lucas Kranachs Leben und Kunstwerken«. In: *Lebensbeschreibungen merkwürdiger deutscher Gelehrten und Künstler besonders des berühmten Malers Lucas Kranachs. Nebst einigen Abhandlungen über deutsche Litteratur und Kunst*. 2 Teile. Leipzig 1794.

Bereiche Lebensgeschichte und Werkbeschreibung erkennen. Dem Anspruch auf ›Vollständigkeit‹ gerecht zu werden, bedeutete für die Autoren auch eine inhaltliche Erweiterung im Vergleich zu den Viten und Sammelbiographien, die sich bereits im Titelzusatz ›Leben und Werk‹ spiegelt. Das Œuvre rückte immer mehr ins Zentrum, was vor dem Hintergrund zu verstehen ist, dass man im 18. Jahrhundert die künstlerische Individualität nicht mehr primär an der vorbildlichen Lebensweise und ›Tugend‹ des Künstlers festmachte, sondern seinem Schaffen eine zentralere Rolle zuwies. So sind auch erste Bestrebungen auszumachen, Entwicklungsstufen innerhalb des Werkes der Künstler zu skizzieren und einzelne Schaffensperioden zu unterscheiden.

Im Laufe des 18. Jahrhunderts fand demnach eine historische Entwicklung statt, in deren Verlauf sich die anekdotenreiche Vita zur wissenschaftlichen Künstlerbiographie wandelte. Dabei kristallisierten sich die entscheidenden strukturellen Merkmale heraus, die noch heute für das Genre charakteristisch sind.

3.3. Biographie als Darstellungsform der Kunstgeschichte 1800–1840

Als in der ersten Hälfte des 19. Jahrhunderts das Schrifttum zur Kunst insgesamt zunahm, entstanden auch deutlich mehr Künstlerbiographien (Tausch 2000, 1–14; Hellwig 2005, 60–158; Guercio 2006, 48–111).[4] Gegenüber den an Topoi und Legenden reichen Viten aber auch gegenüber den nüchternen Kurzbiographien der vorangehenden Jahrhunderte hatten die Künstlerbiographien nun neue Anforderungen zu erfüllen. Über die Darstellung der äußeren Begebenheiten im Leben eines Künstlers und seines Werkes hinaus, erwuchs ein psychologisches Interesse an der Persönlichkeit des Künstlers. Seiner Entwicklung und seinem Seelenleben wurde besondere Aufmerksamkeit geschenkt (↗V.5. 19. Jahrhundert). Der Werkbeschreibung und -analyse maß man mehr Bedeutung zu. Ein Künstler war auf eine Weise als Gesamtpersönlichkeit zu präsentieren, wobei die Präsentation die Kriterien der Wissenschaftlichkeit und Vollständigkeit zu erfüllen hatte. Im Aufbau der Biographien der ersten Hälfte des 19. Jahrhunderts lässt sich durchgängig eine Gliederung in die Abschnitte ›Leben‹, ›Quellenanhang‹ und ›Werk‹ feststellen, wobei die Bedeutung der Quellen im Verlauf der ersten Jahrhunderthälfte stetig zunimmt. Der zeitliche und der räumliche Rahmen sind in manchen frühen Biographien sehr weit gesetzt. Exemplarisch für die Biographik neuen Stils ist Johann David Passavants dreibändiges Werk *Rafael von Urbino und sein Vater Giovanni Santi* (1839–58): Der Biograph erhebt hier einen Vollständigkeitsanspruch, indem er erstmals versucht, sowohl das Leben des Künstlers lückenlos zu dokumentieren, als auch sämtliche Werke und Quellen zu berücksichtigen.

Entsprechend der sich allmählich als Wissenschaft herausbildenden Kunstgeschichte waren die Biographen der ersten Jahrzehnten des 19. Jahrhunderts bereits häufig Fachleute. Ihrer Überzeugung nach war anhand von Biographien allmählich eine Kunstgeschichte aufzubauen. Bei ihrer Arbeit orientierten sie sich an den Beiträgen ihrer Vorgänger aus dem 18. Jahrhundert und führten deren historisch-kritischen Ansatz weiter. Nach 1800 war es Autoren wie Adam Weise, Gustav Friedrich Waagen, Ulrich Hegner und Carl Grüneisen besonders wichtig, mit der Biographie über die Schilderung des Einzelschicksals eines Künstlers und seiner Werke hinaus die Einordnung in den größeren Zusammenhang kunsthistorischer Prozesse zu leisten. Bereits die Biographen des 18. Jahrhunderts hatten den Quellen eine viel wichtigere Rolle zugestanden, als das jemals zuvor geschehen war. In den ersten Dekaden des 19. Jahr-

4 Als Beispiele wären zu nennen: Georg Christian Braun: *Raphael Sanzio's von Urbino Leben und Werke* [1815]. Wiesbaden ²1819; Ders.: *Leonardo da Vinci. Leben und Kunst. Nebst einer Lebensbeschreibung Johann Gottl. Prestels und einigen Versuchen über die Mahlerey*. Halle 1819; Adam Weise: *Albrecht Dürer und sein Zeitalter*. Leipzig 1819; Joseph Heller: *Lucas Cranach. Leben und Werk*. Bamberg 1821; Gustav Friedrich Waagen: *Ueber Hubert und Jan van Eyck*. Breslau 1821; Friedrich Rehberg: *Rafael Sanzio aus Urbino*. München 1824; Ulrich Hegner: *Hans Holbein der Jüngere*. Berlin 1827; Joseph Heller: *Das Leben und die Werke Albrecht Dürers*. Bamberg 1827–1831; Hugo Graf von Gallenberg: *Leonardo da Vinci*. Leipzig 1834; Alfred von Reumont: *Andrea del Sarto*. Leipzig 1835; Carl Grüneisen: *Niclaus Manuel. Leben und Werke eines Malers im 16. Jahrhundert*. Tübingen 1837; Johann David Passavant: *Rafael von Urbino und sein Vater Giovanni Santi*. 3 Bde. Leipzig 1839–1858.

hunderts gehörten dann neue Quellen, deren sorgfältige Auswertung und die Kritik der älteren Literatur zu den Grundlagen wissenschaftlichen Arbeitens für Biographen.

Vor dem geistigen Hintergrund des Postulats der Einheit des Individuums glaubten die Biographen nach 1800 an ein schöpferisches Zentrum, das es zu erfassen galt, und begriffen Leben und Werk eines Künstlers als einer Substanz entstammend. Sie verstanden die Künstleridentität als Einheit von biographischer und künstlerischer Identität, und um dieser Einheit gerecht zu werden, erzeugten sie engste Interdependenzen zwischen den beiden Bereichen. Die Parallelisierung von biographischer und künstlerischer Entwicklung war eine Möglichkeit, kontinuierliche Zusammenhänge zwischen Biographie und Werk zu schaffen. Im 18. Jahrhundert hatte man sich mit topographischen, thematischen oder nach Kunsttechniken geordneten Katalogen begnügt, nach 1800 strebte man die chronologische Ordnung an. Ein chronologischer Werkkatalog nämlich ermöglichte es dem Autor, sowohl die einzelnen Werke miteinander als auch jedes in Beziehung zum Gesamtwerk zu setzen und dieses als dynamisches Ganzes zu beschreiben. Mit der Entstehung des Œuvre-Begriffs, anhand dessen man das Gesamtwerk eines Künstlers so auffasste, dass es nach der ›Handschrift‹, nach individuellen stilistischen Merkmalen identifiziert werden konnte, wurde die künstlerische Individualität eng ans Werk gebunden.

Nach 1800 sahen sich die Künstlerbiographen demnach mit zwei eng ineinandergreifenden Problemen konfrontiert. Sie hatten nicht nur die künstlerischen Leistung kritisch zu beurteilen, sondern sollten auch die Bereiche Leben und Werk zusammenführen. Das biographische Interpretationsverfahren beruhte einerseits auf der Annahme, es ließe sich von der Persönlichkeit, vom Äußeren und von der Lebensweise eines Künstlers auf dessen Werk schließen. Und andererseits ließe das Œuvre Rückschlüsse auf die Persönlichkeit des Künstlers zu, aus sich wiederholenden Sujets, der Arbeitsweise und dem Stil könnte man, so die Annahme, etwas über Charaktereigenschaften und Lebensweise eines Künstlers erfahren. Diese Analogien ermöglichten es, Leben und Werk eines Künstlers zu verweben.

Die frühen Biographen waren in der Würdigung der Leistungen und in dem Bild vom ›tugendhaften‹ und ›erfinderischen‹ Künstler Vasari noch stark verpflichtet, der zwischen empirischer und künstlerischer Existenz getrennt hatte. Auch die Biographen des 18. Jahrhunderts und in den ersten Jahrzehnten nach 1800 unterschieden zwischen gewöhnlichem Menschsein und künstlerischer Existenz und griffen zunächst das traditionelle Künstlerbild des vorangegangenen Jahrhunderts auf. Neben moralischen und christlichen Tugenden beachtete man verstärkt verstandesmäßige Vorzüge wie Weisheit und Klugheit. Um den neuen Erwartungen gerecht zu werden, wurde das Moment vom ›denkenden Künstler‹ und seiner ›Originalität‹ hinzugezogen, das das ›Genie‹ ankündigte. Als künstlerische Existenz besaß das Genie eine außerordentliche, naturgegebene und nicht erlernbare Fähigkeit des Geistes zu schöpferischer Erkenntnis, besondere Neigung und spezielles Talent, etwas Neues, Originelles zu erfinden sowie Vermögen und Phantasie, aufgrund derer es außergewöhnliche Leistungen hervorbrachte. Im Genie begegnete man dem Ideal individueller Vollkommenheit, hier trafen empirische und künstlerische Existenz endlich tatsächlich zu einer Einheit zusammen.

3.4. Die großen Künstlerbiographien 1860–1900

Nachdem man in den ersten vier Jahrzehnten des 19. Jahrhunderts zahlreiche Einzelstudien über Kunstwerke und Künstler verfasst hatte, entstand das Bedürfnis nach Gesamtdarstellungen, in denen ein Überblick über die ständig wachsende Zahl der bekannten Kunstwerke vermittelt und Verbindungslinien gezogen wurden. Erst nach 1860 erlebte die Künstlerbiographie wieder eine Blütezeit (Scheuer 1979, 54–111; Hellwig 2005, 159–172; ↗VI.1. Deutschsprachige Biographik). Die Autoren entwickelten den Typ der ›Leben-und-Werk‹-Biographie, der sich als literarische Großform durchsetzte und bis zur Jahrhundertwende insgesamt eine erneute Blütezeit erfuhr. Zu den Biographien der Künstler der italienischen oder deutschen Renaissance kamen Meister des 17. Jahrhunderts, wie Rembrandt, Peter Paul Rubens und

Diego Velázquez hinzu, wobei die Biographen anderen Mustern als ihre Vorgänger folgten.[5] Lebensgeschichte und Werkanalyse wurden nicht mehr getrennt präsentiert, sondern als Einheit vermittelt. Die Biographen konstruierten zahlreiche Interdependenzen zwischen Charakter, Erlebnissen und Werken, Thematik und Malweise. Es bildete sich eine realistische und individualistische Biographik heraus, die dem Ideal einer intimeren Menschendarstellung entsprach. Parallel dazu erfolgte eine allgemeinhistorische Ausweitung des biographischen Gegenstands anhand der Entwürfe großer Modelle. Der Künstler wurde vor ein breites kulturhistorisches Tableau seiner Zeit gestellt, es wurden ganze Zeitalter im Lebensweg genialer Künstler gespiegelt. Menschliche und künstlerische Größe entsprachen sich uneingeschränkt. Man entwickelte konsequent das Bild vom Künstler als ›Genie‹ und verharrte voller Staunen vor dem ›Rätsel‹ der genialen Persönlichkeit, die unabhängig von äußeren Hindernissen allein aufgrund ihres Naturells, Charakters und Willens ihren Weg machte (↗II.1. Biographie und Performanz; ↗VIII.2.1. Konzeptionelle Vorüberlegungen).

Repräsentativ für die große kulturwissenschaftliche Biographie steht Carl Justis *Diego Velázquez und sein Jahrhundert* (1888; Hellwig 2005, 163–166).[6] Wie die meisten anderen Autoren baute auch Justi seine Monographie chronologisch auf. Die Person des Velázquez erhält jedoch wesentliches Profil dadurch, dass der Autor sie vor den Hintergrund des gesamten geistigen und künstlerischen spanischen Lebens des 17. Jahrhunderts stellt, wodurch letztlich die ›Biographie eines Jahrhunderts‹ entsteht. Allerdings hat Justi seine Darlegungen, die wir heute als Ausarbeitung des sozialgeschichtlichen Hintergrunds bezeichnen würden, nicht als Interpretationsbasis und Erklärung für die Entwicklung oder das Erscheinen der Persönlichkeit Velázquez' und seines Werkes verstanden, sondern die sozialen Verhältnisse lediglich als Rahmen betrachtet. Denn in seinem Verständnis sind es nicht die Umstände, welche den Künstler hervorbringen, sondern diese bieten nur den Stoff, an dem sich ein genialer Charakter reibt. Damit erweist sich Justis Kunstauffassung im Grunde als ahistorisch. Er versuchte die Kunst nicht mit sozialgeschichtlichen Kategorien zu fassen, sondern betrachtete sie als etwas über Zeit und Raum Erhabenes, allgemein Menschliches, das sich am gültigsten in genialen Individuen glorreicher Epochen manifestiert. Der Geniegedanke, der im 19. Jahrhundert auf neuer psychologischer Basis die Bedeutung des Schöpfers feierte, spielt bei Justi eine wichtige Rolle. Velázquez wird als einmaliges Phänomen, als einzigartig, ohne Vorläufer und Nachfolger, als unwiederholbar dargestellt. Die Ausweitung ins Kultur- und Geistesgeschichtliche einerseits und die immer stärkere Nähe zur Literatur und die damit ›drohende‹ Popularisierung andererseits, verbunden mit der Forderung, die Kunstgeschichte als eine methodologisch selbstständige Kunstwissenschaft zu etablieren, sollten die Künstlerbiographie zu Beginn des 20. Jahrhunderts in eine Krise stürzen.

3.5. Künstlerbiographik 1900–1980

Zwischen 1900 und 1930 wurde in der Kunstgeschichte der Schwerpunkt zunächst auf formanalytische, stilgeschichtliche und problemgeschichtliche Studien gelegt. Setzte man sich damals mit Leben und Werk eines Künstlers auseinander, so konzentrierte man sich mit Vorliebe auf einzelne Schaffensphasen oder auf einzelne Aspekte des Œuvres. Dahinter steckte ein zergliedertes Biographie-Verständnis, dem zufolge man den Lebenslauf eines Künstlers nicht mehr als eine zur Reife und Vollendung aufsteigende Stufenfolge begriff. War die Zahl der Künstlerbiographien zwischen 1900 und 1930 zunächst geringer, so erlebte die Gattung in der NS-Zeit ein Revival: 1933 beendete

5 Vgl. Herman Grimm: *Leben Michelangelos.* Hannover 1860–1863; Alfred Woltmann: *Holbein und seine Zeit. Des Künstlers Familie, Leben und Schaffen.* 2 Bde. Leipzig 1866–1868; Herman Grimm: *Leben Raphaels.* Berlin 1872; Moriz Thausing: *Dürer. Geschichte seines Lebens und seiner Kunst.* 2 Bde. Leipzig 1875; Anton Springer: *Raffael und Michelangelo.* Leipzig 1878; Carl Justi: *Diego Velázquez und sein Jahrhundert.* 2 Bde. Bonn 1888; Carl Neumann: *Rembrandt.* 2 Bde. Berlin 1902.

6 Zu Justi vgl. Karin Hellwig: »Neu und unerforscht: Carl Justi entdeckt Spanien für die deutsche Kunstgeschichte 1872–1892«. In: Gisela Noehles (Hg.): *Kunst in Spanien im Blick des Fremden. Reiseerfahrungen vom Mittelalter bis in die Gegenwart.* Frankfurt a. M. 1996, S. 201–219; Dies.: »Carl Justi y los comienzos de los estudios sobre arte español en Alemania«. In: Carl Justi: *Velázquez y su siglo.* Madrid 1999, S. 7–26; Hellwig 2005; Rößler 2009.

die Machtübernahme der Nationalsozialisten alle damals in der Kunstgeschichte stattfindenden impulsgebenden methodologischen Diskussionen und die Künstlerbiographie erlebte erneut einen Boom, der sich bis in die 1960er Jahre fortsetzte (Hellwig 2006, 39–50). Es waren zum einen die deutschen Künstler der frühen Neuzeit (Dürer, Matthias Grünewald, Riemenschneider oder Stoss) und zum anderen die Maler der Romantik, deren Leben und Werk auf besonderes Interesse stießen.[7] Dabei versuchte man nach 1933 eine der NS-Ideologie konforme biographische Diktion zu finden, die den Biographierten gemäß einer völkischen Ideologie interpretierte (↗III.7.1. Spielfilm). Die Gattung Biographie schien hier im Dienste des Personenkults in besonderer Weise eingesetzt werden zu können (Hellwig 2006, 39–50).[8] Man reduzierte die Geschichte der deutschen Kunst auf eine Prozession von repräsentativen Malern und ›Bildschnitzern‹, die das Schicksal dazu auserkoren hatte, die Strömungen ihrer Zeit zu verkörpern. Biographien eigneten sich nicht nur dazu, Künstleridentitäten zu konstruieren, sondern man konnte diese auch in besonderer Weise zu Trägern von Ideen, Mythen und Ideologien erweitern. Dahinter stand die Überzeugung, dass das Kunstschaffen im Nationalcharakter wurzele und dass das ›Wesen‹ eines Volkes sich in Kunstwerken erkennen ließe. Künstler waren zunächst einmal einer Nation zugehörig und an ihren Werken versuchte man einen Nationalstil festzumachen.

Nach 1945 war das Vertrauen in die Biographie zunächst einmal verloren. Die Zahl anspruchsvoller Lebensbeschreibungen nahm ab und man wandte sich insgesamt verstärkt der namenslosen mittelalterlichen Kunst zu. Monographische Beiträge über Künstler erschienen in den 1960er und 1970er Jahren – wenn überhaupt – in Form von Katalogen der meist anlässlich von Zentenarien veranstalteten Ausstellungen. Ansonsten erschienen vor allem populäre und volkstümelnde Künstlerbiographien. Eine grundlegende Zäsur kann man um 1970 feststellen, als auch in Deutschland der Alleinvertretungsanspruch der Strukturgeschichte bezüglich der Erklärung historischer Prozesse dem Individuum keinen Platz mehr ließ. Es folgte eine Phase in den 1970er und 1980er Jahren, die auch in der Kunstgeschichte von Sozialhistorikern und strukturalistischen Diskursen geprägt war (↗VI.2. Französische Biographik). Der unversöhnliche Gegensatz von Strukturgeschichte und Biographie wurde postuliert und der Individualisierung wurde eine Kunstgeschichte entgegengesetzt, die die Entwicklung der Kunst von objektiven Faktoren bestimmt sah.

3.6. ›Biographisches Verlangen‹ in der Kunstgeschichte seit 1980

Trotz jahrzehntelanger rein problemorientierter, formalistischer oder sozialwissenschaftlicher Kunstgeschichtsschreibung im 20. Jahrhundert ist die Künstlerbiographie nie ganz von der Bildfläche verschwunden. In den letzten drei Jahrzehnten hat sich auch die Einstellung der Kunsthistoriker gegenüber der Gattung verändert (Raulff 1999, 118–143; Wyss 2001, 443–448; Hellwig 2003, 122–132, Graw 2004, 159–168, Hellwig 2005, 9–13; Berger 2006, 494–503). Die jahrzehntelang verschmähte Gattung wird inzwischen auch in Fachkreisen wieder geschätzt. Der Rückgang der Biographien in den Jahrzehnten nach Heinrich Wölfflin, dessen Versachlichung der Kunstwissenschaft diese vom großen literarischen Publikum isoliert hätte, wird inzwischen sogar beklagt.[9] Von dem für das vorletzte Jahrzehnt diagnostizierten »biographischen Verlangen« ist auch die Kunstgeschichte nicht unberührt geblieben. Seit den 1990er Jahren gibt es eine Hinwendung zur Biographie als Korrektiv und Ergänzung der strukturalistischen Kunstge-

7 Vgl. Eugen Ortner: *Albrecht Dürer. Deutsche Sehnsucht. Deutsche Form.* Berlin 1934; Wilhelm Waetzoldt: *Hans Holbein der Jünger. Werk und Welt.* Berlin 1938; Fritz Nemitz: *C. D. Friedrich. Die unendliche Landschaft.* München 1938; Kurt Karl Eberlein: *Caspar David Friedrich der Landschaftsmaler. Ein Volksbuch deutscher Kunst.* Bielefeld/Leipzig 1939; Kurt Wilhelm Kästner u. a.: *Caspar David Friedrich und seine Heimat.* Berlin 1940.

8 Vgl. Lilian Landes: »Das 19. Jahrhundert im Blick der nationalsozialistischen Kunstgeschichtsschreibung«. In: Nicola Doll u. a. (Hg.): *Kunstgeschichte im Nationalsozialismus. Beiträge zur Geschichte einer Wissenschaft zwischen 1930 und 1950.* München 2005, S. 283–304.

9 Vgl. Wilfried Wiegand: »Väterchen, komm, klopf mit mir. Quellensteuerfrei: James H. Beck weiß, was Michelangelo so wenig umgetrieben hat«. In: *Frankfurter Allgemeine Zeitung*, Nr. 67 (20.3.2001), S. L 22.

schichte. Die Künstlerbiographie hat Hochkonjunktur, Fachleute verfassen Biographien etwa über Michelangelo, Raffael, Tizian, Dürer, Manet, Van Gogh, Matisse.[10] Gleichzeitig betreiben Autoren wie A. Richard Turner mit *Inventing Leonardo. The Anatomy of a Legend* (1994) und Svetlana Alpers mit *The Making of Rubens* (1995) Biographie in erster Linie als Dekonstruktion großer Gestalten (Raulff 1999, 118–143, 138; ↗IV.1. Kontext).

3.7. Debatten um die Biographie als Methode der Kunstgeschichte

Das Spiel von Ablehnung und Akzeptanz der Künstlerbiographie setzt ein mit der Ausbildung der Gattung im 18. Jahrhundert und dauert bis heute fort. Johann Joachim Winckelmann kündigte im Vorwort der *Geschichte der Kunst des Altertums* (1764) an, er »wolle keine Geschichten erzählen, sondern Geschichte«.[11] Auch Burckhardt ließ in dem Artikel »Kunstgeschichte« in der *Allgemeinen deutschen Real-Encyklopädie für gebildete Stände* (1845) die »biographische Behandlung« noch neben der mit Winckelmann beginnenden Stilgeschichte als Methode gelten, gelangte aber zum Fazit, dass die Entwicklung der bildenden Künste eine ausschließlich biographisch orientierte Sichtweise nicht mehr erlaube.[12]

In der zweiten Hälfte des 19. Jahrhunderts, als die Biographie in den Geisteswissenschaften eine Hochkonjunktur erlebte, entfaltete sich gleichzeitig eine theoretische Debatte, an der Historiker, Literaturwissenschaftler und Philosophen beteiligt waren (Hellwig 2005, 166–172). Es ging dabei sowohl um Fragen wie Theorie- und damit Wissenschaftsfähigkeit und den biographiewürdigen Personenkreis als auch um Blickpunkte, die primär um Inhalt und Funktion der Gattung kreisten. Die Haltung der Kunsthistoriker nach 1860 zur Künstlerbiographie war eine andere als in der ersten Jahrhunderthälfte. Man betrachtete die Gattung nicht mehr als besonders zukunftsträchtig für das Fach, und es wurden immer wieder kritische Stimmen von Seiten der Kulturhistoriker und Kenner laut, die die Künstlerbiographie als Darstellungsform ablehnten. Dabei nahmen die Autoren von Biographien selbst dazu nur ausnahmsweise Stellung. Die Biographie spielte in der Diskussion um den Status der Kunstgeschichte als eigenständige Wissenschaft eine Rolle, die in den 1870er Jahren in den Fachkreisen thematisiert wurde. So lange die Autoren die Voraussetzungen einer historisch-kritischen Arbeitsweise erbrachten, lehnte man die biographische Methode indes nicht grundsätzlich ab.

Die Zulässigkeit der Biographie als wissenschaftlicher Darstellungsform der Kunstgeschichte wurde in Fachkreisen erstmals in den Jahrzehnten nach 1900 grundsätzlich infrage gestellt (ebd.). Dies geschah im Kontext der Debatte um die Abgrenzung der Kunstgeschichte als Wissenschaft mit eigenen Methoden von anderen historischen Wissenschaften. Auf der einen Seite standen jene Kunsthistoriker, die sich als Vertreter einer modernen Kunstwissenschaft verstanden, für eine Neuorientierung in der Disziplin plädierten und nach theoretischer und methodologischer Selbstständigkeit strebten. Ihr Hauptinteresse galt dem Kunstwerk an sich und sie betrachteten die Geschichte der Kunst, die Geschichte ihrer Stile oder ihrer Formwandlungen. Sie sprachen sich für eine Kunstwissenschaft aus, in der die Künstler keine Rolle spielten, für eine ›Kunstgeschichte ohne Namen‹. Als Verfechter dieser Position taten sich insbesondere Hans Tietze und Heinrich Wölfflin hervor. Die andere Seite, mit den Biographen Carl Neumann und Heinrich Voss als Sprechern, hielt die traditionelle Kunstgeschichte hoch, forderte eine kulturgeschichtlich ausgerichtete Kunstgeschichtsschreibung im Rahmen der allgemeinen Geschichtsforschung und betrachtete die Künstlerbiographie als adäquate Darstellungsform. Für die

10 Vgl. z. B. Matthias Arnold: *Vincent van Gogh. Werk und Wirkung*. München 1995; Ernst Rebel: *Albrecht Dürer*. München 1996; Hans Körner: *Edouard Manet. Dandy, Flaneur, Maler*. München 1996.

11 Vgl. Johann Joachim Winckelmann: *Geschichte der Kunst des Altertums*. Dresden 1764; vgl. Dilly 2004, S. 112–118; Hans Belting: *Das Ende der Kunstgeschichte. Eine Revision nach zehn Jahren*. München 1995, S. 129.

12 Vgl. Jacob Burckhardt: »Kunstgeschichte«. In: *Allgemeine deutsche Real-Encyclopädie für die gebildeten Stände*. Bd. 8 (1845), S. 435 f. und den Kommentar von Wolfgang Beyrodt: »Kunstwissenschaft«. In: Ders. u. a. (Hg.): *Kunsttheorie und Kunstgeschichte des 19. Jahrhunderts in Deutschland. Texte und Dokumente*. Bd. 1: Kunsttheorie und Malerei, Kunstwissenschaft. Hg. v. Werner Busch u. Wolfgang Beyrodt. Stuttgart 1982, S. 280–84.

einen war die Künstlerbiographie eine sekundäre Aufgabe, weil anhand der Einzelbiographien zahlreicher Meister kein allgemeiner Entwicklungsgang der Kunst zu klären sei, und sie warfen die Frage nach der Zulässigkeit der Gattung überhaupt auf. Sie monierten an den Künstlerbiographien sowohl mangelnde Wissenschaftlichkeit als auch die breiten kulturgeschichtlichen Ausführungen. Die andern als Anhänger der Biographie sahen in der Ausgrenzung der Gattung einen ›Selbstmord der Kunstgeschichte‹, die sich damit auf Formanalyse, Kennerschaft, ›philosophische Abstraktionen‹ und ›ästhetische Verallgemeinerungen‹ beschränke. In diesen Disputen nach 1900 gingen die Kunsthistoriker einen Schritt weiter als vormals Anton Springer, der die Kunstgeschichte als historische Wissenschaft mit eigenem Gegenstand, aber ohne eigene Methoden betrachtet hatte. Die Vertreter einer ›modernen Kunstwissenschaft‹ deklarierten das Fach als exakte Wissenschaft, die nicht nur einen eigenen Gegenstand besitze, sondern der auch eigene Methoden zur Verfügung stünden. Durch ihre Abkehr von der Biographie als – auch in anderen Geisteswissenschaften verbreiteter, manchmal ins literarische tendierender – Darstellungsform beabsichtigten die Kunsthistoriker, die Eigenständigkeit und Wissenschaftlichkeit ihres Faches deutlich zu machen.

In den 1930er Jahren wurde die Künstlerbiographie von Theoretikern wie Siegfried Kracauer als »neubürgerliche Kunstform«[13] angeprangert (Hellwig 2003, 122–132; Hellwig 2005, 9–13; ↗V.6. 20. Jahrhundert). Der Gegensatz von Biographie und depersonalisierter Strukturgeschichte wurde im Umkreis der *Annales*-Schule als unversöhnlich apostrophiert. Der Alleinvertretungsanspruch der Strukturgeschichte bezüglich der Erklärung historischer Prozesse ließ keinen Platz mehr für das Individuum. Diese Ablehnung der Gattung durch die Strukturalisten und Sozialhistoriker weckte auch das Misstrauen der Kunstwissenschaftler gegenüber der Biographie. Man führte eine ganze Reihe von alten und neuen Kritikpunkten an der Gattung an und sprach ihr vehement die Wissenschaftsfähigkeit ab. Ein neu formuliertes Argument gegen die Biographie lautete, dass diese eine Linearität des Lebenslaufes suggeriere, die so nicht existiere, da sie lediglich ex post eine ursprünglich nicht gegebene und somit fiktive Einheitlichkeit herstelle (↗I.5. Fiktionalität, Faktizität, Metafiktion). Ferner führte man die Unmöglichkeit an, die allgemeine historische Bedeutung des individuellen Lebens aufzuzeigen. Aufgrund der Darstellung des Lebenslaufes eines einzelnen historischen Individuums ließen sich keine Einsichten in gesellschaftliche Zusammenhänge gewinnen. Erneut kreidete man der Biographie die Nähe zur fiktiven Erzählung, ihren literarischer Charakter und ihre narrative Struktur an. Diese methodologischen Debatten, die, geprägt von sozial- und strukturgeschichtlichen Perspektiven, zu massiver Kritik an der in den Geistes- und Sozialwissenschaften gleichermaßen üblichen Darstellungsform geführt hatten, erreichten auch die Kunstgeschichte. George Kubler betrachtete 1962 die Biographien lediglich als »Stationen auf dem Wege, die es uns erleichtern, den kontinuierlichen Fortgang künstlerischer Traditionen zu überblicken«.[14] Er beurteilt die Versuche, anhand der individuellen Entwicklung eines einzelnen, eine historische Gesamtsituation zu erzählen, lediglich als Vorarbeiten. Man bevorzugte die problemorientierte Forschung und hielt biographisch angelegte Studien für weniger wissenschaftlich. Die in der zweiten Hälfte des 20. Jahrhunderts lediglich am Rande geäußerte Kritik der Kunsthistoriker am biographischen Zugang richtete sich vor allem gegen die fragwürdige Konstruktion einer Interdependenz zwischen Leben und Werk eines Künstlers. Das biographische Interpretationsverfahren wurde abgelehnt, weil es auf der Annahme beruhte, »dass das Werk eines Künstlers zugleich sein Leben spiegelt und dass das Leben sich unmittelbar im Werk vergegenständlicht« (Kruft 1982, 30).[15] Viele Biographen unterlägen dem Missverständnis, dass das Leben einen Schlüssel zum Verständnis des künstlerischen Schaffens liefere, und umgekehrt, dass das Werk Rückschlüsse auf den Werdegang des Künstlers erlaube.

13 Vgl. Siegfried Kracauer: »Die Biographie als neubürgerliche Kunstform« [1930]. In: Ders.: *Das Ornament der Masse. Essays*. Frankfurt a. M. 1977, S. 75–80.

14 George Kubler: *Die Form der Zeit. Anmerkungen zur Geschichte der Dinge*. Frankfurt a. M. 1982 (amer. 1962), S. 37, 74.

15 Vgl. Martin Warnke: *Peter Paul Rubens. Leben und Werk*. Köln 1977, S. 7 f.

Seit den 1980er Jahren zeichnet sich wiederum ein Wandel in der Einschätzung der Legitimität der Gattung ab. Die Front zwischen den Anhängern von Personen- und Ereignisgeschichte und solchen der strukturgeschichtlich geprägten Sozialgeschichte löst sich allmählich auf. Erneut beginnen die Auseinandersetzung unter Historikern und Literaturhistorikern um die Wissenschaftsfähigkeit der ›biographischen Methode‹. Die Kunsthistoriker haben sich an diesen Debatten nicht beteiligt. Für die Kunstgeschichte beginnt in der Folge erstmals die wissenschaftliche Verortung der Künstlerbiographik als spezifischer Darstellungsform (Soussloff 1997; Hellwig 2005; Guercio 2006).

Literatur

Berger, Renate: »Somehow lost in time. Die Stunde der Biographen«. In: Steffen Bogen u. a. (Hg.): *Bilder. Räume. Betrachter. Festschrift für Wolfgang Kemp zum 60. Geburtstag*. Berlin 2006, S. 494–503.

Dilly, Heinrich: »›Das Wesen der Kunst..., in welches die Geschichte der Künstler wenig Einfluß hat.‹ Winckelmanns Absage an die Biographik«. In: Joachim Kremer u. a. (Hg.): *Biographie und Kunst als historiographisches Problem*. Hildesheim u. a. 2004, S. 121–129.

Graw, Isabelle: »Der Künstler als Bergmann ohne Licht. Über die Grenzen künstlerischer Intention und die Relevanz des Biographischen«. In: Hans Hörg Heusser/Kornelia Imesch (Hg.): *Visions of a Future. Art and Art History in Changing Contextes*. Zürich 2004, S. 159–168.

Guercio, Gabriele: *Art as Existence. The Artist's Monograph and Its Project*. Cambridge, Mass./London 2006.

Hellwig, Karin: »Vitenkunstgeschichte und Künstlerbiographik«. In: *Kunsthistorische Arbeitsblätter* 4. Jg., 5 (2002), S. 51–60.

Dies.: »Künstlerbiographie und Historiographie«. In: *Kunstchronik* 56. Jg., 3 (2003), S. 122–133.

Dies.: *Von der Vita zur Künstlerbiographie*. Berlin 2005.

Dies.: »Kontinuitäten in der biographischen Methode zur Zeit der NS-Diktatur und nach 1945«. In: Nicola Doll u. a. (Hg.): *Kunstgeschichte nach 1945. Kontinuität und Neubeginn*. Köln u. a. 2006, S. 39–50.

Kruft, Hanno-Walter: »Die Künstlermonographie«. In: *Neue Zürcher Zeitung*, Nr. 131 (11.6.1982), S. 30.

Raulff, Ulrich: »Inter Lineas oder Geschriebene Leben«. In: Ders.: *Der unsichtbare Augenblick. Zeitkonzepte in der Geschichte*. Göttingen 1999, S. 118–143.

Rößler, Johannes: *Poetik der Kunstgeschichte: Anton Springer, Carl Justi und die ästhetische Konzeption der deutschen Kunstwissenschaft*. Berlin 2009.

Scheuer, Helmut: *Biographie. Studien zur Funktion und zum Wandel einer literarischen Gattung vom 18. Jahrhundert bis zur Gegenwart*. Stuttgart 1979.

Schlosser, Julius von: *Die Kunstliteratur. Ein Handbuch zur Quellenkunde der neueren Kunstgeschichte*. Wien 1924.

Soussloff, Catherine M.: *The Absolute Artist. The Historiography of a Concept*. Minneapolis/London 1997.

Tausch, Harald: *Entfernung der Antike. Carl Ludwig Fernow im Kontext der Kunsttheorie um 1800*. Tübingen 2000.

Wyss, Beat: »Das Leben des Künstlers«. In: Juerg Albrecht/Kornelia Imesch (Hg.): *horizonte. Beiträge zu Kunst und Kunstwissenschaft. 50 Jahre Schweizerisches Institut für Kunstwissenschaft*. Ostfildern-Ruit 2001, S. 443–448.

Karin Hellwig

4. Musikwissenschaft

4.1. Musikwissenschaft und Biographik – eine schwierige Beziehung

Mit der ebenso provokanten wie polemischen Frage »Wozu noch Biographien?« schien 1975 ein gordischer Knoten endgültig durchschlagen worden zu sein, der die ebenso enge wie konfliktreiche Verwobenheit von Biographie und Musikgeschichtsschreibung seit dem ausgehenden 17. Jahrhundert verbunden hatte. Dass dieser Schlag von Carl Dahlhaus, einer der zentralen Persönlichkeiten der deutschen Musikwissenschaft im 20. Jahrhundert, ausgeführt worden war, brachte die Diskussion über die Biographie als Bestandteil der Musikwissenschaft für mehrere Jahrzehnte gleichsam zum Erliegen. Erst in jüngerer Zeit, u. a. angeregt durch die Biographik-Forschung benachbarter Disziplinen, wird die musikwissenschaftliche Reflexion über biographisches Arbeiten wieder aufgenommen, nicht zuletzt eingedenk der Tatsache, dass biographisches Schreiben untrennbar mit der Geschichte der Musikwissenschaft verbunden und damit für das fachliche Selbstverständnis – und sei es *ex negativo* – von großer Bedeutung war.

Um die gegenwärtige Position der deutschsprachigen musikwissenschaftlichen Biographik besser einordnen zu können, ist es daher notwendig, die historischen Zusammenhänge näher zu betrachten, wobei es angebracht erscheint, die Zeit ab etwa 1700 in den Blick zu nehmen: als eine erste Phase des gemeinsamen Entstehens, in der das musikhistorische und das musikbiographische Schreiben kaum voneinander getrennt waren, gefolgt von einer zweiten Phase, in der sich die Musikwissenschaft universitär aufzustellen begann, im geisteswissenschaftlichen Diskurs sich etablierte und diesen Prozess mit einer deutlichen Ablehnung des biographischen Schreibens verband; schließlich eine dritte Phase, die bis in die Gegenwart reicht, in der man sich erneut und durchaus produktiv mit biographischer Methodik und ihrem Konnex zur Musikwissenschaft auseinandersetzt.

4.2. Die Anfänge der Musiker-Biographik im 18. Jahrhundert

Der Beginn einer Musikgeschichtsschreibung im heutigen Sinn ist im 18. Jahrhundert zu verorten: Von aufklärerischen Impulsen getragen und durch enzyklopädischen Anspruch motiviert entstanden zunehmend musikhistorische, -kritische und -theoretische Schriften, die äußerst heterogen waren und noch nicht unter dem Begriff ›Musikwissenschaft‹ zusammengefasst wurden. Biographische und autobiographische Texte spielten dabei eine zentrale Rolle, zumal sie explizit mit einem historiographischen Anspruch verbunden waren (↗ III.5. Biographische Kleinformen): Wolfgang Caspar Printz' biographisch-lexikalische Schrift *Historische Beschreibung der edlen Sing- und Kling-Kunst*[1] (Dresden 1690) trug diesen Anspruch bereits im Titel, und Johann Mattheson wählte sich Clio als Motto-Figur für die *Grundlage einer Ehren-Pforte, woran der Tüchtigsten Capellmeister, Componisten, Musikgelehrten, Tonkünstler etc. Leben, Wercke, Verdienste etc. erscheinen sollen* (Hamburg 1740). »Es ist symptomatisch für das Frühstadium der musikalischen Historiographie«, so Manuel Gervink, »daß Biographik und allgemeine Geschichtsdarstellung noch ineinandergreifen. Die dahinter stehende Absicht [...], nämlich das Leben eines Komponisten darzustellen und es an die Seite seines Œuvres zu setzen, zielt auf eine gänzlich neuartige Ineinssetzung des Künstlers und seines Werks. In der geschichtlichen Betrachtung wird diese Einheit ›historisiert‹« (Gervink 1995, 42).

Bemerkenswert ist dabei nicht nur die Beobachtung, dass musikhistorisches und -biographisches Schreiben nicht voneinander zu trennen sind (↗ VII.2. Literaturwissenschaft), sondern vor allem auch, dass die Berufsgruppe der Musiker als biographiewürdig wahrgenommen wurde. Dies war

1 Faksimile-Nachdruck hg. von Othmar Wessely. Graz 1964.

bis dato keineswegs selbstverständlich, im Gegenteil: Anders als in anderen Kunstsparten – etwa bei Dichtern oder Malern – war der soziale Status eines Musikers noch bis weit ins 18. Jahrhundert hinein niedrig, gehörte dieser doch – zumal im höfischen Kontext – zu den Hofbediensteten. Auf die Frage der Biographiewürdigkeit nahm zudem Einfluss, dass die moralische Integrität des ›Musicus‹ oder des ›Musikanten‹ immer wieder infrage stand; diese seien »mit unzähligen moralischen Mängeln umgeben«, so etwa Johann Adolph Scheibe in seinem *Critischen Musicus*.[2]

Matthesons *Ehren-Pforte* wandte sich offensiv gegen diese Vorwürfe. Und obgleich das allgemeine Interesse an Biographien um die Mitte des 18. Jahrhunderts auch, und erstmals nachhaltig, die Musik erreicht hatte, bestand für Mattheson offenbar noch immer ein gewisses Legitimationsbedürfnis. Dementsprechend betont er sogar, dass »unter meinen Musicis« keine moralisch fragwürdigen Personen anzutreffen seien, »sondern es sind (menschliche Schwachheiten ausgenommen) tüchtige, gottsfürchtige, redliche fromme Männer, an deren etlicher Schreibart selbst man so gar erkennen kann, daß sie den Lastern feind sind« (Mattheson 1740, IX). Die moralische Integrität aber stützte das Argument der Biographiewürdigkeit.

Aus dieser Kontroverse um die Integrität (und die Biographie- bzw. Historiographiewürdigkeit) des Musikers allgemein ging das aufklärerisch geprägte Bild des Musik-Gelehrten hervor, ein Bild, das ein verstärktes Interesse an biographischem Schreiben weckte, vor allem auch über das bislang präferierte lexikalisch-biographische Schreiben hinaus: Joachim Kremer konstatiert hier eine »folgenreiche und grundlegende Umwandlung der Biographik von der sozialen Typisierung zur Individualisierung« (Kremer 2004, 12 f.) und damit verbunden die Emanzipation des einzelnen Musikers aus der Gruppe der ›Musikanten‹ oder der Hofmusiker.[3]

2 Johann Adolf Scheibe: *Critischer Musikus, neue, vermehrte und verbesserte Auflage*. Leipzig 1745. Reprogr. Nachdr. Hildesheim/Wiesbaden 1970, S. 526.

3 Norbert Elias: *Mozart: zur Soziologie eines Genies*. Hg. v. M. Schröter. Frankfurt a. M. 1991.

4.3. Mozart als Katalysator und die Biographik ab 1760

Dieser für die Musikerbiographie wichtige Schritt vollzog sich in den 1760er Jahren, deutlich erkennbar an zwei Ereignissen: Zum einen veröffentlichte John Mainwaring 1760 die *Memoirs of the Life of the Late George Frederic Handel*, die im Jahr darauf bereits in der deutschen Übersetzung von Johann Mattheson in Hamburg erschienen. Zum anderen erwähnte Leopold Mozart, der selbst besonders deutlich dem Typus des aufgeklärten Musikers entsprach, in den 1760er Jahren mehrfach, dass er eine Biographie über seinen jungen Sohn Wolfgang zu schreiben beabsichtige (vgl. dazu Unseld 2006). Obgleich der Vater diesen Plan nie ausführte, war Wolfgang Amadeus Mozart derjenige Komponist, über den zum ersten Mal mehrfach und in großem Umfang biographisch geschrieben wurde.

Dass es gerade Mozart war, an dem sich das biographische Schreiben erstmals in größerem Umfang etablierte, lag nicht zuletzt daran, dass in seinem Lebensweg einzelne Momente zusammenfielen, die es den Biographen ermöglichten, in Mozart den Prototyp eines modernen Künstlers zu sehen: Mozart in seiner frühen und höchst erfolgreichen ›Wunderkind‹-Karriere als Vorbild für junge Musiker;[4] als Ausnahmeerscheinung zunächst unter aufklärerischen Gesichtspunkten im Sinne eines hochinteressanten Studienobjektes – eines »unschätzbare[n] Kabinetsstück[s]«[5] –, dann auch unter genieästhetischen Gesichtspunkten; sowie Mozart, der mit dem Abschied vom Salzburger Hofdienst die Existenz des ›freien‹ Künstlers wählte, als künstlerisch-genialischer Rebell im Sinne romantischer Idealisierung (↗ VIII.2.1. Konzeptionelle Vorüberlegungen).[6]

4 Vgl. anonym [Ignaz Ferdinand Arnold]: *Mozarts Geist. Seine kurze Biographie und ästhetische Darstellung seiner Werke*. Erfurt 1803.

5 Friedrich Schlichtegroll: »Johannes Chrysostomus Wolfgang Gottlieb Mozart«. In: *Nekrolog auf das Jahr 1791. Enthaltend Nachrichten von dem Leben merkwürdiger in diesem Jahre verstorbener Personen, Zweyter Jahrgang, zweyter Band*. Gotha 1793, S. 82–111, S. 83.

6 Aleksandr Ulybišev [Alexander Oulibicheff]: *Mozart's Leben nebst einer Uebersicht der allgemeinen Geschichte der Musik und einer Analyse der Hauptwerke Mozart's*. 3 Bde. Stuttgart 1847 (russ. 1843).

Mozart gab innerhalb weniger Jahrzehnte die Grundlage höchst heterogener biographischer Bilder ab. Dies wurde ermöglicht durch einen bezeichnenden musikhistorischen Ausnahmefall: durch die außergewöhnliche Fülle an biographischem Material, für die bereits Leopold Mozart gesorgt hatte und für dessen Erhalt und Verbreitung Constanze Mozart Sorge trug (Finke 2008), andererseits durch die Heterogenität dieses Materials, das sowohl für ein apollinisches Künstlerideal als auch für ein geheimnisumwittertes, romantisierendes Geniebild (u. a. auch literarisiert bei Aleksandr Puškin: *Mozart und Salieri*, 1830) verwendet werden konnte (↗ III.6.2. Musiktheater).[7]

Bezeichnend für diese Phase der Musiker-Biographik ist, dass die einschlägigen Mozart-Biographien von fachfremden Autoren verfasst wurden: Georg Nikolaus von Nissen, der in Zusammenarbeit mit Constanze Mozart eine auf den Briefen der Familie Mozart basierende Biographie verfasste,[8] war Legationsrat, und Otto Jahn, der zum Jubiläumsjahr 1856 den ersten Band seiner Mozart-Biographie veröffentlichte, war Philologe und Archäologe.[9] Besonders diese philologisch-archäologische Methodik nahm dabei großen Einfluss auf Musikforscher wie Friedrich Chrysander oder August Wilhelm Ambros. In den *Culturhistorischen Bildern aus dem Musikleben der Gegenwart* fasste Letzterer die Vorzüge der jahnschen Methode zusammen:

»Daß die Biographie eines Künstlers etwas anderes und mehr sein solle als ein bloßes curriculum vitae, [...] mehr als ein bloßes Seitenstück zu den offiziellen éloges der französischen Akademie, [...] mehr endlich als ein Conglomerat von Anekdoten und Charakterzügen, von denen insgemein drei Viertheile apokryph sind – das eingesehen zu haben ist ein wesentliches Verdienst der Neuzeit. [...] Hier [bei Jahn] lernen wir den unvergleichlichen Meister selbst nicht mehr wie ein mythisches Wunder, wie ein vom Himmel herabgefallener Meteor ansehen, sondern begleiten den Knaben, den Jüngling, den Mann Wolfgang Mozart Schritt für Schritt – wir sehen die Wunderpflanze keimen, wachsen, blühen, Früchte tragen.«[10]

Jahn integrierte in seine Mozart-Biographie erstmals die an der Philologie geschulte textkritische Methode, eine Pioniertat, die »für die Entwicklung und Etablierung des Faches Musikwissenschaft kaum zu überschätzen« (Sandberger 1997, 43) ist. Direkt mit den einzelnen philologisch geschulten Forscher-Persönlichkeiten hängt zusammen, dass sich um die Jahrhundertmitte die Wende von der Universalhistoriographie mit lexikalisch-biographischen Anteilen zur monographischen Musikerbiographie abzeichnete: Das Interesse von Otto Jahn, Philipp Spitta, Friedrich Chrysander und anderen entzündete sich an Werk und Persönlichkeit einzelner Komponisten und initiierte somit ein auf philologischer Methodik beruhendes biographisches Schreiben, das die Musikwissenschaft in der zweiten Hälfte des 19. Jahrhunderts maßgeblich bestimmte (↗ VII.2. Literaturwissenschaften). Stützen konnte sich dieses Interesse an einzelnen Komponisten auf jene geschichtstheoretischen Thesen, die die Monumentalität Einzelner fokussierten (von Zimmermann 2006). Hinzu kam, dass sich das dem 19. Jahrhundert eigene, alle Künste prägende Geniebild mit einem neuen Musikverständnis verband, das die Musik als Quasi-Religion aufwertete und sie damit zu einem (kulturellen wie nationalen) Identifikationsmedium ersten Ranges werden ließ. Auf diese Weise konnten Komponisten als Schöpfer einer auf jene Art überhöhten Musik in die Riege der (Geistes-)Größen aufgenommen werden, die das Bürgertum als Möglichkeit erkannte, sich seiner politischen wie kulturellen Bedeutung zu vergewissern (↗ II.5. Biographie und Gedächtnis). Dessen eingedenk waren zahlreiche der oft mehrbändig angelegten Komponistenbiographien bürgerlichen Lebenslaufmodellen nachempfunden (Herkunft, Ausbildung, Karriere), woraus sich eine gewisse Vorbildfunktion ableiten ließ, zugleich war dem Status des Komponisten als Genie eine gewisse Ausnahmeposition zugestanden, die ihn als Außenseiter, nicht als Alltagsmenschen vorstellte. Umfang und philologische Akribie dieser Biographien – etwa der Mozart-Biographie

7 Aleksandr Puškin [Alexander Puschkin]: *Mozart und Salieri*. Russ.-dt. Ausgabe. Stuttgart 1985.

8 Georg Nikolaus von Nissen: *Biographie W. A. Mozart's. Nach Originalbriefen, Sammlungen alles über ihn Geschriebenen, mit vielen neuen Beylagen, Steindrücken, Musikblättern und einem Facsimile*. Leipzig 1828. Reprint hg. von Rudolph Angermüller. Hildesheim/Zürich/New York 1991.

9 Otto Jahn: *W.A. Mozart*. 3 Bde. Leipzig 1856–1859.

10 August Wilhelm Ambros: *Culturhistorische Bilder aus dem Musikleben der Gegenwart*. Leipzig 1860, S. 7 ff.

von Otto Jahn (1856–1859), der Händel-Biographie von Friedrich Chrysander (1858–1867), den Beethoven-Biographien von Ludwig Nohl (1867–1877) und Alexander Wheelock Thayer (ab 1866, unvollendet), der Bach-Biographie von Philipp Spitta (1873–1880) oder der Brahms-Biographie von Max Kalbeck (1904–1914) – verwiesen dabei einerseits auf die Bedeutung des einzelnen Komponisten. Die Darstellung ›großer‹ Komponisten in umfangreichen (häufig mehrbändigen) und vielgelesenen Biographien trug in jedem Fall wesentlich zur Kanonbildung bei, ein Prozess, der angesichts des sich immer stärker historisch orientierenden Konzertwesens von großer, bis in die gegenwärtige Musikpraxis reichender Bedeutung war. Andererseits festigte sich mit den monumentalen Komponistenbiographien auch der (wissenschaftliche) Anspruch des Biographen. Denn wie Komponisten damit erstmals in die Riege der (nationale wie kulturelle) Identität stiftenden Persönlichkeiten aufrückten, vermochte ihre biographische Heroisierung durchaus auch einiges Licht auf die Biographen selbst abzuwerfen: »Wenn die neuere Forschung sich mit Vorliebe auf die wissenschaftliche Bewältigung der größten Meister wirft, so darf man ihr den Vorwurf der Verzagtheit wenigstens nicht machen. Sie wählt sich das Schwerste gleich im ersten Angriff, sie faßt den Stier bei den Hörnern« (Spitta, zit. nach Sandberger 1997, 42).

4.4. Die Rolle der Biographik im Prozess der sich etablierenden Musikwissenschaft im 19. Jahrhundert

Im Kontext der sich universitär etablierenden Musikwissenschaft spielte das biographische Schreiben zunächst eine zentrale Rolle. Einerseits fungierte es als einer der drei zentralen Bereiche der Musikgeschichtsschreibung. Chrysanders Konzept etwa fußte auf dieser Dreiteilung: Das Phänomen Georg Friedrich Händel sollte durch die Beschäftigung mit dem Werk (Werkausgabe ab 1858) und dem Leben des Komponisten[11] erschlossen und die Ergebnisse sollten in einer musikwissenschaftlichen Reflexion (*Jahrbuch für musikalische Wissenschaft*, ab 1863) zusammengeführt werden. Andererseits waren es ausgewiesene Biographen, die bei der Etablierung der Musikwissenschaft auf zentrale Positionen berufen wurden, wie etwa der studierte Altphilologe Philipp Spitta. Er publizierte 1873 den ersten Band seiner Bach-Biographie, woraufhin ihm zwei Jahre später – vor allem auf Betreiben Joseph Joachims (Schilling 1994, bes. 81–98) – die einflussreiche Professur für Musikgeschichte und Musikwissenschaft in Berlin übertragen wurde:

> »Dieser Herr, seines Zeichens Gymnasiallehrer, lebte noch im Jahre 1874 still und harmlos in Sondershausen und ist heute ›Professor der Musikgeschichte und Musikwissenschaft an der Universität in Berlin, Lehrer der Musikgeschichte an der Hochschule und zweiter ständiger Secretär an der Academie der Künste‹. [...] Mit der ersten Hälfte einer Biographie drei neugeschaffene, äusserlich ehrenvolle, und wie ich höre, auch einträgliche Stellen zu gewinnen, das ist gewiss noch niemals dagewesen [...].«[12]

Auch wenn diese Polemik von persönlichem Neid getragen sein mag, zeigt sie doch deutlich, wie außergewöhnlich Spittas durch den ersten Teil seiner Bach-Biographie ausgelöster Karrieresprung war, und zugleich auch die außergewöhnliche Wirkungsmacht seiner biographischen Arbeit, die dazu führte, ihn in die obersten Wissenschaftskreise Berlins einzuführen.

Mit Guido Adler änderte sich das Verhältnis zwischen Musikwissenschaft und Biographie grundlegend. Die von den ausgewiesenen Biographen Chrysander und Spitta ab 1885 herausgegebene *Vierteljahrsschrift für Musikwissenschaft* wurde von Adler redigiert, der im gleichen Jahr die Nachfolge Eduard Hanslicks als Professor für Musikwissenschaft an der Universität Prag antrat, 1898 nach Wien berufen wurde und dort für die Gründung des Musikwissenschaftlichen Instituts verantwortlich zeichnete. Die Strahlkraft der ersten Ausgabe der *Vierteljahrsschrift* erkennend, veröffentlichte Adler hier den Grundsatzartikel »Um-

11 Friedrich Chrysander: *G.F. Händel*. 3 Bde. Leipzig 1858–1867.

12 Aus einer 1876 erschienenen Schrift von August Reißmann (*Die Königliche Hochschule für Musik in Berlin*), zit. nach Sandberger 1997, S. 35, dort auch Kommentierung; vgl. auch Ulrike Schilling: *Philipp Spitta. Leben und Wirken im Spiegel seiner Briefwechsel. Mit einem Inventar des Nachlasses und einer Bibliographie der gedruckten Werke*. Kassel u. a. 1994, S. 84 f.

fang, Methode und Ziel der Musikwissenschaft«, in dem er nicht nur das Fach Musikwissenschaft in seiner Gesamtheit systematisierte, sondern vor allem auch die beiden Herausgeber mit der Degradierung des biographischen Schreibens als ›Hilfswissenschaft‹ brüskierte. Adler erwähnt die von ihm so genannte »Biographistik« am Ende der »Hilfswissenschaften«, *nach* der »Allgemeinen Geschichte mit Paläographie, Chronologie, Diplomatik, Bibliographie, Bibliotheks- und Archivkunde, Litteraturgeschichte und Sprachenkunde. Geschichte der Liturgien. Geschichte der mimischen Künste und des Tanzes« (Adler 1885, 16).

Mit dieser programmatischen Schrift legte Adler nicht nur den Grundstein für das Fach Musikwissenschaft, sondern zugleich auch für die Ablehnung des biographischen Schreibens, die bis zu Dahlhaus' Polemik von 1975 und darüber hinaus nachwirken sollte. Über die Gründe, die Adler zu dieser Neuausrichtung veranlassten, gilt es noch nachzudenken (Unseld, in Vorb.), nur zwei Ansatzpunkte seien kurz skizziert: Vor allem zu Spitta unterhielt Adler ein zunehmend schwieriges, von offener Konkurrenz geprägtes Arbeitsverhältnis,[13] so dass bei der Ablehnung des Biographischen auch persönliche Animositäten eine Rolle gespielt haben dürften. Darüber hinaus geriet das biographische Schreiben immer mehr in den Verdacht der Literarizität und damit der Unwissenschaftlichkeit (↗III.2. Wissenschaftliche Biographik). Gerade innerhalb des sich neu aufstellenden universitären Fachs Musikwissenschaft sah man in diesem Vorwurf eine Gefahr, die es durch den Verzicht auf biographisches Schreiben abzuwehren galt. Zugleich konnte man den Bereich des biographischen Schreibens Musikhistoriker*innen* wie Marie Lipsius (alias La Mara), Lina Ramann u. a. überlassen, die auf diese Weise ein Betätigungsfeld erhielten, das sie bezeichnenderweise außerhalb der universitären Musikwissenschaft verortete (Deaville 2006).

Erkennbar wird anhand dieser personellen und institutionellen Spuren, dass das Verhältnis von Musikwissenschaft und Biographie in der zweiten Hälfte des 19. Jahrhunderts ein offenbar nahes, wenn auch immer wieder schwieriges, häufig diskutiertes war. Während Hermann Abert mit Blick auf Jahn, Spitta, Nohl u. a. meinte, dass um 1850 das »klassische Zeitalter der Musikerbiographie« begonnen habe und sie »geraume Zeit die vornehmste und erfolgreichste Gattung musikgeschichtlicher Forschung überhaupt« (Abert 1929, 567) gewesen sei, so sind im Verlauf der zweiten Jahrhunderthälfte doch deutliche Distanzierungsbestrebungen zu beobachten. Und obwohl die ersten Lehrstühle für Musikwissenschaft in Deutschland mit ausgewiesenen Biographen besetzt worden waren, geriet biographisches Schreiben gerade im Zuge der universitären Verankerung des Fachs in Misskredit, so dass seit Adler gar infrage stand, ob die Biographik überhaupt einen Teil musikwissenschaftlicher Forschung darstelle.

4.5. Kritik und neue methodische Impulse: Musikwissenschaft und Biographik im 20. und 21. Jahrhundert

Der Kritik, biographisches Schreiben partizipiere vielmehr an der Literatur denn an der Musikwissenschaft, begegnete man zu Beginn des 20. Jahrhunderts auch mit neuen Formen biographischen Schreibens, vor allem mit der Dokumentarbiographik. Die erste Lebensdarstellung dieser Art über einen Musiker war die von Otto Erich Deutsch herausgegebene Biographie *Schubert: Dokumente seines Lebens* (1914). Ursprünglich umfangreicher angelegt, erschienen lediglich zwei Bände. Deutsch, der in den folgenden Jahren weitere Dokumentarbiographien edierte, charakterisierte sie als eine »besondere Art [...] Mosaik-Arbeit«.[14] Dieser musikbiographische Zweig ist bis in die Gegenwart lebendig, etwa in der von Rudolph Angermüller in drei Bänden herausgegebenen Salieri-Dokumentarbiographie[15] und der vom gleichen Herausgeber verantworteten zweibändigen Mozart-Dokumen-

13 Vgl. Guido Adler: *Wollen und Wirken. Aus dem Leben eines Musikhistorikers.* Wien 1935, S. 28 ff.; Ulrike Schilling: *Philipp Spitta* (wie Anm. 12), S. 136–153.

14 Otto Erich Deutsch (Hg.): *Mozart: Die Dokumente seines Lebens.* Kassel 1961, S. VII.

15 Rudolph Angermüller (Hg.): *Antonio Salieri. Dokumente seines Lebens unter Berücksichtigung von Musik, Literatur, Bildender Kunst, Architektur, Religion, Philosophie, Erziehung, Geschichte, Wissenschaft, Technik, Wirtschaft und täglichem Leben seiner Zeit.* 3 Bde. Bad Honnef 2000.

tarbiographie.[16] So überzeugend das Genre der Dokumentarbiographie das Problem der Narrativität von Biographien zu lösen vorgab, so deutlich war von Beginn an auch die Kritik am ›bloßen Registrieren‹: Es sei ein Fehler, so Hermann Abert bereits 1920, »ganz wahllos Stoffmengen auf[zu]türmen und den Weizen nicht von der Spreu zu sondern [zu] wissen« (Abert 1929, 579). Aberts Hauptkritikpunkt zielte auf eine grundlegende Problematik der Künstlerbiographie ab: »Die bequeme Methode des bloßen Registrierens von historischen Tatsachen hat mit große Schuld daran, daß jene widernatürliche Trennung von Kunst und Leben überhaupt aufkommen konnte« (ebd., 576 f.). Denn, so Abert, der Musikhistoriker sei für eine Synthese aus Lebens- und Werkbeschreibung verantwortlich und »was [...] einer als Biograph bedeutet, zeigt sich nicht darin, daß er möglichst viel Tatsachenmaterial zusammenbringt, sondern in der Art, wie er es zu sichten und zu gestalten versteht, nicht in der Vielheit des Gebotenen, sondern in der Auswahl« (ebd., 579; ↗IV.2. ›Histoire‹).

Obwohl biographisches Schreiben über Musiker immer ein großes Lesepublikum fand, wurde es doch bis in die 1980er Jahre hinein im Kontext der Musikwissenschaft äußerst kritisch wahrgenommen, kulminierend in Carl Dahlhaus' Polemik von 1975: Unzeitgemäß sei die Monumentalbiographie der Gründerzeit, da »nahezu sämtliche Voraussetzungen, von denen sie früher getragen wurde, heute aufgehoben oder zu geringen Resten geschrumpft« (Dahlhaus 1975, 82) seien. Zu diesen Voraussetzungen zählte Dahlhaus die bürgerliche Selbstverortung nach der Französischen Revolution, den »patriotischen Eifer und Enthusiasmus« und die Wahrnehmung der Musik als Kunstreligion. Diesen Ballast abzuschütteln sei, so Dahlhaus, die Prämisse, Musik verstehen zu können, vor allem sei »die biographische Fundierung musikalischer Werke [...] auch dort, wo sie rekonstruierbar erscheint, für die Interpretation irrelevant« (ebd.), verleite den Hörer zu einem rein empathischen, nicht das Verstehen von Musik intendierenden Hören. Dahlhaus trug mit dieser Argumentation den Vorwurf der Popularisierung durch Literarizität weiter. Verstehendes Hören von Musik sei nur ohne biographisches Wissen möglich (vgl. dagegen Schubert 1997).

Eine nicht unerhebliche Rolle spielte dabei auch die Frage nach dem Verhältnis zwischen Leben und Werk: Der Biograph Ignaz Arnold hatte in seiner Biographie *Mozarts Geist* die Lebens- von der Werkbeschreibung geschieden und dabei Letzterer einen erheblich größeren Raum beigemessen (Biographie = 104 Seiten, Werkteil = 308 S.) und Chrysander in der Trias von Biographie, Werkedition und musikwissenschaftlich/-historischer Reflexion eine Sinneinheit gesehen. Doch mit Adlers Kritik am Biographischen wurde diese Einheit aufgebrochen und in verschiedene Sphären aufgespalten: Die Biographie eines Komponisten erschien nun vor allem für ein Publikum relevant, das einen eher intuitiven und empathischen Zugang zur Musik habe, während musikwissenschaftliches Verstehen einem (kleinen Kreis) von Musikhörenden vorbehalten sei, die sich als Kenner verstehen und ein analytisches Hören favorisieren. Damit verlor biographisches Schreiben für die Werkbetrachtung an Relevanz, was im Verlauf des 20. Jahrhunderts eine höchst kontroverse Debatte innerhalb des Faches Musikwissenschaft zeitigte, in der einerseits die Abstinenz von allem Biographischen gefordert wurde, um auf diese Weise die (Kunst-)Musik vor Popularisierungstendenzen zu bewahren – Dahlhaus forderte in diesem Zusammenhang, dass »aus der Reflektiertheit des Kompositionsprozesses [...] eine analoge Reflektiertheit des musikalischen Hörens« (Dahlhaus 1993, 72) zu folgen habe, das für ihn nur ohne das biographische Subjekt möglich schien. Die Gegenposition dazu – vertreten etwa durch Constantin Floros – postulierte die Untrennbarkeit von Biographie und Werk, das Verstehen von Musik sei nur in der ganzheitlichen Betrachtung möglich.[17] Floros' Position, dass biographische Informationen nicht zuletzt auch für das tiefere Verstehen und die Analyse von Musik notwendig seien, wurde u. a. gestärkt durch die Entdeckung des geheimen Programms der *Lyrischen Suite* von Alban Berg, die zuvor als von Lebenszusammenhängen unabhängige Komposition inter-

16 Rudolph Angermüller (Hg.): *Mozart 1485/86 bis 2003. Daten zu Leben, Werk und Rezeptionsgeschichte der Mozarts.* 2 Bde. Tutzing 2004.

17 Vgl. u. a. Constantin Floros: *Alban Berg. Musik als Autobiographie.* Wiesbaden u. a. 1992.

pretiert und analysiert, 1976 aber als kompositorisches Dokument einer geheimen Affaire Bergs erkennbar geworden war (Floros 2001).

Obgleich die Sozialgeschichtsschreibung, von einer überindividuellen Perspektive ausgehend, dem Biographischen kritisch gegenüberstand, war es gerade deren Einfluss, der die Musikwissenschaft ab den 1970er Jahren wieder vermehrt dem biographischen Schreiben öffnete (↗ V.6. 20. Jahrhundert). Denn aufgrund sozialgeschichtlicher Studien wurde die eklatante Verdrängung verschiedener Personengruppen aus der bisherigen, heroengeschichtlich orientierten Musikgeschichtsschreibung offenkundig, darunter auch die Verdrängung von Frauen.[18] Die musikwissenschaftliche Frauenforschung reagierte darauf mit biographischen Studien über Komponistinnen und Musikerinnern (Instrumentalistinnen, Sängerinnen u. a.), denn auch hier galt, dass »gerade die Biographie [...] lange Zeit ein zentrales Instrument [war], um die Perspektive von Frauen in die jeweiligen Disziplinen einzuschreiben«.[19] Diesem Anspruch des Einschreibens stand freilich in vielen Fällen eine Ghettoisierung gegenüber, die Biographien über Musikerinnen in einem abgeschlossenen, nicht in die allgemeine Musikgeschichtsschreibung und -forschung integrierten Bereich festhielt. Diesem Dilemma begegnet gegenwärtig die musikwissenschaftliche Gender- und Biographik-Forschung. Denn nicht zuletzt war die Sichtbarmachung von Komponistinnen ein Anlass, erneut über grundlegende Fragen der musikalischen Biographik (Borchard 2005, Unseld 2009) und der Historiographie, etwa der nach der methodisch sinnvollen Integration von Frauen in die Geschichtsschreibung überhaupt, nachzudenken (Losleben/Kreutziger-Herr 2008). Dass sich dieser Schritt als »Anstiftung zu einem methodologischen Streit« (Borchard 2005, 589) versteht, verweist auf das wechselvolle und dabei schwierige Verhältnis von biographischem Schreiben und Musikwissenschaft, das auch künftig Gegenstand weiterer Forschung und fachwissenschaftlicher Diskussion bleiben wird.

18 Nur wenige Ausnahmen – zumeist Sängerinnen oder Interpretinnen wie Clara Schumann – waren bis dato überhaupt biographisiert worden; vgl. La Mara [Marie Lipsius]: *Musikalische Studienköpfe*. Bd. 5: Die Frauen im Tonleben der Gegenwart. Leipzig 1882; Berthold Litzmann: *Clara Schumann. Ein Künstlerleben. Nach Tagebüchern und Briefen*. 3 Bde. Leipzig 1902–1908.

19 Sabine Brombach/Bettina Wahrig (Hg.): *LebensBilder. Leben und Subjektivität in neueren Ansätzen der Gender Studies*. Bielefeld 2006, S. 9; vgl. Bettina Dausien: »Biographieforschung als ›Königinnenweg‹? Überlegungen zur Relevanz biographischer Ansätze in der Frauenforschung«. In: Angelika Diezinger u. a. (Hg.): *Erfahrung mit Methode. Wege sozialwissenschaftlicher Frauenforschung*. Freiburg 1994, S. 129–153.

Literatur

Abert, Hermann: »Über Aufgaben und Ziele der musikalischen Biographie. Erweiterte Fassung« [1920]. In: Ders.: *Gesammelte Schriften und Vorträge*. Hg. von Friedrich Blume. Halle 1929, S. 562–588.

Adler, Guido: »Umfang, Methode und Ziel der Musikwissenschaft«. In: *Vierteljahrsschrift für Musikwissenschaft* 1. Jg. (1885), S. 5–20.

Borchard, Beatrix: *Stimme und Geige. Amalie und Joseph Joachim. Biographie und Interpretationsgeschichte*. Wien 2005.

Dahlhaus, Carl: »Werk und Biographie«. In: Ders.: *Ludwig van Beethoven und seine Zeit*. Laaber ^{3}1993, S. 29–73.

Ders.: »Wozu noch Biographien?«. In: *Melos/NZfM* 1. Jg, 2 (1975), S. 82.

Deaville, James: »This Is (Y)our Life: (Re)Writing Women's Autobiographies in Music in Nineteenth-Century Germany«. In: Jolanta T. Pekacz (Hg.): *Musical Biography. Toward New Paradigms*. Aldershot/Burlingon 2006, S. 135–158.

Finke, Gesa: »›Konstanze machte ihr Witwendasein zu ihrem Beruf.‹ Zu einer Würdigung Konstanze Mozarts als Nachlassverwalterin«, http://www.historyherstory.de/14.html (31.1.2009).

Floros, Constantin: *Alban Berg und Hanna Fuchs. Die Geschichte einer Liebe in Briefen*. Zürich/Hamburg 2001.

Gervink, Manuel: »Voraussetzungen und Grundlinien deutscher Musikerbiographik im 18. Jahrhundert«. In: *Acta Musicologica* 67. Jg. (1995), S. 39–54.

Kremer, Joachim/Hobohm, Wolf/Ruf, Wolfgang (Hg.): *Biographie und Kunst als historiographisches Problem. Bericht über die Internationale Wissenschaftliche Konferenz anläßlich der 16. Magdeburger Telemann-Festtage Magdeburg, 13. bis 15. März 2002*. Hildesheim/Zürich/New York 2004.

Kytzler, Bernhard (Hg.): *Otto Jahn (1813–1868). Ein Geisteswissenschaftler zwischen Klassizismus und Historismus*. Stuttgart 1991.

Losleben, Katrin/Kreutziger-Herr, Annette (Hg.): *History/Herstory. Alternative Musikgeschichten*. Köln 2008.

Mattheson, Johann: *Grundlage einer Ehren-Pforte, woran der Tüchtigsten Capellmeister, Componisten, Musikgelehrten, Tonkünstler etc. Leben, Wercke, Verdienste etc. erscheinen sollen*. Hamburg 1740.

Sandberger, Wolfgang: *Das Bach-Bild Philipp Spittas. Ein*

Beitrag zur Geschichte der Bach-Rezeption im 19. Jahrhundert. Stuttgart 1997.
Schubert, Giselher (Hg.): *Biographische Konstellation und künstlerisches Handeln.* Mainz u. a. 1997.
Unseld, Melanie: *Biographie und Musikgeschichte.* Habil.-Schrift (in Vorb.).
Dies.: »(Auto-)Biographie und musikwissenschaftliche Genderforschung«. In: Rebecca Grotjahn/Sabine Vogt (Hg.): *Kompendium musikwissenschaftliche Gender Studies.* Laaber 2009 (Druck in Vorb.).
Dies.: »›...ein Berühmter Capellmeister, von dem die Nachwelt auch noch in Büchern lieset‹ Mozart und die Idee der Musikerbiographie«. In: Herbert Lachmayer (Hg.): *Mozart 2006 – Experimentelle Aufklärung und latente Romantik im Wien des späten 18. Jahrhunderts.* Essayband zur Mozart-Ausstellung. Wien/Ostfildern 2006, S. 431–435.
Zimmermann, Christian von: *Biographische Anthropologie. Menschenbilder in lebensgeschichtlicher Darstellung (1830–1940).* Berlin/New York 2006.

Melanie Unseld

5. Religionswissenschaft

5.1. Biographisches Erleben und religiöse Biographiekonstruktion in den Weltreligionen

Wilhelm Dilthey unterscheidet zwischen »äußerer Wahrnehmung« und »Bedeutung« einer »Erlebniseinheit« (Dilthey 1989, 22 f.). Im »Erlebnis« finden Faktum als Impulsauslöser und Deutung eine unauflösbare Einheit. Der »Lebensverlauf«, »der von Geburt und Tod umgrenzt ist«, ist die vollständigste Grundlage für die Erlebniseinheit: »Das vollständige und in sich abgeschlossene, klar abgegrenzte Geschehen, das in jedem Teil der Geschichte, wie in jedem geisteswissenschaftlichen Begriff enthalten ist, ist der Lebensverlauf« (ebd., 21). Der Lebensverlauf ist die Grundlage der biographischen Lebensgeschichte, und die biographische Lebensgeschichte ist die Bedeutungsebene des Lebensverlaufs. Sie konstruiert die äußeren Wahrnehmungen, Erfahrungen, Impulse und Leiden zu einer zusammenhängenden Lebenseinheit und gibt der Zeit des Lebensverlaufs einen biographischen Sinn (↗II.7. Biographie zwischen sozialer Funktion und sozialer Praxis).

Die Grenzpunkte von Lebensverlauf und nachträglich konstruierter Geschichte sind ›Geburt‹ und ›Tod‹. Für diese Grenzpunkte kommt der Religion eine besondere Bedeutung zu, denn sie trifft bekanntlich Aussagen über die Realitäten vor der Geburt und nach dem Tod. Die Religion zeigt auf, wie diese Realitäten auf das aktuelle Erleben einwirken und wie sie die Konstruktion von biographischer Geschichte, also die nachträglich hergestellte Einheit des Lebensverlaufs, bestimmen. Die Religion stellt die Deutungsmuster bereit, die die einzelnen Erlebniseinheiten von dem den Lebensverlauf übergreifenden Sinn her als religiöse Lebensgeschichten konstruieren.

Gegen eine heteronome, voraufklärerische Religionsauffassung – Gott/Götter als agierende(s) Subjekt des Geschichtsverlaufs – lässt sich seit der Frühaufklärung der Griechen und der Aufklärung der Neuzeit die »Handlungszielkompatibilität« setzen: »Handlungszielkompatibilität stellt ein transnarratives konstitutives Sinnkriterium des historischen Erzählens dar« (Rüsen 2003, 29). Bei dieser transnarrativen Sinnkonstruktion schafft die Religion Meistererzählungen, die historische Deutungsmuster für die biographische Erlebniseinheit und die biographische Einheitlichkeit des Lebensverlaufs aufnehmen und für eine Gesellschaft oder Gruppe als Orientierung anbieten: »Die markantesten Beispiele für orientierungsstarke Geschichten sind Meistererzählungen, die Großgruppen eine Vorstellung ihrer Zugehörigkeit, ihrer kollektiven Identität, vermitteln: nationale Begründung- und Erfolgsgeschichten, religiöse Heilsgeschichten zum Beispiel. Sie folgen den zeitgenössischen Ereignissen und reorganisieren das Selbstverständnis der Betroffenen so, dass die neuen Erfahrungen in die kulturellen Orientierungen ihrer Lebenspraxis integriert werden« (ebd., 29 f.).

Die großen Weltreligionen Judentum, Christentum, Islam und Buddhismus bieten als solche Meistererzählungen die Biographien ihrer Gründer und bedeutender Gestalten ihrer Religion.[1]

5.2. Autobiographien, Gründerbiographien und Hagiographien

Georg Misch erarbeitet 1907 parallel zu Dilthey die umfassende Monographie: *Begriff und Ursprung der Autobiographie* (Misch 1949). Misch operiert mit einem ähnlichen Gegensatz wie Dilthey, den er von der philosophischen in die literaturwissenschaftliche Sichtweise verlagert: »Da die Bildung der Persönlichkeit einerseits von der jeweiligen sozialen Umwelt, andererseits von der Selbstbesin-

1 Vgl. Günter Lanczkowski: *Verborgene Heilbringer*. Darmstadt 1977.

nung des Individuums abhängt, ist die Autobiographie in zweifacher Hinsicht zu betrachten: als eine eigene Literaturgattung und als eine elementare, allgemein menschliche Form der Aussprache von Lebenserfahrung« (ebd., 5 f.).

Diese Unterscheidung der elementaren »Aussprache der Lebenserfahrung«, zu der die Religion gehört, von der Literaturgattung ›Autobiographie‹ ist grundlegend. In allen Religionen spielen mündliche und schriftliche religiöse Autobiographien als Aussprache von Lebenserfahrungen eine zentrale Rolle, z. B. das Sündenbekenntnis in den alttestamentlichen Psalmen, in der christlichen Beichte, im (täglichen) Anrufen des barmherzigen Gottes im Islam, bei den Reinigungen im Hinduismus und den Meditationen im Buddhismus. Die Form der religiösen Autobiographie beeinflusst dann die literarischen Gattungen der Biographie und wird umgekehrt von den biographischen Meistererzählungen geprägt (↗ III.1. Literarische Biographik).

5.2.1. Der Alte Orient

Mit den altägyptischen Grabinschriften setzen die elementaren, autobiographischen Zeugnisse und zugleich die ältesten, erhaltenen Texte der religiösen biographischen Geschichtsschreibung ein.[2] Ähnlich sind die biographischen sumerischen Königslisten gestaltet, die aber noch der mythischen Geschichtsschreibung verhaftet sind.[3] Diese altorientalischen Gattungen bleiben auf ›äußere Wahrnehmung‹ begrenzt. Ihre Lebenserfahrung wird von außen, von den Göttern bestimmt. Diese schaffen den Menschen, präfigurieren seinen Lebensverlauf mit seinen Erfahrungen und bestimmen über sein Weiterleben nach dem Tod. Es handelt sich um eine heteronome Konstruktion von Lebensgeschichte und Realität. Menschliche und göttliche Realität gehen gleitend ineinander über.[4]

2 Vgl. Christel Butterweck u. a. (Hg.): *Religiöse Texte. Grab-, Sarg-, Votiv-, und Bauinschriften*. Güterloh 1988, S. 506–555.

3 Vgl. Rykle Borger/Walter Hinz/Wilhelm Römer (Hg.): *Historisch-chronologische Texte I*. Gütersloh 1984, S. 328–337.

4 Vgl. Eberhard Otto: *Die biographischen Inschriften der ägyptischen Spätzeit. Ihre geistesgeschichtliche und literarische Bedeutung*. Leiden 1954.

5.2.2. Griechisch-römische Religion und frühes Christentum

Für die Antike und das Neue Testament haben die Ereignisse, die mit einem öffentlichen Amt zusammenhängen, Vorrang. So beschränken sich die Evangelien auf die ein bis drei Jahre des öffentlichen Wirkens Jesu (↗ V.1. Antike). Diese Werke erzeugen wie die anderen, ähnlich aufgebauten antiken Biographien, die innere ›Erlebniseinheit‹ eines öffentlich bedeutsamen, religiösen Lebensverlaufes für jeden damaligen Leser. Es entsteht für den Leser ein »Lebensbild« (Plutarch, Alexander 1). Der Biographierte erhält entweder ein nachahmenswertes oder abschreckendes Charakterbild für die persönlich gelebte Religiosität (↗ II.3. Biographie und Anthropologie).

Die Evangelien setzen zusätzlich zu den antiken Biographien das ›Christusbild‹ ein. »Den Willen Gottes Tun (*poieo*)« (Mk 3,35) verleiht Jesus von Nazareth und jedem Christen geschichtsmächtige Personalität. Das anonym bleibende, antike Volk wird in Einzelpersonen aufgelöst. Sie bekommen von Gott ein »Gesicht«, ein Bild (2 Kor 1,11; Mk 12,14 par.; Apg 10,34). Ihr Handeln erhält einen weiteren, erzählbaren *bios*; sie werden zu neuen Subjekten der Geschichte. So werden das Opfer der armen, ihr ganzes Geld gebenden Witwe (Mk 12,41–44 par.) und die Salbung der unbekannten Frau (Mk 14,1–9 par.; Lk 7,36–50) in der ganzen Welt weitererzählt (Mk 14,9). Dagegen bleiben die Objekte der antiken Biographie elitär; sie bleiben auf einen Zitier-Kanon bedeutender Personen beschränkt.

Die literarischen Gattungen Biographie, Autobiographie und Evangelium bringen einen spezifischen Zweig von geschichtsorientierenden, religiösen Meistererzählungen zur Geltung. Sie führen die pathetische Geschichtsschreibung im Anschluss an Herodot fort, die ab Cicero aus dem literarischen Kanon der hohen Literatur ausgegrenzt wurde.[5] Träume, Wunder und Mythen gehen in ihnen als Orientierung von Handlungszielen weiter und wirken gemeinsam mit Religion, Philosophie

5 Vgl. Mathis-Christian Holzbach: *Plutarch: Galba-Otho und die Apostelgeschichte – Ein Gattungsvergleich*. Münster 2006.

und Geschichtsschreibung an der Handlungszielkompatibilität mit.

Biographien und Autobiographien von Gründergestalten, die Großgruppen eine Vorstellung ihrer Zugehörigkeit und kollektiven Identität vermitteln, werden noch immer geschrieben.[6] Evangelien dagegen werden im Christentum nicht mehr verfasst.

Ab dem 2. Jahrhundert geht die Evangeliumgattung in die Beschreibung von Martyrien und ab dem 3. Jahrhundert in die Beschreibung von Heiligenleben über.

Die Spannung zwischen individuellem Charakter und Leben nach dem Willen Gottes in christologischer Interpretation wurde mit einem Katalog christlicher Tugenden überbrückt. Dieser schuf feststehende Typen von christlichen Lebensverläufen. Die klassische Antike betonte dagegen stärker die Individualität und sicherte sie mit Hilfe allegorisch gedeuteter Göttertugenden ab. Diese Spannung zwischen Funktion und Individualität prägte die religiöse Biographie und biographische Selbstwahrnehmung, sowohl die historiographische als auch die standesbezogene, bis zur Aufklärung (Scheuer/Bachl/Kuld 2006).

5.2.3. *Aufklärung und Moderne im Christentum*

Mit der Aufklärung rückt die Autonomie des Individuums in den Mittelpunkt der Autobiographie und Biographie. Die Religion wird nur dann zum Thema, wenn der Biographisierte in erkennbarer Weise auf sie Bezug nimmt.

Hagiographien über Heilige, Selige und Zeugen des Glaubens erscheinen allerdings noch immer auf dem theologischen Buchmarkt. Die Deutungen und Erlebnisse/Erfahrungen der Evangelien gehen in ihnen sowie in der ganzen christlichen Religion weiter; sie vermögen noch immer den gegenwärtigen Biographien, den Autobiographien und der kritischen Geschichtsschreibung die Realität der angebrochenen Königsherrschaft Gottes zu vermitteln mit ihrer erweiterten Wahrnehmung für historische Erlebniseinheiten. Die Erweiterung der Wahrnehmung betrifft sowohl die irrationalen Impulse des geschichtlichen Handelns (Träume, Visionen, religiöse Erlebnisse) als auch die zentralen Prinzipien der Deutungsebene.

Die Ausrichtung auf Gottes Willen kann zur ›Königsherrschaft Gottes‹ für jedes menschliche Subjekt, aber auch zur ideologischen Instrumentalisierung und zum Totalitarismus führen. Die Jesus-Anhänger werden zu Subjekten der biographischen und gesellschaftlichen Gestaltung der angebrochenen Endzeit; sie können anfanghaft das himmlische Jerusalem als konkrete Utopie verwirklichen, es aber auch verfehlen.

Da das Christentum wesentlich stärker als andere Religionen auf die geschichtliche Biographie seines Gründers bezogen ist, erzeugt gegenwärtig die Konstruktion von individueller Autonomie eine wesentlich größere Spannung zur christlichen Religionsgeschichte als die autonome Lebensgestaltung in anderen Religionen zu deren Geschichte.

In der Moderne hat sich in der christlichen Bevölkerung Europas eine große Distanz zum Glauben an die göttliche Dreifaltigkeit entwickelt. Jesus von Nazaret wird als vorbildlicher Mensch akzeptiert. Seine Position als zweite göttliche Person stößt dagegen zunehmend auf Unverständnis und Ablehnung. In religionssoziologischen Untersuchungen werden daher die Gottesbilder trennscharf von den Jesusbildern untersucht. Bei den Jesusbildern findet die Immanenz Jesu breite Zustimmung, während die Transzendenz Jesu abgelehnt wird.[7] Inwieweit die heutige Theologie die Immanenz Jesu mit dem überlieferten Trinitätsglauben und der biblischen Grundlage plausibel verbinden kann, bleibt eine offene Frage. Doch die biblischen Zeugnisse bieten nach wie vor umfassende Möglichkeiten einer biographischen Annäherung an die Jesus-Gestalt und andere herausragende Gestalten an (Dormeyer u. a. 2000).

5.2.4. *Judentum, Islam und Buddhismus*

Das Judentum erinnert durch seine hebräische Bibel an die Idealbiographien der Gründungspro-

6 Vgl. Roland Barthes: *Mythen des Alltags*. Frankfurt a. M. ^{2}1970 (franz. 1957).

7 Vgl. Joachim Theis: *Biblische Texte verstehen lernen. Eine bibeldidaktische Studie mit einer empirischen Untersuchung zum Gleichnis vom barmherzigen Samariter*. Stuttgart 2005, S. 184–190.

pheten (Mose, Josua), der frühen Könige (Saul, David, Salomo) und der Schriftpropheten. Sie erhalten die Funktion von Vorbildern. Josephus z. B. erzählt biographisch in seiner Vita von dem halben Jahr seines ›Feldherrenamtes‹ in Galiläa beim religiös motivierten Aufstand der Juden gegen die Römer und seine Gefangenschaft (66–70 n.Chr). Er gestaltet seine Charakterzeichnung nach dem alttestamentlichen Vorbild vom prophetischen König Saul, dem ersten, tragisch gescheiterten König Israels. Um diesen biographisch aufbereiteten Zeitraum legt er einen Enkomion-Lobpreis über Kindheit und Jugend einerseits und über den Aufstieg nach der Gefangennahme zum Berater des flavischen Kaiserhauses andererseits (Dormeyer 2003).

Doch den Willen Gottes zeigen solche Biographien nur indirekt. Direkt bringen den Willen Gottes die göttliche Rede in den Weisungen (Tora = 1–5 Mose), in den prophetischen Büchern und in den weisheitlichen Büchern der Bibel verbindlich zum Ausdruck. Die Propheten und Könige sind nur Künder der Offenbarung; sie haben keine erlösende Heilskraft und können daher nicht angebetet werden.

Ähnlich verfährt der Islam. Der Koran ist die Offenbarungsschrift. Mohammed ist als Empfänger der Offenbarung unverzichtbarer Prophet und Gesandter Allahs (Sure 29,51), aber er wird nicht zur trinitarischen Person. Allerdings hat anschließend die Person von Mohammed in der islamischen Tradition, die im Hadith gesammelt wurde, eine weit größere Beachtung gefunden; Mohammed wurde in seinem Leben und in seiner Koranauslegung zum Vorbild des ›Muslim‹, des wahren Gläubigen.[8]

Auch der Buddhismus gründet auf dem Lebensweg des Prinzen Siddharta Gotama (*560 v. Chr.), aber die Person Buddhas bleibt von der Religion des Buddhismus ablösbar.

Gründerbiographien gehören mit Ausnahme des Christentums nicht zum Zentrum des Glaubens der Weltreligionen. Doch sie haben Vorbildcharakter für die Konstruktion der eigenen mündlichen und schriftlichen Autobiographie sowie der Biographie anderer Personen. Die Untersuchung der Entstehung solcher Gründerbiographien und ihrer Einwirkungen auf die Biographie religiöser Lebensverläufe gehört daher zu den Analysemethoden der Religionswissenschaft.

5.3. Übergangsriten (›Rites de passages‹) und biographische religiöse Sinnkonstruktion

Auf die Konstruktion der eigenen, religiösen Lebensbiographie wirken neben vorbildhaften Gründerbiographien die religiösen Übergangsriten ein.

Arnold van Gennep setzt 1909 die magisch-religiösen Handlungen und Riten einer Gesellschaft in Beziehung zu den Lebensphasen der Individuen. Der Übergang von einer Lebensetappe zur folgenden Etappe erfordert ›Übergangsriten = *rites de passage*‹. Die Lebensetappen gelten universal für alle Menschen und Gesellschaften. Die Übergangsriten hingegen variieren sehr stark in den einzelnen Gesellschaften, lassen aber dennoch eine Analogie erkennen.

Es ergeben sich Übergangsriten zu folgenden Etappen: Geburt, Kindheit, soziale Pubertät, Verlobung, Heirat, Schwangerschaft, Elternschaft, Initiation in religiöse Gemeinschaften und Bestattung (van Gennep, 15 f.). Diese Klassifikation wurde grundlegend für die moderne biographische Analyse eines religiösen Lebensverlaufs innerhalb der Weltreligionen. Arnold van Gennep wies z. B. nach, dass die Beschneidung im Judentum, die Sakramente Taufe und Kommunion/Mahl im Christentum, die Eheschließungsformen und Bestattungsrituale in den Weltreligionen sich den Übergangsriten zuordnen lassen (ebd., 34–160); diese wiederum stehen in Analogie der Funktion, nicht der Form zueinander: »[...] hinter der Vielfalt der Formen kommt immer – entweder bewußt oder nur implizit zum Ausdruck gebracht – eine typische Abfolgeordnung zum Vorschein: *das Strukturschema der Übergangsriten*« (ebd., 183). Im Anschluss an Gennep untersuchte Gerardus van der Leeuw ›das heilige Leben‹ im Rahmen der phänomenologischen Beschreibung des *heiligen Menschen*, also des Glaubenden, der sich von der Macht

8 Vgl. Adel Theodor Khoury: *Der Hadith. Quelle der islamischen Tradition*. 5 Bde. Gütersloh/Darmstadt 2008 ff.

des Heiligen *berührt* weiß. Leeuw bestätigte die Struktur-Analogie zwischen den Übergangsriten.[9]

5.3.1. *Religiosität in den verschiedenen Lebensphasen*

Die Übergangsriten sind für den Hinduismus weniger bedeutsam, stattdessen legt er Wert auf die unterschiedlichen Lebensphasen. In der Bhagavadgita werden vier Lebensstadien unterschieden: 1. Schüler im ersten Viertel des Lebens: Der Schüler soll bei einem Lehrer, d.h. einem Guru, die Veden und Gesetze, also die Traditionen seines Volkes lernen und nach dem Gelübde der Enthaltsamkeit leben. 2. Im zweiten Viertel des Lebens Gründung einer Familie und Berufsausübung. 3. Rückzug nach der Geburt des ersten Enkels zu einem meditativen Leben. 4. Einsiedlerleben als endgültige Befreiung von allen Bindungen der Kaste und Familie.[10]

Der Wandel in der persönlichen Religiosität von einer Lebensphase zur anderen rückt gegenwärtig in den Mittelpunkt der religiösen Biographieforschung (Schweitzer 1987).

So wird in der Religionspsychologie eine Typologie der Religiosität in den unterschiedlichen Lebensstufen entwickelt. J.W. Fowler und F. Oser/P. Gmünder legen die Forschungsgeschichte zur Entwicklungspsychologie, insbesondere zur Entwicklung des moralischen Urteils,[11] ihrem Stufenschema zum religiösen Urteil zugrunde.[12] Auch wenn diese Schemata sich empirisch noch nicht absichern lassen (Henning u.a. 2003), ist unbestritten, dass in der Kindheitsphase eine andere Vorstellung und Praxis von Religiosität besteht als im Erwachsenenalter.

Es gibt eine reichhaltige Literatur zur Religiosität in der Kindheit,[13] z.B. zur Kindertheologie,[14] zur Religiosität im Jugendalter, z.B. zu Jugend und Sexualität,[15] zu Mannbarkeitsriten,[16] zu Jugendreligionen und jugendlichen Weltanschauungen,[17] und zur Religiosität im Erwachsenenalter, z.B. zur Bekehrung[18] und zum Sterben.[19]

5.3.2. *Biographische Interviews zu den einzelnen Lebensepochen*

Aufgrund der empirischen Wende traten an die Stelle von Stufenschemata biographische Interviews zu den einzelnen Lebensepochen (↗VII.6. Soziologie). Die biographische Erzählung thematisiert die subjektive Seite des Zustandekommens von Überzeugungen und den Prozesscharakter von Einstellungen; es werden qualitative Strukturen von Glaubensthemen erkennbar, z.B. vom »Höllenglauben« in Kindheit und Erwachsenenalter (Heyen 2003, 113–118). Biographische Interviews wurden ferner geführt zu religiösen Themen wie »Gott in Kinderköpfen und Kinderherzen« (Flöter 2006), Heil und Übel in der Lebensbiographie (Ganzevoort/Heyen 2004; 2008), »Spiritualität und Lebensdeutung einer jungen Hexe« (Heyen 2007).

5.3.3. *Offene Fragen*

Dominanz der gesellschaftlichen Übergangsrituale? Wie sich die Meistererzählungen von Gründern und nachfolgenden herausragenden Gestalten der Weltreligionen zu den individuellen Gestaltungen

9 Vgl. Gerardus van der Leeuw: *Phänomenologie der Religion.* Tübingen 1933, S. 173–223.

10 Vgl. Peter Schreiner: »Hinduismus«. In: Emma Brunner-Traut: *Die fünf großen Weltreligionen. Hinduismus, Buddhismus, Islam, Judentum, Christentum.* Freiburg 1974, S. 19–38.

11 Vgl. Lawrence Kohlberg: *Die Psychologie der Moralentwicklung.* Frankfurt a.M. 1995.

12 Vgl. James Fowler: *Stufen des Glaubens. Die Psychologie der menschlichen Entwicklung und die Suche nach Sinn.* Gütersloh 1991 (amer. 1981); Fritz Oser/Paul Gmünder: *Der Mensch – Stufen seiner religiösen Entwicklung. Ein strukturgenetischer Ansatz.* Gütersloh ²1988.

13 Vgl. Rolf Oerter: *Moderne Entwicklungspsychologie.* Donauwörth 1969.

14 Vgl. Gerhard Büttner/Martin Schreiner (Hg.): *»Man hat immer ein Stück Gott in sich«. Mit Kindern biblische Geschichten deuten.* Teil 2: Neues Testament. Stuttgart 2006.

15 Vgl. Margaret Mead: *Jugend und Sexualität in primitiven Gesellschaften.* 3 Bde. München 1970 (amer. 1928).

16 Vgl. Gisela Bleibtreu-Ehrenberg: *Mannbarkeitsriten. Zur institutionellen Päderastie bei Papuas und Melanesiern.* Frankfurt a.M./Berlin 1980.

17 Vgl. Christa Zöller: *Rockmusik als jugendliche Weltanschauung und Mythologie.* Münster 2000.

18 Vgl. William James: *Die Vielfalt religiöser Erfahrung. Eine Studie über die menschliche Natur.* Frankfurt a.M./Leipzig 1997 (amer. 1902); Henning u.a. 2003, S. 94–118.

19 Vgl. Elisabeth Kübler-Ross: *Interviews mit Sterbenden.* Stuttgart 1969.

der Lebensphasen und Übergangsriten verhalten, ist eine offene Frage.

Die christlichen Kirchen bringen zwar in den Sakramenten Taufe, Kommunion/Abendmahl und Ehe (Ehe in der Evangelischen Kirche als nichtsakramentale Trauung) Übergangsriten mit Erzählungen von der Begründung durch Jesus Christus zusammen, doch dieser christologische Bezug wird für die Empfänger zunehmend bedeutungslos. Deren Wertschätzung und Inanspruchnahme der Sakramente und weiterer kirchlicher Übergangsriten erfolgt immer mehr aufgrund der gesellschaftlichen Übergangsrituale, also der aufwendigen privaten und öffentlichen Feiern von Taufe, Kommunion/Konfirmation/Firmung, Eheschließung, Beerdigung (↗ II.1. Biographie und Performanz).

Kritische Gründerbiographien und biographische Selbständigkeit ? Die statistischen Untersuchungen und biographischen Interviews wiederum lassen ein diffuses, *unbestimmtes* Interesse an den tradierten Weltreligionen erkennen, ohne dass die Interviewten sich auf eine Gründerbiographie festlegen (Feige 1990). Gleichzeitig lässt sich in der heutigen westlichen Gesellschaft ein wachsendes Bedürfnis nach passiver und aktiver biographischer Kommunikation feststellen, u. a. an der »Flut der Tagebuch- und Memoirenliteratur« (Sparn 1990, 9). Nun weist die Leseforschung nach, dass kindliche, jugendliche und erwachsene Leser erzählende und wissensvermittelnde Texte identifikatorisch lesen, d. h., dass die Darstellungen von Familienmodellen, -rollen und -ideologien auf ein besonderes Interesse stoßen und daher mit der eigenen Erfahrung verknüpft werden können (Glasenapp 2008). Biographien religiös herausragender Gestalten oder religiöse Erfahrungsberichte beliebiger Art können Modelle, Rollen und Ideologien transportieren, die auf aktuelles Interesse stoßen und mit Breitenwirkung internalisiert werden (Ghandi, Mutter Theresa, Jugendreligionen, Zen-Buddhismus, Aschram-Hinduismus).

Ob eine stärkere Herausstellung des kritischen Modellcharakters der Gründer und weiterer Vorbilder der Weltreligionen eine intensivere Bezugnahme auf sie bei der religiösen Biographiebildung ermöglicht, also die Suche der biographischen *Selbständigkeit und Kunstfertigkeit des Individuums* in einer durch Religion und Religionskritk geprägten Gesellschaft fördert, wird die Zukunft zeigen (Sparn 1990, 25).

Literatur

Dilthey, Wilhelm: »Das Erleben und die Selbstbiographie«. In: Günter Niggl (Hg.): *Die Autobiographie. Zur Form und Geschichte einer literarischen Gattung.* Darmstadt 1989, S. 21–33.

Dormeyer, Detlev: »Die Vita des Josephus als Biographie eines gescheiterten Herrschers«. In: Jürgen Kalms/Folker Siegert (Hg.): *Internationales Josephus-Kolloquium Dortmund 2002.* Münster 2003, S. 15–34.

Ders./Mölle, Herbert/Ruster, Thomas: *Lebenswege und Religion.* Münster 2000.

Feige, Andreas: »Empirische Daten zur gegenwärtigen biographischen Rolle von Religion«. In: Walter Sparn (Hg.): *Wer schreibt meine Lebensgeschichte: Biographie, Autobiographie, Hagiographie und ihre Entstehungszusammenhänge.* Gütersloh 1990, S. 63–79.

Flöter, Ilse: *Gott in Kinderköpfen und Kinderherzen. Welche Rolle spielt Gott im Alltagsleben zehnjähriger Kinder am Anfang des 21. Jahrhunderts? Eine qualitativ-empirische Untersuchung.* Münster 2006.

Ganzevoort, Ruard/Heyen, Heye (Hg.): *Weal and Woe. Practical-Theological Explorations of Salvation and Evil in Biography.* Münster 2004.

Ganzevoort, Ruard/Mulder, Anne-Clair (Eds.), *Weal and Wou II. Empirical Explorations and Theological Reflections.* Münster 2008.

Glasenapp, Gabriele: »Geordnete Verhältnisse: Familienmodelle, -rollen und ideologien in aktuellen Biographien für Jugendliche Leser«. In: Christian von Zimmermann (Hg.): *Familiengeschichten.* Frankfurt a. M. 2008, S. 117–134.

Gennep, Arnold van: *Übergangsriten (Les rites de passage).* Frankfurt a. M. 1986 (franz. 1909).

Henning, Christian/Murken, Sebastian/Nestler, Erich (Hg.): *Einführung in die Religionspsychologie.* Paderborn u. a. 2003.

Heyen, Heye: *Biographie-Faktor Höllenglaube. Eine qualitativ-empirische Studie aus religionspädagogischer Perspektive.* Münster 2003.

Ders.: *Spiritualität und Lebensdeutung einer jungen Hexe. Qualitative Analyse einer biographischen Erzählung.* Münster 2007.

Misch, Georg: *Geschichte der Autobiographie.* Bd. 1.1: Das Altertum. Frankfurt a. M. [3]1949.

Rüsen, Jörn: *Kann Gestern besser werden? Zum Bedenken der Geschichte.* Berlin 2003.

Scheuer, Helmut/Bachl, Gottfried/Kuld, Lothar: »Biographie«. In: Konrad Baumgartner u. a. (Hg.): *Lexikon für Theologie und Kirche.* Freiburg [3]2006, Bd. 2, S. 472–475.

Schweitzer, Friedrich: *Lebensgeschichte und Religion. Religiöse Entwicklung und Erziehung im Kindes- und Jugendalter.* München 1987.

Spharn, Walter: »Dichtung und Wahrheit. Einführende Bemerkungen zum Thema: Religion und Biographie«. In: Ders. (Hg.): *Wer schreibt meine Lebensgeschichte: Biographie, Autobiographie, Hagiographie und ihre Entstehungszusammenhänge*. Gütersloh 1990, S. 11–30.

Detlev Dormeyer

6. Soziologie

6.1. Zum soziologischen Verständnis von Biographie

Biographisches Arbeiten als Vertexten des Lebens anderer spielt in der Soziologie keine große Rolle. Es wird nur gelegentlich auf das Genre Biographie zurückgegriffen,[1] wobei wegen der Bedeutung der klassischen Theorien in der Soziologie noch am ehesten Biographien und vor allem ›Werk-Biographien‹ soziologischer Klassiker zu finden sind.[2] Während in den Kultur- und Literaturwissenschaften bei der Arbeit mit Biographien offenbar die Thesen des Soziologen Pierre Bourdieu zur »biographischen Illusion« (1990) breit rezipiert wurden (vgl. auch die Rezeption in Geschichte und Pädagogik von Niethammer 1990 und Liebau 1990), haben diese Überlegungen innerhalb der Soziologie kaum Wirkung entfaltet (↗V.6. 20. Jahrhundert).

Wenn in der Soziologie früher von ›biographischer Methode‹ gesprochen wurde oder seit den 1970er Jahren von ›Biographieforschung‹ die Rede ist, dann ist damit etwas anderes gemeint als das Verfertigen von Biographien über andere. Biographieforschung bezeichnet nämlich in der Soziologie alle soziologischen Forschungsansätze, die als Datengrundlage autobiographische Materialien verwenden. Durch die Analyse der in autobiographischen Materialien abgebildeten und gedeuteten Handlungen und Ereignisse werden Auskünfte über soziale Prozesse erlangt (↗II.7. Biographie zwischen Funktion und sozialer Praxis). Biographieforschung in diesem Sinne erforscht bspw. Lebensläufe in verschiedenen Sozialmilieus, sie untersucht die Verarbeitung chronischer Krankheiten und krisenhafter Ereignisse im familiären Bereich sowie Migrationsprozesse, sie analysiert kritische Ereignisse im beruflichen Bereich (Arbeitslosigkeit, Übergang in den Ruhestand) und sie untersucht schließlich die subjektive und kollektive Verarbeitung zeitgeschichtlicher Phasen und historischer Großereignisse (Erfahrung des Nationalsozialismus oder des Zweiten Weltkriegs).

Als autobiographische Materialien kommen in der Soziologie vor allem lebensgeschichtlich orientierte Interviews infrage, wie sie mittels der von Fritz Schütze entwickelten Technik des ›narrativen Interviews‹ gewonnen werden können, möglich ist aber auch die Heranziehung von Tagebüchern[3] oder gedruckten Lebenserinnerungen (Schmeiser 1994, Heinritz 2000), was jedoch seltener geschieht. Mit dem narrativen Interview von Schütze (1983) liegt eine ausgefeilte Technik der offenen Interviewführung vor, deren Zielsetzung es ist, längere Erzählungen zur Lebensgeschichte hervorzulocken, die zunächst ohne weitere Interventionen von Seiten der Interviewer produziert werden (vgl. dazu Rosenthal 2005, 137 ff.). Anregungen der Erzählforschung folgend, geht Schütze davon aus, dass sich Erzählungen besonders für eine Handlungs- und Erfahrungsanalyse eignen. Anders als Beschreibungen oder Argumentationen sind Erzählungen solche Texte, die dem faktischen Handeln am nächsten stehen, wobei in der erzählenden Erfahrungsrekapitulation die Orientierungsstrukturen des vergangenen faktischen Handelns in beträchtlichem Maße rekonstruiert werden (↗II.4. Biographie und Wissen).

Von den Methoden, mit denen autobiographische Materialien bzw. narrative Interviews interpretiert werden können, sollen drei im Folgenden

1 Vgl. etwa Bettina Clausen/Lars Clausen: *Zu allem fähig: Versuch einer Sozio-Biographie zum Verständnis des Dichters Leopold Schefer.* 2 Bde. Frankfurt a. M. 1985; Reinhard Bendix: *Von Berlin nach Berkeley: Deutsch-jüdische Identitäten.* Frankfurt a. M. 1985.

2 Marianne Weber: *Max Weber: Ein Lebensbild.* München 1989; Steven Lukes: *Emile Durkheim: His Life and Work: A Historical and Critical Study.* Stanford 1999; Reinhard Bendix: *Max Weber: An Intellectual Portrait.* Berkeley/Los Angeles/London 1977; Guenther Roth: *Max Webers deutsch-englische Familiengeschichte 1800–1950.* Tübingen 2001.

3 Gerd Riemann: »Suizidalität als Prozess – Eine Re-Analyse des Tagebuchs von Wallace Baker in Ruth Shonle Cavans ›Suicide‹«. In: *Zeitschrift für Qualitative Forschung* 8. Jg., 2 (2007), S. 287–327.

dargestellt werden: Das textanalytische Auswertungsverfahren nach Schütze und die Interpretation objektiver Sozialdaten mit der objektiven Hermeneutik Ulrich Oevermanns als in der Soziologie ursprünglich zentrale Verfahren sowie schließlich die Lebensverlaufsanalyse mittels biographischer Anamnesen als Darstellungsverfahren.

6.2. Formale Textanalyse und strukturelle Beschreibung nach Fritz Schütze

Wer Erzählungen der eigenen Lebensgeschichte als einer Art retrospektiver Illusion misstraut, dem kommt das textanalytische Verfahren von Schütze entgegen, der bei der Auswertung narrativer Interviews mit vier Schritten arbeitet: der formalen Textanalyse, der strukturellen Beschreibung, der analytischen Abstraktion und der Wissensanalyse (Schütze 1983, 286).

Formale Textanalyse meint eine Strukturierung des Textes anhand einzelner Erzählsegmente, wobei Schütze neben genuinen ›Erzählungen‹, die einen hohen Detaillierungsgrad aufweisen und die der damaligen Erfahrung am nächsten stehen, noch sog. ›Berichte‹ und ›Argumentationen‹ unterscheidet, die mehr an den aktuellen Standpunkt des Sprechers gebunden und stark am Zuhörenden orientiert sind. Die Segmentierung des Interviews nach Erzählungen, Argumentationen und Berichten ermöglicht demnach die Differenzierung zwischen eindeutig narrativen und nicht-narrativen Textpassagen, sie gibt sichere Anhaltspunkte dafür, welche Erzählsegmente vom vergangenen Leben handeln und welche aus der Gegenwartsperspektive heraus argumentativ verformt wurden.

In der strukturellen Beschreibung als zweitem Schritt werden die im jeweiligen Text repräsentierten biographischen und sonstigen sozialen Prozesse detailliert erfasst: »Die strukturelle Beschreibung arbeitet die einzelnen zeitlich begrenzten Prozessstrukturen des Lebenslaufs heraus – d.h. festgefügte institutionell bestimmte Lebensstationen; Höhepunktssituation; Ereignisverstrickungen, die erlitten werden; dramatische Wendepunkte oder allmähliche Wandlungen; sowie geplante und durchgeführte biographische Handlungsabläufe« (Schütze 1983, 286).

Schütze (1981) unterscheidet insgesamt vier Prozessstrukturen des Lebensablaufs, die sich in allen Lebensgeschichten wiederfinden lassen: erstens ›institutionalisierte Ablaufmuster‹, wenn man sich in einer Lebensphase vorwiegend an vorgegebenen Ablaufmustern und Erwartungen der Institutionen orientiert. Gemeint ist etwa die Orientierung an einer Ausbildungs- oder Berufskarriere. Zweitens existieren ›biographische Handlungsschemata‹, sie sind durch ein intentionales Vorgehen des Individuums bestimmt. Hier wird eine Lebenssituation durch eine Handlungsinitiative verändert, wozu es Entwürfe und Pläne braucht. Drittens existieren ›Verlaufskurven‹, womit Prozesse des Erleidens gemeint sind. Es kommt hier zu einer Diskrepanz zwischen Handlungsplanung und Handlungsrealisierung. Versuche, die Misserfolge unter Kontrolle zu bringen, scheitern, wie in einer Kettenreaktion rutscht man in eine Situation des Erleidens hinein. Erleidensprozesse werden durch Verlusterfahrungen, Verletzungen oder auch Kriegsereignisse ausgelöst. In den Erleidensprozessen verlieren die Betroffenen zeitweise die Handlungsorientierung. Oft kann die eigene Handlungsfähigkeit nur durch die professionelle Hilfe von Therapeuten wiedererlangt werden. Vierter Ablauftypus sind ›biographische Wandlungsprozesse‹, womit eine erfolgreiche Bearbeitung von verlaufskurvenförmigen Prozessen gemeint ist. Wandlungsprozesse sind aber auch langfristig angelegte biographische Handlungsschemata, die eine Veränderung der Identität des Betroffenen beinhalten, die so nicht intendiert war.

Analytische Abstraktion als dritter Schritt zielt auf die »biographische Gesamtformung« (Schütze 1983, 286) der Lebensgeschichte. In einer Art Generalformel werden die einzelnen Lebensphasen des Falles auf einen Nenner gebracht. Aufbauend auf den Vorarbeiten der strukturellen Beschreibung, die sich auch in die Details der Lebensgeschichte vertieft, wird in einer größeren Distanz die Lebensgeschichte in ihrer Gesamtheit in den Blick genommen. Bspw. hat man über die Lebensgeschichte einer Frau erfahren, dass sie auf der Suche nach einem biographischen Profil ist und dass sich das Profil erst in mehreren Suchbewegungen mit Verlaufskurvencharakter herauskristallisiert.

Auf den Umwegen Schulabbruch und Lehre kam sie schließlich dazu, zu studieren. Über die Vorgeschichte dieser Frau weiß man ferner, dass sie in der Schule schlecht war, während die Geschwister herausragende Schulleistungen zeigten. Schließlich ist über die Herkunftsfamilie noch bekannt, dass es sich um eine akademische Familie mit hohen Ansprüchen handelt. Die biographische Gesamtformung dieses Falls lässt sich in dem Satz charakterisieren: »Antreten des Erbes der Herkunftsfamilie im Zuge eines anfänglichen Leugnens dieses Erbes«.[4]

Im vierten und letzten Schritt, der Wissensanalyse, nimmt man sich die sog. ›autobiographische Thematisierung‹ der interviewten Person vor, also die Deutungen der Person über sich selbst, ihre Selbstthematisierung, ihre eigentheoretischen Konstruktionen. Es geht nun um die Sichtweise des Erzählers, seine eigene Deutung der Lebensgeschichte. Hierzu werden die im narrativen Interview auftauchenden theoretisch-argumentativen Passagen identifiziert, miteinander verglichen und vor dem Hintergrund der rekonstruierten lebensgeschichtlichen Zusammenhänge untersucht.

6.3. Die Interpretation objektiver Sozialdaten in der objektiven Hermeneutik

Mit der objektiven Hermeneutik gelangt man zum anspruchsvollsten Verfahren der Textanalyse in den Sozialwissenschaften, das zumeist als Sequenzanalyse mit dem interpretationstechnischen Dreischritt ›Geschichten erzählen‹ – ›Lesarten bilden‹ – ›Fallstrukturhypothese entwickeln‹ bekannt ist.[5] Es gibt jedoch verschiedene Varianten der objektiv hermeneutischen Textanalyse, von denen die Variante der Interpretation objektiver Sozialdaten in Auseinandersetzung mit der Deutung eines lebensgeschichtlichen Interviews (Oevermann u.a. 1980) entwickelt wurde. Absicht dieser Variante der Interpretationstechnik ist es, den autobiographischen Interviewtext zunächst unter methodisch kontrollierter Absehung von den Selbstdeutungen des Falles zu interpretieren und die objektive Struktur des Falles zu rekonstruieren.

Drei Verfahrensschritte sind vorgesehen: Als erstes sieht man sich die äußere Biographie des Falles an, in dem die objektiven Daten zusammengestellt werden und eine Grobinterpretation erfolgt. In einem zweiten Schritt greift man dann eine im vorliegenden Lebensverlaufs getroffene Entscheidung heraus, konstruiert für diese Entscheidung gedankenexperimentell vernünftige und plausible Motivierungen und gleicht dann nach einer Auflistung aller möglichen vernünftigen Motivierungen für die Entscheidung X ab, ob eine Motivlesart für den gegebenen Handlungskontext als vernünftig erscheint und welche Motivkonstruktionen nicht zutreffend sind. In einem dritten Interpretationszyklus geht es darum, weitere Textstellen aus dem Interview zu rekonstruieren, um zu einer sinnvollen Erklärung zu kommen.

Ende der 1970er Jahre wurde im Zuge des Aufbaus der Fernuniversität Hagen ein Projekt zur ›Lebensweltanalyse von Fernstudenten‹ durchgeführt, da man noch wenig über Studierende von Fernuniversitäten wusste. In diesem Rahmen wurden Ulrich Oevermann und seine Mitarbeiter gebeten, ein ausgewähltes Interview einer Fernstudentin exemplarisch zu interpretieren (Oevermann u.a. 1980). An diesem gerade erwähnten Beispiel soll illustriert werden, wie die Abfolge der einzelnen Interpretationsschritte im Konkreten aussieht.

Der erste Schritt besteht in »einer Zusammenstellung der allgemeinsten, am ehesten objektiven Charakter tragenden Daten des zu rekonstruierenden Falles«, wobei objektive Daten jene Daten sind, »die auf Merkmale oder Eigenschaften verweisen, auf deren Zustandekommen oder Bestand der Fall selbst am wenigsten Einfluss oder Kontrolle ausüben kann« (ebd., 22). Die Zusammenstellung der objektiven Daten hat große Ähnlichkeit mit der Zusammenstellung der relevanten Lebensdaten für eine berufliche Bewerbungssituation. Für das damals gemachte Interview würde sie lauten: Frau F. wurde 1938 geboren, 1944–48 vier Jahre Grundschule, 1948–1954 Besuch eines neusprachlichen Gymnasiums bis zur mittleren Reife, 1955–1957 drei Jahre Wirtschaftsgymnasium und Vollabitur; 1957 wird eine Studienabsicht in Psychologie und

4 Beispiel nach Thomas Brüsemeister: *Qualitative Forschung. Ein Überblick*. Wiesbaden 2000, S. 181.

5 Vgl. Andreas Wernet: *Einführung in die Interpretationstechnik der Objektiven Hermeneutik*. Opladen 2000.

Soziologie wegen Einsprache des Vaters nicht realisiert, stattdessen mehrere Monate Geldverdienen in einem Unternehmen und fünfmonatiger Aufenthalt bei einer Familie im Ausland; 1958 Arbeit in der Personalabteilung einer Brauerei für ein halbes Jahr, in der zweiten Jahreshälfte 1958 Unfall und Arbeitslosigkeit; 1958/59 Kennenlernen des künftigen Ehemanns, ein promovierter Diplom-Kaufmann, der zehn Jahre älter als F. ist und für Firmen Messen betreut; 1959–1963/64 Chefsekretärin in einem Unternehmen der Textilbranche, Heirat, dann Halbtagestätigkeit, schließlich Aufgabe der Berufstätigkeit; 1968 Geburt des ersten Kindes; 1970 Geburt des zweiten Kindes; 1976 (36. Lj.), die Kinder sind nun 6 und 8 Jahre alt, folgt die Aufnahme eines Studiums an der Fernuniversität Hagen im Fach Wirtschaftswissenschaften. Mit der Betrachtung der äußeren Daten verbunden ist eine Grobinterpretation. Hier fällt auf, dass die Befragte nach dem Abitur kein Studium aufgenommen hat, was auch gegen den Willen des Vaters via Eigenfinanzierung möglich gewesen wäre, und dass sie stattdessen fünf Jahre in Jobs gearbeitet hat, die unter ihrem schulischen Qualifikationsniveau lagen.

Im zweiten Interpretationszyklus kommt es darauf an, eine lebensgeschichtliche Entscheidung herauszugreifen, für diese gedankenexperimentell eine Liste von vernünftigen Motivierungen zu erstellen und dann zu fragen, ob die Erfüllungsbedingungen für die Rechtfertigung dieses Entschlusses im konkreten Fall vorliegen. Die Fokussierung auf eine lebensgeschichtliche Entscheidung entspricht der Festlegung der Fragestellung der Fallanalyse. Im vorliegenden Fall wurde die Fragestellung so formuliert: »Gegeben eine Frau mit den und den Merkmalen, welches sind die sozial typisierten Deutungen, die eine Entscheidung für ein Fernstudium sinnvoll machen« (ebd., 27)? Von Oevermann und seinen Mitarbeitern wurden insgesamt neun plausible Deutungen für den Entschluss zum Fernstudium gefunden. Eine Deutung lautete etwa: »Die Frau nimmt ein ursprünglich schon immer geplantes Studium auf, dessen Realisierung durch die in sich konsistent motivierte Verehelichung und Familiengründung nur aufgeschoben wurde« (ebd., 36). Bei der Folgefrage nach den Erfüllungsbedingungen musste diese Motivierung als nicht zutreffend verworfen werden, denn eine nachgeholte, durch die Heirat aufgeschobene Realisierung eines Studiums nach dem Muster: ›Ich wollte schon immer Medizin studieren und hole dies nun nach‹ lag nicht vor. Sicher existierte der frühere Studienwunsch Soziologie und Psychologie, dieser Plan wurde aber später nicht realisiert, da eine Immatrikulation für Wirtschaftswissenschaften erfolgte. Eine zweite Motivkonstruktion lautete: Die Frau hat in ihrem sonstigen Leben aufgrund des großen ökonomischen Spielraums der Familie so wenig zu tun, dass sie es sich aus reinem Zeitvertreib leisten kann, ohne spezifische Zielsetzung eine gebotene Weiterbildungsmöglichkeit wahrzunehmen. Auch diese Lesart wurde verworfen. Zwar war die Familie durch die Tätigkeit des Ehemanns ökonomisch gut gestellt, aber die Möglichkeit bloßen ›Zeitvertreibs‹ lag mit der Wahl des reellen wirtschaftswissenschaftlichen Studiums nicht vor, da dann der Besuch von Antiquitäten-Seminaren und Encounters plausibler gewesen wäre.

Oevermann eliminiert auf diese Weise sukzessive sieben der konstruierten Motivierungen und vollzieht mit den letzten beiden Motivierungen, die etwas mit dem Zustand der Familie zu tun haben, in der die interviewte Person lebt, den Übergang in den dritten Interpretationszyklus, bei dem eine Mikroanalyse weiterer Interviewpassagen erfolgt. Von der Unstimmigkeit ausgehend, dass die Frau zu einem Zeitpunkt ein Studium aufnimmt, zu dem die lang erwarteten Kinder vergleichsweise viel Zuwendung benötigen und viel Arbeit machen (ebd., 43), werden weitere Passagen des Interviews herangezogen und interpretiert, wobei dann als Quintessenz festgehalten wird, dass mit der Aufnahme des Hochschulstudiums eine Ablösung aus einem personalen Abhängigkeitsverhältnis der Ehe erreicht wird, die einen halbherzigen Kompromiss darstellt. Bei der Frau wird das Fernstudium zu einer »Form der Selbstverwirklichung« und Identitätsfindung, die »an die Stelle der Familienkonzeption tritt« (ebd., 60).

Liegt die Stärke von Fritz Schützes Vorgehen in der formalen Textanalyse, so sind die Vorzüge von Ulrich Oevermanns Verfahren in der Analyse der äußeren Lebensdaten zu sehen. Manche SoziologInnen gehen deshalb dazu über, beide Verfahrensweisen zu kombinieren. Diesen Weg der Kombination beider Perspektiven beschreiten etwa Wolfram Fischer-Rosenthal und Gabriele Rosenthal (1997) mit ihrer Narrationsanalyse. Die in den Folgejahren von Gabriele Rosenthal (2005) entwickelte interpretative Sozialforschung ermöglicht es dann, sowohl krisenhafte Ereignisse im familialen, beruflichen Bereich und die subjektive und kollektive Verarbeitung zeitgeschichtlicher und historischer Großereignisse zu analysieren (Rosenthal 2005). An all diesen Strängen arbeiten die Autorinnen und Autoren von *BIOS. Zeitschrift für Biographieforschung, Oral History und Lebensverlaufsanalysen.*

Einen in der Technik an ältere Traditionen anschließenden Weg stellt die im Folgenden präsentierte Methode dar.

6.4. Lebensverlaufsanalysen mit biographischen Anamnesen

Mit der Biographieforschung wird gemeinhin die Vorstellung verbunden, dass ihre Stärke in der Erfassung der subjektiven Perspektiven und Selbstinterpretationen der Betroffenen liege. Oft werden lebensgeschichtliche Erzählungen dann als bestimmte Arten und Weisen verstanden, die eigene Vergangenheit ›zurechtzurücken‹. Die Erzählungen werden in diesem Sinne als Lebenskonstruktionen begriffen, um Interaktionspartnern gegenüber das Gesicht wahren zu können und Sympathie für das eigene, wenig vorteilhafte Schicksal zu erwirken (↗ II.1. Biographie und Performanz). Erving Goffman geht etwa von Lebenslaufkonstruktionen der Betroffenen aus,[6] in welchen die gegenwärtigen Verhältnisse in einem vorteilhaften Licht erscheinen. Er exemplifiziert dies für Patienten der Psychiatrie, Sträflinge, Prostituierte und Alkoholiker mit dem Hinweis darauf, dass diese typischerweise den Zuhörern eine ›traurige Geschichte‹ erzählen würden, in denen sie zu beweisen versuchen, dass sie für das, was aus ihnen geworden ist, nicht verantwortlich sind. Ähnlich würden erfolgreiche Menschen zu ›Erfolgsgeschichten‹ neigen, die den späteren Erfolg bereits in die Vergangenheit hineinprojizieren. Gerhard Riemann, der ausführliche lebensgeschichtliche Interviews mit psychiatrischen Patienten durchführte, warnt jedoch explizit davor, »sad tales« als ›den‹ Typ von Patientengeschichten aufzufassen, da in einem Großteil der drei- bis vierstündigen Interviews »kein Versuch unternommen wird, ›akzeptable‹ Gründe für die Hospitalisierung nachzuweisen« (Riemann 1987, 23). Ähnlich argumentiert auch Monika Wohlrab-Sahr innerhalb der Konversionsforschung, wenn sie davor warnt, sich nur damit zu beschäftigen, rhetorische Indikatoren zu suchen, und es bei einer formalen Analyse von Konversionserzählungen zu belassen. Eine solche »Konzentration auf die Form« unter Absehung von den lebensgeschichtlichen Inhalten der Erzählung hält sie in der Konversionsforschung für unbefriedigend; sicher kämen in narrativen Interviews mit Konvertiten auch zum Teil »Konversionserzählungen« zum Tragen, daneben sei aber auch die Variante der »biographischen Stegreiferzählung« zu beobachten (Wohlrab-Sahr 1999, 490 f.). In ähnlicher Art und Weise hatte schon Schütze, der Urheber des narrativen Interviews, darauf hingewiesen, dass die Rekonstruktion des objektiven Lebensverlaufs gerade auch dann von zentraler Bedeutung ist, wenn man an den Selbstdeutungen und Lebenskonstruktionen der Betroffenen interessiert ist: »Von Soziologen, die nicht sozialstrukturell-makrotheoretisch, sondern am interpretativen Paradigma orientiert sind, wird gewöhnlich erwartet, dass sie an biographischen Interpretationen des Betroffenen, seinen Deutungsmustern, vornehmlich interessiert sind.

Für die folgende Darstellung ist festzuhalten, dass die biographischen Deutungsmuster und Interpretationen des Biographieträgers nur im Zusammenhang seiner Lebensgeschichte interessieren und nicht jenseits dieser. Zwar ist es zutreffend, dass eben diese Lebensgeschichte von den Deutungsmustern und Interpretationen des Biographieträgers entscheidend geprägt ist – aber diesen Zusammenhang gilt es eben erst aufzudecken. Und hierzu ist die grundsätzlich heuristische Ausgangsfrage von Nutzen: ›Was hat sich in soziologisch interessierenden Lebensgeschichten faktisch ereignet?‹ »Die Fragestellung: ›Wie deutet der Biographieträger seine Lebensgeschichte?‹ ist erst dann

6 Vgl. Erving Goffman: *Asyle. Über die soziale Situation psychiatrischer Patienten und anderer Insassen.* Frankfurt a. M. 1977, S. 149.

zufriedenstellend zu klären, wenn der Forscher die interpretierenden theoretischen Anstrengungen des Biographieträgers in den Zusammenhang faktischer Prozeßabläufe des Lebens einbetten kann. Erst dann können auch Feststellungen getroffen werden wie: ›Der Biographieträger folgt einer illusionären Lebensorientierung‹; ›Er täuscht sich über sich selbst‹; ›Er hat sich eine wirkungsvolle Rechtfertigungsgeschichte zugelegt‹; ›Er hat ein falsches Bewußtsein hinsichtlich seiner Lebenslage‹ usw.« (Schütze 1983, 284).

Folgt man den Hinweisen der gerade zitierten Autoren, bedarf zunächst weniger die Analyse der subjektiven Deutung der Lebensgeschichte einer erhöhten Aufmerksamkeit, sondern die Rekonstruktion des objektiven Lebensverlaufs steht zunächst an erster und entscheidender Stelle. In der Tat ist es aber so, dass mit den von Schütze und Oevermann ausgehenden Verfahrensweisen der Biographieforschung keine elaborierte Kultur der Falldarstellung entwickelt wurde, so dass man vorab ausreichend über die äußere Lebensgeschichte des Falles instruiert wäre, bevor die Interpretationsfähigkeiten des Autors demonstriert werden. Schütze hat zwar mit dem Analysesegment der »strukturellen Beschreibung« einen wichtigen Untersuchungsschritt für die Analyse des objektiven Lebensverlaufs vorgesehen, diese strukturellen Beschreibungen enthalten jedoch immer auch den Versuch, den Prozess der Datenanalyse sichtbar zu machen, womit sie für die Leser zur »Zumutung« werden (Riemann 1987, 495). Ähnlich ist auch die Situation in der objektiven Hermeneutik: Außer einer stenogrammartigen Auflistung von biographischen Rahmendaten auf einer Seite erfährt man vorab nichts über den Fall – ähnlich wie in der strukturellen Beschreibung ist der Leser den langwierigen Interpretationen Wort für Wort ausgesetzt. In beiden Fällen erfährt man erst nach und nach und äußerst bruchstückhaft etwas über die Lebensgeschichte. Ist man wirklich an der Interpretation der Lebensgeschichte interessiert, muss man zuerst einmal die entscheidenden Fakten heraussuchen und herausschreiben, damit man die vorgeschlagene Interpretation noch einmal überdenken kann.

Wer seinen Schwerpunkt auf die Rekonstruktion des objektiven Lebensverlaufs setzt und zudem die Darstellungsproblematik umgehen möchte, für den kann die Lebensverlaufsanalyse mit biographischen Anamnesen hilfreich sein: Von den transkribierten Interviews fertigt man zunächst in einem ersten Schritt eine biographische Agenda und dann später eine biographische Anamnese an (vgl. zum Folgenden Schmeiser 2003, 59 ff.). Bevor man konkret an die Ausarbeitung einer biographischen Anamnese geht, ist es hilfreich, zuerst einen Ereigniskalender des Falles bzw. eine biographische Agenda anzulegen. Dazu wird das Geburtsdatum benötigt, d. h. es wird eine Datei angelegt, in welcher auf der linken Spalte beginnend mit der Nennung von Geburtsjahr und -monat alle Folgejahre chronologisch aufgelistet sind bis zu dem Jahr, in dem das Interview durchgeführt wurde. Diese Jahreschronologie wird ergänzt durch eine zweite durchgehende Spalte der Altersangaben, so dass bei der Nennung eines Ereignisses im Lebenslauf des Betroffenen möglichst präzise das Alter nach Jahren und Monaten angegeben werden kann. Anschließend, werden in einem dritten Schritt auf der rechten Spalte die leeren Seiten dieser biographischen Agenda gefüllt. Dazu wird das Interview Absatz für Absatz nach lebenszeitlichen Angaben durchgesehen, und es wird eine möglichst lückenlose Chronologie der Lebensereignisse des Falles erstellt. Ist es so, dass die lebenszeitlichen Angaben in der Haupterzählung des Interviews fast vollständig fehlen, so dass der Interviewer im Nachfragteil des Interviews zahlreiche Datierungsfragen stellen musste, lässt sich zuerst der Nachfrageteil Absatz für Absatz durchgehen und dann erst die zeitlich unbestimmt gehaltene Haupterzählung in Angriff nehmen. Unabhängig davon aber, welche Reihenfolge gewählt wird, ist es wichtig, dass alle Ereignisse möglichst vollständig festgehalten werden. Auch solche Ereignisse und Befindlichkeiten, die anfänglich noch nicht präzise datierbar sind, sollten dann mit entsprechendem Vermerk eingefügt werden.

Im Anschluss an die Fertigstellung der Agenda macht man sich an die Erarbeitung der Anamnese. Biographische Anamnesen sind komprimierte, aber dennoch so umfassend wie möglich verfertigte, d. h. (a) perspektivisch vollständige, (b) in der Sprache des Falles gehaltene, (c) in der dritten Person verfasste und (d) chronologisch geordnete Beschreibungen der Werdegänge der Personen:

(a) Perspektivische Vollständigkeit: Zentral an einer Anamnese ist zunächst, dass sie den gesamten Lebensverlauf möglichst vollständig darstellt, wobei alle geäußerten subjektiven Absichten, Pläne, schulischen und beruflichen Ambitionen ebenso vermerkt werden wie jede faktisch getroffene Entscheidung. Der gesamte Lebensverlauf ist so präzise wie möglich darzustellen, dem Leser ist ein möglichst umfassendes Bild von dem betreffenden Fall zu vermitteln. Die Anamnese erfüllt eine Berichterstattungspflicht gegenüber dem Leser. Die im Anschluss an die Anamnese geleistete Interpretation muss nachvollziehbar und kritisierbar bleiben.

(b) Sprache des Falles: Die auf der Grundlage der narrativen Interviews erstellten Anamnesen sind prinzipiell in der Sprache des Falles gehalten, d. h. es finden sich dort keine sozial- oder humanwissenschaftliche Termini, vorgreifende Deutungen von Geschehensabläufen oder anderweitige Urteile über den Fall. Die denkende Auseinandersetzung soll dem Fall selbst folgen, nicht den mit den verwendeten soziologischen Begriffen verbundenen Problemen. Wissenschaftssprachliche Enthaltsamkeit ist unumgänglich, d. h. es werden immer die Worte verwendet, die ›der Fall‹ selbst benutzt. Die häufig wiederkehrenden Anführungszeichen in den Anamnesen machen dies kenntlich.

(c) Erzählen in der dritten Person: Weitere Klammermarkierungen in der Anamnese sind dem Umstand geschuldet, dass die Lebensgeschichte nicht in der Ich-Form, sondern in der dritten Person abgefasst wird. Aus den ›Vorhaltungen meines Vaters‹ werden in der Anamnese die ›Vorhaltungen (s)eines Vaters‹. In der dritten Person zu berichten schafft eine basale Distanz zu der Person, mit der man sich denkend beschäftigt. Jeder Arztbrief benutzt dieses einfache und wirksame Hilfsmittel der Versachlichung.

(d) Chronologische Reorganisation: Lebensgeschichtliche Erzählungen haben sich in irgendeiner Art und Weise einem chronologischen Erzählprinzip zu fügen. Dem in der Regel formalen Genügen eines chronologischen Darstellungsprinzips entsprechen in der Praxis des lebensgeschichtlichen Erzählens zahlreiche Möglichkeiten, die Chronologie inhaltlich zu umgehen. Entsprechende Sachverhalte, die für eine Situation zum Zeitpunkt ›t 1‹ von Bedeutung sind, werden häufig beiläufig während der Schilderung späterer Gegebenheiten eingeflochten. Eine Anamnese bemüht sich, das Faktenverschieben rückgängig zu machen. Entsprechende Daten und Schilderungen an entlegener Stelle werden dort platziert, wo sie chronologisch hingehören.

Es ist entsprechend zeitintensiv, einem chronologischen Prinzip zu folgen. Ferner ist es nicht immer problemlos, eine zeitlich adäquate Situierung von Ereignissen und Episoden vorzunehmen. Der konsequente Versuch, zu rechronologisieren, ist jedoch gewinnversprechend. Man erhält Werdegangsanamnesen, in denen die genuine zeitliche Ordnung eines Lebenslaufs prägnant hervortritt. Rechronologisierung zwingt auch zur systematischen Kenntnisnahme der faktenleeren und faktenarmen Zonen der lebensgeschichtlichen Erzählung.

Eine weichere Handhabung des chronologischen Darstellungsprinzips ist für den Beginn der Anamnese geboten, wenn es um die Darstellung der Eltern, Großeltern und Geschwister und ihrer Lebensläufe geht. Hier ist es der besseren Lesbarkeit wegen erwünscht.

Das oben geschilderte Vorgehen wurde ›anamnestisches Arbeiten‹ genannt, weil diese Arbeitstechnik stark davon beeinflusst worden ist, was Juristen, Psychoanalytiker, Psychiater und Mediziner mit ihren Fällen machen (↗ VII.9. Medizin und Psychologie). Ähnlich wie Karl Jaspers für die Psychiatrie davon ausging, dass man sich »ohne die Schilderung einzelner Fälle nicht verständigen kann« (vgl. zu Jaspers Schmeiser 2004, 78 f.), geht auch diese Position davon aus, dass zwischen der Logik der Forschung und der Logik der Darstellung getrennt werden sollte und dass jede Falldarstellung bzw. biographische Anamnese für andere FachkollegInnen brauchbar sein sollte. Im Idealfall stellt jede Falldarstellung einen Baustein in einem immer größer werdenden Fallinventar dar, das über Generationen in jeder Disziplin aufgebaut wird. Wenn aber die Falldarstellungen für andere ForscherInnen brauchbar sein sollen, dann muss man Falldarstellung und Fallinterpretation trennen, so wie man auch von jedem guten Psychiater, Analytiker oder Mediziner lernen kann, dass das eine die ›Befunde‹ sind und die andere Sache die ›Diagnose‹.

Insoweit die Anamnese die faktische Lebensgeschichte der interviewten Person zum Gegenstand hat, ist sie aber weitaus mehr als ein Hilfsmittel der Darstellung. Sie ist ebenso ein Text, den es zu interpretieren gilt, da dieser die innere Ordnung des Falles enthält. Nach der Maxime erstellt, den Lebensverlauf in seiner chronologischen Form zu rekonstruieren und von daher die sequentielle Struktur der Lebensgeschichte des Biographieträgers so weit wie möglich zur Darstellung zu bringen, kann die biographische Anamnese nur in einer sequenzierenden Analysehaltung interpretiert werden. Die grundlegende Prämisse der Interpretation der faktischen Lebensgeschichte lässt sich dahingehend formulieren, dass es darauf ankommt, den Lebensverlauf als inneren Kausalzusammenhang zu betrachten, in dem die späteren Ereignisse aus Bedingungen, Entscheidungen und Erfahrungen der vorausgegangenen Lebensgeschichte verstanden werden. So wird sichergestellt, dass nicht vom Endzustand her die Genese erklärt, sondern gerade umgekehrt verfahren wird.

Die in der Anamnese zur Darstellung gelangende Lebensgeschichte ist sequentiell, d. h. Schritt für Schritt zu interpretieren. Die Interpretationsarbeit ist so zu organisieren, dass zuerst die Ereignisse zum Zeitpunkt ›t 1‹ analysiert werden, dann die Ereignisse bei ›t 2‹, ›t 3‹ usw. Am Beginn der Interpretationsarbeit steht die Erfassung der Ausgangslage der Lebensgeschichte des betroffenen Falls, nämlich die Erfassung der Herkunft, des Berufs und des Lebenswegs der Eltern (und Großeltern), soweit sie die familiäre Sozialisation bestimmen. Hinzu kommt dann die Familienkonstellation des Falles, also die Stellung zu den Eltern und besonders die Stellung in der Geschwisterreihe. Die Erfassung der lebenspraktischen Ausgangslage führt zur Formulierung von objektiven Möglichkeiten der Entwicklung, die dem Fall aufgrund familiärer, milieutypischer, gruppenspezifischer und gesellschaftlicher Strukturvorgaben offenstehen. Ausgehend von dieser Rekonstruktion der lebenspraktischen Ausgangslage des Betroffenen mit ihren objektiven Möglichkeiten folgt dann die Interpretation des Lebensverlaufs in seiner Chronologie.

Wenn von objektiven Möglichkeiten die Rede ist, wird davon ausgegangen, dass die soziale Welt – verstanden als die Gesamtheit der Bildungswege, die man wählen, der Metiers, die man beherrschen, und der Karriere- und Berufswege, die man ergreifen kann – kein Universum jedermann beliebig offenstehender Möglichkeiten darstellt. Die soziale Welt ist vielmehr ein historischer sozialer Raum, in dem der Bewegungsspielraum der in ihm handelnden Individuen entscheidend davon mitbestimmt wird, mit welchem materiellen, bildungsmäßigen und sozialen Erbe sie in ihn eingetreten sind. So wie es absurd wäre, »eine Metro-Strecke zu erklären, ohne das Streckennetz in Rechnung zu stellen« (Bourdieu 1990, 80), sind die in einer Biographie berichteten Ereignisse und Bewegungen als Platzierungen im sozialen Raum aufzufassen. Zu bestimmen ist, welches Lebensschicksal bei einer gegebenen sozialen Herkunft innerhalb eines umgrenzten Zeitraums selbstverständlich, objektiv möglich oder nahezu unmöglich war (vgl. für einen solchen Versuch Schmeiser 1994). Wurde dieses Feld des Möglichen rekonstruiert, dann sind die im Lebenslauf eines Falles getroffenen Entscheidungen und Folgehandlungen daraufhin zu analysieren, ob eine Realisierung der objektiven Möglichkeiten des Handelns und des Lebensentwurfs vorliegt oder nicht. Die Untersuchung der Folgehandlungen prüft, ob und inwieweit sich objektive Möglichkeiten und subjektiver Vollzug entsprechen.

Literatur

Bourdieu, Pierre: »Die biographische Illusion« [1986]. In: BIOS 3. Jg. (1990), S. 75–81.

Fischer-Rosenthal, Wolfram/Rosenthal, Gabriele: »Narrationsanalyse biographischer Selbstpräsentationen«. In: Ronald Hitzler/Anne Honer (Hg.): *Sozialwissenschaftliche Hermeneutik*. Opladen 1997, S. 133–164.

Fuchs-Heinritz, Werner: *Biographische Forschung. Eine Einführung in Praxis und Methoden*. Wiesbaden 2005.

Heinritz, Charlotte: *Auf ungebahnten Wegen. Frauenautobiographien um 1900*. Königstein/Ts. 2000.

Liebau, Eckart: »Laufbahn oder Biographie? Eine Bourdieu-Lektüre«. In: BIOS 3. Jg., 1 (1990), S. 83–89.

Niethammer, Lutz: »Kommentar zu Pierre Bourdieu: Die biographische Illusion». In: BIOS 3. Jg., 1 (1990), S. 91–93.

Oevermann, Ulrich/Allert, Tilman/Konau, Elisabeth:

»Zur Logik der Interpretation von Interviewtexten. Fallanalyse anhand eines Interviews mit einer Fernstudentin«. In: Thomas Heinze u. a. (Hg.): *Interpretationen einer Bildungsgeschichte.* Bensheim 1980, S. 15–69.

Riemann, Gerhard: *Das Fremdwerden der eigenen Biographie: Narrative Interviews mit psychiatrischen Patienten.* München 1987.

Rosenthal, Gabriele: *Interpretative Sozialforschung. Eine Einführung.* Weinheim/München 2005.

Schmeiser, Martin: *Akademischer Hasard: Das Berufsschicksal des Professors und das Schicksal der deutschen Universität 1870–1920. Eine verstehend soziologische Untersuchung.* Stuttgart 1994.

Ders.: *›Missratene‹ Söhne und Töchter. Verlaufsformen des sozialen Abstiegs in Akademikerfamilien.* Konstanz 2003.

Ders.: »Vom ›statistischen Kleingemälde‹ zur ›Lebensgeschichte‹: Die Entwicklung von Biographie- und Lebensverlaufsforschung in der frühen deutschen Soziologie«. In: BIOS 17. Jg. (2004), S. 69–94.

Schütze, Fritz: »Biographieforschung und narratives Interview«. In: *Neue Praxis* 3. Jg. (1983), S. 283–293.

Ders.: »Prozessstrukturen des Lebensablaufs«. In: Joachim Matthes/Arno Pfeifenberger/Manfred Stosberg (Hg.): *Biographie in handlungswissenschaftlicher Perspektive.* Nürnberg 1981, S. 67–156.

Wohlrab-Sahr, Monika: »Biographieforschung jenseits des Konstruktivismus?«. In: *Soziale Welt* 50. Jg. (1999), S. 483–494.

Martin Schmeiser

7. Politikwissenschaft (und Zeitgeschichte)

7.1. Persönlichkeit als blinder Fleck der Politikwissenschaft

Das Thema ließe sich schließen, bevor es erst richtig eröffnet worden wäre. Denn eine dezidiert politikwissenschaftliche biographische Methodik existiert nicht. Für den Laien mag diese Erkenntnis auf den ersten Blick merkwürdig anmuten, überhäuft ihn der Buchmarkt doch mit einer Vielzahl von Politikerbiographien. Diese stammen indes, sofern es sich nicht um Autobiographien handelt, zumeist aus der Feder von Journalisten und Publizisten, gerade wenn die dargestellten Lebensgeschichten bis in die unmittelbare Gegenwart hineinreichen und noch unabgeschlossen sind. Hinzu kommen sorgfältig, aus den (ungedruckten) Quellen gearbeitete ›politische Biographien‹ aus der Zunft der Historiker (↗ VII.1. Geschichtswissenschaft). In der überwiegenden Zahl der Fälle sind die darin behandelten Protagonisten bereits verstorben und es besteht eine mehr oder weniger große zeitliche Distanz. Politikwissenschaftler als Autoren von Individualbiographien stellen eine rare Spezies dar. Häufiger nutzen sie die durch die Geschichtswissenschaft bereitgestellten Daten für Sekundäranalysen und reisen dann nicht selten »auf dem Trittbrett der mühsam recherchierenden historischen Forschung« (Hartmann 2007, 39).

Wer die Struktur der Deutschen Vereinigung für Politikwissenschaft (DVPW), des größten nationalen Fachverbandes, betrachtet, der wird in deren Sektionen, Arbeitskreisen und Ad-hoc-Gruppen nach ›Personen‹ und ›Individuen‹ vergebens suchen.[1] Am ehesten noch lässt der Bereich der Politischen Theorie mit Betrachtungen zu großen Denkern die einzelne Persönlichkeit zur Geltung kommen. Eine personalisierte Ideengeschichte, die das politische Denken in engen Bezug zur biographischen und historischen Entwicklung bringt, fällt allerdings erneut stärker in den Bereich der Geschichtswissenschaft (nicht zuletzt John Pocock, Quentin Skinner und die Cambridge School). Für den anderen großen Bereich der Politikwissenschaft, die Vergleichende Regierungslehre, wies Wilhelm Hennis vor bald einem halben Jahrhundert auf den Blindfleck ›Persönlichkeit‹ hin. Er kritisierte die Konzentration auf Verfassungen, Geschäftsordnungen und institutionelle Rahmenbedingungen. Das »tote Inventar« zu dokumentieren und analysieren, genüge keineswegs; »es nutzvoll einzusetzen, dem Ganzen Leben einzuhauchen« sei schließlich die »höchstpersönliche Leistung politischer Kunst und Technik« (Hennis 1999, 131). Hennis hielt ein Plädoyer für eine lebende Verfassung, die zu einem nicht geringen Teil von Menschen geprägt werde. Das Gespür für den ›richtigen‹ Zeitpunkt zur Implementation von Politik beispielsweise sei wesentlich an die Person des Entscheidungsträgers gebunden. Für den dritten großen Bereich der Politikwissenschaft, die Internationale Politik, ist nach Hennis der Einfluss handelnder Subjekte ebenfalls zu berücksichtigen – neben Machtkonstellationen und nationalen oder sonstigen Interessen. Ohne John F. Kennedys Fähigkeit der fernmündlichen Kommunikation etwa, so lautet die kontrafaktische Überlegung, wäre die Kuba-Krise vermutlich anders ausgegangen.

Diese deutliche Kritik ist *grosso modo* auch heute noch aktuell, dominieren in der Politikwissenschaft doch weiterhin aggregierte Kräfte und Abstraktionen wie Typologisierungen in systemischer Perspektive gegenüber denkenden und handelnden Menschen und Persönlichkeiten. Das gängige Dimensionen-Gefüge des Politischen räumt dem personalen Faktor keinen eigenständigen Platz ein. Deshalb wurde schon gefordert, das entsprechende

1 Der Blick in eine aktuelle Zusammenstellung von Hauptwerken der Politikwissenschaft ergibt ein ähnliches Bild; vgl. Steffen Kailitz (Hg.): *Schlüsselwerke der Politikwissenschaft*. Wiesbaden 2007. Am stärksten berücksichtigt den biographischen Faktor die darin von Ludger Helms vorgestellte Studie Richard E. Neustadts: *Presidential Power. The Politics of Leadership*. New York 1960, S. 324–327.

politologische Dreieck aus *polity* (Institutionen), *politics* (Prozesse) und *policy* (Politikfelder) um eine personale Dimension *politician/citizen* zu erweitern (Weinacht 1995). Ohne eine Ergänzung der Sach- und Sozialdimensionen seien z. B. Fragen nach Befehl und Gehorsam, Führung und Fügsamkeit, informellen politischen Netzwerken und ›Führungsstilen‹ nicht hinreichend zu erklären.

Doch auch wenn die Persönlichkeit stärker in den Fokus gerückt wird, interessieren sich Politikwissenschaftler weiterhin vor allem für Typenbildungen, Regel- oder sogar Gesetzmäßigkeiten. Es mag paradox erscheinen, aber selbst im Falle von Persönlichkeits- und ›leadership‹-Studien stehen häufig nicht-personale Determinanten im Zentrum der Betrachtung und werden die Personen auf Darsteller von Rollen, Wahrnehmer von Funktionen oder Ämtern reduziert. Das politische Umfeld und die gesellschaftlichen Rahmenbedingungen – gleichermaßen als Kontext und Stimulus – nehmen einen hohen Rang ein. Die einzelne Persönlichkeit findet nur dann das Untersuchungsinteresse der meisten Politikwissenschaftler, wenn sich daraus Folgerungen für politische Institutionen, Prozesse oder Ergebnisse ableiten lassen (Greenstein 2004, 363) oder wenn der Einzelfall zum Typus fortschreitet. Das Bestreben, typische, verallgemeinerbare Muster und Strukturen aus Kollektivphänomenen herauszulesen, dominiert eindeutig gegenüber individualbiographischen Ansätzen (↗ III.10 Kollektivbiographische Ansätze).

Deren Marginalisierung hat im Zuge der »Versozialwissenschaftlichung«[2] der Politologie seit den 1970er Jahren eher noch zu- als abgenommen. Damit einher ging die – auch von Soziologen diagnostizierte – »Gefahr [...], biographisches Material lediglich zum Gegenstand von Dekonstruktion zu machen und damit das Besondere wiederum in seine gesellschaftlich normierten Bestandteile zu zerlegen: Berufs- und Karrieremuster, Gender-Rollen usw.«.[3] Es mag an solcher, fast mahnender Erkenntnis liegen, dass die Einzelbiographie in der Politikwissenschaft zwar stets randständig war und bleiben dürfte, aber nicht gänzlich abgestorben ist. Die Individualbiographie steht dabei in engem Zusammenhang mit einer (zeit-)historischen Methodik, während die im Anschluss zu betrachtende Kollektivbiographie (insbesondere Elitenstudien) wesentlich auf sozialhistorisch-prosopographischer Methodik bzw. auf soziologischer Lebensverlaufsforschung beruht. In beiden Fällen fungiert die Politikwissenschaft als kleine Schwester, erstens einer qualitativ orientierten Geschichtswissenschaft, zweitens einer quantifizierenden Sozialwissenschaft und historischen Sozialforschung.

7.2. Individualbiographie und Gesellschaftsbiographie

Über Jahrzehnte hinweg bestand gerade im deutschen Universitätswesen eine enge Verbindung zwischen den Fächern der Politikwissenschaft und der Zeitgeschichte. Nicht zuletzt in wissenschaftsorganisatiorischer Hinsicht war die Verknüpfung beider Fachgebiete über viele Jahre hinweg sehr eng, bevor es ab etwa 1970 zu einer »beispiellosen Enthistorisierung der Sozialwissenschaften«[4] kam. Dieser Prozess wurde im Übrigen von Wandlungen innerhalb der Geschichtswissenschaft begleitet, die in jener Zeit selbst die Soziologie als Leitwissenschaft entdeckte. Insofern rückten die Grenzen der Fächer insgesamt zwar nicht notwendigerweise weiter auseinander, aber die Biographie galt im Zuge dieser Entwicklung auch in der Geschichtswissenschaft bald als eine verpönte Gattung (↗ V.6. 20. Jahrhundert).

Die Skepsis gegenüber der Biographik war in Deutschland, verglichen mit den angelsächsischen Ländern, besonders ausgeprägt. Die biographische Methode löste bei Historikern aufgrund ihres angeblich konservativ-historistischen Charakters und der behaupteten Theoriearmut Unmut aus (vgl. die frühe Bilanz von Schieder 1968). Mit der Etablierung der historischen Sozialwissenschaft

2 Wilhelm Bleek: *Geschichte der Politikwissenschaft in Deutschland*. München 2001, S. 422.

3 Ursula Apitzsch: »Biographieforschung«. In: Barbara Orth/Thomas Schwietring/Johannes Weiß (Hg.): *Soziologische Forschung. Stand und Perspektiven. Ein Handbuch*. Opladen 2003, S. 95–110, hier S. 101.

4 Klaus von Beyme: »Die antagonistische Partnerschaft. Geschichtswissenschaft und Politikwissenschaft«. In: Jürgen Osterhammel/Dieter Langewiesche/Paul Nolte (Hg.): *Wege der Gesellschaftsgeschichte*. Göttingen 2006, S. 33–44, hier S. 36.

oder gar mit dem »Triumph der historischen Strukturanalyse«[5] in den 1970er und 1980er Jahren erreichte die Kritik ihren Zenit. Die zentrale Konfliktlinie verlief zwischen denen, die konkrete Personen für den Gang der Geschichte als entscheidend betrachteten, und jenen, die dafür abstrakte Strukturen/Prozesse und die »Durchschlagskraft von Kollektivphänomenen«[6] geltend machten.

Inzwischen sind die Fronten wieder aufgeweicht, suchen ›Intentionalisten‹ und ›Strukturalisten‹ nach einer symbiotischen Kombination beider Zugangsweisen. Heinrich von Treitschkes Vorstellung eines bewussten Willens handelnder Männer, der die Geschichte bewege, gilt heute als ebenso schlicht wie die Auffassung eines Geschichtsverlaufs, der sich marxistischen Prämissen gemäß auf ökonomische Bewegungsgesetze reduzieren lasse. Gleichwohl sehen sich Autoren von akademischen Qualifikationsschriften, die auf biographischer Methodik beruhen, gezwungen, in längeren theoretischen Ausführungen dem weiterhin verbreiteten »Unbehagen an der wissenschaftlichen Biographie«[7] Rechnung zu tragen.

Zur Überwindung des alten Streits zwischen ›Personalisten‹ und ›Funktionalisten‹ hat wesentlich Ian Kershaws von einem Methodenpluralismus getragene Hitler-Biographie geführt, die personenbezogene Interpretationen mit sozioökonomischer und politisch-ideologiegeschichtlicher Analyse sinnvoll verbindet. Der zweibändigen biographischen Studie liegt ein modernisierter methodischer Ansatz zugrunde, der stärker als auf Hitlers Persönlichkeit auf Motivationen und Erwartungen der deutschen Gesellschaft schaut.[8] Diese Form der ›Gesellschaftsbiographie‹ stellt eine wichtige Etappe auf dem Weg zu einer Versöhnung von Persönlichkeit, Gesellschaft und Struktur in der NS-Forschung dar.[9] Darüber hinaus repräsentiert sie einen zeithistorischen Zugriff, der alte Scheuklappen abgelegt hat, die Vermessung von Handlungsspielräumen einzelner mit sozial- und strukturgeschichtlichen Überlegungen, Biographie mit den ›profound forces‹ der Geschichte gewinnbringend koppelt. In ähnlicher Weise trug Ulrich Herberts Studie über Reinhard Heydrichs Stellvertreter bei der Gestapo, Werner Best, zur Rehabilitierung der Biographie als ernst zu nehmendes zeithistorisches Genre bei: Die Untersuchung des Lebenswegs dient in diesem Fall gleichsam als Sonde, um Zeitumstände, ideologische Denkmuster und die Funktionsweise von Herrschaftsstrukturen genauer auszuleuchten.[10] Dieser Zugang ermöglicht es, Lebens- und Zeitenwenden miteinander in Beziehung zu setzen, größere historische Zusammenhänge im Brennspiegel eines einzelnen zu erkennen und nach Kontinuitäten des Lebenswegs in einer Epoche der Brüche und grundstürzenden Systemwechsel zu fragen.[11]

Das ausdrückliche Methodenbewusstsein für eine moderne Biographik hat innerhalb der Zeitgeschichtsforschung zugenommen (Kraus 2007; Gestrich 1999). Allein diese Tatsache dürfte Perspektiven für eine Wiederannäherung an die Politikwissenschaft eröffnen, wie sie sich an Arbeiten zum Führungs- und Regierungsstil einzelner Politiker zeigt. Exemplarisch zu erwähnen sind Studien zu Helmut Kohls Kanzlerschaft, die anhand seiner Außen- und Deutschlandpolitik akteursspezifisches Handeln mit dem systembedingten Umfeld in Beziehung setzen, um so – das ist ein typisch politikwissenschaftliches Ziel – Aussagen über Formen der Regierungssteuerung abzuleiten.[12] Erneut strebt die Politikwissenschaft in diesen Fällen nach verallgemeinerbaren Kriterien und Indikatoren, um Regierungshandeln und darin

5 Golo Mann: »Plädoyer für die historische Erzählung«. In: Jürgen Kocka/Thomas Nipperdey (Hg.): *Theorie und Erzählung in der Geschichte*. München 1979, S. 40–56, hier S. 45.

6 Hans-Ulrich Wehler: »Zum Verhältnis von Geschichtswissenschaft und Psychoanalyse«. In: Ders.: *Geschichte und Psychoanalyse*. Frankfurt a. M. ²1974, S. 9–30, hier S. 9.

7 So etwa in der vorzüglichen Habilitationsschrift von Margit Szöllösi-Janze: *Fritz Haber 1868–1934. Eine Biographie*. München 1998, S. 9–15.

8 Ian Kershaw: *Hitler 1889–1936*. Stuttgart 1998; Ders.: *Hitler 1936–1945*. Stuttgart/München 2000.

9 Dazu Alexander Gallus: »Hitlerdeutungen. Auf dem Weg zu einer Versöhnung von Persönlichkeit, Gesellschaft und Struktur in der NS-Forschung«. In: *Geschichte, Politik und ihre Didaktik* 29. Jg., 3/4 (2001), S. 252–262.

10 Ulrich Herbert: *Best. Biographische Studien über Radikalismus, Weltanschauung und Vernunft. 1903–1989*. Bonn ³1996.

11 Vgl. dazu Volker Depkat: *Lebenswenden und Zeitenwenden. Deutsche Politiker und die Erfahrungen des 20. Jahrhunderts*. München 2007.

12 Vgl. insbesondere Karl-Rudolf Korte: *Deutschlandpolitik in Helmut Kohls Kanzlerschaft. Regierungsstil und Entscheidungen 1982–1989*. Stuttgart 1998; Stefan Fröhlich: *»Auf den Kanzler kommt es an«: Helmut Kohl und die deutsche Außenpolitik. Persönliches Regiment und Regierungshandeln vom Amtsantritt bis zur Wiedervereinigung*. Paderborn u. a. 2001.

den ›subjektiven Faktor‹ besser und grundsätzlich einschätzen zu können. Die Analyse von einzelnen oder mehreren Regierungschefs zielt letztlich darauf, typische (oder: abweichende) Merkmale dieser Träger politischer Macht zu isolieren, um die Funktionsweise der bundesdeutschen »Kanzlerdemokratie«[13] genauer zu verstehen oder allgemein Handlungsspielräume und Rollenzwänge einzelner Führungspersönlichkeiten in verschiedenen politischen Systemen genauer nachzuvollziehen (Hartmann 2007).[14] Bei alldem bleibt die Innensicht des Individuums letztlich im Hintergrund. Es dominiert die Außensicht auf den in einzelne Bestandteile zerlegbaren Lebensverlauf.

7.3. Kollektivbiographische Ansätze (Sozialprofile, Sozialgeschichte, Elitenforschung)

Angesichts des zuletzt genannten Umstandes dürfte es nicht verwundern, dass die Politikwissenschaft – anders als im Fall der Individualbiographie – der Kollektivbiographie ohne grundsätzliche Vorbehalte begegnet. Bei der Methodik der Kollektivbiographie oder Prosopographie handelt es sich um eine von verschiedenen Disziplinen genutzte Methode, die die Lebensläufe von – eindeutig bestimmbaren – sozialen oder politischen Gruppen erfasst und auswertet (vgl. zum Gesamten: Gallus 2005). Der britische Sozialhistoriker Lawrence Stone definiert sie als »Untersuchung der allgemeinen Merkmale des Werdegangs einer Gruppe von handelnden Personen der Geschichte durch ein zusammenfassendes Studium ihrer Lebensläufe«. Zu diesen Merkmalen zählen etwa zu ermittelnde Angaben über Geburt und Tod, Heirat und Familie, soziale Herkunft, wirtschaftliche Stellung, Wohnsitz, Ausbildung, Berufserfahrung, Religion, Parteimitgliedschaft etc. Die Kollektivbiographie ermöglicht es, die Sozialprofile und -strukturen einzelner Gruppen nachzuzeichnen, um so die »Wurzeln einer politischen Handlung« offenzulegen. Insofern diente die kollektivbiographische Methode zunächst vorrangig als »Hilfsmittel zur Erforschung der politischen Geschichte«.[15] Der politikgeschichtliche Ursprung zeigt sich bis heute in der von Stone sogenannten ›Eliten-Schule‹ der Prosopographie, die sich vorwiegend der Beschaffenheit der jeweils herrschenden politischen Klasse widmet. Daneben beschäftigt sich die ›Massen-Schule‹ mit den Angehörigen der breiten Volksschichten. Sie ist stärker auf statistische Methoden und häufig auf Stichprobenverfahren angewiesen. Die Kollektivbiographie befindet sich insgesamt im Einklang mit behavioristischen Theorien, die mittels empirisch-analytischer Methoden politische Einstellungen und politisches Verhalten zu erfassen und möglichst präzise, mit quasi-naturwissenschaftlicher Genauigkeit zu messen beabsichtigen. Der Behavioralismus stellt seit Jahrzehnten eine besonders einflussreiche Schule innerhalb der international ›meinungsführenden‹ amerikanischen Politikwissenschaft dar (Mohr 1990, 233 f.).

Mit der zunehmenden Ausstrahlungskraft dieser strukturanalytisch-sozialwissenschaftlichen Richtung in der Politikwissenschaft und angesichts der Durchsetzung des sozialhistorischen Paradigmas innerhalb der Zeitgeschichtsforschung erfreute sich die kollektive Biographik ab den 1970er Jahren auch in Deutschland großer Beliebtheit. Wesentlich stärker als die Individualbiographie entspricht die Kollektivbiographie den Bedürfnissen und Fragestellungen der Politikwissenschaft, schließlich zielt sie durch den Vergleich der einzelnen Mitglieder einer klar definierten Grundgesamtheit auf die Herausarbeitung von Regelmäßigkeiten und letztlich auf eine Typisierung und Klassifikation der Ergebnisse.

Inzwischen haben sich institutionalisierte, interdisziplinär ausgerichtete Zentren kollektivbiographischer Forschung in Deutschland herausgebildet. An erster Stelle ist das Kölner Zentrum für Sozialhistorische Forschung zu nennen, das sich ebenso mit der theoretischen Fortentwicklung der

13 Vgl. Karlheinz Niclauß: *Kanzlerdemokratie. Regierungsführung von Konrad Adenauer bis Gerhard Schröder.* Paderborn u. a. ²2004.

14 Vgl. Ludger Helms: »›Politische Führung‹ als politikwissenschaftliches Problem. In: *Politische Vierteljahresschrift* 41. Jg., 3 (2000), S. 411–434.

15 Lawrence Stone: »Prosopographie – englische Erfahrungen«. In: Konrad H. Jarausch (Hg.): *Quantifizierung in der Geschichtswissenschaft. Probleme und Möglichkeiten.* Düsseldorf 1996, S. 64–97, hier S. 64 f.

kollektiven Biographik wie mit ihrer praktischen Anwendung befasst. Ein Schwerpunkt der Projekte liegt auf der Analyse parlamentarischer Führungsgruppen in Deutschland seit der Mitte des 19. Jahrhunderts. Die behandelten Themenfelder decken einen großen Teil der modernen deutschen Geschichte ab. Die Untersuchungen widmen sich u. a.: der Struktur und dem Wandel parlamentarischer Führungsgruppen in Deutschland zwischen 1848 und 1953, den Biographien sozialdemokratischer Parlamentarier in den deutschen Reichs- und Landtagen zwischen 1867 und 1933 sowie der Abgeordneten deutscher Nationalparlamente zwischen 1848 und 1933, den Landtagsabgeordneten der Weimarer Republik ebenso wie den Lebensschicksalen der ehemaligen Reichstagsabgeordneten der Weimarer Republik nach 1933 oder der Rekrutierung der politischen Klasse in der Bundesrepublik Deutschland.[16]

Einen zweiten institutionellen Schwerpunkt bildet die von Politikwissenschaftlern und Zeithistorikern getragene Kommission für Geschichte des Parlamentarismus und der politischen Parteien (ehemals Bonn, seit 2006 Berlin). Gerade durch die Verbindung von biographischer Lexikographik und kollektiver Biographik resultierte aus ihren Projekten eine Reihe von handbuchartigen Studien. Zu erwähnen sind u. a. das biographisch-statistische Handbuch über die Reichstagsabgeordneten der SPD zwischen 1898 und 1918, eine biographische Dokumentation über die Reichstagsabgeordneten der Weimarer Republik in der Zeit des Nationalsozialismus, ein Handbuch über die sozialdemokratischen Reichs- und Landtagsabgeordneten zwischen 1867 und 1933, ein biographisches Handbuch zu den Reichsrätekongressen 1918/19 sowie entsprechende biographische Dokumentationen zu den Reichstagsabgeordneten zwischen 1933 und 1945 oder die Mitglieder der westzonalen Vorparlamente zwischen 1946 und 1961. Diese Bände stellen jeweils anhand festgelegter Merkmale und Variablen Daten zu jedem einzelnen Abgeordneten, Delegierten oder Kandidaten bereit und bieten zudem gruppenbiographische Analysen, die auf die Formulierung ›typischer Lebensläufe‹ dieser politischen Eliten hinauslaufen.[17]

Auch außerhalb dieser beiden Zentren kollektivbiographischer Forschung sind Elite-Studien entstanden, die beispielsweise Fragen nach sozialer Herkunft, beruflicher Qualifikation, Wertvorstellungen sowie Methoden der Machtgewinnung und -sicherung aufwerfen. Um einige Beispiele zu nennen: Prosopographische Studien zur Macht- und Funktionselite der DDR stammen aus den Federn Christian Peter Ludz', Gerd Meyers und Eberhard Schneiders.[18] Vergleichbare Forschungen existieren auch zur Partei- und Staatsführung der Sowjetunion zwischen 1917 und 1991, zu sozialdemokratischen und kommunistischen Parteifunktionären in der Tschechoslowakei im Zeitraum von 1918 bis 1938 oder zur NS-Elite.[19] Inzwischen ist von Poli-

16 Siehe dazu den Überblick bei Wilhelm Heinz Schröder/Wilhelm Weege/Martina Zech: *Historische Parlamentarismus-, Eliten- und Biographieforschung. Forschung und Service am Zentrum für Historische Sozialforschung*. Köln 2000.

17 Vgl. Wilhelm Heinz Schröder: *Sozialdemokratische Reichstagsabgeordnete und Reichstagskandidaten 1898–1918. Biographisch-statistisches Handbuch*. Düsseldorf 1986; Martin Schumacher (Hg.): *M.d.R. Die Reichstagsabgeordneten der Weimarer Republik in der Zeit des Nationalsozialismus. Politische Verfolgung, Emigration und Ausbürgerung 1933–1945. Eine biographische Dokumentation*. Düsseldorf ^{3}1994; Wilhelm Heinz Schröder: *Sozialdemokratische Parlamentarier in den deutschen Reichs- und Landtagen 1867–1933. Biographien, Chronik, Wahldokumentation. Ein Handbuch*. Düsseldorf 1995; Sabine Roß (Hg.): *Biographisches Handbuch der Delegierten der Reichsrätekongresse 1918/1919*. Düsseldorf 2000; Joachim Lilla (Bearb.): *Statisten in Uniform. Die Mitglieder des Reichstags 1933–1945. Ein biographisches Handbuch. Unter Einbeziehung der völkischen und nationalsozialistischen Reichstagsabgeordneten ab Mai 1924*, unter Mitarbeit von Martin Döring und Andreas Schulz. Düsseldorf 2004; Martin Schumacher (Hg.): *M.d.B. Volksvertretung im Wiederaufbau 1946–1961. Bundestagskandidaten und Mitglieder der westzonalen Vorparlamente. Eine biographische Dokumentation*. Düsseldorf 2000. Im Internet sind entsprechende Daten zur ›politischen Klasse‹ der Bundesrepublik bis 1972 abrufbar unter http://www.kgparl.de/online-volksvertretung/online-mdb.html (16.12.2008).

18 Peter Christian Ludz: *Parteielite im Wandel. Funktionsaufbau, Sozialstruktur und Ideologie der SED-Führung. Eine empirisch-systematische Untersuchung*. Köln/Opladen 1968; Gerd Meyer: *Die DDR-Machtelite in der Ära Honecker*. Tübingen 1991; Eberhard Schneider: *Die politische Funkionselite der DDR. Eine empirische Studie zur SED-Nomenklatura*. Opladen 1994.

19 Vgl. Evan Mawdsley/Stephen White: *The Soviet Elite from Lenin to Gorbachev. The Central Comittee and its Members, 1917–1991*. New York 2000; Thomas Weiser: *Arbeiterführer in der Tschechoslowakei. Eine Kollektivbiographie sozialdemokratischer und kommunistischer Parteifunktionäre 1918–1938*. München 1998; Karin Orth: *Die Konzentrationslager-SS. Sozialstrukturelle Analysen und biographische Studien*. Göttingen 2000; Michael Wildt: *Die Generation des Unbedingten. Das Führungskorps des Reichssicherheitshauptamtes*. Hamburg 2002.

tikwissenschaftlern selbst die eigene Fachelite kollektivbiographisch untersucht worden.[20] Je mehr die kollektivbiographisch zu erfassende Gruppe in die Gegenwart hineinreicht, desto weiter entfernt sie sich von der Zeitgeschichtsforschung und überschneidet sich die Methode stark mit der soziologischen Lebensverlaufsforschung.[21]

7.4. Fazit

Die Biographik liegt außerhalb des Zentrums der politikwissenschaftlichen Forschung. Von einer eigenständigen biographischen Methode kann in der Politikwissenschaft keine Rede sein. Im Falle von individualbiographischen Studien dockt sie an die (Zeit-)Geschichtsforschung an, im Falle von kollektivbiographischen Studien greift sie – je nach der Nähe zur Gegenwart – auf Erkenntnisse der historischen Sozialforschung oder der Soziologie zurück. Der biographische Ansatz gilt in der Politikwissenschaft und insbesondere im Bereich der Elitenforschung[22] dann als salonfähig, wenn er Resultate zu Tage fördert, die Vergleiche sowie Aussagen über Kollektive und verallgemeinerbare, typologisierende Ableitungen (›Karrieremuster‹) ermöglichen. Nicht der Biographie des Einzelnen gilt die Aufmerksamkeit, sondern der Abfolge der unterschiedlich langen Zustände oder Merkmale innerhalb des Lebensverlaufs sowie der ausgefüllten Rolle, den ausgeübten Funktionen oder Ämtern. Mit der Typisierung des Individuellen geht stets die Gefahr einher, statistische Gespenster zu produzieren. Eine methodenbewusste Politikwissenschaft wird daher exemplarische Fallstudien oder Einzelbiographien wenigstens als gelegentliches Korrektiv zulassen, schließlich lässt sich z. B. ein tieferes Verständnis intellektueller oder ideologischer Prägungen und ihrer Wandlungen kaum hinreichend über quantitativ messbare Indices oder Umfragewerte gewinnen.

20 Vgl. Cord Arendes: *Politikwissenschaft in Deutschland. Standorte, Studiengänge und Professorenschaft 1949–1999*. Wiesbaden 2005; Ders./Hubertus Buchstein: »Politikwissenschaft als Universitätslaufbahn: Eine Kollektivbiographie politikwissenschaftlicher Hochschullehrer/-innen in Deutschland 1949–1999«. In: *Politische Vierteljahresschrift* 45. Jg., 1 (2004), S. 9–31.

21 Vgl. Bettina Dausien: »Biographieforschung«. In: Joachim Behnke u. a. (Hg.): *Methoden der Politikwissenschaft. Neuere qualitative und quantitative Analyseverfahren*. Baden-Baden 2006, S. 59–68. In dieser Bilanz ist der Unterschied zwischen einer spezifisch politikwissenschaftlich und spezifisch soziologisch inspirierten Biographik nicht erkennbar.

22 Siehe dazu zusammenfassend Ursula Hoffmann-Lange: »Eliten«. In: Eckhard Jesse/Roland Sturm (Hg.): *Demokratien des 21. Jahrhunderts im Vergleich. Historische Zugänge, Gegenwartsprobleme, Reformperspektiven*. Opladen 2003, S. 203–231.

Literatur

Edinger, Lewis J.: »Political Science and Political Biography. Reflections on the Study of Leadership«. In: *The Journal of Politics* 26. Jg., 2 (1964), S. 423–439.

Gallus, Alexander: »Biographik und Zeitgeschichte«. In: *Aus Politik und Zeitgeschichte* 1/2 (2005), S. 40–46.

Gestrich, Andreas: *Vergesellschaftungen des Menschen. Einführung in die Historische Sozialisationsforschung*. Tübingen 1999.

Greenstein, Fred I.: »Personality and Politics«. In: Mary Hawkesworth/Maurice Kogan (Hg.): *Encyclopedia of Government and Politics*. London/New York ²2004, Bd. 1, S. 351–369.

Hartmann, Jürgen: *Persönlichkeit und Politik*. Wiesbaden 2007.

Hennis, Wilhelm: »Richtlinienkompetenz und Regierungstechnik« [1964]. In: Ders.: *Regieren im modernen Staat. Politikwissenschaftliche Abhandlungen I*. Tübingen 1999, S. 106–141.

Kraus, Hans-Christof: »Geschichte als Lebensgeschichte. Gegenwart und Zukunft der politischen Biographie«. In: Ders./Thomas Nicklas (Hg.): *Geschichte der Politik. Alte und Neue Wege*. München 2007, S. 311–332.

Mohr, Arno: »Die Rolle der Persönlichkeit in politischen Institutionen. Biographische Ansätze in der Politikwissenschaft«. In: BIOS 3. Jg., 2 (1990), S. 225–235.

Schieder, Theodor: »Strukturen und Persönlichkeiten in der Geschichte«. In: Ders.: *Geschichte als Wissenschaft. Eine Einführung*. München/Wien ²1968, S. 157–194.

Weinacht, Paul-Ludwig: »Die politische Person und das Persönliche an der Politik«. In: Karl Graf Ballestrem u. a. (Hg.): *Sozialethik und politische Bildung. Festschrift für Bernhard Sutor zum 65. Geburtstag*. Paderborn u. a. 1995, S. 55–75.

Alexander Gallus

8. Erziehungswissenschaft

Ebenso wie in anderen Sozialwissenschaften gehört biographisches Arbeiten auch in der Erziehungswissenschaft zum disziplinären Reflexions- und Forschungsrepertoire. Allerdings lässt sich ein einheitliches Paradigma biographischen Arbeitens weder auffinden noch herausarbeiten. Die Zugänge unterscheiden sich hinsichtlich ihrer Erkenntnisinteressen wie auch in Bezug auf Theorien, Methodik und Materialsorten. Mehrere theoretische Rahmenkonzepte stehen gleichrangig nebeneinander. Methodisch unterschieden werden müssen Ansätze, die sich auf Einzelfälle konzentrieren und jene, die Fallvergleiche und Typologien entwerfen. Es werden sowohl vorgefundene als auch eigens erhobene biographische Materialien berücksichtigt. Wenngleich auch kein einheitliches Paradigma erziehungswissenschaftlicher Biographieforschung existiert, so ist den verschiedenen Ansätzen jedoch immerhin eine spezifische Gestalt gemeinsam, die sich als Zusammentreffen hermeneutisch-phänomenologischer und sozialwissenschaftlicher Traditionen verstehen lässt. Und noch eine Gemeinsamkeit lässt sich feststellen: Biographisches Arbeiten in der Erziehungswissenschaft richtet zum einen den Blick auf die rekonstruierte Darstellung des jeweiligen gelebten Lebens und zum anderen auf die objektiven gesellschaftlichen Strukturen, die diese Lebensentwürfe beeinflussen. Für die erziehungswissenschaftliche Reflexion ist Biographie daher an der Schnittstelle von Subjektivität und gesellschaftlicher Objektivität angesiedelt (↗ II.4. Biographie und Wissen).

8.1. Geschichtliche Aspekte

Eine zentrale Position im Rahmen pädagogischen Denkens und Handelns hat das Thema ›Biographie‹ allerdings nicht immer und nicht kontinuierlich besessen. Während bei Klassikern der Pädagogik wie Comenius, Jean-Jacques Rousseau oder Ernst Christian Trapp Betrachtungen zu lebensgeschichtlichen Aspekten eine wichtige Rolle spielten und neben der Beobachtung von Kindern auch eine der empirischen Grundlagen von Pädagogik bildeten, ging der pädagogischen Reflexion in der Folgezeit das ›biographische Gespür‹ weitestgehend verloren. Dabei ist ein biographischer Bezug der Pädagogik in ihrem Gegenstand bereits vorgegeben. Denn Erziehung ist »zuallererst Überlieferung, Mitteilung dessen, was uns wichtig ist«[1] – und das beinhaltet notwendigerweise Aussagen über die von den Erziehern bevorzugten Lebensformen und -wege. Auch ein zweiter Leitbegriff der Erziehungswissenschaft, die Bildung, weist starke biographische Bezüge auf, insofern es ihr um eine ›Lebensführung aus rückhaltloser Gedanklichkeit‹ geht und die ihr zugeordnete Theorie sich auf den Lebenslauf im Gesamten bezieht. Eine neue Blütezeit erlebte biographisches Arbeiten aber erst in den 1920er Jahren, als insbesondere Charlotte Bühler und Siegfried Bernfeld versuchten, biographische Materialien zur Untersuchung von Jugendalter und Lebenslauf fruchtbar zu machen. Mit der Machtergreifung der Nationalsozialisten kam es zum abrupten Ende dieser Blütezeit pädagogisch akzentuierter Biographieforschung, und auch nach dem Zweiten Weltkrieg war explizit biographiebezogenes Denken in der Pädagogik allemal randständig. Zu einer erneuten Renaissance der Biographieforschung kam es in den 1970er Jahren, die mit programmatischen Überlegungen zur Ausarbeitung einer narrativen Orientierung in der Erziehungswissenschaft eingeläutet wurden. *Aus Geschichten lernen*, ein Sammelband, der von Dieter Baacke und Theodor Schulze 1979 herausgegeben wurde, präsentiert die Ambition einer wissenschaftlichen Erschließung autobiographischer und literarischer Quellen für pädagogische Erkenntnisabsichten. 1979 veröffentlichte

1 Klaus Mollenhauer: *Vergessene Zusammenhänge. Über Kultur und Erziehung*. Weinheim/München 1983, S. 20.

auch Werner Loch die wichtigste Schrift zu seiner biographischen Erziehungstheorie: *Lebenslauf und Erziehung*. Und 1981 erschien ein Band von Jürgen Henningsen zum Thema *Autobiographie und Erziehungswissenschaft*, der fünf wenig beachtete Aufsätze aus Vorjahren enthielt. Seitdem haben Studien mit einem genuin biographischen Akzent kontinuierlich an Bedeutung gewonnen und nehmen im Gesamtzusammenhang erziehungswissenschaftlicher Forschung einen festen Platz ein. Aktuell liegt so eine facettenreiche Gestalt biographischen Arbeitens in der Erziehungswissenschaft vor, die sich über nahezu alle pädagogischen Themenbereiche, Praxisfelder und Institutionen erstreckt.[2]

8.2. Forschungsfelder

Dieser Facettenreichtum wird besonders deutlich, wenn die Ausdifferenzierung der Erziehungswissenschaft in Teildisziplinen bzw. fachinterne Spezialisierungen in Augenschein genommen wird. Auf diese Weise wird dann deutlich, dass historisch orientierte Arbeiten einen breiten Raum der Veröffentlichungen mit biographischem Erkenntnisinteresse einnehmen. Es ist in diesem Kontext die Historische Bildungsforschung, die biographische Materialien im Hinblick auf die Erziehungs- und Sozialisationsbedingungen oder in Bezug auf die Alltagsbewältigung und die Identitätsentwicklung von Kindern, Jugendlichen und Erwachsenen aus unterschiedlichen sozialen Verhältnissen und in verschiedenen Epochen untersucht.[3] Aber auch in der Allgemeinen Erziehungswissenschaft zeigt sich die Etablierung einer biographisch orientierten Forschungspraxis. Hier kommt es vor dem Hintergrund einer disziplinären Neukonturierung zum Einbezug ›biographischen Wissens‹ in die bildungs- und erziehungsphilosophischen, anthropologischen und wissenschaftsgeschichtlichen Fragestellungen (Marotzki 1996). In der International und Interkulturell Vergleichenden Erziehungswissenschaft hat die biographische Perspektive in den letzten Jahren in dem Sinne an Bedeutung gewonnen, als dass die Struktur von Migrationsbiographien selbst in den Fokus des Interesses geraten ist.[4] Einen besonderen Stellenwert nehmen dabei die Untersuchungen ein, die nach den individuellen Verlaufsformen von bildungsbenachteiligten und -erfolgreichen Jugendlichen mit Migrationshintergrund sowie nach den Möglichkeiten und Grenzen des Umgangs mit migrationsbedingten Lebenskonstruktionen fragen. Obwohl solche und ähnliche biographiebezogene Blicke in der Erziehungswissenschaft qualitativ-empirisch motiviert sind, gibt es selbst im Rahmen der primär quantitativ ausgerichteten Empirischen Bildungsforschung Bestrebungen, Biographieverläufe zum Thema zu machen. Denn neben Überlegungen zur Integrationsfähigkeit von quantitativer und qualitativer Forschung werden aus dem Bereich und mit den Mitteln der Empirischen Bildungsforschung auch Studien vorgelegt, deren Interesse auf der Analyse von Lebensorientierungen liegt (↗VII.6. Soziologie). Auch weitere erziehungswissenschaftliche Teildisziplinen haben das biographische Format für sich entdeckt, allerdings durchaus in unterschiedlicher Intensität. So musste schulpädagogische Biographieforschung etwa lange Zeit fast ausschließlich als biographische Lehrerforschung verstanden werden.[5] Erst in jüngster Zeit wird auch den Schüler- und Schülerinnenbiographien in der schulpädagogischen Forschung eine größere Aufmerksamkeit geschenkt. Diese konzentriert sich auf die Analyse der Bedeutung schulischer Lern- und Erfahrungsprozesse für Jugendbiographien oder auch auf den schulischen Umgang mit Heterogenität und dessen Auswirkungen auf Identitätskonstruktionen junger Menschen. Auch wird das Zusammenspiel von Schulkultur und Biographieverläufen untersucht, indem ›Passungsverhältnisse‹ von schulspezifischen kulturellen Praktiken und individuellen

2 Vgl. dazu Margret Kraul/Winfried Marotzki (Hg.): *Biographische Arbeit. Perspektiven erziehungswissenschaftlicher Biographieforschung*. Opladen 2002; Krüger/Marotzki 2006.

3 Vgl. Edith Glaser/Pia Schmid: »Biographieforschung in der Historischen Pädagogik«. In: Krüger/Marotzki 2006, S. 363–389.

4 Vgl. Ursula Apitzsch: »Biographieforschung und interkulturelle Pädagogik«. In: Krüger/Marotzki 2006, S. 499–514, hier S. 510.

5 Vgl. Sabine Reh/Carla Schelle: »Biographieforschung in der Schulpädagogik. Aspekte biographisch orientierter Lehrerforschung«. In: Krüger/Marotzki 2006, S. 391–411.

Identitätsentwürfen rekonstruiert werden.[6] Während die schulpädagogische Biographieforschung erst langsam zu den Jugendlichen gefunden hat, prägt der Blick auf Jugendbiographien im Rahmen der Sozialpädagogik die aktuelle Forschung wie eh und je.[7] Biographische Prozesse bei jugendlichen Randgruppen, z. B. jungen Straffälligen, Straßenkindern und Drogenabhängigen, werden in der sozialpädagogischen Forschung besonders beachtet.[8] Fragen des biographischen Umgangs mit gesellschaftlichen Veränderungsprozessen bleiben dabei nicht unberücksichtigt, und so richtet sich der Blick etwa ebenso auf das pädagogische Personal in Einrichtungen der Jugendhilfe und -arbeit. In der Sonderpädagogik werden mit biographischen Methoden Momente des Erlebens, Erleidens und Verarbeitens von Behinderung untersucht und Deutungsmuster in den Lerngeschichten von Menschen mit Behinderung sowie ihren Bezugspersonen analysiert. Mit der Untersuchung der Auswirkungen von Behinderung auf Lebensentwürfe, der Verarbeitung von Krisen und der Entwicklung neuer Lebenskonzeptionen wird zumeist auch die Generierung alternativer Möglichkeiten pädagogischer Interventionen und der sozialen Integration Behinderter verfolgt.[9] Die Berufs- und Wirtschaftspädagogik wiederum hat zwar keine eigene Biographieforschung herausgebildet, sehr wohl werden aber die Forschungsergebnisse, die einen Zusammenhang von Biographie und Beruf herstellen, als Ressource berufspädagogischen Wissens aufgegriffen, so dass sich Bereiche einer biographisch interessierten berufspädagogischen Forschung mit denen einer auf Beruf und Berufslaufbahn ausgerichteten Biographieforschung überschneiden.[10] In der Rekonstruktion der individuellen Berufsentwicklung geht es dabei um die Betonung der Differenz zum durchschnittlichen gesellschaftlichen Lebensverlaufsmuster.[11] Anders als in der Berufs- und Wirtschaftspädagogik ist in der Erwachsenenbildung die Biographieforschung ins Zentrum wissenschaftlicher Interessen gerückt.[12] Auch in der institutionellen Bezugsebene der Erwachsenenbildung lässt sich von einer Biographisierung der Institutionen sprechen, da Biographien als zentrale Ressource von Erwachsenenbildungseinrichtungen und ihren Akteuren in den Blick kommen.[13] Die Erwachsenenbildung demonstriert so die Etablierung biographietheoretischer Zugänge in der Adressaten- und Teilnehmer-, der Lehr-, Lern-, der Institutions- und Organisations- sowie der Professionsforschung.[14] Arbeiten aus dem Bereich der Pädagogischen Freizeitforschung und Sportpädagogik wählen zur Erforschung der empirischen Wirklichkeit ebenfalls einen Zugang über Biographien. Das biographische Erleben von Bewegung und Körpererfahrung stellt hier einen Forschungsschwerpunkt dar.[15] Für den biographischen Kontext sind dabei Untersuchungen über jugendliche Freizeitwelten und die Inszenierung ihrer Körper besonders interessant, da sie zeigen, wie Jugendliche sich ihre eigene Lebenswelt schaffen und dennoch Übergänge ins Erwachsenenalter vollziehen. Eine verstärkte Rezeption und Anwendung biographischer Forschungsansätze ist außerdem in der Medienpädagogik festzustellen und schlägt sich hier v. a. in Studien zur Relevanz von Medien in Familie und Peergroup nieder. Der medienbiographische Ansatz

6 Vgl. Werner Helsper/Mechthild Bertram: »Biographieforschung und SchülerInnenforschung«. In: Krüger/Marotzki 2006, S. 273–294.

7 Vgl. Hans-Jürgen von Wensierski: »Biographische Forschung in der Sozialpädagogik«. In: Krüger/Marotzki 2006, S. 459–482.

8 Vgl. Hans Thiersch: »Biographieforschung und Sozialpädagogik«. In: Margret Kraul/Winfried Marotzki: *Biographische Arbeit* (wie Anm. 2), S. 142–156; Andreas Hanses: »Biographie und sozialpädagogische Forschung«. In: Cornelia Schweppe (Hg.): *Qualitative Forschung in der Sozialpädagogik*. Opladen 2003, S. 19–42.

9 Vgl. Norbert Huber (Hg.): *Lebensgeschichten behinderter Menschen*. Freiburg i.B. 1995.

10 Vgl. Klaus Harney/Andreas Ebbert: »Biographieforschung in der Berufspädagogik«. In: Krüger/Marotzki 2006, S. 413–429.

11 Vgl. Rudolf Tippelt: »Beruf und Lebenslauf«. In: Rolf Arnold/Antonius Lipsmeier (Hg.): *Handbuch der Berufsbildung*. Opladen 1995, S. 85–98.

12 Vgl. Jochen Kade/Wolfgang Seitter: »Erwachsenenbildung und Biographieforschung. Metamorphosen einer Beziehung«. In: Ralf Bohnsack/Winfried Marotzki (Hg.): *Biographie- und Kulturanalyse. Transdisziplinäre Zugänge qualitativer Forschung*. Opladen 1998, S. 167–182.

13 Vgl. Peter Alheit/Bettina Dausien: »Biographieforschung in der Erwachsenenbildung«. In: Krüger/Marotzki 2006, S. 431–457.

14 Vgl. Anne Schlüter (Hg.): *»In der Zeit sein...«. Beiträge zur Biographieforschung in der Erwachsenenbildung*. Bielefeld 2005.

15 Vgl. Peter Elflein u. a. (Hg.): *Qualitative Ansätze und Biographieforschung in der Bewegungs- und Sportpädagogik*. Butzbach-Griedel 2002.

untersucht zum einen die Bedeutung der Medien in den unterschiedlichen Abschnitten des Lebenslaufs und zum anderen den Einfluss von Medien in früheren Lebensabschnitten auf späteres Medienverhalten.[16] Im praktischen Anwendungsbereich der Medienpädagogik, der Medienerziehung, spielt die bewusste Auseinandersetzung mit der eigenen Medienbiographie eine wichtige Rolle. Auch im Bereich der Umweltpädagogik werden Alltagsstrukturen im Umgang mit der Umwelt über biographische Methoden erforscht. Schließlich spielen für die erziehungswissenschaftliche Biographieforschung noch zwei weitere Fachspezialisierungen eine Rolle: Die Frauen und Geschlechterforschung sowie die differentielle Erziehungs- und Bildungsforschung, die je wichtige Impulse zur Weiterentwicklung biographischer Arbeit in der Erziehungswissenschaft geliefert haben. Um weibliche Lebenszusammenhänge und ihre kollektiven Erfahrungen deutlich zu machen, rekurrierte die Frauen- und Geschlechterforschung bereits im ›Betroffenheitsansatz‹, der die Emanzipation von Unterdrückung und Fremdbestimmung zum Ziel hatte, auf biographische Zugänge. Mit der Kritik an diesem Ansatz und der Betonung weiblicher Lebenswelten in ihrer Diversität und Heterogenität wurde die Biographieforschung für die Frauen- und Geschlechterforschung von zunehmender Bedeutung (↗VII.10 Gender Studies).[17] Zugleich wurde die Biographieforschung ihrerseits um eine geschlechterbezogene Perspektive erweitert, die die Dominanz männlicher Normalbiographien hinter sich ließ und der empirischen Erforschung von weiblichen Lebensgeschichten Raum gab.[18] Auch die differentielle Erziehungs- und Bildungsforschung, die Anregungen und Konzepte aus Psychoanalyse und Humanistischer Psychologie mit erziehungswissenschaftlichen Fragestellungen in Verbindung bringt, besitzt aufgrund ihres sinnverstehenden Zugangs eine hohe Affinität zur Biographieforschung. Dabei wird die emotionale Erfahrungswelt von Menschen zu erschließen versucht, um aus diesem Ansatzpunkt Facetten von Lebensgeschichten in den Blick zu nehmen.[19]

8.3. Rahmenkonzepte und Theoriebezüge

Im Gesamtzusammenhang erziehungswissenschaftlicher Biographieforschung sind mehrere Ansätze und Rahmenkonzepte vereint, die nach ihrem speziellen Interesse, welches sie innerhalb dieses Zusammenhangs verfolgen, nach den besonderen Schwerpunkten, an denen sie ansetzen, und nach den Forschungs- und Denkstilen, auf die sie sich theoretisch beziehen, unterschieden werden können. Dabei sind die erziehungswissenschaftlichen Leitbegriffe ›Bildung‹, ›Erziehung‹ und ›Sozialisation‹ bei allen Ansätzen grundlegende Bezugsmomente. Bei drei Positionen stellen sie allerdings den Kern der Analysen dar. Dem sozialisationstheoretischen Ansatz geht es dementsprechend um gesellschaftliche Bedingungen, die für die Entfaltung einer Biographie sorgen. Hier erfolgt der Rückgriff auf interaktionistische, sozialökologische und gesellschaftstheoretische Konzepte, die das Augenmerk auf die Verinnerlichung von Normen lenken, der Aushandlung von Bedeutung in Interaktionsprozessen Beachtung schenken oder der Frage nachgehen, wie es zur Übernahme sozialer Praktiken kommt, die von Klasseninteressen und Herrschaftsaspekten geprägt sind. Der erziehungstheoretische Ansatz untersucht die Rückführung von Erziehungstheorien auf die eigene Erziehungserfahrung in Kindheit und Jugend.[20] Der lern- und bildungstheoretische Ansatz versucht zu klären, wie das biographische Subjekt in einem Lern- und Bildungsprozess sein Leben gestaltet. Dieser Ansatz betont somit den Umstand, dass Menschen nicht nur auf äußere Bedingungen reagieren und sich diesen anpassen, sondern sich aktiv mit sich selbst, mit anderen Menschen und mit Dingen und Themen der Welt auseinandersetzen. In diesem Zusammenhang werden über die

16 Vgl. Stefan Aufenanger: »Medienbiographische Forschung«. In: Krüger/Marotzki 2006, S. 515–525.

17 Vgl. Margret Kraul: »Biographieforschung und Frauenforschung«. In: Krüger/Marotzki 2006, S. 483–497.

18 Vgl. Heide von Felden: *Bildung und Geschlecht zwischen Moderne und Postmoderne*. Opladen 2003.

19 Vgl. Margret Dörr u.a. (Hg.): *Erinnerung – Reflexion – Geschichte. Erinnerung aus psychoanalytischer und biographietheoretischer Perspektive*. Wiesbaden 2008.

20 Vgl. Jutta Ecarius: *Familienerziehung im historischen Wandel: Eine qualitative Studie über Erziehung und Erziehungserfahrung von drei Generationen*. Opladen 2002.

Beschäftigung mit biographischem Material auch elaborierte Theorien hervorgebracht: Eine Theorie menschlichen Lernens in lebensgeschichtlicher Perspektive[21] und eine strukturale Bildungstheorie (Marotzki 1990). Neben diesen drei Ansätzen existieren im Feld erziehungswissenschaftlicher Biographieforschung noch weitere einschlägige Positionen. Der entwicklungstheoretische Ansatz fokussiert die Bearbeitung von Entwicklungsaufgaben und die Bewältigung kritischer Lebensereignisse, mit denen Menschen in ihrem Leben konfrontiert werden, weshalb er gerade für die pädagogische Kindheits- und Jugendforschung bedeutsam ist.[22] In ähnlicher Weise fragt der anthropologische Ansatz nach grundlegenden Bedingungen einer Biographie (↗II.3. Biographie und Anthropologie). Mit Theoriebezügen zur Phänomenologie geht es hier um ›curriculare Kompetenzen‹. Dabei wird angenommen, dass das menschliche Individuum in seinem Lebenslauf Fähigkeiten entwickeln muss, die abseits kultureller Modifikationen und individueller Versionen in einem sequentiellen Zusammenhang stehen.[23] Der generationstheoretische Ansatz untersucht Formen der Sozialität und die Entstehung neuer Milieus aus einer pädagogischen Perspektive. Vor allem für die Peergroup- und Familienforschung eignet sich ein solcher Zugang, der das Kollektive von Biographien betont.[24] Der kommunikationstheoretische Ansatz richtet seine Aufmerksamkeit auf den sprachlichen Modus von Lebenserinnerungen. Deshalb sind hier Bezüge zur Rhetorik von besonderer Bedeutung.[25] Der psychoanalytische Ansatz tritt als interpretierende Sozialwissenschaft in Erscheinung und betont die unbewussten Lebensentwürfe. Auch die Diskursanalyse nach Foucault ist in die erziehungswissenschaftliche Biographieforschung eingegangen und begreift Subjektivierungsweisen als Effekte diskursiver Praktiken.[26] Eine konstruktivistisch ausgerichtete Biographieforschung erziehungswissenschaftlicher Prägung geht davon aus, dass biographisch verankerte Selbst- und Weltreferenzen Konstrukte sind, die in Abhängigkeit aktueller Lebensbedingungen – etwa geformt durch Familie oder Schule – strukturiert und somit permanent transformiert werden.

8.4. Methoden und Methodologien

Die erziehungswissenschaftliche Biographieforschung hat zwar auch eigene Erhebungs- und Auswertungsmethoden entwickelt (z. B. Schulze 1997), zumeist bedient sie sich aber der etablierten Formate aus der Soziologie und passt diese punktuell eigenen Bedürfnissen an. Das einflussreichste Auswertungsverfahren ist daher das narrative Interview, das Fritz Schütze im Rahmen von Interaktionsfeldstudien entwickelt hat.[27] Der methodologische Bezugsrahmen ist dabei geprägt durch die Phänomenologische Soziologie und den Symbolischen Interaktionismus, und die Biographieanalyse konzentriert sich auf das Herausarbeiten der ›Erfahrungsaufschichtung‹ sowie die Interpretationen von lebensgeschichtlich relevanten Strukturmustern: den Prozess-Strukturen des Lebensablaufs.[28] Eine andere Methode ist die objektive Hermeneutik, welche von Ulrich Oevermann u. a. entwickelt wurde.[29] Auch sie erfährt im Rahmen

21 Vgl. Theodor Schulze: »Der Horizont der Erziehung. Vorschläge zur Entfaltung eines umfassenden Lernbegriffs«. In: *Jahrbuch für Bildungs- und Erziehungsphilosophie* 5. Bd. (2003), S. 201–224.

22 Vgl. Cathleen Grunert/Heinz-Hermann Krüger: »Biographieforschung und pädagogische Kindheitsforschung«. In: Krüger/Marotzki 2006, S. 241–256; Dieter Baacke/Uwe Sander: »Biographieforschung und pädagogische Jugendforschung«. In: Krüger/Marotzki 2006, S. 257–271.

23 Vgl. Werner Loch: »Der Lebenslauf als anthropologischer Grundbegriff einer biographischen Erziehungstheorie«. In: Krüger/Marotzki 2006, S. 71–89.

24 Vgl. Ralf Bohnsack u. a.: *Die Suche nach Gemeinsamkeit und die Gewalt der Gruppe. Hooligans, Musikgruppen und andere Jugendcliquen*. Opladen 1995.

25 Vgl. Rainer Kokemohr/Christoph Koller: »Die rhetorische Artikulation von Bildungsprozessen. Zur Methodologie erziehungswissenschaftlicher Biographieforschung«. In: Heinz-Hermann Krüger/Winfried Marotzki (Hg.): *Erziehungswissenschaftliche Biographieforschung*. Opladen 1995, S. 90–102.

26 Vgl. Sabine Reh: *Berufsbiographische Texte ostdeutscher Lehrer und Lehrerinnen als »Bekenntnisse«. Interpretationen und methodologische Überlegungen zur erziehungswissenschaftlichen Biographieforschung*. Bad Heilbrunn/Obb. 2003.

27 Vgl. Fritz Schütze: »Biographieforschung und narratives Interview«. In: *Neue Praxis. Kritische Zeitschrift für Sozialarbeit und Sozialpädagogik* 13. Jg., 3 (1983), S. 283–293.

28 Vgl. Fritz Schütze: »Prozeßstrukturen des Lebensablaufs«. In: Joachim Matthes/Arno Pfeifenberger/Manfred Stosberg (Hg.): *Biographie in handlungswissenschaftlicher Perspektive*. Nürnberg 1981, S. 67–156.

29 Ulrich Oevermann u. a.: »Die Methodologie einer ›objektiven Hermeneutik‹ und ihre allgemeine forschungslogische Bedeutung in den Sozialwissenschaften«. In: Hans-Georg Soeffner

biographischen Arbeitens in der Erziehungswissenschaft durchaus Anwendung, jedoch seltener, da das hier praktizierte sequenzanalytische Vorgehen sehr zeit- und materialaufwändig ist. In den letzten Jahren hat zudem die dokumentarische Methode als Auswertungskonzept in der erziehungswissenschaftlichen Biographieforschung ein breites Anwendungsfeld gefunden.[30] Diese knüpft an die Wissenssoziologie Karl Mannheims an und rekonstruiert habitualisierte Handlungspraktiken. Psychoanalytische Verfahren der Tiefenhermeneutik wenden sich dem Unbewussten zu und versuchen im lebensgeschichtlichen Erinnern verdrängte biographische Strukturen ausfindig zu machen. Das Leitfadeninterview fokussiert spezifische Themenbereiche der Biographie. Eine weitere Variante sind Experteninterviews, die – im speziellen Zugriff der erziehungswissenschaftlichen Biographieforschung – das biographische Wissen von pädagogischen Experten aus institutionellen Kontexten erheben. Angewendet werden auch verschiedene Varianten der Inhaltsanalyse, die für die Erschließung von Erfahrungsverarbeitungsräumen eingesetzt werden. In der Kombination von ethnographischen Verfahren und Interviews verfolgt die erziehungswissenschaftliche Biographieforschung außerdem eine Methodentriangulation.[31] Eine besondere Herausforderung stellt schließlich die biographische Analyse visueller Medien (Photographien, Bilder, Filme usw.) dar.[32] Die Erarbeitung fundierter Methoden und Methodologien zur *visual interpretation* in biographiebezogener Absicht steht hier allerdings eher noch am Anfang.

Literatur

Baacke, Dieter/Schulze, Theodor: *Aus Geschichten lernen. Zur Einübung pädagogischen Verstehens*. Weinheim 1979.

Henningsen, Jürgen: *Autobiographie und Erziehungswissenschaft. Fünf Studien*. Essen 1981.

Krüger, Heinz-Hermann/Marotzki, Winfried (Hg.): *Handbuch erziehungswissenschaftliche Biographieforschung*. Wiesbaden ²2006.

Marotzki, Winfried: »Neue Konturen Allgemeiner Pädagogik: Biographie als vermittelnde Kategorie«. In: Michele Borrelli/Jörg Ruhloff (Hg.): *Deutsche Gegenwartspädagogik*. Bd. 2. Baltmannsweiler 1996, S. 67–84.

Ders.: *Entwurf einer strukturalen Bildungstheorie. Biographietheoretische Auslegung von Bildungsprozessen in hochkomplexen Gesellschaften*. Weinheim 1990.

Schulze, Theodor: »Interpretation von autobiographischen Texten«. In: Barbara Friebertshäuser/Annedore Prengel (Hg.): *Handbuch Qualitative Forschungsmethoden in der Erziehungswissenschaft*. Weinheim/München 1997, S. 323–340.

Thorsten Fuchs

(Hg.): *Interpretative Verfahren in den Sozial- und Textwissenschaften*. Stuttgart 1979, S. 352–434.

30 Vgl. Ralf Bohnsack: »Typenbildung, Generalisierung und komparative Analyse«. In: Ders./Ingrid Nentwig-Gesemann/Arnd-Michael Nohl: *Die dokumentarische Methode und ihre Forschungspraxis. Grundlagen qualitativer Sozialforschung*. Opladen 2001, S. 225–252; Arnd-Michael Nohl: *Interview und dokumentarische Methode. Anleitungen für die Forschungspraxis*. Wiesbaden 2006.

31 Vgl. Winfried Marotzki: »Ethnographische Verfahren in der Erziehungswissenschaftlichen Biographieforschung«. In: Gerd Jüttemann/Hans Thomae (Hg.): *Biographische Methoden in den Humanwissenschaften*. Weinheim 1998, S. 44–59.

32 Vgl. Winfried Marotzki/Katja Stoetzer: »Die Geschichte hinter den Bildern. Annäherungen an eine Methode und Methodologie der Bildinterpretation in biografie- und bildungstheoretischer Absicht«. In: Barbara Friebertshäuser/Heide von Felden/Burkhard Schäffer (Hg.): *Bild und Text. Methoden und Methodologien visueller Sozialforschung in der Erziehungswissenschaft*. Opladen/Farmington Hills 2007, S. 47–60.

9. Medizin und Psychologie

Im Zentrum des Beitrags steht die Biographie, die ein Arzt oder Psychotherapeut über eine körperlich oder psychisch kranke Person verfasst. Der Arzt oder Psychotherapeut informiert darin über den psychischen, physischen und sozialen Befund, die Psychodiagnostik, die Störungsursachen und das therapeutische Programm. Im Zentrum stehen dabei die Geschichte, die Entwicklung und der Verlauf eines Leidens, das mit medizinischer oder psychologischer Expertise identifiziert und beurteilt wird.

9.1. Methodisches Vorgehen

Ausgangspunkt der biographischen Arbeit in Medizin und Psychotherapie ist die Erhebung autobiographischen Materials, das dann die Grundlagen der Biographie bildet, die der Experte verfasst.

Aufgabe des Patienten oder der Person, die sich autobiographisch artikuliert, ist es, Erinnerungen zu entfalten, zur authentischen Darstellung zu bringen, nachzuerleben und in einem persönlichen Bewertungsprozess zu kommentieren (Rosenthal 1995; ↗I.8. Biographie vs. Autobiographie). Aufgabe des Interviewers im beratenden oder therapeutischen Kontext ist es, für eine Gesprächssituation zu sorgen, die dem Gegenüber zeigt, dass das biographische Gespräch das Interesse hat, den Erinnerungen des Interviewten zur Artikulation im Hier und Jetzt zu verhelfen sowie deren Gehalt zu befragen und auszuforschen. Es ist gerade dieses persönliche Bezugs- und Relevanzsystem, dem der Interviewer Aufmerksamkeit schenken, dem er zur Formulierung verhelfen will. Im narrativ-biographischen Interview folgt der Interviewende der interviewten Person. Er folgt ihr mit dem Ziel, ihrem persönlichen Fühlen und Denken zur Gestalt zu verhelfen. Und er verwendet das gewonnene und dokumentierte biographische Material, um das persönliche Bezugssystem analysierend herauszuarbeiten und in einem Prozess der interpretierenden Verdichtung als Biographie oder klinische Biographie darzustellen.

9.2. Krankheitsgeschichte und Krankengeschichte

Der Gegenstandsbereich ist einzugrenzen auf professionsgebundene Formen biographischer Dokumentation. Die Krankengeschichte ist traditionsgemäß ein ärztlicher Bericht, der als Kranken- oder Patientenakte alle Informationen über den Krankheitsverlauf eines Patienten integriert. Die ärztliche Krankengeschichte (KG) zeichnet Diagnostik, Krankheitskarriere und Behandlungen auf: Um welches Krankheitsbild handelt es sich? Wann und wie hat sich die Krankheit entwickelt? Welche medikamentösen, chirurgischen oder anderen Interventionen wurden vorgenommen, welche Maßnahmen der Rehabilitation und Nachsorge wurden getroffen? Der Arzt ist zur regulären und systematischen Falldokumentation gesetzlich verpflichtet. Es geht sowohl um die Verlaufskontrolle einer Erkrankung als auch um die Zugänglichkeit aller relevanten und regelmäßig aktualisierten Informationen für das jeweilige Ärzte- und Pflegeteam. Patienten haben das Recht auf Einsichtnahme. Archivierte Patientenakten sind für die Störungsforschung, für die medizinische Lehre und Fortbildung, für Kassenabrechnung und den Nachweis ärztlicher Sorgfalt entscheidend. Krankengeschichten werden heutzutage elektronisch dokumentiert. Das reduziert die Verlustgefahr, erleichtert die Kommunikation im Ärzte- und Pflegeteam, erlaubt schnellen Zugriff auf spezifische Informationen, vereinfachte Aktualisierung, genaue Kontrolle des Zugriffs sowie die automatisierte Auswertung, auch im Vergleich mit anderen KGs. Zur Optimierung der Vergleichbarkeit und Vereinheitlichung stehen elektronische Systeme wie Medistar oder MedDoc zur Verfügung.

Das Etikett Krankengeschichte ist eine Standardbezeichnung. Für den Zweck einer differenzierten Gegenstandsbestimmung kann man die KG genauer als Krank*heits*geschichte bezeichnen, um darauf hinzuweisen, dass hier die Krankheit im Vordergrund, die Person im Hintergrund steht. Genauer formuliert: Die typische organmedizinische KG geht von einer Beeinträchtigung des Organismus aus, informiert über Schädigungsursache, Schädigungsverlauf, Auswirkungen sowie kurative Interventionen. Die Biographie eines Individuums wird in der organmedizinischen Krankheitsgeschichte zur Darstellung eines – vor allem – körperlichen Desintegrations- und (im positiven Fall) Reintegrationsprozesses.

Der Krankheitsgeschichte steht die *Kranken*geschichte im eigentlichen Sinn gegenüber, die sich am Modell der Biographie des Kranken orientiert. Hier befindet sich die Person im Vordergrund, die Krankheit im Hintergrund. Die Aufmerksamkeit gilt der Person des Kranken unter dem Einfluss des Leidens. Darzustellen ist, wie eine Person ihr Kranksein versteht, wie Kranksein und Leiden als Teil ihrer Lebensgestaltung erfahren wird und welche Möglichkeiten des Umgangs mit und der Überwindung von Leiden sie erprobt. Prototyp einer biographischen Falldarstellung und Fallanalyse in diesem Verständnis ist die psychotherapeutische, besonders die psychoanalytische Kasuistik. Wir können die Krankheitsgeschichte heuristisch auch als Organismusmodell, die Krankengeschichte als Personenmodell kennzeichnen. Allerdings sind viele ärztliche und psychologische Falldarstellungen Mischformen. Psychosomatische Erkrankungen beispielsweise fordern nicht nur die organmedizinische Expertise, sondern auch psychologisches Verstehen. Personen mit schweren körperlichen Erkrankungen sind nicht nur Träger maligner biologischer Prozesse, sondern auch genötigt, ihr Leiden als Teil ihrer Lebenssituation zu integrieren (Lucius-Hoene 2002). Hier ist der organische Krankheitsverlauf zu ergänzen um die Beschreibung des psychischen und psychosozialen Bewältigungsverhaltens und der Bewältigungsressourcen.[1] Andererseits sehen lerntheoretisch und verhaltenstherapeutisch orientierte Psychologen den Ursprung und die Aufrechterhaltung einer Störung, die sich im körperlichen oder psychischen Bereich ausdrückt, als Lerngeschichte, als Prozess multipler Konditionierungsvorgänge, die sich auf der Basis einer systematischen Analyse dysfunktionaler Lern- und Verstärkungsprozesse als Störungsbiographie darstellen lassen.[2]

Stehen Falldokumentation, Intervention und Medikation im Mittelpunkt, dann bietet die Krankheitsgeschichte objektive und objektivierbare Informationen. Steht die leidende Person im Zentrum, dann thematisiert die Biographie deren körperliche, psychische und soziale Situation, und der Verfasser der personalen Krankengeschichte bringt sich als empathisch Beteiligter und Urteilender zum Ausdruck. Biographie als personale Krankengeschichte ist also genauer zu fassen als rückblickender Prosa-Text, der die körperliche, psychische und soziale Störungs- und Leidensverfassung eines Patienten auf der Basis der Entstehung und der Entstehungsbedingungen der körperlichen und seelischen Beeinträchtigungen narrativ darstellt. Dabei erhebt der Verfasser einen Ähnlichkeits- und einen Individualisierungsanspruch. Das heißt, die Krankengeschichte ist immer auch ein persönliches Porträt, nicht nur mit Wiedererkennungswert, sondern das Porträt offenbart auch Neues über die dargestellte Person. Der Biograph setzt sich zum zentralen Objekt der Darstellung ins Verhältnis: Er vermittelt sie einer dritten Instanz, einer Fachkollegenschaft oder einem Laienpublikum.

9.3. Historische Entwicklung und Bestandteile der Krankengeschichte

Papyrus-Funde aus dem 16. Jahrhundert v. Chr. dokumentieren ärztliche Aufzeichnungen über chirurgisch behandelte Fälle. Worunter die Patienten litten und in welchem Maß ihnen die ärztliche Intervention half, wurde für rund fünfzig Kranke schriftlich festgehalten. In den hippokratischen Schriften sind 400 v. Chr. Krankengeschichten do-

1 Jürgen Bengel u. a.: »Chronische Erkrankungen, psychische Belastungen und Krankheitsbewältigung«. In: *Psychotherapie, Psychosomatik, Medizinische Psychologie* 53. Jg. (2003), S. 83–93.

2 Stephen N. Haynes/Elaine M. Heiby/Michel Hersen (Hg.): *Comprehensive Handbook of Psychological Assessment*. Weinheim 2004.

kumentiert. Eine Institutionalisierung von Krankengeschichten erfolgte dann erst allmählich ab dem 16. Jahrhundert. Überliefert sind persönliche Ärztejournale, die Krankheitsverläufe von Patienten aufzeichnen.

Inzwischen ist die ärztliche Krankendokumentation normiert. Eine Krankengeschichte soll mindestens das Krankenblatt sowie alle notwendigen Aufzeichnungen über Krankenvorgeschichte (Anamnese), Aufnahmebefund, Beobachtung und Behandlung und Untersuchungsergebnisse sowie den Abschlussbericht (Epikrise) einschließlich der Entlassungsdiagnose enthalten. Für die Vollständigkeit der Krankengeschichte ist der behandelnde Arzt verantwortlich.[3]

Der Krankengeschichte liegen die Anamnese, das ärztliche Gespräch, das diagnostische Erstinterview und oft, vor Therapiebeginn oder zur Einleitung der Therapie, eine Serie von Abklärungsgesprächen zugrunde. Diese kommunikativen Ereignisse sind – ob dies professionell reflektiert wird oder nicht – emotionale Beziehungen. Die autobiographischen Mitteilungen des Patienten ereignen sich im Rahmen eines Gesprächs, sie mobilisieren emotionale Beteiligung, wecken Sympathie oder Antipathie; wenn sie Sympathie wecken, dann kommt es zu einer affirmativen Haltung des Zuhörers. Man wird zum Solidargenossen des autobiographischen Erzählers und teilt seine Sicht der Dinge.

Ein folgenreicher Weg von der gläubigen Übernahme antobiographischer Mitteilungen hin zur Dekonstruktion rhetorischer Muster stand am Anfang der Psychoanalyse. In der psychoanalytischen Arbeit spielten von Beginn an biographische Erinnerungen eine bedeutende Rolle. Die Initialzündung war 1897, als Freud den Geschichten seiner ›Neurotica‹ nicht mehr glaubte, das heißt als er begann, biographische Erinnerungen als faktisch unzuverlässig zu hinterfragen.[4] Dass biographische Erinnerungen sich als argumentative Strukturen präsentieren (Lucius-Hoene/Deppermann 2002), etwa als Opfergeschichten, dazu gibt es gerade im Bereich des Erzählens in der Psychotherapie vielfältige Belege (Spence 1998; ↗ VII.6. Soziologie). Es ist dem Patienten ein Anliegen, das Erlebte narrativ zu bearbeiten. Der Bearbeitungsvorgang gestaltet das Unerträgliche – das der bewussten Vergegenwärtigung entzogen wird – auf mitteilungsfähige Weise. Erzählen ist affirmativ, auf Glauben, Resonanz und Bestätigung ausgerichtet. Der Hörer ist aufgefordert, die narrative Darstellung zu übernehmen und mitzutragen. Ein professionelles therapeutisches Gegenüber wird die Bereitschaft und Fähigkeit zur Selbst-Reflexivität fördern und damit dem Patienten die explorative Infragestellung erzählender Persuasion ermöglichen (ebd.).

9.4. Typen von Krankengeschichten und narrative Muster

Wenn die Krankengeschichte dem personalen Modell folgt und psychoanalytisch orientiert ist, so integriert eine gute klinische Fallpräsentation gemäß Argelander (2007) biologische und demographische Fakten, Reformulierungen und Schilderungen emotionaler Mitteilungen, persönlicher Bewertungen und Erläuterungen sowie schließlich die narrative Rekonstruktion von Beziehungsereignissen, wie sie etwa der Psychodiagnostiker oder Psychotherapeut im Kontakt mit dem Patienten erfahren hat. Es sind daher, in Argelanders Diktion, sogenannte objektive, subjektive und szenische Daten, die in die biographische Darstellung eingehen. Das Narrativ ist wissenschaftlich erschließbar bezüglich seines dokumentarischen Potentials, der Artikulation und Evokation von subjektiver Relevanz und als kommunikatives Regelwerk (↗ IV.3. ›Discours‹). Der klinische Biograph verbindet Weltwissen mit Individuierung, kreativer Konstruktion und Beziehungskompetenz. Krankengeschichten können Erzählungen von seltenen Ereignissen sein oder eine noch unbekannte Störung beschreiben. Dazu gehört die Fallgeschichte der Frau A.D. von Alois Alzheimer (1908). Dazu gehören ferner Krankengeschichten, mit deren Hilfe man systematisches Wissen sammelt wie bei der diagnostischen Exploration der Borderline-Persönlichkeitsstörung (Kernberg 1976) oder der nar-

3 Kurt Böhm/Claus O.Köhler/Rainer Thome: *Historie der Krankengeschichte. Fs. zum 60. Geburtstag von G. Wagner*. Stuttgart u.a. 1978.

4 Vgl. James M. Masson: *Sigmund Freud. Briefe an Wilhelm Fliess 1887–1904*. Deutsche Fassung von Michael Schröter. Frankfurt a.M. 1985.

zisstischen Störung (Kohut 1970). Oder man schafft ein theoretisch gesättigtes biographisches Werk in multiperspektivischer Form, das einen einzelnen Kranken in differenzierter Art analysiert. Eine solche Studie, bereichert um viele Fachbeiträge, liegt zum Fall Schreber vor.[5] Der Patient Daniel Paul Schreber hatte die eigene paranoide Erkrankung unter dem Titel *Denkwürdigkeiten eines Nervenkranken* (1903) publiziert.

Die klinische Biographik schafft ihre eigenen Musternarrative. Um wenige Beispiele zu nennen: Da ist die – aktuell nicht modische – Biographie der Hysterikerin mit ihren verdrängten Liebeswünschen, der infantilen Bindung an begehrte Elternobjekte. Da ist das Narzissmus-Narrativ mit der notorischen Bindungsunfähigkeit einer Person, die kalt und kalkulierend nach Erfolg, Anerkennung und Souveränität verlangt, infolge emotionaler Vernachlässigung im Kindesalter. Da ist das Borderline-Narrativ, das Individuen darstellt, die in destruktiven und sexualisierten familiären Milieus aufwachsen und als Jugendliche und Erwachsene nur über unzureichende Spannungs-, Impuls- und Emotionsregulierung verfügen. Da ist das Depressionsnarrativ mit der unbewältigten Verlusterfahrung, der inneren Bindung ans Verlorene und dem systematischen Schwinden von Zuversicht und Lebensbejahung.

Poetisierende Formen der Krankenbiographie verdanken sich literarischen Vorbildern. Diese fanden und finden in der Fachliteratur um ihrer Hellsichtigkeit willen auch heute Beachtung. Das gilt beispielsweise für die dichterische Darstellung der Wahnerkrankung des Jakob Michael Reinhold Lenz durch Georg Büchners Erzählung *Lenz* (↗III.1. Literarische Biographik), der Entfaltung einer Selbstwert- und Schuldpathologie durch Friedrich Schillers *Der Verbrecher aus verlorener Ehre* oder einer teilweise paranoiden Karriere in Heinrich von Kleists Erzählung *Michael Kohlhaas*. Vom ›Kohlhaas-Komplex‹ spricht man im Fach- und Alltagsjargon. Das ›Werther-Syndrom‹ wurde zur gebräuchlichen Charakterisierung eines latent oder offen suizidalen Liebeswahns. Personen, die strafwürdige Handlungen begehen, um nachträglich ein Schuldgefühl zu plausibilisieren, sind klinisch bekannt. Auch das dramatische Schaffen hat Einfluss wie etwa Büchners *Woyzeck*. Woyzeck ist in prekärer persönlicher und sozialer Verfassung; der Autor gibt ein genaues Porträt der psychischen Notlage.

Einer klinisch-wissenschaftlichen Biographie der Zukunft stehen innerhalb der Grenzen des Datenschutzes vermehrt auch die visuellen Medien offen, etwa die Rekonstruktion eines Krankheitsschicksals in Photo- und Filmreportage zu Lehr- und Forschungszwecken. In Fernsehen und Internet verbreiten sich Hybridformen wie Doku-Soap und Doku-Spielfim. Solche Formen mögen auch neue, laienorientierte Darstellungsformen einer Krankheitsbiographie begünstigen.

9.5. Ordnungsprinzipien biographischen Erzählens in Medizin und Psychologie

Die klinische Biographik teilt mit anderen narrativen Formen das Organisationsprinzip des »Konfigurationsvorgangs«; es geht um »Artikulation und Integration, Form und Sinn«.[6] Die klinische Biographie einer Person, die eine narzisstische Krise erfährt, gestaltet sich etwa nach dem Konfigurationsmuster oder der Handlungsdynamik des Sturzes: Von höchster Höhe zum tiefen Fall. Die Metaphern Sturz, Höhe und Fall – man assoziiere dazu Redewendungen wie Absturz, Fallhöhe oder das Sprichwort »Hochmut kommt vor dem Fall« – werden sinnfällig für den Lebens-Fall. Beim Auffüllen der Leerstellen in einer Handlungsdynamik werden Agenten als Spielfiguren platziert und in Bewegung gesetzt, werden Requisiten und Kulissen ins Spielfeld geholt und wird ein Prozess gestartet und durchgeführt, der Verknüpfungsregeln der Kausalität, Temporalität, Finalität, des Konditionalis, des Konzessivs, der Modalität, der Konsekutivität zur Herstellung der sequentiellen Ordnung einsetzt. Beispiele für einfache narrative Verlaufsformen (Boothe 2004) lassen sich durch eine je spezifische Spannungskurve zwischen Start und

5 William G. Niederland: *Der Fall Schreber. Das psychoanalytische Profil einer paranoiden Persönlichkeit.* Frankfurt a. M. 1978.

6 Paul Ricoeur: *Zeit und Erzählung.* Bd. 2: Zeit und literarische Erzählung. München 1989, S. 55.

Ziel beschreiben. Exemplarisch ist etwa die Klimax, das stetige Ansteigen nach oben als Stufenprozess der Optimierung, des fortschreitenden Aufstiegs, wie er Erfolgsgeschichten entspricht. Die Antiklimax ist demgegenüber das Modell des kontinuierlichen Niedergangs. Es findet sich etwa in Geschichten von Drogenkarrieren. Klimax- und Antiklimax-Narrative sind Grenzfälle von Erzählungen mit Konflikt und Spannung. Es sind oft Darstellungen linearer Entwicklungsverläufe oder Karrieren, und dem Erzähler geht es darum, sie als kausale Verbindungskette darzustellen.

Das Aufgeben geradliniger Verläufe führt zu echten erzählerischen Spannungsbögen, etwa zur *Restitutio ad integrum* (nach Desintegration): Hier findet nach einer unerhörten Begebenheit im negativen Sinn eine Normalisierung statt. Solche Erzählungen gestalten Begebenheiten wie Rettung aus Gefahr oder Überwindung einer Krise. Das Modell der Approbation führt vom Start nach unten in eine destabilisierende Entwicklung und von dort in eine Erhöhung, ein Optimum. Das ist das Modell der bestandenen Herausforderung, der moralischen Probe, der Erneuerung nach der Konfrontation mit inneren Abgründen. Es handelt sich um Geschichten der Transition, der Passage. Es geht um die Transzendierung einer Lebensverfassung. Im Unterschied zu den linearen Karriere-Mustern Klimax und Antiklimax handelt es sich hier nicht um ein Mehr und Besser oder ein Mehr und Schlechter, sondern einen qualitativen Sprung. Der Approbation steht wiederum die gegenläufige Entwicklung gegenüber, hier der tiefe Fall, das Scheitern an der Herausforderung, die misslungene Probe. Die Zentralfigur geht erniedrigt, beschämt, entmutigt, in moralischer Verzweiflung aus den Prüfungen und Passionen hervor.

9.6. Klinisch-wissenschaftliche Biographik: Psycho- und Pathographien

Im Rahmen der Psychographie wird das Leben einer, oft bereits verstorbenen, Person von allgemeiner kultureller und historischer Bedeutung als Psychogramm rekonstruiert. Methoden historischer Forschung – die Auswertung demographischer Daten, offizieller Dokumente, Briefe, persönlicher Aufzeichnungen, Zeitzeugenberichte – werden zur psychologischen Analyse verwendet. Vorzugsweise gehören dazu auch Werk- und Wirkungsanalysen und Deutungen der Epoche sowie der geschichtlichen und sozialen Situation. Erik Erikson gibt seinem Buch *Der junge Mann Luther* (1971) den Untertitel *Eine psychoanalytische und historische Studie*. Er rekonstruiert die Jugendbiographie des späteren Reformators als Folge tiefgehender und selbstgefährdender Krisen und Erschütterungen, die ihre Kraft nicht im sozialen Normalisierungsprozess verloren, sondern ein innovatives Werk ermöglichten. Ähnlich sieht Rainer M. Holm-Hadulla (2008) Goethes Kreativität im leidenschaftlichen und gestaltungswilligen Umgang mit Krisen und Beziehengskonflikten begründet.[7] Kurt R. Eissler (1984–85) nennt sein psychographisches Werk über Goethe ›eine psychoanalytische Studie‹. Sein Buch enthält psychoanalytische Deutungen von autobiographischen und Zeitzeugen-Dokumenten, Auszüge aus dem literarischen und wissenschaftlichen Werk und überlieferte Informationen. Eissler sieht Goethe mit einer Vielzahl von Herausforderungen konfrontiert, denen dieser mit psychischer Destabilisierung oder Symptombildung begegnet, jedoch auch mit den Selbstheilungskräften der kreativen Produktion (↗ V.6. 20. Jahrhundert).

Die Übergänge von Psychographie zur Pathographie, das heißt zur Rekonstruktion individueller Lebensläufe im Blick auf Krankheit, insbesondere mentale Erkrankungen, sind fließend. Die Aufmerksamkeit des Pathographen gilt seit der Entfaltung der wissenschaftlichen Psychiatrie im 19. Jahrhundert (Bormuth/Podoll/Spitzer 2007) traditionsgemäß Persönlichkeiten von historischer Bedeutung. Die psychiatrische Künstlerbiographie – oft eine verdeckte Form ästhetischer und kulturkritischer Kommentierung (Bormuth 2004) – ragt heraus. Stellvertretend und um die Aktualität des konventionellen Genres zu belegen, sei aus der Fülle der pathographischen Werke über Schlüsselfiguren der Macht Peter Mennigens (1995) Titel *Die großen Tyrannen der Weltgeschichte* herausgegriffen. Prominente Politiker, Wissenschaftler und Künstler mit ungewöhnlichen Lebensläufen, span-

7 Rainer M. Holm-Hadulla: *Leidenschaft. Goethes Weg zur Kreativität. Eine Psychographie*. Göttingen 2008.

nungsvoller Persönlichkeit oder umstrittenen Werken und Taten werden – von Nero über Nietzsche zu König Ludwig von Bayern – in ihrer physischen und psychischen Konstitution beleuchtet. *Narzissten, Egomanen, Psychopathen in der Führungsetage* überschreibt der Psychoanalytiker Gerhard Dammann (2007) sein Buch, das unter anderem ein pathologisches Persönlichkeitsprofil von Helmut Kohl entwirft. *Narzissmus und Macht. Zur Psychoanalyse seelischer Störungen in der Politik* heißt Hans-Jürgen Wirths pathographische Abhandlung, die im Jahr 2008 in zweiter Auflage erschien. Die Menge der pathographischen Werke zu Adolf Hitler ist nicht zu überschauen. Erwähnt sei die vielbeachtete Studie *Hitler – Scheitern und Vernichtungswut. Zur Genese des faschistischen Täters* (2004) des Psychoanalytikers Gerhard Vinnai, der den Menschen Adolf Hitler als tief Gedemütigten im historisch-politischen Milieu kollektiver nationaler Erniedrigung beschreibt. Das begünstigte die Bereitschaft zu maligner Destruktivität.

Um biographische Rekonstruktionen maligner Destruktivität geht es auch in der Pathographie der Delinquenz. Oft handelt es sich etwa bei pathographisch porträtierten Straftätern um Personen, deren Taten Aufsehen erregen und in die Kriminalgeschichte eingehen, wie Jürgen Bartsch, der beispielsweise von Alice Miller (1980) pathographisch analysiert,[8] dessen Lebenslauf aber auch mehrfach filmisch verarbeitet und vom Journalisten Paul Moor (1972, 2003) als Selbstporträt des Jürgen Bartsch publiziert wurde.[9] Heute erhoffen sich klinische Psychologie, Sozialpädagogik und Forensik biographieanalytische Erkenntnisse über infantile und milieuspezifische Ursachen einer Straftäterkarriere. Der forensische Psychiater Frank Urbaniok (2003) gibt in seinem wissenschaftlich und klinisch basierten, zugleich für eine breitere Öffentlichkeit bestimmten Buch *Was sind das für Menschen – was können wir tun?* Einblick in die Biographien von Personen, die zu Gewalt- und Sexualstraftätern werden. Die Exploration einer Täterbiographie steht im Kontext der Delikt-, Therapie- und Prognoseforschung (Musloff/Hoffmann 2006).

8 Alice Miller: *Am Anfang war Erziehung*. Frankfurt a. M. 1980.
9 Paul Moor: *Das Selbstporträt des Jürgen Bartsch*. Frankfurt a. M. 1972; Ders.: *Jürgen Bartsch – Selbstbildnis eines Kindermörder*. Reinbek 2003.

Psycho- und Pathographien zeichnen sich als Prosaformen durch eine Narration intuitiv und heuristisch konstruierter Verbindungen aus, die gelebtes Leben als Werdegang mit temporalen, kausalen, finalen, konzessiven Verknüpfungen modellieren. Dabei hat die Psychoanalyse eine inzwischen konventionelle Biographiekonstruktion begründet, die ein inneres Lebensschicksal in prägenden Kindheitserfahrungen beginnen lässt. Gewalt- und Sexualtäter, Künstler, politische Potentaten, Personen mit mentalen Störungen, körperlichen Krankheiten oder anderen Formen eindrucksvollen Leidens sind Menschen, die den Biographen interessieren, ihn emotional engagieren, in positivem oder negativem Sinn. Dieser Befund wird für das psychoanalytische Programm der Darstellung der Patientenbiographie bedeutend: Der Biograph eines Patienten reflektiert als Schreibender seine Beziehung, lässt die biographische Darstellung zugleich zur Darstellung einer Beziehung werden, und er reflektiert seine Position als Vermittler einer Person an einen Dritten. Das *Lehrbuch der psychoanalytischen Therapie* (Band II, Thoma & Kächele 1988) aktualisiert diese Tradition – nunmehr als authentisierte klinische Biographie – im Kontext der modernen Audio- und Videodokumentation, die das Anamanese-, Diagnose- und Therapiegespräch aufzuzeichnen gestattet und damit *post hoc* für die Kontrolle und die wissenschaftliche Reflexion des klinischen Biographen zugänglich macht.

Die Biographie in Medizin und Psychotherapie hat den Zweck der Dokumentation der Krankengeschichte eines Patienten. Sie wird angefertigt auf der Basis fachlicher Expertise. Sie soll den Rang einer wissenschaftlichen Gattung haben und muss Standards der Systematisierbarkeit, Reflexivität, Prüfbarkeit sowie Verwendbarkeit in Forschung und Praxis genügen. Der authentisierten klinischen Biographie steht die systematische psychiatrisch/ärztliche Forschungskasuistik zur Seite, für die Emil Kraepelin (1921) und Alois Alzheimer (1907) Vorbilder geschaffen haben. Psychiatrisch/ärztlichen Forschungskasuistiken stehen heute nach normativen Kriterien verfasste klinische Biographien und Fallberichte zur Seite, die international standardisierte Klassifikations- und Diagnosesysteme ergänzen; exemplarisch genannt sei das

Fallbuch Psychiatrie (1993) und das *Fallbuch zur Klinischen Psychologie und Psychotherapie* (2007).[10]

9.7. Formen und Funktionen der Biographiearbeit in der psychotherapeutischen Praxis

In der psychotherapeutischen Praxis ist ›biographisches Arbeiten‹ oder Biographiearbeit ein helfendes Angebot, bei dem Erinnern, Erzählen und Neuorientierung im Mittelpunkt stehen (↗II.5. Biographie und Gedächtnis). Biographiearbeit kann mündliche, bildliche und schriftliche Formen verwenden. Sie kann im Einzel- oder im Gruppensetting stattfinden. Insbesondere Personen im höheren Lebensalter profitieren von der erinnernden Rekonstruktion ihres Lebens vor einem wertschätzenden Zuhörer, der auch in der Lage ist, die rekonstruktive Arbeit mit dem Entdecken von Neuem und Überraschenden zu verknüpfen. Auch für Patienten mit Störungen des Selbstgefühls und diffuser Identität ist Biographiearbeit von großem Nutzen. Biographiearbeit ist also zunächst autobiographisches Arbeiten. Es handelt sich um kurative Formen der Selbsterfahrung, bei denen ein Patient ermutigt wird, sein Leben erzählend zu rekonstruieren (White/Epston 1991). Wer erzählt, ist nicht gegenstands-, sondern selbstbezogen. Der Erzähler verweist auf Vorgefallenes, um auszudrücken und vorzuführen, in welcher Weise er sich darin verstrickt und engagiert erlebt. Entsprechend der eigenen professionellen Präferenz beachtet und bewertet der klinische Biograph diese sprachlichen Manifestationen. Das retrospektive Nacherleben, Gewichten, Werten und Neubetrachten hat oft heilsame Wirkung im Kontext von krisenhaften Erschütterungen und psychischen Belastungen sowie Bestandsaufnahmen im höheren Lebensalter.[11] Man will sagen können: So war es. So war ich. So bin ich. So ist mein Leben. Die Aneignung des Vergangenen geschieht auf persönliche und individuelle Art. Es ist eine Herausforderung und eine kreative Freude eigener Art, Biographisches aus der Vergangenheit und der Gegenwart im persönlichen Gespräch vor einem aufmerksamen, beteiligten Partner von außen auszubreiten. Man schildert, erzählt, wertet und aktualisiert Erfahrung vor einem rezeptiven und teilnehmenden Hörer, der das Gespräch aufrechterhält, ermutigt, nachfragt, Eindrücke formuliert, einzelnes hervorhebt oder kommentiert.

10 Harald J. Freyberger/Hans Dilling (Hg.): *Fallbuch Psychiatrie. Kasuistiken zum Kapitel V (F) der ICD-10*. Bern 1993.

11 Vgl. Newsletter des Instituts für Public Health und Pflegeforschung. Universität Bremen Fachbereich 11 Biographieorientierung in den Berufsfeldern Pflege und Gesundheit. *Ippinfo* 3. Jg., 2 (2006); Boothe 2003.

Literatur

Argelander, Hermann: *Das Erstinterview in der Psychotherapie*. Darmstadt [7]2007.

Boothe, Brigitte: »Liebesfreuden – Lebensfreuden. Glück und Schmerz im Lebensrückblick«. In: Dies./Bettina Ugolini (Hg.): *Lebenshorizont Alter*. Zürich 2003, S. 189–218.

Bormuth, Matthias: »Pathographie als Zeitkritik – Anmerkungen zu Jaspers' ›Strindberg und van Gogh‹«. In: Bettina Gockel/Michael Hagner (Hg): *Die Wissenschaft vom Künstler. Körper, Geist und Lebensgeschichte des Künstlers als Objekte der Wissenschaften, 1880–1930*. Berlin 2004, S. 101–115.

Bormuth, Matthias/Podoll, Klaus/Spitzer, Carsten (Hg): : *Kunst und Krankheit. Studien zur Pathographie*. Göttingen 2007.

Dammann, Gerhard: *Narzissten, Egomanen, Psychopathen in der Führungsetage*. Bern 2007.

Hilken, Susanne/Bormuth, Matthias/Schmidt-Degenhard, Michael: »Psychiatrische Anfänge der Pathographie«. In: Matthias Bormuth/Klaus Podoll/Carsten Spitzer (Hg.): *Kunst und Krankheit. Studien zur Pathographie*. Göttingen 2007, S. 27–56.

Hoff, Paul: »›Das zerschmissene Wort‹ – ›Fall Nr. 48‹ von Emil Kraepelin«. In: Harald J. Freyberger/Hans Dilling (Hg.): *Fallbuch Psychiatrie. Kasuistiken zum Kapitel V (F) der ICD-10*. Bern 1993, S. 337–344.

Ders.: »›Eine eigenartige Erkrankung der Hirnrinde‹ – ›Fall A.D.‹ von Alois Alzheimer«. In: Harald J. Freyberger/Hans Dilling (Hg.): *Fallbuch Psychiatrie. Kasuistiken zum Kapitel V (F) der ICD-10*. Bern 1993, S. 345–352.

Kernberg, Otto F: *Borderline-Störungen und pathologischer Narzissmus*. Stuttgart 1976.

Kohut, Heinz: *Narzissmus*. Frankfurt a. M. 1970.

Lucius-Hoene, Gabriele/Deppermann, Arnulf: *Rekonstruktion narrativer Identität*. Opladen 2002.

Musloff, Cornelia/Hoffmann, Jens (Hg.). (2006). *Täterprofile bei Gewaltverbrechen*. Heidelberg [2]2006.

Rosenthal, Gabriele: *Erlebte und erzählte Lebensgeschichte. Gestalt und Struktur biographischer Selbstbeschreibungen*. Frankfurt a. M. 1995.

Spence, Daniel P.: »Das Leben rekonstruieren. Geschichten eines unzuverlässigen Erzählers«. In: Jürgen Straub (Hg.): *Erzählung, Identität und historisches Bewusstsein. Die psychologische Konstruktion von Zeit und Geschichte*. Frankfurt a. M. 1998, S. 203–225.

Stieglitz, Rolf-Dieter/Baumann, Urs/Perrez, Meinrad (Hg.): *Fallbuch zur Klinischen Psychologie und Psychotherapie*. Bern 2007.

Thomä, Hans/Kächele, Horst: *Lehrbuch der psychoanalytischen Therapie*. Bd. 2: Praxis. Berlin 1988.

Vinnai, Gerhard: *Hitler – Scheitern und Vernichtungswut. Zur Genese des faschistischen Täters*. Gießen 2004.

White, Michael/Epston, David: *Narrative Means to Therapeutic Ends*. New York 1990.

Wirth, Hans-Jürgen: *Narzissmus und Macht. Zur Psychoanalyse seelischer Störungen in der Politik*. Gießen 2008.

Brigitte Boothe

10. Gender Studies

10.1. Gender als Methode

Biographische Perspektiven und Genderperspektiven sind über den Aspekt der Konstruktion verknüpft: Während jede Biographie (auch) als Interpretation eines individuellen Lebens angesehen werden kann, gehen Gendertheorien davon aus, dass Geschlecht als soziale und kulturelle Interpretation des Körpers zu verstehen ist, die spezifische Rollenmuster, Identitäten und Lebensformen innerhalb gesellschaftlicher Ordnungen hervorbringt. Geschlechterzugehörigkeiten werden demnach nicht als Konsequenz biologischer Unterschiede (*sex*), sondern als Ergebnis sozialer und diskursiver Praxis (*doing gender*) angesehen. Erzählen, auch biographisches Erzählen, gilt als von dieser Praxis beeinflusst und zugleich als Teil von ihr (↗ II.1. Biographie und Performanz).

Mit der Betonung des Konstruktionscharakters von Geschlecht verschiebt sich die Perspektive: Die Aufmerksamkeit ist nicht auf eine mehr oder weniger stabile Geschlechterdifferenz gerichtet, sondern auf Prozesse, Lebensformen, Handlungen und Zuschreibungen, durch die Geschlecht produziert wird. An die Stelle binärer Geschlechtermodelle »treten Differenzen zwischen, unter, in Männern und Frauen, die variieren und Gemeinsamkeiten nicht ausschließen«.[1] Verknüpft mit anderen Ungleichheitskategorien wie *class, race, age* usw. wird Gender als prominente Differenzkategorie angesehen, an der die grundsätzliche Problematik dichotomer gesellschaftlicher Strukturierung deutlich wird (↗ VI.8. US-amerikanische Biographik).

Biographische Perspektiven und Genderperspektiven lassen sich nicht trennen: »Jede Lebensbeschreibung ist auch die Beschreibung eines Gender-bestimmten Lebens, das innerhalb eines sich verändernden kulturellen und sozialen Sex-Gender-Systems durch die Übernahme, Abwehr oder Internalisierung von nach Gender-Kriterien festgeschriebenen Handlungsschemata geführt wird.« (Ní Dhúill 2006, 126)

Die Genderperspektive als Methode der Infragestellung von Weiblichkeits- und Männlichkeitskonstruktionen erlaubt es, biographische Texte daraufhin zu betrachten, welche (traditionellen oder alternativen) Modelle von Geschlechteridentitäten in ihnen wirksam werden. Umgekehrt kann untersucht werden, ob und in welcher Weise Biographien an der Konstruktion von (normativen) Geschlechtervorstellungen mitwirken und/oder diese unterlaufen. Die Integration des Genderaspekts in die biographische Praxis erweitert das Spektrum der selbstreflexiven Möglichkeiten sowohl der literarischen als auch der wissenschaftlichen Formen des Genres.

10.2. Hat die Biographik ein Geschlecht?

Zu den relativ spät ›entdeckten‹ Ideologemen der Biographik gehört die Annahme ihrer Geschlechtsneutralität. Noch 1993 stellt Anne-Kathrin Reulecke fest: »Die Frage, ob die Biographie ein männliches Genre sei, ist Zeichen ihrer eigenen Geschichtlichkeit. Sie wäre vor fünfzehn Jahren innerhalb eines wissenschaftlichen Diskurses nicht gestellt worden« (Reulecke 1993, 117). In ihren »Überlegungen zum Verhältnis von Biographie und Geschlechterdifferenz« weist sie nach, dass nicht nur das biographische Genre selbst, sondern auch wichtige Beiträge zu seiner Theoretisierung auf dem Ausschluss von Frauen bzw. auf der Tendenz zur Universalisierung männlicher bürgerlicher Lebenskonstruktionen beruhen (↗ V.6. 20. Jahrhundert). Reuleckes These, »daß aufgrund expliziter und impliziter Geschlechterzuschreibungen auch das in einer Biographie inszenierte Leben männliche Markierungen trägt« (ebd., 127), mündet in Skepsis gegenüber den Möglichkeiten der Biographik, das Leben von Frauen angemessen ab-

1 Jutta Osinski: *Einführung in die feministische Literaturwissenschaft*. Berlin 1998, S. 136.

zubilden. Die sich auch in Biographien quasi automatisch durchsetzenden »Bedeutungshierarchien und Weiblichkeitsmuster« (ebd., 131) degradierten Frauen zu Randfiguren bzw. reduzierten sie auf ihre Körperlichkeit. Selbst die Versuche der Umkehrung dieser Hierarchien und Muster – etwa in den ›Heldinnenbiographien‹ der Frauenbewegung der 1970er und 1980er Jahre – bestätigen, so Reulecke, unbeabsichtigt deren Wirksamkeit.

So böten auch Biographien der literarischen Moderne, in denen die Machtposition des männlichen bürgerlichen Individuums erzählerisch aufgelöst wird, nicht genügend Raum für eine angemessene Beschreibung weiblicher Lebensverläufe. Der Abschied vom Zwang, ein selbstmächtiges Subjekt zu sein, sei nicht für beide Geschlechter gleich befreiend. Frauen, »denen der Subjektstatus über Konstruktionen der Biographik verweigert worden ist, werden sich das Genre der Biographie vielleicht eher durch Momente des Um-Baus und der Ver-wendung aneignen« (ebd., 137).

Es ist nur scheinbar ein Widerspruch zu Reuleckes Analyse des ›männlichen‹ Charakters des Genres Biographie, wenn auf der anderen Seite biographische Darstellungsweisen nicht selten als ›weiblich‹ bezeichnet wurden und werden.[2] In ästhetischen Konzepten, in denen das ›Leben‹ als das Andere der Kunst gilt, wird die Differenz zwischen beidem zum Prüfstein des kanonischen Ranges eines Werkes. Lebensbeschreibende und lebensnahe Texte, zu denen insbesondere die Literatur von Frauen gezählt wird, aber auch vermeintlich ›weibliche‹ Schreibweisen bei männlichen Autoren werden als ästhetisch minderwertig angesehen.[3] Dieser problematische Vorgang hat unmittelbare Konsequenzen für die Tradierung bzw. Nicht-Tradierung von Werken. Vor allem hinsichtlich der Normierung und Kanonisierung literarischer Werke kreuzen sich Probleme der Biographik mit denen der Literatur- und Geschlechtergeschichte.

Sowohl in der Diffamierung der Biographik als ›weibliche‹ Gattung als auch in den ihr oft verdeckt zugrunde liegenden, nicht hinterfragten ›männlichen‹ Subjektkonzepten zeigt sich, wie stark die Genderproblematik biographisches Arbeiten beeinflusst – vor allem da, »wo sie geleugnet wird« (Ní Dhúill 2006, 126). Erst auf der Grundlage einer Anerkennung der dadurch gesetzten Grenzen der revisionistischen und subversiven Möglichkeiten des Genres können in Biographien – oder mit ihrer Hilfe – möglicherweise Alternativen zu normierenden Geschlechterrollenvorstellungen entwickelt werden.

10.3. Von ›Frauen‹ zu Gender?

Zu Beginn der neuen Frauenbewegung in den 1970er Jahren gehörte die Revision der Historiographie zu den feministischen Kernanliegen: Geschichte sollte mit der Perspektive auf die ausgeschlossene Geschichte von Frauen neu und anders geschrieben werden. In biographischen Arbeiten wurde einerseits ›weibliches‹ Leben auf der Grundlage der Wiederentdeckung von Namen, Werken, Lebensdaten und -zeugnissen von Frauen der Vergangenheit rekonstruiert (↗ I.7. ›Biographiewürdigkeit‹), andererseits nach alternativen Modellen gesucht, in denen die spezifische Subjektivität und Erfahrung von Frauen abgebildet werden sollten.

Die enge Verknüpfung von (werk-)biographischen Darstellungen mit emanzipatorischen Anliegen fand ihren Ausdruck darin, dass überwiegend Frauen über Frauen schrieben und dabei ein weibliches Publikum adressierten. Die Zugehörigkeit zu einem gemeinsamen (biologischen) Geschlecht wurde als Voraussetzung für eine adäquate biographische Annäherung angesehen, die auf Identifikation und der Überzeugung von der kulturelle und historische Differenzen überwindenden Gleichartigkeit weiblicher Erfahrung beruhte. Das Verdienst dieser biographischen Arbeiten besteht zum einen darin, dass in großem Maßstab vergessene Schriftstellerinnen, Künstlerinnen, Politikerinnen, ihre Werke und Lebenszeugnisse wiederentdeckt, gesichert und präsentiert wurden. Zum anderen war damit eine Öffnung des Genres für schreibende Frauen verbunden, die zum Teil über die Biographik auch den Weg in die Literatur oder die Wissenschaft finden konnten.

Ein Problem dieser im dreifachen Sinne (Gegenstand, Verfasserin, Leserin) als ›Frauenbiogra-

2 Vgl. Julian North: »Self-Possession and Gender in Romantic Literary Biography«. In: Arthur Bradley/Alan Rawes (Hg.): *Romantic Biography*. Aldershot 2003, S. 109–138.

3 Vgl. Julian North: »Self-Possession« (wie Anm. 2), S. 112 f.

phien‹ zu bezeichnenden Texte bestand darin, dass sie als Sonderform zur ›allgemeinen‹ Biographik wahrgenommen wurden – mit der unbeabsichtigten Folge einer erneuten Ausgrenzung von schreibenden Frauen. Die Rezeptionssperre gegenüber ›Frauenbiographien‹ – ähnlich wie gegenüber ›Frauenromanen‹ oder den Ergebnissen der ›Frauenforschung‹ – außerhalb feministisch orientierter Gruppen erwies sich als Hindernis für die Anerkennung sowohl der innovativen wissenschaftlichen und literarischen Leistungen als auch für die Durchsetzung der damit verbundenen politischen Anliegen.

Diese Erfahrung mündete in einen fortdauernden Selbstreflexionsprozess innerhalb der feministischen Theoriebildung, der seitdem – wie Gabriele Dietze pointiert feststellt – einige »anti-universalistische Lernerfahrungen« (Dietze 2003, 10) motivierte und mehrfach zu »einer Neudefinition dessen, was man unter Gender verstand« (ebd.), führte. Nach Dietze bestand die erste Erschütterung in der Erkenntnis, dass die Perspektive auf Frauen als ›weibliches Geschlecht‹ die Position des Männlichen als die des »Menschen im Allgemeinen« (ebd., 11) festigte und daher die (Macht-)Verhältnisse zwischen Männern und Frauen bzw. dichotome Rollenzuweisungen eher zementierte als auflöste. Die zweite Erschütterung ergab sich aus der Kritik von Frauen, die nicht der weißen Mittelschicht angehörten, am Alleinvertretungsanspruch des westlichen Feminismus und der Betonung der Differenzen *unter* Frauen. Eine dritte, fundamentale Erschütterung resultierte aus der breiten Rezeption der Position Judith Butlers, die nicht nur das soziale Geschlecht (*gender*), sondern auch das biologische (*sex*) als Ergebnis von Konstruktionsprozessen definierte und die Aufmerksamkeit darauf lenkte, dass »die Annahme eines ›natürlichen‹ biologischen Sexes [...] einen bestimmten Typ Weiblichkeit universalisiert, nämlich den der heterosexuellen Mutter, und dass damit unreflektiert die Vorstellung eines biologischen Geschlechts heteronormativ ist« (ebd., 11 f.). Die – nur vorerst – letzte Erschütterung besteht in der Aufmerksamkeit gegenüber denjenigen sexuellen Existenzformen, die nicht eindeutig der traditionellen Zweigeschlechtlichkeit zuzuordnen sind, also Phänomenen der Inter- oder Transsexualität. Diese Beobachtung stellt »das Ordnungssystem der geschlechtlich definierten Binarität *selbst*« (ebd., 13), also die Vorstellung von nur zwei Geschlechtern, grundsätzlich zur Disposition.

Die Adaptionsfähigkeit der Kategorie Gender, vor allem aber auch ihr analytisches Potential als »epistemisches Ding«, also als »Frage, die den Forschungsprozess eröffnet, wie auch dessen Ergebnis«,[4] begründete die beispiellose Karriere des Begriffs. Im methodischen und reflexiven Charakter der Kategorie Gender werden seit einiger Zeit zugleich aber auch ihre Defizite gesehen: Die Ablehnung einer identitätspolitischen, also auf die Belange von Frauen ausgerichteten Geschichtsrevision habe zur Missachtung historischer Perspektiven geführt,[5] die (de-)konstruktivistische Sichtweise zur Vernachlässigung von ökonomischen und machtanalytischen Aspekten in der kritischen Gesellschaftstheorie und der politischen Praxis,[6] die Furcht vor reifizierenden und essentialistischen Verfahrensweisen im Umgang mit (weiblicher) Identität zum Verzicht auf die Beschäftigung mit Individualität überhaupt. Die Forderung nach Erweiterung der Gender- hin zu einer Intersektionalitätsperspektive, bei der Gender im Kontext der verschiedenen »Achsen der Ungleichheit«[7] gesehen wird, bedeute zwar eine wichtige Öffnung der Gendertheorie, könne aber die genannten Probleme nicht lösen, sondern verkompliziere sie womöglich noch.[8]

4 Astrid Deuber-Mankowsky: »Gender – ein epistemisches Ding? Zur Geschichtlichkeit des Verhältnisses von Natur, Kultur, Technik und Geschlecht«. In: Rita Casale/Barbara Rendtorff (Hg.): *Was kommt nach der Genderforschung? Zur Zukunft der feministischen Theoriebildung.* Bielefeld 2008, S. 169–190, hier S. 170.

5 Vgl. Claudia Opitz: »Nach der Gender-Forschung ist vor der Gender-Forschung. Plädoyer für die historische Perspektive in der Geschlechterforschung«. In: Casale/Rendtorff: *Was kommt nach der Genderforschung?* (wie Anm. 4), S. 13–28.

6 Vgl. Maria Buchmayr (Hg.): *Alles Gender? Feministische Standortbestimmungen.* Innsbruck u. a. 2008.

7 Cornelia Klinger/Gudrun-Axeli Knapp/Birgit Sauer (Hg.): *Achsen der Ungleichheit. Zum Verhältnis von Klasse, Geschlecht und Ethnizität.* Frankfurt a. M./New York 2007.

8 Vgl. Tove Soiland: »Die Verhältnisse gingen und die Kategorien kamen. ›Intersectionality‹ oder Vom Unbehagen an der amerikanischen Theorie«. In: *querelles-net* 26 (2008), http://www.querelles-net.de/forum/forum26/soiland.shtml (1.2.2009).

10.4. Feministische Biographik und Biographietheorien

Ungeachtet der genannten Schwierigkeiten – und nicht selten in Absehung von ihnen – hat die Vorstellung vom Konstruktionscharakter und der Nicht-Eindeutigkeit von Geschlecht auch die wissenschaftliche und literarische Biographik stark beeinflusst. Geschlechtertheoretische Debatten wirken in die Entwicklung des Genres hinein. So lässt sich – gewissermaßen in Reaktion auf die von Dietze so genannte erste Erschütterung – beobachten, dass sich die Darstellungsperspektive von ›der Frau‹ auf die Geschlechter*beziehung* verschiebt, es entstehen außerdem Gruppen- oder Kollektivbiographien, in denen die *Differenzen* zwischen Frauen als wichtiger angesehen werden als die Repräsentativität eines speziellen ›Frauenlebens‹.[9] Die Ausweitung des Spektrums auf interkulturelle Lebensläufe und postkoloniale Sichtweisen[10] markiert die zweite; von der dritten bzw. vierten Erschütterung sind Lebensbeschreibungen gekennzeichnet, in denen normative Vorstellungen von Heterosexualität unterlaufen, die Eindeutigkeit von Geschlechtszuordnungen – etwa im Rekurs auf Virginia Woolfs berühmte Biographie *Orlando* (1928) – aufgehoben bzw. die Problematik des Biographieschreibens im Hinblick auf die Konstruktion von Geschlecht zum Gegenstand des Erzählens gemacht wird.[11] Die Anregungen der Queertheorie werden in Biographien, in denen transgressive Lebensweisen und die Dekonstruktion sexueller Normierungen im Mittelpunkt stehen, aufgegriffen.[12]

Gleichzeitig ist vor allem im deutsch- und französischsprachigen Raum eine veritable anti-biographische Tendenz zu verzeichnen: Ausgehend von der Überzeugung, dass die eigentliche ›biographische Illusion‹ (Bourdieu) in der Vorstellung von einem »wilden, unliterarischen Leben, einem Leben vor der Schrift«[13] besteht, wird an die Stelle der Beschreibung eines konkreten Lebens die Rekonstruktion intellektueller, vor allem textueller Beziehungen gerückt. Toril Moi geht davon aus, »daß jedes Phänomen als ein Text gelesen werden kann, das heißt als ein komplexes Netzwerk bedeutungstragender Strukturen«,[14] und schlägt vor, die Rekonstruktion dieser Strukturen nicht als Biographie, sondern als »persönliche Genealogie«[15] zu bezeichnen.

Die anglo-amerikanische Biographieforschung seit den 1990er Jahren ist dagegen – ausgehend von Carolyn Heilbruns bedeutender, im deutschsprachigen Raum relativ wenig rezipierter Studie *Writing a Woman's Life*[16] – durch vielfältige Bemühungen um die Theoretisierung der feministischen Biographik gekennzeichnet.[17] Die Biographie, oft als ›Fiktion unter Eid‹ bezeichnet, soll dabei unter geschlechtersensibler Perspektive als Fiktion »under a double oath: to the data and to the condition of women in [literary] history«[18] betrachtet werden. Daraus ergeben sich spezielle Anforderungen an die biographische Arbeit, sowohl was das Selbstverständnis von Biographinnen (als Schriftstellerin, Herausgeberin von Quellen oder als Wissenschaftlerin), das Verständnis von der biographierten Person (als Informantin, als literarische Figur, als Subjekt oder Objekt der Darstellung) als auch die Verpflichtungen gegenüber dem ›Gegenstand‹ der Biographie als Individuum bzw. als Teil einer Gruppe, aber auch gegenüber eigenen wissenschaftlichen, künstlerischen oder sozialen Zielsetzungen betrifft. Der *double-bind*-Charakter jeder biographischen Arbeit über historische Frauen wird als

9 Vgl. Gisela Febel: »Frauenbiographik als kollektive Biographik«. In: von Zimmermann/von Zimmermann 2005, S. 127–144.

10 Vgl. Encarnación Gutiérrez Rodríguez: *Intellektuelle Migrantinnen – Subjektivitäten im Zeitalter von Globalisierung. Eine postkoloniale dekonstruktive Analyse von Biographien im Spannungsverhältnis von Ethnisierung und Vergeschlechtlichung.* Opladen 1999.

11 Vgl. William H. Epstein (Hg.): *Contesting the Subject: Essays in the Postmodern Theory and Practice of Biography and Biographical Criticism.* West Lafayette 1991.

12 Vgl. etwa Paul Bailey: *Three Queer Lives: An Alternative Biography of Fred Barnes, Naomi Jacob and Arthur Marshall.* London 2001. Zur Einführung: Nina Degele: *Gender, Queer Studies.* Paderborn 2008.

13 Ulrich Raulff: »Inter lineas oder Geschriebene Leben«. In: Ders.: *Der unsichtbare Augenblick. Zeitkonzepte in der Geschichte.* Göttingen 1999, S. 118–142, hier S. 132.

14 Toril Moi: *Simone de Beauvoir. Die Psychographie einer Intellektuellen.* Frankfurt a.M. 1996, S. 26f. Vgl. auch Julia Kristeva: *Das weibliche Genie. Hannah Arendt.* Berlin 2001.

15 Toril Moi: *Simone de Beauvoir* (wie Anm. 14), S. 25.

16 Carolyn Heilbrun: *Writing a Woman's Life.* New York 1988.

17 Zu den Kontroversen innerhalb dieser Diskussionen vgl. Wagner-Martin 1994, S. IXf.

18 Rachel Gutiérrez: »What Is a Feminist Biography?«. In: Iles 1992, S. 49.

Chance gesehen, literarisch die Aufdeckung von Geschlechterantagonismen mit einer utopischen Perspektive zu verbinden (Bird 1998, 135).

Im deutschsprachigen Raum hat die feministisch bzw. geschlechtertheoretisch fundierte Beschäftigung mit der Biographik als Genre relativ spät eingesetzt (Reulecke 1993, von der Lühe/Runge 2001). Eher exemplarisch, nicht systematisch wurden in der Folge einzelne biographische Texte oder Textgruppen auf die implizit oder explizit zugrunde liegenden Modelle von Weiblichkeit und Männlichkeit analysiert. Die 2005 unter dem anachronistisch wirkenden Titel *Frauenbiographik. Lebensbeschreibungen und Porträts* erschienene Bestandsaufnahme (von Zimmermann/von Zimmermann 2005) dokumentiert die dabei zu verzeichnende Tendenz zum methodischen Pluralismus, die die aktuelle deutschsprachige Geschlechterforschung insgesamt kennzeichnet. Eine speziell gendertheoretisch fundierte Biographietheorie stellt dagegen bislang ein Desiderat dar, obwohl es eines solchen Instrumentariums durchaus bedürfte, um die in jüngster Zeit vor allem in literarischen Lebensbeschreibungen häufig vorkommenden multiplen Subjektivitätsentwürfe, geschlechtlichen Nicht-Eindeutigkeiten und Transgressionen adäquat beschreiben zu können. Die Anforderungen an eine solche Theorie wurden unlängst vom Gender-Arbeitskreis des Ludwig Boltzmann Instituts für Geschichte und Theorie der Biographie (Wien) formuliert. Demnach würde eine

> »gendertheoretisch reflektierte Erneuerung und Veränderung des Genres Biographie [...] bedeuten, die Vorstellung von der Größe und Erhabenheit ›biographiewürdiger‹ Individuen aufzuheben, das Individuum als ›friend among friends, colleague among colleagues‹ (Liz Stanley) darzustellen und damit die Biographie der Gruppenbiographie anzunähern, einer ›reader-orientierte biography‹ anzustreben, auf die auktoriale Stimme soweit wie möglich zu verzichten (etwa in Form von Datenbank- oder Hypertextbiographien), geschlechtskonstituierende Muster herauszuarbeiten, das Verhältnis der Biographin zur dargestellten Person zu thematisieren und durch die offene Reflexion auf den Arbeitsprozeß die Grenzen zwischen Biographie und intellektueller Autobiographie aufzuheben«.[19]

19 »Ein ›männliches Genre‹? Bericht vom Gender-Arbeitskreis des Ludwig Boltzmann Instituts für Geschichte und Theorie der Biographie«, http://gtb.lbg.ac.at/docs/gender-arbeitsbericht.pdf (1.2.2009).

10.5. Biographik als Beitrag zur Gendertheorie

Die Überlegungen des Gender-Arbeitskreises dokumentieren einen erheblichen Legitimationsdruck der Biographietheorie gegenüber der Gendertheorie und zugleich die Skepsis, deren Ansprüche in der konkreten biographischen Arbeit erfüllen zu können. Eine konsequente Umsetzung gendertheoretischer Anforderungen bringe die Biographik nämlich in die paradoxe Situation, »die Unterscheidung von wahr und falsch« aufzugeben, also darauf zu verzichten, »mit Bestimmtheit zu sprechen, damit aber die Unmöglichkeit« in Kauf zu nehmen, »Konventionen und Stereotypen entgegenzutreten, die allemal einflussreicher sind als die Kritikerin oder der Kritiker«[20] eines auktorialen Erzählverhaltens (↗ II.2. Biographisches Erzählen zwischen Wahrheit und Lüge).

Diese Problematik lässt sich produktiv wenden, wenn man umgekehrt danach fragt, wie biographische Verfahren und biographietheoretische Überlegungen für die Weiterentwicklung der Gendertheorie genutzt werden könnten. Ein möglicher Beitrag besteht in der Konkretion konstruktivistischer Ansätze: In diesem Sinne hat Bettina Dausien für die sozialwissenschaftliche Biographieforschung gezeigt, wie »ein biographischer Ansatz nach der individuell-biographischen Dimension von Konstruktionsprozessen« forschen und damit »die Verkettung situativer ›doing gender‹-Prozesse entlang der Achse ›Lebenszeit‹ und im lebensgeschichtlichen Erfahrungszusammenhang des reflexiven Subjekts«[21] sichtbar machen kann.

Ein darüber hinausgehender, prinzipieller Gewinn kann erzielt werden, wenn Biographien als Material für die Selbstreflexion und Weiterentwicklung der Gendertheorie selbst genutzt werden. Am Beispiel der Abfolge von biographischen Arbeiten zu bestimmten Personen, z. B. einzelnen

20 »Ein ›männliches Genre‹?« (wie Anm. 19).

21 Bettina Dausien: »Erzähltes Leben – erzähltes Geschlecht? Aspekte der narrativen Konstruktion von Geschlecht im Kontext der Biographieforschung«. In: *Feministische Studien* 19. Jg., 2 (2001), S. 57–73, hier S. 58.

Schriftstellerinnen (Runge 2002, 121–125),[22] lässt sich zeigen, wie feministische Debatten seit den 1970er Jahren ihren Niederschlag in wissenschaftlichen oder literarischen Lebensdarstellungen gefunden haben. Dabei wird deutlich, wie sich die Auffassungen darüber, *was* und *wie* zu einem bestimmten Zeitpunkt biographisch bearbeitet werden sollte, historisch und kontextbezogen verändern. In den inhaltlichen Verschiebungen, aber auch in den unterschiedlichen Erzählformen[23] bildet sich nicht nur die mehr oder weniger reflektierte Haltung der verschiedenen Biographen bzw. Biographinnen zu den jeweils aktuellen geschlechtertheoretischen Auffassungen ab (↗ III.4. Fiktionale Metabiographien). Es wird zugleich das Spannungsverhältnis deutlich, in dem neuere Auffassungen zu den Geschlechtermodellen stehen, die das Leben der biographierten Person zu ihrer Zeit bestimmt haben.

Als Material für eine mehrfach historisch relativierende Betrachtung ermöglichen biographische Texte, die aktuelle Gendertheorie als Ergebnis unabgeschlossener und unabschließbarer Debatten zu verstehen, die mit ihr verknüpften Auffassungen von Geschichte, Subjektivität und gesellschaftlicher Praxis nicht stillzustellen, sondern einem kritischen Dialog mit der Vergangenheit auszusetzen und damit für zukünftige Transformationen des feministischen Projekts zu öffnen.[24]

Die Ergebnisse sind gendertheoretisch, aber auch für Theorie und Praxis des biographischen Erzählens bedeutsam. Sie erfordern es, biographische Verfahren zu identifizieren und zu entwickeln, die durch einen historisch bewussten, selbstreflexiven, dialogischen und multiperspektivischen Umgang mit dem vorliegenden biographischen ›Material‹ (Runge 2002, 125–128) gekennzeichnet sind. In der Darstellungsweise können sich diese Verfahren an neuere literarische Erzählkonzepte anlehnen: Wie das Beispiel von Antonia S. Byatts literarischer Biographie *Besessen* (dt. 1993) zeigt, ist es möglich, sowohl die traditionellen als auch die konstruktivistisch motivierten Geschlechtervorstellungen spielerisch zu inszenieren und zugleich zu durchkreuzen.[25] Die Frage nach der ›Wahrheit‹ eines Standpunkts außerhalb des Sex-Gender-Systems, von dem aus dessen Konventionen infrage gestellt werden könnten, ist damit nicht beantwortet, wohl aber die nach der Bedeutung von erzähltem Leben im Umgang mit *Gender Trouble*.[26]

Literatur

Bird, Stephanie: *Recasting Historical Woman. Female Identity in German Biographical Fiction*. Oxford/New York 1998.

Dietze, Gabriele: »Allegorien der Heterosexualität. Intersexualität und Zweigeschlechtlichkeit – eine Herausforderung an die Kategorie Gender?«. In: *Die Philosophin* 28 (2003), S. 9–36.

Iles, Teresa (Hg.): *All Sides of the Subject. Women and Biography*. New York/London 1992.

Lühe, Irmela von der/Runge, Anita (Hg.): *Biographisches Schreiben*. Stuttgart/Weimar 2001.

Ní Dhúill, Caitríona: »Am Beispiel der Brontës. Gender-Entwürfe im biographischen Kontext«. In: Bernhard Fetz/Hannes Schweiger (Hg.): *Spiegel und Maske. Konstruktionen biographischer Wahrheit*. Wien 2006, S. 113–127.

Reulecke, Anne-Kathrin: »›Die Nase der Lady Hester‹. Überlegungen zum Verhältnis von Biographie und Geschlechterdifferenz«. In: Hedwig Röckelein (Hg.): *Biographie als Geschichte*. Tübingen 1993, S. 117–142.

Runge, Anita: »Geschlechterdifferenz in der literaturwissenschaftlichen Biographik. Ein Forschungsprogramm«. In: Christian Klein (Hg.): *Grundlagen der Biographik. Theorie und Praxis des biographischen Schreibens*. Stuttgart/Weimar 2002, S. 113–128.

Wagner-Martin, Linda: *Telling Women's Lives. The New Biography*. New Brunswick, New Jersey, 1994.

Zimmermann, Christian von/Zimmermann, Nina von (Hg.): *Frauenbiographik. Lebensbeschreibungen und Porträts*. Tübingen 2005.

Anita Runge

22 Zur Anna-Seghers-Biographik vgl. Helmut Scheuer: »›Mich interessiert das Biographische‹: Anna Seghers und ihre Biographinnen«. In: von Zimmermann/von Zimmermann 2005, S. 311–324.

23 Vgl. Vera Nünning/Ansgar Nünning (Hg.): *Erzähltextanalyse und Gender Studies*. Stuttgart/Weimar 2004, S. 25.

24 Vgl. Claudia Opitz: »Nach der Genderforschung« (wie Anm. 5), S. 25–27.

25 Vgl. Ina Schabert: *Englische Literaturgeschichte des 20. Jahrhunderts. Eine neue Darstellung aus der Sicht der Geschlechterforschung*. Stuttgart 2006, S. 336 f.

26 Vgl. Judith Butler: *Gender Trouble*. New York u. a. 1990. Dt. *Das Unbehagen der Geschlechter*. Frankfurt a. M. 1991.

11. Postcolonial Studies

Eine Auseinandersetzung mit Theorie und Praxis der Postcolonial Studies hat im Kontext der Biographik bislang nur am Rande stattgefunden, und umgekehrt spielt die Biographie in postkolonialen Debatten eine untergeordnete Rolle.[1] Dies liegt in erster Linie an der Dominanz poststrukturalistischer Ansätze in den Postcolonial Studies und an der daraus resultierenden Skepsis gegenüber der Gattung Biographie. Im Bereich der Autobiographieforschung wurde allerdings bereits in einer Reihe von Studien auf postkoloniale Konzepte eingegangen (u. a. Smith/Watson 1992, Hornung/Ruhe 1998, Holden 2008), was nicht zuletzt mit der Bedeutung des Autobiographischen für die Theoriebildung und Institutionalisierung der Postcolonial Studies selbst zusammenhängt (Huddart 2008). In seinem Überblicksartikel zu »Postcolonialism« für die von Margaretta Jolly herausgegebene *Encyclopedia of Life Writing* geht David Huddart ausschließlich auf autobiographische Texte ein und widmet sich dabei einerseits den »postcolonial theories *of* autobiography« und andererseits »autobiography *in* postcolonial theory« (Huddart 2001, 253). In den meisten Texten zur (Auto-)Biographik in postkolonialen Zusammenhängen wird auf Edward Said, Homi K. Bhabha und Gayatri Chakravorty Spivak Bezug genommen, die zu den einflussreichsten TheoretikerInnen der Postcolonial Studies gehören und als deren Gründungsfiguren betrachtet werden. Für alle drei spielen Fragen der Positionierung im wissenschaftlichen Feld und nach der Bedeutung der eigenen Lebensgeschichte für die Formulierung postkolonialer Konzepte eine große Rolle.

Die Postcolonial Studies haben sich seit den 1980er Jahren zu einem heterogenen wissenschaftlichen Feld entwickelt, das eine Vielzahl an einander zum Teil deutlich widersprechenden Positionen umfasst.[2] Im Wesentlichen kann unterschieden werden zwischen Ansätzen, die auf die Stärkung der politischen Handlungsfähigkeit marginalisierter Gruppen abzielen und sozialwissenschaftlich orientiert sind, und Konzepten auf poststrukturalistischer Basis, in deren Mittelpunkt die Vorstellung eines fragmentarisierten bzw. gespaltenen Subjekts steht und die zumeist diskursanalytisches Arbeiten präferieren. Gemeinsam ist postkolonialistischen Theorien, dass sie »die Ausschlussmechanismen der westlichen männlichen Gesellschaft freilegen, den überhörten Stimmen kulturelle Relevanz verschaffen und hierarchische Binaritäten abzubauen versuchen (Frau/Mann, Herr/Knecht)«.[3] Auch wenn eine einheitliche Bestimmung der Methoden und Ziele der Postcolonial Studies nicht möglich ist, lässt sich doch feststellen, dass ihre Debatten um Themen kreisen, die auch für die Biographik zentral sind: nationale und kulturelle Identität, die Repräsentativität von Lebensgeschichten für eine Kultur bzw. Nation, Hybridisierungsprozesse als Folge von Migration und Globalisierung, kulturspezifische Vorstellungen von Identität, Geschlechterkonstruktionen, biographische Authentizität, Archive und ihre Ordnungs- und Aufbewahrungsprinzipien, Kanonisierungsprozesse, Lebensgeschichten und kulturelles Gedächtnis und nicht zuletzt die Handlungsspielräume (*agency*) jedes und jeder Einzelnen, die sich in Biographien nachzeichnen lassen. Gegenstand der wissenschaftlichen Untersuchung sind zumeist konfliktreiche kulturelle Interaktionen und die Folgen des Zusammentreffens von Kulturen in postkolonialen Zusammenhängen, womit sich

1 Vgl. zum Forschungsstand den Überblick in der Einleitung von Bart Moore-Gilbert: *Postcolonial Life-Writing. Culture, Politics and Self-Representation*. London/New York 2009.

2 Vgl. zur Einführung v. a. Gandhi 1998; María do Mar Castro Varela/Nikita Dhawan: *Postkoloniale Theorie. Eine Einführung*. Bielefeld 2005; Bill Ashcroft/Gareth Griffiths/Helen Tiffin: *The Post-Colonial Studies Reader*. London 2007; Gregory Castle (Hg.): *Postcolonial Discourses. A Reader*. Oxford 2001; Simon Featherstone: *Postcolonial Cultures*. Edinburgh 2005.

3 Franziska Schößler: *Literaturwissenschaft als Kulturwissenschaft. Eine Einführung*. Unter Mitarbeit von Christine Bähr. Tübingen/Basel 2006, S. 140.

Verbindungen zu Migrationsforschung, Ethnologie und Kulturanthropologie herstellen lassen.[4]

Wie der Begriff ›postkolonial‹ definiert und eingesetzt wird, ist nach wie vor umstritten. Einerseits ist damit in temporaler Perspektive die Zeit nach der Dekolonialisierung von Staaten, die zumeist unter europäischer Herrschaft standen, gemeint. Andererseits bezieht sich ›postkolonial‹ auf bestimmte theoretische Konzepte und eine wissenschaftliche Praxis und ist damit in erster Linie ein epistemischer und auch ein politisch-programmatischer Begriff. In keinem Fall soll das ›post‹ zu der Annahme verleiten, dass koloniale Herrschaftsverhältnisse Vergangenheit wären. »Das Anliegen postkolonialer Ansätze besteht gerade in der Thematisierung des Fortbestehens und Nachwirkens einer Vielzahl von Beziehungsmustern und Effekten kolonialer Herrschaft. Sie sehen die heutige Welt nach wie vor geprägt von imperialen und neokolonialen Herrschaftsverhältnissen und kulturellen Beziehungen, welche die alten Asymmetrien reproduzieren und verfestigen.«[5]

Die Biographie steht in postkolonialen Zusammenhängen vor dem grundlegenden Problem, dass sie eine europäisch geprägte Gattung ist, die in Folge von Kolonialisierung auch in nicht-europäischen Regionen verbreitet wurde und dort ihre Wirkmächtigkeit, wenngleich nicht uneingeschränkt und allerorten mit derselben Nachhaltigkeit, entfaltete. Biographik im postkolonialen Kontext muss sich mit der Frage des Exports europäischer bzw. anglo-amerikanischer biographischer Modelle und ihrer konzeptuellen Grundlagen in die (ehemaligen) Kolonialländer auseinandersetzen. »Kolonisierung und Migration bedingen eine Konfrontation ›europäischer‹ biographischer Muster mit anderen Programmen der Lebensführung.«[6]

Dementsprechend betont etwa Wang Gungwu den großen Einfluss des britischen Imperialismus auf die Entwicklung der Biographie in Südostasien (Gungwu 1975). Ein vergleichendes Studium biographischer Traditionen in unterschiedlichen kulturellen Kontexten, wie es u.a. angesichts einer Forderung nach einem transnationalen Blick auf historische Prozesse notwendig erscheint, muss die Konsequenzen der Kolonialisierung berücksichtigen.

Es stellt sich die Frage nach alternativen Praktiken der Lebensbeschreibung, die nicht dem Modell europäischer, bürgerlicher Prägung seit dem 18. Jahrhundert gehorchen. Philip Holden weist aber auch auf die Gefahr hin, ›nicht-westliche‹ Texte »almost solely as a way of escaping from this prison-house of modernity« zu sehen, »either through a connection with the premodern or, more frequently, an embracing of the postmodern and the global« (Holden 2008, 20). Gefordert ist »[a] situated reading practice«, die auf der Basis einer Analyse der Art und Weise, wie ›nicht-westliche‹ Texte betrachtet werden, die Kategorie ›nicht-westlich‹ schlussendlich obsolet macht und die historisch und regional spezifischen Ausgestaltungen biographischer Texte untersucht (Smith/Watson 1992, XXVIII).

Die Biographik sowie alle Formen des *Life Writing* in ehemaligen Kolonialländern stehen unter dem Eindruck der Kolonialzeit und haben sich in ihrer gegenwärtigen Form häufig überhaupt erst im Zuge der Kolonialgeschichte herausgebildet, auch wenn sich vorkoloniale Formen (auto-)biographischen Schreibens durchaus finden lassen und zum Teil eine lange Tradition rekonstruiert werden kann.[7] Wenn (neo-)koloniale Repräsentationen kolonialisierter Länder, ihrer Kultur und ihrer Menschen infrage gestellt und zugleich die eigene Sicht der Kolonialisierten dem entgegengehalten wird, liegt ein Problem darin, dass die Selbstbilder wesentlich von der Kolonialerfahrung und von den Repräsentationen durch die Kolonialmächte geprägt sind.[8]

4 Vgl. Robert J. C. Young: *Postcolonialism. An Historical Introduction.* Oxford 2001, S. 69.

5 Sebastian Conrad/Shalini Randeria: »Einleitung. Geteilte Geschichten – Europa in einer postkolonialen Welt«. In: Dies. (Hg.): *Jenseits des Eurozentrismus. Postkoloniale Perspektiven in den Geschichts- und Kulturwissenschaften.* Frankfurt a.M./New York 2002, S. 9–49, hier S. 24.

6 Thomas Keller: »Einleitung. Ein Leben in und zwischen verschiedenen Kulturen führen«. In: Bernd Thum/Thomas Keller (Hg.): *Interkulturelle Lebensläufe.* Tübingen 1998, S. 18.

7 Vgl. etwa Rastogi 2001 zu *Life Writing* in Indien.

8 Vgl. Neil Lazarus (Hg.): *The Cambridge Companion to Postcolonial Literary Studies.* Cambridge 2004, S. 8.

11.1. Macht

Eine zentrale und auch für die Biographik relevante Frage formulierte Spivak in ihrem viel zitierten Essay »Can the subaltern speak?«[9]. Wer spricht für wen, wer erhebt den Anspruch, wessen Leben darstellen zu können (↗I.7. ›Biographiewürdigkeit‹)? Wie können die Stimmen der Subalternen, der Ausgeschlossen und Verschwiegenen hörbar gemacht werden? Besteht für die Subalternen angesichts der diskursiven Machtverhältnisse überhaupt die Möglichkeit, mit eigener Stimme zu sprechen? Diese Frage enthält gerade in postkolonialen Kontexten eine wichtige politische Komponente. Die *Subaltern Studies* entstanden im Indien der 1970er Jahre, ihre Ansätze fanden in der Folge aber auch in anderen postkolonialen Kontexten Anwendung. Sie verstehen sich als Korrektiv sowohl zu kolonialistischer als auch zu bürgerlich-nationalistischer Geschichtsschreibung.[10] Insofern ist es vor allem den HistorikerInnen, die sich als Teil der *Subaltern Studies* sehen, darum zu tun, die Leben kolonialisierter Subjekte in den Archiven der Kolonialmächte überhaupt erst auffindbar zu machen. Die Quellenlage stellt sich in Folge der Kolonialgeschichte ähnlich wie bei marginalisierten Figuren allgemein als schwierig dar, insbesondere da der die historiographische Praxis bestimmende Blick auf das kolonialisierte Objekt von Machtverhältnissen und kulturellen Differenzen geprägt ist. Die *Subaltern Studies* rücken die verschwiegenen Lebensgeschichten marginalisierter Individuen in den Mittelpunkt des Interesses und suchen nach adäquaten Repräsentationsstrategien, was auch Fragen biographischer Repräsentation berührt. Spivak zufolge jedoch ist »the political will, consciousness and agency of the subaltern […] a theoretical fiction rather than a positive fact that can be recovered from the historical archives«.[11]

Bei dem Versuch, den durch die Kolonialmächte Marginalisierten eine Stimme zu geben, besteht die Gefahr der Paternalisierung und damit einer Fortschreibung herrschender Machtverhältnisse. Daher ist im Bereich des postkolonialen *Life Writing* eine klare Dominanz autobiographischer Texte festzustellen, scheinen sie doch auf den ersten Blick die Fortschreibung postkolonialer Strukturen zu unterlaufen. Zum anderen erlaubt es eine Beschäftigung mit Lebensgeschichten aber auch, den Folgen der Kolonialzeit für individuelle wie kollektive Identitätsformationen nachzugehen. Autobiographische Darstellungen Indigener stellen potentiell auch eine Herausforderung existierender Beschreibungen dar, die im Zuge von anthropologischen oder ethnologischen Forschungen entstanden waren.

»Growing out of oral traditions, shared histories, and collective experience, they confound Western generic definitions of autobiography. Many texts are life stories of self in community that arise as a result of collaboration, co-authorship, and semi-fictionalized reflection.«[12] Diesen Befund zu Autobiographien australischer Indigener gilt es auch in anderen postkolonialen Zusammenhängen zu überprüfen. Nicht außer Acht gelassen werden dürfen dabei natürlich die fundamentalen Unterschiede zwischen ›settler colonies‹ wie Australien und militärisch unterworfenen, politisch und wirtschaftlich beherrschten Gebieten wie dem heutigen Indien oder afrikanischen Kolonien. Zugang zu einer vorkolonialen Vergangenheit kann, wenngleich immer im Licht der Folgen der Kolonialherrschaft, die mündliche Tradition bieten, beispielsweise in Australien, Amerika und in besonderem Maße in Afrika.[13] Mit neuen technischen Aufzeichnungsmöglichkeiten gegen Ende des 19. Jahrhunderts und vor allem im 20. Jahrhundert wurden mündlich erzählte autobiographische Lebensgeschichten Indigener in zunehmendem Maße für psychologische, ethnologische und anthropologische Forschungen verwendet, deren Nebenprodukt biographische Darstellungen waren, die aus postkolonialer Perspektive im Hinblick auf ko-

9 Gayatri Chakravorty Spivak: »Can the Subaltern Speak?« In: Cary Nelson/Lawrence Grossberg (Hg.): *Marxism and the Interpretation of Culture*. Basingstoke 1988, S. 271–313; vgl. auch die deutschsprachige Ausgabe: Gayatri Chakravorty Spivak: *Can the Subaltern Speak? Postkolonialität und subalterne Artikulation*. Wien 2008.

10 Priyamvada Gopal: »Reading subaltern history«. In: Neil Lazarus: *The Cambridge Companion* (wie Anm. 8) S. 139–161, hier S. 141.

11 Stephen Morton: »Poststructuralist Formulations«. In: John McLeod (Hg.): *The Routledge Companion to Postcolonial Studies*. London/New York 2007, S. 161–172, hier S. 168.

12 Kay Schaffer: »Australia: Indigenous Life Writing«. In: Jolly 2001, Bd. 1, S. 69–71, hier S. 70.

13 Vgl. Benjamin Nicholas Lawrance: »Africa: Oral Life Stories«. In: Jolly 2001, Bd. 1, S. 15–17.

lonialistische und eurozentristische Repräsentationsformen untersucht werden.[14]

Eine der zentralen Aufgaben postkolonialer Historiographie und Theorie besteht darin, die Handlungsspielräume von Individuen in kolonialen oder postkolonialen Konstellationen herauszuarbeiten. Verhandelt wird die Frage, wie ein Individuum in seinem sozialen und historischen Kontext und angesichts kolonialer Machtverhältnisse autonome Handlungsfähigkeit bewahren, wiederherstellen oder sich erarbeiten kann. Ziel muss es dabei sein, das Individuum nicht nur als Opfer kolonialer oder postkolonialer Verhältnisse darzustellen, sondern Formen von *agency* auch in Abhängigkeits- und Unterdrückungsverhältnissen zu ergründen (Brizuela-Garcia 2007, 72). Ato Quayson spricht von dem »desire to identify a form of historical agency in the colonized sphere«.[15] In diesem Punkt treffen sich Postcolonial Studies und Biographik, geht es Letzterer doch unter anderem auch darum, das Besondere am Lebenslauf eines oder einer Einzelnen zu bestimmen, das nicht auf soziale oder politische Strukturen reduzierbar ist.

11.2. Kanon

In den Postcolonial Studies ist das Verhältnis zum ›westlichen‹, also einem europäisch und angloamerikanisch geprägten Kanon von zentraler Bedeutung. Es geht erstens darum, »to foreground the exclusions and elisions which confirm the privileges and authority of canonical knowledge systems, and second to recover those marginalised knowledges which have been occluded and silenced by the entrenched humanist curriculum« (Gandhi 1998, 42). Mit Hilfe der Postcolonial Studies wird der westliche Kanon verändert und erweitert, bislang ausgeblendete Texte werden wahrgenommen, erreichen zum Teil zentrale Bedeutung und relativieren die zuvor dominierenden Konzepte westlichen Denkens. Damit in Verbindung steht die Konstituierung eines neuen Kanons, der sich wesentlich vom bislang als gültig erachteten unterscheidet (Marx 2004, 83–85). Analog zu autobiographischen Texten etwa von V.S. Naipaul und David Dabydeen ließe sich auch für die Biographik von sogenannten Parabiographien sprechen. Mit einer kulturellen Tradition konfrontiert, in der kolonialisierten Subjekten – wenn überhaupt – nur ein Platz an den Rändern zugestanden wurde, lassen sich Lebensgeschichten in erster Linie »near and counter, i.e., para, to traditional texts« erzählen.[16]

Gegenstand postkolonialer Untersuchungen sind nicht nur aufgrund der Kolonialgeschichte Marginalisierte, sondern auch die Lebensbeschreibungen von VertreterInnen der Kolonialmächte, Reisenden und sogenannten EntdeckerInnen. Ihre Reisen und Erkundungen in Regionen, die aus europäischer Perspektive unbekannt waren, standen oft am Beginn von Kolonialisierungsprozessen oder gingen mit ihnen einher. Diese Texte sind aufschlussreich hinsichtlich ihrer Darstellung der entsprechenden Länder und ihrer Menschen. Sie sind gleichzeitig Schlüsseltexte für die Konstruktion der Selbstwahrnehmung eines Kolonialstaates und werden unter postkolonialer Perspektive gegen den Strich gelesen. Dabei soll auch der Forderung entsprochen werden, die Verschränkungen der historischen Entwicklungen europäischer und kolonialisierter Länder zu identifizieren (›entangled‹ bzw. ›connected histories‹) und eine global orientierte Geschichtsschreibung an die Stelle einer auf Europa und Nordamerika beschränkten zu setzen.

11.3. Hybridisierung

Dekolonialisierung ist ein vielschichtiger Prozess, der eine »deformation/reformation of identity« (Smith/Watson 1992, XVIIIf.) erfordert. In Zusammenhang mit postkolonialer Identitätspolitik wurde Hybridität vor allem durch Homi Bhabhas Arbeiten zu einer zentralen Kategorie. Sie bezeichnet die Destabilisierung und Vermischung von Identitäten infolge von interkulturellen Begegnungen und Interaktionen und im Zuge von Migrations- und Globalisierungsprozessen. Von hybri-

14 Vgl. Ulises J. Zevallos Aguilar: »Spanish America: Indigenous Life Writing«. In: Jolly 2001, Bd. 2, S. 833–835. Vgl. auch Paul 1996.

15 Ato Quayson: *Postcolonialism. Theory, Practice or Process?* Cambridge 2000, S. 53.

16 Tobias Döring: »The Passage of the Eye/I: David Dabydeen, V.S. Naipaul and the Tombstones of Parabiography«. In: Hornung/Ruhe 1998, S. 149–166, hier S. 150.

den Identitäten zu sprechen, unterläuft die binäre Struktur von Eigenem und Fremdem, von Beherrschern und Beherrschten und erlaubt es, die jeder individuellen wie kollektiven Identität inhärente Ambivalenz zu analysieren.

Mit Hilfe der Postcolonial Studies und ihrer zentralen theoretischen wie auch literarischen Texte erweist sich die Homogenität jeder Kultur, sei es jener einer Kolonialmacht, sei es der von Kolonialisierten, als Konstruktion, die aber reale politische, wirtschaftliche und soziale Konsequenzen nach sich zog bzw. immer noch zieht. »The colonizer's culture [...] will prove just as impure in its origins as the colonial situation it creates elsewhere« (Marx 2004, 94 f.). Das Konzept der Hybridität macht auch deutlich, dass eine Rückkehr zu einer imaginären Reinheit oder einer ursprünglichen und authentischen Kultur nicht möglich ist. Das Aufeinandertreffen unterschiedlicher Kulturen eröffnet einen ›Dritten Raum‹, eine Art Zwischenraum, in dem kulturelle Differenzen verhandelt werden, ohne dass am Ende eine klar festgelegte Identität stehen würde.

Vor allem im Kontext von Migrationsbewegungen spielt die Vorstellung von Hybridität eine große Rolle. Es stellt sich angesichts der im Zuge von Migration erfahrenen mehrfachen Grenzüberschreitungen die Frage nach den Auswirkungen auf die eigene Identitätskonstruktion, wie sie in der Biographie aufscheint.[17] Damit setzt sich neben den literatur- und kulturwissenschaftlich fokussierten Postcolonial Studies auch die sozialwissenschaftliche Forschung auseinander, wenn sich etwa Encarnación Gutiérrez Rodríguez auf der Basis eines dekonstruktiven Verfahrens nach Jacques Derrida und Spivak den Differenzierungs- und Hierarchisierungsprozessen in den Biographien von Migrantinnen widmet und ihre Verortungsstrategien in biographischen Interviews untersucht.[18]

11.4. Nation

Der Prozess der Dekolonialisierung geht einher mit der Herausbildung eines neuen nationalen Selbstverständnisses, zu dem auch Biographien ihren Beitrag leisten (↗ II.5. Biographie und Gedächtnis). Die biographierten Helden einer eben erst aus der kolonialen Umklammerung und Beherrschung befreiten und sich gerade konstituierenden Nation werden zu zentralen Identifikationsfiguren und Vorbildern.[19] Vor allem autobiographische Texte erfüllen in diesem Kontext eine wesentliche identitätsbildende Funktion, wie beispielsweise Kwame Nkrumahs *Ghana* und Kenneth Kaundas *Zambia Must Be Free* sowie später Nelson R. Mandelas *Long Walk to Freedom* und Lee Kuan Yews *The Singapore Story*.[20] Dabei besteht die Gefahr einer einfachen Umkehrung der Verhältnisse, ohne dass die grundlegende Dichotomie zwischen den Angehörigen einer Nation und den aus ihr Ausgeschlossenen aufgebrochen würde: »[N]ationalism can fuel anti-colonial struggles, but it also may fuel xenophobia in racialized and sexualized narratives of national identity with exclusionary and unitary cultural models« (Bergland 2001, 636). Im Zuge der Dekolonialisierung steht die Konstruktion nationaler Subjekte auf dem Programm, um die eigene nationale Identität als Antwort auf die Zeit der Kolonialherrschaft zu etablieren und zu stärken. Der postkoloniale Nationalismus ist insofern paradoxal, als Nationalismus eine europäische Erfindung und Tradition darstellt und gerade in nach-kolonialer Zeit damit die Fortschreibung kolonialer Verhältnisse erfolgt (Gandhi 1998, Kapitel 6).

Aus der Sicht der Postcolonial Studies werden gerade aufgrund der Dekolonialisierung und der Zunahme von Migrationsbewegungen nicht nur zwischen den ehemaligen Kolonien und den Kolonialmächten essentialisierende Konzepte nationaler Identität fraglich und erweisen sich als funktionale Konstruktionen (Bergland 2001, 636). Mit

17 Vgl. u. a. Bernd Thum/Thomas Keller (Hg.): *Interkulturelle Lebensläufe*. Tübingen 1998; Hannes Schweiger: »Identitäten mit Bindestrich. Biographien von MigrantInnen«. In: Bernhard Fetz/Hannes Schweiger (Hg.): *Spiegel und Maske. Konstruktionen biographischer Wahrheit*. Wien 2006, S. 175–190.

18 Encarnación Gutiérrez Rodríguez: *Intellektuelle Migrantinnen – Subjektivitäten im Zeitalter von Globalisierung. Eine postkoloniale dekonstruktive Analyse von Biographien im Spannungsverhältnis von Ethnisierung und Vergesellschaftung*. Opladen 1999. Vgl. auch Sabine Strasser: *Bewegte Zugehörigkeiten. Nationale Spannungen, transnationale Praktiken und transversale Politik*. Wien 2009.

19 Vgl. Evelyn J. Hawthorne: »Caribbean: Anglophone«. In: Jolly 2001, Bd. 1, S. 177 f., hier S. 178.

20 Vgl. Philipp Holden: »Other Modernities: National Autobiography and Globalization«. In: *Biography* 28. Jg., 1 (2005), S. 89–103.

Blick auf die Biographik stehen dementsprechend folgende Untersuchungsgegenstände auf dem Programm:

1. Multiple und hybride Identitäten, vor allem in multiethnischen Kontexten.
2. Darstellungen der Lebensläufe von VertreterInnen indigener Bevölkerungsgruppen unter Berücksichtigung ihrer besonderen Lebenssituation in (post-)kolonialen Zusammenhängen und Machtverhältnissen, die ihnen nur einen Platz am Rande der Gesellschaft zuweisen.
3. Die Folgen der Kolonialherrschaft für Identitätskonzepte und Lebensentwürfe in postkolonialer Zeit.
4. Transnationalisierungs- und Globalisierungsprozesse, die Vorstellungen von einheitlichen Nationalkulturen infrage stellen.
5. Kollektive Identitäten, die nationale Grenzen überschreiten und transnationale Gemeinschaften entstehen lassen (ebd., 636 f.).

Daraus ergibt sich auch eine Revision des westlich geprägten Kanons ›biographiewürdiger‹ Personen, im Zuge dessen jene Mechanismen der Aufbewahrung und Ordnung biographischer Quellen untersucht werden, die für Marginalisierung und Ausschluss konstitutiv sind. Biographische Studien sollen außerdem dazu beitragen, das intrikate Verhältnis von Kolonialisierern und Kolonialisierten differenzierter und nicht einfach nach dem Schema Täter und Opfer zu sehen. Strategien der Subversion und der wechselseitigen Bedingtheit dieses Verhältnisses müssen daher herausgearbeitet werden. Unter genderspezifischen Gesichtspunkten geht es zudem um die Analyse männlich konstituierter Herrschaftsverhältnisse und die Verquickung von Männlichkeitskonzepten mit Kolonisierungsprozessen.[21] Wenn man mit Leela Gandhi Kolonialismus versteht als »the historical process whereby the ›West‹ attempts systematically to cancel or negate the cultural difference and value of the ›non-West‹« (Gandhi 1998, 16), dann steht die postkoloniale Biographik vor der Aufgabe, diese Differenz zu markieren und gleichzeitig die Verschränkungen zwischen den (Lebens-)Geschichten des Westens und kolonialisierter Regionen herauszuarbeiten.

21 Vgl. den Überblicksartikel von Gaby Dietze: »Postcolonial Theory«. In: Christina von Braun/Inge Stephan (Hg.): *Gender@Wissen. Ein Handbuch der Gender-Theorien*. Köln/Weimar/Wien 2005, S. 304–324.

Literatur

Arnold, David/Blackburn, Stuart (Hg.): *Telling Lives in India. Biography, Autobiography and Life History*. Delhi 2004.

Bergland, Betty Ann: »National Identity and Life Writing«. In: Margaretta Jolly (Hg.): *Encyclopedia of Life Writing. Autobiographical and Biographical Forms*. 2 Bde. London/Chicago 2001, Bd. 2, S. 635–638.

Brizuela-Garcia, Esperanza: »The Past Never Stays Behind: Biographical Narrative and African Colonial History«. In: *Journal of Historical Biography* 2. Jg., 3 (2007), S. 63–83.

Dalziell, Rosamund (Hg.): *Selves Crossing Cultures: Autobiography and Globalization*. Melbourne 2002.

Gandhi, Leela: *Postcolonial Theory. A Critical Introduction*. Edinburgh 1998.

Gungwu, Wang: »Introduction«. In: Ders. (Hg.): *Self and Biography. Essays on the Individual and Society in Asia*. Sydney 1975, S. 1–8.

Holden, Philip: *Autobiography and Decolonization. Modernity, Masculinity, and the Nation-State*. Madison 2008.

Hornung, Alfred/Ruhe, Ernstpeter (Hg.): *Postcolonialism and Autobiography*. Amsterdam/Atlanta 1998.

Huddart, David: »Criticism and Theory since the 1950s: Postcolonialism«. In: Margaretta Jolly (Hg.): *Encyclopedia of Life Writing. Autobiographical and Biographical Forms*. 2 Bde. London/Chicago 2001, Bd. 1, S. 253–255.

Ders.: *Postcolonial Theory and Autobiography*. London 2008.

Jolly, Margaretta (Hg.): *Encyclopedia of Life Writing. Autobiographical and Biographical Forms*. 2 Bde. London/Chicago 2001.

Marx, John: »Postcolonial Literature and the Western Literary Canon«. In: Neil Lazarus (Hg.): *The Cambridge Companion to Postcolonial Literary Studies*. Cambridge 2004, S. 83–96.

Rastogi, Pallavi: »Indian Subcontinent: Auto/biography 1947 to the Present«. In: Margaretta Jolly (Hg.): *Encyclopedia of Life Writing. Autobiographical and Biographical Forms*. 2 Bde. London/Chicago 2001, Bd. 1, S. 465 f.

Paul, Sigrid: »Bausteine zu einer Geschichte der Biographie in Afrika«. In: *Paideuma* 42. Jg. (1996), S. 183–213.

Smith, Sidonie/Watson, Julia: *De/Colonizing the Subject: The Politics of Gender in Women's Autobiography*. Minneapolis 1992.

Hannes Schweiger

12. Jewish Studies

Die Beschäftigung mit biographischem Arbeiten ist im Rahmen der Jewish Studies aus verschiedenen Gründen relevant: Eine zentrale Frage dieser Fachrichtung ist die nach der ›Jüdischkeit‹, dem Charakter jüdischer Identität einer Person (oder auch einer Institution, gegebenenfalls eines Werkes). Zumeist kann diese Frage nur sinnvoll im Rahmen einer biographischen Einbettung beantwortet werden. Aus der solcherart biographischen Objektorientierung der Jewish Studies resultiert eine spezifische Form der biographischen Studien.

12.1. Zuschreibungsfragen: Jüdische Identität?

Was macht einen Menschen gerade für die Jewish Studies interessant? Eine mögliche Antwort wäre zugleich eine religionswissenschaftliche Klärung der Frage: Wer ist Jude? Vordergründig lässt sich eine einfache Antwort finden: Nach dem jüdischen Religionsgesetz, der Halachah, ist Jude, wer von einer jüdischen Mutter geboren wurde oder religionsgesetzlich korrekt zum Judentum übertritt. Wenn sich daran auch ein jüdisch geprägter Lebenslauf anschließt, etwa im Falle eines Rabbiners, lässt sich die Angelegenheit scheinbar rasch erledigen – man könnte das Ganze dann im Rahmen des vorliegenden Bandes als Unterkapitel im Beitrag zur Religionswissenschaft abhandeln. Schwieriger ist die Antwort in jenen Fällen, in denen es um Personen geht, die nur lose mit dem Judentum als Religion zu tun oder sich ganz davon entfernt haben; nicht wenige von diesen oftmals sog. Assimilierten oder Akkulturierten wurden erst durch antisemitische Propaganda oder die Rassegesetze der Nationalsozialisten zu Juden gestempelt. Doch auch die besondere Rolle, die Juden und das Judentum in der deutschen Geschichte gespielt haben, deren dunkelstes Kapitel im Holocaust in der Ermordung von rund sechs Millionen Juden kulminierte, rechtfertigt nicht zwingend eine Sonderstellung in einem Biographie-Handbuch; denn alles bisher Gesagte könnte man in einem gesonderten Absatz im Beitrag zu den Postcolonial Studies subsumieren. Vielmehr bedarf die biographische Arbeit in den Jewish Studies einer eigenständigen Beleuchtung angesichts der einmaligen Situation von Juden in der Geschichte der christlich-abendländischen Welt, als ältester und oftmals einziger kultureller Minderheit inmitten eines Umfelds, das sich über Jahrhunderte deutlich und auch gewaltsam abzugrenzen trachtete, zu dem die Juden aber dessen ungeachtet essentiell dazugehörten. Insofern hat zwar jeder biographische Ansatz in den Jewish Studies Elemente und Fragestellungen der oben genannten Disziplinen zu berücksichtigen – aber unter je eigenen Vorzeichen.

Reflektiert wurde dieser spezifische biographische Zugriff bislang kaum, lediglich im Bereich der jüdischen Autobiographik lässt sich in jüngerer Zeit eine intensivere Methodendiskussion feststellen (Moseley 2006). Selbst der für jedwede Biographik so bedeutsame und besonders in den Jewish Studies zentrale Begriff der Identität wurde allenfalls in Ausnahmefällen weitergehend reflektiert (vgl. hierzu Pelli 2005; Pyka 2009, Einleitung): Dabei gilt es zu differenzieren zwischen der Identität einer Person als Individuum auf der einen Seite und auf der anderen Seite qualitativen, sich in bestimmten (meist Abgrenzungs-)Situationen ergebenden Identitäten, von denen ›jüdisch‹ lediglich einen Aspekt darstellt (↗II.1. Biographie und Performanz). Die Aufgabe des Biographen besteht darin, die jeweiligen spezifischen Ausprägungen und Bedeutungen herauszuarbeiten und zu analysieren. Manche Fälle mögen dabei verhältnismäßig einfach gelagert sein, etwa wenn ein Rabbiner sein Leben dezidiert der Weiterformulierung und Ergründung der jüdischen Lehre gewidmet hat. Dies verlangt vom Biographen eine klassische *biographie intellectuelle* mit Verortung innerhalb der jüdischen religiösen Diskurse auf der Grundlage profunder judaistischer Fachkenntnisse (vgl. etwa die umfassende Lebensbeschreibung Zacharias Frankels von Brämer, 2000). Komplexer gestalten sich Studien zu Grenzgängern oder weniger prononcierten Persönlichkeiten; in jedem Fall wäre zu fragen, inwieweit Selbst- und Fremdzuschreibungen in Bezug auf Aspekte der Jüdischkeit übereinstimmen oder divergieren, und welche Bedeutung eine so geartete qualitative jüdische Identität für das Gesamtbild einer Person dargestellt haben mag. Von diesem Ausgangspunkt aus wären insbesondere enzyklopädische Zusammenstellungen wie etwa die *Encyclopaedia Judaica* (1971, 2. Aufl. 2006) u. a. zu problematisieren (Glenn 2002). Daraus folgt, dass nicht jede Darstellung des Lebens eines Menschen mit jüdischem Hintergrund im vorliegenden Kontext zu berücksichtigen ist und dass zu je unterschiedlichen Zeiten unterschiedliche Antworten für ein und dieselbe Person gegeben wurden, die jeweils gut begründet waren – die Kafka-Biographik mag hier das prominenteste Beispiel sein (vgl. die Beiträge von Kilcher und Gelber in Jagow/Jahraus 2008). Angesichts des Fehlens einer spezifischen Methodik der Jewish Studies auf der einen Seite und angesichts ihrer Objektzentriertheit – die Frage nach dem ›Wer ist Jude?‹ – auf der anderen, konzentrieren sich die folgenden Ausführungen auf jene Biographen, die die Frage nach der Bedeutung von Jüdischkeit oder jüdischer Identität in den Mittelpunkt stellen.

12.2. Historische Entwicklung der Biographik in jüdischem Kontext

Im jüdischen Kontext sind Biographien ein verhältnismäßig junges Phänomen. Wie schon in der Bibel finden sich auch in der mittelalterlichen hebräischsprachigen Literatur biographische Ansätze fast ausschließlich in Form von Hagiographien in erbaulicher oder mahnender Absicht, oder in Form von aufzählenden Traditionsketten (Dan/Schwarz 2006; ↗VII.5. Religionswissenschaft). Mit Aufklärung und Historismus sollte sich nicht nur das methodische Rüstzeug schärfen, auch gewann das biographische Genre an Popularität, da es sich besonders dazu eignete, in den heftigen Auseinandersetzungen zwischen den Vertretern der verschiedenen jüdischen Richtungen um das Wesen eines modernen Judentums identitätsstiftend zu wirken. Bereits 1783 in der ersten Ausgabe der bahnbrechenden Zeitschrift der jüdischen Aufklärung, *HaMe'assef*, hatte Isaak Euchel versucht, eine genuin jüdische Geschichtsschreibung auf der Basis der kantschen Philosophie zu entwerfen, und dazu insbesondere den pädagogischen Nutzen der ›Erzählungen der Geschichte der Großen unseres Volkes‹ betont (↗II.5. Biographie und Gedächtnis). In den Folgejahren erschienen in jener Zeitschrift eine Handvoll kurzer Lebensbilder zu Größen des sephardischen Judentums, bevor hier aus Euchels eigener Feder 1788 mit seiner *Geschichte des Lebens unseres weisen Lehrers Moses, Sohn des Menachem* die erste große (124-seitige), ›jüdische‹ Biographie erschien (Pelli 2005; Kennecke 2007). Euchel formte hierin Moses Mendelssohn zum Prototypen des jüdischen Aufklärers, der einerseits allen Hindernissen zum Trotz mittels Wissens und Könnens die Hemmnisse überkommener Tradition überwindet, andererseits aber stets auf dem Boden des Judentums blieb. Doch obwohl Euchel sich im Detail einige Freiheiten nahm, betonte er grundsätzlich die Autonomie des Individuums: »Die Beurteilung der Tugendhaftigkeit eines Menschen kann [er] demnach nur in der Übereinstimmung von Lebensplan und Lebensausführung denken« (Euchel nach Kennecke 2007, 271). Dies galt selbst für seine Mendelssohn-Biographie. Da das Werk auf Hebräisch erschien und lange Zeit nicht ins Deutsche übersetzt wurde, blieb seine Wirkung im deutschsprachigen Raum zwar begrenzt; im osteuropäischen Judentum erfreute es sich jedoch großer Beliebtheit und übte nachhaltigen Einfluss aus.

Entsprechend blieb im deutschsprachigen Bereich das biographische Genre in der Folge auf kürzere Lebensbilder oder Skizzen von wenigen Seiten Länge in populären Almanachen beschränkt, während es im ostmitteleuropäischen Raum eher Ansätze zur großen biographischen Form gab (so etwa Ezekiel Feivels Lebensbeschreibung von Salomon Zalman ben Isaak von Volozhin, 2 Bde., 1801–1809). Die entstehende ›Wissenschaft des Judentums‹ brachte zwar mit Leopold Zunz' *Salomon ben Isaac, genannt Raschi* (*Zeitschrift für die Wissenschaft des Judenthums*, 1822) sowie den Studien Salomon Leib Judah Rapoports zu Größen der talmudischen Zeit sowie des jüdischen Mittelalters (veröffentlicht vor allem in der Zeitschrift *Bikkurej ha-Ittim*, 1828–1831) Meilensteine der philologisch-kritischen Arbeit hervor, doch vermochten diese schon aufgrund der Quellenbasis kaum, mehr als biographische Eckdaten zu liefern. Waren dies jedoch die Werke von Privatgelehrten, so begann ab der zweiten Hälfte des 19. Jahrhunderts zunächst in Deutschland und später von hier ausgehend weltweit die Professionalisierung und stärkere Institutionalisierung der ›Wissenschaft des Judentums‹. Im Zuge dieser Entwicklung bildete sich neben der methodischen Verfeinerung auch eine größere Spannbreite der verschiedenen, den Arbeiten zugrunde liegenden politisch-ideologischen Grundhaltungen aus. Neben die bereits erwähnten populären Formen, die weiterhin wichtig blieben, traten nun auch vermehrt längere Lebensbilder sowie nicht zuletzt Porträts im Rahmen umfassender Darstellungen, insbesondere der umstrittenen, aber viel gelesenen *Geschichte der Juden* von Heinrich Graetz (11 Bde., 1853–1875; vgl. die Beiträge von Brämer und Pyka in Hödl 2004). Es lässt sich in der Folgezeit die Herausbildung von zwei bis drei Hauptströmungen biographischen Schreibens im jüdischen Kontext feststellen: (1) eine pro-›assimilatorische‹ Richtung, die die Verwurzelung von Juden in ihrer Umgebungskultur sowie ihren Beitrag zu dieser betonte und oftmals Judentum als primär religiöse Kategorie betrachtete; (2) eine zionistische Biographik, die in der jüdischen Komponente einen zentralen und sinnstiftenden Aspekt eines Lebens sah und oftmals – insbesondere im Falle von Juden im 19. und 20. Jahrhundert – eine Hinwendung zum Judentum als ›Umkehr‹ (*teshuvah*) aufgrund negativer (antisemitischer) Erfahrungen inszenierte. Schließlich entwickelte sich in der Zwischenkriegszeit zumindest in Mitteleuropa noch eine weitere Strömung (3), die das essentielle Außenseitertum von Juden betonte und sich daher auf jüdische Dissidenten und Häretiker wie etwa Shabbatai Zwi oder auch Spinoza konzentrierte (Brenner 1996, 148–152).

Mit der Erfahrung der Shoah bzw. des Holocaust trat eine eher nostalgisch orientierte Memorial-Literatur hinzu, die auf einer reichhaltigen autobiographischen Produktion aufbaute und nicht zuletzt eine untergegangene ›Welt von Gestern‹ (in den Worten Stefan Zweigs) zu evozieren trachtet (Dan/Schwarz 2006). Zu den gebräuchlichen Topoi zählen eine idealisierende und verklärende Sicht auf die Armut und das Elend des Shtetl oder die Schwierigkeiten von verzweifelt nach Identität strebenden ›Luftmenschen‹.[1] Es finden sich verherrlichende Werke der Zeit ebenso wie heroisierende Darstellungen des Kampfes gegen die Widerstände seitens der Antisemiten und Rassisten. Ein besonderer Fall ist hier die zionistische und israelische Biographik.

Allerdings lassen sich wohl spätestens mit der Staatsgründung Israels und der zunehmenden Selbstverständlichkeit eines jüdischen Staates eine Abnahme der oben erwähnten spezifischen Ansätze wie etwa die Betonung des Beitrags zu universellen Menschheitswerten oder die Rolle von Antisemitismuserfahrung und essentiellem Außenseitertum feststellen, wodurch diese israelische Biographik zunehmend ihre Besonderheit im vorliegenden Kontext verliert (etwa Schmidt 2004).

12.3. Biographisches Arbeiten in den Jewish Studies

Neben individualbiographischen Zugriffen, wie bereits im ersten Teil diskutiert, eignen sich für die Jewish Studies typischerweise familienbiographische Arbeiten, um die bereits skizzierten Fragestellungen zu verfolgen (↗ II.6. Biographie – Genealogie – Generation). Hier hat sich im Rahmen der Jewish Studies eine Richtung der Biographik mit einem eigenen Profil und eigenem Zugriff entwickelt. Nach Elisabeth Krauss konzentriert sie sich auf vier große Themenkomplexe: (1) das familiäre Umfeld mit der Frage nach einer möglichen Familien- oder Clanmentalität sowie der Reaktion als Gruppe auf die latente Bedrohung durch Antisemitismus; (2) auf den beruflich-geschäftlichen Wirkungskreis, einschließlich regionaler und sozialer Mobilität; (3) auf das religiöse, soziale und politische Engagement sowohl in jüdischen Kreisen

1 Vgl. Nicolas Berg: *Luftmenschen. Zur Geschichte einer Metapher*. Göttingen 2008.

als auch in der allgemeinen, überwiegend nichtjüdischen Gesellschaft; und schließlich (4) ist von Bedeutung, welche Rolle die generationelle Abfolge dabei spielt, in welcher Weise jede Generation die Fragen und Herausforderungen ihrer jeweiligen Zeit (etwa liberales Religionsverständnis vs. Orthodoxie, Zionismus und Antisemitismus) angeht und das eigene Selbstverständnis verhandelt. Dabei interessiert sich diese Richtung insbesondere für längerfristige, eben generationsübergreifende Prozesse wie Verbürgerlichung, Integration und Akkulturation sowie die Tradierung religiöser Inhalte über Generationen hinweg angesichts der zunehmenden Aushöhlung religiöser Werte und traditioneller Sinnstiftungsprozesse in der Moderne (↗III.10 Kollektivbiographische Ansätze). Wenngleich ihre Objekte vorläufig eher aus den oberen Gesellschaftsschichten stammen (Begrenzung auf wenige, meist einer internationalen oder zumindest regionalen wirtschaftlich oder kulturellen Elite zugehörige Gruppen von Familien wie den Rothschilds, Mendelssohns, Mosses oder Feuchtwangers), so hat diese Richtung mit ihren Schwerpunkten u. a. auf Gender-Aspekten, der wirtschaftlichen, sozialen und kulturellen Rolle des Familienverbandes sowie den ganz praktischen Aspekten makrosozialer Prozesse durchaus ein eigenes Profil gewonnen, wie es sich so kaum in anderen Bereichen der Biographik findet, und wie es ohne solche langfristigen Perspektiven auch innerhalb der Jewish Studies kaum möglich wäre.

Gleichzeitig unterstreicht gerade diese Richtung die Schwierigkeiten, eine spezifisch jüdische Biographik methodologisch zu extrahieren, da angesichts von nicht familienkonformen Außenseitern in solchen Kollektivbiographien die Grenzen von Judentum und den verschiedentlichen Konfigurationen jüdischer Identitäten ausgeleuchtet werden. Dies haben Biographien von ›schwarzen Schafen‹ innerhalb des aufstrebenden Bürgertums mit Lebensbeschreibungen von vormodernen, vermeintlichen oder tatsächlichen Häretikern durchaus gemeinsam. Gerade der Blick auf die (alltags-)praktischen Seiten eines Lebens verwirrt und erschwert Selbst- wie Fremdzuschreibungen von jüdischer Identität und verdeutlicht den situativen Charakter solcher Labels. »Ich empfinde mich eigentlich nur nach den Nürnberger Gesetzen als Jüdin, und das mag ich ja nicht so gern anerkennen«,[2] schimpfte die katholisch getaufte und erzogene Schriftstellerin Hilde Spiel, der nicht behagte, wie ihr erst die Nationalsozialisten und nach 1946 Zeitgenossen und Forschung den jüdischen Familienhintergrund aufdrängten. Und doch belegt eine genauere biographische Untersuchung, wie eng Spiel mit Menschen von vergleichbarer Herkunft verkehrte, wie stark sie in einem Milieu gleichsam von ähnlichen Nicht-mehr-Juden verwurzelt war, was wiederum ihr Denken und ihr Schreiben bereits vor der (politisch, nicht antisemitisch motivierten) Emigration 1936 prägte. Das ist nur ein Beispiel für die lebensweltliche Realität zahlloser Bewohner Mitteleuropas mit jüdischem Hintergrund seit der Aufklärung, die sich mit der simplen Dichotomie jüdisch-nichtjüdisch ebenso wenig beschreiben lässt wie mit dem kaum aussagekräftigeren Etikett ›assimiliert‹ (assimiliert woran?; Silverman 2009). Gerade in solcher biographischen Feinarbeit, die sich des situationsgebundenen Kontexts eines Quellentexts bewusst ist und zugleich sensibel für Netzwerke, zeitgenössische Möglichkeiten, Brüche und Traditionen fokussiert, liegt der Wert biographischen Arbeitens für die Jewish Studies.

Literatur

Brämer, Andreas: *Rabbiner Zacharias Frankel. Wissenschaft des Judentums und konservative Reform im 19. Jahrhundert.* Hildesheim 2000.

Brenner, Michael: *The Renaissance of Jewish Culture in Weimar Germany.* New Haven 1996.

Dan, Josef/Schwarz, Jan: »Biographies and Autobiographies«. In: *Encyclopedia Judaica.* Jerusalem 2006, Bd. 3, S. 705–708.

Glenn, Susan A.: »In the blood? Consent, Descent, and the Ironies of Jewish Identity«. In: *Jewish Social Studies* 8. Jg., 2/3 (2002), S. 139–152.

Hödl, Klaus (Hg.): *Historisches Bewusstsein im jüdischen Kontext. Strategien – Aspekte – Diskurse.* Innsbruck 2004.

Jagow, Bettina von/Jahraus, Oliver (Hg.): *Kafka-Handbuch.* Göttingen 2008.

Kennecke, Andreas: *Isaac Euchel. Architekt der Haskala.* Göttingen 2007.

Krauss, Elisabeth: *Die Familie Mosse. Deutsch-jüdisches Bürgertum im 19. und 20. Jahrhundert.* München 1999.

2 Hilde Spiel in *Süddeutsche Zeitung* (29.2.1988).

Lerner, Heidi G.: »Resources for Jewish Biography and Autobiography on the Internet«. In: *Shofar* 26. Jg., 2 (2008), S. 128–142.
Moseley, Marcus: *Being for Myself Alone: Origins of Jewish Autobiography*. Stanford 2006.
Pelli, Moshe: *In Search of Genre. Hebrew Enlightenment and Modernity*. Lanham 2005.
Pyka, Marcus: *Jüdische Identität bei Heinrich Graetz*. Göttingen 2009.
Schmidt, Sarah: »Hagiography in the Diaspora: Golda Meir and Her Biographers«. In: *American Jewish History* 92. Jg., 2 (2004), S. 157–188.
Silverman, Lisa: »Reconsidering the Margins. Jewishness as an Analytical Framework«. In: *Journal of Modern Jewish Studies* 8. Jg., 1 (2009), S. 103–120.

Marcus Pyka

VIII. Praxis des biographischen Schreibens

1. Lehre des biographischen Schreibens

Kann das Schreiben von Biographien *gelehrt* werden? Die Fähigkeit, Material zu strukturieren, einen lebendigen und prägnanten Stil zu finden sowie einen gedanklichen Bogen, häufig über viele hundert Prosaseiten, zu spannen – dies sind einige der Voraussetzungen für das Verfassen einer Biographie. Allerdings fehlt ein formaler oder institutioneller Rahmen für die Aneignung dieser Fähigkeiten. Die Lehre des Biographien-Schreibens steht somit in enger Verbindung mit den weiter gefassten Fragen nach einer allgemeinen Lehre des Schreibens und nach der Wirksamkeit von Lehrgängen zum kreativen Schreiben, die vor allem im englischsprachigen Raum immer häufiger angeboten werden. Die verschiedenen Biographie-Kurse sowie Biographik-Zentren, die an einer Reihe von Universitäten von Hawai'i bis Hongkong und von Groningen bis Sussex in den letzten Jahren eingerichtet wurden, bieten die Möglichkeit, sich mit der Analyse von Biographien und ihrer historischen Entwicklung auseinanderzusetzen.[1] In diesen institutionellen Zusammenhängen wird Biographie in zunehmendem Maße als Zweig des *Life Writing* betrachtet, das auch Oral History und ein breites Spektrum an biographischen und autobiographischen Formen in unterschiedlichen Medien berücksichtigt und damit als kulturwissenschaftlicher Gegenstand zunehmend an Bedeutung gewinnt (Jolly 2001; Fuchs/Howes 2008; ↗I.8. Biographie vs. Autobiographie). Während einige dieser Lehrgänge und Zentren eine produktive Komponente enthalten und Studierenden die Möglichkeit bieten, autobiographische und biographische Erzählungen als Teil ihres Studiengangs zu verfassen, gibt es im Bereich einer spezifischen Pädagogik der Biographie wenig Angebote: Wie der amerikanische Biograph Nigel Hamilton in einer seiner letzten Veröffentlichungen *How To Do Biography: A Primer* feststellt, sind BiographInnen in erster Linie Autodidakten (Hamilton 2008, 2 f.).

1.1. Lehre des biographischen Schreibens in historischer Perspektive

Von der frühen Neuzeit an konnten angehende BiographInnen in theoretischen Texten zur Biographie Aufschluss darüber erhalten, wie an die Aufgabe heranzugehen wäre und was eine ›Lebensgeschichte‹ einschließen sollte. Allgemeine Überlegungen zur Gattung waren Biographien oder biographischen Sammlungen oft vorangestellt (↗I.2. Biographie als Gattung). Diese frühen Biographietheorien hatten häufig den Charakter von Handbüchern, die die kennzeichnenden Gattungsmerkmale definierten, indem sie Ratschläge anboten, wie ein Leben zu beschreiben sei. Oft beantworteten sie die Frage »Wie schreibe ich eine Biographie« damit, wie es nicht zu machen sei: John Dryden (1631–1700), Roger North (1653–1674) und andere definieren Biographie in Opposition zur Chronik und zu allgemeinen historischen Darstellungen und gehen den jeweiligen Vorzügen jedes dieser Zweige der Geschichtsschreibung unter Überschriften wie Authentizität, Glaubwürdigkeit, erzählerische Lebendigkeit, moralische Unterweisung, Erklärungskraft und Identifikationspotential nach. So wie North im *General Preface* zu den Lebensgeschichten seiner eigenen Brüder verteidigt auch Dryden im Vorwort zu seiner Übersetzung von Plutarchs Parallelbiographien den ›life-writer‹ gegen den Chronisten oder den allgemeinen Historiker (Dryden 1683/1971, 274; North 1740–42/1962, 28–30; ↗VI.3. Britische Biographik). Er

1 Biografie Instituut, Groningen, Netherlands: http://www.rug.nl/let/onderzoek/onderzoekcentra/biografieinstituut/groningen; Center for Biographical Research, University of Hawai`i at Mānoa: http://www.hawaii.edu/biograph/; Lingnan University Life Writing Research Program, Hong Kong: http://www.ln.edu.hk/eng/lwrp/; Centre for Life Writing Research, King's College London, UK: http://www.kcl.ac.uk/schools/humanities/hrc/life/; Leon Levy Center for Biography, City University of New York: http://www.leonlevycenterforbiography.com/; Centre for Life History and Life Writing Research, University of Sussex, UK: http://www.sussex.ac.uk/clhr/ (alle 26.11.2008).

betont dabei, dass die Darstellung historischer Subjekte im persönlichen und häuslichen Umfeld der Familie und des alltäglichen Lebens tiefere Einsichten in den Charakter eines Menschen ermöglicht. Aus diesen Formulierungen der Anforderungen an eine Biographie wird deutlich, dass frühe Theoretiker sie als Teilgebiet der Geschichtswissenschaft und als Ergänzung zur Nationalgeschichte und zur Darstellung größerer Zusammenhänge und Entwicklungen betrachteten: Biographie war eine Möglichkeit, vergangene Leben darzustellen, über sie nachzudenken und von ihnen zu lernen, aber diese Auseinandersetzung mit der Vergangenheit hatte eine moralische, didaktische und exemplarische Funktion in der Gegenwart (↗ II.3. Biographie und Anthropologie; ↗ II.4. Biographie und Wissen). Frühe Theoretiker formulierten Richtlinien, inwiefern biographische Darstellungen anderen Formen der Geschichtsschreibung nahestehen, sich aber auch davon unterscheiden sollten. Und sie betonten die Wichtigkeit von Selbstbiographien für den Biographen, nicht nur als Quelle sondern auch als Modell.

Anleitungen zum Schreiben einer Biographie setzten sich naturgemäß mit dem Schreibprozess selbst auseinander, enthielten aber auch Ratschläge zur vorbereitenden Forschung und zur Ermittlung von Quellenmaterial. North empfahl jedem ›lifewriter‹, dem Lebenslauf eines biographischen Objekts folgend ein Protokoll anzulegen und autobiographisches Material (»the monuments of the subject«) wie Journale, Tagebücher und Briefe – »specimens derived from himself« (North 1962, 37, 34) – unter Berücksichtigung ihrer Subjektivität zu verwenden. Durch intensive Schreibpraxis gelte es auch einen eigenen Stil zu entwickeln. North zufolge war eine persönliche Beziehung zwischen dem Biographen und seinem Objekt zu dessen Lebzeiten eine unabdingbare Voraussetzung für das Verfassen einer Biographie. Darin spiegelt sich die weit verbreitete Annahme wider, dass die perfekte Biographie die einer Person über sich selbst sei: So war es das Ziel biographischen Schreibens, dem Ideal der Autobiographie so nahe wie möglich zu kommen. Da das Wissen über einen anderen Menschen nie vollständig sein kann und das Gedächtnis fehlerhaft und unzuverlässig ist, wurde dem zukünftigen Biographen geraten, Tagebücher und Aufzeichnungen von Gesprächen als Quellen heranzuziehen. Während North empfiehlt, täglich Aufzeichnungen in der Form von »journal memorandums« in »pocket books« (ebd., 34) zu machen, verleiht James Boswell diesem Prinzip, das Leben kontinuierlich aufzuzeichnen, während es gelebt wird, mit seinem *Life of Johnson* (Boswell 1791/1998) eine neue Dimension. Diese Biographie enthält zwar keine eigenen theoretischen oder didaktischen Abschnitte zur Frage biographischen Schreibens, die der Nachahmung dienen könnten, sie stellt aber eine implizite Anleitung für die biographische Praxis dar. Im Sinne einer selbstreflexiven Darstellung rekurriert sie immer wieder auf ihre eigene Methode und ihre Prinzipien, enthält neben Quellenmaterial auch Berichte zur Recherche und zu den Prozessen der Authentifizierung, eine Auseinandersetzung mit ›Eulogie‹ und ›Panegyrik‹ und sogar kritische Reflexionen zu Boswells eigenen Schwächen als Biograph, beispielsweise wenn er bestimmte Ereignisse oder Gespräche zu bewahren, aufzuzeichnen oder zu erinnern verabsäumt hatte. Auf diese Weise schließt Boswell an Johnsons eigene Überlegungen zu den Zielen und Möglichkeiten der Biographie (Johnson 1750, 1759/2000) an und erweitert diese zugleich. Die Gattungsnormen, die auf diese Weise festgelegt werden, bilden den Rahmen für die weitere biographische Praxis.

1.2. Von der Lebensbeschreibung zum ›Life Writing‹

In der Zeit der Spätaufklärung betrachtete Daniel Jenisch im theoretischen Vorwort zu seiner Lebensbeschreibung Karls des Großen die Bereitstellung einer »psychologische[n] Entwicklungsgeschichte des dargestellten Individuums« (Jenisch 1802, 31) als Hauptanliegen der Biographie (↗ V.5. 19. Jahrhundert). Sein Rat an Biographen entstammt einer Theorie der Biographie, die zwischen verschiedenen Formen geschichtlicher Darstellungen unterscheidet, von erzählenden bis zu analytischen. Auch die einfacheren Arten von Biographie, die bloß nacherzählen, was geschehen ist, erfordern Geschick in der Auswahl und Präsentation von Ereignissen, aber Jenisch empfiehlt, das ›Was‹

einer Biographie mit ihrem ›Warum‹ und ihrem ›Wie‹ zu verweben, mit einer psychologischen und charakterologischen Analyse und einer Auseinandersetzung mit Ursache und Wirkung. Auf diese Art kann eine Biographie Einsichten in verschiedene Persönlichkeitstypen liefern, in die Beziehung zwischen angeborener Persönlichkeit und den prägenden Einfluss von Ereignissen sowie in die Interaktion von »Geist, Thatkraft und Sittlichkeit« (ebd., 85); damit wird die Biographie zum Medium anthropologischer Reflexion. Jenisch argumentierte auch, dass Biographen von der Autobiographie profitieren könnten, indem sie die von Autoren wie Jean-Jacques Rousseau und Karl Philipp Moritz entwickelten Methoden der Selbst-Prüfung auf »ein fremdes Leben« übertrugen (ebd., 37–44). Jenischs englischer Zeitgenosse James Field Stanfield, der 1813 eine »dissertation on the subject of biographical composition« veröffentlichte, verwies ebenfalls auf die Autobiographie als Modell für den Biographen (Stanfield 1813/1962, 61). Die theoretischen Texte von Jenisch und Stanfield verdeutlichen, wie man im Rahmen der Reflexion über Biographien Ratschläge für eine Praxis biographischen Schreibens – von der Auswahl des Materials bis zur Strukturierung der Erzählung – mit weitreichenden theoretischen Überlegungen verbinden kann: Um die Frage »Wie schreibt man eine Biographie?« beantworten zu können, bedarf es zunächst einer Auseinandersetzung damit, was die Biographie ist, was sie kann und soll. Die Theorie einer Lebensbeschreibung, wie sie Jenisch formuliert, bedarf einer Theorie des Lebens.

In post-viktorianischen Überlegungen zur Biographie gerieten traditionelle biographische Modelle in Misskredit. Dies hatte Auswirkungen auf die Art der Ratschläge, wie sie zu Beginn des 20. Jahrhunderts angehenden Biographen nahegelegt wurden. Lytton Strachey betont in seinem kurzen Vorwort zu den *Eminent Victorians* Selektion, Prägnanz und Lebendigkeit als Vorzüge der neuen Biographik (1918). Virginia Woolfs Unterscheidung zwischen ›dead‹ und ›creative facts‹ führte Biographen auch zu einer lebendigen Erzählung, die das biographische Objekt wiederzubeleben vermochte (Woolf 1927/1987), obwohl Woolf in *Roger Fry* (London 1940) daran scheiterte, ihren eigenen Empfehlungen zu folgen. Die entscheidende Entwicklung zu dieser Zeit besteht aber darin, die Gattung nicht mehr so sehr als Bereich der Geschichtsschreibung, sondern als Handwerk, Kunstwerk oder Wissenschaft zu betrachten. Die theoretische Debatte im frühen 20. Jahrhundert (Woolf 1939/1981; Nicolson 1928/1968; Edel 1957) wurde vom Versuch bestimmt, Biographie als Sub-Disziplin der Sprachkunst, oder zumindest als eine Art literarischer Hybridform, zu klassifizieren und sie in theoretischer Hinsicht vor allem in Bezug auf ihre künstlerischen, ästhetischen und literarischen Qualitäten, ihre Affinitäten zur Literatur, zu bestimmen. Die Reichweite dieses Paradigmenwechsels lässt sich noch an Ira Bruce Nadels *Biography: Fiction, Fact and Form* (1984) ablesen. Untersucht wird der Schreibprozess selbst als kreativer Vorgang, durch den Bedeutung vielmehr geschaffen als einfach vermittelt wird: In diesem Sinne bezieht sich das Schreiben eines Frauenlebens in Carolyn Heilbruns *Writing a Woman's Life* (1988) sowohl auf die fortwährende Konstruktion einer Lebenserzählung im gelebten Leben selbst als auch auf die nachträgliche Rekonstruktion eines Lebens, wie es in einer Biographie erzählt wird (↗ II.1. Biographie und Performanz).[2]

1.3. Jenseits des Schreibens: Biographie als Disziplin im digitalen Zeitalter

Die Diskussion der Literarizität von Biographie ließ die Verwandtschaft von Biographie und Geschichtsschreibung, die für die frühen biographischen Theorien ein so zentrales Anliegen war, in den Hintergrund treten. Die biographische Praxis seit den 1960er Jahren weist wenig Anzeichen einer ernsthaften Auseinandersetzung mit jüngsten theoretischen Entwicklungen auf. Hayden Whites Analyse historischer Texte als literarische Kunstwerke beispielsweise[3] (↗ I.5. Fiktionalität, Faktizität, Metafiktion) könnte produktiv erweitert werden, um die Art und Weise zu untersuchen, wie Biographien Leben als Erzählung konstruieren (↗ I.3. Referentialität; ↗ III.1. Literarische Biographik; ↗ IV.2. ›Histoire‹). Eine Lehre des Biogra-

2 Carolyn Heilbrun: *Writing a Woman's Life*. New York 1988.
3 Hayden White: *Die Bedeutung der Form. Erzählstrukturen in der Geschichtsschreibung*. Frankfurt a. M. 1990 (amer. 1987).

phien-Schreibens müsste abgesehen von der Vermittlung notwendiger Fertigkeiten in biographischer Recherche und dem Verfassen von Texten theoretische Ansätze wie diesen berücksichtigen. Es ist zu bezweifeln, dass die professionellen BiographInnen im gegenwärtigen Literaturbetrieb am besten geeignet sind, eine solche Lehre bereitzustellen. Ulick O'Connors Plädoyer für eine Erneuerung von Stracheys Selektivität und Prägnanz wurde im Kontext der professionalisierten, umfassenden Biographie seit Ellmann und Holroyd tendenziell überhört (O'Connor 1991). Nigel Hamilton gibt zu, dass seine eigenen Biographien immer länger wurden und immer mehr Bände umfassten (Hamilton 2008, 336), aber es gibt bei ihm und anderen kaum eine explizite Auseinandersetzung mit dem Problem der Länge und des Rahmens, obwohl RezensentInnen immer häufiger darauf hinweisen, dass das Leseerlebnis davon entscheidend geprägt wird, und eine erstaunliche Rückkehr zur viktorianischen Praxis zu beobachten sei, was den reinen Umfang, wenn nicht auch die Haltung und den Stil der Biographien betrifft.[4] Die Veränderungen hinsichtlich der Bedeutung von Informationen aller Art im digitalen Zeitalter verlangen nach einem Überdenken der Rolle von Informationen in Biographien und einer kritischen Analyse der Art und Weise, in der umfassende Biographien geschrieben werden.

Diese allgemeineren theoretischen Fragestellungen sind in der einsetzenden Diskussion zur Lehre des biographischen Schreibens präsent. In der entstehenden Pädagogik des *Life Writing* wird die Rolle grundlegender Gattungsfragen zu Beginn der Auseinandersetzung von Studierenden mit diesem Thema betont: Die Charakteristika der Gattung und die Erwartungen an sie, die verschiedenen Formen der Referentialität und der Leser-Autor-Pakt prägen gleichermaßen die Produktion und Rezeption von Lebensdarstellungen.[5] Es bleibt abzuwarten, ob die Einordnung der Biographie unter dem Überbegriff *Life Writing* die Formulierung didaktischer Prinzipien, die für biographisches Schreiben spezifisch sind, eher behindert oder fördert. Die biographische Tradition, in der die bereits angeführten Ratschläge an Biographen gegeben wurden, verträgt sich kaum mit neuen Ansätzen im Bereich des *Life Writing*: Die Richtlinien für BiographInnen werden sich erwartungsgemäß verändern angesichts der Erweiterung des Rahmens von Biographien, um das Spannungsverhältnis zwischen kanonischen und bislang unbeachteten Lebensbeschreibungen, zwischen den ›Great Men‹ und den zuvor nicht repräsentierten Personen (Fuchs/Howes 2008, 3) abzudecken. Die zunehmende Institutionalisierung der Biographik als wissenschaftliche Disziplin ist für Innovationen in der biographischen Praxis nicht notwendigerweise förderlich. Hamilton, Weinberg und andere streben diese Institutionalisierung an (Hamilton 2008; Weinberg 2008); die Anfänge dazu lassen sich bereits beobachten und können als Teil eines Trends in den Geisteswissenschaften gesehen werden, dass Forschung zunehmend unter Druck gerät, privatwirtschaftlichen Anforderungen zu genügen. Die Popularität der Biographie bei Verlagen und LeserInnen führt dazu, dass zukünftige BiographInnen so zu schreiben lernen, wie es das Lesepublikum vermeintlich erwartet (Hamilton 2008, 57–59). Die Institutionalisierung der Biographie ist also gegenwärtig mit ihrer Kommodifizierung verbunden (Fuchs/Howes 2008, 11; Hamilton 2008, 339; ↗VI.8. US-amerikanische Biographik); während das digitale Zeitalter die Möglichkeiten des Experimentierens mit auto/biographischen Formen erweitert hat, bleibt der Markt der gedruckten Biographien der konventionellen Form der Prosamonographie verpflichtet, die die Lebensgeschichte eines Individuums erzählt, das als kulturell bedeutend betrachtet wird oder werden soll.

4 Beispielsweise Dirk Kaesler: »Natur, Nerven und Pollutionen, oder: Trug Max Weber tatsächlich ein Hodenkorsett? (Rezension zu Joachim Radkau: *Max Weber: die Leidenschaft des Denkens*, München 2005)« [2006], http://www.literaturkritik.de/public/rezension.php?rez_id=9070 (28.11.2008); auch Reinhard Baumgart: »Ist doch nur eine kleine Textfigur (Rezension zu Sigrid Weigel: *Ingeborg Bachmann. Hinterlassenschaften unter Wahrung des Briefgeheimnisses*, Wien 1999)« [1999], http://www.zeit.de/1999/33/Ist_doch_nur_eine_kleine_Textfigur?page=1 (28.11.2008).

5 David Houston Jones: »Life Writing and Biographical Fiction: Contemporary Teaching and Learning Strategies«. In: Fuchs/Howes 2008, S. 38–44; Timothy Dow Adams: »A + B ≠ B + A: Teaching Autobiographies and Biographies in Pairs«. In: Fuchs/Howes 2008, S. 107–114.

Literatur

Boswell, James: *Life of Johnson* [1791]. Oxford 1998.

Dryden, John: »The Life of Plutarch« [1683]. In: Ders.: *The Works of John Dryden*. 20 Bde. Hg. v. H.T. Swedenberg, Jr. u. a. Berkeley 1956–2000, Bd. 17, S. 239–288.

Edel, Leon: *Literary Biography. The Alexander Lectures 1955–56*. London 1957.

Fuchs, Miriam/Howes, Craig (Hg.): *Teaching Life Writing Texts*. New York 2008.

Hamilton, Nigel: *How To Do Biography: A Primer*. Cambridge, Mass./London 2008.

Jenisch, Daniel: *Theorie der Lebens-Beschreibung. Nebst einer Lebens-Beschreibung Karls des Großen: einer Preisschrift*. Berlin 1802.

Johnson, Samuel: »The Rambler« [No. 60, 13. Oktober 1750]. In: Ders.: *The Major Works*. Hg. v. Donald Greene. Oxford 2000, S. 204–207.

Ders.: »The Idler« [No. 84, 24. November 1759]. In: Ders.: *The Major Works*. Hg. v. Donald Greene. Oxford 2000, S. 298–300.

Jolly, Margaretta (Hg.): *Encyclopedia of Life Writing: Autobiographical and Biographical Forms*. 2 Bde. London/Chicago 2001.

Nadel, Ira Bruce: *Biography. Fiction, Fact and Form*. New York 1984.

Nicolson, Harold: *The Development of English Biography* [1928]. London 1968.

North, Roger: »General Preface to the Life of Lord Keeper North« [1740–42]. In: James Clifford (Hg.): *Biography as an Art. Selected Criticism 1560–1960*. London 1962, S. 27–37.

O'Connor, Ulick: *Biographers and the Art of Biography*. Dublin 1991.

Stanfield, James Field: »An Essay on the Study and Composition of Biography« [1813]. In: James Clifford (Hg.): *Biography as an Art. Selected Criticism 1560–1960*. London 1962, S. 60–71.

Weinberg, Steve: »Biography, the Bastard Child of Academe«. In: *Chronicle of Higher Education* (09.05.2008), http://chronicle.com/free/v54/i35/35b01501.htm (28.11.2008).

Woolf, Virginia: »The Art of Biography« [1939]. In: Dies.: *The Death of the Moth and Other Essays*. 6. Aufl. Hg. v. Quentin Bell u. Angelica Garnett. London 1981, S. 119–126.

Dies.: »The New Biography« [1927]. In: Dies.: *The Essays of Virginia Woolf (1925–1928)*. London 1987, S. 473–480.

Caitríona Ní Dhúill
(aus dem Englischen von Hannes Schweiger)

2. Grundfragen biographischen Schreibens

Biographisches Schreiben ist ein spannendes Geschäft. Wie jeder kreative Prozess wird die individuelle Praxis einerseits geprägt von den spezifischen Eigenschaften und Fähigkeiten des Produzenten (in diesem Falle also: des Biographen) und der dynamischen Beziehung zum Objekt der Darstellung. Andererseits lassen sich einige allgemeine Mechanismen beschreiben, die Einfluss auf die konkrete Praxis haben. Erst vor dem Hintergrund dieser generellen Beobachtungen können sich die Besonderheiten des jeweiligen Biographen richtig entfalten. Im Folgenden sollen Hinweise auf grundsätzliche Aspekte biographischen Erzählens gegeben werden, die Auswirkungen auf Anlage und Ausgestaltung des Textes sowie seine Rezeption haben und die es folglich im Vorfeld der konkreten praktischen Arbeit zu reflektieren gilt. Grundsätzlich sind mindestens drei Perspektiven zu berücksichtigen:

(1) Fokus auf Produzent und Adressat
- (a) Intention des Biographen
- (b) Funktion der Biographie
- (c) Adressatenkreis

(2) Fokus auf den Text
- (a) Anlage der Arbeit
- (b) Handlungsaufbau
- (c) Erzähltechniken und ästhetische Kriterien
- (d) Rechtsfragen

(3) Fokus aufs Objekt
- (a) Quellen (Umgang mit hinterlassenem Material und Rechtsfragen)
- (b) Biographierter

Diese Aspekte werden in einzelnen Beiträgen des Handbuchs ausführlich verhandelt: Kapitel IV. des Handbuchs (Analyse biographischer Erzählungen) geht unter IV.1. (Kontext) detailliert auf die Frage nach der Intention des Biographen ein (IV.1.1. Paratexte, Legitimationsstrategien und die Motivation des Biographen) und thematisiert die Funktion der Biographie (IV.1.2. Das ›Objekt‹ der Biographie): Eine Person kann zum Gegenstand einer Biographie werden, weil sie entweder besonders einzigartig ist (Einzigartiges hervorgebracht hat) oder besonders typisch ist. Der Biograph kann die Biographie schreiben, weil er etwa einen Jahrestag bedienen will, einen biographischen Diskussionszusammenhang stiften oder in einem bereits existierenden biographischen Diskussionszusammenhang neue Akzente setzen will. Da diese Fragen nach den Intentionen des Biographen die konkrete Textgestalt beeinflussen, sollte der Biograph seine Motivation einerseits und die Funktion des Biographierten andererseits reflektieren. Ferner wird in Kapitel IV.1. auf die jeweiligen Legitimationsstrategien eingegangen, die ein spezifischer Adressatenkreis verlangt. Der Beitrag VIII.4. (Biographie und Buchmarkt) verhandelt im Übrigen eine Reihe von adressatenbezogenen Überlegungen.

Zwei Beiträge richten ihren jeweiligen Fokus auf den konkreten biographischen Text: Der Artikel VIII.2.2. widmet sich der Anlage der Arbeit und in Kapitel IV. (Analyse biographischer Erzählungen) werden unter IV.2. (›Histoire‹: Bestandteile der Handlung) Überlegungen zur Handlungsgestaltung und zum Sinn biographischen Erzählens entwickelt. Im Zentrum steht dabei das ›Was‹ der biographischen Erzählung (Aufbau und Struktur der Handlung). Daneben beleuchtet Abschnitt IV.3. (›Discours‹: Das ›Wie‹ der Erzählung – Darstellungsfragen) das ›Wie‹ des biographischen Erzählens, untersucht also narrative Techniken. Die Relevanz grundlegender ästhetischer und erkenntnistheoretischer Fragen für die Konstruktion biographischer Erzählungen diskutiert ferner der Beitrag zum Thema ›Biographisches Erzählen zwischen Wahrheit und Lüge‹ (II.2.). Die juristischen Aspekte, die im Hinblick auf die Verfertigung des konkreten Textes zu berücksichtigen sind, behandelt der Beitrag zu den Rechtsfragen des Biographieschreibens (VIII.5.).

Dem Objekt-Fokus widmet sich der Artikel zur Bedeutung der Quellen (VIII.2.3.), in dem der Umgang mit Quellenmaterial beleuchtet wird und

Hinweise darauf gegeben werden, welche Vorgehensweisen bei spezifischer Quellenlage (etwa bei besonders umfangreichem bzw. geringem Quellenmaterial) sinnvoll sein können. Juristische Fragen, die im Zuge der Recherche aufkommen können oder die den Zugang zu bestimmten Quellen betreffen, beantwortet ebenfalls der Beitrag VIII.5. (Rechtsfragen des Biographieschreibens). Neben diesen materialbezogenen Aspekten gilt es im Hinblick auf das Objekt der Darstellung, die Einbettung des Biographierten in seine professionellen und zeithistorischen Kontexte zu reflektieren – dies soll im Folgenden geschehen (VIII.2.1.). Die Überlegungen beziehen sich dabei insbesondere auf die Produktion ausführlicherer textueller Lebensbeschreibungen.

2.1. Konzeptionelle Vorüberlegungen: Der Biographierte im Kontext

Biographien schildern das Leben einzelner Persönlichkeiten und ihrer Handlungen im gesellschaftlichen Kontext. Während das Wirken eines Künstlers oder Wissenschaftlers gern als isolierte Tätigkeit beschrieben wird, also ein Gegensatz zu gesellschaftlich-historischen Entwicklungen aufgebaut wird, findet das Leben eines Politikers häufig als Interaktion, als Schilderung eines Austauschs mit historischen Prozessen, Eingang in Biographien. Für die biographische Praxis ist es daher wichtig, die mit dem jeweiligen Hauptbetätigungsfeld des Biographierten einhergehenden (unausgesprochenen) Vorannahmen zu reflektieren, was allerdings die Kenntnis der Wechselbeziehung innerhalb gesellschaftlicher Felder jenseits dieser Vorannahmen voraussetzt. Hilfreich hierbei können theoretische Überlegungen sein, die das Wechselspiel zwischen Individuum und Gesellschaft für spezifische Aktionsfelder untersuchen. Hier seien zunächst zwei mögliche Ansätze näher vorgestellt: im Hinblick auf die Biographien von Naturwissenschaftlern Ludwik Flecks Denkstilanalyse, im Hinblick auf Künstler oder Politiker Pierre Bourdieus Habitus-Konzept. Beide Ansätze korrelieren individuelle Leistung und kontextuelle Einbettung, ohne den Wert des spezifischen Produkts, welches der Biographierte hervorgebracht hat, zu schmälern, sei es nun z. B. künstlerischer oder wissenschaftlicher Natur. Neben der auf den professionellen und historischen Rahmen bezogenen Kontextualisierung ist schließlich auf die Einbettung in vorgängige biographische Muster einzugehen, derer sich Ernst Kris und Otto Kurz angenommen haben. Kris' und Kurz' Überlegungen zu biographischen Formeln werden abschließend dargelegt. Die folgenden Ausführungen sollen Anregungen für die Praxis liefern, stellen keine kritische Diskussion der präsentierten Ansätze dar und erheben nicht den Anspruch auf Vollständigkeit. Vielmehr werden punktuell spezifische Herausforderungen biographischen Erzählens skizziert und mögliche Lösungswege angedeutet – die konkreten Antworten auf die hier aufzuwerfenden Fragen können so unterschiedlich ausfallen, wie die Objekte künftiger Biographien zahlreich sind.

2.1.1. Denkstil

Aufgezeigt zu haben, dass wissenschaftliche Erkenntnis nicht in isolierter Arbeit Einzelner entsteht, sondern vielmehr Ergebnis übergreifender intellektueller Konstellationen und personeller Korrespondenzen ist, ist eines der Verdienste von Ludwik Flecks wissenschaftstheoretischen Überlegungen. Fleck prägt in diesem Kontext die Begriffe Denkkollektiv und Denkstil. Als Denkkollektiv bezeichnet er die »Gemeinschaft der Menschen, die im Gedankenaustausch oder in gedanklicher Wechselwirkung stehen« (Fleck 1935/1980, 54), Denkstil definiert er »als gerichtetes Wahrnehmen, mit entsprechendem gedanklichen und sachlichen Verarbeiten des Wahrgenommen« (ebd., 130). Fleck weist nach, dass es voraussetzungslose Erkenntnis nicht gibt. Man benötigt vielmehr spezifisches Vorwissen und Erfahrung, um bestimmte Beobachtungen überhaupt machen zu können. Entsprechend können etwa Wissenschaftler nur solche Hypothesen entwickeln, die in ihrem Denksystem Platz haben und nur das in Experimenten beobachten, was sie gemäß ihres Denkstils zu erkennen in der Lage sind. Gleichzeitig verlieren sie darüber die Fähigkeit, Widersprechendes wahrzunehmen, wodurch ein großer Teil potentieller Erkenntnis (der aber eben nicht dem jeweiligen Denkstil entspricht) ausgeschlossen wird. Bestimmte wissenschaftliche Erkenntnisse können mithin nur von Mitgliedern eines spezifischen Denkkollektivs zu einer bestimmten Zeit gewonnnen werden. Erkenntnis (und wissenschaftlicher Fortschritt) ist in diesem Verständnis eine soziale Tätigkeit, die eigene historische Voraussetzungen mit sich bringt. Aus diesen Ausführungen ergibt sich folglich, dass es nicht reicht, als Biograph die jeweiligen Laboraktivitäten des Biographierten herauszustreichen, sondern man muss letztlich eine Beschreibung der Denkkollektive liefern, in denen der Biographierte gewirkt hat, und den Denkstil analysieren, an den die Erkenntnisse gebunden sind (↗III.10 Kollektivbiographische Ansätze).

2.1.2. Habitus

Bourdieus Überlegungen erlauben es, die individuellen Leistungen im zeitgenössischen gesellschaftlichen Kontext zu fokussieren, ohne das eine aus dem anderen abzuleiten.

Eine der zentralen Herausforderungen reflektierter wissenschaftlicher Biographik ist es, der ›biographischen Trias‹ gerecht zu werden: Biographierter, Gesellschaft und Werk müssen angemessen repräsentiert, in die Analyse einbezogen und ausgewertet werden. Dabei ist es zunächst unerheblich, ob es sich beim ›Werk‹ um ein literarisches Œuvre handelt oder etwa um Handlungen im politischen Feld. Biographierter, Umwelt und Werk stehen dabei in keinem hierarchischen Verhältnis, das nur eine eindimensionale Einflussnahme denkbar erscheinen lässt, sondern in einer reziproken Beziehung, in der sich die verschiedenen Elemente wechselseitig beeinflussen.

Der Begriff, der zum Kern von Bourdieus biographie-relevanten Überlegungen führt, ist der des Habitus. Bourdieu entwickelt sein Habitus-Konzept ausgehend von der These Erwin Panofskys, nach der bestimmte stilistische Eigenheiten einer Epoche von ›mental habits‹ geprägt sind, wie sie sich auch in anderen Disziplinen derselben Zeit erkennen lassen und etwa durch Schulbildung verbreitet werden. In seinen Bestimmungen des Habitus-Begriffs weist Bourdieu stets auf die diesem inhärente Dialektik von Persönlichem und Sozialem hin:

> »Wer Individualität und Kollektivität zu Gegensätzen macht, bloß um den Rechtsanspruch des schöpferischen Individuums und das Mysterium des Einzelwerks wahren zu können, begibt sich der Möglichkeit, im Zentrum des Individuellen Kollektives zu entdecken; Kollektives in Form von Kultur – im subjektiven Sinne des Wortes ›cultivation‹ oder ›Bildung‹ oder, nach Erwin Panofskys Sprachgebrauch, im Sinn des ›*Habitus*‹, der den Künstler mit der Kollektivität und seinem Zeitalter verbindet und, ohne dass dieser es merkte, seinen anscheinend noch so einzigartigen Projekten Richtung und Ziel weist.«[1]

Bourdieu macht mithin deutlich, dass er den Habitus als das verinnerlichte Soziale auffasst, ohne dass er dadurch dem Subjekt dessen Handlungsfähigkeit absprechen wollte; vielmehr hebt er die »aktiven, erfinderischen, ›schöpferischen‹ Fähigkeiten des Habitus und des Akteurs hervor« (Bourdieu 1999, 286). Ganz in diesem Sinne ist auch Bourdieus Hinweis darauf zu verstehen, dass der Habitus »etwas Erworbenes und zugleich ein ›Haben‹« (ebd.) darstellt. Der Habitus ist also die internalisierte, unbewusste, von der jeweiligen Herkunft *mit*bestimmte Folie, nach der soziales Handeln und Wahrnehmen gesteuert werden. Der Habitus objektiviert sich in allen Lebensäußerungen; nicht zuletzt muss man auch Kunstwerke als Objektivationen des Habitus begreifen.

Sozialer Raum organisiert sich nach Bordieu in Feldern (Feld der Politik, der Wissenschaft etc.). Ein Feld ist ein relativ eigenständiger Bereich einer Gesellschaft, der nach eigenen Gesetzmäßigkeiten strukturiert ist. Die Akteure innerhalb des Feldes besitzen verschiedene Einflussmöglichkeiten, die von der jeweiligen Position innerhalb des Feldes und den spezifischen Dispositionen, die der Angehörige des Feldes mitbringt, abhängen, wobei das Verhältnis von Positionen und Dispositionen dialektisch ist (ebd., 420). Die Akteure sind bestrebt, sich innerhalb des Feldes möglichst gut zu positionieren, wozu z. B. neben den künstlerischen Werken auch der Habitus dient, ohne diesen deshalb ihren Wert als künstlerische Ausdrucksform abzusprechen.

Verselbstständigt sich die Entwicklung des Feldes, wird dieses zunehmend autonom. Je autonomer etwa das Feld der Kunst wird, desto stärker

1 Pierre Bourdieu: »Der Habitus als Vermittlung zwischen Struktur und Praxis«. In: Ders.: *Soziologie der symbolischen Formen*. Frankfurt a. M. 1974, S. 125–158, hier S. 132.

koppelt es sich von den Veränderungen der anderen Felder ab. Die Geschichte eines Feldes ist hierbei ein Kampf um die Etablierung legitimer Wahrnehmungs- und Bewertungskategorien (ebd., 253), im Zuge der Autonomisierung bilden sich die jeweils spezifischen Instanzen und Mechanismen zur Durchsetzung dieser Ansprüche heraus. Je autonomer schließlich das Feld ist, desto unabhängiger sind die Bewertungskategorien von denen anderer Felder (ebd., 116 ff.).

Mit zunehmender Autonomie wird das Feld schließlich immer weniger zugänglich für diejenigen, die seine Geschichte nicht kennen (ebd., 386). Wer eine gute Position innerhalb des Feldes einnehmen will, muss dessen Grammatik beherrschen, muss den spezifischen Erwartungen entsprechen, die von den Konsekrationsinstanzen innerhalb des Feldes erhoben werden. Daraus resultiert ein gewisser Konservatismus des Feldes. Aus Bourdieus Überlegungen lässt sich beispielsweise im Hinblick auf die Künstler-Biographik schlussfolgern, dass es innerhalb des Kunst-Feldes ungeachtet einiger Detail-Modifikationen noch immer zu den Erwartungen gehört, dass der Künstler entgegengesetzt der rationalen Arbeitsweise der ihn umgebenden Gesellschaft agiert und Distanz gegenüber der Gesellschaft hält. In Auseinandersetzung mit diesen Erwartungen muss jemand, der eine einflussreiche Position im künstlerischen Feld anstrebt, – um nicht als stromlinienförmig zu gelten – eine eigene Individualität, einen eigenen Stil herausbilden. In diesem Spannungsfeld zwischen Individuellem und Kollektivem ist der Habitus anzusiedeln.

Da sich für Bourdieu die gesellschaftliche Laufbahn eines Akteurs aus den verschiedenen Positionen zusammensetzt, die er im Verlauf seines Lebens in einem Feld (oder auch mehreren) besetzte, kann für ihn die Konstruktion einer Biographie eigentlich erst am Ende einer wissenschaftlichen Untersuchung stehen, in deren Rahmen die entsprechenden Felder rekonstruiert werden (ebd., 409 f.). Allerdings ist wohl kaum zu bestimmen, wann die Aufarbeitung eines Feldes als abgeschlossen gilt, und es ist vielmehr wahrscheinlich, dass gerade im Rahmen biographischen Arbeitens das jeweilige Feld nachgezeichnet werden kann.

Am Rande sei erwähnt, dass sich von Bourdieu eine Brücke zu jenen Überlegungen schlagen ließe, die sich dem Phänomen der Inszenierung in seinen vielfältigen Facetten widmen (↗II.1. Biographie und Performanz; ↗II.2. Biographisches Erzählen zwischen Wahrheit und Lüge). Die Relevanz von Inszenierungsaspekten im Rahmen biographischer Forschung wird gleich noch unter dem Fokus der »biographischen Formeln« gesondert beleuchtet.

Es ist offensichtlich, dass sich zum Beispiel der Künstler nicht im leeren Raum bewegt, sondern dass er in Auseinandersetzung mit anderen agiert, wobei seine Entfaltungsmöglichkeiten aber nicht auf Reaktionen beschränkt sind. Die jeweiligen Produkte (etwa künstlerischen, wissenschaftlichen oder politischen Handelns) müssen nach Bourdieu unbedingt mit in die Analyse einbezogen werden, sind sie es doch vor allem, die zur Positionierung des Künstlers/Wissenschaftlers/Politikers im Feld beitragen. Das jeweilige Produkt der Aktivitäten des Biographierten wird dabei nicht verstanden als im stillen Kämmerlein ingeniös gezeugtes Werk, sondern als Ausdruck verschiedener Interdependenzen und Einflüsse, ohne darüber jedoch die Eigenständigkeit und Individualität der Produkte zu negieren. So müssen beispielsweise gerade die Besonderheiten der Literarizität eines Textes genau berücksichtigt werden, da diese (ob vom Autor gewollt oder nicht) auf ihn, seine Position, nachfolgende Texte etc. zurückwirken.

Für die biographische Praxis wird deutlich, dass das Leben des Biographierten und seine jeweiligen Leistungen nur im Zusammenspiel mit den spezifischen Anforderungen und Bedingungen des Feldes zu verstehen sind, in dem der Biographierte vornehmlich agierte. Spezifisches Handeln (künstlerische Produktivität, politische Aktivität o.Ä.) ist immer auch als je individuelle Reaktion auf historische und milieuspezifische Mechanismen zu verstehen. Von besonderer Relevanz bei der Berücksichtigung des Habitus im Kontext biographischer Arbeiten sind vor allem Fragen, die sich mit der näheren Bestimmung des jeweils Individuellen bzw. Kollektiven befassen. Nur vor der Folie dieser Diskussion lassen sich auch die Originalität und der Stellenwert eines Kunstwerks, wissenschaftlicher Erkenntnisse oder politischer Entscheidungen adäquat bestimmen. Der Biograph sollte das

Wechselspiel von Dispositionen und Positionierungen, von Kollektivem und Individuellem wenigstens reflektieren.

2.1.3. *Biographische Formeln*

Die Bedeutung der Einflüsse aus dem ›Warburg-Kreis‹ auf Bourdieus Denken ist wohl kaum zu überschätzen, hat sich Bourdieu doch ausgiebig mit Panofsky und Ernst Cassirer beschäftigt. Nicht zufällig lautet der deutsche Titel einer Sammlung von Aufsätzen Bourdieus *Zur Soziologie der symbolischen Formen* – in Anlehnung an den Titel von Cassirers Hauptwerk *Philosophie der symbolischen Formen*. Dass Bourdieu sich mit seinem Habitus-Begriff erklärtermaßen auf Panofsky bezieht und somit ganz zentrale Elemente seiner Theorie aus dieser Traditionslinie abzuleiten sind, wurde bereits erwähnt.

Einer der bislang interessantesten Versuche, sich mit der Kontextualisierung des Biographierten aus textueller Perspektive zu befassen, stammt gleichfalls aus dem Umfeld des ›Warburg-Kreises‹: die 1934 von Ernst Kris und Otto Kurz vorgelegte Studie *Die Legende vom Künstler*. In ihren Ausführungen, die sie als Vorarbeiten für eine künftige Soziologie des Künstlers verstehen, geht es Kris und Kurz darum aufzuzeigen, »daß in aller Biographik gewisse *Grundvorstellungen* vom bildenden Künstler nachzuweisen sind« (Kris/Kurz 1934/1995, 23). Kris und Kurz sind ihrer Zeit weit voraus, wenn sie, den Genie-Kult verabschiedend, die Interdependenz von Künstler und Gesellschaft betonen: »Wir dürfen vermuten, daß das Verhalten der Umwelt durch die Persönlichkeit des Künstlers, durch sein Wesen und seine Fähigkeiten, bestimmt sei und auch die Haltung der Umwelt ihrerseits wieder auf den Künstler einwirke« (ebd., 21). Im Mittelpunkt ihres Interesses stehen dabei die Biographien bildender Künstler (↗VII.3. Kunstgeschichte), denn durch diese werde die Legende vom Künstler perpetuiert. Sie stelle bestimmte »biographische Formeln« zur Verfügung, »typische Motive, d. h. solche, die sich in zahlreichen Biographien gleichlautend oder mit geringen Veränderungen wiederholen« (ebd., 29). Diese Topoi variieren abhängig von der Profession des Biographierten: Während es z. B. in Mediziner-Biographien häufig Begegnungen mit verletzten Tieren sind, die das Kind zur Berufswahl führen, ist es bei Künstlern häufig eine Art angeborener Leidenschaft, die sich gegen alle Widerstände durchsetzen muss.[2] In beiden Fällen verweisen die Topoi auf das hohe ideelle und ethische Potential der Tätigkeit. Der Biograph erzählt seine Geschichte demnach in Auseinandersetzung nicht nur mit spezifischen übergeordneten Erzählmustern, sondern zugleich immer auch mit vorgängigen Biographien. Diese biographischen Formeln verselbstständigen sich im Lauf der Zeit und können schließlich derartige Wirkung entfalten, dass folgende Generationen ihre eigene Laufbahn diesen Topoi folgend regelrecht inszenieren (↗II.5. Biographie und Gedächtnis). Kris und Kurz liefern hierfür spannende Belege. Die Auseinandersetzung mit ihren Überlegungen – so lautet das für die Praxis des biographischen Schreibens zu ziehende Resümee – kann das Fundament für eine prätextbezogene (Selbst-)Reflexion biographischen Arbeitens bilden.

Literatur

Bourdieu, Pierre: *Die Regeln der Kunst. Genese und Struktur des literarischen Feldes*. Frankfurt a. M. 1999 (franz. 1992).

Fleck, Ludwik: *Entstehung und Entwicklung einer wissenschaftlichen Tatsache. Einführung in die Lehre vom Denkstil und Denkkollektiv* [1935]. Mit einer Einl. hg. von Lothar Schäfer/Thomas Schnelle. Frankfurt a. M. 1980.

Kris, Ernst/Kurz, Otto: *Die Legende vom Künstler. Ein geschichtlicher Versuch* [1934]. Frankfurt a. M. 1995.

Christian Klein

2.2. Anlage der Arbeit – am Beispiel einer Biographie Stefan Georges

Oft genügt ein Blick ins Inhaltsverzeichnis, um zu erkennen, ob die Anlage einer Biographie taugt

2 Eine Reihe der für Künstlerbiographien typischen Motive beschreiben Kris/Kurz 1995, eine erste Auseinandersetzung mit biographischen Formeln im Hinblick auf Mediziner-Biographien findet sich in Christian Klein: »Zwischen Quelle und Methode. Zum Verhältnis von Medizin und Biographie«. In: BIOS 19. Jg., 1 (2006), S. 5–15.

oder nicht. Ein Inhaltsverzeichnis hat – viele Autoren vergessen das genauso wie ihre Lektoren – vor allem leserfreundlich zu sein. Der Wunsch des Lesers nach einer ersten Orientierung muss respektiert werden, der Leser soll sich schnell zurechtfinden können. Wenn es gut ist, sind am Inhaltsverzeichnis nicht nur die wesentlichen Stationen im Leben des Protagonisten, sondern auch bereits der methodische Ansatz und die Interpretationsmuster des Autors ablesbar.

Noch bevor ich mit der Arbeit an meiner Stefan George-Biographie begann,[1] stand für mich fest, dass ich das Leben dieses Mannes in drei Teilen erzählen wollte, dass die drei Teile etwa gleich umfangreich sein sollten und dass es langweilig wäre, mit der Geburt zu beginnen. Andere Lebensläufe verleiten zu anderen Einteilungen, aber ohne solche Einteilungen in zwei, drei, vier, acht, sechzehn oder meinetwegen auch 133 Abschnitte ist eine Biographie gar nicht zu schreiben. Die beiden mit Abstand wichtigsten Daten im Leben Georges, nach seinem *äußeren* Verlauf betrachtet, waren der Durchbruch des 30-Jährigen als einer der wichtigsten deutschen Dichter im Herbst 1898 und der Ausbruch des Ersten Weltkriegs im August 1914.

Wer eine Künstlervita schreibt, hat das Werk des Künstlers in angemessener Weise zu berücksichtigen. Schließlich verdankt sich das Interesse an der Person in der Regel dem Werk, von der Kenntnis der lebensgeschichtlichen Zusammenhänge erhoffen wir uns Aufschlüsse für die Interpretation. Aber die Frage darf nicht lauten: Was trägt die Kenntnis biographischer Details zur Erhellung des Werkes bei? Vielmehr müssen wir zunächst fragen: Welche *persona* tritt uns aus dem Werk entgegen, wie präsentiert sich der Künstler seinem Publikum? Dieses sich selbst setzende, autonome, nur aus der eigenen ›Werkpolitik‹[2] verständliche künstlerische Ich ist ein anderes als das seines Erfinders. Hier stehen zwei Figuren als selbstständige Größen nebeneinander, und beider Leben ist Gegenstand der Biographie.

Der ›Mythos‹, das Bild, das eine bedeutende Person von sich entwirft, von dem sie will, dass andere es nachzeichnen, und die historische ›Wahrheit‹, wie es um die Lebenswirklichkeit dieser Person tatsächlich bestellt war, sollten nicht von vornherein als ein Widerspruch aufgefasst werden. Es war der junge, nachmals berühmte Mediävist Ernst Kantorowicz, ein Schüler Georges, der auf dem Deutschen Historikertag 1930 die These vertrat, genau so wichtig zur Rekonstruktion einer Biographie wie Akten, Urkunden und Rechnungsbücher seien die Legenden. Es gehöre zu den vorrangigen Aufgaben des Historikers festzustellen, ob und inwieweit die zeitgenössischen Spiegelungen mit dem Bild übereinstimmen, das die Person von sich entworfen hat. »Ist dies der Fall, so wird es unter Umständen durchaus angängig sein, sogar einmal die Geste für die Tat zu nehmen [...].«[3]

Umso mehr muss man von einem Biographen verlangen dürfen, dass er Lebenswirklichkeit und inszenierte Wirklichkeit genau zu unterscheiden vermag. Da die wesentlichen Elemente der Inszenierung des Künstlers als Darsteller seiner selbst durch das Werk vorgegeben werden, ist der Biograph gut beraten, sich bei Plan und Anlage seiner Arbeit nicht am Werk zu orientieren. Er muss, um unabhängig urteilen zu können, seinen Platz jenseits der Chronologie und Erscheinungsweise der einzelnen Werke und Werkgruppen einnehmen. Viele Autoren entscheiden sich dennoch für eine Werkbiographie. Solche Darstellungen, früher im Untertitel gern ›Leben und Werk‹ genannt, können in höchstem Maße verdienstvoll sein. Eine kritische Biographie aber muss zwischen ›Leben‹ und ›Werk‹ genauer unterscheiden, als es den Hermeneutikern notwendig erscheinen mag.

George hat sich als ein Künstler inszeniert, der über historische Bedingungen wie biographische Zufälligkeiten vollkommen erhaben war. Also konnte die Aufgabe nur lauten, die Bedingungen und Zufälligkeiten, denen sein Werk sich ver-

1 Thomas Karlauf: *Stefan George. Die Entdeckung des Charisma.* München 2007.

2 Der Begriff meint jene Selbstkontextualisierung, die darauf zielt, das eigene Werk von fremden Kontexten so weit wie möglich unabhängig zu machen und ihm dadurch seine Aktualität zu sichern, bis es sich am Ende aus dem privilegierten Kontext seiner selbst erklärt; vgl. Steffen Martus: *Werkpolitik. Zur Literaturgeschichte kritischer Kommunikation vom 17. bis ins 20. Jahrhundert mit Studien zu Klopstock, Tieck, Goethe und George.* Berlin/New York 2007.

3 Zit. nach Eckhart Grünewald: »Sanctus amor patriae dat animum – ein Wahlspruch des George-Kreises? Ernst Kantorowicz auf dem Historikertag zu Halle a. d. Saale im Jahr 1930«. In: *Deutsches Archiv für Erforschung des Mittelalters* 50. Jg., 1 (1994), S. 89–125, hier S. 118.

dankte, herauszuarbeiten, ohne den Entwurf als solchen zu desavouieren. Spuren, die ihn hätten verraten können, wurden von George sorgsam verwischt; so tappte ich manchmal über Wochen im Dunkeln und war auf Vermutungen und Indizien angewiesen. Da ich die Großaufnahmen liebe und es mein Ehrgeiz war, durch verschiedene Quellen diffus überlieferte Ereignisse so exakt wie möglich zu beschreiben, lief die Arbeit immer wieder darauf hinaus, erst einmal das Basiswissen zu sichern und zum Beispiel die beteiligten Personen zu identifizieren, Adressen herauszufinden, Daten festzulegen, Querverbindungen nachzuweisen. Man täusche sich nicht: Die Arbeit des Biographen besteht über weite Strecken aus kriminalistischer Recherche. Oft half der Zufall, im richtigen Moment das fehlende Beweisstück zu finden. Nebenbei bemerkt, sind die Besonderheiten der Quellenlage ebenso wie die Rezeptionsgeschichte – was hat sich auf welchem Wege erhalten, wer hat was mit welcher Absicht überliefert – von nicht zu unterschätzendem Einfluss auf die Dramaturgie.

Mit der Entscheidung, das Leben Georges nicht retrospektiv von einem Gedichtband zum nächsten aufzurollen, sondern situativ jeweils die Faktoren und Einflüsse zu schildern, die sein Werk an einem bestimmten Punkt in eine bestimmte Richtung lenkten, war nicht nur methodisch, sondern auch formal eine wichtige Weiche gestellt. Es sollten weniger Gedichte interpretiert als vielmehr Beziehungen dargestellt werden. »The proper study of mankind is man« (Alexander Pope 1733). Mich interessierte, in welcher Phase seines Lebens George sich um welchen Menschen besonders bemühte, von wem er wann in welcher Weise besonders gefesselt war, wer ihn wie eine Zeitlang bestimmte. Das Dutzend Freunde, das im Laufe seines Lebens prägend auf ihn wirkte, war schnell beisammen, und so ergab sich fast wie von selbst jene Periodisierung des Ganzen, die dem *inneren* Verlauf dieser Vita am nächsten kam.

Ein Wolfskehl-Kapitel, ein Gundolf-Kapitel, ein Kommerell-Kapitel und so weiter – so entstand um die Hauptfigur ein Kranz von Nebenfiguren, deren jede wiederum einen eigenen Planeten mit eigenen Trabanten bildete (↗IV.2. ›Histoire‹). Und mit jeder dieser Figuren ließen sich bestimmte Themen verknüpfen, mit Karl Wolfskehl etwa die frühe Mythenbildung, mit Albert Verwey Fragen der Poetologie, mit Kantorowicz die Reichsidee. Also suchte ich die großen Themenblöcke entsprechend aufzuteilen und zuzuordnen; zugleich schuf ich mir damit die Möglichkeit, die Chronologie an jeder gewünschten Stelle zu unterbrechen und durch Vor- und Rückgriffe Zusammenhänge herzustellen.

Am Anfang eines jeden Kapitels sollte der Leser ohne Kenntnis des Vorangegangenen jeweils neu mit der Lektüre beginnen können. Eine knappe Zusammenfassung des im letzten Kapitel Gesagten oder eine Tour d'Horizon über das, was sich gleichzeitig an anderen Punkten der geistigen und politischen Landkarte ereignete, schien mir als Eröffnung grundsätzlich geeignet; besser als die Totale war natürlich ein szenischer Einstieg nach Art eines Close-up. Die Kapitelenden mussten ›offen‹ sein, das heißt, die Resümees – mit denen ein Themenkomplex schon deshalb abgeschlossen werden sollte, damit der Leser weiß, dass er sich jetzt einem neuen zuwenden kann – mussten zugleich die Leitfragen für den Anfang des nächsten formulieren.

Grau ist alle Theorie, das Abenteuer beginnt mit dem Schreiben. Der Biograph arbeitet nach dem Prinzip des ›Trial and Error‹ und muss jederzeit bereit sein, seine Thesen und Fragen an den aktuellen Befunden zu überprüfen. Bei mehr als einem Kapitel ist es mir passiert, dass ich George irgendwelcher Manipulationen verdächtigte, glaubte, ihm wieder einmal auf die Schliche gekommen zu sein, um am Ende doch bestätigen zu müssen, dass seine Sicht der Dinge vielleicht ein wenig zugespitzt, aber keineswegs unzulässig war. Dennoch bleibe ich dabei: Grundsätzliches Misstrauen gegen alles, was nicht durch mindestens zwei voneinander unabhängige Quellen als gesichert gelten darf, ist die wichtigste Voraussetzung, die ein Biograph mitzubringen hat.

Da ich die Biographie Georges in drei Teilen erzählen wollte – Der Aufstieg, Die Sendung, Der Rückzug – und die drei Teile von ähnlichem Umfang sein sollten, schien es mir erstrebenswert, dass auch die Anzahl der Kapitel pro Teil korrespondierte. Etwa 25 Druckseiten erachtete ich als eine gute, den durchschnittlichen Lesegewohnheiten entsprechende Kapitellänge, so dass bei einem geplanten Umfang von 500 Druckseiten insgesamt rund 20 Kapitel veranschlagt werden konnten, also sechs oder sieben für jeden Teil. (In Klammern füge ich hinzu, dass ich mich von den Ausdrucken meines Computers mit schmalem Rand gern betrügen ließ und der Buchumfang von 816 Seiten am Ende niemanden mehr überraschte als mich selbst.)

Schnell war klar, dass Georges Verhältnis zu Hugo von Hofmannsthal den Prolog bilden sollte. An diesem Drama, das sich innerhalb von drei Wochen um die Jahreswende 1891/92 in Wien abspielte, ließ sich auf knappstem Raum verdeutlichen, was an George faszinierend und abstoßend zugleich war. Ähnlich klar stand mir früh der Epilog vor Augen: »›Der fürst des geziefers verbreitet sein reich‹[4] – Wolfschanze, 20. Juli 1944«. Im Hitler-Attentat des George-Schülers Claus von Stauffenberg blitzte zehn Jahre nach dem Tod des Meisters noch einmal die Hypertrophie der georgeschen Vision symbolisch verdichtet in ihrer ganzen Vergeblichkeit auf. Aus Gründen, die hier nicht ausgeführt werden können, blieb der Epilog im letzten Moment ungeschrieben; das Thema George-Hitler-Stauffenberg schnurrte auf anderthalb Seiten zusammen und bildete das letzte Kapitel von Teil III.

Drei Teile also mit jeweils sieben Kapiteln, 21 Kapitel insgesamt, dazu ein Wiener Prolog. Die noch vor Beginn der Arbeit im Großen und Ganzen feststehende Gliederung zwang mich, den Stoff an allen Ecken und Enden zu beschneiden. Schließlich wird kein Leben mit Rücksicht darauf gelebt, dass es hinterher buchgerecht portioniert werden kann. Wie jeder Biograph sah ich mich daher vor die Herausforderung gestellt, das dauernde Hin und Her und Auf und Ab im Leben meines Protagonisten im Interesse meiner eigenen Dramaturgie zu deuten. Mit Details, die allzu stark ablenkten, durfte ich mich nicht lang aufhalten. War meine Dramaturgie in sich schlüssig, würde von selbst ein neues Gesamtbild entstehen.

Im Leben eines bedeutenden Menschen verdichtet sich gleichsam die Epoche. In Georges Werk spiegeln sich Ängste und Sehnsüchte des deutschen Bildungsbürgertums von der Thronbesteigung Wilhelms II. im Dreikaiserjahr 1888 – George wurde in diesem Jahr zwanzig – bis zur Machtübernahme Hitlers 1933, dem Jahr seines Todes. Diese 45 Jahre haben George bestimmt, so wie umgekehrt er für viele, zumal jüngere Deutsche am Vorabend des Ersten Weltkrieges zu einem wichtigen Stichwortgeber geworden ist. Was mir als Ideal vorschwebte, war eine klassische Biographie nach angelsächsischem Vorbild: ›His Life and Times‹. Aber wie konnte diese merkwürdige Zeitgenossenschaft transparent gemacht werden? Wie sollte man die kühnen Phantasien eines Mannes deuten, der sich für den eigentlichen Führer der Deutschen hielt und während des Krieges ernsthaft seine Bereitschaft bekundete, zur Rettung der Nation notfalls selber die Regierungsgeschäfte zu übernehmen.

Um die geistigen Strömungen der Zeit mit möglichst wenig Strichen lebendig zu machen, empfiehlt es sich, Gegenfiguren einzuführen, in denen sich entscheidende Tendenzen der Epoche bündeln lassen. Auf diese Weise entgeht der Autor zum einen der Gefahr des unverbindlichen Referierens; lustlos implantierte Passagen nach dem Prinzip »Was sich sonst noch ereignete« werden vom Leser mit Recht gern überschlagen. Zum anderen lässt sich über die geschickte Platzierung der Gegenfiguren ein Spannungsverhältnis aufbauen, das den Protagonisten in eine direkte Beziehung zu den jeweiligen Zeitströmungen setzt. Nachdem ich den ›Gegenkönig‹ Rudolf Borchardt verworfen hatte, der in vielem einfach nur eine schlechte Imitation Georges darstellte, entschied ich mich für drei der führenden deutschen Denker des 20. Jahrhunderts als Kontrastfiguren: Georg Simmel im ersten, Max Weber im zweiten, Walter Benjamin im dritten Teil (↗ IV.2. ›Histoire‹). Alle drei haben nicht nur in kritischer Distanz und aus je eigenen Motiven zum Ruhm Georges beigetragen; alle drei verdanken ihm auch wesentliche Impulse für ihr eigenes Werk. Nicht zuletzt ließ sich bei ihnen vielfach bewährtes methodisches Rüstzeug finden, ihre Denkansätze sind nach wie vor aktuell.

Die Bildung des George-Kreises mit Hilfe des von Weber entwickelten Modells der charismatischen Herrschaft zu deuten, lag nahe und schien mir zunächst nicht besonders originell. Erst als ich

4 Die Zeile stammt aus Georges Gedicht »Der Widerchrist«, das Stauffenberg auf Hitler bezog und 1943/44 des Öfteren zitierte; Stefan George: *Werke*. 2 Bde. München/Düsseldorf 1958. Bd. 1, S. 258.

auf halber Strecke entdeckte, dass Webers Charisma-Begriff sich ganz wesentlich der persönlichen Begegnung mit George im Sommer 1910 verdankte, entwickelte ich daraus ein Leitmotiv. Anders als Simmels ›Individuelles Gesetz‹ oder Benjamins ›Aura‹-Begriff – beide stehen ebenfalls in engem Zusammenhang mit George – greift ›Charisma‹ viel weiter aus; bei konsequenter Anwendung der weberschen Herrschaftssoziologie löst sich selbst der vermeintliche Gegensatz zwischen personenorientierter und strukturgeschichtlicher Betrachtung in Wohlgefallen auf. Nicht zuletzt ist ›Charisma‹ ein populärer Begriff – 2007 tauchte er fast täglich in den Medien auf –, und so schaffte er es am Ende sogar auf den Titel: *Stefan George. Die Entdeckung des Charisma.*

Eine Lebensbeschreibung setzt sich aus einer mehr oder weniger dichten Folge präziser Momentaufnahmen zusammen. Aus solchen Annäherungswerten lässt sich weder eine Lebens*totale* rekonstruieren noch gar der Anspruch begründen, einen Lebens*entwurf* verstanden zu haben. Es ist die Fülle konkreter Details, nicht die imaginierte Kohärenz, die einer Biographie Glaubwürdigkeit verleiht. So wenig der Autor der ›biographischen Illusion‹ (Pierre Bourdieu) nachgeben und das Leben seines Protagonisten als bürgerlichen Entwicklungsroman erzählen darf, so wenig darf er jedoch der Versuchung zur lückenlosen Ausbreitung seines Materials erliegen. Die Frage, ob diese oder jene Entwurfsvariante, die für den Fachmann überraschend sein mag, auch den gewöhnlichen Sterblichen interessiert, muss sich der Autor selbstkritisch in jedem Stadium seiner Arbeit immer wieder stellen. Leider verliert, wer sich über einen langen Zeitraum mit einem einzigen Thema befasst, oft den Abstand.

Um nicht in staubigen Archiven den Anschluss zu verpassen, habe ich in den ersten Jahren Archive gar nicht erst besucht. Ich habe die Biographie Georges zunächst fast ausschließlich aus veröffentlichten Quellen rekonstruiert. Erst als das Rohmanuskript stand, machte ich mich auf den Weg ins Stuttgarter George-Archiv, um dort anhand langer Suchlisten offene Fragen zu klären und gezielt die Lücken in der Biographie zu füllen. Anschließend arbeitete ich die Nachlasskonvolute durch, von denen ich mir zusätzliche Informationen versprach, und tauschte, wo immer sich dies anbot, bekannte Zitate gegen unveröffentlichte aus dem Nachlass aus. Wäre ich am Beginn meiner Arbeit nach Stuttgart gefahren, wäre ich in der Fülle des Materials ertrunken und hätte das Buch vielleicht nie zu Ende gebracht.

So leicht viele Biographen sich von der Sehnsucht nach Vollständigkeit verführen lassen, weil sie die Kunst des Weglassens nicht als ein Ordnungsprinzip begreifen, so leicht neigen sie dazu, eine Gesetzmäßigkeit zu konstruieren, nach der sie das Leben ihres Protagonisten von der Wiege an zielstrebig seiner angeblichen Bestimmung zuführen. Gegen besseres Wissen, dass es so nicht gewesen sein kann, suchen sie nach einem der Vita ihres Helden eingeschriebenen Grundmuster. Für die drei Teile der georgeschen Biographie habe ich drei verschiedene Hauptmotive zugrunde gelegt: Für den jungen die Karriere, für den mittleren die Überführung der Homosexualität in das, was er die ›übergeschlechtliche Liebe‹ nannte, und für den alten die Entsagung. Es ergibt sich beim Lesen von selbst, dass jede dieser drei Antriebskräfte in jeden der drei Lebensabschnitte hineinwirkte.

George hat immer darauf bestanden, dass nur die Gedichte zählen. Was nicht Eingang ins dichterische Werk gefunden hatte, gehörte für ihn nicht ans Licht der Öffentlichkeit. Wenn es nur auf die Dichtung ankommt, ist es in der Tat belanglos, ob der Meister beim Dichten Schnupfen hatte, eine kritische Biographie wäre dann überflüssig. Nun erlauben fast alle biographischen Zusammenhänge mehr oder weniger eindeutige Rückschlüsse auf Georges Homosexualität. Dies war der eigentliche Grund dafür, dass George äußerst skeptisch über Biographien sprach und alles tat, sich künftiger Biographen, so weit es in seiner Macht stand, zu erwehren; er empfinde es als indiskret, sagte er einmal, Dinge, die sich zwischen zwei Menschen abgespielt hätten und nur für diese bestimmt seien, dem großen Publikum bekannt zu machen.

Sich über das meisterliche Veto hinwegzusetzen, ohne zum Bilderstürmer zu werden; stattdessen die Freiräume und Widersprüche innerhalb des georgeschen Kosmos selbst zu nutzen, den Dichter an die Hand zu nehmen und behutsam von seinem Sockel herunter zu geleiten; zuletzt George in der Mitverantwortung zu sehen für das, was 1933 in

Deutschland hochkam, ohne ihn für seine abwartende Haltung zu verurteilen: So in etwa ließen sich die wichtigsten Anforderungen an diese Biographie umschreiben.

Thomas Karlauf

2.3. Zur Bedeutung der Quellen

2.3.1. *Ausgangspunkte: Die Biographie zwischen Tatsachen und Imaginationen*

Leon Edel, der Doyen der amerikanischen Biographieforschung, hat die Ausgangslage der Biographen in ein anschauliches Bild gefasst:

»Let us imagine the great table of biography [...] It is piled high with books and papers: certificates of birth and death, genealogies, photostats of deeds, letters – letters filled with rationalizations and subterfuges, exaggerations, wishful thinking, deliberate falsehoods, elaborate politenesses – and then, testimonials, photographs, manuscripts, diaries, memoirs, notebooks, bank cheques, newspaper clippings, as if we had poured out the contents of desk-drawers or of old boxes in an attic: a great chaotic mass of materials [...] All this material, assembled out of the years, will make its way into the mind – and the heart – of the man who has assembled it« (Edel 1957, 10).

Egal, von welcher Seite man sich dem Phänomen des Biographischen nähert, ob man Fragen nach der ›biographischen Wahrheit‹ stellt, nach dem Verhältnis zwischen Fakten und Fiktionen, oder ob man sich fragt, woraus denn eigentlich Biographien gemacht sind – immer stößt man auf den eigentümlichen Doppelcharakter der Biographie: Einerseits scheint sie fest auf dem Boden der Tatsachen zu stehen, ihre Erkenntnisse sind verbürgt durch Dokumente – schriftliche und im Gleichschritt mit der Mediengeschichte auch audiovisuelle Materialien –, durch Berichte von Zeitzeugen, durch autobiographische Selbstzeugnisse wie Briefe und Tagebücher, durch Spuren in den nachgelassenen Dokumenten anderer (↗VIII.5. Rechtsfragen). Andererseits aber wird die Biographie stets von einem immateriellen Schatten begleitet. Zwischen der Sammlung der Dokumente und ihrer Ordnung in Form von wissenschaftlichen oder künstlerischen Biographien liegt ein Raum, ausgefüllt mit Imaginationen, Projektionen und Übertragungsphänomenen (↗I.5. Fiktionalität, Faktizität, Metafiktion). Die Dokumente passieren auf verschlungenen Wegen ›mind‹ und ›heart‹ der Biographen. Selbst immer schon Teil diskursiver und archivarischer Ordnungen, werden sie übersetzt in narrative Zusammenhänge, werden sie für bestimmte Zwecke instrumentalisiert, z. B. für nationale Identitätsstiftungen; und die Dokumente erfahren Neubewertungen in den Akten biographischer Aneignungen durch die Leser. Die Biographie entfaltet sich zwischen Texten, Lebensdokumenten, Erzählungen, Anekdoten, Legenden und einem Begriff des Biographischen, der ein biographisches Bewusstsein von sich selbst als anthropologische Konstante fasst, in dem jedoch auch die nicht zu leugnende kulturelle, historische und soziale Bedingtheit biographischer Identität enthalten ist.

2.3.2. *Das ›Kreuzverhör der Quellen‹*

Keine Quellendarstellung ist unschuldig: Fakten und Daten werden bearbeitet; sie treten, in narratologischer Terminologie, in ein je bestimmtes Verhältnis von *histoire* und *discours* ein (↗IV. Analyse biographischer Erzählungen). Mit ganz unterschiedlichen Konsequenzen: Hatte die »Dokumentation« im bürgerlichen Roman, so formulierte es Leo Löwenthal, die »Funktion der Rohstoffe«, den Charakter unbearbeiteten Materials, aus dem sich die Emanzipation des Subjekts modellieren ließ, so sind die biographischen Klischees und die Datenfriedhöfe – nicht nur in der Trivialbiographik, die Löwenthal in seinem Aufsatz zur »biographischen Mode« im Blick hatte – »zu Fesseln des Individuums« geworden (Löwenthal 1955/1980, 233). Jede biographische Erzählung definiert die Grenzlinien zwischen den ›Rohstoffen‹ und deren Verarbeitung neu. Ihre Fundorte, ihre Funktionen, ihre Überlieferungsgeschichten, ihre medialen Besonderheiten sind untrennbarer Bestandteil der *Wahrheit* einer Biographie (↗II.2. Biographisches Erzählen zwischen Wahrheit und Lüge). Der für die Biographie als Gattung konstitutive Widerspruch zwischen der Materialität der Dokumente und der Immaterialität eines changierenden Begriffs zeigt sich besonders an ihrem Zwischenstatus als sowohl wissenschaftliche wie auch künstlerische Aussageform: Im Eintrag zum Stichwort ›biography‹ der *Encyclopedia Britannica* findet sich dieser Status auf die trockene Formel gebracht: »Within the bounds of given data, the biographer seeks to transform plain information into illumination. If he invents or suppresses material in order to create an effect, he fails truth; if he is content to recount facts, he fails art«.[1] Man kann den Zwittercharakter der Biographie mit einem Diktum Virginia Woolfs noch drastischer ausdrücken: Die Biographie, so Woolf, »is a bastard, an impure art« (Notizbucheintrag vom Oktober 1934, zit. nach Lee 1997, 10). Im Unterschied zur Quellenkritik in der Geschichts- und Literaturwissenschaft und auch im Unterschied zu den Methoden, wie sie bei der Auswertung von Interviews in den Sozialwissenschaften angewendet werden, verfügt die Biographik deshalb über keine methodischen Standards, an denen sie sich messen lassen könnte. Sie hat keine Methoden ausgebildet, die es ihr erlauben würden, zwischen *guten* und *schlechten* Quellen zu unterscheiden. Gefälschte, manipulierte, erfundene Quellen, Materialien, die bereits zu Lebzeiten mit Blick auf die Nachwelt in bestimmte Konstellationen gerückt wurden, besitzen ebenso biographische Aussagekraft wie ›verlässliche‹, das heißt verifizierbare Quellen. Das Kreuzverhör der Quellen mit dem Ziel, eine historische Wahrheit zu identifizieren, scheint der biographischen Wahrheitsfindung unangemessen.

2.3.3. Vom Umgang mit ›Lebens-Resten‹

Die ›Hinterlassenschaften‹ und ›Reste‹ eines Lebens können auf verschiedene Weise biographisch verarbeitet werden. Sigrid Weigel kritisierte die »geisteswissenschaftliche Lösung dieses Problems: die Verwandlung von Resten qua Verstehen in einen Wirkungs*zusammenhang*« (Weigel 2006, 168). Wilhelm Diltheys Verstehensbegriff nimmt den Resten ihr Eigenleben und schreibt sie in ein universelles System aufeinander aufbauender und ineinander greifender Zusammenhänge ein. Die Biographie »lässt sich damit als eine Kunst bezeichnen, aus zurückgebliebenen Resten Zusammenhang zu stiften« (ebd., 169). Dilthey war es allerdings auch, der das Gründungsmanifest moderner Literaturarchive verfasste und die Bedeutung der nachgelassenen Schriften für biographisches, philologisches und historisches Arbeiten herausstrich (Dilthey 1889).

Wie mit den biographischen ›Resten‹ anders umgegangen werden kann, lässt sich an einem der reizvollsten Beispiele aus der Geschichte der literarischen Biographik kurz illustrieren, dem 1934 erschienenen Buch *The Quest for* CORVO von A.J.A. Symons. Gegenstand der Biographie ist ein vergessener englischer Exzentriker, eine Randfigur der Viktorianischen Zeit, dessen Lebensspuren sich gegen Ende des 19. Jahrhunderts irgendwo zwischen Italien und England verlieren. Symons' Biographie beschreibt im ersten Teil, anstatt bereits vorhandene Quellen auszuwerten, die schon für sich selbst genommen abenteuerliche Suche nach Lebensspuren, wodurch der Biograph zum gleichberechtigten Subjekt wird. Das achte Kapitel trägt den Titel »The Strange Historian« und beginnt mit einer theoretischen »NOTE« (Symons 1955, 92); sie ist ein Beispiel für das Mitte der 1930er Jahre erreichte biographische Problembewusstsein, das es wieder zu aktualisieren gälte. Symons ›experiment‹ ist ein Demonstrationsobjekt der beiden grundsätzlichen Möglichkeiten, mit biographischem Quellenmaterial zu arbeiten: Im ersten Falle entsteht das biographische Porträt aus der Suche (*Quest*) nach den Quellen und der Darstellung ihres fragmentarischen und widersprüchlichen Charakters. Diese Methode bietet Raum für die Subjektivität der Biographen; sie setzte sich in den letzten Jahren vor allem in der Ethnographie mehr und mehr durch. Im zweiten, herkömmlichen Fall synthetisiert der Biograph/die Biographin die oft zahllosen Quellen und bringt sie in die chronologische Abfolge einer biographischen Erzählung, »without detailing the course of [...] investigation« (ebd.). Welche der beiden Methoden angewandt wird, hängt nicht zuletzt von der Verfügbarkeit des Materials ab.

Mut zur Konzentration: die Bewältigung der Materialfülle: Lytton Stracheys Sammelbiograpie *Eminent Victorians* unternimmt die kritische Revision eines ganzen Zeitalters am Beispiel herausragender Persönlichkeiten des öffentlichen Lebens, ersetzt also die Einzelperspektive durch einen multiperspektivischen Ansatz. Dabei kommt die Gegenwart

1 »Biography«. In: *Encyclopedia Britannica*, http://www.britannica.com (9.12.2008).

des Biographen, der Erste Weltkrieg, als Subtext mit ins Bild. Stracheys Biographie geht von empirischen Fakten aus, die einer erzählerischen Verdichtung unterworfen werden. Der Biograph bringt die Konsequenzen aus der historisch ständig anwachsenden Materialfülle gleich im ersten Satz des Vorwortes auf den Punkt: »The history of the Victorian Age will never be written: we know too much about it« (Strachey 1918/2003, 5). Nicht einmal der Fleiß eines Leopold von Ranke (1795–1886) oder der Scharfsinn seines englischen Zeitgenossen Edward Gibbon, dessen ironischer Stil Strachey beeinflusste, vermöchten die überbordende Materialfülle des eben vergangenen Viktorianischen Zeitalters zu bändigen (↗ IV.2. ›Histoire‹).

Der moderne Biograph muss eine subtilere Strategie anwenden als die zum Scheitern verurteilte skrupulöse Aufzählung aller Fakten und Quellen: Er muss, wie Strachey schreibt, seinen Gegenstand an unerwarteten Stellen attackieren, ihn von den Flanken oder von hinten her angreifen. Um im Kampf mit dem Material erfolgreich zu sein, wird er seinen Suchscheinwerfer (*searchlight*) auf unbeachtete, bislang dunkel gebliebene Stellen des Überlieferungsprozesses richten. Die *biographische Wahrheit*, die dabei in den Lichtkegel des biographischen Scheinwerfers gerät, ist notgedrungen fragmentarisch; der Biograph kann lediglich »certain fragments of the truth which took my fancy and lay to my hand« untersuchen und erklären (ebd.). Die Beschränkung auf signifikante Details (↗ IV.3. ›Discours‹), die das subjektive Interesse des Biographen wecken, eröffnet jedoch auch bislang ungenutzte Freiheiten: Die Pflicht des Biographen neben der Verpflichtung zur alles Überflüssige aussparenden Kürze besteht für Strachey darin, »to maintain his own freedom of spirit« (ebd., 6). Nicht Mythographie, sondern Aufklärung ist das Programm Stracheys, dessen Buch im selben Jahr erschien wie Ernst Bertrams *Nietzsche. Versuch einer Mythologie*. Die Konzentration auf die möglichst genaue Beschreibung ausgewählter Details in Verbindung mit erzählerischen Synthesen ist ein Mittelweg, der für die Praxis des Biographieschreibens der gangbarste zu sein scheint, da er es erlaubt, den Status der Quellen zu reflektieren, ohne die Lust an der biographischen Erzählung aufzugeben.

Mut zur Anekdote: die Kompensation des Quellenmangels: Sind hingegen nur wenige Quellen überliefert, wird die Suche nach Lebensspuren und die Lust an der detektivischen Aufspürung verborgener Zeugnisse zum entscheidenden Motor biographischen Schreibens; die wenigen überlieferten Zeugnisse werden wieder und wieder kommentiert und bewertet (die Shakespeare-Biographik ist hierfür ein gutes Beispiel). Die Erzeugung biographischer Evidenz muss auf anderem Wege geschehen als durch die Zuordnung einer Vielzahl an Zeugnissen zu entscheidenden Lebensstationen. An die Stelle von überprüfbaren Fakten treten vermehrt Anekdoten (↗ III.5. Biographische Kleinformen). Die Anekdote als biographisches Erkenntnismittel ist danach zu bewerten, ob sie lediglich nationale und charakterologische Stereotypen weiterträgt und damit zur Agentur einer »Art versteinerter Anthropologie« (Löwenthal 1955/1980, 233) wird, oder ob ihr fragmentarischer, offener Charakter an der Bruchstelle von Wahrem und Erfundenem zu einer neuen Sicht auf die biographischen Objekte beitragen kann.

Die scheinbar nebensächliche Anekdote erlaubte es, so Stephen Greenblatt, in die »Kontaktzone« zwischen Literatur und Alltag zu gelangen, »zu dem Ort, an dem die Dinge wirklich geschehen, zur Sphäre der Praxis, die selbst in ihren unbeholfensten und unangemessensten Artikulationen einen Anspruch auf Wahrheit erheben kann, dem sich gerade die beredsamsten unter den literarischen Texten verschließen« (Greenblatt 2000, 99 f.). Auch für die Biographie als literarische und wissenschaftliche Gattung besteht die Herausforderung darin, in diese Kontaktzone zwischen Werken, Handlungen und Ideen und den Bedingungen ihrer Hervorbringung in der Lebenspraxis vorzustoßen (↗ II.7. Biographie zwischen sozialer Funktion und sozialer Praxis).

Der Reiz des anekdotischen Fragments, das sich oft an einem scheinbar weniger wichtigen (Nachlass-)Dokument kristallisiert, liegt nicht nur für die Literaturgeschichtsschreibung, sondern auch für die Biographie in seiner doppelten Funktion: Zum einen trägt es zur Entauratisierung des biographischen Objekts bei, ›Vermenschlichung‹ nennt die Trivialbiographik diesen Bezug zu lebenspraktischer Erfahrung; zum anderen erfährt die biographische Anekdote bzw. auch das Dokument, an dem sie sich ablesen lässt, eine Aufwertung, indem sie z. B. an der Aura und dem Prestige eines künstlerischen Werks partizipiert (ebd., 99).

2.3.4. Dialektik von An- und Abwesenheit

Der Erkenntniswert biographischer Legenden: Die Legende besitzt einen ähnlich zweifelhaften Ruf als biographisches Auskunftsmittel wie die Anekdote. Doch auch ihr kann mit Blick auf eine gegenwärtige biographische Praxis Erkenntniswert zugemessen werden, gehören doch zum Leben (zumindest zum Leben ›bedeutender‹ Personen) auch das Nachleben und damit die Bilder und Legenden, die sich im Umlauf befinden (↗VIII.2.1. Konzeptionelle Vorüberlegungen). Nach dem Ersten Weltkrieg gaben die Mythographen aus dem Umkreis Stefan Georges dem diltheyschen Wirkungszusammenhang nochmals eine andere Richtung (↗V.6. 20. Jahrhundert). Paradigmatisch hierfür steht Ernst Bertrams im Vorwort seiner Nietzsche-Biographie definierter Begriff der Legende. Die Mythographien stellen einen Extremfall unwissenschaftlichen Arbeitens dar, Bertram huldigt geradezu einem Kult des Unwissenschaftlichen:

»Jedes Fortleben aber und Fortwirken einer Individualität über die Grenzschwelle ihres persönlichen Lebens hinaus ist, mit Jakob Burckhardt, Magie, ist ein religiöser Vorgang und als solcher jeder mechanischen, jeder rationalen Einwirkung entzogen. [...] Was als Legende [...] langsam aufzustehen, langsam zu wachsen beginnt, lebt, wenn auch nicht in vollständigem Gegensatz, so doch in weitgehender Unabhängigkeit von jeder lebensgeschichtlich quellenmäßigen, jeder stofflichen Erkenntnis, welche, wie achtungswürdig, wie selbst unentbehrlich (als Rohstoff) auch immer, doch durchaus nur die niedere Art echter Überlieferung vertritt« (Bertram 1918/1965, 11).

Denn »keine Philologie, keine Zergliederung« (ebd., 10) vermag »das ganze Wesen eines Großen Menschen zu schauen« (ebd., 12). Die Legende als geschichtliche Wirkmacht enthält Elemente des Biographischen, die die Quellenkritik transzendieren. Die Biographie entzieht sich bloßer Faktizität und nährt sich von einem sich fortzeugenden Sprechen; die Legende verfügt über keinen einzelnen Autor, an ihr stricken viele mit. Quellen unterliegen in dieser Sicht keinem Wahr/Falsch-Kriterium. Die ›biographische Wahrheit‹ liegt in der Intensität der Diskurse[2] und in der Kraft der ›großen‹ Persönlichkeit, sich im Nachleben von den niederen Aspekten des Stofflichen zu emanzipieren.

Visuelle und akustische Präsenz: Wenn man den quasi religiösen Vorgang, den Bertram im Sinn hatte, als medialen begreift, dann stellt sich die berechtigte Kritik an der Mythographie als unzeitgemäße Form biographischen Arbeitens etwas anders dar. Denn Bertrams im Vergleich mit der stofflichen Erkenntnis höhere Form der unphilologischen, legendenhaften biographischen Überlieferung hat mit der jüngeren medialen Überlieferung und Legendenbildung eines gemeinsam: die Dialektik von Anwesenheit und Abwesenheit. Was den entscheidenden Unterschied ausmacht, ist die einer Materialästhetik geschuldete biographische Überzeugung von der Notwendigkeit, das mediale Nachleben in das ›stoffliche Leben‹ hineinzuziehen, die biographischen Rohstoffe im Kontext ihrer Überlieferung und im Kontext ihrer je spezifischen, eben auch medialen Eigenschaften zu beschreiben. Mit der Existenz von Filmen, Videos, Photos, privaten wie öffentlichen Tonaufnahmen verändert sich der Charakter des *Präsentischen*, er unterliegt medialen Transformationen (↗III.9. Intermediale Biographik). Physiognomie, Stimme, Gesten – das, was man den Rhythmus eines Lebens nennen könnte – rücken plötzlich in greifbare Nähe. Vor der Existenz audiovisueller Medien konnten die Gebärden und das gesprochene Wort als Ausdrucksformen gelebten Lebens nur aus den Handschriften und aus Porträtbildern abgelesen werden. Es kommt darauf an, die Transportwege biographischer Legenden zu beschreiben. Durch ein solches Verfahren gewinnt die porträtierte Person neue und andere Konturen: Die biographische Gretchenfrage nach dem Subjekt, das entweder als unhinterfragbare Substanz oder als Effekt einer *Patchwork*-Identität mit Konstruktionscharakter aufgefasst werden kann, lässt sich ohne Rücksicht auf den medialen Zusammenhang gar nicht mehr stellen.

Neben der Wahrnehmung des Gesichts ist es die Stimme, die das Bild von den anderen entscheidend prägt. »Es ist aufklärend, wenn uns berichtet

2 Vgl. Michel Foucault: *Das Leben der infamen Menschen*. Hg. u. übers. v. Walter Seitter. Berlin 2001 (franz. 1977).

wird, daß Bismarck mit der piepsigen Stimme eines Schuljungen sprach, daß Napoleon in den korsischen Dialekt zurückfiel, sobald er in Wut kam, und daß Tennyson beim Rezitieren seiner Gedichte die breiten Vokale der Moorlandschaft von Lincolnshire gebrauchte« (Nicholson 1958, 21).

Die Performativität der Quellen: Physiognomie, Gesten, Charakteristika der Stimme, ganz allgemein die performativen Aspekte von Quellen geben diesen ihre spezifische Färbung (↗ II.1. Biographie und Performanz). Dies ist einleuchtend im Fall audiovisueller Dokumente. Aber auch schriftliche Zeugnisse weisen spezifische Ausdrucksqualitäten auf, denen in der biographischen Praxis selten ein Erkenntniswert beigemessen wird. Die historisch sich ausdifferenzierende Vielfalt und die Gestalt der Textträger, vom Buch über die Zeitung bis zum Hochglanzmagazin, verändern jeweils den Status der biographischen Informationen. Nicht nur Handschriften, sondern auch gedruckte Texte besitzen die Tendenz, über sich hinauszuweisen. Sie verweisen beispielsweise auf Photos in der Textumgebung oder sie rufen Bilder auf, die im kollektiven und kulturellen Gedächtnis einer Gesellschaft gespeichert sind. Namen wie Napoleon, Hitler, Freud oder Kafka evozieren bestimmte visuelle und akustische Assoziationen. Rhetorische Merkmale von Texten wiederum können diese in die Nähe von Sprechpraktiken rücken, etwa der Litanei, des Bühnenmonologs oder der pädagogischen Unterweisung. Der biographische Effekt entsteht aus der Spannung zwischen den vergangenen und den gegenwärtigen Bedeutungen von Bildern, Tönen und Texten. Eine nicht nur inhaltsbezogene Analyse von biographischem Quellenmaterial, die auf dessen vielfältige materielle Qualitäten Bezug nimmt und es in einem spezifischen kulturellen, historischen und medialen Kontext situiert, kann entscheidend zur biographischen Erkenntnis beitragen. Die Fülle an biographischem Material, nun weniger in Form von auf Dachböden verschnürt lagernden Briefbündeln oder von in Archiven verwahrten Lebensdokumenten, hat in großem Maße zugenommen und den Status der biographischen Quelle fundamental verändert: Audiovisuelle Formen der (Selbst-)Präsentation machen sichtbar, was bislang im Dunkeln geblieben war, wenn auch das Porträt, die Büste oder das Denkmal berühmter Persönlichkeiten bereits in der antiken Biographik als Schauseite neben und mit der Biographie existierten.

2.3.5. *Konsequenzen: Kritik, Widerständigkeit, Reflexion*

Eine an den Quellen orientierte biographische Methode sieht sich nicht erst heute mit einem paradoxen Phänomen konfrontiert. Das Interesse am Individuum führt mitten hinein in eine Vielzahl von Dokumenten: »The references in these pages«, schreibt David E. Nye in der Einleitung zu seiner ›Anti-Biographie‹ über den Erfinder Thomas A. Edison, »lead not to a hero, but to yellowed papers, restored buildings, old photographs, furniture, cartoons, newspapers, magazines, and museums« (Nye 1983, 16). Die Form seines Buches müsse deshalb »an implicit critique of biography« sein (ebd., 23). An die Stelle der individuellen biographischen Evidenz tritt die Einzigartigkeit der isolierten Dokumente. Nye baut seine biographische Erkenntniskritik auf der Widersprüchlichkeit der Dokumente auf, die deren Informationswert konterkariert und subvertiert. Dies erfordere einen Richtungswechsel zu einer »semiotics of history, which will make the codes themselves a part of the object of study« (ebd., 19). Damit verabschiedet sich Nyes biographisches Projekt von der Chronologie der konventionellen biographischen Erzählung und ersetzt sie durch eine Darstellung der »codification of ruptures, the expression of contradictions« (ebd.). Die Annahme, dass ›originale‹ Primärquellen existierten, sei ein Mythos, lediglich ein anderer Ausdruck für die Suche nach der verlorenen Präsenz (ebd.).

Die Methode besitzt einen kritischen Aspekt, der in der Praxis viel zu selten gesehen wird. Nyes ›Anti-Biographie‹ beansprucht für sich, über die semiotische Analyse der Dokumente soziale Widersprüche zur Sprache zu bringen, die in der konventionellen biographischen Erzählung zu verschwinden drohen. Angetrieben von der Erwartungshaltung eines Publikums, das das ›wahre‹ Gesicht hinter der Maske enthüllt sehen möchte, produziert die Biographik eine Metaphorik des Aufdeckens, Durchdringens und Demaskierens. Die Kritik an der biographischen Illusion eines Geheimnisses, das es aufzudecken gilt, hat eine Aufwertung des öffentlich zugänglichen Materials als Teil des biographischen (Selbst-)Bildes zur Folge. Das heißt aber auch, dass das unhintergehbare Phänomen des ›präsenten Selbstbezugs‹, von dem Manfred Frank in Reaktion auf den Poststrukturalismus gesprochen hat (Frank 1986, 126), nicht ausreichend mit einem *Dahinter* oder *Darunter* zu erklären ist: Es ist auch an den Oberflächen abzulesen. Denn darin liegt eine Gefahr biographischer Modellbildung, dass sie sich von einer Hierarchie von oben und unten, von bewusst und unbewusst, von manifestem und verdrängtem Textsinn, von apokryphem und kanonischem Text leiten lässt, wenn es dafür auch gute Gründe gibt: Das ideologiekritisch und methodenkritisch imprägnierte Misstrauen gegenüber dem scheinbar Offensichtlichen führte zu einer Aufwertung des Vergessenen, des Unbewussten, der Fragmente, der Lücken und Spuren in der Überlieferung. Mit Blick auf die Literaturgeschichtsschreibung meinte Stephen Greenblatt »erscheint die Leistung jedes Individuums weniger monumental, weniger einzigartig in dem Maße, in dem seine Leistung zu der Entdeckung eines dichten textuellen und materiellen Feldes führt« (Greenblatt 2000, 96). Der Gattung Biographie eignet ein starkes Moment der Anpassung, das in ihrer Funktionalität begründet ist. Ihre Instrumentalisierbarkeit schränkt ihre Lebensdauer ein. Biographien – als Artefakte und als biographische Produktion von Lebensläufen in der Lebenspraxis – müssen etwas von den Kunstwerken an sich haben, um sich zu behaupten. Sie müssen einen unauflösbaren biographischen Rest enthalten, der nicht in der Konstruktion von lebensgeschichtlicher Konsistenz aufgeht; sie müssen sich der vollständigen biographischen Wiederverwertung widersetzen. Hier kommt die Widerständigkeit der biographischen Quellen ins Spiel: Photographien evozieren in unterschiedlichen Kontexten ganz verschiedene affektive und ideologische Besetzungen, die auf Tonträgern überlieferte Stimme enthält einen Bedeutungsüberschuss, der nicht in kommunizierbaren Sinn übersetzbar ist, Handschriften bewegen sich in einem Zwischenbereich zwischen Mündlichkeit und Schriftlichkeit und Videos in schlechter Internetqualität provozieren geradezu einen Arkanbereich des Biographischen; Anekdoten und Legenden schließlich sind fiktiv und real zugleich, sobald sie im Nachleben biographische Deutungsmacht erlangen. Ein reflektierter Umgang mit den Quellen ist die Voraussetzung dafür, die Biographie als wissenschaftliches und künstlerisches Experimentierfeld individueller Spielräume offenzuhalten.

Literatur

Bertram, Ernst: *Nietzsche. Versuch einer Mythologie* [1918]. Bonn [8]1965.

Dilthey, Wilhelm: »Archive für Literatur«. In: *Deutsche Rundschau* 58. Bd., 1 (1889), S. 360–375.

Edel, Leon: *Literary Biography. The Alexander Lectures 1955–56*. London 1957.

Fetz, Bernhard: »Der Stoff, aus dem das (Nach-)Leben ist. Zum Status biographischer Quellen«. In: Ders. (Hg.): *Die Biographie – Zur Grundlegung ihrer Theorie*. Unter Mitarbeit von Hannes Schweiger. Berlin/New York 2009, S. 103–153.

Frank, Manfred: *Die Unhintergehbarkeit von Individualität. Reflexionen über Subjekt, Person und Individuum aus Anlaß ihrer ›postmodernen‹ Toterklärung*. Frankfurt a. M. 1986.

Greenblatt, Stephen: »Erich Auerbach und der *New Historicism*. Bemerkungen zur Funktion der Anekdote in der Literaturgeschichtsschreibung«. In: Ders.: *Was ist Literaturgeschichte?* Frankfurt a. M. 2000, S. 73–100.

Lee, Hermione: *Virginia Woolf*. London 1997.

Löwenthal, Leo: »Die biographische Mode« [1955]. In: Ders.: *Schriften*. Bd. 1: Literatur und Massenkultur. Hg. v. Helmut Dubiel. Frankfurt a. M. 1980, S. 231–257.

Nicolson, Harold: »Die Kunst der Biographie«. In: Ders.: *Die Kunst der Biographie und andere Essays*. Berlin/Frankfurt a. M. 1958, S. 7–26.

Nye, David E.: *The Invented Self. An Anti-Biography from Documents of Thomas A. Edison*. Odense 1983.

Symons, A.J.A.: *The Quest for* CORVO. *An Experiment in Biography* [1934]. London 1955.

Strachey, Lytton: *Eminent Victorians* [1918]. Hg. mit einer Einleitung und Anmerkungen v. John Sutherland. Oxford 2003.

Bernhard Fetz

3. Abbildungen in Biographien

Lässig zurückgelehnt, mit Zigarette in der Hand posiert Helmut Schmidt auf dem Titelblatt seines jüngsten, der Zeit nach dem Ende seines aktiven Politikerlebens gewidmeten Rückblickes *Außer Dienst: Eine Bilanz*. Das Buch, eher ein Sammelsurium aus Gedanken und Erinnerungen sowie Analysen und kleinen Anekdoten als eine seriöse Autobiographie, erschien 2008, als das in der Bundesrepublik Deutschland soeben auch auf die Gastronomie ausgedehnte Rauchverbot zu einer Eskalation der kontroversen öffentlichen Diskussionen beitrug. Abgesehen von der damit möglichen Charakterisierung Schmidts als selbstbewusstem Querdenker oder Ähnlichem dient ein solches Titelbild wohl v. a. dem Verkaufsinteresse des Verlages.

Ähnliches gilt für Biographien. Sie sollen, wie Publikationen generell, potentiellen Käufern und Lesern durch ein attraktives Äußeres schmackhafter gemacht werden (↗VIII.4. Biographie und Buchmarkt). Doch die vorwiegend kommerziell intendierte Kreativität erfährt eine gewisse Begrenzung durch ein etabliertes visuelles Erkennungsmerkmal des Genres: ein Photo der biographierten Person. Es schmückt mehrheitlich das Cover von Biographien. Solche Bilder transportieren mitunter gleichzeitig eine weitere Basisinformation, zum Beispiel die im Mittelpunkt stehende Profession der biographierten Person. So zeigen die Titel der aktuellen Musiker-Memoiren von Daniel Barenboim *Die Musik – mein Leben* (2004) und Lang Lang *Musik ist meine Sprache. Die Geschichte meines Lebens* (2008) beide Autobiographen jeweils in Aktion mit ihren Hauptarbeitsgeräten Dirigentenstab bzw. Piano. Bei bestimmten Berufsgruppen, besonders bei bildenden Künstlern, wird allerdings häufig statt eines Porträts oder sonstigen Bildes der biographierten Person eines ihrer markanten Werke als Blickfang auf dem Cover benutzt. Auffallend oft wird eine solche visuelle Betonung von Profession und Werk auch bei Architekten angewandt. Den Titel von Simone Oelkers Biographie über den Weimarer Architekten Otto Haesler (2002) zieren zum Beispiel Teilansichten der nach seinen Plänen gebauten Volksschule Celle. Haeslers Bauten prägen die niedersächsische Stadt.

Sind auf dem Cover somit wenige Trends bei der Auswahl von Abbildungen dominierend, ist das entsprechende Innenleben von Biographien in Bezug auf Abbildungen disparater. Wer durch die einschlägige Literatur blättert, entdeckt eine Vielzahl von Varianten in der Zusammenstellung. Hinzu kommen, auf dem Cover wie im Innern, ohnehin sehr unterschiedliche Formen der Gestaltung, die die ausgewählten Abbildungen entsprechend differenziert in Szene setzen und vielfältige Wirkungschancen eröffnen sollen.

3.1. Allgemeine Trends, Fragen und Probleme der Auswahl

Bei der textbegleitenden Nutzung von Abbildungen lassen sich partielle Trends erkennen, die erste Schlaglichter auf Anspruch und Adressaten der jeweiligen Publikation werfen. Vor allem in Biographien mit dezidiert wissenschaftlichem Anspruch werden Abbildungen oft spärlich verwendet; nicht wenige verzichten sogar ganz darauf. Demgegenüber nutzen besonders die primär auf eine breite Öffentlichkeit zielenden Biographien nicht nur attraktive Coverbilder, sondern reichern zudem gerne das Buchinnere auf unterschiedlichste Art und Weise mit Abbildungen an. Aber selten geschieht dies systematisch.

Solch stiefmütterliche Behandlung ist zuweilen erhöhten Herstellungskosten geschuldet. Oft liegt die Ursache in mangelnder Verfügbarkeit von geeignetem Material. Wer über Menschen schreibt, die vor der Erfindung der Photographie lebten, kann bestenfalls auf gemalte Porträts zurückgreifen. In den ersten Jahrzehnten nach der Verbreitung von photographischen Techniken dominierten die gestellten Studioaufnahmen. ›Schnappschüsse‹ sind erst ein Produkt der jüngeren Vergangenheit. Zudem sind Photos von zu Lebzeiten prominenten Personen, über die vielfach in bebilderten Artikeln öffentlich berichtet wurde, meist einfacher zu erhalten als jene von Menschen, bei denen der Rückgriff auf private Sammlungen notwendig ist – sofern solche überhaupt existieren.

Daneben ist der unsystematische Einsatz von Abbildungen häufig schlicht Folge eines wenig zielgerichteten Umgangs mit diesem Informationselement. Wenngleich auch ein bewusster Einsatz von Abbildungen keinen Wirkungserfolg im Sinn der Deutung der biographierten Person gemäß des Autors garantieren kann – dafür sind die Interpretationsgrundlagen von Rezipienten zu unterschiedlich –, so lassen sich durch ein solches Vorgehen doch höhere Deutungswahrscheinlichkeiten herbeiführen. Die besagten Trends der Coverillustration sind hierfür ein Beispiel. Zumindest kann eine wie auch immer geartete konsequente Bebilderung beim Publikum die Neugier nach der Intention des Autors wecken bzw. erhöhen. (Eine ganz andere, hier nicht behandelte Frage ist, wo die Grenzen der Korrespondenz zwischen schriftlichen und visuellen Kommunikationsmitteln verlaufen.)

Allerdings ist zu beachten, dass Photos stets interpretationsbedürftig sind (↗III.9. Intermediale Biographik). Sie bilden nicht Authentisches ab, sondern sind immer mehr oder minder willkürliche visuelle Ausschnitte aus dem Leben einer Person. Sie verführen durch eine entsprechende Auswahl nicht selten zur bewussten oder unbewussten Inszenierung. Eine gängige Form ist der scheinbare, durch Photos gestützte Kontrast zwischen dem Politiker, Unternehmer usw., der angeblich stilsicher und konsequent seine Überzeugungen und Talente lebt, und dem legeren Privatmenschen. Selten sind Photos verfügbar, die etwa durch Widersprüchlichkeit tatsächlich zentrale Charaktereigenschaften ansprechen.

Eine besondere Herausforderung für den Biographen ist dann gegeben, wenn über die biographierte Person nur bestimmtes Bildmaterial vorhanden ist. Thomas Karlauf setzt sich in seiner vielbeachteten Biographie *Stefan George. Die Entdeckung des Charisma* (2007) mit der meisterhaft wirkenden Selbstinszenierung des Schriftstellers auseinander. George hatte bis wenige Jahre vor seinem Tod penibel darüber gewacht, dass nur die von ihm genehmigten Photographien in Umlauf kamen. Stets ließ er sich im halbseitigen Profil ablichten, verharrte in einer reglosen Pose, die ganz offenkundig seine Aura der Unantastbarkeit unterstreichen sollte. Erst sehr spät ließ George ›private‹ Photos zu, die aber ebenfalls gestellt erscheinen.

Karlauf, der auch die Dichtung als Teil der Inszenierungsstrategien begreift, versucht sich dem Geheimnis der Ausstrahlung Georges durch eine mit vielen erzählerischen Elementen angereicherte Darstellung zu nähern. Die von Karlauf verwendeten Abbildungen korrespondieren dabei mit der Selbstinszenierungsabsicht Georges (↗II.1. Biographie und Performanz). Auch jene, die – wie das Photo der Begegnung von George-Anhänger und Hitler-Attentäter Claus Schenk Graf von Stauffenberg mit Adolf Hitler – nicht aus Georges Nachlass stammen, sind in dieses Schema eingeordnet: Das Photo zeigt eine förmliche Begrüßungsszene wenige Tage vor dem gescheiterten Attentat, Stauffenberg ist im Profil zu sehen (siehe Bildstrecke nach S. 560). Karlauf erörtert die Motive der photographischen Selbstinszenierung Georges (S. 253 ff.); ohne solche Informationen sind die Abbildungen schwer zu deuten.

3.2. Funktionen

Es lassen sich vier Haupteinsatzmöglichkeiten für Abbildungen in Biographien (die freilich häufig ineinandergreifen) unterscheiden: eine illustrierende, erläuternde, betonende oder ergänzende Funktion.

3.2.1. *Veranschaulichung (Illustration) textueller Information*

Die Illustration von im Text enthaltenen Informationen ist ein Hauptverwendungszweck von Abbildungen. Biographien weisen dabei einige Trends in der Gestaltung auf. Eine häufige Variante ist die Konzentration von Abbildungen auf speziellen Bildseiten, die entweder in der Buchmitte oder an seinem Ende zu finden sind. Abgesehen von zufällig anmutenden oder irreführenden, da ohne oder nur in geringem Zusammenhang mit dem Text stehenden Ensembles dieser Art, erzeugen Verfasser hier immer wieder bewusst oder unbewusst einen visuellen Eindruck von Grundzügen der Abhandlung. So signalisieren die mitten im Buch platzierten Bildstrecken in Renate Winds *Dem Rad in die Speichen fallen. Die Lebensgeschichte des Dietrich Bonhoeffer* (1990) und in Hermann Schreibers *Henri Nannen. Der Herr vom Stern* (1999) durch die Auswahl der Photos, dass ihr Blick auch privaten Hintergründen und nicht nur dem öffentlichen Wirken der jeweils biographierten Person gilt. Beide Beispiele korrespondieren ferner mit der Behandlung verschiedener relevanter Lebensabschnitte und Ereignisse sowie familiärer Situationen und wichtiger Weggefährten in den Texten.

Allerdings mindern solche Illustrationsformen ihren Wert, wenn der Gehalt der verwendeten Abbildungen für Unkundige nicht oder erst nach intensiver Lektüre zu erkennen ist. Hilfreich sind daher stets aussagekräftige Bildunterschriften, die als Brücke zwischen Text und Bildelementen dienen können. Schreiber etwa nutzt diese Chance, indem er seine Bildunterschriften programmatisch formuliert und damit Auswahl und Textverbindung begründet und erläutert. Wind dagegen beschränkt die Unterschriften jeweils auf eine knappe Bildbeschreibung, so dass lediglich Sachkundige die zeitgeschichtliche Bedeutung der Photos ermessen können.

Wiederholt werden in solchen Bildstrecken unterschiedliche Abbildungstypen – Photos, Dokumente, Plakate etc. – kombiniert, was zuweilen eine Betrachtung der biographierten Person aus sehr unterschiedlichen Perspektiven signalisieren kann. Ein Beispiel dafür ist der den Jahren 1916 bis 1924 gewidmete Teilband der Franz Kafka-Biographie von Reiner Stach *Die Jahre der Erkenntnis* (2008). Die unterschiedlichen Abbildungstypen, darunter zeitgenössische Photos, Plakate und das Faksimile eines Ausschnitts aus dem handschriftlichen Entwurf Kafkas zum Roman *Das Schloss*, sind auf zwei Bildstrecken verteilt. Eine solche vielartige Auswahl an Abbildungen entspricht prinzipiell der romanartigen Erzählung Stachs mit ihren weit ausholenden geschichtlichen Exkursen, szenischen Vergegenwärtigungen, Reflexionen auf die Quellenlage und die Forschung, ausführlichen Zitaten und philologischen wie essayistisch-bildhaften Deutungen der Werke Kafkas. Allerdings bleibt hier die Chance, mit pointierten Bildunterschriften auf eventuell beabsichtigte Zusammenhänge mit dem multiperspektivischen Text hinzuweisen, ungenutzt.

Anders gestaltet sind die beiden Bildstrecken in Ralf Dahrendorfs *Liberal und unabhängig. Gerd Bucerius und seine Zeit* (2000), die ebenfalls mitten im Buch platziert sind. Sie enthalten eine jeweils chronologische Zusammenstellung von Photos, wobei in der ersten Bildstrecke die privaten und in der zweiten die beruflichen Inhalte dominieren. Dies signalisiert zutreffend einen chronologischen Aufbau der Biographie, die mit den familiären und sozialen Wurzeln beginnt, sich danach dem Politiker widmet und mit dem Journalisten Bucerius endet.

Eine andere gestalterische Variante ist die textnahe Positionierung von Abbildungen, d. h. eine Platzierung nah an korrespondierenden Inhalten der Abhandlung. Zwar überwiegen hier ebenfalls Beispiele, die keinen roten Faden erkennen lassen und deren Illustration eher zufällig erscheint. In manchen Fällen ist aber offenkundig die mangelnde Verfügbarkeit eine zentrale Ursache für scheinbar unsystematisches Vorgehen. So ist Hans-Ulrich Wiemers Biographie *Alexander der Große* (2005) gewiss auch mangels geeigneten Materials dezent und mit schwarz-weißen Abbildungen von Reliefs, Mosaiken, historischen Karten, Münzen und Ähnlichem illustriert. Doch eine Bebilderung nah an den betreffenden Textstellen, informative Bildunterschriften und differenzierte Formate vermitteln hier bei genauerer Betrachtung vielmehr den Eindruck, dass die wenigen Abbildungen bei Wiemer sehr bewusst ausgewählt und eingesetzt worden sind. Dessen ungeachtet zeigt etwa Karsten Dahmen in seinem Buch *The Legend of Alexander the Great on Greek and Roman Coins* (2007), dass man sich auch solch schwierigen Sujets im Blick auf die Illustration gleichermaßen originell wie systematisch nähern kann. Zwar ist Dahmens Darstellung gewiss ein diskutabler Grenzfall des Genres ›Biographie‹, aber beispielhaft in seiner illustrativen Konsequenz. Er erörtert die spätere Verehrung Alexander des Großen als Mann, König, Held und Gott durch eine kenntnisreiche Einbettung der Alexander-Bilder in eine allgemeine Geschichte der Verwendung von Porträts auf antiken Münzen im ersten, nicht bebilderten Teil seines Buches; in der zweiten Hälfte illustriert er seine detaillierte Abhandlung durch zahlreiche Abbildungen von Alexander-Münzen, die direkt in den Text montiert sind.

Ein anders Beispiel für eine gelungene systematische Bebilderung findet sich bei Jochen Köhler *Helmuth James von Moltke. Geschichte einer Kindheit und Jugend* (2008). Die offenkundig bewusst ausgewählten und textnah platzierten Photos vermitteln einen guten Eindruck vom Milieu des ›untergehenden‹ schlesischen Adels im frühen 20. Jahrhundert. Dieses, so eine Kernthese Köhlers, sei zentraler Handlungsrahmen der sozialpolitisch prägenden Jahre für Moltke gewesen, der später als Widerständler gegen das nationalsozialistische Regime bekannt wurde. Ein Jammer nur, das die gewählte Papierqualität wenig geeignet für den Abdruck von Photos ist, was deren Wirkung mindert.

3.2.2. Erläuterung schriftlicher Information und Thesen

Eine weitere, eher selten genutzte Chance liegt in der erläuternden Funktion von Abbildungen. Beispielsweise werden die in Simone Oelkers Haesler-Biographie beschriebenen stilistischen Entwicklungen in der Architektur erst durch die textnahe Bebilderung in Form einer Kombination aus Bauzeichnungen und Photos der diskutierten Objekte für Rezipienten leichter verständlich. Besonders die von Oelker verwendeten Fachbegriffe und die erwähnten komplexen Bauprojekte werden so nicht nur veranschaulicht, sondern für manchen Laien erst enträtselt.

Vor allem bei technischen Aspekten sind Illustrationen hilfreich zur Erläuterung. Dies fällt nicht zuletzt dann auf, wenn solche fehlen. So vermisst der fachunkundige Leser in der unter dem Titel *Longitude* (1995) von Dava Sobel verfassten Lebensgeschichte des schottischen Uhrmachers und ›Erfinders‹ des Chronometers John Harrison Abbildungen. Zum besseren Verständnis der zahlreichen astronomischen, geographischen und technischen Innovationen, die Sobel beschreibt, wären sie gewiss sehr hilfreich.

Ferner kann durch Abbildungen die gegenüber der schriftlichen Form abweichende Kommunikationsebene der ›Bildsprache‹ genutzt werden. So stellt Annette Seemann in ihrer unter dem Titel *»Ich habe mich in eine Heilige verwandelt«* erschienenen Biographie über Frida Kahlo eine Bildstrecke von mehrfarbigen Selbstporträts der mexikanischen Künstlerin zusammen. Dazu kommen, als kontrastierende Vergleichsmöglichkeit, einzelne schwarz-weiß gehaltene Photoporträts, die über das Buch verteilt sind. So werden dem Rezipienten die von Seemann behaupteten emotionalen Veränderungen Kahlos, die sich auch in den Selbstporträts ausdrücken würden, besser nachvollziehbar bzw. überprüfbar.

3.2.3. Betonung von im Text getroffenen Aussagen

Eine weitere wesentliche Funktion von Abbildungen ist die Akzentuierung. Sie kann durch eine konsequente Illustration eines Gesichtspunktes, durch auffallende Einzelabbildungen, die Platzierung, das gewählte Format oder durch eine Kombination dieser Elemente erreicht werden.

Wind etwa baut in ihre Bildstrecke ein einziges Photo ohne Personen ein, was entsprechend auffällt. Dieses zeigt die Gefängniszelle in Tegel, ein gängiges Symbol für die u. a. Dietrich Bonhoeffers Theologie und deren Wirkung mitprägende Zeit der Haft. Wind baut diese Aspekte in ihre Abhandlung ein, ohne die durchgehend gewählte, primär auf die Person und sein privates Umfeld konzentrierte Betrachtungsperspektive aufzugeben. Hartmut Soells Vorgehen ist vergleichbar. Im ersten Band seiner zweibändigen Helmut Schmidt-Biographie *1918–1969: Vernunft und Leidenschaft* (2003) weist die Bildstrecke ein einziges, zudem großformatiges Photo auf, das weder Schmidt noch einen seiner Weggefährten zeigt: Es bildet eine Rettungsaktion bei der Hamburger Sturmflutkatastrophe 1962 ab, deren Bedeutung für Schmidts beruflichen Werdegang Soell im Text betont.

Weitere anregende Beispiele für visuelle Akzentuierungen sind Haug von Kuenheims in der Reihe ›Hamburger Köpfe‹ erschienene Biographie *Carl Hagenbeck* (2007) und Uwe Seelers Memoiren

Danke Fußball! Mein Leben (2003). Kuenheims Buch enthält zahlreiche mehrfarbige Plakate und Photos mit exotischem Inhalt. Sie sind nicht immer nah an den korrespondierenden Textpassagen platziert, sondern über das gesamte Buch verstreut. Sie stützen so die Aussage des Autors, dass die ›sensationellen Völkerschauen‹, die Hagenbeck nach Hamburg brachte, zu dessen zentralen Leistungen gehörten. Die Wirkung wird durch die Formatwahl noch verstärkt; so stechen besonders mehrere ein- bzw. doppelseitige Abbildungen dieser Art ins Auge. Uwe Seelers Biographie versucht eine solche Wirkung auf ähnliche Art und Weise zu erzielen. Seine Memoiren weisen fast ausschließlich Photos auf, die direkt mit Fußball zusammenhängen. Sie sind oft großformatig wiedergegeben und ebenfalls über das Buch verteilt. Diese visuelle Botschaft korrespondiert eindeutig mit dem Inhalt, der sehr auf den fußballerischen Werdegang des einstigen Stars konzentriert ist.

3.2.4. Ergänzung des Textes

Geschickt eingesetzt, können Abbildungen der Ergänzung des Textes dienen. Augenfällig wird dies beim Abdruck von hand- oder maschinenschriftlichen Faksimiles, die nur erwähnt, aber nicht oder nicht in vollem Umfang zitiert und umfassend beschrieben werden. Ähnlich wie bei Dokumentanhängen, nur durch die visuelle Note pointierter, lassen sich so zusätzliche Inhalte transportieren. Sie können auch das Zeitkolorit unterstreichen, ebenso Besonderheiten der schriftlichen Kommunikation der biographierten Person. Dirk Wegner und ich nutzen diese Möglichkeit an mehreren Stellen unserer reichhaltig bebilderten Biographie *Kurt A. Körber. Annäherungen an einen Stifter* (2002).

Die ergänzende Wirkung kann durch neue Informationen in der Bildunterschrift noch gesteigert werden. In der genannten Biographie wird dieses Mittel konsequent eingesetzt, unterstützt durch eine einheitliche Gestaltung. Dabei wird jede Bildunterschrift durch ein farbig abgesetztes, programmatisches Schlagwort eingeleitet, was u. a. die behauptete durchgängige Entscheidungsfreudigkeit Körbers symbolisieren soll.

Der Gestaltung kommt in der Nutzung der ergänzenden Funktion von Abbildungen generell eine sehr wichtige Bedeutung zu. Ansonsten besteht die Gefahr, dass Zusatzinformationen schlicht übersehen werden.

Die Absicht der Ergänzung wird generell leichter durch die Wahl von Abbildungstypen erkennbar, die *per se* ›Information‹ signalisieren. Beispielsweise wird Oelkers ohnehin detailreiche Beschreibung des Projektes ›Siedlung Rothenberg in Kassel‹, an dem der Architekt Haesler beteiligt war, durch ein Überblicksschema mit Betten- und Wohntypen ergänzt, das viele unerwähnte Größenangaben für die diskutierten Varianten enthält. Oelker kann so den Text durch Konzentration auf bestimmte Beispiele entlasten.

Josef Schmid

4. Biographie und Buchmarkt

4.1. Eine »tragende Säule des Buchmarkts«?

Folgt man den Einschätzungen, die hin und wieder im Feuilleton zu lesen sind, dann ist die Biographie »zu einer tragenden Säule des Buchmarkts« geworden.[1] »Es ist«, so fährt Ulrich Raulff fort, »als ob das Publikum von einem maßlosen Hunger nach geschriebenem Leben befallen sei, einer Art literarischem Kannibalismus.« Und Volker Ullrich ergänzt: »Dieser Heißhunger hat seitdem nicht nachgelassen. Im Gegenteil: Man muss nur einmal einen Blick in die Verlagsprospekte dieses Frühjahrs [2007] werfen, um zu erkennen, welch unverminderter Beliebtheit sich die Gattung erfreut.« Als Beispiele nennt Ullrich: »eine Biographie über den Widerstandskämpfer Helmuth James von Moltke (von Günter Brakelmann), bei Propyläen eine über den Freiherrn Adolph Knigge (von Ingo Hermann); bei Hanser stellt Ulrich Sieg einen Wegbereiter des Antisemitismus, Paul de Lagarde, vor; bei S. Fischer erzählen Götz Aly und Michael Sontheimer das Leben des jüdischen Kondomfabrikanten Julius Fromm; und bei Wallstein präsentiert Martin Dehli ein kritisches Porträt des Sozialpsychologen Alexander Mitscherlich.«[2]

Nun hat sich der Erfolg dieser Biographien in Grenzen gehalten. Auch wenn keine sicheren Zahlen zu ermitteln sind, weil die Verlage kaum etwas heiliger hüten als konkrete Angaben über Auflagen und Verkauf: Sicher ist, dass es keiner der genannten Titel in eine der Bestsellerlisten geschafft hat. Aufgetaucht sind sie lediglich auf Bestenlisten, die Mitglieder renommierter Kulturredaktionen zusammenstellen. Schaut man sich aber die Bestsellerlisten beim *Spiegel* und beim *Focus* an, für die von der Firma *mediacontrol* die Daten aus rund 800 deutschen Buchverkaufsstellen aufgenommen werden, dann geraten hier nur in Ausnahmefällen Biographien auf Spitzenplätze. Verleger und Agenturen gehen davon aus, dass man innerhalb einer Woche 15.000 bis 20.000 Exemplare verkaufen muss, um unter die ersten zwanzig zu kommen. Selbst in Publikumsverlagen gilt aber eine *Gesamt*verkaufszahl von 20.000 Exemplaren einer Biographie bereits als großer Erfolg.

Wenn es den im Feuilleton beschworenen »maßlose[n] Hunger nach geschriebenem Leben« überhaupt gibt, dann bezieht er sich – was die Buchverkäufe angeht – wohl weniger auf Biographien. Regelmäßig gut platziert sind in den Bestsellerlisten eher die *Auto*biographien von Prominenten oder von Menschen, denen etwas Besonderes zugestoßen ist und die von ihrem Schicksal erzählen. Und wenn es dann auch einmal Biographien schaffen, sind es keineswegs die von Volker Ullrich genannten Bücher über Widerstandskämpfer, Wegbereiter des Antisemitismus oder Sozialpsychologen. Es sind Lebensgeschichten von Präsidentschaftskandidaten oder von Stars aus der Unterhaltungsindustrie (↗III.3. Populäre Biographik).

Schaut man, wie der Buchhandel selbst die Biographie wahrnimmt, wird noch deutlicher, dass man nicht von einer »Säule« reden kann. In der Warengruppensystematik des Buchhandels kommt ihr kein eigener Platz zu. Sie geht auf in der größeren Gruppe 9 – »Sachbuch mit primär privatem Nutzen«.[3] Schaut man sich die Zahlen an, die im sog. *Bubiz*, dem jährlich vom Börsenverein des Deutschen Buchhandels herausgegebenen *Buch und Buchhandel in Zahlen*, veröffentlicht werden, dann sieht man, dass die Biographien ebenfalls eine Nebenrolle spielen. Hier wird die Biographie in der Sachgruppe »DK 900 Geschichte und Geo-

1 Ulrich Raulff: »Der große Lebenshunger. Erlösende Literatur: Das biographische Verlangen wächst«. In: *Frankfurter Allgemeine Zeitung* (4.3.1997).

2 Volker Ullrich: »Die schwierige Königsdisziplin. Das biographische Genre hat immer noch Konjunktur. Doch was macht eine gute historische Biographie aus?«. In: *Die Zeit* Nr. 155 (04.04.2007).

3 Verlegerausschuss des Börsenvereins des deutschen Buchhandels: *Warengruppen-Systematik neu (WGS neu) – Version 2.0.* Frankfurt a. M. 2007.

graphie« platziert und selbst noch in der Untergruppe 920 mit Genealogie und Heraldik in einen Topf geworfen. (Die Zahlen, die hier genannt werden, können allerdings – nach einem telefonischen Hinweis der Redaktion des *Bubiz* – etwas unscharf sein, weil nicht auszuschließen ist, dass weitere Biographien anderen Sachgruppen zugeordnet werden.) Für das Jahr 2005 wurden in dieser Untergruppe 177 Erstauflagen verzeichnet, 2006 waren es 216, ein Jahr später waren es 194, 2008 waren es wieder 211. Der Anteil an den gesamten Erstauflagen schwankt damit zwischen 0,2 und 0,3 %. Zum Vergleich: Erstauflagen zur Geschichte Deutschlands gab es 2007 insgesamt 2017, was einen Anteil von 2,4 % ausmacht. Die Belletristik lag im selben Jahr mit 14.056 Erstauflagen bei 13,9 % (Bubiz 2007/2008).

4.2. Zielgruppe: männlich, gebildet, mittleres oder fortgeschrittenes Alter

Die Überzeugung, dass die Biographien eine tragende Säule des Buchmarkts ausmachen, ist also eine Fehleinschätzung, die von den Zahlen her nicht zu belegen ist. Ihr erliegen vor allem Feuilletonisten, weil sie gebildet, mittleren oder fortgeschrittenen Alters und männlich sind und gern lesen. Damit gehören sie zum Kreis der traditionell von Männern dominierten Sachbuchleser, die sich besonders für Biographien interessieren und dieses Segment deshalb mit besonderer Aufmerksamkeit beobachten, Veränderungen schnell registrieren und diese Veränderungen auch überinterpretieren.

Während es weibliche Leser eher zur Belletristik und zu den Ratgebern zieht, greifen Männer zum Sachbuch. Statt Empathie zu trainieren, wofür traditionell die sog. schöne Literatur zuständig ist, geht es bei der Lektüre von Sachbüchern vordergründig um das Sammeln von Fakten, die man – der Idee nach – im richtigen Leben verwenden kann. Gelesen werden Sachbücher also nicht um des Lesens willen. Gelesen werden sie, ›um etwas zu lernen‹ oder ›um sich zu informieren‹ (↗ II.3. Biographie und Anthropologie). Gleichwohl geht es, wenn auch heimlich, bei der Sachbuchlektüre immer auch um das Eintauchen in eine Geschichte und um Identifikation. Männliche Sachbuchlektüre ist dementsprechend eine Lektüre, die zwar dem Lesewunsch nachgibt, ihn aber zugleich mit einer pragmatischen Begründung unkenntlich macht. Sie ist eine Art ›Romanlektüre minus Fiktion‹, die den Lesern einen Freiraum öffnet, ihnen zugleich aber ermöglicht, sich selbst und anderen zu signalisieren, dass man die entsprechend aufgewandte Lesezeit sinnvoll nutzt. Gebildeten Männern im mittleren oder fortgeschrittenen Alter kommt die Biographie als Sachbuch deshalb gleich doppelt entgegen: Von der Erzählung her ist sie dem Roman verwandt (und kann deshalb wie ein Roman gelesen werden), von der Machart und Aufmachung her aber bleibt sie ein Sachbuch (und kann deshalb für sich selbst nach außen als ›sinnvolle‹, zielorientierte Lektüre ausgegeben werden).

Dieses Doppelte der Biographie ermöglicht es allerdings auch umgekehrt gebildeten Frauen mittleren und fortgeschrittenen Alters, ein Sachbuch zu lesen, ohne auf das verzichten zu müssen, was ihnen der Roman zu bieten hat. Frauen greifen allerdings vor allem dann zu Biographien, wenn sie von Frauen geschrieben sind – und wenn sie dazu noch die Lebensgeschichte einer Frau erzählen (↗ VII.10. Gender Studies). Dass aber rund 80 % aller Biographien von Männern über Männer geschrieben werden, zeigt an, für welche Zielgruppe hier die Identifikationsmuster und Tagtraumvorlagen eigentlich produziert werden. So ist es dann auch kein Zufall, wenn die Regale, in denen die Sachbücher zur Politik, Zeitschichte und die Biographien stehen, in Buchhandlungen und in Bibliotheken gleichermaßen als Bereiche gelten, die in erster Linie von Männern angesteuert werden (oder von Frauen, die Geschenke für Männer suchen).

4.3. »Mehr als eine Biographie« – die Topik der Werbung

An den Werbetexten, mit denen im Buchhandel geworben wird, lässt sich ablesen, wie stark die Biographie auf diesen Leserkreis zugeschnitten ist (↗ IV.1. Kontext). Sie weisen fast immer darauf hin, dass die jeweilige Biographie gleichermaßen unterhält und informiert und dafür harte Fakten mit warmer Lebensnähe vermischt. Versprochen wird, dass die Leser in jenen Zwischenzustand gelangen, in dem sich Tagtraum und Weltzugewandtheit die Waage halten. Und hingewiesen wird, dass dieser Zwischenzustand nicht bloße Betäubung bedeutet, sondern Selbstveredelung durch Weiterbildung ermöglicht. Der Ton der Werbetexte ist entsprechend feierlich, ernst, pathetisch. Gesprochen wird der Jargon des von dem Soziologen Gerhard Schulze so genannten »Niveaumilieus« (Schulze 1995). Biographien werden als Produkte inszeniert, die von der Hochkultur für die Hochkultur hergestellt werden. In der Regel schreiben dann besondere Individuen (die Biographen) über besondere Individuen (die Biographierten), um von besonderen Individuen (den Lesern) in einem besonderen Akt (der Lektüre) konsumiert zu werden. Die Geste der Veredelung findet in den Werbetexten ihren Ausdruck darin, dass das Format Biographie gern mit den Synonymen ›Lebensbild‹ oder ›Porträt‹ verfeinert wird. Es geht um ›Panorama‹ und ›Epoche‹, um ›Schicksal‹ und ›Geschichte‹. Die Biographie erscheint als ›Meisterwerk‹ und wird zum ›Leseschmaus‹. Biographien sind ›groß‹, ›grandios‹, ›glanzvoll‹, ›glänzend‹, ›einzigartig‹, ›einmalig‹, ›faszinierend‹, ›furios‹ und ›bewegend‹, ›eindrücklich‹ und ›mitreißend‹. Geschrieben wird mit ›klarem Stil, großer Quellenkenntnis, Lust am Zitieren, scharfer Analyse‹. ›Geschöpft‹ wird aus einem ›Schatz von Hintergrundinformationen‹. Erzählt wird ›souverän‹, ›fundiert‹ und ›pointenreich‹.

Überhaupt fehlt nur selten der ausdrückliche Hinweis, dass die Biographie *erzählt* (↗ I.4. Narrativität), also – wie es über ein Buch über das Leben Alexanders des Großen heißt – ›mehr als eine Biographie‹ ist. Von einem anderen Biographen wird ein ›zerrissenes, leidenschaftliches Leben brillant erzählt‹. Vom nächsten heißt es, er sei ein ›großer Erzähler‹. Der eine Biograph ›weiß eine gute Geschichte gut zu erzählen‹, der andere verfügt über ›erzählerisches Geschick‹, der dritte kann ›Geschichte lebendig machen‹.

Folgt man den Werbetexten, dann gehört dieses ›Lebendig-Machen‹ zu den Schlüsselqualifikationen eines Biographen. Der eine Biograph ›lässt Adorno für ein großes Publikum lebendig werden‹. Der andere macht die Biographie Hitlers ›in all ihrer Starrheit, Komplexgebundenheit und Beziehungsarmut auch literarisch auf glanzvolle Weise lebendig‹. Für Michael Jackson wurde, so liest man auf einem Klappentext, ›eine einmalige, lebendige und bewegende Würdigung‹ geschrieben.

Je lebendiger eine Lebensgeschichte erzählt wird, umso eher wird sie als ›fesselnd‹ bezeichnet. Die eine Biographin ›zeichnet ein fesselndes Porträt einer ungewöhnlichen Frau‹. Ein anderer zeichnet ›aus Zeitzeugenberichten sowie aufschlussreichem Archiv- und Bildmaterial [...] die Lebensgeschichte des Diktators auf fesselnde Weise nach‹. Kafkas literarisches Werk ›gewinnt [...] in den Linien des Lebensentwurfs eine ebenso fesselnde wie unheimliche Konsequenz‹. Am besten ist, wenn die Biographie so sehr fesselt, dass man – wie es mit schwerem Pathos über eine Napoleon-Biographie heißt – die Lebensgeschichte ›in der kalten Stagnation dieses deutschen Winters atemlos durch[liest], als wären 839 Seiten ein Zeitungsartikel‹.

Um auf die Zielgruppe ›männlich, gebildet, mittleren oder fortgeschrittenen Alters‹ tatsächlich zugeschnitten zu sein, darf eine Biographie aber eben nicht nur fesseln. Sie soll, so wird in Werbetexten herausgestellt, zugleich ›vorzüglich informativ‹ und ›auf dem neuesten Forschungsstand‹ sein. Sie soll ›einführen‹. Man soll eben ›nicht nur lesen, sondern auch verstehen!‹ Dafür soll sich der Biograph jeder falschen Dramatisierung verweigern. Das heißt: Die Biographie soll ›abwägend‹ sein und ›klug ausloten‹. Der gute Biograph ist ›fair‹ und ›unvoreingenommen‹. Er zeigt ›die inneren Brüche und Widersprüchlichkeiten‹ einer Person, die ›Brüche und Widersprüche einer komplexen Persönlichkeit‹ und beleuchtet etwa ›den Schauspieler und Menschen von seiner sehr persönlichen und berührbaren Seite‹. Es geht immer auch ›um die Wahrheit hinter der Maske‹ eines vermeintlichen Helden, eines Schauspielers oder Politikers (↗ II.1. Biographie und Performanz).

Aufgabe der Biographie ist dabei, ›ein neues Licht‹ auf die biographierte Person ›zu werfen‹ oder ihr Leben ›in einem neuen Licht erscheinen zu lassen‹. Erzählt wird dieselbe (Lebens-)Geschichte, nur jetzt noch einmal anders (↗ IV.1. Kontext). In den Werbetexten wird deshalb immer wieder – wenn möglich – herausgestrichen, dass auf ›bislang nicht zugängliche Briefe, Tagebucheintragungen und Notizen‹ zurückgegriffen wird. Biographen ›werten bisher nicht bekannte Dokumenten aus deutschen und europäischen Archiven aus‹, öffnen sich dafür den ›Zugang zu den bisher verschlossenen Unterlagen‹, machen ›zahlreiche bisher unveröffentlichte Dokumente zugänglich‹ und veröffentlichen ›viele bislang unveröffentlichte Bilder, Photos und Kunstwerke‹. Das Beste scheint, man liefert die ›erste vollständige und kritische Biographie‹.

Dass man etwas Neues, etwas Anderes, etwas Größeres oder Vollständigeres liefern muss, liegt natürlich nicht zuletzt daran, dass viele der Biographien, die auf den Markt kommen, darauf reagieren müssen, dass bereits entsprechende Biographien auf dem Markt sind. Interessant ist an den Werbetexten dennoch, dass sie immer wieder darauf hinweisen, dass die jeweilige Biographie eben beides leistet: zu informieren *und* zu unterhalten; zu fesseln *und* zu belehren. Ablesen lässt sich daran, dass es sich bei der Biographie um ein heikles Individualprodukt und beim Biographiekäufer um einen heiklen Individualkunden handelt. Jede Biographie muss immer wieder neu auf dem Markt platziert werden. Und das Vertrauen der Kunden muss immer wieder aufs Neue gewonnen werden, weil sich offensichtlich bei jedem Kaufakt dieselben Zweifel und dieselben Hoffnungen einstellen und durch Nebentexte bearbeitet werden müssen.

4.4. Die Arbeit im Verlag

Das erklärt auch, warum im Verlag, zwischen Lektor und Autor oder Autorin, schwer daran gearbeitet werden muss, die Biographie dem Idealzustand möglichst nahe zu bringen. Biographien sollen eben *Sach*bücher und keine *Fach*bücher sein (woran man vor allem Wissenschaftler erinnern muss, die sich an das Schreiben einer Biographie wagen). Es sind aber auch keine aufgepumpten journalistischen Artikel, Bildungsromane oder poetischen Tableaus (woran man Journalisten erinnern muss, vor allem aber auch Autoren, die eigentlich Literarisches schreiben).

Weil das Schreiben von Biographen schnell an der Zielgruppe vorbeilaufen kann, greifen Verlage gern auf erfahrene Biographen zurück, die nicht nur zuverlässig, sondern auch zielgruppenorientiert produzieren. Der Markt bringt deshalb seit Beginn des 20. Jahrhunderts eine Reihe von Autoren hervor, die sich auf das Schreiben von Biographien spezialisiert haben und davon auch gut leben können. Dafür müssen sie dann allerdings zu Allroundern werden, die gleich für mehrere Sparten und Jahrhunderte zuständig sind: Emil Ludwig hat über Bismarck, Napoleon, Wilhelm II., Jesus und Abraham Lincoln geschrieben, Richard Friedenthal über Marx, Goethe, Luther, Diderot. Heute schreibt Rüdiger Safranski über E.T.A. Hoffmann, Heidegger, Nietzsche, Goethe und Schiller. Jürgen Trimborn schreibt über Hildegard Knef, Romy Schneider und ihre Familie, Johannes Heesters, Rudi Carrell und Leni Riefenstahl. Torsten Körner schreibt über Heinz Rühmann, Götz George und Franz Beckenbauer.

Aber auch die Profis unter den Biographen arbeiten keineswegs unkontrolliert an ihren Projekten. Ist es im Bereich der Belletristik üblich, dem Verlag fertige oder fast fertige Manuskripte vorzulegen, so beginnt die Projektentwicklung für Biographien in der Regel mit Exposés und ersten Arbeitsproben. Hier müssen die Autoren im Überblick und in exemplarischen Ausschnitten zeigen, in welchem Ton sie schreiben und auf welche Weise sie die Fakten erzählerisch verarbeiten. Schon an diesen Exposés und ersten Kapiteln arbeiten die Autoren normalerweise nicht allein. Zur Seite stehen ihnen Agenten, die bei der Entwicklung des Themas und bei der Ausarbeitung erster Probestücke helfen. Den Agenten kommt dabei die Aufgabe zu, bereits die Vorarbeiten entsprechend den Marktvorgaben zu polieren. Auf diese Weise erhöhen sie die Chancen, dass sich das Projekt an einen Verlag vermitteln lässt – und damit dann auch Vorschüsse gezahlt werden.

Wenn der Vertrag geschlossen ist, übernehmen die Verlagslektoren die weitere Betreuung (während parallel dazu mit dem Agenten durchaus schon wieder neue Projekte entwickelt werden). Sie lesen einzelne Kapitel, machen erste Anmerkungen und Vorschläge, vor allem sorgen sie sich um die Autoren, um sie bei Laune und vor allem auf Linie zu halten. Diese Arbeit der Lektoren ist kaum zu überschätzen. Wahrscheinlich müssten sie in mehr als der Hälfte der Fälle (wie in der Literatur und beim populären Sachbuch auch) als Co-Autoren genannt werden, weil sie nicht nur die grobe Richtung des Projekts mitentwickeln, sondern große Teile einer Biographie selbst schreiben. Die aus Verlagsperspektive angenehmsten Biographen sind entsprechend diejenigen, die sich während ihrer Arbeit in die Manuskripte gucken lassen, Anmerkungen und Vorschläge konstruktiv aufnehmen und den Lektor als eine Art Mitschreiber verstehen, dessen Name dann am Ende ohnehin nicht auf dem Cover erscheinen wird.

In den Verlagen wird das Veröffentlichen von Biographien strategisch geplant. Wenn es nicht um Personen geht, die gerade erst verstorben sind und für die deshalb aus dem Stand heraus möglichst schnell eine Biographie geschrieben werden muss, bevor sich das Interesse verliert, nehmen sich die Programmverantwortlichen Zeit. Dabei haben sie den Kalender mit den Geburtstagen und Todestagen berühmter Leute gut studiert. Ein Verlag muss im Falle runder Geburts- oder Todestage das Interesse an einer Biographie nicht selbst generieren. Stattdessen kann man sich an die Jubiläumsindustrie anhängen. Denn wenn die Autorin X, der Politiker Y oder die Sängerin Z ohnehin in allen Medien gefeiert und geehrt werden, ist es sehr wahrscheinlich, dass immer auch auf eine Biographie verwiesen wird, die parallel zu den Feierlichkeiten im Buchhandel erscheint. Plant der Verlag dagegen am Festkalender vorbei, steigt das Risiko: Publiziert man dieselbe Biographie nur ein Jahr vorher oder – schlimmer noch – ein Jahr zu spät, wird sich das Buch nur noch schwer verkaufen lassen.

Das aber heißt: Die Planungen für eine Biographie müssen schon Jahre vor dem Jubiläumsdatum beginnen. Das Manuskript sollte etwa ein Jahr vor dem Erscheinungstermin abgegeben werden, damit es im Verlag ohne Hektik bearbeitet werden kann. Die Arbeit an einer Biographie dauert mindestens ein bis drei Jahre, Planungen und Vorbereitungen dauern ein weiteres Jahr. Die ersten Gespräche sollten deshalb in der Regel mindestens zwei bis drei Jahre vor dem runden Geburtstag oder Todestag des Biographierten liegen.

Agenten und Lektoren wissen das und sind dementsprechend sehr früh auf der Suche nach Autoren, die für das Schreiben der jeweiligen Lebensgeschichte geeignet wären. Umgekehrt sind auch die Autoren, die sich auf das Schreiben von Biographien spezialisiert haben (oder sich darauf spezialisieren wollen), bereits mehrere Jahre vor einem Jubiläum auf der Suche nach Agenten und Lektoren, denen sie ein Biographieprojekt vorschlagen können.

4.5. Monumentalität und Thesenhaftigkeit

Bei jeder Planung von Biographie-Projekten wissen die Verlage, dass es – in den allermeisten Fällen – bereits Biographien zur selben Person auf dem Markt gibt. Und sie rechnen zugleich damit, dass im selben Jahr, in dem ihre Biographie erscheinen wird, auch noch andere Biographien zur selben Person auf den Markt kommen. Das erste ist für die Verlage kein Problem. Bekannt ist, dass der Markt von Novitäten lebt. Biographien, die fünf oder zehn Jahre alt sind, gelten als veraltet. Das aber heißt: Man kann bereits ein oder zwei Jahre nach dem Erscheinen einer Biographie mit der Planung einer neuen zur selben Person beginnen, ohne dass man befürchten muss, dass der Markt gesättigt ist. Experten, die sich mit der biographierten Person beschäftigen, kaufen sich auch das neue Buch. Und Kunden, die noch keine Biographie zur selben Person gelesen haben, greifen nach der jeweils aktuellsten Version – ganz gleich, ob die auch wirklich etwas Neues zu erzählen hat. Genau hier erweist sich der Markt tatsächlich als unersättlich, allerdings um den Preis, dass Biographien schneller veralten und dementsprechend schneller vom Markt verschwinden.

Ein größeres Problem ist für die Verlage, wenn parallel zur eigenen Publikation einer Biographie gleich noch mehrere andere zur selben Person erscheinen. Wer Biographieprojekte im Hinblick auf Jubiläen plant, muss sogar fest damit rechnen. Dass man sich damit also Konkurrenz auf einem Markt macht, auf dem man ohnehin nicht allzu viel verdienen kann, liegt auf der Hand.

Dafür haben die Verlage gleich mehrere Strategien entwickelt. Die erste davon (so erweckt es zumindest den Anschein) ist die der Übertrumpfung. Die Konkurrenten sollen dann durch Monumentalität aus dem Feld geschlagen werden. Der Auftrag lautet entsprechend: Schreib die umfassendste (und damit die umfangreichste) Biographie, die je zur Person X oder Y erschienen ist. Diese Strategie wird immer häufiger angewandt: So ist in den letzten zwanzig Jahren zu beobachten, dass die Biographien immer umfangreicher werden und damit immer höhere Ansprüche an die Recherche- und Erzählarbeit der Biographen stellen.

Die zweite Strategie ist, Biographien auf den Markt zu bringen, die mit *einer* These arbeiten. Im Falle einer Person, über die bereits eine oder mehrere Biographien erschienen sind, bedeutet das: Die Lebensgeschichte muss dann stark auf diese These bzw. eine bestimmte Prägung der Persönlichkeit zugeschnitten werden. Diese Prägung erscheint im Laufe der Erzählung als eine Art Leitmotiv, über das die einzelnen Entwicklungen, Ereignisse oder Reaktionen auf Entwicklungen oder Ereignisse aufgeschlüsselt werden. Im Idealfall ist die These, mit der sich die Erzählung der Biographie entwickelt, so prägnant – Hitler war homosexuell, Hindenburg Charismatiker, Kafka der ewige Sohn usw. –, dass sie nicht nur im Buchladen Distinktionsgewinne bringen. Sie erhöhen auch die Wahrscheinlichkeit, dass die jeweilige Biographie von Kulturredaktionen wahrgenommen und rezensiert wird. Die Kritiker müssen sich dann nämlich nicht durch das ganze Buch hindurcharbeiten und können sich gleich auf die Diskussion der These – die sich der Einprägsamkeit halber häufig schon im Untertitel findet – konzentrieren. Häufig gehen beide Strategien Hand in Hand, was dann zu gleichermaßen umfangreichen wie thesenhaften Biographien führt (↗ IV.1. Kontext).

4.6. Die Ausdifferenzierung von Formaten

Die dritte Strategie der Verlage ist die Weiterentwicklung und Ausdifferenzierung des Formats Biographie. Das klassische Biographieformat, also die große Erzählung, ist längst nur noch eines unter vielen – und keineswegs das bedeutendste oder wichtigste. Seit 1958 gibt es die Kurzbiographien, die sich in Deutschland über die Reihe der rowohlts monographien bereits in den sechziger Jahren etabliert hat und der bis heute, bis zur suhrkamp portrait-Reihe viele nachgefolgt sind. Etabliert haben sich mittlerweile auch die sogenannten *Duo*graphien, in denen nicht die Lebensgeschichte einer Person erzählt wird, sondern die Lebenslinien von zwei Personen verfolgt werden, die sich in ihrem Leben eng aufeinander bezogen haben: Gottfried Benn *und* Johannes R. Becher; Nietzsche *und* Wagner; Chopin *und* George Sand; Andreas Baader *und* Horst Herold. Hier löst sich die Biographie von der einsträngig-linearen Erzählung ab und versucht, Verbindungen, Verknüpfungen und Verknotungen nachzuzeichnen. Grundsätzlich interessant werden in diesem Zusammenhang auch Geschwister (Heinrich und Thomas Mann, Alexander und Wilhelm von Humboldt). Ausgeweitet wird das auch auf die Beziehungen einer Person zu einer bestimmten Personengruppe (Frauen um Goethe, Hitlers Frauen). Auch werden Formate ausprobiert, in denen die Biographie einer ganzen Familie über mehrere Generationen hinweg erzählt wird (das Erbe der Mendelssohns, die Kissinger Saga, Strauß – die Biographie einer Familie).

Bislang kaum Erfolg haben dagegen die Versuche, die Biographie als Format in die digitalen Medien zu übertragen. Biographien auf CD-Rom, die ein ganzes Leben hypertextuell aufbereiten und dem Leser oder User die Möglichkeit lassen, zwischen verschiedenen Erzählsträngen oder zwischen Text und verknüpften Dokumenten hin und her zu springen, sind schnell wieder vom Markt verschwunden – so schnell wie auch die CD-ROM als Medium veraltet ist (Oels/Porombka 2002). Im Internet erscheinen allenfalls Personenporträts auf eigenen Seiten, die häufig auch die ›Biographie‹ als Rubrik anbieten. Dort wird dann der Lebenslauf meist kurz und knapp oder in tabellarischer Form gelistet. Wenn im Netz überhaupt Biographien angeklickt und angesehen werden, dann handelt es sich nicht um Texte, sondern um Filme. Erfolg haben biographische Porträts, die für das Fernsehen produziert worden sind und jetzt über die Datenbanken der Sender oder auf offenen Seiten wie *youtube* bereitgehalten werden. Für Biographien in Buchform interessiert sich hier niemand. Jedenfalls nicht, solange man im Netz ist.

Was derzeit erschlossen wird und auch für Verlage, die Biographien im Programm haben, interessant werden kann, ist der Markt für Texte, die aus dem Internet auf tragbare digitale Lesegeräten geladen werden können. Die entsprechenden Online-Buchläden (aber mittlerweile auch die Buchläden aus der sog. *real world*) haben auch Biographien im Angebot, die zuvor als Buch erschienen sind. Ob damit ein eigener Geschäftszweig entsteht, ist im Moment nicht abzusehen, aber nicht unwahrscheinlich. Ob es dann ausgerechnet Biographien sind, die sich die Leser und User herunterladen, bleibt abzuwarten. Vorsorglich haben die Verlage in ihre Verträge einen Passus eingefügt, mit dem sie sich auch die Rechte für die Publikation eines Textes auf digitalen Lesegeräten übertragen lassen.

Feststellen lässt sich im Moment nur, dass das klassische Format Biographie einen Medienwechsel nicht unbeschadet überstehen wird. Denn wie der belletristische Roman lebt auch die Biographie als Lebensroman davon, als ›große Erzählung‹ in einem Buch aufgehoben zu sein – weil das Buch als Medium genau jene Individualität verkörpert, die die Biographie jedes Mal neu konstruieren muss. Ein langsames Verschwinden des Mediums Buch wird dementsprechend zur Folge haben, dass sich der Begriff der Biographie verwandelt: Sie ist dann keine individuelle Einheit mehr, sondern ein dynamisches Netzwerk, in dem die einzelnen Komponenten immer wieder neu arrangiert werden können. Für den Online-Markt werden die Verlage deshalb umdenken müssen. Oder sie werden sich darauf konzentrieren müssen, Biographien als große Erzählungen von großen Individuen für den Buchmarkt als eine Art Nischenmarkt zu produzieren: die Lebensgeschichte als Produkt mit hohem Nostalgiewert.

Literatur

Börsenverein des Deutschen Buchhandels (Hg.): *Bubiz – Buch und Buchhandel in Zahlen*. Frankfurt a. M. 2007/2008.

Eggert, Hartmut: *Literarische Sozialisation*. Stuttgart [2]2003.

Bonfadelli, Heinz: »Leser und Leseverhalten heute – Sozialwissenschaftliche Buchlese(r)forschung«. In: Bodo Franzmann/Klaus Hasemann (Hg.): *Handbuch Lesen*. Hohengehren 2001.

Oels, David/Porombka, Stephan: »Netzlebenslinien. Probleme der Biographie im digitalen Zeitalter«. In: Christian Klein (Hg.): *Grundlagen der Biographik. Theorie und Praxis des biographischen Schreibens*. Stuttgart/Weimar 2002, S. 129–142.

Plachta, Bodo: *Literaturbetrieb*. München 2008.

Porombka, Stephan: »Wie man ein (verdammt) gutes Sachbuch schreibt«. In: *Non Fiktion. Das Arsenal der anderen Gattungen* 1 (2006), S. 72–92.

Schulze, Gerhard: *Die Erlebnisgesellschaft. Kultursoziologie der Gegenwart*. Frankfurt a. M./New York [5]1995.

Schütz, Erhard u. a. (Hg.): *Das BuchMarktBuch. Der Literaturbetrieb in Grundbegriffen*. Reinbek 2005.

Stephan Porombka

5. Rechtsfragen des Biographieschreibens

5.1. Hinführung

5.1.1. *Rechte der Biographen und der Biographierten im Widerstreit*

Wer eine Biographie schreibt, macht das Leben anderer publik. Bis zu einem gewissen Grade müssen Personen des öffentlichen Lebens dies hinnehmen; es widerspräche jedoch dem Menschenbild, das unsere Rechtsordnung prägt, wäre der beliebige Zugriff auf die Persönlichkeit eines anderen gestattet. Hier verleiht das allgemeine Persönlichkeitsrecht dem Biographierten Abwehrrechte gegen den Biographen (näher 5.1.2.). Wer eine Biographie schreibt, wird außerdem auf Quellen angewiesen sein, die anderen gehören. Mit seinem Eigentum aber kann der Eigentümer nach § 903 des Bürgerlichen Gesetzbuchs (BGB) grundsätzlich »nach Belieben verfahren und andere von jeder Einwirkung ausschließen«. Im Widerstreit mit diesen Rechten anderer stehen rechtlich geschützte Interessen des Biographen *in spe*. Je nach Lage des Falles können die Informations- und Meinungsfreiheit aus Art. 5 Abs. 1 S. 1 des Grundgesetzes (GG), die Wissenschafts- und Kunstfreiheit aus Art. 5 Abs. 3 GG den Rechten der Biographierten Grenzen setzen. Die *Kollisionen zwischen Rechten des Biographen und den Rechten anderer Personen* werden durch Gesetze und andere Rechtsnormen sowie im Einzelfall durch Gerichtsentscheidungen aufgelöst. Unbenommen (und zumeist ratsam) bleibt die Möglichkeit, die Verhältnisse zwischen Biographen und Biographierten sowie Auftraggebern, Urheberrechtsinhabern, Archiven und Verlagen *einvernehmlich* in Verträgen zu regeln.

5.1.2. *Vor allem: Das allgemeine Persönlichkeitsrecht einschließlich des Urheberrechts*

Vielen Rechtsproblemen liegt ein Konflikt mit Persönlichkeitsrechten des Biographierten und anderer Personen zugrunde. Das allgemeine Persönlichkeitsrecht ist im deutschen Bundesrecht nicht ausdrücklich geregelt, wird aber von der Rechtsprechung seit den 1950er Jahren aus Art. 1 Abs. 1 (Menschenwürde) und Art. 2 Abs. 1 (freie Entfaltung der Persönlichkeit) GG hergeleitet.[1] Dieses Grundrecht ergänzt das ›aktive‹ Recht auf freie Entfaltung der Persönlichkeit aus Art. 2 Abs. 1 um einen ›passiven‹ Aspekt, der über den Schutz des Mensch-Seins in Art. 1 Abs. 1 hinaus auch das ›Selbst-Sein‹ erfasst, das Individuum in seiner konkreten Gestalt (von Arnauld 1996, 286 f.).

Folgende relevante Fallgruppen des Persönlichkeitsschutzes sind hervorzuheben: 1. Das *Recht auf informationelle Selbstbestimmung*[2] bildet die Grundlage des Datenschutzrechts. Hiernach soll dem Grunde nach jeder selbst darüber bestimmen können, wer was und bei welcher Gelegenheit von ihm weiß. 2. Aus dem Recht, grundsätzlich selbst über die Art und Weise zu bestimmen, wie man die eigene Person in der Öffentlichkeit darstellen möchte (*Selbstdarstellungsrecht*), lässt sich v. a. der Schutz vor Entstellung des eigenen Lebensbildes in der Öffentlichkeit ableiten. 3. Schließlich wird im deutschen Rechtsverständnis auch das *Urheberrecht*, ungeachtet seiner wirtschaftlichen Komponente, wegen der Verbindung zur künstlerischen Persönlichkeit dem allgemeinen Persönlichkeitsrecht zugeordnet.

Das Persönlichkeitsrecht verpflichtet als Grundrecht in erster Linie den Staat; jedoch gilt es mittelbar auch gegenüber Privaten,[3] so dass dem Biographen das Persönlichkeitsrecht des Biographierten ebenfalls entgegen gehalten werden kann.

Zwar erlischt der grundrechtliche Persönlich-

1 Grundlegend Bundesgerichtshof (BGH): Urteil vom 25.5. 1954. In: BGHZ (Entscheidungssammlung in Zivilsachen), Bd. 13, S. 334–341 (schlagwortartige Bezeichnung: Hjalmar Schacht/Leserbrief).

2 Vgl. Bundesverfassungsgericht (BVerfG): Urteil vom 15.12. 1983. In: BVerfGE (Entscheidungssammlung des Bundesverfassungsgerichts), Bd. 65, S. 1–71 (Volkszählung).

3 BVerfG: Beschluss vom 11.6.1991. In: BVerfGE, Bd. 84, S. 192–197 (Entmündigung), hier S. 194 f.

keitsschutz nach der Rechtsprechung des Bundesverfassungsgerichts (BVerfG) mit dem Tode; allerdings folgt aus der Menschenwürde des Verstorbenen ein *Schutz auch über den Tod hinaus*. Dieser lässt aber mit der Zeit nach (Nikoletopoulos 1984, 57 ff.).[4] Parallel hierzu garantiert das Zivilrecht – das vornehmlich die Rechtsbeziehungen zwischen dem Biographierten und dem Biographen regelt – einen postmortalen Schutz auch von Persönlichkeitsrechten. Deren Wahrnehmung geht nach dem Tode in erster Linie auf die Angehörigen (nicht auf die Erben, sofern nicht mit den Angehörigen identisch) über (analog § 22 Satz 3 und 4 Kunsturheberrechtsgesetz, KUG).[5]

5.2. Rechtsfragen der Recherche

In der Recherchephase wird der Biograph vor allem Zugang zu Dokumenten suchen, die Wissenswertes über den Biographierten enthalten könnten. Art. 5 Abs. 1 Satz 1 GG gibt jedem »das Recht, [...] sich aus allgemein zugänglichen Quellen ungehindert zu unterrichten«. Diese sog. Informationsfreiheit unterliegt allerdings zwei folgenschweren Einschränkungen: Einmal verpflichtet sie *nur Träger öffentlicher Gewalt* und nicht Privatpersonen; des Weiteren berechtigt sie nur zur Unterrichtung aus »allgemein zugänglichen« Quellen. Die begehrten Dokumente müssen daher zunächst einmal überhaupt für Einblicke ›von außen‹ geöffnet worden sein. Ein originäres Recht auf Zugang zu Dokumenten ist dem deutschen Recht traditionell fremd[6] und kann auch nicht über die Wissenschaftsfreiheit begründet werden: Verfassungsrechtlich gilt vielmehr das Prinzip der (auf unmittelbar Betroffene) *›beschränkten Aktenöffentlichkeit‹*[7]. Die in den letzten Jahren im Bund und in den meisten Ländern verabschiedeten *Informationsfreiheitsgesetze* deuten aber einen Paradigmenwechsel an: Im Anwendungsbereich dieser Gesetze, die auf Zugang zu Verwaltungsinformationen beschränkt sind, müssen Ausnahmen vom prinzipiellen Anspruch auf Informationszugang begründet werden – und nicht anders herum.

5.2.1. *Privatarchive*

Ausdruck der Eigentumsgarantie ist es, dass der private Eigentümer von Dokumenten und anderem Archivgut frei darüber befinden kann, ob und wem er Einblick gewährt (Günther 1991, 124 ff.). Der Biograph ist daher auf das *Wohlwollen des privaten Eigentümers* angewiesen und kann auch gegen willkürliche Benachteiligungen in aller Regel nicht juristisch vorgehen (zu Ausnahmen s. 5.2.3.).

Selbst die Öffnung privater Archive für die Wissenschaft oder eine interessierte Öffentlichkeit macht diese nicht zu »allgemein zugänglichen Quellen« im Sinne von Art. 5 Abs. 1 Satz 1 GG. Etwas anderes mag gelten, wo ein privates Archiv *öffentlich (ko-)finanziert* ist. Doch auch dann besteht nicht *per se* ein Anspruch gegen den privaten Träger, sondern es ist von der öffentlichen Hand darauf hinzuwirken, dass eine Archivsatzung allen Archivbenutzern einen gleichen Anspruch auf Nutzung einräumt. Die Nutzungsbedingungen derartiger Archive in privater Trägerschaft – z. B. des Deutschen Literaturarchivs in Marbach – sind zumeist an die Regelungen für öffentliche Archive angelehnt.

5.2.2. *Öffentliche Archive*

Zu den öffentlichen Archiven gehören staatliche und kommunale Archive, d. h. Archive in der Trägerschaft von Bund, Ländern und Gemeinden, unabhängig von ihrer Rechtsform. Das Archivgut in öffentlichen Archiven besteht in erster Linie aus Akten von Behörden und Gerichten. In öffentlichen Archiven kann aber auch Archivgut lagern, das von privaten Eigentümern dorthin zur Aufbe-

4 Grundlegend BVerfG: Beschluss vom 24.2.1971. In: BVerfGE, Bd. 30, S. 173–200/227 (Mephisto), hier S. 194 f.

5 Vgl. BGH: Urteil vom 1.12.1999. In: BGHZ, Bd. 143, S. 214–232 (Marlene Dietrich), hier S. 226. Die Erben hingegen verfolgen ausschließlich die vermögensrelevanten Ansprüche aus dem postmortalen Persönlichkeitsschutz.

6 Vgl. BVerfG: Beschluss vom 30.1.1986. In: *Neue Juristische Wochenschrift* (NJW) 39. Jg. (1986), S. 1243.

7 Udo Schäfer: »Rechte auf Zugang zu Archivgut außerhalb der Archivgesetze«. In: *Der Archivar* 52. Jg., 1 (1999), S. 20–26, hier S. 21. Nicht überzeugend Bartholomäus Manegold: *Archivrecht. Die Archivierungspflicht öffentlicher Stellen und das Archivzugangsrecht des historischen Forschers im Licht der Forschungsfreiheitsverbürgung des Art. 5 Abs. 3 GG*. Berlin 2002, S. 74–79, 97–104.

wahrung gegeben wurde (z. B. Nachlasse; ↗ VIII.2.3. Zur Bedeutung der Quellen).

Zugang zum Archivgut, insbesondere Sperrfristen: Die Grundfragen der Benutzung öffentlicher Archive regeln Archivgesetze; Näheres bestimmt die Satzung für das jeweilige Archiv. Je nach dem, ob es sich um Archivgut des Bundes oder eines Landes (bzw. einer Kommune) handelt, ist Bundesarchivrecht oder das Archivrecht des jeweiligen Bundeslandes anzuwenden. Die Regelungen weichen z. T. voneinander ab (Einzelheiten bei von Arnauld 2002a, 224 ff.).

Das Archivgut ist – im Grundsatz – jedem frei zugänglich, die Gesetze gewähren dem Einzelnen einen Anspruch auf Archivnutzung. Bisweilen wird zwar noch ein ›berechtigtes Interesse‹ an der Nutzung verlangt; ein solches wird aber ein Biograph ohne Mühe darlegen können. Bei privaten Dokumenten, die sich in der Obhut öffentlicher Archive befinden, gibt es im Archiv- oder Depositalvertrag oft individuelle Absprachen zwischen Eigentümer und Archiv, welche die Benutzung nicht unerheblich einschränken können.

Aber auch im Übrigen sind die Dokumente nicht ohne weiteres frei zugänglich. Hier sind bestimmte Fristen zu beachten: Nahezu übereinstimmend legen alle Archivgesetze fest, dass Schriftstücke regelmäßig erst 30 Jahre (teilweise 10 Jahre) nach ihrem Entstehen – d. h. nach Schließung der Akte – zugänglich sind. Allerdings sind die Fristen nicht starr und unabänderlich festgelegt, sondern können im Einzelfall durch den Archivar verkürzt (oder im öffentlichen Interesse verlängert) werden.

Die neuen Informationsfreiheitsgesetze führen hier zu einer gewissen Lockerung: Werden neuere Akten sukzessive an die Archive übergeleitet, gelten die strengen Schutzvorschriften des Archivrechts nicht. Voraussetzung ist, dass das Dokument bei seiner Entstehung der Öffentlichkeit offen gestanden hat und keine der zahlreichen und restriktiven Ausnahmen vom Informationszugangsanspruch vorlag.[8] Das Bundesarchivgesetz regelt dies nunmehr ausdrücklich (§ 5 Abs. 4 S. 2); die Landesarchivgesetze lassen sich entsprechend interpretieren, sofern das betreffende Land über ein Informationsfreiheitsgesetz verfügt.[9] Allerdings betrifft diese Sonderregelung nur *Verwaltungs*informationen – alle anderen Dokumente unterliegen wie bisher den Schutzfristen des Archivrechts.

Personenbezogenes Archivgut: Eine weitere gesetzliche Frist ist für den Biographen von großer Bedeutung: Sofern sich Archivgut »auf eine natürliche Person bezieht«, d. h. »nach seiner Zweckbestimmung« und/oder »nach seinem wesentlichen Inhalt« auf eine natürliche Person zielt, sehen die Archivgesetze aufgrund des Persönlichkeitsrechts eine weitere Sperrfrist vor, die erst 10 oder 30 Jahre nach dem Tod endet (Überblick bei von Arnauld 2002a, 226). Für Dokumente, in denen Personen nur am Rande Erwähnung finden, gelten diese Fristen nicht.

Ausnahmen von den personenbezogenen Sperrfristen sind immer dann zulässig, wenn eine Einwilligung des Betroffenen oder, falls dieser nicht mehr am Leben ist, seiner Angehörigen vorliegt. Ohne eine solche Einwilligung kann die Schutzfrist nur verkürzt werden, wenn das Interesse an einer Öffnung der Akten für einen konkreten Zweck, etwa ein Forschungsvorhaben, die persönlichkeitsrechtlichen Belange überwiegt. Archivgesetze, in denen die Voraussetzungen für eine Fristverkürzung allzu streng formuliert sind (z. B. Versagen der Verkürzung schon bei »Berührung« von Persönlichkeitsrechten) oder die ausnahmslos eine Anonymisierung der Daten verlangen, wird man im Lichte insbesondere der Wissenschaftsfreiheit verfassungskonform dahingehend auszulegen haben, dass der Archivar Abwägungsspielräume erhält (näher von Arnauld 2002a, S. 226 ff.). In eine solche Abwägung kann zugunsten des Interessenten eingehen, dass es sich um eine Akte über eine Person der Zeitgeschichte handelt.

Zu den *Personen der Zeitgeschichte* zählen Menschen, an denen ihrer besonderen Stellung oder Leistung wegen ein hohes öffentliches Informationsbedürfnis besteht (Prinz/Peters 1999, Rn. 847 ff.) und deswegen das Interesse der Öffentlich-

8 Krit. dazu Jochen A. *Frowein*: »Das Informationsfreiheitsgesetz – ein Neuanfang?«. In: Rainer Grote u. a. (Hg.): *Die Ordnung der Freiheit. Fs. für Christian Starck*. Tübingen 2007, S. 219–226, hier S. 224 f.

9 Vgl. Matthias Rossi: Kommentierung zu § 13 IFG. In: Ders.: *Informationsfreiheitsgesetz. Handkommentar*. Baden-Baden 2006, Rn. 14.

keit stärker hinnehmen müssen als andere.[10] Personen, die mit diesen öffentlichen Persönlichkeiten oder einem Ereignis öffentlicher Bedeutung in einer Verbindung stehen bzw. standen, z. B. der Strafverteidiger einer bekannten Person, dürfen im Zusammenhang mit dieser Verbindung ebenfalls stärkerer Beobachtung ausgesetzt sein.[11]

Schutzwürdige Belange Dritter: Die Nutzung der Archivalien ist nach den Archivgesetzen des Bundes und fast aller Länder schließlich auch dann einzuschränken oder zu versagen, wenn »schutzwürdige Belange Dritter entgegenstehen«. Dabei geht es um den Schutz von ›Nebenpersonen‹ in einem Aktenstück (hinsichtlich der ›Hauptpersonen‹ gelten die Regeln zu personenbezogenem Archivgut). Auch hier sind die Formulierungen in einigen Archivgesetzen zu strikt. Dass die Nutzung der Archivalien in solchen Fällen einzuschränken *ist* (einzige Ausnahme: § 11 Abs. 7 Saarländisches Archivgesetz), lässt sich durch Berücksichtigung der Forschungsinteressen bei Auslegung der Begriffe der ›Schutzwürdigkeit‹ und des ›Entgegenstehens‹ entschärfen. Einige Gesetze sehen zudem allein die Nutzungsuntersagung als Rechtsfolge vor. In verfassungskonformer Interpretation wird man zumindest eine Anonymisierung hinsichtlich des ›Dritten‹ ermöglichen müssen (näher von Arnauld 2002a, 229 f.).

Ermessen des Archivars: Die Entscheidung des Archivars ist nur eingeschränkt gerichtlich überprüfbar; je konkreter aber die Archivgesetze werden, desto strenger sind die Begründungsanforderungen an die Entscheidung. Eine einvernehmliche Lösung ist einer gerichtlichen Auseinandersetzung vorzuziehen.

Sonderfall: Stasi-Unterlagen: Einen Sonderfall bilden die Akten bei der Bundesbeauftragten für Stasi-Unterlagen (BStU), deren Nutzung im Stasi-Unterlagen-Gesetz (StUG) geregelt ist (ausführlich von Arnauld 2002a, 230 ff., z. T. noch zur alten Rechtslage). Die Einsichtnahme durch ›externe‹ Forscher ist nach § 32 StUG zulässig, wenn die Nutzung der Aufarbeitung der Tätigkeit des Ministeriums für Staatssicherheit (MfS), aber auch der der NS-Zeit, der Herrschaftsmechanismen der DDR sowie allgemein der politischen Bildung dient: Diese Zwecke kann eine (wissenschaftliche) Biographie jedenfalls *mit*verfolgen.

Dem StUG liegt die Unterscheidung in ›Opfer‹ und ›Täter‹ – d. h. Mitarbeiter und Begünstigte des MfS einerseits, Überwachte und ›Abgeschöpfte‹ andererseits – zugrunde. Eine Einwilligung der betroffenen Person ist stets einzuholen, wenn Akten personenbezogene Informationen über ›Opfer‹ enthalten; bei ›Täter‹-Akten ist also keine Einwilligung vonnöten. Eine Sonderregelung besteht aber für Dokumente über Personen der Zeitgeschichte und politische Amtsträger. Für sie entfällt das Erfordernis einer Einwilligung, soweit die gewonnenen Informationen im Zusammenhang mit ihrer zeitgeschichtlichen Rolle oder Amtsausübung stehen. In dem Streit darüber, wann diese Merkmale vorzuliegen haben, hat sich die Rechtsprechung für den Zeitpunkt der Informationssammlung ausgesprochen.[12]

Bei ihrer Entscheidung hat die BStU die schutzwürdigen Belange *aller* betroffenen Personen – vor allem ihre Persönlichkeitsrechte – miteinzubeziehen; zu prüfen ist inbesondere, ob bei der Erhebung der Informationen offensichtliche Menschenrechtsverletzungen stattgefunden haben: Hiermit wird berücksichtigt, dass im rechtsstaatlichen ›Normalfall‹ solche Daten gelöscht werden müssten. Die rechtsstaatswidrige Erlangung der Informationen durch das MfS kann sich z. B. darauf auswirken, dass nicht wörtlich zitiert werden darf.[13]

10 Zur Abkehr von der Kategorisierung in absolute und relative Personen der Zeitgeschichte und der Hinwendung zu einem abgestuften Schutzkonzept BGH: Urteil vom 6.3.2007. In: BGHZ, Bd. 171, S. 275–287, hier S. 278 ff. Vgl. auch Lars Kröner: »Besondere Persönlichkeitsrechte«. In: Marian Paschke/Wolfgang Berlit/Claus Meyer (Hg.): *Hamburger Kommentar. Gesamtes Medienrecht*. Baden-Baden 2008, Rn. 48 ff.

11 Wolfgang Hoffmann-Riem: »Die Caroline-II-Entscheidung des BVerfG«. In: NJW 62 Jg. (2009), S. 20–26, hier S. 25, hält die Anlehnung an die Kategorie der sog. *relativen* Person der Zeitgeschichte weiterhin für sinnvoll.

12 Vgl. Verwaltungsgericht Berlin: Urteil vom 3.5.2006. Az. 1 A 173.05. Rn. 39. Zugangsgeschützt abrufbar unter http://www.juris.de (15.6.2009).

13 Bundesverwaltungsgericht: Urteil vom 23.6.2004. In: BVerwGE (Entscheidungssammlung des Bundesverwaltungsgerichts). Bd. 121, S. 115–140 (Kohl II), hier S. 133.

5.2.3. *Das Urheberrecht als Schranke und Hilfe beim Zugang zu Dokumenten*

Urheberrechtliche Zugangsschranken: Das Urheberrecht errichtet regelmäßig bei der *Publikation* von urheberrechtlich geschützten Dokumenten Schranken (näher daher 5.3.1.); es kann aber auch beim *Zugang* zu solchen Dokumenten relevant werden, die noch unveröffentlicht sind. Die Rechtslage ist meist übersichtlich, wenn der Urheberrechtsinhaber selbst im Besitz der Dokumente ist oder der Vertrag zwischen Deponent und Archiv Regelungen trifft. Insbesondere bei *Briefen* jedoch werden das ›Recht am Papier‹ (das Eigentum) und das Recht an seinem Inhalt (das Urheberrecht) regelmäßig auseinanderfallen. Konsequenz dieser Rechtsspaltung ist, dass das Urheberrecht an Briefen, die sich im Eigentum oder im Nachlass des Briefempfängers befinden, dem Absender des Briefes zusteht (Bergemann 2001, 75; Wiese 1982, 491). Über dieses Recht verfügen der Verfasser oder seine Erben: Das Urheberrecht knüpft wegen seiner Vermögensrelevanz an die Erbenstellung an, nicht an den Status des Angehörigen.

Die bloße Vorlage unveröffentlichter geschützter Dokumente ist ohne Einwilligung des Urheberrechtsinhabers zulässig. Durch die Anfertigung von Kopien allerdings, auch von handschriftlichen, würde das geschützte Werk unzulässigerweise an die Öffentlichkeit treten und das Verbreitungsverbot des § 17 Urheberrechtsgesetz (UrhG) verletzt. Handschriftliche Notizen des Einsichtnehmenden *über* das Werk oder das Notieren wörtlicher Zitate in unwesentlichem Umfang sind indes gestattet. Dass der Urheberrechtsinhaber von solchen Aktivitäten oftmals keine Kenntnis erlangen dürfte, betrifft nur die Durchsetzung des Rechts, nicht die Rechtslage als solche. Spätestens bei der Publikation von z. B. Zitaten aus Briefen wird der Urheberrechtsinhaber zu konsultieren sein.

Urheberrechtliche Zugangsrechte: Geht der Biograph im Einvernehmen mit dem Urheber vor, kann er andererseits aber auch – selbstständig oder im Rahmen einer Vollmacht – vom Besitzer eines geschützten Dokuments dessen Vorlage verlangen, »soweit dies zur Herstellung von Vervielfältigungsstücken oder Bearbeitungen des Werkes erforderlich ist und nicht berechtigte Interessen des Besitzers entgegenstehen« (§ 25 Abs. 1 UrhG). Nach § 809 BGB kann der Einblick auch gefordert werden, um festzustellen, ob das fragliche Dokument überhaupt urheberrechtsfähig ist. Der (theoretisch möglichen) Durchsetzung dieser Ansprüche im Gerichtswege ist eine für alle Seiten sichere und nervenschonende einvernehmliche Lösung, wie meistens, vorzuziehen.

5.3. Rechtsfragen der Publikation

5.3.1. *Urheberrechtliche Publikationsbeschränkungen*

Veröffentlichungs- und Verwertungsrechte des Urhebers: Möchte der Biograph aus Texten zitieren, legt ihm das Urheberrecht Beschränkungen auf. Der *Schutz des Urheberrechts* umfasst im Wesentlichen das Veröffentlichungsrecht und Verwertungsrechte, namentlich die Rechte der Vervielfältigung (§ 16 UrhG) und Verbreitung (§ 17 UrhG) auch von Teilen eines sprachlichen Werks. Nach § 12 Abs. 1 UrhG haben der Urheber bzw. seine Erben das ausschließliche Recht zu bestimmen, ob und wie ein noch nicht publiziertes Werk erstmals zu veröffentlichen ist. Eine Veröffentlichung auch von Auszügen eines noch unveröffentlichten Werkes ist ohne Zustimmung des Urheberrechtsinhabers unzulässig. Auch die Mitteilung des Inhalts ist dem Verfasser vorbehalten (§ 12 Abs. 2 UrhG). Allerdings hat der Urheber das Recht, anderen Nutzungsrechte einzuräumen (§ 31 Abs. 1 UrhG). Im Falle einer im Verlagswesen üblichen Übertragung des *ausschließlichen Nutzungsrechts* muss der Biograph sich das Recht zum Abdruck vom Inhaber des Nutzungsrechts einräumen lassen. Die Zustimmung des Urhebers hierzu kann bereits im Verlagsvertrag erteilt worden sein.[14]

Schutzfähige Werke: Urheberrechtlichen Schutz genießen alle Sprachwerke, die als »persönliche geistige Schöpfungen« (§ 2 Abs. 2 UrhG) betrachtet werden können. Maßgeblich ist ein Wiedererkennungswert des Textes, eine »individuelle Prägung«[15], welche sich sowohl aus dem Inhalt als

14 Jan Bernd Nordemann: Kommentierung zu § 35 UrhG. In: Fromm/Nordemann 2008, Rn. 11.

15 BGH: Urteil vom 21.4.1953. In: BGHZ, Bd. 9, S. 262–270 (Lied der Wildbahn).

auch aus der sprachlichen Form und Gestalt ergeben kann. Bei Texten, die einer herkömmlichen Literaturgattung zuzurechnen sind, macht es deren fiktionaler Gehalt (z.B. Roman) oder die besondere sprachliche Formgebung (z.B. Lyrik) vergleichsweise einfach, eine persönliche geistige Schöpfung ihres Verfassers anzunehmen. ›*Alltagstexte*‹, z.B. Tagebuchaufzeichnungen oder Briefe, sind dagegen in der Regel nicht urheberrechtsfähig. So ist die Rechtsprechung zurückhaltend, wenn es darum geht, Briefe als Schriftwerke im Sinne des Urheberrechts zu qualifizieren (Wiese 1982, 492). Maßgebend ist, ob sich ein Brief »nach Inhalt und Form von den Briefen der Gesellschaftsschicht des Verfassers« abhebt.[16] Die individuelle Prägung muss hier deutlicher sein als bei literarischen Gelegenheitsarbeiten. Publikationsabsichten des Briefeschreibers spielen für die Bestimmung der Urheberrechtsfähigkeit keine Rolle.

Beispiele aus der Rechtsprechung zeigen (von Arnauld 2002b, 243f.), dass der Ausgang eines etwaigen Rechtsstreits darüber, ob Texte, die nicht im engeren Sinne ›literarische‹ sind, urheberrechtlichen Schutz genießen, ungewiss bleibt. Bei Schriftstellern, die eine besondere Briefkultur pflegen, besteht immerhin eine gewisse Wahrscheinlichkeit, dass zumindest einige Briefe oder sonstige Aufzeichnungen dem Schutz des Urheberrechts unterliegen. Es empfiehlt sich daher, nach Möglichkeit Einvernehmen mit dem Verfasser bzw. seinen Erben zu suchen.

Werk- und Brief*editionen* können ebenfalls urheberrechtlichen Schutz als Sammelwerke im Sinne von §4 UrhG genießen oder als wissenschaftliche Ausgabe nicht (mehr) geschützter Dokumente nach §70 UrhG geschützt sein. Letzteres setzt allerdings voraus, dass es sich um die erste Ausgabe handelt oder um eine solche, die sich wesentlich von bisherigen Ausgaben unterscheidet.[17] Der Herausgeber erwirbt jedoch nur ein Recht an dem Sammelwerk bzw. der Ausgabe selbst, nicht an den darin publizierten Texten oder Werken.[18]

16 BGH: Urteil vom 22.12.1959. In: BGHZ, Bd. 31, S. 308–320 (Alte Herren), hier S. 311.

17 Axel Nordemann: Kommentierung zu §70 UrhG. In: Fromm/Nordemann 2008, Rn. 16f.

18 Axel Nordemann: Kommentierung zu §70 UrhG (wie Anm. 17), Rn. 18.

Zeitliche Grenzen des Urheberrechts: Der Verfasser und seine Erben können nicht unbeschränkt über das Werk verfügen: Die umfassendste Grenze des Urheberrechts bestimmt §64 UrhG: »Das Urheberrecht erlischt siebzig Jahre nach dem Tode des Urhebers.« Die Frist beginnt gemäß §69 UrhG erst am Ende des Todesjahres. Mit Ablauf der Frist wird das Gesamtwerk des Autors, veröffentlichte wie unveröffentlichte Werke gleichermaßen, ›gemeinfrei‹, d.h. es steht jedermann zur freien Nutzung offen.[19] Allerdings bestimmt §71 UrhG insoweit eine Ausnahme: Ist ein nach Ablauf der Frist des §64 UrhG gemeinfrei gewordenes Werk zu diesem Zeitpunkt noch nicht erschienen, so erwirbt der erste Herausgeber (*editor princeps*) für 25 Jahre ab dem Erscheinen nicht nur ein Recht an der Ausgabe, sondern ein (dem Urheberrecht entsprechendes) ausschließliches Verwertungsrecht an dem Werk.[20]

Zitierrechte: Das Urheberrecht wird zudem durch Zitatausnahmen begrenzt (ausführlich, teilweise zu alter Rechtslage von Arnauld 2002b, 248ff.). Zitate sind ohne Benachrichtigung des Rechteinhabers gestattet, aber nur, wenn das Werk bereits rechtmäßig veröffentlicht ist; d.h. das Original oder eine kleine Zahl von Kopien müssen mit Zustimmung des Rechteinhabers aus dem privaten Kreis des Autors treten und theoretisch jedermann zugänglich sein.[21] Regelmäßig darf das Zitat nur Werkausschnitte umfassen (§51 Ziff. 2 UrhG, sog. Kleinzitat). Ganze Texte dürfen in wissenschaftlichen Werken zitiert werden, wenn das Zitat das zitierende Werk erläutert (§51 Ziff. 1 UrhG, sog. Großzitat); ›literarische‹ Biographien dürften allerdings Schwierigkeiten haben, zu wissenschaftlichen Werken zu zählen. Für alle Zitate, Groß- wie Kleinzitat, ist eine innere Verbindung mit dem Text erforderlich, die den zulässigen Umfang des Zitats bestimmt. Dabei kann es bei sehr kurzen

19 Axel Nordemann: Kommentierung zu §64 UrhG. In: Fromm/Nordemann 2008, Rn. 18.

20 Zu Einzelheiten Axel Nordemann: Kommentierung zu §71 UrhG. In: Fromm/Nordemann 2008, Rn. 9ff.

21 Näher Andreas Dustmann: Kommentierung zu §51 UrhG. In: Fromm/Nordemann 2008. Zum Sonderproblem, ob die Aufbewahrung in öffentlichen Archiven eine Veröffentlichung bedeutet, Oberlandesgericht Zweibrücken: Urteil vom 21.2.1997. In: *Gewerblicher Rechtsschutz und Urheberrecht* 99. Jg. (1997), S. 363–364, hier S. 364. Dagegen von Arnauld 2002b, S. 250.

Werken, etwa kleinen Gedichten oder kurzen brieflichen Mitteilungen, im Einzelfall zulässig sein, das gesamte Werk zu zitieren, wenn ein sinnvolles Zitieren anders nicht möglich ist.[22] Außer bei literarisch angelegten Biographien ist gemäß § 63 Abs. 1 UrhG stets eine deutliche Quellenangabe erforderlich.

Rechtsfolgen bei Verstößen gegen das Urheberrecht: Wird gegen Urheberrechte oder andere Rechte nach dem Urheberrechtsgesetz verstoßen, kann der Rechteinhaber hiergegen - in letzter Konsequenz gerichtlich - vorgehen. Nach § 97 Abs. 1 Satz 1 UrhG kann der bereits Geschädigte *Beseitigung der Beeinträchtigung* verlangen, was auf eine Streichung des abgedruckten Werkes oder Werkteils bzw. Schwärzung nach Drucklegung hinausläuft. Ansprüche auf Vernichtung oder Rückruf von Auflagen (§ 98 UrhG) werden in der Regel unverhältnismäßig sein. Der *Unterlassungsanspruch* aus § 97 Abs. 1 UrhG, der auf bevorstehende Verletzungen des Urheberrechts zielt, ist stets anzunehmen, wenn ein geschütztes Werk in einer Biographie abgedruckt ist, da mit jeder Verbreitung eine (weitere) Rechtsbeeinträchtigung droht. Allerdings kann nach § 100 UrhG der Verletzer der Pflicht zur Beseitigung und Unterlassung durch Zahlung eines angemessenen Geldbetrages entgehen, wenn er weder vorsätzlich noch fahrlässig gehandelt hat, z. B. weil er unverschuldet über die Person des Rechteinhabers im Irrtum war.

Ist dem Rechteinhaber bereits ein Vermögensschaden entstanden, so kann er gemäß § 97 Abs. 2 UrhG *Schadensersatz* verlangen, wenn der Verletzte vorsätzlich oder fahrlässig gehandelt hat. Der Schaden wird zumeist in entgangenem Gewinn aus einer eigenen wirtschaftlichen Verwertung des Werkes bestehen, der in der Gerichtspraxis regelmäßig durch die Zahlung einer (fingierten) »angemessenen Lizenzgebühr« ausgeglichen wird.[23] Zudem kommt der Ersatz immaterieller Schäden in Betracht. Dieses ›*Schmerzensgeld*‹ ist nur bei schweren und nachhaltigen Verstößen zu zahlen, etwa bei Verstoß gegen das Erstveröffentlichungsrecht aus § 12 UrhG. Schließlich finden über § 102a UrhG die Vorschriften des BGB über die ungerechtfertigte Bereicherung (§§ 812 ff.) Anwendung, was im Ergebnis ebenfalls auf die auch über § 97 Abs. 2 UrhG zu fordernde angemessene Lizenzgebühr hinausläuft.[24]

Dass das Gesetz dem Verletzten bestimmte Ansprüche zur Verteidigung seines Rechts einräumt, bedeutet nicht, dass diese Ansprüche auch geltend gemacht werden müssen. Durch außergerichtliche Einigung können kostenintensive Rechtsstreitigkeiten vermieden werden; dies wird jetzt auch durch die gegenüber einer Klage mildere, gleichwohl Kosten verursachende Abmahnung nach § 97a UrhG ermöglicht.

5.3.2. *Persönlichkeitsrechtliche Publikationsbeschränkungen*

Da Biographien von Menschen handeln, kann das allgemeine Persönlichkeitsrecht auch einer Publikation im Weg stehen. Hier gilt es, dieses Recht im Einzelfall mit den – je nach Anlage der Biographie – kollidierenden Freiheiten von Wissenschaft, Kunst oder Meinung in einen angemessenen Ausgleich zu bringen. Gerichtliche Auseinandersetzungen über Biographien, namentlich bei Verstorbenen, sind allerdings eher selten; bei noch lebenden Porträtierten dürften sie primär bei Enthüllungsbiographien zu erwarten sein.

Schutz vor Indiskretion: Nach der sogenannten Sphärentheorie ist bei Informationen, die über eine andere Person beschafft oder verbreitet werden, danach zu unterscheiden, ob diese der Öffentlichkeits-, der Privat- oder der Intimsphäre zuzurechnen sind (Prinz/Peters 1999, Rn. 54–85; Beater 2007, 151 f.). Während über Ereignisse, die sich in der Öffentlichkeit zugetragen haben, in der Regel[25] ohne Weiteres berichtet werden darf, muss bei Vorkommnissen im privaten Kreis ein überwiegendes Informationsinteresse vorliegen. Obwohl *Personen der Zeitgeschichte* das Interesse der Öffentlichkeit in stärkerem Maße hinnehmen müssen als gewöhnliche Privatpersonen, muss auch hier für jede Information gesondert geprüft werden, ob das Be-

22 Vgl. Gerhard Schricker: Kommentierung zu § 51 UrhG. In: Schricker 2006, Rn. 45.

23 Gisela Wild: Kommentierung zu § 97 UrhG. In: Schricker 2006, Rn. 60 f.

24 Vgl. Gisela Wild: Kommentierung zu § 97 UrhG (wie Anm. 23), Rn. 86 f.

25 Ausnahme bei BVerfG: Urteil vom 5.6.1973. In: BVerfGE, Bd. 35, S. 202–245 (Lebach), hier S. 226 ff.

dürfnis, die Öffentlichkeit zu informieren, das Geheimhaltungsinteresse des Betroffenen ausnahmsweise überwiegt.[26] Die Privatsphäre erfasst nicht nur alles, was sich außerhalb der Öffentlichkeit abspielt, sondern auch solche Ereignisse, die zwar an öffentlichen Plätzen, also in der Öffentlichkeit stattfinden, aber nicht *für die* Öffentlichkeit bestimmt sind.[27] Die Intimsphäre schließlich soll nach verbreiteter Ansicht absolut geschützt sein.[28] Vor allem an sexuell konnotierten Einzelheiten besteht kein legitimes Informationsinteresse,[29] sofern die Betroffenen diese Informationen nicht selbst öffentlich gemacht haben oder ihrer Veröffentlichung zustimmen. Wenn eine bekannte Person bereits seit längerer Zeit tot ist – regelmäßig mindestens 30 Jahre –, besteht nur noch ein geringes Bedürfnis, ihr Privat- oder sogar Intimleben zu schützen (näher Nikoletopoulos 1984, 18, 25 ff.).

Der Bericht über Privates und Intimes betrifft oft zugleich die Privat- bzw. Intimsphäre anderer Personen, etwa von Familienmitgliedern oder Freunden der Biographierten. Sofern diese nicht ebenfalls Personen der Zeitgeschichte sind, z. B. bei dem privaten Briefwechsel zweier bedeutender Schriftsteller, kann über eine Anonymisierung nachzudenken sein. Wird über das außereheliche Verhältnis eines Verstorbenen berichtet, muss gegebenenfalls die noch lebende Ehefrau einer Erwähnung zustimmen, da ihre Intimsphäre mitbetroffen ist; die Kinder sind jedoch regelmäßig nur in ihrer Privatsphäre betroffen und jedenfalls nach Ablauf einer längeren Zeitspanne nicht mehr geschützt.[30]

Schutz vor Unwahrheiten: Das allgemeine Persönlichkeitsrecht gibt dem Berechtigten (oder seinen Angehörigen) keinen Abwehranspruch gegen jede unwahre Tatsachenbehauptung, sondern nur gegen eine solche, die geeignet ist, der Öffentlichkeit ein negatives oder ein verzerrtes Bild von der betroffenen Person zu vermitteln (Prinz/Peters 1999, Rn. 490 f., 675). Eine unwahre Tatsachenbehauptung kann auch im Unterschieben einer Äußerung liegen.[31] Die Unwahrheiten müssen geeignet sein, das Ansehen des Betroffenen zumindest in bestimmten Bevölkerungskreisen zu beeinträchtigen, sein Bild – unter Umständen auch das Lebensbild eines Verstorbenen – in der Öffentlichkeit zu verzerren oder falsche Rückschlüsse auf private Sachverhalte nahezulegen. Selbst die Veröffentlichung von im Wesentlichen richtigen Tatsachen kann unzulässig sein, wenn sie geeignet ist, den Betroffenen ins Zwielicht zu rücken, z. B. bei einem Bericht über einen Kontakt mit dem KGB.[32]

Schutz vor Ehrkränkungen: Biographen werden nicht nur Lebenstatsachen der Biographierten beschreiben, sondern diese auch bewerten. Gemäß Art. 5 Abs. 2 GG findet die Meinungsfreiheit ihre Schranke »in dem Recht der persönlichen Ehre«. Dasselbe gilt, im Ergebnis, für die in Art. 5 Abs. 3 GG garantierten Freiheiten der Wissenschaft und Kunst. Der Schutz von Ehre und Ansehen darf dabei nicht als Schutz vor Kritik missverstanden werden. Kritische Äußerungen sind selbst bei harscher Formulierung im Interesse der Meinungsfreiheit zulässig. Unzulässig sind jedoch die Verwendung von Schimpfwörtern (Formalbeleidigungen) und Schmähkritik, d. h. dass die Auseinandersetzung in der Sache verlassen wird.[33]

Verbreiterhaftung: Nicht nur, wer ein Gerücht aufstellt oder eine kränkende Äußerung im eigenen Namen tätigt, verletzt die Rechtssphäre des Betroffenen, sondern auch, wer hierfür auf andere verweist. Daher ist auch derjenige für eine Veröffentlichung verantwortlich, der fremde Äußerungen wiedergibt.[34] Macht sich der Äußernde die fremde Äußerung zu eigen, so liegt eine eigene Behauptung seinerseits vor; gibt er sie lediglich als

26 BVerfG: Beschluss vom 7.5.1997. In: NJW 50. Jg. (1997), S. 2669–2671 (Scientology), hier S. 2670.

27 BVerfG: Beschluss vom 26.2.2008. In: BVerfGE, Bd. 120, S. 180–223 (Caroline von Monaco II), hier S. 207.

28 Vgl. BVerfG: Beschluss vom 31.1.1973. In: BVerfGE, Bd. 34, S. 238–251 (Tonbandaufnahme), hier S. 245.

29 Nicht mal im Kleid literarischer Verfremdung, BVerfG: Beschluss vom 13.6.2007. In: BVerfGE, Bd. 119, S. 1–36 (Esra), hier S. 34.

30 Oberlandesgericht (OLG) Hamburg: Beschluss vom 21.8.2003. In: *Zeitschrift für Urheber- und Medienrecht* 48. Jg. (2004), S. 128–133, hier S. 131.

31 BVerfG: Beschluss vom 3.6.1980. In: BVerfGE, Bd. 54, S. 148–158 (Eppler), hier S. 155 f.

32 OLG Bremen: Urteil vom 1.9.1995. In: NJW 49. Jg. (1996), S. 1000–1002, hier S. 1000 f.

33 BVerfG: Beschluss vom 26.6.1990. In: BVerfGE, Bd. 82, S. 272–285 (Zwangsdemokrat), S. 283 ff.; Dass.: Beschluss vom 13.4.1994. In: BVerfGE, Bd. 90, S. 241–254 (Holocaustleugnung), hier S. 248.

34 Vgl. BGH: Urteil vom 26.11.1996. In: NJW 50. Jg. (1997), S. 1148–1150 (Stern-TV), hier S. 1149.

fremde wieder, ist er als Verbreiter haftbar (Prinz/Peters 1999, Rn. 33; Beater 2007, 752). Der Abdruck fremder Zitate, die persönlichkeitsrechtlich relevante Aussagen enthalten, löst die Verantwortlichkeit mindestens als Verbreiter aus; es sei denn, der Autor distanziert sich eindeutig von der fremden Aussage. Hierfür genügen bloße Floskeln nicht, etwa, dass ein Gerücht »unbestätigt« oder »wenig glaubhaft« sei.[35] Entgegen einer verbreiteten Annahme kann man seiner äußerungsrechtlichen Verantwortung auch nicht durch ›Verkleidung‹ einer Behauptung – z. B. durch rhetorische Fragen – entgehen.

Rechtsfolgen bei Persönlichkeitsrechtsverstößen: Verletzen Äußerungen in einer Biographie fremde Persönlichkeitsrechte, muss der Autor mit zivilrechtlichen Ansprüchen auf Unterlassung, Berichtigung, Schadensersatz oder auf Geldentschädigung rechnen. Von besonderer praktischer Bedeutung ist der *Unterlassungsanspruch*, weil mit ihm im Eilverfahren die erstmalige oder weitere Verbreitung des Buches vorläufig gestoppt werden kann. Im Hauptsacheverfahren kann dann endgültig eine Schwärzung der rechtswidrigen Passagen oder sogar ein Vertriebsverbot durchgesetzt werden. Der verschuldensunabhängige *Berichtigungsanspruch* gegen erwiesenermaßen unwahre Tatsachenbehauptungen – nicht gegen Meinungsäußerungen! – kann entweder auf Widerruf bzw. Richtigstellung der Behauptung oder auf Distanzierung von einer fremden Aussage gerichtet sein (Prinz/Peters 1999, Rn. 680, 688 ff.). Beides wird bei bereits erfolgter Drucklegung erst eine Neuauflage betreffen können; allerdings kann im zumutbaren Rahmen verlangt werden, noch nicht ausgelieferten Büchern ein gesondertes Blatt mit der Berichtigung beizufügen.

Der Anspruch auf *Schadensersatz* wegen Verletzung von Persönlichkeitsrechten spielt für Biographien eine untergeordnete Rolle, da es regelmäßig an einem wirtschaftlichen Schaden fehlen dürfte. Demgegenüber kommt dem Anspruch auf *Geldentschädigung*, den der Bundesgerichtshof direkt aus Art. 2 Abs. 1 in Verbindung mit Art. 1 Abs. 1 GG hergeleitet hat,[36] größere Bedeutung zu. Dieser Anspruch setzt eine verschuldete und schwere Persönlichkeitsrechtsverletzung voraus (vgl. ebd., Rn. 745 ff.), z. B. eine erhebliche Ehrkränkung, eine Verletzung der Intimsphäre oder erfundene Äußerungen; ebenso kann berücksichtigt werden, ob der Autor mit der Persönlichkeitsrechtsverletzung kommerzielle Interessen verfolgte. Der Autor handelt fahrlässig, wenn er die allgemeinen Grundsätze publizistischer Sorgfalt missachtet (ebd., Rn. 755). Hier kann unter Umständen eine Rolle spielen, ob eine unrichtige Tatsachenbehauptung in verschiedenen anderen Quellen aufgetaucht ist, gegen die der Verletzte bislang nicht vorgegangen ist. Die Höhe des Anspruchs auf Geldentschädigung orientiert sich an verschiedenen Faktoren wie der Intensität der Verletzung, dem Grad des Verschuldens und der Finanzkraft des Schädigers (eingehend ebd., Rn. 763 ff.).

5.3.3. *›Quellenbezogene‹ Veröffentlichungsverbote*

Inhalte heimlich mitgeschnittener oder mitgehörter Gespräche der Öffentlichkeit zugänglich zu machen, ist nach § 201 Abs. 2 Nr. 2 Strafgesetzbuch strafbar, sofern Persönlichkeitsrechte der Betroffenen berührt sind. Die Veröffentlichung hat also in der Regel zu unterbleiben, wenn nicht ausnahmsweise ein allgemeines Informationsinteresse deutlich überwiegt.[37] Ein allgemeines Veröffentlichungsverbot für illegal erlangte Informationen existiert nicht (Beater 2007, 450 ff.).

Veröffentlichungsverbote können sich auch auf Archivgut beziehen, sei es wegen einer Bestimmung im Depositalvertrag oder weil der Archivar bei Abwägung der kollidierenden Rechtspositionen zu dem Ergebnis gelangt, dass Dokumente zwar vorgelegt, aber nur eingeschränkt zitiert werden dürfen. Diese Entscheidung ist gerichtlich überprüfbar und kann sowohl von dem Biographen als auch von dem Betroffenen oder seinen Angehörigen angefochten werden. Schließlich kann auch der

35 BGH: Urteil vom 27.5.1986. In: NJW 39. Jg. (1986), S. 2503–2505 (Ostkontakte), hier S. 2504; anders für reine Aussagen-Dokumentation in der Presse BVerfG: Beschluss vom 30.9.2003. In: NJW 57. Jg. (2004), S. 590–591 (Bundesscheiße), hier S. 591.

36 Erstmals BGH: Urteil vom 5.12.1995. In: NJW 49. Jg. (1996), S. 984–985 (Caroline von Monaco II), hier S. 985.

37 BVerfG: Beschluss vom 25.1.1984. In: BVerfGE, Bd. 66, S. 116–151 (Wallraff ›Der Aufmacher‹), S. 137 f.

Rechteinhaber bei urheberrechtlich geschütztem Material einer Veröffentlichung widersprechen.

5.3.4. *Rechtliche Aspekte von Abbildungen*

Werden zur Veranschaulichung Abbildungen in das Werk aufgenommen, sind wieder Urheber- und Persönlichkeitsrechte zu beachten. Reproduktionen einzelner künstlerischer Werke des Biographierten abzudrucken, z. B. von Plastiken oder Libretti, ist im Rahmen der Zitierfreiheit nach § 51 UrhG zulässig. Unveröffentlichte Werke, z. B. anspruchsvolle Photographien, genießen den regulären Schutz des Urheberrechts, der erst 70 Jahre nach dem Tod erlischt. Bildnisse *von* einer Person, z. B. Photos, dürfen in der Regel nur mit ihrer Erlaubnis oder bis 10 Jahre nach ihrem Tod nur mit Erlaubnis ihrer Angehörigen abgedruckt werden (§ 22 KUG; Ausnahmen in § 23).

5.3.5. *Vertrags- und Verlagsverhältnisse*

Bisweilen werden der Biographierte selbst oder ihm Nahestehende eine Biographie in Auftrag geben. Hier liegt es an der individuellen Ausgestaltung des Werkvertrages (§ 631 BGB bzw. § 47 Abs. 1 Verlagsgesetz), wie die Bedingungen der Entlohnung, der Übertragung von Verwertungsrechten und des Einflusses auf die Publikation gefasst sind. Wer einen Autor beauftragt, aufgrund eigener Recherchen eine Biographie zu erarbeiten und zu publizieren, muss sich ausdrücklich das Recht vorbehalten, das Erscheinen des Werks zu unterbinden, falls das Produkt nicht den Gefallen des Auftraggebers findet – ansonsten verzichtet der Auftraggeber auf sein Rückrufrecht aus § 41 UrhG.[38] Für Einzelfragen der Vertragsgestaltung mit Auftraggebern und Verlagen sowie des Vertragsabschlusses mit Inhabern von Urheberrechten sind am besten verlagsrechtliche Praxishandbücher zu konsultieren, da praktisch unendliche Vertragsvariationen denk- und durchführbar sind (z. B. Delp 2008).

Literatur

Arnauld, Andreas von: »Strukturelle Fragen des allgemeinen Persönlichkeitsrechts. Überlegungen zu Schutzbereich und Schranken des grundrechtlichen Persönlichkeitsschutzes«. In: *Zeitschrift für Urheber- und Medienrecht* 40. Jg. (1996), S. 286–292.

Ders.: »Rechtsfragen des Biographieschreibens. Teil 1: Recherche«. In: Christian Klein (Hg.): *Grundlagen der Biographik. Theorie und Praxis biographischen Schreibens.* Stuttgart/Weimar 2002a, S. 219–240.

Ders.: »Rechtsfragen des Biographieschreibens. Teil 2: Publikation«. In: Christian Klein (Hg.): *Grundlagen der Biographik. Theorie und Praxis biographischen Schreibens.* Stuttgart/Weimar 2002b, S. 241–264.

Beater, Axel: *Medienrecht.* Tübingen 2007.

Bergemann, Henrik: *Rechte an Briefen.* Baden-Baden 2001.

Delp, Ludwig: *Der Verlagsvertrag.* München [8]2008.

Fromm, Karl Friedrich/Nordemann, Wilhelm (Hg.): *Urheberrecht. Kommentar zum Urheberrechtsgesetz, Verlagsgesetz, Urheberrechtswahrnehmungsgesetz.* Stuttgart [10]2008.

Günther, Herbert: »Rechtsprobleme der Archivbenutzung«. In: Rainer Polley (Hg.): *Archivgesetzgebung in Deutschland. Beiträge eines Symposiums.* Marburg 1991, S. 120–181.

Nikoletopoulos, Panajiotis: *Die zeitliche Begrenzung des Persönlichkeitsschutzes nach dem Tode.* Frankfurt a. M. u. a. 1984.

Prinz, Matthias/Peters, Butz: *Medienrecht. Die zivilrechtlichen Ansprüche.* München 1999.

Schricker, Gerhard (Hg.): *Urheberrecht. Kommentar.* München [3]2006.

Wiese, Günter: »Probleme bei der Edition von Briefen«. In: Peter Hanau u.a (Hg.): *Fs. für Wilhelm Herschel zum 85. Geburtstag.* München 1982, S. 483–501.

Andreas von Arnauld/Stefan Martini

38 Vgl. Kammergericht Berlin: Urteil vom 1.10.1996. In: NJW 50. Jg. (1997), S. 1164–1165, hier S. 1164.

Verzeichnis der Autorinnen und Autoren

Der Herausgeber

Dr. Christian **Klein**, Wissenschaftlicher Angestellter im Fach Neuere deutsche Literaturgeschichte an der Bergischen Universität Wuppertal, Mitglied des dortigen Zentrums für Erzählforschung (ZEF) und Gründungsmitglied des Zentrums für Biographik (ZetBi). Studium der Neueren deutschen Literatur, Linguistik und Soziologie in Kiel und an der FU Berlin; Promotion im Fach Allgemeine und Vergleichende Literaturwissenschaft an der FU Berlin; 2000 bis 2003 Mitglied des DFG-Graduiertenkollegs »Praxis und Theorie des künstlerischen Schaffensprozesses« an der Berliner Universität der Künste. Forschungsschwerpunkte: Literatur der Weimarer Republik und des ›Dritten Reichs‹, nicht-literarisches Erzählen (insb. Theorie und Praxis der Biographik), Kult-Bücher.
Ausgewählte Publikationen: (Hg.) *Grundlagen der Biographik. Theorie und Praxis des biographischen Schreibens* (2002); *Ernst Penzoldt – Harmonie aus Widersprüchen. Leben und Werk* (2006); (Hg.) *Wirklichkeitserzählungen. Felder, Formen und Funktionen nicht-literarischen Erzählens* (2009)

Die Beiträgerinnen und Beiträger

Dr. Ruth **Albrecht**, Professorin für Kirchengeschichte an der Universität Hamburg

Werner **Altmann**, Oberstudiendirektor am Jakob-Brucker-Gymnasium Kaufbeuren

Dr. Andreas **von Arnauld**, Professor für Öffentliches Recht, insb. Völker- und Europarecht an der Helmut-Schmidt-Universität/Universität der Bundeswehr Hamburg

Dr. Matthias **Aumüller**, Wissenschaftlicher Angestellter im Fach Neuere deutsche Literaturgeschichte an der Bergischen Universität Wuppertal

Dr. Dr. h.c. Walter **Berschin**, Professor (emer.) für Mittellatein an der Ruprecht-Karls-Universität Heidelberg

Dr. Brigitte **Boothe**, Professorin für Klinische Psychologie, Psychotherapie und Psychoanalyse an der Universität Zürich sowie Leiterin des Interdisziplinären Psychoanalytischen Forums (IPF) der Universität und der ETH Zürich

Dr. Michael **Corsten**, Professor für Soziologie an der Universität Hildesheim

Dr. Detlev **Dormeyer**, Professor (emer.) für Neues Testament an der Technischen Universität Dortmund

Dr. Astrid **Erll**, Professorin für Englische Literatur- und Kulturwissenschaft an der Bergischen Universität Wuppertal

Dr. Bernhard **Fetz**, Direktor des Österreichischen Literaturarchivs der Österreichischen Nationalbibliothek und Privatdozent am Germanistischen Institut der Universität Wien und bis Mai 2009 stellvertretender Direktor des Ludwig Boltzmann Instituts für Geschichte und Theorie der Biographie, Wien

Thorsten **Fuchs**, Diplompädagoge und Wissenschaftlicher Mitarbeiter am Institut für Erziehungswissenschaft der Justus-Liebig-Universität Gießen

Dr. Alexander **Gallus**, Juniorprofessor für Zeitgeschichte an der Universität Rostock

Dr. Bernd **Hamacher**, Privatdozent für Neuere deutsche Literaturwissenschaft an der Universität zu Köln und Wissenschaftlicher Angestellter beim Goethe-Wörterbuch, Hamburg

Dr. Sven **Hanuschek**, apl. Prof. für Neuere deutsche Literaturwissenschaft und Geschäftsführer des Departments für Germanistik an der Ludwig-Maximilians-Universität München

Levke **Harders**, M.A., Wissenschaftliche Mitarbeiterin im Arbeitsbereich Geschlechtergeschichte an der Universität Bielefeld.

Dr. Karin **Hellwig**, Wissenschaftliche Mitarbeiterin am Zentralinstitut für Kunstgeschichte, München

Dr. Knut **Hickethier**, Professor für Medienwissenschaft an der Universität Hamburg

Dr. Michaela **Holdenried**, Professorin für Neuere deutsche Literaturwissenschaft (Interkulturelle Germanistik) an der Albert-Ludwigs-Universität Freiburg

Dr. Deborah **Holmes**, Wissenschaftliche Angestellte am Ludwig Boltzmann Institut für Geschichte und Theorie der Biographie, Wien

Dr. Michael **Jonas**, Wissenschaftlicher Mitarbeiter im Fach Geschichte an der Helmut-Schmidt-Universität/Universität der Bundeswehr Hamburg

Dr. Dr. h.c. Joseph **Jurt**, Professor (emer.) für Romanische Literaturwissenschaft an der Albert-Ludwigs Universität Freiburg

Thomas **Karlauf**, Autor und Literaturagent in Berlin

Dr. Doris **Kolesch**, Professorin für Theaterwissenschaft an der Freien Universität Berlin

Dr. Carsten **Kretschmann**, Akademischer Rat am Historischen Institut der Universität Stuttgart

Stefan **Martini**, Wissenschaftlicher Mitarbeiter im Fachgebiet Öffentliches Recht an der Helmut-Schmidt-Universität/Universität der Bundeswehr Hamburg

Dr. Matías **Martínez**, Professor für Neuere deutsche Literaturgeschichte an der Bergischen Universität Wuppertal und Gründer des dortigen Zentrums für Erzählforschung (ZEF)

Dr. Caitríona **Ní Dhúill**, Dozentin für deutsche Sprache und Literatur (Lecturer in German) an der Durham University, England

Dr. Ansgar **Nünning**, Professor für Englische und Amerikanische Literatur und Gründungsdirektor des International Graduate Centre for the Study of Culture (GCSC) an der Justus-Liebig-Universität Gießen

Dr. Hans-Christian **Petersen**, Wissenschaftlicher Mitarbeiter der Abteilung für Osteuropäische Geschichte des Historischen Seminars der Johannes Gutenberg-Universität Mainz

Dr. Stephan **Porombka**, Professor für Literatur und Kulturjournalismus an der Universität Hildesheim

Dr. Marcus **Pyka**, Assistant Professor für Geschichte am Franklin College, Sorengo/Lugano

Dr. Wolfram **Pyta**, Professor für Neuere Geschichte an der Universität Stuttgart

Myriam **Richter**, M.A., Literaturwissenschaftlerin und Lehrbeauftragte an der Universität Hamburg

Dr. Anita **Runge**, Wissenschaftliche Mitarbeiterin an der Zentraleinrichtung zur Förderung von Frauen- und Geschlechterforschung an der Freien Universität Berlin

PD Dr. Martin **Schmeiser**, Dozent am Institut für Soziologie der Universität Bern

Dr. Josef **Schmid**, freiberuflicher Historiker in Hamburg

Falko **Schnicke**, M.A., Promotionsstipendiat des Graduiertenkollegs »Geschlecht als Wissenskategorie« in Berlin

Dr. Franziska **Schößler**, Professorin für Neuere deutsche Literaturwissenschaft an der Universität Trier

Dr. Britt-Marie **Schuster**, Professorin für Germanistische Sprachwissenschaft an der Universität Paderborn

Dr. Hannes **Schweiger**, Wissenschaftlicher Mitarbeiter am Ludwig Boltzmann Institut für Geschichte und Theorie der Biographie, Wien

Dr. Melanie **Unseld**, Professorin für Kulturgeschichte der Musik an der Carl von Ossietzky Universität Oldenburg

Diana **Weilepp**, Dokumentarfilmerin, Kamerafrau und Wissenschaftliche Mitarbeiterin im Bereich Angewandte Bildästhetik (Schwerpunkt Kamera) der Hochschule für Fernsehen und Film München

Lukas **Werner**, Mitarbeiter im Fach Neuere deutsche Literaturgeschichte an der Bergischen Universität Wuppertal

Dr. Stefan **Willer**, Leiter des Forschungsbereichs »Wissensordnungen« am Zentrum für Literatur- und Kulturforschung Berlin

PD Dr. Christian **von Zimmermann**, Dozent für Neuere Deutsche Literatur an der Universität Bern

Dr. Rüdiger **Zymner**, Professor für Allgemeine Literaturwissenschaft an der Bergischen Universität Wuppertal

Namenregister

Abbt, Thomas 235–237, 240f., 268f.
Abert, Hermann 362f.
Achternbusch, Herbert 145
Ackroyd, Peter 133, 296
Adelung, Johann Christoph 4
Adler, David A. 192
Adler, Guido 361f.
Adlon, Percy 163
Adorno, Theodor W. 151, 257
Agee, James 193
Agesilaos 221
Ahnlund, Nils 308
Aksakov, Sergej 315f.
Alas, Leopoldo 302
Alexander der Große 84, 221f., 314, 342, 446
Alheit, Peter 76
Ali, Muhammad 160
Alkuin 228
Allen, Steve 162
Alpers, Svetlana 52
Althaus, Horst 202
Alt, Peter-André 40, 90, 113
Alzheimer, Alois 396, 399
Amann, Jörg 180
Ambros, August Wilhelm 360
Ambrosius von Mailand 227
Ammer, Andreas 180
Andersch, Alfred 178f.
Andreas, Willy 273
Angermüller, Rudolph 362
Anthony, Katharine S. 323
Antonius 225, 227
Aristoteles 21, 143, 221, 226, 239, 259
Aristoxenos 4
Arminius 79
Arnold, Gottfried 232, 267
Arnold, Ignaz 363
Arnold, Thomas 291
Artmann, Emily 166
Artmann, Hans Carl 166f.
Assmann, Aleida 82, 84
Assmann, Jan 79, 82, 84, 101, 147
Astrana Marín, Luis 304
Athanasios 225
Attenborough, Richard 158f.
Atticus 224
Augustinus 69, 225, 283
Aurelius Victor 224
Austin, John L. 46f.
Baacke, Dieter 388
Baader, Andreas 449
Babeľ, Issak 319
Bach, Carl Philipp Emanuel 89
Bach, Johann Sebastian 14, 89, 92
Bachmann, Ingeborg 59, 112, 192
Bair, Deirdre 113, 277
Banti, Anna 300
Barbier, Henri-Auguste 148
Barenboim, Daniel 439
Barnes, Julian 57f., 133, 263, 295
Barrie, James M. 158
Barschel, Uwe 175
Barthes, Roland 51, 67, 141, 191, 260, 281, 284, 347
Bartsch, Jürgen 399
Bartsch, Rudolf Hans 14
Baudelaire, Charles 283f.
Bäumer, Gertrud 261
Baumgartner, Alexander 341
Bebel, August 255
Bechdel, Alison 192
Becher, Johannes R. 449
Becher, Walter 173
Bechtle, Otto Wolfgang 12
Beci, Veronika 112
Beckenbauer, Franz 447
Becker, Boris 122
Beckett, Samuel 145
Beda 228
Beethoven, Ludwig van 150f., 361
Belknap, Jeremy 322
Bellini, Gentile 88
Bellini, Giovanni 88
Bellini, Jacopo 88
Benjamin, Walter 13, 15, 179f., 256f., 431f.
Benn, Gottfried 202, 449
Benstock, Shari 196
Berg, Alban 363
Berger, Peter L. 72–74, 332
Berlioz, Hector 148
Bernfeld, Siegfried 388
Bernhard, Thomas 145
Bernhardt, Sarah 156
Bernhard von Clairvaux 228
Bertaux, Daniel 95, 285
Bertaux-Wiaume, Isabell 95
Berté, Heinrich 151
Bertolucci, Bernardo 158
Bertram, Ernst 89, 253, 274, 343, 435f.

Best, Werner 202, 384
Beyle, Henri *siehe* Stendhal
Bèze, Théodore de 280
Bhabha, Homi K. 408, 411
Bielschowsky, Albert 341
Biocca, Dario 301
Bismarck, Otto von 79, 128, 248, 331, 437, 447
Bitomsky, Hartmut 164
Blanchot, Maurice 284
Blanckenburg, Christian Friedrich von 236, 239f.
Blei, Franz 107, 276
Bloch, Ernst 41
Bloch, Marc 91, 287
Bobrowski, Johannes 277
Boccaccio, Giovanni 228, 280, 298
Boëtius, Henning 112
Bogner, Ralf Georg 5
Böhm, Karlheinz 151
Böll, Heinrich 112, 178
Bölte, Amely 106
Bolter, Jay David 85
Bolváry, Géza von 170
Bonaparte, Marie 283
Bonaventura 228
Bonhoeffer, Dietrich 442
Booth, Alison 196
Borchardt, Rudolf 431
Bordwell, David 161
Boswell, James 56, 59, 235, 281, 289f., 293–295, 323, 420
Böttiger, Karl Wilhelm 268
Bourdieu, Pierre 48f., 98, 162, 252, 260f., 285–287, 339, 373, 425–428
Bradford, Gamaliel 323
Braithwaite, Geoffrey 295
Brandi, Karl 302
Brandt, Willy 186
Braudel, Fernand 91, 282
Braun, Peter Leonhard 179
Bravo Villasante, Carmen 305
Brecht, Bertolt 107, 172, 201, 276
Breloer, Heinrich 175f.
Brian, Denis 116
Brockes, Barthold Heinrich 179
Brontë, Charlotte 179
Brooks, Van Wyck 323
Brucker, Johann Jakob 267
Bruhn, Wolfgang 176
Brun von Köln 228
Bruyn, Günter de 263, 276
Bucerius, Gerd 441
Büchner, Georg 106, 145f., 347, 397
Buchowetski, Dimitri 156
Bude, Heinz 95
Bühler, Charlotte 65, 68, 388
Bukowski, Charles 165
Bulgakov, Michail 111
Burckhardt, Jacob 33f., 124, 248, 334, 355
Burdach, C.F. 61
Bürger, Maria 172
Burke, Peter 52, 91
Butler, Judith 49f., 404
Byatt, Antonia S. 112, 133, 264, 295, 407
Byron, George Gordon 147

Camillo, Giulio 144
Canetti, Elias 344, 347
Cano, José Luis 305
Carducci, Giosuè 299
Carey, John 296
Carlyle, Thomas 33f., 84, 243, 246, 249, 291
Carrell, Rudi 447
Casper, Scott 322
Cassirer, Ernst 428
Cassuto, Leonardo 327
Castro, Américo 304
Catilina 224
Cato major 224
Cavour, Camillo 299
Cellini, Benvenuto 148
Certeau, Michel de 130, 133
Cervantes, Miguel de 64, 303–305
Chamisso, Adelbert von 106
Charles, Ray 158
Chateaubriand, François-René de 247, 281
Chatman, Seymour 205
Chopin, Frédéric 162, 449
Christa, Eva 156
Christina von Schweden 309
Chrysander, Friedrich 360f., 363
Cicero 349, 367
Cimabue 349
Clifford, James 48
Cochlaeus, Johannes 266
Cohen, Jem 168
Cohn, Dorrit 22
Collingwood, Robin George 176
Columban 227
Columbus, Christoph 148
Combet, Louis 305
Comenius 388
Connell, Robert 237, 248
Cook, James 269
Copony, Katharina 166
Corbin, Alain 34
Corneille, Pierre 282
Cornelius Nepos 63, 223f., 227
Corti, Axel 171
Cotillard, Marion 158
Cranach, Lukas 350
Cray, Ed 322

Croce, Benedetto 14, 299
Curtiz, Michael 157, 160
Custen, George 154–156, 159, 161
Cyprian von Carthago 225

Dabydeen, David 411
Dahan, Oliver 158
Dahlhaus, Carl 358, 363
Dahmen, Karsten 441
Dahrendorf, Ralf 441
Damaskios 3
Damm, Sigrid 40, 91
Dammann, Gerhard 156, 399
Dante Alighieri 298
Danto, Arthur C. 22
Dargomyžskij, Aleksandr 149f.
Dausien, Bettina 76, 406
Davidson, Donald 97
Davies, Joseph 160
Davis, Natalie Zemon 121
Delay, Jean 283
Demetrios 222
Demonax 225
Demosthenes 222
Derrida, Jacques 284, 412
Descartes, René 3
Deutsch, Otto Erich 362
Dickens, Charles 179
Diderot, Denis 2, 129, 239, 447
Dieterle, William 156, 160
Dietrich, Marlene 79
Dietze, Gabriele 404f.
Dihle, Albrecht 62
Dilthey, Wilhelm 34, 58, 90f., 114, 244–246, 268, 270, 272, 332f., 342, 366, 434
Dines, Alberto 112
Diogenes Laertios 223f.
Disraeli, Benjamin 289
Döblin, Alfred 107, 256, 276
Döring, Heinrich 341
Dorst, Tankred 146
Dosse, François 279
Douglass, Frederick 329
Drewitz, Ingeborg 112
Drinker Bowen, Catherine 324
Droysen, Johann Gustav 3, 63, 243f., 246, 268, 270, 342–344
Dryden, John 1, 227, 419
Duby, Georges 91
Duffy, Maureen 146
Dugdale, Robert L. 92
Dunn, Waldo H. 293
Düntzer, Heinrich 343
Dürer, Albrecht 350, 354f.
Duris von Samos 349
Durkheim, Émile 73, 278
Dyck, Joachim 202
Dylan, Bob 166

Eakin, Paul J. 296
Eberti, Johann Casper 232
Eckermann, Johann Peter 341
Edel, Leon 58f., 196, 294, 296, 321, 324–327, 433
Edwards, Anne 30
Eggebrecht, Axel 178
Egk, Werner 148
Ehlich, Konrad 84
Einhard (auch Einhart) 4, 88, 228
Einstein, Albert 79, 122
Einstein, Carl 179
Eissler, Kurt R. 65, 252, 398
Elčaninov, Andrej 317
Eligius 227
Eliot, T.S. (eigentl. Thomas Stearns) 296
Elisabeth I. 158
Elisabeth II. 158
Ellington, Duke 329
Ellmann, Richard 346
Elsner, Joseph 162
Emerson, Ralph Waldo 229, 322
Engelberg, Ernst 240
Engels, Friedrich 248, 255
Enzensberger, Hans Magnus 30, 179, 263, 276
Erhardt, Simon 240, 268
Erikson, Erik 398
Ernaux, Annie 286f.
Eschenburg, Johann Joachim 236, 239–241
Esterházy, Péter 54
Etting, Ruth 157
Euagoras 221
Euchel, Isaak 415
Eulenberg, Herbert 255
Eulogius 228
Euripides 221
Evagrius 227
Evans, Walker 193
Eybl, Franz 6

Färberböck, Max 158
Febvre, Lucien 91
Fechner, Eberhard 172f.
Feindt, Johann 172
Feivel, Ezekiel 415
Félibien, André 350
Felice, Renzo de 301
Fernandez, Dominique 283
Ferrer del Río, Antonio 304
Fest, Joachim C. 67, 334
Feuchtwanger, Lion 79, 107, 276
Feustking, Johann Heinrich 232

Feyl, Renate 111
Figner, Vera 316
Finauer, Peter Paul 232
Fischer, Andreas 247
Fischer, Ernst Peter 116
Fischer, Wolfram (auch Fischer-Rosenthal) 74, 377
Fischer-Lichte, Erika 50
Flaubert, Gustave 57, 89f., 264, 283f., 286, 295, 343
Fleck, Ludwik 425
Floros, Constantin 363
Földényi, F. László 51, 84, 121, 344
Fölsing, Albrecht 116
Forkel, Johann Nikolaus 88f., 92
Forman, Miloš 149, 158
Forster, Georg 235, 268, 271
Forster, Marc 158
Foucault, Michel 14, 35, 49, 54, 76, 87, 259f., 282, 284, 347, 392
Fowler, James W. 370
Foxx, Jamie 158
Franco, Francisco 302
François, Etienne 79
Frankel, Zacharias 415
Franklin, Benjamin 192, 322
Frank, Manfred 438
Franziskus 228
Frayn, Michael 347
Frears, Stephan 158
Frenssen, Gustav 179
Freud, Sigmund 14, 33, 57, 65f., 68, 171, 252f., 294, 296, 326, 396, 437
Friedenthal, Richard 129, 447
Friedrich der Große 79, 157, 170, 314
Friedrich Wilhelm I. 230
Friedson, Anthony M. 325
Frisch, Max 145, 348
Fröhlich, Hans-Jürgen 344
Froelich, Carl 156
Fuegi, John 201
Fulda, Daniel 239
Fülleborn, Georg Gustav 341
Fuller, Margaret 323

Gall, Lothar 331
Galton, Francis 65
Gandhi, Leela 413
Gans, Eduard 63
García Lorca, Federico 302, 306
Garve, Christian 65
Gauß, Carl Friedrich 42
Gautier, Léon 284
Geiringer, Karl 92
Genet, Jean 283
Genette, Gérard 22, 159, 199f., 213, 284
Gennep, Arnold van 369
Gentileschi, Artemisia 300
George, Götz 447
George, Stefan 205f., 211, 214, 253, 428–432, 436, 440
Gerhard 228
Gervink, Manuel 358
Gervinus, Georg G. 244, 247
Gezelius, Gregor 307
Giannini, Jerónimo 303
Gibbon, Edward 435
Gibson, Ian 306
Giddens, Anthony 72
Gide, André 283
Gildemeister, Otto 247
Ginzburg, Carlo 34, 61, 285, 344
Giotto di Bondone 349
Gisi, Lucas Marco 61
Globke, Hans 173
Gloccer, Georg 266
Gmünder, Paul 370
Goebbels, Heiner 173
Goedeke, Karl 341, 343
Göhre, Paul 255
Goenner, Hubert 116
Goertz, Hans-Jürgen 13
Goethe, Cornelia 91
Goethe, Johann Wolfgang von 10, 79, 89f., 106, 122, 129, 137–139, 141, 144f., 236–238, 259, 267–272, 274, 340–343, 347, 398, 447, 449
Goffman, Erving 48, 100, 377
Gogh, Vincent van 355
Golding, William 347
Gómez Burón, Joaquín 306
Gómez de Avellaneda, Gertrudis 305
Gonzalo de Berceo 303
Goodheart, Eugene 327
Goodman, Benny 162
Goodwin, Doris Kearns 321
Gorkij, Maksim 318, 319
Gosse, Edmund 190, 292
Gosse, Philip Henry 292
Gottschall, Rudolf von 245
Grabbe, Christian Dietrich 146
Graetz, Heinrich 416
Granada, Fray Luis de 303
Grassi, Angela 305
Green, Alfred E. 156
Greenblatt, Stephen 435, 438
Grierson, John 165
Grimm, Heinrich 247
Grimm, Herman 125, 202, 246, 268, 272, 300
Grimm, Jacob und Wilhelm 1
Gruber, Johann Gottfried 341
Grünewald, Matthias 354
Grusin, Richard 85
Gumm, Detlef 174

Günderode, Karoline von 91
Gundolf, Friedrich 253, 274, 343
Gurwitsch, Aron 72
Gustav III. von Schweden 309
Gutiérrez Rodríguez, Encarnación 412
Gutzkow, Karl 268f.

Hackert, Philipp 271
Hackford, Taylor 158
Hädrich, Rolf 169
Haesler, Otto 439, 443
Haffner, Sebastian 128
Hahl, Werner 239
Hahn, Alois 74, 77
Hähner, Olaf 202, 240
Hainsworth, Peter 300
Halbwachs, Maurice 81, 83, 147
Hamburger, Käte 111
Hamilton, Nigel 191, 419, 422
Hammond, Alice 162
Händel, Georg Friedrich 14, 129, 361
Hansen, Rolf 170
Hanslick, Eduard 361
Harig, Ludwig 276
Harlan, Veit 157
Harnack, Falk 160
Harrison, John 442
Härtling, Peter 42, 110, 263, 276, 344
Hatot, Georges 156
Hauff, Wilhelm 79
Hauptmann, Gerhart 145
Hawthorne, Nathaniel 322
Hay, John M. 322
Haym, Rudolf 114, 246, 272
Hearst, William Randolph 154, 162
Heesters, Johannes 447
Hegel, Georg Wilhelm Friedrich 63, 245, 248f., 259
Hegemann, Werner 255, 275
Hegenbarth, Wolke 174
Heidegger, Martin 129, 346, 447
Heilbrun, Carolyn G. 328, 405, 421
Heine, Heinrich 79, 345
Heißenbüttel, Helmut 12f.
Helfgott, David 158
Heller, André 167
Hennis, Wilhelm 382
Herbert, Ulrich 202, 334, 384
Hercen, Alexander 316
Herder, Johann Gottfried 55, 58, 179, 235–238, 267–269, 240, 341f.
Herodot 222, 367
Herold, Horst 449
Herrera, Fernando de 303
Herzog, Werner 158, 167
Heydebreck, Klara 172
Heydrich, Reinhard 384
Heynowski, Walter 173
Hick, Scott 158
Hieronymus 227
Hildebrandt, Dieter 263
Hildesheimer, Wolfgang 29–31, 42, 84, 110, 133, 201, 260, 263, 276, 344
Hillebrand, Karl 247, 268
Hilscher, Eberhard 112
Hindenburg, Paul von 334, 449
Hippel, Theodor Gottlieb von 239
Hitler, Adolf 167, 171f., 175, 178, 201, 215, 334, 384, 399, 431, 437, 440, 446, 449
Hitzig, Julius Eduard 106
Hochhuth, Rolf 146
Hoffman, Philip Seymour 158
Hoffmann, Ernst Theodor Amadeus 106, 129, 201, 447
Hofmann, Corinne 37
Hofmannsthal, Hugo von 431
Hohenberger, Eva 165
Höjers, Torvald 308
Holden, Philip 409
Hölderlin, Friedrich 106
Holmes, Richard 295
Holm-Hadulla, Rainer M. 398
Holroyd, Michael 321, 327
Hölszky, Adriana 150f.
Homer 221, 225
Horaz 143
Hormayr, Joseph von 268
Höß, Rudolf 158, 163
Hostnig, Heinz 180
Houellebecq, Michel 96, 98–101
Howe Elliott, Maud 327
Howe Richards, Laura E 327
Huddart, David 408
Hügel, Hans-Otto 130
Hughes, Howard 158
Hughes, Langston 329
Humboldt, Alexander von 42, 106, 449
Humboldt, Wilhelm von 449
Hus, Jan 129
Hussein, Saddam 169
Husserl, Edmund 72
Huston, John 157
Hutten, Ulrich von 235, 269
Hyde, Marietta A. 324

Ibsen, Henrik 144f.
Iser, Wolfgang 50, 62
Isokrates 221, 225

Ivan III. 317
Ivory, James 158
Jackson, Michael 446

Jacobus de Voragine 88, 280
Jägerskiöld, Stig 310
Jahn, Otto 360–362
Jakobsohn, Siegfried 178
Jakobson, Roman 28
Jamblichos 225
James, Henry 325
James, Steve 158
Jandl, Ernst 180
Janáček, Leoš 148
Jannidis, Fotis 210
Jannings, Jörg 180
Jaspers, Karl 65, 379
Jean Paul 106, 267, 341
Jeanne d'Arc 156
Jenisch, Daniel 240, 267f., 420f.
Jens, Walter 178
Jesus von Nazaret 89, 144, 223f., 226, 367f., 371, 447
Joachim, Joseph 361
Jöcher, Christian Gottlieb 267
Johannes von Salisbury 228
Johansson, Alf W. 309
Johnson, Samuel 2, 33, 56f., 235, 240f., 243, 289f., 292–294, 420
Johnson, Uwe 112, 345f.
Johst, Hanns 146, 178
Joinville 228
Jolly, Margaretta 4, 408
Jonas von Bobbio 227
Jones, Howard Mumford 323
Joseph, Albrecht 345
Josephus Flavius 225
Joyce, James 147, 179, 346
Juan de la Cruz 304
Juan de Tassis y Peralta, Conde de Villamediana 304
Juan Ruiz, el Arcipreste de Hita 303
Jughurta 224
Julius Caesar 84, 107, 222, 225, 331, 335
Jünger, Ernst 347
Junge, Traudl 167
Justi, Carl 246, 268, 272, 353

Kafka, Franz 40, 90, 207, 209, 347, 415, 437, 441, 446, 449
Kahlo, Frida 442
Kaiser, Georg 144
Kalbeck, Max 361
Kant, Immanuel 18–20
Kantorowicz, Ernst H. 253, 274, 343, 429
Kaplan, Justin 325
Kapur, Shekhar 158
Karamzin, Nikolaj 18
Karlauf, Thomas 205, 214, 440
Karl der Große 79, 88, 228, 420
Karl V. 302
Karl XIV. Johann 308
Kästner, Erich 179
Katharina II. 315, 319
Kaunda, Kenneth 412
Kayser, Wolfgang 8
Kazan, Elia 157
Kehlmann, Daniel 42
Kekkonen, Urho 310
Kendall, Paul Murray 321, 324
Kennedy, John F. 382
Kershaw, Ian 215, 334, 384
Kessler, Harry Graf 348
Kierkegaard, Søren 245
Kinski, Klaus 167
Kleist, Ewald Christian von 235
Kleist, Heinrich von 51, 84, 344, 347, 397
Kleßmann, Eckhart 201
Klopstock, Friedrich Gottlieb 179
Kluge, Alexander 59
Knef, Hildegard 170, 447
Knight, Samuel 235
Knopp, Guido 175
Koch, Gertrud 257
Kocka, Jürgen 258
Křenek, Ernst 345
Kohler, Alfred 302
Köhler, Gisela 5
Köhler, Jochen 442
Kohl, Helmut 384, 399
Kohli, Martin 74
Kollwitz, Käthe 171
Königstein, Horst 175
Koopmann, Helmut 103
Körner, Theodor 156, 447
Korn, Renke 179
Korotin, Ilse 262
Koselleck, Reinhart 1, 25, 81, 331, 336
Koser, Reinhold 246
Kotulla, Theodor 158, 163
Kovic, Ron 165
Kracauer, Siegfried 39f., 75, 84, 106, 126, 128, 131, 254, 256f., 260, 275f., 339, 343, 356
Kraepelin, Emil 399
Kramer, Stephanie 146
Krause, Brigitte 111
Krauss, Elisabeth 416
Krauss, Karl 151
Kremer, Joachim 359
Kretschmer, Ernst 65
Kreuzer, Helmut 127
Kris, Ernst 140f., 425, 428
Kuan Yew, Lee 412
Kubler, George 356
Kuenheim, Haug von 442
Kugler, Franz 246

Kühn, Dieter 42, 108, 110f., 215f., 260, 263, 276f., 344
Kundera, Milan 97f., 100f.
Kunicki, Wojciech 121
Kunze, Konrad 4
Kunze, Michael 151
Kurz, Otto 140f., 425, 428
Küttner, August 340

Lacan, Jacques 283
Lachmann, Renate 85
La Mara *siehe* Lipsius, Marie
Lange-Eichbaum, Wilhelm 65, 252, 264
Laplace, Yves 146
Larrea de Böhl, Francisca 305
Laube, Heinrich 268f.
Lean, David 158
Leckie, Shirley A. 329
Leduc, Paul 160
Leeuw, Gerardus van der 369
Leggewie, Claus 93
LeGoff, Jacques 91
Lehmann, Max 246
Leiris, Michel 42
Lejeune, Philippe 42, 110, 146, 199, 279
Lenin, Vladimir I. 147, 318
Lenz, Rudolf 231
Leo, Friedrich 221
Leonard, Joanne 192
Leonardo da Vinci 52, 129, 252, 349
LeRoy, Mervyn 159f.
Lessing, Gotthold Ephraim 106, 122, 145, 245, 271f., 340, 342, 346f.
Lessing, Karl 341
Leutmann, Johann Georg 236
Levay, Sylvester 151f.
Levi, Giovanni 285, 287
Lévi-Strauss, Claude 282, 285
Lewes, George H. 246
Lewis, Oscar 285
Lichtenberg, Georg Christoph 240
Liebeneiner, Wolfgang 157, 170
Lincoln, Abraham 322, 447
Lindbergh, Charles 162
Lindemann, Klaus 179
Lipsius, Marie 151, 362
Loch, Werner 389
Lockhart, John G. 247
Lombroso, Cesare 65, 89, 252
Lönnroth, Erik 309–311
Lorenz, E.G. Erich 178
Lorenzer, Alfred 58
Lotman, Jurij 211
Louis XI. 324
Louis XIV. 280
Löwenthal, Leo 127, 131, 257, 274, 276, 433
Lubitsch, Ernst 156
Luckmann, Thomas 72, 332
Ludwig II. 399
Ludwig XIV. 52
Ludwig der Fromme 228
Ludwig, Emil 38f., 66, 74, 106f., 125–127, 129, 190, 254–256, 273, 275f., 283, 339, 447
Ludz, Christian Peter 386
Luján, Néstor 304
Lukian 222
Luther, Martin 129, 230f., 265–267, 269, 276, 447
Luxemburg, Rosa 79
Lynch, David 159

Macaulay, Thomas 246
Machado, Antonio 305f.
Machtan, Lothar 201
Madelénat, Daniel 278, 281
Mahler, Alma 345
Mahler, Anna 345
Mahler, Gustav 345
Mainwaring, John 359
Major, Georg 231
Mallarmé, Stéphane 284
Man, Paul de 51
Mandela, Nelson R. 412
Mander, Karel van 350
Manet, Édouard 355
Manetti, Gianozzo 229
Mann, Anthony 157
Mann, Golo 128f., 296
Mann, Heinrich 345f., 449
Mann, Thomas 93, 179, 449
Mann, Viktor 93
Mannerheim, Carl Gustaf Emil 310
Mannheim, Karl 72, 393
Mansfield, Katherine 147
Marat, Jean Paul 156
Marc Anton 222
Marc Aurel 225, 314
Maria Stuart 146
Marie Antoinette 59
Marischka, Ernst 151
Marius Maximus 224
Marjan, Marie Luise 174
Marqués de Santillana 303
Martin von Cochem 267
Martin von Tours 227
Marx, Karl 14, 79, 129, 147, 171, 411f., 447
Masaccio 349
Massanes, Josefa 305
Masters, Alexander 296
Mather, Cotton 322
Mathesius, Johannes 231, 266
Mathias, Bob 160

Matisse, Henri 355
Mattheson, Johann 358f.
Maturana, Humberto R. 15
Maturana, Vicenta 305
Maurer, Michael 65
Mauriac, François 278
Maurois, André 254, 275, 278, 294, 323, 325
Maurras, Charles 287
Mayer, Gustav 255
May, Karl 79, 179
Mayoral, Marina 305
Mayröcker, Friederike 180
Mazzuchelli, Giammaria 299
McVan, Alice Jane 305
Mead, George Herbert 337
Mehring, Franz 245, 248, 255
Meichsner, Dieter 169
Meier, Christian 331, 334–336
Meister, Leonhard 340
Melanchthon, Philipp 230, 265f.
Méliès, George 156
Menasse, Robert 112
Mendelssohn, Moses 19, 79, 235, 415
Mennigen, Peter 398
Merleau-Ponty, Maurice 72
Merrick, John 159
Meusel, Johann Georg 340
Meyer, Gerd 386
Meyer, Gustav 248
Meyer, Richard Moritz 140, 343
Michelangelo Buonarroti 125, 299, 349, 355
Michon, Pierre 287
Milhaud, Darius 148
Milk, Harvey 158
Miller, Alice 399
Miller, Bennett 158f.
Minnelli, Vincente 157
Minor, Jakob 343
Mirren, Helen 158
Misch, Georg 37, 366
Möbius, Paul Julius 65
Molière 111, 156, 282
Molo, Walter von 107, 276
Mommsen, Theodor 124
Mommsen, Wilhelm 256, 275
Monk, Egon 172, 175
Monk, Ray 296
Montaigne, Michel de 129, 279
Montale, Eugenio 300
Moor, Paul 399
More, Thomas 230
Moritz, Karl Philipp 235f., 239, 267, 341, 421
Möser, Justus 235f.
Mozart, Constanze 360
Mozart, Leopold 359f.
Mozart, Wolfgang Amadeus 14, 30, 148–152, 359f.
Mueller, Lavonne 146
Müller, Siegfried 173
Mumford, Lewis 324
Muncker, Franz 114, 343
Murphy, Audie 160
Muschg, Adolf 344
Musser, Charles 155
Mussolini, Benito 300
Mussorgskij, Modest 150

Nadel, Ira Bruce 56, 296, 321, 325–327, 421
Nadolny, Sten 112
Naipaul, V.S. (eigent. Vidiadhar Surajprasad) 411
Napoleon Bonaparte 29, 125, 146, 156, 246, 315, 437, 446f.
Napoleon III. 346
Naubert, Benedikte 106
Negt, Oskar 59
Neidhart 215f.
Nero 399
Neuenfels, Hans 150f.
Nevskij, Alexander 317
Nichols, Bill 165
Nicolai, Friedrich 235
Nicolay, John G. 322
Nicolson, Harold 292–294, 323
Niederkirchner, Käte 171
Niethammer, Lutz 83, 171
Nietzsche, Friedrich 14, 55f., 89, 124, 129, 140, 202, 245, 346, 399, 435, 447, 449
Nightingale, Florence 291
Nikolaus II. 317
Nisbet, Hugh Barr 121
Nissen, Georg Nikolaus von 360
Nixon, Richard 160, 163
Nizan, Paul 286
Nkrumah, Kwame 412
Nohl, Ludwig 361
Nora, Pierre 79
Nordalm, Jens 249
North, Roger 290, 292, 419
Novarr, David 325
Nye, David E. 437

Oates, Joyce Carol 323
Oates, Stephen B. 325
Oberländer, Theodor 173
O'Connor, Ulick 422
Oelker, Simone 439, 442f.
Oelkers, Jürgen 259, 270, 272
Oertels, Curt 170
Oevermann, Ulrich 374–376, 378, 392
Offenbach, Jacques 148, 257
Oliphant, Margaret 290

Ondaatje, Michael 133
Oppenheimer, Joseph Süß 79
Oppermann, Heinrich Albert 179
Ortega y Gasset, José 302, 304
Oser, Fritz 370
Ossietzky, Carl von 170, 178, 256
Ostermaier, Albert 146
Ostwald, Wilhelm 65, 67
Oswald, Richard 151
Otto, Bernd 175

Paasikivi, Juho K. 310
Päätalo, Kalle 310
Painter, Nell Irvin 329
Palmblad, Vilhelm Fredrik 307
Palmer, Richard H. 146
Palomino, Antonio 350
Panin, Nikita 314
Panofsky, Erwin 426, 428
Pardo Bazán, Emilia 305
Parks, Rosa 192
Parton, James 322
Pascal, Blaise 129
Pasolini, Pier Paolo 283
Passavant, Johann David 351
Paul, Sigrid 254
Paulus Albarus 228
Pavese, Cesare 283
Peneff, Jean 285
Penn, Arthur 160
Pennebaker, Don Alan 165f.
Penn, Sean 158
Per Abad 303
Perrault, Charles 280
Pertz, Georg Heinrich 246f., 273
Peter I. 314, 317
Peters, Margot 196, 325
Petrarca, Francesco 228f., 280, 298
Pfandl, Ludwig 302
Philipp II. 283, 302
Philipp V. 221
Philostratos 225, 349
Piaf, Edith 158
Piaget, Jean 14
Picard, Raymond 284
Picasso, Pablo 158
Pierce, Franklin 322
Pisano, Giovanni 88
Pisano, Nicola 88
Planck, Max 207
Plath, Sylvia 150
Platon 89, 221, 226, 274
Plinius der Jüngere 225
Plutarch 4, 63–67, 84, 87f., 221–224, 227, 229, 279, 281f., 349, 419
Pocock, John 382
Poe, Edgar Allen 58, 179, 284
Polidoro da Caravaggio 349
Pollesch, René 147
Polybios 63, 221
Pontius 225
Popper, Karl 296
Porphyrios 224
Possing, Birgitte 311
Potebnja, Aleksandr 28
Pound, Ezra 296
Pradal-Rodríguez, Gabriel 305
Precht, Richard David 172
Preston, Paul 302
Printz, Wolfgang Caspar 358
Pritchard, Allan 290
Proust, Marcel 41, 284
Pseudo-Kallisthenes 222
Pufendorf, Samuel 230
Puškin, Aleksandr 148f., 360
Pusch, Luise F. 262
Putin, Wladimir 319

Rabus, Ludwig 267
Racine, Jean 67, 278, 284
Radiščev, Alexander 315
Radkau, Joachim 57, 337
Raffael 355
Ramann, Lina 362
Ramler, Karl Wilhelm 235
Rampersad, Arnold 329
Ranke, Ferdinand 63
Ranke, Leopold von 3, 26, 247, 249, 270, 308, 342, 435
Ransmayr, Christoph 42
Rathenau, Walther 79
Rau, Heribert 106
Ray, Nicholas 159
Reed, Donna 162
Reemtsma, Jan Philipp 348
Reichert, Heinz 151
Rein, Thiodolf 308
Reitz, Edgar 174
Reitz, Johann Heinrich 267
Renan, Ernest 247
Renoir, Auguste 15
Renoir, Jean 15
Reulecke, Anne-Kathrin 402
Reumont, Alfred 300
Reuter, Christian 340
Richard III. 324
Richardson, Samuel 238
Ricœr, Paul 22, 326
Riefenstahl, Leni 447
Riemenschneider, Tilman 354
Riemer, Friedrich Wilhelm 341

Rimski-Korsakov, Nikolaj 148–150
Rivet de la Grange, Antoine 281
Robbespierre, Maximilien de 156
Roche, Daniel 285
Röckelein, Hedwig 120
Rolfe, Frederick 294
Romein, Jan 8, 66, 68, 236, 243, 246, 249
Ronsard, Pierre de 280
Rorty, Richard 13
Rosenkranz, Karl 246
Rosenstock, Eugen 255
Rosenthal, Gabriele 377
Rosi, Francesco 163
Rossi, Rosa 305
Rousseau, Jean-Jacques 236, 238, 269, 281, 283, 388, 421
Rubens, Peter Paul 52, 352
Rühmann, Heinz 447
Rühmkorf, Peter 348
Runge, Erika 172
Ruotger 228
Rüsen, Jörn 12, 24
Russell, Ken 158

Sadger, Isidor 65, 252
Saeki, Shoichi 325
Safranski, Rüdiger 40, 129, 346, 447
Said, Edward 408
Sainte-Beuve, Charles-Augustin 88, 190, 279, 282, 284
Salieri, Antonio 148–151
Sallust 224
Salomon Leib Judah Rapoport 416
Salomon Zalman ben Isaak von Volozhin 415
Sand, George 449
Sandrart, Joachim von 350
Sarto, Andrea del 299
Sartre, Jean-Paul 89f., 264, 283, 286, 343
Satrapi, Marjane 192
Satyros 221
Saussure, Ferdinand de 13
Savonarola 269
Scarlatti, Alessandro 148
Schaser, Angelika 261
Scheibe, Johann Adolph 359
Scheler, Max 72
Scherer, Wilhelm 244, 341, 343
Scheuer, Helmut 37f., 42, 106, 112, 127, 235f., 246, 260, 263
Scheumann, Gerhard 173
Schiller, Friedrich 106, 122, 129, 145, 340–342, 346, 397, 447
Schlageter, Albert Leo 178
Schlegel, Friedrich 140, 268, 271
Schleier, Hans 240, 244
Schleiermacher, Friedrich 90f., 272, 342
Schlichtegroll, Friedrich 235f.
Schmid, Ulrich 314
Schmid, Wolf 205
Schmidt, Alice 348
Schmidt, Arno 178f., 344, 347f.
Schmidt, Erich 140, 244, 343
Schmidt, Helmut 86, 439, 442
Schmidt, Joseph 170
Schmidt, Julian 247
Schnabel, Ernst 178
Schneider, Eberhard 386
Schneider, Hans Ernst 137
Schneider, Romy 447
Schnibben, Cord 175
Scholz, Wilhelm von 273
Schöning, Klaus 179
Schon, Peter Martin 5
Schopenhauer, Arthur 346
Schorer, Mark 325
Schreber, Daniel Paul 397
Schreiber, Hermann 441
Schreker, Franz 148
Schröckh, Johann Matthias 235, 237f., 268
Schubart, Christian Friedrich Daniel 235
Schubert, Franz 14, 148, 151
Schück, Henrik 309
Schulte, Michael 179
Schulze, Gerhard 446
Schulze, Hagen 79, 259
Schulze, Theodor 388
Schumann, Robert 151
Schütz, Alfred 72–74, 76, 332
Schütze, Fritz 95, 373f., 376, 378, 392
Schwab, Gustav 246
Schwarz, Hans-Peter 332
Schwartz, Marie Esperanza von 300
Schwerte, Hans *siehe* Schneider, Hans Ernst
Schwitzke, Heinz 179
Scipio Africanus 225
Scorsese, Martin 158
Scott, Goffrey 191
Scott, Walter 106, 247
Seeler, Uwe 442f.
Seemann, Annette 442
Seidel, Jutta 194
Serrano Poncela, Segundo 305
Sesé, Bernard 306
Shaffer, Peter 133, 149
Shakespeare, William 106, 296, 435
Sheffi, Na'ama 79
Shumaker, Wayne 37
Sibelius, Jean 310
Siddharta Gotama 369
Siebig, Karl 172
Sillen, Peter 168
Simanowski, Robert 182

Simmel, Georg 431f.
Singer, Milton 47f.
Sitwell, Edith 180
Skinner, Quentin 382
Šklovskij, Viktor 28
Šlibar, Neva 39
Sloterdijk, Peter 129
Smiles, Samuel 65, 69
Smith, Thomas R. 322
Smoke, Benjamin 168
Snellman, Johan Vilhelm 308
Sobel, Dava 442
Soell, Hartmut 442
Sokrates 221
Solženicyn, Aleksandr 319
Sonnenfels, Amanda 261
Sontag, Susan 191
Sophokles 145
Spangenberg, Cyriacus 266
Speer, Albert 175
Speidel, Ludwig 247
Spielberg, Steven 160, 170
Spitta, Friedrich 361
Spitta, Philipp 92, 360–362
Spivak, Gayatri Chakravorty 408, 410
Stach, Reiner 40, 441
Stalin, Josef 318f.
Stanfield, James Field 421
Stanley, Liz 194, 406
Stauffenberg, Claus Schenk Graf von 431, 440
Stefano, Cristina de 301
Steinhoff, Hans 157, 170
Stendhal 284
Stephen, Leslie 32
Stillger, Ludwig 172
Stone, Lawrence 194, 385
Stone, Oliver 158, 160, 163, 165
Stoppard, Tom 147
Strachey, Lytton 33, 59, 133, 190, 254, 275, 291–294, 323, 325, 421f., 434f.
Streeruwitz, Marlene 345
Stresemann, Gustav 178
Strindberg, August 144
Strümpell, Henning 172
Sueton 4, 87, 224, 228f., 265
Sulpicius Severus 227
Surius, Laurentius 266
Sybel, Heinrich von 124
Symons, Alphonse James Albert 294, 434
Szondi, Peter 144

Tabori, George 180
Tacitus 63, 224
Taine, Hippolyte 88, 273, 282, 342
Tarkowskij, Andrej 159, 163
Tartakovskij, Andrej 319
Taschereau, Jules-Antoine 282
Tauber, Richard 151
Tawaststjerna, Erik 310
Taylor, Henry M. 154
Teresa de Ávila 304
Ternan, Ellen 192
Tersteegen, Gerhard 232, 267
Thayer, William R. 247, 323
Themistokles 88
Thevet, André 280
Thomas Becket 228
Thomas von Celano 228
Thomas, William I. 74, 95
Thompson, David 163
Thomsen, Niels 311
Thoreau, Henry David 322
Thorez, Maurice 287
Tiberius 224
Tieck, Ludwig 179
Tietze, Hans 355
Till, Eric 170
Tintner, Hans 156
Tizian 355
Toller, Ernst 146
Tolstoj, Lev 29, 31
Tomalin, Claire 147, 192
Tomasevskij, Boris 204
Toulouse-Lautrec, Henri 157
Trapp, Ernst Christian 388
Treitschke, Heinrich von 124, 244, 246f., 249, 268, 270, 384
Trimborn, Jürgen 447
Troller, Georg Stefan 165, 171
Truth, Sojourner 329
Tschaikowsky, Pjotr Iljitsch 158
Tuchman, Barbara W. 321
Tucker, Anand 158
Turner, A. Richard 52, 355
Turner, Victor 47f.
Tzara, Tristan 147

Ullrich, Hans-Georg 174
Ullrich, Volker 444
Ulrich von Augsburg 228
Unamuno, Miguel de 302
Ušakov, Fjodor 315
Updike, John 133
Urbaniok, Frank 399

Valentin, Karl 179
Valerius Maximus 223
Valéry, Paul 284
Vandiver, Frank 327
Van Dyke, Woodbridge Strong 160

Van Sant, Gus 158, 160
Varela, Francisco J. 15
Varnhagen von Ense, Karl August 64, 247, 268f., 272
Vasari, Giorgio 52, 88, 92, 138, 229, 280, 298, 299, 349f., 352
Vega, Garcilaso de la 303
Velázquez, Diego 353
Velleius Paterculus 224
Venantius Fortunatus 227
Verdi, Giuseppe 148, 150f.
Verwey, Albert 430
Vidor, Charles 157, 162
Viehoff, Heinrich 341
Vincent de Beauvais 280
Vinnai, Gerhard 399
Vitruv 349
Vittorini, Elio 179
Volkenborn, Klaus 172
Voltaire 3, 234f., 314
Vovelle, Michel 285

Wagner, Richard 79, 449
Wailly, Armand-Francois-Léon de 148
Walckener, Charles 282
Wallenstein 128f., 146
Walter Burley 228
Ward Howe, Julia 327
Warner, Ansgar 179
Washington, Booker T. 327
Washington, George 156, 222, 322
Wassermann, Jakob 66, 275
Weber, Alfred 255
Weber, Constanze 152
Weber, Max 57, 73, 255, 334, 337, 431f.
Wegner, Dirk 443
Wehler, Hans Ulrich 258
Wehner, Herbert 175
Weibull, Curt 309
Weibull, Lauritz 309
Weigel, Sigrid 192, 434
Weiss, Peter 348
Weizsäcker, Viktor von 67
Weller, Hieronymus 267
Welles, Orson 162
Welzer, Harald 83
Werner, Erich 238
Werner, Richard Maria 32f., 248
Wessel, Kai 170
Wezel, Johann Karl 105, 179, 239, 267
Wharton, Edith 327
Wheelock Thayer, Alexander 361
White, Hayden 12, 14, 22–24, 45, 114, 135, 209, 259, 326, 335, 342, 344, 421
Wiegler, Paul 256
Wieland, Christoph Martin 236
Wiemer, Hans-Ulrich 441
Wierling, Dorothee 93
Wiggers, Johann Georg 238, 240, 268
Wilde, Oscar 346
Wilder, Billy 162f.
Wilhelm II. 170, 283, 447
Williams, William Carlos 179
Willner, Alfred Maria 151
Wilpert, Gero von 8f.
Wilson, Edmund 292
Winckelmann, Johann Joachim 235, 271, 274, 355
Wind, Renate 441
Wirth, Hans-Jürgen 399
Wirth, Uwe 47
Witkowski, Georg 340
Wittgenstein, Ludwig 13, 296
Wolf, Christa 41, 91
Wölfflin, Heinrich 354f.
Wolf, Ror 180
Wolfskehl, Karl 430
Wolzogen, Caroline von 106, 246
Wondratschek, Wolf 179f.
Wood, Sam 157
Woolf, Virginia 84, 133, 146, 254, 292–294, 323, 325, 405, 421, 434

Xenophon 221, 225

Yeger, Sheila 133

Zahle, Natalie 311
Zapata, Emiliano 157
Zasuliè, Vera 316
Zedler, Johann Heinrich 2
Zesen, Philipp von 5
Znaniecki, Florian 74, 95
Zola, Émile 346
Zunz, Leopold 415
Zweig, Stefan 38f., 59, 74, 106f., 112, 125, 129, 254, 339, 416

Sachregister

Abbildungen in Biographien 190–193, 219, 329, 439–443, 460
Abtbiographie 228
Adressat (der biographischen Darstellung) 5, 110, 246, 250, 424, 439 ↗ Leserpublikum
Alltagsbiographie 147
Alltagserzählung 24, 182, 188
Alltagsgeschichte 34, 114, 147, 194, 258, 333, 343
Alltagsmensch (als biographisches Objekt) 171–174, 360
Almanach, biographischer 415
Altes Testament 221
Amtsbiographie 227
Anachronie 163, 214
Anamnese 57, 141, 374, 377–380, 396
Anekdote 14, 19, 124, 139f., 185, 223f., 299, 349, 360, 433, 435f., 438f.
Anekdotenforschung 140
Anmerkungsapparat 115, 117, 201, 219, 350
Annales-Schule 91, 258f., 278f., 282, 284f., 356
Anthropologie 27, 61–70, 88, 105, 282, 325, 435
Antibiographie 437
Antifaschismus 300
Antisemitismus 416f., 444
Arbeiterbiographie/-biographik 248, 254f., 261
Arbeiterliteratur 129
Archiv 34, 54, 60, 408, 432–434, 437, 452–455
Archivmaterial 117, 167, 169
Archivrecht 453f.
Art Cinema 162f.
Artes liberales 349
Artes mechanicae 349
Ästhetisierung, des Lebens 106, 268, 270f.
Ästhetizismus 21
Aura 126, 432, 436, 440
Authentifizierungsstrategien 41f.
Authentizität 42, 54, 57, 85, 91, 107, 110, 147, 149, 151, 159–161, 163, 176, 192, 201, 216, 260, 295, 316, 330, 408, 419, 440
    des Biopics 159f.
Authentizitätseffekt 160
Autobiographie/-biographik 10, 37–42, 51, 69, 80, 82, 117, 125, 133, 148, 192, 224–226, 235, 278f., 281, 283, 285f., 290, 314, 316, 319, 321f., 329, 339, 341, 366–369, 382, 406, 410, 420f., 439, 444
    fingierte 111
    jüdische 414
    religiöse 367
    römische 226
Autobiographieforschung 74, 80, 408
Autobiographischer Pakt 42, 110, 146, 199f.
Autofiktion 37, 42
Autohagiographie 314
Autonomieästhetik 106, 341
Autoreferentialität ↗ Selbstreferentialität
Autorisierung 49, 160
Autorschaft 45, 105, 117, 125, 260

Balakirev-Kreis 150
Beat Generation 91, 179
Behaviorismus 385
Beispielhaftigkeit ↗ Exemplarität
Belletristik 8, 82f., 345, 445, 447 ↗ Historische Belletristik
Berufsbiographie 95
Bestseller 42, 125f., 128f., 289, 444
Bibel 64, 69, 139, 368f., 415
Bildbiographie 191f. ↗ Abbildungen ↗ picture biography
Bildungsbürgertum 246, 431
Bildungselite 230f., 279
Bildungsforschung 389, 391
Bildungsroman 7, 106, 236, 248, 268, 273, 341, 447
Bildungsstufenmodell 272
Biofiction 21f., 132
Biograph 106–108, 217 ↗ Subjektivität des Biographen
Biographem 141, 284f.
Biographical fallacy 346
Biographical Studies 295, 322
Biographie/Biographik
    als Gattung/Genre 3, 7–11, 17, 21, 30, 32, 37, 69, 111, 140, 221, 278, 283f., 287, 294 ↗ Gattung, ↗ Hybridität
    audiophone 177
    audiovisuelle 169
    christliche 227 ↗ Hagiographie
    feministische 35, 194, 262, 327–329, 405
    fiktionale 21f., 24–26, 84, 111, 132f., 323–325
    geistes- und kulturwissenschaftliche 32, 106, 124, 243, 246, 249, 268, 270, 272, 274, 353
    historische 80, 106, 241, 268, 302, 332f., 337
    jüdische 417
    kollektive 173, 194–198, 386 ↗ Kollektivbiographie
    klinische 397f.
    literarische 22, 54, 103–112, 115, 119, 132, 134, 213, 215f., 260f., 263f., 286, 293, 311, 332, 405, 434
    moderne 38, 42, 56, 64, 289–291, 323 ↗ New Biography

paradigmatische 202, 209, 211
peripatetische 221, 224
politische 3, 106, 124, 243, 246, 251, 268, 270, 302, 308, 316, 334, 382
populäre 22, 71, 74, 78, 84, 93, 114f., 121–132, 134, 200, 255f., 302, 311, 321
positivistische 114, 133, 273
postkoloniale 408–413
postmoderne 39, 183
psychoanalytische 252, 323, 344, 394–401
psychologische 323, 326, 394–401
syntagmatische 202, 209, 211
und Roman 105, 234, 238–240, 290
wissenschaftliche 10, 18f., 21, 24, 38f., 54, 57, 79, 103, 108f., 112–121, 132, 134, 154, 200, 213, 215f., 243, 259, 264, 302, 321, 325, 397, 405, 426, 454
Biographiearbeit, psychotherapeutische 400
Biographieforschung 1, 9, 39, 45, 56, 69, 80, 91, 95, 107, 127, 131, 192, 230, 295, 321f., 322, 337, 338, 405, 433
erziehungswissenschaftliche 388–393
Renaissance der 95, 388
soziologische/sozialwissenschaftliche 32, 39, 54, 74, 77, 95f., 101f., 320, 373, 377f., 406 ↗ Lebenslaufforschung, soziologische/sozialwissenschaftliche
Biographie intellectuelle 414
Biographierter/Biographierte ↗ Objekt, biographisches
Biographieschreiben 405, 419, 424, 428, 435
Rechtsfragen des 451–460
Biographietheorie 115f., 120, 133, 253, 262, 323f., 405f., 419 ↗ Diskurs, biographiologischer
feministische 405
›Biographiewürdigkeit‹ 18, 32–36, 65, 84, 108f., 148, 156f., 169, 221, 251, 262, 290, 318, 327, 342, 350, 358f., 367, 413
Biographik ↗ Biographie
Biographiologie ↗ Diskurs, biographiologischer
Biographische Formel ↗ Formel, biographische
Biographische Illusion 98, 134, 162, 259, 273, 284, 285, 339, 373, 405, 432, 437
Biographische Kleinform ↗ Kleinform, biographische
Biographische Legende ↗ Legende, biographische
Biographische Mode 126, 274
Biographischer Pakt 143, 146, 279
Biographische Trias 202, 426
Biographismus 67, 104, 284
Bioi paralleloi ↗ Parallelbiographie
Biopic 80, 150, 154–164, 169, 174
Hollywood-Biopic 161f.
Biotopographie 185–187, 189
Bischofsbiographie 227
Black biography 329 ↗ »Negro biography«
Bloomsbury-Kreis 196, 275, 291f.
Bollandisten 280
Briefroman 238
biographischer 111
Buchhandel ↗ Buchmarkt
Buchmarkt 32, 34, 84, 93, 122, 124f., 129, 193, 231, 256, 295, 304, 321, 331, 338f., 368, 382, 424, 444f., 447–450
Buddhismus 366–369
Bürgertum 38, 90, 126f., 238, 246, 248f., 257, 314, 316, 339–342, 360, 417

Charakteristik 1–4, 64, 123f., 129, 138–140, 245, 267–269, 271, 340
Charisma 334, 432 ↗ Herrschaft, charismatische
Chicago School 74, 95
Chronik 81, 174, 191, 208–210, 299, 303, 419
Chronist 54, 88, 101, 419
Chronologie 29f., 30, 42, 106, 108, 119, 134, 142, 145, 162, 208, 224, 260, 278, 286, 344, 378–380, 429f., 437
Collage 13, 179f., 263, 295
Comic-Biographie 192 ↗ Bildbiographie ↗ graphic memoir ↗ graphic novel
Conditio humana 62, 64–66
Cultural biography 327
Cultural performance 47
Cultural Studies 130
Cultural turn 333

Darstellungsverfahren
literarische 22, 24f., 29, 104, 108, 133–135
narrative 25, 135, 213
DDR-Fernsehen 117, 173
DDR-Literatur 109
Debunking biography 38, 301, 323 ↗ Enthüllungsgeschichte
Denkkollektiv 225f. ↗ Denkstil
Denkmal 2, 237, 268
Denkstil 225f., 391, 425f.
Determinismus, genealogischer 90
Deutungsmuster, biographisches 90, 135 ↗ Leben und Werk
Dialektliteratur 299
Dialogizität 104, 110, 144, 147, 269, 276
Dichterbiographie 87, 103, 280, 282, 346
Didaktik 64, 69
Direct Cinema 165
Discours 199, 213–219, 433
Diskurs, biographiologischer 1–3, 6, 36, 240f., 243, 268, 355 ↗ Biographietheorie
Doing gender 402, 406
Dokumentarbiographie/-biographik 185, 245, 362
Dokumentarfilm 164–168, 172
Dokumentarfilmtheorie 165
Dokumentarspiel 170f.
Dokumentationsbiographik 247
Doppelbiographie 63, 119, 294

Drama 58, 62, 143–149., 221, 226
Duographie 449 ↗ Doppelbiographie

Egalität (des biographischen Objekts) 202
Ego-Dokument 62, 83, 117, 255, 266, 314, 319, 347, 433
Einfühlung
  des Biographen 200, 254, 275, 325
  des Lesers 40
Einzelbiographie 87, 93f., 224, 246, 356, 383, 387 ↗ Individualbiographie
Elitenforschung 195, 385–387
Eloge 2, 235, 268, 280 ↗ Lobrede ↗ Panegyrik ↗ Laudatio
Empathie 33, 58, 326, 445
Emplotment 24, 209f.
Enkomion 37, 221, 225f., 369
Entgötterung des biographischen Objekts 275
Enthistorisierung des biographischen Objekts 274
Enthüllungsgeschichte 301, 457 ↗ debunking biography
Entindividualisierung des biographischen Objekts 19, 243, 249
Enttypisierung des biographischen Objekts 236
Entwicklung des Individuums 144, 156, 211, 271, 273
Entwicklungsroman 123, 342, 432 ↗ Bildungsroman
Enzyklopädismus 307
Epikrise 396 ↗ Anamnese
Epistemologie 279
Epitaph 227, 235
Erbauungsliteratur 64, 266
Erfahrungsseelenlehre 235f.
Erinnerung 15, 36, 41, 57–59, 73, 77, 79–86, 99, 101, 107f., 135, 144f., 147, 173, 179f., 187, 192, 225, 230, 237, 316, 319, 345, 394, 396, 439
  kollektive 147
  kulturelle 82, 86
Erinnerungsarbeit 58
Erinnerungskultur 57, 79f., 82, 84f., 230
Erinnerungsort 79f., 85f., 191
Erinnerungspolitik 58, 324
Erinnerungsmethode, Biographie als 116, 118f.
Erlösungsmythologie 157
Erzählen
  autobiographisches 42 ↗ Autobiographie
  biographisches 24f., 69, 83, 103, 106f., 109, 112–114, 143, 145, 147–150, 152, 154f., 183, 186, 201, 204, 210, 216f., 221, 397, 402, 407, 424f. ↗ Biographie/Biographik
  faktuales 8f., 21–23, 26, 213 ↗ Faktualität
  fiktionales 21–25, 213 ↗ Fiktionalität
  filmisches 155f. ↗ Biopic ↗ Spielfilm
  historiographisches 24 ↗ Historiographie
  historisches 23, 25, 366
  literarisches 24, 105
Erzähler
  allwissender 100f., 216
  auktorialer 112
  Ich-E. 101, 300
Erzählsituation 26, 326
Erzählverfahren
  literarische 21–24, 111, 132, 182
  metabiographische 105
  populäre 122f., 131
  wissenschaftliche 119
Erzählwürdigkeit 206
Erziehungstheorie, biographische 389, 391f.
Erziehungswissenschaft 388–393
Essay
  biographischer 3, 10, 55, 138, 178, 243, 246, 268–270, 299, 322
  metabiographischer 133
  ↗ Radio-Essay, biographischer
Essayistik ↗ Essay
Ethik 62–65, 69, 80, 222
  philosophische 63
  wissenschaftliche 117
Ethnologie 47, 61, 66, 282, 285f., 409
Ethos (des Biographen) 58, 290f.
Evangelium (als Biographie) 223f., 226, 367f.
Exempelliteratur, biographische 231
Exemplarität (der Lebensgeschichte) 33, 37–40, 52, 64, 105, 265f., 298
Exilliteratur 107
Experimentalbiographie 296
Experimentalfilm 168

Faktizität 4, 10f., 21–27, 41, 54, 56, 73, 75, 107, 110, 115, 135, 147, 276, 436
Faktualität 11, 24, 70, 104, 159
Faktualitätsanspruch 115
Fallgeschichte, anthropologische 64f.
Familienbiographie 87, 92f., 313–315, 416f., 449
Familienbuch 299
Familienforschung 392
Familiengenealogie ↗ Genealogie
Faschismus 300f.
Feature, biographisches 177–179
Feldtheorie 426f.
Feminismus 34, 404
Fernsehbiographie/-biographik 169, 173
  dokumentarische 175
  tagesaktuelle 169
Fernsehdokumentation, biographische 169
Fernsehen 10, 22, 83, 122, 129, 157, 168–178, 322, 397, 449
Fernsehfilm 170f., 177, 179
Fernsehspiel 171, 177
Feuilleton 34, 123, 128f., 321, 444

Fiktion 21, 23, 25f., 40–42, 108, 123, 128, 133, 135, 145, 147, 171, 177, 240, 279, 286, 293, 304, 330, 405, 445
  autobiographische 42
  biographische 86
  metabiographische 145
Fiktionalisierung 23f., 30, 38, 41f., 103, 146, 159
  der Historiographie 14, 23, 45, 259, 335
Fiktionalität 21–27, 29, 41f., 110, 115, 134f., 146, 278
Fiktionalitätsindikator 24f., 42
Fiktivität 10
Film 10, 17, 22, 79, 82, 96, 122, 154–177, 322, 326, 436
  autobiographischer 175
  biographischer ↗ Biopic
Filmbiographie ↗ Biopic
Fokalisierung 186, 216f.
Formel, biographische 141, 425, 427f.
Frau
  als biographisches Objekt 194, 232f., 238, 248, 300f., 327, 364, 403
  schreibende 104, 238, 300, 305, 316, 403, 445
Frauenbewegung 261, 327, 403
Frauenbiographie/-biographik 69, 238, 261f., 404
Frauenforschung ↗ Gender-Forschung
Frauenlexikon 230, 232, 262, 340
Freiheitsphilosophie 283
Freundschaftsbiographie 228, 298
Funktion
  anthropologische der Biographie 69
  didaktische der Anekdote 140
  didaktische der Biographie 21, 33, 37, 39f., 56, 62–64, 187, 222, 234–237, 246, 249, 308, 317, 322, 447
  didaktische des Biopic 157
  didaktische des Hörfunks 178
  ethische der Biographie 62
  humanisierende der Biographie 58
  Trostfunktion der Biographie 38, 40
  Vorbildfunktion der Biographie ↗ Vorbildlichkeit
Funktionalisierung (der Biographie) 273
Fürstenvita 88
Futurismus 300

Gattung, kommunikative 96f., 100–102
Gattungsbewusstsein, biographisches 240f.
Gattungsdefinition 7–11
Gattungsgedächtnis der Biographie 85f., 135f.
Gattungskonvention ↗ Genrekonvention der Biographie
Gattungskritik 135f.
Gattungsnorm 111, 420
Gebrauchsform, Biographie als 8, 38
Gebrauchsliteratur 37f.
Gedächtnis 15, 31, 54, 58, 79–86, 99, 144, 166, 245, 420
  autobiographisches 81, 83
  biographisches 54
  episodisches 81
  individuelles 80f., 83
  kollektives 79–85, 101, 188, 196, 238, 437
  kommunikatives 80
  kulturelles 32, 36, 79f., 84, 86, 149f., 160, 261, 408, 437
  semantisches 81, 86
  soziales 81, 86
Gedächtnisforschung, kulturwissenschaftliche 80–82, 85
Gedächtnisgattung, Biographie als 86
Gedächtnismedium, Biographie als 79
Gegenkanon 36
Gegenwartsbezug der Biographie 75, 82, 86, 132, 236, 265
Gelehrtenbiographie 20, 231, 238
Gelehrtenlexikon 266f.
Gemachtheit der Biographie 51, 134, 219, 276
Gender 35f., 49, 249, 320, 327f., 364, 383, 402–404, 406f., 417
Gender-Forschung 319, 364, 391, 404, 406
Gender Studies 47, 310, 320, 402–407
Gender-Theorie 402, 406f.
Genealogie 68, 87, 71, 87–94, 87, 123, 141, 405, 445
  Genie-Genealogie 88–90
Generation 32f., 68, 87–95, 125, 129, 172, 174, 186, 291f., 299, 302, 304, 311, 333, 417, 428, 449
Generationalität 90f.
Generationenbiographie 93, 173 ↗ Kollektivbiographie
Genie 35, 88f., 149, 151, 203, 252f., 341, 352f., 360, 428
Genre
  biographisches 1f., 40, 56, 111, 115f., 132, 137f., 292, 302
  epideiktisches 139f.
Genrekonvention
  der Biographie 24f., 42, 85f., 132–136, 145, 327f., 437
  des Biopics 169
George-Kreis 33, 106, 253, 273–275, 343, 431
Germanistik 10, 61, 122, 244
Geschichtsauffassung 21, 23, 109, 132, 231f.
Geschichtsphilosophie 64, 245
Geschichtsroman 107 ↗ Roman, historischer
Geschichtsschreibung 1f., 4f., 21–24, 38, 62–65, 70, 126, 140, 194, 221f., 227, 232, 234, 239, 243–245, 254, 279, 311, 324, 329, 342f., 364, 367f., 410f., 419, 421
  biographische 224
  jüdische 415
  positivistische 21 ↗ Positivismus
  weibliche 238
  wissenschaftliche 2
Geschichtswissenschaft 9, 12, 35, 38, 66, 70, 82, 105, 107f., 113f., 126, 128, 282, 285, 291, 308, 317, 325, 331–338, 382f., 420
Geschlechter-Diskurs 62, 66
Geschlechterforschung ↗ Gender-Forschung

Geschlechtermodell 36, 249, 407
bürgerliches 234
Geschlechtsidentität 49f.
Gesellschaftsbiographie 257, 276, 383f.
Gesprächsführung, biographisch-narrative ↗ Interview, narratives
Grabinschrift 9, 80, 139, 367
Graphic memoir 191f.
Graphic novel 192
›Great Men‹ 170, 243, 422 ↗ ›Große Männer‹ ↗ ›Biographiewürdigkeit‹
›Große Männer‹ 55f., 61, 63, 67f., 79, 84, 107, 124–126, 128, 155, 157f., 178, 194, 238, 243, 245, 247f., 262, 280f., 291, 308, 314f., 327, 384 ↗ ›Biographiewürdigkeit‹
Gründerbiographie 366, 369, 371
Gruppenbiographie/-biographik 116, 195–197, 406 ↗ Kollektivbiographie
Gruppenidentität 139, 183

Habitus 197, 261, 285f., 425–428
Hagiographie 88, 225, 227, 266f., 280, 283, 323, 366, 368, 415 ↗ Heiligenlegende ↗ Heiligenvita
Handlungsanalyse, narratologische 204
Handlungsmotivierung 161
Harmoniemodell 62, 106, 271
Harmonisierung
ästhetische 275f.
narrative 253
Heiligenbiographie 225, 280, 368 ↗ Hagiographie ↗ Heiligenlegende ↗ Heiligenvita
Heiligenkult 266
Heiligenlegende 80
Heiligenvita 64, 88, 105, 231, 266, 314
Heilsgeschichte 223, 265
Held
der Arbeit 318
der ›zweiten Reihe‹ 63, 272
Heldenbiographie 114
Helptainment 176
Hermeneutik 393
historische 331f.
objektive 374f., 378, 392
philosophische 331
Heroenmythos 107
Heroisierung
biographische 4, 38, 88, 361
des biographischen Objekts 170, 194, 251, 280
Herrschaft, charismatische 334, 336f., 431 ↗ Charisma
Herrscherbiographie 222, 228, 309
Herrscherchronik 314
Herrscherlob/-panegyrik 225, 234f. ↗ Panegyrik
Heteronomie des Subjekts 39
Heteroreferentialität ↗ Referentialität
Heterosexualität 405

Hinduismus 367, 370
Histoire 134, 199, 204–212, 433
Historiendrama 146
Historienfilm 154, 156
Historiographie 4, 21–26, 63, 82, 113, 123, 133, 140, 222, 239, 243, 249, 260, 308, 311, 364
feministische 403
postkoloniale 411
Historische Belletristik 106f., 114, 126, 254f., 275f.
Historismus 90, 132, 245, 317, 415
Hollywood-Kino, klassisches 161f.
Holocaust 83, 146, 414, 416
Homosexualität 158, 201, 283, 305f., 432
Hörfunk 177–181
Hörspiel 177, 179
Humanismus 265f., 298f.
Hybridität 411f.
der Biographie 22, 103, 111, 115, 175, 265f., 274, 277, 294, 421
des Biopics 163
Hypertext 182–186, 188
Hypertext-Biographie/Biographik 185, 188
Hypomnemata 225f.

Ich-Genese 39f.
Ich-Identität 40
Idealisierung des biographischen Objekts 34, 64, 268, 270
Idealismus 95
Identifikation 33f., 37, 40, 92, 109, 197, 281, 316, 319, 328, 403, 445,
Identifikationspotential 37, 195, 255, 419
Identität 40f., 45–53, 73, 77, 96, 98–100, 135, 176, 179, 187, 254, 260, 263, 286, 314, 316, 329f. 352, 361, 366, 374, 400, 402, 404, 412–414, 416, 433, 436
bürgerlich-männlich 248
ethnische 48
generationelle 93
jüdische 414f., 417
kollektive 368, 410, 412f.
kulturelle 408
nationale 79, 340, 408, 412
postkoloniale 411f.
weibliche 316, 404
Identitätsdissoziation 256
Identitätsfindung 313, 376
Identitätskonstruktion 45, 389, 412
Identitätskonzept 132, 200, 251, 261, 413
Identitätsmuster 39
Identitätsstiftung 39f., 59, 123, 182, 246, 308, 310, 317f., 415, 433
bürgerliche 246
familiäre 187, 196
kollektive 93
nationale 56, 310, 360

Identitätstheorie 133
Ideologiekritik 245
Ideologisierung 354
Illusion, biographische ↗ Biographische Illusion
Individualbiographie/-biographik 68, 87, 106f., 128, 194, 197, 247, 265, 268, 313f., 350, 382f., 385
Individualethik 63
Individualität 2f., 29, 59, 69, 88–90, 105, 117, 141, 163, 245, 247, 314, 316, 351f., 368, 404, 426f., 436, 450
Individualitätsauffassung 2, 109, 117f., 139, 140, 201, 265, 267, 344
Individualitätsdispositiv 76
Individualitätsprinzip 245
Individualitätsskepsis 261
Individuation 67, 69, 117, 272
Individuum *passim*
›großes‹ 106f., 113, 155, 278, 317, 319 ↗ ›Biographiewürdigkeit‹ ↗ ›Große Männer‹
Informal biography 323
Informationsfreiheit 452f.
Innerlichkeit 144, 236, 267, 284, 337
Institutionalisierung
der Biographieforschung 321
der Biographik 422
Inszenierung
der Autorschaft 125
des biographischen Schreibens 135
des Körpers 390
des Künstlers 429
Interesse, biographisches 266, 303
Intermedialität der Biographie 85f., 190–193
Internet 22, 35, 122, 140, 182f., 185, 188, 397, 449f.
Interpretationszyklus des narrativen Interviews 375f.
Intersubjektivität 72
Intertextualität 104, 132, 136
Interview
autobiographisches 54, 95
biographisches 91, 370f., 412
narratives 95, 102, 195, 373–380, 392, 394, 434
Interviewfilm 172f.
Intimleben 37, 157, 306, 348
Intuition, psychologische des Biographen 215
Islam 366–369

Jewish Studies 414–418
Judentum 366, 368f., 414–417
Junges Deutschland 64

Kaiserbiographie 87, 224, 228
Kaiservita 71
Kammerdiener-Biographie 227
Kammerdiener-Perspektive 163
Kanon 34, 188, 244, 350, 411
biographischer 79, 328
literarischer 367
Kanonisierung 32, 36, 84, 196, 340, 403, 408
Kasualliteratur 268
Kasuistik, psychoanalytische 395, 399
Kausalität 18, 162f., 208, 397
Kitsch 128
Kleinform, biographische 4–6, 137–142, 182, 234f. 265f., 340 ↗ Anekdote ↗ Charakteristik ↗ Lexikonartikel ↗ Nekrolog ↗ Porträt
Kohärenz 98–100, 119, 134, 136, 138, 286, 335, 432
Kollektivbiographie/-biographik 87, 92f., 119, 194–198, 259, 296, 333, 383, 385, 405, 417 ↗ Familienbiographie ↗ Gruppenbiographie ↗ Generationsbiographie prosopographische 195 ↗ Prosopographie
Kollektivismus 313
Kommunikation
alltägliche 48
biographische 96–102, 371
internetbasierte 183
kommunizierte 213
literarische 25
reale 213
Komponistenbiographie 13, 360f. ↗ Musikerbiographie
Konstruktion/Konstruktivität der Biographie 56, 82, 86, 119, 121, 132, 134, 146, 183, 264
Konstruktivismus, radikaler 15
Kontingenz 96f., 99, 140, 190
Konvention ↗ Genrekonvention der Biographie
Koran 369
Körper, natürlicher/politischer 253
Krankenbiographie 397
Krankengeschichte/Krankheitsgeschichte 394–399
Krise der Repräsentation 42
Krisis des Romans 256, 275
Kritische Theorie 126, 131
Kulturfilm 170
Kulturindustrie 126–128
Kultursoziologie 332, 337
Kunstfreiheit 451
Kunstgeschichte 47, 244, 298, 302, 349–357
Künstlerbild 148f., 151, 352
Künstlerbiographie/-biographik 78, 106, 140, 202, 212, 229, 299, 350–357, 363, 427
filmische 157, 161
psychiatrische 398
Künstlervita 88, 92, 148, 272, 349, 429 ↗ Künstlerbiographie
Kurzbiographie 64, 169, 177, 184, 190, 227, 318, 351, 449 ↗ Kleinform, biographische
Kurzvita 140 ↗ Kleinform, biographische

Langzeit-Biographie 173
Laudatio 3, 10
funebris 139
Lebensbeschreibung *passim*
Leben/Schreiben 45f., 133f.

Lebensdarstellung 9, 18, 120, 135, 287, 362
Lebensentwurf 45, 123, 432
Lebenserzählung 17, 95f., 116, 145, 147, 421
Lebenskreismodell 65, 67f.
Lebenslauf 3–5, 8–10, 38, 45, 54, 63–65, 67, 69, 72–77, 92, 96, 109, 119, 124, 132–134, 147, 150, 185, 194, 197, 185, 221, 225f., 244, 247, 263, 266, 295, 299, 345, 353, 356, 360, 374, 378f., 380, 388f., 391f., 392, 399, 411, 414, 420, 449
Lebenslaufforschung 65, 68
 sozialwissenschaftliche/soziologische 40, 74, 81, 95, 383, 387
Lebenslaufmodell 68, 360
Lebensphasen 40, 67f., 116, 369–371, 374
Leben und Werk 88f., 111, 141, 244, 247, 282, 284, 306, 325, 339, 342, 345–347, 351–353, 356, 363, 429
Legende 4, 19, 54, 60, 79, 253, 274, 280, 429, 433, 436, 438
Legende, biographische 140f., 349, 351, 428, 436
Legitimationsstrategie 200–202, 424
Leichenpredigt 139, 230, 266f.
Leitmotiv 31, 101, 217, 263, 432, 449
Leserpublikum 13, 15, 22, 30, 50f., 55, 63, 66–68, 71, 78, 84, 86, 101, 110, 122–125, 127f., 130f., 143, 146, 190, 199f., 209, 213–216, 222, 278f., 283, 292, 305, 335, 340, 342, 345f., 350, 363, 367, 371, 378, 422, 429–431, 433, 439, 442, 445f., 449f.
Letzte Worte 68
Lexikon, biographisches 32, 196, 307f., 386
Lexikonartikel (als biographische Kleinform) 3, 137f., 142, 185f., 350
L'homme et l'oeuvre 282 ↗ Leben und Werk
Life and Letters ↗ Leben und Werk
Life depiction 191–193
›Life Writing‹ 4, 35, 80, 321f., 324, 328, 408–410, 419f., 422
Liminalität 48
Linearität der Biographie 41, 108, 145, 268, 278, 286, 356
Linguistic turn 13, 45, 259, 319
Literarizität 24, 28–31, 62, 103f., 107f., 110f., 276, 362, 421, 427 ↗ Poetizität
Literary biography ↗ Biographie, literarische ↗ Dichterbiographie
Literaturtheorie 28, 50f.
Literaturwissenschaft 9, 11, 17, 28, 61, 80, 82, 104, 106, 108, 117, 123, 128f., 131, 259f., 282, 303, 307f., 310, 325, 331, 335, 339–348, 373, 434
Lobrede 54, 221, 267 ↗ Panegyrik
Logozentrismus 191
Longseller 128

Macht 31, 35f., 47, 49, 58, 88, 107, 126, 127, 280, 334, 369, 385f., 398, 404, 410, 432, 458
Männliches Genre, Biographie als 402f.
Märtyrerakten 227
Marxismus 282f.
Massenkultur 127
Materialfülle 270, 275, 326, 434f.
Medialität 145f.
Medien
 digitale 22, 182–189, 449
 populäre 82
Medizinerbiographie 141, 428
Meinungsfreiheit 451, 458
Meistererzählung, biographische 367
Meister-Schüler-Biographie 88
Melancholie 149
Memoiren 10, 35, 279, 281, 292, 299, 439, 442f.
Memoria 139, 144f., 147, 230, 232, 265
Memorialpraxis 144
Menschenbild 62, 65–67, 451
Mentalitätsgeschichte 62, 65, 194, 235
Metabiographie 22, 26, 84, 110f., 132–136, 295f.
 fiktionale 22, 132–136, 263
Metafiktion 21f., 25f., 41, 134, 143, 278
 biographische 132f., 146 ↗ Metabiographie, fiktionale
Metafiktionalität 111
Metaisierung ↗ Selbstreflexivität
Metapher 14, 55f., 218, 286, 349, 397
Metaphorik 335, 437
Methode, biographische 95, 333, 357, 387
Migrationsbiographie 389
Migrationsforschung 301, 409
Milieu 64, 68, 83, 92, 95, 143, 172, 187, 196f., 227, 253, 273f., 282, 333, 342, 373, 392, 397, 399, 417, 442
Milieutheorie 273, 282
Minority biography 195, 329
Moderne, literarische 107, 292, 296, 403
Moderne Biographik 253, 273–275, 279 ↗ New Biography
Modernismus 21
Modus (als narratologische Analysekategorie) 215
Mönchsväterleben 227
Mönchsvita 227
Monodrama 143, 145
Monsterbiographie 270, 273
Montage
 akustische 179f.
 essayistische 179
 filmische 161f., 172f.
 literarische 111
Montageroman 133
Motiv (als Handlungselement) 204f., 210
 dynamisches 205f.
 freies 205, 208
 statisches 205, 207
 verknüpftes 205, 208
Motivation des Biographen 200–203
Motivierung der Handlung 208f.
 psychologische 18, 107

Mündlichkeit 46, 438
Musical 148–153
Musikerbiographie/-biographik 42, 345, 358–360, 362
Musikwissenschaft 47, 358–365
Muster, narrative 37–39, 84, 266
Musternarrativ der klinischen Biographik 396f.
Mystifikation 60
Mythenforschung 253
Mythisierung, des biographischen Objekts 157 222, 251, 253
Mythographie 88f., 253, 273–275, 343, 435f.
Mythos 106, 184, 253, 274, 287, 429, 437

Nachlass 117, 262, 326, 341, 348, 432, 435, 440, 453, 455
Nachruf ↗ Nekrolog
Narrationsmuster 83, 143
Narrativik 39, 188
Narrativität 17–20, 23, 25, 136, 210, 363
Nationalbiographie 3, 243, 246f.
Nationalisierung 156
Nationalismus 156, 322
  postkolonialer 412
Nationalsozialismus 127, 273, 345, 373, 386
»Negro biography« 324
Nekrolog 1, 2, 5, 10, 39, 139f., 169, 177, 186, 235f., 272
Netzliteratur 183
Netzwerk, biographisches 147, 194, 196f., 383, 417 ↗ Netzwerkbiographie
Netzwerkanalyse, soziologische 196
Netzwerkbiographie 119
New Biography 253f., 275, 291, 323, 325f.
New Criticism 259, 324
New Historicism 140, 259, 327
Nonnenvita 4
Novelle 79, 110–112

Objekt, biographisches 5, 32, 34, 36, 88, 103, 158, 190f., 197, 202, 207–209, 234, 236–238, 251, 298, 300, 405, 420f., 435
Objektivierung 162
Objektivität 21, 41, 45, 138, 146, 192, 217, 278, 305, 326, 328, 339
Objektivitätsanspruch der Biographie 279
Ontologie 97f.
Oper 148–153
Operette 148–153
Opferbiographie 109
Oral History 34, 54, 82f., 91, 95, 171f., 179, 195, 258, 326, 343, 419
Oral-History-Film 171f.
Orientierungswissen/-muster, Biographie als 74–76, 78, 186
Originalität 29, 89, 314, 352, 427
  des biographischen Objekts 202

Paarbiographie 196, 449 ↗ Doppelbiographie
Pädagogik 65, 67, 373, 388–393, 419, 422
Panegyrik 139, 225f., 420 ↗ Lobrede
Parabiographie 411
Paradigma, sozialwissenschaftliches 209 ↗ Sozialwissenschaft
Parallelbiographie 222, 419
Paratext 25, 42, 111, 115f., 146, 159, 185, 191, 200, 424, 439, 446
Pathographie 88f., 252, 398, 399
Pathography 323 ↗ Pathographie
Pathologie 65, 157
  biographische 180
Peergroup 390, 392
Performance 50, 164, 178, 166
Performanz/Performativität 45–53, 143, 253
  der Quellen 437
Performativitätstheorie 46, 50
Persona 327, 429
Personalhistoriographie 64
Personalität 90, 267, 367 ↗ Individualität
Personenkult 245, 300, 354
Persönlichkeitsrecht 347, 451f., 457, 459
Philologie 140, 277, 340f., 344, 348, 360, 436
Philosophenbiographie 222, 224f.
Philosophie, analytische 97
Photo memoir 192
Picture biography 191 ↗ Bildbiographie
Pietismus 38, 230f., 267
Plausibilität der biographischen Darstellung 13f.
Pluriperspektivität der Biographie 190, 276
Poetizität 19, 28–31, 42, 103f., 108, 110f. ↗ Literarizität
Politikerbiographie 20, 342, 382
Politikwissenschaft 382–387
Polyphonie 173, 186
Popular biography ↗ Biographie, populäre
Populärkultur 122, 124, 126, 129f., 155, 157, 191
Porträt 1–5, 12, 37, 93, 122, 139f., 172f., 190, 222, 234, 287, 397, 434, 437, 444, 446
Positivismus 140, 247, 291, 304, 308f., 342
Postcolonial Studies 408–414 ↗ Postkoloniale Theorie
Postkoloniale Theorie 34, 329, 405, 408, 409
Postmoderne 21f., 161, 260, 294
Poststrukturalismus 257, 327, 438
Praxis
  biographische 36, 289, 309, 422, 437
  kommunikative 96
  soziale 96
Privatcharakter 272 ↗ Privatleben
Privatleben 140, 235, 249, 251, 269, 281, 458
Propaganda, faschistische/nationalsozialistische 157, 178, 300, 414
Prosavita 3
Prosopographie 195–197, 385
Pseudo-Biographie 29

Psychoanalyse 117, 279, 282–294, 337, 344, 391, 396, 399
Psychobiographie/-biographik 252, 254, 283, 398
Psychography 323
Psychohistorie 117, 337
Psychologie 63, 65, 67, 80–82, 117, 175, 267, 275, 323, 325, 337, 370, 375f., 379, 391, 394–401
Psychologisierung 236, 251, 270, 273, 275, 346
Psychopathographie 252 ↗ Pathographie
Psychotherapie 394–401
Public character 269

Queer Studies 47
Queer-Theorie 329, 405
Quellen 2, 13, 15, 19, 23, 26, 34, 36, 52, 58, 63, 66, 70, 79, 82, 85, 108, 110, 117, 119f., 122, 134f., 140, 185, 200–202 , 215, 231, 234, 239–241, 247, 262, 289, 299, 319, 326, 329, 331, 335, 337, 341f., 344, 351, 382, 388, 405, 413, 420, 424, 430, 432–438, 451f., 459
Quellenanalyse 58
Quellenanhang 239, 351
Quellenarbeit 117, 300
Quellenkritik 58, 117, 277, 282, 309, 326, 434, 436
Quellenmaterial 86, 121, 154, 200, 202, 273, 325, 420, 424f., 434, 437

Radio-Biographik 178
Radio-Essay, biographischer 178f.
Ratgeberliteratur 37
Raum
  als Ordnungsprinzip biographischer Darstellungen 211f.
  ↗ Biotopographie
  ↗ Erinnerungsort
Raumsemantik 211f.
Realismus 95, 239, 305
Reality TV 176
Recherche 12, 56, 117, 146, 160, 175, 201f., 216, 306, 344f., 347, 420, 422, 425, 430, 449, 452, 460
Rede, fiktionale 9, 29, 213 ↗ Fiktionalität
Reenactment 176
Referentialität 12–17, 21, 23–26, 29f., 42, 96, 100f., 132, 134, 140, 146, 154f., 159, 199, 213, 278f., 422
Registereintrag 137, 141 ↗ Kleinform, biographische
Religionswissenschaft 366–372, 414
Remediation 85f.
Repräsentation
  biographische 43, 79
  faktische 24
  mimetische 23
  sprachliche 133–135
Res gestae 223, 225
Rezeptionserwartung 135
Rezeptionstheorie 50
Rhetorik 9, 216, 237, 239, 266, 268, 286, 392
Rites de passage ↗ Übergangsriten
Ritual 48, 81, 187, 230, 369
Ritus 49, 369
Rolle, soziale 48, 281
Roman 12, 18, 22f., 25f., 28, 38, 40f., 54, 57, 62, 65, 79, 93, 96–102, 105, 107, 111f., 123, 132, 195, 235f., 238f., 263, 278, 283, 286f., 289f., 295, 323, 345–347, 433, 441, 445, 450, 456
  autobiographischer 41, 341
  biographischer 10, 26, 41, 106, 111, 154, 276
  historischer 24, 26, 106, 111, 154, 276
  metabiographischer 345 ↗ Metabiographie, fiktionale
  moderner 114
  psychologischer 267
  und Biographie ↗ Biographie und Roman
Romanbiographie 14, 30, 107, 341
Romantheorie 239f.
Russischer Formalismus 28

Sachbuch 128f., 444f., 447f.
Sachliteratur 128
Säkularisierung 238, 307
Sammelbiographie 64, 231f., 235, 265–267, 340, 350f., 434 ↗ Kollektivbiographie
Schlüsselloch-Perspektive 170 ↗ Intimleben ↗ Voyeurismus
Schlüsselroman 12, 146
Schreiben
  autobiographisches 35, 38, 319
  biographisches 7, 21, 38, 51, 56, 64–66, 70, 82, 85f., 91, 107, 112f., 115, 117f., 120, 134f., 235, 263, 289, 292f., 302, 313, 315f., 358–360, 361–364, 409, 416, 419–422, 424, 435
  literarisches 50
  weibliches 146
Schriftlichkeit 46, 438
Scientific biography 116f., 120 ↗ Biographie, wissenschaftliche ↗ Wissenschaftlerbiographie
Seelenleben 144, 254, 351 ↗ Innenleben
›Seelenschau‹ 213, 215
Selbstbiographie ↗ Autobiographie
Selbstdarstellungsrecht 451
Selbstdeutung 89, 91, 337, 375, 377
Selbsthilfeliteratur 65
Selbstinszenierung 52, 57, 100, 109, 140, 148, 166, 252
  autobiographische 57
  des Autors 108, 440
Selbstreferentialität der Erzählweise 15, 31 ↗ Selbstreflexivität
Selbstreflexivität
  der Autobiographie 41
  der Biographie 38, 85, 105, 107, 110, 115, 132–136, 251, 402, 329, 420

der wissenschaftlichen Biographie 121
literarischen Schreibens 50
Selbstvergewisserung, personale 84, 246, 273
Selbstzeugnis ↗ Ego-Dokument
Selektion des biographischen Materials 25f., 82, 136f., 145, 147, 154, 290, 298, 345f., 421f.
Serie, biographische 37, 174
Serienbiographie 174, 227f.
Sexualität 49, 57, 61, 302, 370
Sexualitätsdispositiv 49
Shoah 416 ↗ Holocaust
Sinnstiftung 46, 51 ↗ Emplotment
biographische 22, 24, 115, 132, 135, 369
historische 15
mythologische 88
retrospektive 132
Social drama 47f.
Social history 258 ↗ Sozialgeschichte
Sozialgeschichte 65, 257–259, 331, 333, 335, 343, 357, 364, 385
Sozialisation 73, 286, 316, 333, 380, 391
Sozialistischer Realismus 318
Sozialprofil 385
Sozialwissenschaft 80, 194, 255, 282, 286, 309f., 323, 356, 375, 383, 388, 392, 434
Soziologie 72, 74, 87, 92, 95, 97, 102, 117, 260, 278, 282, 285–287, 325, 333, 373f., 383, 387, 392, 428
Spielfilm 154, 155, 161 ↗ Biopic
Sprachfunktion
poetische 28–31 ↗ Poetizität
referentielle ↗ Referentialität
Sprachkrise 144
Sprachphilosophie 13, 46f., 50, 296
Sprachspiel 13
Sprachtheorie 133
Sprechakttheorie 46
Stationendrama 143f.
Stimme (als narratologische Analysekategorie) 217
Struktur, narrative 23, 161, 184, 187, 356 ↗ Narrativität
Strukturalismus 28, 278, 282, 285
Strukturgeschichte 128, 283, 285, 354, 356, 384
Subaltern Studies 410
Subjekt 40, 46, 49, 52, 72–74, 76f., 109, 132, 141, 163, 205, 213, 216, 283f., 290, 319, 323, 325–327, 329, 339, 363, 366–368, 382, 403, 406, 408, 410, 412, 420, 426, 433f., 436
biographisches 71, 78, 109, 133, 135, 238, 255, 323, 326, 391, 405
Subjektbegriff 40, 56
Subjektivismus 318
Subjektivität 40f., 45, 108, 114, 116, 263, 284, 314, 328, 403, 407, 420
des Biographen 108, 116, 135, 216, 276, 279, 434
Subjektkonstitution 39, 132, 202, 281
Subjektkonzept 40, 109, 115, 204, 251
Subjektskepsis 278f.
Subjekttheorie 132, 248
Subjektzentrierung 95
Sympathie des Biographen für sein Objekt 129, 323 ↗ Freundschaftsbiographie

Täterbiographie 399
Teleologie (der Biographie) 77, 106, 108, 113, 119, 138f., 143, 145, 162f., 286, 318, 399 ↗ Biographische Illusion
Tellability 206
Textfunktion 29
Thanatographie 69
Theater 25, 47f., 50, 107, 143–148, 317
Thema (als Bedeutungseinheit der Handlungselemente) 204–207
Theorie
der Biographie 45, 50f., 59, 102, 113, 115f., 118, 120f., 133, 296, 321, 336, 420 ↗ Diskurs, biographiologischer
feministische 328, 404
Theoriebedürftigkeit biographischen Arbeitens 289, 292, 295, 325
Theorieferne biographischen Arbeitens 331f.
›Tod des Autors‹ 259, 281, 284, 347
Topoi
der biographischen Darstellung 75, 87, 141f., 185, 265, 269, 349, 351, 428
der Hagiographie 280
jüdischer Biographik 416
Totalität, biographische 2f., 279, 289f.
Totengedenken 64, 69, 80f., 139, 187 ↗ Memoria
jüdisches 139
Transgression 38, 41f., 406
Transsexualität 404
Trauerrede 226, 265
Trivialbiographik 14, 55, 433, 435 ↗ Biographie, populäre
Trivialliteratur 128, 179
Tugend 4, 125, 224–226, 266, 351f.
christliche 64, 352, 368
bürgerliche 238, 269
Typenbiographie 259
Typisierung des biographischen Objekts 122, 139, 202f., 274, 385, 387
Typus 11, 59, 89, 106, 132, 146, 148, 162, 202f., 237, 268, 271, 343

Übergangsriten 369–371
Überhöhung des biographischen Objekts 149, 271, 274f.
Universalgeschichte 221, 223, 234
Urheberrecht 451f., 455–457, 460

Verfremdungseffekt 107
Verinnerlichung 144, 243, 249 ↗ Innerlichkeit
Vermenschlichung des biographischen Objekts 251f., 435 ↗ Entgötterung des biographischen Objekts
Videobiographie 187–189
Viktorianismus 290–293
Vita 1, 4, 7, 37, 39, 88, 227–229, 317, 346, 349–351, 369, 430, 432
Vitensammlung 350
Vorbildlichkeit 64, 200, 280f., 314, 319, 360, 369
Vormärz 64, 245, 270
Voyeurismus 108, 170

Wahrheit
autobiographische 57
biographische 54–58, 60, 433f., 435f.
historische 12, 107, 126, 171, 434
psychoanalytische 58
Wahrheitsanspruch, biographischer 22, 24, 26, 54, 57, 143, 210, 216, 263
Wahrheitspakt 143, 146, 201, 215 ↗ Autobiographischer Pakt ↗ Biographischer Pakt
Warburg-Kreis 428
Werbung 445f.
Werkbiographie 142, 346, 429 ↗ Leben und Werk
Werkinterpretation 18f.
Werkpolitik 429
Wirklichkeit, gesellschaftliche Konstruktion der 72
Wirklichkeitsbezug 21, 25, 132, 134 ↗ Referentialität
Wirkungsästhetik 106
Wirklichkeitserzählung 199f., 213
Wissen, biographisches 74f., 81, 83, 143, 146, 347, 363, 389, 393
Wissenschaftlerbiographie 116f. ↗ scientific biography
Wissenschaftlichkeit der Biographie 115f., 253, 275–277, 351 ↗ Biographie, wissenschaftliche
Wissenschaftsfreiheit 452f.
Wissensgesellschaft 71f., 76
Wissensintegration 71, 77
Wissenssoziologie 71–73, 393

Yellow Press 169

Zeit (als narratologische Analysekategorie) 213f.
Zeitgeschichtsforschung 92, 384f., 387
Zeitzeuge 13, 86, 91, 195, 433
Zeitzeugenforschung 54, 93 ↗ Oral History
Zensur 156, 302–304, 316
Zielgruppe (der Biographie) 445–447
Zitierrecht 456
Zweckform, Biographie als 37, 41f.